Zeitschrift für Württembergische Landesgeschichte

Herausgegeben von der

Kommission für geschichtliche Landeskunde
in Baden-Württemberg

und dem

Württembergischen
Geschichts- und Altertumsverein

76. Jahrgang

W. Kohlhammer Verlag Stuttgart

2017

Schriftleitung

Peter Rückert
Hauptstaatsarchiv Stuttgart
Konrad-Adenauer-Str. 4, 70173 Stuttgart

ISSN 0044-3786
ISBN 978-3-17-032446-6

Kommissionsverlag: W. Kohlhammer GmbH, Stuttgart

Erscheinungstermin Juni 2017

Auflage: 1625
Druck: Offizin Scheufele, Stuttgart

Inhalt

Aufsätze

Miszellen

Buchbesprechungen

Allgemeine Geschichte

Rechts- und Verfassungsgeschichte

Bau- und Kunstgeschichte

Wirtschafts- und Umweltgeschichte

Bevölkerungs- und Sozialgeschichte, jüdische Geschichte

Familien- und Personengeschichte

Territorial- und Regionalgeschichte

Städte und Orte

Archiv- und Bibliothekswesen, Quellen

Mitteilungen und Register

Klosterwesen und Propstei Ellwangen

Einführung*

Von Stefan Weinfurter

In Klöstern leben Mönche, die sich aus der Welt zurückziehen, sich geradezu von ihr verabschieden. Diese Auskunft wird man heute gewöhnlich erhalten. Im Mittelalter war das anders[1]. Klöster waren bereits in fränkischer Zeit und dann insbesondere im hohen Mittelalter Kraftzentren und Erprobungsorte von Innovationen und „Labore" neuer Lebensentwürfe, die in einer engen Wechselwirkung mit den gesellschaftlichen und politischen Ordnungskonfigurationen ihrer Zeit standen[2]. Daraus erwuchsen enorme Wirkkräfte auf diversen Gebieten. Die Menschen und die Landschaften in der Umgebung wurden von Klöstern zutiefst geprägt. Den Einfluss der Klöster auf die gesamte Wissens- und Bildungskultur kann man gar nicht hoch genug einschätzen. Nicht nur technische Innovationen, Effizienzsteigerungen in der Landwirtschaft, im Forstwesen und in der Fischzucht, nicht nur verbesserter Mühlenbau und arbeitsteilige Optimierung in den handwerklichen Tätigkeiten sind hier zu nennen, sondern noch viel mehr die Grundregeln, Werte und Organisationsformen menschlichen Zusammenlebens in kleinen und großen Gemeinschaften[3].

---

* Der Beitrag basiert auf der Einführung in die gleichnamige Arbeitsgruppe, die im Rahmen der 63. Jahrestagung der Kommission für geschichtliche Landeskunde in Baden-Württemberg am 1. Juli 2016 in Ellwangen gestaltet wurde.

1 Zur Geschichte des Mönchtums Gert Melville, Die Welt der mittelalterlichen Klöster: Geschichte und Lebensformen, München 2012; Mittelalterliche Orden und Klöster im Vergleich. Methodische Ansätze und Perspektiven, hg. von Gert Melville/Anne Müller (Vita Regularis 34), Münster 2007; Ordnungskonfigurationen im hohen Mittelalter, hg. von Bernd Schneidmüller/Stefan Weinfurter (Vorträge und Forschungen 64), Ostfildern 2006.

2 Hierzu grundlegend Gert Melville, Im Spannungsfeld von religiösem Eifer und methodischem Betrieb. Zur Innovationskraft der mittelalterlichen Klöster, in: Denkströme. Journal der Sächsischen Akademie der Wissenschaften zu Leipzig, Heft 7, Leipzig 2011, S. 72–92, und zusammenfassend Ders., Religiosentum – Klöster und Orden, in: Enzyklopädie des Mittelalters, hg. von Gert Melville/Martial Staub, Darmstadt 2008, S. 99–110.

3 Alfred Haverkamp, Leben in Gemeinschaft: alte und neue Formen im 12. Jahrhundert, in: Aufbruch – Wandel – Erneuerung. Beiträge zur „Renaissance" des 12. Jahrhunderts, hg. von Georg Wieland, Stuttgart/Bad Cannstatt 1995, S. 11–44, wieder gedruckt in: Alfred

Der erste gewaltige Schub klösterlicher Wirkkraft entfaltete sich im 8. Jahrhundert. Seine Vorläufer reichen in die Spätantike Italiens[4]. Dort waren reich ausgestattete Bibliotheken entstanden, so im Kloster Castellum Lucullanum (die einstige Villa des Lukull) auf der Insel Megaride vor Neapel. Im 6. und 7. Jahrhundert kann man einen Aufschwung der Buchproduktion in den Klöstern im südlichen Frankreich entlang der Rhône-Achse erkennen. Besondere Bedeutung erlangte das 613/614 entstandene Kloster Bobbio in Norditalien (Provinz Piacenza), eine Gründung des irischen Missionars Columban. Dieses Kloster muss man zu den bedeutendsten Überlieferungszentren des Abendlands zählen. Eine andere Gründung Columbans war Luxueil in Burgund, ebenfalls ausgestattet mit einer reichen Bibliothek. Von dort aus wurde 662 das Königskloster Corbie gegründet. Zu Ende des 7. Jahrhunderts entstand das Königskloster Chelles an der Marne, auch dieses herausragend als Bildungszentrum.

Um die Mitte des 8. Jahrhunderts setzte eine regelrechte Flut an Klostergründungen ein[5]. Dies hing damit zusammen, dass sich die Normen und Werte der christlichen Lebensordnung durch verschiedene Missionsunternehmungen und durch die Förderung der politischen Elite rasch verbreiteten und in der Lebenswirklichkeit der Menschen verankerten. Könige, Hausmeier, Herzöge und Grafen nutzten die Kraft, die von den Klöstern ausging. An vorderster Stelle standen die Herzöge von Bayern, Odilo und Tassilo III., und die fränkischen Herrscher Pippin und Karl der Große. Klöster waren jetzt nicht nur Modelle christlicher Lebensführung, sondern wurden auch Marksteine der politischen Repräsentanz.

In diese Zeit fallen die Gründungen von Ellwangen, Lorsch, Fulda, Reichenau, St. Gallen, Ottobeuren, Hersfeld, Fritzlar, Ansbach, Eichstätt, Charroux, Aniane, Prüm und viele andere mehr[6]. Häufig stammte die Ausstattung von Adelsfamilien. Ellwangen wurde nach der Klosterüberlieferung im Jahr 764 von Erlolf, dem Bischof von Langres, und seinem Bruder Hariolf als adliges Eigenkloster auf eigenem Grund und Boden gegründet[7]. Ähnlich wie Eichstätt wurde auch Ellwangen durch

---

Haverkamp, Gemeinden, Gemeinschaften und Kommunikationsformen im hohen und späten Mittelalter. Festgabe zur Vollendung des 65. Lebensjahres, hg. von Friedhelm Burgard/Lukas Clemens/Michael Matheus, Trier 2002, S. 207–236; Alfred Haverkamp, Bruderschaften und Gemeinden im 12. und 13. Jahrhundert, in: Ordnungskonfigurationen (wie Anm. 1), S. 153–192.

[4] Hierzu künftig Tino Licht, Halbunziale. Paläographische und philologische Studien zur ältesten lateinischen Minuskel, Habilitationsschrift masch., Heidelberg 2013.

[5] Karolingische Klöster. Wissenstransfer und kulturelle Innovation, hg. von Julia Becker/Tino Licht/Stefan Weinfurter (Materiale Textkulturen 4), Berlin 2015.

[6] Matthias Becher, *Ut monasteria … secundum ordinem regulariter vivant.* Norm und Wirklichkeit in den Beziehungen zwischen Herrschern und Klöstern in der Karolingerzeit, in: ebd., S. 195–209.

[7] Zu Ellwangen nach wie vor grundlegend: Ellwangen 764–1964. Beiträge und Untersuchungen zur Zwölfhundert-Jahrfeier, 2 Bände, hg. von Viktor Burr, Ellwangen 1964;

seine Lage im alemannisch-fränkisch-bayerischen Grenzgebiet zu einem wichtigen Stützpunkt für die Karolinger in den Auseinandersetzungen mit Tassilo III., dem Herzog von Bayern. Wie andere Klöster erlangte auch Ellwangen den Schutz der Herrscher, Pippins und Karls des Großen, und wurde zu einem Königskloster. Die Regel des hl. Benedikt rückte zur Leitordnung auf, und unter Ludwig dem Frommen gab es 816/817 den Versuch, das Mönchtum im gesamten Reich auf dieser Grundlage zu vereinheitlichen. Die Klosterbibliotheken wurden zu Wissensspeichern der abendländisch-europäischen Kultur. Die überragende Bedeutung des Klosters auf der Reichenau und seine Ausstrahlung wurde erst vor kurzem in seinen sensationellen Dimensionen erkannt[8]. Auf Grund der engen Beziehungen, die Ellwangen mit dem Reichenaukloster pflegte, darf man durchaus von einem ähnlich hochstehenden kulturellen und theologisch-wissenschaftlichen Niveau ausgehen[9], auch wenn die Zeugnisse zum größten Teil verloren sind.

Das System der frühmittelalterlichen Klosterkultur mit der weitgehend selbstständigen Einzelabtei hielt sich über einige Jahrhunderte. Im 10. und 11. Jahrhundert kam es zu Reformimpulsen, insbesondere unter Heinrich II. kurz nach der Jahrtausendwende[10]. Unter ihm wurde die Regel des hl. Benedikt endgültig durchgesetzt. Cluny ging zur selben Zeit einen speziellen Weg und errichtete einen weit ausgreifenden, dislozierten Großkonvent mit Ablegern in zahlreichen Prioraten. Aber im Prinzip blieb das Modell des frühmittelalterlichen Klosters unverändert. Der entscheidende Wandel kam im späten 11. und im 12. Jahrhundert[11].

Es war ein neuartiger Drang nach Optimierung der Heilsvermittlung, der die Klosterwelt im hohen Mittelalter in Bewegung brachte und gewaltige Kräfte freisetzte. Dabei kann man das Kloster zunächst durchaus als einen Ort des Experimentierens bezeichnen. Neue Modelle der gottgefälligen Lebensentwürfe wurden in der klösterlichen Gemeinschaft erprobt und perfektioniert. Das Kloster wurde

---

Immo Eberl, Kloster Ellwangen im Umkreis seiner Gründer, in: Aus südwestdeutscher Geschichte. Festschrift für Hans-Martin Maurer, hg. von Wolfgang Schmierer/Günter Cordes/Rudolf Kiess/Gerhard Taddey, Stuttgart 1994, S. 73–80.

[8] Natalie Maag, Alemannische Minuskel (744–846 n. Chr.). Frühe Schriftkultur im Bodenseeraum und Voralpenland (Quellen und Untersuchungen zur lateinischen Philologie des Mittelalters 18), Stuttgart 2014.

[9] Zur Verbrüderung der Klöster siehe Karl Schmid/Jürgen Wollasch, Die Gemeinschaft der Lebenden und Verstorbenen in Zeugnissen des Mittelalter, in: Frühmittelalterliche Studien 1 (1967) S. 365–405, hier S. 377.

[10] Hartmut Hoffmann, Mönchskönig und *rex idiota.* Studien zur Kirchenpolitik Heinrichs II. und Konrads II. (MGH Studien und Texte 8), München 1993.

[11] Stefan Weinfurter, Innovation in Klöstern und Orden des hohen Mittelalters. Zusammenfassung, in: Innovation in Klöstern und Orden des Hohen Mittelalters. Aspekte und Pragmatik eines Begriffs, hg. von Mirko Breitenstein/Stefan Burkhardt/Julia Dücker (Vita Regularis 48), Münster 2012, S. 297–306.

der zentrale Ort für die Organisation der Heilswahrheit[12]. Die neuen Lebensentwürfe in der Klosterwelt sollten den Menschen dienen. Klöster und Orden begannen im hohen Mittelalter miteinander zu konkurrieren in der Frage, welche Lebensweise den größeren Heilswert und damit den höchsten Rang besitzt[13].

Um die Überzeugungskraft zu steigern, bekam die Moral als Argumentationsinstrument eine immer stärkere Bedeutung[14]. ‚Gut' und ‚Böse' wurden zu zentralen Kategorien in der Argumentation[15]. Zwischen den Mönchen und den Regularkanonikern nahmen die Spannungen zu[16]. Hierbei spielte die Idee des Funktionswerts eine große Rolle[17]. Als die wichtigste Leistung in der christlichen Gesellschaft des hohen Mittelalters galt die Heilsvermittlung an die Menschen. Das war Aufgabe der Priester. Aus diesem Grund erachteten sich die nach der Augustinusregel lebenden Kanoniker allen anderen gegenüber als übergeordnet. Sie führten den Kampf gegen das Böse in der Welt und strebten nicht nur nach dem eigenen Seelenheil, sondern auch nach dem der anderen Menschen. Um sich in der Arena der Welt des Bösen zu bewähren, sollte der Einzelne als Kämpfer für das Gute im Reformstift ausgebildet werden[18]. Diesen Vorgang kann man als Optimierungsoffensive in der Seelsorge umschreiben. Die Bewegung der Prämonstratenser unter ihrem charismatischen Anführer Norbert von Xanten ist das treffendste Beispiel

---

[12] Hierzu grundlegend Gert MELVILLE, Im Spannungsfeld von religiösem Eifer und methodischem Betrieb (wie Anm. 2), und zusammenfassend DERS., Religiosentum – Klöster und Orden (wie Anm. 2).

[13] Exemplarisch dafür ist der ‚Dialogus duorum monachorum' des Idung von Prüfening, verfasst 1153–1155: R. B. C. HUYGENS, Le moine Idung et ses deux ouvrages: „Argumentum super quattuor questionibus" et „Dialogus duorum monachorum" (Biblioteca degli „Studi Medievali" 41), Spoleto 1980; vgl. Adriaan H. BREDERO, Le Dialogus duorum monachorum. Un rebondissement de la polémique entre Cisterciens et Cluniasiens, in: Studi Medievali 3 (1981) S. 501–586.

[14] Monika SUCHAN, Macht verschafft sich Moral? Gewalt in der Politik der Reformpäpste (Beiträge zur Friedensethik 34), Stuttgart 2002.

[15] Der Einsatz der Moral als Kampfinstrument beginnt bereits im Investiturstreit. Siehe Stefan WEINFURTER, Canossa. Die Entzauberung der Welt, München [3]2007, S. 135 ff.

[16] Gert MELVILLE, Zur Abgrenzung zwischen Vita canonica und Vita monastica. Das Übertrittsproblem in kanonistischer Behandlung von Gratian bis Hostiensis, in: Secundum Regulam Vivere. Festschrift für Norbert Backmund O. Praem., hg. von Gert MELVILLE, Windberg 1978, S. 205–243.

[17] Horst FUHRMANN, Das Papsttum zwischen Frömmigkeit und Politik – Urban II. (1088–1099) und die Frage der Selbstheiligung, in: Deus qui mutat tempora. Menschen und Institutionen im Wandel des Mittelalters. Festschrift für Alfons Becker zu seinem fünfundsechzigsten Geburtstag, hg. von Ernst-Dieter HEHL/Hubertus SEIBERT/Franz STAAB, Sigmaringen 1987, S. 157–172; Horst FUHRMANN, Papst Urban II. und der Stand der Regularkanoniker (Bayerische Akademie der Wissenschaften. Phil.-Hist. Klasse, Sitzungsberichte, Jahrgang 1984, Heft 2), München 1984.

[18] Consuetudines canonicorum regularium Springirsbacenses-Rodenses, hg. von Stefan WEINFURTER (Corpus Christianorum. Continuatio Mediaevalis 48), Turnhout 1978, § 103.

dafür[19]. Auch im Südwesten des Reichs entfaltete die Reform der Prämonstratenser große Wirkkraft[20].

Gegen den Anspruch der Reformkleriker, den Spitzenrang in der Kirche zu vertreten, setzten sich die Mönche zur Wehr. Die Hirsauer Bewegung des 11. und 12. Jahrhunderts kann dabei als ein Kompromiss-Modell der monastischen Frömmigkeit unter gleichzeitiger Bindung an die Adelswelt gelten[21]. Keine Kompromisse mehr wollten dagegen die Zisterzienser im 12. Jahrhundert eingehen[22]. Ihr Ideal bestand in einer unvergleichlich strengen Lebensweise, um damit den höheren Heilswert gegenüber allen anderen Reformgruppen zu dokumentieren. Der Südwesten des Reichs kann dabei als ein besonders herausstechendes Feld der Zisterzienserbewegung gelten[23].

Der Kampf um die höhere Wertigkeit brachte Innovationen auf verschiedenen Ebenen hervor. Dazu gehörten die rechtliche Absicherung, die statutenhafte Ordnung des Lebens und die Normierung von „Gut“ und „Böse“ durch die Einführung eines Strafensystems[24]. Normierende Lebensordnungen im Sinne von

---

[19] Stefan Weinfurter, Norbert von Xanten und die Entstehung des Prämonstratenserordens, in: Barbarossa und die Prämonstratenser (Schriften zur staufischen Geschichte und Kunst 10), Göppingen 1989, S. 67–100; Werner Bomm, Neue Lebensmodelle in einer funktionalen Gesellschaft: Die Prämonstratenser im 12. Jahrhundert, in: Macht und Ordnungsvorstellungen im hohen Mittelalter. Werkstattberichte, hg. von Stefan Weinfurter/Frank Martin Siefarth (Münchner Kontaktstudium Geschichte 1), Neuried 1998, S. 169–191; Stefan Weinfurter, Norbert von Xanten und sein neuer Lebensentwurf – Gesellschaftsordnung und Wertewandel im frühen 12. Jahrhundert, in: Norbert von Xanten und der Orden der Prämonstratenser. Sammelband zur historischen Vortragsreihe im Norbertjahr 2009/2010 in Magdeburg, hg. von Clemens Dölken O. Praem, Magdeburg 2010, S. 151–174; Studien zum Prämonstratenserorden, hg. von Irene Crusius/Helmut Flachenecker (Germania Sacra 25), Göttingen 2003.

[20] Helmut Flachenecker, Die *Circaria Sueviae* im Lichte der neuen Prämonstratenserforschung, in: Die Stiftskirche in Südwestdeutschland. Aufgaben und Perspektiven der Forschung, hg. von Sönke Lorenz/Oliver Auge (Schriften zur südwestdeutschen Landeskunde 35), Leinfelden-Echterdingen 2003, S. 123–141.

[21] Hermann Jakobs, Die Hirsauer. Ihre Ausbreitung und Rechtsstellung im Zeitalter des Investiturstreits (Kölner Historische Abhandlungen 4), Köln/Graz 1961; Klaus Schreiner, Benediktinisches Mönchtum in der Geschichte Südwestdeutschlands (Germania Benedictina 5), Augsburg 1975.

[22] Gert Melville, Die Zisterzienser und der Umbruch des Mönchtums im 11. und 12. Jahrhundert, in: Norm und Realität. Kontinutität und Wandel der Zisterzienser im Mittelalter, hg. von Franz Josef Felten/Werner Rösener, Berlin 2009, S. 23–43.

[23] Anfänge der Zisterzienser in Südwestdeutschland. Politik, Kunst und Liturgie im Umfeld des Klosters Maulbronn, hg. von Peter Rückert/Dieter Planck (Oberrheinische Studien 16), Stuttgart 1999; Peter Rückert, Von Salmannsweiler zu Salem: Gestaltung zisterziensischer Kulturlandschafft als heilsgeschichtliches Programm, in: Das Zisterzienserkloster Salem und seine Blüte unter Abt Ulrich II. von Seelfingen (1282–1311), hg. von Werner Rösener/Peter Rückert (Oberrheinische Studien 31), Ostfildern 2014, S. 19–37.

[24] Regula – Consuetudines – Statuta. Studi sulle fonti normative degli ordini religiosi nei secoli centrali del Medioevo. Atti del I e II Seminario internazionale di studio del Centro

Statuten und Gesetzen begannen ihren Siegeszug. Als geradezu sensationell darf man die Erfindung des Generalkapitels durch die Zisterzienser bezeichnen[25]. Damit entstand erstmals in der Geschichte des Mittelalters eine über weite Räume ausgedehnte Organisation, die auf Einheit, Einheitlichkeit, Disziplin und Dauerhaftigkeit ausgerichtet war. Das Generalkapitel der Zisterzienser wurde von anderen Orden, darunter die Dominikaner[26], übernommen und darf als erstes Modell einer hocheffizienten Großorganisation gelten. Alle diese Zusammenhänge und Prozesse machen deutlich, welche Kraft und Dynamik im 12. Jahrhundert von dieser Bewegung ausgegangen sind, wie sehr um neue und immer bessere, das heißt, gottgefälligere Lebensentwürfe gerungen wurde und wie intensiv der Drang nach Optimierung und Effizienzsteigerung die Menschen erfasste. Nur so ist auch zu erklären, dass in wenigen Jahrzehnten die westchristliche Welt mit einem dichten Netz von Klöstern und Reformstiften überzogen wurde.

Diese Prozesse machen auch deutlich, wie sehr die alten benediktinischen Klöster nun in Gefahr gerieten, von dieser „Optimierungsoffensive" völlig überrollt zu werden. Nur zögerlich suchten manche von ihnen, sich dem neuen Reformgeist anzuschließen. Für Ellwangen vermutet man, dass unter Abt Adalbert I. 1136 derartige zaghafte Annäherungen an die Hirsau-Admonter Reform stattgefunden haben[27]. Einen anderen Weg ging das Kloster Tegernsee, das sich mit Dietramszell ein vom Haupthaus völlig separiertes, eigenes Reformstift hielt[28]. Aber in der Regel reagierten die alten Benediktinerabteien mit heftiger Abneigung gegenüber dem Eifer der Reformer.

Um 1200 kam noch die Idee des „Ordens ohne Haus" hinzu. Das bedeutete, dass das Kloster als Institution und wirtschaftliches Großunternehmen völlig in Frage gestellt wurde. Es war die Idee der Franziskaner, die den Orden als die Summe der Brüder als Individuen definierte[29]. Wie konnten die altehrwürdigen Klöster aus dem Frühmittelalter angesichts dessen ihre Daseinsberechtigung aufrechterhalten?

---

italo-tedesco di storia comparata degli ordini religiosi, hg. von Cristina ANDENNA/Gert MELVILLE, Münster 2005.

25 Monika R. DIHSMAIER, Carta Caritatis. Verfassung der Zisterzienser. Rechtsgeschichtliche Analyse einer Manifestation monastischer Reformideale im 12. Jahrhundert (Schriften zur Rechtsgeschichte 149), Berlin 2010.

26 Georgina Rosalie GALBRAITH, The constitution of the Dominican order. 1216 to 1260, Manchester 1925; Hans-Joachim SCHMIDT, Legitimität und Innovation. Geschichte, Kirche und neue Orden im 13. Jahrhundert, in: Vita religiosa. Festschrift für Kaspar Elm zum 70. Geburtstag, hg. von Franz Josef FELTEN/Nikolaus JASPERT, Berlin 1999, S. 371–391.

27 Marcel BECK, Quellenkritische Studien zur Geschichte der Abtei Ellwangen, in: Studien und Mitteilungen zur Geschichte des Benediktinerordens und seiner Zweige 52 (1934) S. 73–117.

28 Sabine BUTTINGER, Das Kloster Tegernsee und sein Beziehungsgefüge im 12. Jahrhundert (Studien zur altbayerischen Kirchengeschichte 12), München 2004.

29 Gert MELVILLE/Anne MÜLLER, Franziskanische Raumkonzepte. Zur symbolischen Bedeutung des inneren und äußeren Hauses, in: Revue Mabillon 21 (2010) S. 105–138.

Sie mussten Wege finden, sich in dieser Welt der veränderten Anforderungen zu behaupten. Manchen ist das nicht gelungen. Das stolze, mächtige Reichskloster Lorsch, das sogar den Status einer Fürstabtei erlangt hatte, wurde in der ersten Hälfte des 13. Jahrhunderts zwischen dem Fürsterzbistum Mainz und der Rheinischen Pfalzgrafschaft regelrecht zerrieben[30]. Andere, wie Tegernsee, retteten sich dadurch, dass sie sich in den Schutz der neuen mächtigen Landesherrn begaben. Sie wurden zu landsässigen Klöstern. Ellwangen konnte sich dagegen seit 1215 als Fürstabtei und durch eine geschickte Politik in enger Zusammenarbeit mit dem staufischen Herrscherhaus über Wasser halten. Abt Kuno von Ellwangen (1188–1221) hat sich hierbei besondere Verdienste erworben. Doch im 14. Jahrhundert war auch hier der Niedergang nicht mehr aufzuhalten[31]. Am Ende war die Rettung nur dadurch möglich, dass sich die Abtei 1460 mit Erlaubnis des Augsburger Bischofs in eine Propstei verwandelte. Die Mönche wurden zu Kanonikern, damit zu Klerikern, die in die kirchliche Hierarchie eingeordnet waren. Das bedeutete kirchenrechtlichen Schutz, auch wenn das Stift unter dem Titel einer reichsunmittelbaren Fürstpropstei firmierte.

So zeigt sich am Beispiel der Geschichte der Klöster besonders nachdrücklich, mit welch ungeheurer Dynamik die gesellschaftlichen, geistigen und religiösen Entwicklungen im Mittelalter abgelaufen sind[32]. Die großen und starken Säulen der abendländischen Kultur, die Klöster der Karolingerzeit, zu denen auch Ellwangen gehörte, haben lange Zeit in Bildung, Wissenschaft und Wirtschaft die Führung innegehabt. Doch im Hochmittelalter kamen mit ungeheurer Wucht neue, innovative Modelle klösterlicher Organisation zum Tragen. Sie haben eine neue Welt der Klöster hervorgebracht und auch die Entwicklung von Ellwangen, eines Klosters „der ersten Stunde", nachhaltig beeinflusst und in neue Bahnen gelenkt.

---

[30] Stefan WEINFURTER, Der Untergang des alten Lorsch in spätstaufischer Zeit. Das Kloster an der Bergstraße im Spannungsfeld zwischen Papsttum, Erzstift Mainz und Pfalzgrafschaft, in: Archiv für mittelrheinische Kirchengeschichte 55 (2003) S. 31–58.

[31] Immo EBERL, Kloster Ellwangen im Zeitalter Kaiser Ludwigs des Bayern (1314–1347), in: Ellwanger Jahrbuch 32/1 (1987/1988) S. 21–34.

[32] Stefan WEINFURTER, Die Macht der Reformidee. Ihre Wirkkraft in Ritualen, Politik und Moral der spätsalischen Zeit, in: Religiöse Ordnungsvorstellungen und Frömmigkeitspraxis im Hoch- und Spätmittelalter. Kolloquium aus Anlass des 60. Geburtstags von Prof. Dr. Franz J. Felten am 14. und 15. Juli 2006, hg. von Jörg ROGGE, Korb 2008, S. 13–39.

Frühe Schriftkultur im Kloster Ellwangen

Von Maria Magdalena Rückert

Im Jahr 2014 wurde in Ellwangen das 1250jährige Gründungsjubiläum der ehemaligen Benediktinerabtei begangen, die als das älteste Kloster auf später württembergschen Boden gilt. Bereits im Kontext des 1200jährigen Klosterjubiläums hatte Hansmartin Schwarzmaier festgestellt, dass nur „wenige Benediktinerklöster [...] so wenige Handschriften ihrer reichen Bibliotheken in die Neuzeit hinein und über die Säkularisation hinaus gerettet"[1] hätten wie Ellwangen. In der Tat vermögen nur vereinzelte Quellenzeugnisse Auskunft über die Frühgeschichte der auf 764 zurückgehenden Gründung zu geben[2]. Bis in die Zeit Kaiser Friedrich Barbarossas sind für Ellwangen nur neun Herrscherurkunden überliefert, während das etwas früher gegründete Kloster St. Gallen allein bis zum Jahr 1000 über einen Originalbestand von über 700 Pergamenturkunden verfügt. Schuld an dieser miserablen Quellenlage sind vor allem zwei Großbrände im Kloster Ellwangen, die für die Jahre 1110 und 1182 bezeugt sind und durch archäologische Befunde bestätigt werden konnten[3].

Diesen Bränden sind neben den Urkunden, in denen die frühen Ellwanger Besitzungen und Rechte verbrieft wurden, offenbar auch zahlreiche handschriftliche Zeugnisse zum Opfer gefallen, die Auskunft über die in Ellwangen gepflegte Liturgie und das dortige Geistesleben hätten geben können.

---

[1] Hansmartin Schwarzmaier, Sozialgeschichtliche Untersuchungen zur Geschichte der Abtei Ellwangen in der Karolingerzeit, in: Ellwangen 764–1964. Beiträge und Untersuchungen zur Zwölfhundertjahrfeier, 2 Bde., hg. von Viktor Burr, Ellwangen 1964, Bd. 1, S. 50–72, hier S. 69.

[2] Zur Diskussion über das Gründungsjahr vgl. zuletzt Immo Eberl, Gründung und Frühzeit der Abtei Ellwangen, in: Ellwanger Jahrbuch 44 (2012/2013) S. 29–52, hier S. 29f.

[3] Vgl. zur Frühgeschichte Ellwangens Immo Eberl, Das Reichskloster Ellwangen in quellenarmer Zeit, in: Ellwanger Jahrbuch 42 (2008–2009) S. 435–442, hier S. 435; Heinrich Stöckle, Die Gründung der Benediktinerabtei Ellwangen 764 n. Chr., in: ebd., S. 581–594. Zu den Ausgrabungen Susanne Arnold, Die Ausgrabungen auf dem Marktplatz in Ellwangen – Einblick in die Klostergeschichte, in: Ellwanger Jahrbuch 44 (2012/2013) S. 133–151, hier S. 134.

Schließlich ist vor dem 12. Jahrhundert auch über das Ellwanger Skriptorium „nur kümmerlich wenig bekannt", wie Hartmut Hoffmann in seinem 2004 erschienenen, zweibändigen Werk über die Schreibschulen des 10. und 11. Jahrhunderts im deutschen Südwesten hervorhebt[4].

Dennoch ist davon auszugehen, dass Ellwangen, wo zu Beginn des 9. Jahrhunderts ungefähr 160 Mönche lebten, damals mit den bedeutendsten Bildungszentren im Reichsgebiet, also mit der Reichenau, Fulda und St. Gallen in enger Verbindung stand. Dies zeigen uns heute noch die Listen von Gebetsverbrüderungen dieser Klöster, die Ellwanger Mönche aufführen[5]. Aber etwa auch die Schriften des gelehrten Abtes Ermenrich von Ellwangen und seine zahlreichen Kontakte zu anderen Klöstern seiner Zeit lassen es durchaus lohnenswert erscheinen, einige Überlegungen zur frühen Schriftkultur in der Virngrundabtei anzustellen.

1. Zur frühen Geschichte Ellwangens

Die Ellwanger Frühgeschichte wurde in jahrzehntelangen Forschungen von Hans Pfeifer und Immo Eberl untersucht, weshalb hier einige Stichpunkte genügen können[6]. Das Benediktinerkloster Ellwangen war nach späterer Überlieferung im Jahr 764 von den Brüdern Hariolf und Erlolf gegründet worden, die das Eigenkloster dem fränkischen Herrscherhaus tradierten. Ein weiterer Bruder mit Namen Franco stand im königlichen Dienst und ist für den Eintritt des ebenso am karolingischen Hof dienenden Grimold in Ellwangen verantwortlich[7]. Der früh in das Kloster eingetretene Suonhar soll ein Karlmann treu ergebener Gefolgsmann gewesen sein[8].

---

[4] Hartmut Hoffmann, Schreibschulen des 10. und des 11. Jahrhunderts im Südwesten des Deutschen Reichs (MGH Schriften 53), Hannover 2004, S. 154–155.

[5] Vgl. etwa Liber Memorialis St. Gallen Cod. 453 oder Liber Memorialis der Reichenau, Zürich Ms.rh.hist. 27, dazu Schwarzmaier, Sozialgeschichtliche Untersuchungen (wie Anm. 1) Bd. 1, besonders S. 52 und 61, sowie Abb. 4–6;

[6] Aus der Vielzahl der Veröffentlichungen seien nur genannt: Hans Pfeifer, Ellwangen, in: Germania Benedictina, Bd. 5, Die Benediktinerklöster in Baden-Württemberg, hg. von Franz Quarthal, St. Ottilien 2003, S. 189–211, S. 190, 192; Ders., Ellwangen, in: Württembergisches Klosterbuch, hg. von Wolfgang Zimmermann/Nicole Priesching, Ostfildern 2003, S.224–227, sowie Eberl, Gründung und Frühzeit der Abtei Ellwangen (wie Anm. 2) und ders., Das Reichskloster Ellwangen (wie Anm. 3).

[7] Vgl. Vita Hariolfi, hg. und übersetzt von Viktor Burr, in: Ellwangen 764–1964 (wie Anm. 1) Bd. 1, S. 9–49, hier S. 15 und S. 23–25.

[8] Vita Hariolfi (wie Anm. 1) S. 27, und StAL B 389 U 2252: WUB Bd. 1 Nr. 8, S. 8–9: Suonhar, Vasall König Karlmanns, erneuert die bei seinem Eintritt als Mönch in das Kloster Ellwangen an die Heiligen Sulpicius und Servilianus daselbst gemachten Schenkungen.

Erlolf bestieg noch zu Zeiten König Pippins, also vor 768, den Bischofsstuhl von Langres. 769 ist er hier erstmals als *episcopus legitimus*[9] belegt. Er war der Nachfolger von Bischof Remedius, dem Stiefbruder der Hausmaier Pippin und Karlmann. An der Nähe zum karolingischen Herrscherhaus, auf die auch die im 9. Jahrhundert entstandene Vita Hariolfi besonders abhebt, ist daher nicht zu zweifeln[10].

Die Forschung geht davon aus, dass Pippin im fränkisch-bayerischen Grenzgebiet ein zuverlässiges Kloster ansiedeln wollte, zumal hier innerhalb eines Vierteljahrhunderts eine ganze Kette von benediktinischen Niederlassungen gegründet worden war[11]. Neben der Festigung des christlichen Glaubens sollten diese ebenso der Stabilisierung der Herrschaft in den von den Karolingern unterworfenen Gebieten dienen[12].

Bereits 773 folgte Hariolf seinem Bruder Erlolf als Bischof von Langres nach, musste aber den Bischofssitz schon nach wenigen Jahren verlassen. Es wird vermutet, dass sich die beiden Brüder wegen der Translation zahlreicher Reliquien aus Langres nach Ellwangen in Burgund unbeliebt gemacht hätten[13].

Jedoch auch politische Gründe scheinen im Spiel gewesen zu sein. Während der Teilung des Frankenreiches zwischen den beiden Söhnen Pippins, Karl dem Großen und Karlmann, lag das Bistum Langres im Reichsteil des letzteren. Hariolf wird auch deshalb als ein treuer Gefolgsmann Karlmanns angesehen, weil mit dem erwähnten Suonhar ein Anhänger Karlmanns im Ellwanger Konvent vertreten war. Zwischen 775 und 778 musste Hariolf vermutlich wegen der veränderten

---

[9] Josef SEMMLER, Die Aufrichtung der karolingischen Herrschaft im nördlichen Burgund im VIII. Jahrhundert, in: Aux origines d'une seigneurie ecclésiastique. Langres et ses évêques VIII e–XI e siècles. Actes du colloque Langres-Ellwangen, Langres 28 Juin 1985, S. 19–42, bes. S. 37–40 zu Hariolf; DERS., Zu den bayerisch-westfränkischen Beziehungen in karolingischer Zeit, in: Zeitschrift für bayerische Landesgeschichte 29 (1966) S. 372–391, hier S. 380.

[10] Vita Hariolfi (wie Anm. 7) S. 15: *Lange bevor er das Bischofsamt erreicht hatte, wählte eben dieser ruhmreiche Mann zusammen mit seinen Brüdern und Miterben den Platz aus, errichtete hart am Sumpfgebiet ein Kloster und übereignete es für immer zum Schutz dem König Pippin, hernach dem erlauchtesten Kaiser Karl, der ihm eine solche Hochachtung entgegenbrachte, dass er ihn nie anders als mit „Vater Hariolf" anredete.*

[11] Gemeint sind Heidenheim, Ottobeuren, Solnhofen, Obermarchtal und Herbrechtingen.

[12] Wilhelm STÖRMER, Bischöfe von Langres aus Alemannien und Bayern. Beobachtungen zur monastischen und politischen Geschichte im ostrheinischen Raum des 8. und frühen 9. Jahrhunderts, in: Langres et ses évêques (wie Anm. 9) S. 43–77, S. 54–58. Friedrich PRINZ, Das Mönchtum in fränkischer Zeit. Klöster als Träger der Mission und Bildung, in: Württembergisches Klosterbuch (wie Anm. 6) S. 3–21, hier S. 4.

[13] Immo EBERL, Kloster Ellwangen im Umkreis seiner Gründer, in: Aus südwestdeutscher Geschichte, Festschrift für Hans-Martin MAURER. Dem Archivar und Historiker zum 65. Geburtstag, hg. von Wolfgang SCHMIERER/Günter CORDES/Rudolf KIESS/Gerhard TADDEY, Stuttgart 1994, S. 73–80, hier S. 76, geht nur von einigen Monaten Hariolfs auf dem Bischofsstuhl von Langres aus.

politischen Lage nach dem Tode Karlmanns seine bischöfliche Position wieder aufgeben und nach Ellwangen zurückkehren, wo er seinen Lebensabend verbrachte[14].

Folgt man der *Notitia de servitio monasteriorum*[15] aus dem Jahr 817, so muss Ellwangen zur Zeit Ludwigs der Frommen auf derselben Stufe gestanden haben wie die hochangesehenen Klöster Fulda und Hersfeld. Nach der ältesten erhaltenen Königsurkunde des Klosters aus dem Jahr 814 nahm der Karolinger die Abtei unter Rückgriff auf eine verlorene Urkunde seines Vaters, Karls des Großen, in seinen besonderen Königsschutz auf, verlieh ihr die Immunität und gestattete die freie Abtswahl. Die Echtheit der Urkunde, die in der Forschung immer wieder in Frage gestellt wurde, ist von der neu erschienenen Monumenta-Edition der Urkunden Ludwigs des Frommen bestätigt worden[16].

Die Personalunion zwischen der Abtei Ellwangen und dem Bistum Langres sowie die erwähnten Reliquientranslationen spielten für das Geistesleben und die Liturgie in Ellwangen sicherlich eine große Rolle. Mit den Reliquien fränkischer Heiliger aus Langres und Dijon sowie römischer und provinzialrömischer Märtyrer, die aus Rom ebenso über Langres nach Ellwangen gelangt waren, versuchten die Klostergründer ihrer Niederlassung das nötige Ansehen zu verschaffen. Hauptpatrone wurden Sulpitius und Servilianus, zwei römische Märtyrer, die in Langres seit 769 verehrt wurden und zwischen 774 und 788 nach Ellwangen übertragen worden sein sollen. So meint auch die Vita Hariolfi, die beiden im 9. Jahrhundert in Ellwangen als Titularpatrone nachgewiesenen *bedeutenden Männer verliehen diesem düsteren Ort gleichsam wie zwei große Leuchten strahlenden Glanz*[17]. Unter den 16 Stiftsheiligen erlangten die aus Langres stammenden kappadokischen Drillinge, die sog. Pferdeheiligen Speusippus, Eleusippus und Meleusippus, beson-

---

[14] Zur Diskussion um die Herkunft der beiden Brüder aus dem Umfeld der Agilolfinger STÖRMER, Bischöfe aus Langres (wie Anm. 9) S. 54–58 und Jean MARILIER, L'origine de quelques évêques de Langres aus VIIIe et IXe siècles. L'emprise de la noblesse bavaroise sur le siège épiscopal, in: Langres et ses évêques (wie Anm. 9) S. 81–88; zur neueren Forschung zu den sog. Agilolfingern Roman DEUTINGER, Wer waren die Agilolfinger?, in: Verwandtschaft, Name und soziale Ordnung (300–1000), hg. von Steffen PATZOLD/Karl UBL, Berlin/Boston 2014, S.177–194.

[15] *Notitia de servitio monasteriorum*, hg. von Petrus BECKER, in: Corpus Consuetudinum Monasticarum, T. 1, hg. von Kassius HALLINGER, Siegburg 1963, S. 483–499, hier S. 495, wird Ellwangen in der zweiten Kategorie von Klöstern aufgeführt: *quae tantum dona dare debent sine militia.*

[16] Vgl. Die Urkunden Ludwigs des Frommen (MGH Diplomata Karolinorum) 1. Teil, hg. von Theo KÖLZER, Wiesbaden 2016, Nr. 10, S. 28–33. Es handelt sich um die älteste für Ellwangen überlieferte Urkunde, laut Edition eine zeitgenössische Nachzeichnung. Das Privileg Karls des Großen, auf das sie sich bezieht, muss als verloren gelten. Vgl. dazu auch Hans PFEIFER, Die Schutzverleihung Kaiser Ludwigs des Frommen für das Kloster Ellwangen – 8. April 814, in: Archivnachrichten Quellenbeilage 5, Nr. 5, Dezember 1992, S. 1–8.

[17] Vita Hariolfi (wie Anm. 7) S. 23. Viktor BURR, Calendarium Elvacense, in: Archiv für Liturgiewissenschaft 6 (1960) S. 372–416, hier S. 376 f., auch im Folgenden.

dere Bedeutung und stehen wohl am Beginn des heute noch am 17. Januar begangenen Pferdemarkts, dem „Kalten Markt“ in Ellwangen.

Es liegt nahe, dass sich die Brüder Erlolf und Hariolf neben der Beschaffung der Reliquien aus Langres auch um die Ausstattung des neu gegründeten Klosters mit den nötigen Handschriften gekümmert haben. Gerade Erlolf gilt als gebildeter Theologe, der mit den Schriften Gregors des Großen vertraut war[18].

2. Handschriften als Zeugnis der Ellwanger Geistesgeschichte vor dem 12. Jahrhundert

Der Kult der Drillinge sowie die Namen weiterer Heiliger sind in einem Verzeichnis festgehalten, das bei der Weihe der neuen Kirche in Ellwangen im Jahr 1124 entstand und alle Altäre und Reliquiengräber dort aufführt[19]. Es findet sich im sog. Ellwanger *Lectionarium Matutinale*, das zwischen 1124 und 1136 angelegt wurde[20]. Dieser in der Literatur als einziges sicheres Zeugnis Ellwanger Schreibtätigkeit bezeichnete Codex ist in einer Zeit entstanden, aus der auch die frühesten Ellwanger Privaturkunden überliefert sind. Darunter findet sich ein fragmentarisches Güterverzeichnis aus der ersten Hälfte des 12. Jahrhunderts, das die Schäden aufführt, die dem Kloster unter seinem Abt Helmerich zugefügt worden waren[21]. Auf dieselbe Zeit geht auch die Erstellung eines Berichts in Urkundenform zurück, der vorgibt, 764 entstanden zu sein[22]. Er betrifft Schenkungen des bereits genannten Vasallen König Karlmanns mit Namen Suonhar für das Kloster Ellwangen, die im Raum Schriesheim und bei Wiesenbach am unteren Neckar lagen. Die Fälschung entstand offenbar in dem Bemühen, alte Klosterrechte in Erinnerung zu rufen, über die keine Urkunden mehr vorhanden waren (Abb. 1).

Der vermehrten Schreibtätigkeit nach dem Klosterbrand ist wohl auch die Entstehung des genannten Ellwanger Lektionars geschuldet, das den Sommerteil

---

[18] Vgl. Semmler, Die Aufrichtung der karolingischen Herrschaft (wie Anm. 9) S. 38.

[19] Der Kult der Tergemini, ihrer Großmutter Leonilla, der Notare Neon und Turbon, der Iunilla und des Bischofs Benignus, der die Drillinge getauft haben soll, war in Langres im 7. Jahrhundert eingerichtet worden. Weitere Reliquien stammen von den Märtyrern Quartus, Quintus und Bonifatius sowie dem Bischof und Märtyrer Desiderius aus Langres. Vgl. Pfeifer, Ellwangen (wie Anm. 6) S. 191; Patrick J. Geary, Der Münchner Cod. lat 3851 und Ellwangen im 10. Jahrhundert, in: Deutsches Archiv 33 (1977) S. 167–170, S. 169 f.

[20] WLB Cod. bibl. fol. 55: Lectionarium Matutinale, http://digital.wlb-stuttgart.de/purl/bsz366836994 (Dieser und die folgenden Aufrufe: 04. 01. 2017).

[21] Das Ellwanger Güterverzeichnis wird aufbewahrt unter der Signatur StAL B 389 U 308, vgl. Karl Otto Müller, Ein Ellwanger Güterverzeichnis (um 1136) über die Schädigung des Klosterguts durch Abt Helmerich, in: WVjH NF 35 (1929) S. 38–58.

[22] StAL B 389 U 2252, WUB 1, Stuttgart 1849, S. 8 f., Nr. 8. Vgl. zur Diskussion um die Fälschung Fritz Trautz, Das untere Neckarland im frühen Mittelalter, Heidelberg 1953, S. 116 f.; Eberl, Gründung und Frühzeit (wie Anm. 2) S. 33 f.

des Offiziums enthält. Ein Fragment des fehlenden Winterteils, ein von derselben Hand geschriebenes Doppelblatt, konnte Schwarzmaier im Hauptstaatsarchiv Stuttgart identifizieren[23].

Überliefert sind im Ellwanger Lektionar darüber hinaus auch die *Annales Ellwangenses*, ein Nekrolog und ein Calendarium[24]. Vor allem aber findet sich hier der älteste Textzeuge der Vita Hariolfi des Ermenrich von Ellwangen, der Hauptquelle für die Ellwanger Frühzeit[25] (Abb. 2).

Der um 814 geborene Ermenrich erhielt seine Ausbildung zunächst in Ellwangen, dann vermutlich unter Magister Rudolf in Fulda. Um 833 war er in der Hofkapelle Ludwigs des Deutschen anzutreffen, bevor er wieder nach Ellwangen zurückkehrte. In den 840er Jahren hielt er sich auf der Reichenau auf, nach dem Tod Walafried Strabos 849 ist er in St. Gallen zu finden. 866 erfolgte seine Erhebung zum Bischof von Passau. Schon in der Hofkapelle knüpfte er Kontakte zu Abt Grimald von Weissenburg und St. Gallen. Grimald, der Erzkaplan Ludwigs des Deutschen, war dann auch der Adressat von Ermenrichs bedeutendstem Werk, der zwischen 850 und 855 abgefassten *Epistola ad Grimaldum*. Ermenrich widmete seine Vita des heiligen Hariolf von Ellwangen Bischof Gozbald von Würzburg (842–855) und bezeichnet den ehemaligen Abt von Niederaltaich als seinen Lehrer[26]. Nicht zuletzt hieran wird seine überregionale Vernetzung sichtbar.

Sein Werk über die Frühzeit der Abtei Ellwangen wurde im 12. Jahrhundert, nach dem Brand der Bibliothek, als so wichtig erachtet, dass es neu abgeschrieben wurde. Wenn Ermenrich vielleicht auch nicht zur ersten Reihe der karolingischen Gelehrten zählte, so zeigt sein Beispiel doch nur zu deutlich, dass auch Ellwanger Mönche im 9. Jahrhundert aktiv am karolingischen Bildungsleben teilhatten[27].

---

[23] SCHWARZMAIER, Sozialgeschichtliche Untersuchungen (wie Anm. 1) S. 69; HStAS J 522, B XII Nr. 533.

[24] Die Ellwanger und Neresheimer Geschichtsquellen, hg. von Josef Anton GIEFEL, (Württembergiche Geschichtsquellen 2), Stuttgart 1888; Wolfgang IRTENKAUF, Die Ellwanger Liturgie, in: Ellwangen 764–1964 (wie Anm. 1) S. 424–444; Karl-Heinz MISTELE, Necrologium Elvacense: das Ellwanger Nekrolog nach Cod. Bibl. Fol. 55 der Landesbibliothek Stuttgart, in: Ellwangen 764–1964 (wie Anm. 1) S. 160–167.

[25] WLB Cod. bibl. fol. 55: Lectionarium Matutinale (wie Anm. 20).

[26] Vita Hariolfi (wie Anm. 7) S. 15: *Ermenrich, Priester und Mönch dieses Klosters erweist verehrungsvoll dem Bischof Gozbald, seinem Lehrer, Hochachtung im Herrn.* Darüber hinaus wird Hariolf als Verwandter (*propinquus*) des Bischofs bezeichnet.

[27] Zu Ermenrich vgl. Wilhelm FORKE, Studien zu Ermenrich von Ellwangen, in: ZWLG 28 (1969) S. 1–104; F. J. WORSTBROCK, Ermenrich von Ellwangen, in: Die deutsche Literatur des Mittelalters. Verfasserlexikon, Bd. 2, Berlin/New York 1980, Sp. 606–611; Gerhard SCHMITZ, Ermenrich von Ellwangen oder vom Nachteil und Nutzen von Re-Editionen, in: Deutsches Archiv 66 (2010) S. 479–509, hier S. 479–481. Herbert WURSTER, Ermenrich von Passau OSB, Bischof der Diözese Passau, ca. 866–874/875, in: Ellwanger Jahrbuch 44 (2012/2013) S. 79–100; Monique GOULLET, La Vita Hariolfi d'Ermenrich d'Ellwangen: un dialogue hagiographico-pédagogique. Excursus: Ermenrich et le grec, in: Parva pro magnis munera. Etudes de littérature tardo-antique et médiévale offertes à François DOLBEAU par

Darauf deutet auch ein heute in München befindliches Poenitentiale, das im letzten Viertel des 9. Jahrhunderts geschrieben wurde. Es enthält eine Sammlung patristisch-kanonistischer Texte zur kirchlichen Buß- und Gerichtspraxis, deren jüngster Bestandteil Kanones der Synode von Worms des Jahres 868 sind. Ein Zusammenhang zu Ellwangen ergibt sich aus einer auf fol. 74 v nachgetragenen, vier Zeilen umfassenden Namenreihe, die Patrick Geary als Liste der ältesten Patrone Kloster Ellwangens identifiziert hat. Sie lautet:

In nomine domini. Nomina sunt procerum quos fert eleu[acum horum]*: Sulpicius, Seruilianus, Speosippus, Eleosipppus, Mel*[eosippus], *N*[eo]*n, Turbon, Quartus, Quintus, Benignus, Desiderius, Boni*[facius], [Leo]*nilla, Iunilla*[28].

Die Liste wurde offenbar im Laufe des 10. Jahrhunderts ergänzt, als der Codex in Ellwangen gewesen sein muss. Die Namen stimmen mit den im Ellwanger Lektionar des 12. Jahrhunderts aufgeführten Heiligen überein. Hier heißt es: [...] *corpora sanctorum martirum Sulpicii et Seruiliani, Eufrosine et Theodore, sponsarum eorum de Roma; sanctorum geminorum Speosippi, Eleosippi, Meleosippi; Leonis, Thuronis, Leonille, Iunille, Domicille, Bonifacii martirum; Romani civis, Benigni martiris de Lingonica civitate* [...][29].

Die heute in München befindliche Handschrift enthält noch einen weiteren Nachtrag über eine Himmelserscheinung und das damit in Zusammenhang stehende Scheitern des ostfränkischen Königs Ludwig des Jüngeren auf einem Feldzug im Westreich zu Beginn des Jahres 880. Rudolf Schieffer vermutet, dass der zweite Nachtrag durch den Reichenauer Mönch Hatto, der 889 Abt von Ellwangen wurde und 891 Nachfolger Erzbischof Luitberts von Mainz werden sollte, veranlasst worden sein könnte, als sich die Handschrift in Ellwangen befand[30]. Von Ellwangen gelangte der Codex in die Augsburger Dombibliothek, wo er noch im 10. Jahrhundert abgeschrieben wurde. Es liegt nahe, dass ihn Abt Gerhard von Ellwangen mitnahm, als er 996 Bischof von Augsburg wurde[31].

Ein weiterer Münchener Codex, der die *Regula pastoralis* Gregors des Großen umfasst, kann ebenso aufgrund von Zusätzen im 10. Jahrhundert in Ellwangen verortet werden. Dafür spricht der Vers *Me sancto dedit Sandradus en quoque*

---

ses élèves, réunies par Monique GOULLET (Instrumenta patristica et mediaevalia 51), Turnhout 2009, S. 411–443, hier S. 441 Anm. 46.

[28] Staatsbibliothek München Clm 3851; vgl. dazu GEARY, Der Münchener Cod. lat. 3851 (wie Anm. 19) S. 167–170.

[29] WLB Cod. Fol. 55 (wie Anm. 20). Gedruckt: *Translatio sanctorum geminorum Ellwangensis et Ratisbonensis*, in: MGH SS 30, hg. von Wilhelm LEVISON, Bd. 2, S. 1348 Z. 1–6.

[30] Rudolf SCHIEFFER, Von St. Quentin nach Ellwangen: eine Notiz über König Ludwig den Jüngeren, in: Retour aux sources. Textes, études et documents d'histoire médiévale offerts à Michel PARISSE, hg. von Sylvain GOUGUENHEIM, Paris 2004, S. 965–970, hier S. 969 auch im Folgenden.

[31] Staatsbibliothek München Clm 3853.

Vito [...][32]. Er deutet auf den aus St. Maximin in Trier stammenden Mönch und aus den *Gesta Sancti Galli* Ekkehards IV. bekannten strengen Klosterreformer hin, der Ende der 70er Jahre des 10. Jahrhunderts in Ellwangen als Abt amtierte. Dem nach dem Tod des Abtes Milo und vor der Amtsübernahme des Winither hier zu vermutenden Sandrad gedenkt der Ellwanger Nekrolog am 25. August: *Sanderadus abbas obiit nostre congregationis*[33]. Da Sandrad, der erste Abt des um 974 vom Kölner Erzbischof Gero gegründeten Vitus-Klosters in Mönchengladbach war, wird sein Abbatiat mit der Einführung des Kultes des Heiligen Veit in Zusammenhang gebracht, der bald zum Hauptpatron in Ellwangen werden sollte[34].

Weitere Zeugnisse aus dem 10. und 11. Jahrhundert, die Bestandteil der Ellwanger Bibliothek gewesen zu sein scheinen, sind nur fragmentarisch überliefert. Aus der Zeit um 1100 stammt ein Fragment des Psalmenkommentars des Augustinus im Staatsarchiv Ludwigsburg[35]. In der zweiten Hälfte des 10. Jahrhunderts wurde ein Evangelistarfragment geschrieben, das als Umschlag eines Ellwanger Totenbüchleins aus dem Jahr 1483 überdauerte[36]. Ein Ecclesiastesfragment aus der Mitte des 9. Jahrhunderts, das einen noch in althochdeutscher Zeit mit einer Glosse versehenen theologischen Traktat umfasst, diente als Einband einer Ellwanger Totenordnung von 1481[37].

Einigkeit besteht in der Forschung darüber, dass zwei Lektionarfragmente, auf die Schwarzmaier im Jubiläumsjahr 1964 stieß, dem Ellwanger Skriptorium entstammen. Es handelt sich erstens um ein stark beschnittenes Einzelblatt, das Bernhard Bischoff dem ausgehenden 9. Jahrhundert zugewiesen hat (Abb. 3). „Charakteristisch für die kräftig geschriebene karolingische Minuskel ist etwa das neben dem Minuskel-d vorkommende unziale d, das x, dessen linker Querbalken zur Unterlänge verlängert ist, das konsequent gebrauchte offene g; aus dem Schriftbild fallen die Großbuchstaben, insbesondere das kapitale N und A (ohne Querbalken) stark heraus“[38]. Auffällig sind die Initialen, die unter Verwendung zahlreicher Farben, darunter Gold und Silber ausgeführt sind. Gerade sie erlauben auch die Zuordnung eines weiteren Fragments aus dem Hauptstaatsarchiv Stuttgart, des Doppelblatts eines Lektionars, zu demselben Codex, wenn auch die Schrift etwas gedrängter und steiler wirkt[39] (Abb. 4).

---

[32] Zu Staatsbibliothek München Clm 9638 HOFFMANN, Schreibschulen (wie Anm. 4) S. 155.

[33] MISTELE, Necrologium Elvancense (wie Anm. 24) S. 166.

[34] Gerhard SCHMITZ, Sulpitius, Servilianus, Vitus. Ellwanger Patrozinienfragen, in: Ellwanger Jahrbuch 44 (2012/2013) S. 111–131, hier S. 125

[35] StAL B 397 II Bü 28.

[36] HStAS J 522 B X a Nr. 588.

[37] HStAS J 522 B IX a Nr. 590. StAL B 397 II Bü 184: *Concordantia canonicorum provisorum et vicariorum super celebrandis exequiis.*

[38] HStAS J 522 B X b Nr. 717. Dazu SCHWARZMAIER, Sozialgeschichtliche Untersuchungen (wie Anm. 1) S. 70.

[39] HStAS J 522 B X a Nr. 524.

Im Jahr 1988 gelang es Norbert Hofmann, diesen beiden Fragmenten ein weiteres Epistolarfragment aus dem Ludwigsburger Staatsarchiv an die Seite zu stellen, das einer Rechnung des Spitals von 1457 als Einband diente (Abb. 5). Aufgrund der Schrift, vor allem aber wegen der verwendeten Initialen bestand kein Zweifel, dass es sich hier um denselben Codex handelte, dem auch noch zwei kleinere zum Binden verwendete Stücke zuzuweisen waren[40]. Die fünf Fragmente wurden durch Hofmann formal beschrieben und ediert. Sie sind Teile eines Perikopenbuchs, und zwar eines *Epistolare missae*, das um 875 anzusetzen ist. Die Volltexte der Perikopen sind ausschließlich dem Alten Testament und den Apostelbriefen entnommen.

Am Rand von Forschungen zur Ellwanger Propstei Hohenberg[41] wurde im Staatsarchiv Ludwigsburg ein weiteres Fragment entdeckt, dessen paläographischer Befund für eine Datierung noch in das 8. Jahrhundert, spätestens aber um 800 spricht[42]. Es handelt sich nicht nur das älteste im Staatsarchiv Ludwigsburg aufbewahrte Archivale, sondern auch um das früheste aus der Abtei Ellwangen überlieferte Schriftzeugnis überhaupt (Abb. 6–12).

3. Zum Ellwanger Sermonesfragment aus dem 8. Jahrhundert

Da jedes Fragment der Zeuge eines verlorenen Buches ist, soll im Folgenden versucht werden, das Ellwanger Fragment für die frühe Schriftkultur und Geistesgeschichte der Benediktinerabtei fruchtbar zu machen[43].

Es umfasst drei auf verso- und recto-Seiten eng beschriebene Blatt Pergament. Sie waren mit großen Stichen an den Längsseiten aneinandergenäht und wurden dann einmal gefaltet, um den Einband einer zehn Blatt Papier umfassenden Rechnung (im Format 30 × 11 cm) zu bilden.

Blatt 2 zeigt den Titel und die Signatur der Rechnung, der das Fragment als Einband diente. Fünf der sechs Seiten verfügen über einen annährend gleichen Schriftspiegel. Allein bei Bl. 3 r beträgt der untere Rand 4 cm, was auf das Ende eines Textabschnitts hindeutet. Da Bl. 3 v mit der Auszeichnungsinitiale „F“ beginnt, die mit einem figürlichen Schmuck versehen ist, der Spuren roter Farbe aufweist, setzt hier offenbar ein neues Kapitel ein.

---

40 StAL B 397 II Bü 537 (früher B 397 Bü 164). Vgl. dazu Norbert HOFMANN, Epistolarfragmente des 9. Jahrhunderts aus Ellwanger Archivbeständen, in: Ellwanger Jahrbuch 33 (1989/1990) S. 192–206 und I–XX.

41 Peter RÜCKERT, Die Ellwanger Propstei Hohenberg und ihr Patron der heilige Jakobus, in: Württembergisch Franken 86 (2002), Festschrift für Gerhard TADDEY, S. 59–70.

42 StAL B 397 II Bü 244 (früher B 397 Bü 105).

43 Vgl. zur Beschreibung ausführlicher meinen Beitrag: Überlegungen zu einem Sermonesfragment des 8. Jahrhunderts im Archiv der Benediktinerabtei Ellwangen, in: Benedikt gestern und heute, hg. von Daniela HOFMANN und Tanja SKAMBRAKS (Vita regularis 55), Münster u. a. 2016, S. 171–184.

Die Datierung des Fragments in die zweite Hälfte des 8. Jahrhunderts und damit noch in die Ellwanger Gründungsphase ergibt sich aus der verwendeten Schrift. Abgefasst wurde der vorliegende Text in der angelsächsischen Minuskel, die von den iro-schottischen Missionaren im 8. Jahrhundert auf das Festland mitgebracht wurde [44]. Kennzeichnend für diese Schrift, für die sich etwa Beispiele in der Bonifatiusgründung Fulda oder auch in St. Gallen finden lassen, ist z.B., dass das „r" unter die Zeile reicht und kaum vom ebenso unter der Zeile verlaufenden „s" zu unterscheiden ist[45].

Format und Schriftspiegel sprechen dafür, dass die drei Blatt Pergament zu einem Codex gehörten. Mit Hilfe der elektronischen Ressourcen der Universität Heidelberg konnte der Text, der noch nicht ediert ist, in der aus dem frühen 9. Jahrhundert stammenden Handschrift Vatikan Pal. Lat. 186 aus dem Kloster Lorsch[46] identifiziert werden.

Die Textpassagen werden in der Lorscher Handschrift den *Sermones* des syrischen Kirchenvaters Ephraim zugeschrieben, der von 306 bis 373 in Nisibis (heute Nusaybin in der Türkei) im römisch-persischen Grenzgebiet lebte. Laut Vat. Pal. Lat. 186 handelt es sich bei dem Text um einen Auszug aus Ephraims Sermon Nr. 3: *De paenitentia,* in dem den Menschen unter Hinweis auf zahlreiche Bibelstellen der Tag des Jüngsten Gerichts vor Augen geführt wird. Die Rubrik auf Bl. 5 r der Lorscher Handschrift lautet: *Incipit opvscula sancti Effrem de paenitentia.* Auf Bl. 34 v heißt es dann: *Explicit liber sancti Effrem.* Die Bl. 8 v bis 11 r geben den Text des Ellwanger Fragments mit geringfügigen Abweichungen wieder [47].

Ephraims Werke wurden über das Griechische ins Lateinische übersetzt und waren bereits im Mittelalter im Westen bekannt. Allerdings stehen die Forschungen hier ziemlich am Anfang. Über die handschriftliche Verbreitung der Werke Ephraims besteht keine Klarheit. Vieles wird ihm zugeschrieben, ohne sicher mit dem historischen Ephraim zu tun zu haben[48].

Neben dem genannten Codex aus Lorsch weißt noch eine weitere Handschrift, Vat. Pal. Lat. 220, die am Mittelrhein entstanden zu sein scheint[49], den Text auf. Ferner konnte er in zwei St. Gallener Handschriften, Stiftsbibliothek Cod.

---

[44] Herrad SPILLING, Angelsächsische Schrift in Fulda, in: Von der Klosterbibliothek zur Landesbibliothek, hg. von A. BRALL, Stuttgart 1978, S. 47–98.

[45] Bernhard BISCHOFF, Paläographie des römischen Altertums und des abendländischen Mittelalters (Grundlagen der Germanistik 24), Berlin² 1979, S. 113 f.

[46] http://bibliotheca-laureshamensis-digital.de/bav/bav_pal_lat_186/0013.

[47] Die übereinstimmende Textpassage beginnt mit den Worten: *tristitia cordis* und endet mit *semper ad inrogandem contumelias.*

[48] Gerhard SCHMITZ, Zu den Quellen der *Institutio Sanctimonialium* Ludwigs des Frommen (a. 816). Die Homiliensammlung des Codex Paris lat. 13440, in: Deutsches Archiv 68 (2012) S. 23–52, hier S. 32, und David GANZ, Knowledge of Ephraim's writings in the Merovingian and Carolingian Age, in: Journal of Syriac Studies vol. 2.1 (1999) S. 37–46.

[49] Bernhard BISCHOFF, Die Abtei Lorsch im Spiegel ihrer Handschriften, 2. erw. Aufl. Lorsch 1989, S. 31 und S. 118.

Sang. 92 und Cod. Sang. 93, ermittelt werden, die ins 9. Jahrhundert datiert werden[50]. Aus dem süddeutschen Raum sind ferner eine Münchener Handschrift, Clm 6293, die in Freising unter Bischof Atto um 800 kopiert wurde, sowie die Freisinger Handschrift Clm 6330 aus dem 9. Jahrhundert zu nennen. Ein weiterer in Bayern abgeschriebener Codex, Clm 14634 kam ins Kloster St. Emmeram in Regensburg. Clm 19410 wurde nach 846 in der Diözese Passau erstellt[51]. Zu den überlebenden Manuskripten Ephraims kommt seine Erwähnung in den karolingischen Katalogen von Lorsch, Murbach, St. Gallen und Bobbio sowie im ältesten Bibliothekskatalog von Fulda hinzu. Die Popularität Ephraims in den erwähnten Klöstern deutet darauf hin, dass die Predigten eine Hinterlassenschaft der angelsächsischen Missionare in erst vor kurzem christianisierten Gebieten darstellen[52].

Im angelsächsischen England nämlich war Ephraims Werk ebenso stark verbreitet. Die lateinische Version seiner Predigten soll dort schon im 7. Jahrhundert zirkuliert haben. Zwei Gebete, die mit Ephraim in Verbindung gebracht werden, haben Eingang in halbliturgische Gebetbücher, wie das Book of Cerne (Cambridge University Library, Ll.1.10) oder das Book of Nunnaminster (London British Library, Harley 2965) gefunden[53]. Die Handschrift London British Library, Harley 7653, die um 800 in Southumbria (Mercia) entstanden ist, führt ein Gebet auf, das auch in dem Ellwanger Fragment auf fol. 3r enthalten ist. Unter dem Titel *Oratio Sancti Effrem* erscheint das Gebet des Weiteren in einem Gebetbuch aus Tours[54]. Der Text beginnt mit den Worten: *Deus altissime qui solus sine peccato es* [...] und endet: *quia tibi debetur omnis gloria et adoratio in secula seculorum.* Sowohl in den genannten süddeutschen Handschriften als auch in drei in Frankreich überlieferten

[50] http://www.e-codices.unifr.ch/en/csg/0092; http://www.e-codices.unifr.ch/en/csg/0093.

[51] Vgl. die Übersicht in: Albert SIEGMUND, Die Überlieferung der griechischen christlichen Literatur in der lateinischen Kirche bis zum zwölften Jahrhundert (Abhandlungen der Bayerischen Benediktiner-Akademie 5), München-Pasing 1949, S. 67–71; T. S. PATTIE, Ephraim the Syrian and the latin manuscripts of *De paenitentia*, in: The British Library Journal 13 (1987) S. 1–24. Vgl. zu weiteren Handschriften und Hinweisen auf Digitalisate vgl. MOnastic Manuscript Project http://www.earlymedievalmonasticism.org/texts/Ephrem-de-paenitentia.html.

[52] GANZ, Knowledge of Ephraim's writings (wie Anm. 48) S. 42: „The reference in the earliest Fulda Catalogue is remarkably early and perhaps belongs with the missionary evidence discussed above".

[53] Jane STEVENSON, Ephraim the Syrian in Anglo-Saxon England, in: Journal of Syriac Studies vol. 2.1 (1998) S. 253–272. S. 272: „It also seems clear that Latin versions of prayers attributed to Ephraim formed part of the common stock of material circulating between private prayerbooks in Western Europe around the year 800. Beyond that, almost everything is debatable."

[54] Troyes 1742 pt.1 fol. 60. Vgl. dazu auch Patrick SIMS-WILLIAMS, Thoughts on Ephrem the Syrian in Anglo-Saxon England, in: Learning and Literature in Anglo-Saxon England, hg. von Michael LAPIDGE/Helmut GNEUSS, Cambridge 1985, S. 205–226, hier S. 224–226.

Manuskripten endet Ephraims Predigt *De paenitentia* mit diesem Gebet[55]. Allein im Ellwanger Fragment und in der Lorscher Handschrift Pal. Lat. 186 schließt sich daran ein Kapitel an, das mit den Worten *Facit enim hostis securis quem cupit esse captivos*, beginnt. Es handelt sich um Worte aus Augustinus Sermo 56[56]. Wenige Zeilen später folgt ein Zitat aus Gregors Moralia in Iob[57]. Da beide Kirchenväter mehrere Jahrzehnte bzw. Jahrhunderte nach Ephraim lebten, kann der Text somit nicht als Ganzes dem syrischen Autor zugeschrieben werden, wie dies im Lorscher Codex Vat. Pal. Lat. 186 geschieht.

In der vorliegenden Form kann der im Ellwanger Fragment aufgeführte Text nicht vor dem 7. Jahrhundert entstanden sein. Da er eine gewisse Vorliebe für das Matthäus-Evangelium zeigt, könnte unter den Vorlagen ein Matthäus-Kommentar sein, der auch den historischen Ephraim zitierte. David Ganz hat darauf hingewiesen, dass der Mönch Defensor von Ligugé sowohl Ephraim als auch Augustinus und Gregor den Großen in seinen *Liber Scintillarum* aufnahm, der zwischen 632 und 750 entstanden ist [58]. Aber auch hier konnte die vorliegende Zusammenstellung nicht ermittelt werden, deren weitere Beschreibung einer kommentierten Edition vorbehalten bleiben muss.

In unserem Kontext geht es vielmehr darum zu fragen, welche Bedeutung dem vorliegenden Text für die Geistesgeschichte der Ellwanger Frühzeit zukommt. Möglicherweise gelangte der Codex, zu dem die Ellwanger Sermonesfragmente gehörten, im Rahmen der iroschottischen Mission auf das Festland. Vielleicht brachte auch Hariolf ihn mit, als er von Langres zurück in seine Gründung Ellwangen kam.

Aufgrund der überregionalen Kontakte der Ellwanger Mönche zu Zentren karolingischer Bildung wie St. Gallen und der Reichenau, die sich für das 9. und 10. Jahrhundert nachweisen lassen, wäre ein solcher Austausch auch für das 8. Jahrhundert vorstellbar. Denkbar wäre auch, dass ein gelehrter Abt wie Ermenrich, der vielfach vernetzt war, den Codex im 9. Jahrhundert der Ellwanger Bibliothek einverleibte. Interessant scheint hier zumal, dass einer der Textzeugen 846 in der Diözese Passau entstand, der Ermenrich von 866 bis 874 als Bischof vorstand. Dies deutet zumindest auf einen Austausch hin. Die Personalunion der Abtei Ellwangen und dem Erzbistum Mainz in der Zeit Hattos machen auch Kontakte nach Lorsch wahrscheinlich[59]. Diese Spur weiter zu verfolgen, scheint gerade deshalb

---

[55] Überprüft wurden: Laon, Bibliothèque Municipale 121, St. Omer, Bibliothèque Municipale 33 bis sowie Troyes, Bibliothèque Municipale 898.

[56] Augustini Hipponensis Episcopi opera omnia, in: Migne Patrologia Latina 39, 1865, Sp. 1852.

[57] S. Gregorii Magni Moralia in Iob, hg. von Marcus Adriaen (Corpus Christianorum 143 B), Turnhout 1979, S. 1779, Z. 130–134.

[58] Ganz, Knowledge of Ephraim's writings (wie Anm. 48) S. 38 f.; David Ganz sei für freundliche Hinweise herzlich gedankt.

[59] Pfeifer, Ellwangen (wie Anm. 6) S. 193.

lohnenswert, weil ja nur die Lorscher Handschrift Vat. Pal. Lat. 186 den gesamten im Ellwanger Fragment gebotenen Text wiedergibt.

Die Existenz von Ephraim zugeschriebenen Schriften in Lorsch, Fulda, St. Gallen und auf der Reichenau weist schon darauf hin, dass es sich offenbar um einen Autor handelte, der zur Grundausstattung der besagten Benediktinerklöster gehörte, worauf nicht zuletzt die vorkarolingische Minuskel in den noch vorhandenen Textzeugen hindeutet. Dies spricht dafür, dass auch Ellwangen in der Zeit seiner Gründung über einen ähnlichen Codex verfügt haben wird und von Anfang an am karolingischen Bildungsleben teilhatte, wenn auch durch die Ungunst der Verhältnisse nur kümmerliche Reste seiner Bibliothek überdauert haben.

4. Schriftkultur und Umgang mit den Handschriften im Vorfeld der Umwandlung Ellwangens in ein Stift

Offenbar ist es kein Zufall, dass alle hier angesprochenen Fragmente gerade im 15. Jahrhundert in Ellwangen als Einbände von Rechnungen, Gült- oder Lagerbüchern zweckentfremdet wurden[60]. Während das Epistolarfragment von 875 aus dem Staatsarchiv Ludwigsburg als Einband einer Ellwanger Spitalrechnung von 1457 diente, wurde das noch ältere Sermonesfragment als Umschlag einer Heiligenrechnung der Ellwanger Propstei Hohenberg aus der Zeit von 1426 und 1442 verwendet. Das Stuttgarter Epistolarfragment (J 522 Xb Nr. 717) wurde ebenso als Einband eines Hohenberger Gültbüchleins von 1440 genutzt.

Als im Jahr 1460 das Kloster Ellwangen in ein weltliches Chorherrenstift umgewandelt wurde, war auch das Ende der Propstei Hohenberg gekommen[61].

Diese Zeit des Neubeginns brachte einen Umbruch für die Ellwanger Bibliothek und ihre liturgischen und theologischen Codices mit sich. Für die neuen liturgischen Erfordernisse wurden auch neue Bücher angeschafft, wie aus einer Korrespondenz zwischen Ellwangen und Dillingen über die Umwandlung des Klosters in ein Chorherrenstift hervorgeht. So wurden am 22. Mai 1460 zwei Graduale, zwei Antiphonare, zwei „Betbücher" und ein Brevier für den Chor bestellt und die Anzahl der Messbücher auf drei reduziert[62]. Die überzähligen Handschriften

---

60 Vgl. hierzu und im Folgenden Maria Magdalena Rückert, Von England nach Ellwangen – oder wie kam ein Sermonesfragment des 8. Jahrhunderts in das Ellwanger Stiftsarchiv? in: Ellwanger Jahrbuch 40 (2004–2005) S. 193–199.

61 Peter Rückert, Die Ellwanger Propstei Hohenberg (wie Anm. 41) S. 68 f.; ders./Manuel Santos Noya, Die Jakobusbruderschaft in Hohenberg bei Ellwangen und ihre Statuten, in: ZWLG 64 (2005) S. 23–40.

62 Wolfgang Irtenkauf, Alte Bibliotheken in Ellwangen, in: Ellwanger Jahrbuch 20 (1962–1964) S. 54–77, hier S. 57; Joseph Zeller, Die Umwandlung des Benediktinerklosters Ellwangen in ein weltliches Chorherrenstift (1460) und die kirchliche Verfassung des Stifts. Texte und Darstellung (Württembergische Geschichtsquellen 10), Stuttgart 1910, S. 31.

haben sicher das Schicksal der auf uns gekommenen Fragmente geteilt. Gerade die ältesten Codices werden als erste zu Makulatur verarbeitet worden sein, da sie sicher vom Gebrauch abgegriffen waren oder aufgrund der veralteten Schrift schwer lesbar geworden waren.

Geht man davon aus, dass die oben erwähnten Hohenberger Heiligenrechnungen aus der Zeit von 1426 bis 1442 und das Gültbüchlein von 1440 zeitnah gebunden wurden, so müssen die erwähnten Handschriftenfragmente des 8. und 9. Jahrhunderts allerdings schon vor der Umwandlung Ellwangens in ein Chorherrenstift für Einbandzwecke herangezogen worden sein. Nach der in diesem Zusammenhang erfolgten Auflösung der Propstei Hohenberg hätte man sich wohl kaum noch die Mühe gemacht, deren Rechnungen aus vergangenen Jahrzehnten mit Einbänden zu versehen.

Schon während des Abbatiats des Siegfried Gerlacher (1400–1427) soll die Bibliothek des Virngrundklosters so sehr darniedergelegen haben, dass 15 Codices von der Reichenau ausgeliehen wurden, um sie für die Ellwanger Bibliothek abzuschreiben. Das darüber angelegte Verzeichnis des Reichenauer Großkellers Johann Pfuser zeigt, dass sich die Handschriften vor allem auf die Kanonistik und die staatliche Rechtswissenschaft, aber auch auf die Auslegung der Benediktsregel und praktische Fragen des Ordenslebens bezogen[63]. Gerlacher lag daran, im Rahmen der von ihm angestrebten Reform einen Überblick über die Ellwanger Finanzen zu bekommen. Etwa zeitgleich mit seinem Abbatiat setzen die überaus reichen Rechnungs- und Lagerbuchserien ein, die noch heute fast lückenlos überliefert sind[64]. Ihren Einbänden und Umschlägen fielen die frühmittelalterlichen Handschriften des 8. und 9. Jahrhunderts zum Opfer. Gerade die Art und Weise, wie einzelne Fragmentreste aneinandergestückelt und -genäht wurden, um noch als Umschlag für die kleinen Rechnungen zu genügen, veranschaulicht, dass hier eher auf eigenes Einbandmaterial zurückgegriffen wurde und nicht etwa Makulatur zu Einbandzwecken gekauft worden war.

Fazit

Auch aus der Zeit vor dem 12. Jahrhundert, in dem das Ellwanger Lektionar, das Güterverzeichnis und die Suonharfälschung entstanden sind, liegen uns Zeugnisse einer Ellwanger Schriftkultur vor. Die wenigen nicht den Klosterbränden zum Opfer gefallenen Handschriften wurden in den Zeiten der Reform im 15. Jahrhun-

63 Irtenkauf, Alte Bibliotheken in Ellwangen (wie Anm. 62) S. 67.

64 StAL B 383 Ellwangen: Ältere Rechnungen (1371–1598/99); B 384 Ellwangen: Neuere Rechnungen (1486–1806); B 385 Ellwangen: Güterbücher (1381–1795); HStAS H 222 umfasst 201 Bände ab 1337. Vgl. Das älteste Urbar der Abtei des gotzhuses zu Ellwangen von 1337, bearb. von Hubert Häfele (VKgL A 52), Stuttgart 2008.

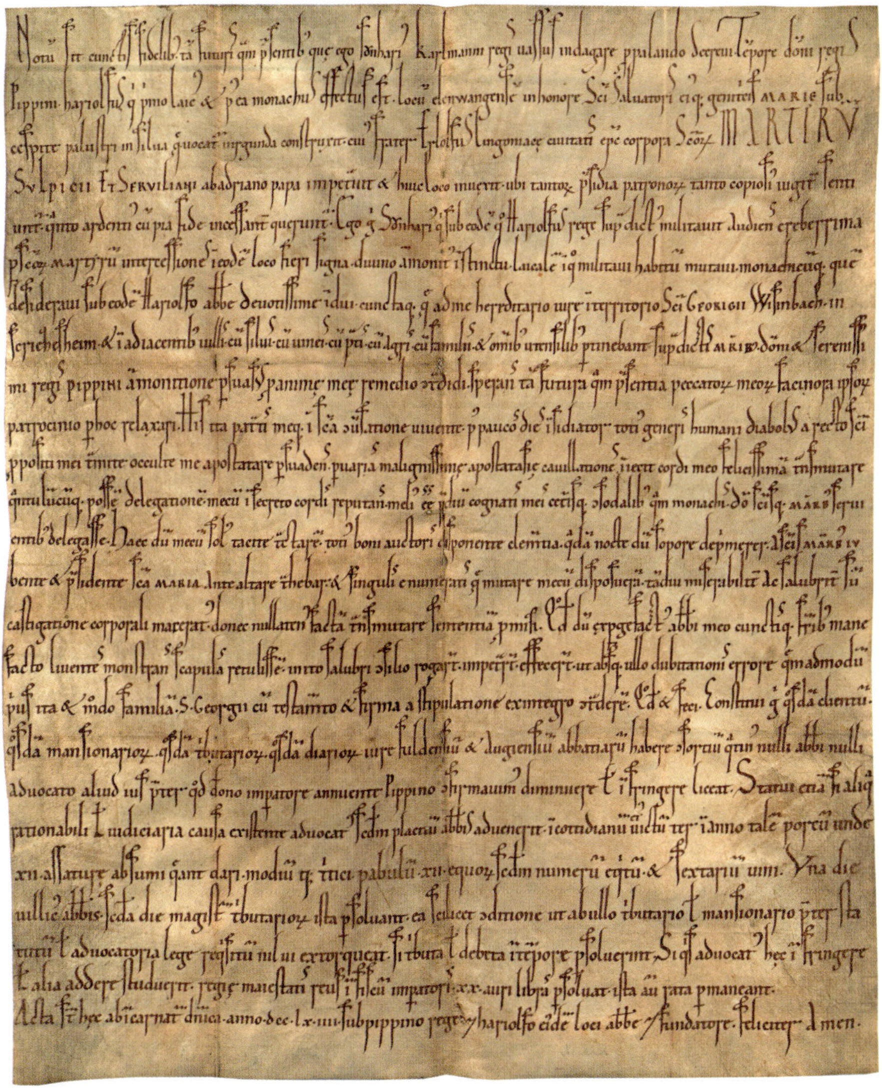

Abb. 1: „Sounhar-Fälschung“, 12. Jahrhundert (StAL B 389 U 2252).

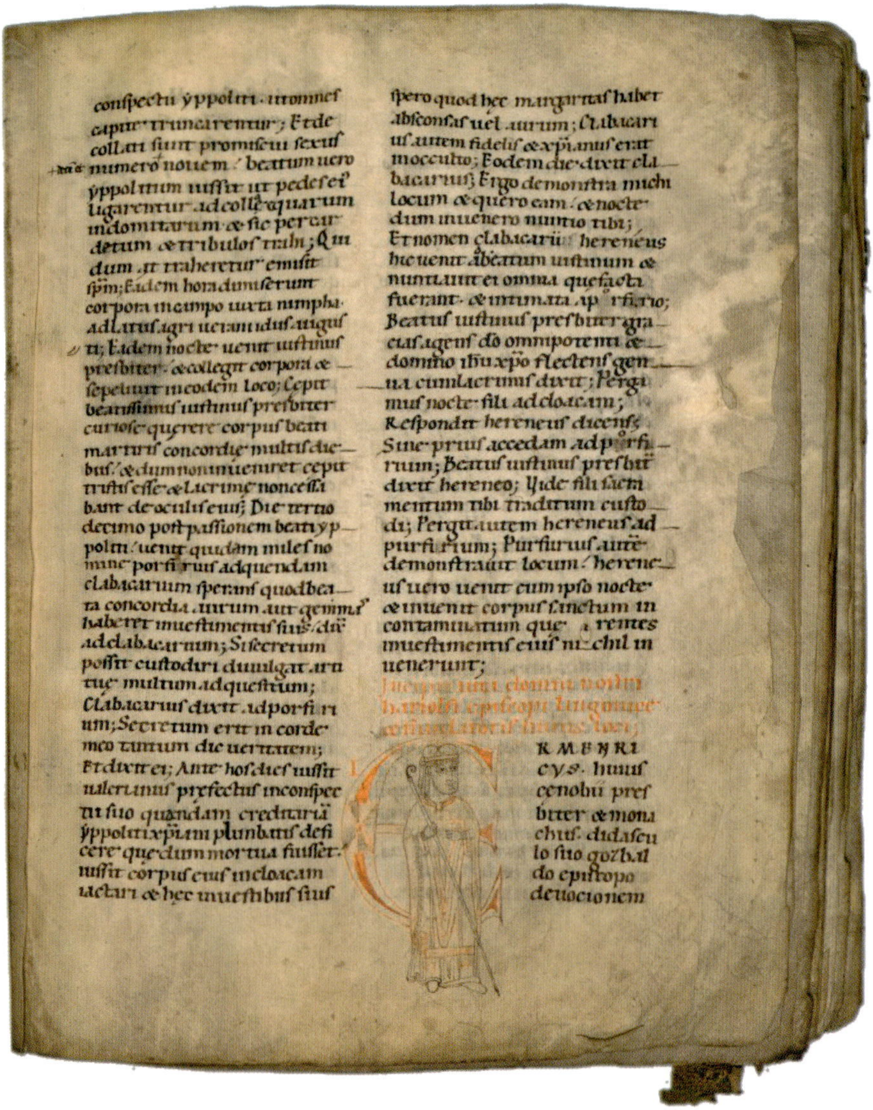

Abb. 2: Beginn der Vita Hariolfi des Ermenrich von Ellwangen
(WLB Stuttgart Cod. Bibl. Fol. 55, Bl. 158 r).

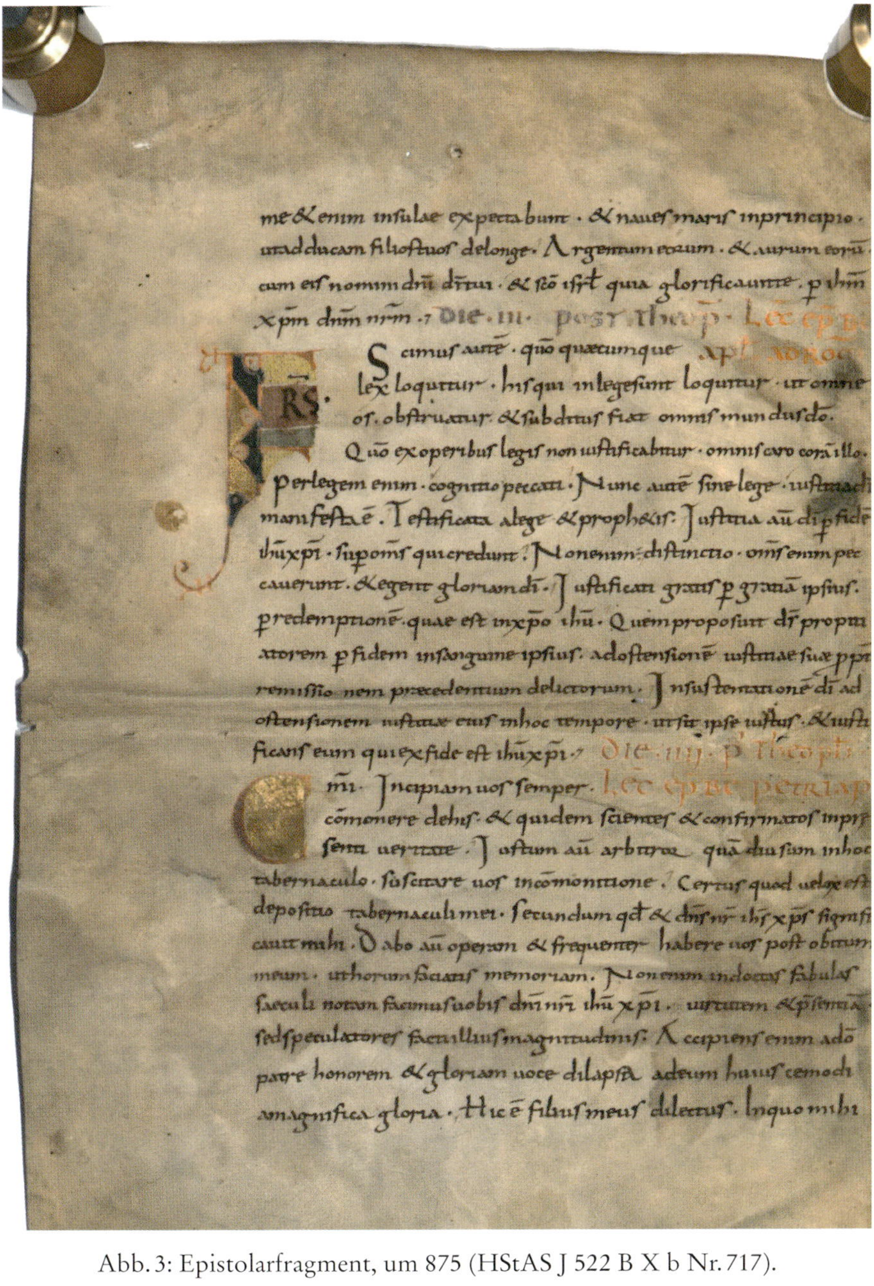

Abb. 3: Epistolarfragment, um 875 (HStAS J 522 B X b Nr. 717).

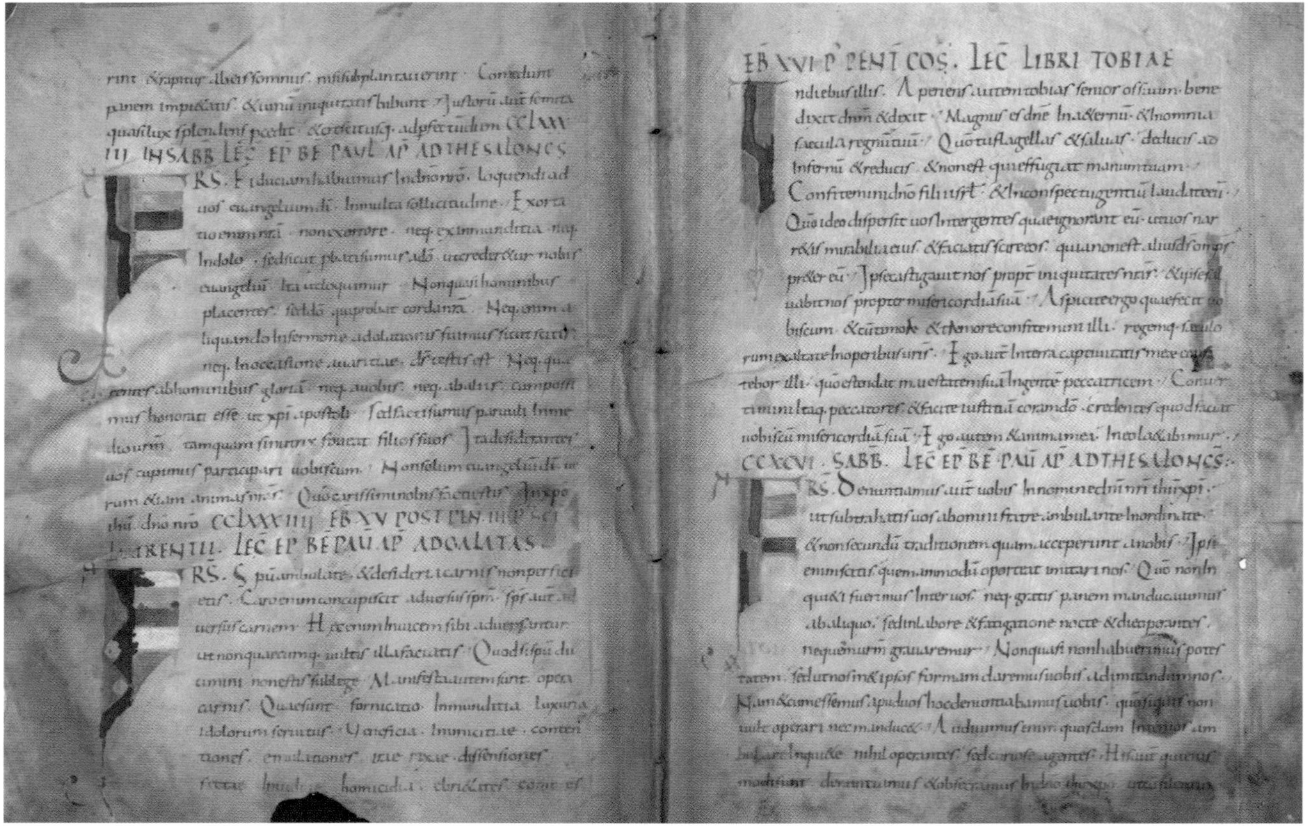

Abb. 4: Doppelblatt eines Epistolars, um 875 (HStAS J 522 B X a Nr. 524).

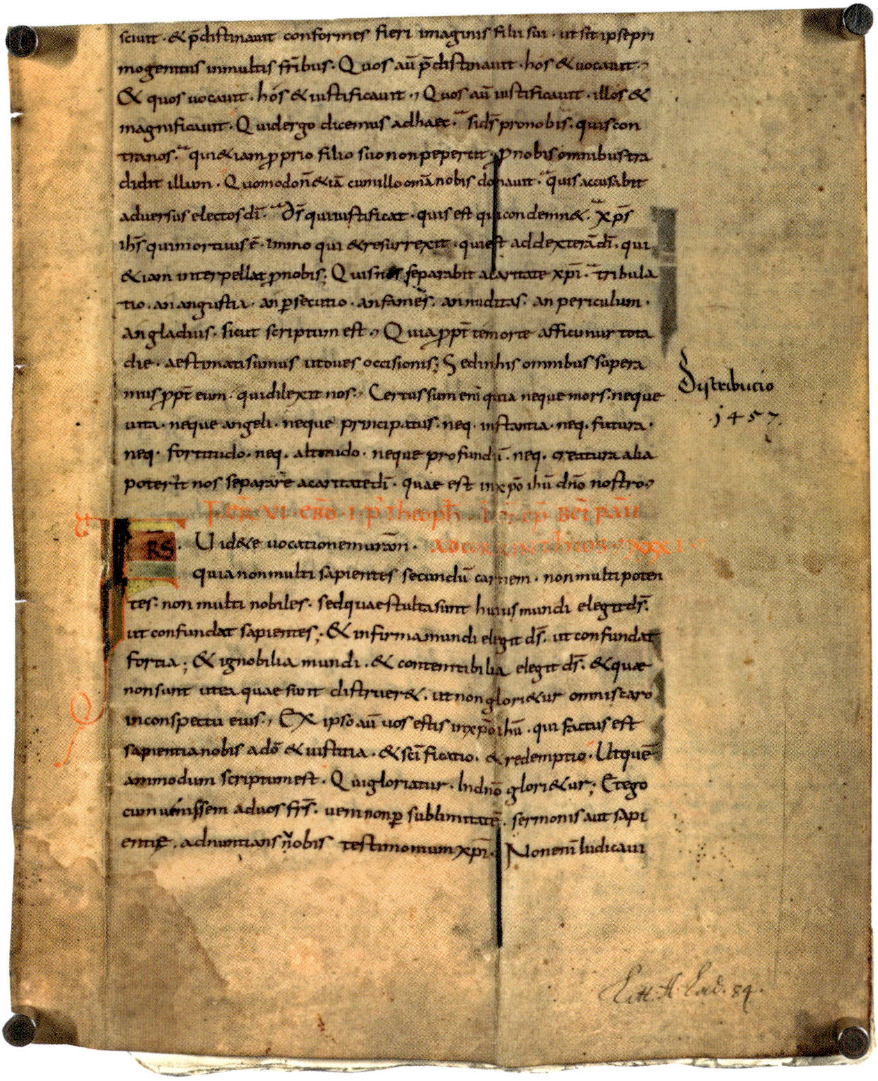

Abb. 5: Epistolarfragment, um 875 (StAL B 397 II Bü 537).

Abb. 6: Sermonesfragment (Ephraim der Syrer, De paenitentia), um 800 (StAL B 397 II Bü 244, Bl. 1 r).

Abb. 7: Sermonesfragment (Ephraim der Syrer, De paenitentia), um 800 (StAL B 397 II Bü 244, Bl. 1 v).

Abb. 8: Sermonesfragment (Ephraim der Syrer, De paenitentia), um 800 (StAL B 397 II Bü 244, Bl. 2 r).

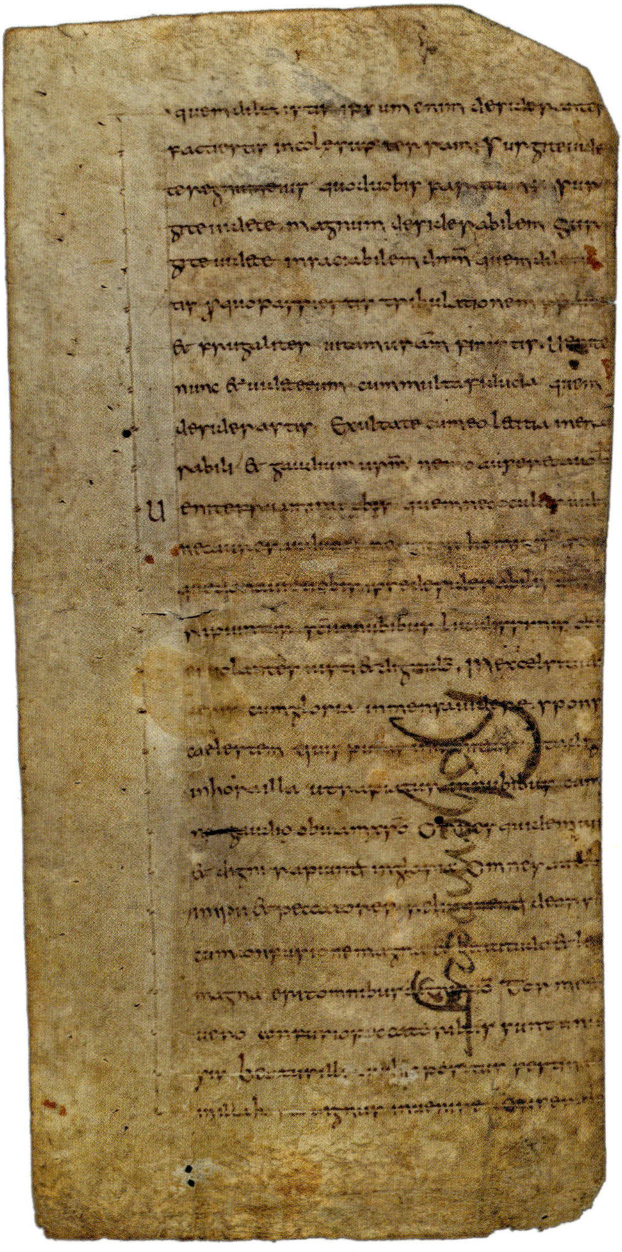

Abb. 9: Sermonesfragment (Ephraim der Syrer, De paenitentia), um 800 (StAL B 397 II Bü 244, Bl. 2 v).

Abb. 10: Sermonesfragment (Ephraim der Syrer, De paenitentia), um 800 (StAL B 397 II Bü 244, Bl. 3 r).

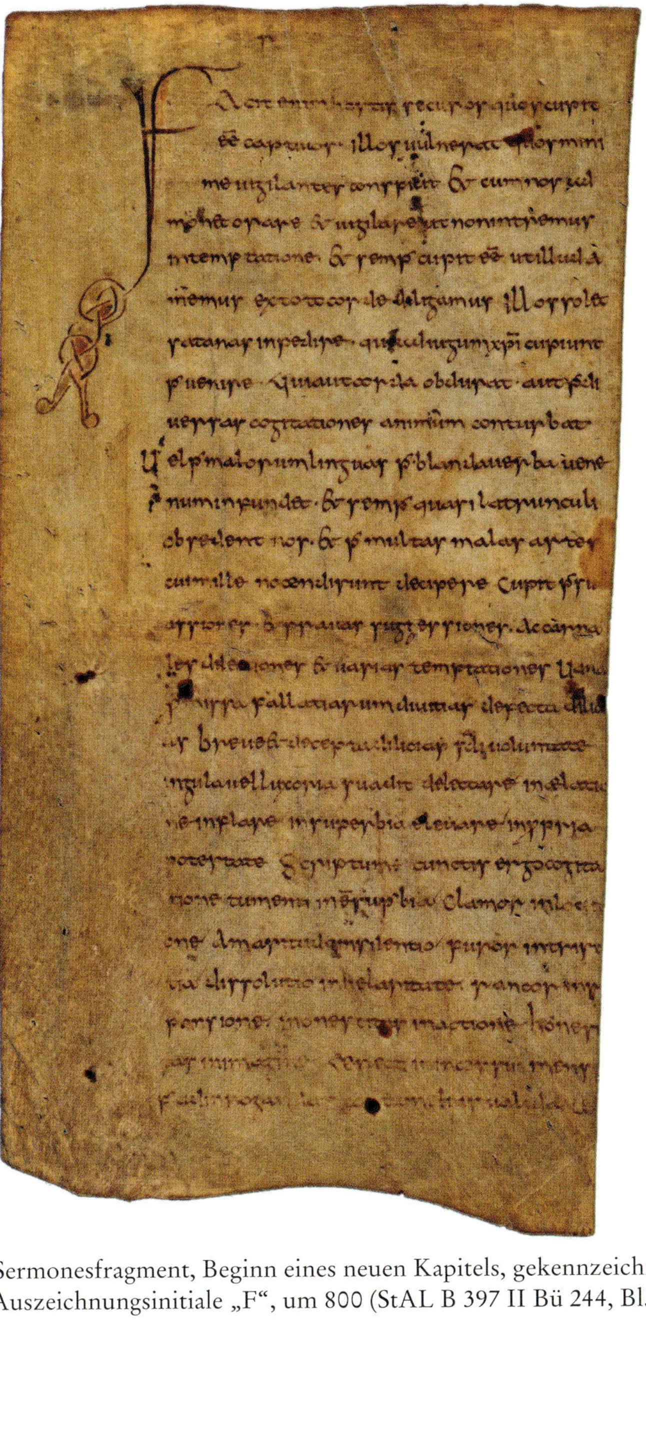

Abb. 11: Sermonesfragment, Beginn eines neuen Kapitels, gekennzeichnet durch die Auszeichnungsinitiale „F“, um 800 (StAL B 397 II Bü 244, Bl. 3 v).

Abb. 12: Verwendung des Sermonesfragments (um 800) als Einband einer Hohenberger Rechung von 1426–1442 (StAL B 397 II Bü 244).

dert noch vor der Umwandlung Ellwangens in ein Stift als Einbände für Zeugnisse pragmatischer Schriftlichkeit zweckentfremdet. Dass mehrere Fragmente des 8. und 9. Jahrhunderts als Umschläge von Rechnungen aus derselben Zeit und demselben Kontext – Hohenberg – auftreten, zeigt anschaulich, wie sich der Ellwanger Buchbinder bei der eigenen Bibliothek oder Sakristei bedient haben wird.

Friedrich Wilhelm Oediger hat die nur als Einbände überlieferten Handschriftenfragmente einmal als „Zeugnisse eines Massakers in den Bibliotheken gerade der alten Klöster und Stifte“[65] bezeichnet. Trotz allen Bedauerns gewähren sie aber immerhin einen kleinen Einblick in die frühe Geistesgeschichte dieser Institutionen. Daher kann es als Glücksfall angesehen werden, dass das Sermones-Fragment, als frühestes Zeugnis der Ellwanger Schriftkultur, wenigstens im Ellwanger Archiv als Einband überdauert hat.

[65] Das Hauptstaatsarchiv Düsseldorf und seine Bestände, Bd. 5: Archive des nichtstaatlichen Bereichs, Handschriften, bearb. von Friedrich Wilhelm Oediger, Siegburg 1972, S. 428.

Alte Mönche und neue Pharisäer. Benediktinerklöster zwischen Reform und Reaktion im 12. Jahrhundert

Von STEFAN BURKHARDT

Unser heutiges Verständnis von „Reform" umfasst der Duden mit „planmäßige Neuordnung, Umgestaltung, Verbesserung des Bestehenden (ohne Bruch mit den wesentlichen geistigen und kulturellen Grundlagen)"[1]. Auslöser von Reformen ist eine wie auch immer beschaffene Unzufriedenheit mit dem Bestehenden. Diese Unzufriedenheit wird meist im begrifflichen Instrumentarium einer Abkehr von einem konstruierten bzw. rekonstruierten Idealzustand gefasst. Grundsätzlich lässt sich mit dieser Definition auch der semantische Horizont der Forschungen zu mittelalterlichen Reformen im Allgemeinen und im Bereich des Religiosentums im Besonderen umschreiben.

Ein ganzer Zweig der deutschsprachigen Mediävistik baute auf der Dissertationsschrift von Kassius Hallinger und der kritischen Auseinandersetzung mit dieser Arbeit auf[2]. Hallinger suchte den Begriff der Reform, der bis dahin „ziemlich ausschließlich *asketisch*" verstanden bzw. „ethisch" konnotiert worden sei, verfassungsgeschichtlich, mit einem starken Fokus auf Filiationen, Nekrologien und Consuetudines, zu dynamisieren[3]. Die Forschung beschäftigte sich in den

---

[1] Vgl. Duden, Art. Reform, die (http://www.duden.de/rechtschreibung/Reform (letzter Zugriff 17.10.2016)). Der Beitrag basiert auf dem Vortrag, der im Rahmen der 63. Jahrestagung der Kommission für geschichtliche Landeskunde in Baden-Württemberg am 1. Juli 2016 in Ellwangen gehalten wurde.

[2] Kassius HALLINGER, Gorze-Kluny. Studien zu den monastischen Lebensformen und Gegensätzen im Hochmittelalter, 2 Bde. (Studien Anselmiana 12/13 und 14/15), Rom 1950/51.

[3] Kassius HALLINGER, Neue Fragen der reformgeschichtlichen Forschung, in: Archiv für mittelrheinische Kirchengeschichte 9 (1957) S. 9–32, hier: S. 12: „In der älteren Generation verstand man das Wort ‚Reform' ziemlich ausschließlich *asketisch*. Schuld an dieser Auffassung waren teilweise die Quellen selbst, die ihren Berichten mit Vorliebe eine ethische Note aufprägen, die in typischer Reformrhetorik die Verfassungskämpfe, die zwischen zwei verschiedenen Richtungen ausgetragen wurden, ethisch zu beschönigen suchen". Vgl. zum Begriff der *Consuetudo* in diesem Zusammenhang Kassius HALLINGER, Consuetudo. Begriff, Formen, Forschungsgeschichte, Inhalt, in: Untersuchungen zu Kloster und Stift,

folgenden Jahren intensiv mit „Reformbewegungen“ und „Reformgruppen“[4]. Diskutiert wurden die Grundlagen der personellen Beziehungen der Konvente untereinander und Fragen der rechtlichen Gestaltung von Gemeinschaft sowie die Einbettung dieser Gemeinschaften in die regionale laikale Umwelt[5].

Giles Constable wies darauf hin, dass „Reform“ auch im Mittelalter ein vielschichtiges Phänomen war[6]. In einem personenbezogenen Sinn konnte und sollte jeder Christ ein „Reformer“ sein[7]. Im engeren institutionellen und auf den monastischen Bereich zentrierten Sinn des Wortes werden mit „Reformer“ die Gründer oder Mitglieder neuer Gemeinschaften verstanden, die versuchten, sich in ihrer Lebensweise von den „alten Häusern“ zu unterscheiden[8]. Gewissermaßen ist monastischen Gemeinschaften der Reformgedanke allerdings per definitionem inhärent.

Denn in mittelalterlicher Sicht forderte der Entschluss, ein klösterliches Leben zu führen, die totale *conversio*, die tiefgreifende innere Wandlung und die An-

---

hg. vom Max-Planck-Institut für Geschichte (Veröffentlichungen des Max-Plack-Instituts für Geschichte 68, Studien zur Germania Sacra 14), Göttingen 1980, S. 140–166, insbes. S. 141–151. Vgl. weiterführend ebenso Gert Melville, Regeln – Consuetudines-Texte – Statuten. Positionen für eine Typologie des normativen Schrifttums religiöser Gemeinschaften im Mittelalter, in: Regulae – Consuetudines – Statuta. Studi sulle fonti normative degli ordini religiosi nei secoli centrali del Medioevo. Atti del I e II Seminario internazionale di studio del Centro italo-tedesco di storia comparata degli ordini religiosi, hg. von Cristina Andenna/Gert Melville (Vita regularis. Abhandlungen 25), Münster 2005, S. 5–38.

[4] Vgl. hierzu den Überblick bei Harald Sellner, Klöster zwischen Krise und *correctio*. Monastische ‚Reformen‘ im hochmittelalterlichen Flandern (Klöster als Innovationen 3), Regensburg 2016, S. 36 f.

[5] Vgl. Joachim Wollasch, Neue Methoden der Erforschung des Mönchtums im Mittelalter, in: Historische Zeitschrift 225 (1977) S. 529–571. Vgl. ebenso etwa die Fallstudien von Hermann Jakobs: Hermann Jakobs, Die Hirsauer. Ihre Ausbreitung und Rechtsstellung im Zeitalter des Investiturstreits (Kölner Historische Abhandlungen 4), Köln 1961; Hermann Jakobs, Der Adel in der Klosterreform von St. Blasien (Kölner Historische Abhandlungen 16), Köln 1968; Hermann Jakobs, Die rechtliche Stellung St. Blasiens bis zur Berufung der Zähringer in die Vogtei (1125), in: Alemannisches Jahrbuch 1995/1996, S. 9–38. Vgl. ebenso Klaus Schreiner, Hirsau und Hirsauer Reform. Lebens- und Verfassungsformen einer Reformbewegung, in: Die Reformverbände und Kongregationen der Benediktiner im deutschen Sprachraum, hg. von Ulrich Faust/Franz Quarthal (Germania Benedictina 1), St. Ottilien 1999, S. 89–124; Dieter Geuenich, Verbrüderungsverträge als Zeugnisse der monastischen Reform des 11. Jahrhunderts in Schwaben, in: ZGO 123, N.F. 84 (1975) S. 17–30. Hubert Dauphin, Monastic Reforms from the Tenth Century to the Twelfth, in: The Downside Review 70 (1952) S. 62–74.

[6] Vgl. zur Eingrenzung des Wortfeldes auch den Band Renaissance and Renewal in the Twelfth Century, hg. von Robert L. Benson/Giles Constable/Carol D. Lanham, Oxford 1982.

[7] Giles Constable, The Reformation of the Twelfth Century, Cambridge 1996, S. 13.

[8] Ebd.

nahme einer neuen Identität[9]. Man war sich allerdings auch bewusst, dass die *conversio* nicht nur ein singuläres Ereignis war, sondern vielmehr ein erheblichen Kontingenzen ausgesetzter individueller und kollektiver Prozess. Jedes Individuum, jede Gemeinschaft konnte vom rechten Weg abkommen und Gefahr laufen, das Ziel zu verpassen. Dann waren Kurskorrekturen bzw. Reformen notwendig.

Die Quellen spiegeln diese einzelnen Facetten von Reformvorhaben bei behutsamer Interpretation wider. Dies beginnt bekanntlich bei den grundlegenden Begrifflichkeiten, wie bereits Gert Melville feststellte: anstatt der Verwendung der Begriffe *reformatio* und *reformare* ist häufiger von *correctio, emendatio, instauratio, renovatio* und *restauratio* die Rede[10]. Man ging gegen „Missstände" oder das „Nachlassen der *religio*" vor und beabsichtigte die „strengere Beachtung der klösterlichen Lebensweise"[11]. Erfolge stellten sich ein, wenn die wirtschaftliche Versorgung verbessert wurde, wenn die Anzahl der Mönche stieg und die *religio* blühte[12]. Die feinen Unterschiede dieser Begriffe auf dem semantischen Kontinuum von „Wiederherstellung" zu „Verbesserung" verweisen bereits indirekt auf den Konnex zwischen Reaktion und Innovation: Auch wer bewusst das „gute Alte" anstrebt, schafft meist unbewusst „Neues".

Diese Reflexionen finden sich mehr oder minder direkt in einer Vielzahl von Quellenarten, seien es Visitationsberichte, erzählende Quellen, Viten, Gewohn-

---

9 SELLNER, Klöster (wie Anm. 4) S. 17. Gert MELVILLE, Der Mönch als Rebell gegen gesatzte Ordnung und religiöse Tugend. Beobachtungen zu Quellen des 12. und 13. Jahrhunderts, in: De ordine vitae. Zu Normvorstellungen, Organisationsformen und Schriftgebrauch im mittelalterlichen Ordenswesen, hg. von Gert MELVILLE (Vita regularis. Abhandlungen 1), Münster 1996, S. 153–186, hier: S. 153: „Mönch sein zu wollen, heißt, eine absolute Entsprechung herzustellen zwischen spirituellen Grundwerten und einem gemeinschaftlich geführten Leben, dessen Normen die freiwillige Einbringung des ganzen Menschen verlangen". Vgl. generell Herbert GRUNDMANN, Adelsbekehrungen im Hochmittelalter. Conversio und nutriti im Kloster, in: Adel und Kirche. Gerd Tellenbach zum 65. Geburtstag dargebracht von Freunden und Schülern, hg. von Josef FLECKENSTEIN/Karl SCHMID, Freiburg 1968, S. 325–345.

10 Gert MELVILLE, Aspekte zum Vergleich von Krisen und Reformen in mittelalterlichen Klöstern und Orden, in: Mittelalterliche Orden und Klöster im Vergleich. Methodische Ansätze und Perspektiven, hg. von Gert MELVILLE/Anne MÜLLER (Vita regularis. Abhandlungen 34), Berlin 2007, S. 139–160, hier: S. 149.

11 Vgl. etwa Hériman de Tournai, Les miracles de sainte Marie de Laon, hg. und übersetzt von Alain SAINT-DENIS (Sources d'histoire médiévale 36), Paris 2008, III, c. 18, S. 236: *aliquantulum in religione tepuisse*; vgl. hierzu SELLNER, Klöster (wie Anm. 4) S. 17f.

12 Vgl. Gestorum abbatum Trudonensium continuatio tertia, hg. von Rudolf KOEPKE (MGH SS 10), Hannover 1852, III, c. 13, S. 378: *Anno gratie eodem domnus Thietfridus huic loco abbas preficitur, qui annis 30 prefuit, sub quo religio floruit et possessionum accrevit.* Vgl. ebenso Franz Xaver KRAUS, Das Necrologium von St. Maximin, in: Jahrbücher des Vereins von Altertumsfreunden im Rheinland 57 (1876) S. 108–119, hier: S. 110: *Ogo abbas huius loci postea Tungrensis episcopus qui hoc monasterium a fundamentis reparavit et locum istum pene pessundatum renovavit et numerum fratrum ad LX et religionem ampliavit.* Vgl. zu diesen Quellenstellen SELLNER, Klöster (wie Anm. 4) S. 18.

heiten oder einzelne Briefe und Urkunden. Nun sind gerade diese Quellen nicht einfach zu interpretieren, geben sie doch meist vor allem die Perspektive der Sieger bei einem Reformvorhaben wider. Darüber hinaus bieten sie nicht nur einfache Darstellungen der jeweiligen Reformen, sondern über Querverweise mitunter auch tiefe Einblicke in die Entstehungsbedingungen der entsprechenden Berichte, die zum Teil erhebliche Konflikte, manchmal sogar Motive des Widerstandes gegen jene Reformbemühungen erkennen lassen[13].

Auch hier wies Giles Constable auf eine Besonderheit des Mittelalters – im Gegensatz zu den Polaritäten der Reformationszeit – hin: Das Gegenstück zu den „Reformern" waren nicht einfach „Nicht-Reformierte", sondern vielmehr „Konservative", die ebenso wie viele der „Reformer" nicht über eine geschlossene Agenda oder ein bestimmtes Programm verfügten. Vielmehr waren sie in ihrem Widerstand durch ein diffuses Unbehagen mit Wandel und Neuerungen beeinflusst. Dieses Unbehagen war auch durch ein Unverständnis der Tatsache gegenüber bedingt, dass eine bestimmte etablierte, bewährte und bewunderte Art zu leben plötzlich nicht mehr den religiösen Bedürfnissen der größeren christlichen Gemeinschaft entsprechen sollte. Bekannt sind Bonmots wie etwa, dass das Bessere der Feind des Guten sei und Änderungen selten etwas Besseres hervorgebracht hätten[14].

Auch vor diesem Hintergrund suchte die Forschung verschiedene Zugangswege zu den Phänomenen klösterlicher Reform[15]. Von großer Bedeutung waren und sind die Analyse der Reformnetzwerke und die Berücksichtigung der jeweils maßgeblichen Reforminitiatoren. Ebenso gilt es sicherlich auch die Frage zu beantworten, ab wann man überhaupt davon sprechen kann, dass eine Reform erfolgreich war oder scheiterte, das heißt auch die Phasen der Feststellung von Missständen, der reformerischen Tätigkeit und der positiven oder negativen Bescheidung einer Reform müssen einigermaßen klar abgegrenzt werden. Gerade hinsichtlich letzterer Frage erörterte man den Niederschlag erfolgreicher Reformen durch die Analyse der jeweiligen Briefkonvolute, von Nekrologien, der lokalen Heiligenkulte oder auch der Produktion und des Austauschs von Manuskripten. Mitunter suchte man dann auch Reformbewegungen zu fassen und als klar abgrenzbare Entitäten zu untersuchen[16].

---

13 Steven VANDERPUTTEN, Identité collective et mémoire des réformes ‚richardiennes' dans l'historiographie bénédictine en Basse Lotharingie et au Nord-Est de la France (XIe-XIIe siècle), in: Le Moyen Âge 117 (2011) S. 259–289; Steven VANDERPUTTEN, Individual Experience, Collective Remembrance and the Politics of Monastic Reform in High Medieval Flanders, in: Early Medieval Europe 20 (2011) S. 70–89.

14 CONSTABLE, Reformation (wie Anm. 7) S. 14.

15 Vgl. etwa Edeltraud KLUETING, Monasteria semper reformanda. Kloster- und Ordensreformen im Mittelalter (Historia profana et ecclesiastica 12), Münster 2005, S. 1–11.

16 SELLNER, Klöster (wie Anm. 4) S. 20. Vgl. exemplarisch die Beiträge in dem Band Gedächtnis, das Gemeinschaft stiftet, hg. von Karl SCHMID, München 1985. Vgl. ebenso Felix HEINZER, Klösterliche Netzwerke und kulturelle Identität – Die Hirsauer Reform des

Die grundlegenden Anforderungen an ein ideales christliches Leben waren und sind allerdings nicht unveränderlich festgelegt. Das macht es so schwierig, Reformbewegungen zu unterscheiden. Allein ein Blick auf die Standards von Heiligkeit über die Jahrhunderte zeigt uns das exakte Gegenteil – diese Standards konnten sich mit der jeweiligen Gesellschaft ändern. Man kann hier geradezu von Moden sprechen – etwa welcher Stellenwert der Mission und Seelsorge oder der Kontemplation, welcher Stellenwert der Predigt oder dem stillen Gebet eingeräumt wurde[17]. Es ist deshalb nicht einfach, gemeinsame Grundlagen religiosen Lebens und die hieraus abgeleiteten Vorstellungen einer idealen Vergangenheit bzw. Zukunft zu definieren. Grob lassen sich jedoch vier Traditionslinien vergangenheitsbezogener Paradigmen feststellen, die zum Teil ineinanderflossen und darüber hinaus zu unterschiedlichen Zeiten auch ganz unterschiedliche Wirkung entfalten konnten.

Eines der wichtigsten und zugleich das im Rückblick konfliktreichste Paradigma stellte die Urgemeinde Jerusalems und das in der Bibel überlieferte Ideal der *vita apostolica* dar – ein Leben in brüderlicher Armut mit einem hohen Stellenwert der Verkündigung des Evangeliums[18]. Gleichsam Synapsen möglicher Reformvorhaben bildeten folgende Elemente: die Frage der Armut bzw. des gemeinsamen Besitzes, die Frage nach dem Stellenwert von Individuum und Gemeinschaft und

---

11./12. Jahrhunderts als Vorläufer spätmittelalterlicher Ordensstrukturen, in: Klosterreform und mittelalterliche Buchkultur im deutschen Südwesten, hg. von Dems. (Mittelalterliche Studien und Texte 39), Leiden 2008, S. 168–184. Vgl. dort auch den Artikel desselben Autors ‚Liturgischer Hymnus und monastische Reform – Zur Rekonstruktion des Hirsauer Hymnars', S. 224–256.

[17] Constable, Reformation (wie Anm. 7), S. 23. Vgl. etwa Eberhard Demm, Reformmönchtum und Slawenmission im 12. Jahrhundert. Wertsoziologisch-geistesgeschichtliche Untersuchungen zu den Viten Bischof Ottos von Bamberg (Historische Studien 419), Lübeck 1970, S. 31–90; Albrecht Diem, Monks, Knights, and the Transformation of Sancity. Jonas of Bobbio and the End of the Holy Man, in: Speculum 82 (2007) S. 521–559; Monique Goullet, Écriture et réécriture hagiographiques. Essai sur les réécritures de Vies de saints dans l'Occident latin medieval (VIIIe–XIIIe siècle) (Hagiologia 4), Turnhout 2005; Cristina Andenna, Heiligenviten als stabilisierende Gedächtnisspeicher in Zeiten religiösen Wandels, in: Literarische und religiöse Kommunikation in Mittelalter und Früher Neuzeit. DFG-Symposion 2006, hg. von Peter Strohschneider, Berlin 2009, S. 526–573 Vgl. zum materiellen Aspekt den Band L'hagiographie du haut moyen âge en Gaule du Nord. Manuscrits, textes et centres de production, hg. von Martin Heinzelmann (Beiheft der Francia 52), Stuttgart 2001.

[18] Vgl. zu Traditionslinien, Begrifflichkeiten und Bedeutungsdimensionen Karl Suso Frank, Vita apostolica als Lebensnorm in der Alten Kirche, in: Internationale katholische Zeitschrift 8 (1978) S. 106–120; Ders., Vita apostolica. Ansätze zur apostolischen Lebensform in der alten Kirche, in: Zeitschrift für Kirchengeschichte 82 (1971) S. 145–166; vgl. ebenso die Beiträge in dem Band La vita commune del clero nei secoli XI e XII. Atti della Settimana di studio, Mendola, settembre 1959 (Miscellanea del Centro di studi medievali 3), Mailand 1962. Vgl. zu den Spannungen und Friktionen, die das Ideal verursachen konnten: Ernest W. McDonnell, The ‚vita apostolica'. Diversity or Dissent, in: Church history 24 (1955) S. 15–31.

hiermit eng zusammenhängend die Abwägung von *vita activa* und *vita contemplativa* sowie – latent immer wieder – die Frage nach der Rolle der Frauen. Hier sei nur auf regularkanonische (Stichwort Augustinusregel) und mendikantische Lebensmodelle verwiesen, die zu ihrer Zeit erhebliche Wirkung entfalten konnten[19].

Ein zweites Paradigma, in dem sich das Ideal der Jerusalemer Urgemeinde prismenartig brach, war das asketische Eremitentum und frühe Zönobitentum im Ägypten und Syrien des 3. und 4. Jahrhunderts. Hier entstanden die ersten Klöster mit Regeln für das Gemeinschaftsleben in engster Anbindung an das Evangelium[20]. Wollen wir auch hier wieder Synapsen der Reform definieren, so kann man diese sehen in der Frage nach der Heilswirksamkeit unterschiedlicher Absonderungen von der Welt (Arten der Wüste, Strenge der Klausur), dem Stellenwert der Handarbeit sowie unterschiedlicher Modelle individueller oder gemeinschaftlicher Heilssuche unter der jeweils diskutierten Leitungsgewalt eines Abtes[21].

---

19 Vgl. Charles Dereine, Vie commune, règle de Saint Augustin et chanoines réguliers au XIe siècle, in: Revue d'histoire ecclésiastique 41 (1946) S. 365–406, insbes. S. 385–406; vgl. ebenso die Beiträge in dem Katalogband Franziskus. Licht aus Assisi. Katalog zur Ausstellung im Erzbischöflichen Franziskanerkloster Paderborn [9. Dezember 2011 – 6. Mai 2012], hg. von Christoph Stiegemann u. a., München 2011, darin insbes. die Beiträge von Hans-Joachim Schmidt, Franz von Assis und der Franziskanerorden. Ideale, Konflikte, Lösungen, S. 68–80 und von Eva Schlotheuber, Armut, Demut und Klausur. Zur Geschichte des weiblichen Ordenszweiges, S. 81–88; vgl. grundsätzlich Herbert Grundmann, Religiöse Bewegungen im Mittelalter. Untersuchungen über die geschichtlichen Zusammenhänge zwischen der Ketzerei, den Bettelorden und der religiösen Frauenbewegung im 12. und 13. Jahrhundert und über die geschichtlichen Grundlagen der deutschen Mystik (Historische Studien 267), Berlin 1935, ND Darmstadt 1977, insbes. S. 13–50. Vgl. zu den Fragen der Armut die Beiträge in dem Band Proposito paupertatis. Studien zum Armutsverständnis bei den mittelalterlichen Bettelorden, hg. von Gert Melville/Annette Kehnel, Münster 2001.

20 Melville, Aspekte zum Vergleich (wie Anm. 10) S. 139.

21 Cécile Caby, Finis eremitarum? Les formes régulières et communautaires de l'érémitisme médiévale, in: Eremites de France et d'Italie (XIe–XVe siècle). Actes du colloque organisé par l'Ecole française de Rome à la Certosa di Pontignano (5–7 mai 2000) avec la patronage de l'Université de Sienne, hg. von André Vauchez (Collection de l'Ecole française de Rome 313), Rom 2003, S. 47–80; Giles Constable, Eremitical Forms of Monastic Life, in: Giles Constable, Monks, Hermits and Crusaders (Variorum Reprints, Collected studies series 273), S. 239–264; Léopold Génicot, L'érémitisme du XIe siècle dans son contexte économique et sociale, in: L'eremitismo in Occidente nei secoli XI e XII. Atti della seconda Settimana internazionale di studio. Mendola, 30 agosto – 6 settembre 1962 (Miscelanea del Centro di studi medievali 4), Mailand 1965, S. 47–49; Herbert Grundmann, Deutsche Eremiten, Einsiedler und Klausner im Hochmittelalter (10.–12. Jahrhundert), in: Ders., Ausgewählte Aufsätze, Teil 1: Religiöse Bewegungen (Schriften der Monumenta Germaniae Historica 25), Stuttgart 1976, S. 93–124; Henrietta Leyser, Hermits and the New Monasticism. A Study of Religious Communities in Western Europe. 1000–1150 (New Studies in Medieval History), London 1984.

Noch bedeutender sollte ein drittes Paradigma werden, dessen Traditionslinie auf jener Regel fußt, die sich mit dem Namen Benedikts von Nursia verbindet[22]. Dieses Ideal zönobitischer Gemeinschaft sollte über die Jahrhunderte stets den Referenzpunkt monastischen Lebens bilden. Synapsen der Reform gruppieren sich um den Topos von der „reinen, unverfälschten Regel", das heißt zugespitzt um die Fragen, ob erlaubt ist, was nicht in der Regel aufgeführt ist und ob erlaubt sein kann, was in der Regel verboten ist[23]. Man denke nur an die berühmten Beispiele langfristig wirksamer Diskussionen – wie etwa die Frage nach der *stabilitas loci*, der Besitzlosigkeit und Handarbeit der Mönche und Nonnen, dem Eigentum der jeweiligen Gemeinschaft und ihrem herrschaftsrechtlichen Niederschlag[24].

Im Rückgriff auf diese Traditionslinien konnten Reformvorstellungen entstehen, die sich zu einem vierten Paradigma bündeln lassen, das sich an Regeln oder in Gründungsdokumenten zu ordensartig abgrenzbaren Gemeinschaften auskristallisiert. Die „reine Lehre" der jeweiligen Gründungsdokumente oder charismatischen Gründerfiguren definierte zusammen mit kanonisiertem ordensspezifischem Schrifttum der Frühzeit – wie etwa Beschlüssen der jeweiligen Ordensversammlungen oder Viten – einen Bestand, der ebenso wie die bereits geschilderten Paradigmen Synapsen der Reform definieren konnte[25]. Hier ist an die Fragen nach

---

[22] Vgl. zur Materialisierung dieses Reformparadigmas die Beiträge in dem Band Die Reformverbände und Kongregationen (wie Anm. 5).

[23] Vgl. zum Verhältnis von Regel, Statuten und Consuetudines in Cluny etwa Sébastien Barret, Regula Benedicti, consuetudines, statuta. Aspects du corps clunisien, in: Regulae – Consuetudines – Statuta (wie Anm. 3) S. 65–104, insbes. S. 78–83.

[24] Vgl. die Beiträge in dem Band Benedikt und die Welt der frühen Klöster. Begleitband zur Sonderausstellung „Benedikt und die Welt der frühen Klöster" in den Reiss-Engelhorn-Museen Mannheim vom 13. Mai 2012 bis 13. Januar 2013, hg. von Alfried Wieczorek/Gerfried Sitar (Publikationen der Reiss-Engelhorn-Museen 50), Regensburg 2012. Vgl. generell Klaus Schreiner, Brot der Mühsal. Körperliche Arbeit im Mönchtum des hohen und späten Mittelalters, in: Arbeit im Mittelalter. Vorstellungen und Wirklichkeiten, hg. von Verena Postel, Berlin 2006, S. 133–170. Vgl. zu den herrschaftlichen Problemen Steffen Patzold, Ein klösterliches Lehnswesen? Der Zusammenhang von Besitz und personalen Bindungen im Spiegel von Klosterchroniken des 12. Jahrhunderts, in: Das Lehnswesen im Hochmittelalter. Forschungskonstrukte – Quellenbefunde – Deutungsrelevanz, hg. von Jürgen Dendorfer/Roman Deutinger (Mittelalter-Forschungen 34), Ostfildern 2010, S. 103–124.

[25] Vgl. zu Norbert von Xanten und den Prämonstratensern etwa Franz-Josef Felten, Norbert von Xanten. Vom Wanderprediger zum Kirchenfürsten, in: Norbert von Xanten. Adeliger, Ordensstifter, Kirchenfürst, hg. von Kaspar Elm, Köln 1984, S. 69–157; Ders., Norbert von Xanten, die Gründung von Prémontré und die Entstehung des Prämonstratenserordens, in: Norbert von Xanten und der Orden der Prämonstratenser. Sammelband zur historischen Vortragsreihe im Norbertjahr 2009/2010 in Magdeburg, hg. von Clemens Dölken, Magdeburg 2010, S. 7–32; Klemens Halder, Norbert von Xanten. Der Gründer des Prämonstratenserordens und seine Zeit, Innsbruck 2010; Ludger Horstkötter, Norbert von Xanten (1080?–1134). Stiftsherr, Bußprediger, Ordensgründer und Reichsfürst (Xantener Vorträge zur Geschichte des Niederrheins 41), Duisburg 2003. Vgl. für ein

Eigentum und Herrschaft, nach Handarbeit und Armut, Architektur und Konversenwesen zu denken[26]. Intensivierte Schriftlichkeit konnte den Streit über Reformen erheblich verschärfen[27].

Diese vier Paradigmen und die ihnen entspringenden Traditionslinien definierten und begrenzten vielfach verschlungene Pfade im Dschungel der Reformmöglichkeiten[28]. Die Wahl und der Wechsel der soeben dargelegten Paradigmen der Reform, das Spannungsfeld von Reaktion und Innovation, war wiederum Resultante der Verschränkung von institutioneller Eigenlogik, Personennetzwerken

---

anderes, höchst illustratives Beispiel Gert MELVILLE, Stephan von Obazine. Begründung und Überwindung charismatischer Führung, in: Charisma und religiöse Gemeinschaften im Mittelalter. Akten des 3. Internationalen Kongresses des ‚Italienisch-deutschen Zentrums für vergleichende Ordensgeschichte' in Verbindung mit Projekt C ‚Institutionelle Strukturen religiöser Orden im Mittelalter' und Projekt W ‚Stadtkultur und Klosterkultur in der mittelalterlichen Lombardei. Institutionelle Wechselwirkung zweier politischer und sozialer Felder' des Sonderforschungsbereiches 537 ‚Institutionalität und Geschichtlichkeit'. Dresden 10.–12. Juni 2004, hg. von Gert MELVILLE/Giancarlo ANDENNA/Mirko BREITENSTEIN, Münster 2005, S. 85–101. Vgl. ebenso Gert MELVILLE, Brückenschlag zur zweiten Generation. Die kritische Phase der Institutionalisierung mittelalterlicher Orden, in: Religiöse Ordnungsvorstellungen und Frömmigkeitspraxis im Hoch- und Spätmittelalter, hg. von Jörg ROGGE (Studien und Texte zur Geistes- und Sozialgeschichte des Mittelalters 2), Korb 2008, S. 77–98. Vgl. demgegenüber zu den „Gründungserzählungen" einzelner Klöster Hans PATZE, Klostergründung und Klosterchronik, in: Blätter für deutsche Landesgeschichte 113 (1977) S. 89–121.

26 Vgl. zu den Konversen etwa Werner RÖSENER, Die Konversen der Zisterzienser. Ihr Beitrag zum wirtschaftlichen Erfolg am Beispiel von Eberbach und anderen Zisterzienserklöstern, in: Nassauische Annalen 111 (2000) S. 13–28; Werner RÖSENER, Die Laienbrüder der Zisterzienser. Beruht der ökonomische Erfolg des Ordens auf den Leistungen der Konversen?, in: Rheingau Forum 9 (2000) S. 14–25; Michael TOEPFER, Die Konversen der Zisterzienser. Untersuchungen über ihren Beitrag zur mittelalterlichen Blüte des Ordens (Berliner historische Studien 10, Ordensstudien 4), Berlin 1983.

27 Vgl. zu diesen Problemen etwa Gert MELVILLE, Zur Funktion von Schriftlichkeit im institutionellen Gefüge mittelalterlicher Orden, in: Frühmittelalterliche Studien 25 (1991) S. 391–417; Klaus SCHREINER, Verschriftlichung als Faktor monastischer Reform. Funktionen von Schriftlichkeit im Ordenswesen des hohen und späten Mittelalters, in: Pragmatische Schriftlichkeit im Mittelalter. Erscheinungsformen und Entwicklungsstufen, hg. von Hagen KELLER/Klaus GRUBMÜLLER/Nikolaus STAUBACH (Münstersche Mittelalter-Schriften 65), München 1992, S. 37–75; vgl. ebenso Gert MELVILLE, Geltungsgeschichten am Tor zur Ewigkeit. Zur Konstruktion von Vergangenheit und Zukunft im mittelalterlichen Religiosentum, in: Geltungsgeschichten. Über die Stabilisierung und Legitimierung institutioneller Ordnungen, hg. von Gert MELVILLE/Hans VORLÄNDER, Köln 2002, S. 75–108, insbes. S. 80–86.

28 Vgl. zu dem mit diesen Fragen eng verbundenen Begriff des *propositum* etwa Markus SCHÜRER, Das ‚propositum' in religiös-asketischen Diskursen. Historisch-semantische Erkundungen zu einem zentralen Begriff der mittelalterlichen ‚vita religiosa', in: Oboedientia. Zu Formen und Grenzen von Macht und Unterordnung im mittelalterlichen Religiosentum, hg. von Sébastien BARRET/Gert MELVILLE (Vita regularis. Abhandlungen 27), Münster 2005, S. 99–128, insbes. S. 126–128.

und Zeitumständen[29]. Ganz selbstverständlich waren klösterliche Reformvorhaben hierbei in weitere kirchliche und zum Teil auch weltliche Reformbemühungen eingebunden[30].

Welche konkreten Maßnahmen folgten aber und wie lassen sich diese kategorisieren? Richten wir hierzu unseren Blick auf einen der berühmtesten deutschen Reformer des ausgehenden 11. Jahrhunderts. Der Biograph des 1091 verstorbenen Abtes Wilhelm von Hirsau schrieb: „Durch die Anstrengung dieses heiligen Vaters wurde die monastische Lebensweise (*religio monastica*), die unter jenen, die den Habit jener Lebensweise (*habitum religionis*) annahmen, in den deutschen Regionen bereits fast vollkommen abgestorben war, wieder mit neuem Leben gefüllt und begann sich zu erholen. Nicht nur machte das Mönchtum (*monastica institutio*) Fortschritte, indem es ihm nacheiferte, auch jede Stufe der kirchlichen Ordnung wurde ebenso durch sein Beispiel belehrt.

Denn er belehrte die Mönche durch seine Demut, Liebe und seine Inbrunst und seine Lebensweise (*religio*). Er brachte Bischöfe, Priester und alle Kleriker dazu, in der Lehre und ihrer Autorität Fortschritte zu machen, er unterwies die Laien darin, wie sie demütig zu leben hatten, er formte Jungfrauen, Witwen und Frauen, indem er sie in Reinheit und Keuschheit unterwies. Er ermahnte durch Worte und Taten die Armen Christi und die Pilger mit Wenig zufrieden zu sein und die Welt und all ihren Ruhm unter ihren Füßen zu haben. Alle Rechtgläubigen nahmen Zuflucht zu ihm wie in den Schoß einer Mutter und durch ihn schritten sie rasch auf ihrem Weg zu Gott voran“[31].

---

[29] Vgl. zu dieser Verschränkung die Beiträge in dem Band Die Eigenart der Institutionen. Zum Profil politischer Institutionentheorie, hg. von Gerhard GÖHLER, Baden-Baden 1994, sowie in dem Band Geltungsgeschichten (wie Anm. 27).

[30] Vgl. hierzu Steffen PATZOLD, Die monastischen Reformen in Süddeutschland am Beispiel Hirsaus, Schaffhausens und St. Blasiens, in: Canossa 1077. Erschütterung der Welt. Geschichte, Kunst und Kultur am Anfang der Romanik. Eine Ausstellung im Museum in der Kaiserpfalz, im Erzbischöflichen Diözesanmuseum und in der Städtischen Galerie am Abdinghof zu Paderborn vom 21. Juli – 5. November 2006, 2 Bde., hg. von Christoph STIEGEMANN/Matthias WEMHOFF, München 2006, Bd. 1, S. S. 199–208. Vgl. zu den Verbindungen zwischen Kloster und Welt Klaus SCHREINER, Mönchsein in der Adelsgesellschaft des hohen und späten Mittelalters. Klösterliche Gemeinschaftsbildung zwischen spiritueller Selbstbehauptung und sozialer Anpassung, in: Historische Zeitschrift 248 (1989) S. 557–620.

[31] Vita Wilhelmi abbatis Hirsaugiensis, hg. von Wilhelm Wattenbach (MGH SS 12) Hannover 1856, S. 209–225, hier: c. 21, S. 218: *Religio quoque monastica, quae paene in provinciis Teutonicis refrixerat in eis qui habitum religionis praetendebant, huius beati patris studio cepit recalescere et recuperari. Non solum autem monastica institutio eius aemulatione profecit, sed et singuli gradus ecclesiastici ordinis illius exemplis erudiebantur. Monachos namque humilitate, caritate, fervore ac religione instruebat; episcopos, presbyteros, seu quoslibet clericos doctrina et auctoritate promovebat; laicos conversione et subiectione docebat; virgines, viduas, ac mulieres munditia et castitate informabat; pauperes Christi et peregrinos parvo esse contentos, ac mundum sub pedibus habere et omnem gloriam eius, verbis et operibus suadebat. Singuli fideles Christi ad illum quasi ad sinum matris confugiebant, multumque per eum in Deo proficiebant.* Vgl. zu Wilhelm Heinrich BÜTTNER, Abt Wilhelm von Hirsau

Versucht man hieran anknüpfend mögliche Reformmaßnahmen (etwa die Reform einzelner Konvente, aber auch Neugründungen) zu verallgemeinern, so können wir vier Dimensionen unterscheiden. Eine erste Dimension der Reformen betrifft die spirituelle Lebensweise der jeweiligen Gemeinschaft – Änderungen des *ordo* bzw. der *religio*. Diesbezüglich konnte ein Wechsel der Paradigmen der Reform für die heftigsten Konflikte sorgen[32]. Eine zweite Dimension der Reformen betraf die Stärkung oder aber Schwächung der Zugriffsrechte von externen weltlichen und geistlichen Instanzen – etwa von Bischöfen oder Vögten.[33] Bekannt sind die bedeutenden, auf einen Bischof zentrierten Reformverbände wie etwa der sogenannte Siegburger Reformverband oder die um die Figur des Salzburger Erzbischofs organisierten reformkanonikalen Gemeinschaften sowie die Auseinandersetzungen der Hirsauer um die Vogtfreiheit[34]. Hier sind jedoch auch jene Konflikte einzuordnen, die durch eine klösterliche Verbandbildung entstanden[35].

---

und die Entwicklung der Rechtsstellung der Reformklöster im 11. Jahrhundert, in: ZWLG 25 (1966) S. 321–338.

[32] Vgl. hierzu jedoch die Gedanken bei Steffen Patzold, Konflikte im Kloster. Studien zu Auseinandersetzungen in monastischen Gemeinschaften des ottonisch-salischen Reichs (Historische Studien 463), Husum 2000, S. 318–325. Vgl. zu möglichen Dimensionen innerklösterlicher Konflikte exemplarisch Thomas Füser, Mönche im Konflikt. Zum Spannungsfeld von Norm, Devianz und Sanktion bei den Cisterziensern und Cluniazensern (12. bis frühes 14. Jahrhundert) (Vita regularis. Abhandlungen 9), Münster 2000.

[33] Vgl. zum Kontext etwa Geoffrey G. Koziol, Monks, Feuds, and the Making of Peace in Eleventh-Century Flanders, in: The Peace of God. Social Violence and Religious Response in France Around the Year 1000, hg. von Thomas F. Head/Richard A. Landes, Ithaca 1992, S. 239–259.

[34] Vgl. Josef Semmler, Die Klosterreform von Siegburg. Ihre Ausbreitung und ihr Reformprogramm im 11. und 12. Jahrhundert (Rheinisches Archiv 53), Bonn 1959 und Ders., Die Klosterreform von Siegburg (11. und 12. Jahrhundert), in: Die Reformverbände und Kongregationen der Benediktiner (wie Anm. 5) S. 141–151; Stefan Weinfurter, Salzburger Bistumsreform und Bischofspolitik im 12. Jahrhundert. Der Erzbischof Konrad I. von Salzburg (1106–1147) und die Regularkanoniker (Kölner historische Abhandlungen 24), Köln/Wien 1975. Vgl. zur Frage der Vogtei etwa Martin Clauss, Die Untervogtei. Studien zur Stellvertretung in der Kirchenvogtei im Rahmen der deutschen Verfassungsgeschichte des 11. und 12. Jahrhunderts (Bonner historische Forschungen 61), Siegburg 2002.

[35] Vgl. die Beiträge in dem Band Vom Kloster zum Klosterverband. Das Werkzeug der Schriftlichkeit. Akten des Internationalen Kolloquiums des Projektes L 2 im SFB 231 (22.–23. Februar 1996), hg. von Hagen Keller/Franz Neiske (Münstersche Mittelalter-Schriften 74), München 1997, darin insbes. Hagen Keller, Zur Einführung. Formen des Schriftgebrauchs im Zusammenschluß geistlicher Gemeinschaften, S. 1–6. Vgl. zum Konfliktaustrag und zum Stellenwert der Schriftlichkeit etwa Wojtek Jezierski, Verba volant, scripta manent. Limits of Speech, Power, Silence and Logic of Practice in Some Monastic Conflicts of the High Middle Ages, in: Understanding Monastic Practices of Oral Communication. Western Europe, Tenth-Thirteenth Centuries. International Conference at Ghent University on 23 and 24 May 2008, hg. von Steven Vanderputten (Utrecht Studies in Medieval Literacy 21), Turnhout 2011, S. 23–48. Vgl. zum Stellenwert der *amicitia* Julian Haseldine, Friendship and Rivalry. The Role of Amicitia in Twelfth-Century Monastic Relations, in: Journal of Ecclesiastical History 44 (1993) S. 390–414.

Eine dritte Dimension der Reformen gilt es nicht zu unterschätzen: Insbesondere bei hartnäckigen Resilienzen kam es zu personellen Änderungen, die nicht nur die Leiter der jeweiligen Gemeinschaften erfassen konnten, sondern auch die weiteren Amtsträger oder einfachen Mönche – ja, im Extremfall kam es zur Ersetzung des gesamten Konventes. Eine vierte Dimension der Reformen kann man hingegen in der ökonomischen Sphäre verankern: Fragen des Wirtschaftens waren häufig einer der wichtigsten Anlässe für Reformen und gingen meist eine untrennbare Verbindung zu eher spirituell gelagerten Tractanda ein[36]. Zusammen mit den vier vorhin vorgestellten Paradigmen – Urkirche, Wüstenväter, Benediktsregel, Regeln sonstiger Gemeinschaften – spannen die geschilderten Dimensionen potentieller Reformen – spirituelle Lebensweise, geistliche/weltliche Zugriffsrechte, personelle Änderungen, wirtschaftliche Änderungen – eine 4 × 4 Matrix auf. Diese Matrix erlaubt es nicht nur, die Fälle der Reform einzuordnen. Sie kann auch zumindest Hinweise auf mögliche Konfliktpotentiale bzw. die Verortung dieser Reformen auf dem Kontinuum zwischen Reaktion und Innovation geben.

So kann man beispielsweise das Aufkommen des Zisterzienserordens einordnen: Diese religiose Lebensform orientierte sich am dritten Reformparadigma (reine Benediktsregel) und deckte die Dimensionen „neue spirituelle Lebensweise", „Eingriff in geistliche und weltliche Zugriffsrechte" sowie „wirtschaftliche Änderungen" ab[37]. Dieses Reformvorhaben kann als Beispiel dafür gelten, was – trotz anderer Intentionen – dann eben doch zu einen konfliktreichen Bruch mit eingespielten institutionellen Logiken, zu Innovationen, führen konnte.

---

[36] Constance B. Bouchard, Holy Entrepreneurs. Cistercians, Knights, and Economic Exchange in Twelfth Century Burgundy, Ithaca 1991; Frank G. Hirschmann, Klosterreform und Grundherrschaft. Richard von Saint-Vanne, in: Grundherrschaft, Kirche, Stadt zwischen Maas und Rhein während des hohen Mittelalters, hg. von Alfred Haverkamp/Frank G. Hirschmann (Trierer historische Forschungen 37), Mainz 1997, S. 125–170, insbes. S. 152–159. Vgl. generell Annette Kehnel, Heilige Ökonomie. Ansätze zu einer systematisch vergleichenden Erforschung der Wirtschaftsorganisation mittelalterlicher Klöster und Orden, in: Mittelalterliche Orden und Klöster im Vergleich. Methodische Ansätze und Perspektiven, hg. von Gert Melville/Anne Müller (Vita regularis. Abhandlungen 34), Berlin 2007, S. 269–320, insbes. S. 297–305.

[37] Vgl. den Band Die Zisterzienser – ein benediktinischer Reformorden, hg. von Gisela Gooss/Gunther Nisch/Manfred Krause (Choriner Forschungen 1), Berlin 1998. Vgl. zum Kontext Gert Melville, Die Zisterzienser und der Umbruch des Mönchtums im 11. und 12. Jahrhundert, in: Norm und Realität. Kontinuität und Wandel der Zisterzienser, hg. von Franz J. Felten/Werner Rösener (Vita regularis. Abhandlungen 42), Berlin 2009. Vgl. zur Person Bernhards Adriaan H. Bredero, Bernhard von Clairvaux. Zwischen Kult und Historie. Über seine Vita und ihre historische Auswertung, Stuttgart 1996; Michael Casey, Bernard and the Crisis at Morimond. Did the Order exist in 1124?, in: Cistercian studies quaterly 38 (2003) S. 119–175; Peter Dinzelbacher, Bernhard von Clairvaux. Leben und Werk des berühmten Zisterziensers (Gestalten des Mittelalters und der Renaissance), Darmstadt ²2012.

Nicht minder konfliktreich konnten jene anderen Reformen ablaufen, die explizit versuchten, alte spirituelle Modelle eines einzelnen Klosters neu einzuschärfen, zugleich jedoch Zugriffsrechte und wirtschaftliche Änderungen durchsetzten und diese Maßnahmen meist mit personellen Rekonfigurationen flankierten. Mochten hier auch Anknüpfungen an alte Lebensmodelle überwiegen, konnten sich doch erhebliche Konflikte entfalten. Vergleichsweise konfliktarm konnten hingegen jene Reformen ablaufen, die sich am eremitischen Paradigma orientierten. Hier dominierte häufig eher die spirituell reflektierte Bedürfnislosigkeit einer bestimmten Gruppe innerhalb der klösterlichen Gemeinschaft, ließen sich die Konflikte durch Auslagerung dieses Teils der Gemeinschaft bei weiterhin bestehender Zuordnung mitunter lösen.

Die in den Augen traditioneller Benediktiner harten, ja mitunter fanatischen Züge vieler dieser Reformer werden jedoch klar, wenn man ihre Verhaltensweisen näher betrachtet. Der einsiedlerische Bernhard von Tiron (um 1046 bis 1116) war laut seiner Vita „stark behaart und mit einem Bart versehen und mit billigen und abgetragenen Kleidern ausgestattet entsprechend der eremitischen Lebensweise". Er wurde nach seiner Rückkehr in die Abtei Saint-Cyprien bei Poitiers erst einmal rasiert und in den mönchischen Habit eingekleidet – geradezu physisch fassbar werden hier unterschiedliche Vorstellungen idealen, gottgefälligen Lebens[38].

Ähnlich befremdlich mussten andere eremitische Reformer auf die etablierten Benediktiner wirken. Der Gründer des Ordens von Grandmont, Stephan von Muret, soll eine schiefe Nase gehabt haben, weil er seinen Kopf immer wieder auf den Boden schlug und Schwielen wie Kamelhöcker an Händen und Knien von seinem exzessiven Niederfallen während des Gebets[39]. Robert von Arbrissel, der Gründer des Ordens von Fontevraud, soll in abgerissener Kleidung mit unbedeckten Beinen, bloßen Füßen, einem Vollbart und einem ungewöhnlichen Haarschnitt einhergeschritten sein und im Vertrauen auf die eigene Heiligkeit allzu engen Umgang mit Frauen gepflegt haben[40]. Für die etablierten kirchlichen Institutionen war es nicht immer einfach, die Lebensweise dieser „heiligen Männer" zu akzeptieren.

---

[38] Vita beati Bernardi Fundatoris Congregationis de Tironio in Gallia auctore Gaufredo Grosso, in: MPL 172, Sp. 1362–1446D, hier: c. 42, Sp. 1393BC: *Monachi vero Bernardum, quem a multis annis non viderant, laeti gratulantesque suscipiunt; admirantes hominem hirsutum, barbatum, vilibus atque villosis, juxta eremiticae consuetudinis modum, pannis subobsitum, cujusmodi habitum abhorrentes, properanter eruunt, barbam abradunt suisque indumentis induunt, et post paucos dies, quamvis repugnantem, praepositum efficiunt.*

[39] Stephan von Lissac, Vita venerabilis viri Stephani Muretensis, in: Scriptores ordinis Grandimontensis, hg. von Jean Becquet (CC Cont. Med. 8), Turnhout 1968, S. 101–160, hier: c. 19, S. 115: *Numerum autem genuflexionum eius quas terram deosculando et cum fronte naso que percutiendo humiliter faciebat, scire non possumus; quem utique propter earum saepissimam iterationem ipsum etiam credimus ignorasse. Scimus tamen quod manibus ac genibus in modum cameli earundem assiduitate genuflexionum callos contraxerat et nasum curuauerat in oblicum.*

[40] Vgl. hierzu Constable, Reformation (wie Anm. 7) S. 26 mit Anm. 120.

Allzu sehr unterschieden sie sich in ihren Lebensweisen, ihrer Kleidung und ihrem Essen von den Formen des herkömmlichen Mönchtums[41].

Neben der Beurteilung der Konfliktträchtigkeit bestimmter Reformvorhaben bzw. Reformunternehmen kann das 4 × 4-Schema aber auch dazu dienen Abwehrstrategien der traditionellen Benediktinerklöster zu erfassen. Eine erste Möglichkeit bestand darin, das eigene spirituelle Lebensmodell mit neuer Kraft bzw. Anpassungen an neue spirituelle Strömungen zu verfolgen und zu propagieren – gleichsam das dritte Paradigma der Reform zu verfolgen. Hier sind etwa die *Devotio moderna* und die Bursfelder Kongregation einzuordnen.[42] Zweitens und drittens galt es, geistliche und weltliche Zugriffsrechte so zu gestalten, dass die interne Struktur der jeweiligen Gemeinschaften geschützt wurde. Vollständige Immunität war hingegen eher nicht empfehlenswert und konnte auch nur selten verwirklicht werden – vollständig frei war nur der Vogelfreie[43].

Eine Verbandsbildung war zweischneidig, was ein Blick auf Zisterzienserklöster und traditionelle Benediktinerklöster zeigt: Benediktinerklöster waren theoretisch rechtlich und wirtschaftlich selbstständige Einheiten und glichen sozusagen Familienunternehmen unserer heutigen Wirtschaft – es war außerordentlich schwer, sie gegen den Willen der Verantwortlichen zu beeinflussen oder aufzulösen. Zisterzienserklöster hingegen glichen den Teilunternehmen einer Aktiengesellschaft und konnten mit Beschluss der Konzernzentrale – also des Generalkapitels – recht einfach beeinflusst und sogar aufgelöst werden[44].

---

[41] Vgl. zur symbolischen Ordnung des Klosters die luzide Zusammenfassung zum „Kloster als symbolische Ordnung" bei Jörg Sonntag, Klosterleben im Spiegel des Zeichenhaften. Symbolisches Denken und Handeln hochmittelalterlicher Mönche zwischen Dauer und Wandel, Regel und Gewohnheit (Vita regularis. Abhandlungen 35), Berlin 2008, S. 633–653.

[42] Vgl. hierzu Susanne Krauss, Die Devotio moderna in Deventer. Anatomie eines Zentrums der Reformbewegung (Vita regularis. Abhandlungen 31), Berlin/Münster 2007; Nicolaus Heutger, Bursfelde und seine Reformklöster, 2. erw. Auflage, Hildesheim 1975; Walter Ziegler, Die Bursfelder Kongregation, in: Die Reformverbände und Kongregationen (wie Anm. 5) S. 315–407.

[43] Vgl. zum spannungsreichen Wechselverhältnis von Machtausübung und Freiheit Robert F. Berkhofer, Abbatial Authority over Lay Agents, in: The Experience of Power in Medieval Europe. 950–1350, hg. von Alan Cooper/Adam J. Kosto, Aldershot 2005, S. 43–57; Charles Dereine, La ‚libertas' des nouveaux monastères au diocèse de Cambrai sous Gérard II (1074–1094), in: Revue du Nord 47 (1965) S. 118–120.

[44] Herrn Ernst-Dieter Hehl sei für diesen Hinweis gedankt. Vgl. zur Thematik Florent Cygler, Das Generalkapitel im hohen Mittelalter. Cisterzienser, Prämonstratenser, Kartäuser und Cluniazenser (Vita regularis. Abhandlungen 12), Münster 2001; Jörg Oberste, Visitation und Ordensorganisation. Formen sozialer Normierung, Kontrolle und Kommunikation bei Cisterziensern, Prämonstratensern und Cluniazensern. 12. – frühes 14. Jahrhundert (Vita regularis. Abhandlungen 2), Münster 1996.

Viertens galt es gerade deshalb auch, besondere Aufmerksamkeit den internen und externen wirtschaftlichen Verhältnissen zukommen zu lassen. Es war nämlich lange Zeit gerade nicht der Reichtum, der als verwerflich galt, sondern umgekehrt die Armut, die als Spiegelbild ärmlicher Moral gelten konnte[45]. Reformer lehnten es mitunter sogar ab, ein Haus zu reformieren, das über zu wenige Ressourcen verfügte. Auch die strengsten Reformer mussten etwas zu essen haben. In den 1090er Jahren erklärte der Abt von St. Jean d'Angély im Poiteau, dass er die Kammer der Abtei verbesserte und vergrößerte „sodass die körperlichen Bedürfnisse nicht – auf keinen Fall, Gott behüte – die Mönche plagen, die in diesem Haus unter der Regel für Gott kämpfen, und aus diesem Grund soll die spirituelle Disziplin des heiligen Meisters nicht beginnen sich abzukühlen“[46]. Man könnte zahlreiche ähnliche Quellenstellen anführen, die die Vorteile einer ausreichenden Ausstattung mit Ressourcen und die Gefahren der Armut anmahnen. Persönlicher Reichtum und Gier waren zwar verpönt: Ein Mönch, der die Welt verlassen hatte und sich selbst gleichsam zu einem Gefangenen machte, sollte rein gar nichts besitzen. Dennoch war es vor allem der Missbrauch oder das öffentliche Zeigen von Reichtum, das Misstrauen erregte – solche Verhaltensweisen wurden mit einer Vernachlässigung der Regel gleichgesetzt[47]. Mit Maßhalten und hohen Klostermauren konnten Anknüpfungspunkte möglicher radikaler Reformvorhaben neutralisiert werden.

Hinter solchen Verteidigungsanlagen konnte man getrost warten, bis die reformerischen Gemeinschaften selbst reformbedürftig wurden. Unbestritten gab es nämlich ein Argument, das im Mittelalter gegenüber allen anderen Argumenten immer stechen konnte: das Alter und die hieran anknüpfende Erfahrung. Aufgrund ihrer lange Jahrhunderte überdauernden Geschichte hatten die etablierten Benediktiner einen gewissen Erfahrungsschatz im Umgang mit der Welt und ihren Verführungen erworben. Die Reformer hingegen konnten mit ihren strikten, mitunter fanatischen Forderungen rasch in die Sphäre der Weltfremdheit, Bigotterie und mitunter sogar Lächerlichkeit geraten.

Auch die etablierten Reformer und Orden gerieten nämlich in die Schusslinie der Kritik: Das bereits angeführte Beispiel des Robert von Arbrissel ließe sich verallgemeinern. Es waren gerade nicht die alten monastischen Gemeinschaften, die in den Ruch sexueller Disziplinlosigkeit gerieten, sondern die neuen Gemeinschaften: Die Reformer hießen nämlich auch Frauen in ihren Gemeinschaften willkommen und legten sich mitunter auch gemeinsam in ein Bett als Form der asketischen

---

[45] Constable, Reformation (wie Anm. 7) S. 30.

[46] Cartulaire de Saint-Jean d'Angély, hg. von Georges Musset (Archives historiques de la Saintonge et de l'Aunis 30), Paris/Saintes 1901, Nr. 20, S. 46: *ego, Odo, indignus abba hujus sancte Angeliacensis ecclesie, camerum hujus domus in melius reformare et amplificare studui, ne forte, quod absit, fratribus in hac domo Deo sub regulari tramite militantibus, corporea adversetur necessitas, ac per hoc in eis sancti prepositi tepescat spiritualis disciplina.*

[47] Constable, Reformation (wie Anm. 7) S. 29–31.

Übung und als Test einer heiligmäßigen Gesinnung[48]. Dieses oft zitierte Motiv in mittelalterlichen Exempla und Schwankerzählungen wird etwa auch bei Salimbene de Adam genüsslich geschildert[49].

Eine Steilvorlage für die Kritiker lieferten jene Reformer, die im Laufe ihres Lebens in hohe Würden der Amtskirche aufstiegen, wie es etwa bei Norbert von Xanten, dem Gründer des Prämonstratenserordens, der Fall war. Norbert ließ sich zum Erstaunen seiner Mitbrüder 1126 zum Erzbischof von Magdeburg wählen. Doch nicht nur die Prämonstratenser staunten, auch die Angehörigen anderer Orden. Ein Cluniazenser stellt im *Dialogus duorum monachorum* über Norbert fest: „Aus einem barfüßigen Reiter auf einem Esel wurde [Norbert] ein gut beschuhter und gut gekleideter Reiter auf einem geschmückten Pferd, aus einem Eremiten ein Hofmann am Hof Kaiser Lothars, aus einfachem Brot und billigem Essen königliche und erlesene Speisen, aus einem großen Verächter der Welt ein großer Handelnder in weltlichen Angelegenheiten“[50] Andere klagten die Zisterzienser wegen ihres Mangels an Gastfreundschaft an, ihrer Ablehnung, Zehnten zu zahlen und alles in allem wegen ihrer Gier. Hinzu trat deren Selbstgerechtigkeit: Die Zisterzienser würden, so die Kritik, nicht nur stets annehmen, dass ihr Orden der sicherste, sondern manchmal auch, dass er der einzige Weg zu Gott sei.[51] Petrus Venerabilis, der Abt von Cluny schrieb: „Oh die neue Art der Pharisäer, die über die Welt gekommen ist, die sich selbst von den anderen absondern, die sich selbst den anderen vorziehen und die behaupten, dass der Prophet vorausgesagt habe, dass sie berufen würden: ‚Berühre mich nicht [Joh. 20,17], weil ich rein bin [Hiob 33,9]‘“.[52]

---

48 CONSTABLE, Reformation (wie Anm. 7) S. 31.

49 Vgl. etwa Salimbene de Adam, Cronica, hg. von Giuseppe SCALIA (CC Cont. Med. 125), Turnhout 1999, S. 390 zu Gerardo Segarelli: *Post hec, cum hospitaretur apud aliquam mulierculam viduam, filiam nubilem et speciosam habentem, dicebat sibi a Domino revelatum quod cum illa puella debebat illa nocte nudus cum nuda in eodem lecto dormire, ut probaret si castitatem servare posset necne. Consentiebat mater reputans se beatam, et puella minime hoc negabat. Hoc beatus Iob non docuit, qui dicit: Pepigi fedus cum oculis meis, ut ne cogitarem quidem de virgine.*

50 R. B. C. HUYGENS, Le moine Idung et ses deux ouvrages. ‚Argumentum super quatuor questionibus‘ et ‚Dialogus duorum monachorum‘, in: Studi medievali Ser. III 13/1 (1972), S. 375–470, hier: S. 426: *Norbertini ideo forsitan nolunt dici, quia auctor eorum domnus Norbertus dicitur apostatasse, factus de nudipede ascensore asini bene calciatus et bene vestitus ascensor phalerati equi, de heremita curialis in curia Lotharii imperatoris, de pane cibario et vili pulmentario ad regales et splendidas epulas, de magno contemptore mundi magnus actor causarum mundi.*

51 CONSTABLE, Reformation (wie Anm. 7) S. 32 f. Vgl. zu den Zehnten grundsätzlich Giles CONSTABLE, Monastic Tithes from their Origins to the Twelfth Century (Cambridge Studies in Medieval Life and Thought 10), Cambridge 1964.

52 The letters of Peter the Venerable, 2 Bde., Bd. 1, hg. von Giles CONSTABLE (Harvard Historical Studies 78), Cambridge, Mass. 1967, Ep. 28,1, S. 57: *O phariseorum nouum genus rursus mundo redditum, qui se a ceteris diuidentes, omnibus praeferentes, dicunt quod propheta dicturos eos praedixit, ‚Noli me tangere‘, quoniam mundus ego sum.*

Das Mönchtum benediktinischer Prägung war jedenfalls an der Wende vom 12. zum 13. Jahrhundert nicht so krisengeschüttelt wie es auf den ersten Blick scheint[53]. Es waren gerade die Reformer, die mit ihrem Erfolg auch in unruhigere Fahrwasser gerieten. Trotz spektakulärer Umwandlungen – man denke nur an Lorsch – und trotz Wellen von Ordensgründungen blieb eine nicht unbeträchtliche Anzahl der Benediktinerklöster bis in die Zeiten von Reformation und Säkularisation bestehen.

---

[53] Vgl. zu den verschiedenen (vermeintlichen) Krisen(behauptungen) im monastischen Bereich Norman F. CANTOR, The Crisis of Western Monasticism. 1050–1130, in: American Historical Review 66 (1960/61) S. 47–67; John H. VAN ENGEN, The „Crisis of Cenobitism“ Reconsidered. Benedictine Monasticism in the Years 1050–1150, in: Speculum 61 (1986) S. 269–304; Jean LECLERQ, La crise du monachisme aux XIe et XIIe siècle, in: Bullettino dell'Istituto storico italiano per il medio evo 70 (1958) S. 19–41; Grado G. MERLO, Tra ‚vecchio' e ‚nuovo' monachesimo (metà XII – metà XIII secolo), in: Studi storici 28 (1987) S. 447–469; Klaus SCHREINER, Dauer, Niedergang und Erneuerung klösterlicher Observanz im hoch- und spätmittelalterlichen Mönchtum. Krisen, Reform- und Institutionalisierungsprobleme in der Sicht und Deutung betroffener Zeitgenossen, in: Institutionen und Geschichte. Theoretische Aspekte und mittelalterliche Befunde, hg. von Gert MELVILLE (Norm und Struktur 1), Köln 1992, S. 295–341; Cristina SERENO, La ‚Crisi del cenobitismo'. Un problema storico?, in: Bulletino dell'Istituto storico italiano per il medio evo 104 (2002) S. 31–83.

Überlegungen zu den Motiven für die Umwandlung des Benediktinerklosters Ellwangen in ein Säkularkanonikerstift im Vorfeld des Fürstenkriegs 1459/1460

Von Brigitte Oberle

Die Umwandlung der Fürstabtei St. Vitus in Ellwangen in ein Säkularkanonikerstift 1460* ist – nach St. Alban vor Mainz 1419 – der zweite Fall eines exklusiv adligen und stiftsmäßig lebenden Benediktinerklosters, das seine von Reformansinnen unterschiedlicher Provenienz in Frage gestellte Lebensweise durch den Wechsel der Rechtsform legitimieren und dauerhaft aufrechterhalten konnte[1].

* Der hier wiedergegebene Vortrag wurde bei der Jahrestagung der Kommission für geschichtliche Landeskunde in Baden-Württemberg am 1. Juli 2016 in Ellwangen gehalten. Die Vortragsform wurde beibehalten, der wissenschaftliche Apparat ergänzt.

1 Grundlegend zur Umwandlung Ellwangens ist Joseph Zeller, Die Umwandlung des Benediktinerklosters Ellwangen in ein weltliches Chorherrnstift (1460) und die kirchliche Verfassung des Stifts. Texte und Darstellung (Württembergische Geschichtsquellen, Bd. 10), Stuttgart 1910; zur Umwandlung St. Albans Reinhard Schmid, Die Abtei St. Alban vor Mainz im hohen und späten Mittelalter. Geschichte, Verfassung und Besitz eines Klosters im Spannungsfeld zwischen Erzbischof, Stadt, Kurie und Reich (Beiträge zur Geschichte der Stadt Mainz, Bd. 30), Mainz 1996. – Hans Pfeifer führt die Umwandlung St. Leodegars in Luzern 1455 als zweiten Fall auf, vgl. Hans Pfeifer, Vom Benediktinerkloster Ellwangen zum weltlichen Chorherrenstift (1460), in: Ellwanger Jahrbuch 31 (1985/86) S. 53–66, hier S. 53; St. Leodegar wird auch von Peter Moraw, der in seiner Typologie von Stiftkirchen die Umwandlungen des 15. und 16. Jahrhunderts als eigenen Typus definiert, in seiner Aufzählung genannt, vgl. Peter Moraw, Über Typologie, Chronologie und Geographie der Stiftskirche im deutschen Mittelalter, in: Untersuchungen zu Kloster und Stift (Veröffentlichungen des Max-Planck-Instituts für Geschichte, Bd. 68; Studien zur Germania Sacra, Bd. 14), hg. vom Max-Planck-Institut für Geschichte, Göttingen 1980, S. 9–37, hier S. 19. Allerdings war der Konvent dort nicht exklusiv adlig, vgl. André Heinzer, Pfründen, Herrschaft, Gottesdienst. Lebenswelten der Mönche und Weltgeistlichen am Kloster und Kollegiatstift St. Leodegar in Luzern zwischen 1291 und 1550 (Luzerner Historische Veröffentlichungen, Bd. 45), Luzern 2014, S. 95 f., während die Aufrechterhaltung des Adelsprivilegs für die anderen Klöster der zentrale Konfliktpunkt war, vgl. Alfred Wendehorst, Der Adel und die Benediktinerklöster im späten Mittelalter, in: Consuetudines Monasticae. Eine Festgabe für Kassius Hallinger aus Anlass seines 70. Geburtstages (Studia Anselmia, Bd. 85), hg. von Joachim Fridolin Angerer/Josef Lenzenweger, Rom 1982, S. 333–353, hier S. 334.

Dabei erfolgte die Umwandlung Ellwangens recht unvermittelt: Noch Anfang Oktober 1459 musste der Konvent einem Schiedsspruch zu Sparmaßnahmen zur finanziellen Sanierung und dem Aufstellen von Reformstatuten zustimmen, der von Personen im württembergischen Umfeld gesprochen wurde[2]. Dieser Vorgang steht in einer ganzen Reihe vorheriger Reformversuche, die vom Schirmer des Klosters, Graf Ulrich V. von Württemberg, zum Teil im Zusammenwirken mit dem Augsburger Bischof und Kardinal Peter von Schaumberg erfolgten[3]. Jedoch nur wenige Monate später, am 2. April 1460, wurde die Ellwanger Benediktinerabtei vom Kardinal und Augsburger Bischof Peter von Schaumberg nach Genehmigung durch Papst Pius II. in ein Säkularkanonikerstift umgewandelt[4]. Die Bulle räumte Graf Ulrich V. das Präsentationsrecht auf die nächsten zwei freiwerdenden Pfründen ein[5]. Markgraf Albrecht Achilles von Brandenburg hatte sich persönlich durch eine Reise nach Mantua zum Papst für die Umwandlung verwandt und brachte die am 14. Januar 1460 ausgestellte Bulle mit hoher Wahrscheinlichkeit selbst nach Ellwangen[6].

In der Forschung fallen zur Interpretation dieser Vorgänge immer wieder zwei Stichworte: „Schweigen“ und „Rücksicht“. Das „Schweigen der Quellen“ betreffe vor allem die Haltung Graf Ulrichs V.[7]. Zwar spreche das Präsentationsrecht, das ihm eingeräumt worden war, für eine wie auch immer geartete Zustimmung zur Umwandlung, aber deren Ausmaß wird höchst unterschiedlich eingeschätzt[8]. Unklar bleiben nicht nur der Grad der Akzeptanz und des Mitwirkens Ulrichs an der Umwandlung, sondern auch die Gründe für die Änderung seiner Haltung. Als allgemeines Motiv für den Sinneswandel von Reformstreben zu Reformverhinderung bei Graf Ulrich V. und Kardinal Peter werden die Rücksicht auf die mit dem Kloster verbundenen Adelsfamilien und die politischen Verhältnisse angesehen,

---

2 Vgl. ZELLER, Die Umwandlung (wie Anm. 1) S. 329 f.

3 Vgl. ebd., S. 323–330.

4 Vgl. ebd., S. 347.

5 Vgl. ebd., S. 342.

6 Vgl. ebd., S. 341 f.; zumindest vidimierte Albrecht am 4. Februar 1460 die Bulle in Ellwangen, vgl. ebd., S. 16, S. 21.

7 „Der Mitwirkung des Grafen Ulrich V. von Württemberg bei der Säkularisation des seinem Schirm anvertrauten Stifts wird auffallenderweise in den Quellen nirgends gedacht“, ebd., S. 342; „[...] die auffallende Tatsache [..], daß der württembergische Graf in gar keinem Zusammenhang mit diesem so außerordentlichen Vorgang erwähnt wird“, Alois SEILER, Der württembergische Schutz und Schirm über Kloster und Stift Ellwangen (1370–1590), in: ZWLG 28 (1969) S. 343–362, hier S. 356; „Über die Rolle Graf Ulrichs, des Schirmers, bei diesen Vorgängen schweigen die Quellen“, Dieter STIEVERMANN, Landesherrschaft und Klosterwesen im spätmittelalterlichen Württemberg, Sigmaringen 1989, S. 266.

8 Es reicht von der Betonung seiner zentralen Stellung bei ZELLER („So dürfen wir trotz des völligen Schweigens der vorhandenen Quellen an der entscheidenden Mitwirkung des Schirmvogts nicht zweifeln“; ZELLER, Die Umwandlung (wie Anm. 1) S. 343) bis hin zu einer höchst verhaltenen Parteinahme bei Stievermann („Er hat sich diesem Projekt [...] wohl nicht entgegenstellen können“; STIEVERMANN, Landesherrschaft (wie Anm. 7) S. 266).

die allerdings nur stichpunktartig benannt werden[9]. Dieter Stievermann hat dies in seiner Studie zu „Landesherrschaft und Klosterwesen im spätmittelalterlichen Württemberg“ pointiert zusammengefasst: „Überhaupt demonstrierte die Ellwanger Säkularisation unter einem den Bursfeldern geneigten Papst und mit einem reformfreudigen Schirmherrn, durchgeführt von einem ebenfalls zu Reformen tendierenden Bischof, mit hinreichender Deutlichkeit die sozialen und politischen Zwänge, die den konkreten Spielraum in der Klosterpolitik begrenzten.“[10]

Aber kann man, auch wenn Graf Ulrich V., Kardinal Peter und Papst Pius II. zweifelsohne der Kirchen- und Klosterreform gegenüber aufgeschlossen waren, ihre bevorzugte politische Schwerpunktsetzung darauf beschränken? Reagierten sie nur auf anderweitige Zwänge, wenn sie in einer bestimmten politischen Konstellation einmal keine Klosterreform betrieben? Oder wäre nicht auch denkbar, dass sie unterschiedlichen persönlichen und politischen Präferenzen folgten und diese situativ mehr oder weniger stark gewichteten? Folgt man dieser Überlegung, könnte die Unterstützung der Umwandlung Ellwangens nicht nur als bloßes defensives Zurückweichen in einer multiplen Zwangslage, sondern vielmehr als bewusst gewähltes politisches Mittel zum Erreichen bestimmter Ziele angesehen werden. Hierzu müssten die Ellwanger Ereignisse jedoch stärker, als dies bisher geschehen ist, in den politischen Kontext ihrer Zeit gestellt werden.

In diesem Zusammenhang ist vor allem die Rolle Markgraf Albrecht Achilles’ von Brandenburg in den Blick zu nehmen, der bisher in der Forschung allenfalls als Befürworter der Umwandlung beim Papst und gegebenenfalls noch als Überbringer der Bulle nach Ellwangen erwähnt wird. Zeller wirft die Frage auf, lässt sie aber offen, „was Albrecht zu seinem Eingreifen in diese, ihn wenigstens nicht direkt berührende Angelegenheit bewogen hat.“[11] Der Versuch einer Antwort erscheint angesichts von Albrechts Bedeutung in den zeitgenössischen regionalen und überregionalen Konfliktfeldern ebenso überfällig wie viel versprechend.

Diesen Fragen und Überlegungen soll in folgenden Schritten nachgegangen werden: Zunächst sollen Grundzüge der benediktinischen Klosterreform des 15. Jahrhunderts referiert werden, um darin die Besonderheiten der Ellwanger Situation,

---

9 „[...] ebensosehr freilich dürfte für ihn die Rücksicht auf seine Ritterschaft bestimmend gewesen sein, deren Unterstützung er gerade damals – am Vorabend des pfälzisch-bayerischen Krieges – nicht entbehren konnte“; ZELLER, Die Umwandlung (wie Anm. 1) S. 343; „Württemberg nahm bei diesen Vorgängen unverkennbar Rücksicht auf den Ellwanger Stiftsadel“; Volker PRESS: Ellwangen, Fürststift im Reich des späten Mittelalters und der frühen Neuzeit, in: Ellwanger Jahrbuch 30 (1983/1984) S. 7–30, hier S. 9 f.; „[...] die Ellwanger Wirklichkeit und die Spannungen mit den Wittelsbachern, die besondere Rücksichtnahmen auf den an Ellwangen interessierten Adel notwendig machten, dürften seine zumindest stillschweigende Zustimmung erkauft haben“; STIEVERMANN, Landesherrschaft (wie Anm. 7) S. 266.

10 STIEVERMANN, Landesherrschaft (wie Anm. 7) S. 266.

11 ZELLER, Die Umwandlung (wie Anm. 1) S. 342.

insbesondere der Jahre 1459/1460, verorten zu können. Sodann soll die Lage des Klosters Ellwangen in Beziehung zum Vorfeld und dem Beginn des Fürstenkriegs im Zeitraum 1458 bis 1460 gesetzt werden. Abschließend möchte ich meine Hypothesen zur Rolle und dem Zusammenwirken der an der Umwandlung beteiligten Akteure vorstellen und ihr Handeln im Ellwanger Fall in die politischen Handlungsmuster einordnen, die sich entweder direkt im Fürstenkrieg oder allgemein in ihrem politischen Wirken erkennen lassen.

Grundzüge der benediktinischen Klosterreform und der Verfassung der Abtei Ellwangen im 15. Jahrhundert

Mittelalterliche Reformansätze für die Benediktiner bewegen sich in der Regel auf zwei Ebenen: Einerseits geht es um bestimmte inhaltliche Forderungen zur Lebensführung der Mönche[12], die in der Regel als Wiederherstellung der Regula Benedicti gerechtfertigt werden[13], und andererseits geht es um die Form, in der diese überhaupt erst durchgesetzt werden sollen, das heißt organisatorische Innovationen[14]: Jüngere Orden weisen in der Regel – wenn auch in unterschiedlichen Ausformungen – eine stärker ausgearbeitete Struktur über das einzelne Kloster hinaus auf, die eben eine stärkere Kontrolle der einzelnen Klöster durch den Verband zulässt. Bei den Benediktinerklöstern gab es dagegen eine Vielzahl von Organisationsformen: Eine große Zahl autonomer Klöster stand neben Klosterfamilien und anderen Verbandsformen.

---

12 Der „materiale Reformbegriff" nach Dieter Mertens, Monastische Reformbewegungen des 15. Jahrhunderts: Ideen – Ziele – Resultate, in: Reform von Kirche und Reich zur Zeit der Konzilien von Konstanz (1414–1418) und Basel (1431–1449). Konstanz-Prager Historisches Kolloquium (11.–17. Oktober 1993), hg. von Ivan Hlaváček/Alexander Patschovsky, Konstanz 1996, S. 157–181, hier S. 168–170.

13 Vgl. Petrus Becker, Erstrebte und erreichte Ziele benediktinischer Reformen im Spätmittelalter, in: Reformbemühungen und Observanzbestrebungen im spätmittelalterlichen Ordenswesen (Berliner Historische Studien, Bd. 14; Ordensstudien, Bd. 6), hg. von Kaspar Elm, Berlin 1989, S. 23–34, hier S. 26. Schon Becker relativiert diese Legitimationsstrategie, deutlich kritischer Immo Eberl, Stiftisches Leben in Klöstern. Zur Regeltreue im klösterlichen Alltag des Spätmittelalters und der frühen Neuzeit, in: Studien zum Kanonissenstift (Veröffentlichungen des Max-Planck-Instituts für Geschichte, Bd. 167; Studien zur Germania Sacra, Bd. 24), hg. von Irene Crusius, Göttingen 2001, S. 275–315.

14 Vgl. zum gesamten Abschnitt Franz Josef Felten, Die Ordensreformen Benedikts XII. unter institutionengeschichtlichem Aspekt, in: Institutionen und Geschichte. Theoretische Aspekte und mittelalterliche Befunde (Norm und Struktur, Bd. 1), hg. von Gert Melville, Köln u. a. 1992, S. 369–435, hier S. 369–374; Petrus Becker, Benediktinische Reformbewegungen im Spätmittelalter. Ansätze, Entwicklungen, Auswirkungen, in: Untersuchungen zu Kloster und Stift (Veröffentlichungen des Max-Planck-Instituts für Geschichte, Bd. 68; Studien zur Germania Sacra, Bd. 14), hg. vom Max-Planck-Institut für Geschichte, Göttingen 1980, S. 167–187, hier S. 168 f.

Als erster arbeitete Papst Benedikt XII. in der Bulle „Benedictina" aus dem Jahre 1336 ein umfassendes Reformkonzept aus: Er definierte territoriale Einheiten, sogenannte Provinzen, in denen regelmäßig tagende Provinzialkapitel die Äbte der jeweiligen Klöster versammeln und Visitationen der einzelnen Klöster durchführen sollten[15]. Im Heiligen Römischen Reich nördlich der Alpen gab es vier dieser Provinzen, die größte davon war die Kapitelsprovinz[16] Mainz–Bamberg, die die Mainzer Kirchenprovinz und das exemte Bistum Bamberg umfasste[17]. Dieses Konzept blieb im Heiligen Römischen Reich zunächst Theorie, sollte aber langfristig wirksam werden[18].

Dies geschah auf und nach dem Konzil von Konstanz[19], das sich die *causa reformationis* explizit zum Ziel gesetzt hatte: Im Auftrag des Konzils tagten vom

---

[15] Vgl. Felten (wie Anm. 14), S. 399.

[16] Dieter Mertens schlägt den Begriff „Kapitelsprovinzen" vor, „da es sich [bei ihnen] nicht um die einen verfaßten Orden untergliedernden Ordensprovinzen handelt, sondern um die in Anlehnung an die Metropolitanverfassung der Amtskirche zum Zweck der Konstituierung von Kapiteln vorgenommene Zusammenfassung benediktinischer Klöster"; Dieter Mertens, Reformkonzilien und Ordensreform im 15. Jahrhundert, in: Reformbemühungen und Observanzbestrebungen (wie Anm. 13) S. 445.

[17] Vgl. Joseph Zeller, Das Provinzialkapitel im Stifte Petershausen im Jahre 1417. Ein Beitrag zur Geschichte der Reformen im Benediktinerorden zur Zeit des Konstanzer Konzils, in: Studien und Mitteilungen zur Geschichte des Benediktinerordens Neue Folge 10 (1922) S. 1–73, hier S. 8.

[18] Vgl. Becker, Benediktinische Reformbewegungen (wie Anm. 14) S. 169; neuerdings zu den Fernwirkungen auf die neuzeitlichen benediktinischen Verfassungsformen Stephan Haering, Spätmittelalterliche monastische Reforminitiativen in der benediktinischen Welt. Die Reformen von Santa Giustina in Padua und von Subiaco sowie das Provinzialkapitel zu Petershausen in kirchenrechtlicher Perspektive, in: Die benediktinische Klosterreform im 15. Jahrhundert (Veröffentlichungen des Grabmann-Institutes zur Erforschung der mittelalterlichen Theologie und Philosophie, Bd. 56), hg. von Franz Xaver Bischof/Marin Thurner, Berlin 2013, S. 55–73, hier S. 69–73.

[19] Zur neueren Literatur vgl. die Sammelrezension von Ansgar Frenken, Rezension zu: Jan Keupp/Jörg Schwarz, Konstanz 1414–1418. Eine Stadt und ihr Konzil, Darmstadt 2013; Sandra Wolff, Die „Konstanzer Chronik" Gebhart Dachers. „By des Byschoffs zyten volgiengen disz nachgeschriben ding vnd sachen ...". Codex Sangallensis 646: Edition und Kommentar, Ostfildern 2008; Ulrich Richental. Chronik des Konzils zu Konstanz: 1414–1418, hg. von Jürgen Klöckler, Stuttgart 2013; Thomas Buck/Herbert Kraume, Das Konstanzer Konzil. Kirchenpolitik – Weltgeschehen – Alltagsleben, Ostfildern 2013; Das Konstanzer Konzil 1414–1418. Weltereignis des Mittelalters. Essays, hg. von Karl-Heinz Braun u. a., Stuttgart 2013; Rom am Bodensee. Die Zeit des Konstanzer Konzils, hg. von Silvia Volkart, Zürich 2014; Augenzeuge des Konstanzer Konzils. Die Chronik des Ulrich Richental, hg. von Henry Gerlach/Monika Küble (Übers.), Darmstadt 2014; Das Konstanzer Konzil als europäisches Ereignis. Begegnungen, Medien und Rituale, hg. von Gabriela Signori/Birgit Studt, Ostfildern 2014; Heribert Müller, Die kirchliche Krise des Spätmittelalters. Schisma, Konziliarismus und Konzilien, München 2012; Das Konstanzer Konzil 1414–1418. Weltereignis des Mittelalters. Katalog zur großen Landesausstellung Baden- Württemberg in Konstanz vom 27. April bis zum 21. September 2014,

28. Februar bis zum 19. März 1417 im Kloster Petershausen vor den Toren der Stadt Vertreter von fast 130 Klöstern zum ersten Provinzialkapitel der Kapitelsprovinz Mainz-Bamberg[20]. Das Kapitel definierte nicht nur Vorschriften zur Lebensweise in den Klöstern, die durch regelmäßig durchzuführende Visitationen der Klöster mittels eines umfangreichen und stark ins Detail gehenden Fragenkatalogs umgesetzt werden sollten[21], sondern traf auch Regelungen für seine Verstetigung: Seine Präsidenten fungierten bis zum nächsten Kapitel als gewählte Geschäftsträger[22], das nächste Kapitel wurde bereits terminiert, weiterhin wurden Regelungen für eine Kasse getroffen und Visitatoren bestellt[23]. Fortan tagten die Versammlungen regelmäßig alle zwei bis drei Jahre[24]. So wurde es zu einem nicht zu vernachlässigenden Akteur der Reform[25], der sich im Laufe des 15. Jahrhunderts zunehmend radikalisierte. Dies zeigt sich an einem neuralgischen Punkt: Der adligen Exklusivität vieler alter Konvente, die der Versorgung nachgeborener Familienmitglieder diente und im Kloster mit adelsgemäßen Lebensformen, Privateigentum, Pfründen und Präsenzgeldern für die Mönche nach dem Vorbild von Stiftskapiteln einherging[26]. Klaus Schreiner hat auf die unterschiedlichen Verwendungsweisen des Begriffs „Adelsspital" hingewiesen: Für die Adligen war es ein Legitimations-, für die Reformer, häufig Bürgerliche, ein Kampfbegriff[27]. In Petershausen wurde

hg. vom Badischen Landesmuseum, Darmstadt 2014; Thomas A. Fudge, The Trial of Jan Hus. Medieval Heresy and Criminal Procedure, Oxford 2013; in: H-Soz-Kult, 11.02.2015 (www.hsozkult.de/publicationreview/id/rezbuecher-23399, abgerufen am 17.01.2017).

20 Zeller, Das Provinzialkapitel (wie Anm. 17) S. 26f. Sein Aufsatz ist nach wie vor grundlegend. Eine neuere Zusammenfassung zum Petershausener Kapitel bei Haering (wie Anm. 18) S. 63–68.

21 Zeller, Das Provinzialkapitel (wie Anm. 17) S. 28.

22 Vgl. ebd., S. 18.

23 Vgl. ebd., S. 29.

24 Vgl. Joseph Zeller, Liste der Benediktiner-Ordenskapitel in der Provinz Mainz-Bamberg seit dem Konstanzer Konzil, in: Studien und Mitteilungen zur Geschichte des Benediktinerordens und seiner Zweige Neue Folge 11 (1924) S. 184–193.

25 Die Einschätzung Beckers scheint mir – auch gegenüber der pessimistischeren, neueren Auffassung Haerings (vgl. Ders. [wie Anm. 18] S. 68) – nach wie vor zutreffend: „Die Bedeutung der Provinzialkapitel und der Benedictina scheint mir in der Geschichtsschreibung zu gering bewertet, weil kein unmittelbarer Erfolg sichtbar sei [...]. [Jedoch:] Die Zusammenkünfte der Äbte und die Möglichkeit, gleichgesinnte Reformleute zu finden, sich mit diesen auszusprechen und abzusprechen, sind nicht zu unterschätzen"; Becker, Benediktinische Reformbewegungen (wie Anm. 14) S. 169.

26 Vgl. zu Ellwangen Zeller, Die Umwandlung (wie Anm. 1) S. 296–305, eine kurze Zusammenfassung bei Pfeifer (wie Anm. 1) S. 55–57.

27 Vgl. Klaus Schreiner, Vom adligen Hauskloster zum „Spital des Adels". Gesellschaftliche Verflechtungen oberschwäbischer Benediktinerkonvente im Mittelalter und in der frühen Neuzeit, in: Rottenburger Jahrbuch für Kirchengeschichte 9 (1990) S. 27–54, hier S. 41.

das Adelsprivileg erstmals abgemildert[28], 1456 auf dem Provinzialkapitel in Erfurt das Adelsprivileg gänzlich aufgehoben[29].

Dabei waren die Provinzialkapitel nur eine Reformkraft unter vielen, die teils parallel wirkten, teils sich gegenseitig verstärkten[30]: Seit jeher galt das Visitationsrecht der Bischöfe. Daneben traten immer stärker, ebenfalls seit dem Konstanzer Konzil, auf dem die ersten Privilegien dieser Art vergeben wurden, weltliche Landesfürsten auch als Klosterreformer auf, aus einer Mischung von geistlichen und weltlichen Motiven[31]. Dieter Stievermann hat dies für Württemberg beispielhaft untersucht[32]. Im Orden selbst entwickelten sich Reformkongregationen, zunächst unter dem Einfluss von Subiaco die Reformen von Kastl[33] und Melk[34], diese vor allem in Süddeutschland, ab den Dreißiger Jahren des 15. Jahrhunderts die immer bedeutsamer werdende Bursfelder Kongregation, die zunehmend auch nach Süddeutschland ausgriff[35].

Die adligen Konvente leisteten dagegen in vielen Fällen hartnäckigen Widerstand, Reformen waren langwierig und bedurften häufig mehrerer Anläufe[36]. Letztlich waren sie oft erfolgreich[37]. Nur wenigen Ausnahmefällen, meist sehr privilegierten reichsunmittelbaren Abteien wie Fulda und Kempten gelang es, als Benediktinerklöster ihre adlige Lebensform weiterzuführen[38].

Eine spezielle Form der Reaktion auf die Ordensreform stellt der Rechtsformwechsel in ein Säkularkanonikerstift dar. Eine Umwandlung dieser Art war kirchenrechtlich nicht unproblematisch. Für Einzelpersonen galt der Grundsatz, dass ein Wechsel der geistlichen Lebensform nur in Richtung der *vita arctior*, der stren-

---

28 Vgl. Zeller, Das Provinzialkapitel (wie Anm. 17) S. 36; Klaus Schreiner, Mönchsein in der Adelsgesellschaft des hohen und späten Mittelalters. Klösterliche Gemeinschaftsbildung zwischen spiritueller Selbstbehauptung und sozialer Anpassung, in: HZ 248 (1989) S. 557–620, hier S. 598 f.

29 Vgl. Wendehorst (wie Anm. 1) S. 337.

30 Vgl. Birgit Studt, Papst Martin V. und die Kirchenreform in Deutschland (Forschungen zur Kaiser- und Papstgeschichte des Mittelalters. Beihefte zu J. F. Böhmer, Regesta Imperii, Bd. 23), Köln/Weimar/Wien 2004, S. 76.

31 Ebd., S. 79–81.

32 Vgl. Stievermann, Landesherrschaft (wie Anm. 7).

33 Vgl. Becker, Benediktinische Reformbewegungen (wie Anm. 14) S. 173.

34 Vgl. ebd., S. 174 f.

35 Vgl. ebd., S. 181–183.

36 Einige Beispiele nennt Schreiner, Mönchsein (wie Anm. 28) S. 605 f. (Michelsberg bei Bamberg); S. 608–610 zu Frauenklöstern; sowie Ders., Vom adligen Hauskloster (wie Anm. 27) S. 42 f. (Alpirsbach, Urspring); weitere Beispiele bei Wendehorst (wie Anm. 1) S. 334 f. (Amorbach); S. 336 (Münsterschwarzach); 339 f. (Michelsberg bei Bamberg); S. 344 (Murrhardt).

37 Zum Beispiel erreichte die Reformbewegung von Kastl bis 1450 ca. 25 Klöster, vgl. Becker, Benediktinische Reformbewegungen (wie Anm. 14) S. 175, die Bursfelder Kongregation bis zum Ende des 15. Jahrhunderts 95 Konvente, vgl. ebd., S. 182.

38 Vgl. Schreiner, Mönchsein (wie Anm. 36) S. 615–619. Eine ausführliche Darstellung zu Kempten bei Ders., Vom adligen Hauskloster (wie Anm. 27) S. 44–54.

geren Lebensweise, erlaubt sei[39]. Davon ist der Umgang mit einer geistlichen Einrichtung zu unterscheiden[40]: Grundsätzlich konnte eine solche von einer Rechtsform zu einer anderen umgewandelt werden, genauer gesagt, die alte Einrichtung wurde aufgehoben, die neue errichtet, und zwar aus der Vermögensmasse der alten, und die Personen wechselten gleichfalls[41]. Dies war jedoch nur aus besonderen Gründen (*iusta causa*) möglich, zum Beispiel wenn eine Einrichtung ihren Zweck nicht mehr erfüllte, oder zur Verbesserung des Gottesdienstes[42].

Im Denken der Zeit scheint der Weg vom Kloster zum Stift nahegelegen zu haben[43], denn immer wieder wird die verfassungsmäßige Nähe der stiftsmäßig lebenden Klöster, die nur noch dem Namen nach Klöster seien, zu den Säkularinstituten betont[44]. De facto war eine solche Genehmigung aber schwierig zu erlangen – sonst hätten viel mehr Klöster davon Gebrauch gemacht. Es galt nicht nur, die kirchlich und weltlich für den jeweiligen Konvent Zuständigen auf seine Seite zu bringen, sondern es bedurfte auch geeigneter Verbindungspersonen an der Kurie und des Einsatzes immenser finanzieller Mittel[45].

Nur einer kleinen Gruppe von Konventen gelang es daher, sich in adlige Säkularkanonikerstifte oder Ritterstifte, wie der zeitgenössische Terminus lautet, umwandeln zu lassen. St. Alban vor Mainz war 1419 der erste Fall, in direkter Konsequenz auf den Beschluss des Provinzialkapitels zu Petershausen, das nächste Kapitel in St. Alban abzuhalten[46]. Zehn weitere Abteien der Kapitelsprovinz sollten bis in das beginnende 16. Jahrhundert hinein folgen[47]. Sie wurden jeweils heftig vom

---

[39] Vgl. Moraw (wie Anm. 1) S. 19.

[40] Vgl. Zeller, Die Umwandlung (wie Anm. 1) S. 330.

[41] Vgl. Paul Hinschius, Das Kirchenrecht der Katholiken und Protestanten. System des katholischen Kirchenrechts mit besonderer Berücksichtigung auf Deutschland, Bd. 2, Berlin 1883 (ND Graz 1959), S. 396, S. 454–459.

[42] Vgl. ebd., S. 386, S. 396.

[43] Diese Formulierung ist inspiriert von Moraws Diktum: „Der Weg ins Stift war kürzer als in die Reformkongretation"; Moraw (wie Anm. 1) S. 19.

[44] Vgl. ebd., Das Argument begegnet zeitgenössisch zur Begründung der Umwandlungen von St. Alban, vgl. Schmid (wie Anm. 1) S. 258, St. Leodegar, vgl. Heinzer (wie Anm. 1) S. 15 und Ellwangen, vgl. Zeller, Die Umwandlung (wie Anm. 1) S. 337 f.

[45] Zum letzten Punkt: Vgl. Zeller, Die Umwandlung (wie Anm. 1) S. 337 zur Vollmacht für den Prokurator, für die Bestreitung der Kosten für die Umwandlung bis zu 1.000 Gulden Kredit aufzunehmen; vgl. weiterhin Schmid (wie Anm. 1) S. 247–249 zu Kreditaufnahmen von St. Alban im Vorfeld der Umwandlung sowie zur Aussetzung einer Leibrente für den Prokurator St. Albans an der Kurie, die explizit mit dessen hohen Auslagen begründet wird.

[46] Vgl. ebd., S. 245–247.

[47] Die Zahl bezieht sich auf alle Fälle adliger Konvente in der Ordensprovinz Mainz-Bamberg, vgl. die Übersicht bei Zeller, Die Umwandlung (wie Anm. 1) S. 335. Er summiert mit St. Alban und St. Vitus (Ellwangen) auf insgesamt 10 Klöster, führt aber namentlich 11 Konvente auf. In Zeller, Das Provinzialkapitel (wie Anm. 17) S. 44 wiederholt er die falsche Summe und nennt zusätzlich noch St. Leodegar in Luzern. – Bei Moraw (wie Anm. 1) S. 19 findet sich nur eine unvollständige Aufzählung, die St. Leodegar in Luzern beinhaltet (das

Provinzialkapitel verfolgt, das – wenn auch ohne Erfolg – nichts unversucht ließ, um die Umwandlungen rückgängig zu machen: Von Prozessen an der Kurie[48] über den Aufruf, den Stiften die bisherigen Abgaben und die Gefolgschaft zu verweigern[49], bis hin zu wütenden Anklagen und Verleumdungen[50].

Die Umwandlung der Abtei Ellwangen sollte etwa dreißig Jahre später folgen. Die Situation des Klosters zur Mitte des 15. Jahrhunderts lässt sich wie folgt skizzieren: Ellwangen war Fürstpropstei, sein Abt war Reichsfürst; das Kloster verfügte seit Ende des 14. Jahrhunderts wieder über die Klostervogtei[51]. Als sein vom König eingesetzter Schirmer fungierten die Grafen von Württemberg[52]. Auch wenn Ellwangen so gut wie möglich darauf achtete, seine Eigenständigkeit zu wahren, so war der württembergische Einfluss auf den Konvent doch beträchtlich. So setzten die Schirmer den einzigen bürgerlichen Abt durch, den das Kloster je hatte: Siegfried Gerlacher, der zwar einer der Präsidenten des Petershausener Reformkapitels war, im Kloster jedoch keine Reform erreichen konnte[53].

Das Kloster betrachtete sich als exemt; dennoch versuchte der Augsburger Bischof vielfach, Einfluss auf den Konvent zu nehmen[54]. Dem Kloster war es zwar gelungen, einen recht geschlossenen Herrschaftsbereich aufzubauen[55], aber seine ökonomische Situation war seit ca. 1250 durchgehend schlecht und von hohen Schulden, die es nicht dauerhaft abtragen konnte, geprägt[56]. Die regelmäßig wiederkehrenden Sparmaßnahmen wurden häufig kombiniert mit Reformversuchen zur Lebensführung der Mönche[57].

---

allerdings nicht exklusiv adlig war, vgl. Anm. 1); weiterhin nennt er Wülzburg bei Weißenburg in Bayern, das jedoch zum Bistum Eichstätt und damit nicht zur Ordensprovinz Mainz-Bamberg gehörte.

48 Vgl. zu Ellwangen ZELLER, Die Umwandlung (wie Anm. 1) S. 353–361; zu St. Alban Wolfgang DOBRAS, Mainz, St. Alban, in: Die Männer- und Frauenklöster der Benediktiner in Rheinland-Pfalz und im Saarland (Germania Benedictina, Bd. 9), in Verbindung mit Regina E. SCHWERDTFEGER, bearb. von Friedhelm JÜRGENSMEIER, St. Ottilien 1999, S. 445–469, hier S. 454.

49 Vgl. WENDEHORST (wie Anm. 1) S. 346.

50 Ein Beispiel bietet die benediktinische Prozessschrift gegen St. Alban, vgl. SCHMID (wie Anm. 1) S. 269–272; als geradezu klassisch können die Invektiven Johannes Trithemius' gegen die Umwandlungen gelten, vor allem in seinem 1493 entstandenen Werk „Liber lugubris de statu et ruina monastici ordinis", vgl. ZELLER, Die Umwandlung (wie Anm. 1) S. 331–333, dort auch mit genauen Angaben zu den verschiedenen Druckfassungen.

51 Vgl. Dieter STIEVERMANN, Das geistliche Fürstentum Ellwangen im 15. und 16. Jahrhundert. Politische Selbstbehauptung im Schatten Württembergs, in: Ellwanger Jahrbuch 32 (1987/88) S. 35–47, hier S. 35 f.

52 Vgl. ebd., S. 36.

53 Vgl. ebd., S. 39 f.

54 Vgl. ebd., S. 40.

55 Vgl. PRESS (wie Anm. 9) S. 8.

56 Vgl. PFEIFER (wie Anm. 1) S. 55.

57 Vgl. STIEVERMANN, Das geistliche Fürstentum (wie Anm. 51) S. 39–42.

Zur inneren Verfassung des Klosters: Wie in vielen Klöstern waren Abts- und Konventsgut getrennt worden[58], und der Konvent konnte über sein Gut eigenständig entscheiden[59]. Dem Abt stand das Kapitel gegenüber, in der Regel (wenn die Position nicht gerade einer Sparung unterlag[60]) vertreten durch den Dekan[61]. Die adligen Konventualen bezogen Pfründen aus den Einkünften des Klosters; mit speziellen Ämtern waren weitere Pfründen verbunden[62]. Spätestens seit Beginn der 1440er Jahre war, als Folge der Pest und zweier Brände, die Vita communis aufgehoben; die Mönche residierten in eigenen Häusern in der Stadt Ellwangen[63]. Dem Abt stand unter anderem das Abtsschloss über der Stadt zur Verfügung[64]. Zwar war die Zahl der Konventualen auf 20 eingeschränkt worden, aber der Konvent erreichte nur etwa die Hälfte an Mitgliedern[65]. Die Profess wurde häufig nicht abgelegt[66]. Der Konvent rekrutierte sich aus nachgeborenen Söhnen der umliegenden Adelsfamilien, die ein hohes Interesse am Konvent zeigten[67] und deren Netzwerke auch an die Höfe der benachbarten Hochadligen[68] und Bischöfe und in die Domkapitel reichten[69]. Das adlige Selbstverständnis der Mönche zeigt sich auch im Einzelfall in Anklagen wegen Raufereien, Gewalttätigkeiten und ausschweifender Lebensführung[70].

Ellwangen in den 1450er Jahren: Vorgeschichte und Ablauf der Umwandlung

Die Geschichte Ellwangens in den 1450er Jahren ist von drei Faktoren geprägt: Einflussnahmen des weltlichen Schirmers und des Bischofs aus deutlichem Eigeninteresse, mehrere Interventionen in Form von Sparmaßnahmen und Reformversuchen sowie interne Spannungen im Konvent. 1450 erhielt Bischof Peter von

58 Vgl. Zeller, Die Umwandlung (wie Anm. 1) S. 300.

59 Vgl. ebd., S. 395.

60 Dies war beispielsweise von 1445–1554 der Fall gewesen, vgl. ebd., S. 326.

61 Vgl. ebd., S. 397 f.

62 Vgl. ebd., S. 300 f.

63 Vgl. ebd., S. 299.

64 Vgl. ebd., S. 5.

65 Vgl. ebd., S. 297.

66 Vgl. ebd., S. 419.

67 Dies zeigt sich zum Beispiel in der Einflussnahme von Familienangehörigen der Mönche anlässlich der strittigen Abtsnachfolge 1452/1453, vgl. Stievermann, Das geistliche Fürstentum (wie Anm. 51) S. 41, sowie der Sparung 1454, vgl. Zeller, Die Umwandlung (wie Anm. 1) S. 328.

68 Beispielsweise standen die meisten adligen Familien im Umfeld Ellwangens auch im Dienste Württembergs oder hatten Lehen der Württemberger inne, vgl. Stievermann, Das geistliche Fürstentum (wie Anm. 51) S. 35, S. 42.

69 Für Augsburg soll dies im letzten Teil des Aufsatzes dargestellt werden.

70 Diese wurden dem späteren Abt Johann von Holzingen zur Last gelegt, vgl. Zeller, Die Umwandlung (wie Anm. 1) S. 308.

Schaumberg die Kardinalswürde und ließ sich vom Papst zum Amtsantritt die nächsten beiden freiwerdenden Abteien als Kommenden versprechen. Ellwangen, das davon betroffen gewesen wäre, gelang es, den Status als Kommende durch Zahlung einer Leibrente an den Kardinal abzuwenden[71].

1452/53 kam es nach dem Tod des alten Abts zu einem Schisma[72]: Der Konvent wählte aus seiner Mitte Albrecht Schenk von Schenkenstein, die päpstliche Bestätigung erhielt jedoch der bisherige Scholaster des Augsburger Domkapitels Johann von Hürnheim. Er wurde neuer Abt (und verzichtete dann auf die Scholasterie und den Sitz im Domkapitel), nachdem aufgrund des Protests zahlreicher Adliger bei Kardinal Peter württembergische Räte im Mai 1453 einen Vergleich ausgehandelt hatten: Albrecht Schenk von Schenkenstein verzichtete gegen eine Leibrente aus der Abtsmensa auf seine Würde. Dies lässt den Einfluss des Kardinals, aber auch den des Grafen von Württemberg erkennen, in dessen Diensten Angehörige der von Hürnheim schon länger nachweisbar sind. Zugleich könnte hier auch schon ein Bezug zu Markgraf Albrecht Achilles von Brandenburg gegeben gewesen sein, da ein Walter von Hürnheim in den Jahren 1446–1448 als Hofmeister des Markgrafen nachgewiesen werden kann[73].

Im Herbst 1453 wurde die nächste Sparung vorbereitet; ob sie tatsächlich zustande kam, ist unklar[74]. In den ersten Monaten des Jahres 1454 kam es gleich zweimal zu Sparungen und Reformversuchen[75]: Zunächst durch Kardinal Peter mit Berufung auf Graf Ulrich V., dann wenige Monate später durch württembergische Räte. Diese änderten die ökonomischen Bestimmungen der ersten Sparung ab, die (vergleichsweise milden) Reformvorschriften für die Lebensweise blieben bestehen. Die Revision der Maßnahmen war vermutlich durch Konflikte zwischen Abt und Konvent, in die auch die Familien beider Parteien involviert waren, veranlasst.

1457 kam es wieder zu Auseinandersetzungen im Konvent[76]: Der 1454 nach mehrjähriger Vakanz des Amtes eingesetzte Dekan, Ulrich von Holzingen, sah sich einer Opposition des Kapitels unter Führung von Georg vom Stein zu Diemantstein gegenüber, die an dessen Sparplänen Anstoß nahm. Kardinal Peter vermittelte: Ulrich von Holzingen verließ für drei Jahre den Konvent gegen eine Rente, Georg vom Stein wurde neuer Dekan. Er sollte in der späteren Umwandlung eine

---

[71] Vgl. ebd., S. 320.

[72] Zum gesamten Vorgang vgl. ebd., S. 320–322; Stievermann, Das geistliche Fürstentum (wie Anm. 51) S. 41.

[73] Vgl. Hillay Zmora, Das Verhältnis Markgraf Albrecht Achilles' zum fränkischen Adel, in: Kurfürst Albrecht Achilles (1414–1486). Kurfürst von Brandenburg, Burggraf von Nürnberg (Jahrbuch des Historischen Vereins für Mittelfranken, Bd. 102), hg. von Mario Müller, Ansbach 2014, S. 235–248, hier S. 246.

[74] Vgl. Zeller, Die Umwandlung (wie Anm. 1) S. 323–325; Stievermann, Das geistliche Fürstentum (wie Anm. 51) S. 41.

[75] Zu beiden Vorgängen vgl. Zeller, Die Umwandlung (wie Anm. 1) S. 323–328; Stievermann, Das geistliche Fürstentum (wie Anm. 51) S. 41.

[76] Vgl. Zeller, Die Umwandlung (wie Anm. 1) S. 328 f.

führende Rolle als Vertreter des Konvents einnehmen. Hierfür war er vermutlich vor allem durch enge persönlichen Beziehungen zwischen Kardinal Peter und der Familie vom Stein zu Diemantstein qualifiziert: Franz vom Stein war Hofmeister Peters und Ehemann von dessen Schwester Margarethe gewesen[77]; einer seiner Neffen, Heinrich vom Stein, war Rat des Bischofs und Vogt zu Dillingen, der bischöflichen Residenzstadt[78]. Georg vom Stein war ein jüngerer Bruder Heinrichs[79] und damit gleichfalls Neffe des Kardinals.

Im Umfeld des Klosters ist in dieser Zeit eher eine Stärkung der Reform zu beobachten: Wie schon erwähnt, beschloss im April 1456 das Provinzialkapitel in Erfurt die vollständige Aufhebung des Adelsprivilegs[80]. Im November 1456 ließ sich Kardinal Peter von Schaumberg ein Privileg zur Reform aller Klöster in seinem Amtsbereich, auch der exemten, verlängern[81]. Im März 1459 ließ sich auch Graf Ulrich V. ein Generalprivileg zur Reform aller Klöster in seinem Machtbereich ausstellen[82]. Im April 1459 tagte das Provinzialkapitel in Nürnberg, also nicht weit entfernt[83]. Im Oktober 1459 ging es in Ellwangen, wie eingangs erwähnt, um die Verlängerung der bestehenden Sparung; zugleich sollte der Konvent innerhalb von zwei Jahren Reformstatuten aufstellen und diese von einer Kommission aus württembergischen Vertrauten überprüfen lassen, der unter anderem Propst Wilhelm von Mönchsroth und Hans von Ahelfingen angehörten[84].

Dann erfolgte die schon angesprochene grundlegende Wendung der Angelegenheit: Sie lässt sich erstmals am 26. Dezember 1459 feststellen, und zwar mit der

---

77 Vgl. Friedrich ZOEPFL, Das Bistum Augsburg und seine Bischöfe im Mittelalter, München 1955, S. 381; Helmut LAUSSER, Die Herren von Diemantstein. Ihre Tätigkeiten, Güter und verwandtschaftlichen Beziehungen im Umfeld des Landkreises Dillingen im Mittelalter, in: Jahrbuch des Historischen Vereins Dillingen an der Donau 95 (1993) S. 34–151, hier S. 125.

78 Vgl. LAUSSER (wie Anm. 77) S. 142 f.

79 Vgl. ebd., S. 150 f. – Allerdings irrt Lausser, wenn er Georg vom Stein zu Diemantstein die Stellung eines päpstlichen Protonotars und Domkapitulars des Augsburger Domkapitels zuschreibt (vgl. ebd.); der Irrtum in Bezug auf das Kanonikat findet sich auch bei ZELLER, Die Umwandlung (wie Anm. 1) S. 322 sowie bei Albert HAEMMERLE, Die Canoniker des Hohen Domstiftes zu Augsburg bis zur Saecularisation, Zürich 1935, S. 161, Nr. 803 a. Tatsächlich sind zwei Personen zu unterscheiden: Einerseits Georg vom Stein zu Diemantstein, der Dekan von Ellwangen, und anderseits Georg von Stein, der Rat Albrechts von Österreichs, päpstliche Protonotar und Kanoniker in Augsburg, vgl. zu diesem Rudolf KNESCHKE, Georg von Stein, Versuch einer Biographie, Weida i. Th. 1913 sowie die ihm zuzuordnenden Personenindizes im Repertorium Germanicum Online, RG VI 01445, RG VII 00682 und RG VIII 01406 (http://rg-online.dhi-roma.it/RG, abgerufen am 08.06.2016).

80 Vgl. Anm. 29.

81 Vgl. ZOEPFL (wie Anm. 77) S. 411.

82 Vgl. STIEVERMANN, Landesherrschaft (wie Anm. 7) S. 265.

83 Vgl. ZELLER, Liste (wie Anm. 24) S. 188.

84 Vgl. ZELLER, Die Umwandlung (wie Anm. 1) S. 329 f.

Bestellung des Dekans Georg vom Stein zum Prokurator an der Kurie durch den Abt und Konvent des Klosters mit dem Auftrag, die Genehmigung zur Umwandlung zu erreichen und der Vollmacht, bis zu 1.000 Gulden Kredit dafür aufzunehmen[85]. In inhaltlichem Zusammenhang damit steht ein von Zeller ediertes Konzept für die Argumentation, die wohl der Supplik zugrunde liegen sollte[86]. Es ist in zwei Fassungen überliefert[87]: Nur in der ersten, stark korrigierten Fassung heißt es, wenn die Umwandlung nicht gelänge, sollte zumindest eine Bestätigung der Privilegien des Klosters erworben werden. In der Endfassung fehlt dieser Passus[88]. Man kann meines Erachtens den herauskorrigierten Passus dennoch so interpretieren, dass der Konvent zumindest anfangs unsicher war, ob sein Vorstoß Erfolg haben würde.

Um die Jahreswende 1459/1460 reiste Markgraf Albrecht Achilles von Brandenburg nach Mantua[89], wo Papst Pius II. gerade den sogenannten Fürstenkongress abhielt, mit dem Ziel, Unterstützung zu einem Kreuzzug gegen die Türken zu sammeln[90]. Dazu gewährte er im zeitlichen Umfeld den Grafen und Fürsten, die sich an ihn wandten, eine Reihe von Privilegien[91], er forderte jedoch auch intensiv den Besuch seines Kongresses ein: Allein gegenüber Markgraf Albrecht sind im Verlauf des Jahres 1459 sechs Breven im Repertorium Germanicum verzeichnet, die sein Kommen anmahnen[92]. Dem folgte dieser nun in letzter Minute, kurz vor Ende des Tags Mitte Januar 1460[93], und setzte sich dort erfolgreich für die Umwandlung ein[94]. Am 14. Januar 1460 wurde die Bulle für die Umwandlung von Ellwangen ausgestellt[95], in zeitlichen Zusammenhang zu anderen, ihn direkt angehenden Privilegien[96]. Am 4. Februar 1460 vidimierte Markgraf Albrecht sie in

---

85 Vgl. ebd., S. 336 f.

86 Vgl. ebd., S. 7–11.

87 Vgl. ebd., S. 7.

88 Vgl. ebd., S. 11.

89 Vgl. ebd., S. 342 f.

90 Vgl. ebd., S. 338 f.

91 Vgl. Dieter Stievermann, Die württembergischen Klosterreformen des 15. Jahrhunderts. Ein bedeutendes landekirchliches Strukturelement des Spätmittelalters und ein Kontinuitätsstrang zum ausgebildeten Landeskirchentum der Frühneuzeit, in: ZWLG 44 (1985) S. 65–103, hier S. 77 f.

92 Vgl. Repertorium Germanicum Online, RG VIII 00076 (http://rg-online.de.dhi-roma.it/RG/8/76, abgerufen am 10.06.2016).

93 Vgl. Zeller, Die Umwandlung (wie Anm. 1) S. 338 f., der darauf hinweist, dass die Umwandlungsbulle für Ellwangen am Abschlusstag des Kongresses, dem 14. Januar 1460, ausgestellt wurde.

94 Vgl. Zeller, Die Umwandlung (wie Anm. 1) S. 341 f.

95 Vgl. ebd., 338 f.; Repertorium Germanicum Online, RG VIII 02780 (http://rg-online.de.dhi-roma.it/RG/8/2780, abgerufen am 22.05.2016).

96 Es handelte sich um ein umfangreiches Privileg an ihn und seine Brüder betreffend eine Reihe von geistlichen Einrichtungen der Brandenburger vom 11. Januar 1460, vgl. Repertorium Germanicum Online, RG VIII 01212 (http://rg-online.de.dhi-roma.it/RG/8/1212, abgerufen am 10.06.2016); weiterhin die Erlaubnis zum Mitführen eines Tragaltars vom

Ellwangen, woraus geschlossen werden kann, dass er sie vermutlich selbst dorthin gebracht hatte[97].

Zum Vollzug der Umwandlung wurde Kardinal Peter von Schaumberg bestellt[98]. Es schlossen sich im März 1460 Verhandlungen in Dillingen zwischen dem Dekan des Klosters, Georg zum Stein, als Vertreter des Konvents und Kardinal Peter an, in denen der Kardinal erkennen ließ, dass er ein funktionstüchtiges Stift schaffen wollte, und seine Vorstellungen gegenüber Abt und Konvent, die ihn zeitweise zu hintergehen versuchten, mit hoher Autorität durchsetzte[99]. Dabei traten mit Propst Wilhelm von Mönchsroth und Hans von Ahelfingen dieselben Personen im württembergischen Umfeld als Vermittler für die Vermögensauseinandersetzung zwischen Abt und Konvent auf, die schon 1459 die Reformstatuten prüfen sollten[100]. Die Umwandlung wurde dann am 2. April 1460 vollzogen[101], die kaiserliche Bestätigung erfolgte am 5. Dezember 1460[102].

Aus diesen Vorgängen lassen sich meines Erachtens folgende Schlüsse zur Motivation der Beteiligten und ihrem Zusammenspiel ziehen: Graf Ulrich V. und Kardinal Peter handelten anscheinend in hoher Übereinstimmung, sei es zunächst bei der Einsetzung des Abts 1452 gegen den Willen des Konventes, sei es bei den Reformbestrebungen 1454. Eine Distanzierung zumindest von finanziellen Reformen in Ellwangen wird bei Kardinal Peter deutlich, als er 1457 in der Auseinandersetzung um den Dekan Ulrich von Hoppingen, dessen Sparungspläne auf Widerstand des Konvents stießen, letztlich zugunsten des ihm verwandtschaftlich verbundenen Georg vom Stein als Vermittler tätig wurde, und Georg vom Stein das Dekanat und damit die Führungsposition im Konvent erhielt. Der Reformversuch 1459 ging dann nicht mehr von Kardinal Peter aus[103]. Einig agierten beide dann wieder im Vollzug der Umwandlung. Denn Graf Ulrichs V. Mitwirkung wird über das Besetzungsrecht für die beiden Pfründen, das ihm die Bulle Papst Pius' II.

---

17. Januar 1460, einen Dispens zum Fleischgenuss während der Fastenzeit vom 17. Januar 1460 sowie das im Folgenden noch genauer zu besprechende Privileg betreffs die Gumbertuskirche in Ansbach vom 18. Januar 1460, vgl. Repertorium Germanicum Online, RG VIII 00076 (http://rg-online.de.dhi-roma.it/RG/8/76, abgerufen am 10.06.2016).

[97] Vgl. Zeller, Die Umwandlung (wie Anm. 1) S. 16, S. 21.

[98] Vgl. ebd., S. 338 f.

[99] Vgl. ebd., S. 344–347; hauptsächlicher Streitpunkt war die Neuverteilung der Ressourcen des Klosters zulasten des Abtes, da unter anderem die höhere Zahl von Vikarsstellen und bauliche Maßnahmen dies erforderten, vgl. ebd., S. 344 f.

[100] Vgl. ebd., S. 345.

[101] Vgl. ebd., S. 347. Die Urkunden darüber und die Statuten des Stifts werden jedoch erst mehrere Monate später ausgestellt und dann rückdatiert; die noch ausstehende Beurkundung des Vorgangs verwendet Peter als Druckmittel gegenüber dem Konvent, vgl. ebd., S. 349.

[102] Ebd., S. 349 f.

[103] Dagegen Stievermann, Das geistliche Fürstentum (wie Anm. 51) S. 41, der in den Reformvorhaben Ende der 1450er Jahre ein Engagement Peters und einen Rückzug Ulrichs sieht.

zugestand, ja auch an der Beteiligung von Personen aus seinem Umfeld in den Verhandlungen um die Umwandlung deutlich. Dass er nicht mitsupplizierte, ist nicht ungewöhnlich, jedenfalls kirchenrechtlich nicht erforderlich. Möglicherweise wollte der sehr auf seine Eigenständigkeit bedachte Konvent bei diesem Vorgang keinen Einfluss seines Schirmers zulassen, aus dem dieser später hätte weitergehende Rechte ableiten können[104].

Die Übereinstimmung zwischen Kardinal Peter und Graf Ulrich V. lässt sich auch aus einem weiteren Dokument erschließen, aus dem die Sichtweise der dritten Person deutlich wird, die an der Umwandlung beteiligt war: Markgraf Albrecht Achilles von Brandenburg. Das Dokument entstand nach der Bulle Pauls II. zur Annullierung der Umwandlung vom 18. Juni 1465[105]. Um den Papst umzustimmen, versuchte der Konvent, Unterstützungsschreiben von hochgestellten Personen zu gewinnen, darunter von Kaiser Friedrich III., der die Umwandlung als Oberherr im Dezember 1460 bestätigt hatte, und von Kardinal Peter, der sein Handeln beim Vollzug der Umwandlung verteidigte und die gegenüber dem vorherigen Zustand gottgefälligere Lebensweise und bessere Verrichtung des Gottesdienstes im Stift betonte[106]. Ein Schreiben Graf Ulrichs V. fehlt[107].

Umso aufschlussreicher ist jedoch das Schreiben Markgraf Albrecht Achilles' von Brandenburg vom 5. August 1467[108]: Er schreibt, dass er bei Papst Pauls Vorgänger, Pius II., unter anderem die Genehmigung zur Umwandlung erreicht habe[109]. Denn Kardinal Peter, Graf Ulrich V. und er hätten dies als eine gute und gottgefällige Tat angesehen[110]. Eine Annullierung würde alle drei kränken – insbe-

---

104 Darauf könnte hindeuten, dass in der Supplik der exemte und reichsunmittelbare Charakter des Klosters explizit hervorgehoben wird; der entsprechende Eintrag im Repertorium Germanicum lautet: *Johannes abb. etc. mon. s. Viti in Elwangen o. s. Ben. August. Dioc. sed. ap. immed. subiecti cuius abb. semper princeps R. I. extitit m. supprimendi statum mon. et erig. in eccl. can. sec. c. reserv. Ulrico com. de Wirtenberg d. mon. protectori in temporal. iur. present. ad 2 preb. 14 ian. 1460*; Repertorium Germanicum Online, RG VIII 02780 (http://rg-online.de.dhi-roma.it/RG/8/2780, abgerufen am 22.05.2016). – Ellwangen wahrte seine Stellung auch dadurch, dass die Schirmverträge mit Württemberg immer nur auf Zeit abgeschlossen wurden, vgl. SEILER (wie Anm. 7) S. 350.

105 Vgl. ZELLER, Die Umwandlung (wie Anm. 1) S. 356; diese wurde jedoch nie umgesetzt, vgl. ebd., S. 356–361.

106 Vgl. ebd., S. 356–359; die Unterstützungsschreiben sind ebd., S. 285–288 abgedruckt.

107 Vgl. ebd., S. 357; Zeller vermutet, es sei nicht überliefert worden, SEILER (wie Anm. 7) S. 356 geht davon aus, dass es ein solches Schreiben nie gegeben habe, weil die Umwandlung als Niederlage der Reformpläne Graf Ulrichs anzusehen sei.

108 Vgl. ZELLER, Die Umwandlung (wie Anm. 1) S. 357 f., Druck ebd., S. 285 f.

109 *Cum preteritis temporibus ad requisicionem bone memorie Pii pape predecessoris S. v. uti obediens ad conventum Mantuanum venissem, inter alia a S. sua monasterium s. Viti in Elwangen Augusten. dioc. ex racionabilibus causis S. suam moventibus transfessi obtinui*; ebd., S. 285.

110 *Quam reverendissimus dominus cardinalis Augustensis loci diocesanus, Ulricus de Wirtenberg comes dicti opidi dominus et monasterii protector una mecum id bene dactum ac deifice gestum diiudicarunt* [...]; ebd.

sondere ihn, der so viel Arbeit und eine so anstrengende Reise zugunsten der Sache unternommen habe, dass er sie als die seine ansehe[111]. Er nennt also alle drei als einträchtig Zusammenwirkende, und sich geradezu als den *spiritus rector*, zumindest den, der den größten Einsatz erbracht habe.

Dieses Engagement war zweifelsohne erforderlich: Der Konvent hatte sich wohl in einer Zwangslage gesehen, sonst hätte er nicht den ungewissen – siehe den dann unterdrückten Passus im Konzept für den Prokurator – und teuren Weg der Umwandlung auf sich genommen. Es bedurfte geradezu eines so entschieden profilierten Reformers wie des Württembergers, um die Drohung der bevorstehenden Reform plausibel erscheinen zu lassen. Jedoch hatte der vom Konvent bestimmte Prokurator Georg vom Stein keine kuriale Erfahrung; ihn scheint lediglich außer seinem Amt die Verwandtschaft zu Kardinal Peter für diese Aufgabe qualifiziert zu haben. Wenn aber jemand einer so ungewöhnlichen Forderung beim Papst persönlich Gehör verschaffen konnte, dann war das der dem Papst gut bekannte Markgraf Albrecht, nicht Georg vom Stein.

Das aufgrund der Vidimierung der Bulle vermutete persönliche Erscheinen Markgraf Albrechts in Ellwangen, um die Bulle und damit die Lösung des dringendsten Problems des Konvents zu präsentieren, kann man sich als eine Inszenierung von großer Wirkung auf die Mönche und mittelbar deren Familien, zu denen die Nachricht kam, vorstellen. Konstantin Langmair hat vor kurzem aktuelle Reflexionen über politische Handlungsmuster spätmittelalterlicher Fürsten zusammengefasst[112]: Er weist auf die zentrale Wichtigkeit der „personalen Komponente"[113] und „situativ angewandter Techniken der Macht"[114] hin. Es sei darum gegangen „Spielräume auszuloten, Zwangslagen auszunützen, Leerstellen zu besetzen"[115], sowie „politische Handlungsmöglichkeiten innerhalb der vorgegebenen Strukturen auszumachen und Anhänger bzw. potentielle Sympathisanten durch politisch inszeniertes Handeln (‚Signalhandeln') zu gewinnen."[116] Mir scheint diese Szene ein Beispiel für Signalhandeln mit hoher Aussagekraft zu sein, dessen Notwendigkeit aus dem im Folgenden referierten politischen Kontext deutlich werden soll.

---

[111] *In quibus S. v. [...] verum diocesanum, Ulricum de Wirtenberg comitem et me lederet, qui hoc molestiarum maximo labore et gravi itinere impetravi, ut rem ipsam propriam meam reputo*; ebd., S. 286.

[112] Vgl. Konstantin Moritz Langmaier, Rezension von: Christof Paulus, Machtfelder. Die Politik Herzog Albrechts IV. von Bayern (1447/1465–1508) zwischen Territorium, Dynastie und Reich, Köln/Weimar/Wien 2015, in: sehepunkte 16 (2016) Nr. 3 [15.03.2016] (www.sehepunkte.de/2016/03/28188.html, abgerufen am 20.05.2016).

[113] Ebd.

[114] Ebd.

[115] Paulus (wie Anm. 112) S. 622, zitiert nach Langmaier (wie Anm. 112).

[116] Langmaier (wie Anm. 112).

Die Vor- und Anfangsphase des Fürstenkriegs

Gegen Ende der 1450er Jahre bildeten sich im Reich zwei Koalitionen heraus[117]: Auf der obersten Reichsebene bestand der Konflikt zwischen Kaiser Friedrich III. von Habsburg und seinem Bruder, Herzog Albrecht VI. von Österreich[118]; ihnen folgend bildeten sich auf der Ebene der Fürsten und Grafen im Verlauf des Jahres 1458 zwei Bündnisblöcke[119]: Einerseits, verbunden mit dem Kaiser, der sogenannte Mergentheimer Bund[120] zwischen Markgraf Albrecht Achilles von Brandenburg und Graf Ulrich V. von Württemberg als ersten, denen sich unter anderem der Erzbischof von Mainz und Graf Ludwig von Veldenz anschlossen[121]. Andererseits eine von den Wittelsbachern dominierte Koalition zwischen dem Pfalzgrafen Friedrich, Herzog Ludwig von Bayern-Landshut, Markgraf Karl von Baden und den Bischöfen von Würzburg, Bamberg und Augsburg[122].

Aus der Reihe von Konfliktfeldern sollen nur wenige Punkte genannt werden: Albrecht ging es als treuem Parteigänger der Habsburger vor allem darum, eine Annäherung des Pfälzers und des Wittelsbachers zu verhindern, was ihm jedoch nicht gelang[123]. Graf Ulrich V. von Württemberg stand mit dem Pfalzgrafen Friedrich unter anderem im Konflikt um die Vormundschaft über Ulrichs Neffen in Württemberg-Urach, dem seinen Verwandten unterstehenden württembergischen Territorium seit der Landesteilung 1442[124]. Zunächst hatte Pfalzgraf Friedrich einen zunehmend größeren Einfluss auf die Uracher Räte errungen, die sich von Graf Ulrich emanzipieren wollten[125]. Ulrich hatte auch aus einer vergeblichen Politik der Annäherung an Herzog Ludwig den Reichen von Bayern-Landshut Schaden genommen[126]. 1457 bewahrten nur ein Eingreifen Markgraf Albrechts und dessen Verhandlungsgeschick Graf Ulrich V. vor einem drohenden Krieg mit dem Pfalzgrafen[127].

---

117 Im Folgenden kann lediglich die Vor- und Anfangsphase (ca. 1458–1460) des Fürsten- oder Reichskriegs (1458–1463) in Grundzügen beschrieben werden; die Darstellung folgt vor allem Thomas Fritz, Ulrich der Vielgeliebte (1441–1480). Ein Württemberger im Herbst des Mittelalters. Zur Geschichte der württembergischen Politik im Spannungsfeld zwischen Hausmacht, Region und Reich (Schriften zur südwestdeutschen Landeskunde, Bd. 25), Leinfelden-Echterdingen 1999.

118 Vgl. ebd., S. 7.

119 Vgl. ebd., S. 175 f.

120 Es handelte sich um das Wiederaufleben eines älteren Bündnisses, vgl. ebd., S. 179 f.

121 Vgl. ebd., S. 182.

122 Vgl. Elke Tkocz, Markgraf Albrecht Achilles und das Hochstift Bamberg. Ambivalente Beziehungen zwischen den beiden Fürstentümern, in: Kurfürst Albrecht Achilles (wie Anm. 73) S. 443–462, hier S. 453.

123 Vgl. Fritz (wie Anm. 117) S. 150, S. 190.

124 Vgl. ebd., S. 151–154.

125 Vgl. ebd., S. 121–126.

126 Vgl. ebd., S. 126–134, S. 168 f.

127 Vgl. ebd., S. 140–146 zur Entwicklung der Krise; S. 146–150 zur Lösung durch Albrecht.

Das überlegene politische Geschick Markgraf Albrechts zeigt sich auch in einigen anderen Auseinandersetzungen, in denen er Graf Ulrich V. im Vorfeld des Kriegsausbruchs half[128], in mindestens einem Fall (Jost von Zollern) mit der Hoffnung auf Unterstützung durch den Betreffenden im Kriegsfall aufgrund des ihm gewährten Entgegenkommens[129]. In der Folge lehnte sich Graf Ulrich V. eng an Markgraf Albrecht an[130]. Als Graf Ulrichs V. älterer Neffe Ludwig starb, konnte er den Einfluss der Uracher Räte ausschalten und als alleiniger Vormund seines jüngeren Neffen Eberhard agieren[131].

Die Spannungen wuchsen jedoch im Verlauf des Jahres 1458. Sie fanden ihren Ausdruck unter anderem in der erfolgreichen Belagerung der Burg Widdern im Juni 1458[132], wobei die Koalition von Markgraf Albrecht und Graf Ulrich V. ihre Stärke demonstrierte[133]. Die Eroberung der Reichsstadt Donauwörth durch Herzog Ludwig von Bayern-Landshut im Oktober 1458 sollte dann zum Auslöser des Kriegs werden[134]. Die Bündnisbildung wurde in der Festkultur zelebriert: Parallel feierten beide Parteien Weihnachten 1458 in Aschaffenburg und Heidelberg[135].

Das Jahr 1459 stand einerseits im Zeichen der Kriegsvorbereitung und andererseits von Versuchen, den Krieg noch abzuwenden[136]. Zu den Vorbereitungen zum Krieg ist zu zählen, dass Graf Ulrich V. versuchte, mehrere sich schon länger hinziehende Auseinandersetzungen zu einem zumindest vorläufigen Abschluss zu bringen, vermutlich um sich auf die bevorstehende größere Auseinandersetzung konzentrieren zu können[137]. Weiterhin nahm er im Juni 1459 Hans von Rechberg, einen erfahrenden Fehdeunternehmer mit engen Verbindungen zu Markgraf Albrecht, in seine Dienste[138]. Zugleich sind über das Jahr hinweg und bis in den Beginn der Kampfhandlungen zu Anfang des Jahres 1460 verschiedene letztlich erfolglose Versuche der Vermittlung und Beilegung der Konflikte zu beobachten, auch auf Initiative Papst Pius' II.[139]. An mehreren davon war Kardinal Peter von Schaumberg beteiligt[140].

---

128 Vgl. ebd., S. 154–162.

129 Vgl. ebd., S. 162 f.; Jost von Zollern verhält sich später neutral, vgl. ebd., S. 169.

130 Vgl. ebd., S. 150, S. 168.

131 Vgl. ebd., S. 169–174.

132 Widdern war eine mehrheitlich von pfälzischen Dienstmannen gehaltene Ganerbenburg und Ausgangspunkt für Fehden gegen Ulrich, vgl. ebd., S. 167 f.

133 Vgl. ebd., S. 180–185.

134 Vgl. ebd., S. 188–190.

135 Vgl. ebd., S. 191.

136 Vgl. ebd., S. 192 f.

137 Vgl. ebd., S. 194.

138 Vgl. Niklas Konzen, Aller Welt Feind. Fehdenetzwerke um Hans von Rechberg († 1464) im Kontext der südwestdeutschen Territorienbildung (VKgL B 194), Stuttgart 2014, S. 200.

139 Vgl. Fritz (wie Anm. 117) S. 197–199.

140 Vgl. Zoepfl (wie Anm. 77) S. 400 f.

Im Juni 1459 verkündete Kaiser Friedrich III. den Reichskrieg gegen Herzog Ludwig wegen der Eroberung Donauwörths; Markgraf Albrecht von Brandenburg und der Sachsenherzog wurden zu Reichshauptleuten ernannt[141]. Graf Ulrichs V. Situation verschlechterte sich gegen Jahresende 1459, als sich sein Neffe Eberhard im jüngsten dafür möglichen Alter, nach seinem 14. Geburtstag am 11. Dezember 1459, gegen den Willen seines Onkels als mündig erklären ließ und die Landschaft Urach ihm als dem rechtmäßigen Herrn folgte; er trat am 14. Dezember seine Herrschaft an[142]. Mit Brief vom 19. Dezember 1459 lenkte Graf Ulrich V. ein und erkannte ihn an[143].

Zu Weihnachten 1459 wurde in Aschaffenburg zwischen den Verbündeten um Markgraf Albrecht und Graf Ulrich V. ein neuer Angriffsplan verabredet, datiert vom 28. Dezember 1459[144]. In dieser Zeit muss Markgraf Albrecht auch in den oben dargestellten Angelegenheiten und um der dringenden Bitte des Papstes nachzukommen nach Mantua abgereist sein[145]. Im Februar 1460 begannen die Kampfhandlungen[146].

Die Umwandlung des Klosters Ellwangen steht also in enger zeitlicher Verknüpfung zum Fürstenkrieg: Sie wird mitten in der Phase der Kriegsvorbereitung, geradezu unmittelbar vor dessen Ausbruch, plötzlich angestrebt, ungewöhnlich schnell erreicht und während der ersten Phase des Krieges umgesetzt. Inwieweit dieser zeitlichen Korrelation auch eine Kausalbeziehung zugrunde liegen könnte, soll nun im Folgenden erörtert werden.

Abschließende Überlegungen zu den Motiven der an der Umwandlung Ellwangens beteiligten Parteien

Zuerst ist der Konvent zu nennen: Er dürfte wohl im Oktober 1459 beim letzten Reformversuch Graf Ulrichs V., der sich ja im Frühjahr 1459 eine Generalvollmacht zur Reform der in seinem Machtbereich liegenden Klöster hatte ausstellen lassen, den letzten Anlass gesehen haben, nun den Wechsel seiner Rechtsform anzustreben. Als führende Figur ist der Dekan des Konvents, Georg vom Stein,

141 Vgl. Fritz (wie Anm. 117) S. 194.
142 Vgl. ebd., S. 200–206.
143 Vgl. ebd., S. 208.
144 Vgl. ebd., S. 210.
145 Das bei Müller zusammengestellte Itinerar nennt den 21. Dezember als Tag des Aufbruchs nach Mantua, am 23. Dezember urkundete Markgraf Albrecht in Kempten, vgl. Itinerar Markgraf Albrecht Achilles' 1414–1486, in: Kurfürst Albrecht Achilles (wie Anm. 73) S. 565–602, hier S. 571. Möglicherweise wurde der Plan schon früher verabredet und erst später beurkundet; für den 5. Dezember verzeichnet das Itinerar einen Aufenthalt Markgraf Albrechts in Mergentheim, vgl. ebd. Dem Widerspruch zu den Angaben bei Fritz konnte für die vorliegende Studie nicht weiter nachgegangen werden.
146 Vgl. Fritz (wie Anm. 117) S. 210–213.

anzusehen. Da er mit Kardinal Peter vom Schaumberg verwandt war und diesem sein Amt verdankte, dürfte er den Kontakt zu ihm aufgenommen haben.

Kardinal Peter von Schaumberg ist zwar einerseits als Vertreter der Klosterreform bekannt, bei genauerer Betrachtung zeichnet er sich jedoch durch eine sehr differenzierte Klosterpolitik aus: Neben Klosterreformen stehen die Aufhebungen mehrerer Klöster, die zum Teil zugunsten seiner Mensa oder seiner Weihbischöfe erfolgten[147]. Seine pragmatische Haltung zeigte sich bereits 1454, als er dem Ellwanger Konvent eine vergleichsweise milde Reform auferlegen wollte. Hierzu könnte ihn das Negativbeispiel des Bamberger Kloster Michelsberg, das sich gerade in heftigen Auseinandersetzungen mit dem Bischof vom Bamberg befand, die erst einige Jahre später mit der Reform des Klosters endeten, bewogen haben[148]. Diesen Realismus legte er später auch in der Prämisse zutage, in Ellwangen lieber ein lebensfähiges Stift einzurichten, als weitere fruchtlose Reformversuche mitzutragen[149].

Dazu traten ein starkes persönliches Moment durch seine Verwandtschaft zum Dekan des Klosters und seine Verbindung zu dessen Abt, der ihm ja sein Amt verdankte, sowie ein kirchenpolitisches: Denn er pflegte immer ein gutes Verhältnis zum Augsburger Domkapitel[150], dem zu dieser Zeit auch Angehörige der Hürnheim, vom Stein und Schenkenstein angehörten[151], also Familien, die zugleich Angehörige im Kloster hatten[152]. Nicht zuletzt scheint seine zwischen verschiedenen Interessen ausgleichende Haltung vor allem auch seinem Charakter zu entspringen, da er seit Jahrzehnten vor allem als Vermittler und Schlichter tätig war[153]. Dies galt auch für die aktuellen Auseinandersetzungen, in denen er zwar auf der Gegenseite von Markgraf Albrecht und Graf Ulrich V. stand, mit diesen aber in Verhandlungen begriffen gewesen war und dies wohl auch für die Zukunft erwarten konnte[154]. Hierbei konnte ein Entgegenkommen in der Ellwanger Angelegenheit einen diplomatischen Vorteil bedeuten. Jedoch bedeutete sein Eingehen auf den Konvent keine schrankenlose Nachgiebigkeit: Sein autoritatives Auftreten diesem gegenüber in den Auseinandersetzungen, die der Gründung des Stifts vorausgingen, zeigte ihn nicht schwach, sondern als Gestalter der neuen Situation.

---

147 Vgl. Zoepfl (wie Anm. 77) S. 434 f.

148 Vgl. ebd., S. 340.

149 Vgl. ebd., S. 438 f.

150 Vgl. ebd., S. 447–450.

151 Es handelt sich um Balthasar von Hürnheim, vgl. Haemmerle (wie Anm. 79) S. 98, Nr. 474; Albrecht vom Stein, vgl. ebd., S. 160, Nr. 797; Konrad Schenk von Schenkenstein, vgl. ebd., S. 152, Nr. 754. Auch der ehemaligen Scholaster des Domkapitels und letzte Abt des Klosters, Johann von Hürnheim, könnte noch persönliche Beziehungen zu seinen ehemaligen Mitkapitularen unterhalten haben.

152 Vgl. Zeller, Die Umwandlung (wie Anm. 1) S. 351 f.

153 Vgl. Zoepfl (wie Anm. 77) S. 425.

154 Dies sollte auch eintreten, vgl. ebd., S. 401 f.

Markgraf Albrecht Achilles von Brandenburgs prononcierte Unterstützung der Umwandlung eines adligen Konvents fügt sich nicht nur konsequent in seine allgemeine Politik gegenüber Adligen, vor allem dem Adel Frankens, ein, sondern zeigt sich im konkreten Fall auch funktional als Strategie zur Generierung politischer Unterstützung im Vorfeld eines Krieges, bei dem er seiner Gegenpartei finanziell unterlegen und daher vor allem auf sein persönliches Prestige angewiesen war, um Gefolgschaft oder zumindest eine wohlwollende Neutralität des regionalen Niederadels zu erreichen[155]. Können die Notwendigkeit guter Beziehungen zum Niederadel und das Streben nach dessen Unterstützung schon allgemein als Strukturkonstanten fürstlicher Herrschaft gelten[156], so setzte Markgraf Albrecht hier noch einen besonderen Schwerpunkt seiner Politik, deren Zweck Hillay Zmora wie folgt zusammenfasst: „Um eine Identifikation des Adels mit dem markgräflichen Haus zu bewirken, präsentierte sich Albrecht konsequent als ‚Liebhaber' des fränkischen Adels“[157] – und auch über den Raum Franken hinaus[158] – „als Gönner des Adels und Liebhaber von dessen Freiheit“[159]. Als Mittel, um Adlige an sich zu ziehen, dienten unter anderem eine aufwändige Hofhaltung[160], die Abhaltung von Turnieren[161] und die Selbstrepräsentation als Kriegsherr und Vorbild ritterlicher Tugenden[162].

Diese weltlichen Aktivitäten wurden durch seine Ambitionen auf geistlichem Gebiet flankiert und ergänzt[163]. Als Maßnahme mit starker Ausstrahlung erwies sich die Einrichtung des fränkischen Zweigs des Schwanenordens[164]. Die dafür erforderliche Bulle, die die Privilegien der Marienkirche in Brandenburg auf die Georgskapelle in der Stiftskirche St. Gumbertus in Ansbach ausdehnte, wurde am 16. Januar 1460 ausgestellt[165], also nur wenige Tage nach der Umwandlungsbulle für Ellwangen vom 14. Januar 1460[166]. Der Schwanenorden diente in der Folgezeit als „Kristallisationspunkt des fränkischen Adels“[167]: „Seit Errichtung des fränki-

---

155 Vgl. Uwe Tresp, „Deutscher Achilles“ und „Meister geordneter Heerfahrt“. Markgraf Albrecht Achilles von Brandenburg als Kriegsherr, in: Kurfürst Albrecht Achilles (wie Anm. 73) S. 487–502, hier S. 495.

156 Vgl. Zmora (wie Anm. 73) S. 236–238.

157 Ebd., S. 238.

158 Vgl. Markus Frankl, Der Schwanenorden unter Markgraf Albrecht Achilles, in: Kurfürst Albrecht Achilles (wie Anm. 73) S. 249–264, hier S. 254.

159 Vgl. Zmora (wie Anm. 73) S. 238.

160 Vgl. ebd., S. 239, weitere Mittel vgl. ebd., S. 240.

161 Vgl. Frankl (wie Anm. 158) S. 256.

162 Vgl. Tresp (wie Anm. 155) S. 495.

163 Vgl. Frankl (wie Anm. 158) S. 256.

164 Vgl. ebd., S. 253, S. 256.

165 Vgl. ebd., S. 252. Die Datierung widerspricht derjenigen des Repertorium Germanicum, das die Bulle für die Gumbertuskirche zwei Tage später ansetzt, vgl. Anm. 95.

166 Vgl. Anm. 6.

167 Frankl (wie Anm. 158) S. 256.

schen Zweigs 1459 lassen sich zahlreiche Schwanenordensmitglieder in Aufgebotslisten der Zollern wie z.B. im Fürstenkrieg (1458–1463) oder bei Turnieren nachweisen."[168] In den überlieferten Mitgliederlisten dieser Jahre finden sich alle Familien, die auch mit Mitgliedern im Ellwanger Konvent vertreten waren[169]. Die Unterstützung der Umwandlung Ellwangens lässt sich daher als parallele Form „ideeller Mobilisierung" des Niederadels auffassen.

Das Verhältnis Markgraf Albrechts zu Graf Ulrich V. war ab 1458 durch eine sehr enge Verbundenheit gekennzeichnet, wobei Markgraf Albrecht eindeutig eine Führungsposition innehatte. Schon zuvor war Markgraf Albrecht im Verhältnis zu Graf Ulrich V. eindeutig als „Seniorpartner" wahrnehmbar, wie sich in der mehrfachen, plötzlich gewährten Unterstützung in auftretenden Schwierigkeiten ab 1457 zeigte. Ende 1459 nun war Graf Ulrich V. – ganz abgesehen von der Kriegsgefahr – in einer doppelten Krisensituation: Einerseits durch den Konflikt mit seinem Neffen Eberhard, andererseits vermutlich durch den Konflikt über die Reform in Ellwangen. In Bezug auf den Konvent entsprach Albrechts Auftreten seinem vorherigen Handeln zugunsten Graf Ulrichs V. in problematischen Situationen: Wieder neutralisierte er einen „Krisenherd".

Hierin folgte ihm Graf Ulrich V., indem er in der existentiell bedrohlichen Situation Ende 1459 seine Präferenz als überzeugter Vertreter der Klosterreform zurückstellte, und, wie auch mit der Akzeptanz von Eberhards Mündigkeit, zeigte, dass er in seinen Überzeugungen nicht festgelegt war, sondern flexibel und situationsangepasst agieren konnte.

Zudem kann zwischen beiden geradezu eine Form von Arbeitsteilung angenommen werden, von der aber letztlich beide profitierten: Wenn Markgraf Albrecht als Befürworter der Umwandlung Ellwangens erschien, konnte seine Aktivität als generöse Geste gelten, bei Graf Ulrich V. hätte dies als Schwäche gegenüber dem Konvent ausgelegt werden können. Daher scheint es plausibel, das anfangs konstatierte „Schweigen" Graf Ulrichs V. so zu interpretieren, dass er – jedoch in seinem Sinne – reden und handeln ließ.

Papst Pius' II. übergeordnetes politisches Ziel hingegen war – erst wenige Jahre nach dem Fall von Konstantinopel – der geplante Kreuzzug gegen die Türken. Aus dieser Motivation heraus gewährte er einer Reihe von Fürsten Privilegien, in die

---

168 Ebd.

169 Vgl. Ritterorden und Adelsgesellschaften im spätmittelalterlichen Deutschland (Kieler Werkstücke, Reihe D: Beiträge zur europäischen Geschichte des späten Mittealters, Bd. 1), hg. von Holger Kruse/Werner Paravicini/Andreas Ranft, Frankfurt am Main u. a. 1991, S. 336–343. Die dort publizierte Liste ist aus Mitgliederlisten des Schwanenordens aus den Jahren 1443, 1455 und 1464/1465 zusammengestellt. Damit wurde – mit dem oben genannten Ergebnis – die Liste der Konventsmitglieder vor der Umwandlung bei Zeller (vgl. Zeller, Die Umwandlung (wie Anm. 1) S. 351 f.) verglichen, wo die folgenden Namen genannt werden: von Hürnheim, von Westerstetten, von Berlichingen, von Neuneck, Schenk von Schenkenstein, von Hausen, von Wirsberg, von Hoppingen, von Rechberg.

sich auch die Gunsterweise für Markgraf Albrecht einordnen lassen, und förderte den Erhalt des Friedens im Reich; auch hierfür sah er in Markgraf Albrecht wohl eine Schlüsselfigur. Zu Beginn des Jahres 1460 begann Papst Pius II. eine letzte große Friedensinitiative durch Entsendung eines päpstlichen Legaten[170]. In diesem Zusammenhang scheint es plausibel, dass er mit der Genehmigung der Umwandlung sowohl Markgraf Albrecht als auch Kardinal Peter zum Gefallen handelte.

In Variation und Antwort auf das anfänglich zitierte Diktum Dieter Stievermanns[171]: Ein Papst mit weitreichenden politischen Zielen, die den Status von Ellwangen als vernachlässigbar erscheinen ließen, ein Bischof in verwandtschaftlicher Verantwortung und pragmatischer Einschätzung des Erreichbaren, ein Schirmer in einer vielfachen politischen Krisensituation und sein engster politischer Verbündeter, der mit einer adelsfreundlichen Politik auf geistlichem Terrain eine bessere politische Basis für einen bevorstehenden Kriegszug schaffen wollte und dies durch demonstratives Handeln zugunsten der Umwandlung des Klosters propagierte – in diesem vielschichtigen und vielfach ineinandergreifenden politischen Kräftefeld wurde die Ellwanger Säkularisation überhaupt erst möglich.

---

170 Vgl. FRITZ (wie Anm. 117) S. 212.
171 Vgl. Anm. 10.

Das habsburgische Kaisertum und die Fürstpropstei Ellwangen in der Frühen Neuzeit

Von Franz Brendle

Die Fürstpropstei Ellwangen im frühneuzeitlichen Reich*

„Nachdem Gott der Allmächtige dieses hochfürstliche Stift innerhalb von tausend von dessen Errichtung bis anhero verflossenen Jahren nicht allein bis auf diese Stund gütigst erhalten, sondern auch von vielfältigen Unfällen solche Zeit hindurch – ohne Zweifel auf die mächtige Fürbitt unserer heiligen Stifts- und Schutzpatrone – gnädigst bewahrt und zu noch größerem Wachstum befördert, als hat man sich verpflichtet zu sein erachtet, dem Allerhöchsten vordersamst und sodann auch diesen unseren Schutzheiligen durch eine 8 tägige Feierlichkeit den schuldigsten Dank öffentlich [...] abzustatten.“[1] So lautete die Einladung, die das Ellwanger Stiftskapitel an die Ellwanger Bevölkerung aussprach, um die Jahrtausendfeier der Ellwanger Kirche festlich zu begehen[2]. Über eine Woche, nämlich vom 18. bis zum 26. August 1764 sollte die Feierlichkeit dauern, um dem Allmächtigen Dank dafür zu sagen, dass er das Stift über die Jahrhunderte hinweg seit seiner Gründung geführt und bewahrt hatte. Die reiche Geschichte Ellwangens wurde dargestellt in einer zum Anlass des Jubiläums errichteten Triumphpforte, die sich zu einem Hauptanziehungspunkt der Feier entwickelte. In diesen Worten klingt schon der tiefere Sinn einer solchen Feierlichkeit an: Dank zu sagen für die Führung und Bewahrung über ein Jahrtausend hinweg, für die organische Tradition, für eine reiche Geschichte. Diese Geschichte wurde dargestellt in einer zum Anlass des Jubiläums errichteten Triumphpforte, die zum Hauptanziehungspunkt der Feier wurde.

---

* Der Beitrag basiert auf dem öffentlichen Abendvortrag, der im Rahmen der 63. Jahrestagung der Kommission für geschichtliche Landeskunde in Baden-Württemberg am 30. Juni 2016 in Ellwangen gehalten wurde.

1 Zitiert nach Alois Seiler, Die Jahrtausendfeier des Stifts Ellwangen im Jahre 1764, in: Ellwanger Jahrbuch 20 (1962/64) S. 8.

2 Vgl. dazu ebd., S. 7–19.

Das Innere der Triumphpforte veranschaulichte die wechselvolle Geschichte des Ellwanger Stifts[3]. Die östliche Wand war den unglücklichen Ereignissen gewidmet, den zahlreichen Bränden des Klosters, der Heimsuchung durch die Pest, dem Bauernkrieg und der schwedischen Besetzung des Stifts während des Dreißigjährigen Kriegs. Auf der westlichen Wand dagegen wurden die glücklichen Ereignisse der ellwangischen Geschichte abgebildet. In diese Bildfolge wurden nicht nur die Grundsteinlegungen der Ellwanger Kirchen und die Niederlassungen der kirchlichen Orden, sondern auch die Privilegien der mittelalterlichen Kaiser für das Kloster Ellwangen aufgenommen – Zeichen für das Wohlwollen und den Schutz, den das Reichsoberhaupt über Jahrhunderte hinweg für Kloster und Stift Ellwangen geleistet hatte. In der weltlichen Sphäre galt der Kaiser als der Garant für den glücklichen Verlauf der Ellwanger Geschichte.

Anhand dreier Beispiele soll im Folgenden die enge Verbindung zwischen dem habsburgischen Kaisertum und der Fürstpropstei Ellwangen aufgezeigt werden, wobei nicht immer das Kaisertum als Schutzherr des Stifts auftrat:

1. In den Auseinandersetzungen der Reformationszeit,
2. den kaiserlichen Kommissionen und dem kaiserlichen Besetzungsrecht im Stiftskapitel und
3. dem kaiserlichen Einfluss auf die Propstwahlen.

Einige wenige Bemerkungen zur Entwicklung von Kloster und Stift Ellwangen sollen am Anfang stehen[4]. Bereits Ludwig der Fromme verlieh der Abtei 814 ein Immunitätsprivileg und gestattete ihr die freie Abtswahl. Ein päpstlicher Schutzbrief von 979 wurde immer wieder als Exemtionsprivileg gegen die bischöflichen Ansprüche interpretiert. Im 13. Jahrhundert stieg der Ellwanger Abt in den Reichsfürstenstand auf, seit dem 14. Jahrhundert werden seine Unabhängigkeit vom Diözesanbischof in Augsburg und seine Papstunmittelbarkeit dadurch unterstrichen, dass er sich von einem Bischof seiner Wahl weihen lassen konnte[5]. Der Auskauf der alten Vogteirechte von den Grafen von Oettingen legte im 14. Jahrhundert die Grundlage für eine eigene Landesherrschaft. Gestützt wurde diese Entwicklung vom regionalen Niederadel, der seine eigene Existenz mit der des Klosters verknüpfte. Grundlage der Territorialherrschaft waren jedoch die arrondierten

[3] Ebd., S. 17ff.

[4] Zur Geschichte von Kloster und Stift Ellwangen vgl. Viktor Burr (Hg.), Ellwangen 764–1964. Beiträge und Untersuchungen zur Zwölfhundertjahrfeier, 2 Bde., Ellwangen 1964; Volker Press, Ellwangen, Fürststift im Reich des späten Mittelalters und der frühen Neuzeit, in: Ellwanger Jahrbuch 30 (1983/84) S. 7–30.

[5] Eugen Heinrich Fischer, Ellwangen, Augsburg, Rom. Die Exemtion des Ellwanger Stifts und seine Exemtionspolitik unter Fürstpropst Franz Georg von Schönborn in den Jahren 1732 bis 1749, in: Burr, Ellwangen 764–1964, Bd. 1 (wie Anm. 4) S. 379–423.

Grundherrschaften im Nahbereich der Herrschaft mit Kloster und Stadt[6]. Gleichzeitig entstanden neue schutzherrschaftliche Bindungen. 1370 übertrug der Kaiser Schutz und Schirm Ellwangens an Württemberg, das damit ein wichtiges Einfallstor öffnen konnte. In Übereinstimmung mit dem Wiener Konkordat von 1448 wurde dem Kapitel unter der Führung des Dekans bei der Umwandlung die freie kanonische Propstwahl bestätigt.

Unter württembergischer Regie erfolgte im 15. Jahrhundert der Versuch einer inneren Klosterreform, die jedoch an den Standes- und Versorgungsinteressen des Adels scheiterte. Der Niedergang des klösterlichen Lebens wurde schließlich sanktioniert, indem Abt und Konvent beim Papst die förmliche Umwandlung in ein adeliges, weltliches Stift ersuchten. Am 14. Januar 1460 stimmte Papst Pius II. diesem Vorhaben zu, die kaiserliche Bestätigung erfolgte im Dezember desselben Jahres[7].

Mit der Aufhebung der Ordensregel wurde ein weltliches Kollegiatstift mit zwölf Kanonikaten nach dem Vorbild der Apostelzahl eingerichtet. Der Fürstpropst stand als Dreizehnter an der Spitze des Chorherrenstifts. Er besaß als weltlicher Herr die Regalien und bekleidete den Rang eines Fürsten mit Sitz und Stimme auf dem Reichstag. Im Reichstag saß der Fürstpropst als 29. Stand auf der geistlichen Fürstenbank hinter allen Bischöfen, den Fürstäbten von Fulda und Kempten, unmittelbar vor dem Johanniterordensmeister und dem Fürstpropst von Berchtesgaden. Auf den Konventen des Schwäbischen Kreises alternierte der Vorrang mit Kempten. Der Ellwanger Fürstpropst verfügte über quasi-bischöfliche Rechte. Seine Kleidung entsprach dem Bischofstalar, als Insignien standen ihm Mitra, Ring und Stab zu, ebenso eine Kathedra in der Stiftskirche. Wie der Bischof hatte auch der Fürstpropst bestimmte Voraussetzungen zu erfüllen: ein Mindestalter von 30 Jahren, die Priesterweihe und den theologischen oder juristischen Doktorgrad. Allerdings ließen sich besonders für hochadelige Bewerber sehr leicht Dispense erlangen. Die Attraktivität des Stifts für die hochadeligen Dynastien rührte auch von der relativen Prosperität her, die den Einkünften eines kleineren Bistums entsprach.

Kaiser Karl V. und der Deutschmeisterkrieg

Es blieb eine Belastung, dass das Fürststift zwar wohlhabend war, aber doch auch sehr peripher gelegen, vor allem gegen das ausgreifende Württemberg. Dies wurde gerade im Reformationszeitalter zu einem Problem, als das Stift seine

---

[6] Zur Verfassung des Stifts: Hans PFEIFER, Verfassungs- und Verwaltungsgeschichte der Fürstpropstei Ellwangen, Stuttgart 1959.

[7] Joseph ZELLER, Die Umwandlung des Benediktinerklosters Ellwangen in ein weltliches Chorherrenstift (1460) und die kirchliche Verfassung des Stifts, Stuttgart 1910; Hans PFEIFER, Vom Benediktinerstift Ellwangen zum weltlichen Chorherrnstift (1460), in: Ellwanger Jahrbuch 31 (1985/1986) S. 53–66.

Selbständigkeit gegen den Kaiser und Württemberg verteidigen musste[8]. Ausgangspunkt der Auseinandersetzungen war der Übergang des Hochmeisters des Deutschen Ordens, Albrecht von Brandenburg, 1525 zur Reformation. Das Deutschordensland in Ostpreußen wurde in ein weltliches Herzogtum umgewandelt, als erstes geistliches Territorium im Reich, sein Besitz ging damit dem Deutschen Orden verloren.

Zwar konnte der Deutschmeister, der seit der Zerstörung der Burg Horneck im Bauernkrieg in Mergentheim residierte, als Administrator des Hochmeistertums die Aufgaben des Ordensoberen weiterführen, doch war Wolfgang Schutzbar, genannt Milchling, der 1542 in das Amt gewählt worden, daran gelegen, eine seiner Stellung angemessene Ausstattung zu erhalten[9]. Der mit dieser Aufgabe betraute Kanzler des Deutschmeisters, Gregor Spieß, stellte daraufhin eine Denkschrift an Schutzbar zusammen, in der er folgenden Vorschlag machte: „Mein Herr Statthalter und ich haben uns miteinander besprochen und wir haben unsere Überlegungen auf die Propstei Ellwangen gerichtet, weil wir im ganzen Reich kein Ding wüßten, das für den Orden feiner und gelegener wäre als ebendiese Propstei.“[10]

Und er fährt fort: „Wenn Euer fürstliche Gnaden diese Propstei für den Orden erlangen könnten, wenn sie ihm inkorporiert würde, und wenn Euer fürstlich Gnaden und dero Nachfolger dann ihren Sitz und Residenz dort nehmen würden, dann stünde solcher Stuhl mitten in der reichsten Ordenslandschaft [...] Es ist dort eine feine Landschaft mit aller fürstlichen Herrlichkeit und Obrigkeit. Das Land ist voll von Wildbret, Fisch, Fleisch und aller anderen notwendigen Dinge, ausgenommen Wein, es hat etliche gute und feine Schlösser und Ämter [...] Und es hat viele gute und ehrliche Leute vom Adel zu Lehensleuten. Der Propst ist zugleich ein Fürst des Reiches und besitzt seine Regalien, und in geistlichen Sachen ist er, wie Euer Gnaden, niemandem sonst als dem Papst unterworfen [...]“ Soweit der mergentheimische Kanzler. Er fügt noch an: Der Mangel an Wein könnte leicht und reichlich aus den Ordensämtern an Tauber und Neckar ersetzt werden.

Der Deutschmeister Wolfgang Schutzbar war von diesem Vorschlag überzeugt und versuchte ihn zunächst mit diplomatischen Mitteln umzusetzen. In Ellwangen regierte seit 1521 Pfalzgraf Heinrich als Fürstpropst, der gegen den Widerstand des Stiftskapitels vom Kaiser und der Kurpfalz dem Stift regelrecht aufgezwungen worden war. Er zählte zu einem der erfolgreichsten Pfründenjäger in der Reichskirche, konnte er doch nicht nur in Ellwangen, sondern auch in Worms, Utrecht und zuletzt 1540 in Freising reüssieren. Der Pfalzgraf stand dem Plan des Deutschmeis-

---

[8] Vgl. dazu Dieter STIEVERMANN, Das geistliche Fürstentum Ellwangen im 15. und 16. Jahrhundert: Politische Selbstbehauptung im Schatten Württembergs, in: Ellwanger Jahrbuch 32 (1987/1988) S. 35–47.

[9] Vgl. dazu Alois SEILER, Württemberg in der Auseinandersetzung mit dem Deutschen Orden. Der „Deutschmeisterkrieg“ von 1552, in: Beiträge zur Kulturgeschichte von Altshausen und Umgebung 13 (1990) S. 35–43.

[10] Dieses und die folgenden Zitate nach SEILER, Württemberg (wie Anm. 9).

ters zumindest anfänglich positiv gegenüber, zumal bei seinen zahlreichen Ämtern die Unterstützung eines Koadjutors durchaus nützlich sein konnte. Die Zustimmung Kaiser Karls V. hatte in erster Linie religiöse Gründe. Bei einer Regentschaft des streng altgläubigen Deutschmeisters und der Vereinigung Mergentheims und Ellwangens konnte das Stift an der Jagst sehr viel sicherer beim alten Glauben gehalten werden. Von württembergischer Seite waren dagegen eher Gefahren zu erwarten, da Herzog Ulrich von Württemberg als Schirmherr des Stifts seit 1534 in seinem Herzogtum konsequent die Reformation durchsetzte[11].

In Gent entwarf die kaiserliche Kanzlei ein Memorandum, um Propst und Kapitel mit der Absicht vertraut zu machen, zur Erhaltung des Gottesdienstes das Stift rechtzeitig mit einer „tapferen, ansehnlichen Person, von Namen, Jugend und Geschicklichkeit“ zu versehen. Von Jugend konnte bei Schutzbar zwar nur noch bedingt die Rede sein – er war zu diesem Zeitpunkt immerhin schon 65 Jahre alt –, doch Fürstpropst Heinrich erwies sich sehr zugänglich und war sogar bereit, die Propstei dem Deutschmeister ganz zu resignieren. Vom 28. April 1545 datiert eine notarielle Urkunde, welche die förmliche Resignation zugunsten von Wolfgang Schutzbar vollzog. Doch verweigerte das Kapitel seine Zustimmung, trotz intensiver kaiserlicher Werbungen. Als Begründung gaben die Stiftsherren an, das kaiserliche Vorgehen widerspreche den hergebrachten und gültigen Statuten des Stifts, das heißt, es verletze das freie Wahlrecht des Kapitels. Dazu kam die Befürchtung – und so unbegründet war sie nicht – die Propstei könnte dem Deutschen Orden inkorporiert werden. Dadurch würde dem niederen Adel seine Versorgung entzogen. Denn was der Deutsche Orden einmal habe, das gebe er nicht mehr her.

In ihrer bedrängten Situation hatten sich die Ellwanger Stiftsherren auch an Herzog Ulrich von Württemberg als Schutz- und Schirmherrn der Propstei gewandt[12]. Auch von Landgraf Philipp[13], der seinerseits mit Pfalzgraf Heinrich in Verbindung

---

[11] Zu Herzog Ulrich vgl. Volker Press, Herzog Ulrich (1498–1550), in: Robert Uhland (Hg.), 900 Jahre Haus Württemberg. Leben und Leistung für Land und Volk, Stuttgart ^{3}1985, S. 110–135; Franz Brendle, Dynastie, Reich und Reformation. Die württembergischen Herzöge Ulrich und Christoph, die Habsburger und Frankreich, Stuttgart 1998; Ders., Herzog Ulrich – ein verkannter Reformationsfürst, in: Siegfried Hermle (Hg.), Reformationsgeschichte Württembergs in Porträts, Holzgerlingen 1999, S. 199–225; Ders., Ulrich, Hzg. v. Württemberg, in: LThK 10 (2000), Sp. 359–360; Ders., Ulrich von Württemberg (1487–1550), in: Susan Richter/Armin Kohnle (Hg.), Herrschaft und Glaubenswechsel. Die Fürstenreformation im Reich und in Europa in 28 Biographien, Heidelberg 2016, S. 146–163.

[12] Die hierzu erstmals ausgewerteten württembergischen Akten Herzog Ulrichs und Herzog Christophs liegen im Staatsarchiv Marburg und ergänzen das von Seiler gezeichnete Bild. StA Marburg (künftig: StAM), Politisches Archiv des Landgrafen Philipp von Hessen (P. A.), Nr. 3082 und 3085.

[13] Zu Philipp von Hessen vgl. Inge Auerbach (Hg.), Reformation und Landesherrschaft. Vorträge des Kongresses anlässlich des 500. Geburtstages des Landgrafen Philipp des Großmütigen von Hessen vom 10. bis 13. November 2004 in Marburg, Marburg 2005; Ursula Braasch-Schwersmann u. a. (Hg.), Landgraf Philipp der Großmütige 1504–1567. Hessen im Zentrum der Reform, Begleitband zu einer Ausstellung des Landes Hessen, Marburg/

stand, hatte der württembergische Herzog schon die Warnung empfangen, auf keinen Fall der Einsetzung Milchlings zuzustimmen, zumal der Pfälzer Kurfürst Friedrich sich ebenfalls gegen diesen Plan ausgesprochen habe und Pfalzgraf Heinrich als Fürstpropst mittlerweile ebenfalls am liebsten seine Zustimmung rückgängig machen wolle[14]. Mit dem Deutschmeister würde Württemberg einen schlechten Nachbarn bekommen, der vor allem den evangelischen Ständen höchst feindselig gesonnen sei.

Auch der Deutschmeister hatte seine Gesandten an den württembergischen Hof geschickt und dort für sein Anliegen werben lassen. Er hatte allerdings eine herbe Abfuhr hinnehmen müssen, besonders hinsichtlich der päpstlichen Verleihung. Ulrich ließ den Gesandten mitteilen, dass er als Schirmherr des Stifts die Unabhängigkeit, Privilegien und Freiheiten der Stiftsherren schützen werde und im Übrigen nicht daran denke, *untüchtige Bullen* des Papstes umzusetzen, der ohnehin nur *wider die concordiam Germaniae nationis* vorgehen wolle[15]. Doch wendete sich die politische Lage sehr schnell – zuungunsten der Ellwanger Stiftsherren und Württembergs.

Nach dem gewonnenen Schmalkaldischen Krieg sah sich Karl V. in die Lage versetzt, seinen Plan doch noch durchführen zu können. Damit hätte sich ein Sicherheitssystem katholischer Territorien an die Ostflanke des protestantischen Württemberg legen lassen und damit ein harter Sperrriegel gegen alle weiterführenden Pläne der protestantischen Stände. Die Absicht Karls muss wohl in seinen weit umfassenden Visionen wie Interim und kaiserlichem Bund zu einer Umgestaltung des Reiches eingeordnet werden, wobei ihm seine gewonnene Machtfülle dienen sollte[16]. Doch blieb die Furcht in Ellwangen vor einer Inkorporation lebendig. Dieser wollte man durch die rasche Wahl eines anderen mächtigen und einflussreichen Kandidaten entgegentreten, nachdem im Januar 1552 Propst Heinrich überraschend gestorben war.

Neustadt a.d. Aisch 2004; Wolfgang Breul/Holger Thomas Gräf, Fürst, Reformation, Land – Aktuelle Forschungen zu Landgraf Philipp von Hessen (1504–1567), in: Archiv für Reformationsgeschichte 98 (2007) S. 274–300; Volker Press, Landgraf Philipp der Großmütige von Hessen, in: Klaus Scholder/Dieter Kleinmann (Hg.), Protestanten. Von Martin Luther bis Dietrich Bonhoeffer, Frankfurt am Main ²1992, S. 60–77; Gabriele Haug-Moritz, Reich und Konfessionsdissens im Reformationszeitalter. Überlegungen zur Reichskonfessionspolitik Landgraf Philipps des Großmütigen von Hessen, in: Hessisches Jahrbuch für Landesgeschichte 46 (1996) S. 137–159; Walter Heinemeyer, Philipp der Großmütige und die Reformation in Hessen. Gesammelte Aufsätze zur hessischen Reformationsgeschichte, hg. von Hans-Peter Lachmann, Marburg 1997.

[14] StAM P. A. 3082, fol. 7, Landgraf Philipp an Herzog Ulrich, 13. Februar 1546.

[15] StAM P. A. 3082, fol. 13 f., Herzog Ulrichs Antwort an die Gesandten des Deutschmeisters, 8. Februar 1546.

[16] Vgl. dazu Horst Rabe, Reichsbund und Interim. Die Verfassungs- und Religionspolitik Kaiser Karls V. und der Reichstag von Augsburg 1547/48, Köln/Wien 1971; Volker Press, Die Bundespläne Kaiser Karls V. und die Reichsverfassung, in: Ders., Das Alte Reich. Ausgewählte Aufsätze, hg. von Johannes Kunisch, Berlin ²2000, S. 67–127.

Abb. 1: Fürstpropst Otto Truchsess von Waldburg (1553 – 1573),
Äbtetafel in der Ellwanger Stiftskirche St. Vitus (Vorlage: Stadtarchiv Ellwangen).

Abb. 2: Fürstpropst Franz Ludwig von Pfalz-Neuburg (1694 – 1732), Äbtetafel in der Ellwanger Stiftskirche St. Vitus (Vorlage: Stadtarchiv Ellwangen).

Abb. 3: Fürstpropst Franz Georg von Schönborn (1732–1756), Äbtetafel in der Ellwanger Stiftskirche St. Vitus (Vorlage: Stadtarchiv Ellwangen).

Abb. 4: Ellwangen. Blick auf das historische Stadtzentrum
mit der Stiftskirche St. Vitus und dem Kranz der Stiftsherrenhäuser,
welche die Kirche halbkreisförmig umgeben (Vorlage: Stadtbauamt Ellwangen).

Ungeachtet der kaiserlichen Protektion für Wolfgang Schutzbar schritt das Ellwanger Kapitel zur Wahl, aus der Otto Truchsess von Waldburg, Bischof von Augsburg, als Sieger hervorging (Abb. 1)[17]. Diese Wahl war aus Ellwanger Sicht taktisch ein kluger Schritt. Denn der Kardinal hatte großen Einfluss bei Kaiser und Papst und verfügte in seinem Bistum über den notwendigen politischen und finanziellen Rückhalt. Seine konsequent altkirchliche und kaiserfreundliche Haltung stand außer jedem Zweifel.

Schnell sollte sich auch politisch das Blatt wieder wenden. Nach seiner Niederlage im Fürstenaufstand 1552[18] konnte Karl V. endgültig nicht mehr zugunsten des Deutschmeisters eingreifen, der dennoch sein Vorhaben noch nicht aufgeben wollte. Die Auseinandersetzung hatte ein militärisches Nachspiel, weil Wolfgang Schutzbar am 4. Dezember 1552 still und heimlich während der Sonntagspredigt in Ellwangen mit Truppen einmarschierte und Besitz von der Fürstpropstei ergriff. Wiederum wandte sich das Stiftskapitel an seinen württembergischen Schutzherrn, nun an Herzog Christoph, der nach dem Sieg im Fürstenaufstand politisch wesentlich freier agieren konnte[19]. Auch Christoph sprach sein Vorgehen mit Landgraf Philipp von Hessen ab, indem er die *frefenliche aigengwalltige und offenbare Land fridbruchige feindtliche handlung* des Deutschmeisters anzeigte und ein energisches Vorgehen ankündigte, wofür er um Verständnis bat[20]. Landgraf Philipp hielt bezeichnenderweise eine solche Entschuldigung für reichlich überflüssig, *dann wir denn Theutschen Meister unnd seyn stoltzen Kopff sehr woll kennen.*[21]

Zu größeren militärischen Auseinandersetzungen kam es aber nicht mehr, denn als die württembergischen Truppen auf Ellwangen vorrückten, hatte Schutzbar bereits die Stadt verlassen. Herzog Christoph nahm die Deutschordensbesitzungen Horneck und Gundelsheim als Faustpfand zur Bezahlung seiner Kriegskosten ein, wobei diese Herrschaften auch das württembergische Territorium trefflich arron-

---

[17] Zu Otto Truchsess von Waldburg vgl. Ferdinand SIEBERT, Zwischen Kaiser und Papst. Kardinal Truchseß von Waldburg und die Anfänge der Gegenreformation in Deutschland, Berlin 1943; Friedrich ZOEPFL, Kardinal Otto Truchseß von Waldburg (1514–1573), in: Lebensbilder aus dem bayerischen Schwaben 4 (1955) S. 204–248; Thomas GROLL/Walter ANSBACHER (Hg.), Kardinal Otto Truchseß von Waldburg (1514–1573), Lindenberg 2015.

[18] Franz BRENDLE, Um Erhalt und Ausbreitung des Evangeliums: Die Reformationskriege der deutschen Protestanten, in: Franz BRENDLE/Anton SCHINDLING (Hg.), Religionskriege im Alten Reich und in Alteuropa, Münster ^{2}2010, S. 71–92.

[19] Zu Herzog Christoph vgl. Hans-Martin MAURER, Herzog Christoph (1550–1568), in: UHLAND, 900 Jahre Haus Württemberg (wie Anm. 11) S. 136–162; Franz BRENDLE, Christoph, in: Sönke LORENZ u.a. (Hg.), Das Haus Württemberg. Ein biographisches Lexikon, Stuttgart 1997, S. 108–111; DERS., Dynastie, Reich und Reformation (wie Anm. 11); Eberhard FRITZ, Herzog Christoph von Württemberg, in: HERMLE, Reformationsgeschichte Württembergs in Porträts (wie Anm. 11) S. 199–225; Matthias LANGENSTEINER, Für Land und Luthertum. Die Politik Herzog Christophs von Württemberg (1550–1568), Köln 2008.

[20] StAM P. A. 3085, fol. 12, Herzog Christoph an Landgraf Philipp, 10. Dezember 1552.

[21] StAM P. A. 3085, fol. 20, Landgraf Philipp an Herzog Christoph, 20. Dezember 1552.

diert hätten. Unter Vermittlung des Würzburger Bischofs kam es dann zum Vergleich und zur Herausgabe der Herrschaften, allerdings nur unter Bezahlung einer hohen Entschädigungssumme für den Württemberger. Wolfgang Schutzbar strengte zwar noch einen Prozess vor der Rota an, den er aber 1562 verlor. Otto Truchsess von Waldburg blieb mit Hilfe Württembergs Fürstpropst von Ellwangen. Er war es dann auch, der Ellwangen fest im katholischen Lager verankerte und der 20 Jahre später den württembergischen Schutz und Schirm über das Stift ganz abschaffte[22]. Er betrieb eine konsequente Politik der katholischen Reform auch mit Hilfe der Jesuiten, die er nach Ellwangen holte[23]. Der Augsburger Religionsfrieden von 1555 sorgte für die dafür nötige Sicherheit und bot mit dem geistlichen Vorbehalt – trotz dessen zweifelhafter Gültigkeit – doch einen gewissen Rechtsschutz[24]. Das Stift hatte seine Unabhängigkeit bewahrt und hat in der Folgezeit sehr selbstbewusst die Pröpste aus den eigenen Reihen gewählt, bis die ausgreifende Reichskirchenpolitik Kaiser Leopolds dem ein Ende setzte.

Kaiserliche Kommissionen und kaiserliche Bitten

Bei der Bildung kaiserlicher Kommissionen zur Untersuchung strittiger Angelegenheiten einzelner Reichsstände wurden regelmäßig geistliche Fürsten beteiligt. Ein bekanntes Beispiel hierfür sind die kaiserlichen Kommissionen zur Regelung der Verfassungsfragen in der freien Reichsstadt Frankfurt am Main während des Fettmilchaufstands am Anfang des 17. Jahrhunderts und während des Frankfurter Verfassungskonflikts im 18. Jahrhundert, bei denen jeweils Kurmainz neben Hessen-Darmstadt die Untersuchungen führte[25]. Nicht untersucht sind hingegen die zahlreichen Kommissionen, die der Fürstpropst von Ellwangen im Auftrag des Kaisers wahrnahm. Nach einer ersten Durchsicht der Akten hat es sich dabei eher um regionale Konflikte gehandelt als um die große Reichspolitik. Einige wenige seien hier genannt, um einen Eindruck zu vermitteln, mit welchen Fragen sich die

---

22 Hermann TÜCHLE, Reformation und Gegenreformation im Gebiet der Fürstpropstei Ellwangen, in: BURR, Ellwangen 764–1964, Bd. 1 (wie Anm. 4) S. 225–244.

23 Dazu: Franz BRENDLE u. a. (Hg.), Jesuiten in Ellwangen. Oberdeutsche Provinz, Wallfahrt, Weltmission, Stuttgart 2012.

24 Franz BRENDLE/Anton SCHINDLING, Der Augsburger Religionsfrieden und die Germania Sacra, in: Carl A. HOFFMANN u. a. (Hg.), Als Frieden möglich war. 450 Jahre Augsburger Religionsfrieden, Regensburg 2005, S. 104–118.

25 Paul HOHENEMSER, Der Frankfurter Verfassungsstreit 1705–1732 und die kaiserlichen Kommissionen, Frankfurt a. M. 1920; Matthias MEYN, Die Reichsstadt Frankfurt vor dem Bürgeraufstand von 1612 bis 1614. Struktur und Krise, Frankfurt a. M. 1980; Anton SCHINDLING, Wachstum und Wandel vom Konfessionellen Zeitalter bis zum Zeitalter Ludwigs XIV. Frankfurt am Main 1555–1685, in: Frankfurt am Main. Die Geschichte der Stadt in neun Beiträgen, hg. von der Frankfurter Historischen Kommission, Sigmaringen ^{2}1994, S. 205–260.

Ellwanger Kommissäre zu befassen hatten. Zahlreiche Erbschaftsstreitigkeiten etwa bei den Schenken von Limpurg[26] oder den Fuggern zu Kirchberg und Weissenhorn[27], Rechtsstreitigkeiten zwischen dem Kloster Kaisheim und den Grafen von Öttingen[28], der Streit um Obrigkeitsrechte zwischen den Rechbergern und der Gemeinde Böhmenkirch[29], Auseinandersetzungen zwischen dem Stift Comburg und der Reichsstadt Rothenburg über das Vogteirecht zu Gebsattel[30], Streitigkeiten um Geleitsrechte zwischen dem Herzog von Württemberg und der Reichsstadt Heilbronn[31], Steuerangelegenheiten zwischen Magistrat und Untertanen in der Reichsstadt Schwäbisch Gmünd[32], um nur einige zu nennen.

In einem Fall wird Johann Jakob Blarer von Wartensee 1631 zu einer Debitkommission für den kaiserlichen Reichshofrat verordnet[33]. Debitkommissionen sollten verarmten Adligen bei der Bewältigung ihrer Schuldenkrise helfen, sie vor allem gegen bürgerliche Gläubiger schützen. In entsprechenden Fällen verordnete der Reichshofrat Kommissionen, die eine Bestandsaufnahme durchführten und nach Lösungsmöglichkeiten suchten[34]. Dabei wurde die kaiserliche Autorität zugunsten der Adligen ins Feld geführt, um eine Stundung, einen Nachlass oder eine Sequestration des Besitzes zu Händen des Kaisers zu erreichen. Gleichzeitig ging es aber auch darum, eine Veränderung der Wirtschaft- und Finanzführung durchzusetzen, um entsprechende Notsituationen oder gar den Bankrott in Zukunft zu vermeiden. Im Falle Blarers von Wartensee ging es um die Entschuldung der Erben des Hans Ludwig von Knöringen aus einer Reichsritterfamilie, die in den Kantonen Kocher und Altmühl immatrikuliert war und mit Heinrich von Knöringen den Augsburger Bischof im Dreißigjährigen Krieg stellte.

Der Westfälische Friede brachte neue Aufgaben für kaiserliche Kommissionen, die sich vor allem um die Ausführungsbestimmungen in der Religionsfrage dreh-

---

26 StAL B 397 II Bü17–Bü 20.
27 StAL B 397 II Bü 1448, Bü 1449.
28 StAL B 397 II Bü 51–Bü 56.
29 StAL B 397 II Bü 1359, Bü 1360.
30 StAL B 397 II Bü 1354–Bü 1358.
31 StAL B 397 II Bü 1409.
32 StAL B 397 II Bü 102.
33 StAL B 397 II Bü 1406.
34 Zu den Debitkommissionen vgl. Volker Press, Die aufgeschobene Mediatisierung. Finanzkrise der Kleinstaaten und kaiserliche Stabilisierungspolitik, in: 32. Versammlung deutscher Historiker in Hamburg (Beiheft zu Geschichte in Wissenschaft und Unterricht), Stuttgart 1979, S. 139–141; Susanne Hermann, Die Durchführung von Schuldenverfahren im Rahmen kaiserlicher Debitkommissionen im 18. Jahrhundert am Beispiel des Debitwesens der Grafen von Montfort, in: Wolfgang Sellert (Hg.), Reichshofrat und Reichskammergericht. Ein Konkurrenzverhältnis, Köln u.a. 1999, S. 111–127; Jürgen Ackermann, Verschuldung, Reichsdebitverwaltung, Mediatisierung. Eine Studie zu den Finanzproblemen der mindermächtigen Stände im alten Reich. Das Beispiel der Grafschaft Ysenburg-Büdingen 1687–1806, Marburg 2002. Nach wie vor unverzichtbar: Johann Jacob Moser, Von dem Reichs-Ständischen Schuldenwesen, 2 Bde., Frankfurt/Leipzig 1774.

ten, etwa um Streitigkeiten zwischen dem Kloster Kirchheim am Ries und dem Grafen von Oettingen-Oettingen wegen Störung der Religionsausübung[35]. Besonderes Augenmerk erforderten die konfessionellen Verhältnisse in den bikonfessionellen Reichsstädten in Schwaben, in denen die Parität durch den Westfälischen Frieden festgelegt worden war, wobei die genaue Durchführung doch immer wieder Schwierigkeiten bereitete. Der Reichshofrat achtete peinlich darauf, dass jeweils sowohl ein katholischer als auch ein protestantischer Vertreter als Schlichter auftraten. So wurden der Ellwanger Fürstpropst und die evangelische Reichsstadt Schwäbisch Hall zu Kommissaren in den Auseinandersetzungen zwischen den protestantischen Räten der Reichsstadt Ravensburg und dem dortigen katholischen Magistrat eingesetzt, die sich über die Modalitäten der Ratswahl und andere Gravamina nicht einigen konnten[36].

Das Recht der Ersten Bitten, das *ius primae precis*, geht bis ins 13. Jahrhundert zurück[37]. Seit dieser Zeit konnten die neugewählten Könige oder Kaiser an allen Dom- und Kollegiatstiften das nächste frei werdende Kanonikat besetzen. Damit war es ihnen möglich, in die Zusammensetzung der Domkapitel einzugreifen. Nur wenigen großen Domstiften gelang es, dieses Recht einzuschränken. Der ausgeprägte Machtwille der Domherren und ihr Streben nach Unabhängigkeit und Eigenständigkeit stießen hier doch an gewisse Grenzen[38]. Auch in Ellwangen machten die deutschen Könige, mit Ausnahme Ferdinands I., von diesem Recht Gebrauch und waren damit äußerst erfolgreich. Denn die Ellwanger Stiftsherrn respektierten oft die kaiserlichen Bitten, sofern der Kandidat nicht gänzlich ungeeignet war oder eigene Interessen des Stiftskapitels dominierten.

Neben einzelnen Precisten, die den Familien des Ellwanger Stiftsadels angehörten, wie den Freiberg und Rechberg, stammten die meisten Bewerber aus Familien, die in Diensten des Wiener Hofes und der Habsburger Vorlande standen oder die Beziehungen zum Hof hatten[39]. Familien wie die Daun, die von Ulm oder die Pfirt hatten sich über Jahrzehnte hinweg als treue Parteigänger der Habsburger erwiesen und konnten nun eine Gegenleistung dafür einfordern. Elf erste Bitten des Kaisers wurden erfüllt, neun weitere Precisten wurden in Ellwangen nicht akzeptiert, sei

---

[35] StAL B 397 II Bü 91.

[36] StAL B 397 II Bü 1411.

[37] Hans Erich FEINE, Papst, Erste Bitten und Regierungsantritt des Kaisers seit dem Ausgang des Mittelalters, in: Zeitschrift für Rechtsgeschichte Kan. Abt. 20 (1931) S. 1–101.

[38] Zur Rolle der Domkapitel vgl. Günter CHRIST, Selbstverständnis und Rolle der Domkapitel in den geistlichen Territorien des alten deutschen Reiches in der Frühneuzeit, in: Zeitschrift für Historische Forschung 16 (1989) S. 257–328; Franz BRENDLE, Die Domkapitel als Conregentes der Fürstbischöfe in den geistlichen Staaten, in: Gerhard AMMERER u. a. (Hg.), Höfe und Residenzen geistlicher Fürsten. Strukturen, Regionen und Salzburgs Beispiel in Mittelalter und Neuzeit, Ergebnisse der internationalen und interdisziplinären Tagung in der Salzburger Residenz 19.–22. Februar 2009, Sigmaringen 2010, S. 93–107.

[39] Zu den kaiserlichen *primae preces* in Ellwangen vgl. Eduard MILDNER, Das Ellwanger Stiftskapitel in seiner persönlichen Zusammensetzung, Tübingen 1969, S. 47 ff.

es, weil sie die kanonischen Voraussetzungen nicht erfüllten, sei es, weil das Ellwanger Kapitel eigenen Kandidaten verpflichtet war. Die Ablehnungsgründe waren nicht immer so offensichtlich wie im Falle von Paul Prugkschlegel. Hier hatte Maximilian II. den Sohn seines Mundkochs vorgeschlagen, was vom Ellwanger Kapitel aber abgelehnt wurde. Dennoch: mit den kaiserlichen Ersten Bitten ebenso wie mit päpstlichen Provisionen erweiterte sich das Herkunftsfeld der Stiftskapitulare. Das Ellwanger Stift wurde dadurch auch besser in der Reichspolitik integriert und Teil des sich entfaltenden Reichskirchensystems. Das kam der seit den 1660er Jahren ausgreifenden kaiserlichen Politik zugute, die unter Leopold I. eine neue Dynamik entfaltete.

Der Kaiser und die Ellwanger Propstwahlen

Kaiser Leopold I. (1658–1705) gilt als der Begründer der österreichischen Donaumonarchie, der den habsburgischen Herrschaftsbereich beträchtlich erweiterte[40]. Unter seiner Herrschaft vollzog sich der Aufstieg der Monarchie zu einer europäischen Großmacht. Die Abwehrsiege gegen Franzosen und Türken ließen das habsburgische Kaisertum noch einmal in altem Glanz erstrahlen und führten Leopold I. in den Zenit seiner Macht. Gleichzeitig stand seine Regierungszeit auch im Zeichen einer erneuerten Reichspolitik, die dem habsburgischen Kaisertum eine herausragende Stellung verschaffte, einer barocken Umgestaltung des Reiches Vorschub leistete und auch die Reichskirche zu einer neuen Blüte führte[41]. Leopold I. gelang es, die kaiserliche Klientel der kleinen und mindermächtigen Fürsten und Städte wieder stärker an das Reichsoberhaupt zu binden[42]. Der Kaiser baute sein Gesandtschaftswesen konsequent aus und sorgte damit für enge diplomatische Verbindungen zu den Höfen und Herrschaftszentren im Reich[43]. Ebenso wie der Reichstag in Regensburg zunehmend zu einem Instrument kaiserlicher Reichspolitik wurde, setzte der Reichshofrat als politisches Beratungsgremium und als

---

[40] Zu Leopold I. vgl. Franz Brendle, Das habsburgische Herrscherhaus: Die Kaiser Leopold I., Joseph I. und Karl VI., in: Donat Büchel/Rainer Vollkommer (Hg.), 1712 – das Werden eines Landes, Vaduz 2012, S. 85–95; John P. Spielman, Leopold I. Zur Macht nicht geboren, Graz u. a. 1981.

[41] Zur erneuerten Reichspolitik Leopolds I. vgl. Volker Press, Die kaiserliche Stellung im Reich zwischen 1648 und 1740. Versuch einer Neubewertung, in: Ders., Das Alte Reich (wie Anm. 16) S. 189–222.

[42] Volker Press, Patronat und Klientel im Heiligen Römischen Reich, in: Antoni Mączak (Hg.), Klientelsysteme im Europa der Frühen Neuzeit, München 1988, S. 19–46; Berthold Sutter, Kaisertreue oder rationale Überlebensstrategie? Die Reichsritterschaft als habsburgische Klientel im Reich, in: Heinz Duchhardt/Matthias Schnettger (Hg.), Reichsständische Libertät und habsburgisches Kaisertum, Mainz 1999, S. 257–308.

[43] Volker Press, The Habsburg Court as Center of the Imperial Government, in: The Journal of Modern History 58/Supplement 1986, S. 23–45.

oberstes Reichsgericht effektiv Akzente[44]. Kaiserliche Debitkommissionen, wie die bereits erwähnte zur Schuldenregulierung, wurden von Wien in die Territorien entsandt, um dort überschuldete Territorialherren vor ihren überwiegend bürgerlichen und jüdischen Gläubigern zu schützen.

Aber auch in der Reichskirche war das Reichsoberhaupt durch seine Kommissare bei Bischofs- und Abtswahlen ständig präsent[45]. Mangels eigener Kandidaten übten hier verwandte und befreundete Dynastien wie die Pfalz-Neuburger, die Lothringer oder die Schönborn eine Art Stellvertreterfunktion für das Kaiserhaus aus[46]. Gerade die geistlichen Staaten im Reich entwickelten durch ihre katholische Ausrichtung und barocke Ausgestaltung eine besondere Affinität zur habsburgischen Herrscherdynastie und zum Wiener Hof[47]. Hier wurden Karrieren in Gesellschaft, in Verwaltung und Armee vorbereitet, hier entwickelte sich eine Anlaufstelle für viele Adlige aus dem Reich und aus den österreichischen Erblanden[48]. Diese erneuerte kaiserliche Reichspolitik hatte auch Auswirkungen auf die Fürstpropstei Ellwangen.

Bis 1689 war die Fürstpropstei eine Domäne des niederen Adels, insbesondere gestützt auf die Reichsritterschaft am Kocher[49]. Aus dem Kapitel selbst gingen 13 der 20 Fürstpröpste hervor. Dies änderte sich nun mit dem Einbezug Ellwangens in die große Reichskirchenpolitik des Kaisers und der katholischen Dynastien[50].

---

44 Volker PRESS, Der Reichshofrat im System des frühneuzeitlichen Reiches, in: Friedrich BATTENBERG/Filippo RANIERI (Hg.), Geschichte der Zentraljustiz in Mitteleuropa, Festschrift für Bernhard Diestelkamp zum 65. Geburtstag, Weimar u. a. 1994, S. 349–363.

45 Vgl. dazu Günter CHRIST, Praesentia Regis. Kaiserliche Diplomatie und Reichskirchenpolitik vornehmlich am Beispiel der Entwicklung des Zeremoniells für die kaiserlichen Wahlgesandten in Würzburg und Bamberg, Wiesbaden 1975; Matthias SCHNETTGER, Der Kaiser und die Bischofswahlen. Das Haus Österreich und die Reichskirche vom Augsburger Religionsfrieden bis zur Mitte des 17. Jahrhunderts, in: DUCHHARDT/SCHNETTGER, Reichsständische Libertät (wie Anm. 42) S. 213–256.

46 Volker PRESS, Fürstentum und Fürstenhaus Pfalz-Neuburg. Die dritte wittelsbachische Kraft, in: Konrad ACKERMANN/Georg GIRISCH (Hg.), Gustl Lang. Ein Leben für die Heimat, Weiden 1989, S. 255–278; Hubert WOLF, Die Reichskirchenpolitik des Hauses Lothringen (1680–1715). Eine Habsburger Sekundogenitur im Reich?, Stuttgart 1994.

47 Hubert JEDIN, Die Reichskirche der Schönbornzeit, in: Trierer theologische Zeitschrift 65 (1956) S. 202–216; Ludwig HÜTTL, Geistlicher Fürst und geistliche Fürstentümer im Barock und Rokoko, in: Zeitschrift für bayerische Landesgeschichte 37 (1974) S. 3–48.

48 Franz BRENDLE/Anton SCHINDLING, Reichskirche und Reich in der Frühen Neuzeit, in: Volker HIMMELEIN/Hans Ulrich RUDOLF, Alte Klöster, Neue Herren. Die Säkularisation im Deutschen Südwesten 1803, Bd. 2.1, Ostfildern 2003, S. 3–22; Franz BRENDLE/Anton SCHINDLING, Germania sacra – Reichskirche, in: Stephan WENDEHORST/Siegrid WESTPHAL (Hg.), Lesebuch Altes Reich, München 2006, S. 211–215.

49 Thomas SCHULZ, Das Fürststift Ellwangen und die Ritterschaft am Kocher, in: Ellwanger Jahrbuch 31 (1985/86) S. 44–52.

50 Vgl. dazu Rudolf REINHARDT, Untersuchungen zur Besetzung der Propstei Ellwangen seit dem 16. Jahrhundert. Zugleich ein Beitrag zur politischen Geschichte des Stifts, in: Burr, Ellwangen 764–1964, Bd. 1 (wie Anm. 4) S. 316–378; Franz BRENDLE, Die geistlichen

Die hochadeligen Familien der Pfalz-Neuburg, Schönborn und Sachsen betrachteten das Fürststift als eine einträgliche Nebenpfründe. Auch das Kapitel selbst begann sich nun stärker auf den Hochadel hin umzustrukturieren. Während Fürstpröpste aus dem niederen Adel meist auf andere Kollegiatspfründen verzichten mussten, konnten hochadelige Inhaber aufgrund von Dispensen verschiedene Ämter und Pfründen mit Ellwangen kombinieren[51]. Die geforderte Residenzpflicht wurde in diesen Fällen kaum wahrgenommen[52]. Die auswärts residierenden Pröpste bestellten meist den Dekan zu ihrem Statthalter und betrauten ihn mit den Regierungsgeschäften.

Seit der Mitte des 17. Jahrhunderts standen dem habsburgischen Erzhaus keine Kandidaten mehr für eine ausgreifende Reichskirchenpolitik zur Verfügung. Leopold I. war ja selbst für eine Karriere in der Germania Sacra vorgesehen gewesen, bevor er nach dem Tod Ferdinands IV. die Nachfolge im Kaisertum antrat. Aus diesem Umstand erwuchs eine Art Ersatzrolle zunächst für das Haus Pfalz-Neuburg[53]. Es gab fast kein Hochstift im Reich, um das sich die Familie nicht in der Zeit von 1680 bis 1720 bemüht hätte. Nach ihrer Konversion zum Katholizismus setzten die Neuburger, die seit 1685 Kurfürsten von der Pfalz waren, verstärkt auf den Wiener Hof. Die Koalition wurde durch die Ehe Kaiser Leopolds mit Eleonore von Pfalz-Neuburg besiegelt, die sich fortan in Wien für die Ziele und Interessen der pfälzischen Dynastie einsetzte, insbesondere für ihre Brüder Ludwig Anton und Franz Ludwig, die beide beachtliche Karrieren in der Reichskirche machen sollten.

Im engen Zusammenspiel mit Wien traten 1689 die Pfalz-Neuburger auch in Ellwangen auf den Plan. Neben den großen Hochstiften des Reiches geriet die Fürstpropstei in den Blickpunkt der Pfälzer, bot das Stift doch die Gelegenheit, die finanziellen Einkünfte aufzubessern, was für sie durch den Krieg im Westen dringend notwendig war. In einer engen Aktionseinheit mit Wien wurden die Interessen durchgefochten: Ellwangen sollte als Glied der Reichskirche in die

---

Reichsstände Schwabens im System der Germania Sacra, in: Wolfgang Wüst u. a. (Hg.), Grenzüberschreitungen. Die Außenbeziehungen Schwabens in Mittelalter und Neuzeit, Augsburg 2008, S. 47–58.

[51] Zum Problem der Kumulation vgl. Rudolf Reinhardt, Die Kumulation von Kirchenämtern in der deutschen Kirche der frühen Neuzeit, in: Ders., Reich – Kirche – Politik. Ausgewählte Beiträge zur Geschichte der Germania Sacra in der Frühen Neuzeit, Ostfildern 1998, S. 204–222; Wolfgang Wüst, Personalunionen zwischen Stiftsstaaten. Administrative Chance oder Regierungschaos?, in: Ders. (Hg.), Geistliche Staaten in Oberdeutschland im Rahmen der Reichsverfassung. Kultur – Verfassung – Wirtschaft – Gesellschaft. Ansätze zu einer Neubewertung, Epfendorf 2002, S. 163–186.

[52] Zum Bild der geistlichen Fürsten vgl. Wolfgang Wüst, Bischöfe als Reichsfürsten. Wahlverpflichtungen, Machtbarrieren, Überforderung und Vielregiererei in süddeutschen Hochstiften, in: Bettina Braun u. a. (Hg.), Geistliche Fürsten und Geistliche Staaten in der Spätphase des Alten Reiches, Epfendorf 2008, S. 43–60.

[53] Rudolf Reinhardt, Zur Reichskirchenpolitik der Pfalz-Neuburger Dynastie, in: Historisches Jahrbuch 84 (1964) S. 118–128.

kaiserliche Klientel eingebunden werden. Kandidaten für die Propstwürde waren 1689 die beiden Brüder Ludwig Anton und Alexander Sigismund[54], die sich schon zuvor um eine Koadjutorie, allerdings ohne Erfolg, bemüht hatten. Beide waren Söhne des regierenden Kurfürsten Philipp Wilhelm von der Pfalz und schienen als unmittelbare Nachbarn des Stifts (Ludwig Anton war Hoch- und Deutschmeister, Alexander Sigismund Koadjutor in Augsburg) am ehesten in Frage zu kommen.

Die Ausgangslage des Deutschmeisters war weitaus günstiger, hatte er doch eine starke Partei im Kapitel hinter sich sowie ein päpstliches *Breve elegibilitatis*, so dass für seine Postulation nur die einfache Stimmenmehrheit notwendig war[55]. Da ihn sein Bruder, der offenbar selbst nur geringe Absichten hatte, von Anfang an unterstützte, und auch das kaiserliche Empfehlungsschreiben, obwohl für beide Kandidaten ein solches ausgefertigt wurde, unmissverständlich klar machte, dass der Kaiser eine Wahl in seinem Sinne erwartete, blieb dem Stiftskapitel wenig Handlungsspielraum. Es beugte sich dem Druck und wählte am 2. August 1689 Ludwig Anton von Pfalz-Neuburg zum neuen Fürstpropst, wenn auch nicht einstimmig[56]. Während der Wahl hielt sich Leopold nicht nur demonstrativ im nahen Neuburg auf, am Wahltag selbst war Heinrich Theobald von Goldstein als Gesandter des Kaisers erschienen, der offen und unverblümt eine Wahl im Sinne des Kaisers verlangte. Leopold erwarte vom Kapitel, dass sein Vorschlag in *gewierige Reflexion* gezogen würde, da er für das Stift nur von Vorteil sein könne. Der Deutschmeister wurde *per maiora*, jedoch nicht wie vom Kaiser gewünscht, mit *einhelligen vota* gewählt[57]. Damit war die alte Kombination, die schon Karl V. 1552 im Auge gehabt hatte, hergestellt: die Verbindung Ellwangens mit dem Deutschordensland um Mergentheim. Doch hatten sich die Autonomie des Stifts und seine Stellung als unabhängiger Reichsstand so sehr gefestigt, dass eine Einverleibung in das Deutschordensgebiet nicht mehr zur Disposition stand.

Der Bruder des Pfälzers, Franz Ludwig von Pfalz-Neuburg, wurde nach dem frühen Tod Ludwig Antons 1694 problemlos zum neuen Fürstpropst gewählt (Abb. 2)[58]. Eine kaiserliche Wahlgesandtschaft war erst gar nicht erschienen, da

---

[54] Zu Alexander Sigismund von Pfalz-Neuburg vgl. Josef Johannes SCHMID, Alexander Sigismund von Pfalz-Neuburg, Fürstbischof von Augsburg 1690–1737. Ein Beitrag zur Kulturgeschichte Schwabens im Hochbarock, Weißenhorn 1999.

[55] Vgl. zu diesen Vorgängen REINHARDT, Untersuchungen zur Besetzung (wie Anm. 50) S. 340 ff.

[56] Zu Ludwig Anton von Pfalz-Neuburg vgl. Maria LEHNER, Ludwig Anton von Pfalz-Neuburg (1660–1694), Marburg 1994.

[57] Zitate nach REINHARDT, Untersuchungen zur Besetzung (wie Anm. 50) S. 343 f.

[58] Zu Franz Ludwig von Pfalz-Neuburg vgl. Johannes HILS, Das Wirken des Kurfürsten Franz Ludwig, Pfalzgrafen bei Rhein, als Fürstbischof von Breslau, in: Ellwanger Jahrbuch 27 (1977/1978) S. 162–167; Bernhard DEMEL, Franz Ludwig von Pfalz-Neuburg als Hoch- und Deutschmeister (1694–1732) und Bischof von Breslau (1683–1732), in: Jahrbuch der Schlesischen Friedrich-Wilhelms-Universität zu Breslau 36/37 (1995/1996) S. 93–150; Hubert WOLF, Menschenfischer – Pfründenjäger. Franz Ludwig von Pfalz-Neu-

man sich wohl der Wahl sicher glaubte. Dem Kapitel in Ellwangen muss ohnehin klar gewesen sein, wer hinter dem Pfalz-Neuburger stand. So kam Franz Ludwig mit seiner Selbsteinschätzung der Wahrheit sicher nahe, wenn er argwöhnte, seine Wahl basiere auf einem *Effect und Zuwurff dero Kaiserlichen Hulden*[59]. Leopold I. wies jegliche Einmischung Wiens allerdings kategorisch zurück: Die Wahl sei erfolgt *ohne sonderbare menschliche Cooperation durch göttliche Eingebung*[60]. Dennoch: Die Karriere Franz Ludwigs in der Reichskirche als Bischof von Breslau und Worms, Hoch- und Deutschmeister des Deutschen Ordens, Fürstpropst von Ellwangen und Kurfürst-Erzbischof von Trier und – nach Verzicht auf Trier – Kurfürst-Erzbischof von Mainz, wäre ohne die Unterstützung des kaiserlichen Hofes kaum möglich gewesen. Trotz des schnellen Erfolgs des Pfalz-Neuburgers werden auch bei diesem Wahlakt deutlich die Bedenken des Ellwanger Stiftskapitels deutlich, das wiederum zu keinem einstimmigen Ergebnis, sondern lediglich zu einer Mehrheitsentscheidung gekommen war. Doch hatten es wohl die schwierigen Zeitumstände angeraten sein lassen, weiter auf das kaiserliche Wohlwollen zu setzen. Schließlich dauerte der Krieg im Westen noch an und war ein Friede mit Frankreich noch nicht geschlossen. Da mussten die Ambitionen des einen oder anderen Stiftsherrn, selbst Propst werden zu können, wohl oder übel zurückstehen. Doch werden hier die Grenzen der kaiserlichen Einflussnahme ebenso deutlich wie im Vorgehen des Stiftskapitels im Bezug auf die Wahlkapitulationen. Seit Otto von Waldburg war bei jeder Wahl eine solche abgeschlossen worden, um die Rechte des Kapitels festzuhalten[61]. Entgegen des kaiserlichen und päpstlichen Verbots von 1698 hielten die Kapitulare – wie auch andernorts – bis zum Ende des Alten Reiches an dieser Praxis fest[62].

Das Erbe der Neuburger als Hauptexponent der kaiserlichen Reichskirchenpolitik trat das Haus Schönborn an, das durch die Unterstützung des Kaisers und ein gegenseitiges Protektionssystem zur erfolgreichsten Bischofsdynastie der Neuzeit neben den Wittelsbachern avancierte[63]. Sofort nach dem Tod Franz Ludwigs

---

burg, die Reichskirche und Ellwangen, in: Ellwanger Jahrbuch 37 (1997/1998) S. 15–38; Bernhard DEMEL, Franz Ludwig von Pfalz-Neuburg, in: Udo ARNOLD (Hg.), Die Hochmeister des Deutschen Ordens 1190–1994, Marburg 1998, S. 239–247.

[59] Zitiert nach REINHARDT, Untersuchungen zur Besetzung (wie Anm. 50) S. 347.

[60] Zitiert nach ebd.

[61] Franz BRENDLE, Die Wahlkapitulationen der Ellwanger Fürstpröpste, in: Ellwanger Jahrbuch 33 (1989/90) S. 76–120.

[62] Rudolf VIERHAUS, Wahlkapitulationen in den geistlichen Staaten des Reiches im 18. Jahrhundert, in: DERS. (Hg.), Herrschaftsverträge, Wahlkapitulationen, Fundamentalgesetze, Göttingen 1977, S. 205–219.

[63] Alfred SCHRÖCKER, Ein Schönborn im Reich. Studien zur Reichspolitik des Fürstbischofs Lothar Franz von Schönborn (1655–1729), Wiesbaden 1978; DERS., Die Patronage des Lothar Franz von Schönborn (1655–1729). Sozialgeschichtliche Studie zum Beziehungsnetz in der Germania Sacra, Wiesbaden 1981; Sylvia SCHRAUT, Das Haus Schönborn. Eine Familienbiographie. Katholischer Reichsadel 1640–1840, Paderborn u. a. 2005.

teilte das Ellwanger Stiftskapitel dem Kaiserhof die Nachricht in einem Notifikationsschreiben mit, ohne allerdings den Wahltermin anzuzeigen. Man wusste ihn zu dieser Zeit offenbar selbst noch nicht; dennoch erregte dieser Umstand am kaiserlichen Hof erhebliches Missfallen. Karl VI. hatte nämlich die Absicht, *als römischer Kayser, Obrister Schutzvogt der christlichen catholischen Kirchen und höchster Lehensherr* die Neuwahl durch die Anwesenheit eines Gesandten zu beehren[64]. Dabei wurde ausdrücklich auf die anderen geistlichen Staaten des Reichs verwiesen, wo ein solches Vorgehen ebenfalls üblich sei. Entsprechend habe auch das Ellwanger Stiftskapitel Kaiser und Reich die schuldige Pflicht zu leisten.

Gleich drei Kandidaten des Hauses Schönborn bewarben sich 1732 um Ellwangen: Damian Hugo, Kardinal-Bischof von Speyer[65], Friedrich Karl, Bischof von Würzburg und Bamberg[66], und Franz Georg, Erzbischof von Trier (Abb. 3). Die kaiserliche Politik richtete sich vor allem gegen die ausgreifende bayerische Politik und damit gegen den Kandidaten Bayerns, Kardinal Johann Theodor, Bischof von Freising und Regensburg. Durch ihre reichsritterschaftliche Abkunft übten die Schönborn eine nicht zu unterschätzende Attraktivität auf die Ellwanger Stiftsherren aus, andererseits konnte das Kapitel keinen eigenen Kapitular präsentieren, der die Mehrheit des Kapitels hinter sich hätte bringen können. Lange Zeit war die Situation so unübersichtlich, dass der Stiftsherr von Spaur die Ansicht äußerte, nur der liebe Gott wisse, wer in Ellwangen gewählt werde[67]. Letztlich setzte sich das Werben Karls VI. auch bei den Kapitularen durch, die dem Kaiserhaus und seinen Kandidaten eher reservierend gegenüber standen. Franz Georg von Schönborn wurde einstimmig gewählt, nachdem seine Brüder aus Familiensolidarität zurückgewichen waren[68].

Nachdem 1756 mit Anton Ignaz Fugger ein relativ farbloser Kandidat aus den eigenen Reihen gewählt werden konnte, konnte über das Instrument der Koadjutorie mit Clemens Wenzeslaus von Sachsen erneut ein habsburgischer Kandidat – als letzter Fürstpropst von Ellwangen – sein Amt antreten[69]. Da die sächsischen

---

[64] Zitiert nach REINHARDT, Untersuchungen zur Besetzung (wie Anm. 50) S. 348.

[65] Stephan MAUELSHAGEN, Ordensritter – Landesherr – Kirchenfürst: Damian Hugo von Schönborn (1676–1743). Ein Leben im alten Reich, Ubstadt-Weiher 2001.

[66] Karl WILD, Staat und Wirtschaft in den Bistümern Würzburg und Bamberg. Eine Untersuchung über die organisatorische Tätigkeit des Bischofs Friedrich Karl von Schönborn 1729–1746, Heidelberg 1906; Hugo HANTSCH, Reichsvizekanzler Friedrich Karl, Graf von Schönborn (1674–1746). Einige Kapitel zur politischen Geschichte Kaiser Josefs I. und Karls VI., Augsburg 1929.

[67] REINHARDT, Untersuchungen zur Besetzung (wie Anm. 50) S. 350.

[68] Zu Franz Georg von Schönborn vgl. Franz ZIERLEIN, Franz Georg Graf von Schönborn 1682–1756, in: Ellwanger Jahrbuch 23 (1969/1970) S. 79–116; Hans PFEIFER, Aufklärung und Absolutismus in der Fürstpropstei Ellwangen, in: Ellwanger Jahrbuch 19 (1960/1961) S. 63–83.

[69] Zum Instrument der Koadjutorie Rudolf REINHARDT, Die Koadjutorie mit dem Recht der Nachfolge in der neuzeitlichen Reichskirche, in: Ellwanger Jahrbuch 31 (1985/86) S. 13–43.

Wettiner anlässlich der polnischen Königswahl Kurfürst Augusts des Starken katholisch geworden waren, konnte Clemens Wenzeslaus drei Generationen später eine reichskirchliche Karriere beginnen, die ganz im Zeichen der Annäherung zwischen Habsburg und Sachsen im Siebenjährigen Krieg stand. Als Sohn einer Habsburgerin, zudem verwandt und verschwägert mit den bayerischen Wittelsbachern, eröffneten sich dem sächsischen Prinzen glänzende Aussichten, die ihm schließlich zu den reichskirchlichen Würden von Trier, Augsburg und Ellwangen verhalfen[70].

Der Kaiser und das Ende der Fürstpropstei

1770 hatte Anton Ignaz Fugger den Trierer Kurfürsten zum Koadjutor angenommen und erhielt dafür im Tausch das Bistum Regensburg[71]. Bis zu seinem Tod 1787 war Fugger hauptsächlich in seinem Bistum, 1777 übernahm Clemens Wenzeslaus die Regierungsgeschäfte in Ellwangen, bis das Stift in der napoleonischen Flurbereinigung seine Selbständigkeit verlor. Bis zuletzt hatte man in Ellwangen auf den Schutz von Kaiser und Reich vertraut, obwohl sich Konturen des Untergangs bereits abzeichneten. Ein signifikantes Beispiel für die Anhänglichkeit an das habsburgische Herrscherhaus ist der Ellwanger Regierungsrat Joseph von Sartori. Er ist in erster Linie dadurch bekannt geworden, dass er das berühmte Preisausschreiben des Fuldaer Domherrn von Bibra[72] zur Zukunft der geistlichen Staaten mit einer Abhandlung gewann, die den dringenden Reformbedarf der Reichskirche

---

[70] Anton GULIELMINETTI, Klemens Wenzeslaus. Der letzte Fürstbischof von Augsburg und die religiös-kirchliche Reformbewegung, in: Archiv für die Geschichte des Hochstifts Augsburg 1 (1909) S. 493–598; Hildebrand TROLL, Kurfürst Klemens Wenzeslaus, Fürstbischof von Augsburg, in: Lebensbilder aus dem Bayerischen Schwaben 2, München 1953, S. 302–325; Heribert RAAB, Clemens Wenzeslaus von Sachsen und seine Zeit 1739–1812, Bd. 1: Dynastie, Kirche und Reich im 18. Jahrhundert, Freiburg u. a. 1962; Wolfgang WÜST, Fürstbischöfliche Amts- und Staatsführung im Hochstift Augsburg unter Clemens Wenzeslaus (1768–1803), in: Pankraz FRIED, Miscellanea Suevica Augustana. Der Stadt Augsburg dargebracht zur 2000-Jahrfeier 1985, Sigmaringen 1985, S. 129–146; Peter RUMMEL, Kurfürst Klemens Wenzeslaus und sein Augsburger Generalvikar Franz Heinrich Beck, in: Jahrbuch des Vereins für Augsburger Bistumsgeschichte 22 (1988) S. 75–104; Theodor ROLLE, Fürstbischof Clemens Wenzeslaus und Kurfürst Max IV./König Max I. Joseph von Bayern. Zu den Auseinandersetzungen über das Verhältnis von Kirche und Staat in Bayern in den Jahren 1802–1806, in: Jahrbuch des Vereins für Augsburger Bistumsgeschichte 25 (1991) S. 109–142; Gabriele B. CLEMENS, Clemens Wenzeslaus von Sachsen (1739–1812), in: Elisabeth DÜHR (Hg.), Unter der Trikolore. Sous le drapeau tricolore. Trier in Frankreich, Napoleon in Trier, 1794–1814. Ausstellung 6. Juni–31. Oktober 2004, Katalog-Handbuch, Trier 2004, S. 95–103.

[71] Erhard MEISSNER, Fürstbischof Anton Ignaz Fugger (1711–1787), Tübingen 1969.

[72] Vgl. dazu Max BRAUBACH, Die kirchliche Aufklärung im katholischen Deutschland im Spiegel des Journal von und für Deutschland, in: Historisches Jahrbuch 54 (1934) S. 1–63.

zwar anmahnte, aber dennoch ihre Existenzberechtigung betonte[73]. Nach seiner Tätigkeit in Ellwangen übersiedelte er nach Wien, wo er sich seit 1789 in der Umgebung Josephs II. aufhielt und 1792/93 die „Leopoldinische[n] Annalen. Ein Beitrag zur Regierungsgeschichte Kaiser Leopolds II." verfasste[74]. In diesem Werk geht er auch auf Joseph II. ein und gibt eine knappe Darstellung über die Anfangszeit der Regierung Franz' II. Zu dieser Zeit war er bereits „Kaiserlicher Rat" im Dienste Leopolds II. Diesen Titel hatte er noch, als die „Memoiren über die wichtigsten Staats-Materien unserer Zeit" in den Jahren 1795 und 1797 veröffentlicht wurden[75]. 1799 übernahm er die Leitung der „Wiener Zeitung", die zumindest Anfang der 90er Jahre ein Organ der Gegenaufklärung war, aber bereits 1800 war er Bibliothekar an der Theresianischen Ritterakademie. 1811 fungierte er noch als Herausgeber der „Sammlung der hinterlassenen politischen Schriften" des Prinzen Eugen von Savoyen[76]. 1812 starb er in Wien.

Seine Sympathie dem österreichischen Kaiserhaus gegenüber hat er schon Ende der 1780er Jahre deutlich gemacht, wie an vielen Stellen seiner Abhandlungen zu ersehen ist. Trotz der Rigorosität der Reformpolitik Josephs II. findet dieser in weiten Teilen seinen Beifall, man kann ihn durchaus als Anhänger des Josephinismus bezeichnen. So findet er Josephs Vorgehen gegen die Kirche, sei es hinsichtlich der konfiszierten Klostergüter oder sein rigoroses Einschreiten gegen Freipräbenten und gegen Statuten der Domstifter durchaus in Ordnung. Seine leopoldinischen Annalen sind von Lobpreisungen auf Kaiser Leopold durchdrungen, aber auch die Leistungen Josephs II. werden hier noch einmal gewürdigt.

Hart ins Gericht geht er auch mit dem deutschen Reich, das für ihn keine positive Rolle in der Auseinandersetzung mit Frankreich spielte. Vor allem kritisiert er die skeptische Haltung einiger Staaten gegenüber dem österreichischen Kaiserhaus. Sartori wünscht nichts sehnlicher als die Rückkehr der alten Zustände, wie er sie in Ellwangen erlebt hatte. Deshalb schaut er mit Sorge auf alles, was eine Schwächung der inneren und äußeren Situation Österreichs bedeuten könnte, die für ihn gleichbedeutend mit der Schwächung des Reiches ist. Kaiser und Reich werden gleichgesetzt. Weniger zutreffend war hingegen seine Einschätzung der zukünftigen französischen Politik: Zwar sieht er in Frankreich den eindeutigen Sündenbock für die gegenwärtige Lage in Europa, glaubt allerdings nicht an eine weitere Expansion Frankreichs.

---

[73] Joseph von SARTORI, Statistische Abhandlung über die Mängel in der Regierungsverfassung der geistlichen Wahlstaaten und von den Mitteln, solchen abzuhelfen, Augsburg 1787.

[74] Joseph von SARTORI, Leopoldinische Annalen. Ein Beitrag zur Regierungsgeschichte Kaiser Leopolds II., 2 Bde., Augsburg 1792/93.

[75] Joseph von SARTORI, Memoiren über die wichtigsten Staats-Materien unserer Zeit, 2 Bde., Zürich/Nürnberg 1795/97.

[76] Joseph von SARTORI, Sammlung der hinterlassenen politischen Schriften des Prinzen Eugens von Savoyen, Stuttgart 1811.

Das Ellwanger Stiftskapitel scheint geahnt zu haben, dass die drohende Säkularisation wohl nicht mehr zu vermeiden war. Zu offenkundig wurde in der zweiten Hälfte des 18. Jahrhunderts über die fehlende Zukunftsfähigkeit der geistlichen Staaten diskutiert[77]. Fast hilflos und verzweifelt mutet es an, dass sich das Ellwanger Stiftskapitel 1795 noch einmal alte Privilegien bestätigen ließ, die das Stift von Kaiser und Reich empfangen hatte. Genützt hat es nichts mehr. Zur selben Zeit handelten württembergische Gesandte in Paris einen Separatfrieden aus, der insgeheim die Säkularisation der geistlichen Staaten als Kompensation für Verluste links des Rheins erlaubte. Als der habsburgische Kaiser im Frieden von Campo Formio zwei Jahre später selbst die Reichskirche zur Disposition stellte, war das Ende nahe. Das Reichsoberhaupt konnte und wollte nicht länger die Existenz und Unabhängigkeit der geistlichen Staaten und damit auch Ellwangens garantieren.

Kaisertum und Fürstpropstei

Das habsburgische Reichsoberhaupt nahm als Schutzherr und Garant der Freiheiten der Reichskirche eine prominente Rolle ein. Gerade in den Sturmjahren der Reformation bildete das katholische Herrscherhaus einen nicht unerheblichen Rückhalt für die geistlichen Staaten, vor allem in Süddeutschland. So konnte ein großer Teil der Reichskirche beim alten Glauben gehalten werden[78]. Auch für Ellwangen wurde dieser kaiserliche Rückhalt wichtig. Geschickt verstand es das Stift, zwischen kaiserlicher Bevormundung und Durchsetzung des Eigeninteresses einen Mittelweg zu finden. Die Fürstpropstei blieb katholisch und eigenständig, auch gegen drohende württembergische Bevormundungen. Der Westfälische Friede garantierte die Reichsstandschaft, das Stift war bis zu seinem Ende fester Bestandteil der reichischen Klientel des Kaisers. Die enge Anbindung an das Haus Habsburg führte die Fürstpropstei dann seit 1689 in die große Reichskirchenpolitik. Die

[77] Zur Situation der geistlichen Staaten am Ende des 18. Jahrhunderts vgl. Peter WENDE, Die geistlichen Staaten und ihre Auflösung im Urteil der zeitgenössischen Publizistik, Lübeck/Hamburg 1966; Konstantin MAIER, Die Diskussion um Kirche und Reform im Schwäbischen Reichsprälatenkollegium zur Zeit der Aufklärung, Wiesbaden 1978; Peter HERSCHE, Intendierte Rückständigkeit: Zur Charakteristik des geistlichen Staates im Alten Reich, in: Georg SCHMIDT (Hg.), Stände und Gesellschaft im Alten Reich, Stuttgart 1989, S. 133–149; Kurt ANDERMANN, Die geistlichen Staaten am Ende des Alten Reiches, in: Historische Zeitschrift 271 (2000) S. 593–619; DERS. (Hg.), Die geistlichen Staaten am Ende des Alten Reiches. Versuch einer Bilanz, Epfendorf 2004.

[78] Vgl. dazu Anton SCHINDLING, Reichskirche und Reformation. Zu Glaubensspaltung und Konfessionalisierung in den geistlichen Fürstentümern des Reiches, in: Johannes KUNISCH (Hg.), Neue Studien zur frühneuzeitlichen Reichsgeschichte, Berlin 1987, S. 81–112; Walter ZIEGLER, Die Hochstifte des Reiches im konfessionellen Zeitalter 1520–1680, in: Römische Quartalschrift 87 (1992) S. 252–281; Eike WOLGAST, Hochstift und Reformation. Studien zur Geschichte der Reichskirche zwischen 1517 und 1648, Stuttgart 1995.

Herrschaft der auswärtigen Fürstpröpste bedeutete noch einmal einen Höhepunkt für den geistlichen Barockstaat an der Jagst.

Diese Ära des barocken Reiches war durch die erfolgreiche Reichskirchenpolitik Kaiser Leopolds I. eingeleitet worden und führte dazu, dass vor und nach 1700 die meisten Fürstentümer der katholischen Reichskirche und mit ihnen auch Ellwangen fest zur Klientel der Habsburger im Reich gehörten. Mit Fürstbischöfen aus den Häusern Pfalz-Neuburg und Lothringen besetzten enge Verwandte der Kaiser Hochstifte von Breslau bis Trier. Ellwangen war in dieses Reichskirchensystem fest eingebunden. Die Fürstpröpste aus den Häusern Pfalz-Neuburg und Schönborn haben auch in Ellwangen tiefgreifende Spuren hinterlassen[79].

Der Untergang der Reichskirche war ein schwerer Positionsverlust für das Haus Habsburg-Lothringen. Zur Rettung der Reichskirche hatte Wien freilich nichts unternommen, sondern stattdessen versucht, zumindest einen angemessenen Teil aus der Beutemasse für Österreich und die Sekundogeniturlinie Toskana zu ergattern. Dass auf das Ende der Reichskirche drei Jahre später das Ende des Alten Reiches erfolgte, war kein historischer Zufall, sondern unterstreicht noch einmal die enge Symbiose von Kaiser, Reich und Reichskirche. Ellwangen hatte daran einen kleinen, aber doch feinen Anteil.

[79] Rudolf Reinhardt, Ellwangen als Barockstadt, in: Ellwanger Jahrbuch 33 (1989/90) S. 154–167.

Die Beziehungen zwischen Württemberg und dem Deutschen Orden in der Regierungszeit Graf Eberhards III. von Württemberg (1392–1417)

Von Christoph Florian

Der württembergische Graf Eberhard III. wird vor allem als politischer Akteur im Südwesten des Reiches wahrgenommen[1]. Mit der Herrschaft Württemberg als solider Machbasis knüpfte und pflegte er Beziehungen zu zahlreichen territorialen Akteuren im südwestdeutschen Raum. Er schloss unter anderem Bündnisse mit Österreich und Bayern[2]. Vor allem die Verbindung mit den schwäbischen Reichsstädten jedoch, mit denen er über 20 Jahre lang von 1395 bis zum Ende seiner Regierung ununterbrochen verbündet war, und welche das „stabilste Element der Friedensordnung in Schwaben“[3] darstellte, steigerten sein Ansehen und seine politische Macht[4].

Mit dem Erwerb der Herrschaft Mömpelgard (1397) griff er dann über seinen bisherigen politischen Aktionsraum hinaus, kam mit der burgundischen Machtsphäre in Kontakt und musste Burgund in sein politisches Kalkül miteinbeziehen[5]. Bündnisse mit der Stadt Straßburg (1399)[6] und dem Hochstift Straßburg (1397–1399)[7] dokumentieren die neuen Interessen im Westen und verdeutlichen die Bestrebungen, die neue Erwerbung auch bündnispolitisch abzusichern. Jedoch hatte es schon zuvor noch eine andere – beträchtliche – Erweiterung des politi-

---

[1] Vgl. Dieter Mertens, Württemberg, in: Handbuch der baden-württembergischen Geschichte, hg. von Meinrad Schaab/Hansmartin Schwarzmaier, Bd. 2, Stuttgart 1995, S. 1–163, hier: S. 44 f.; Christoph Florian: Graf Eberhard der Milde von Württemberg (1392–1417). Frieden und Bündnisse als Mittel der Politik (Tübinger Bausteine zur Landesgeschichte 6), Ostfildern 2006. – Die angegebenen Daten zu Regierungszeiten und Lebensdauer nach Lexikon des Mittelalters. Studienausgabe, Bd. 1–9, Stuttgart/Weimar 1999 (künftig: LexMA).

[2] Mit Österreich (1394–1397, 1400–1402, 1407–1417), mit Bayern (1398), wobei die Dauer letzterer Verbindung nicht bekannt ist, Florian (wie Anm. 1) S. 124 f., 168.

[3] Mertens (wie Anm. 1) S. 45.

[4] Florian (wie Anm. 1) bes. S. 1 f., 41.

[5] Ebd., S. 120.

[6] Die Dauer ist nicht bekannt, Florian (wie Anm. 1) S. 114.

[7] Florian (wie Anm. 1) S. 107 f.

schen Aktionsraums gegeben. Es handelt sich dabei um die Verbindungen zur Deutschordensherrschaft in Preußen[8]. Im Jahr 1393 hatte Eberhard dorthin eine spektakuläre Reise (fortan Preußenreise genannt) unternommen. Von diesem Zeitpunkt an bis in die Regierungszeit seines Sohnes Eberhard IV. (1417–1419) lassen sich dann Kontakte zwischen der Ordensherrschaft und Württemberg erkennen.

Die Preußenreise Eberhards im Jahr 1393 erweckte seit dem 19. Jahrhundert das verstärkte Interesse von Historikern[9]. Die Episode wurde dabei als eine Art Abenteuer betrachtet, das keinerlei Auswirkungen auf die württembergische Territorialpolitik hatte. So schrieb Christoph Friedrich von Stälin 1856: „Ritterlicher Unternehmungsgeist trieb den Grafen Eberhard von Wirtemberg im J. 1393 [...] nach Preußen zur Heidenfahrt"[10]. Weitere Überlieferungen aus den Quellen über die Beziehungen Eberhards zum Deutschen Ordensstaat wurden Anfang des 20. Jahrhunderts zur Kenntnis genommen[11], doch eine Interpretation der Ereignisse sowie deren Einfügung in das Gesamtbild von Eberhards Politik fanden nicht statt.

Die Beziehungen Eberhards zur Deutschordensherrschaft in Preußen sollen daher in dem vorliegenden Aufsatz beschrieben und untersucht werden. Zunächst wird versucht, die Preußenreise aus den wenigen vorhandenen Quellen zu rekonstruieren. Dann werden die nach 1393 nachweisbaren Beziehungen zwischen dem Grafen und dem Orden skizziert. An diese beiden Darstellungen knüpft sich anschließend die Frage nach den Gründen Eberhards für diese Politik. Dazu gehört schließlich auch die Überlegung, wie sich die Beziehungen des Grafen zum Deutschen Orden auf die Herrschaft Württemberg bzw. seine Dynastie ausgewirkt haben. Am Ende sollen die Beziehungen im Gesamtgefüge der herrschaftlichen Politik Eberhards verortet werden.

Der zeitliche Rahmen wird zum einen durch die Preußenreise 1393 und zum anderen durch das Ende der Regierungszeit Eberhards bzw. dessen gleichnamigen Sohnes gebildet. Danach änderten sich die politischen Voraussetzungen, als in Württemberg ab 1419 eine Vormundschaftsregierung eingesetzt wurde, und auch in den Quellen finden sich keine Nachweise mehr.

---

[8] Mit Quellen- und Literaturverweisen zu den württembergisch-preußischen Beziehungen FLORIAN (wie Anm. 1) S. 16 f., 88 f.; Barbara HAMMES, Fürst und Ritterschaft. Konkurrierende Vergegenwärtigung ritterlich-höfischer Tradition im Umkreis südwestdeutscher Fürstenhöfe 1350–1450 (VKgL B 185), Stuttgart 2011, S. 57, 79.

[9] Vgl. FLORIAN (wie Anm. 1) S. 16 f., 88 f.

[10] Christoph Friedrich von STÄLIN, Wirtembergische Geschichte, 3. Teil, Stuttgart 1856, ND [1980], S. 358.

[11] Theodor SCHÖN, Beziehungen Württembergs zum deutschen Orden in Preußen, in: Diözesan-Archiv von Schwaben 20 (1902) S. 161–165, 179–181; 21 (1903) S. 14–16, 45–48, hier S. 47 f., 49–53, 84–88, hier S. 85 ff., 104–109, 153–158, hier S. 153 u. 155, 171–178; 22 (1904) S. 38–43, 65–72, 126–128, 134–141, 155–160, 155–160, 177–183; 23 (1905) S. 36–43, 81–88, 123–127, 150–157.

Die Überlieferung

Zu den Beziehungen zwischen Graf Eberhard und dem Deutschen Orden gibt es nur eine geringe Quellenüberlieferung, über die im Folgenden ein Überblick gegeben werden soll. Insbesondere zur Rekonstruktion der Preußenreise Eberhards muss daher öfter auf Analogieschlüsse zurückgegriffen werden.

Die ungedruckten Quellen zum Forschungsthema liegen hauptsächlich im Geheimen Staatsarchiv Preußischer Kulturbesitz in Berlin in den Beständen Ordensbriefarchiv (OBA) und Ordensfolianten (OF), im Hauptstaatsarchiv Stuttgart finden sich nur einige wenige Belege. Die nichtpublizierten Quellen beziehen sich mit einer Ausnahme nur auf die württembergisch-preußischen Beziehungen nach 1393. Was die gedruckten Quellen betrifft, so sind hier an erster Stelle das Tresslerbuch[12] (1399–1409), das Amtsbuch des Tresslers (oberster Finanzverwalter) des Deutschen Ordens, und die jüngst erschienenen „Regesten zu den Briefregistern des Deutschen Ordens“[13] zu nennen.

Über die Preußenreise Eberhards geben fast ausschließlich historiographische Quellen Auskunft. Erstmals wurde das Ereignis durch die Herausgabe der Chronik Johann von Posilges durch Johannes Voigt und Friedrich Wilhelm Schubert 1823 einem breiteren interessierten Publikum außerhalb Württembergs bekannt gemacht[14]. Die über die Preußenfahrt Eberhards berichtenden spätmittelalterlichen preußischen historiographischen und chronikalischen Werke wurden dann, soweit bekannt, in den „Scriptores rerum Prussicarum“[15] ediert. Am ausführlichsten geht dort die Chronik Wigands von Marburg auf die Geschehnisse ein[16]. Weitere in diesem Quellenkorpus veröffentlichte Werke, die über die Geschehnisse berichten, sind die dort nochmals edierte Chronik Johann von Posilges[17], die

[12] Das Marienburger Tresslerbuch der Jahre 1399–1409, hg. von [Erich] Joachim, Königsberg 1896 (künftig: TB), S. 37, 77, 114, 124, 156, 192, 194, 252, 272, 300, 323, 356, 361 f., 448, 506, 594.

[13] Regesten zu den Briefregistern des Deutschen Ordens II: Die Ordensfolianten 8, 9 und Zusatzmaterial, hg. u. bearb. von Sebastian Kubon/Jürgen Sarnowsky/Annika Souhr-Könighaus (Beihefte zum Preußischen Urkundenbuch 2), Göttingen 2014, S. 107 Nr. 56, S. 107, Nr. 99, S. 131, Nr. 266, S. 218 f.

[14] Jahrbücher Johannes Lindenblatts oder Chronik Johannes von der Pusilie, Officials zu Riesenburg, hg. von Johannes Voigt u. Friedrich Wilhelm Schubert, Königsberg 1823, S. 93.

[15] Scriptores rerum Prussicarum. Die Geschichtsquellen der Preußischen Vorzeit bis zum Untergange der Ordensherrschaft, Bde. 2, 3, hg. von Theodor Hirsch/Max Töppen/Ernst Strehlke, Leipzig 1863, 1866, unveränd. ND Frankfurt/M 1965, Bd. 6, hg. von Walther Hubatsch, bearb. von Udo Arnold, Frankfurt am Main 1968 (künftig SRP + Bd.).

[16] Die Chronik Wigands von Marburg, in: SRP 2, S. 429–800, hier S. 651 f.

[17] Johanns von Posilge, Officials von Pomesanien, Chronik des Landes Preussen, in: SRP 3, S. 13–464, hier S. 189.

Ältere Hochmeisterchronik[18], die Thorner Annalen[19] sowie die „Annalistische[n] Aufzeichnungen des Deutschen Ordens im 14. Jahrhundert"[20]. Der württembergische Historiker Oswald Gabelkover[21] berichtete kurz darüber in seiner im 17. Jahrhundert verfassten Württembergischen Geschichte, wobei er die Preußenreise Eberhards falsch auf 1397 oder 1398 datierte[22].

Für die Preußenreisen gibt es auch Zeugnisse nichtschriftlicher Art. So wurden von vielen Gästen Wappen im Dom von Königsberg zur Erinnerung und Selbstdarstellung angebracht[23]. Doch gibt es weder einen Nachweis über ein württembergisches Wappenschild im Königsberger Dom noch über ein anderes derartiges Zeugnis der Preußenreise[24]. Sollte es solche Repräsentationszeugnisse gegeben haben, so haben sie die Zeiten nicht überdauert.

Der Sekundärliteratur ist dann Johann Ulrich Steinhofers „Neue Württembergische Chronik" zuzurechnen, in die Gabelkovers Überlieferung übernommen und die falsche Datierung auf 1398 eingeengt wurde[25]. Christian Friedrich Sattler übernahm dann die Schilderung Steinhofers – allerdings ohne Datierung – in seine Darstellung der württembergischen Geschichte[26]. Johannes Voigt erwähnte die Preußenfahrt im 1834 erschienenen sechsten Band seiner Geschichte Preußens[27]. In der Folge ging erwähnter Christoph Friedrich von Stälin kurz auf die Preußenreise Eberhards ein[28]. Der württembergische Historiker Theodor Schön, der auch auf die in den „Scriptores Rerum Prussicarum" und in der Edition des Tressler-

---

[18] Die Ältere Hochmeisterchronik, in: SRP 3, S. 519–725, hier 625.

[19] Franciscani Thorunensis Annales Prussici, in: SRP 3, S. 13–464, hier S. 188.

[20] In SRP 6, S. 61–67, hier S. 66: *uff die czeit was der Herre von Wirtenberg in dem Lande czu Prusen und reysten ken Sameithen.*

[21] WLB Cod. hist. 2° 587 Bl. 195 r.

[22] Gabelkover (WLB Cod. hist. 2° 587 Bl. 195 r) hatte sich auf ein auf den 1. August 1398 datiertes Schriftstück in einem schiedsgerichtlichen Verfahren bezogen, HStA Stuttgart A 602 U 4678. Nach diesem Dokument hatten nämlich markgräflich-badische Amtsleute während der Abwesenheit Eberhards württembergische Untertanen in Dornstetten und Baiersbronn angegriffen, verschleppt und ausgeplündert. Gabelkover datierte die Abwesenheit Eberhards fälschlicherweise kurz vor diesem Ereignis, was schon SCHÖN 1903 (wie Anm. 11) S. 85 als Fehler aufgefallen ist. Überhaupt hatte Gabelkover gewisse Schwierigkeiten mit dieser Textstelle, so löste er die in der Urkunde stehende Ortsnamennamensvariante von Baiersbronn mit „Bayersdorf" auf.

[23] Werner PARAVICINI, Die Preussenreisen des europäischen Adels, Teil 1–2 (Beihefte der Francia 17/1–2), Sigmaringen 1989, 1995, hier Bd. 1, S. 335.

[24] Ebd., S. 335.

[25] Johann Ulrich STEINHOFER, Ehre des Herzogthums Wirtenberg in seinen durchlauchtigsten Regenten, oder Neue Wirtembergische Chronik, Teil 2, Tübingen 1746, S. 549.

[26] Christian Friedrich SATTLER, Geschichte des Herzogthums Würtenberg unter der Regierung der Graven, 2. Teil, Tübingen, 2. Aufl. 1775, S. 23.

[27] Johannes VOIGT, Geschichte Preussens von den ältesten Zeiten bis zum Untergange der Herrschaft des Deutschen Ordens, Bd. 5, 6, 7, Königsberg 1832, 1834, 1836, hier Bd. 6, S. 2 f.

[28] STÄLIN (wie Anm. 10) S. 358 u. Anm. 4.

buchs veröffentlichten Quellen zurückgreifen konnte, publizierte in den Jahren 1902 bis 1905 eine Reihe von Artikeln über die Beziehungen Württemberg zur preußischen Ordensherrschaft[29], wobei er sowohl auf die Preußenreise Eberhards als auch auf die Beziehungen nach 1393 einging[30]. In seinem Standardwerk über die Preußenreisen thematisierte schließlich Werner Paravicini unter verschiedenen Aspekten die Preußenreise des württembergischen Grafen[31]. In jüngster Vergangenheit fand das Thema Berücksichtigung in der Dissertation von Barbara Hammes sowie jener des Verfassers[32].

Eberhards Preußenreise und ihr Kontext

Bevor näher auf die Preußenreise Eberhards eingegangen werden wird, sollen zunächst kurz das Phänomen der Preußenreisen sowie deren Einbettung in den geschichtlichen Zusammenhang erörtert werden: Nachdem Akkon 1291 gefallen war, boten die Preußenreisen eine neue Möglichkeit, um an einem Kreuzzug teilzunehmen[33]. Denn nach der Unterwerfung (1231–1285)[34] und Zwangschristianisierung der baltischen Bevölkerung des preußischen Ordenslandes (Pruzzen) war Litauen als letztes heidnisches Land Mitteleuropas übriggeblieben. Der Deutsche Orden versuchte nun auch Litauen zu unterwerfen, zugleich war jedoch dessen heidnische Existenz wiederum eine Legitimationsgrundlage für das Fortbestehen des Ordens, der seine Berechtigung eben aus dem Kampf gegen Nichtchristen bezog[35]. Etwa ein Jahrhundert lang, vom Beginn des 14. bis zum Beginn des 15. Jahrhunderts[36], fiel der Deutsche Orden deshalb in zahlreichen periodisch wiederkehrenden Kriegs- und Plünderungszügen in Litauen ein[37]. Ziel war es, Litauen zu verheeren sowie Burgen dort zu errichten oder zu erobern[38]. Im Gegensatz zu Plünderungszügen im Rahmen von Fehdeunternehmungen im Reich, wo die wirtschaftliche Schädigung des Gegners im Vordergrund stand, verliefen diese Aktio-

---

29 SCHÖN 1903–1905 (wie Anm. 11).

30 SCHÖN 1903 (wie Anm. 11) S. 45–48, 85 ff., 153, 155.

31 PARAVICINI (wie Anm. 23), Bd. 1, S. 25 Tab./11, S. 84 f. Anm. 321, S. 147 Tab. 12/8, S. 149 Tab. 12/87, S. 151 Tab. 13, S. 180 u. Tab. 24/43, S. 181, 215 u. Anm. 160 a, S. 329 Anm. 516; Bd. 2, S. 38 Tab. 49/259.

32 FLORIAN (wie Anm. 1) S. 16 f., 88 f.; HAMMES (wie Anm. 8) S. 57, 79.

33 Claudia BRINKER, Von manigen helden gute tat. Geschichte als Exempel bei Peter Suchenwirt (Wiener Arbeiten zur germanischen Altertumskunde und Philologie 30), Bern u. a. 1987, S. 107.

34 H. BOOCKMANN, Deutscher Orden, in: LexMa 3, Sp. 768–777, hier Sp. 772.

35 Ebd., Sp. 773 f.

36 PARAVICINI (wie Anm. 23), Bd. 1, S. 11.

37 Siehe Aufzählung der Züge bei PARAVICINI (wie Anm. 23), Bd. 2, S. 20–41.

38 Ebd., S. 56–64.

nen für die Überfallenen ungleich blutiger, sie wurden dabei auch gezielt getötet[39]. Aus dem Reich, aus Westeuropa und anderen Teilen Europas kamen Adlige nach Preußen, um den Orden bei seinem Kampf gegen die Litauer zu unterstützen[40]. Dieser Zug der Adligen in das Ordensland wurde – wie schon oben angedeutet – als Preußenreise bezeichnet, der eigentliche Kriegszug nach Litauen dann als Reise bzw. als Litauerreise benannt[41]. Reise hat hier die Bedeutung von Kriegszug[42]. Die Preußenreisen wurden schon in der damaligen Zeit kritisiert wie etwa durch den bürgerlichen Spruchdichter Heinrich den Teichner (* um 1310, † 1372/78)[43].

Eberhards Preußenreise hatte auch gewissermaßen eine Familientradition. Denn laut der Chronik Peters von Dusberg war unter den Teilnehmern einer Preußenreise um 1328/1329 auch ein Graf *de Wirtenbergk*[44] gewesen. Dieser Zug hatte eine exklusive Teilnehmerschar gehabt, an der Spitze König Johann von Böhmen[45]. Bei dem nicht genauer genannten Grafen wird es sich mit größter Wahrscheinlichkeit um Ulrich III. von Württemberg (1325–1344) gehandelt haben, den Urgroßvater Eberhards III.[46]. Der gleichnamige Neffe Ulrichs kommt hierfür kaum in Frage[47].

Die Litauer, seit Beginn des 13. Jahrhunderts von Oberlitauen (lit. Aukstaitija) aus unter Großfürsten vereinigt[48], widerstanden jedoch den Angriffen des Ordens und führten ihrerseits oft mit ähnlicher Härte Gegenangriffe auf den Orden und sein Gebiet aus[49]. Zugleich begannen sie unter ihrem Großfürsten Gediminas (1316–1341/42) zu Anfang des 14. Jahrhunderts ihren Herrschaftsbereich weit nach Osten in den russischen Raum bis nahe Moskau und dem Schwarzen Meer auszudehnen[50].

39 Ebd., S. 57.

40 Ebd., Bd. 1, S. 11.

41 Ebd., S. 11 Anm. 2.

42 Ebd., Bd. 2, S. 13.

43 Werner Paravicini, Die Preussenreisen des europäischen Adels, in: Historische Zeitschrift 232 (1981) S. 25–38, hier S. 36.

44 Pietro di Dusburg: Cronaca della terra di Prussia, introd. e commento a cura di Piero Bugiani (Biblioteca del Centro per il Collegamento degli Studi Medievali e Umanistici in Umbria 23), Spoleto 2012, S. 514; Schön 1903 (wie Anm. 11) S. 15; Paul Friedrich von Stälin, Geschichte Württembergs, Bd. 1, 2, Gotha 1887, S. 493; Paravicini (wie Anm. 23), Bd. 1, S. 25 Tab. 2/11, S. 84 f. Anm. 321, S. 147 Tab. 12/8.

45 Zu König Johanns Preußenreisen s. Paravicini (wie Anm. 23), Bd. 1, S. 27, 29, 73, 79 u. Anm. 275 (mit Quellen- und Literaturangaben), S. 80 u. Anm. 282.

46 Pietro di Dusburg (wie Anm. 44) S. 516 Anm. 1356; Schön 1903 (wie Anm. 11) S. 15. Zur Person s. Das Haus Württemberg. Ein biographisches Lexikon, hg. von Sönke Lorenz/Dieter Mertens/Volker Press, Stuttgart 1997, S. 29 f.

47 Zur Person des Neffen Ulrichs (* um 1300, † 1321–1335) s. Das Haus Württemberg (wie Anm. 46) S. 32. Die einschlägige Literatur geht von Ulrich III. als dem Teilnehmer der Preußenreise aus, s. Pietro di Dusburg (wie Anm. 44) S. 516 u. Anm. 1356; Schön 1903 (wie Anm. 11) S. 15.

48 Paravicini (wie Anm. 23), Bd. 2, S. 48.

49 Ebd., S. 56 f., 111.

50 Hartmut Boockmann, Der Deutsche Orden. Zwölf Kapitel aus seiner Geschichte, München [4]1994, S. 152.

Gegen Ende des 14. Jahrhunderts änderten sich dann die Verhältnisse auf drastische Weise zu Ungunsten des Deutschen Ordens. Denn im Jahr 1386 hatte der litauische Großfürst Jogaila (1377/1386–1434) die polnische Thronerbin Hedwig (poln. Jadwiga, * 1373, † 1399) geheiratet und war Christ geworden[51]. Unter dem Namen Wladislaw II. bestieg er den polnischen Königsthron, den er bis zu seinem Tod 1434 innehaben sollte, und begann Litauen zu christianisieren. Mit der polnisch-litauischen Vereinigung entstand jetzt ein großes Herrschaftsgebilde, das im Lauf der Zeit zu einer machtpolitischen Bedrohung für den Orden werden sollte[52]. Zugleich verlor der Orden durch die Christianisierung Litauens seine Legitimationsgrundlage für die Heidenbekämpfung[53].

Die nördlich von Preußen gelegene Landschaft Schamaiten (Niederlitauen, lit. Zemaitija) spielte in dieser Zeit und bei dem Preußenzug Eberhards eine wichtige Rolle. Zum einen hielt sich hier das Heidentum[54] länger – die förmliche Christianisierung begann erst 1413[55] – und zugleich war diese Region ein wichtiges Ziel der Kriegszüge des Ordens. Denn nur hier konnte der Deutsche Orden eine Landbrücke[56] zwischen Livland (heutiges Gebiet von Lettland, Estland), wo ein Zweig des Ordens herrschte, und Preußen ermöglichen. Politisch genoss Schamaiten eine relative Eigenständigkeit gegenüber Hochlitauen[57].

Die Grenze zwischen dem Orden und Litauen änderte sich in dieser Zeit mehrmals. Geht man von der 1422 im Frieden von Melnosee festgelegten und bis 1919[58] bestehenden Grenzen aus, dann hatte sich der Deutsche Orden im Verlauf des 14. Jahrhunderts weit darüber hinaus in Richtung Litauen ausgedehnt. Ab 1336 versuchte der Orden seinen Einflussbereich durch die Anlage von Burgen entlang der mittleren Memel (russ. Neman, lit. Nemunas) nach Osten bis in den Raum von Kaunas auszudehnen[59]. Auch Teile Schamaitens standen längere Zeit unter seinem

---

[51] Dies und das Folgende nach M. Hellmann, Litauen, Litauer in: LexMa 5, Sp. 2011–2016, hier Sp. 2013.

[52] Die daraus sich ergebende spätere für den Deutschen Orden fatale Entwicklung war nach Boockmann (wie Anm. 50) S. 173 f. noch nicht zwangsläufig.

[53] Klaus Militzer, Die Geschichte des Deutschen Ordens, Stuttgart ²2012, S. 178.

[54] Paravicini (wie Anm. 23), Bd. 2, S. 50.

[55] Urszula Borkowska, Organisation und Geistigkeit der polnischen Mission in Litauen, in: Kirchliche Reformimpulse des 14./15. Jahrhunderts in Osteuropa, hg. von Winfried Eberhard/Franz Machilek, Köln/Weimar/Wien 2006, S. 143–156, hier S. 150 f.

[56] Militzer (wie Anm. 53) S. 174 f.

[57] Paravicini (wie Anm. 23), Bd. 2, S. 49; vgl. auch Robert Krumbholtz, Samaiten und der Deutsche Orden bis zum Frieden am Melno-See, in: Altpreußische Monatsschrift 26 (1889) S. 193–258, 461–484; 27 (1890) S. 1–84, 193–227, hier S. 12 u. Anm. 1.

[58] Hans Mortensen/Gertrud Mortensen, Die Besiedlung des nordöstlichen Ostpreußens bis zum Beginn des 17. Jahrhunderts, Teil 2: Die Wildnis im östlichen Preußen, ihr Zustand um 1400 und ihre frühe Besiedlung (Deutschland und der Osten: Quellen und Forschungen zur Geschichte ihrer Beziehungen 8), Leipzig 1938, S. 220.

[59] Paravicini (wie Anm. 23), Bd. 2, S. 61 f.

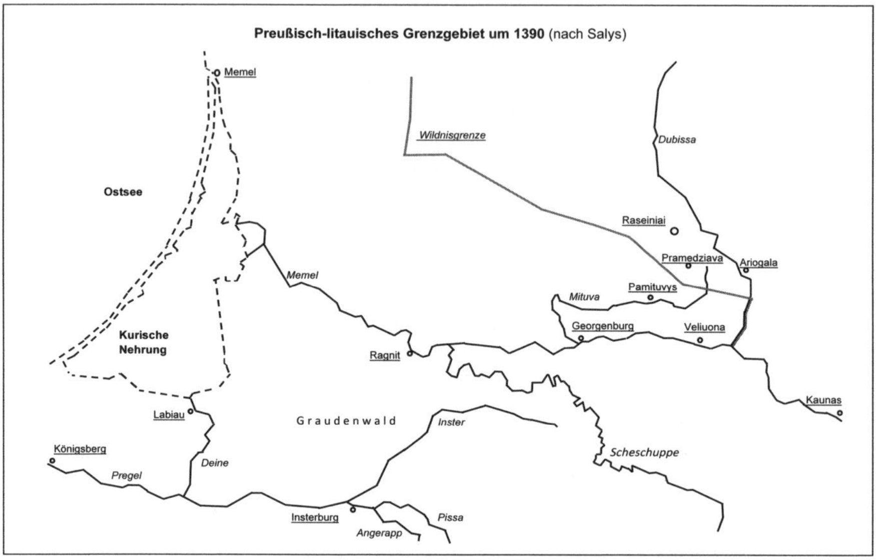

Einfluss[60]. Zwischen den Siedlungsgebieten des Deutschen Ordenslandes und dem litauisch-schamaitischen Siedlungsgebiet erstreckte sich dabei um 1400 ein riesiges siedlungsleeres, allerdings nicht menschenleeres Gebiet, die sogenannte Wildnis[61]. Die zahlreichen Einfälle des Deutschen Ordens in dieses Gebiet dürften ein Faktor für die Entstehung der Wildnis gewesen sein[62].

Die Zeit um Eberhards Preußenreise war von der Rivalität zwischen Jogaila und dessen Cousin Vytautas (poln. Witold, 1381/92–1430) geprägt. In den Auseinandersetzungen vollzog Vytautas, der zahlreiche Anhänger in Schamaiten hatte[63], eine beeindruckende „Schaukelpolitik“ zwischen dem Deutschen Orden und Jogaila, mit denen er sich wechselseitig immer wieder gegen den jeweils Dritten verbündete und dann wieder rivalisierte[64].

---

[60] Arturas DUBONIS, Das Grenzgebiet zwischen Litauen und dem Deutschen Orden: soziale, wirtschaftliche, administrative, ethnische und kulturelle Kommunikation in den Jahren 1290–1422, in: Tannenberg – Grundwald – Zalgiris 1410: Krieg und Frieden im späten Mittelalter, hg. von Werner PARAVICINI/Rimvydas PETRAUSKAS/Grischa VERCAMER (Deutsches Historisches Institut Warschau: Quellen und Studien 26), Wiesbaden 2012, S. 53–69, hier S. 58.

[61] Zur Ausdehnung der Wildnis s. MORTENSEN/MORTENSEN (wie Anm. 58) S. 1 u. Abb. 3 und Anton SALYS, Die zemaitischen Mundarten, Teil 1: Geschichte des zemaitischen Sprachgebiets, Kaunas 1930, S. 81 u. Karte.

[62] So PARAVICINI (wie Anm. 23), Bd. 2, S. 95 vorsichtig, während SALYS (wie Anm. 61) S. 77 f. deutlicher die Einfälle des Ordens als Ursache benennt.

[63] KRUMBHOLTZ 1890 (wie Anm. 57) S. 6.

[64] PARAVICINI (wie Anm. 23), Bd. 2, S. 50.

Doch 1392 zeichnete sich zwischen Vytautas und Jogaila ein politischer Kompromiss ab, der sich letztendlich durchsetzte. Denn in jenem Jahr einigten sich Vytautas und Jogaila, indem Ersterer die Oberherrschaft seines Cousins anerkennen und zugleich dessen Statthalter in Litauen mit dem Titel eines Großfürsten werden sollte[65]. Nun herrschte zwischen den beiden Cousins auf der einen Seite und dem Deutschen Orden auf der anderen Seite wieder Kriegszustand, und im Sommer 1392 griff Vytautas in Litauen errichtete Ordensstützpunkte an[66]. Im Herbst 1392 und Januar 1393 fanden wiederum erfolgreiche Angriffe des Ordens auf Burgen im polnisch-litauischen Machtbereich statt, wobei man jedoch keinen festen Fuß fassen konnte[67].

Im Sommer 1393 herrschte dann bei gleichzeitigem formellem Kriegszustand eine gespannte Ruhe[68]. Stattdessen gerieten nun die Schamaiten in den Blickpunkt des Deutschen Ordens. Denn als sich Vytautas 1390 mit dem Orden gegen König Wladislaw verbündet hatte, war es ihm gelungen, die mit ihm verbündeten Schamaiten zu überzeugen, sich ebenfalls mit dem Deutschen Orden zu verbünden[69]. Der Orden wiederum strebte in der Folge „deren friedliche Unterwerfung" an[70]. Die Integration sollte zunächst durch vertragliche Abmachungen realisiert werden[71]. Als jedoch 1392 Vytautas abermals zum Feind des Ordens wurde, wendeten sich auch die Schamaiten ebenfalls gegen den Orden[72].

In dieser schwierigen politischen Gemengelange unternahm 1393 Graf Eberhard seine Preußenreise. Der Aufbruch kann recht genau datiert werden. Als nämlich Eberhard am 23. April 1393 dem Gmünder Bürger Noll in Göppingen ein Lehen verlieh, wurde diese Eintragung im Lehenbuch mit dem Zusatz ergänzt: [...] *als er von Land schied und gen Prussen rayt*[73]. Es handelte sich also um eine sogenannte „Sommerreise", welche deshalb in dieser Jahreszeit durchgeführt wurde, weil dann die Wege in Preußen und Litauen trocken und dadurch passierbar waren[74].

Die Quellen geben keine Auskunft über den weiteren Weg Eberhards nach Preußen und auch nur begrenzte Auskunft über die Litauerreise. Da jedoch die

---

65 Z. Kiaupa, Witowt, in: LexMA 9, Sp. 267–269, hier Sp. 268; Voigt (wie Anm. 27), Bd. 5, S. 606.

66 Voigt (wie Anm. 27), Bd. 5, S. 612 f. – Dadurch wurden die bisherigen Verträge zwischen Vytautas und dem Orden nichtig, ebd., S. 615.

67 Karl Heinl, Fürst Witold von Litauen in seinem Verhältnis zum Deutschen Orden in Preußen während der Zeit seines Kampfes um sein litauisches Erbe 1382–1401 (Historische Studien 165), Berlin 1925, S. 95.

68 Dies und das Folgende Heinl (wie Anm. 67) S. 104.

69 Ebd., S. 68.

70 Ebd., S. 104.

71 Zum Vertrag im Jahr 1390 s. ebd., S. 68 f.

72 Krumbholtz 1890 (wie Anm. 57) S. 15.

73 Durch eine Notiz Gebhard Mehrings aus einem im Zweiten Weltkrieg verbrannten Lehenbuch überliefert in HStA Stuttgart J 2 Nr. 65, 1. In der überlieferten Lehnsurkunde HStA Stuttgart A 157 U 3708 findet sich dieser Hinweis nicht.

74 Militzer (wie Anm. 53) S. 177.

Preußen- und Litauerreisen jeweils einem gleichen Muster folgten, lässt sich der Ablauf teilweise rekonstruieren. Es sind verschiedene, von den Preußenfahrern oft benutzte Routen bekannt. Eine der bekanntesten führte z. B. über Nürnberg, Prag, Breslau und Thorn ins Ordensgebiet[75]. Von diesen Strecken wird Eberhard eine benutzt haben. Auch über die Ankunft Eberhards im Preußenland ist nichts überliefert. Geht man vom üblichen Verlauf einer Preußenreise aus, wird er dem Ordensoberhaupt Hochmeister Konrad von Wallenrode (1391–1393) auf der preußischen Marienburg den üblichen Höflichkeitsbesuch abgestattet haben[76]. Dann dürfte er nach Königsberg (russ. Kaliningrad) weitergereist sein und dort am Hof des Ordensmarschalls eine längere Zeit am gesellschaftlichen Leben teilgenommen haben[77]. In die Zeit von Eberhards Aufenthalt im Preußen fällt übrigens der Tod Hochmeisters, der am 23. Juli 1393 starb. Der Höhepunkt der Preußenreise war dann die Litauerreise[78]. Zweifellos wird Eberhard von Königsberg aus zu ihr aufgebrochen sein[79].

Das erste durch Quellen belegte Aufenthaltsdatum Eberhards im Ordensland fällt dann in den Zeitraum um den 15. August, als er sich schon auf dem Zug gegen die Litauer befand. Zu diesem Zeitpunkt hat er schon die Wildnis erreicht und ist im Raum zwischen Insterburg (russ. Tschernjachowsk) und dem Memelfluss (russ. Nemen) nachweisbar[80]. Laut der Älteren Hochmeisterchronik zogen mit ihm viele Ritter und Knechte *awsz duetschen landen*[81]. Nach den Thorner Annalen hatte Eberhard ein Gefolge von 200 Reitern bei sich[82]. Auch Niederländer (*nedirlendir*) gehörten dazu[83]. Es handelte sich dabei um Aufgebote u. a. aus den Komtureien Balga und Brandenburg[84]. Die Fahne des Heiligen Georg, das Banner der Truppe, wurde von dem fränkischen Adligen Johann von Neudeck[85] (*Johannes Nidecker*) geführt[86].

---

[75] Vgl. Paravicini (wie Anm. 23), Bd. 1, S. 262, Tab. 39/Nr. 3.

[76] Vgl. Paravicini (wie Anm. 43) S. 25–38, hier S. 31.

[77] Vgl. ebd., S. 31.

[78] Paravicini (wie Anm. 23), Bd. 2, S. 13.

[79] Vgl. Paravicini (wie Anm. 43) S. 31.

[80] Johann von Posilge (wie Anm. 17) S. 189.

[81] Ältere Hochmeisterchronik (wie Anm. 18) S. 625.

[82] Franciscani Thorunensis Annales Prussici (wie Anm. 19) S. 188.

[83] Ältere Hochmeisterchronik (wie Anm. 18) S. 625.

[84] Vgl. G. Bujack, Die littauischen Kriegsreisen des deutschen Ordens im 14. Jahrhundert. Nach der Chronik eines Zeitgenossen, in: Zeitschrift für preussische Geschichte und Landeskunde 4 (1867) S. 655–681, hier S. 662.

[85] Schön 1903 (wie Anm. 11) S. 48 ordnet den Genannten den Herren von Neudeck zu. Die von Neudeck (auch Neideck) hatten ihre Stammburg in Langenbeutingen, Gde. Langenbrettach, Landkreis Heilbronn, vgl. Walther Ludwig, Das Geschlecht der Herren von Neideck bis um 1500, in: Württembergisch Franken 68 (1984) S. 63–96, hier S. 63 f. Möglicherweise handelte es sich bei dem genannten Johannes von Nidecker um den 1394–1425 nachweisbaren Hans I. von Neideck, s. ebd., S. 86, 95. Zur Person s. auch Wigand von Marburg (wie Anm. 16) S. 651 Anm. 1988.

[86] Wigand von Marburg (wie Anm. 16) S. 651.

Unzutreffend ist die Überlieferung der „Preussischen Chronik" Simon Grunaus, wonach 1391 unter anderem ein *Rupertus graff zu Wirtenberg* mit anderen adligen Gästen am Ehrentisch, der damals in Neu-Kaunas ausgerichtet wurde, teilgenommen hätte[87]. Der Ehrentisch war ein festliches Essen, das der Hochmeister oder der Ordensmarschall für ihre adligen Gäste ausrichteten[88], wobei zum Ehrentisch im engeren Sinne nur Ritter eingeladen wurden[89]. Tatsächlich wurde während des Kriegszugs des Ordens gegen Litauen im September 1391 ein Ehrentisch auf der Memelinsel, wo einst die Burg Alt-Kaunas gelegen hatte, ausgerichtet[90]. Auch sind zwei der bei Grunau genannten Adligen in den Quellen namentlich belegbar[91], doch über einen Aufenthalt von Eberhard von Württemberg in Preußen im Jahr 1391 gibt es keinen Nachweis[92].

Bevor der weitere Weg Eberhards geschildert wird, ist zunächst zu klären, wohin die Kriegsreise überhaupt gehen sollte. Laut der Älteren Hochmeisterchronik traf der Überfall die Länder Pomedien (*Pomedyen*) und Rossiene[93] (*Rossigen*)[94]. Dabei muss es sich um Gebiete handeln, deren Hauptorte mit den heutigen litauischen Orten Pramedziava[95] und Raseiniai[96] zu identifizieren sind. Diese Länder lagen in der Nähe der schamaitischen Siedlungsgrenze zur Wildnis[97].

---

87 Simon Grunau's preussische Chronik, hg. von M. PERLBACH, Bd. 1 (Die Preussischen Geschichtschreiber des 16. und 17. Jahrhunderts 1), Leipzig 1876, S. 676. Nach Grunau nahmen daneben noch *Fridericus marggraf zu Meissen,* [...] *Hindelmudus graff zu Duglas ausz Schottland, Rudeldus graff ausz Engellandt* teil.

88 Zum Ehrentisch s. PARAVICINI (wie Anm. 23), Bd. 1, S. 322 ff.

89 Ebd., S. 324.

90 Ebd., S. 318.

91 Zu den Nachweisen von Markgraf Friedrich von Meißen und eines Grafen Douglas ebd., S. 149, 318.

92 Dazu VOIGT (wie Anm. 27), Bd. 5, S. 595 Anm. 2.

93 Die Schreibweise richtet sich nach PARAVICINI (wie Anm. 23), Bd. 2, S. 38.

94 Ältere Hochmeisterchronik (wie Anm. 18) S. 625. *Pomedien* und *Rossyeyn* nach Johann von Posilge (wie Anm. 17) S. 189.

95 Die Gleichsetzung Pomediens mit Pamituvys durch den Herausgeber von Johann von Posilge (wie Anm. 17) S. 189 Anm. 2 u. Gertrud MORTENSEN, Beiträge zu den Nationalitäten- und Siedlungsverhältnissen von Preußisch-Litauen, Berlin 1927, S. 63, ist nach SALYS (wie Anm. 61) S. 63 falsch, vielmehr ergibt sich nicht zuletzt aus den „Litauischen Wegeberichten" (Chronik Wigands von Marburg, Beilage 1), in: SRP 2, S. 662–711, hier S. 676, dass das gesuchte Pomedien zwischen Rossiene und Erogeln (Ariogala) lag und es sich somit nur um das fünf Kilometer südlich von Girkalnis gelegene Pramedziava handeln kann. Es liegt zugleich etwa 15 Kilometer nordöstlich von Pamituvys. Die Wegeberichte dienten kriegerischen Zwecken und waren aufgrund der Aussage von Gewährsleuten angefertigte Beschreibungen von Verbindungswegen nach Litauen, vgl. Alfred THOMAS, Litauen nach den Wegeberichten im Ausgange des vierzehnten Jahrhunderts, in: Königliches Realgymnasium zu Tilsit. Jahresprogramm 41 (1885) S. 1–16, hier S. 2.

96 Die historische Landschaft erstreckte sich auf jeden Fall in südlicher Richtung bis jenseits des Bebirvas, einem Nebenfluss der Saltuona, SALYS (wie Anm. 61) S. 64.

97 Vgl. Karte ebd.

Zunächst verlief die Litauerreise im Sommer 1393 nach dem Aufbruch in Königsberg wohl über die übliche Strecke auf dem rechten Ufer der Pregel (russ. Pregolja) flussaufwärts in Richtung Insterburg (russ. Tschernjachowsk)[98]. Möglicherweise wurde dabei eine Route gewählt, welche auch Herzog Albrecht III. (1365–1395) von Österreich auf seiner, vom Wappendichter Peter Suchenwirt (* um 1320, † nach 1395) geschilderten, Preußenreise 1377 genommen hatte und die über Insterburg führte[99]. Nahmen die Preußenfahrer 1393 diesen Weg, dann werden in Insterburg, dem Grenzort zur Wildnis und üblichen Sammelort, weitere Truppen zu ihnen gestoßen sein[100]. In den Quellen zu Eberhards Litauerreise wird nämlich ein – üblicherweise an solchen Zügen teilnehmendes – Insterburger Aufgebot erwähnt, das an der Aktion beteiligt gewesen war[101].

Wenn Eberhard über Insterburg gezogen ist, dann hat er nach dem Aufbruch von diesem Ort nicht die übliche Richtung nach dem Ort Ragnit (russ. Neman) gewählt, sondern ist in Richtung des Flusses Scheschuppe (russ. Sesupe) abgebogen[102]. Die auf Insterburg folgende Wegstrecke durch die Grauden ist dann durch den Ordenschronisten Wigand von Marburg bezeugt, welcher die Durchquerung des Graudenwalds (*veniunt ad Grauden*) durch Eberhard geschildert hat[103]. Grauden bezeichneten im Preußenland unwegsame Waldgebiete[104]. In diesem Fall ist darunter das Große Grauden oder Graudenwald genannte Waldgebiet zwischen Pregel und Memel zu verstehen[105].

Eberhard wäre entsprechend nicht mitten durch diesen Grauden geritten, sondern hätte eher dessen östliche Ausläufer passiert[106]. Dieser Abschnitt des Grauden war „grundlos morastig"[107]. Wigand beschreibt den Weg als tief (*via profunda*), er musste daher für die Truppe, mit der Eberhard zog, befestigt werden (*planantes*)[108]. Hier ist wohl an Knüppeldämme oder Reisigauffüllungen zu denken, welche erst ein Fortkommen ermöglichten[109].

---

98 Vgl. Paravicini (wie Anm. 23), Bd. 2, S. 92.

99 Aus Peter Suchenwirt, Heinrich dem Teichner und anderen deutschen Dichtern, in: SRP 2, S. 155–178, hier S. 164; vgl. Brinker (wie Anm. 33) S. 110.

100 Paravicini (wie Anm. 23), Bd. 2, S. 77.

101 Wigand von Marburg (wie Anm. 16) S. 652.

102 Vgl. Johann von Posilge (wie Anm. 17) S. 189 u. Paravicini (wie Anm. 23), Bd. 2, S. 92.

103 Wigand von Marburg (wie Anm. 16) S. 651.

104 Friedrich Mager, Der Wald in Altpreussen als Wirtschaftsraum, Bd. 1 (Ostmitteleuropa in Vergangenheit und Gegenwart 7/1), Köln/Graz 1960, S. 149 f. Möglicherweise bezieht sich der Begriff auf Flachlandwälder mit torfigen Bodenschichten, ebd., S. 150.

105 Die bei Mager, ebd., S. 149 u. Karte I genannten zwei Namensvarianten.

106 Vgl. dazu Litauische Wegeberichte (wie Anm. 95) S. 665 f. Anm. 14.

107 Paravicini (wie Anm. 23), Bd. 2, S. 90.

108 Wigand von Marburg (wie Anm. 16) S. 651.

109 Paravicini (wie Anm. 23), Bd. 2, S. 90.

Bevor das Heer den Memelfluss erreichte, traf es nach dem 15. August auf den Ordensmarschall Werner von Tettingen (* um 1350, † 1413)[110]. Dieser hatte sich am genannten Tag wiederum mit Vytautas und dessen Cousin Skirgaila (* um 1354, † 1397) getroffen, um einen Gefangenenaustausch durchzuführen[111]. Ort der Zusammenkunft Werners und der litauischen Fürsten war die Memelinsel Tobisin (*werder Tobysen*)[112] gewesen[113]. Sie lag auf der Höhe der Einmündung der Dubissa (lit. Dubysa) in die Memel[114]. Nach dem Treffen auf der Memelinsel war Werner seinen Gästen entgegen gezogen. Erst durch die Zusammenkunft auf der Insel Tobisin wird die Litauerreise Eberhards zumindest ungefähr auf die zweite Augusthälfte datierbar. Der Treffpunkt der Preußenfahrer mit dem Ordensmarschall lässt sich aus den Quellenangaben nicht ermitteln, er muss irgendwo auf dem Weg zur Memel gelegen haben. Historisch gesichert ist auch die Überquerung der Scheschuppe. Posilge erwähnt *eyn rytende heer uf der Suppe mit den gestin*[115]. Wie der Fluss dann überquert wurde, wird nicht erklärt. Doch wird er zweifellos, wie bei Suchenwirt beschrieben, mit Hilfe von Pionierbrücken überwunden worden sein[116].

Dann erreichte das Heer die Memel[117]. Auch die Stelle der Memelüberquerung ist in den Quellen nicht überliefert. Der Mitherausgeber der „Scriptores rerum Prussicarum“ Theodor Hirsch vermutete, dass Eberhard und das Heer bei Ragnit die Memel erreicht und dort die Schiffe betreten hätten[118]. Doch das ist eher unwahrscheinlich, denn der Weg über die Scheschuppe hätte dann einen beschwerlichen Umweg bedeutet. Der gewöhnliche Weg von Insterburg nach Ragnit verlief weiter westlich und mied die Scheschuppe[119]. Das Heer, zu dem Eberhard gehörte, muss also östlich von Ragnit und der Einmündung der Scheschuppe in die Memel Letztere erreicht haben.

An der Memel traf dann die Streitmacht auf eine Schiffsflotte, die Proviant mitführte[120]. Die Flotte war zweifellos, wie bei solchen kombinierten Land- und

---

110 Ältere Hochmeisterchronik (wie Anm. 18) S. 625.

111 Ebd., S. 625; zum Treffen s. auch Heinl (wie Anm. 67) S. 104.

112 Ältere Hochmeisterchronik (wie Anm. 18) S. 625.

113 Westlich der Einmündung der Dubissa in die Memel, Salys (wie Anm. 61) S. 41.

114 1382 war dem Orden der Besitz Schamaitens bis zur Dubissa dem Deutschen Orden versprochen worden, Paravicini (wie Anm. 23), Bd. 2, S. 50, 52.

115 Johann von Posilge (wie Anm. 17) S. 189.

116 Suchenwirt (wie Anm. 99) S. 164; vgl. Paravicini (wie Anm. 23), Bd. 2, S. 92.

117 Wigand von Marburg (wie Anm. 16) S. 651.

118 Ebd., S. 651 Anm. 1989.

119 Siehe dazu Friedrich Benninghoven, Die Burgen als Grundpfeiler des spätmittelalterlichen Wehrwesens im preußisch-livländischen Deutschordensstaat, in: Die Burgen im deutschen Sprachraum. Ihre rechts- u. verfassungsgeschichtliche Bedeutung, hg. von Hans Patze, Bd. 1 (Vorträge und Forschungen 19), Sigmaringen 1976, S. 565–601, hier S. 601.

120 Wigand von Marburg (wie Anm. 16) S. 651.

Flussunternehmungen des Ordens üblich,[121] von Labiau (russ. Polessk) vom Kurischen Haff aus in die Memel eingefahren und dann flussaufwärts gefahren. Vermutlich war das im Bericht Wigands erwähnte Ragniter Aufgebot[122] in Ragnit zugestiegen. Nach Theodor Hirsch soll die Flotte dann die Truppen flussaufwärts bis Georgenburg[123] transportiert und am nördlichen Ufer abgesetzt haben[124]. Das impliziert auch, dass die Flotte bei Georgenburg festgemacht hat. Nach der Ladung betraten die Kreuzfahrer einen tiefen und unwegsamen Wald (*silvam profundam et inviam*) wie es in der Chronik Wigands von Marburg heißt[125]. Der weitere Weg des Heeres wird von den Chronisten nicht genauer beschrieben.

Die Lokalisierung des Landeortes der Schiffe bei Georgenburg durch den genannten Theodor Hirsch basiert wohl auf den Ereignissen im Frühjahr 1394, als abermals eine Litauerreise gegen Rossiene unternommen wurde, Vytautas daraufhin einen Gegenangriff unternahm und mit einem großen Heer gegen Georgenburg vorrückte[126]. Hirsch folgerte daraus, dass die Flotte der Ordensstreitmacht 1394 ebenfalls bei Georgenburg gelegen hatte. Offenbar zog er dann auch für die Litauerreise des Sommers 1393 die gleiche Schlussfolgerung hinsichtlich des Landeplatzes der Ordensflotte.

Auf der Grundlage dieser These nahm Hirsch dann weiter an, dass Eberhard und die anderen Teilnehmer der Litauerreise von 1393 von Georgenburg aus die Route des in den „Litauischen Wegeberichten" beschriebenen Wegs Nr. 19 genommen hätten[127]. Dieser für die Teilnehmer an den Litauerreisen verhältnismäßig ungefährliche Weg führte von einem *Wint* genannten Wald nach Pomedien[128]. Demnach wäre der Weg Eberhards und der anderen Preußenfahrer von Georgenburg aus, in dessen Nähe Hirsch westliche Ausläufer des Waldes *Wint* lokalisierte, in die

---

121 Paravicini (wie Anm. 23), Bd. 2, S. 77. Die Annahme von Brinker (wie Anm. 33) S. 111, dass vor 1405 Labiau nicht als Hafen für die Binnenflotte diente, weil die Deime erst in jenem Jahr schiffbar gemacht wurde, stimmt nicht, s. Paravicini (wie Anm. 23), Bd. 2, S. 77 u. Anm. 266.

122 Wigand von Marburg (wie Anm. 16) S. 652.

123 Die Bezeichnung der Georgenburg östlich der Wildnis wechselte im Lauf der Geschichte und wurde auch für verschiedene Burgen verwandt, denn nachdem die 1258 gegründete, im darauf folgenden Jahr zerstörte und 1336 wiederaufgebaute Georgenburg (beim heutigen Jurbarkas) 1384 abermals zerstört wurde, verlegte man 1387 die flussaufwärts gelegene Beierburg samt Namen auf deren Stelle, Paravicini (wie Anm. 23), Bd. 2, S. 60 f. u. Anm. 148. Eine weitere Georgenburg wird im litauischen Land Mediniken vermutet, ebd., S. 60 f. Anm. 148. Dann soll es eine Georgenburg (*Jurgenburc*) gegeben haben, bei der es sich um die Vorgängerburg der Ordensfeste Marienburg bei Veliuona handelte, deren Name jedoch nur um das Jahr 1336 auftaucht, Salys (wie Anm. 61) S. 54.

124 Wigand von Marburg (wie Anm. 16) S. 652 Anm. 1990.

125 Ebd., S. 652.

126 Ebd., S. 653 u. Anm. 2212.

127 Litauische Wegeberichte (wie Anm. 95) S. 675 f.

128 Ebd., S. 676 Anm. 1. Demnach konnte man den Weg *bie sunnenschyn* passieren, die Angreifer mussten also nicht nachts reiten, dazu Salys (wie Anm. 61) S. 81.

Gegend des heutigen Pamituvys verlaufen, das nordöstlich von Georgenburg (lit. Jurbarkas) liegt. Doch hat Hirsch das Angriffsziel sowie den Weg dorthin offenbar falsch lokalisiert. Wie oben ausgeführt, war das erste Ziel des Angriffs wohl nicht das Gebiet um das heutige Pamituvys, sondern um das heutige Pramedziava, das rund 35 Kilometer Luftlinie (nordöstlich) von Georgenburg und 15 Kilometer Luftlinie (nordöstlich) von Pamituvys entfernt liegt. Schließlich begann der Weg Nr. 19 nicht in Georgenburg, sondern wahrscheinlich im Raum von Veliuona, wo die westliche Grenze des Waldes *Wint* verlief, und führte von dort aus nach Pomedien bzw. Pramedziava[129].

Wenn das Ordensheer tatsächlich den Weg Nr. 19 benutzt hat, dann ist es vielleicht entweder bei Georgenburg von der Schiffsflotte über den Fluss gesetzt worden und dann nördlich des Memelufers[130] von Georgenburg aus bis in den Raum Veliuona geritten, oder es hat erst bei Veliuona die Schiffe verlassen und ist dort an Land gegangen. Die Memel war nämlich bis Junigeda (bei Veliuona) schiffbar[131]. Von Raum Veliuona aus wäre die Streitmacht dann nach Norden in Richtung Pomedien gezogen. In beiden Fällen wäre die Flotte an ihrem Landeplatz zurückgeblieben. Möglicherweise legte die Flotte 1393 keine längere Flussstrecke zurück, sondern setzte das Heer aufgrund seiner Größe – dessen Zahl lag vermutlich im unteren vierstelligen Bereich, dazu kamen die Pferde – nur über[132].

Letztendlich bleibt der genaue Verlauf des Weges der Ordensstreitmacht und Eberhards im Sommer 1393 spekulativ. Gesichert sind lediglich die Durchquerung der Grauden, die Überquerung der Scheschuppe und die Ankunft an der Memel sowie die Überquerung bzw. Fahrt auf derselben.

Die Aufstellung der Truppe beim Eindringen in das litauische Gebiet wird dann wieder in den Quellen erwähnt. Sie entsprach der üblichen Aufstellung bei Litauerreisen[133]. Nach der Chronik Wigands marschierten die Witinger, dies waren Dienstleute des Ordens[134], in einer eigenen Abteilung voran, dann kamen die

---

129 So überzeugend argumentierend SALYS (wie Anm. 61) S. 73. Auch MORTENSEN (wie Anm. 95) S. 63 u. Karte vermutet die Gegend von Veliuona als Ausgangspunkt des Weges.

130 Auf seinem Rückweg zurück von der Belagerung von Kaunas (1394) nahm das zurückkehrende Ordensheer den Weg nördlich der Memel bis Georgenburg, VOIGT (wie Anm. 27), Bd. 6, S. 31.

131 PARAVICINI (wie Anm. 23), Bd. 2, S. 52 Anm. 70. Junigeda war die zeitgenössische Bezeichnung der deutschen Chronisten für Veliuona, SALYS (wie Anm. 61) S. 48.

132 Als Beispiel der Übergang des Heeres über die Memel bei der Litauerreise Herzog Albrechts von Österreich vgl. PARAVICINI (wie Anm. 23), Bd. 2, S. 92. Für die große Sommerreise 1405 wird die Gesamtstärke des Heeres auf etwa 5.000 geschätzt, ebd., S. 156. Die gesamte Flussschiffflotte des Ordens hingegen zählte um 1404 ganze 114 Schiffe, ebd. S. 92.

133 Zu der Reihenfolge der Aufgebote s. ebd., S. 140.

134 Sie waren meist pruzzischer Abstammung, zu den Witingern s. M. TOEPPEN, Einige Reste der altpreußischen Sprache nebst antiquarischen Bemerkungen, in: Altpreußische Monatsschrift 4 (1867) S. 136–156, hier S. 141 ff.

Aufgebote von Ragnit und Insterburg[135]. Ihnen wiederum folgten das Aufgebot der Gäste unter dem Banner des heiligen Georg und schließlich die Truppen des Deutschen Ordens[136].

Die Schamaiten waren auf diesen Überfall offenbar nicht vorbereitet[137]. Nach Wigand dauerten die Kämpfe den ganzen Tag bis in den Abend, und schamaitische Dörfer wurden dabei mit Schwert und Feuer verwüstet. Bei den Kämpfen wurden sowohl jugendliche als auch erwachsene Schamaiten getötet oder gefangen genommen.

Die erste Nacht verbrachte das Heer in einem befestigten und mit Wachen besetzten Lager an einem nicht näher bezeichneten Gewässer (*aquam*)[138]. Nach dem Bericht Wigands hörten die Lagernden nachts Kriegsgeschrei, das aus den Wäldern tönte. Dies erinnert an einen Topos in ordensfreundlichen Berichten über die Litauerreisen. Der Topos hob dabei das Kriegsgeschrei hervor und setzte die Litauer so in einen Bezug zu wilden Tieren[139]. Auf diese Weise sollte ihnen die Eigenschaft von Menschen abgesprochen und damit das Kriegsunternehmen legitimiert werden.

Am folgenden Morgen begann das Heer der Eindringlinge erneut mit den Kämpfen und legte Hinterhalte, wie es in der Chronik heißt. Die Schamaiten leisteten heftigen Widerstand und überraschten einige Ordensleute, welche gerade plünderten und auflauerten, und töteten zwölf von diesen während die übrigen entkamen. Die anderen Preußenfahrer jedoch fuhren den ganzen Tag bis in die Nacht fort zu töten und zu brandschatzen. Offenbar hatten sich die Teilnehmer der Litauerreise getrennt, um die Schamaiten an verschiedenen Punkten anzugreifen[140].

In der zweiten Nacht übernachteten die Eindringliche in einem gleichfalls befestigten und bewachten Lager in Rossiene. Am darauffolgenden Morgen zogen sie dann zurück zu den Schiffen, die sie an der Memel zurückgelassen hatten, versorgten sich dort mit Lebensmitteln, welche vielleicht bei dem Vormarsch in einem Depot zurückgelegt worden waren[141], und übernachteten diesmal in einem unbefestigten Lager.

Am folgenden Tag bestiegen sie ihre Schiffe und fuhren die Memel abwärts in Richtung Preußen. Als Beute führten sie 400 Gefangene mit sich, die wie Wigand

---

135 Wigand von Marburg (wie Anm. 16) S. 652. Das Aufgebot aus Ragnit marschierte üblicherweise vor dem Aufgebot aus Insterburg, Bujack (wie Anm. 84) S. 662.

136 Wigand von Marburg (wie Anm. 16) S. 652.

137 Folgende Schilderung der Geschehnisse vom Überfall bis zum Beginn der Rückreise nach Wigand von Marburg (wie Anm. 16) S. 652.

138 Ebd.

139 Dies und das Folgende bis Abschnittsende nach Brinker (wie Anm. 33) S. 125.

140 Vgl. Paravicini (wie Anm. 23), Bd. 2, S. 96 f.

141 Zu dieser Maßnahme allgemein s. Bujack (wie Anm. 84) S. 663.

betonte, gesund bzw. unverletzt waren[142]. In einer anderen Quelle wird berichtet, dass zu ihrer Beute auch 700 Pferde und viel Vieh gehörten[143]. Vermutlich wird für die Rückreise, wie üblich, ein Teil des Heeres den Landweg benutzt haben[144].

Wie bei den auswärtigen Teilnehmern von Preußenreisen üblich, verließ wohl auch Eberhard kurz danach das Ordensland und reiste in die Heimat zurück. Wann genau ist jedoch nicht klar. Auf jeden Fall war er wie bei der Hinreise eine längere Zeit unterwegs. Schon allein die erwähnte Reise von Königsberg nach Nürnberg beispielsweise konnte 25 Tage dauern[145]. Dazu kamen noch die Strecken von der litauischen Grenze nach Königsberg und von Nürnberg bis nach Württemberg.

Vermutlich brach Eberhard in der zweiten Septemberhälfte zur Rückreise auf, denn am 18. Oktober stellte ein Conz Staynach in Nürnberg dem württembergischen Grafen einen Lehenrevers für einen halben Hof im benachbarten Oberasbach[146] aus[147]. Dies legt einen Aufenthalt Eberhards in Nürnberg nahe. Allem Anschein nach führte die Rückreise Eberhards also über Nürnberg[148].

Ein Treffen Eberhards mit Herzog Leopold IV. von Österreich (1386–1411) und Markgraf Bernhard von Baden in Herrenberg zum Zweck eines Vertragsabschlusses am 15. September, was auf eine frühere Rückreise hinwiese, ist unwahrscheinlich[149]. Denn dieses Bündnisprojekt kam wohl nicht über das Planungsstadium hinaus[150].

Die Litauerreise sollte jedoch nicht ohne Folgen für das Ordensland bleiben. Die Schamaiten unternahmen vor dem 16. Oktober einen Vergeltungsangriff auf die Stadt sowie die Burg Memel (lit. Klaipeda) und verbrannten die Stadt und die

---

142 600 nach Ältere Hochmeisterchronik (wie Anm. 18) S. 625. Nach einer anderen Quelle sollen es 350 Gefangene gewesen sein, Wigand von Marburg (wie Anm. 16) S. 652. Die Gefangenen und die Beute wurden wohl mit den Schiffen abtransportiert, vgl. ebd. Zahlreiche Gefangene sollen aus einem unbekannten Ort oder Landschaft namens *Hucke* gestammt haben, doch wurde die geographische Bezeichnung vom Kopisten der Chronik nicht korrekt wiedergegeben, ebd., S. 652 u. Anm. 1997.

143 Ältere Hochmeisterchronik (wie Anm. 18) S. 625.

144 Zur Rückkehr vgl. Paravicini (wie Anm. 23), Bd. 2, S. 77 f.

145 So benötigte Johann von Blois 1362/1363 acht Tag von Königsberg nach Thorn und 17 Tage von Thorn nach Nürnberg bei insgesamt fünf Ruhetagen, s. dazu Paravicini (wie Anm. 23), Bd. 1, S. 262 Tab. 39/Nr. 3, S. 264, Tab. 41/Nr. 4. Dazu kam noch der Weg von Litauen nach Königsberg und von Nürnberg nach Württemberg.

146 Unmittelbar westlich an Nürnberg angrenzend.

147 HStA Stuttgart A 157 U 5839.

148 Dies hatte schon Gebhard Mehring erwogen, HStA Stuttgart J 2 Nr. 65, 1.

149 Regesten der Markgrafen von Baden und Hachberg 1015–1515, hg. von der Badischen Historischen Kommission, Bd. 1: Markgrafen von Baden 1050–1431, Markgrafen von Hachberg 1218–1428, bearb. von Richard Fester, Innsbruck 1900 (künftig: RMB), Nr. 1597, S. 169, Nr. 5001, S. 534 f.

150 Florian (wie Anm. 1) S. 123 Anm. 34.

neuerbauten Bergfriede, lediglich die Burg konnte gehalten werden[151]. Der Angriff forderte etwa 60 Todesopfer darunter einen Ordensritter[152]. Dieses Mal zogen die Schamaiten mit reicher Beute ab[153].

Die lange Abwesenheit Eberhards von Württemberg sollte sich dann für ihn als problematisch herausstellen. Territorialherren, die auf eine Preußenreise gingen, versuchten daher politische Konflikte vor Reiseantritt möglichst noch zu regeln[154]. So hatte Graf Eberhard am 23. April vor seinem Aufbruch zur Preußenreise einen friedlichen Ausgleich mit der Reichsstadt Gmünd getroffen[155]. Mit Gmünd gab es dann auch keine Probleme. Dafür kam es trotz vertraglicher Absicherung mit Baden zu Schwierigkeiten. Denn als Eberhard in Preußen weilte, griffen trotz einer seit 1392[156] bestehenden Einung mit Baden, badische Amtleute die Dörfer Dornstetten und Baiersbronn an, plünderten dort und verschleppten württembergische Eigenleute. Bei späteren Verhandlungen zwischen Baden und Württemberg auf einem Schiedstag 1398 in Weil der Stadt führten die württembergischen Räte dieses Vorkommnis neben einer ganzen Reihe von anderen Beschwerden auf. In den Unterlagen heißt es darüber: *Der ersten hand mins heren des marggrafen amptlúte die von dornstetten und die von Peyersbrun gefangen, die mins heren von wirtemberg aigen sind und daz ir genomen, do mine here ze pruessen waz und im land und lut enpholhen hett* [...][157].

Johannes Voigt hielt es im sechsten Band seiner „Geschichte Preussens“ für möglich, dass die Anwesenheit Eberhards in Preußen vielleicht noch eine ganz andere Folge gehabt hatte. Demnach wäre es „leicht möglich“ gewesen, dass die Anwesenheit des Grafen „mit mehren Mitgliedern seiner Rittergesellschaften Einfluß auf die Entstehung des Eidechsen-Bundes gehabt habe“[158]. Der Eidechsenbund oder auch Eidechsengesellschaft war eine 1397 im Kulmer Land gegründete und vermutlich gegen den Deutschen Orden gerichtete ritterliche Vereinigung[159]. Da jedoch nicht bekannt ist, ob tatsächlich Mitglieder der später geschlossenen Vereinigung Eberhards mit der schwäbischen Ritterschaft (1407) im Jahr 1393 mit in Preußen gewesen waren[160], kann diese Überlegung weder bewiesen noch widerlegt werden.

---

151 Johann von Posilge (wie Anm. 17) S. 189; Voigt (wie Anm. 27), Bd. 6, S. 3.

152 Johann von Posilge (wie Anm. 17) S. 189.

153 Ebd.

154 Paravicini (wie Anm. 23), Bd. 1, S. 215. Zu der Abmachung mit Gmünd s. Florian (wie Anm. 1) S. 38.

155 Florian (wie Anm. 1) S. 38.

156 Die am 5. November 1392 abgeschlossene Einung hatte eine Dauer von zehn Jahren, HStA Stuttgart A 602 U 5100; RMB 1 (wie Anm. 149) Nr. 1568, S. 165.

157 (1398 Aug. 1) HStA Stuttgart A 602 U 4678; vgl. WLB Cod. hist. 2° 587, Bl. 195 r; Steinhofer (wie Anm. 25) S. 549; Schön 1903 (wie Anm. 11) S. 85.

158 Voigt (wie Anm. 27), Bd. 6, S. 148 Anm. 3.

159 C. A. Lückerath, Eidechsengesellschaft, in: LexMa 3, Sp. 1694.

160 Zu den Bünden s. Florian (wie Anm. 1) Kap. 4.1.–2.

Politische Kontakte

Seit der Preußenreise Eberhards sind anhand diplomatischer Korrespondenz politische Kontakte zwischen Württemberg und dem Deutschen Orden nachweisbar. Allerdings sind mit einer Ausnahme nur Briefe des Ordens überliefert. Graf Eberhard bekam diese als Angehöriger einer Schicht europäischer Monarchen, Fürsten und Herren (Grafen und Edelfreie), deren Unterstützung der Deutsche Orden benötigte. Der Grund dafür lag in dessen schon oben geschilderter schwierigen politischen Lage seit der Vereinigung Polens mit Litauen (ab 1386). Die Lage des Ordens wurde besonders problematisch, als der wieder mit ihm verbündete Vytautas nach seiner Niederlage gegen die Tataren in der Schlacht an der Worskla am 12. August 1399 die Fronten wechselte und mit Jogaila (Wladislaw) eine neuerliche, gegen seinen früheren Bündnispartner gerichtete Allianz schloss[161]. Zudem hatten König Wenzel (1378–1400) 1395 und Papst Bonifaz IX. (1389–1404) 1403 den Heidenkampf verboten. Dies hatte die Legitimation des Ordens in ihrem Kern getroffen und diesen so zusätzlich geschwächt[162].

Der Orden warb daher intensiv um Unterstützung aus dem Reich und dem übrigen Europa für seine Auseinandersetzung mit dem vereinigten Polen-Litauen[163]. Mit bisher noch nicht gekannter Intensität kämpften die beiden Parteien mit propagandistischen Mitteln, um die Gunst der europäischen Öffentlichkeit, indem sie den Gegner auf das heftigste attackierten. Der Orden stellte Jogaila und Vytautas als Heiden dar[164]. Der Kampf des Ordens gegen diese beiden sei daher legitim und die christlichen Fürsten müssten den Orden dabei unterstützen. Seinerseits warf Polen-Litauen dem Orden die Vernachlässigung seiner Kernaufgabe, nämlich der Christianisierung, vor.

Für die bevorstehenden Auseinandersetzungen mit Polen-Litauen benötigte der Orden neben allgemeiner politischer Unterstützung auch ganz konkret die Unterstützung durch militärische Kräfte. Doch seit etwa 1400 wurde der Zustrom an „für Gott und ritterliche Ehre kämpfenden Preußenfahrer“ immer schwächer[165]. Der Grund war die nachlassende Attraktivität der Preußenreisen[166]. Söldner mussten die fehlenden Preußenfahrer ersetzen. Um die nun dringend benötigten

---

[161] Boockmann (wie Anm. 50) S. 175 f. Die Worskla ist ein linker Nebenfluss des Dnepr (Russland, Ukraine).

[162] Boockmann (wie Anm. 50) S. 173 mit Einschränkungen. Zur päpstlichen Bulle Voigt (wie Anm. 27), Bd. 6, S. 250 ff.

[163] Dies und das Folgende nach Boockmann (wie Anm. 50) S. 176 f.

[164] Ebd., S. 176.

[165] Uwe Tresp, Söldner aus den Ländern der Böhmischen Krone in den Kriegen zwischen dem Deutschen Orden und Polen-Litauen zu Beginn des 15. Jahrhunderts, in: Tannenberg – Grundwald – Zalgiris 1410. Krieg und Frieden im späten Mittelalter, hg. von Werner Paravicini/Rimvydas Petrauskas/Grischa Vercamer (Deutsches Historisches Institut Warschau: Quellen und Studien 26), Wiesbaden 2012, S. 135–158, hier S. 139.

[166] Dazu Militzer (wie Anm. 53) S. 177 f.

Söldner zu bekommen, bedurfte es erhöhter politischer und propagandistischer Anstrengungen[167], denn die Anwerbung von Söldnern verlief im Spätmittelalter anders als zu späteren Zeiten, als man durch allgemeine Werbeaufrufe aus randständigen Bevölkerungsgruppen Fußsoldaten gewann[168]. Vielmehr wurden Söldner im spätmittelalterlichen Mitteleuropa über Kontakte zu Herrschaften oder einflussreichen Personen rekrutiert[169].

Kurze Zeit nach der Preußenfahrt Eberhards sind die ersten preußisch-württembergischen Kontakte nachweisbar. Mit zahlreichen anderen Fürsten und Herren stand Eberhard quasi als Adressat im Briefverteiler des Deutschen Ordens und erhielt von diesem diplomatische Schreiben. So findet sich drei Jahre nach Eberhards Preußenreise in einer auf den Oktober 1396 datierten Liste der Schreiben, welche der Komtur von Danzig an verschiedene Fürsten und Herren mitgenommen hatte, auch der Name des württembergischen Grafen[170]. Eine um 1404 angelegte Übersicht der Korrespondenzpartner des Hochmeisters mit deren jeweiligen korrekten brieflichen Anschriften und Anreden spiegelt das diplomatische Umfeld deutlich wieder[171]. In der Anrede wurde Eberhard dabei als *lieber herre* bezeichnet[172]. Ob dies auf eine größere Nähe des Hochmeisters zu Eberhard hindeutet, ist unklar. Zumindest wird dieses Attribut in der genannten Liste sehr sparsam verwendet.

Eines der eindringlichsten Rundschreiben des Ordens, das auch an Graf Eberhard gerichtet war, stammt aus der Zeit kurz vor der Schlacht von Tannenberg und ist auf den 20. Mai 1410 datiert. Es enthält die dringende, ja geradezu dramatische Bitte des Hochmeisters Heinrich von Jungingen (1407–1410), in das Ordensland zu kommen und dieses gegen die Feinde der Christenheit zu schützen: *und wellet gunnen euwir hochwirdikeit, heren, forsten, rittern und knechten mines ordens lande czu besuchin, welche die do gnade haben luterlich durch got, und ritterschaft czu beschirmunge der heiligen cristenheit, dorumb ich mit minen ganczen orden den almechtigen got vor euwir gelukseligk*[eit] *czunemen und lang leben andachtichlin bitten will*[173]. Mit dem Appell an die religiösen Gefühle der Adressaten erweist sich das Schreiben als ein Mittel des oben geschilderten propagandistischen Kampfes des Ordens gegen Polen-Litauen.

---

167 Boockmann (wie Anm. 50) S. 178.

168 Tresp (wie Anm. 165) S. 141.

169 Ebd., S. 141.

170 Geheimes Staatsarchiv Preußischer Kulturbesitz, Berlin (künftig: GStA PK) XX HA, OF 2c, p. 48.

171 GStA PK XX HA, OF 3, p. 1–6.

172 GStA PK XX HA, OF 3, p. 1–6, hier 1.

173 Codex epistolaris Vitoldi, magni ducis Lithuaniae 1376–1430, hg. von Antoni Prochaska (Monumenta medii aevi historica res gestas Poloniae illustrantia 6), Krakau 1882 (künftig CEV), Nr. 440, S. 207; Voigt/Schubert (wie Anm. 14) S. 213.

Ob der Deutsche Orden dann wirklich Hilfe von Graf Eberhard bekam, ist eher ungewiss. Im Krieg von 1410–1411 sind lediglich zwei Söldnerverbände aus Südwestdeutschland auf Seiten des Ordens belegbar; einer unter der Führung Erkingers von Seinsheim und einer unter Truchsess Konrad von Pommersfelden[174]. Jedoch stammten beide Verbände aus Franken[175]. Lediglich in einem Fall, bei einem Georg von Westerstetten, der zur Truppe Erkingers gehörte, gab es mögliche Verbindungen zu Württemberg[176].

In der Folge der Niederlage des Deutschen Ordens gegen König Wladislaw und Vytautas in der Schlacht von Tannenberg am 15. Juli 1410 kam es zu Friedensverhandlungen. Diese mündeten dann in der Regierungszeit des Hochmeisters Heinrich von Plauen (1410–1413) in den Ersten Thorner Frieden vom 1. Februar 1411 ein. Im Zusammenhang mit den Verhandlungen richtete der Hochmeister immer wieder Schreiben auch an die Fürsten und Herren des Reiches um politische Unterstützung zu erhalten. So beklagte der Hochmeister in einem Schreiben vom 15. Januar 1411 das Verhalten König Wladislaws, der die Zeit des Waffenstillstands nur genutzt habe, um sich mit Truppen zu verstärken, und bat die Empfänger um Beistand zur Rettung des Ordens[177]. Auch Eberhard muss einen solchen Brief bekommen haben, denn der Hochmeister wiederum erhielt ein auf den 31. Januar datiertes Schreiben des Grafen. Darin bedauerte der württembergische Graf die schwierige Lage des Ordens[178]. Weiter versprach er auch den Orden zu unterstützen, wobei er jedoch nichts Konkretes nannte.

Der Thorner Friedensschluss am 1. Februar 1411 vermochte dann die fragile politische Lage nicht zu stabilisieren. Die Friedensbedingungen sahen zwar auf den ersten Blick nicht ungünstig aus; so musste der Orden Schamaiten an König Wladislaw und Vytautas zurückgeben, ebenso die Gebiete Zakrzew und Dobrin an Herzog Ziemowit IV. von Masowien († 1426) und Wladislaw sowie 100.000 Schock[179] böhmischer Groschen zahlen[180]. Doch geriet der Orden durch die Ent-

---

174 Die Söldner unter der Führung Erkinger von Seinsheims, stammten fast alle aus Franken, s. Sven Eckdahl (Bearb.), Das Soldbuch des Deutschen Ordens 1410/1411, Teil 1–2 (Veröffentlichungen aus den Archiven Preussischer Kulturbesitz 23), Köln/Weimar/Wien 1988, 2010, S. 108, 186.

175 Ebd., S. 72, 179, 297–299, 312, 339, 358 f.

176 Zu den Beziehungen der Familie von Westerstetten zu Württemberg s. Florian (wie Anm. 1) S. 88 Anm. 103, 265. Allerdings hatten Angehörige dieses Geschlechts auch Funktionen in der Ordensherrschaft inne, Schön 1903 (wie Anm. 11) S. 153.

177 Voigt (wie Anm. 27), Bd. 7, S. 132.

178 GStA PK XX HA, OBA Nr. 1496; Regest in Regesta historico-diplomatico Ordinis S. Mariae Theutonicorum (1198–1525), bearb. von Erich Joachim †, hg. von Walther Hubatsch, Pars 1, Vol. 1 (1198–1454), Göttingen 1948, Nr. 1496, S. 88; vgl. Voigt (wie Anm. 27), Bd. 7, S. 144 Anm. 5.

179 Ein Schock hier als Zählmaß für 60 Groschen, s. Paravicini (wie Anm. 23), Bd. 2, S. 176.

180 Dies und das Folgende nach Militzer (wie Anm. 53) S. 223.

schädigungszahlungen und die allgemein verminderten Einnahmen in eine fatale Finanzsituation. Er hatte Schwierigkeiten die Entschädigungsleistungen aufzubringen. Dann wurde auch der Ausbruch neuerlicher Kämpfe erwartet[181]. Für diese Auseinandersetzungen benötigte der Orden wiederum bewaffnete Kräfte, entweder Preußenfahrer „alten Stils", die auf eigene Kosten ihre Kriegsfahrt unternahmen, oder Söldner, die vom Orden bezahlt werden mussten[182]. Und da die Zahl der „freiwilligen" Preußenfahrer schwand, hatte die Anwerbung von Söldnern oberste Priorität. Durch die Finanzierung von Söldnern wurde die Finanzmisere des Ordens noch verstärkt und wirkte sich in einem erheblichen Ausmaß auf dessen Politik aus[183].

Die finanziellen Schwierigkeiten des Ordens sollten dann auch Graf Eberhard berühren. Zentralfigur in den jetzt aufkommenden Streitigkeiten um Gläubigerforderungen war König Sigmund. Er gehörte zu den bedeutendsten Gläubigern des Ordens[184]. Königin Barbara (* um 1390, † 1451) forderte als Stellvertreterin ihres Mannes daher um den 24. Februar 1413 die Rückzahlung von 15.000 Gulden[185]. Dieser Betrag war wohl Teil einer Gesamtsumme von 25.000 Gulden, deren Entrichtung an König Sigmund im Januar 1412 in Ofen (ungar. Buda)[186] festgelegt worden war, als Michael Küchenmeister als Abgesandter des Ordens ein Bündnis mit König Sigmund geschlossen hatte, das jedoch nicht realisiert wurde[187]. In einer Nebenabsprache war dabei festgelegt worden, dass der Orden zusätzlich und möglichst rasch die erwähnten 25.000 Gulden zahlen sollte und zwar 10.000 Gulden sofort und 15.000 Gulden am 22. Mai[188]. Der Hochmeister war in seiner Antwort an Königin Barbara grundsätzlich zur Zahlung der 15.000 Gulden bereit, wollte allerdings den Auszahlungstermin auf einen unbestimmten Zeitpunkt verschieben[189].

Zudem vermochte der Orden nicht die vom König dringend verlangte Zahlung von noch ausstehenden 12.500 Schock böhmischer Groschen zu leisten[190]. König Sigmund hatte sich nämlich im Oktober 1412 von König Wladislaw Forderungen

---

181 Vgl. ebd., S. 224.

182 Ebd., S. 224, 226.

183 Ebd., S. 226.

184 (1413 Aug. 28) Wilhelm ALTMANN (Bearb.), Die Urkunden Kaiser Sigmunds (1410–1437), Bd. 1 (Regesta Imperii 11), Innsbruck 1896–1897 (künftig RI), Nr. 660, S. 39.

185 VOIGT (wie Anm. 27), Bd. 7, S. 202 f. Vgl. (zu 1412 Februar 6) RI 11/1, Nr. 188, S. 12.

186 Heute Stadtteil von Budapest.

187 Ottokar ISRAEL, Das Verhältnis des Hochmeisters des Deutschen Ordens zum Reich im 15. Jahrhundert (Wissenschaftliche Beiträge zur Geschichte und Landeskunde Ostmitteleuropas 4), Marburg a. d. L. 1952, S. 13.

188 Erich WEISE: Die Staatsverträge des Deutschen Ordens in Preußen im 15. Jahrhundert, 1. Bd. (1398–1437), Marburg [2]1970, Nr. 88, S. 93.

189 VOIGT (wie Anm. 27), Bd. 7, S. 202 f. u. Anm. 1 (Schreiben vom 24. Mai 1413).

190 (1413 Mai 17) RI 11/1, Nr. 491, S. 29; VOIGT (wie Anm. 27), Bd. 7, S. 203, der jedoch eine Summe von 13.000 Schock nennt.

an den Orden von insgesamt 25.000 Schock abtreten lassen, für die er sich wiederum vom Hochmeister am 30. November 1412 eine Schuldverschreibung ausstellen ließ[191]. Die Rückzahlung an den König war in zwei Raten für den 2. Februar und 2. April 1413 vorgesehen[192]. Der Hochmeister konnte jedoch wegen der katastrophalen Finanzlage die Februarrate nicht bezahlen und hatte den König deswegen an den für die Ordensballeien im Reich zuständigen[193] Deutschmeister Konrad von Egloffstein (1396–1416) verwiesen[194]. Dieser verweigerte in einem Schreiben an Sigmund mit Verweis auf die eigene finanzielle Bedrängnis jedoch die Bezahlung[195]. Der König wiederum war deswegen äußerst aufgebracht[196].

Bei der sich daraus entwickelnden diplomatischen Auseinandersetzung wurde neben verschiedenen Fürsten und Herren auch Eberhard von den Kontrahenten angeschrieben. Der Deutschmeister teilte nämlich in der Folge verschiedenen Fürsten und Herren, darunter Graf Eberhard, mit, dass diese in seinem Sinne auf den Königs einwirken sollten[197], indem sie Sigmund überzeugten, dass er (der Deutschmeister) die Zahlungen nicht zu übernehmen vermochte[198]. Einige der Adressaten hatten dann in diesem Sinne an den König geschrieben[199]. Der Hochmeister wirkte nun dem entgegen. Aus der Ordenskanzlei ist ein auf den 7. September 1413 datiertes Konzept eines Schreibens an die Fürsten und Herren, darunter an Graf Eberhard, überliefert[200]. Darin stellte der Hochmeister seine Situation dar und bat seinerseits die Empfänger auf Konrad von Egloffstein einzuwirken, damit dieser doch die Zahlung der Summe übernehme. Weitere Schreiben an Eberhard in dieser Sache sind nicht überliefert.

Letztendlich endete die Regierung des Hochmeisters Heinrich von Plauen in einem Desaster. Zwar schickte Eberhard tatsächlich um den 15. August dem Ordenshochmeister Söldner zu Hilfe[201]. Es handelte sich um eine überschaubare Truppe von 13 *Erbar knechte*[202]. Unter diesen waren jeweils ein Angehöriger der Familien Spet und Lichtstein, ein ebenfalls nicht namentlich genannter Sohn Konrad Schillings sowie zwei Angehörige der Westerstetten. Doch wurde dieser

---

191 Israel (wie Anm. 187) S. 17.

192 Weise (wie Anm. 188) Nr. 96, S. 99 f.

193 Boockmann (wie Anm. 34) Sp. 770.

194 Voigt (wie Anm. 27), Bd. 7, S. 203.

195 Ebd., S. 203 f.; vgl. Militzer (wie Anm. 53) S. 259.

196 Voigt (wie Anm. 27), Bd. 7, S. 203.

197 So laut einem Brief des Hochmeisters an die Fürsten und Herren des Reichs: (1413 September 7) GStA PK XX HA, OF 6, p. 334–336, sowie einem Schreiben an den Deutschmeister, Voigt (wie Anm. 27), Bd. 7, S. 204 f.

198 (1413 September 7) GStA PK XX HA, OF 6, p. 334–336.

199 Ebd.

200 Ebd.

201 GStA PK XX HA, OF 6, p. 346–349, hier 348. Erwähnung bei Voigt (wie Anm. 27), Bd. 7, S. 208 u. Anm. 3; Schön 1903 (wie Anm. 11) S. 155.

202 GStA PK XX HA, OF 6, p. 348.

württembergische Söldnertrupp von König Wladislaw abgefangen und gefangengesetzt[203].

Ein weiterer württembergischer Adliger namens Ottlin von Baldeck ist übrigens gleichfalls 1413 als Teilnehmer einer Preußenreise nachweisbar[204]. Ob Ottlin als Söldner oder als „ehrenamtlicher" Preußenfahrer unterwegs war, ist allerdings nicht mehr erschließbar. Als schließlich der Hochmeister im Herbst 1413 einen Feldzug gegen Polen-Litauen starten wollte, enthob ihn die Führungsschicht des Ordens am 9. Oktober seines Amtes und ließ ihn gefangen setzen[205].

Graf Eberhard wurde aber auch von einer weiteren Seite als wichtiger Akteur der politischen Auseinandersetzungen um den Deutschen Orden wahrgenommen. Denn nach der Absetzung Heinrichs von Plauen erhielt Eberhard von dessen Vettern Heinrich Reuss von Plauen dem Jüngeren, Herrn zu Greiz, und Heinrich, Herrn zu Plauen, ein auf den 29. November 1413 datiertes Schreiben[206]. Darin beklagten sie die Absetzung ihres Vetters und baten Eberhard, ihre Aufforderung an den Deutschen Orden zu einer schiedsgerichtlichen Verhandlung weiterzuleiten, da ihre direkte Aufforderung an den Orden bislang ohne Antwort geblieben war.

Der Kampf des Ordens und Polen-Litauens um die Gunst der europäischen Öffentlichkeit ging nach dem Thorner Frieden weiter. Der Deutsche Orden bemühte sich dabei seit der Zuwendung König Sigmunds zu Polen (1412) verstärkt um die Zustimmung bzw. die politische Unterstützung der Fürsten und Herren[207]. Denn die Fürsten und besonders die Kurfürsten waren dem Deutschen Orden gegenüber positiv eingestellt[208]. Intensive diplomatisch-propagandistische Bemühungen versprachen bei dieser Zielgruppe daher am ehesten Erfolg.

Der Schriftverkehr bzw. die diplomatischen Kontakte brachen daher auch nach der Absetzung Heinrichs von Plauen 1413 unter dem neuen Hochmeister Michael Küchmeister (1414–1422) nicht ab. Die Schreiben des Hochmeisters dienten auch dazu, die politische Stellung des Ordens in den Auseinandersetzungen mit Polen-Litauen im Sinne des Ordens darzustellen, für sie zu werben und Unterstützung zu bekommen. So erhielt Eberhard im Januar 1414 neben einer großen Anzahl anderer Fürsten und Herren ein Schreiben des neuen Hochmeisters[209].

---

203 Voigt (wie Anm. 27), Bd. 7, S. 208.

204 Damals verkauften die Brüder Otto und Rudolf von Baldeck u. a. im Namen des abwesenden Öttlins von Baldeck, *der gen Bruessen ritt*, ein Gut in Frickenhausen: (1413 Oktober 4) HStA Stuttgart A 602 Nr 14038.

205 Militzer (wie Anm. 53) S. 225.

206 Akten der Ständetage Preussens unter der Herrschaft des Deutschen Ordens, hg. von Max Töppen, Bd. 1 (1233–1435), Leipzig 1878, ND Aalen 1973, Nr. 182, S. 277–230, hier S. 277.

207 Israel (wie Anm. 187) S. 16.

208 Ebd., S. 16.

209 1414 [Jan. 14?] GStA PK XX HA, OF 5, p. 219–221 [seit 1945 verschollen]; Regest bei Markian Pelech, Der verlorene Ordensfoliant 5 (früher Hochmeister-Registrant II) des Historischen Staatsarchivs Königsberg mit Regesten (nach Rudolf Philippi und Erich

Darin zeigte dieser seinen Amtsantritt an, berichtete, dass ihm sein abgesetzter Vorgänger Gehorsam gelobt habe und informierte über einen Schiedstag nach Ostern mit Polen und Litauen. Vermutlich im August 1414 klagte der Hochmeister dann über einen Überfall König Wladislaws und den dadurch entstandenen Verwüstungen[210]. Im Dezember des gleichen Jahres bat Michael Küchmeister wieder um Unterstützung für den bedrängten Orden, explizit für seine Gesandten bei den Verhandlungen auf dem Konstanzer Konzil[211].

Zwei Jahre später bekam Eberhard neben anderen Fürsten und Herren ein auf den 1. November 1416 datiertes Schreiben Küchmeisters, indem dieser der Behauptung König Wladislaws entgegentrat, „dass der Orden zu keinem Tag und keiner Einigung gebracht werden könne“[212]. Hintergrund war der zuvor im Oktober veranstaltete Schiedstag von Welun (Veliuona) zwischen dem Deutschen Orden und König Wladislaw von Polen sowie Großfürst Vytautas, welcher jedoch gescheitert war und die Differenzen eher noch befördert hatte[213].

Auch nach dem Tod Graf Eberhards im Jahr 1417 sollte Württemberg im Kalkül des Ordens eine Rolle spielen. Dies geht aus einem auf den 6. November 1418 datierten Dokument hervor, in dem der Ablauf eines – ebenfalls in Welun veranstalteten – gescheiterten Verhandlungstermins des Hochmeisters mit König Wladislaw und Vytautas wiedergegeben wird[214]. Um zu retten, was noch zu retten war, schlugen die Ordensunterhändler neue Schiedsgerichte mit unterschiedlichen Zusammensetzungen vor[215]. Eines davon sollte neben Herzog Ludwig VII. von Bayern-Ingolstadt (1413–1447) und Markgraf Bernhard I. von Baden († 1431) auch durch Graf Eberhard IV. von Württemberg (1417–1419) besetzt sein[216]. Dieser Vorschlag wurde jedoch nicht aufgenommen und weiterverfolgt. Weitere Schreiben an Graf Eberhard IV. sind nicht überliefert.

Die vorgestellte diplomatische Korrespondenz zeigt, dass die Ordensherrschaft in ihrer sich seit dem Ende des 14. Jahrhunderts immer mehr zuspitzenden existenziellen Krise äußerst intensiv um politische Unterstützung warb. Die Anstrengungen gingen auch nach der Niederlage von Tannenberg weiter. Adressat ihrer Bemühungen waren europäische Potentaten und vor allem die Fürsten und Herren des Reichs, zu denen auch Eberhard gehörte. Sie bildeten die Öffentlichkeit, um welche der Deutsche Orden – in Konkurrenz zu Polen-Litauen – für sich werben musste.

Joachim), in: Beiträge zur Geschichte des Deutschen Ordens, Bd. 1, hg. von Udo Arnold (Quellen und Studien zur Geschichte des Deutschen Ordens 36), Marburg 1986, S. 123–175, hier Nr. 124, S 173.

210 Briefregister (wie Anm. 13) Nr. 56, S. 107.

211 (1414 Dezember 4) Briefregister (wie Anm. 13) Nr. 99, S. 131.

212 Ebd., Nr. 266, S. 218 f.

213 Voigt (wie Anm. 27), Bd. 7, S. 290–293.

214 Weise (wie Anm. 188) Nr. 131, S. 128–133.

215 Ebd., Nr. 131, S. 132

216 Ebd.

Falkengeschenke

Um seine politischen Interessen zu verfolgen, beließ es der Deutsche Ordens allerdings nicht allein bei schriftlichen Bitten. Er verschenkte auch in großem Maßstab Jagdfalken an fremde Herrschaftsträger, um für seine Politik Werbung zu machen[217]. Denn die Falken des Hochmeisters waren sehr begehrt, weil die Beizjagd ein äußerst beliebter Adelssport war und die Tiere „als besonders gut ausgebildet und abgerichtet galten“[218]. Dass die Falkengeschenke auch als adliges Abgrenzungsmerkmal dienen konnten, wird ihren Wert bei den Beschenkten noch gesteigert haben[219].

Mit den im Folgenden erwähnten Falken wird höchstwahrscheinlich der Wanderfalke (*Falco peregrinus*) gemeint sein[220]. Die meist im Ordensland gefangenen Falken wurden in sogenannten Falkenschulen abgerichtet[221]. Im Oktober eines Jahres brachte man sie zu den Empfängern. Sie wurden in sogenannten Kasen, mit Leinwand bespannten Holzkäfigen, dorthin transportiert[222]. Pro Kase konnten zehn Falken befördert werden. Aus praktischen Gründen wurden gegebenenfalls mit einer Kase die Falken mehrerer Empfänger transportiert[223]. So wie üblicherweise Werbegeschenke mit der Bezeichnung des Schenkers versehen sind, wurden den Falken oft silberne, mit dem Wappen des Hochmeisters versehen Schildchen beigegeben[224].

Solche Falkengeschenke wurden vom Deutschen Orden längere Zeit als Mittel der Ordenspolitik eingesetzt[225]. Zu den Empfängern der Falken gehörten der römische, englische und französische König sowie deutsche und europäische Fürsten

---

[217] Jürgen SARNOWSKY, Die Wirtschaftsführung des Deutschen Ordens in Preußen 1382–1454 (Veröffentlichungen aus den Archiven Preußischer Kulturbesitz 34), Köln/Weimar/Wien 1993, S. 382; Gustavgeorg KNABE, Preußische Falken im Dienste der Politik des Deutschen Ordens, in: Preußenland 7 (1969) S. 17–21, hier S. 18.

[218] Nele KAESTNER, Tiere als Mittel der Repräsentation und Diplomatie im Deutschen Orden im Lichte des Marienburger Tresslerbuchs (1399–1409), in: Joachim LACZNY/Jürgen SARNOWSKY (Hg.), Perzeption und Rezeption. Wahrnehmung und Deutung im Mittelalter und in der Moderne (Nova Mediaevalia 12), Göttingen 2014, S. 67–105, hier S. 77.

[219] HAMMES (wie Anm. 8) S. 57 Anm. 202.

[220] Johannes VOIGT, Über Falkenfang und Falkenzucht in Preußen, in: Neue Preußische Provinzialblätter 7 (1849) S. 257–276, hier S. 258, der die Bezeichnung „Edelfalke“ verwendet.

[221] Dies und das Folgende nach VOIGT (wie Anm. 220) S. 264 f.

[222] Dies und das Folgende nach KNABE (wie Anm. 217) S. 18.

[223] Auch die für Eberhard bestimmten Falken wurden mit denen für andere Empfänger zusammen transportiert: Markgrafen von Meißen, die Jahre 1399–1401, 1405, TB (wie Anm. 12) S. 37, 77, 124, 362; Herzog von Österreich, das Jahr 1402, ebd., S. 194; Burggraf von Nürnberg, die Jahre 1403, 1404, 1407, 1409, ebd., S. 272, 323, 448, 594.

[224] KAESTNER (wie Anm. 218) S. 87.

[225] KNABE (wie Anm. 217) S. 18.

und Herren[226]. Die Falkengeschenke des Hochmeisters zeichnen sich dadurch aus, dass sie regelmäßig jährlich und systematisch versandt wurden[227]. Es stand also eine durchdachte langfristig angelegte Strategie hinter diesen Geschenken. Die Anzahl und Art der Falken variierte dabei in Abhängigkeit vom formalen aber auch informellen Rang des Beschenkten[228]. So lassen sich an den Falkengeschenken der langfristige und tatsächliche soziale Rang der Beschenkten ablesen.

Neben der Preußenreise Eberhards zogen besonders auch diese Falkensendungen des Deutschen Ordens die Aufmerksamkeit der Historiker auf sich[229]. Im Zeitraum von 1397 bis 1412 erhielt der Graf in zwölf Jahren Falken zum Geschenk[230]. Das erste nachweisbare Falkengeschenk (1397) ist im Ordensbriefarchiv überliefert[231]. Für den Zeitraum von 1399 bis 1409, mit Ausnahme von 1406, finden sich im Tresslerbuch Nachweise für Falkengeschenke[232]. Für 1406 werden im Tresslerbuch als Empfänger solcher Geschenke lediglich Herzog Leopold von Österreich, der römische König – also Ruprecht (1400–1410) – sowie die Kurfürsten erwähnt, die übrigen Beschenkten werden lediglich summarisch mit *etc.* benannt, also könnte Eberhard darunter gewesen sein. Dann ist noch einmal für 1412 eine Falkensendung an ihn nachweisbar[233]. In der Falkenliste von 1413 ist der Name des württembergischen Grafen dann nicht mehr aufgeführt[234].

Es lässt sich nachträglich nicht mehr feststellen, ob Eberhard in den Jahren 1398, 1410 und 1411 keinen Falken erhalten hat, oder schlicht und einfach die darüber vorhandene Quellenüberlieferung verloren gegangen ist bzw. noch nicht aufgefunden wurde. Lediglich für 1413 gibt es einen sicheren Nachweis, dass Eberhard im Gegensatz zu anderen Fürsten und Herren keinen Falken erhalten hatte. Es kann daher nur spekuliert werden, in wieweit die aktuelle politische Lage des Ordens oder auch das Verhalten Eberhards sich auf die Falkensendungen auswirkte. Angesichts des hohen symbolischen Werts der Falken erscheint die Nichtberücksichtigung Eberhards als deutlicher diplomatischer Affront[235].

---

226 Werner PARAVICINI, Tiere aus dem Norden, in: Deutsches Archiv für Erforschung des Mittelalters 59 (2003) S. 559–591, hier S. 569.

227 Ebd., S. 567.

228 Dieter HECKMANN, Preußische Jagdfalken als Gradmesser für Außenwirkung europäischer Höfe des 15. und 16. Jahrhunderts, in: Preußenland 37 (1999) S. 39–62, hier S. 41.

229 SCHÖN 1903 (wie Anm. 11) S. 85 f.; HAMMES (wie Anm. 8) S. 78.

230 (1397) GStA PK XX HA, OBA Nr. 555; (1399–1409) KAESTNER (wie Anm. 218) S. 98; (1412) GStA PK XX HA OF 6, p. 5.

231 GStA PK XX HA, OBA Nr. 555.

232 TB (wie Anm. 12) S. 37, 77, 124, 194, 272, 323, 362, 448, 506, 594. Die Jahre 1407 und 1408 sind auch in den Falkenlisten nachweisbar, GStA PK XX HA, OF 3, p. 8, 11.

233 GStA PK XX HA, OF 6, p. 5.

234 Ebd.

235 Pfalzgraf Ludwig III. (1410–1436) reagierte 1420 sehr heftig, als die Anzahl der Falken geringer als gewohnt war und drohte mit handelspolitischen Restriktionen; vgl. KNABE (wie Anm. 217) S. 20 mit weiteren Beispielen von enttäuschten Empfängern.

Die Größe des Falkengeschenks an Eberhard ist für 1397, 1404, 1407, 1408 und 1412 nachweisbar; es handelte sich jeweils um vier Falken pro Jahr[236]. Als Beispiel für die unterschiedliche Größe der Falkengeschenke an verschiedene Empfänger sei hier das Jahr 1408 aufgeführt. Damals bekam beispielsweise König Ruprecht zwölf, der Erzbischof von Köln sechs und Graf Eberhard vier Falken[237]. Damit stand der württembergische Graf auf einer Stufe mit dem Burggrafen von Nürnberg, dem Herzog von Sachsen, den beiden Markgrafen von Meißen, dem Grafen von Katzenelnbogen und dem Herzog von Geldern, die ebenfalls jeweils vier Falken erhielten[238]. Das bedeutete für Eberhard, einem Grafen ohne Fürstenrang, eine enorme Wertschätzung, die seiner Dynastie und Herrschaft zugute kam.

Herolde

Um die württembergisch-preußischen Beziehungen aufrechtzuerhalten, wurden Gesandte und Boten benötigt, welche die Nachrichten austauschten. Im vorliegenden Fall übernahmen Herolde diese Funktion. Im Tresslerbuch werden in den Jahren 1401 bis 1408 württembergische Herolde erwähnt, denen ein Botenlohn ausgezahlt wurde[239]. So findet sich dort beispielsweise folgender Eintrag: *item 2 m*[ark] *des groffen herholde von Wirtenberg gegeben am montage noch Judica* [13. März 1402][240]. Die Herolde wurden nach ihrem Herren benannt[241]. So heißt es im Tresslerbuch für das Jahr 1408: *item 10 m*[ark] *Wirtenberge dem herolde gegeben*[242]. Im Tresslerbuch werden zwar häufig Boten genannt, jedoch keine des Grafen von Württemberg[243].

Die nachweisbaren Aufenthalte von württembergischen Herolden standen nicht im Zusammenhang mit den Falkentransporten, denn die Daten der im Tresslerbuch genannten Falkenversendungen nach Württemberg und die Aufenthalte

236 (1397) GStA PK XX HA, OBA Nr. 555; (1404) GStA PK XX HA, OF 3, p. 8; (1407) GStA PK XX HA, OF 3, p. 8; (1408) GStA PK XX HA, OF 3, p. 11 u. Paravicini (wie Anm. 226) S. 567; (1412) GStA PK XX HA OF 6, p. 5.

237 Florian (wie Anm. 1) S. 89.

238 Ebd.

239 TB (wie Anm. 12) S. 114 u. 126 (Jahr 1401) S. 156 u. 192 (Jahr 1402), S. 252 (Jahr 1403), S. 300 (Jahr 1404), S. 356 u. 361 (Jahr 1405), S. 383 (Jahr 1406), S. 440 (Jahr 1407), S. 462 u. 477 (Jahr 1408); Schön (wie Anm. 11) S. 86 f., 153; Nils Bock, Die Herolde im römisch-deutschen Reich. Studien zur adligen Kommunikation im späten Mittelalter (Mittelalter-Forschungen 49), Ostfildern 2015, S. 141 Anm. 437.

240 TB (wie Anm. 12) S. 156.

241 Bock (wie Anm. 239) S. 142.

242 TB (wie Anm. 12) S. 477; Schön 1903 (wie Anm. 11) S. 153.

243 Im Tresslerbuch werden an 231 Stellen Botschaften genannt, die an den Hochmeister gingen oder von diesem versandt wurden, TB (wie Anm. 12) S. 659.

der Herolde fielen mit einer möglichen Ausnahme zeitlich nicht zusammen[244]. Die erwähnten Herolde werden andere diplomatische Aufgaben gehabt haben. Herolde wurden damals häufig im diplomatischen Dienst als Überbringer schriftlicher oder auch mündlicher Botschaften eingesetzt[245], so wie jener im Tresslerbuch erwähnte Herold, der 1402 einen Brief des Markgrafen von Meißen an den Hochmeister überbrachte[246].

Wertet man die Vorkommen der Herolde im Tresslerbuch aus, dann kommt man zu einem erstaunlichen Ergebnis. Von den 61 verschiedenen Herrschern, Fürsten und Adligen zuordenbaren Heroldsnennungen lassen sich zwölf auf Württemberg beziehen. Dies ist der höchste Wert! Die nächst größere Gruppe von sieben Herolden lässt sich Vytautas zuordnen. Es lässt sich auch eine Regelmäßigkeit bei den Belegen für württembergische Herolde erkennen: Zwischen 1401 und 1408 sind für jedes Jahr ein bzw. für 1405 und 1407 zwei Herolde nachzuweisen. Das deutet für diesen Zeitraum auf einen regelmäßigen diplomatischen Kontakt zwischen dem Orden und Württemberg hin[247]. Es ist dabei auch zu bedenken, dass im Tresslerbuch möglicherweise nicht alle finanziellen Ausgaben über württembergische Herolde verzeichnet wurden[248].

Für 1411 gibt es dann einen weiteren Nachweis eines württembergischen Herolds, der im Ordensland geweilt hatte. In einem Schreiben des Straßburger Ammanmeisters Johann Heilmann an den Speyerer Altbürgermeister Conrad Roesler berichtet dieser nämlich von neuen Nachrichten (*nuwe mere*), welche Herolde des Markgrafen von Baden und des Grafen von Württemberg, die am 1. März von ihrer Rückreise aus Preußen in Stuttgart eingetroffen waren, mitgebracht hatten[249]. Hier wird dann eine weitere wichtige Aufgabe des Herolds neben dem Überbringen diplomatischer Botschaften deutlich, nämlich die Beschaffung möglichst aktueller Informationen[250].

Es ist davon auszugehen, dass 1399 bis 1409 nicht nur Herolde Briefe überbrachten, doch dafür findet sich im Tresslerbuch kein Nachweis. Briefe, die mit Sammelsendungen befördert wurden, sind im Tresslerbuch ebenfalls nicht nachweisbar. Es wird häufiger solche Kontakte gegeben haben, als diese überliefert sind. Wie die oben schon erörterten Briefe des Hochmeisters zeigen, wurde auch nach 1409 der

---

244 Auch die Erwähnung eines Herolds für den 3. November 1402 steht wohl nicht damit in Zusammenhang, denn die Falkenkase wurde erst am 29. November abtransportiert, s. TB (wie Anm. 12) S. 192, 194.

245 Dazu Bock (wie Anm. 239) Kap. C. 6.1.

246 TB (wie Anm. 12) S. 168. Die Leitung von Verhandlungen hatten sie allerdings nicht, Bock (wie Anm. 239) S. 235.

247 Vgl. Hammes (wie Anm. 8) S. 78.

248 Es wurden nicht alle angefallenen Rechnungen verzeichnet, dazu Vorwort in TB (wie Anm. 12) S. IV f.

249 (1411 März 8) RMB 1, Nr. 2663, S. 275 f.

250 Vgl. Bock (wie Anm. 239) S. 222 Anm. 669.

Briefaustausch – ob mit Herolden, Boten oder durch Sammelsendungen – weitergepflegt.

Gründe für die Beziehungen Eberhards zum Deutschen Orden

Die Gründe des Deutschen Ordens für die Anbahnung von Beziehungen zu Graf Eberhard wurden schon oben ausgeführt. Darunter war vor allem die Suche nach politischer Unterstützung in der Auseinandersetzung mit Polen-Litauen von Bedeutung. Welche Gründe hatte aber Eberhard, um sich auf eine Preußenreise zu begeben und lange anhaltende Beziehungen zum Orden aufzubauen? Sie sind in den Quellen nicht überliefert. Doch wird in der Forschung schon längere Zeit über die allgemeine Motivation von Adligen zu den Preußenreisen diskutiert. Die Ergebnisse lassen sich auch auf die Person Eberhards übertragen.

Die Litauerreisen waren beim europäischen Adel deshalb so beliebt, weil sie es den Teilnehmern ermöglichten, dem Ideal des *miles christianus* nachzueifern[251]. Dieses in der beginnenden Kreuzzugszeit definierte Idealbild verband das Streben nach Seelenheil mit dem Streben nach Kampfesruhm. So konnte der adlige Streiter durch den Kampf gegen die Ungläubigen für die Verteidigung des Christentums sein Seelenheil erlangen. Denn Litauerreisen wurden als Kreuzzüge betrachtet[252], bei denen es für die Teilnehmer einen Sündenablass gab[253]. Werner Paravicini erfasst dieses Spannungsfeld mit den Begriffen *devotio*, also Opferbereitschaft für den Glauben, und *militia*, also Bestreben nach (weltlicher) ritterschaftlicher Betätigung[254]. Das oben genannte Schreiben des Hochmeisters Heinrich von Jungingen vom Mai 1410 etwa zielte auch auf solche Glaubensüberzeugungen, indem es die Fürsten und Herren aufforderte *czu beschirmunge der heiligen cristenheit*[255].

Der Deutsche Orden war als aristokratisch orientierter Ritterorden besonders als Gastgeber des europäischen Adels geeignet[256]. Auf geschickte Weise ging er auf die Bedürfnisse seiner adligen Gäste vor allem nach weltlich-ritterlichen Erlebnissen ein[257]. Es wurde für die Gäste eine ritterliche Idealwelt inszeniert, wie z.B.

---

251 Dies und das Folgende nach J. FLECKENSTEIN, Ritter, -tum -stand I, in: LexMa 7, Sp. 865–873, hier Sp. 869.

252 PARAVICINI (wie Anm. 43) S. 29. Es gab im Spätmittelalter auch weitere „Fronten des Heidenkampfes" auf der Iberischen Halbinsel, im östlichen Mittelmeerraum sowie auf dem Balkan, vgl. Detlev KRAACK, Pilgerfahrten und Reisen von West nach Ost und von Ost nach West. Beziehungsgeschichtliche Perspektiven adliger Mobilität im Spätmittelalter, in: Der Jakobuskult in Ostmitteleuropa. Austausch, Einflüsse, Wirkungen, hg. von Klaus HERBERS/Dieter R. BAUER (Jakobus-Studien 12), Tübingen 2003, S. 57–74, hier S. 66.

253 PARAVICINI (wie Anm. 43) S. 29.

254 Ebd., S. 28 ff.

255 CEV (wie Anm. 173) Nr. 440, S. 207.

256 Vgl. PARAVICINI (wie Anm. 43) S. 33.

257 Dazu BRINKER (wie Anm. 33) S. 108.

durch die Ausrichtung des oben erwähnten Ehrentisches[258], der zunächst nicht der Selbstdarstellung der Fürsten und hohen Adligen, sondern jener der ritterlich-niederadligen Kämpfer diente[259]. Rittererhebungen waren ein wichtiger Bestandteil davon[260]. Auch das bei der Litauerreise 1393 nachweisbare Recht des Bannertragens, das an Niederadlige vergeben wurde, war ein solches Element[261].

Die Kombination von Einsatz für den Glauben, Streiten für den weltlichen Ruhm und das ritterliche Ambiente verbunden mit der gediegenen „Empfangsstruktur"[262] machten beim Adel die Beliebtheit der Preußenreisen aus. Die Attraktivität der Preußenreisen beim Adel wurde noch dadurch gesteigert, dass es sich dabei um exklusiv adlige Veranstaltungen handelte[263]. Schließlich mussten die Teilnehmer in Hinblick auf ihren Lebensstil auch keine allzu großen Abstriche machen[264]. Zusätzlich hatten die Preußenfahrten für die Teilnehmer eine bedeutende repräsentative Funktion. Eine Preußenreise befriedigte nicht nur individuelle innere religiöse Bedürfnisse oder das Streben nach Abenteuern, sondern vermehrte auch das Prestige der ganzen Dynastie[265].

Für die Verbreitung des Ruhms sorgten dann die Teilnehmer selbst. Zur Selbstrepräsentation gehörte natürlich auch das Auftreten mit einem großen Gefolge, das Rückschlüsse auf das Ansehen der Person zuließ. In Quellen zu den Preußenreisen wird deswegen immer wieder die Größe des Gefolges genannt[266]. Demnach soll Eberhard mit 200 Reitern in Preußen gewesen sein[267]. Nimmt man die Gefolgschaftsgröße als Maßstab für das Ansehen, dann war Eberhard damit unterhalb der Könige und großen Landesfürsten und zugleich oberhalb der kleinen Grafen und Herren anzusiedeln[268]. Er gehörte einer mittleren Gruppe an, zu der Hochadlige wie Ufford, Bourbon, Lancaster, Lothringen oder Derby zählten. Für einen Grafen, der nicht dem fürstlichen Stand angehörte, hatte er damit schon ein beachtliches Gefolge, wenn man bedenkt, dass dies genauso groß war, wie jenes des

---

258 Vgl. Paravicini (wie Anm. 43) S. 31 f.

259 Paravicini (wie Anm. 23), Bd. 1, S. 324.

260 Ebd., Bd. 2, S. 130.

261 Dazu ebd., S. 140.

262 Paravicini (wie Anm. 43) S. 32.

263 Ebd., S. 33.

264 Bujack (wie Anm. 84) S. 676; vgl. Militzer (wie Anm. 53) S. 176.

265 Zur Betonung des „feudal-höfischen Repräsentationscharakters" bei Suchenwirt, s. Bernd Müller, ‚Ich han gewandelt manig her/gen Preussen, Reussen, uber mer'. Zur Problematik der Preußenfahrten bei Oswald von Wolkenstein, in: Jahrbuch der Oswald von Wolkenstein Gesellschaft 5 (1988/89) S. 465–477, hier S. 472.

266 Vgl. dazu Bujack (wie Anm. 84) S. 676 f.; Paravicini (wie Anm. 23), Bd. 1, S. 177–181.

267 Franciscani Thorunensis Annales Prussici (wie Anm. 19) S. 188. Vergleich der Gefolgschaftsgröße der Preußenfahrer bei Paravicini (wie Anm. 23), Bd. 1, S. 178–180.

268 Dies und das Folgende nach ebd., S. 181.

genannten – dem Fürstenstand angehörenden[269] – Herzogs von Lothringen[270]. Bei der Gefolgschaftsgröße war ein Adliger nicht frei, sondern musste sich dabei an den gesellschaftlichen Gegebenheiten orientieren[271]. Andere nichtschriftliche Zeugnisse herrschaftlicher Repräsentation Eberhards sind, wie schon zuvor erwähnt, nicht überliefert.

Einen weiteren Prestigezuwachs brachten die Falkengeschenke des Deutsche Ordens. Sie waren das Ergebnis einer langfristigen Pflege der bilateralen Beziehungen. Sie vermehrten das Prestige der Beschenkten und bewirkten durch ihre begrenzte Anzahl bei den Beschenkten Exklusivität. Sie werden für Eberhard ein Ansporn gewesen sein, die Beziehungen zu pflegen.

Die Beziehungen Eberhards zum Deutschen Orden passen in das bekannte Bild, das seine repräsentative Selbstdarstellung angesichts seines sozialen Ranges auf einem hohen Niveau zeichnet[272]. Die materielle Grundlage lag in seiner recht bedeutenden Territorialherrschaft in einem für die Reichspolitik wichtigen Gebiet. Darauf baute eine dann als weitere Basis sein weit umfassendes Netzwerk von Bündnissen auf.

Der Hang Eberhards zu einer außerordentlichen Selbstdarstellung kann zunächst herkömmlich erklärt werden, denn für die zeitgenössische Adelsgesellschaft galt der Grundsatz dass „Aufwendige Repräsentation […] Bestandteil der [sozialen] Existenz“ war[273]. Für die Adligen gab es auf dem Gebiet des sozialen Ansehens einen regelrechten Konkurrenzkampf[274]. Eberhard musste sich, um sein Sozialprestige als Graf zu wahren, standesgemäß verhalten.

Doch kann der repräsentativen Selbstdarstellung Eberhards noch eine stärker zielgerichtete Absicht unterstellt werden. Bekanntlich strebten damals erfolgreiche Hochadelsgeschlechter danach, in den Fürstenstand aufzusteigen[275]. Der Fürstenstand sicherte dauerhaft das bestehende Ansehen einer Hochadelsfamilie, verschaffte[276] ihr weitere prestigereiche Privilegien wie das Recht auf exklusive Prädikate oder zeremonielle Ehrenvorrechte, und zugleich konnte die Einheit des Herrschaftsgebiets durch eine mit der Fürstenerhebung einhergehenden Umwandlung der Herrschaft in ein Reichslehen dauerhaft gesichert[277] werden.

---

269 Peter MORAW, Von offener Verfassung zu gestalteter Verdichtung. Das Reich im späten Mittelalter 1250 bis 1490, Frankfurt am Main/Berlin 1989, S. 70.

270 PARAVICINI (wie Anm. 23), Bd. 1, S. 180.

271 FLORIAN (wie Anm. 1) S. 88.

272 Ebd., S. 87 ff.

273 MORAW (wie Anm. 269) S. 69.

274 Dazu PARAVICINI (wie Anm. 42) S. 36.

275 Ernst SCHUBERT, Fürstliche Herrschaft und Territorium im späten Mittelalter (Enzyklopädie Deutscher Geschichte 35), München 1996, S. 10.

276 Karl-Friedrich KRIEGER, König, Reich und Reichsreform im Spätmittelalter (Enzyklopädie deutscher Geschichte 14), München 1992, S. 38.

277 MERTENS (wie Anm. 1) S. 66.

Das Haus Württemberg gehörte zu einer Gruppe mächtiger Hochadelsgeschlechter, die vor dem Aufstieg in den Fürstenstand standen oder ihn schon erreicht hatten[278]. Graf Eberhard wurde dabei wie anderen Protagonisten des Hochadels aufgrund seiner Macht und seines hohen Ansehens der Fürstentitel gewissermaßen schon vor einer möglichen Erhebung in den Fürstenstand zuerkannt. Denn im Tresslerbuch wird er 1403 als *herzoge von Wirtenberg* bezeichnet[279]. Für das Jahr 1404 findet sich ein fast gleichlautender Eintrag[280]. Ob diese Titulierung Absicht war, kann nicht mehr ermittelt werden. Doch selbst wenn es sich bei der Titulierung um ein Versehen handelte, weist sie doch auf das hohe soziale Ansehen Eberhards hin. Graf Eberhard war nicht der Einzige, dem dies widerfuhr, auch Graf Adolf II. von Kleve (1394–1417/48) wurde 1405 im Tresslerbuch als Herzog tituliert[281] und 1417 dann tatsächlich auch in den Fürstenstand erhoben. Der Brief der Cousins Heinrichs von Plauen aus dem Jahr 1413, in dem Eberhard als Fürst tituliert wird, ist gleichfalls unter diesem Aspekt zu betrachten. Die Tatsache, dass die beiden Cousins von Hochmeister Heinrich von Plauen sich veranlasst sahen, Eberhard als Vermittler einzusetzen, zeugt dabei ebenso von dessen hohem Ansehen, das darüber hinaus offenbar bis Mitteldeutschland ausstrahlte.

Eberhard war möglicherweise schon recht weit auf dem Weg zur Fürstenerhebung. Das Ansehen Eberhards war am Ende seiner Regierungszeit offenbar so hoch, dass es wohl schon damals Gerüchte gab, dass er vom König in den Fürstenstand erhoben werden würde[282]. Es sind auch jenseits der überlieferten Gerüchte Anzeichen vorhanden, dass Eberhard dem Ziel einer dauerhaften Rangerhöhung seines Hauses schon recht nahe war. In einem Brief an den Erzbischof Johann V. von Riga (1393–1418) bezeichnete König Sigmund nämlich den gleichnamigen Sohn Eberhards als *illustris Eberhardi comitis de Virtenberg iunioris*[283]. Das Prädikat *illustris* war jedoch nur weltlichen Reichsfürsten vorbehalten, selbst die in der Rangskala niedriger stehenden Fürstengenossen, die nur für ihre Person – nicht für ihr Land – den Fürstenrang innehatten, durften ein solches Prädikat nicht verwenden[284]. Bevor es jedoch zu einer möglichen Erhebung des württembergischen Grafen in den Fürstenrang kommen konnte, vereitelten offenbar politische Unstimmigkeiten mit König Sigmund bzw. Eberhards Tod im Jahr 1417 das Vorhaben[285].

---

278 Krieger (wie Anm. 276) S. 38.

279 TB (wie Anm. 12) S. 252.

280 Ebd., S. 300.

281 Heckmann (wie Anm. 228) S. 41.

282 Florian (wie Anm. 1) S. 91.

283 Ebd., S. 90 Anm. 122.

284 Karl-Friedrich Krieger, Fürstliche Standesvorrechte im Spätmittelalter, in: Blätter für deutsche Landesgeschichte 122 (1986) S. 91–116, hier S. 96 ff. – Eine Ausnahme wurde lediglich bei den Burggrafen von Nürnberg seit dem Ende des 14. Jahrhunderts gemacht, ebd., S. 97.

285 Florian (wie Anm. 1) S. 91.

Das Geschilderte hat die Überlegung zur Folge, ob nicht die für einen Grafen auffallend aufwändig betriebene Repräsentation Teil einer Strategie Eberhards III. war, den Fürstenstatus zu erlangen[286]. Neben einer ausreichenden Herrschaftsbasis bzw. lehnsrechtlichen Voraussetzungen war natürlich auch das Ansehen der Dynastie ein Kriterium der Fürstenerhebung bzw. Voraussetzung für die Akzeptanz des neuen Titels. Die neuen Standesgenossen waren ebenso daran interessiert, dass ihr „Zuwachs" eine den bisherigen Stand übersteigende Vornehmheit ja Ebenbürtigkeit (mit dem neuen Stand) aufweisen konnte[287]. Als etwa bei der Erhebung Eberhards V. (1459–1496) zum Herzog bzw. in den Fürstenstand 1495 der kaiserliche Rat Veit von Wolkenstein eine die Zeremonie einleitende Empfehlungsrede auf den neuen Herzog hielt, unterstrich er u.a. *das herbringen fürstlich stands, der in dem hus Wirtemberg allweg loblich herbracht und gehalten sy*[288]. Eine Urkunde über diese Herzogerhebung besagt dann auch, dass das Haus Württemberg Vorfahren von fürstenmäßiger Abstammung und ebensolchem Auftreten aufzuweisen habe[289]. Wenn Eberhard III. also den Fürstenrang anstrebte, dann war es für ihn angebracht, schon vor einer möglichen Fürstenerhebung seiner repräsentativen Selbstdarstellung ein fürstliches Niveau zu geben.

Die Preußenreise, die Teilnahme an einer „erfolgreichen" Litauerreise und die Falkengeschenke wiederum waren ein wertvoller Beitrag zur dafür erforderlichen Steigerung von Eberhards Ansehen. Weil die Falkengeschenke das Prestige des Beschenkten steigerten und zugleich ein Gradmesser dafür sind, soll nochmals ein Blick auf die Verteilung der Falkengeschenke im Jahr 1408 geworfen werden. Denn mit seinen vier Falken war er dem Herzog von Sachsen, der den Kurfürstenrang innehatte,[290] sowie den Burggrafen von Nürnberg, welche Fürstengenossen[291] waren, gleichgestellt. Der württembergische Graf erhielt bemerkenswerterweise auch die gleiche Anzahl an Falken wie die Erzbischöfe von Mainz und Trier, welche ebenfalls Kurfürsten waren[292]. Schließlich bekam er sogar doppelt so viele Falken wie der Graf von Henneberg, welcher immerhin gleichfalls Fürstengenosse[293] war[294].

---

286 Zur fürstlichen Repräsentation SCHUBERT (wie Anm. 275) S. 36f.

287 Dieter MERTENS, Der Fürst. Mittelalterliche Wirklichkeiten und Ideen, in: Der Fürst. Ideen und Wirklichkeiten in der europäischen Geschichte, hg. von Wolfgang WEBER, Köln u.a. 1998, S. 67–89, hier S. 83.

288 MERTENS (wie Anm. 287) S. 83.

289 Ebd., S. 83.

290 MORAW (wie Anm. 269) S. 70.

291 KRIEGER (wie Anm. 276) S. 39.

292 GStA PK XX HA, OF 3, p. 11; s. auch PARAVICINI (wie Anm. 226) S. 569.

293 KRIEGER (wie Anm. 276) S. 39.

294 GStA PK XX HA, OF 3, p. 11. – Falsch, mit jeweils vier Falken für die beiden Markgrafen von Meissen, PARAVICINI (wie Anm. 226) S. 569.

Ergebnis

Die Untersuchung hat gezeigt, dass die Beziehungen zwischen Württemberg und dem Deutschen Orden in der Regierungszeit Eberhards III. keinen Randaspekt der südwestdeutschen Landesgeschichte darstellen. Vielmehr sind die Beziehungen, vor allem nachweisbar für die Zeit des Tresslerbuchs (1399–1409), durch Regelmäßigkeit gekennzeichnet. Beide Seiten hatten Interesse an der Aufrechterhaltung und Pflege der beiderseitigen Beziehungen. Die Motive des Deutschen Ordens liegen auf der Hand, er benötigte politische und militärische Unterstützung in seinem Kampf gegen Polen-Litauen. Für Graf Eberhard lag der Nutzen in der Mehrung des Ansehens seiner Person und seines Hauses durch die Teilnahme an der Preußenfahrt und den Erhalt preußischer Jagdfalken. Die Mehrung des Ansehens der eigenen Familie war ein wichtiges Ziel seiner herrschaftlichen Politik. So lassen sich die Entscheidung Eberhards zu einer Preußenreise und seine Pflege der Beziehungen zum Orden – von weiteren individuellen Motiven abgesehen – auch als Ausprägungen eines besonderen politischen Stils interpretieren, in dessen Rahmen der württembergische Graf den erstrebten Aufstieg seines Hauses in den Fürstenstand aktiv durch Steigerung seines Prestiges zu befördern suchte.

Die Urkunden des Klosters Weingarten Probleme, Ergebnisse und Perspektiven ihrer Erschließung

Von RAIMUND J. WEBER

Das ausgehende 20. und beginnende 21. Jahrhundert war in der deutschen, namentlich auch der südwestdeutschen Archivlandschaft eine Zeit des Umbruchs. Neue Aufgaben wie die durch den technischen Fortschritt angezeigte Digitalisierung[1] und die im demokratischen Staat gebotene Erweiterung der Öffentlichkeitsarbeit[2] stellten die Archive vor bisher unbekannte Herausforderungen, die neben den traditionellen Dienstleistungen für die Verwaltung und Wissenschaft bewältigt sein wollten. Daraus ergaben sich Veränderungen auch für den Kernbereich archivischer Tätigkeit, insbesondere die Erschließung. Sie ließ sich, vor allem für größere Bestände, nicht mehr von dem aufgrund des Spardrucks der öffentlichen Haushalte stagnierenden „Stammpersonal" bewältigen. Damit schlug die Stunde der Drittmittelprojekte, in deren Rahmen – anfangs noch in besonderen Ausnahmefällen, heute bereits als Regelmodell – alte und neue Archivbestände erstmals oder neu erschlossen werden. Den Durchbruch hierfür schufen bundesweite bzw. länderübergreifende Großprojekte[3] wie die von der Deutschen Forschungsge-

[1] Dazu allgemein die Beiträge bei Gerald MAIER/Thomas FRITZ (Hg.), Archivische Informationssysteme in der digitalen Welt. Aktuelle Entwicklungen und Perspektiven (Werkhefte der staatlichen Archivverwaltung Baden-Württemberg, Serie A [künftig: Werkhefte], Heft 23), Stuttgart 2010; zu einem speziellen, für Archive und Bibliotheken wichtigen Beispiel Peter RÜCKERT/Jeannette GODAU/Gerald MAIER (Hg.), Piccard-Online. Digitale Präsentationen von Wasserzeichen und ihre Nutzung (Werkhefte, Heft 19); von der digitalen Aufbereitung der Archivalien und Findmittel zu unterscheiden ist die Archivierung digitaler Daten, dazu Udo SCHÄFER/Nicole BICKHOFF (Hg.), Archivierung elektronischer Unterlagen (Werkhefte, Heft 13), Stuttgart 1999; Christian KEITEL/Kai NAUMANN (Hg.), Digitale Archivierung in der Praxis. 16. Tagung des Arbeitskreises „Archivierung von Unterlagen aus digitalen Systemen" und nestor-Workshop „Koordinierungsstellen" (Werkhefte, Heft 19), Stuttgart 2013.

[2] Archiv und Öffentlichkeit. Aspekte einer Beziehung im Wandel. Zum 65. Geburtstag von Hansmartin Schwarzmaier, hg. von Konrad KRIMM und Herwig JOHN (Werkhefte der staatlichen Archivverwaltung Baden-Württemberg, Serie A, Heft 9), Stuttgart 1997.

[3] Der Begriff wird seit einigen Jahren in der Praxis verwendet, ist bislang aber noch nicht archivwissenschaftlich definiert. Es wäre demnach festzulegen, wann ein Archivprojekt

meinschaft finanzierten Inventare der Reichskammergerichtsakten[4] oder der Überlieferung der ehemals vorderösterreichischen Gebiete[5]. Auch wenn in diesen Beständen in mehr oder weniger großem Umfang auch Urkunden enthalten waren, bildeten doch in erster Linie Akten der Frühen Neuzeit den Gegenstand der Projekte. Mit der Neuverzeichnung der Urkunden des ehemaligen Benediktinerklosters Weingarten in Oberschwaben betrat die Projektarbeit auf Drittmittelbasis dagegen Neuland. Erstmals wurde eine immense Urkundenmasse, die noch nie zuvor einheitlich, zu einem erheblichen Teil sogar überhaupt noch nicht verzeichnet worden war, archivisch in zeitgemäßer Form aufgearbeitet[6].

Das Urkundenprojekt im Kontext der Weingartener Archivgeschichte

Warum Weingarten? Die Gründe für die Beantragung eines Projekts gerade für dieses Kloster lagen nicht, wie man zunächst vermuten könnte, in der zweifellos gegebenen herausragenden Bedeutung der Abtei[7], ihrer vormals prominenten Stel-

---

zum Großprojekt wird, wobei Dauer, personelle Besetzung sowie der Umfang der bearbeiteten Archivalien als Maßstab heranzuziehen sein dürften. Zu denken wäre auch an eine Typologie der Projekte (Verzeichnung, Digitalisierung, Verpackung, Verfilmung usw.); vgl. für Weingarten Raimund J. Weber, Die Urkunden des Klosters Weingarten. Ein Großprojekt der Erschließung ist abgeschlossen, in: Archivnachrichten 51 (September 2015) S. 44.

[4] Bernd Schildt, Wandel in der Erschließung der Reichskammergerichtsakten. Vom gedruckten Inventar zur Online-Recherche in der Datenbank, in: Das Reichskammergericht im Spiegel seiner Prozessakten. Bilanz und Perspektiven der Forschung, hg. von Friedrich Battenberg und Berndt Schildt (Quellen und Forschungen zur höchsten Gerichtsbarkeit im Alten Reich, Bd. 57), Köln/Weimar/Wien 2010, S. 35–60; Raimund J. Weber, Praktische Erfahrungen aus der Inventarisierung von Reichskammergerichtsakten am Beispiel südwestdeutscher Staatsarchive, ebd., S. 11–33.

[5] Bernhard Theil, Das DFG-Projekt „Gesamtinventar der Akten und Amtsbücher der vorderösterreichischen Zentralbehörden in den Archiven der Bundesrepublik Deutschland" – Voraussetzungen und Ziele, in: Die Habsburger im deutschen Südwesten. Neue Forschungen zur Geschichte Vorderösterreichs, hg. von Franz Quarthal und Gerhard Fritz, Stuttgart 2000, S. 27–40; Peter Steuer, Der Informationsgehalt der vorderösterreichischen Archivalien – ein Zwischenbericht, ebd., S. 41–59.

[6] Zur Digitalisierung der Urkunden und Urkundenfindmittel grundsätzlich Peter Rückert, Urkundenregestierung und digitale Edition. Neue Erschließungsformen im Kontext der südwestdeutschen Überlieferung, in: Staatliche Archive als landeskundliche Kompetenzzentren in Geschichte und Gegenwart. Zum 65. Geburtstag von Volker Rödel, hg. von Robert Kretzschmar (Werkhefte, Heft 22), Stuttgart 2010, S. 375–397.

[7] Zur Klostergeschichte allgemein vgl. zunächst den Überblick bei Gebhard Spahr, Art. „Weingarten", in: Franz Quarthal (Bearb.), Die Benediktinerklöster in Baden-Württemberg (Germania Benedictina, Bd. 5), Augsburg 1975, S. 622–647; als ausführliche Darstellung der ganzen Klostergeschichte immer noch unentbehrlich die ebenfalls von Spahr herausgegebene „Festschrift zur 900-Jahr-Feier 1056–1956", Weingarten 1956; mit Illustrationen die jüngste, konzise Gesamtdarstellung von Hans Ulrich Rudolf/Anselm Günthör, Die Benediktinerabtei Weingarten zwischen Gründung und Gegenwart 1056–2006,

lung im Reichsprälatenkollegium[8] des Alten Reichs, in dem bis heute fortwirkenden, für den Katholizismus in Oberschwaben nach wie vor identitätsstiftenden Heiligblutkult, und auch nicht in der kunstgeschichtlichen Bedeutung der barocken Basilika[9]. Sicherlich, das im Jahr 1056 von Welf III. gegründete Benediktinerkloster Weingarten hatte sich bis zur Säkularisierung[10] 1802/1803 aufgrund seiner reichen Ausstattung und einer durch Jahrhunderte fortgesetzten konsequenten Erwerbspolitik zu einer der führenden Klosterherrschaften in Schwaben entwickelt. Seine Besitzungen erstreckten sich vom Schussental bei Ravensburg und dem Bodenseegebiet bis in das westliche Allgäu, nach Vorarlberg und Südtirol. Durch die Verehrung einer aus Mantua[11] stammenden Heiligblutreliquie und den Bau der großartigen barocken Basilika wurde es zu einem geistlichen Zentrum, das in Oberschwaben bis in die Gegenwart nachwirkt. Für die Bedeutung des Klosters spricht nicht zuletzt die archivalische Überlieferung, ist doch der Bestand an Pergamenturkunden mit über 9.000 Stück der umfangreichste Urkundenbestand im Hauptstaatsarchiv Stuttgart.

Es waren nüchterne archivische Erwägungen, die für ein Weingartener Urkundenprojekt sprachen, ja es geradezu für dringend geboten erscheinen ließen. Zwei Umstände vor allem führten dazu. Eines der beiden Hauptmotive hatte seinen Ursprung in der Archivgeschichte des 19. Jahrhunderts, während sich das andere aus jüngsten Erkenntnissen und Entwicklungen der Archivwissenschaften ergab. Es ist seit langem bekannt, dass der Zustrom riesiger Archivalienmengen im Gefolge der Säkularisierung und Mediatisierung in der ersten Hälfte des 19. Jahrhunderts die Archivverwaltungen der Staaten des Deutschen Bundes überforderte – ein Phänomen, das im Grunde bis heute nachwirkt. Im Fall Weingartens führte dies dazu, dass die in mehreren Wellen in Stuttgart und Ludwigsburg eingehenden

---

Lindenberg 2006; ältere und spezielle Literatur bei Hans Ulrich RUDOLF (Bearb.), Der Landkreis Ravensburg im Spiegel des Schrifttums. Eine Kreisbibliographie (Weingartener Hochschulschriften Nr. 10 a), Ravensburg 1999, S. 336–343.

[8] Hansmartin SCHWARZMAIER, Abschnitt „Reichsprälatenklöster“, in: Handbuch der baden-württembergischen Geschichte, Bd. 2: Die Territorien im Alten Reich, hg. von Meinrad SCHAAB und Hansmartin SCHWARZMAIER, Stuttgart 1995, S. 245–609, zu Weingarten S. 604–606.

[9] Gebhard SPAHR, Die Basilika Weingarten. Ein Barockjuwel in Oberschwaben, Sigmaringen 1974; zu einem Detail neuerdings Alexandra HAAS, Ein musikalisches Großprojekt. Joseph Gablers Orgelbau in der Basilika Kloster Weingarten (1737–1750), in: Archivnachrichten (wie Anm. 3) S. 20 f.; vgl. im Übrigen das bei RUDOLF, Der Landkreis Ravensburg (wie Anm. 7) S. 339 ff., nachgewiesene Schrifttum.

[10] Hans Ulrich RUDOLF (Hg.), Alte Klöster – neue Herren. Die Säkularisation im deutschen Südwesten 1803 (Katalog der Landesausstellung Baden-Württemberg in Bad Schussenried vom 12. April bis zum 5. Oktober 2003), 2 Bände, Ostfildern 2003.

[11] Zu der in der Basilika St. Andreas in Mantua aufbewahrten Reliquie, insbesondere der Förderung des Hl. Blut-Kults durch die Familie Gonzaga vgl. Lukas WEICHENRIEDER, Das Heilige Blut von Mantua, in: 900 Jahre Heilig-Blut-Verehrung in Weingarten, hg. von Norbert KRUSE und Hans Ulrich RUDOLF, 1. Teil, Sigmaringen 1994, S. 331–336.

Archivalien nicht nur räumlich getrennt, sondern auch nur unzulänglich erschlossen wurden. Sowohl der nach Stuttgart gelangte Teil als auch die zunächst in Ludwigsburg gelagerten Urkunden konnten erst spät und auch dann nicht vollständig verzeichnet werden.

An archivisch bedeutenden Leistungen hat es dabei allerdings nicht gefehlt. In erster Linie ist hier an das um 1900 entstandene monumentale dreibändige Repertorium[12] des späteren Archivleiters Schneider[13] zu erinnern, das für seine Zeit eine vorbildliche Arbeit darstellte. Es ist vielleicht auf Schneiders dienstliche Belastung zurückzuführen, dass rund 1.000 Urkunden nicht mehr verzeichnet werden konnten und nach dem Ersten Weltkrieg auch nicht mehr erschlossen wurden. Ungleich schlechter war das Los der in Ludwigsburg lagernden Urkunden[14]. Hier blieben rund 4.000 Pergamenturkunden bis in die Zeit nach dem Zweiten Weltkrieg ohne Einzelaufnahmen. Dank der Bemühungen des Weingartener Paters Gebhard Spahr konnte danach wenigstens die Hälfte des Urkundenbestands in Form eines Zettelrepertoriums erschlossen werden. Insgesamt war damit gegen Ende des 20. Jahrhunderts immer noch eine Lücke in der Erschließung von gut 3.000 Pergamenturkunden zu verzeichnen.

Ein weiteres Erschließungsdefizit ergab sich aus der Aufteilung des ehemaligen Klosterarchivs unter mehrere Länder. Da sich das alte Klosterterritorium mit seinen zahlreichen Ämtern bzw. Herrschaften vor der Säkularisierung auf Gebiete erstreckt hatte, die nach 1800 an verschiedene Staaten gelangt waren, wurden, den damaligen staats- und archivrechtlichen Gepflogenheiten folgend, die Archivalien auf Württemberg, Baden und Bayern aufgeteilt. Im Einzelnen: Die Urkunden der badisch gewordenen Besitzungen, im wesentlichen der Vogtei Hagnau, gelangten

---

[12] Handschriftliches Archivrepertorium von Eugen SCHNEIDER, um 1890, mit Nachträgen von Karl-Otto MÜLLER, Robert UHLAND, Bernhard THEIL sowie weiteren, namentlich nicht gekennzeichneten maschinenschriftlichen Ergänzungen anlässlich der Umlegung von Urkunden aus dem Bestand B 59 (Landvogtei), 3 Bände, 2950 S., dazu ein Band Orts- und Personenregister, ca. 120 Bl. Schneider hat später auch den Teilbestand Ausnang verzeichnet; vgl. handschriftliches Bandrepertorium, „Amt Ausnang“, um 1900/1910, mit Personen- und Ortsregister (410 S.).

[13] Zur Person Bernhard THEIL, Friedrich Eugen von Schneider. Landeshistoriker und Archivar, 1854–1937, in: Lebensbilder aus Baden-Württemberg, Bd. 23, Stuttgart 2010, S. 242–258; DERS. (Bearb.), Eugen von Schneider (1854–1937). Archivar und Historiker zwischen Königreich und Republik. Blätter aus meinem Leben (Lebendige Vergangenheit. Zeugnisse und Erinnerungen, Schriftenreihe des württembergischen Geschichts- und Altertumsvereins, hg. von Albrecht ERNST, Bd. 24), Stuttgart 2011.

[14] Es handelt sich dabei um Archivalien, die Valentin Schloßstein beim Kameralamt Weingarten 1838–1840 aushob und zur dauernden Aufbewahrung bestimmte. Nach anfänglicher Unterbringung in den Nebenarchiven Stuttgart (Tübingertorkaserne) und Heilbronn (Klarakloster) kam der Bestand 1869 in das Staatsfilialarchiv Ludwigsburg. Seit dem Neubau des Hauptstaatsarchivs und dem damit zusammenhängenden Beständeausgleich wurde dieser Ludwigsburger Teil mit den bis dahin schon im Hauptstaatsarchiv Stuttgart verwahrten Teilen (Bestände 515 und folgende) wieder vereinigt.

im 19. Jahrhundert nach Karlsruhe[15], diejenigen aus dem Allgäu und Vorarlberg auf dem Umweg über Wien nach München. Der weitaus größte Teil verblieb in Württemberg, wurde jedoch auf zwei Archive aufgeteilt. Ältere Ablieferungen aufgrund der Arbeiten von Pfister[16] (1812) und Lotter[17] (1826) bilden die Grundlage des vorliegenden alten Stuttgarter Urkundenbestands mit annähernd 3.400 Urkunden. Davon getrennt, jedoch ebenfalls nach Stuttgart gelangt waren die über 500 Urkunden des Amts Ausnang (B 519) sowie einige Dutzend Urkunden betreffend Hagnau und Tirol (B 520/520 a)[18]. In der dritten und letzten Ablieferung (Schloßstein, 1838–1840) kamen mehr als 4.000 Urkunden in das damalige Staatsfilialarchiv und heutige Staatsarchiv Ludwigsburg (B 522). Erst nach dem Zweiten Weltkrieg bzw. dem Neubau des Hauptstaatsarchivs wurden die bis dahin getrennten Archivalien wieder zusammengeführt. In den sechziger Jahren des 20. Jahrhunderts wurde das in Ludwigsburg verwahrte Material nach Stuttgart gebracht[19].

Unter dem Einfluss neuerer archivwissenschaftlicher Erkenntnisse hat sich die Lehre von der historischen Provenienz herausgebildet, derzufolge die zwischenzeitlich getrennten Bestände wieder am Ort der alten Herrschaft zusammengefasst

---

[15] Die Urkunden der Karlsruher Ablieferung teilten zunächst das Schicksal der übrigen Urkunden des zu Beginn des 19. Jahrhunderts säkularisierten Klosters Weingarten. Sie gelangten im Jahr 1826 nach Stuttgart. 1868 kam es zu Verhandlungen über einen Austausch von Archivalien zwischen Württemberg und Baden. Im Zuge dieser Verhandlungen wurde im April 1870 vom Staatsarchiv in Stuttgart Weingartener Material angeboten zum Ausgleich für badische Archivalien der württembergischen Klöster Bebenhausen und Herrenalb. Die Weingartener Urkunden wurden im August 1871 an Karlsruhe übergeben. Dort wurden sie alphabetisch nach Orten geordnet. Das Hauptstaatsarchiv Stuttgart erhielt die Urkunden wieder im November 1998.

[16] Johann Christian Pfister, Pfarrer in Untertürkheim und Historiker; zu ihm: Hermann Haering, Johann Christian Pfister. Pfarrer, zuletzt Prälat, Geschichtsforscher 1772–1835, in: Schwäbische Lebensbilder, hg. von Hermann Haering und Otto Hohenstatt, Bd. 3, Stuttgart 1942, S. 418–438.

[17] Friedrich Pietsch, Die Archivreisen des Geheimen Archivars Lotter, in: Neue Beiträge zur südwestdeutschen Landesgeschichte. Festschrift für Max Miller (VKgL B 21), Stuttgart 1962, S. 333–353.

[18] Das Kloster Weingarten hatte Besitzungen in Tirol, hauptsächlich in Südtirol, namentlich das Amt Lana südlich von Meran sowie Güter bei Naturns. Streubesitz findet sich darüber hinaus auf dem gesamten Weg von Reutte (Tirol) bis ins Burggrafenamt. Eine zusammenfassende neuere Arbeit darüber existiert nicht, so dass die einschlägigen Artikel in den landeskundlichen Lexika der betreffenden Länder heranzuziehen sind. Dort ist auch die lokale Spezialliteratur nachgewiesen; vgl. Alpenländer und Südtirol, hg. von Franz Huter (Handbuch der historischen Stätten Österreich, Bd. 2), Stuttgart ²1978; Südtirol A–Z, 4 Bände, hg. von Eduard Widmoser, Innsbruck-München 1982–1995.

[19] Die Zusammenführung der südwürttembergischen Klosterarchive war auch Voraussetzung für eine Ausstellung des Hauptstaatsarchivs aus Anlass des 200jährigen Säkularisationsjubiläums; Bernhard Theil, Vom Klosterschrank ins Staatsarchiv. Säkularisation und Klosterarchive in Württemberg. Ausstellung des Hauptstaatsarchivs Stuttgart vom 9. April bis 25. Juli 2003, in: Der Archivar 56 (2003) S. 253.

werden. Im Rahmen des bayerisch baden-württembergischen Beständeausgleichs 1997 gelangten die in Karlsruhe und München lagernden Teile aufgrund der historischen Provenienz wieder zu den übrigen Weingartener Archivalien. In Stuttgart sind nun dem Lagerort nach die erhaltenen Weingartener Urkunden – von kleineren entfremdeten Splittern abgesehen[20] – wieder vereinigt. Damit ergab sich erneut ein Verzeichnungsbedarf aufgrund der unterschiedlichen Erschließung in den alten Lagerorten. Die bisher nur oberflächlich, zum Teil auch unzulänglich erfassten Bestände mussten tiefer erschlossen und im Verzeichnungsmodus demjenigen der Hauptbestände angeglichen werden. Ziel des Projekts war mithin eine umfassende, nach einheitlichen Grundsätzen erfolgende Verzeichnung, die zudem nach den aktuellen Erfordernissen onlinefähig sein musste, wozu auch Verweise auf bereits im Internet verfügbare Findmittel gehörten[21].

Vor dem Hintergrund einer Archivgeschichte[22], die geprägt war von jahrhundertelanger Bestandserhaltung und -kontinuität bis zum Ende des Alten Reichs einerseits, Aufteilung und erst in jüngster Zeit erfolgter Restitution andererseits, kann das Projekt nunmehr eingeordnet werden. Es knüpft im Grunde an bei einem systematisch angelegten Verzeichnungsvorhaben aus der Spätzeit des Klosters, das infolge der Säkularisierung ein Torso blieb, von dem aber die beiden stattlichen Inventarbände der Patres Joachim Kramer und Georg Bernard Zeugnis ablegen. Allerdings konnte es, 200 Jahre nach Aufhebung des Klosters, jetzt nicht mehr darum gehen, das Archiv neu zu ordnen und die Archivgeschichte des 19. und 20. Jahrhunderts gleichsam ungeschehen zu machen. Dafür fehlte nicht nur jeder praktische Bedarf, ein derartiges Vorhaben wäre auch im Rahmen der knappen Projektmittel weder personell noch finanziell zu leisten gewesen. So blieben die bisherigen Fonds erhalten, wurden aber vollständig und einheitlich erschlossen.

---

[20] Etwa in der Universitätsbibliothek Tübingen (Signatur Mh 730, 8 Urkunden 1507–1629 betreffend Leibeigenschaft bzw. das Kloster Weißenau), in den Archiven des Erzbistums Freiburg im Breisgau und des Bistums Rottenburg-Stuttgart; für letzteres vgl. Signatur B 515 U 1678 a (alt). Außerdem soll sich laut Altrepertorium B 515 „ein Teil“ der Urkunden über die Besitzungen in Tirol, namentlich in Lana, datierend ab der Mitte des 13. Jahrhunderts, im fürstlich wallersteinischen Archiv in Oettingen (jetzt Harburg) befinden.

[21] Für die Urkunden vor 1300 wird in den Vermerken auf die Edition im Württembergischen Urkundenbuch (http://www.wubonline.de) verwiesen.

[22] Eine umfassende Archivgeschichte des Klosters Weingarten fehlt bislang; einzelne Aspekte bei Alois Seiler, Die Archive der einstigen Reichsklöster in Württemberg nach der Säkularisation, in: ZWLG 23 (1964) S. 321–344.

Ordnung, Verzeichnung und Online-Stellung der Urkundenbestände

Da die äußere und innere Ordnung der Weingartener Urkundenbestände in der Neuverzeichnung beibehalten wurde, ergeben sich nach wie vor unterschiedliche Prinzipien im Aufbau der Findbücher, die bei der Benutzung zu beachten sind. Dabei lassen sich drei Gruppen unterscheiden.

Der alte Stuttgarter Hauptbestand weist eine Mischung aus Pertinenz und Chronologie auf. Da sich Eugen Schneider weitgehend an die alte Klosterordnung gehalten hatte, ist der alt verzeichnete Stuttgarter Bestand B 515 I nach wie vor primär nach Pertinenzen (Außenbeziehungen, Ämter) und sekundär nach Chronologie geordnet. Die bisher nicht bearbeiteten Leibeigenschaftsbriefe (jetzt B 515 II) waren bei Beginn der Verzeichnung bereits chronologisch vorsortiert, wobei es auch blieb. Dagegen ist die Ordnung der ehemals in Ludwigsburg lagernden Teilbestände B 522 I und III[23] durchweg chronologisch[24]. Dass nicht eine, sondern zwei Serien vorhanden sind, ist der neueren archivgeschichtlichen Entwicklung nach dem Zweiten Weltkrieg geschuldet. Ein Teil des Bestands, etwa die Hälfte, wurde nach Weingarten verbracht, um dort verzeichnet zu werden[25]. Aus konservatorischen Gründen wurden dabei Urkunden ohne Siegel ausgewählt. Da bei Beginn der Verzeichnung bzw. Neuverzeichnung beide Serien schon durchgezählt waren, behielt man aus Zeitgründen die bisherigen Reihen bei, so dass auch jetzt noch zwei nebeneinander herlaufende Serien bzw. Findbücher existieren.

Die Ordnung der kleineren Stuttgarter Altbestände sowie jene der Abgabebestände aus Karlsruhe und München ist gemischt. Während die wenigen Urkunden der Stuttgarter Splitterbestände „Vogtei Hagnau" und „Besitz in Tirol" (B 520 und B 520a) chronologisch geordnet waren und sind, weist der umfangreichere Bestand „Amt Ausnang" (B 519) eine auf Schneider zurückgehende Ordnung nach allgemeinen Betreffen bzw. Ortspertinenzen auf, wobei innerhalb der Betreffe wieder, wie bei der Hauptserie B 515 I, chronologisch sortiert wurde. Eine ähnliche Kombination aus Pertinenz und Chronologie weist auch der Abgabebestand aus Karlsruhe auf, der entsprechend der dort üblichen Brauerschen Archivordnung[26]

---

[23] Für B 522 I alt lag ein von Bernd OTTNAD erstelltes, überwiegend handschriftliches Zettelrepertorium von 1959 vor. Dieser Verzeichnungsversuch war mit Nr. 65 abgebrochen worden.

[24] Die Urkunden des Bestands B 522 (alt) befanden sich früher je nach Betreff bei den Akten, wurden dann von diesen getrennt und in chronologischer Folge geordnet.

[25] Sie wurden 1958–1968 von dem Weingartener Benediktinerpater Gebhard Spahr (1913–1986) in einem maschinenschriftlichen Zettelrepertorium verzeichnet; zum Verzeichner Karl PELLENS, Gebhard Spahr †, 15. November 1913–19. Dezember 1986. Glaube und Kunst in Oberschwaben (Nachruf), in: Schriften des Vereins für Geschichte des Bodensees und seiner Umgebung 105 (1987) S. IX–XIII.

[26] Herwig JOHN, Die Reform des badischen Archivwesens zwischen 1771 und 1803 oder *landesherrlich sancirte Normen* gegen die *wandelbare Willkür jedes Archiv-Beamten*, in: Umbruch und Aufbruch. Das Archivwesen nach 1800 in Süddeutschland und im Rhein-

eingeteilt und verzeichnet worden war, d. h. hauptsächlich nach Ortspertinenzen[27]. Für diesen Teilbestand wurde nach der Neuverzeichnung ein chronologisches Urkundenverzeichnis angefertigt und in die Einleitung eingefügt. Hingegen waren die aus München kommenden Urkunden bereits dort chronologisch sortiert worden, so dass bei der Neuverzeichnung auch nach Ausstellungsdaten verzeichnet werden konnte.

Dass der nach wie vor bestehende Zustand wechselnder Ordnungsprinzipien, welcher der Zerstreuung des Weingartener Archivs unter mehrere Nachfolgearchive geschuldet war, sachlich nicht mehr zu begründen ist, muss an dieser Stelle eingeräumt werden. Er ist auch für die Beratung und Nutzung unbefriedigend. Doch eröffnen die Fortschritte bei der archivischen Digitalisierung hier in absehbarer Zeit eine Verbesserung. So wäre etwa eine chronologische Sortierung aller Teilbestände in einer gemeinsamen virtuellen Serie möglich. Die herkömmliche Ordnung in Betreffe bzw. Orte erübrigt sich nunmehr, weil einschlägige Recherchen durch die Volltextsuche ohnehin gewährleistet sind.

Das Projekt: Ablauf, Verzeichnungsgrundsätze, Statistik und Bestandserhaltung

Der gesamte im Hauptstaatsarchiv Stuttgart lagernde Urkundenbestand des Klosters Weingarten wurde von 2008 bis 2015 im Rahmen eines von der Stiftung Kulturgut des Landes Baden-Württemberg finanzierten Projekts neu verzeichnet, d. h. die bis dahin unverzeichneten ebenso wie die in unterschiedlicher Tiefe schon erschlossenen Teile. Dies geschah im Zuge mehrerer Teilprojekte, wobei die bisher gänzlich unverzeichneten Teile zeitliche Priorität genossen. Im Anschluss an die Bearbeitung wurden die neuen Inventare ausgedruckt und im Internet-Portal des

land. Tagung zum 200-jährigen Bestehen des Generallandesarchivs Karlsruhe am 18./19. September 2003 in Karlsruhe, hg. von Volker Rödel (Werkhefte, Heft 20), Stuttgart 2005, S. 299–331.

[27] Rund 30 Prozent betreffen Ort und Vogtei Hagnau, gut vertreten sind ferner mit zusammen 40 Prozent Markdorf, Kippenhausen, Immenstaad, Frenkenbach und Kutzenhausen. Weitere 15 Prozent betreffen die in der Nähe gelegenen Orte Bermatingen, Haltnau, Mühle Harlachen, Helmsdorf, Hepbach, Hundweiler, Ort und Vogtei Ittendorf, Kippenhorn, Meersburg, Kluftern, Neuhausen, Reute, Riedheim, Stetten, Wangen und Weiler bei Hagnau. Die restlichen Ortspertinenzen der Karlsruher Abgabe erreichen zusammen nicht ganz 15 Prozent. Noch in der Nähe des Bodensees sind die Städte Pfullendorf und Überlingen, das Stift Betenbrunn bei Heiligenberg, Deggenhausen, Homberg, Moos und Urnau im Raum Deggenhausertal, Staad bei Konstanz, sowie Aach und Eigeltingen bei Stockach. Der heutige Landkreis Ravensburg ist mit Tepfenhard (U 656/657) vertreten, das mit Salem 1803 an Baden gekommen war, der Landkreis Sigmaringen neben dem schon erwähnten Pfullendorf mit dem ehemals fürstenbergischen Sentenhart (U 643/644), der Landkreis Waldshut mit Tiengen/Hochrhein (U 651–655) und Tannegg bei Bonndorf im Schwarzwald (U 650).

Landesarchivs online gestellt. Der unverzeichnete Teil der Stuttgarter Urkunden mit den Leibeigenschaftsbriefen wurde ab Mitte Juni 2008 in einem einjährigen Teilprojekt von Peter Steuer bearbeitet[28], die übrigen Urkundenbestände im Anschluss daran von Raimund J. Weber. Dieser verzeichnete von Mitte Juni 2009 bis 2011 zunächst den nicht erschlossenen Teil des Bestands B 522 (neu: B 522 III)[29] und danach den bereits von Gebhard Spahr erschlossenen Teil (neu: B 522 I)[30]. Es folgten die Urkunden des Amts Ausnang (B 519)[31] und die kleineren (Alt-) Stuttgarter Bestände Vogtei Hagnau und Besitz in Tirol (B 520/520 a)[32] sowie die Abgaben aus Karlsruhe (B 522 K)[33] und München (B 522 M)[34]. Am Schluss, d. h. von März 2014 bis März 2015, stand die Neuerschließung des alten Stuttgarter Hauptteils mit den von Eugen Schneider bearbeiteten Urkunden (neu: B 515 I)[35].

---

[28] Peter STEUER (Bearb.), Landesarchiv Baden-Württemberg, Hauptstaatsarchiv Stuttgart, Bestand B 515 II Weingarten, Benediktinerkloster, Teil 2: Leibeigenschaftsbriefe (1090) 1105–1803, Stuttgart 2010, 706 Seiten (https://www2.landesarchiv-bw.de/ofs21/olf/index.php?bestand=50961) (Letzter Abruf hier und im Folgenden: 16. 1. 2017).

[29] Raimund J. WEBER (Bearb.), Landesarchiv Baden-Württemberg, Hauptstaatsarchiv Stuttgart, Bestand B 522 III Weingarten, Benediktinerkloster: Urkunden 1296–1793, Teilbände 1 und 2 (Urkunden) sowie Teilband 3 (Konkordanzen und Register), Stuttgart 2012, 1498 Seiten (https://www2.landesarchiv-bw.de/ofs21/olf/index.php?bestand=23978).

[30] Raimund J. WEBER (Bearb.), Landesarchiv Baden-Württemberg, Hauptstaatsarchiv Stuttgart, Bestand B 522 I Weingarten, Benediktinerkloster: Urkunden 1280–1785, Teilbände 1 und 2 (Urkunden) sowie Teilband 3 (Konkordanzen und Register), Stuttgart 2013, 1272 Seiten (https://www2.landesarchiv-bw.de/ofs21/olf/index.php?bestand=24448).

[31] Raimund J. WEBER (Bearb.), Landesarchiv Baden-Württemberg, Hauptstaatsarchiv Stuttgart, Bestand B 519 Weingarten, Benediktinerkloster, Amt Ausnang 1342–1785, Stuttgart 2014, 268 Seiten (https://www2.landesarchiv-bw.de/ofs21/olf/index.php?bestand=3939).

[32] Raimund J. WEBER (Bearb.), Landesarchiv Baden-Württemberg, Hauptstaatsarchiv Stuttgart, Bestand B 520 Weingarten, Benediktinerkloster, Vogtei Hagnau 1415–1732, Stuttgart 2014, 35 Seiten (https://www2.landesarchiv-bw.de/ofs21/olf/index.php?bestand=3940); Raimund J. WEBER (Bearb.): Landesarchiv Baden-Württemberg, Hauptstaatsarchiv Stuttgart, Bestand B 520 a Weingarten, Benediktinerkloster, Besitz in Tirol 1265–1542, Stuttgart 2014, 17 Seiten (https://www2.landesarchiv-bw.de/ofs21/olf/index.php?bestand=3941).

[33] Raimund J. WEBER (Bearb.), Landesarchiv Baden-Württemberg, Hauptstaatsarchiv Stuttgart, Bestand B 522 K Weingarten, Benediktinerkloster, Karlsruher Ablieferung: Urkunden: 1273–1802, Stuttgart 2014, 390 Seiten (https://www2.landesarchiv-bw.de/ofs21/olf/start.php?bestand=3943).

[34] Raimund J. WEBER (Bearb.), Landesarchiv Baden-Württemberg, Hauptstaatsarchiv Stuttgart, Bestand B 522 M Weingarten, Benediktinerkloster, Münchner Ablieferung: Urkunden 1101–1793, Stuttgart 2014, 154 Seiten (https://www2.landesarchiv-bw.de/ofs21/olf/start.php?bestand=3944).

[35] Raimund J. WEBER (Bearb.), Landesarchiv Baden-Württemberg, Hauptstaatsarchiv Stuttgart, Bestand 515 I Weingarten, Benediktinerkloster: Urkunden (1090–) 1105–1801, Teilbände 1 und 2 (Urkunden) mit Teilband 3 (Konkordanzen und Register), Stuttgart 2015, 1200 Seiten (https://www2.landesarchiv-bw.de/ofs21/olf/index.php?bestand=50960).

Zeitgleich wurden durch andere Bearbeiter die Akten und Bände des Bestands verzeichnet (B 515 III)[36].

Die Verzeichnungsgrundsätze waren den Bearbeitern nicht vorgegeben. Sie mussten nach den Erfordernissen der Vorlagen, den heute üblichen archivwissenschaftlichen Gepflogenheiten und, nicht zuletzt, unter Berücksichtigung der projektbedingt knappen Zeitvorgaben erarbeitet werden. Hier ist zunächst festzuhalten, dass auch dort, wo bereits Findbücher oder Zettelrepertorien vorlagen, durchweg nach den Urkunden selbst neu verzeichnet wurde. Teils geschah dies, weil die Angaben der vorhandenen Repertorien wie bei den Karlsruher und Münchener Abgaben zu knapp und nicht selten auch fehlerhaft waren, teils weil, wie im Fall der Verzeichnung durch Gebhard Spahr, die Erschließung sich viel zu sehr in die Einzelheiten verloren hatte. Die Neuverzeichnung anhand der Urkunden erwies sich als schneller, rationeller und vor allem fehlersicherer als die theoretisch auch denkbare Einkürzung. Erzielt wurde dadurch überdies eine gewisse Einheitlichkeit, die bei stärkerer Berücksichtigung der Vorarbeiten nicht hätte erreicht werden können. Nicht zuletzt war es die Notwendigkeit, alle Ortsnamen einheitlich nach heutiger Praxis, d.h. unter Angabe der Gemeinden, Städte und Landkreise zu identifizieren, die ein Rekurrieren auf die Originale erforderte, lassen sich doch häufig die Identifizierungen nur dann zuverlässig vollziehen, wenn die fraglichen Namen im Kontext der Urkunde interpretiert werden.

Im Schnitt sind daher die Titelaufnahmen deutlich tiefer als diejenigen der Altrepertorien mit Ausnahme der Zettelverzeichnung Gebhard Spahrs und der vor 1300 datierenden Urkunden, die mit Rücksicht auf den Druck im Württembergischen Urkundenbuch (sowohl in der gedruckten wie in der Online-Fassung) kürzer gehalten werden konnten. Im Übrigen stellen die Regesten einen Kompromiss zwischen Voll- und Kurzregest dar. Der Rechtsinhalt wird in der durch die Originaldokumente vorgegebenen Reihenfolge möglichst knapp beschrieben, wobei jedoch bestimmte, häufig wiederkehrende Elemente gekürzt oder summarisch zusammengefasst wiedergegeben werden. Die Gegenstände der Rechtsgeschäfte (Personen, Grundstücke, Beträge) werden stets angegeben, jedoch unter Vernachlässigung unwichtiger Details wie Bruchteilen von Geldsummen o.ä. Die häufig schwer nachzuweisenden Höfe, Weiler und sonstigen Kleinstsiedlungen wurden nach Möglichkeit bestimmt, doch mussten hier infolge der knappen Zeitvorgaben gewisse Unsicherheiten offen bleiben und der lokalen Forschung überlassen werden, etwa bei den nicht selten vorkommenden gleichnamigen Höfen.

Zu den Vorteilen der projektbedingten Neuverzeichnung für Archivare und Benutzer gehört ein wesentlich genaueres Bild vom Umfang der betroffenen Be-

---

36 Marco Birn/Alexandra Haas/Peter Rückert (Bearb.), Landesarchiv Baden-Württemberg, Hauptstaatsarchiv Stuttgart, Bestand B 515 III Weingarten, Benediktinerkloster: Akten und Bände, 12. Jh.–1806 (1833), Stuttgart 2015, 223 Seiten (https://www2.landesarchiv-bw.de/ofs21/olf/index.php?bestand=50962).

stände und der Zahl der darin enthaltenen Urkunden, die bis dahin teilweise nur schätzungsweise bekannt war. Ermöglicht wurde eine aktuellere Statistik, die im Ergebnis meist, wenn auch nicht immer, zu höheren als bisher angenommenen Zahlen führte. Die Bestände bleiben zwar, abgesehen von geringfügigen Umlagerungen[37], prinzipiell gleich, aber Zu- und Abgänge, die im Lauf der Jahrzehnte seit Erstellung der Altrepertorien erfolgt und bisher durch Zwischennummern verschleiert waren, werden nunmehr sichtbar.

Das Inventar des neuen Teilbestands B 515 I verzeichnet in 2.397 Titeln mit 2.327 Signaturnummern (ohne Unternummern) Urkunden im Umfang von 27½ laufenden Metern. Die gegenüber den Signaturen höhere Zahl von 70 Titeln bzw. Urkunden ergibt sich durch Nachträge, für die zusätzliche Signaturen gebildet worden waren. Von der auf diese Weise erhöhten Zahl waren wiederum neun Nummern abzuziehen, die nicht bzw. nur mit einer Kopie belegt waren oder in jüngerer Zeit in andere Bestände umgelegt wurden, namentlich in das Kaiser- und Lagerbuchselekt, so dass sich ein Bestand 2.388 tatsächlich vorhandener Urkunden ergibt gegenüber den bisher angenommenen 2.359 Urkunden. Für die unverzeichneten Leibeigenschaftsurkunden wurde bei der Projektbeantragung von einem ungefähren Wert von rund 1.150 Nummern ausgegangen[38]. Dass diese Schätzung relativ zuverlässig war, zeigt der als Folge der Neuverzeichnung entstandene Wert von 1.143 Stück mit 10½ laufenden Metern. Sie bilden jetzt den neuen Teilbestand B 515 II, beginnen jedoch wegen der bereits vor der Neuverzeichnung erfolgten Verpackung nicht mit der Signatur 1, sondern im Anschluss an die letzte Bestellsignatur von B 515 I mit der Nummer 2.328. Die beiden neuen Teilbestände enthalten mithin zusammen 3.531 Pergamenturkunden mit 38 laufenden Metern.

Nach dem Lagerort sind zum „alten“ Stuttgarter Bestand B 515 noch zu rechnen drei aufgrund der neueren Archivgeschichte abgesonderte Teilbestände unterschiedlicher Größe: der mittelgroße Bestand Ausnang (B 519) mit 535 Urkunden entsprechend 7½ laufenden Metern[39] sowie die Splitterbestände „Vogtei Hagnau“ mit 46 Urkunden entsprechend ¾ laufende Meter und „Besitz in Tirol“ mit 18 Urkunden entsprechend ¼ laufende Meter. Sachlich schließt der Bestand Ausnang an die wenigen, schon in den Ämterurkunden des Bestands 515 I (U 358–370) enthaltenen dieses Amts an, während die Stuttgarter Urkunden betreffend die im 19. Jahrhundert badisch gewordene Vogtei Hagnau von der Pertinenz her zur Karlsruher Abgabe gehören. Der kleine Auswahlbestand „Besitz in Tirol“ ist durch eine Reihe von Urkunden zu ergänzen, die jetzt in den ehemals Ludwigsburger Teilbeständen

---

[37] So wurden bei der während des Projekts vorgenommenen Neuverpackung der Akten und Bände des Bestands B 522 nochmals rund ein Dutzend Pergamenturkunden aufgefunden, die bei der früheren Trennung von Urkunden und Akten übersehen worden waren.

[38] Als viel zu hoch erwies sich dagegen eine ältere Schätzung im Altrepertorium B 515 mit 1.300 Urkunden.

[39] Die Weingartener Archivalien über das Klosteramt Ausnang wurden erst nach Verzeichnung von B 515 (alt) im Bestand H 33 (Oberamt Leutkirch) gefunden.

B 522 I und III zu finden sind. Rechnet man diese Bestände zusammen, tragen sie mit 599 Urkunden entsprechend 8 ½ laufenden Metern zum alten Stuttgarter Bestand bei, der damit auf einen Gesamtbestand von 4.130 Urkunden entsprechend 46 ½ laufende Meter kommt.

Während sich bei den schon länger in Stuttgart lagernden Teilen des Weingartener Urkundenbestands die durch die Neuverzeichnung erreichten Präzisierungen des Bestandsumfangs noch in relativ engen Grenzen hielten, erwies sich die Ungewissheit über die tatsächliche Anzahl und den Umfang der in B 522 (alt) enthaltenen Urkunden als wesentlich gravierender. Ältere Schätzungen gingen von rund 4.000 Pergamenturkunden aus. Nach Verzeichnung der beiden Teilserien B 522 I und III steht nunmehr fest, dass in der ersten Serie 2.066 laufende Titelnummern entsprechend 2.060 tatsächlich im Bestand vorhandene Urkunden mit den Bestellsignaturen 1–2049 entsprechend einem Umfang von 14 laufenden Metern enthalten sind. Die zweite zählt 2.148 Nummern bzw. Urkunden mit einem Umfang von 20 laufenden Metern. Mit insgesamt 4.208 Urkunden bzw. 34 laufenden Metern wird damit die frühere Schätzung immerhin um rund fünf Prozent übertroffen.

Einen bedeutenden Zuwachs erfuhr der Urkundenbestand durch die Karlsruher und Münchener Abgaben. Die im neuen Bestand B 522 K enthaltene Karlsruher Abgabe zählt 677 Pergamenturkunden mit einem Umfang von sechs laufenden Metern. Die Münchener Abgabe, jetzt Bestand B 522 M, umfasst 235 Pergamenturkunden[40] mit fünf laufenden Metern, beide Abgaben zusammen also 912 Pergamente mit 11 laufenden Metern. Zieht man nun die Summe aller Teilbestände, ergibt sich ein Bestand von exakt 9.250 Pergamenturkunden[41] mit einem Lagerraum von 91 ½ laufenden Regalmetern. Im Zuge der Neuverzeichnung wurden erstmals auch alle Transkripte, Inserte und Beilagen, insgesamt 288 Stück, mit Datierungen von 1090–1686 systematisch erfasst und ebenfalls verzeichnet[42]. Da sie nicht unter

---

[40] Aus der Münchener Abgabe wurden 68 mit eigener Signatur versehene Papierurkunden entnommen und als Nachtrag dem Bestand B 522 Akten angefügt (Nummern 2386–2453).

[41] Einschränkend ist allerdings anzumerken, dass die Urkunden zwar, wie aus den Rückvermerken ersichtlich ist, ganz überwiegend tatsächlich Weingartener Provenienz sind, doch finden sich auch andere Provenienzen, die nach der Säkularisierung am selben Ort gelagert waren. So fand schon Lotter im „Lokale des Weingartenschen Archivs" Akten und Urkunden des Karmeliterklosters und Frauenklosters St. Michael in Ravensburg, des Frauenklosters in Altdorf und solche über Güter des Klosters Baindt. Sie waren, wie man vermutete, über die ehemalige Registratur der Landvogtei dorthin gelangt; vgl. Ausscheidungsverzeichnis von Weingarten, Bl. 41'/42: „Es ist hier alles bunt durcheinander …" (HStAS E 61 Bü 207).

[42] Mit Ausnahme der kurzen Leibeigenschaftsurkunden (B 515 II) enthalten alle Teilbestände Inserte. Dass sich mit 168 Stück gut die Hälfte im alten Stuttgarter Hauptbestand B 515 I finden, dürfte auf die häufig transkribierten Privilegien zurückzuführen sein. Aber auch der alte Ludwigsburger Bestand (B 522 I und III) weist mit insgesamt 82 Stück noch einen recht hohen Anteil an Transkripten auf.

ihrem Datum, sondern unter dem der Haupturkunden eingereiht sind, wurden zur leichteren Auffindbarkeit den Einleitungen chronologische Übersichten beigefügt. Diese Ergänzung um die Vidimi erbrachte eine weitere wichtige Verbesserung gegenüber den bisherigen Findmitteln.

Neben der Aktualisierung und Präzisierung des genauen Umfangs war ein zusätzlicher Vorteil die archivgeschichtliche Durchdringung des Bestands[43] infolge der Neu- bzw. erstmaligen Verzeichnung. Während die bisher benutzten Findbücher in der Regel keine Angaben über Vorsignaturen enthielten, erfasste die Neuverzeichnung neben den Signaturen der bislang aktuellen Findmittel des 19. und 20. Jahrhunderts auch die historischen Vorsignaturen aus der Klosterzeit und führte diese für die einzelnen Teilbestände in Konkordanzen zusammen[44]. Die häufigste noch von der Weingartener Klosterregistratur stammende Vorsignatur besteht aus einer Faszikel- und einer Nummernangabe. Die Faszikelangabe befindet sich in der Regel auf der Rückseite der zusammengefalteten Urkunde oben links, die Nummernangabe unten links. Der Faszikel wird mit „fasc.", oft auch nur mit „f." abgekürzt, die Nummer mit kleinem „n." Die Faszikel und Nummern-Signatur der Klosterzeit ist um die Angabe der Nummer eines Archivkastens bzw. einer -lade, abgekürzt „C[ista]", zu ergänzen, die jedoch nur selten auf den Rückvermerken anzutreffen ist. Die Nummern der Kisten und Läden können dem am Ende der Klosterzeit entstandenen Teilrepertorium bzw. dem württembergischen, bei Ablieferung der Klosterarchivalien angelegten „Hauptverzeichnis" entnommen werden.

Die zweite, in der Zeit der württembergischen Ausscheidungen entstandene Vorsignatur besteht aus einer bis zu fünfstelligen, mit roter Tinte auf der Urkunde vermerkten Nummer. Davon sind die Nummern 1.936–14.012 in einem zweibändigen „Hauptverzeichnis" nachgewiesen („Fortsetzung des Verzeichnens der Urkunden und Acten im Archiv Weingarten durch den Commissaire")[45]. In diesem sind die Weingartener Archivalien unter Angabe der ersten Vorsignatur sowie der zugehörigen Kisten und Laden regestiert. Als dritte Vorsignatur wurde eine Buchstaben-Zahlenkombination aufgenommen, die mit dem Großbuchstaben A beginnt und mit drei durch Punkte getrennten Zahlen fortfährt. Diese Signatur bezieht sich auf die in Lotters Ausscheidungsverzeichnis von 1826/1827[46] an der Spitze stehenden „Kästen mit der Bezeichnung A., 1. bis 5.", die Urkunden „über

[43] Die Vorinstanzen sind vor allem für die bisher noch völlig ungelöste Frage nach der Vollständigkeit der Klosterüberlieferung von Interesse. Mithilfe der Konkordanzen lässt sich überprüfen, was und wie viel vom einstigen Klosterarchiv heute im Hauptstaatsarchiv lagert bzw. was verlorengegangen und vermisst ist – zweifellos eine spannende Aufgabe für die Archivforschung.

[44] Das neue Inventar konnte aus technischen Gründen (begrenzte Zahl von Vorsignaturen in der Erfassungsmaske) nur die vier am häufigsten in den Rückvermerken aufscheinenden Signaturen angeben. Nicht signifikante einzelne Buchstaben oder Nummern sowie nur selten vorkommende Vorsignaturen wurden vernachlässigt.

[45] B 522 Bü 57/58.

[46] HStAS E 61 Bü 207.

das Kloster selbst" enthielten. Es handelt sich um jene „Acta domestica" (Haussachen), über die noch in der späten Klosterzeit ein zweibändiges Repertorium mit 1935 Nummern angelegt wurde. Der größte Teil wurde bis Mai 1797 von P. Joachim Kramer gefertigt. Nachdem dieser Großkeller geworden war, wurde die Arbeit von P. Georg Bernard fortgeführt[47].

Der letzte, jedoch nicht der unwichtigste archivische Gewinn ist bestandserhaltender Art. Im Vorgriff bzw. begleitend zur Neuverzeichnung fand im Rahmen des Landesrenovierungsprogramms eine durchgehende Neuverpackung der Pergamente in säurefreien Urkundentaschen mit Beschriftung statt. Von den Bearbeitern wurden im Rahmen der Erfassungsmasken Schäden notiert, die für Restaurierungen einen leichteren Zugriff auf schadhafte Urkunden ermöglichen. So konnte bereits 2016 im Ludwigsburger Institut für Erhaltung von Archiv- und Bibliotheksgut mit der Restaurierung von rund 500 beschädigten Siegeln begonnen werden.

Zum Inhalt der Urkunden: Ergebnisse und Fragen

Es ist natürlich völlig unmöglich, im Rahmen des vorliegenden Überblicks auch nur annähernd eine Vorstellung von den mannigfaltigen Inhalten dieses gewaltigen Urkundenarchivs mit über 9.000 Nummern zu geben. Immerhin darf an dieser Stelle, nicht zuletzt zur Rechtfertigung des Projekts und hauptsächlich mit statistischen Methoden, der Versuch gewagt werden, Schneisen in diese kaum überschaubar wirkende Urkundenmasse zu schlagen und der archivarischen wie historischen Forschung Winke und Hinweise künftiger Forschung bzw. Fragestellungen zu geben.

Kanonistische Urkunden

Überblickt man in diesem Sinn die Masse der Pergamenturkunden und versucht, sie zahlenmäßig und inhaltlich zu strukturieren, erscheint es zunächst erstaunlich, dass in der Überlieferung eines Klosters der Anteil an kanonistischen Urkunden relativ bescheiden ist. Wer die einzelnen Bestände auf die Verteilung nach geistlichen und weltlichen Angelegenheiten abklopft, stößt schon im alten Stuttgarter Bestand darauf, dass der Anteil der weltlichen Sachen die der geistlichen bei Weitem übersteigt. Im Einzelnen: Die Urkunden der Klosterämter einschließlich der Vogtei- und einzelnen Güter bilden mit 1.357 Signaturen (58 Prozent) quantitativ den Schwerpunkt des Bestands. Rechnet man Altdorf und Ravensburg (ohne die kirchlichen Pfründen) mit 111 bzw. 103 Urkunden hinzu, kommt man schon auf gut zwei Drittel. Weiter liefern die Beziehungen zu weltlichen Herrschaftsträgern

[47] Die Bände lagerten früher im Bestand B 515 unter den Nummern 465 und 474, jetziger Lagerort: B 16 (Altrepertorien, B 515).

wie dem Kaiser, der Landvogtei und anderen Herrschaften 149 Urkunden, die zusammen mit den 79 Urkunden über Passivlehen ein Zehntel ausmachen. Hingegen: Die Beziehungen zu Papst und Kirche (128) sowie die sonstigen geistlichen Sachen einschließlich der inkorporierten Pfarreien Altdorf und Leutkirch sowie der Ravensburger Pfründen ergeben lediglich 14 Prozent. Würde man nun die bisher noch nicht berücksichtigten, jedoch praktisch zur Gänze den weltlichen Betreffen zuzuschlagenden Leibeigenschaftsurkunden des Teilbestands B 515 II einbeziehen, geriete der kirchenrechtliche Anteil unter die Zehn-Prozent-Grenze.

Nicht viel anders stellen sich die Verhältnisse im ehemaligen Ludwigsburger Bestand dar. In B 522 I betreffen nicht ganz zehn Prozent der Urkunden Materien des Kirchenrechts. Neben Urkunden aus der geistlichen Gerichtsbarkeit gehören dazu die Besetzung kirchlicher Pfründen, meist Kaplaneien, Ein- und Austritt aus dem Kloster, Seelgeräte und andere fromme Stiftungen, Ablass, Quittungen für Annaten und andere päpstliche bzw. bischöfliche Abgaben sowie weitere Urkunden vermischten Inhalts wie Dispense, Verleihung von Weihegraden, Zeugnisse kirchlicher Hochschulen u. a. Diese Urkunden sind regelmäßig in lateinischer Sprache gehalten, lediglich Seelgeräte und die von Angehörigen der Novizen anlässlich des Eintritts in das Kloster ausgestellten „Schülerbriefe“ sind durchweg in deutscher Sprache abgefasst. Zahlenmäßig noch dürftiger sieht es bei B 522 III aus. Der über 2.000 Pergamenturkunden umfassende Teilbestand enthält lediglich etwa 100 kirchenrechtliche Urkunden, also gerade fünf Prozent. Dazu gehören zunächst wieder die zwischen 1437 und 1581 in deutscher Sprache abgefassten Erklärungen von Angehörigen, meist der Eltern, beim Eintritt jugendlicher Schüler, die zum Ordensleben bestimmt waren[48]. Geistliche Angelegenheiten enthalten ferner die regelmäßig in lateinischer Sprache abgefassten Urkunden betreffend Präsentationen und Investituren anlässlich der Übertragung kirchlicher Würden bzw. der damit verbundenen Pfründen, ferner in deutscher Sprache gehaltene Jahrzeitstiftungen. Unter den sonstigen kirchenrechtlichen Betreffen finden sich Angelegenheiten der Benediktinerkongregation[49], Kirchenbau[50] und Altarweihe[51], Bruderschaften[52] und Legitimation von Pfarrerskindern[53].

Abgerundet wird das in den Hauptbeständen enthaltene Material durch die kleineren Bestände und die Abgaben. Für das Amt Ausnang liegen an kirchenrechtlichen Urkunden nur wenige Stücke vor. Erwähnt seien hier jene von 1359 und

48 Die Benennungen für diese Urkunden wechseln. Zeitgenössische Rückvermerke sprechen von „Verzichtbrief“ (U 170), „Konventual(profeß)verschreibung“ (U 211, 1667, 1739), „Ordensverschreibung“ (U 1574) oder „Schülerbrief“ („schuler brieff“, U 429).

49 Etwa der Beitritt Kemptens zur schwäbischen Benediktinerkongregation 1649 (B 522 III U 2058).

50 So für Altdorf 1594 (B 522 III U 1877).

51 Für Schlier 1663 (B 522 III U 2076).

52 Altdorfer Rosenkranz-Bruderschaft von 1731 (B 522 III U 2130).

53 B 522 III U 1750, mit inseriertem Hofpfalzgrafendiplom Gerwig Blarers.

1594 über den Verkauf der Pfarrei Herlazhofen, durch welche die Pfarrei von den Hohenegg über die Laubenberg an das Kloster kam[54], die Inkorporation der Pfarrkirche von Eschach in die Pfarrei Ausnang von 1422[55] und ein Urteil des Konstanzer Offizials in einer Zehntstreitigkeit mit dem Pfarrer von Muthmannshofen aus dem Jahr 1489[56]. Von besonderer Bedeutung für die Geschichte der Pfarrei Ausnang sind ferner jene Urkunden, die im Zusammenhang mit dem 1554 auf Präsentation durch Gerwig Blarer investierten Pfarrer Lorenz Hauser stehen[57].

Recht gering ist der Anteil kirchenrechtlicher Vorgänge mit knapp sieben Prozent auch bei der Karlsruher Abgabe. Diese Urkunden betreffen hauptsächlich die Fundation und Besetzung der Propstei Betenbrunn und die Vergabe der Pfarrstelle in Kippenhausen. Der Anteil erhöht sich etwas, wenn man die Urkunden über Zehntrechte hinzurechnet, bei denen es sich meist um Lehenbriefe über den Weinzehnten von Markdorf handelt. Deutlich stärker fällt mit 15 Prozent (ohne Zehntsachen) der kanonistische Anteil bei der Münchener Abgabe aus, darunter zehn Urkunden betreffend fromme Stiftungen und Seelgeräte. Der Rest entfällt auf Urteile geistlicher Gerichte, päpstliche und andere Kommissionen, namentlich aus Anlass des Erwerbs des Feldkircher Johanniterhauses[58], Investitursachen, Kirchen- und Altarweihe u. ä. Von grundsätzlicher Bedeutung für die kirchenrechtlichen Zuständigkeiten ist der Vergleich Weingartens mit dem Bistum Chur über die Exemtion des Feldkircher Hauses und die bischöfliche Gewalt über die Blumenegger Pfarreien[59]. Der Kauf eines Wegelinschen Guts zur Errichtung eines Weingartener Priorats in Bregenz führte zu einem Vertrag mit dem Kloster Mehrerau betreffend die Eingrenzung der Befugnisse des geplanten Priorats[60].

Die Tatsache, dass die kanonistischen Urkunden in der Minderzahl sind, bedeutet natürlich keineswegs, dass sie inhaltlich weniger wichtig waren. Ganz im Gegenteil: Schon in den Augen der zeitgenössischen Klosterarchivare wurden sie, zusammen mit den kaiserlichen und fürstlichen Klosterprivilegien, an der Spitze der Repertorien verzeichnet. Sie bildeten als vornehmster Teil der „Acta do-

---

54 B 519 U 349, 346.

55 B 519 U 314.

56 B 519 U 166.

57 B 519 U 554. – Der nichteheliche Geistliche (vgl. auch U 139), der Kaplan an der Leonhardskapelle in Leutkirch war (U 138), verfügte über angesehene Verwandtschaft in oberschwäbischen Männer- und Frauenklöstern, wie aus seinem Testament von 1591 ersichtlich ist (U 168). Er war Onkel eines Abts von Rot an der Rot und eines Weingartener Großkellers. In Ausnang erwarb er umfangreichen Haus- und Grundbesitz, der großenteils zu Beginn der Amtszeit des Abts Johann IV. Christoph Raitner vom Kloster aufgekauft wurde (U 164).

58 B 522 M 522 U 141. – Das ehemalige Johanniterstift Feldkirch erwarb Weingarten 1610 und wandelte es in ein Priorat um. Es diente im Dreißigjährigen Krieg einem großen Teil des Konvents als Zuflucht. 1695 wurde das Priorat an die Stadt Feldkirch verkauft und ging bald darauf in den Besitz des Klosters Ottobeuren über.

59 B 522 M U 223.

60 B 522 M U 160.

mestica“ den Kern der statusbegründenden, für das äußere und innere Klosterleben grundlegenden kirchenrechtlichen Fundamente. Die päpstlichen und kaiserlichen Privilegien waren Voraussetzung für die Entwicklung des von den Welfen dem Heiligen Stuhl übergebenen Klosters zum Reichskloster und seiner reichsunmittelbaren Stellung, die Stiftungsbriefe und Besitzbestätigungen schufen die Basis für das reiche Klostergut, das in den folgenden Jahrhunderten nach und nach durch Zustiftungen und Erwerbungen erweitert wurde, die Urkunden über Abtswahlen, Aufnahme von Novizen und die Besetzung der Kaplaneipfründen erhellen den personellen Bestand von Abtei und Konvent.

Ein besonders interessantes Beispiel für letzteres bilden die mehrfach erwähnten „Schülerbriefe“, die nicht nur über die spätmittelalterlichen Gewohnheiten bei der Aufnahme neuer Mönche Aufschluss geben, sondern auch in personengeschichtlicher Hinsicht wichtig sind[61], waren sie doch in der Regel von den engsten Angehörigen der Klosterschüler ausgestellt. Die Urkunden enthalten Bestimmungen betreffend die Übergabe des Novizen in die Gewalt des Ordens, Verzicht auf feindselige Akte gegen diesen im Fall von Strafmaßnahmen, Unterhaltsansprüche und erbrechtliche Fragen. Dazu gehörte etwa die Pflicht der Angehörigen zur Stellung eines Chormantels („Chorkappe“) für den künftigen Klosterinsassen. Förmliche kirchenrechtliche „Leckerbissen“, die einer kanonistischen Exegese harren, enthalten schließlich jene Urkunden über Prozesse, die im Spätmittelalter und der Frühen Neuzeit vor päpstlichen Kommissionen oder gar an den apostolischen Gerichten in Rom selbst ausgetragen worden waren[62].

Die wichtigsten kanonistischen Urkunden enthält zweifellos der alte Stuttgarter Hauptbestand. Neben den frühen Papsturkunden, die dem Kloster Schutz versprechen und seinen Besitz bestätigen, stehen die Quittungen für die päpstlichen Annaten und schließlich in großer Zahl, vom Mittelalter bis in die Barockzeit, die für das Kloster sowohl in spiritueller wie wirtschaftlicher Hinsicht so wichtigen Ablassbriefe, ausgestellt von Päpsten, Kardinälen, Erzbischöfen und Bischöfen sowie anderen hohen Würdenträgern aus Deutschland und Italien. Auf die für Weingarten charakteristische Verehrung des Heiligen Blutes[63] wird darin immer wieder und schon im 13. Jahrhundert Bezug genommen, etwa anlässlich der Weihe des Heilig-Blut-Altars 1276[64]. Unter diesen auch zum Vorweisen an das gläubige Kirchenvolk

---

61 Unter diesen Urkunden befindet etwa sich der Schülerbrief des späteren Abts Gerwig Blarer (1520–1567) aus dem Jahr 1511 (B 522 III U 1130).

62 Vgl. etwa (alle Urkunden in B 522 III) die Streitigkeiten über Misshandlung eines Geistlichen 1481 (U 730), Zehntstreit in der Pfarrei Berg unter Beteiligung des Regensburger Dompropstes Welser 1521/1522 (U 1269, 1270, 1278; B 515 I U 1594–1595) und die Frühmesse in Aislingen 1552 (U 1624, 1635); desgleichen in B 515 I Streit über die Besetzung der Pfarrei Krumbach im Amt Bodnegg 1492, 1502 (U 702–707, 709).

63 900 Jahre Heilig-Blut-Verehrung in Weingarten 1094–1994. Festschrift zum Heilig-Blut-Jubiläum am 12. März 1994, hg. von Norbert Kruse und Hans Ulrich Rudolf, 3 Bände, Sigmaringen 1994.

64 B 515 I U 77.

bestimmten Urkunden befinden sich zahlreiche kalligraphisch beachtliche, teilweise sogar illustrierte Stücke[65]. Weitere Gegenstände päpstlicher Verfügungen waren unter anderem die Freiheit des Abts in der Wahl des Beichtvaters, Achterklärungen gegen das Kloster, etwa zur Zeit Ludwigs des Bayern, das Recht zum Siegeln mit rotem Wachs[66] oder das Tragen der Mitra und der Pontifikalien durch die Äbte[67]. Typisch für die Zeit der Gegenreformation und des Dreißigjährigen Krieges, aber auch noch danach sind Erlaubnisse zum Lesen „häretischer", d. h. protestantischer Bücher und zur Entlassung aus der Exkommunikation für in die römische Kirche zurücktretende „Häretiker" sowie die Gewährung von Ablässen für die Einheit der christlichen, d.h. katholischen Fürsten und die „Austilgung" der „Häretiker"[68].

Interne Klostersachen („domestica") werden in 50 Urkunden behandelt[69]. Gut die Hälfte davon betrifft Abtswahlen zwischen 1455 und 1673, meist Anzeigen an den Bischof von Konstanz über die erfolgte Wahl durch den Konvent und die Bestätigung des Abts durch den Bischof bzw. Generalvikar. Solche Urkunden liegen vor für die Wahl der Äbte Jodok Bentelin[70], Hartmann Wygelin („von Burgau")[71], Gerwig Blarer[72], Georg Wegelin[73], Franz Dietrich[74], Dominicus I. Laymann[75] und Alphons I. Stadelmayr[76]. Die entsprechenden Stücke für die Wahl der Äbte Kaspar Schiegg (1477), Johann III. Hablützel (1567) und Johann IV. Raitner (1575) fehlen.

Religiöses Brauchtum erscheint in Form von Reliquienverehrung, Bruderschaften und Gebetsverbrüderung. Unter den nach Weingarten gelangten Reliquien befanden sich auch solche aus der Schweiz (Chur, Solothurn, St. Gallen), deren Erwerb vermutlich Pilger aus dem katholischen Teil der Eidgenossenschaft anziehen sollte[77]. Die Bruderschaftsurkunden beziehen sich zum einem auf die spätmittelalterliche Sebastiansbruderschaft mit ihrer in Ungarn erworbenen Pfeilreliquie, darunter eine Papsturkunde Innocenz VIII.[78], zum andern auf die für Weingarten

[65] Letztere entnommen und heute im Bestand H 52 (Bemalte Urkunden) gelagert; vgl. dort U 10, 31/32.
[66] B 515 I U 145.
[67] B 515 I U 150.
[68] Zuletzt noch 1748, vgl. B 515 I U 187.
[69] B 515 I U 308–357.
[70] 1455 (U 308–310).
[71] 1491 (U 312–314).
[72] 1520 (U 315–316). – Zur Person: Heinrich GÜNTER (Bearb.), Gerwig Blarer, Abt von Weingarten 1520–1567. Briefe und Akten (Württembergische Geschichtsquellen, hg. von der Württembergischen Kommission für Landesgeschichte, Bd. 16/17), Stuttgart 1914/1921.
[73] 1586 (U 318–319).
[74] 1627 (U 324–325).
[75] 1637 (U 326–327).
[76] 1673 (U 328).
[77] Drei Urkunden betreffen die Reliquiensammlung Wilhelms V. von Bayern in München (B 515 I U 340–342). Der Zusammenhang mit Weingarten ist unklar.
[78] B 515 I U 336–339, 344.

besonders wichtige barocke (Reiter-) Bruderschaft zur Verehrung des Heiligen Blutes, darin drei Papsturkunden Benedikts XIV[79]. Wichtig ist ferner die Urkunde über die Gebetsverbrüderung mit dem Andreaskloster in Mantua von 1278[80], die ebenso an den Kult des Heiligen Bluts anknüpft wie die Weinstiftung eines Truchsessen von Waldburg von 1351[81].

Landleihe

In allen Teilbeständen des ehemaligen Klosterarchivs nehmen die Urkunden über den Erwerb durch Stiftungen, Lehensempfang und Kauf sowie die Verwertung von Grundbesitz durch Landleihe und -verpfändung mit Abstand den größten Raum ein. Modern gesprochen könnte man sagen, das Kloster war in wirtschaftlicher Hinsicht ein Immobilienfonds bzw. eine Grundkreditanstalt[82]. Die Aktivseite der Bilanz dieser Firma enthält die Erwerbungen an Grundbesitz, die Passivseite die gegen Geld und andere Abgaben ausgeliehenen Güter.

Schon bei den nach Klosterämtern geordneten Urkunden[83], welche mit insge-

---

79 B 515 I U 350–353.

80 B 515 I U 354.

81 B 515 I U 335.

82 Zur Wirtschaftsgeschichte des Klosters in der Barockzeit vgl. Peter Scherer, Reichsstift und Gotteshaus Weingarten im 18. Jahrhundert. Ein Beitrag zur Wirtschaftsgeschichte der südwestdeutschen Grundherrschaft (VKgL B 57), Stuttgart 1969.

83 An der geographischen Verteilung der Ämterurkunden lassen sich die Besitzschwerpunkte des Klosters erkennen, die sich wie ein Kranz um den Kern von Altdorf und Ravensburg legen. Am dichtesten ist die Überlieferung in den drei südöstlich von Weingarten, zwischen Ravensburg und Wangen bzw. um die Waldburg herum gelegenen Ämtern Karsee, Bodnegg und Schlier. Die weiter östlich, zwischen Leutkirch und der Landesgrenze liegende „Exklave“ des Amts Ausnang ist im Bestand B 515 I mit wenigen Urkunden vertreten, zu denen jedoch die im Bestand B 519 befindlichen 535 Urkunden gezählt werden müssen. Nordwestlich von Ravensburg, in Richtung Pfullendorf, befand sich der einigermaßen zusammenhängende und mit Urkunden dicht belegte Besitzkomplex der Ämter Hasenweiler, Fronhofen und Blitzenreute. Etwas weiter nordöstlich schlossen sich in Richtung Wilhelmsdorf und Ostrach die benachbarten kleineren Ämter Esenhausen und Waldhausen an, die eine mittlere Zahl von Urkunden aufweisen, ebenso das nördlich von Weingarten, zwischen Altshausen und Bad Waldsee gelegene Amt Blönried und das nordöstlich, jenseits des Altdorfer Walds in Richtung Bad Wurzach gelegene Amt Bergatreute. Wesentlich geringer ist das Aufkommen an Urkunden aus dem südlich des Komplexes Hasenweiler-Fronhofen gelegenen Ämtlein Rolgenmoos und der nördlichen „Exklave“ des Amts Fulgenstadt/Marbach zwischen Bad Saulgau und Mengen. Dass das südlich von Ravensburg an der Schussen, heute zu Meckenbeuren gehörende Amt Brochenzell (ohne die Lehenbriefe) ebenfalls nur mit relativ wenigen Urkunden erscheint, dürfte neben dem späten Erwerb mit dem geringen Umfang zu erklären sein. Der Besitz im Kern um das Kloster war im sogenannten „Zehntamt“ zusammengefasst, das wiederum durch die Schussen in zwei Ämter geteilt war. Die Urkundendichte des Zehntamts diesseits („hennet“, östlich) der Schussen ist dabei deutlich größer als das im Zehntamts jenseits („ennet“, westlich).

samt 1.356 Stück[84] die Hauptmasse des alten Stuttgarter Bestands (B 515 I) ausmachen, handelt es sich im Wesentlichen um Erwerbstitel für Liegenschaften und grundstücksgleiche Rechte wie Höfe, Äcker, Zinsen u. a., aber auch Vogtei- oder Zehntrechte, die durch Kauf, Tausch, Schenkung bzw. als Seelgerät an das Kloster kamen. Darunter befindet sich eine Reihe von Urkunden über den Erwerb von Burgen und Dörfern[85]. Besonders markant erscheint die Bedeutung der Grundstücksgeschäfte an den Urkunden des inhaltlich zu B 515 I zu rechnenden Teilbestands „Amt Ausnang". Hier dokumentieren mehr als 80 Prozent, d. h. etwa 450 Urkunden, Rechtsgeschäfte über Liegenschaften. Am häufigsten kommen Lehenbriefe sowie Leihebriefe und -reverse einschließlich sonstiger Urkunden über verliehene Grundstücke vor, zusammen also etwa 200 Urkunden[86]. Nicht minder eindrucksvoll tritt im alten Ludwigsburger Bestand B 522 die dominierende Rolle des Liegenschaftsverkehrs hervor. Im Teilbestand B 522 I überwiegen die Verfügungen über Grundstücke und grundstücksgleiche Rechte mit annähernd 1.500 Nummern entsprechend gut 70 Prozent bei Weitem alle anderen Betreffe. Die Leihebriefe und Reverse bilden mit etwa 850 Nummern entsprechend gut 40 Prozent die am häufigsten vertretene Geschäftsart. Noch höher liegt der Anteil der Leiheurkunden beim Teilbestand B 522 III. Die Urkunden über die Vergabe meist bäuerlicher Lehengüter, d. h. Lehens- und Leihebriefe bzw. -reverse, machen mit insgesamt 1.240 Nummern etwa 58 Prozent des Teilbestands aus[87]. Auch in den kleinen Splitterbeständen ist das Bild nicht viel anders: Im Stuttgarter Bestand „Vogtei Hagnau" besteht knapp die Hälfte der Urkunden aus Leihebriefen und -reversen.

Auch in der Karlsruher Abgabe (B 522 K) überwiegen die Urkunden, die Rechtsgeschäfte des Liegenschaftsverkehrs dokumentieren, mit einem Anteil von etwa zwei Dritteln. An der Spitze stehen Kauf- und Tauschverträge mit fast 30 Prozent (195 Urkunden), darunter zahlreiche betreffend Rebgüter in Hagnau. Leihebriefe und -reverse, Lehenbriefe sowie Urkunden betreffend Verfügungen über Leihegüter machen mit 145 Stück über 20 Prozent des Bestands aus, gefolgt von Zinsbriefen mit noch einmal 15 Prozent (101 Stück). In der Abgabe aus München

[84] Bei dieser Zahl ist zu berücksichtigen, dass für alle Ämter in den Beständen B 522 I und III zahlreiche Urkunden vorliegen, so dass die tatsächliche Überlieferung wesentlich höher liegt.

[85] So etwa von Wildeneck 1283 (U 1274), Pflegelberg 1340 (U 624), Esenhausen 1363 (U 796), Fronhofen 1379 (U 865), Hasenweiler 1400, 1601 (U 1004, 1068), Biegenburg 1404 (U 464/465), Zellerberg oder Hanser 1514 (U 1208), Brochenzell und Sammletshofen 1536, 1721 (U 760/761, 782), Hasenstein 1609 (U 1075) und Ringgenweiler 1621 (U 1079).

[86] Der Häufigkeit nach folgen 155 Zinsverschreibungen und 90 Kauf- oder Tauschbriefe, die ebenfalls Grundstücke zum Gegenstand hatten.

[87] Wegen der hohen Zahl von Leiheurkunden wurde der alte Bestand B 522 deshalb pauschal als „Leihebriefe" bezeichet. Diese Bezeichnung sollte jedoch nach der Neuverzeichnung nicht mehr verwendet werden, beschränkt sich der Anteil der Leiheurkunden in den beiden Teilbeständen doch auf 40 bzw. 58 Prozent.

(B 522 M) betreffen über 60 Prozent der Urkunden Rechtsgeschäfte des Liegenschaftsverkehrs einschließlich der Lehenbriefe. Kauf- und Tauschbriefe halten sich mit Leihe- und Lehenurkunden (52 bzw. 54) in etwa die Waage.

Aus dem hier erläuterten statistischen Befund ergibt sich für die Forschung zweierlei: Zum einen ist nunmehr, soweit es die Urkunden betrifft, eine umfassende, bequem greifbare Grundlage für die Aufarbeitung der Besitzgeschichte der Ämter und Herrschaften sowie der einzelnen Höfe und Güter vorhanden. Die in der bisherigen Literatur zwangsläufig nur bruchstückhaft vorhandene Übersicht über das Klostergut[88] kann nunmehr erweitert und vertieft werden. Profitieren wird aber auch die lokale Forschung für die Darstellung der Geschichte der Dörfer, Weiler und Höfe. Damit verbunden sind die zusätzlichen Möglichkeiten für die Familiengeschichte, waren doch die Weingartener Höfe im Spätmittelalter regelmäßig über mehrere Generationen in den Händen derselben Familien, deren Namen sich nicht selten auf die Höfe übertragen haben. Für die Rechts-, Sozial- und Wirtschaftsgeschichte wurde ein enormer Fundus an Urkunden bereitgestellt, die nach Untersuchungen zur Landleihe geradezu rufen[89].

In den Weingartener Urkunden[90] kommen alle Arten der Landleihe vor. Nach der Dauer der Leiherechte reicht die Skala von der Temporal- und Einleiberleihe bis zur Erbleihe. Dazwischen liegt als für das Kloster typische Art der Verleihung die Vergabe an Eheleute und eines ihrer Kinder (Dreileiberleihe), d. h. eines Sohnes und ersatzweise einer Tochter. Anlass zu Fragen an die Forschung gibt auch die zeitliche Verteilung der Leihebriefe. Vor 1400 und nach dem Dreißigjährigen Krieg sind nur wenige Verleihungen überliefert, über die Pergamenturkunden ausgestellt wurden. Aus der ersten Hälfte des 15. Jahrhunderts stammen bereits mehr Leiheurkunden, noch mehr aus der zweiten. Das 16. Jahrhundert schließlich trägt etwa

---

[88] Zum Güterbesitz Weingartens vgl. bisher die Skizze von Alfons DREHER, Zur Gütergeschichte des Klosters, in: Gebhard SPAHR (Hg.), Festschrift zur 900-Jahr-Feier 1056–1956, Weingarten 1956, S. 138–158, sowie (noch knapper) Rudolf REINHARDT, Restauration, Visitation, Inspiration. Die Reformbestrebungen in der Benediktinerabtei Weingarten (VKgL B 11), Stuttgart 1960, S. 122 ff.; für ein Teilgebiet vgl. Karl Otto MÜLLER, Die Alpgüter der oberschwäbischen Klöster Hofen und Weingarten, in: Vierteljahresschrift für Sozial- und Wirtschaftsgeschichte 15 (1919) S. 1–24, 16 (1920) S. 159–210.

[89] Einschlägig zur Weingartener Güterleihepraxis bisher David Warren SABEAN, Landbesitz und Gesellschaft am Vorabend des Bauernkriegs. Eine Studie der sozialen Verhältnisse im südlichen Oberschwaben in den Jahren vor 1525 (Quellen und Forschungen zur Agrargeschichte, Bd. 25), Stuttgart 1972, S. 19 ff.; dazu auch mit Rücksicht auf die Bedeutung der Güterleihekonditionen als einem der drei wichtigsten Elemente herrschaftlicher Territorialpolitik der oberschwäbischen Klöster neben Leibeigenschaft und Rechtsordnung Hans-Martin MAURER, Die Ausbildung der Territorialgewalt oberschwäbischer Klöster vom 14. bis zum 17. Jahrhundert, in: Blätter für deutsche Landesgeschichte 109 (1973) S. 151–195, insbesondere 163 ff.

[90] Da der Bestand auch andere Provenienzen enthält, trägt er überdies zur Leihegeschichte sonstiger Herrschaften bei, so etwa betreffend das Kloster Petershausen, die Gremlich von Jungingen zu Hasenweiler und andere Grundherren.

die Hälfte bei, danach nehmen die Zahlen wieder ab, um nach dem Dreißigjährigen Krieg fast völlig zu verschwinden. Im Spätmittelalter und in der Frühen Neuzeit fand bei Weingarten bemerkenswerter Weise kein Übergang von der Temporal- zur Erbleihe statt, wie dies andernorts bei Kirchengut zu beobachten ist[91]. Es wäre interessant, anhand ausgewählter Höfe und Familien mikrohistorische Untersuchungen anzustellen, ob ein faktischer oder gewohnheitsrechtlicher Leihezwang vorhanden war. Ebenso sollten die Unterschiede in den Leihekonditionen der einzelnen Ämter und Herrschaften verglichen werden, um zu ermitteln, ob es eine charakteristische Weingartener Landleihe gab. Zu untersuchen wäre auch die Praxis des Heimfalls bzw. der Einziehung der Güter bei Nichtleistung der Pflichten des Beliehenen (Gehorsam, Instandhaltung, Abgaben, Unveräußerlichkeit). Nach dem ersten Eindruck scheint die relative Sicherheit des Besitzrechts durch die Leihebriefe mit schweren Lasten und Pflichten nicht leicht erkauft worden zu sein. Für das Spätmittelalter und die Frühe Neuzeit kann man sicher nicht ohne erhebliche Einschränkungen davon sprechen, dass „unter dem Krummstab" gut zu leben war.

In diesem Zusammenhang sei eine kurze Bemerkung zum Kreditgeschäft des Klosters angefügt, soweit es sich aus den Urkunden ergibt. Neben den Erwerbs- und Leihegeschäften bildet das Kreditwesen, und zwar das Aktiv- wie das Passivgeschäft, eine der häufigsten Urkundenarten im Liegenschaftsbereich, namentlich die mit Grundstücken abgesicherten Gült- oder Zinsverschreibungen. Zusammen mit sonstigen Darlehen und Pfandschaften trägt das Grundkreditwesen in manchen Teilbeständen mit bis zu 20 Prozent zum Urkundenaufkommen bei. Dabei variiert die Höhe der angelegten Kapitalien bzw. der dafür verlangten Zinsen. Sie reicht von wenigen Pfund oder Gulden, die etwa bei lokalen Heiligenpflegen angelegt wurden, bis zu Anleihen mit vier- und fünfstelligen Beträgen, mit denen das Kloster größeren Finanzbedarf abdeckte, etwa zum Ankauf von Gütern oder Herrschaften.

Leibeigenschaft

Zu den wichtigsten Ergebnissen der Neuverzeichnung gehört, dass das Gewicht der klösterlichen Leibeigenschaft mit aller Deutlichkeit hervortritt. Diese Thematik wird zunächst von den über tausend, jetzt in Teilbestand B 515 II erfassten „Leibeigenschaftsbriefen" abgedeckt, zu denen noch 143 Urkunden aus dem schon

[91] Vgl. dafür etwa als ein Beispiel aus dem Bereich der städtischen Erbleihe Raimund J. Weber, Die Schwäbisch Haller Siedenserbleihen, Bd. 1: Studien zur Rechtsnatur und Besitzgeschichte (Forschungen aus Württembergisch Franken, Bd. 14), Sigmaringen 1981.

früher verzeichneten Bestand B 515 I[92] und knapp 30 im Bestand Ausnang[93] kommen. Damit entfällt etwa gut ein Achtel des überlieferten[94] Weingartener Urkundenaufkommens auf die persönliche Seite der Klosterherrschaft. Sie ist eng verknüpft mit der dinglichen, weil Weingarten Liegenschaften grundsätzlich nur an Leibeigene verlieh. Der Bearbeiter der Leibeigenschaftsbriefe hat sich bereits eingehend mit der Klosterleibeigenschaft auseinandergesetzt[95], so dass wir uns im Folgenden auf die wesentlichen Ergebnisse beschränken können.

Zunächst ist zu beachten, dass unter dem hier verwendeten Begriff „Leibeigenschaftsbriefe“ kein einheitlicher Geschäftstyp verstanden wird, sondern eine Reihe unterschiedlicher Rechtsgeschäfte vorkommen, die nur durch ihren Gegenstand, eben die Leibeigenen, zusammengehalten werden. Hierher gehören also zunächst wie bei den Liegenschaften die Erwerbsgründe durch Schenkung (Seelgerät), Kauf, Tausch, Erkaufung von fremden Herren an das Kloster, sodann Urkunden, die den Verlust oder die Abgabe von Leibeigenen durch das Kloster beurkunden infolge Veräußerung, Verpfändung, Manumission (Entlassung aus der Leibeigenschaft), dazu kommen Streitigkeiten mit anderen Herrschaften über das Eigentum, Heiratserlaubnisse und Abmachungen über die Aufteilung von Kindern, wenn die Eltern verschiedenen Herren gehören, und über die oft zu Streitigkeiten Anlass gebenden Sterbfallabgaben. Steuer unterscheidet nach dem Ausstellungszweck zehn Gruppen, von denen die Loskäufe durch Eigenleute mit 654 Exemplaren bzw. rund 57 Prozent des Bestands B 515 II die mit Abstand größte sind. Es folgen nach der Häufigkeit Tauschgeschäfte zwischen Leibherren, Verkäufe von Leibeigenen, Unterwerfungsurkunden oder Ergebungen und die unentgeltlichen Freilassungen. Im Unterschied zu weltlichen Leibherren ist zu beachten, dass Übergaben (Traditionen) nicht selten an das Heilige Blut oder die Klosterheiligen, meist („den guten Herrn“) St. Martin erfolgten, eine Praxis, in der die mittelalterliche Rechtsvorstellung zum Ausdruck kommt, dass das Kloster und seine Besitzungen als Eigentum des bzw. der Altarheiligen betrachtet wurden.

Zahlreiche Urkunden sind nicht vom Kloster, sondern anderen Herrschaften ausgestellt worden. Wer sich, wohl meist zur Erlangung eines klösterlichen Leiheguts, der Leibherrschaft des Abts unterwarf, musste den Nachweis führen, weder

[92] Diese Serie beginnt im 13. Jahrhundert und hat ihren Schwerpunkt in der ersten Hälfte des 14. Jahrhunderts. Es handelt sich also zeitlich um die ältesten „Leibeigenschaftsbriefe“.

[93] B 519 U 491–519.

[94] Nach Steuer ist für den Zeitraum von etwa 1350 bis in den Dreißigjährigen Krieg hinein eine kontinuierliche und weitgehend ungestörte Überlieferung anzunehmen, da aus beinahe jedem Jahr zwischen einer und bis zu zehn Urkunden erhalten sind. Wie zahlreich die zwischen ca. 1640 und 1806 ausgestellten Urkunden auf Papier ursprünglich gewesen sind, ist unbekannt, weil Schloßstein, der 1838 bis 1840 ihre Vernichtung veranlasste, keine Angaben hierzu hinterlassen hat.

[95] Peter Steuer, Leibherrschaft in Oberschwaben. Zu den Leibeigenschaftsbriefen des Klosters Weingarten im Hauptstaatsarchiv Stuttgart, in: ZWLG 70 (2011) S. 97–125.

einen fremden Leibherrn zu haben noch einer fremden Obrigkeit schirmverwandt zu sein. Die zu diesem Zweck vorgelegten urkundlichen Belege (meist Manumissionen früherer Leibherren, aber auch Entlassungen aus städtischem oder gemeindlichem Bürgerrecht) wurden bei dieser Gelegenheit einbehalten und im Archiv hinterlegt. Die Urkunden sind eine ergiebige Quelle für die historische Soziologie der Leibeigenschaft, kamen doch Leibeigene geistlicher Herrschaften bzw. ihre Nachkommen nicht selten in hohe Stellungen[96]. Das bekannteste Beispiel dafür ist unter den Weingartener Leibeigenen zweifellos die aus Immenstaad stammende Familie Tafinger, die im 16./17. Jahrhundert geadelt wurde und, wenn auch nicht ohne längere Streitigkeiten, in das sich dagegen stark sträubende Ravensburger Patriziat aufstieg[97]. Auch in rechtsgeschichtlicher Hinsicht bieten die Urkunden zahlreiche Ansätze zur Forschung, etwa in den seit 1344 erscheinenden Verträgen mehrerer Leibherren über die Errichtung von Gesellschaften zum Zweck des gemeinschaftlichen Besitzes von Leibeigenen[98].

Da die Leibeigenschaftsbriefe des Bestands B 515 II nur etwa zur Hälfte von Weingarten selbst ausgestellt oder empfangen worden sind, dokumentieren sie nicht nur dessen leibherrliche Praxis, sondern auch diejenige in den Orten und Gebieten, aus denen die späteren Weingartener Eigenleute zugewandert sind, in einem geographischen Raum also, der wesentlich größer ist als das Territorium des Gotteshauses. Die Herkunftsorte der Urkundenbesitzer, die sich selbst oder deren leibliche Nachkommen sich irgendwann der Leibherrschaft des Abts unterworfen haben, liegen im großen Ganzen in Oberschwaben und im Allgäu und, wenn auch erheblich seltener, in unmittelbar daran anstoßenden Gebieten wie Vorarlberg, Liechtenstein, Kanton St. Gallen, Bayerisch Schwaben – ein geographisches Einzugsgebiet, das im wesentlichen von der Donau im Norden, der Iller im Osten, dem Bodensee im Süden und der Hegaualb im Westen begrenzt wird. Neben Weingarten urkundeten vor allem die adeligen, klösterlichen oder städtischen Nachbarherrschaften, am häufigsten die Truchsessen von Waldburg, Grafen von Montfort, Freiherren bzw. Grafen von Königsegg, Grafen von Werdenberg und Landgrafen

---

[96] So finden wir in den Weingartener Urkunden als Zinserin des Stifts Kempten etwa die Tochter eines Memminger Stadtschreibers (B 515 I U 2223/2224).

[97] Der 1590 vom Ravensburger Stadtschreiber Johann Christoph Tafinger erworbene kaiserliche Adels- und Wappenbrief wurde von der überwiegend katholischen Ravensburger Patriziergesellschaft zum Esel nicht anerkannt, woraus die evangelische Familie Tafinger ein Religionsgravamen herleitete, das noch die Friedensexekution durch das Schwäbische Kreisausschreibamt nach dem Westfälischen Frieden beschäftigte. Nach Ansicht der Ravensburger Katholiken handelte es sich nicht um eine Religionsangelegenheit, sondern um eine Standesfrage. Zu den Tafinger Raimund J. Weber, Kaiserliche „Beweiskommissare“ vor dem Dreißigjährigen Krieg: Johann Christoph und Johann Friedrich Tafinger aus Ravensburg, in: Schriften des Vereins für Geschichte des Bodensees und seiner Umgebung 120 (2002) S. 203–250.

[98] Vgl. den Vertrag mit St. Ulrich und Afra in Augsburg: *societatem vulgo ain gmaind* (B 515 I U 2225, auch U 2239).

von Fürstenberg, die Deutschordenskommende Altshausen, die Reichsstädte Ravensburg, Memmingen und Wangen im Allgäu, Österreich als Inhaber der Herrschaft Bregenz und der Reichslandvogtei in Schwaben mit dem Amtsflecken Altdorf, ferner die Klöster Baindt, Langnau, Schussenried und Weißenau sowie das Chorherrenstift Waldsee.

In den Leibeigenschaftsbriefen sind nach Steuer Verhältnisse, Lebensumstände, rechtliche Einschränkungen, Gängelungen und Schikanierungen der Eigenleute nur ausgesprochen bruchstückhaft zu rekonstruieren. Nach Verzeichnung der übrigen Weingartener Urkunden lässt sich dieser Befund dahingehend ergänzen, dass gerade solche Dinge großenteils in den Urkunden zur Boden- bzw. Güterleihe mit all ihren lehen-, abgaben- und erbrechtlichen Implikationen enthalten sind, hauptsächlich also im Material der Bestände B 522 I und III. Die bei Verstößen gegen leibherrliche Gebote verhängten Sanktionen und Strafen kommen in den zahlreichen, über alle Bestände verstreuten Urfehden sowie in den Urkunden zum Ausdruck, in denen Güter von den Beliehenen mehr oder weniger freiwillig zurückgegeben werden[99]. Die Urfehden geben nicht immer, aber in etlichen Fällen schon Hinweise auf die nicht selten bis zur tätlichen Renitenz gegenüber den klösterlichen Amtleuten, ja sogar gegen den Abt selbst gehenden Spannungen zwischen dem klösterlichen Leib- und Leiheherrn und seinen leibeigenen Pächtern. Häufig enthalten die Urfehden den Eid, dem Kloster „unfluchtbar" zu sein. Der Anlass für die Ausstellung von Urfehden im Bereich der Klosterherrschaft war strafrechtlicher Art wie Ungehorsam, Flucht oder verbale bzw. tätliche Angriffe auf Klosterbeamte, nicht selten ging es aber auch lediglich um die Nichterfüllung oder Vernachlässigung von Pflichten aus den Leiheurkunden, also etwa Verwahrlosung und Veräußerung der Leihegüter, Rückstand bei Zinszahlungen u. a. Nach heutiger Vorstellung handelt es sich dabei um lediglich zivilrechtliche Verstöße, während es nach spätmittelalterlicher und frühneuzeitlicher Auffassung bzw. aufgrund entsprechender Gestaltung der Leiheurkunden immer zugleich um Fälle von Ungehorsam und damit um strafbare Delikte ging.

Es würde sich zweifellos lohnen, daraus ein realistisches Bild des Alltags der leibherrlichen Grundherrschaft zu zeichnen. Bei aller Vorsicht ließe sich wohl für das Spätmittelalter und die Frühe Neuzeit bis zum Dreißigjährigen Krieg auch aus der Sicht der Leibeigenschaftsbriefe eine ähnliche Feststellung treffen, die bereits oben im Zusammenhang mit den Leihebedingungen formuliert wurde: Die landläufige Aussage vom Krummstab, unter dem es sich gut leben ließ, ist mit einem großen Fragezeichen zu versehen[100]. Immerhin gibt es vereinzelt auch Spuren pat-

---

[99] Die in den Rückgabeurkunden formelhaft betonte Freiwilligkeit dürfte in der Regel so zu verstehen sein, dass die betroffenen Bauern aufgrund der rückständigen Abgaben zur Aufgabe des Guts gezwungen waren, sich aber weder gerichtlich noch außergerichtlich dagegen zur Wehr setzten.

[100] Wichtig sind in diesem Zusammenhang auch die Streitigkeiten über die Sterbfallabgaben der Leibeigenen: 1523, kurz vor dem Bauernkrieg, wurden die langjährigen Aus-

riarchalischer Fürsorge und Wertschätzung für die Untertanen, so etwa in Form einer Weinspende zu Weihnachten für die Bewohner von Altdorf[101].

Herrschaft, Obrigkeit und Gericht, Fehden und Urfehden

Die Klosterherrschaft beruhte zwar auf Leibeigenschaft sowie dem Besitz an Grund und Boden, erforderte aber natürlich auch eine Ausstattung mit Exemtionen, Privilegien, Hoheits- und Gerichtsrechten, um nach außen als Reichsstand, nach innen als Obrigkeit wirken zu können. Gewissermaßen als „Grundausstattung" und Fundament dienten dazu die sämtlich in Urkundenform überlieferten und immer wieder bestätigten und transkribierten Privilegien geistlicher und weltlicher Potentaten. Ihrer Bedeutung entsprechend stehen sie an der Spitze sowohl der alten klösterlichen wie der jüngeren Repertorien[102]. Es handelt sich dabei um die bis Ferdinand III. (1639) heraufreichenden Privilegien bzw. Hofgerichtsurteile der deutschen Kaiser und Könige sowie der Fürsten, beginnend mit dem „Stiftungsbrief" Welfs IV. von 1090 oder der Besitzbestätigung Friedrichs I. von 1153 und endend mit dem Privileg Maximilians II. betreffend das Recht zur Erhebung der Erbschaftssteuer vom Speyerer Reichstag 1570. Diese zum Teil im 16. Jahrhundert am Reichskammergericht insinuierten[103] Urkunden betreffen neben der Bestätigung des Klosterbesitzes Vogtei und Schirm, Jurisdiktion und Besteuerung der Leibeigenen, Novalzehnten, Landvogtei, Befreiung von fremden Gerichten, Juden und Nachsteuer von Ausländern.

Die darauf fußende spätere Reichsunmittelbarkeit Weingartens war freilich nicht ungefährdet. Namentlich das Haus Österreich und die in österreichischem Besitz befindliche Landvogtei (Ober-) Schwaben bedrohten die Stellung des Klosters und die Obrigkeit über seine Untertanen. Zahlreiche Urkunden beleuchten daher das Verhältnis des Klosters zur Landvogtei Schwaben. Sie beginnen mit dem Jahr 1455 wegen eines Versuchs, in Weingarten einen österreichisch gesinnten Abt einzusetzen

---

einandersetzungen verglichen (B 515 I U 1786). Das Kloster suchte seine Stellung durch ein 1532 von Karl V. erwirktes Privileg zu verbessern (U 1789), war jedoch ungeachtet der nachfolgenden Bestätigungen 1559 und 1566 (U 1800, 1802) zu weiteren Vergleichen genötigt, von denen mehrere zwischen 1589 und 1695 ihren urkundlichen Niederschlag fanden (U 1806, 1813/1814, 1817/1818, 1825). Schon in den 1430er Jahren war es zu einem vor königlichen bzw. kaiserlichen Kommissaren ausgetragenen Streit zwischen dem Abt und seiner Bauernschaft über Besthaupt, Bestgewand und sonstige Sterbfallabgaben gekommen, der 1432 durch einen Vergleich beigelegt wurde (U 219–228, 222). Besonders aufschlussreich zur Höhe dieser Abgaben ist der Vertrag zwischen dem Kloster und den Eigenleuten des Gerichts Hagnau von 1523 (B 522 III U 1293).

[101] Unter Abt Georg Wegelin abgelöst, vgl. B 515 I U 1813/1814.

[102] Jetzt B 515 I U 1–60, 189–191 (weltliche Privilegien, ohne die Ausfertigungen der im Kaiserselekt H 51 lagernden Urkunden); U 61–188 (päpstliche Privilegien, Ablässe).

[103] B 515 I U 44.

und das Kloster landsässig zu machen[104]. Dem folgt seit 1477 eine Reihe von Urteilen, Schiedsgerichtssprüchen, kaiserlichen Entscheidungen und Vergleichen betreffend die Jurisdiktion der Landvogtei über Güter und Leute des Klosters, Vogtei und Schirm, „Lieferung", d.h. Verpflegung von Jägern, Knechten und Jagdhunden auf Kosten des Klosters, Huldigung an den Abt, Steuer, Militärpflicht u.a.m. Infolge von Jurisdiktionsübergriffen der Landvogtei kam es wiederholt zu Protestationen und Abforderungen von Prozessen, die in Form von Notarinstrumenten ihren urkundlichen Niederschlag fanden. Nach dem Dreißigjährigen Krieg wurde die Situation durch umfangreiche Güterabtretungen oder detaillierte Vergleiche bereinigt[105].

Zur Sicherung und Abrundung der hoheitlichen Stellung des Klosters dienten bis in die späte Klosterzeit hinein namentlich (Passiv-) Lehen. An der Spitze stehen die kaiserlichen bzw. Reichslehen über die hohe Obrigkeit bzw. Kriminaljustiz auf dem Klosterberg seit Maria Theresia. Ein anderes Beispiel ist die Ausstattung der Herrschaft Brochenzell mit der Niedergerichtsbarkeit im Schwaderloh seit Kaiser Matthias. Eine ältere Lehenbestätigung Friedrichs III. über Brochenzell für die Humpis anlässlich des Kaufs von den Montfort aus dem Jahr 1455 ist in den Ämterurkunden enthalten[106], ein Lehenbrief Josephs II. für Weingarten von 1785 im Bestand B 522 I[107]. Zahlreiche weitere Lehenbriefe sind über alle Teilbestände verstreut, ebenso die Urkunden über den Erwerb von Burgen und Herrschaften, mit denen auch die zugehörigen Hoheitsrechte an das Kloster kamen[108]. Von besonderem Interesse sind die in den Münchner und Karlsruher Abgaben enthaltenen Urkunden über Herrschaftsbildung und -behauptung in den vorarlbergischen Besitzungen, namentlich in dem von den Grafen von Sulz erworbenen Blumenegg[109], und der später an Baden gefallenen Vogtei Hagnau. Für Letztere lässt sich anhand der Urkunden geradezu exemplarisch der systematische Aufkauf von Grundbesitz, hauptsächlich Weingütern, und der anschließende Erwerb der niederen und hohen Obrigkeit nachvollziehen. Erhalten ist die Ausfertigung des Vertrags über den Er-

---

[104] B 515 I U 275, vgl. auch U 311.

[105] B 515 I U 303–304.

[106] B 515 I U 755.

[107] U 2049.

[108] Vgl. Lehenbriefe in B 519 (Amt Ausnang) für das bayerische Lehen des Ansitzes Rotis und das stift kemptische der dortigen Mühle, in B 522 I und III unter anderem für das österreichische Lehen eines Zehnten in (Unter-) Meckenbeuren, waldburgische Lehen eines Zehnten in Schregsberg und des Vogtrechts in Schachen für das Karmeliterkloster in Ravensburg, desgleichen eines Zehnten in Münchenreute für die Pfarrkirche in Bergatreute, in B 522 K für das bischöflich konstanzische Lehen des Weinzehnten in Markdorf und das fürstenbergische Reichsafterlehen der hohen Obrigkeit, in B 522 M für das Blutbannlehen der Herrschaft Blumenegg, die Vogtei Wohmbrechts und den Weinzehnten von Ludesch.

[109] Blumenegg gehörte von 1614 bis 1802 zu Weingarten. Die in den Urkunden verschiedentlich auch als Grafschaft bezeichnete Herrschaft im Walgau umfasste das östlich von Feldkirch gelegene Große Walsertal und das Mündungsgebiet der Lutz mit den Gemeinden Bludesch, Thüringen, Ludesch, Thüringerberg, Sonntag, Raggal, Blons und St. Gerold (letztere seit 1648 im Besitz des Schweizer Stifts Einsiedeln, vgl. B 522 M U 200/201).

werb der Herrschaft Ittendorf vom Kloster Einsiedeln aus dem Jahr 1693[110], durch den Weingarten die niedere Obrigkeit über seine Hagnauer Untertanen und Besitzungen erhielt. Die ursprünglich fürstenbergische hohe Obrigkeit gelangte 1695 bzw. 1718, zunächst noch als Pfand über das Hochstift Konstanz, an das Kloster[111], bis sie am Ende des 18. Jahrhunderts noch in vollem Umfang als Reichsafterlehen von Fürstenberg erworben werden konnte[112].

Mit dem Kauf oder der Verleihung von Hoheitsrechten war es freilich zu keiner Zeit getan. Die Rechte des Klosters mussten nach innen wie nach außen gerichtlich und außergerichtlich geltend gemacht und durchgesetzt werden. So nehmen im Urkundenarchiv Aktivitäten Weingartens als Gerichtsherr und Gerichtsunterworfener breiten Raum ein. Dass die Autorität des Abts und seiner Amtleute gegenüber den leibeigenen Pächtern keineswegs selbstverständlich war, beweisen die zahlreichen Urfehdeurkunden, die bei der Entlassung aus dem Gefängnis ausgestellt wurden. Wer wegen Ungehorsams in die Turmhaft kam, wurde nur gegen eidliche Zusage, sich nicht am Kloster zu rächen, wieder entlassen. Für die Einhaltung dieser Versprechen mussten Verwandte mit hohen Geldbeträgen bürgen. Es bedurfte offenbar einer harten Hand, um in dem im Spätmittelalter mitunter von blankem Hass geprägten Verhältnis zwischen Pächtern und dem Abt die Oberhand zu behalten. Es kam sogar zu Bauernfehden gegen das Kloster. In einem besonders schweren Fall führte dies zu einem Urteil der Stadt Biberach, durch das der betroffene Weingartener Bauer dem Henker mit der denkwürdigen Maßgabe überliefert wurde, den Leib des Delinquenten so in zwei Teile zu trennen, dass der Kopf den kleineren darstelle[113]. Das Kloster war aber auch in andere Fehden verwickelt[114]. Wegen des zeitweilig angenommenen Ravensburger Bürgerrechts wurde es etwa von dem berüchtigten Fehde„unternehmer" Hans von Rechberg[115] angegriffen, was die Einschaltung des „Fräuleins von Österreich" (Mechthild von der Pfalz) nach sich zog und in der Folge fast zur Mediatisierung durch Österreich führte.

Gegen Ende des 15. Jahrhunderts und stärker noch nach der Reichsreform verlagerten sich solche Streitigkeiten zunehmend in die Justiz. Auseinandersetzungen

---

110 B 522 K U 395, weitere Ausfertigung: B 520 U 39.

111 B 522 K U 259/260, 399.

112 B 522 K U 253–255.

113 Urteil von Bürgermeister und Rat in Sachen Landvogt von Schwaben gegen Jos Haini von Wetzisreute vom 6. August 1479, B 522 I U 477; vgl. auch B 522 III U 698.

114 Das Kloster war wiederholt in Fehden, Bündnisse und Kriege verwickelt. Eine Gesamtdarstellung hierzu fehlt. Aus den Urkunden seien einige Beispiele genannt: Ein 1478 eingegangenes Burgrecht mit Zürich musste auf Befehl Friedrichs III. aufgegeben werden (B 515 I U 237–238). 1480 wurden Söldner für den kaiserlichen Dienst eingestellt (U 240–241). Es kam auch zu Fehden mit Privatleuten. Ein Beispiel davon wird im Streit des Klosters mit seinem Untertanen Christian Fencher 1487 durch drei Urkunden bezeugt (U 245–247).

115 Zu ihm Niklas KONZEN, Aller Welt Feind. Fehdenetzwerke um Hans von Rechberg († 1464) im Kontext der südwestdeutschen Territorienbildung VKgL B 194), Stuttgart 2014.

mit der Stadt Ravensburg über Waldnutzungsrechte, namentlich den Holzeinschlag, waren schon unter Friedrich III. vor eine kaiserliche Kommission und das Kammergericht gekommen[116]. Als Reichsstand hatte das Kloster seinen Gerichtsstand vor dem Reichskammergericht, später auch dem Reichshofrat. Bereits 1497 gelangten Prozesse über Klostergut, etwa ein Eigentumsstreit mit einem Altdorfer Müller, vor die damals noch ganz neue Instanz des reformierten kaiserlichen Kammergerichts[117], später ebenso die Appellationen gegen Urteile des klösterlichen Brudergerichts[118]. Das Reichskammergericht diente auch als Schutz gegen die Jurisdiktionsanmaßungen des Landgerichts Schwaben[119] wie ganz allgemein gegen Übergriffe territorialer Nachbarn[120].

Diese wenigen Hinweise auf die Bedeutung der Weingartener Urkunden müssen hier genügen. Viel wäre noch anzufügen, etwa die für die Lokalforschung wichtigen Themen Stadt- und Ortsgeschichte sowie die Geschichte der einzelnen Pfarreien und sonstigen Pfründen, vor allem für das frühere Altdorf, die jetzige Stadt Weingarten, und Ravensburg, aber auch für Leutkirch, Wangen im Allgäu, Feldkirch, Bregenz und viele andere Orte. Einer detaillierten und zusammenfassenden Bearbeitung harrt noch der Südtiroler Besitz. Personengeschichtlich sind nicht zuletzt die Weingartener Kaplaneipfründen von Interesse, so etwa diejenige der Ravensburger Veitskapelle, deren Benefiziat Leonhard Ölhafen, Sekretär Maximilians I., war. Für die Rechtsgeschichte wäre auf die Überlieferung von Rechtsquellen, insbesondere von ländlichen, hinzuweisen. Als Fazit kann somit gelten, dass die Neubearbeitung und Digitalisierung der Weingartener Urkunden nicht nur archivgeschichtlich rückblickend eine Art von „Wiedergutmachung“ für die langjährige Aufteilung und Vernachlässigung des Klosterarchivs bildet, sondern vor allem für die Zukunft eine umfassende und bequem greifbare Grundlage für die künftige Forschung bereitstellt.

---

[116] B 515 I U 1862–1864, Urteilsausfertigung U 1865. Ebenfalls am Kammergericht Friedrichs III. erging ein Urteil im Streit um das Erbgut des Hans Mair Rogg zu Oberrammingen, dem vermutlich wichtigsten Prozess über Leiherechte im 15. Jahrhundert (B 522 III U 532).

[117] Der Streit des Müllers Krüßlin mit dem Kloster über das Eigentum an der Gengenmühle bei der Steinbrücke, vgl. B 515 I U 1769, 1771. Das 1509 gefällte Urteil liegt unter den Klosterurkunden als Pergamentausfertigung vor (U 1778), während die Prozessakten im Bestand C 3 lagern (Bü 4679).

[118] Eine pergamentene Urteilsausfertigung von 1577 befindet sich im Bestand B 515 I U 254.

[119] Joachim FISCHER, Das kaiserliche Landgericht Schwaben in der Neuzeit, in: ZWLG 43 (1984) S. 237–286.

[120] Die Aktivprozesse, d. h. Prozesse, in denen das Kloster Kläger war, sind nachgewiesen bei Alexander BRUNOTTE/Raimund J. WEBER (Bearb.), Akten des Reichskammergerichts im Hauptstaatsarchiv Stuttgart, Bd. 7 (Veröffentlichungen der staatlichen Archivverwaltung in Baden-Württemberg, Bd. 46), Stuttgart 2005, S. 152–168, 508 (Nr. 4679–4703, 5189). Die Passivprozesse, in denen Weingarten beklagte Partei war, streuen über den ganzen Bestand.

Musikalische Fragmente. Zur mittelalterlichen Liturgie württembergischer Klöster und ihrer Überlieferung

Von ANDREAS TRAUB und PETER RÜCKERT

1. Einführung

In den letzten Jahrzehnten hat sich die wissenschaftliche Beschäftigung mit der liturgischen Überlieferung des Mittelalters auch im deutschen Südwesten vor allem auf die Bearbeitung von Fragmenten liturgischer Handschriften konzentriert. Angestoßen von der Wanderausstellung „Musikalische Fragmente. Mittelalterliche Liturgie als Einbandmakulatur" wurde dabei im Besonderen die Überlieferung württembergischer Klöster untersucht. Entsprechend den Ausstellungsstationen standen die ehemaligen Zisterzen Salem, Bebenhausen und Maulbronn sowie die früheren Benediktinerklöster Alpirsbach und Wiblingen im Mittelpunkt[1].

Der Ausstellungskatalog spiegelt die breiten Erkenntnisse wieder, welche aus dieser ersten konzentrierten Sichtung der einschlägigen Bestände vor allem des Hauptstaatsarchivs Stuttgart und der Württembergischen Landesbibliothek Stuttgart erwachsen konnten[2]. Doch wurde bereits durch die Fachdiskussion der vorgelegten Ergebnisse, deren historische Kontextualisierung an den jeweiligen Herkunftsorten und die entsprechende Ergänzung durch weitere liturgische Textzeugnisse der Forschungsstand mittlerweile so verdichtet, dass eine resümierende Synthese dazu angezeigt erscheint[3]. Unsere Betrachtung soll aus überlieferungsgeschichtlicher wie musikwissenschaftlicher Sicht vorgenommen werden, um die Erträge sowohl im institutionen- und bibliotheksgeschichtlichen Kontext zu ge-

---

[1] Die Ausstellung wurde in Kooperation zwischen dem Landesarchiv Baden-Württemberg, Hauptstaatsarchiv Stuttgart, und den Staatlichen Schlössern und Gärten Baden-Württemberg organisiert und in Verbindung mit der Staatlichen Akademie der Bildenden Künste sowie der Staatlichen Hochschule für Musik und Bildende Kunst Stuttgart in den Jahren 2010 bis 2015 im Hauptstaatsarchiv Stuttgart und in den genannten Klöstern gezeigt.

[2] Musikalische Fragmente. Mittelalterliche Liturgie als Einbandmakulatur, bearb. von Andreas TRAUB/Annekathrin MIEGEL, Stuttgart ²2012.

[3] Vgl. zuletzt dazu Stefan MORENT, Musikalisch-liturgische Fragmente aus den Zisterzienserklöstern Herrenalb und Schöntal im Hauptstaatsarchiv Stuttgart, in: Die Zisterzienser. Konzeptionen klösterlichen Lebens, hg. von Staatliche Schlösser und Gärten Baden-Württemberg, Regensburg 2017, S. 135–147.

wichten, wie für die musikwissenschaftlichen Einzelanalyse zu nutzen, die im Anhang detailliert ausgeführt wird[4].

2. Zur Überlieferung musikalisch-liturgischer Fragmente und ihrer Erforschung

Mit der mittelalterlichen Schriftkultur, der Überlieferungs- und der Bibliotheksgeschichte südwestdeutscher Klöster haben sich einige neuere Studien beschäftigt, so zuletzt zu den Zisterzen Salem[5] und Bebenhausen[6] oder auch mit übergreifendem Ansatz[7]. Auch liturgiewissenschaftliche Arbeiten haben einen neuen Forschungsstand formuliert, spezieller etwa für die Klöster Salem[8] und Maulbronn[9], aber durchaus von vergleichender, überregionaler Bedeutung.

---

[4] Die im Anhang mitgeteilte Einzelanalyse der Fragmente ergänzt entsprechend den genannten Ausstellungskatalog (wie Anm. 2) und ist schematisch daran ausgerichtet.

[5] Uli STEIGER, „Iste liber est domus de Salem" – Skriptorium und Bibliothek der Zisterzienserabtei Salem, in: Musikalische Fragmente (wie Anm. 2) S. 8–14; DERS., „Die Macht des Wissens". Skriptorium und Bibliothek Salems im Mittelalter, in: Das Zisterzienserkloster Salem im Mittelalter und seine Blüte unter Abt Ulrich II. von Seelfingen (1282–1311), hg. von Werner RÖSENER/Peter RÜCKERT (Oberrheinische Studien, Bd. 31), Ostfildern 2014, S. 179–212.

[6] Peter RÜCKERT, Mittelalterliche Schriftkultur in Bebenhausen: Skriptorium – Bibliothek – Archiv, in: Kloster Bebenhausen. Neue Forschungen, hg. von Klaus Gereon BEUCKERS/Patricia PESCHEL (Wissenschaftliche Beiträge der Staatlichen Schlösser und Gärten Baden-Württemberg, Bd. 1), Bruchsal 2011, S. 187–200; Uli STEIGER, *Ex monasterio nostro Bebenhusen*. Die Beziehungen der Zisterzen Salem und Bebenhausen: bibliotheksgeschichtliche Betrachtungen, in: ZWLG 72 (2013) S. 75–104.

[7] Siehe vor allem die Forschungen von Felix HEINZER, Klosterreform und mittelalterliche Buchkultur im deutschen Südwesten (Mittellateinische Studien und Texte 39), Leiden/Boston 2008. Dazu auch Peter RÜCKERT, Klosterreform und Schriftkultur – Süddeutsche Benediktinerkonvente im 15. Jahrhundert, in: Die Macht des Wortes. Benediktinisches Mönchtum im Spiegel Europas, hg. von Gerfried SITAR OSB/Martin KROKER, Regensburg 2009, Bd. 1, S. 327–340; DERS., Legitimation – Tradition – Repräsentation. Pragmatische Schriftkultur bei den Zisterziensern im deutschsprachigen Südwesten, in: Kulturtopographie des deutschsprachigen Südwestens im späteren Mittelalter. Studien und Texte, hg. von Barbara FLEITH/René WETZEL (Kulturtopographie des alemannischen Raums, Bd. 1), Berlin/New York 2009, S. 99–119; demnächst DERS., Skriptorien – Bibliotheken – Archive? Zur spätmittelalterlichen Schriftkultur in südwestdeutschen Benediktiner- und Zisterzienserklöstern, in: Albrecht ERNST/Armin SCHLECHTER (Hg.), Gesammelt – geplündert – gerettet. Zur Geschichte der Klosterbibliotheken in Südwestdeutschland (Veröffentlichungen der Kommission für geschichtliche Landeskunde in Baden-Württemberg Reihe B) (im Druck).

[8] Andreas TRAUB, Choralüberlieferung in Salem, in: Das Zisterzienserkloster Salem (wie Anm. 5) S. 213–228; P. Alberich Martin ALTERMATT O. Cist., Zisterzienserliturgie in Salem im Mittelalter, in: ebd., S. 229–252.

[9] Vgl. zuletzt Andreas ODENTHAL, „nach der gebreuchlichen lateinischen Translation gelesen und gesungen". Zur Stundenliturgie in den Klöstern Württembergs nach Einführung

Deutlich ist, dass mit der Reformation der Klöster im Herzogtum Württemberg nach 1534 die liturgischen Schriftzeugnisse des Mittelalters weitestgehend vernichtet wurden. Es gibt nur einzelne intakte Codizes bzw. Chorbücher, die in besonderen Überlieferungskontexten erhalten geblieben sind. Der ganz überwiegende Großteil der altgläubigen liturgischen Handschriften wurde auseinandergenommen und makuliert. Als Einband vor allem für Verwaltungsschriften, meist für frühneuzeitliche Amtsbücher, wurden die Pergamentblätter schon wegen ihres Materialwerts wiederverwendet und lassen sich so unter den einschlägigen Archivbeständen in großer Anzahl wiederfinden. In Hinblick auf die Umfänge bzw. Anzahl dieser liturgischen Fragmente liegen bislang allerdings nur einzelne Schätzwerte vor[10].

Freilich ist das wissenschaftliche Problem der Zuweisung dieser Einzelblattfragmente zu ihrem Entstehungskontext, ihrer ursprünglichen Handschrift und deren Funktion ein doppeltes: Neben der musikwissenschaftlichen Identifizierung des liturgischen Programms gilt es, die Überlieferungssituation zu analysieren und eine möglichst genaue zeitliche und örtliche Zuweisung der einstigen Handschriften anzustreben, kurz: die Provenienz und Funktion der Liturgica zu bestimmen. Dabei können analytische Befunde an den überlieferten Quellensubstanzen, also den Pergamenten als Beschreibstoffen und deren Alterungsspuren, bedeutende Hinweise bieten[11].

Inzwischen ist die Erforschung der liturgischen Fragmente im europäischen Kontext breit angegangen worden[12]. Großprojekte zielen auf die Erschließung wie die Digitalisierung der Handschriftenfragmente und bieten damit der Forschung auch den direkten Zugriff online an[13]. Die wissenschaftlichen Fragestellungen konzentrieren sich dabei zurzeit mit unterschiedlicher Gewichtung auf die historische und liturgische Kontextualisierung der Einzelstücke, auf ihre Entstehung, Funktion und Verwendung[14].

---

der Reformation, in: Die Reformation und ihr Mittelalter, hg. von Günter FRANK/Volker LEPPIN (Melanchthon-Schriften der Stadt Bretten, Bd. 14), Stuttgart-Bad Cannstatt 2016, S. 327–361.

10 Vgl. MORENT (wie Anm. 3) S. 135. Dazu auch Andreas HAUG, Fragmente liturgischer Handschriften in deutschen Archiven, in: David HILEY (Hg.), Die Erschließung der Quellen des mittelalterlichen Gesangs (Wolfenbütteler Mittelalterstudien, Bd. 18), Wiesbaden 2004, S. 117–123.

11 Vgl. ausführlicher dazu Peter RÜCKERT, Einführung in die Ausstellung, in: Musikalische Fragmente (wie Anm. 2) S. 6 f.

12 Verwiesen sei nur beispielhaft auf die aktuelle Publikation: Ein Kleid aus Noten. Mittelalterliche Basler Choralhandschriften als Bucheinbände, hg. von Matteo NANNI/Caroline SCHÄRLI/Florian EFFELSBERG, Basel 2014, mit der Besprechung von Andreas TRAUB, in: ZWLG 75 (2016) S. 456–458. Vgl. ausführlicher MORENT (wie Anm. 3) S. 135, mit weiterer Literatur und Verweisen auf einschlägige Webseiten.

13 Hier mag der Hinweis auf das einschlägige Handschriftenportal genügen: http://www.manuscripta-mediaevalia.de (Abruf hier und im Folgenden: 9. 1. 2017).

14 Vgl. dazu jetzt auch die einschlägigen Beiträge in Fragment und Makulatur. Überlieferungsstörungen und Forschungsbedarf bei Kulturgut in Archiven und Bibliotheken, hg.

Mittlerweile ist bekannt, dass gerade die Überlieferungszusammenhänge vorsichtig zu betrachten sind: Das als Einband wiederverwendete liturgische Fragment muss nicht aus demselben Ort kommen, wie seine sekundäre Trägerhandschrift; oder beispielhaft konkretisiert: Ein Amtsbuch des württembergischen Klosteramts Maulbronn, das hier nach der Aufhebung des Klosters 1534 eingerichtet wurde, muss nicht vor Ort mit den Pergamentresten aus der alten Klosterbibliothek bzw. den Chorbüchern gebunden worden sein. Die verwendete Makulatur könnte auch über andere Verwaltungswege nach Maulbronn gelangt sein, oder aber die Bücher wurden gar nicht vor Ort gebunden.

Dies hat zuletzt die Analyse von Stefan Morent an einigen Einbandfragmenten aus den ehemaligen Zisterzen Herrenalb und Schöntal verdeutlicht[15]. Sie zeigt, dass keines der Fragmente aus dem Skriptorium eines Zisterzienserklosters stammen konnte, da die Melodieüberlieferung dem deutlich widerspricht. Waren hier also fremde Makulaturblätter verwendet worden, oder waren diese Chorbücher zuvor aus anderen Klöstern in die Bibliotheken von Herrenalb und Schöntal gelangt und dann vor Ort erst makuliert worden? Hier können weitere bibliotheks- und liturgiewissenschaftliche Forschungen ansetzen, wie sie auch im Folgenden beispielhaft angestoßen werden sollen.

Das aktuelle Gewicht, das der Fragmentforschung mittlerweile zukommt, weist jedenfalls in zwei Richtungen: Zum einen befolgt auch die Choralforschung nach vergeblichem Bemühen um die „Urform" des Gregorianischen Chorals den allgemeinen editorischen Grundsatz, dass dort, wo eine „Urfassung" nicht greifbar oder gar überhaupt fiktiv ist, jede einzelne Quelle für sich genommen als vollgültiges und nicht ohne Weiteres relativierbares Zeugnis zu nehmen ist[16]. Dadurch verändert sich das Erkenntnisinteresse entscheidend.

Dies sei an einem spektakulären Beispiel verdeutlicht. Einerseits bilden die Gesänge des Messpropriums den ältesten, sakrosankten und unveränderlich zu überliefernden Teil des Gregorianischen Gesangs, der in einem eindrücklichen, in Versen gehaltenen Prolog Papst Gregor I. zugeschrieben wird[17]. Andererseits wagt es im 11. Jahrhundert ein Cantor der kleinen Abtei des hl. Aredius in Südfrank-

---

von Hanns Peter NEUHEUSER/Wolfgang SCHMITZ (Buchwissenschaftliche Beiträge, Bd. 91), Wiesbaden 2015, darin vor allem: Hanns Peter NEUHEUSER, Zu den Perspektiven der Fragmentforschung, S. 1–14.

[15] MORENT (wie Anm. 3) S. 137.

[16] Allgemein dazu: Bernard CERQUIGLINI, Eloge de la Variante. Histoire critique de la philologie, Paris 1989. Grundlegend für die Choralforschung: Leo TREITLER, Mündliche und schriftliche Überlieferung: Anfänge der musikalischen Notation, in: Hartmut MÖLLER/ Rudolf STEPHAN, Die Musik des Mittelalters (Neues Handbuch der Musikwissenschaft, Bd. 2), Laaber 1991, S. 54–93.

[17] Bruno STÄBLEIN, „Gregorius Praesul", der Prolog zum römischen Antiphonale, in: DERS., Musik und Geschichte im Mittelalter – Gesammelte Aufsätze, Göppingen 1984, S. 117–142.

reich, an einer liturgisch höchstrangigen Stelle in den Melodien der Ostermesse eine entscheidende Korrektur anzubringen, die man nur deshalb bemerkt, weil in der aquitanischen Neumenschrift die Tondistanzen genau zu erkennen sind[18]. Den Beginn des Graduale *Haec dies quam fecit Dominus* (Ps. 117, 24), das die ganze Osterwoche hindurch gesungen wird, verändert er aus a) in b) (Notenbeispiel 1; hier und später zeigt die Gruppierung der Notenköpfe die zusammengehörigen Tongruppen in der Melodie an)[19]. Den Gründen für diesen Eingriff sei nicht weiter nachgegangen; wichtig ist allein, dass der Cantor von St. Yrieix die volle Verantwortung für das Erklingen des Chorals an seinem Ort und zu seiner Zeit trägt und ihr auch gerecht wird. Diese Verantwortung gilt es in der Forschung unverkürzt zu respektieren.

Notenbeispiel 1 a

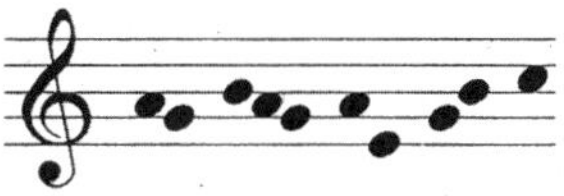

Notenbeispiel 1 b

Da unterdessen nahezu alle erhaltenen Choralhandschriften erfasst und wissenschaftlich ausgewertet sind, rücken – wie auch in anderen Wissensgebieten – die Fragmente von Handschriften in den Blick der Forschung[20]. Die eingangs genannte Ausstellung fügte sich also in die derzeitige nationale und internationale Choralforschung ein; sie wurde dort auch bemerkt und beifällig registriert[21].

Auch einzelne, äußerlich unscheinbare Fragmente können wichtige Hinweise auf eine sonst nicht dokumentierte liturgisch-musikalische Praxis geben. So konnten hier ein sehr alter, offenbar unbekannter Mariengesang mit dem Textbeginn *Sancta et immaculata virgo Maria*, wahrscheinlich ein Prozessionsgesang, gleichzeitig auch der Brauch, solistische Teile der Gesänge in einer urtümlichen Weise mehrstimmig (besser: verklanglicht) zu singen, aufgezeigt werden. Bemerkenswert

[18] Die Quellenhandschrift: Paris, Bibliothèque Nationale lat. 903 ; André Mocquereau, Paléographie musicale XIII, Solesmes 1925 (Nachdruck Bern 1971); Rupert Fischer, Paris Bibliothèque Nationale lat. 903 – Graduale aus St. Yrieix, in: Beiträge zur Gregorianik 25 (1998) S. 105–119. Zur aquitanischen Notation: Bruno Stäblein, Schriftbild der einstimmigen Musik (Musikgeschichte in Bildern III/4), Leipzig 1975, S. 146–155.

[19] In der Handschrift fol. 76v-80v.

[20] Elisabeth Pellegrin, Fragments and Membra disiecta, in: Litterae textuales, Codicologica 3, Leiden 1980, S. 70–93.

[21] Dazu beispielhaft die ausführliche Rezension von Bernhard Hangartner in: Musik in Baden-Württemberg, Jahrbuch 2011, S. 303–306.

ist ebenso die zu Beginn des 16. Jahrhunderts im Kloster Weingarten geübte Praxis, Sequenzen im Wechsel von Chorgesang und Orgelspiel auszuführen[22].

Neben solchen neuen Erkenntnissen für die Choralforschung können die Fragmente in gewissen Grenzen die Bibliothekslandschaft bezeugen, aus der sie stammen, die aber als Ganzes untergegangen ist. Die folgenden Ausführungen gehen entsprechend von den liturgischen Fragmenten der eingangs benannten Klöster aus und versuchen, diese in den zeitgenössischen Kontexten ihrer jeweiligen monastischen Schriftkultur zu verorten.

3. Überlieferungskontexte und klösterliche Schriftkultur

Konzentrieren wir unsere Überlegungen zunächst anschließend an den neuen Forschungsstand für die Zisterze Salem auf die Zisterzienserklöster Bebenhausen und Maulbronn. Für Salem hat zuletzt Uli Steiger die beeindruckende frühe Bibliotheksgeschichte vorgestellt und eine bedeutende hochmittelalterliche Schriftkultur herausgearbeitet[23].

Für Bebenhausen hat sich, aufbauend auf den Forschungen Jürgen Sydows, der Forschungsstand in den letzten Jahren besonders deutlich erweitert[24]: Mittlerweile wissen wir, dass auch in Bebenhausen bereits um 1200 mit einem beträchtlichen Buchbestand zumal an Liturgica zu rechnen ist, wie ein Pergamentblatt über die Ordnung der Bücher, die in Kirche und Refektorium im Jahreslauf zu lesen waren, zeigt: *De ordine librorum in ecclesia et in refectorio legendorum* ist es überschrieben[25].

Bekannt sind weitere einzelne Handschriften aus Bebenhausen: Klosterannalen und ein Gebetbuch aus dem 13. Jahrhundert[26]. Dazu kommen jetzt etliche zeitgleiche Handschriftenfragmente, die als Einbandmakulatur archivalisch erhalten geblieben sind, darunter eine Weltchronik des Vinzenz von Beauvais. Man wird

[22] Musikalische Fragmente (wie Anm. 2), S. 67 (III, 1), S. 44 f. (I, 15) und S. 46 f. (I, 16).

[23] Zuletzt STEIGER, „Die Macht des Wissens“ (wie Anm. 5). Dazu wiederum DERS., *Ex monasterio nostro Bebenhusen* (wie Anm. 6). Vgl. daneben auch Andrea FLEISCHER, Die Anfänge der Buchkultur im Zisterzienserkloster Salem unter Eberhard von Rohrdorf, in: Schwabenspiegel. Literatur vom Neckar bis zum Bodensee 1000–1800, Bd. 2: Aufsätze, hg. von Ulrich GAIER/Monika KÜBLE/Wolfgang SCHÜRLE, Ulm 2003, S. 287–298.

[24] Jürgen SYDOW, Die Zisterzienserabtei Bebenhausen (Germania Sacra NF 16, 2), Berlin/New York 1984; daneben auch Eberhard GOHL/Klaus SCHREINER, Handschriften, Drucke und Einbände aus Bebenhausen. Beiträge zum Druck- und Bibliothekswesen einer südwestdeutschen Zisterzienserabtei im späten Mittelalter und in der beginnenden Neuzeit, in: ZWLG 49 (1990) S. 143–168.

[25] SYDOW (wie Anm. 24) S. 45. Das Besitzverzeichnis wurde ediert im Wirtembergischen Urkundenbuch, hg. von dem Königlichen Staatsarchiv in Stuttgart, Bd. 3, Stuttgart 1871, Nr. N 23, S. 481–483. Vgl. jetzt auch unter http://www.wubonline.de/?wub=806.

[26] Vgl. dazu ausführlicher RÜCKERT, Mittelalterliche Schriftkultur (wie Anm. 6) S. 191.

also auch in Bebenhausen wie in Salem schon im 13. Jahrhundert ein funktionierendes Skriptorium und eine gut sortierte Bibliothek annehmen dürfen, die auch literarische und chronikalische Werke umfasste[27].

Für Bebenhausen bieten einzelne Makulaturfunde außergewöhnliche Eindrücke von den literarischen Beschäftigungen der Mönche: Ein Pergamentblatt zeigt eine Darstellung des „Lignum vitae", des Lebensbaums mit allegorischen Früchten und Blättern, welche die Eigenschaften Christi in lateinischen Inschriften und teilweise auch mit deutschen Übersetzungen bieten[28]. Die Darstellung dürfte in dem Fragment aus Bebenhausen mit ihrem unteren Teil zu etwa zwei Dritteln erhalten sein; sie wurde allerdings nur ansatzweise ausgeführt[29]. Der Überlieferungszusammenhang, der paläographische und sprachliche Befund datieren das Blatt ins frühe 14. Jahrhundert – ein einzelner, aber doch beispielträchtiger Fund zum zeitgenössischen literarischen Milieu in Bebenhausen und der dortigen Rezeption mystischer Texte[30]. Es ist davon auszugehen, dass dieses außergewöhnliche Zeugnis früher Mehrsprachigkeit, das wohl einmal als Wandplakat dienen sollte[31], auch in Bebenhausen selbst entstanden ist.

Das Pergamentblatt mit dem „Lignum vitae" wurde schon bald makuliert und diente dann als Einband für ein Urbar, das 1354/55 die Einkünfte der Bebenhäuser Pflege Tübingen beschreibt. Durch diese Einbandfragmente wissen wir jetzt immerhin ansatzweise von der Textproduktion und -rezeption in Bebenhausen; die anhaltende Makulierung der theologischen und liturgischen Texte seit der Mitte des 14. Jahrhunderts lässt hier einen beträchtlichen Bibliotheksbestand erwarten, der dann bei der Textproduktion der klösterlichen Wirtschaftsverwaltung stoffliche Wiederverwendung fand.

Ein Bebenhäuser Inventar von 1632 nennt „lauter alte, papistische Bücher [...], die man für gering achte" und die anschließend offenbar zum Einbinden von Rechnungsbänden verwendet wurden[32]. Jedenfalls finden sich Blätter zweier Antiphonale aus dem 15. Jahrhundert als Einbände damaliger Rechnungen wieder. Sie gehören in einen gemeinsamen Überlieferungskontext und lassen die Makulatur

---

27 Ausführlicher dazu und zum Folgenden: Rückert, Skriptorien (wie Anm. 7).

28 Vgl. Nigel F. Palmer/Peter Rückert, Das „Lignum vitae" aus Bebenhausen, in: Kulturtopographie des deutschen Südwestens (wie Anm. 7) S. 121–126; daneben Sydow (wie Anm. 24) S. 45. Zum Folgenden wiederum ausführlicher Rückert, Mittelalterliche Schriftkultur (wie Anm. 6) S. 190 ff.

29 HStA Stuttgart J 522 A 723.

30 Vgl. allgemeiner dazu sowie zu weiteren Baumallegorien im zisterziensischen Umfeld auch Walther Cahn, Bernard and Benedict. The Ladder Image in the Anchin Manuscript, in: Ratio fecit diversum. San Bernardo e le arti (Arte medievale, Bd. 8, 2), 1994, S. 33–43, wieder abgedruckt in: Walther Cahn, Studies in medieval art and interpretation, London 2000, S. 407–435; hier: S. 413.

31 Palmer/Rückert (wie Anm. 28) S. 123.

32 Musikalische Fragmente (wie Anm. 2) S. 23.

der Chorbücher und die Wiederverwendung ihrer einzelnen Blätter für diese Rechnungsserie der Bebenhäuser Klosterverwaltung im frühen 17. Jahrhundert konkret nachvollziehen[33] (Anhang 1). Deutlich früher muss bereits ein Missale aus dem 15. Jahrhundert makuliert worden sein: Ein Doppelblatt zierte schon den Einband eines Lagerbuchs der Klosterverwaltung von 1563 und verweist gleichzeitig auf die anhaltende Fragmentierung der liturgischen Überlieferung in Bebenhausen (Anhang 2).

Im Hinblick auf die prominente Schriftkultur in Maulbronn sind wir dank der Forschungen von Eberhard Gohl auch über einige frühe Schreiber unterrichtet[34]. Jetzt können mit Bertolfus und Petrus de Flandria zwei weitere Schreibkünstler im hochmittelalterlichen Maulbronner Skriptorium angesprochen werden, die auch Urkundenausfertigungen übernahmen: Aus Maulbronn stammen zwei Gradualien aus der Zeit um 1175, die sich in Format, Anlage und Schriftzügen auffällig gleichen und dieselbe monogrammartige Schreibersignatur tragen (Abb. 1): *BERTOLFUS*[35]. Damit ist ein erster Schreiber des Klosters aus jener Zeit benannt. Die eine Handschrift kam bald nach ihrer Fertigstellung in das Maulbronner Tochterkloster Schöntal, die andere blieb in Maulbronn und kam erst spät, vielleicht als Flüchtungsgut während der Reformation, in das elsässische Kloster Pairis. Beide Handschriften sind Zeugen der Choralreform der Zisterzienser und ihrer Rezeption im deutschen Südwesten. Die Melodien in beiden Handschriften sind aber nicht mit der für den in Frankreich beheimateten Orden gebräuchlichen Quadratnotation aufgezeichnet, sondern mit den in der ostrheinischen Choraltradition üblichen Metzer Neumen auf Linien[36]. In dem nach Pairis gelangten Codex ist die Melodieaufzeichnung des 12. Jahrhunderts fast unversehrt bewahrt, während in dem im Schöntal verwendeten Codex zahlreiche Spuren die gewaltsame Angleichung der Melodien an die Choralreform des 16. Jahrhunderts zeigen.

Etwa zeitgleich wie der aus dem Maulbronner Antiphonale von 1249[37] bekannte Dominicus[38] schrieb Petrus de Flandria *notarius abbatis de Mulenbrunnen* in den

[33] Vgl. die beiden Rechnungsbände von 1633/34 mit Blättern aus demselben Antiphonale ebd., S. 55.

[34] Eberhard Gohl, Studien und Texte zur Geistesgeschichte der Zisterzienserabtei Maulbronn im späten Mittelalter, Diss. Masch. Stuttgart 1980.

[35] WLB Stuttgart HB XVII 22 (aus Schöntal), Colmar, Bibliothèque de la Ville, Cod. 445 (aus Pairis). Vgl. Andreas Traub, Zur Überlieferung des Meßgesangs im Kloster Schöntal, in: Württembergisch Franken, Jahrbuch 1993, S. 249–268, sowie Felix Heinzer, Maulbronn und die Buchkultur Südwestdeutschlands im 12. und 13. Jahrhundert, in: Peter Rückert/Dieter Planck (Hg.), Anfänge der Zisterzienser in Südwestdeutschland. Politik, Kunst und Liturgie im Umfeld des Klosters Maulbronn (Oberrheinische Studien, Bd. 16), Stuttgart 1999, S. 147–166.

[36] Stäblein, Schriftbild (wie Anm. 18) S. 162–173 und S. 194–205.

[37] Zisterzienserinnen-Abtei Lichtenthal Kl. L. 25.

[38] Heinzer, Maulbronn (wie Anm. 35) S. 151 ff.

1240er Jahren zahlreiche Maulbronner Urkunden und gestaltete diese kalligraphisch aufwändig aus[39].

Ein vor kurzem bei Bauarbeiten in Maulbronn entdecktes Talmudfragment, dessen Text offenbar um 1300 von einer Pariser Vorlage kopiert worden war, verweist zumindest beispielhaft auch auf die Rezeption der verschriftlichten Tora und damit die Transformation des mittelalterlichen Judentums im zisterziensischen Milieu[40]. Freilich zeigt die Makulatur des Textes auch an, dass er spätestens gegen Ende des 15. Jahrhunderts hier keine Bedeutung mehr besaß und dann wiederum nur mehr der Materialwert des Pergaments genutzt wurde – als Spiegel zum Einband eines „Liber miraculorum ordinis cisterciensis", eines Mirakelbuchs, das damals offensichtlich in Maulbronn neu gebunden wurde, und wovon das Pergamentfragment und der Holzdeckel mit dem Buchtitel als letzte Reste geblieben sind.

An liturgischen Fragmenten konnte dem Kloster Maulbronn bereits ein Blatt aus einem Graduale des 15. Jahrhunderts zugewiesen werden[41]. Daneben bieten die Einbände von Amtsbüchern der Maulbronn unterstellten Frauenzisterze Rechentshofen weitere Ergänzungen[42]. Diese stammen aus einem Sequentiar und einem Processionale bzw. Graduale des 15. Jahrhunderts und sind in ihrer ursprünglichen liturgischen Funktion dem Mutterkloster Maulbronn zuzuweisen (Anhang 3, 4). Sie verweisen wiederum auf die letzte Blütezeit des Klosters vor der Reformation, dessen geistliche Kultur damals weit ausstrahlte[43].

Gegenüber der reichen mittelalterlichen Schriftkultur der genannten Zisterzen tritt die der beiden Benediktinerklöster Alpirsbach und Wiblingen zunächst deutlich zurück[44]. Zwar ist in Alpirsbach bereits für das Jahr 1293 von einer Schule für Novizen und für 1368 von einer Klosterbibliothek die Rede[45], doch werden an-

---

[39] Vgl. etwa die beiden Urkunden für das Zisterzienserinnenkloster Wald, in: Die Urkunden des Zisterzienserinnenklosters Wald, bearb. von Maren Kuhn-Rehfus, hg. von Volker Trugenberger, Konstanz 2014, Nr. 24, S. 69, und Nr. 27, S. 70, sowie die Urkunde für Maulbronn in WUB 4, Nr. 984, S. 34, online unter https://www.wubonline.de/?mp=1&md[visiblemask]=1 (alle von 1241).

[40] Vgl. Görge K. Hasselhoff/Óscar de la Cruz, Ein Maulbronner Fragment der lateinischen Talmudübertragung des 13. Jahrhunderts (mit Edition), in: ZWLG 74 (2015) S. 331–344.

[41] Musikalische Fragmente (wie Anm. 2) S. 52 f.

[42] Vgl. Peter Rückert, Der Streit um die Reformation des Zisterzienserinnenklosters Rechentshofen (mit einer Edition der Klosterordnung von 1539), in: Himmelszeichen und Erdenwege. Johannes Carion (1499–1537) und Sebastian Hornmold (1500–1581) in ihrer Zeit, hg. vom Kultur- und Sportamt der Stadt Bietigheim-Bissingen, Stadtmuseum Hornmoldhaus, Ubstadt-Weiher 1999, S. 81–96.

[43] Peter Rückert, Maulbronn, in: Württembergisches Klosterbuch. Klöster, Stifte und Ordensgemeinschaften von den Anfängen bis in die Gegenwart, hg. von Wolfgang Zimmermann/Nicole Priesching, Ostfildern 2003, S. 340–344.

[44] Vgl. ausführlicher zum Folgenden Rückert, Skriptorien (wie Anm. 7).

[45] Vgl. jetzt Peter Rückert, Geistliches Leben im Kloster Alpirsbach zwischen Reform und Reformation, in: Kloster Alpirsbach, bearb. von Elena Hahn/Peter Rückert/Hans

sonsten kaum weitere Informationen dazu vermittelt. Erst mit den benediktinischen Klosterreformen des späteren 15. Jahrhunderts tritt die klösterliche Bildung und Liturgie hier mit einigen herausragenden Gestalten hervor[46].

Wiblingen galt damals als bekanntes Zentrum der vom Kloster Melk ausgehenden „Melker“ Reformbewegung, die auch eine bedeutende Choralreform einschloss; sein Skriptorium genoss einen besonderen Ruf. Von Wiblingen aus wurde auch die Reform des Klosters Alpirsbach wesentlich unterstützt; mehrere Wiblinger Mönche sollten dann als Äbte in Alpirsbach die Reformbemühungen zum Erfolg führen: Vor allem Georg Schwarz und Hieronimus Hulzing sind umfangreiche Bücheranschaffungen zu verdanken, die Klaus Schreiner anhand eines Katalogs von 1619 beschreiben konnte[47]. Da aus der einstigen Alpirsbacher Bibliothek darüber hinaus nur einige wenige Bücher, vor allem Inkunabeln, überliefert sind, erscheint eine Neuentdeckung umso wichtiger, die uns ein zeitnahes Bild ihres Profils vermittelt: Ein „Inventarium der Bücher zu Alpirsbach“, das bereits 1539 niedergeschrieben und 1545 renoviert wurde[48] und fast 300 Titel – die doppelte Anzahl des bekannten Katalogs – nennt. Allerdings finden sich keine Chorbücher darunter; allein das als Einband für ein Lagerbuch um 1600 wiederverwendete Blatt eines Missales kann dafür einen beispielhaften Eindruck bieten: Es enthält die Messe zur Kirchweihe und zeigt hier auch besondere südwestdeutsche Liturgietraditionen auf (Anhang 5).

Für Wiblingen erscheint der Überlieferungsbefund noch eklatanter. Das Wiblinger Skriptorium des 15. Jahrhunderts wie die Klosterbibliothek mit über 500 Bänden galten bis zur Reformation als Vorbild für die Blüte der Gelehrsamkeit und des Unterrichts im Kloster[49]. Doch wurden vor Ort offenbar bereits um 1500 mehrere Choralhandschriften aus der Frühzeit des Klosters makuliert und als Spiegel oder Vorsatzblätter für Inkunabeln genutzt. Dies zeigt beispielhaft ein Einzelblatt aus einem Missale des 12. Jahrhundert mit den Messen der drei nachweihnachtlichen Festtage (Anhang 6). Deutlich wird auch hier, dass überkommene liturgische Handschriften aus dem Gebrauch gezogen und gelegentlich durch neue „Ausgaben“ ersetzt wurden.

Harter, hg. von Staatliche Schlösser und Gärten Baden-Württemberg, Petersberg 2017, S. 13–23, hier S. 15 f.

[46] Vgl. für Alpirsbach Ulrich Köpf, Alpirsbach in der monastischen Reformbewegung des 15. Jahrhunderts, in: Alpirsbach. Zur Geschichte von Kloster und Stadt, hg. vom Landesdenkmalamt Baden-Württemberg (Forschungen und Berichte zur Bau- und Kunstdenkmalpflege in Baden-Württemberg, Bd. 10), Stuttgart 2001, Bd. 2, S. 609–619, ansonsten Klaus Schreiner, Sozial- und standesgeschichtliche Untersuchungen zu den Benediktinerkonventen im östlichen Schwarzwald (VKgL, Bd. B 31), Stuttgart 1964.

[47] Schreiner, Sozial- und standesgeschichtliche Untersuchungen (wie Anm. 46) S. 88, Edition: S. 319 ff.

[48] HStA Stuttgart A 470 Bü 86.

[49] Klaus Schreiner, Kloster Alpirsbach, in: Germania Benedictina, Bd. 5: Baden-Württemberg, hg. von Franz Quarthal, München 1975, S. 117–124.

An zwei Beispielen sei noch gezeigt, wie sich durch die gewonnenen Erkenntnisse übergreifende Vorstellungen verändern können: In der Klosterkirche der ehemaligen Benediktinerabtei Großcomburg verdeutlichen der Radleuchter und das Antependium, beides hervorragende Kunstwerke, gestiftet von dem dritten Abt Hertwig (reg. 1109–1149), die Konstellation des Himmlischen Jerusalem, in dem die himmlische Liturgie gefeiert wird, und des Altars, des Ortes der irdischen Liturgie. Nun wurden im Stadtarchiv Schwäbisch Hall fünf Blätter eines großformatigen, mit beträchtlichem Buchschmuck versehenen Missale aus der Mitte des 12. Jahrhunderts gefunden[50]. Es ist kaum etwas anderes vorstellbar, als dass das Missale ebenfalls auf die Comburg gehört und von Abt Hertwig gestiftet wurde, der den bedeutungs- und prachtvollen Ort, an dem die Liturgie gefeiert wurde, noch mit einem prächtigen Messbuch ausstattete. Würde man also diese Blätter auf den Altar der Klosterkirche legen, so könnte man das vom Abt beabsichtigte liturgische Ensemble unmittelbar erfahrbar machen[51].

Ein letztes Beispiel: In der Württembergischen Landesbibliothek Stuttgart befindet sich (unter der Signatur Kirch. G. oct. 1920) ein Exemplar des Drucks *Himmlisch Ehescheidung* [...] *Gedruckt in der Freystatt 1643*, das in ein Pergamentblatt aus dem 14. Jahrhundert eingebunden ist (Abb. 2)[52]. Auf diesem kann man die Rubrik *In stacione in / ponat cantor / hos versus* lesen, der *cantor* solle an einer *stacio*, der Station eines Prozessionsweges, die folgenden Verse – es handelt sich um Distichen – anstimmen. Sie lauten:

Aurea lux mundi resplendens gloria celi / Nobis sis fautrix virgo Dei genitrix.
Vinculo que solvis vincte prius omnia carnis / Clemens exaudi vota tui populi.
Aurea lux.
Pacis porta Dei stabilis quia pervia nulli / Ad celi sedes has quoque ferto preces.
Nobis sis.
Lex de qua vite processit plena salute / Dirige [...][53]

Die eingeschobenen Versanfänge *Aurea lux* und *Nobis sis* zeigen an, dass die Verse des ersten Distichons abwechselnd als Refrain nach den jeweils folgenden Verspaaren eingefügt werden sollen. Der Beginn *Aurea lux* markiert die angestrebte Stilhöhe; er erinnert an den ebenfalls in Distichen gehaltenen Prozessionsgesang

---

50 Andreas Traub, Spuren des „Missales des Abtes Hertwig" aus dem Benediktinerkloster Groß-Comburg?, in: Württembergisch Franken, Jahrbuch 2011, S. 185–201 (mit vollständigen Abbildungen).

51 Dazu auch Musikalische Fragmente (wie Anm. 2) S. 50 f.

52 Andreas Traub, Weitere Fragmente, in: Musik in Baden-Württemberg, Jahrbuch 2012, S. 85–96.

53 Eine ungefähre Übersetzung lautet: Goldenes Licht der Welt, strahlender Himmelsglanz, sei uns Beschützerin, Jungfrau Mutter Gottes. Die du alle Fesseln des zuvor gefesselten Fleisches löst, erhöre gnädig die Gebete deines Volkes. Feste Pforte des Friedens Gottes, da du (... ? – Das Wort *nulli* bietet Verständnisprobleme) offen stehst, bringe auch diese Bitten vor den Thron des Himmels. Aus der das Gesetz des Lebens hervorgeht, voller Heil, leite (...)

Aurea lux terre dominatrix inclita salve des Ratpert von St. Gallen, verfasst für den Empfang einer Königin[54]. Auf dem Stuttgarter Buchdeckel ist nur der Beginn des Gedichts zu erkennen. In seinem Schlussteil werden Heilige genannt, die zur *familia* der hl. Odilia gehören[55]. Es war bislang nur aus einer einzigen, aus Straßburg stammenden Handschrift des 12./13. Jahrhunderts bekannt[56]. Das Stuttgarter Fragment bietet nun die zweiteilige, auf jeweils ein Distichon passende Melodie (Notenbeispiel 2; die Silbenzahl der Verse und die Verszäsur werden angegeben):

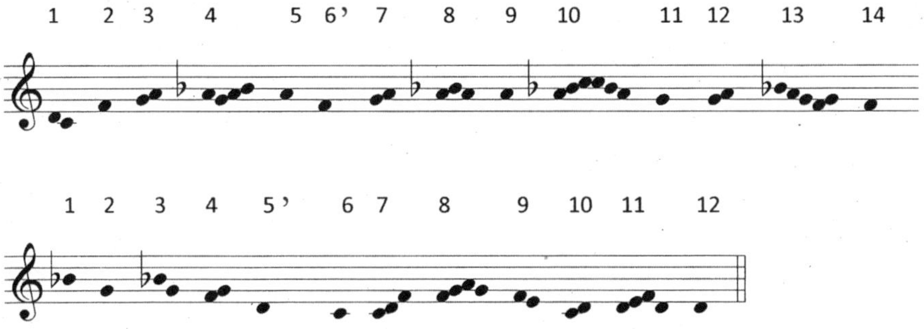

Notenbeispiel 2

Die Melodie steht im ersten Kirchenton (mit der Finalis D)[57]. Sie ist genauso sorgfältig durchgestaltet wie die Verse, zu denen sie gehört. Dies kann hier nicht im Einzelnen beschrieben werden. Darüber hinaus kann man sie mit ähnlich gebauten Melodien vergleichen, mit der Magnificatantiphon zur Vesper vor dem ersten Advent *Ecce nomen Domini*, mit der das Kirchenjahr melodisch beginnt, mit der Antiphon *Pueri hebreorum* von der Palmsonntagsprozession und mit einer Hymnenmelodie, auf die oft der Primhymnus *Iam lucis orto sidere* gesungen wird (Notenbeispiel 3)[58]. Die Vergleiche helfen, die je eigentümliche Strukturierung und

---

[54] Guido Maria DREVES, Analecta hymnica medii aevi, Bd. 50, Leipzig 1907, S. 240, Nr. 181. Es ist nicht abwegig, auch an andere „Golden"-Eingänge der Literatur zu denken, von dem ebenfalls hexametrischen *Aurea prima* Ovids bis zum *Chrysea phorminx* Pindars.

[55] Der vollständige Text: Guido Maria DREVES, Analecta hymnica medii aevi, Bd. 43, Leipzig 1903, S. 266, Nr. 446. Zum Kult um die hl. Odilia vgl. Peter RÜCKERT, Die heilige Odilia und ihre Memoria jenseits des Elsass, in: Pilgerheilige und ihre Memoria, hg. von Klaus HERBERS/Peter RÜCKERT (Jakobus-Studien, Bd. 19), Tübingen 2012, S. 11–34.

[56] London, British Library, Ms. add. 23922, ein neumiertes Antiphonale, das auch ein Magier- und ein Osterspiel enthält.

[57] Zur Kirchentonlehre: Michel HUGLO u. a. (Hg.), Die Lehre vom einstimmigen liturgischen Gesang (Geschichte der Musiktheorie, Bd. 4), Darmstadt 2000.

[58] Antiphonale monasticum, Tournai 1934, S. 186 (Siehe der Name des Herrn kommt von weitem, und seine Klarheit erfüllt den Erdkreis). Graduale triplex, Solesmes 1979, S. 138

Gewichtung der Melodien zu erfassen. Ein Detail sei vermerkt: Die b-Vorzeichnung in der Prozessionsmelodie weist darauf hin, dass sie der westrheinischen Tradition des Kirchengesangs zugehört[59].

Notenbeispiel 3

Was ist gewonnen? Eine mittelalterliche Melodie. Vielleicht ist das nicht so spektakulär wie eine bildliche Darstellung mittelalterlicher Liturgie, die unmittelbar ins Auge fällt; ein gleichgewichtiges Zeugnis des künstlerischen Lebens jener Zeit ist sie dennoch.

(Die Kinder Israels, Palmzweige tragend, begegneten dem Herrn; sie riefen und sagten: Hosanna in der Höhe). Bruno STÄBLEIN, Hymnen I, Kassel 1956, Nr. 4 (Schon beim Aufgang des Lichtes lasst uns Gott bitten, dass er uns beim Tagwerk vor Schaden bewahre).

[59] Zur west- und ostrheinischen Choraltradition: Musikalische Fragmente (wie Anm. 2) S. 18.

Anhang[60]

1. Antiphonale aus Kloster Bebenhausen

15. Jahrhundert
Einband eines Rechnungsbands des Klosters Bebenhausen von 1654/55
HStA Stuttgart A 303 Bd. 1330 (Abb. 4)

Zwei Blätter eines Antiphonale, deutsche Neumen auf Linien, seitlich beschnitten. Gesänge zum Stundengebet in der Quadragesima.

A *Auferte* zum Benedictus, A *Solvite* zum Magnificat (vgl. Ant. Pat. fol. 37), R *Sicut fui* V *Quoniam*.

2. Missale aus Kloster Bebenhausen

15. Jahrhundert
Einband eines Lagerbuchs des Klosters Bebenhausen von 1563
HStA Stuttgart H 102/8 Bd. 82 (Abb. 5)

Doppelblatt eines Missale ohne Neumen, Messformulare zur Quadragesima. Der Text der gesungenen Stücke – Co *Domine quis habitat*, Intr *Ego autem* Ps *In te Domine* – ist in kleinerer Schrift aufgezeichnet. Er darf nicht fehlen, denn er wird während des Gesangs vom Zelebrierenden gebetet (vgl. Grad. Pat. fol. 43 v – 44).

3. Sequentiar aus dem Kloster Rechentshofen bzw. dem Kloster Maulbronn

15. Jahrhundert
Einband eines Amtsbuchs aus dem Maulbronn unterstellten Frauenkloster Rechentshofen von 1647/1648
StAL GL 110, Nr. 5 (Abb. 6)

Doppelblatt eines Sequentiars, Metzer Neumen auf roten Linien, allseitig beschnitten.

---

60 Vergleichsquellen: Ant. Pat.: Antiphonale Pataviense (Wien 1519), hg. von Karlheinz Schlager (Das Erbe Deutscher Musik, Bd. 88), Kassel 1985; Grad. Pat.: Graduale Pataviense (Wien 1511), hg. von Christian Väterlein (Das Erbe Deutscher Musik, Bd. 87), Kassel 1982.

Rückseite: Schluss von *Sancti baptistae* auf Johannes den Täufer und der Beginn von *Clare sanctorum senatus*, laut Rubrik dem hl. Jacobus zugewiesen. Beide Sequenzen hat Notker von St. Gallen gedichtet (vgl. Grad. Pat. fol. 233 und 268).

Vorderseite: Teile der eher seltenen Sequenz *Sancti martyris Viti dies celebris* auf die Heiligen Vitus, Modestus und Crescentia (Melodie wie *Sancti Spiritus*, vgl. Grad. Pat. fol. 208).

4. Processionale oder Graduale aus dem Kloster Rechentshofen bzw. dem Kloster Maulbronn

15. Jahrhundert
Einband eines Amtsbuchs aus dem Maulbronn unterstellten Frauenkloster Rechentshofen von 1653
StAL GL 110, Nr. 8 (Abb. 7)

Doppelblatt eines Processionale oder Graduale, Metzer Neumen auf Linien, rote F-Linie. Oben und am rechten Rand beschnitten.

Vorderseite: Prozessionsantiphon *Cum rex gloriae Christus* (z. T. überklebt), die in der dritten Zeile der Rückseite schließt. Dann Prozessionsantiphon *Sedit angelus ad sepulchrum Domini*. Die Antiphonen gehören zur Osterliturgie (vgl. Grad. Pat. fol. 81–82, in *Cum rex gloriae* melodische Abweichungen bei *preciperet* und im Schlussmelisma).

5. Missale aus dem Kloster Alpirsbach

15. Jahrhundert
Einband eines Lagerbuchs des Klosters Alpirsbach von 1602
HStA Stuttgart H 102/2 Bd. 214 (Abb. 3)

Das Blatt enthält die Messe zur Kirchweihe: In der linken Spalte steht die Evangelienlesung (Lukas 19, 1–10 ab *quia statura*). Dann folgt das Offertorium *Domine Deus*. In der rechten Spalte folgen auf den Schluss des Offertoriums das Gebet *Annue quaesumus*, die Communio *Domus mea* und das Gebet *Deus qui ecclesiam*. Die Melodien sind in Metzer Neumen auf Linien aufgezeichnet; die F-Linie ist rot gefärbt. Die Melodien gehören zur ostrheinischen Choraltradition. Das Gebet *Deus qui ecclesiam* ist nicht allgemein gültig, sondern findet sich in besonderen südwestdeutschen Liturgietraditionen[61].

---

[61] Vgl. Martin Gerbert, Monumenta veteris liturgiae Alemannicae I, St. Blasien 1787 (Nachdruck Hildesheim 1967), S. 229.

6. Missale aus dem Kloster Wiblingen[62]

12. Jahrhundert
Hinteres Vorsatzblatt in einer Wiblinger Inkunabel:
Alexander Carpentarius, Destructorium vitiorum (Nürnberg 1496)
WLB Stuttgart Inc. fol. 652 (HB) (Abb. 8)

Das Einzelblatt enthält Messen der drei nachweihnachtlichen Festtage: für Stephanus (vom Schluss der Lesung Acta 6,8–10, 7,54–56 an), für den Evangelisten Johannes (vollständig) und für die Unschuldigen Kindlein (bis zum Beginn des Graduale *Anima nostra sicut passer erepta est*). Die Melodien sind in feinen St. Galler Neumen aufgezeichnet.

[62] Die Beschreibung dieses Fragments ist Herrn Prof. Dr. Stefan Morent, Universität Tübingen, zu verdanken. Ein von ihm geleitetes Projekt soll 2017–2020 die mittelalterlichen Musikfragmente in den Beständen des Hauptstaatsarchivs Stuttgart, der Württembergischen Landesbibliothek und des Staatsarchivs Ludwigsburg systematisch weiter erschließen und über die Handschriftendatenbank „Manuscripta Mediaevalia“ sowie in einem gedruckten Katalog bereit stellen.

Abb. 1: Graduale aus Maulbronn mit Monogramm *BERTOLFUS*, um 1175 (WLB Stuttgart, HB XVII 22, fol. 148 v).

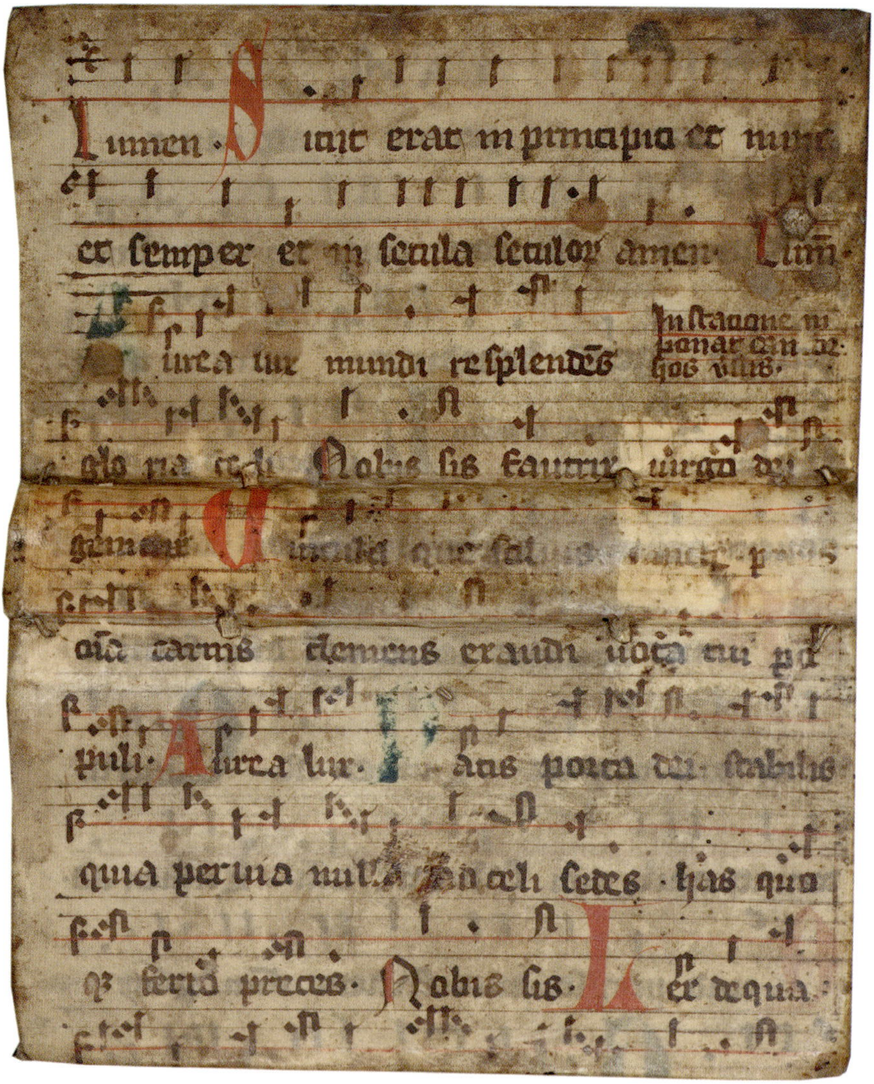

Abb. 2: Als Einband wiederverwendetes Pergamentblatt mit dem Prozessionsgesang *Aurea lux mundi*, 14. Jahrhundert (WLB Stuttgart Kirch. G. oct. 1920).

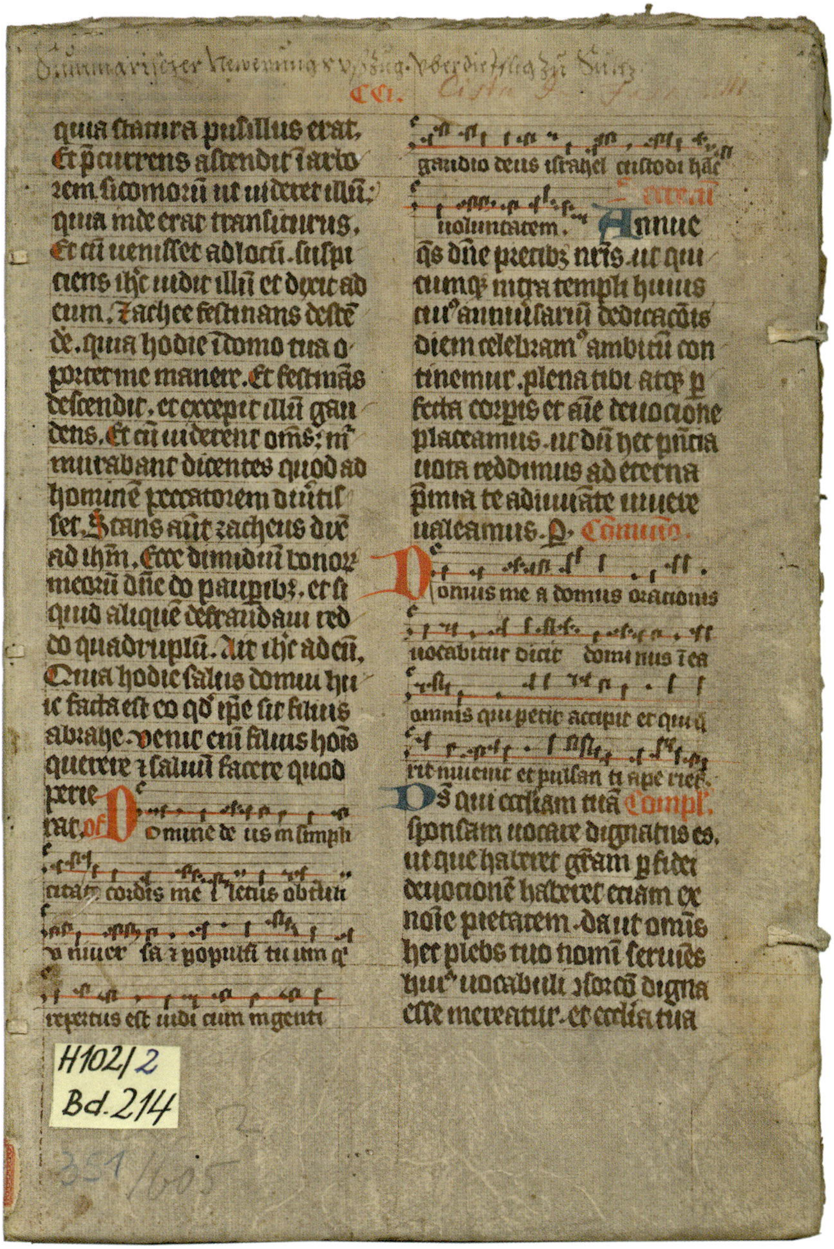

Abb. 3: Blatt eines Missale aus dem Kloster Alpirsbach,
15. Jahrhundert (HStAS H 102/2 Bd. 214).

Abb. 4: Blatt eines Antiphonale aus Bebenhausen, 15. Jahrhundert (HStA Stuttgart A 303 Bd. 1330).

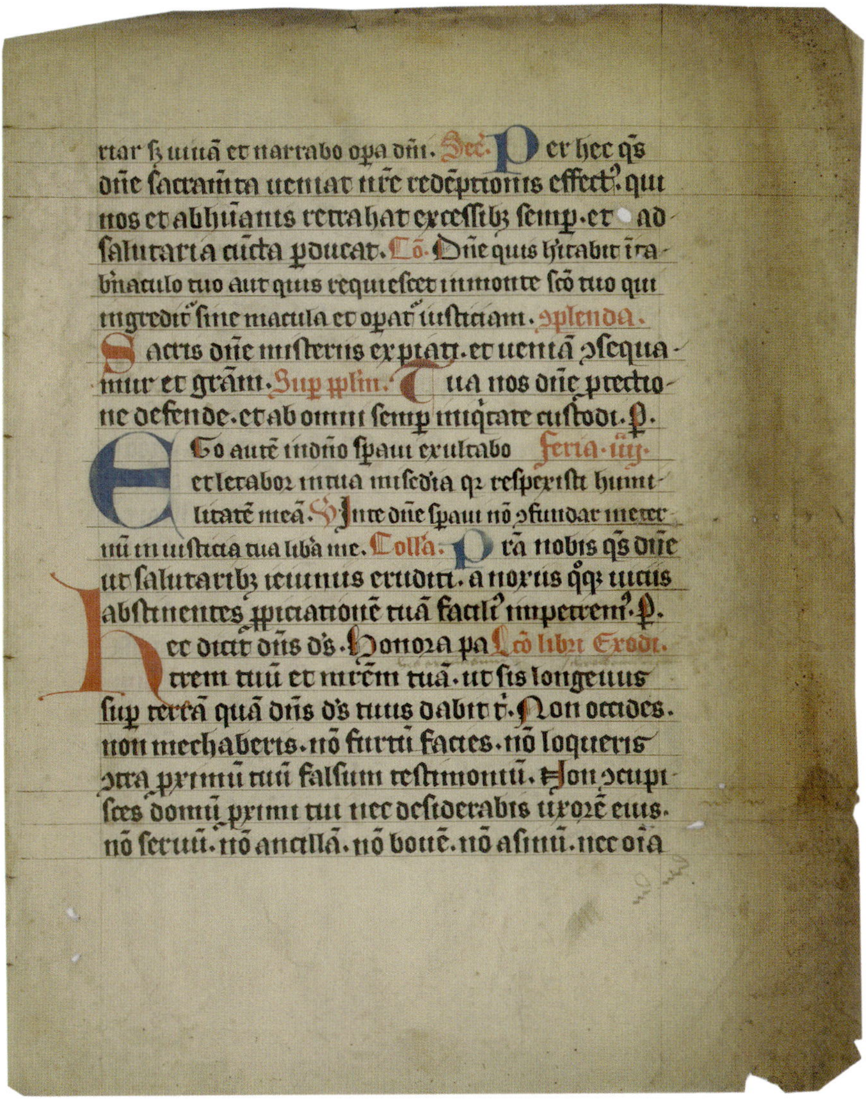

Abb. 5: Blatt eines Missale ohne Neumen aus Bebenhausen, 15. Jahrhundert (HStA Stuttgart H 102/8 Bd. 82).

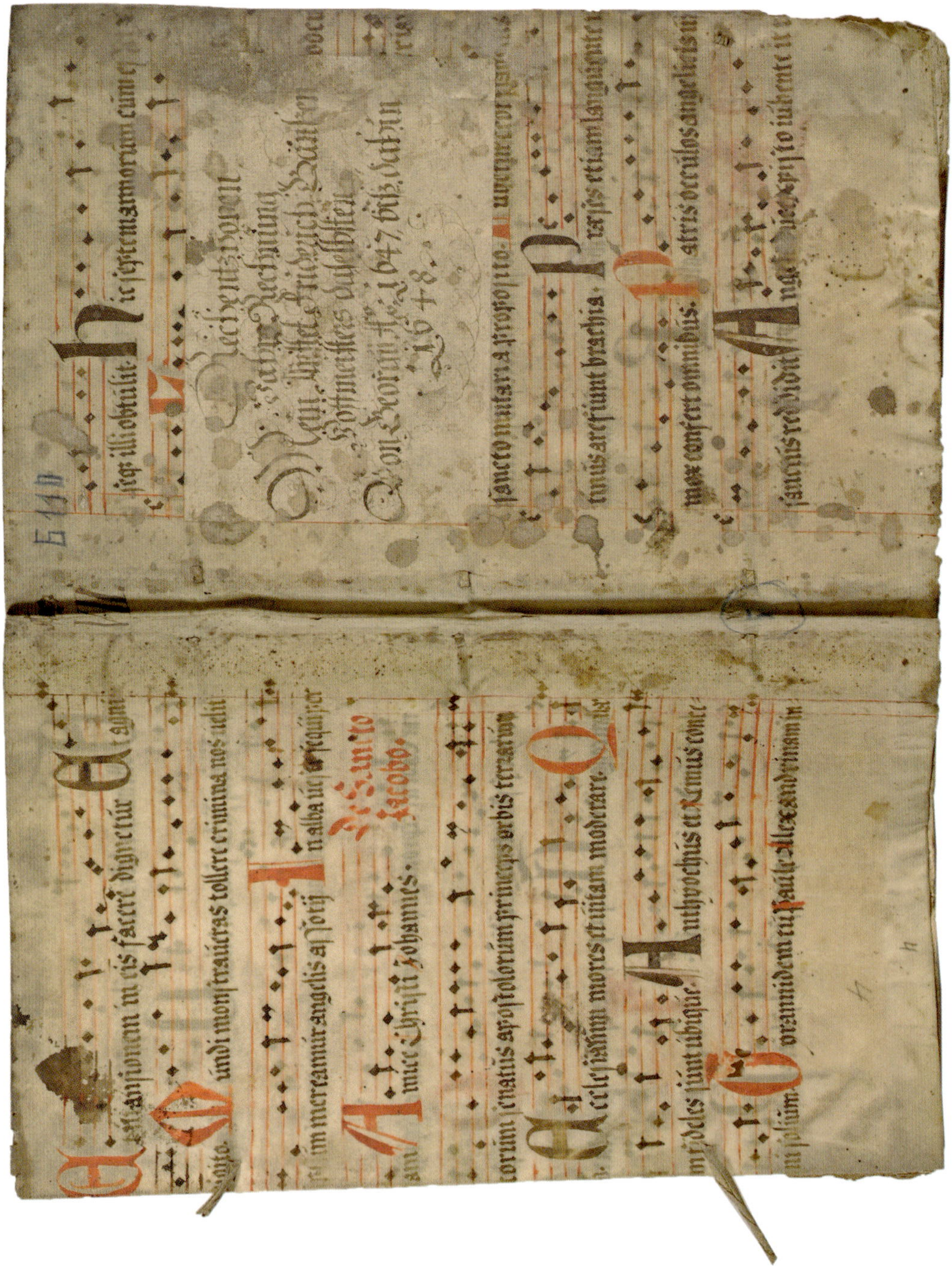

Abb. 6: Blatt eines Sequentiars aus Rechentshofen bzw. Maulbronn, 15. Jahrhundert (StAL GL 110, Nr. 5).

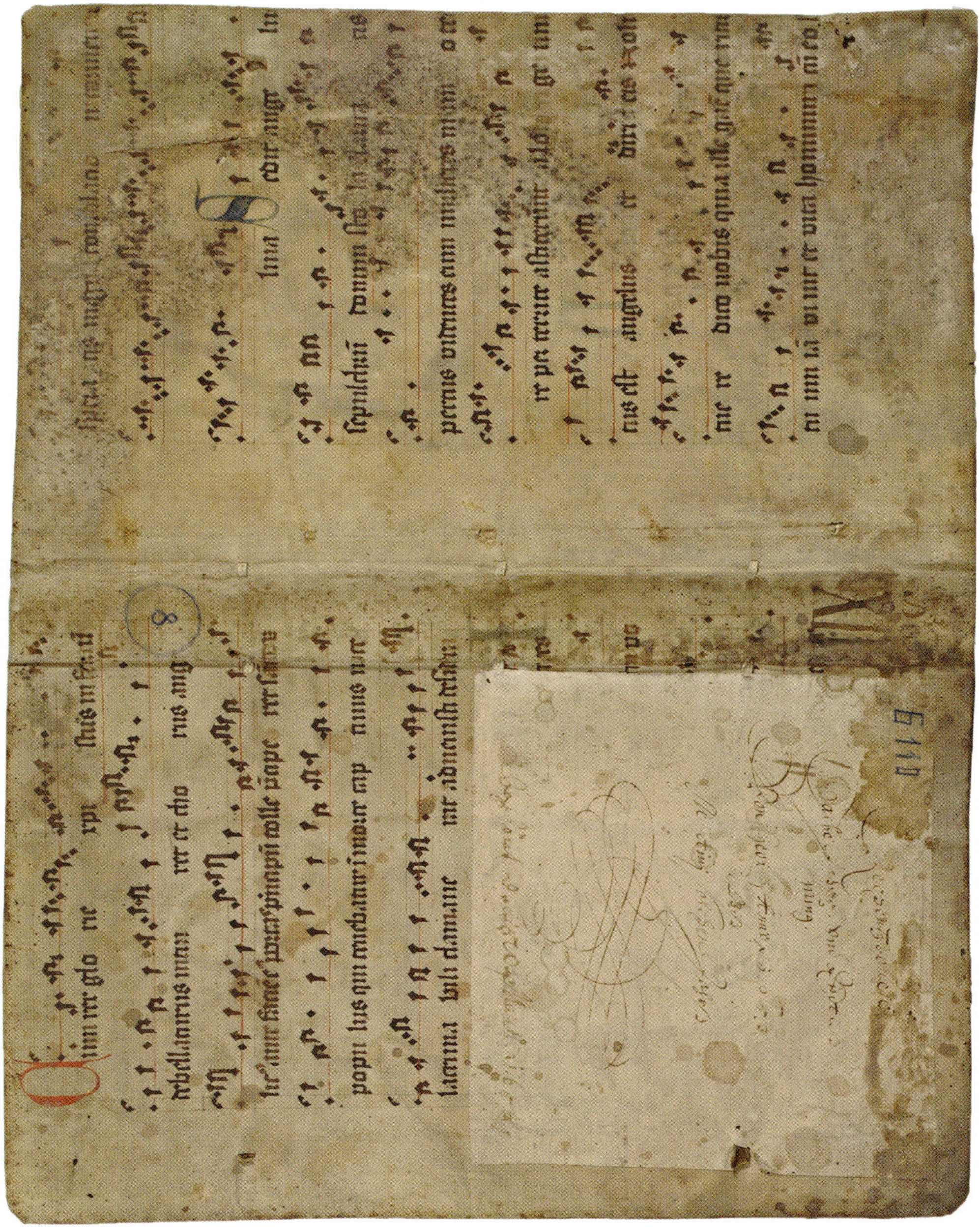

Abb. 7: Blatt eines Processionale oder Graduale aus Rechentshofen bzw. Maulbronn, 15. Jahrhundert (StAL GL 110, Nr. 8).

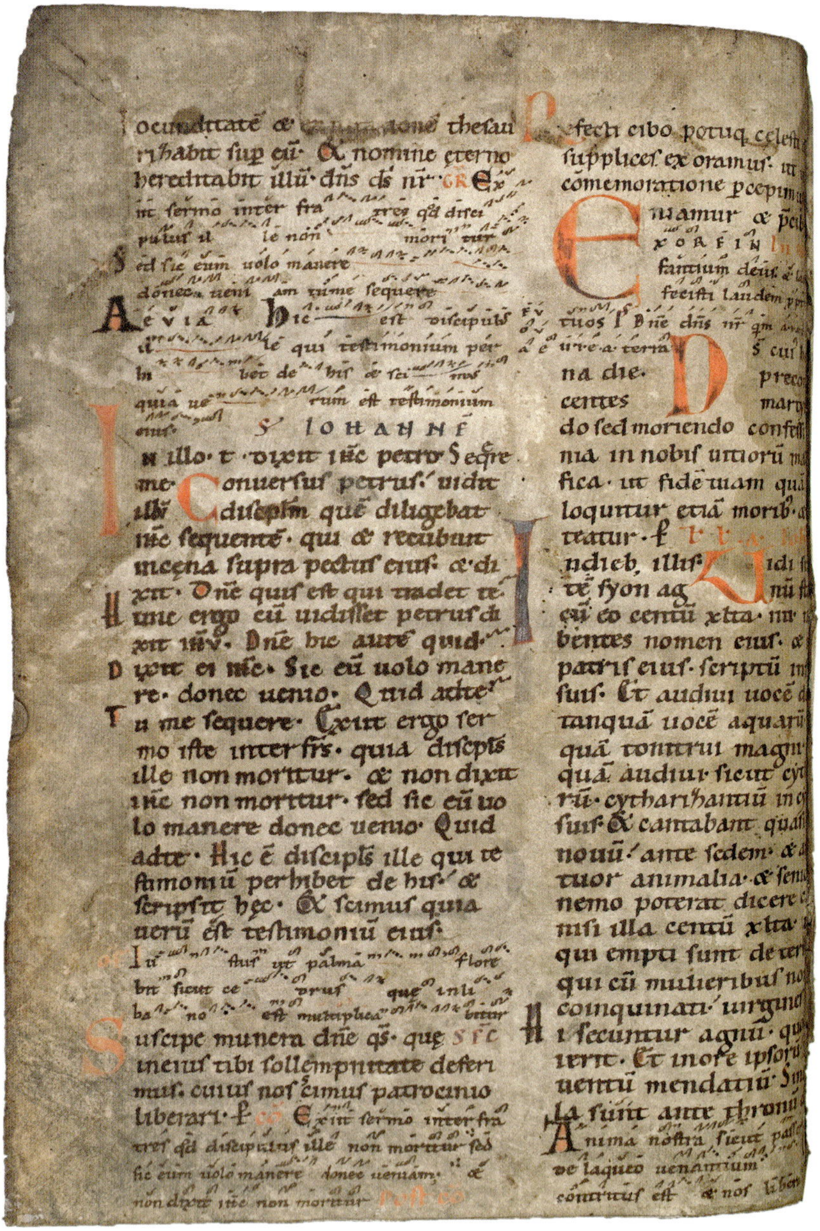

Abb. 8: Blatt eines Missale aus dem Kloster Wiblingen, 12. Jahrhundert (WLB Stuttgart Inc. fol. 652 (HB)).

Stuttgarter Burgfrieden und Burgfriedensbezirk im Spiegel der württembergischen Hofordnungen

Von Anja Kircher-Kannemann

1. Einleitung

Burgfrieden und Burgfriedensbezirke haben in der historischen Forschung bislang selten viel Beachtung gefunden. Dem Lexikon des Mittelalters ist der Burgfrieden nicht einmal einen eigenen Eintrag wert[1], und auch das große zweibändige Werk „Die Burgen im deutschen Sprachraum"[2] widmete dem Burgfrieden keinen eigenen Artikel[3].

Dabei waren Burgfriedensbezirke vom Mittelalter bis hinein in die Neuzeit eigenständige Rechtsbezirke mit zum Teil sehr stark von anderen Rechtsbereichen abweichenden Regelungen[4] und sie waren vor allem nicht nur Rechtsbereiche für eine verschwindend kleine Minderheit, sondern galten teilweise für hunderte oder

[1] Lexikon des Mittelalters, 9 Bde., München/Zürich, 1980–1998 (künftig: LexMA). Lediglich im Artikel „Burg" findet sich der Burgfrieden kurz erwähnt und im Artikel „Ganerben" wird auf eben diesen verwiesen, s. H.-P. Baum, Art. Burg, C 1 [3], in: LexMA 2, Sp. 968–971, hier Sp. 970f. und K.-F. Krieger, Art. Ganerben, Ganerbschaft, in: LexMA 4, Sp. 1105.

[2] Die Burgen im deutschen Sprachraum. Ihre rechts- und verfassungsgeschichtliche Bedeutung, hg. von Hans Patze, 2 Bde., Sigmaringen 1976. Nur Hans-Martin Maurer ging in seinem Artikel über die Rechtsverhältnisse der hochmittelalterlichen Adelsburgen auf den Burgfrieden näher ein, s. Hans-Martin Maurer, Rechtsverhältnisse der hochmittelalterlichen Adelsburgen vornehmlich in Südwestdeutschland, in: Die Burgen im deutschen Sprachraum. Ihre rechts- und verfassungsgeschichtliche Bedeutung, hg. von Hans Patze, Sigmaringen 1976, Bd. 2, S. 77–190, hier S. 104–116.

[3] Allerdings finden sich in diesem Werk einige Artikel, die sich mit der Thematik des Burgfriedens auseinandersetzen, neben dem Artikel von Maurer auch Hans Patze, Rechts- und verfassungsgeschichtliche Bedeutung der Burgen in Niedersachsen, ebd., Bd. 1, S. 515–564, hier S. 543–552, und Francois Rapp, Zur Geschichte der Burgen im Elsaß mit besonderer Berücksichtigung der Ganerbenschaften und der Burgfrieden, ebd., Bd. 2, S. 229–248, hier S. 243–248.

[4] Zumeist waren die Strafen in den Burgfriedensbezirken deutlich schärfer, s. Kurt Treusch von Buttlar, Das tägliche Leben an den deutschen Fürstenhöfen des 16. Jahrhunderts, in: Zeitschrift für Kulturgeschichte (1897) S. 1–41, hier S. 14; Friedrich Karl von Moser, Teutsches Hof-Recht in zwölf Büchern, 2 Bde., Frankfurt/Leipzig 1761, Bd. 2,

sogar tausende von Personen, die am Hof eines Fürsten tätig waren oder diesen besuchten.

Es ist in der Tat so, dass selbst die Quellen – jenseits der eigentlichen schriftlich fixierten Burgfriedensordnungen – vielfach über die Burgfriedensbezirke schweigen. Weder über das in ihnen geltende Recht erfährt man in aller Regel viel, noch und vor allem über ihre Ausdehnung. Zumeist wird nur darauf verwiesen, dass es einen solchen Burgfrieden mit entsprechendem Bezirk gibt[5]. Selbst die berühmteste und opulenteste frühneuzeitliche Enzyklopädie, der „Zedler", schweigt zum Thema. Zwar gibt es einen Eintrag „Burgfrieden", dieser verweist auf einen Artikel über „Ganerben", der jedoch ins Leere läuft[6], wie dies im „Zedler" leider häufiger geschieht.

Gänzlich anders sieht die Situation für den Stuttgarter Hof aus. Hier befinden wir uns in einer ausnehmend glücklichen Situation, was die Quellenlage betrifft, denn die württembergischen Hofordnungen gehen über Jahrhunderte hinweg detailliert auf den herrschenden Burgfrieden ein und vor allem auch (und dies ist besonders ungewöhnlich und einzigartig), geben sie die genauen Grenzen des in Stuttgart geltenden Burgfriedensbezirkes an[7].

S. 800; Andreas Elias ROSSMANN, Vom Hofrechte, in: Erlangische gelehrte Anzeigen (1749) S. 225–232, hier S. 228, und PATZE (wie Anm. 3) S. 546.

[5] S. Georg Engelhart LÖHNEYSEN, Aulico Politica. Darin gehandelt wird I. Von Erziehung und Information Junger Herrn, II. Vom Ampt/Tugend und Qualiter der Fürsten/und Bestellung derselben Räthe und Officirer. III. Von Bestellung der Concilien, die ein Fürst in seinem Lande haben muß, Remlingen 1622, S. 345.

[6] S. Grosses vollständiges Universal-Lexicon Aller Wissenschafften und Künste, 64 Bde., Halle/Leipzig 1732–1750, hier Bd. 4, S. 1968.

[7] Folgende Hofordnungen wurden berücksichtigt: Hofordnung Graf Ulrich V., 1478, in: Heidrun HOFACKER, Kanzlei und Regiment in Württemberg im späten Mittelalter, Diss. Phil., Filderstadt 1989, S. 224 ff.; Hofordnungen Herzog Christoph, 1549 und 1550, in: Arthur KERN, Deutsche Hofordnungen des 16. und 17. Jahrhunderts (Denkmäler der deutschen Kulturgeschichte, 2. Abt., Bd. 1–2), 2 Bde., Berlin 1905–1907, hier Bd. 2, S. 141 f., und Bd. 2, S. 142 f.; Hofordnungen Herzog Johann Friedrich, 1611, 1614 und 1618, ebd.; Hofordnung Herzog Eberhard III., 1660, ebd.; Hofordnung Herzog Eberhard Ludwig, 1685, 1696 und 1711, ebd. und MOSER (wie Anm. 4) Bd. 1, S. 54–73; Hofordnung Herzog Ludwig Eugen von Württemberg-Teck, Stuttgart 1794, Dezember 8, WLB Stuttgart, Wirt. R. fol. 129–138; Hofordnung Herzog Friedrich II. von Württemberg-Teck, Stuttgart 1798, April 20, WLB Stuttgart Wirt. R. fol. 130–8, verfügbar unter http://digital.wlb-stuttgart.de/purl/bsz394219473 (Zugriff 8. 8. 2015), und Hofordnung König Friedrich von Württemberg 1807, in: A. L. REYSCHER (Hg.), Vollständige, historisch und kritisch bearbeitete Sammlung der württembergischen Gesetze, Tübingen 1839, S. 87–93. Die jüngste und letzte Hofordnung für Württemberg stammt aus dem Jahr 1818 von König Wilhelm I., in: Das Regierungs-Blatt für das Königreich Württemberg im Auszuge. Eine Sammlung sämmtlicher in den Regierungs-Blättern des Königreichs Württemberg vom Jahre 1806 an enthaltenen, noch ganz oder theilweise gültigen Gesetze, Verordnungen etc., mit erläuternden Anmerkungen und einem Haupt-Register 1840, S. 71–77.

Ähnlich wie mit der Thematik der Burgfrieden und Burgfriedensbezirke sah es in der Forschung auch lange Zeit in Hinblick auf die Quellengattung der Hofordnungen aus: Obwohl sie zahlreiche wichtige Informationen über das Leben an Höfen, über deren Struktur und Aufbau beinhalten, wurden sie über Jahrzehnte hinweg von der Forschung vernachlässigt; ein Umstand, der sich erst durch die Arbeit der Residenzen-Kommission der Akademie der Wissenschaften in Göttingen und ihres Leiters – Werner Paravicini[8] – langsam veränderte[9]. Gerade deshalb erscheint die Untersuchung der württembergischen Hofordnungen so wichtig, denn in ihnen vereinen sich beide Quellengattungen: Burgfriedensordnungen und Hofordnungen.

2. Burgfrieden und Burgfriedensbezirk

Burgfrieden und Burgfriedensbezirke erscheinen in der heutigen historischen Forschung fast ausschließlich als mittelalterliche Phänomene. Werden sie überhaupt thematisiert, dann in Verbindung mit Ganerbenburgen, jenen Burgen also, die im Besitz mehrerer Familien oder Eigentümer waren und bei denen im besonderen Maße das Risiko von Auseinandersetzungen und Fehden bestand, durch die die Burg und ihr Personal Schaden nehmen konnten[10].

Die speziellen Friedensverträge, die für eben diese Burgen geschlossen wurden, wurden als Burgfriedensverträge oder schlicht als Burgfrieden bezeichnet. Ins-

---

[8] Werner Paravicini veröffentlichte gemeinsam mit Holger Kruse die burgundischen Hofordnungen, s. Holger Kruse/Werner Paravicini, Die Hofordnungen der Herzöge von Burgund, Bd. 1: Herzog Philipp der Gute 1407–1467 (Instrumenta, Bd. 15), Ostfildern 2005, und Holger Kruse, Die Hofordnungen Herzog Philipps des Guten von Burgund, in: Höfe und Hofordnungen 1200–1600. 5. Symposium der Residenzen-Kommission der Akademie der Wissenschaften in Göttingen, Sigmaringen 5. bis 8. Oktober 1996 (Symposium der Residenzen-Kommission der Akademie der Wissenschaften in Göttingen, Bd. 5), hg. von Holger Kruse/Werner Paravicini, Sigmaringen 1999, S. 141–165.

[9] Den Anfang machte ein Symposium im Jahr 1996 mit dem Titel „Höfe und Hofordnungen", s. Höfe und Hofordnungen (wie Anm. 8). Das ursprünglich gesteckte Ziel, die deutschen Hofordnungen in ihrer Gesamtheit zu erfassen, konnte jedoch nicht erreicht werden. Im Zusammenhang mit der Arbeit der Residenzen-Kommission entstanden jedoch zwei große Hofordnungseditionen, s. Klaus Flink/Bert Thissen, Die klevischen Hofordnungen (Rechtsgeschichtliche Schriften, Bd. 9), Köln 1997, und Margarete Bruckhaus/Brigitte Kasten, Die jülich-kleve-bergischen Hof-, Hofämter- und Regimentsordnungen 1456/1521 bis 1609 (Residenzenforschung, Bd. 26), Ostfildern 2015. Außerdem erschien im Jahr 2011 eine Edition der kaiserlichen Hofordnungen, s. Jakob Wührer/Martin Scheutz, Zu Diensten Ihrer Majestät. Hofordnungen und Instruktionsbücher am frühneuzeitlichen Wiener Hof (Quelleneditionen des Instituts für Österreichische Geschichtsforschung, Bd. 6), Wien 2011.

[10] S. Werner Ogris, Art. Ganerben, in: Handwörterbuch zur deutschen Rechtsgeschichte, Bd. 1, Berlin ^{2}2008, S. 1928–1930.

besondere in Lexika, wie dem „Lexikon des Mittelalters“ oder auch dem „Handwörterbuch für deutsche Rechtsgeschichte“, sowie in Werken der Verfassungsgeschichte, findet sich der Begriff Burgfrieden in aller Regel einzig in diesem Zusammenhang[11]. Gelegentlich wird der Begriff auch in Verbindung mit Städten und Klöstern genannt und bezeichnet hier deren eigenen „Friedensbereich“[12]. So verwundert es nicht, dass die einzigen Einzeluntersuchungen, die zum Thema vorliegen, eben genau diesen speziellen Fall des Burgfriedensvertrages auf Ganerbenburgen genauer untersuchen[13].

Nur selten wird darauf hingewiesen, dass der Begriff Burgfrieden aber noch weitere Bedeutungen haben kann, die ausgesprochen verschiedener Natur sind. Einzig das „Deutsche Rechtswörterbuch“ führt alle Bedeutungen auf, die sich hinter dem Begriff Burgfrieden verbergen[14]: So wird der Begriff zum einen zeitweilig als Synonym für „Bergfried“ verwendet und bezeichnet so schlichtweg ein Gebäude[15]; zum anderen meint er allgemein den Frieden, der auf einer Burg eingehalten werden muss. Dies betrifft vor allem den Frieden auf sog. Ganerbenburgen, die mehreren Eigentümern gehörten. Zusätzlich ist aber eben auch der „erhöhte Frieden“ an fürstlichen Höfen gemeint, um den es eben hier konkret gehen soll und der in den Hofordnungen, vor allem den württembergischen, thematisiert wird. Die vierte Bedeutung des Begriffs „Burgfrieden“ meint den befriedeten Bezirk um eine Burg oder aber auch um eine Stadt, der zumeist auch ein eigener Immunitäts- bzw. Gerichtsbezirk war und in diesen Ausführungen als „Burgfriedensbezirk“ bezeichnet wird[16].

Meist werden diese unterschiedlichen Bedeutungen des Begriffs nicht klar voneinander geschieden, und so kommt es zeitweilig zu verwirrenden Definitionsversuchen, die zum einen den Burgfrieden als „eine Rechtsform zur Regelung des Zusammenlebens auf einer Burg“ bezeichnen und dann als „Synonym für einen Teilungsvertrag und das Bemühen um Frieden“, ohne aber darauf hinzuweisen, dass der „Burgfrieden“ mehrere Bedeutungen haben konnte, und diese nicht in genannter Form ineinander verschwimmen[17].

---

[11] S. Eugen HABERKERN/Joseph Friedrich WALLACH (Hg.), Hilfswörterbuch für Historiker. Mittelalter und Neuzeit, 2 Bde., Tübingen [7]1987; BAUM (wie Anm. 1) und Reinhard SCHMITT, Art. Burgfriede, in: Handwörterbuch zur deutschen Rechtsgeschichte, Bd. 1, Berlin [2]2008, S. 765–766, sowie KRIEGER (wie Anm. 1) und Hans K. SCHULZE, Grundstrukturen der Verfassung im Mittelalter, 3 Bde., Stuttgart 1985–1998, hier Bd. 2, S. 116.

[12] Ebd., Bd. 2, S. 115.

[13] S. etwa Margret SÄNGER, Die Burgfrieden der Grafen von Katzenelnbogen, in: Blätter für deutsche Landesgeschichte (1980) S. 189–234.

[14] Art. Burgfrieden, in: Deutsches Rechtswörterbuch, Weimar 1912, Bd. 2, S. 617–619.

[15] Vgl. RAPP (wie Anm. 3) S. 243.

[16] Zu diesen unterschiedlichen Definitionen vgl. auch HABERKERN/WALLACH (wie Anm. 11), Bd. 1, S. 90.

[17] SCHMITT (wie Anm. 11).

Außer Acht gelassen wird dabei überdies, dass sich die Bedeutung des Wortes „Burgfrieden“ von seiner Entstehung im Mittelalter bis hin zur Neuzeit, die hier behandelt wird, stark veränderte[18]. Wie kommt es, dass dieses eine Wort so viele und vor allem auch so unterschiedliche Bedeutungen haben kann?

Dieser Frage ging vor einigen Jahren bereits Hans-Martin Maurer nach, und auch er stützte sich dabei primär auf württembergische Quellen. Ausgehend von zwei Untersuchungen, die zum Ende des 19. bzw. zu Beginn des 20. Jahrhunderts entstanden waren, versuchte Maurer die Entstehung und die Veränderung des Begriffs Burgfrieden zu ergründen. Die Thesen, die Keutgen und Hirsch aufgestellt hatten[19], besagten, dass Burgen im 10. und 11. Jahrhundert eine Form des „erhöhten Friedens besessen hätten [...] kraft dessen alle Burgen königlich gewesen seien.“[20] Maurer stellte die Frage, ob es jenen „erhöhten Frieden“ überhaupt je gegeben habe und ob die Erscheinungen des Burgfriedens in der Frühen Neuzeit eventuell auf diesen zurückbezogen werden könnten.

Betrachtet man die Rechtsquellen des Mittelalters, abseits der reinen Burgfriedensordnungen, dann stellt man schnell fest, dass der Begriff „Burgfrieden“ quasi nie erscheint. Die Rechtsspiegel des 13. Jahrhunderts, die Maurer untersuchte, verwendeten weder den Begriff, noch konstatierten sie in irgendeiner Form einen erhöhten Frieden für Burgen. Lediglich andere urkundliche Quellen verwendeten den Begriff, bezogen ihn aber ausnahmslos auf Städte und Klöster[21]. Dies erklärt sich daraus, dass die Burg schlicht als „Haus“ angesehen wurde und daher lediglich den gleichen Frieden genoss wie jedes andere Haus auch. „Der Unterschied zwischen Haus und Burg liegt demnach nur in einer räumlichen Ausweitung des Friedens, denn die Burg ist ein Gebäudekomplex mit Höfen und Nebenbauten innerhalb einer Umwehrung.“[22]

Erst gegen Ende des 13. Jahrhunderts kam der Begriff Burgfrieden auch für Burgen auf und bezeichnete fortan einen freiwillig geschlossenen Vertrag zwischen mehreren Parteien bezüglich einer besitzrechtlich geteilten Burg. Diese Bedeutung setzte sich durch, und so wurde der Begriff im Spätmittelalter, spätestens seit dem Beginn des 14. Jahrhunderts, nahezu ausschließlich benutzt[23].

Auf einem Frieden „besonderer Qualität“ beruhten die Burgfriedensverträge jedoch nicht, sondern es handelt sich vielmehr um „genossenschaftlich vereinbarte

---

18 Maurer (wie Anm. 2) S. 105.

19 S. hierzu F. Keutgen, Untersuchungen über den Ursprung der deutschen Stadtverfassung. Habilitationsschrift, Leipzig 1894, und H. Hirsch, Die Klosterimmunität seit dem Investiturstreit. Untersuchungen zur Verfassungsgeschichte des deutschen Reiches und der deutschen Kirche, Weimar 1913, ND Köln/Graz 1967.

20 Maurer (wie Anm. 2) S. 104.

21 Ebd., S. 108; vgl. Schulze (wie Anm. 11), Bd. 2, S. 115.

22 Maurer (wie Anm. 2) S. 106.

23 Ebd., S. 109 und S. 111 f.; Schulze (wie Anm. 11), Bd. 2, S. 116, vgl. auch Sänger (wie Anm. 13).

Friedensverträge [...] [die] den Frieden zwischen den Eigentümern erhalten [sollten] und zwar auch, wenn diese in Fehden verwickelt waren [...].“[24]

Wie bereits angedeutet, bezog sich der Burgfrieden nicht nur auf ein einzelnes Gebäude, sondern umfasste in aller Regel einen Gebäudekomplex. Doch wie groß war dieser Bereich, in dem der Burgfrieden galt? Wie sahen die Rechtsverhältnisse im Burgfriedensbezirk tatsächlich aus, und wer hatte dort die Strafbefugnisse? Auf diese Fragen bietet die Sekundärliteratur nur selten eine Antwort. Die Ausdehnung eines solchen Burgfriedensbezirkes wird in aller Regel nicht näher erläutert, und es heißt eher lapidar, dass er den die „Burg umgebenden Bereich“[25] bezeichnete.

Erst ein Blick in die Quellen gibt über die Ausdehnung des Burgfriedensbezirkes näheren Aufschluss und zeigt, dass diese Bereiche durchaus ein deutlich größeres Gebiet umfassen konnten, als nur die Burg mit ihren Umwehrungen[26]: François Rapp wies in seiner Untersuchung über Burgen im Elsass für den Friedensbezirk von Nideck im Jahre 1422 nach, dass dieser etwa 40 Quadratkilometer umfasste[27]. Dies wiederspricht der landläufigen Annahme, dass Burgfriedensbezirke einem „in einem engen Abstand um die Burg verlaufenden Kreis“ entsprachen[28]. Sie konnten sehr wohl also auch deutlich größer sein und sich auf „vor der Burg gelegene Siedlung[en]“ erweitern[29].

Einen ziemlich guten Eindruck von der Größe eines Burgfriedensbezirkes liefert Friedrich Karl von Moser in seinem „Teutschen Hof-Recht“: *Der Burg-Fride begreifft in sich das Wohn- oder Residenz-Schloß und alle in dessen Umfang begriffene Gebäude, daher auch die anstossenden Gärten, Oeconomie, und Lust-Gebäude dazu gehören*[30]. Über den Umfang hinaus beschrieb Moser auch die Art der Kennzeichnung des Burgfriedensbezirkes: *Die Wahrzeichen und Merckmale, wie weit die Gränzen des Burg-Fridens sich erstrecken, seynd entweder durch die natürliche Gränzen der Residenz, oder wo solche nicht bestimmt genug seynd,*

---

[24] Sänger (wie Anm. 13) S. 197.

[25] Haberkern/Wallach (wie Anm. 11), Bd. 1, S. 90. Selbst Margret Sänger definierte die Burgfriedensbegrenzung lediglich wie folgt: „Die Burgfriedensbegrenzung setzt in der Regel an einem Punkt, einer Brücke, einer Mühle, einem Weg, einer Furt usw. ein, umreißt dann das Gebiet und endet wieder am Ausgangspunkt“; Sänger (wie Anm. 13) S. 200. Vgl. auch Art. Burgfriede, in: Allgemeine Encyklopädie der Wissenschaften und Künste, Leipzig 1818–1889, Bd. 14, S. 66–67.

[26] S. Maurer (wie Anm. 2) S. 105 und Margret Lemberg, Juliane Landgräfin zu Hessen (1587–1643). Eine Kasseler und Rotenburger Fürstin aus dem Hause Nassau-Dillenburg in ihrer Zeit (Quellen und Forschungen zur hessischen Geschichte, Bd. 90), Darmstadt/Marburg 1994, S. 126.

[27] Rapp (wie Anm. 3) S. 243.

[28] Patze (wie Anm. 3) S. 543. Vgl. auch Sabine M. Weigand-Karg, Die Plassenburg. Residenzfunktion und Hofleben bis 1604, Bayreuth 1991, S. 224 f.

[29] Patze (wie Anm. 3) S. 552. Zur Größe des Burgfriedensbezirks in Würzburg s. Gerda Zimmermann, Der Hofstaat der Fürstbischöfe von Würzburg von 1648 bis 1803. Verfassung und Entwicklungsgeschichte, Diss. Jur., Würzburg 1976, S. 47.

[30] Moser (wie Anm. 4) Bd. 2, S. 800.

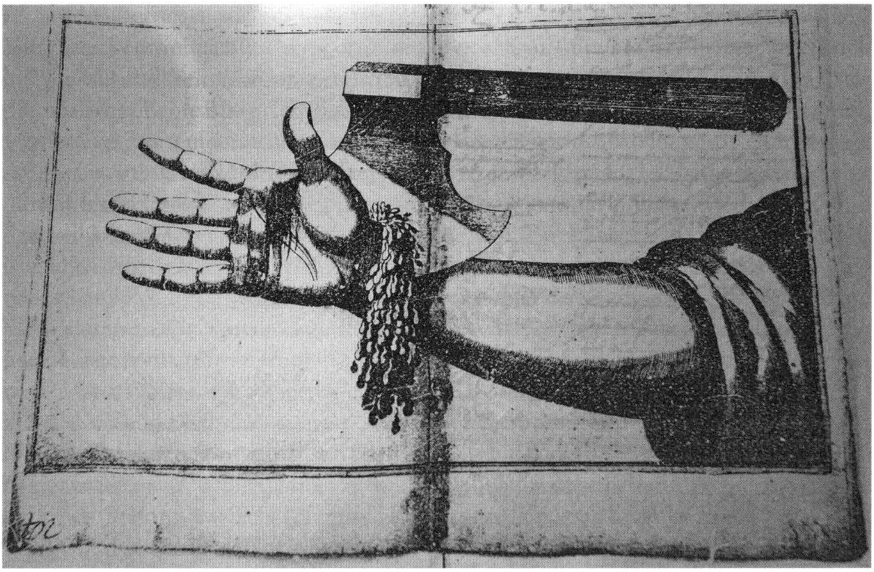

Abb. 1: Strafe des Handabschlagens (nach Landgraf Georg II. Hessen, Burgfriedensordnung Hessen-Darmstadt 1624/1627, StA Darmstadt, Hausarchiv, Abt. 4, Konv. 188, Fasc. 4).

dienen gewisse Steine, Creutze etc. zu Merckmahlen. Wo der Burg-Fride einen weitern Umfang hat und auch privat Gebäude in sich faßt, seynd hie und da Pfählen mit einer Tafel eingeschlagen, auf welchen eine auf einen Block liegende und durch ein darüber schwebendes Beil abgehauene Hand gemahlt ist, mit der Beyschrift Burg-Fride. [...] *Der Burg-Fride erstreckt sich aber auch auf alle andere Land- Lust- und Jagd-Häuser, auch alle übrige Orte, wo sich der Regent selbst gegenwärtig befindet*[31] (Abb. 1).

Soweit zur Bedeutung der Begriffe „Burgfrieden" und „Burgfriedensbezirk" im Spätmittelalter. Wie wurde der Begriff dann in der Frühen Neuzeit benutzt bzw. meint der Burgfrieden in den württembergischen Hofordnungen des beginnende 17. Jahrhunderts noch das gleiche wie im Spätmittelalter?

Auf den zweiten Teil der Frage gibt es eine einfache Antwort: Nein. Wie bereits in der zu Beginn angeführten Definition aus dem „Deutschen Rechtswörterbuch" deutlich wurde, unterliegt der Burgfrieden einem Bedeutungswandel. Inwieweit sich die frühneuzeitliche Definition aus der spätmittelalterlichen ableiten lässt, oder ob sie quasi neu entstand, bedürfte einer gründlichen und eingehenden Untersuchung, die mit diesem Beitrag leider nicht geleistet werden kann.

---

[31] Ebd., Bd. 2, S. 800.

Klar ist jedoch, dass sich die Forschung mit der Bedeutung und Definition des Burgfriedens in der Frühen Neuzeit bisher kaum auseinandergesetzt hat. Eine erste Idee findet sich in der „Allgemeinen Encyklopädie der Wissenschaften und Künste“, herausgegeben von Johann Samuel Ersch und Johann Gottfried Gruber[32]. In dieser Enzyklopädie findet sich als vierte Definition folgende: *Noch ist einer erst später aufgekommenen Bedeutung des Worts Burgfriede zu gedenken, welche eigentlich nur auf Burgen und Schlösser der mit Landeshoheit begabten Reichsstände Beziehung* [hat]. *Seitdem diese anfingen, ihr ‚Hofgesinde' – nach heutigem Sprachgebrauch ihren Hofstaat, zu vermehren,* [...] *und die Großen sich häufger als früher ständige Wohnsitze, Residenzen, wählten, ward an den meisten Höfen nöthig gefunden, eigene Polizeiordnungen und Vorschriften, hauptsächlich zur Erhaltung der Ruhe und Sicherheit im Schloß und dessen Bezirk aufzustellen zu lassen. Darin waren dann auch besondere Strafen für die Übertreter und Unruhestifter festgesetzt, gewöhnlich weit härter, als die sonst üblichen* [...] *weil jedes Vergehen in der Nähe und in der Wohnung des Herrn zugleich für eine diesem selbst zugefügte Beleidigung geachtet ward. Dergleichen Hausordnungen wurden, auch ganz angemessen, Burgfrieden genannt* [...].“[33]

Eben diese von Ersch und Gruber hier angeführte Bedeutung ist auch jene, die die Basis für Maurer gebildet hatte, der ebenfalls für die Zeit seit etwa dem 16. Jahrhundert einen solchen Bedeutungswandel in den Quellen aufgezeigt hatte[34].

Bereits im Mittelalter hatten auf den mit Burgfrieden begabten Burgen besondere Verhaltensregeln und besondere „Gesetze“ gegolten, sogenannte *borchvredes rechte*[35], und spätestens seit dem ausgehenden 14. und dem 15. Jahrhundert wurden auch explizit Strafen für verschiedene Vergehen genannt[36], aber, so bemerkte Rapp: „Vergleicht man die verschiedenen Burgfriedensbestimmungen untereinander, so fällt vor allen Dingen auf, daß sich ihr Text im Laufe der Zeit ständig verlängert hat. [...] Die Klauseln vermehrten sich; präzis wurden sie sozusagen ausgeklügelt [...].“[37] Zudem wurden spätestens seit Beginn des 15. Jahrhunderts nicht mehr nur die Ganerben auf den Burgfrieden und die in ihm enthaltenen Vorschriften verpflichtet, sondern auch die Dienerschaft, die sich, wenn auch nur zeitweise, auf der Burg befand[38].

Diese ersten bekannten Friedensregelungen sind nicht besonders ausgefeilt, sondern denkbar einfacher Natur; so steht etwa in der Burgfriedensordnung der Plassenburg aus dem Jahr 1547 schlicht, *das jeder, so sich in berürtem Haus Blas-*

---

32 Allgemeine Encyklopädie der Wissenschaften und Künste, 167 Bde., Leipzig 1818–1889.

33 Ebd., S. 67.

34 Maurer (wie Anm. 2) S. 105.

35 S. Patze (wie Anm. 3) S. 546.

36 S. ebd., S. 548.

37 Rapp (wie Anm. 3) S. 248.

38 S. ebd., hier S. 244.

senburg und derselben erstreckten Burckfriedens orth mit einen andern sich hadern und in unwillen einzulassen, ein wehr gethon um ein Handt und der so den straich verbracht um das Haubt gestrafft wird[39].

Betrachtet man die angeführten Strafen, vor allem die des Handabschlagens, so muss man davon ausgehen, dass die Basis dieser Burgfriedensregelungen im militärischen Bereich zu suchen ist, denn nur hier finden sich vergleichbar harte Strafen für eigentlich eher kleine Vergehen[40]. Maurer allerdings wies darauf hin, dass diese scharfen Strafen im Mittelalter nicht nachzuweisen sind, dort sei in den Bestimmungen nur von „Bußen, Sühne und von Ausweisung der Schuldigen die Rede."[41] Er schloss daraus, dass sich eben dieses scharfe Strafrecht, das uns spätestens seit dem 16. Jahrhundert auf nahezu allen Festungen und Schlössern begegnet, aus einer anderen Quelle entwickelt haben muss. Ebenso sah dies Weigand-Karg für den Raum Brandenburg-Ansbach. Beide kamen zu dem Schluss, dass einzig eine Herleitung aus dem Militärrecht möglich sei und Sinn mache[42]. Maurer sah das „unmittelbare Vorbild der württembergischen Festungsordnungen" im „Artikelbrief des Schwäbischen Bundes für den Feldzug gegen den Herzog Ulrich von Württemberg im Jahre 1519" und ging davon aus, dass „einzelne Bestimmungen des Kriegsrechts [...] auf den Festungen des 16. Jahrhundert[s] zu Dauerrecht" wurden[43].

Dass diese Herleitung wohl auch tatsächlich so gesehen werden muss, wird an den Plassenburger Ordnungen deutlich, denn in der Zeit, in der vor allem militärische Notwendigkeiten im Vordergrund standen, waren die Strafen extrem hart und dienten primär der allgemeinen Disziplinierung, vor allem der Vermeidung von Tätlichkeiten und körperlichen Auseinandersetzungen. In späterer Zeit jedoch, genauer gesagt in der Ordnung von 1603, treten plötzlich andere Aspekte in den Vordergrund: Die Plassenburg war nun eher Residenz denn Burg und die neue Burgfriedensordnung war deutlich detaillierter geworden und vor allem eher auf höfische Repräsentation ausgelegt. Moralische Maßstäbe werden wichtiger, der Besuch der Gottesdienste nimmt einen breiten Raum ein, und die Dienerschaft soll *erbar, uffrichtig, eingetzogen, bescheiden, sittsam, friedlich, fromm und gottesfürchtig* sein[44]. Außerdem werden die Strafen nun deutlich „humaner", und

---

39 Zitiert nach WEIGAND-KARG (wie Anm. 28) S. 225. Vgl. auch Veit Ludwig VON SECKENDORFF, Teutscher Fürsten-Staat, Jena 1737, ND Aalen 1972, S. 575.

40 Bereits Moser sah diesen Zusammenhang von Militärrecht und Burgfrieden, s. MOSER (wie Anm. 4), Bd. 2, S. 795 f.

41 MAURER (wie Anm. 2) S. 114 f.

42 S. WEIGAND-KARG (wie Anm. 28) S. 225 f. und MAURER (wie Anm. 2) S. 114, der gerade das Handabschlagen bis auf die Heeresordnung Barbarossas zurückführt. Auch in Würzburg waren Strafen wie das Abschlagen der Hand bis ins 17. Jahrhundert hinein laut Hofordnung bzw. Burgfrieden vorgesehen, s. ZIMMERMANN (wie Anm. 29) S. 47.

43 MAURER (wie Anm. 2), hier S. 115.

44 Zitiert nach WEIGAND-KARG (wie Anm. 28) S. 226.

Manches war bereits mit einer kleinen Spende in die Almosenkasse aus der Welt zu schaffen. Die harten Strafen, die knapp 60 Jahre zuvor ausgesprochen wurden, sollten aber für schwere Vergehen durchaus weiter bestehen bleiben.

Fritz Hasenritter wies für die Pommerschen Hofordnung letztlich das gleiche Phänomen nach: Auch dort wurde „eine besondere Bestimmung über den Burgfrieden [...] seit 1560 gebräuchlich."[45] Allerdings wies Hasenritter auch darauf hin, dass diese scharfen Strafbestimmungen anscheinend wenig Wirkung zeitigten, denn ein Begleitschreiben Herzog Philipps II. von Pommern zur Hofordnung des Jahres 1616 zeigt deutlich seinen Ärger über zahlreiche Schlägereien, Trinkgelage sowie Mord und Totschlag bei Hof, die aber nicht wirklich geahndet würden[46].

Sicherlich war es auch notwendig, die einstmals aus dem militärischen Bereich übernommenen harten Strafen abzumildern und zu verändern, denn insbesondere kleinere körperliche Auseinandersetzungen waren an den Höfen der Frühen Neuzeit anscheinend an der Tagesordnung. Nicht umsonst galt Deutschland mit seinen Höfen in diesem Zeitalter als ein „Hort des Grobianismus"[47]. So kam auch Wolfgang Ludwig Assum, Hofprediger des Grafen von Hohenlohe-Weikersheim, zu der Auffassung, dass man die körperlichen Strafen, wie sie der Burgfrieden enthält, wohl nicht in dieser Form anwenden solle, denn *wann man nach der Schärffe des verpeenten Burgfriedens allen solchen Balgern sollte die Finger spitzen / und die Händ abhauen / so möchte der Hofstatt besser einem Lazarethhaus / als einem Königlichen Hofläger können verglichen werden.*[48]

Dass die Zustände an deutschen Höfen in der Tat oftmals beklagenswert waren und es regelmäßig zu Straftaten unterschiedlichster Art kam, verdeutlicht auch ein ironisch verfasster Neujahrsgruß des Kölner Erzbischofs und Kurfürsten Joseph Clemens, der von Braubach wiedergegeben wurde: „In die Kammer gehöre ein Maulkorb, ‚damit daraus selbe nicht schwätzen können', [...] in den Keller ‚ein Schloß, daß er allezeit versperrt bleibe und nicht von jedermann geöffnet werde', in die Küche ein langer Mantel, ‚darunter selbe das Austragen besser verbergen können' [...] endlich die ‚anderen gemeinen Hofweiber von der dritten Klasse mit

---

[45] Fritz Hasenritter, Die pommerschen Hofordnungen als Quellen für die Hof- und Landesverwaltung, in: Baltische Studien (1937) S. 147–182, hier S. 153.

[46] S. ebd.

[47] S. Georg Lauterbeck, Regentenbuch, Leipzig 1557, Buch 2, Kap. 7. Ähnlich auch das von Hasenritter zitierte Begleitschreiben Herzog Philipps von Pommern zur Hofordnung von 1616, in dem er beklagte, dass es aufgrund des hohen Alkoholkonsums ständig zu Mord und Todschlag käme, s. Hasenritter (wie Anm. 46) S. 153.

[48] Wolfgang Ludwig Assum, Kirchen Regiment= und Hauß=Spiegel. In welchem Aus dem Canonischen Buch Esther/Der hochbedrängten aber nicht übermochten Kirchen Gottes Eingentliches Contrafayr/So dann Weltlicher Potentaten Regierungs und Hofstaats Modell/In zweyen unterschiedenen Theilen deutlich für Augen gestellet wird, Nürnberg 1672, Teil II, S. 153.

der Tafel Moses, damit sie die zehn Gebote Gottes besser in Obacht nähmen. Allen Hofkindern droht eine gute Rute […]'."[49]

Die Überwachung des Burgfriedens und die Strafgewalt oblagen in erster Linie dem Inhaber des obersten Hofamts, damit in vielen Fällen dem Marschall bzw. Hofmarschall[50]. In Württemberg tritt in dieser Position zunächst der Haushofmeister in Erscheinung, der zum einen das Gesinde annahm und zum anderen über die Einhaltung des Burgfriedens wachte[51].

Wer sich also gegen den Burgfrieden verging, der wurde in aller Regel zunächst verhaftet, in Verwahrung genommen und dann dem obersten Hofbeamten vorgeführt. In schwerwiegenden Fällen wurde häufig noch der Regent in Kenntnis gesetzt, der dann mit über die entsprechende Strafe entschied, erst danach wurde der Delinquent *alß halß umb halß, handt umb handt* gestraft[52].

3. Hofordnungen

Das soziale Gebilde Hof, mit seinen zum Teil hunderten und mehr Mitgliedern bedurfte unzweifelhaft einer Ordnung, allein schon, um den Alltag organisieren, Auseinandersetzungen und Differenzen beilegen zu können und die Hofmitglieder zu disziplinieren. Diese Ordnungen wurden wahlweise mündlich tradiert oder auch schriftlich festgehalten[53]. In späterer Zeit scheint es zudem so zu sein, dass derartige Ordnungen notwendig wurden, um die Standesmäßigkeit eines

[49] Zitiert nach Max BRAUBACH, Die vier letzten Kurfürsten von Köln. Ein Bild Rheinischer Kultur im 18. Jahrhundert, Bonn / Köln 1931, S. 21 f.

[50] S. TREUSCH VON BUTTLAR (wie Anm. 4) S. 14; Ivan Ritter von ZOLGER, Der Hofstaat des Hauses Österreich (Wiener Staatswissenschaftliche Studien, Bd. 14), Wien/Leipzig 1917, S. 104–117; ZIMMERMANN (wie Anm. 29) S. 40 und S. 46 f.; Karin PLODECK, Hofstruktur und Hofzeremoniell in Brandenburg-Ansbach vom 16. bis zum 18. Jahrhundert. Zur Rolle des Herrschaftskultes im absolutistischen Gesellschafts- und Herrschaftssystem, Ansbach 1972, S. 96 f. und S. 101. Friedrich Karl von Moser dehnte diese Befugnisse aus und schrieb, dass die Bewahrung des Burgfriedens im Grunde allen Hofbedienten obliege, in Sonderheit aber dem Hofmarschall, Schlosshauptmann und Burggrafen, s. MOSER (wie Anm. 4), Bd. 2, S. 801.

[51] S. KERN (wie Anm. 7), Bd. 1, S. VIII.

[52] Zitiert nach ZIMMERMANN (wie Anm. 29) S. 48.

[53] Zur mündlichen Tradition von höfischen Ordnungen s. Detlev KRAAK, Höfe und Hofordnungen. Kolloquiumsbericht, in: Mitteilungen der Residenzen-Kommission der Akademie der Wissenschaften zu Göttingen (1996) S. 17–26, Stellungnahme des Veranstalters, S. 22 f. und die dort angesprochenen Artikel von Peter MORAW, Zusammenfassung, in: Höfe und Hofordnungen (wie Anm. 8) S. 555–560; Michail A. BOJCOV, Sitten und Verhaltensnormen am Innsbrucker Hof des 15. Jahrhunderts im Spiegel der Hofordnungen, ebd., S. 243–283; Paul Joachim HEINIG, Theorie und Praxis der ‚höfischen Ordnung' unter Friedrich III. und Maximilian I., ebd., S. 223–242, und Hartmut BOOCKMANN, Hof und Hofordnung im Briefwechsel des Albrecht Achilles von Brandenburg, ebd., S. 315–320.

Hofes zu symbolisieren. Doch wie und aus welcher Basis entwickelten sich diese Ordnungen des Hofes und wie sahen sie konkret aus?

Für den späteren deutschen Sprachraum existieren vor dem 13. Jahrhundert nur wenige Schriften, die Auskunft über die Ordnung des Hofes geben; eine davon ist die *De ordine palatii* Hinkmars von Reims aus dem Jahr 882[54]. Hier werden die am karolingischen Hof bestehenden Ämter und deren Aufgaben detailliert dargestellt. Allerdings ist dieses Werk wohl weniger als Hofordnung denn als theoretisches Werk über die Ordnung des Hofes anzusehen. Für das Karolingische und Deutsche Reich blieb dieses Werk Hinkmars lange Zeit einzigartig.

Anders sieht es im byzantinischen Machtbereich aus. Hier ist vor allem der *Liber de Ceremoniis* Kaiser Konstantins VII. hervorzuheben, der nicht nur die Ämter am Hof, sondern auch das höfische Zeremoniell genau beschreibt[55]. Auch in England finden sich ab 1135 solche Beschreibungen des Hofes[56] und vor allem in Frankreich wurden seit dem 13. Jahrhundert regelmäßig Hofordnungen verfasst[57]. Auch für den Hennegau liegt mit der *Ministeria curie Hanoniensis* von 1212/14 eine frühe Ordnung des Hofes vor, die vor allem ein ausführliches Hofämterverzeichnis darstellt[58].

In Spanien finden sich seit dem ausgehenden 13. und beginnenden 14. Jahrhundert Hofordnungen. Zu nennen sind vor allem die *Leges Palatinae* Jakobs II. von Mallorca[59], die einen neuen Abschnitt in der Geschichte der europäischen

---

[54] Hinkmar von Reims, De Ordine Palatii, hg. von Thomas GROSS/Rudolf SCHIEFFER (MGH Fontes Iuris Germanici Antiqui, Bd. 3), Hannover 1980.

[55] S. Karl Arnold WILLEMSEN, Zur Genesis mittelalterlicher Hofordnungen, in: Personal- und Vorlesungsverzeichnis der Staatlichen Akademie zu Braunsberg, 2. Trimester, Gumbinnen 1940, S. 7.

[56] S. etwa die *Constitutio domus Regis* aus dem Jahr 1135 und die im Jahr 1318 entstandene Hofordnung Eduards II. aus York, ebd., S. 7–12; Thomas ZOTZ, Hof und Hofordnung vor der Zeit der Verschriftlichung, in: Höfe und Hofordnungen (wie Anm. 8) S. 65–73, hier S. 69, und Arnd REITEMEIER, Die Ordnung des englischen Hofes um 1400 – eine Ordnung nach Wissen?, ebd., S. 117–140.

[57] Zu nennen sind hier vor allem die 1261 entstandene Hofordnung Ludwigs des Heiligen und die aus dem Jahr 1285 stammende Hofordnung Philipps III., s. WILLEMSEN (wie Anm. 56); K.-H AHRENS, Art. Hofordnung, in: LexMA 5, Sp. 74–76, hier Sp. 75, und Christina HOFMANN-RANDALL, Die Herkunft und Tradierung des Burgundischen Hofzeremoniells, in: Jörg Jochen BERNS/Thomas RAHN (Hg.), Zeremoniell als höfische Ästhetik in Spätmittelalter und Früher Neuzeit, Tübingen 1995, S. 150–156, hier S. 150–153.

[58] S. Giselbert von Mons, Chronicon Hanoniense, hg. von Georg Heinrich PERTZ (MGH Scriptores, Bd. 21), Hannover 1869, S. 481–601.

[59] Die „Leges palatinae" entstanden im Jahr 1337, s. WILLEMSEN (wie Anm. 55) S. 20–23. Zum mallorquinischen Hof s. Gottfried KERSCHER, Die Strukturierung des mallorquinischen Hofes um 1330 und der Habitus der Hofgesellschaft, in: Höfe und Hofordnungen (wie Anm. 8), S. 77–89. Zu den aragonischen Hofordnungen s. Karl SCHWARZ, Aragonische Hofordnungen im 13. und 14. Jahrhundert. Studien zur Geschichte der Hofämter und Zentralbehörden des Königreichs Aragon (Abhandlungen zur Mittleren und Neueren Geschichte, Heft 54), Berlin/Leipzig 1914.

Hofordnungen darstellen, da ihr Inhalt verglichen mit den Vorgängerschriften deutlich erweitert ist. Zu den bis zu diesem Zeitpunkt typischen Ämteraufstellungen und Gehaltslisten treten hier Anweisungen über das Verhalten der Amtsinhaber und Hofbediensteten. Hinzu kommt, dass die *Leges* als einzige bekannte Hofordnung nicht in Form einer simplen Kanzleihandschrift vorliegen, sondern als Prachthandschrift[60].

Am bekanntesten und am besten erforscht sind sicherlich die burgundischen Hofordnungen, die als Paradebeispiele mittelalterlicher Hofordnungen gelten. Nirgends sonst sind Hofordnungen in einem derartigen Maße und in solcher Vollständigkeit überliefert[61]. Diese *Ordonnances de l'Hôtel* waren in erster Linie Amtsträgerlisten, die sowohl die Amtszeit als auch die Gagen der Amtsinhaber verzeichneten[62], wohingegen sich Dienstanweisungen eher selten finden. Erst in der Zeit Karls des Kühnen, also um das Jahr 1469, änderte sich das Aussehen, und es traten zunehmend zeremonielle und disziplinarische Inhalte in den Ordnungen auf[63].

Die ältesten im Deutschen Reich überlieferten Hofordnungen stammen aus den Jahren 1293 und 1294 und werden auch als *Vilshofener Vertrag* bezeichnet[64]. Bischof Heinrich von Regensburg und Graf Gebhard von Hirschberg arbeiteten diese Ordnungen gemeinsam mit den Räten der Herzogsbrüder Otto III., Ludwig III. und Stephan I. im Rahmen eines Teilungsvertrages aus[65].

Die Inhalte dieser frühen Ordnungen für den Hof sind noch sehr unterschiedlich. „In formaler Hinsicht reicht die Palette von kurzen listenartigen Aufstellungen bis hin zu umfassenden Regulativkonvoluten mit zum Teil detaillierten Beschreibungen von Amtsbereichen und einzelnen Dienstvorschriften (Aragón um 1300; »Leges Palatinae«, Mallorca 1337; Dauphiné 1340; Burgund 1468/69; »Black Book«, England 1471/72).“[66]

Die ältesten dieser Ordnungen sind meist reine Personalaufstellungen mit wenigen Dienstanweisungen, wobei auch nur die höheren Hofangestellten Beachtung

---

60 Ebd.

61 S. Holger Kruse, Hof, Amt und Gagen. Die täglichen Gagenlisten des burgundischen Hofes (1430–1467) und der erste Hofstaat Karls des Kühnen (Pariser Historische Studien, Bd. 44), Bonn 1996; Kruse (wie Anm. 8) und Kruse/Paravicini (wie Anm. 8).

62 S. E. Lalou, Art. Ordonnances de l'Hôtel, in: LexMA 6, Sp. 1442–1443, und Elisabeth Lalou, Les ordonnances de l'hôtel des derniers Capétiens directs, in: Höfe und Hofordnungen (wie Anm. 8) S. 91–101.

63 S. Kraak (wie Anm. 54) S. 20f. und Jacques Paviot, Ordonnances de l'hôtel et cérémonial de cour aux XVe et XVIe siècles, d'après l'exemple bourguignon, in: Höfe und Hofordnungen (wie Anm. 8) S. 167–174.

64 S. Wilhelm Störmer, Hof und Hofordnung in Bayern-München (15. und frühes 16. Jahrhundert), ebd., S. 361–381, hier S. 363.

65 S. Karl-Ludwig Ay, Altbayern von 1180 bis 1550 (Dokumente zur Geschichte von Staat und Gesellschaft in Bayern, Bd. I/2), München 1977, S. 596.

66 Ahrens (wie Anm. 57) Sp. 75 f.

fanden. Zudem finden sich häufig detaillierte Listen mit den am Hof befindlichen Pferden[67]. Diese Listen finden sich in späterer Zeit nicht mehr, vor allem, da der militärische Aspekt der Ämter in den Hintergrund trat bzw. völlig verschwand. Zudem wurden die Höfe sesshaft, Residenzen entstanden, so dass die Amtsinhaber keiner eigenen Pferde mehr bedurften, um von einem Hofort zum anderen zu ziehen.

Stattdessen trat nun der Ordnungsaspekt in den Vordergrund, und Anweisungen über das christliche Leben und den alltäglichen Lebensstil am Hof füllten weite Teile der Hofordnungen, wie bereits zuvor gesehen. Auch zeremonielle Aspekte nahmen spätestens ab dem 17. Jahrhundert in den Hofordnungen immer breiteren Raum ein, was besonders an den bayerischen Hof- und Kammerordnungen Karl Theodors und Maximilian Josephs aus den Jahren 1794 und 1800 auffällt, die im Grunde reine Zeremonialvorschriften sind[68].

Diese knappen Ausführungen zeigen bereits, dass Hofordnungen als Quellen lange nicht so eindimensional sind, wie ihnen die Forschung häufig nachgesagt hat[69]. Nicht nur, dass sie sich in formaler Hinsicht vielfach deutlich voneinander unterscheiden, auch ihre Inhalte differieren stark[70]. So schrieb Holger Kruse völlig zutreffend: „Wir verwenden den Begriff ‚Hofordnung', nicht weil er der exakteste wäre, sondern weil er der heute gebräuchliche ist", denn „schon von Zeitgenossen [wurde] eine ganze Reihe verschiedener Dokumente […] als ‚Hofordnungen' bezeichnet […]."[71]

Diese Vielfältigkeit der als „Hofordnung" bezeichneten Quellen machte es notwendig, sie in verschiedene Typen zu unterteilen: Brigitte Streich schlug drei Typen von Hofordnungen vor:

---

[67] Bojcov (wie Anm. 53) S. 245 und Flink/Thissen (wie Anm. 9).

[68] Churfürst Karl Theodor, Churpfalzbaierische Hof- und Kammerordnung. 6. Brachmonats (Juni) 1794, verfügbar unter http://www.mdz-nbn-resolving.de/urn/resolver.pl?urn=urn:nbn:de:bvb:12-bsb10319835-5 (Zugriff: 27.08.2014); Churfürst Maximilian Joseph, Churpfalzbaierische Hof- und Kammerordnung. 2. Jäner 1800, verfügbar unter http://bavarica.digitale-sammlungen.de/resolve/display/bsb10319880.html (Zugriff: 10.09.2014).

[69] S. Michael Reinbold, Hof und Landesverwaltung in Dannenberg 1570–1636. Hof- und Kanzleiordnungen als Spiegel herrscherlichen Selbstverständnisses am Beispiel einer welfischen Sekundogenitur, in: Niedersächsisches Jahrbuch für Landesgeschichte (1992) S. 53–70, hier S. 69 f.; Rainer A. Müller, Der Fürstenhof in der Frühen Neuzeit (Enzyklopädie Deutscher Geschichte, Bd. 33), München 1995, S. 40 f.

[70] S. Anja Kircher-Kannemann, Heilsame auffsicht und verfassung. Hofordnungen vom Mittelalter bis zur Neuzeit, Diss. phil., Düsseldorf 2015, verfügbar unter: http://docserv.uni-duesseldorf.de/servlets/DerivateServlet/Derivate-37296/Heilsame%20auffsicht%20und%20verfassung.pdf (Zugriff: 01.04.2016), S. 173–216 und Kraak (wie Anm. 54) S. 18, der daher vorschlug, lieber von „Ordnungen am Hof" zu sprechen.

[71] Kruse (wie Anm. 8) S. 143.

1. Ordnungen, die aus Gründen der Kostenreduktion entstanden sind, wobei dieser Typ ihrer Ansicht nach am häufigsten vorkommt[72],
2. Ordnungen, die aufgrund von Personalwechseln entstanden und der Organisation der Ämter dienten[73] und
3. Umfassende „Regimentsordnungen", die auf Druck der Stände oder des Rates bei Herrscherwechsel oder im Rahmen von Steuerbewilligungen erlassen wurden[74].

Aber es gibt noch zahlreiche andere Definitionsversuche im Zusammenhang mit Hofordnungen. Nur einige wenige sollen hier kurz erwähnt werden: Auge und Spiess etwa sehen in Hofordnungen den Ausdruck fürstlicher Herrschaftsansprüche und das Verlangen des Fürsten eine feste Bindung zwischen Herrscher und Hof zu erreichen[75]. Vec wiederum sieht in ihnen zum einen Finanzdokumente, aber auch einen Ausdruck der „Guten Ordnung" und damit eine Form der Policeyordnung[76]. Ihr Inhalt sei ein Zeichen der „binnenhöfischen Totaldisziplinierung"[77]. Es finden sich tatsächlich in einigen Hofordnungen Zitate aus Policeyordnungen, was die enge Verwandtschaft dieser beiden Quellengattungen belegt[78].

Willoweit sieht in Hofordnungen ein Zeichen der allgemeinen „Regelungswut" und der Sozialdisziplinierung[79]. Außerdem wies er darauf hin, dass sie zudem „die

---

[72] Brigitte Streich, Die Diepholzer Hof- und Verwaltungsordnungen des 16. Jahrhunderts. Zur Anwendung und Fortschreibung eines Herrschaftsregulativs, in: Höfe und Hofordnungen (wie Anm. 8) S. 497–518, hier S. 497 ff.

[73] Vgl. Reinbold (wie Anm. 69) und Plodeck (wie Anm. 50) S. 34 ff.

[74] Streich (wie Anm. 72) S. 498. Streich schneidet hier tatsächlich ein Definitionsproblem an, denn es ist die Frage, ob Regimentsordnungen als Hofordnungen anzusehen sind, vgl. Bouterwek, Die Regiments-Ordnung vom 11. Dezember 1592, in: Zeitschrift des Bergischen Geschichtsvereins (1865) S. 212–243. In dieser Regimentsordnung steht ausdrücklich, dass die Hofordnung neben der Regimentsordnung unverändert weiter Bestand haben solle.

[75] Oliver Auge/Karl-Heinz Spiess, Hof und Herrscher, in: Werner Paravicini (Hg.), Höfe und Residenzen im spätmittelalterlichen Reich. Bilder und Begriffe (Residenzenforschung, Bd. 15.II), Ostfildern 2005, S. 3–15, hier S. 4.

[76] Miloš Vec, Hofordnungen. Versuch einer rechtshistorischen Funktionsanalyse. Zu einem Beispiel spätmittelalterlicher Normsetzung, in: Höfe und Hofordnungen (wie Anm. 8) S. 43–63, hier S. 44 f. Vgl. auch Plodeck (wie Anm. 50) S. 238 ff. und Wolfgang Wüst, Hof und Policey. Deutsche Hofordnungen als Medien politisch-kulturellen Normenaustausches vom 15. bis zum 17. Jahrhundert, in: Werner Paravicini/Jörg Wettlaufer (Hg.), Vorbild – Austausch – Konkurrenz. Höfe und Residenzen in der gegenseitigen Wahrnehmung. 11. Symposium der Residenzen-Kommission der Akademie der Wissenschaften zu Göttingen (Residenzenforschung, Bd. 23), Wien, 20.–24. September 2008, Ostfildern 2010, S. 115–134, hier S. 115.

[77] Vec (wie Anm. 76) S. 47. Vgl. hierzu auch Wührer/Scheutz (wie Anm. 9) S. 27.

[78] S. Wüst (wie Anm. 76), hier S. 116.

[79] Dietmar Willoweit, Hofordnungen als Zeugnisse des Rechtsdenkens, in: Reinhardt Butz/Jan Hirschbiegel/Dietmar Willoweit (Hg.), Hof und Theorie. Annäherungen an ein historisches Phänomen (Norm und Struktur, Bd. 22), Köln 2004, S. 165–178, hier S. 169.

Kontinuität der Hofkultur" abbildeten, denn es gäbe sie während der gesamten Zeit der höfischen Geschichte[80]. Hesse hingegen sieht diese Quellen als Teil des frühneuzeitlichen Modernisierungsprozesses und als Mittel zur Beschränkung der fürstlichen Herrschaft[81]. Diesen Thesen setzte Sommer entgegen, dass Hofordnungen vor allem dazu dienten, den Alltag zu organisieren und die Hofpolicey zu erhalten[82]. Als Quellen des höfischen Alltags und dessen Organisation sehen auch Kern und Paravicini Hofordnungen an[83]. Flink hingegen sieht vor allem in den klevischen Hofordnungen weder Finanz- noch Zeremonialordnungen, sondern einen Teil der „Ökonomie" des Hofhalts, wobei zu beachten sei, dass der frühneuzeitliche „Oeconomiebegriff" weit über den Bereich der Finanzen hinausgriff[84].

Ellen Widder erweiterte all diese Definitionen um einen interessanten und bis zu diesem Zeitpunkt vernachlässigten Aspekt, denn ihrer Ansicht nach waren Hofordnungen vor allem ein Ausdruck des standesgemäßen Hofes. Sie schreibt ihnen einen symbolischen Charakter zu, da ein Hof ohne Hofordnung Gefahr laufe sozial abzusteigen[85].

Vgl. auch Paul Münch, Das Jahrhundert des Zwiespalts. Deutsche Geschichte 1600–1700, Stuttgart 1999, S. 90 und Heinig (wie Anm. 54) S. 335 f.

80 Willoweit (wie Anm. 79) S. 175 f.

81 S. Christian Hesse, Zwischen Reform und Beschränkung. Die Hofordnungen der Landgrafschaft Hessen aus dem beginnenden 16. Jahrhundert, in: Höfe und Hofordnungen (wie Anm. 8) S. 337–360, hier S. 337 ff.

82 S. Dagmar Sommer, Hofordnungen. Ordnung ist die Seele des Hofes, in: Jörg Jochen Berns (Hg.), Erdengötter. Fürst und Hofstaat in der Frühen Neuzeit im Spiegel der Marburger Bibliotheks- und Archivbestände (Schriften der Universitätsbibliothek Marburg, Bd. 77), Marburg 1997, S. 73–89, hier S. 73 f. Vgl. Max Hein, Preußische Hofordnungen des 16. Jahrhunderts, in: Altpreußische Forschungen (1925) S. 52–68, hier S. 52.

83 S. Kern (wie Anm. 7), Bd. 1, S. IX; Werner Paravicini, Alltag bei Hofe, in: Werner Paravicini (Hg.), Alltag bei Hofe. 3. Symposium der Residenzen-Kommission der Akademie der Wissenschaften in Göttingen, Ansbach, 28. Februar bis 1. März 1992 (Symposium der Residenz-Kommission der Akademie der Wissenschaften in Göttingen, Bd. 3), Sigmaringen 1995, S. 9–30, hier S. 10.

84 S. Klaus Flink, Die klevischen Hofordnungen. Von der Kostliste bis zur Regiments-Ordnung, in: Höfe und Hofordnungen (wie Anm. 8) S. 401–420, hier S. 418. Vgl. auch Volker Bauer, Hofökonomie. Der Diskurs über den Fürstenhof in Zeremonialwissenschaft, Hausväterliteratur und Kameralismus (Frühneuzeitstudien, NF Bd. 1), Köln/Weimar/Wien 1997; Klaus Neitmann, Fürst und Räte vor der Herausforderung ‚guter Ökonomie und Haushaltung'. Aufbau und Unterhaltung der Hof- und Landesverwaltung des erzbischöflich rigischen Koadjutors Markgraf Wilhelm von Brandenburg 1529–1539, in: Gerhard Fouquet/Jan Hirschbiegel/Werner Paravicini (Hg.), Hofwirtschaft. Ein ökonomischer Blick auf Hof und Residenz in Spätmittelalter und Früher Neuzeit, Ostfildern 2008 (Residenzenforschung, Bd. 21), S. 77–121; Thomas Duve, Der blinde Fleck der „Oeconomia"? Wirtschaft und Soziales in der frühen Neuzeit, in: Jean-Francois Kervégan/Heinz Mohnhaupt (Hg.), Wirtschaft und Wirtschaftstheorien in Rechtsgeschichte und Philosophie, Frankfurt a. M. 2004, S. 29–61.

85 S. Ellen Widder, Hofordnungen im Niedersächsischen Reichskreis, in: Höfe und Hofordnungen (wie Anm. 8) S. 457–495, hier S. 492–495.

Jenseits all dieser wissenschaftlichen Beschäftigung mit Hofordnungen zeigt ein kurzes Zitat des Markgrafen Johann von Küstrin sehr prägnant die Bedeutung von Hofordnungen. Er begründete seine im Jahr 1561 erlassene Hofordnung mit den Worten: *weil ein Unterschied sein müsse zwischen Fürstenhäusern und gemeinen Wirtshäusern*[86].

Zwei Blickwinkel prägten bislang die Beschäftigung mit Hofordnungen: zum einen der biographische und zum anderen der dynastische, denn man versuchte mit Hilfe der Hofordnungen die Entwicklung der zentralen Verwaltungsorgane der Territorien zu rekonstruieren. Später trat noch der kulturgeschichtliche Blickwinkel hinzu, denn Hofordnungen schienen geeignete Quellen, um den Alltag des Hofes und seine größenmäßige Entwicklung darzustellen[87].

Seit dem ersten Versuch einer systematischen Erfassung und Edition von Hofordnungen durch Arthur Kern sind inzwischen über 100 Jahre vergangen, aber noch immer steht die Forschung zu Hofordnungen im Grunde an ihren Anfängen[88]: Ein wirkliches Verzeichnis dieser Quellen gibt es nicht, und Editionen[89] erfolgten in unsystematischer Weise und begrenzt auf jeweils nur ein Territorium.

Im Rahmen meiner Dissertation habe ich insgesamt 122 Hofordnungen aus dem Zeitraum vom 13. bis zum 19. Jahrhundert untersucht und konnte so grobe Entwicklungslinien dieser Quellengattung nachzeichnen und Besonderheiten für einzelne Territorien aufzeigen. Daraus ergab sich folgende neue, umfassend angelegte Definition für die Quellengattung Hofordnung: „Die Hofordnung ist eine schriftlich fixierte Regelung für das alltägliche Leben und das Verhalten der Menschen am Hof. Sie kann Dienstanweisungen, Zeremonialvorschriften, Organisations- und Rangklassenschemata enthalten, ebenso wie Personallisten. Ihre Bedeutung und der Umgang mit ihr zeigen an, dass sie unter die Verfassungsgesetze des Territoriums bzw. des Hofes zu rechnen ist.“[90]

Aus dieser Untersuchung ergab sich ebenfalls der Nachweis, dass sich die Hofordnungen in der Tat ab dem 16. Jahrhundert stark verändert haben und immer

---

[86] Zitiert nach Max von Boehn, Die Mode. Menschen und Moden im 17. Jahrhundert, 2 Bde., München 1964, hier Bd. 1, S. 236.

[87] S. Ferdinand Kramer, Zur Entstehung und Entwicklung von Hofordnungen am Münchner Hof in der zweiten Hälfte des 16. Jahrhunderts, in: Höfe und Hofordnungen (wie Anm. 8) S. 383–399, hier S. 385–386, und Hasenritter (wie Anm. 45) S. 180 ff. Vgl. auch Martin Hass, Die Hofordnung Kurfürst Joachims II. von Brandenburg (Historische Studien, Bd. 87), Berlin 1910, ND Vaduz 1965, S. 7.

[88] Auch meine Dissertation konnte lediglich helfen, ein wenig Licht in den Dschungel der Definitionen zu bringen, s. Kircher-Kannemann (wie Anm. 70).

[89] Kern (wie Anm. 7). In den letzten Jahren erschienen folgende Editionen: Flink/Thissen (wie Anm. 9); Wührer/Scheutz (wie Anm. 9); Kruse (wie Anm. 8); Kruse (wie Anm. 61); Kruse/Paravicini (wie Anm. 8), und zuletzt Bruckhaus/Kasten (wie Anm. 9).

[90] Kircher-Kannemann (wie Anm. 70) S. 247. Vgl. auch Ritter von Zolger (wie Anm. 50) S. 50.

mehr Bestandteile, die man eigentlich in den Burgfriedensbestimmungen verorten würde, in sich aufnahmen.

4. Burgfrieden und Strafen in deutschen Hofordnungen

Wie aus den vorherigen Ausführungen deutlich wurde, veränderten sich die Hofordnungen im Verlauf des 16. Jahrhunderts und nahmen immer mehr Vorschriften bezüglich des Lebenswandels der am Hof tätigen Menschen in sich auf; Vorschriften, die zuvor allein in den Burgfriedensordnungen zu suchen gewesen waren. Offenbar versuchte man nun mit Hilfe dieser Ordnungen, soziale und zwischenmenschliche Konflikte zu entschärfen bzw. zu regeln.

In vielen Hofordnungen bilden Hinweise auf die Burgfriedensordnungen bzw. auf Strafen für Vergehen die einleitenden Abschnitte. Den Grund dafür sah Friedrich Karl von Moser in dem Umstand, dass man die *Unverletzlichkeit des Regenten und seiner Familie* mit Hilfe solcher Ordnungen geschützt sehen wollte. So, laut Moser, erkläre sich *auch die ungemeine Strenge des Burg-Fridens*[91].

Offenbar erachtete man es allgemein als notwendig, solche Ordnungen zu erstellen, um einen moralischen und sittlichen Lebenswandel und vor allem ein „friedfertige[s] und gewaltfreie[s] Zusammenleben im Hofadel und Hofgesinde“[92] zu gewährleisten. Selbst Veit Ludwig von Seckendorff, der ansonsten den Hofprediger als Dreh- und Angelpunkt der höfischen Disziplinierung ansah, war klar, dass dieser allein die Ordnung und den christlichen Lebenswandel am Hof nicht aufrechterhalten konnte. Aus diesem Grund verwies auch er auf die Hofordnungen, die neben guten Amtsträgern nötig seien, um die Ordnung des Hofes zu gewährleisten[93]. Auch die Verfasser der Hofordnungen selbst schienen dies so zu sehen, denn die Aufrechterhaltung der Ordnung und der Disziplin ist die mit Abstand häufigste Begründung, die für den Erlass einer neuen Hofordnung ins Feld geführt wurde[94].

Um die Hofordnung allen Hofmitgliedern bekannt zu machen und sie auch im Gedächtnis zu verankern, gab es, je nach Hof und Alphabetisierungsgrad der Hofangehörigen, verschiedene Mittel: Zum einen wurde die Möglichkeit genutzt, die Hofordnungen und Burgfriedensordnungen auszuhängen, zum anderen

---

91 Moser (wie Anm. 4), Bd. 1, S. 196.

92 Wolfgang Wüst, Luxus oder Sparzwang? Höfisches Leben im frühmodernen Kleinstaat der fränkischen Hohenzollern und der Bischöfe von Augsburg, in: Werner Paravicini (Hg.), Luxus und Integration. Materielle Hofkultur Westeuropas vom 12. bis zum 18. Jahrhundert, München 2010, S. 65–82, hier S. 126.

93 Von Seckendorff (wie Anm. 39) S. 635–641.

94 Kircher-Kannemann (wie Anm. 70) S. 176–180.

wurden sie regelmäßig verlesen oder auch jedem Hofangehörigen ausgehändigt[95]. Teilweise wurden diese Maßnahmen kombiniert. Insbesondere seit etwa dem 18. Jahrhundert erhielt jedes Mitglied des Hofes eine zumeist für das jeweilige Amt speziell ausgefertigte Version der Hofordnung[96]. Die Originale der Hofordnungen wurden durchweg von den Hofmarschall- bzw. den Hofmeisterämtern aufbewahrt.

Schaut man sich an, über welche Verfehlungen und Vergehen die Hofordnungen berichten, so sind dies vor allem Körperverletzung, Mord, Raub, Vergewaltigung und weitere schwerwiegende Delikte. Diese Angaben machen sehr deutlich, warum speziell die deutschen Höfe als „Hort des Grobianismus" galten und man seitens des Auslandes mit zeitweilig unverhohlener Verachtung auf sie blickte[97]. Vor allem die ältere Kulturgeschichte führte diesen Umstand immer wieder ins Feld und so erklärt sich, gestützt auf zahlreiche Quellen insbesondere des 16. Jahrhunderts, folgende Aussage Zoepfls: „Freilich waren auch die Menschen des Spätmittelalters keine Engel gewesen. Aber was wir nun hören und sehen, das übersteigt doch die Grenzen alles bisher Dagewesenen. Johannes Agricola hat sicher recht, wenn er von seiner Zeit sagt, es lebe jetzt jedermann also roh, wild und ungezogen, daß man es nicht mehr gedenket. Es kam nun dazu, daß man sich seiner Zügellosigkeit noch rühmte, daß man mit Absicht ungehobelt war, ja daß man ein möglichst unmanierliches Benehmen für männlich und gut deutsch ansah. Grobianismus wurde Mode, Sport. Grobianus wurde nach einem Worte Sebastian Brants zum neuen Heiligen, den jedermann zu seinem Patron kürte."[98]

Strafen für mögliche Delikte wurden in den Hofordnungen bereits seit den Anfängen dieser Quellengattung zumindest teilweise erwähnt und zum Teil wurden auch Strafen für verschiedene Vergehen detailliert beschrieben, so nennen etwa die 1546 und 1697 für Anhalt-Zerbst verfassten Hofordnungen den „Spanischen Mantel" als mögliche Strafe[99]. In den meisten Hofordnungen aber wurde lediglich allgemein auf Strafen verwiesen, die von den jeweiligen Oberhofchargen ausge-

---

[95] S. Wüst (wie Anm. 92) S. 126; Zimmermann (wie Anm. 29) S. 141 und Moser (wie Anm. 4), Bd. 1, S. 73.

[96] In 34 (27,87 %) der von mir untersuchten Hofordnungen wird erwähnt, dass die Ordnung regelmäßig, zumeist zwei bis viermal pro Jahr, verlesen werden sollte; in 14 (11,48 %) Hofordnungen steht, dass sie auszuhängen und/oder an die Hofmitglieder zu verteilen sind. In 10 Ordnungen (8,20 %) finden sich beide Angaben, s. Kircher-Kannemann (wie Anm. 70) S. 211.

[97] S. Egon Friedell, Kulturgeschichte der Neuzeit. Die Krisis der europäischen Seele von der Schwarzen Pest bis zum Ersten Weltkrieg, 2 Bde., München ^{9}1991, hier Bd. 1, S. 319.

[98] F. Zoepfl, Deutsche Kulturgeschichte, 2 Bde., Freiburg ^{2}1931/1937, hier Bd. 1, S. 193.

[99] Kern (wie Anm. 7), Bd. 2, S. 23–26, und Karl Wilhelm Fürst von Anhalt, Hofordnung, Druck, Zerbst Ostern 1697, verfügbar unter http://digital.slub-dresden.de/fileadmin/data/366349732/366349732_tif/jpegs/366349732.pdf (Zugriff: 27. 08. 2014).

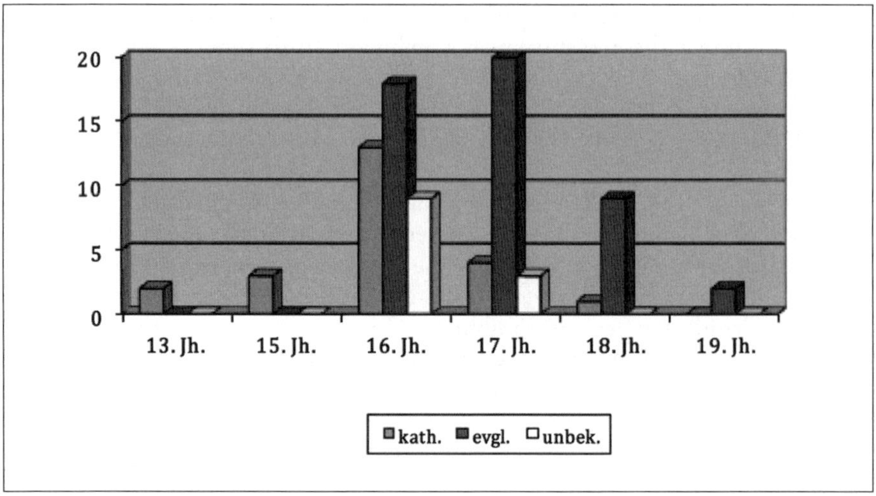

Abb. 2: Strafen in Hofordnungen

sprochen und vollstreckt werden sollten[100]. Der weitaus größte Teil der Hofordnungen[101] erwähnt solche hofinternen Strafen, zum Teil auch mit einem Verweis auf Vergehen, die es in der Vergangenheit gab[102].

Es wird deutlich, dass die Nennung von Strafen in Hofordnungen keinesfalls eine frühneuzeitliche Erfindung ist, sondern Strafen bereits im Spätmittelalter Bestandteil dieser Ordnungen sein konnten, wenn auch in deutlich geringerem Maße als in späteren Jahrhunderten (Abb. 2). Allerdings fällt auf, dass insbesondere nach dem 16. Jahrhundert und in erster Linie in protestantischen Territorien Strafen zum Inhalt von Hofordnungen gehörten.

Der Burgfrieden oder zumindest Verweise auf ihn finden sich in knapp 40 Prozent aller untersuchten Hofordnungen. Der Burgfrieden fand an protestantischen Höfen deutlich häufiger Erwähnung als an katholischen[103] (Abb. 3). Bislang war

[100] Die häufigsten Strafen waren Entzug von Kostgeld und Essen. In gravierenderen Fällen erfolgten auch Turmstrafen oder der Verweis vom Hof, s. KIRCHER-KANNEMANN (wie Anm. 70) S. 212.

[101] 84 der untersuchten Hofordnungen behandeln im Verlauf des Textes verschiedene Strafen bei Vergehen gegen die Hofordnung oder den Burgfrieden.

[102] 46 von 122 Hofordnungen verweisen auf Delikte, die in der Vergangenheit am Hof vorkamen, zum Teil werden sogar die Namen der Straftäter sowie die Strafen genannt, die ihnen auferlegt wurden.

[103] Für den pommerschen Hof wies Hasenritter nach, dass der Burgfrieden seit dem Jahr 1560 gebräuchlich wurde und somit in direktem Zusammenhang zur Reformation stand, s. HASENRITTER (wie Anm. 45) S. 153.

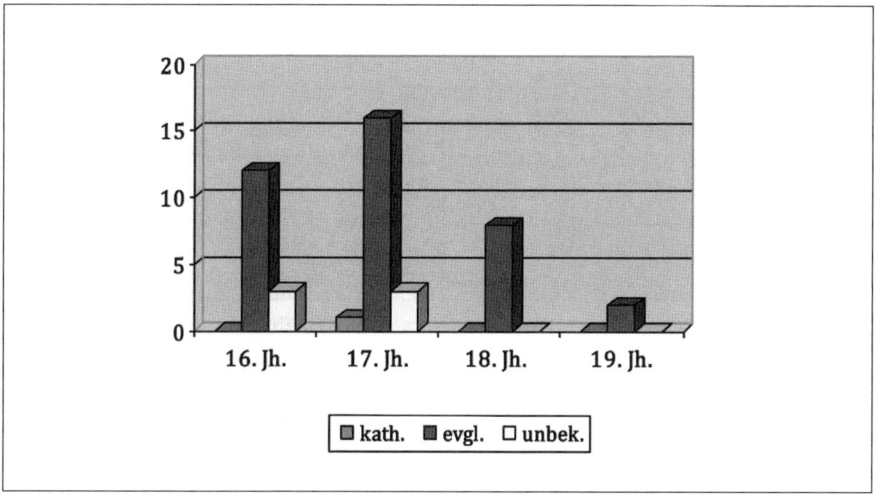

Abb. 3: Burgfrieden in Hofordnungen.

nur eine einzige eindeutig katholische Hofordnung auszumachen, die den Burgfrieden als Ordnungsmaßnahme nennt. Interessant ist, dass auch im 19. Jahrhundert der Burgfrieden immer noch in Hofordnungen enthalten ist, somit also für die Angehörigen eines Hofstaats immer noch ein eigenes Recht jenseits der Landesgesetze galt[104], wie vor allem in Württemberg.

Straftaten aufzuführen und gegebenenfalls sogar die Namen der Straftäter zu nennen, scheint ebenfalls ein Phänomen zu sein, das insbesondere protestantische Territorien und Hofordnungen betrifft.

In der historischen Forschung ist vielfach die Frage gestellt worden, ob die ständige Wiederholung der immer gleichen Strafen nicht darauf hindeuten könnte, dass diese Strafen im Grunde nur symbolisch waren, und man vielleicht überhaupt nicht den Versuch unternommen hat, die in den Hofordnungen und Burgfriedensbestimmungen angedrohten Maßnahmen wirklich durchzusetzen[105].

[104] Es gibt eine Reihe von Hofordnungen, die neben dem Burgfrieden auch auf Policeygesetze, andere Landesgesetze und auch auf kaiserliche Gesetze verweisen, so etwa die Hofordnung Herzog Ernsts des Frommen von Sachsen-Gotha aus dem Jahr 1648, die pommerschen Hofordnungen Herzog Johann Friedrichs von 1575 und Herzog Bogislaws XIV. von 1624. Gleiches gilt für die hessen-kasselsche Hofordnung aus dem Jahr 1628 von Landgraf Georg II. und nahezu alle württembergischen Hofordnungen.

[105] Zu der Fragestellung der Bedeutung von Gesetzen in der Frühneuzeit s. Jürgen Schlumbohm, Gesetze, die nicht durchgesetzt werden – ein Strukturmerkmal des frühneuzeitlichen Staates?, in: Geschichte und Gesellschaft (1997) S. 647–663 und Dietmar Willoweit, Gesetzgebung und Recht im Übergang vom Spätmittelalter zum frühneuzeitlichen Obrigkeitsstaat, in: Okko Behrends/Christoph Link (Hg.), Zum römischen und neuzeit-

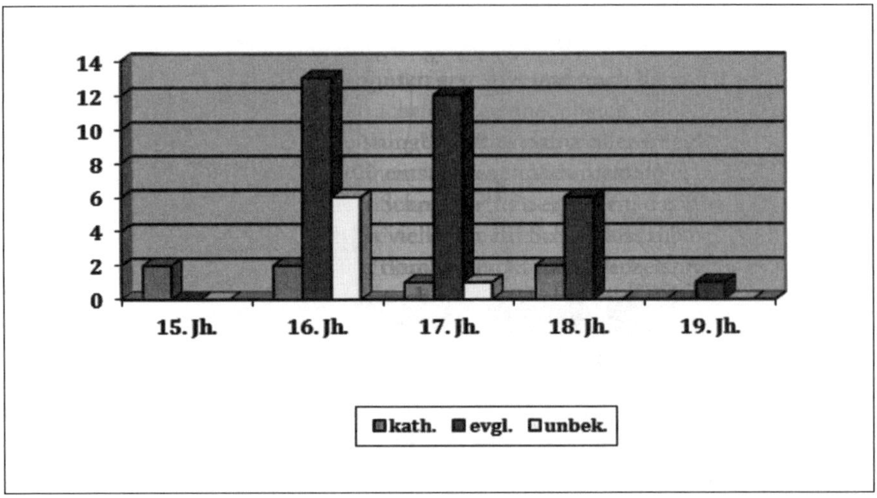

Abb. 4: Strafen und Straftäter in Hofordnungen.

Diese Frage ist eindeutig mit „Nein“ zu beantworten: Es wurde sehr wohl versucht, Regelwerke wie Hofordnungen und auch Burgfrieden um- und durchzusetzen. Deutlich wird dies anhand zahlreicher Aktenbelege, die Auskunft geben über Anklagen wegen Verstößen gegen Hofordnung oder Burgfrieden und daraus resultierenden Verurteilungen der Delinquenten[106].

lichen Gesetzesbegriff. 1. Symposium der Kommission „Die Funktion des Gesetzes in Geschichte und Gegenwart“ vom 26. und 27. April 1985, Göttingen 1987, S. 123–146.

[106] S. HStA Stuttgart A 44 U 1867, 1580 November 16, verfügbar unter https://www2.landesarchiv-bw.de/ofs21/olf/struktur.php?bestand=3023&klassi=003.001.016.00036&anzeigeKlassi=003.001.016&letztesLimit=20&baumSuche=&standort=&inhaltHauptframe=lesezeichen&setzeOlfLesezeichen=2778420 (Zugriff: 27.08.2014); HStA Stuttgart A 44 U 5175 1563 Mai 29 (verfügbar unter https://www2.landesarchiv-bw.de/ofs21/olf/struktur.php?bestand=3023&klassi=009.001.00442&anzeigeKlassi=009.001&letztesLimit=440&baumSuche=&standort=&inhaltHauptframe=bestellung&setzeBestellung=-2782383&hinzufuegen=1 (Zugriff: 27. 08. 2014); StA Wertheim G-Rep 9: Gemeinschaftliches Archiv; 3. 1501–1600/Rezesse, Verträge und Spruchbriefe (Lade XIII-XIV) 1576 Februar 28, verfügbar unter https://www2.landesarchiv-bw.de/ofs21/olf/struktur.php?bestand=15200&klassi=003.00057&anzeigeKlassi=003&letztesLimit=40&baumSuche=&standort=\\\%27&inhaltHauptframe=lesezeichen&setzeOlfLesezeichen=1622829 (Zugriff: 27.08.2014) und HStA Stuttgart A 44 U 4495, 1560 Juli 22, verfügbar unter https://www2.landesarchiv-bw.de/ofs21/olf/struktur.php?bestand=3023&klassi=-008.001.00307&anzeigeKlassi=008.001&letztesLimit=unbegrenzt&baumSuche=&s-tandort=&inhaltHauptframe=lesezeichen&setzeOlfLesezeichen=2781557 (Zugriff: 27. 08. 2014).

An allen Höfen, an denen ein Marschall anzutreffen war, oblag es diesem, die Verstöße gegen Hofordnungen und Burgfrieden festzustellen und die vorgesehenen Strafen durchzusetzen. Seine Kompetenzen veränderten sich im Laufe der Frühen Neuzeit nur wenig. Gleiches gilt für den Hofmeister an den Höfen, an denen dieser das oberste Hofamt stellte.

Sowohl von Seckendorff als auch Moser und Zedler zählten folgende Kompetenzbereiche zum Hofmarschallamt:

- die Aufsicht über den gesamten Hofstaat, inklusive der Einstellung und Vereidigung neuer Diener,
- die Aufrechterhaltung der Hofpolicey,
- die Einhaltung des Hofzeremoniells,
- die Aufwartung bei Hoffestlichkeiten und den Empfang fremder Gäste,
- die Oberaufsicht über die einzelnen Hofbereiche wie Küche, Keller und Silberkammer, das Inventar und die Mobilien des Hofhalts,
- die Organisation der Reisen und
- die Einhaltung des Burgfriedens[107].

5. Die württembergischen Hofordnungen

Hofordnungen dienten, wie gesehen, der Organisation des alltäglichen Lebens an deutschen und anderen europäischen Höfen. Zur alltäglichen Organisation gehörten dabei aber nicht nur Anweisungen bezüglich der Mahlzeiten oder der Gottesdienstbesuche. Vor allem die allgemeine Ordnung des täglichen Lebens war es, die die Autoren dieser Anordnungen, in aller Regel die Fürsten selbst oder aber hohe Hofbeamte, gewährleisten bzw. wiederherstellen wollten.

Die allgemeine Ordnung betraf dabei vor allem den christlichen Lebenswandel, den es galt an den Höfen durchzusetzen. Daher finden sich in nahezu allen Hofordnungen des deutschen Sprachraums, insbesondere seit der Zeit der Reformation, Anweisungen zu Gottesdienstbesuchen, zu Bibellesungen, Predigten usw. Klar ist, dass der Wunsch nach einem christlichen Lebenswandel der Hofangehörigen vor allem auch die Einhaltung der Zehn Gebote umfasste, die allenthalben, wenn auch ohne direkten Verweis, beschworen wurden.

Neben den Hofordnungen, die die allgemeine Ordnung aufrechterhalten sollten und die auch durchaus Strafenkataloge für Zuwiderhandlungen beinhalteten, gab es die Burgfriedensordnungen, auf die in zahlreichen Hofordnungen als am Hof

[107] S. MOSER (wie Anm. 4), Bd. 2, S. 111–114; VON SECKENDORFF (wie Anm. 39) S. 642–658 und Art. Marschall, in: Grosses vollständiges Universal-Lexicon Aller Wissenschafften und Künste, Halle/Leipzig 1732–1750, Bd. 19, S. 1698–1730. Vgl. auch Alfred RITTER VON WRETSCHKO, Das österreichische Marschallamt im Mittelalter. Ein Beitrag zur Geschichte der Verwaltung in den Territorien des Deutschen Reiches auf urkundlicher Grundlage, Wien 1897.

geltendes „Basisrecht“ verwiesen wird. In besonderem Maß trifft dies auf die württembergischen Hofordnungen zu, denn einzig die älteste Hofordnung Graf Ulrichs V. aus dem Jahr 1478[108] verzichtet auf einen ausdrücklichen Verweis auf einen Burgfrieden und auf Strafandrohungen.

Seit dem 16. Jahrhundert, und dies entspricht den Ergebnissen der bisherigen Ausführungen, wird in den Hofordnungen der württembergischen Herzöge und späteren Könige stets auf einen Burgfrieden verwiesen. Über diesen hinaus werden weitere Strafen etwa bei Gotteslästerung oder der Störung der Tischzucht angedroht. Dies trifft erstmalig auf die recht kurze Hofordnung Herzog Christophs aus dem Jahr 1549 zu[109], die neben dem Burgfrieden nur die Themen der Abwesenheit des Herzogs vom Hof, der Nachtruhe, des Predigtbesuchs, der Gotteslästerung und der Tischzucht beinhaltet und alle Hofangehörigen auf die vorliegende Ordnung einschwört. Bereits ein Jahr später erließ Herzog Christoph eine weitere Ordnung[110], die allerdings, anders als Kern dies sah, nicht wirklich als Hofordnung zu betrachten ist, sondern eher einen Zusatz zur im Vorjahr erlassenen Hofordnung darstellt. Nichtsdestoweniger werden auch hier wieder Strafen für den Fall der Zuwiderhandlung gegen die Hofordnung und die zusätzlichen Bestimmungen angedroht.

Ab dem 17. Jahrhundert wurden die württembergischen Hofordnungen deutlich länger und enthielten Regelungen für alle wichtigen Bereiche des alltäglichen Hoflebens. Von Herzog Johann Friedrich sind insgesamt drei Hofordnungen aus den Jahren 1611, 1614 und 1618 überliefert[111], wobei sich diese drei Ordnungen bis auf geringe Abweichungen sehr ähneln und offenbar auch als Vorlage für die Hofordnung Markgraf Philipps von Baden-Baden dienten[112]. Einleitend wird in diesen Hofordnungen darauf verwiesen, dass sie dazu dienen sollen, die Disziplin der Hofbediensteten zu erhalten. Alle hatten einen Eid auf diese Hofordnung zu leisten, die insgesamt zweimal pro Jahr verlesen werden sollte und über deren Einhaltung der Haushofmeister sowie der Burgvogt zu wachen hatten. Auf diese Einleitung folgt bereits die erste Strafandrohung, die jeden treffen sollte, der sich nicht nach den christlichen Grundsätzen richtete oder etwa zu früh die Predigt verließ. Erst jetzt folgt eine Einschwörung auf den Fürsten selbst, von dem Schaden abzuwenden sei. Hier waren es allerdings nicht Haushofmeister und Burgvogt, die zu Strafen berechtigt waren, sondern der Haushofmeister, der Landhofmeister und – fast selbstverständlich – der Herzog selbst.

---

[108] Ediert bei HOFACKER (wie Anm. 7) S. 224 ff.

[109] Ediert bei KERN (wie Anm. 7), Bd. 2, S. 141 f.

[110] Ediert ebd., Bd. 2, S. 142 f.

[111] Ediert ebd., Bd. 2, S. 143–161. Vollständig ediert ist hier die Ordnung aus dem Jahr 1614. Die anderslautenden Teile der Ordnungen der Jahre 1611 und 1618 sind in den Fußnoten vermerkt.

[112] S. ebd., Bd. 2, S. 114–124.

Der vierte und ausgesprochen lange Abschnitt ist dem *Burgfridt* gewidmet, der *mit wortten, werckhen und geberden vestiglich gehallten solle werden.* Wer aber *den andern mit wortten schmehen oder hochmuetten, hinaußfordern, trauen, fluechen, vil weniger schlagen, stechen, stoßen oder sonsten in einichen weeg frevenlich beleidigen solle*, der solle die nun aufgeführten Strafen erfahren[113]. In der Edition zieht sich dieser Strafenkatalog über nicht weniger als drei Seiten. Die niedrigsten Strafen sind Turmstrafen bei Wasser und Brot, die höchsten Strafen sind Todesstrafen und es wird deutlich, dass das Strafmaß abhängig war vom Stand und der Position des Delinquenten:

Begebe es sich dann, daß unser ober[–] *oder Underofficierer mit der Wehr, Dolchen, Meßer, Spieß oder andern Waffen thätlich von jemandt angefallen würden, solche Thäter sollen am Leben gestrafft werden. Beschehe es aber under dem gesindt, solle der frevler die rechte Handt velohren haben*[114].

Zu den Burgfriedensbestimmungen gehörte es auch, den Hofangehörigen einzuschärfen, dass sie sich nicht nur bei Hof und im Burgfriedensbezirk tadellos zu verhalten hatten, sondern auch an allen anderen Orten, an denen sie sich aufhielten. Dies macht deutlich, dass spätestens seit Beginn des 17. Jahrhunderts der Hof und somit auch die Hofangehörigen als „Aushängeschild" des Fürsten angesehen wurden, die dazu dienten, seine Reputation zu heben und ihn auch nach außen zu repräsentieren.

Diesen Aspekt hatte auch fast zur gleichen Zeit Georg Engelhart Löhneysen in seiner „Aulico Politica" als besonders relevant hervorgehoben. Er verfasste zwei als beispielhaft gedachte Hofordnungen und setzte ihnen folgende Aussage voran: *ist nachfolgente Ordnung gleichermassen darauff dirigiret vnnd angestellet / wie sich ein jeder in dem vnnd sonsten fleissig und trewlich erzeigen / und seines Ampts und Beruffs warten sol / damit des Fürsten reputation und ansehen erhalten und nicht geschmälert werde*[115].

Weitere Themen, die nach den Burgfriedensbestimmungen in den Hofordnungen Herzog Johann Friedrichs behandelt werden, sind die Mahlzeiten, zu welchen Uhrzeiten sie stattfinden sollen, und wie man sich bei ihnen zu verhalten habe, sowie der allgemeine Lebenswandel, die Abschaffung der *Ausspeisung*, außer im Krankheitsfall, der vom Hofarzt attestiert werden muss, die Anzahl der Knechte, die den Hofadeligen zur Verfügung stehen, der Zustand der Rüstungen, das Verhalten bei Jagden, das *Abreiten*, also das Verlassen des Hofes, die Verteilung des Pferdefutters, der Pferdekauf, die Verteilung der Lichter durch den Lichtkämmerer, das Verhalten in Notfällen und bei Gefahren, das Schießen, das nur im Feld erlaubt ist, die Versorgung der Hunde und das Herbergsgeld. Beendet werden diese drei Hofordnungen mit dem Hinweis an die Ritterschaft, dass sie auf ihr

---

113 Ebd., Bd. 2, S. 146.

114 Ebd., Bd. 2, S. 147.

115 Löhneysen (wie Anm. 5) S. 350.

Gesinde und dessen Verhalten zu achten habe und dass alle Hofangehörigen sowohl die Hofordnung als auch die Befehle des Haushofmeisters und Burgvogts befolgen sollen.

Nach diesen drei sehr ausführlichen Hofordnungen klafft, zumindest was die bekannten und edierten Hofordnungen Württembergs angeht, eine Lücke von fast 100 Jahren. Die nächste Hofordnung stammt von Herzog Eberhard Ludwig aus dem Jahr 1711 und wurde bereits von Friedrich Karl von Moser in seinem „Teutschen Hof-Recht“ ediert[116]. Auch sie ist wieder ausgesprochen lang und ausführlich und baut inhaltlich eindeutig auf den Hofordnungen des frühen 17. Jahrhunderts auf. Über mehr als zwei Seiten erstreckt sich in der Edition der einleitende Teil, der eine Einschwörung auf einen christlichen Lebenswandel und die Hofordnung zum Inhalt hat. Anders als in den vorangegangenen Hofordnungen sind nun aber nicht mehr der Haushofmeister und der Burgvogt die obersten Hofbeamten, die über die Einhaltung aller Ordnungen zu wachen haben. Ein neues Amt hat sich an die Spitze des Hofhalts gesetzt: das Marschallamt[117]. Oberhofmarschall und Marschall obliegt nun die Aufsicht. Ausdrücklich werden aber auch alle anderen Oberhofvorgesetzten in die Pflicht genommen, die Einhaltung der Hofordnung und des Burgfriedens zu überwachen[118].

Erneut ist es dann die Predigt und der Besuch der Gottesdienste, die einen breiten Raum in der Hofordnung einnehmen[119]. Die gestiegene Bedeutung zeremonieller Aspekte äußert sich deutlich in der Anweisung, dass sowohl die Kavaliere als auch das übrige Gesinde des Hofes vor der Predigt dem Fürsten an seinen Gemächern aufwarten sollen. Der dritte Punkt der Hofordnung betrifft wiederum den Fürsten, wie schon 100 Jahre zuvor: Alle Hofangehörigen sind dazu verpflichtet, Schaden von ihm abzuwenden und im Falle, dass sie etwas Verdächtiges hören, müssen sie sofort Meldung an den Oberhofmarschall, den Hofmarschall, die Hofratsstube, die geheimen Räte oder den Fürsten selbst machen[120].

Als vierter Punkt, folgt – auch dies ist gleich geblieben – der Burgfrieden[121], und wieder sind es vor allem Delikte wie Fluchen, Trinken, Diebstahl und Tätlichkeiten, die unter Strafe gestellt werden; dabei wird deutlich unterschieden, ob dieses Delikt von einem Adeligen oder einem einfachen Hofbediensteten ausgeübt wurde und gegen wen es verübt wurde, ob gegen einen Oberhofvorgesetzten, einen Bedienten einer fremden Herrschaft oder gegenüber einem Gleichgestellten. Erstaunlich ist, dass sogar die Sitz- und Tischordnung bei Hof offenbar unter den Burgfrieden fällt, und ein Verstoß gegen sie entsprechend harte Strafen nach sich zieht.

---

116 Moser (wie Anm. 4), Bd. 1, Anhang, S. 54–73.
117 Zur Bedeutung der Namensänderung des obersten Hofamtes s. Kircher-Kannemann (wie Anm. 70) S. 183–188.
118 Moser (wie Anm. 4), Bd. 1, Anhang, S. 54 ff.
119 Ebd., Bd. 1, Anhang, S. 56 f.
120 Ebd., Bd. 1, Anhang, S. 57.
121 Ebd., Bd. 1, Anhang, S. 57 ff.

Insbesondere das *Abschleppen* – also das Entwenden von Silber- und Zinngeschirr, sowie von Porzellan und Tischwäsche – wird ausführlich angesprochen; ein Delikt, das offensichtlich an allen deutschen Höfen ein massives Problem darstellte und oftmals breiten Raum in den Hofordnungen einnimmt[122]. Offenbar war das Problem am württembergischen Hof so groß, dass man diesen Passus nun in den Burgfrieden integriert hat. In den Jahren zuvor wurde es noch im nachfolgenden Abschnitt über die Mahlzeiten behandelt[123]. Dieser Abschnitt folgt auch wieder auf den Burgfrieden, ist nun aber deutlich stärker zeremoniell und organisatorisch ausgerichtet. Nahezu gleich geblieben ist auch der darauffolgende Abschnitt über den Lebenswandel der Hofangehörigen[124].

Neu ist die Regelung bezüglich des Zutritts zu Küche und Keller sowie die über die Zulassung zum Essen, insbesondere der Adeligen, die nun die Erlaubnis des Oberhofmarschalls oder Hofmarschalls benötigen[125]. Ebenfalls neu ist die Regelung des Abtritts, der nur noch an den dafür vorgesehenen Stellen stattfinden darf, worüber die Wächter die Aufsicht haben[126]. Auch neu ist der Abschnitt über das Verhalten der Hofangehörigen in der Stadt und die Anweisung, dass dort sowohl der Vogt als auch der Bürgermeister darauf sehen sollen, dass die Hofbediensteten weder Alkohol trinken noch spielen oder lärmen[127].

Die letzten Kapitel der Hofordnung behandeln die Themen: Abreiten und Kostgeld, Heimleuchten, Knechte und Diener, die gute Zeugnisse vorweisen müssen, um am Hof arbeiten zu dürfen, wer die Erlaubnis erhält mit dem Fürsten zu reisen, das Schießen, das einer speziellen Erlaubnis bedarf, die Verteilung der Lichter und Nachttöpfe[128], das Verhalten bei Notfällen, nochmals ein Verbot des Schießens, worauf der Vogt zu achten habe, das Verbot von Hunden und das Herbergsgeld. Der letzte Abschnitt gleicht den vorangegangenen Hofordnungen und beinhaltet das Gebot, die Hofordnung einzuhalten und den Befehlen der Vorgesetzten, insbesondere des Oberhofmarschalls und Hofmarschalls, Folge zu leisten[129].

Es fällt auf, dass alle militärischen Aspekte aus der Hofordnung verschwunden sind. Offenbar hat in den 100 Jahren zwischen 1611 und 1711 eine enorme Wandlung der höfischen Welt stattgefunden. Finden wir in den Ordnungen aus den Jahren 1611 bis 1618 noch Anweisungen bezüglich Rüstungen, Pferden, Bewaffnung, Pferdekauf und Verhalten beim Feldreiten und auf Jagden, so sind diese 1711 voll-

---

122 S. Kircher-Kannemann (wie Anm. 70) S. 214 f.

123 Moser (wie Anm. 4), Bd. 1, Anhang, S. 63–66.

124 Ebd., Bd. 1, Anhang, S. 66.

125 Ebd., Bd. 1, Anhang, S. 66 f.

126 Ebd., Bd. 1, Anhang, S. 67 f.

127 Ebd., Bd. 1, Anhang, S. 68.

128 Auch die Nachttöpfe sind neu und machen deutlich, dass man offenbar versuchte, vor allem die Sauberkeit des Hofes zu verbessern, um so eine positivere Außenwirkung zu erzeugen.

129 Moser (wie Anm. 4), Bd. 1, Anhang, S. 72 f.

kommen verschwunden. Der Hof ist ein repräsentativer, ein zeremonieller Hof geworden; Wehrhaftigkeit und militärisches Leben sind gewichen.

Gut 80 Jahre später erscheint die Hofordnung erneut wie ausgewechselt: der Ton wird „amtlich", und die Hofordnung Herzog Ludwig Eugens[130], die nun den Titel *Ordnung und Sazungen* trägt, erhält eine völlig neue Einleitung:

Da Wir in Verwaltung Unsers Regenten-Amts vorzüglich auch Unser Augen merk dahin richten, daß alle Stände Unsers Herzogthums mit guten Ordnungen versehen, die ältere theils aufrecht erhalten und eingeschärft theils auch wieder erneuert und besonders in Hofsachen nach Beschaffenheit der Umstände und Zeiten eingerichtet werden; Als haben Wir auch keinen Anstand gefunden, die von Unseres Höchstseligen Herrn Bruders Liebden in anno 1779. Neu revidirte Hof-Ordnung nach einig wenigen Abänderungen zu bestättigen. In dieser Rucksicht machen Wir hierdurch einen Unterschied unter Unsern Hof-Officianten, auch Garderobe- und samtlich niedern Dienerschaft; wollen jene Beobachtung des Ihnen bei dem Antritt ihres Amts zustellenden besonders Staats, so gnädigst als ernstlichst verwiesen haben. Bei der andern Classe hingegen befehlen Wir hiemit, daß die darunter begriffene Personen folgende Ordnungen und Satzungen sowol in denen Residenzen zu Stuttgart und Ludwigsburg, als auch auf dem land vest und unverbrüchlich halten sollen [...][131].

Erstmals also wird hier auf eine ältere Ordnung verwiesen[132] und eine gesonderte Begründung für die Erstellung der neuen Hofordnung angeführt. Es ist nun auch nicht mehr der christliche Lebenswandel, der zuerst beschworen wird, sondern die Treue und der Gehorsam gegenüber dem Fürsten und seinen Beamten. Auch der Fleiß wird nun ausdrücklich erwähnt, der von allen Hofangehörigen gefordert wird. Altbekannt hingegen ist die Wendung, dass *wo jemand dieser Unserer Hofdiener etwas an Worten oder Werken hören, vernehmen, oder vermerken würde, so Unserer Höchsten Person oder Unserem Herzoglichen Hause zum Schaden oder Nachtheil gereichen könnte*[133], er dies umgehend zu melden hat. Allerdings bleibt diese Meldepflicht nun nicht mehr auf den Regenten und seine nähere Umgebung beschränkt, sondern umfasst auch *Unsere Herzogliche Ministers, Hof-Militair-Canzley und überhaupt alle Unsere getreue und liebe Unterthanen*[134].

Erst jetzt folgt ein Abschnitt über den christlichen Lebenswandel, dessen sich alle zu befleißigen haben und den regelmäßigen Besuch der Gottesdienste. Der dritte Abschnitt beinhaltet, wie dies schon in der Hofordnung des Jahres 1611 war, den Burgfrieden; allerdings wird dieser nun nicht mehr in die Hofordnung ein-

130 Hofordnung Herzog Ludwig Eugen von Württemberg-Teck (wie Anm. 7).
131 Ebd., S. 3 f.
132 Leider liegt mir die Hofordnung von 1779 nicht vor.
133 Hofordnung Herzog Ludwig Eugen von Württemberg-Teck (wie Anm. 7) S. 5.
134 Ebd.

gearbeitet, sondern ist nur noch als Verweis aufgenommen, ebenso wie ein eigens ergangenes *Duell-Edict*. Bezüglich des Burgfriedens heißt es:

Ordnen und befehlen Wir, daß nicht nur in den Residenzen, sondern auch an all andern Orten, wo Wir Uns entweder mit dem gewöhnlichen, oder auch nach Unserem Wohlgefallen mehr eingeschränkten Hof-Staat befinden, ein aufrecht und unverbrüchlicher Burgfried, mit Worten, Werken und Gebärden vestiglich gehalten, und derjenige, so darwider handelt, mit der empfindlichsten Strafe angesehen werden solle. Wie Wir dann zu desto besserer Beobachtung dieser Unserer Verordnung das unterm 6. Juny 1738 ergangene Duell-Edict seinem ganzen Innhalt nach, wo Wir nicht in nachstehenden Puncten ein anders verordnen, hieher wiederholen[135]. Der Burgfriedensbezirk wird auch in dieser Hofordnung erneut detailliert beschrieben, damit *sich der Unwissenheit dißfalls niemand* entschuldigen könne[136].

Punkt fünf der Hofordnung thematisiert das Verhalten gegenüber Vorgesetzten und verweist auf eine *Criminal-Strafe* bei Zuwiderhandlung[137]. Im Falle, dass jemand streitet, flucht, trinkt oder schmäht, so bekommt er zunächst eine milde Strafe und erst im Wiederholungsfall droht die Hofordnung mit Leibstrafen oder Kassation, sprich Dienstenthebung. Erneut wird dann der Gehorsam thematisiert, der seitens der Hofbediensteten unbedingt den Vorgesetzten entgegengebracht werden muss, denn *da die Subordination bei allen Ständen die Seele der Ordnung ausmachet; so wollen Wir auch Unserer niedern Hofdienerschaft die strengste Beobachtung des schuldigen Respects und Gehorsams gegen die Vorgesezte nachdrücklichst befohlen haben*[138].

Neu ist Punkt acht, der darauf verweist, dass man sich gegenüber den Dienern von Gästen korrekt zu verhalten habe. Das Tragen von Waffen und das Schießen (Punkt neun) hingegen waren auch schon in früheren Hofordnungen enthalten.

Bereits die Hofordnung des Jahres 1711 war intensiv auf die Problematik der Diebstähle bei Hof eingegangen, und so verwundert es nur wenig, dass dieses Thema auch im Jahr 1794 noch einen breiten Raum in der Hofordnung einnimmt. Neu allerdings ist, dass hier nun auf ein *General-Rescript* verwiesen wird, das am 16. Oktober 1718 ergangen ist – also nur sieben Jahre nach der zuletzt angeführten Hofordnung –, das weiterhin Gültigkeit besitzt und wonach in Fällen des Hofdiebstahls die Täter bestraft werden sollen[139]. Trotz dieses Verweises werden unter den Punkten 12 und 13 nochmals insbesondere die Diebstähle von Porzellan und Silber und das Abtragen als Delikte genannt, die mit Kassationsstrafe belegt sind.

Dass der Zutritt zu Küche und Keller geregelt wird, hatten wir auch bereits in der Hofordnung von 1711 gesehen, nun tritt hierzu noch eine Regelung über den

135 Ebd., S. 6.
136 Ebd.
137 Ebd., S. 7f.
138 Ebd., S. 8.
139 Ebd., S. 10f.

Zutritt zur Apotheke[140]. Dies könnte darauf hindeuten, dass diese entweder neu war oder aber es in der Zwischenzeit dort größere Probleme gegeben hat.

Als eigenständiger neuer Punkt findet sich nun auch die Aufsicht über die niederen Tische, bei denen die Hoffouriere besonders darauf zu achten haben, dass es dort ordentlich und anständig zugeht. Punkt 16 betont, dass wer aufwartet reinlich sein und eine ordentliche Livrée tragen soll[141].

Ein Problem, das in dieser Hofordnung erstmals zutage tritt, ist das des Einforderns von Geschenken. Offenbar hatten es sich die Hofbediensteten angewöhnt, von hochrangigen Gästen Geschenke einzufordern, und das offenbar auf vehemente Art. Aus diesem Grund war bereits am 6. November 1755 eine Verordnung ergangen, auf die hier in Punkt 17 verwiesen wird[142]. Die genannte Strafe ist auch hier wieder die Kassation.

Die Regelung des Zutritts zu den fürstlichen Räumen ist ebenfalls neu und wird vor allem mit dem Problem des Geheimnisverrats begründet:

Diejenige Unserer Officianten und Hofbedienten, welche in die Herzogliche Zimmer- oder Arbeits-Cabinet, diensthalber den Eingang haben, sollen sich nicht erkühnen, wenn Papire allda befindlich, in solchen zu blättern, und deren Innhalt zu erforschen; überhaupt aber Unserer ganzen Hofdienerschaft nachdrücklichst untersagt seyn, von demjenigen, was sie etwa bei Aufwartungen oder sonst, von Regierungs- Militair- oder andern Sachen sehen oder hören werden, jemand etwas davon zu offenbaren; wie dann alles Raisoniren über Staats- Regierungs- und andere dergleichen Sachen Unserer Hofdienerschaft sowohl unter sich als mit Fremden und bedienten der Gesandten oder anderer Herrschaften, ohnehin bei schwerer unausbleiblicher Strafe verbotten ist[143].

Die beiden nachfolgenden Punkte, die das Verhalten in Notfällen, insbesondere bei Feuer und auf Reisen betreffen, waren bereits in der zuvor beschriebenen Hofordnung enthalten.

Anders sieht dies mit Punkt 21 aus, in dem die Ausgabe der Livréen an die Hofdienerschaft geregelt wird: So sollen sie alle vier Jahre eine neue Sonntags-Livrée und alle zwei Jahre eine neue Alltags-Livrée erhalten, die sie unter Androhung von Strafen pfleglich behandeln und verwahren sollen[144].

Urlaub ist ein neues Wort in württembergischen Hofordnungen. Sprachen die vorangegangenen Ordnungen etwa von *Abreiten*, wenn es um das Verlassen des Hofes ging, so wird nun *Urlaub* zugestanden, wobei dessen Länge genau einzuhalten ist[145]. Ebenfalls neu ist der Verweis auf die Policeyordnung und die Unterstellung der gesamten Hofdienerschaft unter eben diese Verordnungen:

---

[140] Ebd., S. 13.
[141] Ebd., S. 13 f.
[142] Ebd., S. 14.
[143] Ebd., S. 15.
[144] Ebd., S. 16.
[145] Ebd., S. 16 f.

Allen Verordnungen, welche in Policey-Sachen als wegen Beherbergung fremder Personen, Gassensäuberung- Feuer- oder Bettel-Anstalten und dergleichen, von Unserer Herzoglichen Policey-Deputation oder sonst ergehen, ist die gesamte Hofdienerschaft ebenfalls ganz unterworfen, und hat sich bei denen in diesen Gesezen bestimmten Strafen nach solchen Befehlen zu achten[146].

Dass am Ende der Hofordnung nochmals ausdrücklich darauf hingewiesen wird, dass diese auch einzuhalten sei, ist ein Brauch, der uns schon bei den ersten Hofordnungen begegnete und der sich auch hier wiederholt. Allerdings gibt es auch eine Neuerung, und das ist das Prinzip von Zuckerbrot und Peitsche, denn so wie allen Übertretern dieser Ordnung Strafe angedroht wird, so werden nun alle, die die Ordnung einhalten, auch *Unserer höchsten Gnade und huldreichen Versorgung versichert*[147].

Ebenfalls neu ist Punkt 25, der darüber informiert, dass *Damit sich endlich Niemand mit der Unwissenheit dieses Gesezes entschuldigen kann,* der Herzog *solches durch den Druck allgemein bekannt machen* lässt und befiehlt, dass *einem jeden Unserer Herzoglichen Officianten und Hofdiener ein Exemplar davon zugestellt, auch daß diese Hof-Ordnung alle Jahr einmal, wann der Hof in Stuttgart beisammen, in Anwesenheit eines Maitre von Hof, den samtlichen Officianten und ganzen niedern Dienerschaft sowohl von Unserer Herzoglichen Garderobbe, als andern Hof-Bedienten, ingleichem denen in Pflicht und Besoldung, folglich unter der Hof-Jursidiction stehenden Hof-Handwerksleuten, und überhaupt allen denenjenigen Hofdienern, welche hierunter begriffen, auch denen in das Herzogliche Schloß Dienstwegen kommenden Cavaliers-Bedienten, vorgelesen werden solle*[148].

Herzog Friedrich II. erließ kurz nach dem Antritt seiner Regentschaft eine neue Hofordnung. Diese datiert vom 20. April 1798[149] und ist bis auf wenige Wendungen identisch mit der Hofordnung des Jahres 1794, die, wie wir ja sahen, auf einer Hofordnung des Jahres 1779 beruhte, so dass also über zirka 20 Jahre hinweg letztlich ein und dieselbe Ordnung mit nur ausgesprochen geringen Abwandlungen in Kraft blieb. Eine Modifikation in der Formulierung der Hofordnung tritt erst wieder mit einer einschneidenden historischen Veränderung auf und zwar mit der Annahme der Königswürde durch Friedrich II. am 1. Januar 1806.

Gut ein Jahr später, am 22. März 1807 wurde eine neue Hofordnung erlassen, denn *Wir Friderich, von Gottes Gnaden, König von Württemberg etc.* [...] *finden Uns bewogen, die unterm 20. April Anno 1798 revidirte Hof-Ordnung allergnädigst* [...] *theils zu bestätigen, theils zu erneueren*[150]. Diese Hofordnung ist in mehrfacher Hinsicht neu, denn nicht nur, dass ihre Aufteilung in fast keinem Punkt mehr einer der Vorgängerordnungen entspricht, sie ist auch als erste Hofordnung

---

146 Ebd., S. 17.

147 Ebd.

148 Ebd., S. 18.

149 Hofordnung Herzog Friedrich II. von Württemberg-Teck (wie Anm. 7).

150 Hofordnung König Friedrich (wie Anm. 7) S. 87–93, hier S. 87.

Württembergs einige Jahre später, im Jahr 1839, vollständig in einer württembergischen Gesetzessammlung veröffentlicht worden. Eigentlich ein Novum, denn zuvor galten Hofordnungen in den meisten Territorien als „Staatsgeheimnisse“, und es war sogar zum Teil unter Strafe gestellt, ihren Inhalt gegenüber Außenstehenden preiszugeben[151]. Ein Phänomen mit dem auch Friedrich Karl von Moser zu kämpfen hatte, als er für sein „Teutsches Hof-Recht“ auf der Suche nach Hofordnungen war, die er edieren konnte[152]. Auch Johann Christian Lünig musste sich für sein „Theatrum Ceremoniale“ auf ausgesprochen alte Hofordnungen zurückziehen, einzig neueren Datums in seiner Edition sind Hofstaatslisten[153]. Allerdings hatte schon die Edition der 1711 verfassten Ordnung durch Moser gezeigt, dass man in Württemberg hier durchaus andere Wege ging.

Der Anfang der Hofordnung von 1807 ähnelt noch der vorangegangenen, denn zunächst werden wieder alle *Hof-Officianten* auf ihre eidlich beschworenen Pflichten verwiesen und darauf, dass sie ihren Dienst treu, fleißig und gehorsam zu versehen haben. Ebenfalls gleich blieb der Hinweis darauf, dass jeder Schaden vom königlichen Haus abzuwenden sei und sich alle Hofangehörigen eines christlichen Lebenswandels zu befleißigen hätten. Vor allem die Trunksucht sei es, der zu widerstehen sei und die mit Arrest oder gar Entlassung bestraft werde[154]. Auch liederliches Verhalten wird angeprangert und das *Saufen* und *Lärmen* in Wirtshäusern, ebenso auch das Beschmutzen der Livrée und das Ausgehen ohne dieselbe. Es wird also vor allem stark darauf geachtet, dass die Außenwirkung, die Repräsentation des gesamten Hofstaates stets den vom König gesetzten Maßstäben entspricht; so entsteht eine Disziplinierung, die bis hinein in die Kleidung reicht.

Und selbst jetzt, zu Beginn des 19. Jahrhunderts, wird noch auf den Burgfrieden verwiesen, der vor allem an den Orten einzuhalten sei, an denen sich der König selbst befindet. Wiederum wird auch der Burgfriedensbezirk genau beschrieben. Der einleitende Satz von Punkt sechs ist ebenfalls aus den Vorgängerordnungen übernommen: *Da die Subordination bei allen Ständen die Seele der Ordnung ausmachet*[155]. Hier geht es erneut darum, den Befehlen der Vorgesetzten Folge zu leisten, und als Strafen bei Nichtbefolgung finden sich wiederum Kassation, sowie *Leibes- Zucht- oder Vestungs-Strafe*[n][156]. Punkt sieben der Ordnung befasst sich mit dem allgemeinen Benehmen der Bediensteten, und Punkt acht verbietet das Schießen sowohl in der Stadt als auch auf dem Feld. Auch die Diebstähle scheinen nicht wirklich nachgelassen zu haben, denn ihnen wird mit Punkt neun ein aus-

---

151 S. etwa die Hofordnung Markgraf Johanns von Küstrin aus dem Jahr 1561, ediert bei Kern (wie Anm. 7), Bd. 1, S. 34–82.

152 Moser (wie Anm. 4), Bd. 1, Vorbericht.

153 Johann Christian Lünig, Theatrum Ceremoniale Historico-Politicum, 3 Bde., Leipzig 1719–1721, hier Bd. 2, S. 1473–1523.

154 Hofordnung König Friedrich (wie Anm. 7) S. 88.

155 Ebd., S. 88 f.

156 Ebd., S. 89.

gesprochen ausführlicher Absatz gewidmet, mit Verweis auf die *peinliche Halsgerichts-Ordnung*. Auf spezielle Diebstähle, etwa von Porzellan und Silber, gehen dann Punkt zehn und elf der Hofordnung ein[157].

Waren es in der vorherigen Hofordnung der Zutritt zu Küche, Keller und Apotheke, die geregelt bzw. verboten wurden, so kommen nun entsprechende Regelungen auch für die Kaffeekammer, die Backkammer und die Konditorei hinzu. Die nachfolgenden Abschnitte 14 bis 24 entsprechen den Abschnitten 15 bis 25 der Hofordnung von 1794 bzw. 1798 mit nur geringfügigen Änderungen, wie etwa, dass die Livréen nun jährlich bzw. dreijährlich erneuert werden.

Eine nochmalige Umstrukturierung erfuhr die württembergische Hofordnung im Jahr 1818[158]. In den Jahren zwischen 1807 und 1818 war die gesamte Hofverwaltung umstrukturiert worden, und eben jene Umstrukturierung findet sich in den Ausführungen der neuen Hofordnung wieder[159]. Diese neue Hofordnung wurde bereits im Jahr ihres Erscheinens im „Königlich Württembergischen Staats- und Regierungsblatt" abgedruckt und beginnt wieder mit den *allgemeinen Dienstpflichte*[n] *der Hof-Officianten und Diener.* Neu ist, dass den Hofbedienten nun die Möglichkeit eingeräumt wird, Einsprüche gegen die Anordnungen ihrer Vorgesetzten einzureichen, und ein Instanzenweg vorgegeben wird[160].

Die darauffolgenden Punkte sind zwar in anderer Reihenfolge geordnet als bisher, aber inhaltlich den älteren Ordnungen vergleichbar: So geht es um die Ermahnung, den Dienst ordentlich zu versehen, das Verhalten bei Bränden und die Anzeige von Dienstvergehen. Neu hinzu gekommen ist § 6 mit dem Titel *Art des Verfahrens bei Entlassung*. Verwiesen wird hier auf eine am 20. Dezember 1816 erlassene Verordnung, die 1817 im Staats- und Regierungsblatt veröffentlicht worden ist.

Auch § 7 gehört zu den Neuerungen dieser Hofordnung: Erstmals wird den Hofbediensteten ein ordentliches Ruhegehalt in Aussicht gestellt. Voraussetzung für den Erhalt desselben ist, dass sie *wenigstens 10 Jahre vorwurfsfrei gedient haben*. Eine solche Regelung gab es bis zu diesem Zeitpunkt für Hofbedienstete nicht, sie waren abhängig vom Wohlwollen des Regenten, hatten aber keinerlei rechtlich begründeten Ansprüche[161]. Auch die Paragraphen acht bis zehn stellen Neuerungen dar und sorgen für eine größere Rechtssicherheit der Hofbediensteten, denn erneut werden Beschwerdestellen genannt, und es erfolgt eine genaue Regelung, wer unter die Hofgerichtsbarkeit oder aber unter die staatliche Gerichtsbarkeit fällt.

---

157 Ebd., S. 90 f.

158 Königlich-Württembergisches Staats- und Regierungs-Blatt vom Jahr 1818, Stuttgart 1818, S. 345–353.

159 Vgl. Eberhard FRITZ, Knecht, Kutscher, Koch, Kammerdiener, König. Zur Sozialgeschichte des königlichen Hofes in Württemberg (1806 bis 1918), in: ZWLG 66 (2007) S. 249–292, hier S. 263.

160 Württembergisches Staats- und Regierungs-Blatt (wie Anm. 162) S. 345.

161 Ebd., S. 346 und vgl. FRITZ (wie Anm. 159) S. 263.

Die Unterordnung unter die lokalen Polizeistellen war bereits in der Hofordnung von 1807 thematisiert worden und stellt insofern keinen neuen Punkt dar. Anders sieht es aus mit § 13: *Handhabung der Polizei im Innern der Hofgebäude*[162]. Sie obliegt nun nicht mehr dem Hofmarschall, sondern dem *Hausverwalter, der in dieser Beziehung dem Ober-Hofbeamten* [...] *sonst aber der Königl. Schloßhauptmannschaft unmittelbar untergeordnet ist*[163]. Wie schon in den vorangegangenen Hofordnungen gesehen, stellte der Hofdiebstahl offenbar ein großes Problem dar und an diesem hatte sich auch im Jahr 1818 nichts geändert, wie wir den Paragraphen 15 bis 18 entnehmen können.

Der Burgfrieden sowie der Burgfriedensbezirk wurden nicht, wie man vielleicht vermuten könnte, aus der Hofordnung gestrichen – im Gegenteil: Die Bestimmungen bezüglich des Burgfriedens nehmen nun sogar wieder einen breiteren Raum ein und werden in den Paragraphen 19 bis 27 behandelt und zwar je nach Grad und Schwere des jeweiligen Verstoßes gegen den Burgfrieden[164].

Die bereits bekannte Bestrafung der Geschenkannahme findet sich in § 29 wieder und auch die jährliche Publikation der Hofordnung sowie das Verlesen sind noch immer Bestandteil der Hofordnung, hier hat sich seit 1794 nichts verändert. Was sich allerdings verändert hat, ist, dass nun alljährlich die Publikation zum Anlass genommen werden soll *die Officianten sämmtlicher Stäbe über das Benehmen eines jeden ihnen untergebenen Dieners im Allgemeinen, so wie über seine Qualification zum Dienste zu vernehmen*[165]. Hierüber sind Notizen zu machen und diese werden dann vom Hofgericht geprüft und anschließend dem Oberhofbeamten vorgelegt, der sie sammelt, nochmals prüft, geheim halten muss, um dann daraus *nöthigenfalls aus eigener Erfahrung zu berichten*[166].

Es ist also ein ausgeklügeltes Kontrollsystem, das hier entwickelt wurde und das jeden Hofangehörigen im Grunde einer vollständigen Überwachung aussetzte, allerdings mit dem Vorteil, dass reine Gunstbeförderung oder aber aus Missgunst entstandene Herabsetzungen erschwert, wenngleich doch nicht unmöglich gemacht wurden.

6. Der Burgfrieden und Burgfriedensbezirk in den württembergischen Hofordnungen

Wie an den vorangegangenen Ausführungen gesehen, ist es keinesfalls so, dass der Burgfrieden und der Burgfriedensbezirk rein mittelalterliche oder frühneuzeitliche Thematiken oder Erscheinungen sind. Bis hinein ins 19. Jahrhundert

---

162 Württembergisches Staats- und Regierungs-Blatt (wie Anm. 158) S. 347f.

163 Ebd., S. 348.

164 Ebd., S. 350f.

165 Ebd., S. 352.

166 Ebd.

und wahrscheinlich bis zum Ende der höfischen Ära in Deutschland spielen sie eine wichtige Rolle im Strafrecht des Hofes.

Im Falle des Stuttgarter Burgfriedens und des dazugehörigen Burgfriedensbezirkes befinden wir uns in einer – aus Quellensicht – nahezu beispiellosen Situation, denn die württembergischen Hofordnungen gehen, wie geschildert, intensiv auf den Burgfriedensbezirk ein, beschreiben ihn detailliert und dies über Jahrhunderte hinweg, so dass auch die Entwicklung dieses Bezirks und die Veränderungen der Grenzen im Detail nachvollzogen werden können. Damit stehen die württembergischen Hofordnungen singulär da, denn keine andere bekannte Hofordnung enthält solche Beschreibungen, meist wird in diesen Quellen nur allgemein auf den Burgfrieden und das Vorhandensein eines Burgfriedensbezirkes verwiesen[167].

Die erste württembergische Hofordnung, die den Stuttgarter Burgfriedensbezirk detailliert beschreibt, ist die Hofordnung Herzog Johann Friedrichs aus dem Jahr 1611. Der gleiche Text findet sich bis auf ganz geringe Abwandlungen auch in dessen Hofordnungen von 1614 und 1618[168]:

Damit auch meniglich wißen möge, wie weitt der bezürkh des Burgfriedens sonderlich allhie zu Stuttgardten sich erstreckhe und sich der Unwißenheit niemandt zu entschuldigen habe, so wöllen wür solchen Burgfriedensbezürckh hiemit specifice benennt haben: namblich im ganzen Begriff unsers Schloß und Thiergartens, darunter auch der grab[en] von dem falckenhauß biß zum Thor gegen der Eßlinger Vorstatt hinauß, item in der Canzley wie nit weniger auch im ganzen begriff des neuen und alten Marstalls, Falkhen-, Vieh-, Jäger-, Zeug- und Bündthaus [1611 ergänzt durch: *so weit selbiger (der Mauer nach) wegen unserm Landtschaftshauß übergehet, und von dannen ann unser Cammersecretarij Rhatgeber gartten und hause hinauswerts und dannen an die Probstey usw.*] *alß auch Bauhof, Hofmeßigt und heuescheuer und insgemein von der Schloßbruckhen an biß für daß inner Tentzlinger oder Canzleithor hinauß und von dannen in dem ganzen einschluß des Zeug- und Bündthauses biß an die Probstey und abermahlen von dannen auff dem ganzen Kirchhofe hinüber bis zu der alten Keutzin* [1611: *deren von Kaltenthal Behausung, so unser Jagermeister bewohnt*] *hauß und also beschließlich biß wieder hinab zu obgemeltem Alt- und Neuem Marstall, wie wür dann deßwegen sonderlich Täfelin mahlen und die an underschiedlichen orthen offentlich auffschlagen laßen.*

Die Beschreibung des Burgfriedensbezirks ändert sich auch in den Hofordnungen Herzog Eberhard Ludwigs aus den Jahren 1660, 1685 und 1696 nicht entscheidend, und noch in der Hofordnung von 1711, die ebenfalls von Eberhard Ludwig

---

167 Unter den von mir untersuchten 122 deutschen Hofordnungen des 13. bis 19. Jahrhunderts finden sich genaue Beschreibungen des Burgfriedens und des Burgfriedensbezirkes nur in den württembergischen Hofordnungen. Es wäre allerdings von Interesse herauszufinden, ob es solche Beschreibungen auch in anderen Territorien zumindest zwischenzeitlich gab.

168 Alle drei Hofordnungen finden sich bei KERN (wie Anm. 7), Bd. 2, S. 143–160.

stammt, sind die Grenzen des Burgfriedensbezirks anscheinend nahezu unverändert geblieben:

Damit nun männiglich wissen möge, wie weit der Bezirck des Burg-Fridens, sonderlich allhier zu Stuttgart, sich erstrecke, und sich der Unwissenheit niemand zu entschuldigen habe. So wollen Wir solch Burg-Fridens-Bezirck hiemit specificè benannt haben: nemlich in ganzen Begriff Unsers Schlosses und thier-Gartens, darunter auch der Graben von dem Falcken-Haus, biß zu dem Thor, gegen der Eßlinger Vorstatte hinaus; Item, in der Cantzley, wie nicht weniger auch in dem ganzen Begriff des neuen und alten Marstalls, Falcken-Vieh-Jäger-Zeug- und Bind-Haus, also auch Bau-Hof, Hofmetzig, und Heuscheuern, und insgemein von der Schloß-Brucken an, das Cantzley-Thor hinaus, und von dannen auf den ganzen Kirch-Hof hinüber, biß zum Distlerischen Haus und also beschließlich biß wieder hinab zu obermeldtem alt- und neuen Marstall, wie Wir dann dessentwegen besondere Täfelein mahlen, und die an unterschiedlichen Orten aufschlagen lassen; So vil die Determination des Bezircks des Burg-Fridens in hiesiger Unserer Residenz Ludwigsburg betrifft, solle solche nächstens erfolgen, und selbige mit Anschlagung besonderer Tafeln bemerckt werden[169].

Mit dem Bau des neuen Schlosses, mit dem im Jahr 1746 begonnen wurde, ändern sich auch die Grenzen des Burgfriedensbezirks, wie an der Hofordnung Herzog Ludwig Eugens aus dem Jahr 1794 gesehen werden kann:

Damit Männiglich wissen möge, wie weit der Bezirk des Burgfrieden, sonderheitlich zu Stuttgart sich erstreke, und sich der Unwissenheit dißfalls niemand zu entschuldigen habe; so wollen Wir solche Burgfrieden-Bezirk hiemit benennt haben; nehmlich im ganzen Begriff des alt- und neuen Herzoglichen Schlosses, ehmaligen Militair-Academie-Gebäude, Opern- und Comödien-Hauß, die neue Anlagen zwischen beeden Herzoglichen Schloß, dem Waisenhauß und Münz, und überhaupt der ganze mit Bäumen ausgesetzte Plaz, der Herzogliche Marstall und Bauhof, die Canzley, der sogenannte Prinzen-Bau und Fürstenhauß, deßgleichen der ganze Umfang des äussern Schloßplazes, welchen das alte Schloß, die Canzley, Prinzenbau, Herrschaftlicher Fruchtkasten, Stadt-Kirche, und das Caffeehauß einschliessen[170].

Herzog Friedrich II. übernahm diese Grenzen des Burgfriedensbezirkes für seine im Jahr 1798 erschienene Hofordnung ohne Veränderung[171].

Selbst noch in der königlich württembergischen Hofordnung von 1807 findet sich der genaue Umfang des Burgfriedensbezirkes in Stuttgart detailliert beschrieben:

---

169 Moser (wie Anm. 4), Bd. 1, Anhang, S. 61.

170 Hofordnung Herzog Ludwig Eugen von Württemberg-Teck (wie Anm. 7) S. 6 f.

171 Hofordnung Herzog Friedrich II. von Württemberg-Teck (wie Anm. 7) S. 6.

Der Umfang des Burgfriedens aber ist folgender:
Der ganze Innbegriff des alten und neuen Königl. Schlosses nebst des letzteren Nebengebäuden; der Bezirk des Königl. Palais auf dem Graben, das Opern- und Komödien-Haus, die neuen Anlagen zwischen beeden Königl. Schlössern, dem Waisenhaus und Münzgebäude und überhaupt der ganze mit Bäumen ausgesetzte Plaz. der Königl. Marstall und Bauhof, die sämmtliche Kanzlei-Gebäude, der sogenannte Prinzenbau und Fürstenhaus, desgleichen der ganze Umfang des äussern Schloßplazes, welchen das alte Schloß, die Kanzlei, Prinzenbau, herrschaftlicher Fruchtkasten, Stadtkirche und das Caffe-Haus einschliessen.[172]

Und auch in der letzten württembergischen Hofordnung aus dem Jahr 1818 ist eine genaue Beschreibung dieses Burgfriedensbezirkes enthalten:
Der Bezirk des Burgfriedens wird begränzt:
a) in Stuttgart durch die Linie, welche vom Anfang der Planie längs der Königstraße und ihrer Fortsetzung außerhalb dem Thore, sodann längs der nach dem Königlichen Bad führenden Querstraße und ihrer Fortsetzung bis zum Kannstadter Thor sich hinzieht, die östliche Seite des Waisenhauses, das Ministerialgebäude des Innern, den alten Marstall, den Gasthof zum König von England, die Stadtkirche, den herrschaftlichen Fruchtkasten und den Prinzenbau berührt.
Die Straßen selbst, welche die Gränze bilden, sind nicht mehr im Burgfrieden begriffen, wohl aber die auf dieselben stoßenden zur Hofhaltung gehörigen Gebäude, als: der Prinzenbau, Hofstall und das Fürstenhaus;
b) außer Stuttgart sind besonders befriedet: alle diejenigen Gebäude, welche Seine Majestät der König und Ihre Majestät die Königin bewohnen, nebst den dazu gehörigen Gärten, Hofplätzen etc. jedoch nur für die Dauer des Aufenthalts Seiner Majestät des Königs und Ihrer Majestät der Königin[173].

Die hier zitierten Auszüge aus württembergischen Hofordnungen der Jahre 1611 bis 1818 zeigen deutlich, dass Burgfriedensbezirke durchaus nicht nur den direkten Bereich des Schlosses oder der Burg umfassten, sondern durchaus auch Teile der angrenzenden Stadt mit beinhalten konnten, und dass sie überdies Veränderungen unterlagen und keinesfalls monolithisch waren. Insbesondere der Neubau eines Schlosses oder auch anderer Gebäude, die dem Bereich der Hofverwaltung zuzuordnen sind, war regelmäßig Anlass, den Burgfriedensbezirk zu erweitern bzw. zu modifizieren (Abb. 5).

---

172 Reyscher (wie Anm. 7), Bd. 7, S. 88.

173 Hofordnung König Wilhelm von Württemberg 1818, in: Das Regierungs-Blatt für das Königreich Württemberg im Auszuge. Eine Sammlung sämmtlicher in den Regierungs-Blättern des Königreichs Württemberg vom Jahre 1806 an enthaltenen, noch ganz oder theilweise gültigen Gesetze, Verordnungen etc. mit erläuternden Anmerkungen und einem Haupt-Register 1840, S. 71–77, hier S. 74.

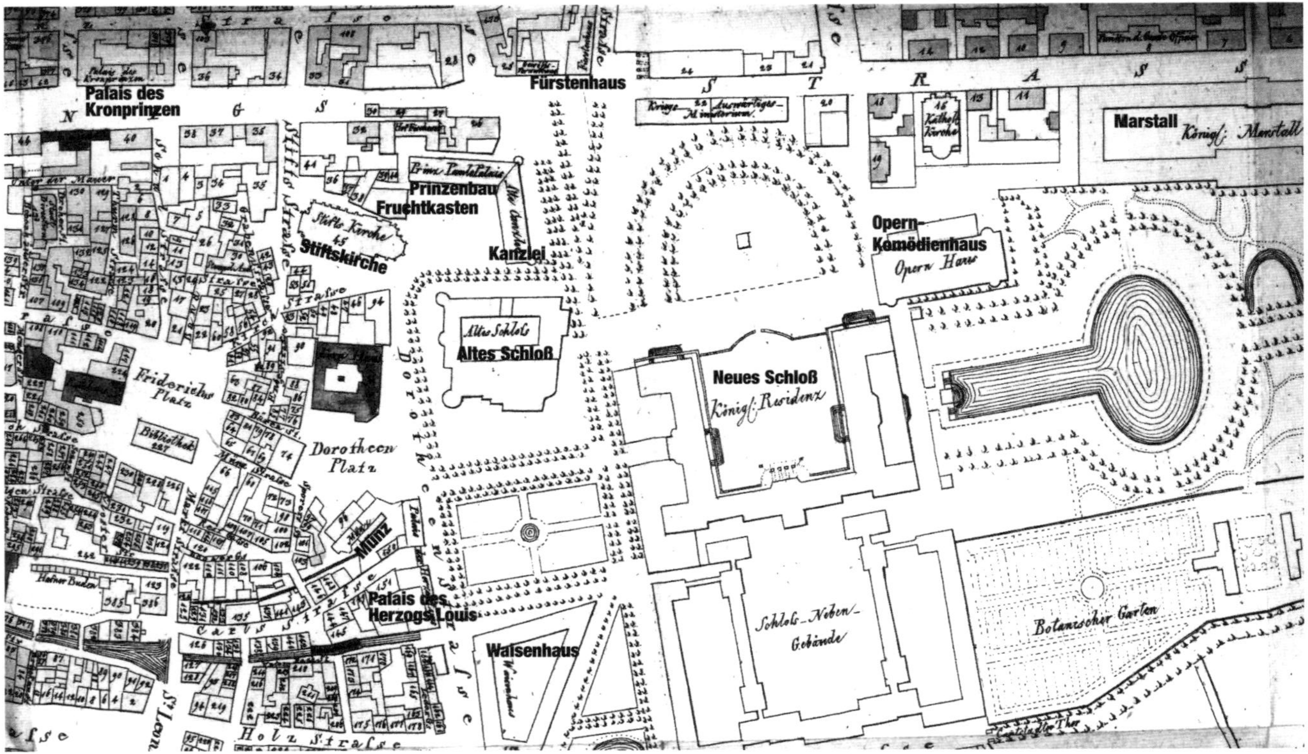

Abb. 5: Burgfriedensbezirk Stuttgart (Vorlage: J. D. G. Memminger, Stuttgart und Ludwigsburg mit ihren Umgebungen. Mit einer Charte, einem Plan und einem Grundrisse, Stuttgart/Tübingen 1817, mit Beschriftungen für die wichtigsten Eckpunkte des neuen Burgfriedensbezirkes).

7. Fazit

Die vorgestellten Quellen machen deutlich, dass es sich sowohl beim Burgfrieden als auch beim Burgfriedensbezirk nicht um rein mittelalterliche Termini und Erscheinungen handelt, die spätestens mit dem Beginn der Neuzeit ad acta gelegt worden wären. Die Hofordnungen der württembergischen Herzöge und Könige, die bis zum Jahr 1818 die Grenzen eben jenes Stuttgarter Burgfriedensbezirkes und teilweise auch anderer Friedensbezirke detailliert beschreiben und auch stets aktualisieren, belegen deutlich, dass sowohl der Burgfrieden als auch der zu ihm gehörige Geltungsbereich bis zum Ende der deutschen Hofgeschichte von Bedeutung waren und eigenständige Rechtsbezirke darstellten, über deren Einhaltung und Wahrung die Fürsten akribisch wachten.

Die Untersuchung zu den frühneuzeitlichen und neuzeitlichen Burgfrieden und ihren Bezirken bleibt weiterhin ein Desiderat der Forschung; allerdings konnten die vorangegangenen Ausführungen zeigen, dass es durchaus zum Verständnis der Höfe und ihrer Geschichte beitragen kann, eben jene speziellen Rechtsverhältnisse und ihre Geltungsbereiche genauer zu untersuchen, auch und vor allem in Verbindung mit den gültigen Hofordnungen.

Konrad Widerholt, Kommandant der Festung Hohentwiel (1634–1650). Ein Kriegsunternehmer im europäischen Machtgefüge

Von EBERHARD FRITZ

Konrad Widerholt – Person und Bild in der Geschichte

In der württembergischen Landesgeschichtsschreibung wurde Konrad Widerholt lange – vor allem auch in der an die Jugend gerichteten Literatur[1] – als „vaterländischer Held" stilisiert[2], der die Festung Hohentwiel gegen eine gewaltige Übermacht an Feinden und gegen den Willen des Herzogs Eberhard III. von Württemberg verteidigt habe. Für viele altwürttembergische Protestanten war er außerdem ein „Glaubensheld": Inmitten einer katholischen Umgebung hielt er das protestantische Bekenntnis hoch und ließ auf der Festung Hohentwiel sogar eine evangelische Kirche errichten[3]. Dabei mochte es irritieren, dass Widerholt auch in den Diensten des katholischen Königs von Frankreich stand[4]. Aber bei seinen großen Verdiensten um das Vaterland und um die Kirche schien dieser Einwand

---

[1] Luise PICHLER, Konrad Widerhold, der Kommandant von Hohentwiel (Deutsche Jugend- und Volksbibliothek, Bd. 63), Stuttgart 1877; Albrecht THOMA, Konrad Widerhold, der Kommandant von Hohentwiel (J. Lohmeyers Vaterländische Jugendbücherei, Bd. 15), München o. J. [1903].

[2] Vgl. die Einschätzung des Buches von Albrecht Thoma bei Walther Ernst HEYDENDORFF, Vorderösterreich im Dreißigjährigen Kriege. Der Verlust der Vorlande und die Versuche zu ihrer Rückgewinnung, in: Mitteilungen des Österreichischen Staatsarchivs 13 (1960) S. 107–194, hier S. 110 Anm. 166.

[3] Ein typisches Zitat findet sich in Calwer Verlagsverein (Hg.), Württembergische Kirchengeschichte, Calw/Stuttgart 1893, S. 456: *Jedermann kennt den braven Hessen Konrad Wiederhold, den tapfern und klugen Verteidiger der württembergischen Feste Hohentwiel, den Beschützer der Evangelischen im obern Schwaben, den Bibel- und Kirchenfreund, der zeitweilig selber den Festungspfarrer und Arzt machte, für den Druck christlicher Schriften sorgte, den unermüdeten Armenvater.*

[4] Karl Heinrich ROTH VON SCHRECKENSTEIN, Geschichte der ehemaligen freien Reichsritterschaft in Schwaben, Franken und am Rheinstrome, Bd. 2, Tübingen/Freiburg o. J. (2. Auflage), S. 227; Vgl. Albert LANDENBERGER, Conrad Widerhold, seine Beziehungen zum französischen Hofe, König Ludwig XIII. und König Ludwig XIV., in: Literarische Beilage zum Staatsanzeiger 1903, S. 207–212.

marginal zu sein[5]. Die oberschwäbischen Katholiken empfanden jedoch eine solche patriotisch-konfessionelle Deutung Widerholts als Beleidigung[6].

Nur selten sind an dieser jahrhundertealten überschwänglichen Beurteilung Zweifel laut geworden. Hans-Martin Maurer beurteilte die Situation der Festung Hohentwiel bei den Belagerungen und Blockaden in den Jahren zwischen der Schlacht bei Nördlingen 1634 und dem Westfälischen Frieden von 1648 gegenüber den anderen württembergischen Festungen Hohenasperg und Hohenurach wesentlich nüchterner. Seiner Ansicht nach wurde die Leistung Widerholts gegenüber derer der anderen Festungskommandanten zu Unrecht überbewertet[7]. Der Ravensburger Stadtarchivar Alfons Dreher wies die Einschätzung Widerholts als „Glaubensstreiter" und „Held" als historische Verklärung zurück[8]. Ansonsten beließ es die Forschung bei dem Hinweis auf eine fehlende Biografie und folgte im Wesentlichen dem Urteil der älteren Literatur. Immerhin finden sich im Buch „Hohentwiel. Bilder aus der Geschichte des Berges" (1957) zwei Aufsätze, in denen die Ereignisse des Dreißigjährigen Krieges auf dem Hohentwiel aus der Perspektive der Stadt Schaffhausen und der Erzherzöge von Österreich-Tirol geschildert werden[9]. Das lässt die weiträumige Bedeutung der Ereignisse auf der Festung nahe des Bodensees erahnen.

Nur wenig später (1959/1960) erschien der längere Aufsatz über Vorderösterreich im Dreißigjährigen Krieg von Walther Ernst Heydendorff, in dem er auch das nicht einfache Verhältnis zwischen Konrad Widerholt und Herzog Eberhard III. von Württemberg andeutet[10]. Überblicksweise Darstellungen finden sich 1957 in einem Aufsatz von Albert Steinegger[11] und 1990 in einer Monografie über die Geschichte der Burg von Casimir Bumiller[12]. Die weitgehend fehlende neuere Forschung entspricht einem allgemeinen Trend. Bis zur Gegenwart erweckten die letzten Jahre des Dreißigjährigen Krieges generell bei den Historikern eher

---

5 Ludwig FINCKH, Konrad Widerholt. Ein Mann im Hegau, Stuttgart 1960.

6 In der katholischen Publizistik wird Widerholt nicht selten als „Geißel Oberschwabens" bezeichnet. Vgl. Siegfried KASPAR, Kloster Weingarten im Dreissigjährigen Krieg, Dissertation, Köln 1960, S. 22f.; Norbert KRUSE u.a. (Hg.), Weingarten. Von den Anfängen bis zur Gegenwart, Biberach an der Riß 1992, S. 190ff.

7 Hans-Martin MAURER, Die württembergischen Höhenfestungen nach der Schlacht bei Nördlingen, in: ZWLG 26 (1967) S. 264–315, hier S. 315.

8 Alfons DREHER, Das Patriziat der Reichsstadt Ravensburg (4. Teil), in: ZWLG 23 (1964) S. 41.

9 Herbert BERNER (Hg.), Hohentwiel. Bilder aus der Geschichte des Berges, Konstanz 1957.

10 Walther Ernst HEYDENDORFF, Vorderösterreich im Dreißigjährigen Kriege. Der Verlust der Vorlande und die Versuche zu ihrer Rückgewinnung, in: Mitteilungen des Österreichischen Staatsarchivs 12 (1959) S. 74–142 und 13 (1960) S. 107–194.

11 Albert STEINEGGER, Hohentwiel und Hegau im Dreißigjährigen Kriege, in: BERNER (wie Anm. 9) S. 198–219.

12 Casimir BUMILLER, Hohentwiel. Die Geschichte einer Burg zwischen Festungsalltag und großer Politik (Beiträge zur Singener Geschichte, Bd. 20), Konstanz ^{2}1997, S. 139–164.

geringes Interesse. Zum einen war der Eindruck entstanden, als ob sämtliche wichtigen Entscheidungen bereits vor 1636 gefallen seien, der Krieg sich also im letzten Jahrzehnt eher „dahinschleppte". Zum anderen aber gestaltete sich das kleinräumig ablaufende Kriegsgeschehen derart kompliziert, dass die verwirrende Situation kaum dazu anregte, Forschungen anzustellen[13].

Im Fall Widerholts legten sich kaum andere biografische Interpretationen nahe, als sie die ältere Forschung bereits formuliert hatte. Da der Typus des Kriegsunternehmers äußerst selten an lokalen Beispielen untersucht worden war[14], bestand wenig Anlass, den Hohentwieler Kommandanten als solchen zu begreifen[15]. In den lokalgeschichtlichen Arbeiten fehlte – trotz mancher Ansätze – der Horizont, um die örtlichen Ereignisse in einen größeren politischen und militärischen Rahmen einzuordnen. Aber es gab auch keine eingehende Studie über die für das Thema wichtige Geschichte der drei von der habsburgischen Linie Tirol in Innsbruck beanspruchten und in Besitz genommenen württembergischen Herrschaften Achalm, Hohenstaufen und Blaubeuren. Inzwischen erschien ein Aufsatz über die Geschichte der „Pfandschaft Achalm", in dem die Bedeutung Widerholts für die Verteidigung württembergischer Ansprüche und die Bekämpfung der Gegner Württembergs hervorgehoben wird[16]. Obwohl also in den letzten Jahrzehnten zusätzliche Aspekte der Festungsgeschichte angeschnitten wurden, wies Casimir Bumiller in seiner Monografie über den Hohentwiel noch in den 1990er Jahren darauf hin, dass eine angemessene Biografie Widerholts nach wie vor aussteht[17].

Das Fehlen einer solchen Arbeit hängt mit der unverändert engen Sichtweise Widerholts und seiner Zeit zusammen. In seinem 1776 erschienenen mehrbändigen Werk „Geschichte des Herzogthums Würtenberg unter der Regierung der Herzogen" erwähnt der Historiker Christian Friedrich Sattler die militärischen Aktivitäten Konrad Widerholts nur mit einem Satz über das Jahr 1644: *Indessen*

[13] Vgl. Christoph KAMPMANN, Europa und das Reich im Dreißigjährigen Krieg. Geschichte des europäischen Konflikts, Stuttgart 2008, S. 2f.

[14] Beispiele: Hildegard SCHLUTIUS, Johann von Morrien – Glaubensstreiter oder Kriegsunternehmer? Lebensbild eines Münsterländer Adeligen im 30jährigen Krieg, in: Lüdinghauser Geschichtshefte 12 (1998) S. 165–183; Westfälische Adelige als Kriegsunternehmer im Dreißigjährigen Krieg, in: Gunnar TESKE (Hg.), Dreißigjähriger Krieg und Westfälischer Friede (Veröffentlichungen der Vereinigten Westfälischen Adelsarchive e. V., Bd. 13), Münster 2000, S. 9–26.

[15] Systematische Aspekte kommen zur Sprache bei Alfons DREHER, Geschichte der Reichsstadt Ravensburg und ihrer Landschaft von den Anfängen bis zur Mediatisierung 1802, Bd. 1, Weißenhorn 1972, S. 432f.

[16] Eberhard FRITZ, Die „Pfandschaft Achalm" im Besitz der Tiroler Linie des Hauses Habsburg. Expansionsbestrebungen in Vorderösterreich während des Dreißigjährigen Krieges, in: Reutlinger Geschichtsblätter NF 49 (2010) S. 239–348.

[17] BUMILLER (wie Anm. 12) S. 167. Bereits 1932 war die Erarbeitung einer wissenschaftlichen Biografie angeregt worden bei Karl WELLER, Die Aufgaben der landesgeschichtlichen Forschung in Württemberg, in: WVjH 37 (1931) S. 9.

beschäftigte sich der Obrist Widerhold mit Beunruhigung der Catholischen Stände in Ober=Schwaben, welche vieles Ungemach von ihm erleyden mussten.[18] So weit zu sehen ist, hat sich diese Einschätzung Widerholts über die Jahrhunderte hinweg kaum verändert. Das Ziel seiner Ausfälle lag nach den Erkenntnissen der Forschung einerseits darin, die Versorgung der Festung mit mehreren hundert Bewohnern sicher zu stellen, andererseits aber beabsichtigte er, die katholischen Herrschaften zu beunruhigen. Nach dieser Interpretation hätte Widerholt schwerlich eine systematische Militärstrategie verfolgt. Fast sämtliche Darstellungen beschränken sich auf den lokal- oder regionalgeschichtlichen Rahmen oder auf militärgeschichtliche Aspekte. Aber in den 1640er Jahren wurde Widerholt in den an ihn gerichteten Briefen und Schreiben nicht mehr als württembergischer, sondern als französischer Kommandant angesprochen. Ein französischer Befehlshaber als protestantischer Verteidiger einer württembergischen Festung? Widersprüchlicher könnte die Situation kaum sein. Und dennoch spiegelt gerade sie die Geschichte des Dreißigjährigen Krieges wider, der ein komplexer religiös-politisch-militärischer Konflikt gewesen ist.

Württemberg und der Hohentwiel

Dass das Herzogtum Württemberg in der zweiten Hälfte des Dreißigjährigen Krieges zu einem Hauptkriegsschauplatz wurde, war kein Zufall. Württemberg besaß im deutschen Südwesten eine entscheidende geostrategische Bedeutung. Es lag als feindlicher Block zwischen den habsburgischen Besitzungen in Vorderösterreich und im südlichen Elsass. Diese wurden seit 1564 von den in Innsbruck residierenden Erzherzögen von Österreich-Tirol regiert. Die aus dem Hause Medici stammende verwitwete Erzherzogin Claudia (1604–1648) vertrat als Vormünderin ihrer unmündigen Kinder entschieden die Interessen ihrer Familie[19]. Darüber hinaus unterhielten die Herzöge von Württemberg als bedeutende protestantische Fürsten Beziehungen zu den protestantischen oder paritätischen Reichsstädten im Südwesten und zu den reformierten Städten der Eidgenossenschaft. Für König Philipp IV. von Spanien bildete Württemberg ein Hindernis auf dem Weg von den spanischen Niederlanden zu den spanischen Besitzungen in Norditalien[20]. Auf regionaler Ebene spielte der Herzog von Württemberg über seine Funktion als evangelischer ausschreibender Fürst des Schwäbischen Kreises neben dem Bischof von Konstanz eine wichtige Rolle. Die beiden evangelischen und katholischen

---

18 Christian Friedrich SATTLER, Geschichte des Herzogthums Würtenberg unter der Regierung der Herzogen, Bd. 8, Ulm 1776, S. 71–73.

19 Josef EGGER, Die Geschichte Tirols von der ältesten Zeit bis in die Neuzeit, Bd. 2, Innsbruck 1876, S. 347–377.

20 Francisco Martín SANZ, La política internacional de Felipe IV., o. O. 2003; Pablo Martín GÓMEZ, El ejército español en la guerra de los 30 años, Madrid 2006.

Herrschaftsträger waren Oberhäupter eines Verbandes, der die meisten Herrschaften des deutschen Südwestens beider Konfessionen umfasste.

Seit der Reformation gehörten 14 große säkularisierte Männerklöster zum Herzogtum Württemberg, in denen keine Mönche mehr lebten. Rechtlich bestanden die Klöster jedoch als eigenständige Korporationen mit evangelischen Geistlichen an der Spitze fort. Ihre Besitzungen wurden nach wie vor von Klosterhofmeistereien verwaltet, die Einkünfte sollten vorwiegend kirchlichen Zwecken dienen. In einem von konfessionellen Motiven bestimmten Krieg wollte das Haus Habsburg im Fall einer Eroberung des Herzogtums auch die Klöster rekatholisieren[21].

Eine wichtige Besitzung stellte für Württemberg die in der Nähe der Stadt Singen gelegene Festung Hohentwiel im Hegau dar. Die große und gut befestigte, auf einem Bergkegel gelegene Anlage nahm als württembergische Exklave in der Nähe des Bodensees und als Verbindungsglied zu den eidgenössischen Städten eine wichtige Funktion ein. Schaffhausen und Stein am Rhein lagen ganz in der Nähe, aber es bestanden auch lebhafte Beziehungen zu den großen Städten Zürich und Bern. Diese Städte waren für Finanzangelegenheiten wichtig, ob man nun Kredite benötigte oder Wechselgeschäfte tätigte. Daneben belieferten sie die Festung mit Getreide.

Seit den späten 1620er Jahren machten sich die Ereignisse des großen Krieges, welcher 1618 in Böhmen begonnen hatte, in Südwestdeutschland bemerkbar. Die protestantische Großmacht Schweden trat mit einem großen Heer gegen die katholischen Verbündeten auf. König Gustav Adolf besiegte die Gegner in mehreren Schlachten und eroberte große Gebiete in Südwestdeutschland. Nach der Sitte der Zeit verschenkte er eroberte Herrschaften an seine Verbündeten. So erhielt Herzog Johann Friedrich von Württemberg im Jahr 1632 das Territorium des Benediktinerklosters Zwiefalten, wo Württemberg ohnehin schon seit dem 16. Jahrhundert die forstliche Obrigkeit innehatte[22]. Immer wieder hatten die Herzöge versucht, das Kloster landsässig zu machen[23]. Damit reichte das Herzogtum bis zur Donau. Ein Sieg der protestantischen Partei schien in greifbare Nähe gerückt zu sein. Dann fiel König Gustav Adolf 1632 in der Schlacht bei Lützen, und damit verloren die Protestanten einen ihrer wichtigsten und mächtigsten Heerführer. Darin sahen die katholischen Verbündeten eine wichtige Chance für eine Entscheidungsschlacht. Dieser Plan ging auf. In der Schlacht bei Nördlingen mussten die protestantischen Heere im Herbst 1634 eine katastrophale Niederlage hinnehmen. Für die südwestdeutsche Bevölkerung führte dies in den darauffolgenden beiden

---

[21] Vgl. dazu Frank KLEINEHAGENBROCK, Das Alte Reich als europäisches Schlachtfeld. Der Schwedisch-Französische Krieg (1635–1648), in: Peter C. HARTMANN/Florian SCHULLER (Hg.), Der Dreißigjährige Krieg. Folgen einer facettenreichen Epoche, Regensburg 2010, S. 129–145, hier S. 132–135.

[22] Theodor SCHOTT, Württemberg und Gustav Adolf 1631 und 1632, in: WVjH NF 4 (1895) S. 343–402.

[23] Wilfried SETZLER, Kloster Zwiefalten, Sigmaringen 1979, S. 169–173.

Jahren zu einer fürchterlichen Katastrophe. Zahllose Soldaten der unterschiedlichsten Herkunft zogen im Land umher, raubten, vergewaltigten und plünderten. Es kam zu einer großen Hungersnot, Seuchen brachen aus und rafften vermutlich ein Drittel der Menschen dahin. Das Ausmaß des Elends lässt sich daran ablesen, dass vielfach die Pfarrer nicht mehr in der Lage waren, die Namen der Toten in den Kirchenbüchern zu notieren.

Umgehend nutzte Kaiser Ferdinand II.[24] seine neu gewonnene Machtposition aus und ließ sofort das Herzogtum Württemberg besetzen. Der junge, in Regierungsgeschäften noch wenig erfahrene Herzog Eberhard III. sah sich gezwungen, das Land zu verlassen. Die Flucht des regierenden Herzogs aus seinem Land wurde in der Forschung immer wieder kritisch gesehen, nicht zuletzt deshalb, weil er im Exil in Straßburg ein luxuriöses Leben führte[25]. Es stellt sich aber die Frage, welche Optionen er gehabt hätte, nachdem die kaiserliche Partei rigoros vorging und auf eine Zerschlagung des Landes abzielte.

Dafür stehen vor allem zwei Maßnahmen des Kaisers. Ferdinand II. verschenkte große Gebiete im Herzogtum an Verwandte und hohe Hofbeamte[26]. Erzherzogin Claudia beanspruchte die Pfandschaften Achalm und Hohenstaufen sowie die Herrschaft Blaubeuren. Bei den beiden Pfandschaften handelte es sich um fiktive Gebilde, die im 14. Jahrhundert an Württemberg verpfändet worden waren. Über die Rückgabe der Gebiete war zwei Jahrhunderte lange immer wieder gestritten worden, aber niemand wusste mehr, welche Dörfer nun tatsächlich zu den Pfandschaften gehörten. Nun sah die Erzherzogin ihre Chance gekommen, diese drei Herrschaften wieder in den Besitz des Hauses Habsburg zu bringen, ohne für die beiden Pfandschaften den Pfandbetrag zurückerstatten zu müssen. Tatsächlich gelangte sie in deren Besitz und ließ sich von den Untertanen huldigen. Das vom Fürstbistum Straßburg an Württemberg verpfändete Amt Oberkirch wurde zurückerstattet. Kurfürst Maximilian I. von Bayern erhielt die Herrschaft Heidenheim, der Hofkriegsratspräsident Heinrich Graf Schlick die Ämter Tuttlingen, Ebingen, Balingen und Rosenfeld[27], der Obersthofmeister der Kaiserin Anna, Graf Maximilian Trautmannsdorff, die Ämter Neuenstadt und Weinsberg und

---

[24] Thomas BROCKMANN, Dynastie, Kaiseramt und Konfession. Politik und Ordnungsvorstellungen Ferdinands II. im Dreißigjährigen Krieg, Paderborn 2011.

[25] Joachim FISCHER, Eberhard III. (1628–1674), in: Robert UHLAND (Hg.), 900 Jahre Haus Württemberg, Stuttgart 1984, S. 195–209.

[26] Paul Friedrich STÄLIN, Schwedische Schenkungen in Bezug auf Teile des heutigen Königreichs Württemberg und an Angehörige zu demselben gehöriger Familien während des dreißigjährigen Krieges, in: WVjH NF 3 (1894) S. 411–455; Paul Friedrich STÄLIN, Schwedische und kaiserliche Schenkungen in Bezug auf Teile des heutigen Königreichs Württemberg und an Glieder zu demselben gehöriger Familien während des dreißigjährigen Krieges, in: WVjH NF 6 (1897) S. 309–384.

[27] Rainer KNÖRLE, Heinrich von Schlick, Reichsgraf zu Passaun und Weisskirchen, Erbherr zu Balingen, Tuttlingen, Rosenfeld und Ebingen, in: Tuttlinger Heimatblätter 67 (2004) S. 55–71.

schließlich der Wiener Bischof Franz Anton von Wolfradt das Amt Möckmühl. Der vorderösterreichische Kanzler Isaak Volmar wurde mit dem Ort Pflummern beschenkt, der bayerische Rat Bartholomäus Richel mit der Herrschaft Neidlingen[28].

Genauso drastisch wie diese Schenkungen wirkte sich die Wiederrichtung der 14 großen Mannsklöster im Herzogtum aus. Kaiser Ferdinand II. ließ die Klöster mit Mönchen besetzen und errichtete somit wiederum katholische Abteien, denen die Erträge aus den umfangreichen Klosterterritorien zuflossen. Ein Blick auf die Karte vermittelt die Dramatik der Gebietsverluste für Herzog Eberhard III. von Württemberg. Selbst wenn er nach Stuttgart zurückkehrte und die Regierung wieder übernahm, herrschte er nur noch über ein stark zusammengeschrumpftes Land.

Als wäre das noch nicht genug gewesen, schwächte der Kaiser 1635 den württembergischen Herzog noch zusätzlich politisch durch den Ausschluss vom Prager Vertrag. Nach dem Sieg von Nördlingen hatten die katholischen Bündnispartner auf einen Ausgleich des Kaisers mit den protestantischen Gegnern gedrängt. Man erhoffte sich davon ein baldiges Ende des Krieges, welcher auch die siegreichen Mächte erheblich belastete. In Prag kam ein Vertrag zustande, von dem jedoch einige protestantische Fürsten wegen ihres Bündnisses mit dem Königreich Schweden ausgeschlossen wurden, darunter Eberhard III.[29].

Auf einem Kurfürstentag in Regensburg 1636/1637, zu dem der Herzog seine Gesandten entsandt hatte, wurde die Angelegenheit noch einmal verhandelt[30]. Insbesondere die Vertreter des Kurfürsten von Sachsen setzten sich dafür ein, dass Württemberg in den Prager Vertrag aufgenommen werden sollte, während die katholischen Kurfürsten – darunter auch Kurfürst Maximilian von Bayern – die unnachgiebige Politik des Kaisers mittrugen. Schlussendlich konnten sie sich durchsetzen. Kaiser Ferdinand II. erließ am 9. Dezember 1637 die „Regensburger Resolution", in der er die Restitution Württembergs an klare Bedingungen knüpfte. Die Festung Hohentwiel sollte abgetreten werden, die vom Kaiser verschenkten Besitzungen nicht an Württemberg zurückfallen[31]. Allerdings wurde dem Herzog das Recht eingeräumt, seine Ansprüche durch Verhandlungen am Wiener Hof geltend zu machen.

---

[28] Aufzählung nach Andreas NEUBURGER, Konfessionskonflikt und Kriegsbeendigung im Schwäbischen Reichskreis. Württemberg und die katholischen Reichsstände im Südwesten vom Prager Frieden bis zum Westfälischen Frieden (1635–1651) (VKgL B 181), Stuttgart 2011, S. 34–36.

[29] Dieter ALBRECHT, Maximilian I. von Bayern 1573–1651, München 1998, S. 907–939.

[30] Heiner HAAN, Der Regensburger Kurfürstentag von 1636/37, Münster 1967.

[31] NEUBURGER (wie Anm. 28) S. 63.

Widerholt als württembergischer Kommandant

Kurz vor seiner Flucht nach Straßburg ernannte Herzog Eberhard III. von Württemberg am 13. September 1634 Konrad Widerholt zum Kommandanten der Festung Hohentwiel[32]. Dieser verfügte über internationale Erfahrung und hatte in Württemberg eine eindrucksvolle Karriere gemacht. Seine Ehefrau Anna Armgard Burkhard (um 1593–1666) war eine Tochter des Kommandanten von Helgoland, eines ranghohen Militärs[33]. Allerdings hatte das Ehepaar keine Kinder, die das Jugendalter erreichten[34]. Selbst im Straßburger Exil blieb der Herzog bezüglich der Festung Hohentwiel nicht untätig, sondern er bemühte sich, deren Versorgung sicherzustellen. Dabei kamen sowohl ihm als auch dem Kommandanten die Nähe des Hohentwiel zur Schweiz zu Gute, denn die Eidgenossenschaft wahrte eine strikte Neutralität und konnte sich so – abgesehen von einzelnen kleineren Vorfällen – völlig aus dem Kriegsgeschehen heraushalten. Freilich bedeutete die Neutralität auch eine gewisse Schutzlosigkeit, denn in der Schweiz konnte man sich gegen militärische Übergriffe nur mit diplomatischen Mitteln wehren[35]. Dagegen hatten die Schweizer Städte ein Interesse daran, ihre Getreideüberschüsse auch in die vom Krieg betroffenen Gegenden zu verkaufen. Angesichts der ruinösen Finanzen blieb aber dem württembergischen Herzog nichts anderes übrig, als das Getreide gegen Darlehen liefern zu lassen. Da die in Frage kommenden Städte Zürich, Bern und Schaffhausen unter sich uneinig waren, bedurfte es einiger Anstrengungen, um sie zur Lieferung des benötigten Getreides zu bewegen.

Von Anfang an verfolgte Konrad Widerholt eine systematische Strategie zur Beherrschung des oberschwäbischen Raumes. Nach seinem Dienstantritt als Kommandant bestand sein Ziel zunächst in der planmäßigen Vernichtung von Burgen in der Umgebung der Festung zur Schaffung eines den Hohentwiel weiträumig umgebenden Wüstungsgürtels. Im Zeitraum von wenigen Jahren erreichte er dieses Ziel. Noch 1634 demolierten seine Soldaten die Burgen Staufen, Hohenkrähen und Mägdeberg im Hegau, ein Jahr später dann die Burg Heilsberg. Bei einem Feldzug

---

[32] Vgl. Leo Ignaz von Stadlinger, Geschichte des Württembergischen Kriegswesens von der frühesten bis zur neuesten Zeit, Stuttgart 1856, S. 302.

[33] Anna Armgard (oder Hermengard) Burkhard aus Delmenhorst war die Tochter des Ahasverus Burkhard, Kommandanten von Helgoland, und der Katharina Marschalk. Vgl. Erwin Weber/Gerhard Röper von Knauss, Beiträge zur Geschichte der Insel Helgoland. Eine chronologische Sammlung von Verordnungen, Urteilen und Nachrichten aus der Zeit der Herzöge von Schleswig-Gottorp 1584–1700, Teil 1, o. O. 1985.

[34] HStAS A 360 Bü 128 (Johann David Widerholt, Borken [Holland], an seinen Cousin Konrad Widerholt, 16. 8. 1645).

[35] Frieda Gallati, Die Eidgenossenschaft und der Kaiserhof zur Zeit Ferdinands II. und Ferdinands III. 1619–1657. Geschichte der formellen Lostrennung der Schweiz vom Deutschen Reich im Westfälischen Frieden, Zürich/Leipzig 1932.

gegen die Landgrafschaft Nellenburg[36] richteten Hohentwieler Soldaten in mehreren Dörfern und Burgen Zerstörungen an, bevor sie mit der Nellenburg den Herrschaftsmittelpunkt funktionsuntüchtig machten. Dabei ließ Widerholt nicht nur einige Gebäude der Burg niederreißen, sondern auch die Wasserversorgung durch die Zuschüttung des großen Ziehbrunnens in der Burg mit Steinen funktionsuntüchtig machen[37]. Auf der Burg hielten sich nur noch einige Forstknechte auf. Auch die Burg Staufen bei Hilzingen demolierten die Hohentwieler Soldaten und raubten die Inneneinrichtung. Die Burg Rosenegg bei Rielasingen, welche 1632 durch württembergische Truppen besetzt worden war, wurde 1639 zerstört und für den Feind unbrauchbar gemacht. Ein Jahr später folgte die Burg Bohlingen bei Singen. Damit war eine unmittelbare Bedrohung der Festung Hohentwiel durch gegnerische Soldaten, die sich in befestigten Anlagen verschanzten, ausgeschlossen. In den Wäldern der Umgebung ließ der Kommandant Holz schlagen und Meiler betreiben, um Brennholz und Holzkohle für die Festung zu beschaffen[38].

Neben dieser Strategie der Zerstörung bestand das Ziel darin, in einem weiten geografischen Umfeld die Herrschaften zu Kontributionszahlungen zu zwingen. In erstaunlich kurzer Zeit setzte Widerholt Städte und Klöster derart unter Druck, dass sie ihn als Schutzherrn anerkannten. Bei jedem Vorkommnis, welches der Kommandant als feindlichen Akt verstehen konnte, fürchteten sie Racheakte[39]. Bereits für die Jahre 1634/1635 sind Kontributionsforderungen nicht nur für die Orte in der näheren Umgebung, sondern auch für Städte und Dörfer an der Donau und im Schwarzwald belegt[40]. Beispielsweise trieben Hohentwieler Reiter 1635 vor der Reichsstadt Rottweil eine Kuhherde weg und ermordeten drei Bürger. Da in der Stadt Hungersnot herrschte und viele Einwohner existenziell auf die Milch angewiesen waren, baten der Bürgermeister und der Rat, das Vieh zurückzugeben oder zu bezahlen[41]. Eine Möglichkeit zur Erpressung von Kontributionen bestand darin, Personen und Vieh zu entführen und sie erst wieder freizugeben, wenn ihre Herrschaft sich zu Geldzahlungen verpflichtete. Diese Strategie scheint Konrad Widerholt vor allem in den ersten Jahren verfolgt zu haben. Eine besonders attrak-

[36] Herbert Berner, Die Landgrafschaft Nellenburg, in: Friedrich Metz (Hg.), Vorderösterreich. Eine geschichtliche Landeskunde, Freiburg ²1967, S. 613–636.

[37] Sigrid Wiemann, Die Rechtsverhältnisse des Hohentwiel in der Landgrafschaft Nellenburg, in: Hegau 34 (1989) S. 31–43.

[38] HStAS A 360 Bü 123 (Daniel Hauff, Ulm, an Widerholt, 12./22. 8. 1635): Bitte um Schutz der Wälder, des Dorfes Hilzingen und des Vogts Johannes Herr.

[39] HStAS A 360 Bü 123 (Wolfgang Hayd, Amtmann von St. Georgen, an Widerholt, 1./11. 7. 1634; Schultheiß, Bürgermeister und Gericht von Friedingen wegen eines angeschossenen Hohentwieler Soldaten, 16. 8. 1635).

[40] HStAS A 360 Bü 123 (St. Georgen, 1./11. 7. 1634; Vogt von Tengen wegen Salvaguardia für Kommingen und zwei Bürgern in Ebingen, 9./19. 7. 1635).

[41] HStAS A 360 Bü 123 (Bürgermeister und Rat von Rottweil an Widerholt, 23. 6./3. 7. 1635).

tive Beute bildeten die Pferde, weil man sie leicht über größere Entfernungen wegtreiben konnte und bei einem eventuellen Verkauf einen guten Preis erzielte.

Die kaiserliche Partei sah diesen Aktionen Widerholts nicht tatenlos zu. Schon im Frühjahr 1635 gab es Gerüchte über eine bevorstehende Belagerung der Festung, die sich immer mehr verdichteten. Allerdings schätzte der ortskundige Graf Friedrich Rudolf von Fürstenberg (1602–1655) eine Blockierung der Festung als problematisch ein. Er warnte die prominentesten Protagonisten der kaiserlichen Partei, Erzherzogin Claudia von Österreich-Tirol und Kurfürst Maximilian von Bayern: Für eine Blockade wären mehrere hundert Soldaten erforderlich, denn sonst würden Soldaten vom Hohentwiel Ausfälle machen und die umliegenden Dörfer niederbrennen[42]. Da weder Konrad Widerholt noch die kaiserliche Partei oder die eidgenössischen Städte Zürich und Schaffhausen ein Interesse an einer Blockierung des Hohentwiel hatten, kam am 20. Juni eine Verhandlungsrunde aller Parteien in Schaffhausen zusammen. An den Verhandlungen nahmen Vertreter der Städte Zürich und Schaffhausen teil. Der kaiserliche General Freiherr Wolf Rudolf General von Ossa erklärte sich bereit, auf eine Belagerung der Festung zu verzichten, wenn von dort die berittenen Truppen abgezogen würden. Man fürchtete die Reiter besonders, weil sie im Umland umherstreiften und die Einwohner belästigten. Eine weitere Kompromisslösung, auf die sich der General eingelassen hätte, wäre eine Abtretung der Festung an die neutralen eidgenössischen Städte Zürich und Schaffhausen gewesen. Konrad Widerholt zeigte sich unnachgiebig. Zwar setzte man die Verhandlungen im Juli fort, aber sie blieben ohne Ergebnis[43].

Deshalb zog im August 1635 Obrist August Vitzthum von Eckstädt, damals kaiserlicher Kommandant der Stadt Lindau, mit einem kleinen Heer vor der Festung Hohentwiel auf[44]. Vermutlich handelte es sich zunächst um eine Drohgebärde, weil Vitzthum erklärte, er wolle abziehen, wenn die Hohentwieler Reitertruppen entlassen würden. Gleichzeitig wurden die Verhandlungen unter der Leitung des Grafen Maximilian von Pappenheim fortgesetzt. Man holte auch die Meinung des in Straßburg residierenden Herzogs Eberhard III. ein. Die Vertreter der Stadt Schaffhausen zeigten zunächst um des Friedens willen Interesse an einer Abtretung des Hohentwiel an die beiden Städte Zürich und Schaffhausen. Nun aber wandten sich die Gesandten aus Zürich dagegen. Sie verlangten eine offizielle Erklärung Schaffhausens, dass auch diese Stadt eine Abtretung ablehne. Darauf ließ man sich

---

42 Fürstlich Fürstenbergisches Archiv Donaueschingen (künftig: FFA) OB 13 Cist. 14 Lat. 1 Faszikel VII Kriegsdienste Friedrich Rudolf (Graf Friedrich Rudolf von Fürstenberg an Kurfürst Maximilian von Bayern [Konzept], undatiert).

43 Frieda Gallati, Eidgenössische Politik zur Zeit des dreissigjährigen Krieges, in: Jahrbuch für Schweizerische Geschichte (künftig: JSG) 43 (1918) S. 1–150 und 44 (1919) S. 1–257, hier JSG 44 (1919) S. 160 f.

44 Vgl. dazu auch Heydendorff (wie Anm. 10) S. 111.

in Schaffhausen ein, weil man fürchtete, in den Krieg hineingezogen zu werden. Dagegen erschien der Besitz einer Festung eher unattraktiv[45].

In dieser Situation verstärkte Obrist August Vitzthum von Eckstädt die Belagerung des Hohentwiel und blockierte die Festung. Dabei ging das Konzept Widerholts auf. Zwar gestaltete sich die Situation der eingeschlossenen Festung zeitweise dramatisch, weil die Besatzung durch ausbleibende Soldzahlungen und durch den Ausbruch einer pestartigen Seuche Not litt. Es gelang den kaiserlichen Truppen jedoch nicht, den Hohentwiel auf Dauer von der Außenwelt abzuschließen. Obwohl sie nahe an die Festung herankamen, konnte Widerholt ihnen mit relativ geringem Aufwand immer wieder Schaden zufügen und ihre militärischen Operationen stören.

Die eidgenössischen Städte Schaffhausen und Zürich hatten ein Interesse daran, dass der Hohentwiel im Besitz des Herzogs Eberhard III. von Württemberg blieb, denn sie hätten sonst einen wichtigen Abnehmer ihrer landwirtschaftlichen Erzeugnisse verloren. Außerdem befürchteten sie militärische Aktionen der kaiserlichen Truppen auf eidgenössischem Gebiet. Die Stadt Zürich legte eine Garnison in ihre Stadt Stein am Rhein, um sie gegen Übergriffe der Hohentwieler Belagerungstruppen zu schützen. Gemeinsam beratschlagten Abgeordnete der Städte Zürich und Schaffhausen, ob man den Hohentwiel in eine „Neutralität" bringen könnte oder ob man die Festung mit Proviant versorgen sollte, um eine Eroberung durch das kaiserliche Heer zu verhindern[46]. Die Stadt Schaffhausen, deren Gebiet durch die Belagerung am stärksten in Mitleidenschaft gezogen wurde, zeigte sich für fast jede Lösung offen. Zürich dagegen war nur mittelbar betroffen und zielte lediglich auf eine Aufhebung der Belagerung sowie den Verbleib des Hohentwiel im Besitz des Herzogs von Württemberg ab. Die Vertreter der Stadt Schaffhausen legten den Entwurf eines Schreibens an Vitzthum vor, in dem die Neutralisierung der Festung und deren Übergabe an eine „treue, unparteiische Hand" angedeutet wurde. Nun aber verweigerte die Stadt Bern ebenso wie die Stadt Basel ihre Genehmigung zu diesem Schreiben. Man glaubte nicht an den Erfolg einer Neutralisierung und wollte die Verantwortung für die Festung Hohentwiel nicht übernehmen. Damit zogen sich die großen Städte Zürich, Bern und Basel aus der Angelegenheit zurück und überließen sie wiederum allein der nächstgelegenen Stadt Schaffhausen[47].

Als der Winter nahte, löste sich das Problem fast von selbst. Bei den Belagerungstruppen kam es zu Versorgungsengpässen, weil aus vielen Herrschaften – vor allem aus den nahe gelegenen fürstenbergischen Gebieten – nichts geliefert wurde. Bald musste Vitzthum von Eckstädt einsehen, dass er die Festung nicht erobern konnte. Erneut kam es in Schaffhausen zu Verhandlungen zwischen kaiserlichen

---

45 Gallati, Eidgenössische Politik (wie Anm. 43) JSG 44 (1919) S. 161 f.

46 StadtA Stein am Rhein, Bü 25 (Georg Winz, Chronologische Sammlung Stadt-Steinischer actorum oder Geschichten der Stadt Stein und ihrer Nachbarschafft ao. 1626 ad 1650), S. 545; Gallati, Eidgenössische Politik (wie Anm. 43) JSG 44 (1919) S. 163.

47 Gallati, Eidgenössische Politik (wie Anm. 43) JSG 44 (1919) S. 163.

und württembergischen Abgeordneten unter der Vermittlung des Grafen von Pappenheim. Dort hatte man nach wie vor ein Interesse an der Beendigung der Blockade. Man brachte am 25. Januar 1636 einen Vergleich zustande, in dem die kaiserliche Partei ein Ende der Belagerung und die württembergischen Gesandten eine Beendigung der Beutezüge sowie eine Verminderung der Garnison auf dem Hohentwiel auf den Stand von 1627 versprachen. Die auf der Festung stationierten Truppen sollten sich auf eine reine Verteidigung beschränken[48].

Aufgrund dieses Vergleichs ließ Vitzthum von Eckstädt die Blockade Ende Januar 1636 aufheben[49]. Aber Erzherzogin Claudia lehnte den Vergleich strikt ab und betrieb eine erneute Blockade des Hohentwiel[50].

Bündnis mit dem Herzog von Sachsen-Weimar

Der Vergleich von 1636 verschaffte Konrad Widerholt eine längere Atempause. Allerdings musste er erkennen, dass Herzog Eberhard III. von Württemberg zu schwach war, um den Besitz der Festung Hohentwiel zu garantieren. Außerdem wurde die Festung zum Spielball der großen Politik. Da Herzog Eberhard III. dem Prager Frieden beitreten wollte und die Abtretung der Festung zunächst zu den Hauptforderungen der kaiserlichen Partei gehörte, war ihr Schicksal ungewiss[51]. Um ihren Bestand zu sichern, musste sich Konrad Widerholt nach einem mächtigen Verbündeten umsehen und fand ihn in dem schwedischen General Herzog Bernhard von Sachsen-Weimar (1604–1639). Damit kam er auch erstmals mit Frankreich, der neben Schweden mächtigsten gegnerischen Partei der Habsburger, in Berührung.

Da das große europäische Land Frankreich geografisch zwischen den österreichischen und den spanischen Habsburgern lag, ergab sich fast automatisch ein starkes Spannungsverhältnis zwischen dem Kaiser, dem König von Spanien einerseits und dem französischen König Ludwig XIII. andererseits. Am französischen

---

48 StA Schaffhausen, Hohentwiel (Vergleich, 25. 1./4. 2. 1636); Gallati, Eidgenössische Politik (wie Anm. 43) JSG 44 (1919) S. 164.

49 FFA Landschaft, Amt Hüfingen Vol. 1* (Widerholt an Graf Maximilian von Pappenheim, 21./31. 1. 1636): Graf Pappenheim soll dafür sorgen, dass der Bericht über die aufgehobene Blockade des Hohentwiel durch Vermittlung seines Schwiegersohns Graf Rudolf Friedrich von Fürstenberg durch dessen Beamte sicher nach Schaffhausen kommt, damit er an Herzog Eberhard III. von Württemberg weitergeschickt wird.

50 Eduard Widmoser, Österreich ringt um den Hohentwiel, in: Berner, Hohentwiel (wie Anm. 9) S. 185–197, hier S. 187.

51 Karl von Martens, Geschichte der im Königreiche Württemberg vorgefallenen kriegerischen Ereignisse, Stuttgart 1847, S. 408; HStAS A 360 Bü 37 (Instruktion des Herzogs Eberhard III. an den Kriegsrat und Inspektor über die Festungen, Klaus Friedrich Böcklin von Böcklinsau, 9./19. 1. 1638, mit Beauftragung zu einer Reise auf den Hohentwiel, um Widerholt und die Garnison zum Abzug zu bewegen, und Verweis auf den Prager Frieden).

Hof bestimmte der Erste Minister und Kardinal Armand-Jean du Plessis, Premier Duc de Richelieu (1585–1642) die Richtlinien der französischen Politik. In der älteren Forschung sah man als Hauptmotiv der französischen Politik das Bestreben, sich aus der Umklammerung durch die im Deutschen Reich, in Spanien und Italien regierenden Habsburger zu lösen. Die neuere Forschung geht aber davon aus, dass es eher um „Fragen des Vorrangs, der Kontrolle politischer und herrschaftlicher Einflusspähren und in diesem Sinne – aus französischer Perspektive – um die Schwächung des Konkurrenten" ging[52].

Als Gegner der Habsburger – vor allem der spanischen Könige[53] – rückte Kardinal Richelieu schon seit den frühen Jahren des Dreißigjährigen Krieges in die Nähe der großen protestantischen Mächte. Zunächst verbündete sich Frankreich mit den niederländischen Generalstaaten und England. Dann aber unterstützte Richelieu den schwedischen König Gustav Adolf und finanzierte dessen Feldzüge nach Süddeutschland. Schließlich verbündeten sich die beiden konfessionell verschiedenen europäischen Großmächte Frankreich und Schweden und traten 1635 aktiv in den Krieg ein, um die Vormacht der Habsburger zu brechen.

Im selben Jahr schloss Richelieu einen Vertrag mit dem schwedischen General Herzog Bernhard von Sachsen-Weimar, in dem er ihm hohe Geldzahlungen zur Unterhaltung eines Heeres zusagte. Zu diesem Zeitpunkt war der Herzog von Sachsen-Weimar stark angeschlagen. Als Oberbefehlshaber der protestantischen Partei hatte er in der Schlacht bei Nördlingen im Herbst 1634 eine verheerende Niederlage hinnehmen müssen und dabei sein Herzogtum verloren. Es war aber ein kluger Schachzug von Kardinal Richelieu, den Herzog in die Abhängigkeit Frankreichs zu bringen. Herzog Bernhard konnte die Verluste an Soldaten in der Schlacht von Nördlingen durch Anwerbungen ausgleichen und wiederum als erfolgreicher Feldherr auftreten. Vor allem im Elsass und in Südwestdeutschland verfügte Frankreich damit über einen verbündeten Militärführer, der sich auskannte und für den Auftraggeber militärische Operationen durchführte. Als Belohnung für seine Dienste sicherte ihm Kardinal Richelieu in einer geheimen Vereinbarung das Elsass zu. Ein großer Teil des südlichen Elsasses gehörte zum habsburgischen Besitz und stand unter der Regierung der Erzherzöge von Österreich-Tirol in Innsbruck. Erzherzogin Claudia sah sich also im Elsass mit dem Herzog von Sachsen-Weimar, in ihren vorderösterreichischen Besitzungen mit Konrad Widerholt konfrontiert.

Aus dieser Konstellation heraus ergab sich eine Verbindung zwischen dem Festungskommandanten und Herzog Bernhard von Sachsen-Weimar[54]. Durch

---

52 Kleinehagenbrock (wie Anm. 21) S. 134.

53 Emilio González López, Los políticos gallegos en la corte de España y la convivencia europea, Vigo 1969, S. 208–214.

54 Ariane Jendre, Diplomatie und Feldherrnkunst im Dreißigjährigen Krieg. Herzog Bernhard von Weimar im Spannungsfeld der französischen Reichspolitik 1633–1639, Dissertation, Berlin 1998.

Zeitungsberichte erfuhr Konrad Widerholt, dass die Festung an die Erzherzogin übergeben werden sollte. Er vertrat jedoch die Auffassung, dass Herzog Eberhard III. von Württemberg den Hohentwiel dann für immer verlieren und so im Bodenseeraum keine Rolle mehr spielen würde. Herzog Bernhard versprach, den Hohentwiel notfalls durch militärische Angriffe im Herzogtum Württemberg zu sichern. Bei einer geheimen Zusammenkunft in Bern kam am 11./21. November 1637 zwischen dem Hohentwieler Kommandanten und dem Herzog von Sachsen-Weimar ein Vertrag zustande, in dem die Festung faktisch an den Herzog abgetreten wurde[55]. Nach dem Wortlaut bestand der Sinn des Vertrags darin, dass Herzog Bernhard dem bedrängten Herzog Eberhard III. in der Not beisprang. Er versprach, die Festung Hohentwiel zu halten, bis sie in einem allgemeinen Friedensvertrag formell zurückgegeben werden würde. Außerdem wollte er die württembergischen Interessen unterstützen, welche darauf abzielten, dass die ehemaligen Klöster und die abgetretenen Ämter in diesem allgemeinen Friedensvertrag ebenfalls wieder württembergisch würden. Auf dem Hohentwiel sollte Konrad Widerholt drei Garnisonen unterhalten. Herzog Bernhard von Sachsen-Weimar zahlte 20.000 Reichstaler zur Aufbringung der Kosten für die Besatzung und zusätzlich den Ersatz der von Widerholt für die Festung aufgewandten Kosten[56]. Außerdem wurde der Kommandant zum Obristen befördert[57]. Dagegen verpflichtete er sich ausdrücklich, nur Befehle des Herzogs Bernhard entgegenzunehmen. Dieser schenkte ihm die hornsteinische Herrschaft Hohenstoffeln, in deren Besitz Widerholt bis 1649 blieb[58]. Damit verfügte der Kommandant über eigenen Besitz und damit eine eigene Einkommensquelle in unmittelbarer Nähe der Festung Hohentwiel.

Durch diesen Vertrag wurde die Festung Hohentwiel zumindest indirekt in die französische Abwehrstrategie gegen die Habsburger eingebunden. Das Ziel bestand darin, die Verbindungen zwischen den verschiedenen habsburgischen Besitzungen nachhaltig zu stören. Herzog Bernhard von Weimar eroberte in schweren Kämpfen mit kaiserlichen Heeren unter anderem die Stadt Rheinfelden und die Festung Breisach. Rheinfelden gehörte mit Säckingen, Laufenburg und Waldshut zu den österreichischen „Waldstädten", zu deren Belagerung Widerholt dem Herzog von Sachsen-Weimar 400 Soldaten stellte[59]. Alle vier Städte wurden

[55] Wilhelm Heyd, Ein Lebensbild aus der Zeit des dreißigjährigen Krieges, in: WVjH 1 (1892) S. 137. – Wolfgang Kramer, Briefe von Herzog Bernhard von Sachsen-Weimar an Konrad Widerholt, in: Hegau 28 (1983) S. 125–135.

[56] HStAS A 360 Bü 37 (Anonyme Notiz mit einem Bericht über den Vertrag zwischen Herzog Bernhard und Widerholt, 11./21. 11. 1638; Kopie des Vertrags vom 11./21. 11. 1638); Martens (wie Anm. 51) S. 408 f.; Text des Vertrags bei Heydendorff (wie Anm. 10) S. 113–115.

[57] Martens (wie Anm. 51) S. 416.

[58] Paul Stälin, Beiträge zur Geschichte des Dreißigjährigen Krieges, in: WVjH NF 8 (1899) S. 27 f.

[59] Heydendorff (wie Anm. 10) S. 116.

erobert und militärisch besetzt[60]. Nach der Eroberung Breisachs zeigte sich Herzog Bernhard aber nicht bereit, die Festung an Frankreich abzutreten, was das Verhältnis zu Richelieu stark belastete. Die Besatzungen in den „Waldstädten" schützten jedoch die Verbindungen zwischen der nordelsässischen Stadt Hagenau, der Festung Breisach und der Festung Hohentwiel[61].

Gefährdet war der Besitz der Festung Hohentwiel dadurch, dass Kaiser Ferdinand III. ihre Abtretung an die Habsburger zu einer der Bedingungen für die Aufnahme Württembergs in den Prager Frieden gemacht hatte[62]. Offiziell betrieb Herzog Eberhard III. die Abtretung der Festung. Konrad Widerholt, den Herzog Bernhard von Sachsen-Weimar ermutigte, den Hohentwiel zu halten und ihm finanzielle Unterstützung zusicherte, wehrte sich jedoch gegen eine Übergabe. Allerdings ist undurchsichtig, ob der Herzog von Württemberg nicht ein doppeltes Spiel betrieb. Er sandte 40 Reiter nach Hilzingen. Einige davon ritten auf den Hohentwiel und überbrachten vermutlich die herzoglichen Befehle an Widerholt[63].

In einem offiziellen Schreiben verlangte der Stockacher Amtmann Raimund Blum von Widerholt die Abtretung der Festung an die kaiserliche Partei. Dieser schriftlichen Drohgebärde folgten Raubzüge in der Umgebung des Hohentwiel. Berittene Trupps vom Hohentwiel, auf dem damals etwa 60 Reiter stationiert waren, plünderten die Dörfer Bollingen, Riedheim und Schlatt an der Schweizer Grenze sowie das in der Nähe von Radolfzell gelegene Überlingen im Riet aus. Sie nahmen das für die kaiserliche Garnison in Radolfzell ausgemahlene Getreide weg. Andere Städte und Gemeinden wie Singen, Bodman und Steißlingen wurden zur Entrichtung von Kontributionen auf den Hohentwiel gezwungen. Daneben erpressten die Hohentwieler Naturallieferungen, vor allem Heu und Holz, welche auf die Festung zu führen waren. Einwohner von umliegenden katholischen Gemeinden mussten beim Bau neuer Befestigungen im Vorhof der Festung Fronarbeit verrichten. Obwohl die kaiserliche Partei 600 Soldaten nach Radolfzell und Konstanz schickte, konnte man gegen die kleinen Verbände Widerholts nicht viel ausrichten[64].

Mit gewalttätigen Aktionen schüchterte Konrad Widerholt seine Gegner ein und demonstrierte seine unnachgiebige Haltung bezüglich des Hohentwiel. Die Allianz mit dem prominenten protestantischen Heerführer Herzog Bernhard von Sachsen-Weimar brachte mehreren Seiten entscheidende Vorteile. Durch die Unterwerfung unter den sächsischen Herzog vereitelte Widerholt die Übergabe

---

[60] Vgl. Alfons SEMLER (Bearb.), Die Tagebücher des Johann Heinrich von Pflummern, 1633–1643, in: Beiheft der Zeitschrift für die Geschichte des Oberrheins, Bd. 99 (NF 60), S. 339.

[61] HEYDENDORFF (wie Anm. 10) S. 122.

[62] Lothar HÖBELT, Ferdinand III. (1608–1657). Friedenskaiser wider Willen, Graz 2008, S. 139.

[63] SEMLER (wie Anm. 60) S. 341.

[64] Ebd., S. 342.

der Festung Hohentwiel an den Kaiser durch Herzog Eberhard III. von Württemberg, der stattdessen die Festung Hohenasperg abtrat[65]. Von ihrer Lage her eignete sich die Festung in der Nähe des Bodensees ideal für Angriffe auf die oberschwäbischen Territorien im Einflussbereich der Habsburger, insbesondere auf die vorderösterreichischen Herrschaften. Der mit Herzog Bernhard von Sachsen-Weimar verbündete Festungskommandant hatte im Bodenseeraum eine weiträumige militärische Herrschaft aufgebaut und kannte sich in Süddeutschland hervorragend aus. Deshalb konnten sich der König von Frankreich und Kardinal Richelieu Hoffnungen machen, dass es gelingen würde, eine Kette von französischen Festungen am Rhein und in Süddeutschland zu errichten. Dabei spielte der Hohentwiel als einzige Festung mitten im gegnerischen Gebiet eine wichtige Rolle.

Allerdings blieb Erzherzogin Claudia von Österreich-Tirol, die ihre vorderösterreichischen Besitzungen schützen wollte, nicht untätig. Sie ließ ihre Städte Konstanz und Radolfzell „zu dem militärischen Gegenpol, ja zu dem Hauptbollwerk der Vorlande" (Helmut Maurer) ausbauen[66]. Außerdem drängte sie die katholischen Verbündeten ständig, die Festung Hohentwiel zu erobern. Dies erwies sich als schwierig, weil sich die katholischen Parteien vor allem über die Finanzierung und Organisation einer kostspieligen Belagerung uneinig waren. Außerdem stellte sich immer die Frage, wer ein solches Unternehmen befehligen sollte.

Im Jahr 1638 gelang es jedoch dem kaiserlichen Feldmarschall Gottfried Graf Huyn, Freiherr von Geleen, eine Belagerung des Hohentwiel zu organisieren. Während dieser Operation diente die Stadt Tuttlingen, welche zu einer starken Festung ausgebaut und mit einer bayerischen Garnison besetzt worden war, der kaiserlichen Partei als wichtiger Stützpunkt. Deshalb überfiel Widerholt am 23. Juli 1638 die Stadt und eroberte sie[67]. Aber nach kurzer Zeit wurden die Hohentwieler Soldaten wiederum von den kaiserlichen Truppen vertrieben.

Im Bodenseeraum konnte sich Widerholt jedoch bei vielen Herrschaften durchsetzen und sie gegen regelmäßige Zahlungen unter seinen „Schutz und Schirm" aufnehmen. Bischof Johannes von Konstanz berichtete, dass der Kommandant – angeblich auf höheren Befehl – entweder 2.400 Gulden Kontribution oder die Unterhaltung von einer Kompanie Kriegsvolk gefordert habe[68]. Von der Reichsstadt Pfullendorf erhob er seit August 1638 regelmäßige Monatsgelder[69]. Natürlich blieb auch der Hohentwieler Kommandant nicht von Rückschlägen verschont, und nicht alle seine Unternehmungen waren erfolgreich.

---

[65] Martens (wie Anm. 51) S. 410.

[66] Helmut Maurer, Konstanz als österreichische Stadt, in: Hans Maier/Volker Press (Hg.), Vorderösterreich in der Frühen Neuzeit, Sigmaringen 1989, S. 243–262, hier S. 252.

[67] Martens (wie Anm. 51) S. 407.

[68] Joseph Vochezer, Geschichte des fürstlichen Hauses Waldburg in Schwaben, Bd. 3, Kempten/München 1907, S. 706 f. (Schreiben vom 12./22. 7. 1638 an Graf Max Willibald von Waldburg-Wolfegg).

[69] HStAS B 52 a Bü 14 (Salvaguardia, Hohentwiel, 20./30. 8. 1638).

Alles in allem konnte sich Konrad Widerholt dennoch innerhalb kurzer Zeit als bedeutender militärischer Führer etablieren und weiträumig Abgaben einfordern. Sobald er über die notwendige militärische Schlagkraft verfügte, setzte er neben der Ausschaltung seiner Gegner auf Gewalt und Erpressung zur Durchsetzung von Kontributionen. Auch für die Vertreibung aus Tuttlingen rächte er sich. Am 11. Januar 1639 nahmen die Hohentwieler Tuttlingen im Handstreich und plünderten darin wie zuvor die kaiserlichen Soldaten[70].

Rückhalt in der Eidgenossenschaft

Einen wichtigen Faktor in der strategischen Bedeutung der Festung Hohentwiel stellte die geografische Nähe zur Eidgenossenschaft dar[71]. Hier verfolgte man generell eine eigenständige Politik mit dem Ziel der Neutralität. Als der Krieg den südwestdeutschen Raum und das Elsass erreichte, mussten die Eidgenossen jedoch rasch erkennen, dass ihre neutrale Position nur unter größten Schwierigkeiten durchzuhalten war. Bereits 1631 war der kaiserliche General Gallas mit seinen Truppen auf die Schweiz zumarschiert. Friedensappelle der Eidgenossenschaft an die europäischen Fürsten und den Papst verhallten ungehört[72]. Wenige Jahre später zog Herzog Bernhard von Sachsen-Weimar bei seinen Feldzügen gegen die kaiserliche Partei durch die nördliche Schweiz. Dabei wurde den Eidgenossen wiederum ihre Wehrlosigkeit bewusst. Bis zum Friedensschluss von 1648 mussten sie befürchten, dass die kriegerischen Ereignisse doch noch auf ihr Gebiet übergreifen würden.

Insgesamt verfolgten die eidgenössischen Städte eine einheitliche Politik, die sie bei regelmäßigen Versammlungen miteinander abstimmten. Aber schon auf Grund ihrer unterschiedlichen Nähe zur Festung Hohentwiel vertraten sie jeweils verschiedene Interessen. Am stärksten betroffen vom Schicksal der Festung war die nicht weit entfernte Stadt Schaffhausen. Die dortigen Kaufleute waren existenziell auf funktionierende Schifffahrtsverbindungen auf Bodensee und dem Rhein angewiesen. Deshalb setzten sich die Vertreter Schaffhausens vehement und zäh dafür ein, dass die Festung Hohentwiel entweder neutralisiert, an den Herzog von Württemberg zurückgegeben oder durch die eidgenössischen Städte gekauft werden sollte. In den großen, entfernt gelegenen Städten Zürich und Bern schätzte man die Situation nicht so dramatisch ein und war durchaus auch für andere politische Lösungen offen.

---

70 Beschreibung des Oberamts Tuttlingen 1879, S. 277.

71 Jakob KELLER-HÖHN, Die Eidgenossen und der Hohentwiel unter Konrad Widerholt, in: Heimatblatt Thayngen 4 (1956) S. 2–4, 7–11.

72 Johann Jakob MEZGER, Die Stellung und Geschicke des Kantons Schaffhausen während des dreißigjährigen Krieges, in: Jahrbuch für Schweizerische Geschichte 9 (1884) S. 109–168, hier S. 143.

Graf Maximilian von Pappenheim, Landgraf von Stühlingen wollte die Städte Schaffhausen und Zürich sogar dazu bewegen, den Hohentwiel pfandweise zu kaufen. Dazu fanden sich die Städte nicht bereit, aber auf einer Konferenz der vier evangelischen Städte in Aarau wurde im Mai 1636 beschlossen, die Festung zu verproviantieren[73]. Auf Anraten des Züricher Bürgers Ferdinand Geizkofler bat Herzog Eberhard III. von Württemberg in einem handschriftlichen Schreiben die Städte Zürich, Bern und Schaffhausen um die Lieferung von Getreide[74]. Dieses Getreide musste er durch den Kredit eines Züricher Bürgers finanzieren. Nach einigem Hin und Her reiste der Pfullinger Keller Johann Konrad Müller im Sommer 1636 nach Zürich, um den Transport des Getreides zu organisieren, was nicht ohne Schwierigkeiten ablief[75]. Die Wagen mit 200 Mutt Dinkel und Roggen wurden nach Stein am Rhein geführt, wo sie der Keller abholen ließ[76].

Als der Hohentwiel einen Monat später belagert wurde, verlangten die Städte von der kaiserlichen Generalität die Aufhebung der Belagerung, verwehrten aber gleichzeitig den Durchmarsch französischer Entsatztruppen. In Schaffhausen brachte man im Februar 1637 eine Konferenz zwischen den verfeindeten Parteien zustande, auf der eine Art Waffenstillstand beschlossen wurde[77]. Daraufhin zog das kaiserliche Besatzungsheer ab[78].

Gerade auch in wirtschaftlicher Hinsicht hatten die großen Städte Schaffhausen, Zürich und Bern ein Interesse daran, dass die Festung in württembergischem Besitz verblieb und mit keinen allzu großen Versorgungsschwierigkeiten belastet war. Sie konnten ihre Getreideüberschüsse an die Festung und eventuell an die von ihr aus kontrollierten Gebiete verkaufen[79]. Darüber hinaus hegten die Städte Stein am Rhein und Schaffhausen ein besonderes Interesse am Bestand des Hohentwiel,

---

[73] Mezger (wie Anm. 72) S. 144.

[74] HStAS A 360 Bü 127 (Ferdinand Geizkofler, Zürich, an Herzog Eberhard III., 15./25. 5. 1636); Kopie der Schreiben von Herzog Eberhard III. an den Züricher Bürger Pöblitz, 15./25. 7. 1636, an die Stadt Schaffhausen, 16./26. 7. 1636, an die Stadt Zürich, 16./26. 7. 1636, an die Stadt Bern, 16./26. 7. 1636).

[75] HStAS A 360 Bü 127 (Brief des Herzogs an Bürgermeister und Rat der Stadt Zürich, 3./13. 9. 1636; Bürgermeister und Rat der Stadt Zürich an Johann Konrad Müller, 21./31. 10. 1636).

[76] HStAS A 360 Bü 127 (Herzog Eberhard III. an Pöblitz, Zürich, 15./25. 7. 1636; an die Stadt Zürich, 16./26. 7. 1636; Bürgermeister und Rat der Stadt Zürich an Johann Konrad Müller, 19./29. 8. 1636). Zürich lieferte 200 Mutt Getreide, halb Kernen (ungegerbter Dinkel), halb Roggen, in Bern und in Schaffhausen forderte Herzog Eberhard III. je 500 Mutt Getreide an.

[77] HStAS A 360 Bü 127 (Herzog Eberhard III. an die Stadt Schaffhausen, 16./26. 7. 1636: Dank an die Stadt Schaffhausen für die von ihr geführten Verhandlungen zur Aufhebung der Blockade).

[78] Mezger (wie Anm. 72) S. 144.

[79] HStAS A 360 Bü 127 (Herzog Eberhard III. an Bürgermeister und Rat von Zürich, 3./13. 9. 1636; Bürgermeister und Rat von Zürich an Johann Konrad Müller, Keller von Pfullingen, 21./31. 10. 1636: Getreide wurde abgefertigt und versandt).

denn sie waren nur unzureichend befestigt. Konrad Widerholt sicherte gegen das Recht des freien Einkaufs der Stadt Stein am Rhein zu, ihr im Notfall mit Reiterei und Fußvolk zu Hilfe zu eilen. Außerdem schützte er die wichtigen Straßen und die Wasserwege auf dem Bodensee und dem Rhein. Im Gegenzug lieferten ihm die Städte Lebensmittel und Geschütze und unterhielten besonders enge, wenn auch keineswegs immer ungestörte Beziehungen zum Hohentwieler Kommandanten[80]. Auch seinen Verbündeten Herzog Bernhard von Sachsen-Weimar belieferten sie mit Getreide und Waffen[81]. So lange die kriegerischen Ereignisse nicht auf die Eidgenossenschaft übergriffen, profitierten die Schweizer Städte massiv vom Krieg. Zwar protestierten der Kaiser und seine Verbündeten gegen die offene Unterstützung der gegnerischen Partei durch die Eidgenossenschaft. Aber Städte wie Bern rechtfertigten sich mit dem Argument, dass die Lieferungen durch Privatleute erfolgten und sie keinen Einfluss darauf nehmen könnten.

Schon die Getreidelieferungen im Sommer 1636 hatten gezeigt, welche wichtige Bedeutung die Eidgenossenschaft für die Erhaltung der Festung Hohentwiel besaß. Andererseits sahen die Schweizer Städte zunächst in Widerholt auch ihren Schutzherren gegen feindliche Operationen auf ihrem Gebiet. Besonders in den Zeiten, in denen der Hohentwiel von den gegnerischen Heeren blockiert war, fürchtete man Angriffe auf eidgenössisches Gebiet. Konrad Widerholt versprach den Schweizer Städten, die Gefahr so weit wie möglich von ihnen abzuwenden. Er hielt sie über das Kriegsgeschehen auf dem Laufenden[82]. Obwohl er zusicherte, auch bei den ihm untergebenen Soldaten dafür zu sorgen, dass niemand einer eidgenössischen Kommune irgendeinen Schaden zufügen würde, kam es doch gelegentlich zu Übergriffen von Hohentwieler Soldaten[83].

Ohne die vom Krieg unberührten Schweizer Städte hätte sich der Kommandant wohl kaum so gut auf dem Hohentwiel halten können. Dennoch gerieten auch die Städte zwischen die Kriegsparteien. Sie litten unter der starken Befestigung der kaiserlichen Stadt Konstanz, von wo aus die kriegerischen Ereignisse auf eidgenössisches Gebiet überzugreifen drohten. Auf der politischen Ebene versuchten sowohl Gesandte des Kaisers als auch Beauftragte der Erzherzogin Claudia von Österreich-Tirol – vor allem ihr Kammerpräsident Isaak Volmar – die eidgenössischen Städte auf ihre Seite zu ziehen. Als die Festung Hohentwiel nach dem Tod des Herzogs Bernhard von Weimar unter französische Herrschaft kam, fühlte sich

---

[80] Gregor Schweri, Die Herrschaft Ramsen im 16. und 17. Jahrhundert (1539–1659), Schaffhausen 1974, S. 86.

[81] Mezger (wie Anm. 72) S. 146.

[82] StadtA Stein am Rhein, Mi 595, Mi 598 (Widerholt an Bürgermeister und Rat von Stein am Rhein, 1./11. 5.und 11./21. 7. 1639)

[83] StadtA Stein am Rhein, Mi 440 (Bürgermeister und Rat von Zürich an Bürgermeister und Rat von Stein am Rhein, 29. 12. 1639/8. 1. 1640, wegen Problemen mit Hohentwieler Soldaten, denen wegen des Transports von Raubgut über Steiner Gebiet der Pass verweigert wurde; Nachricht, dass Widerholt geantwortet habe, 4./14. 1. 1640).

die Eidgenossenschaft von einer Einschließung bedroht[84]. Damit trafen sich eigentlich die Ziele der eidgenössischen Städte und der kaiserlichen Partei, welche beide den Hohentwiel unschädlich machen wollten. An einer Eroberung der Festung durch die kaiserlichen Heere konnte die Eidgenossenschaft jedoch kein Interesse haben. Ihr Ziel bestand darin, entweder eine Schleifung der Festungsanlagen zu erreichen oder den Hohentwiel zu neutralisieren und bis zum Friedensschluss in ihren Besitz zu bringen. Isaak Volmar verhandelte im Auftrag von Erzherzogin Claudia mit der Stadt Zürich unter dem Vorwand, den Hohentwiel schleifen zu wollen[85].

Eine besonders enge Beziehung unterhielt Konrad Widerholt zur nächst gelegenen Stadt Schaffhausen. Dort führte der Kaufmann Alexander Ziegler für ihn die Geschäfte und besorgte ihm Kredite. Allerdings nutzte Ziegler die militärische Situation in Oberschwaben zu seinem persönlichen Vorteil, indem er beide Kriegsparteien mit Waren belieferte.

Die zweite Belagerung (1639)

Mit Unwillen hatte Kaiser Ferdinand III. auf die Nachricht von der aufgehobenen Blockade des Hohentwiel reagiert. Er war nicht damit einverstanden und befahl, einen weiteren Versuch unter einem anderen Kommando zu unternehmen[86]. Im Frühjahr 1639 rückte erneut ein kaiserliches Heer unter dem Kommando des Feldmarschalls Geleen und des Feldzeugmeisters Franz von Mercy vor den Hohentwiel, um die Festung zu belagern[87]. Da Erzherzogin Claudia nicht genügend Geld aufbringen konnte, um das gesamte Heer zu finanzieren, bestand der Heeresverband aus mehreren verschiedenen Einheiten. Dieses Mal plante man nicht nur eine Blockade, sondern es sollten Stollen in den Berg getrieben werden, um an entscheidenden Stellen der Festung Sprengungen vorzunehmen. Zunächst errang das kaiserliche Heer einige Erfolge. Am 25. Juni 1639 gelang es kaiserlichen Soldaten, in den Vorhof der Festung einzudringen und die Gebäude in Brand zu stecken. Sie zündeten auch die Mühle und den Maiereihof an. Die obere Festung erwies sich aber als uneinnehmbar. Die Hohentwieler wehrten sich, indem sie aus der Festung ausbrachen und das Schloss Randegg in Brand steckten[88]. Nun schickte man den Schanzmeister Veldenauer auf den Hohentwiel, um geeignete Maßnahmen für die Anlage der Gänge in den Berg vorzuschlagen. Er riet, einen Gang unterhalb des Vorhofs hineinzutreiben und dann eine Sprengung vorzunehmen. So würde man auf einer Seite an die obere Brücke, an der anderen Seite an den Pulverturm gelan-

---

84 Gallati, Die Eidgenossenschaft (wie Anm. 35) S. 108 ff.
85 Ebd.
86 Semler (wie Anm. 60) S. 275.
87 Heydendorff (wie Anm. 10) S. 117.
88 StadtA Stein am Rhein, Bü 25 (Chronologische Sammlung), S. 642.

gen. Aber für die Anlegung der Gänge benötigte man Bergleute aus Tirol, und diese ließen auf sich warten[89]. Anfang August trafen endlich 300 Bergknappen aus Tirol ein und begannen mit der Anlegung von Stollen im Berg[90].

Der in französischen Diensten stehende Generalmajor Johann Ludwig von Erlach in Breisach blieb nicht untätig und sandte den Obristen Reinhold von Rosen mit einem Heer zum Hohentwiel, um den Belagerungsring zu durchbrechen. Dadurch fühlten sich die Belagerer zwar bedroht, aber zunächst konnte von Rosen kaum etwas ausrichten[91]. Immer wieder brachen die Hohentwieler aus und töteten insgesamt über 200 Männer des Gegners[92].

Bald stellte sich jedoch heraus, dass man bei der erzherzoglichen Regierung in Innsbruck den notwendigen Aufwand für die Belagerung der großen Festungsanlage unterschätzt hatte. Man musste erkennen, dass die Maßnahmen nicht ausreichten, um den Hohentwiel völlig von der Umwelt abzuschließen. An der südwestlichen Seite des Berges lag eine unübersichtliche Landschaft mit vielen Wäldern und Hügelflächen. Für die Belagerten war es ein Leichtes, sich dort aus der Festung zu schleichen und Briefe nach außen zu befördern. Auf dem Hohentwiel befand sich eine starke Besatzung, die immer wieder ausbrach und die gegnerischen Truppen überfiel. Offenbar war die Versorgungslage auf der Festung sehr gut. Es zeigte sich, dass die Soldaten nicht in der Lage waren, die Tiroler Bergknappen am Hohentwiel effektiv gegen Angriffe der Festungsbesatzung zu schützen. Neben ihrer ohnehin nicht ungefährlichen Arbeit mussten die Bergleute den Feind fürchten. Am 15. August gelang es den Hohentwielern, den Soldaten Michael Hailiger aus der Festung zu senden. Er reiste nach Breisach und überbrachte den Generälen eine Nachricht über den Stand der Dinge[93]. Erst am 6. Oktober kam Hailiger zurück. Er brachte von General Erlach die erfreuliche Nachricht, dass König Ludwig XIII. von Frankreich dem Kommandanten Widerholt eine lebenslange Pension von 4.000 Livres gewährt hatte, dem Obristleutnant Walther eine Pension auf Lebenszeit von 2.000 Livres[94].

Die unzureichende Blockade zog sich hin, ohne dass weitere Erfolge verbucht werden konnten. Resigniert schrieb der sich in Engen aufhaltende Kanzler Isaak Volmar an Erzherzogin Claudia: „Es gehört ein anderer Ernst zu diesem Werkh.“[95]

---

[89] Tiroler Landesarchiv Innsbruck (künftig: TLA) Geheimer Rat/Kriegssachen, Karton 32 Position 53 (Isaak Volmar an Erzherzogin Claudia, 2./12. 8. 1639).

[90] FFA Kriegsakten, Landschaft Amt Hüfingen Vol. 1* (Philipp Johann Widenmann an Salomon Reiner, fürstenbergischer Land- und Amtsschreiber in Engen, 30. 7./9. 8. 1639).

[91] August von Gonzenbach, Der General Hans Ludwig von Erlach von Castelen. Ein Lebens- und Charakterbild aus den Zeiten des Dreißigjährigen Krieges, 3 Bde., Bern 1880, S. 47.

[92] Gonzenbach (wie Anm. 91) S. 49.

[93] Ebd.

[94] Ebd., S. 49 f.; Martens (wie Anm. 51) S. 417.

[95] TLA Geheimer Rat/Kriegssachen, Karton 32 Position 53 (Isaak Volmar an Erzherzogin Claudia, 25. 8./4. 9. 1639).

Angesichts der zunehmend aussichtslosen Belagerung verließ ein großer Teil der kaiserlichen Armee den Hohentwiel. Kaiser Ferdinand III. benötigte seine Truppen in Norddeutschland und zog das Besatzungsheer vom Hohentwiel ab[96]. Anfang Oktober zündeten die kaiserlichen Soldaten ihr Lager an und verließen den Kriegsschauplatz in Richtung Rottweil[97]. Der Hohentwiel hatte einer weiteren Belagerung standgehalten.

Widerholt als französischer Kommandant

Im Juli 1639 verstarb Herzog Bernhard von Sachsen-Weimar überraschend in Neuenburg am Rhein. Da er sich geweigert hatte, die von ihm eroberte Festung Breisach am Rhein an Frankreich zu übergeben und auch sonst eine relativ eigenständige Politik verfolgt hatte, verstummten die Gerüchte nicht, Kardinal Richelieu hätte ihn vergiften lassen. Beweisen ließ sich das freilich nicht. Umgehend versuchte die kaiserliche Partei, die günstige Gelegenheit zu nutzen. Wenige Tage nach dem Tod des Herzogs Bernhard forderte Kaiser Ferdinand III. den württembergischen Herzog Eberhard III. auf, Kommandant Widerholt zur Übergabe der Festung Hohentwiel zu veranlassen, um die französischen Besitzansprüche zu blockieren[98]. Widerholt wehrte sich jedoch heftig gegen eine Übergabe der Festung und sagte, er wolle den Hohentwiel erst dann übergeben, wenn der Landesherr Herzog Eberhard III. selbst anwesend sei[99]. Kaiser Ferdinand III. sandte im August 1639 Gottfried Huyn von Geleen auf die Festung und ließ Widerholt unter Vorweisung von Befehlen des Herzogs von Württemberg sowie eines kaiserlichen Mandats zur Übergabe auffordern. Im Gegenzug wurde dem Kommandanten der freie Abzug garantiert. Widerholt beharrte jedoch auf dem Vertrag von 1637 und schrieb dem Herzog, dass seine verweigerte Übergabe des Hohentwiel mehr Nutzen als Schaden stiften würde[100]. Der kaiserliche Gesandte von Geleen musste schließlich die Festung verlassen, ohne etwas ausgerichtet zu haben[101].

---

96 Heydendorff (wie Anm. 10) S. 117 f.

97 Gonzenbach (wie Anm. 91) S. 50.

98 HStAS A 360 Bü 37 (Kaiser Ferdinand III. an Herzog Eberhard III., 19./29. 7. 1639; Konzept der Antwort des Herzogs, er habe das Schreiben an Widerholt geschickt, 2./13. 8. 1639).

99 HStAS A 360 Bü 37 (Franz von Mercy an Herzog Eberhard III., 20. 7. 1639; Antwort des Herzogs, 12./22. 7. 1639: Er kann Widerholt nicht zur Übergabe des Festung veranlassen).

100 HStAS A 360 Bü 37 (Herzog Eberhard III. an Widerholt, 3./13. 8. 1639 und 12./22. 8. 1639).

101 HStAS A 360 Bü 37 (Gottfried Huyn von Geleen an Herzog Eberhard III., 30. 8./9. 9. 1639).

Es bleibt unklar, ob es sich bei der ganzen Aktion nicht lediglich um eine demonstrative Geste handelte. Bereits zu einem früheren Zeitpunkt war nämlich zwischen Herzog Eberhard III. und Widerholt vereinbart worden, dass der Kommandant herzogliche Befehle nur dann befolgen sollte, wenn die Schriftstücke vom Herzog eigenhändig geschrieben und gesiegelt seien. Möglicherweise lehnte Widerholt das Ansinnen des kaiserlichen Generals ab, weil die vorgewiesenen herzoglichen Befehle diese vereinbarten Kriterien nicht erfüllten[102].

Durch eine testamentarische Verfügung des Herzogs Bernhard von Sachsen-Weimar fiel die wichtige Festung Breisach am Rhein nun an Frankreich. Als Gouverneur amtierte dort der Generalleutnant Johann Ludwig von Erlach (1595–1650), welcher vom französischen König Ludwig XIII. in seiner Funktion bestätigt wurde. Damit war Breisach eine französische Festung und bildete mit den Festungen Philippsburg, Rheinfelden und Hohentwiel die Abwehrkette, auf welche Richelieu hingearbeitet hatte. Außerdem wurden die befestigten „Plätze" Freiburg, Neuburg, Laufenburg, Thann, Landskron und Säckingen dem Oberbefehl von Erlachs unterstellt, aber auch andere Orte in französischem Besitz[103]. Neben der Festung übernahm Richelieu das Heer des Herzogs, welches Bernhard von Weimar eigentlich dem König von Schweden abgeworben hatte[104]. Politisch verfolgte der Kardinal damit das Ziel, das Königreich Frankreich bis zum Rhein als östlicher Grenze auszudehnen[105].

Alle Initiativen des Kaisers Ferdinand III. zur Wiedererlangung des Hohentwiel blieben erfolglos. Konrad Widerholt lehnte nicht nur eine Übergabe der Festung kategorisch ab, sondern er trat in Verhandlungen mit dem König von Frankreich. Was der Kaiser immer befürchtet hatte[106], trat nun ein: Der Kommandant des Hohentwiel wurde direkt in die französische Militärpolitik eingebunden. Bereits im August 1640 betrachtete ihn der König als „Kommandant in seinen Diensten", obwohl Widerholt noch keinen formalen Eid gegenüber dem französischen Monarchen abgelegt hatte[107]. Als überzeugter Protestant war er nun Kommandant einer katholischen Kriegspartei. In seiner persönlichen religiösen Einstellung änderte sich dadurch allerdings nichts. Auch als französischer Kommandant begründete er manche Überfälle und Morde an gegnerischen Personen mit konfessionellen Motiven. Indessen zögerte Konrad Widerholt später nicht, sich auf den Herzog von Württemberg zu berufen, wenn er mit den Franzosen in Streit geriet[108].

---

102 Martens (wie Anm. 51) S. 414 f.

103 Gonzenbach (wie Anm. 91) S. 6 f.

104 Johannes Burkhardt, Der Dreißigjährige Krieg, Frankfurt am Main 1992, S. 48.

105 Kleinehagenbrock (wie Anm. 21) S. 136.

106 HStAS A 360 Bü 37 (Kaiser Ferdinand II. an Herzog Eberhard III., 27. 1./6. 2. 1640); Herzoglicher Rat Bernhard Planer an Herzog Eberhard III., Wien, 26. 2./7. 3. 1640).

107 Landenberger (wie Anm. 4) S. 209.

108 Heydendorff (wie Anm. 10) S. 125.

Als französischer Festungskommandant war Konrad Widerholt dem Breisacher Kommandanten General von Erlach untergeordnet, unter dessen Oberbefehl die Festung Hohentwiel stand[109]. Mit der Abhängigkeit vom Breisacher Kommandanten tat sich der selbstbewusste und nach Unabhängigkeit strebende Konrad Widerholt schwer, da er nur widerstrebend einen militärischen Vorgesetzten akzeptieren konnte. Damit entwickelte sich kein Vertrauensverhältnis zwischen den beiden Militärführern, wie General von Erlach gegenüber dem französischen Minister des Noyers klagte[110]. Einen Kernpunkt der Kritik Widerholts an General von Erlach bildeten die ausständigen Zahlungen für die Festung Hohentwiel. Häufig warteten die Kommandanten und die Mannschaften monatelang auf das Geld, und Konrad Widerholt prangerte diese Missstände an.

Selbstverständlich nahm Kaiser Ferdinand III. diese neue Situation nicht einfach hin. Im Frühjahr 1640 forderte er Herzog Eberhard III. von Württemberg erneut auf, Widerholt zur Übergabe der Festung zu veranlassen. Tatsächlich ergriff Eberhard III. die Initiative und sandte noch einmal den Oberamtmann und Obristleutnant Peter Pflaumer auf den Hohentwiel. Dieser sollte den Kommandanten an die Gefahr, in die er sich und das ganze Reich brachte, erinnern. Widerholt blieb jedoch standhaft und berief sich auf die Verbundenheit der sachsen-weimarischen Offiziere mit Frankreich. Herzog Eberhard III. musste dem Kaiser melden, dass eine Übergabe der Festung nicht zu erwarten sei[111]. Vermutlich trieb er ein abgekartetes Spiel, indem er die öffentlichen Bemühungen dann durch geheime Befehle in vertraulichen Korrespondenzen mit Widerholt hintertrieb. Immer wieder schickte er seine Diplomaten zu Verhandlungen an den Kaiserhof, an den Tiroler Hof in Innsbruck oder zum Reichstag, um seine Ansprüche auf die großen verloren gegangenen Gebiete zu behaupten. Dabei kam ihm seine Stellung als Oberbefehlshaber des Schwäbischen Kreises zu Gute. Als einer der beiden „kreisausschreibenden Fürsten“ stand er in Kontakt mit vielen protestantischen und katholischen Herrschaftsträgern und organisierte gemeinsam mit dem Konstanzer Fürstbischof die Zusammenkünfte des Schwäbischen Kreises. Diese politische Funktion erwies sich gerade in der Krisensituation als sehr wichtig, bot sie doch eine weitere Ebene zur Pflege politischer Beziehungen über konfessionelle Grenzen hinweg. Außerdem wurde die Position des Herzogs von Württemberg als Reichsfürst aufgewertet. Auf der anderen Seite musste sich Eberhard III. dem Kaiser gegenüber diplomatisch verhalten und durfte dessen Vorstöße bezüglich der Festung Hohentwiel keinesfalls einfach ignorieren. Trotzdem deutet vieles auf geheime Strategien des Herzogs hin, die sich jedoch durch Quellen nicht belegen

---

109 Martens (wie Anm. 51) S. 98 ff.

110 Gonzenbach (wie Anm. 91) S. 44.

111 HStAS A 360 Bü 37 (Gottfried Huyn von Geleen an Herzog Eberhard III., 11./21. 2. 1640; Herzog Eberhard III. an den Kaiser, 11./21. 3. 1640).

lassen[112]. Mit hoher Wahrscheinlichkeit korrespondierten Widerholt und seine Beamten auf dem Hohentwiel ständig mit der herzoglichen Regierung in Stuttgart. Mitglieder der herzoglichen Familie hielten sich häufig auf der Festung auf. Darüber hinaus verfügte der Kommandant über Informanten im Herzogtum und war über die wichtigen Vorgänge immer genau unterrichtet.

Oberschwäbische Adelsfamilien als Kriegsgegner

Neben den Klöstern dominierten in Oberschwaben vor allem Adelsherrschaften das kleinräumige territoriale Gefüge. Da sich über die Jahrhunderte hinweg nie eine Zentralgewalt herausgebildet hatte, war die Region in kleinste bis mittelgroße Herrschaften aufgeteilt. Bei den kleinen Territorien konnte es sich um ein reichsritterschaftliches Gut handeln, zu dem ein überschaubarer Besitz gehörte. Nur wenige Adelsfamilien wie die Häuser Fürstenberg, Waldburg, Sulz, Montfort und Königsegg verfügten über größere Besitzungen, aber vielfach wurden diese Gebiete infolge von Erbteilungen von verschiedenen Linien regiert.

Trotz der relativ geringen Größe ihrer Herrschaften spielten diese Adelsfamilien für den Kaiser in Wien eine wichtige Rolle. Denn einerseits war Oberschwaben ein fast geschlossen katholischer Landstrich, in dem lediglich einige Kleinherrschaften und die paritätischen Reichsstädte Biberach, Ravensburg, Leutkirch und Isny in konfessioneller Hinsicht abwichen. Zum anderen traten die katholischen Adelsfamilien entschieden als kaiserliche Parteigänger auf und waren immer nach Wien orientiert. Aus den Mitgliedern der adeligen Familien rekrutierten die Kaiser Militärs und Gesandte, welche ihre Interessen auf dem Schlachtfeld und an anderen Höfen vertraten. Außerdem repräsentierten die Adeligen den Kaiser oder die Erzherzöge von Österreich-Tirol. Deshalb wurden sie automatisch zu Feinden Konrad Widerholts. Einige Beispiele zeigen den hohen Druck, den der Hohentwieler Kommandant aufbaute, um diese Familien zu unterwerfen und zu beherrschen.

Welche Bedeutung selbst kleinen Herrschaften zukam, zeigt das Beispiel der Deutschordenskommende Altshausen, einem Territorium, welches gerade einmal acht Dörfer und einige Weiler umfasste. Allerdings residierte im Schloss Altshausen der Landkomtur der Ballei Elsass-Burgund als oberster Herr von 16 Deutschordenskommenden in Südwestdeutschland, der Schweiz und im Elsass. Durch seine Doppelfunktion als geistlicher und weltlicher Würdenträger nahm der Landkomtur eine wichtige Stellung im kaiserlichen Machtsystem ein. So hatte Kaiser Ferdinand II. nach dem Erlass des Restitutionsedikts von 1629 den Landkomtur Johann Jakob von Stain zum kaiserlichen Kommissar ernannt und mit der Durchführung der Rekatholisierung in den beanspruchten Gebieten beauftragt.

---

112 Vgl. Gonzenbach (wie Anm. 91) S. 7; Ein geheimer Briefwechsel Widerholts mit Herzog Eberhard III. ist erwähnt bei Heydendorff (wie Anm. 10) S. 125.

Die Grafen zu Königsegg spalteten sich in die beiden Linien Aulendorf-Königsegg und Rothenfels auf. Seit 1637 amtierten sie im Auftrag der Erzherzöge von Österreich-Tirol als Vögte der Landvogtei Schwaben[113]. Der Sitz der Landvogtei befand sich in Altdorf, welches unmittelbar an das Klosterareal Weingarten grenzte. Wegen der starken Bedrohungen sahen sich die Landvögte während des Krieges häufig gezwungen, in der befestigten Stadt Ravensburg Schutz zu suchen.

Auch die Fürsten von Fürstenberg, die Grafen von Waldburg oder die Grafen von Friedberg-Scheer unterhielten enge Beziehungen zum Kaiser. Dadurch wurden diese Adelsfamilien automatisch zu erklärten Feinden des Kommandanten Konrad Widerholt. Besonders erbittert ging er gegen die Grafen von Fürstenberg vor, indem er nicht nur deren Territorien bedrohte und heimsuchte, sondern auch den Mitgliedern der fürstlichen Familie nach dem Leben trachtete. In Oberschwaben und in der Baar waren die Grafen von Fürstenberg zu den größten Territorialherren aufgestiegen. Zu ihrem Herrschaftsgebiet gehörten die (Land-) Grafschaften Baar, Heiligenberg und Stühlingen sowie die Herrschaften Hausen im Kinzigtal, Jungnau, Trochtelfingen, Meßkirch, Gundelfingen und Hewen. In der Zeit des Dreißigjährigen Krieges teilte sich das Haus Fürstenberg in drei Linien. An der Spitze der Meßkircher Linie stand Graf Wratislaus II. († 1642), der in zweiter Ehe mit Franziska Karoline, einer geborenen Gräfin von Helfenstein, verheiratet war. In der Stühlinger Linie regierte Graf Friedrich Rudolf (1602–1655), ebenfalls in zweiter Ehe verheiratet mit Anna Magdalena Gräfin von Lichtenberg. Ihr Sohn hieß Maximilian Franz (1634–1681), ihre Tochter war Maria Franziska (1635–1680)[114].

Bereits in der frühen Phase taten sich verschiedene Mitglieder des Hauses Fürstenberg im kaiserlichen Heer als militärische Führer hervor. Seit 1619 war Graf Egon VIII. von Fürstenberg-Heiligenberg (1588–1635) kaiserlicher Heerführer. Als er seinen Wirkungskreis in andere Gegenden des Deutschen Reiches verlegte, engagierten sich die Grafen Wratislaus II. und Friedrich Rudolf im kaiserlichen Heer. Dadurch gerieten sie sofort nach dem Amtsantritt Widerholts in dessen Visier, da sie ihn einerseits militärisch bedrohten und andererseits über ein großes Gebiet herrschten, welches hohe Kontributionen versprach. Schon im Jahr 1635 schlossen Graf Friedrich Rudolf und sein Schwiegervater Graf Maximilian Ludwig von Pappenheim einen Neutralitätsvertrag mit dem Hohentwiel ab. Aus der Landgrafschaft Stühlingen ließ Graf Friedrich Rudolf etwa 80 Mutt Getreide auf die Festung liefern. Darüber beschwerte sich Erzherzogin Claudia von Österreich-Tirol bei Kurfürst Maximilian von Bayern. Beide zeigten Unverständnis

---

[113] Gräflich Königsegg'sches Archiv Königseggwald: Urkunden, Urk-1004 (Ernennung von Johann Georg Reichsgraf zu Königsegg-Aulendorf zum Landvogt der Landvogtei Schwaben, 30.11.1637).

[114] Edmund von der Becke-Klüchtzner, Stamm-Tafeln des Adels des Großherzogthums Baden. Ein neu bearbeitetes Adelsbuch, Baden-Baden 1886, S.12.

dafür, dass die Grafen durch den Neutralitätspakt dem Feind Vorschub für seine Raubzüge und Plünderungen in ihren Herrschaftsgebieten leisten würden[115]. Graf Friedrich Rudolf rechtfertigte sich, sein Schwiegervater müsse seinen gesamten Bedarf an Lebensmitteln auf dem Schaffhauser Markt kaufen, wo die Hohentwieler Getreide und Salz aus Tirol verkaufen würden. Ohne die Einkäufe bei der feindlichen Partei wäre der Graf von Pappenheim also in Versorgungsschwierigkeiten geraten und musste deshalb mit Widerholt paktieren[116].

Im Juni 1638 überfielen Twieler Reiter den fürstenbergischen Ort Leibertingen im Donautal und die Burg Wildenstein. Fürstin Franziska Karoline von Fürstenberg, Gemahlin des Fürsten Wratislaus II., bot eine Geldsumme, damit sie wenigstens zwölf Stück Vieh zurück erhielt. Sie ärgerte sich darüber sehr, denn Herzog Eberhard III. von Württemberg hatte im Jahr 1636 sein Gestüt in Ulm dem Landgrafen von Fürstenberg überlassen, der es bis zur Rückkehr des Herzogs aus dem französischen Exil auf seine Kosten unterhalten sollte[117].

Trotz der immensen Bedrohungen von Seiten Widerholts verbot Graf Wratislaus II. seinen Beamten, den Untertanen Verhandlungen über Kontributionen an den Hohentwiel zu gestatten. Konrad Widerholt erhöhte während des Sommers 1638 den Druck auf die gräflichen Besitzungen, indem er die Dörfer Frohnstetten und Stetten am kalten Markt in Brand stecken und in Schwenningen und Heimstetten Pferde und Vieh im Wert von über 1.000 Gulden wegtreiben ließ. Beim Viehraub wurden zwei Männer erschossen. Die Untertanen beschuldigten daraufhin die Beamten, sie hätten durch den Verzicht auf Verhandlungen mit Widerholt die Überfälle provoziert. Der Hohentwieler Kommandant ließ Drohungen ausstreuen, dass weitere Dörfer in Brand gesteckt würden. Den Beamten blieb nichts anderes übrig, als sich mit Widerholt über die Zahlung von Kontributionen zu einigen[118]. Bereits im Frühjahr zwang Widerholt die Stadt Möhringen mit dem Hinweis zur Kontributionszahlung, dass alle benachbarten Orte schon in der Kontribution seien, nur die Stadt nicht[119]. Seit Oktober 1639 entrichteten die Orte der halben Landgrafschaft Baar monatlich 120 Gulden an den Hohentwiel und lieferten Getreide[120]. Wieder einmal hatte die Strategie des Terrors Erfolg gezeigt, denn

115 FFA OB 13 Faszikel 7 Kriegsdienste Friedrich Rudolfs (Kurfürst Maximilian von Bayern an Graf Friedrich Rudolf von Fürstenberg, 19.2./1.3.1635, mit beiliegendem Protestschreiben der Erzherzogin Claudia).

116 FFA OB 13 Faszikel 7 Kriegsdienste Friedrich Rudolfs (Graf Friedrich Rudolf von Fürstenberg an Kurfürst Maximilian von Bayern [Konzept], undatiert).

117 HStAS A 360 Bü 123 (Kommandant Braun an Widerholt, 7./17.6.1638; Gräfin Franziska Karoline von Fürstenberg an Widerholt, 21.6./1.7.1638).

118 FFA Landschaftsakten Amt Hüfingen, Kriegsdrangsale Vol. 1* (NN. Jäger an Graf Wratislaus II. von Fürstenberg, 1./11.9.1638).

119 FFA Militaria 1638 II 10 (Widerholt an die Stadt Möhringen, 1./11.3.1638).

120 FFA OB 19 Vol. XLIV a, Faszikel Friedrich Rudolf (Schultheiß, Vogt und Gemeinden Hüfingen und Löffingen an Graf Rudolf Friedrich von Fürstenberg, 6./16.3.1646): Die Gemeinden Hüfingen, Löffingen und Blumberg entrichteten monatlich jeweils 40 Gulden.

schließlich befand sich das gesamte fürstenbergische Herrschaftsgebiet unter dem „Schutz und Schirm" des Hohentwiel[121]. Außerdem mussten Fürstenberger Untertanen Frondienste auf der Festung verrichten[122].

Gräfin Maria zu Fürstenberg wandte sich an Widerholt, als der Überlinger Kommandant Generalfeldzeugmeister Franz Eckenfort und die Kommandanten von Lindau und Konstanz auf Befehl des Kaisers und des Kurfürsten Maximilian von Bayern das Schloss Heiligenberg besetzen wollten[123]. Allerdings hatten sich die fürstenbergischen Beamten geweigert, den General in das Schloss zu lassen[124]. Nun bat die Gräfin bei Widerholt um Schutz für ihr Schloss als Mittelpunkt ihrer Herrschaft Heiligenberg.

Aus den vielen Schreiben an Widerholt lässt sich fast durchgehend die Angst erspüren, welche der Kommandant bei den mit ihm konfrontierten Amtsträgern auslöste. In den Augen der Zeitgenossen galt er als rücksichtslos und gewaltbereit, was er bei vielen Anlässen immer wieder unter Beweis stellte. Dabei scheint ein starkes konfessionelles Element auf. In besonderer Gefahr wähnten sich die Mitglieder adeliger Familien. Wenn sie sich auf längere Reisen begaben, ließen sie sich von Widerholt einen Schutzbrief (Salva conductus) ausstellen. Bei geringsten Irritationen schrieben sie dem Kommandanten Entschuldigungsbriefe, um ihm keinen Anlass für militärische Aktionen zu geben. Der in Tettnang residierende Graf Hugo von Montfort ließ einen Schutzbrief für seinen Schwiegersohn Graf Christoph Rudolf von Fugger und dessen Frau, für dessen Cousin und dessen unverheiratete Schwester ausstellen. Die vier jungen Leute weilten ein Vierteljahr nach der Hochzeit einen Monat lang im Schloss Argen am Bodensee und wollten gelegentlich einen Spazierritt in das Schloss Tettnang unternehmen[125].

Der Landvogt der Landvogtei Schwaben, Graf Johann Wilhelm zu Königsegg, musste im Frühsommer 1646 in der Reichsstadt Ravensburg Schutz suchen[126]. Als eine Bande von Soldaten am 7. Mai eineinhalb Stunden lang das Schloss Königsegg-

---

121 Vgl. auch FFA 21 Vol. V Faszikel 1 Kriegsgeschichtliche Notizen über Vorgänge im Fürstenbergischen (Bescheinigung Widerholts über die fürstenbergischen Herrschaften unter Schutz und Schirm des Hohentwiel, 10./20. 4. 1645: Landgrafschaft Fürstenberg und Baar samt Möhringen, Löffingen und Blumberg, Landgrafschaft Stühlingen, Herrschaft Hewen und Zubehör, Grafschaft Heiligenberg, Herrschaft Trochtelfingen, Jungnau, Werenwag, Herrschaft Meßkirch samt Hayingen, Neufra und Zubehör).

122 FFA 21 Vol. V Faszikel 1 Kriegsgeschichtliche Notizen (Kellerei Hohentwiel an Beamte der Herrschaft Hewen und Stadt Engen, 1./11. 9. 1643): Anforderung von vier starken Männern für Handfronen auf acht Tage oder ersatzweise 6 Batzen pro Mann und Tag).

123 HStAS A 360 Bü 125 (Generalfeldzeugmeister Eckenfurt an die fürstenbergischen Beamten in Heiligenberg, 15./25. 10. 1647).

124 HStAS A 360 Bü 125 (Gräfin Maria zu Fürstenberg an Widerholt, 19./29. 10. 1647; Gräfin Maria zu Fürstenberg an Generalfeldzeugmeister Eckenfurt, 19./29. 10. 1647; Eckenfort in Buxheim an die fürstenbergischen Beamten in Heiligenberg, 15./25. 10. 1647).

125 HStAS A 360 Bü 124 (Graf Hugo von Montfort an Widerholt, 9./19. 5. 1646).

126 Zu Johann Wilhelm von Königsegg vgl. Horst Boxler, Die Geschichte der Reichsgrafen zu Königsegg seit dem 15. Jahrhundert, Bannholz 2005, S. 103–111.

wald ausraubte, floh der Graf mit seiner Familie nach Ravensburg. Er bat bei Widerholt um eine Salvaguardia für sich und seine Familie, weil er sich aus finanziellen Gründen nicht mehr lange in der Reichsstadt aufhalten konnte und wieder nach Königseggwald zurückkehren wollte. Aber im August kamen wieder Soldaten mit etwa 15 Gewehren in den Ort, um den Pfarrhof und andere Häuser auszuplündern. Die Soldaten stiegen in die Kirche ein und bedrohten im daneben liegenden Schloss den Grafen mit gezogenem Gewehr. Graf Johann Wilhelm berief sich auf die Salvaguardia Widerholts und zeigte den Soldaten das Originalschreiben. Zunächst zogen sie auch ab, kehrten jedoch wenig später zurück und erklärten, dass sie die Echtheit des Schutzbriefes anzweifelten. Sie plünderten zwar nicht mehr, trieben aber Pferde und Vieh der Untertanen weg. Graf Johann Wilhelm bat Widerholt, für die Rückgabe des Viehs zu sorgen und eine neue Salvaguardia auszustellen[127]. Die Pfarrer und Kapläne in der Grafschaft Königsegg-Aulendorf fühlten sich bedroht und baten ebenfalls um eine Salvaguardia. Sie ließen durch den Grafen einen Becher aus Gold und Silber an Widerholt schicken[128].

Gerade der persönliche Druck auf die Herrschaftsträger erwies sich als effektives Mittel der Machterhaltung. Denn damit war ihre Stellung als souveräne Herren in ihrem Territorium empfindlich tangiert. Außerdem unterband der Hohentwieler Kommandant geheime Zusammenschlüsse zwischen den Territorialherren und schaltete sie als verbündete Gegner aus.

Klöster als Kriegsziele

Neben den weltlichen Herrschaften bedrängte Konrad Widerholt die Klöster und forderte von ihnen Kriegsbeiträge. Dabei erschienen die großen Männerklöster als besonders attraktive Ziele, denn zahlreiche Klöster waren mit großem Grundbesitz ausgestattet und bezogen daraus bedeutende Einkünfte. Da ein Kloster kein Heer zu unterhalten hatte und normalerweise sehr gut verwaltet wurde, waren diese geistlichen Herrschaften in den friedlichen Jahrzehnten vor dem Dreißigjährigen Krieg zu erheblichem Wohlstand gekommen. Obwohl der Krieg schwere Verwüstungen hinterlassen hatte, konnte man aus den Klöstern noch erhebliche Geld- und Naturallieferungen erpressen.

Für Widerholt gab es noch einen weiteren Beweggrund, die großen Mannsklöster ins Visier zu nehmen. Trotz seiner Allianz mit dem französischen König verfolgte er konfessionelle Motive, und die Klöster erschienen ihm als Bastionen

---

127 HStAS A 360 Bü 124 (Graf Johann Wilhelm von Königsegg an Widerholt, 20./30.8. 1646).

128 HStAS A 360 Bü 124 (Graf Johann Wilhelm von Königsegg an Widerholt, 1./11.9. 1646): Bitte um Salvaguardia für Pfarrer Michael Öß, Aulendorf, Pfarrer Johann Baptist Buck, Königseggwald, Pfarrer Thomas Müller, Ebenweiler, und Kaplan Michael Abt, Aulendorf.

des Katholizismus. Deshalb setzte er nicht nur die großen oberschwäbischen Männerklöster unter Druck, sondern auch die restituierten Abteien im Herzogtum Württemberg. Die alten und die neu besiedelten Klöster waren miteinander verbunden, weil die neuen Gemeinschaften Hilfen von den bestehenden Abteien benötigten.

Zu den bedeutendsten Klöstern in Oberschwaben gehörten die Benediktinerabtei Weingarten und das Prämonstratenserkloster Weissenau bei Ravensburg. Die Äbte Dominikus Laymann und Johann Christoph Härtlin vertraten auf den Kongressen entweder persönlich oder durch Gesandtschaften die Interessen zahlreicher Klöster in Südwestdeutschland. Abt Johann Christoph stand als Direktor dem Schwäbischen Reichsprälatenkollegium als Interessenvertretung sämtlicher reichsunmittelbarer Abteien vor[129]. Beide Äbte nahmen im Ordenswesen der Region eine zentrale Stellung ein. Für das Kloster Weingarten komplizierte sich die Situation dadurch, dass in Altdorf die Verwaltung der Landvogtei Schwaben untergebracht war, einer vorderösterreichischen Korporation mit Landbesitz in der Gegend von Weingarten[130]. Konrad Widerholt verdächtigte den Abt und den Konvent des Klosters – wie auch andere Klöster – der heimlichen Konspiration mit seiner Erzfeindin Erzherzogin Claudia von Österreich in Innsbruck.

Am 3. September 1644 überfielen Soldaten vom Hohentwiel das Kloster Weingarten, mussten aber den Angriff abbrechen. Ein Jahr später befahl Widerholt jedoch erneut einen Angriff auf die Reichsstadt Ravensburg und das Kloster Weingarten[131]. Es erwies sich als unmöglich, die befestigte Reichsstadt zu erobern, deshalb konzentrierten sich die Soldaten auf die unbefestigten Klöster Weissenau und Weingarten[132]. In Weingarten forderten sie für die Güter des Klosters in der Landvogtei Schwaben Brandschatzung und Kontribution, aber das Kloster sah sich nicht in der Lage, die Gelder aufzubringen. Außerdem hatten Bauern den Hohentwieler Keller Stephan Stockmayer gefangengenommen, und Kurfürst Maximilian von Bayern hatte ihn als Geisel nach München bringen lassen. Deshalb führten die Soldaten den Abt Dominikus Laymann als Geisel auf den Hohentwiel, um damit Stockmayer freizupressen[133]. Der Abt hatte sich schon zur Abreise nach Münster in Westfalen bereitgemacht, um die Interessen der katholischen Klöster auf dem Friedenskongress zu vertreten[134]. Umgehend begannen Verhand-

---

129 Neuburger (wie Anm. 28) S. 80 f.

130 Hans-Georg Hofacker, Die Landvogtei Schwaben, in: Maier/Press (wie Anm. 66) S. 57–74.

131 Michael Grimm, Versuch einer Geschichte des ehemaligen Reichsfleckens und jetzt noch so berühmten Wallfahrtsortes Altdorf, gen. Weingarten, nebst seiner Umgebung, Ravensburg 1864, S. 194 f.

132 Tobias Hafner, Geschichte der Stadt Ravensburg, Ravensburg 1887, S. 590 f.

133 HStAS A 360 Bü 126 (Abt Dominikus Laymann an Widerholt, 9./19. 4. 1646).

134 Franz Brendle, Der Erzkanzler im Religionskrieg. Kurfürst Anselm Casimir von Mainz, die geistlichen Fürsten und das Reich 1629 bis 1647 (Reformationsgeschichte, Studien und Texte, Bd. 156), Münster 2011, S. 369.

lungen mit der kurfürstlichen Regierung, die sich jedoch länger hinzogen, weil Kaiser Ferdinand III. befohlen hatte, Stockmayer nicht ohne seine Genehmigung freizulassen[135]. Da Laymann auf der Festung gesundheitliche Probleme bekam, bot das Kloster an, ihn vorübergehend gegen einen Mönch auszutauschen, der sich als freiwillige Geisel zur Verfügung stellte. Erst im Dezember versprach Kurfürst Maximilian, den Hohentwieler Keller nach Überlingen bringen zu lassen, damit über die Auswechslung der Geiseln verhandelt werden könne[136]. Die Angelegenheit zog sich weiter hin, aber im März 1646 erlaubte Widerholt den Austausch des Abtes gegen den Weingartener Pater Anselm Oswaldt[137]. Tatsächlich kamen Stephan Stockmayer und der Abt dann frei[138].

Zur selben Zeit bedrängte Widerholt das Prämonstratenserkloster Weissenau bei Ravensburg. Da sich dieses Kloster in Geldschwierigkeiten befand, ließ Abt Johann Christoph Härtlin ein großes Orgelwerk für die Kirche auf dem Hohentwiel nach Diessenhofen bringen, wo es durch Hohentwieler Fuhrwerke abgeholt wurde[139].

Auch andere Männerklöster versprachen reiche Beute, weil sie sich aufgrund ihres solide verwalteten Grundbesitzes trotz ihrer wirtschaftlichen Nöte zur Aufbringung der Kriegskontributionen verschulden konnten. Ein Hauptziel bildeten die rekatholisierten großen württembergischen Männerklöster, denn hier vermischten sich politische und ökonomische Interessen. Neben der Erzielung von Einkünften für den Hohentwiel schwächte Konrad Widerholt die gegnerische kaiserliche Partei, wenn er die von ihr in Besitz genommenen Klöster unter seinen Einfluss brachte. Es gelang ihm, von den Klöstern St. Georgen im Schwarzwald, Maulbronn, Adelberg, Bebenhausen, Lichtenstern, Blaubeuren, Lorch und Hirsau Schutzgeldzahlungen zu erpressen[140].

Auf der Schwäbischen Alb bedrängte Konrad Widerholt das Benediktinerkloster Zwiefalten[141] und das Prämonstratenserkloster Obermarchtal. In den 1640er Jahren entrichtete Obermarchtal den „Magazinzehnten" und schickte jedes Jahr Beauftragte auf den Hohentwiel, um die Höhe dieser Abgabe auszuhandeln[142].

---

135 HStAS A 360 Bü 126 (Subprior und Konvent des Klosters Weingarten an Widerholt, 8./18.9.1645).

136 HStAS A 360 Bü 126 (Subprior und Konvent des Klosters Weingarten an Widerholt, 1./11.12.1645).

137 Hafner (wie Anm. 132) S. 590 f.

138 Vgl. StA Schaffhausen, Hohentwiel (Stadt Schaffhausen an Widerholt mit Nachricht von der kurfürstlichen Resolution betreffend die Entlassung Stockmayers, 19./29.11.1645).

139 HStAS A 360 Bü 126 (Abt Johann Christoph Härtlin an Widerholt, 19./29.9.1645 und 18./28.10.1645).

140 HStAS A 360 Bü 127 (Gedruckte Salvaguardia für die genannten Klöster).

141 Karl Holzherr, Geschichte der ehemaligen Benediktiner- und Reichs-Abtei Zwiefalten in Oberschwaben, Stuttgart 1887, S. 124.

142 StA Sigmaringen Dep. 30/12 T 3 Nr. 89 (Quittung des Hohentwieler Kellers Stephan Stockmayer über 48 Gulden als Kontribution des Klosters Obermarchtal für April und Mai 1646, 22.4./2.5.1646).

Im Juni 1646 forderte der Hohentwieler Keller Stephan Stockmayer statt des Geldes Naturallieferungen von Heu und Stroh, weil man auf der Festung Kavallerieregimenter unterbrachte. Auf Kosten des Klosters sollten innerhalb von acht Tagen zwei Bevollmächtigte auf den Hohentwiel kommen, um die Lieferungen auszuhandeln. Unverhohlen drohte der Keller mit „Inconvenientien", – Unannehmlichkeiten –, falls die Obermarchtaler Gesandten nicht erschienen[143].

Im Vergleich zu den Männerklöstern befanden sich die Frauenklöster in einer besonders kritischen Lage. Zum einen verfügten sie häufig genug nur über einen relativ kleinen Territorialbesitz, zum anderen fehlte ihnen jeglicher militärischer Schutz. Deshalb waren sie noch stärker bedroht als die Mönche in den Mannsklöstern. Neben der Plünderung des Klosters drohte den Frauen die Vergewaltigung. Wenn Soldaten ein Nonnenkloster besetzten, konnten die Klosterfrauen oftmals das gemeinsame klösterliche Leben nicht mehr fortsetzen und mussten an sichere Orte fliehen. Dort warteten sie ab, bis die größte Gefahr vorüber war.

Als typisch kann eine Bittschrift der Äbtissin des Franziskaner-Terziarinnenklosters Grünenberg aus dem Jahr 1640 gelten. Nach ihren Angaben lieferten die Untertanen nur aus wenigen Äckern den Zehnten ab, die Schwestern mussten sich häufig genug ihren Lebensunterhalt durch Betteln sichern und konnten wegen Mangel an Lebensmitteln nicht ununterbrochen zusammen leben. Die Äbtissin wandte sich an Anna Armgard Widerholt als „Protektorin" ihres Klosters und bat sie, sich bei ihrem Mann für die Erlassung des Zehnten einzusetzen. Als „Verehrung" ließ sie ein Huhn und etwas Fett an die Frau des Kommandanten übersenden[144]. Auch das Zisterzienserinnenkloster „auf Hof" in Neudingen lag ganz zerstört da, die Schwestern waren verjagt worden, so dass man sich dort außerstande erklärte, Kontributionen zu entrichten[145]. Damit gab sich der Kommandant jedoch nicht zufrieden und forderte weiterhin die regelmäßigen Geldabgaben. Als die Not zunahm, reiste die Äbtissin auf den Hohentwiel und ließ sich von Konrad Widerholt eine schriftliche Salvaguardia für ihr Kloster ausstellen[146]. Die Dominikanerinnen von Stetten im Gnadental bei Hechingen fühlten sich Anna Armgard Widerholt so eng verbunden, dass sie für die Stadt Hechingen und die dazugehörigen Dörfer um eine schriftliche Salvaguardia ihres Ehemannes baten. Offenbar

---

[143] StA Sigmaringen Dep. 30/12 T 3 Nr. 89 (Schreiben des Hohentwieler Kellers Stephan Stockmayer an das Kloster Obermarchtal wegen der Kontributionen, 9./19. 6. 1646; Quittung des Kellers Stockmayer über 24 Gulden als Kontribution des Klosters Obermarchtal für Juni 1646, 21. 6./1. 7. 1646).

[144] HStAS A 360 Bü 126 (Äbtissin Anna Margarete Ott, Kloster Grünenberg, an Widerholt, 4./14. 7. 1640).

[145] HStAS A 360 Bü 126 (Äbtissin Margarete, Kloster Neudingen, an Widerholt, 5./15. 11. 1640). Zur Geschichte Neudingens vgl. Rüdiger Schell, Das Zisterzienserinnenkloster Maria Hof bei Neudingen, Konstanz 2011.

[146] HStAS A 360 Bü 126 (Äbtissin Margarete, Kloster Neudingen, an Widerholt, 8./18. 9. 1644).

hatten sie bereits einen derartigen Schutzbrief für das Dominikanerinnenkloster Rangendingen und für den Ort Stetten bei Haigerloch erwirkt[147]. Später jedoch musste das Kloster Gnadental auch Schutzbriefe vom französischen Kommandanten in Nagold erwerben und war damit doppelt belastet[148].

In den Jahren 1644 und 1645 gerieten vor allem die Frauenklöster im Zentrum Oberschwabens in Bedrängnis. Die ehemalige Äbtissin des Dominikanerinnenklosters Sießen bei Saulgau suchte mit zwei Schwestern in Österreich Zuflucht, weil sie wegen der hohen Schulden in Armut lebten. Als Widerholt in den Städten Mengen und Scheer seine Forderungen durch militärische Angriffe durchsetzte, bekamen es auch die Siessener Nonnen mit der Angst zu tun und baten um seinen Schutz[149]. Das gefürstete Damenstift Buchau besaß lediglich drei zum größten Teil zerstörte Dörfer, in denen nur noch etwa 30 Untertanen lebten. Obwohl Widerholt bereits zwei Jahre zuvor eine Salvaguardia ausgestellt hatte, wurde das Stift dennoch von verschiedenen Soldatenverbänden bedrängt, deren Offiziere sich nicht um den Schutzbrief scherten. Deshalb sandte die Fürstäbtissin den Straßberger Pfarrer Johann Schwarz auf den Hohentwiel, damit dieser persönlich eine bessere Salvaguardia erbat[150].

Auch die Äbtissin des Zisterzienserinnenklosters Baindt schickte einen Pfarrer auf die Festung, um mit Widerholt über den Schutz des Klosters zu verhandeln. Der Kommandant forderte das Kloster auf, die Kontribution gemeinsam mit der Landvogtei Schwaben zu entrichten. Dagegen verwahrte sich die Äbtissin und gab an, mit der Landvogtei nichts zu tun zu haben[151]. Sie versicherte, dass ihr Kloster zu arm sei, um Kontributionen zu leisten, worauf ihr Widerholt ohne Gegenleistung eine schriftliche Salvaguardia ausstellte. Allerdings ließ er wenige Monate später im zur Landvogtei Schwaben gehörigen Ort Hefigkofen, wo das Kloster Lehengüter besaß, durch seine Soldaten eine „Exekution“ durchführen, um ausstehende Kontributionen zu erpressen. Dabei trieben die Soldaten das Vieh eines Untertanen des Klosters Baindt weg und brachten es auf den Hohentwiel. Da es sich um sehr schöne Tiere handelte, kamen bei Widerholt starke Zweifel auf, ob denn das Kloster tatsächlich so arm sei, wie es sich ihm gegenüber darstellte. Die Äbtissin versicherte jedoch, dass die Höfe und Güter des Klosters im Gebiet der Landvogtei nur Lehengüter seien, auf denen Viehzucht betrieben würde. Nach Abzug der Unkosten würden dem Kloster kaum noch Erlöse aus diesen Gütern

---

147 HStAS A 360 Bü 126 (Priorin Ursula, Kloster Gnadental, an Anna Widerholt, 8./18.2.1641; Priorin Agathe Brennswegle an Anna Armgard Widerholt, 9./19.4.1645: Bitte um Erneuerung der Salvaguardia durch Konrad Widerholt).

148 HStAS A 360 Bü 126 (Priorin Agathe Brennswegle an Anna Armgard Widerholt, 26.6./6.7.1645).

149 HStAS A 360 Bü 126 (Subpriorin Maria Elisabeth von Zaharia, Kloster St. Marx in Siessen, an Sekretär Johann Isaak Schwarz, Hohentwiel, 10./20.9.1644).

150 HStAS A 360 Bü 126 (Fürstin Katharina, Stift Buchau, an Widerholt, 21.9./1.10.1644).

151 HStAS A 360 Bü 126 (Äbtissin Barbara, Kloster Baindt, an Widerholt, 5./15.9.1645).

zufließen[152]. Die Äbtissin des Zisterzienserinnenklosters Wald musste eine Chorfrau und zwei Laienschwestern in die Schweiz schicken, um dort Kredite zur Tilgung der Schulden aufzunehmen; auch in Graubünden lieh das Kloster Geld[153].

Im Gebiet des Zisterzienserinnenklosters Rottenmünster hatten Soldaten vom Hohentwiel den Dorfvogt Gallin Gaiß im Klosterort Neunkirch mitten in der Nacht entführt und auf die Festung gebracht. Zwei von der Äbtissin entsandte Nonnen reisten zum Kommandanten und verhandelten mit ihm über eine Freilassung des Dorfvogts[154]. Offenbar hegte Widerholt gegen dieses Kloster einen Groll, denn im Frühjahr 1646 steckten es seine Soldaten in Brand und zerstörten die Klostergebäude. Dahinter vermutete die Äbtissin den Racheakt eines Leutnants, der schon lange in der Nähe des Klosters im Quartier lag. Sie wollte aber von Konrad Widerholt den Grund wissen, weshalb ihr Kloster abgebrannt sei[155]. Ähnliche Sorgen musste sich die Äbtissin des Benediktinerinnenklosters Urspring machen, als sie erfuhr, dass Widerholt sie der Konspiration mit feindlichen Parteien verdächtigte. Er vermutete, dass die Äbtissin Boten nach Sigmaringen und Meßkirch gesandt habe, um vertrauliche Informationen an den Fürsten von Hohenzollern-Sigmaringen und an den Grafen zu Fürstenberg weiterzugeben. In ihrer Angst schickte die Äbtissin eine Nonne auf den Hohentwiel, um den Sachverhalt zu klären und Schaden vom Kloster abzuwenden[156]. Obwohl dem Kloster wegen Armut die Kontribution erlassen wurde, verübten Hohentwieler Soldaten noch 1648 einen Überfall[157]. Der Einfluss des Hohentwieler Kommandanten reichte bis in die unmittelbare Umgebung der Reichsstadt Ulm. Offenbar konnte die Stadt das nahegelegene Klarissenkloster Söflingen nicht wirksam schützen, denn die Schwestern ließen sich 1646 von Widerholt einen Schutzbrief ausstellen[158].

Insgesamt bevorzugte Konrad Widerholt die Klöster bei seinen Raubzügen aus zwei Gründen als militärische Ziele. Einerseits konnte er die Angriffe mit konfessionellen Motiven rechtfertigen, andererseits hatten die Klöster seinen Soldaten wenig entgegenzusetzen, boten sich als einfache Ziele an und versprachen reiche Beute.

---

[152] HStAS A 360 Bü 126 (Äbtissin Barbara, Kloster Baindt, an Widerholt, 20./30. 9. 1645).

[153] Maren Kuhn-Rehfus (Bearb.), Das Zisterzienserinnenkloster Wald (Das Bistum Konstanz, Bd. 3; Germania sacra NF, Bd. 30), Berlin/New York 1992, S. 352 f.

[154] HStAS A 360 Bü 126 (Äbtissin Johanna Margarete, Kloster Rottenmünster, an Widerholt, 12./22. 6. 1645).

[155] HStAS A 360 Bü 126 (Äbtissin Johanna Margarete, Kloster Rottenmünster, an Widerholt, 31. 1./10. 2. 1645).

[156] HStAS A 360 Bü 126 (Äbtissin Anna Sibylla von Gemmingen, Kloster Urspring, an Widerholt, 29. 8./8. 9. 1646).

[157] HStAS A 360 Bü 126 (Äbtissin Anna Sibylla von Gemmingen, Kloster Urspring, an Widerholt, 15./25. 6. 1648).

[158] HStAS B 509 U 1019 (5./15. 9. 1646).

Zwei weitere Belagerungen

Nach den beiden erfolglosen Belagerungen des Hohentwiel versuchte die kaiserliche Partei erneut, die Festung durch Verhandlungen in ihren Besitz zu bringen. Als diese ohne Ergebnis blieben, entschloss man sich zu einer militärischen Aktion. Im Sommer 1640 gelang es, bayerische und spanische Truppen zu organisieren, um die Festung zu blockieren. Sie standen unter dem Kommando des spanischen Generals Don Federigo Henriquez (Enriquez), ehemals Gesandter am Innsbrucker Hof[159]. Wohl als Gegenschlag brachen Soldaten aus dem Hohentwiel aus und überfielen die neutrale Stadt Stein am Rhein, wo sie etliche Stück Vieh entführten und die Mühlen stark beschädigten[160]. Auf der Festung selbst nahmen sie einen kaiserlichen Obristleutnant mit seinem kleinen Trupp gefangen, den Henriquez zum Ausspähen des Feindes losgeschickt hatte. Vor den Augen der Belagerungstruppen wurden die Gefangenen in die Festung geführt[161]. Mit seiner gewohnt brutalen Taktik verteidigte der Kommandant entschlossen die Festung. Begünstigt wurde der Kampf gegen den Feind durch organisatorische Mängel im kaiserlichen Lager. Dort gelang es nicht, genügend Nachschub an Lebensmitteln für die Soldaten herbei zu schaffen, worauf viele desertierten[162]. Am 7. Oktober erschien der weimarische Obristleutnant von Rosa mit einem Heer und griff die feindliche Partei an, während Widerholt mit seinen Truppen einen Ausfall machte. Dabei töteten sie etwa 500 gegnerische Soldaten[163]. Durch diesen Zangenangriff wurde das Belagerungsheer in die Flucht geschlagen. Von ursprünglich 7.000 Soldaten sollen nur 700 übriggeblieben sein. Die Hohentwieler Soldaten erstürmten nach der Niederlage des Feindes das Schloss Staufen[164].

Bei diesen Kämpfen fand der österreichische Obristleutnant Graf Albrecht zu Fürstenberg den Tod[165]. Die Leiche wurde von Hohentwieler Soldaten geborgen und auf die Festung geschafft. Umgehend verhandelte die Familie des Grafen mit Widerholt über eine Einbalsamierung, um ihren Verwandten später ordentlich bestatten zu können[166]. Für die Herausgabe der Leiche forderte der Kommandant

---

159 Joseph Freiherr von Hormayr, Historisch-statistisches Archiv für Süddeutschland, Bd. 2, Frankfurt am Main 1808, S. 359 f.

160 StadtA Stein am Rhein, Mi 448 (Bürgermeister und Rat von Zürich an Bürgermeister und Rat von Stein am Rhein, 1. 7. 1640).

161 Stadlinger (wie Anm. 32) S. 305.

162 Martens (wie Anm. 51) S. 417 f.

163 StadtA Stein am Rhein, Stadtchronik, fol. 686 (9./19. 10. 1640).

164 Stadlinger (wie Anm. 32) S. 305.

165 FFA OB 13 Cist 14 Lat 1 Fasz. VIII (Erschießung des Grafen durch Hohentwieler Soldaten am 8./18. 10. 1640). Vgl. auch StadtA Stein am Rhein, Stadtchronik, fol. 685 (8./18. und 10./20. 10. 1640, Angriff auf Katzental und Staufen).

166 FFA OB 13 Cist 14 Lat 1 Fasz. VIII („Transaction und Vergleich“ wegen der Einbalsamierung, undatiert).

300 Reichstaler, die Verhandlungen zogen sich über zwei Jahre hin[167]. Als der fürstenbergische Obervogt Widenmann im Auftrag der Familie ein Pferd anbot, um damit einen Teil des Lösegeldes abzutragen, ließ Widerholt nicht mit sich reden. Er forderte die gesamte Summe und gab den Leichnam des Grafen Albrecht erst heraus, als das Geld bezahlt war.

Im Herbst 1641 entschlossen sich die kaiserlichen und bayerischen Befehlshaber erneut zu einer Blockade der Festung Hohentwiel und zum Angriff[168]. Am 11. Oktober erließ Generalfeldzeugmeister Graf Ernst Georg von Sparr den entsprechenden Befehl[169]. Zu diesem Zeitpunkt hielten sich auf der Festung 600 Menschen auf, davon 450 bis 500 Waffenträger. Mit 61 Artilleriewaffen war Widerholt besser ausgerüstet als die Besatzungstruppen[170].

Im gegnerischen Heer machte den Befehlshabern vor allem die uneinheitliche Struktur der Truppen sehr zu schaffen. Streitigkeiten zwischen den höheren Offizieren der kaiserlichen Verbündeten beeinträchtigten erneut zusätzlich die Belagerung[171]. Auf der politischen Ebene musste Erzherzogin Claudia verbittert feststellen, dass weder der Kaiser noch Kurfürst Maximilian von Bayern zur Finanzierung der Blockade beitragen wollten. Schlussendlich musste sie für die Kosten aufkommen und zusätzlich Waffen aus Innsbruck liefern lassen[172]. Wegen des ständigen Geldmangels bildete der Nachschub für die Belagerer der Festung immer ein großes Problem. Häufig gelang es nicht, genügend Nahrungsmittel und Geld herbeizuschaffen, so dass die Soldaten des Belagerungsheeres Hunger und Not litten. Darüber hinaus sympathisierten Bürger aus der Umgebung mit dem Hohentwieler Kommandanten. Vor allem in den evangelischen Reichsstädten sahen manche Männer die gemeinsame Konfession als verbindendes Element an und waren bereit, Widerholt zu unterstützen. Sie lieferten ihm Informationen über die Verfassung und die Operationen der feindlichen Truppen. So konnte der Kommandant mit gezielten Ausfällen die Belagerungstruppen verunsichern und ihre Aktionen stören[173].

Allerdings spitzte sich im Lauf der Zeit auch auf dem Hohentwiel die Situation zu. Es mangelte an Nahrungsmitteln und vor allem an Trinkwasser, denn die Zisternen gaben nicht genug Wasser her, um alle Bewohner ausreichend zu versorgen. Deshalb steigerte sich die Verzweiflung der Belagerten, sie wagten am 29. Dezem-

---

167 FFA OB 13 Cist 14 Lat 1 Fasz. VIII (Widerholt an Jakob Ziegler, Blumbergischer Schaffner in Schaffhausen[?], 3./13.7.1642).

168 Zur Blockade von 1641 vgl. Vochezer (wie Anm. 68) S. 785–788.

169 FFA Kriegsakten, Landschaft Amt Hüfingen Vol. 1* (Bericht aus dem Feldlager vor Hohentwiel, 3./13.11.1641).

170 Heydendorff (wie Anm. 10) S. 159 f.

171 Ebd., S. 156.

172 Eine umfangreiche Überlieferung findet sich in TLA Kriegssachen Hohentwiel Pos. 1 Karton 36.

173 Heydendorff (wie Anm. 10) S. 155.

ber einen Ausfall, der jedoch scheiterte. Aber in jenen Tagen musste die schlecht organisierte Belagerung wegen der kalten Witterung abgebrochen werden[174]. Kurze Zeit später rückte General von Erlach mit einem Heer aus Breisach an. Er sprengte den Belagerungsring und vertrieb die gegnerischen Truppen. Am 11. Januar 1643 zogen die letzten Besatzungstruppen unter Graf Sparr ab. Konrad Widerholt war noch einmal davongekommen.

Misserfolge in Überlingen und Tuttlingen

Schon wenige Wochen später, am 29. und 30. Januar 1643, nahm Widerholt die Reichsstadt Überlingen ein. Da die Bürger weitgehend von Einquartierungen verschont geblieben waren und bislang kaum Vermögenseinbußen hatten hinnehmen müssen[175], plünderten Widerholts Männer die Häuser aus und machten reiche Beute[176]. Unverzüglich ließ der Hohentwieler Kommandant die Stadt Überlingen so stark befestigen, dass bei den Feinden der Eindruck entstand, er wolle sie als Posten zu weiteren Aktionen nützen. Im März wurde der General Charles-Christophe de Mazancourt, Vicomte de Courval (1608–1650) als französischer Statthalter eingesetzt, der 12.000 bis 13.000 Soldaten in der Stadt befehligt haben soll. Das Verhältnis zwischen Konrad Widerholt und dem General de Courval gestaltete sich nicht einfach, weil der Hohentwieler Kommandant dem französischen Befehlshaber misstraute und sich ihm überlegen fühlte. Die Einwohner aus Überlingen und den umliegenden Gemeinden sahen die französische Besatzung als Fremdherrschaft an[177].

Im Frühjahr 1644 belagerte General Johann von Werth mit einem kaiserlichen Besatzungsheer die Stadt Überlingen. Innerhalb kurzer Zeit gelang es ihm, die Stadt von der Land- und Seeseite zu blockieren[178]. Wenig später übernahm Generalfeldmarschall Franz von Mercy das Kommando über die Belagerungstruppen. Alle Gegenwehr erschien zunehmend aussichtslos. Am 10. Mai kapitulierte der Kommandant Comte de Courval, übergab die Stadt an die bayerischen Truppen und zog mit seinen Verbänden ab. Mit der Eroberung Überlingens hatte die kaiserliche Partei dem französischen Gegner eine empfindliche Niederlage zugefügt. Bereits am 24. November 1643 war in der Schlacht bei Tuttlingen ein ähnlich eindrucksvoller Sieg gelungen; das französische Heer hatte eine verheerende Nieder-

---

174 MARTENS (wie Anm. 51) S. 426 f.

175 Johanna MÖLLENBERG, Überlingen im Dreißigjährigen Krieg, in: Schriften des Vereins für Geschichte des Bodensees und seiner Umgebung 74 (1956) S. 25–67, hier S. 48 f.

176 MÖLLENBERG (wie Anm. 175) S. 30.

177 HStAS A 360 Bü 129 (de Courval an Widerholt, 7./17. 6. 1643).

178 Friedrich Wilhelm BARTHOLD, Johann von Werth im nächsten Zusammenhange mit der Zeitgeschichte, Berlin 1826, S. 140.

lage erlitten und sich völlig aufgelöst[179]. Dies eröffnete die Aussicht, die Festung Hohentwiel zu erobern. Zunächst wollte man am Wiener Kaiserhof auf diplomatischem Wege verhandeln und gleichzeitig Konrad Widerholt zur Übergabe der Festung Hohentwiel bewegen. Erzherzogin Claudia befahl ihrem Konstanzer Stadthauptmann Obrist Hans Gaudenz von Rost, neue Verhandlungen mit Widerholt aufzunehmen. Falls er die Festung übergeben würde, sollte man ihm in einem Generalpardon völlige Straffreiheit zusichern. Darüber hinaus bot man ihm ein kaiserliches Lehen oder eine hohe Geldsumme an[180].

Widerholt befand sich in einer wenig aussichtsreichen Lage. Die zerstreute französische Armee musste neu organisiert werden, so dass er nicht mit Unterstützung von der Festung Breisach rechnen konnte. Tatsächlich rückte Generalfeldmarschall von Mercy unmittelbar nach der Eroberung Überlingen im Mai 1644 gegen den Hohentwiel vor, um die Festung zu belagern[181].

Auf seinen Befehl hin mussten die Untertanen der umliegenden Dörfer im Frondienst Schanzen bauen[182]. Am 31. Mai einigten sich die Unterhändler auf einen Vergleich, der nach einer Ratifikation durch Kaiser Ferdinand III. und Kurfürst Maximilian von Bayern in Kraft treten sollte. Der alte Übergabevertrag mit dem Kaiser wurde aufgehoben, die Festung Hohentwiel sollte an den Herzog von Württemberg übergeben werden. Widerholt verpflichtete sich gegen Amnestie der auf dem Hohentwiel befindlichen Soldaten, alle Feindseligkeiten einzustellen. Bayern hatte für den Unterhalt der Besatzung 1.000 Gulden angeboten, aber Widerholt forderte zusätzlich 35.000 Gulden für entgangene Kontributionen und erhielt auch eine Zusage. Bei einer feindlichen Belagerung verpflichteten sich Kaiser und Kurfürst zur Befreiung, ohne dass der Herzog von Württemberg die Kosten ersetzen müsste. Nach der Übergabe der Festung sollte Herzog Eberhard III. einen Kommandeur einsetzen und die Stärke der Besatzung bestimmen[183].

Möglicherweise handelte es sich bei den Vergleichsverhandlungen lediglich um eine Hinhaltetaktik Widerholts. Die Gesandten hatten einen Vergleich ausgehandelt, dem Kurfürst Maximilian wohl kaum, der Kaiser aber überhaupt nicht zustimmen würde. Man hatte vereinbart, dass der Vergleich innerhalb von vier Wochen ratifiziert werden sollte. Innerhalb dieser Zeit herrschte Waffenruhe, und die Besatzung auf dem Hohentwiel konnte sich frei bewegen. Herzog Eberhard III. ratifizierte sofort den für ihn günstigen Vergleich. Wie zu erwarten gewesen war, protestierte Erzherzogin Claudia am Kaiserhof gegen die Bestätigung

---

179 Jens Florian Ebert, Die Schlacht von Tuttlingen am 24. November 1643. Ursachen, Vorgeschichte und Verlauf, in: Tuttlinger Heimatblätter NF 74 (2011) S. 43–80.

180 TLA Geheimer Rat/Kriegssachen/Hohentwiel Position 3 Kasten 26 (Erzherzogin Claudia an Obrist Hans Gaudenz von Rost, 30. 11./10. 12. 1643).

181 Heydendorff (wie Anm. 10) S. 186 ff.

182 FFA Militaria 1640–1649 (Franz von Mercy an die Beamten der Deutschordens-Herrschaft Blumenfeld, 19. 5. 1644).

183 Heydendorff (wie Anm. 10) S. 187.

durch den Kaiser, weil sie sich übergangen fühlte. Schließlich verweigerten sowohl Kaiser Ferdinand III. in Wien als auch Kurfürst Maximilian in München die Ratifikation des Vergleichs[184].

So setzte Generalfeldmarschall Franz von Mercy die Belagerung der Festung fort. Bei der Finanzierung der groß angelegten Blockade sollte auch der Schwäbische Kreis, dessen ausschreibende Fürsten der Herzog von Württemberg und der Bischof von Konstanz waren, mitwirken. Dadurch ergab sich die paradoxe Situation, dass Herzog Eberhard III. aufgefordert wurde, monatlich 3.000 Gulden zu den Kosten einer Blockade seiner eigenen Festung beizutragen![185] Als der Herzog diese Gelder nicht unverzüglich entrichtete und beim Kaiser, dessen Kriegsräten und bei Kurfürst Maximilian von Bayern dagegen protestierte, bestanden diese auf der Zahlung der Beiträge. Sie sandten einen Kornett mit mehreren Reitern als „Presser" nach Stuttgart, der sich mit seinen Männern so lange auf Kosten des Herzogs in einem Wirtshaus einquartieren sollte, bis die Zahlungen fließen würden[186].

Freilich scheiterte auch diese Blockade. Im Sommer des Jahres 1644 wendete sich das Kriegsglück, als aus den Niederlanden ein französisches Heer des Herzogs Louis d'Enghien heranrückte und sich in Südwestdeutschland mit den Truppen des Grafen Henri de Latour d'Auvergne, Vicomte de Turenne (1611–1675) vereinigte. Vicomte de Turenne galt als einer der besten französischen Feldherren, beim kaiserlichen Bündnis befürchtete man, dass er die befestigten Städte am Bodensee erobern könnte[187]. Im Bündnis mit den Schweden gelang es den Franzosen tatsächlich, eine Übermacht über die kaiserlichen und kurbayerischen Truppen zu erringen und damit die katholische Partei unter Druck zu setzen[188]. Generalfeldmarschall von Mercy musste sich über den Schwarzwald nach Villingen zurückziehen, das französische Heer eroberte die Festung Philippsburg, die Ortenau und Teile der österreichischen Vorlande. Durch die veränderte Kriegslage sah sich von Mercy gezwungen, die Blockade des Hohentwiel aufzuheben[189]. Konrad Widerholt verfolgte die abziehenden bayerischen Truppen und nahm ihnen vier Geschütze ab[190].

---

184 Ebd., S. 188 f.

185 HStAS A 360 Bü 37 (Oberkriegskommissar Anton Otto Forstenhauser an Herzog Eberhard III., 15./25.7.1644).

186 HStAS A 360 Bü 37 (Herzog Eberhard III. an Kommissar Forstenhauser, 21./31.1.1644).

187 Egger (wie Anm. 19) S. 390.

188 Bumiller (wie Anm. 12) S. 162.

189 Heydendorff (wie Anm. 10) S. 189 f. – Vgl. HStAS A 360 Bü 131 (Erlach an Widerholt, 18./28.8.1644): Widerholt hatte Erlach in einem Schreiben vom 1./11. August von der Aufhebung der Blockade berichtet.

190 Heydendorff (wie Anm. 10) S. 190.

Problem für den Kommandanten: Konkurrenz um die Kontributionen

Ein wesentliches Problem der Kriegsunternehmer im Dreißigjährigen Krieg bestand in der Unübersichtlichkeit des Kriegsgeschehens und der verschiedenen militärischen Operationen. Außerdem wurde die Bevölkerung sehr in Mitleidenschaft gezogen, weil sich die Heere, Truppenverbände und umherziehenden Soldaten aus den besetzten Landstrichen heraus versorgten. Der Satz Schillers „Der Krieg ernährt den Krieg" bringt diese Problematik auf den Punkt. Selbst wenn in den massenhaft vorliegenden Bittschriften von Herrschaften und Gemeinden an die militärischen Führungspersönlichkeiten Übertreibungen und Krisenrhetorik nicht fehlten, litten die Untertanen wie die Kommunen zweifelsohne unter einer äußerst starken Belastung[191].

Spätestens nach der abgewendeten Blockade des Hohentwiel im Jahr 1644 zählte Konrad Widerholt zu den größten Empfängern an Geldzahlungen und Naturallieferungen in Oberschwaben[192]. Um diese Zeit entrichteten 91 Herrschaften, Städte und Dörfer monatliche Kontributionen[193]. Dabei konnten diese Zahlungen eine beträchtliche Höhe annehmen[194]. Allerdings gestaltete sich der Einzug der Kontributionen auf Dauer nicht unproblematisch, weil eine Konkurrenz zwischen den verschiedenen Kriegsparteien entbrannte. Da die unterschiedlichsten Truppen durch das Land zogen, erhielten die Städte und Gemeinden immer wieder Kontributionspatente von Generälen, in denen sie aufgefordert wurden, Kriegsleistungen für einzelne Regimenter zu erbringen. Damit wurden die Obristen ermächtigt, unter Androhung einer „Exekution" Geld- und Sachleistungen einzufordern. Für einen dominanten militärischen Führer vom Schlag Widerholts brachte dies die Gefahr mit sich, seine Autorität zu verlieren. Denn wenn die persönliche Salva Guardia oder die schriftliche Salvaguardia andere Kriegsparteien nicht von ihren Forderungen und Übergriffen abhielt, verloren die Kontributionen an den Hohentwiel ihre legitime Grundlage. Besonders kritisch gestaltete sich die Lage, wenn Verbündete des Kommandanten, also französische Heerführer, Kontributionen anforderten. Wie aus den Quellen hervorgeht, ereignete sich dieser Fall häufiger,

---

191 Für das Herzogtum Württemberg vgl. Gebhard MEHRING, Wirtschaftliche Schäden durch den Dreißigjährigen Krieg im Herzogtum Württemberg, in: WVjH 30 (1921) S. 58–89; Wolfgang VON HIPPEL, Das Herzogtum Württemberg zur Zeit des Dreißigjährigen Krieges im Spiegel von Steuer- und Kriegsschadensberichten 1629–1655. Materialien zur Historischen Statistik Südwestdeutschlands, Stuttgart 2009.

192 Vgl. Georg WIELAND, Eine Steuerliste als Zeugnis aus dem 30jährigen Krieg, in: Schriften des Vereins für Geschichte des Bodensees und seiner Umgebung 98 (1980) S. 13–110, hier S. 25–28.

193 Franz Xaver STAIGER, Die Stadt Ueberlingen am Bodensee sonst und jetzt, Überlingen 1859, S. 194 f.

194 Kasimir WALCHNER, Geschichte der Stadt Ratolphzell, aus handschriftlichen und anderen zuverlässigen Quellen bearbeitet, nebst Erläuterungen und Urkunden, Freiburg im Breisgau 1825, S. 196.

da es vor allem während des Winters sehr schwierig war, die Truppen unterzubringen und zu verpflegen. Begreiflicherweise scheuten sich die Gemeinden nicht, Widerholt unter Hinweis auf eine Doppelbelastung um Vermittlung zu bitten, da sie sonst nicht mehr in der Lage seien, Kontributionen an ihn abzuführen. Normalerweise trieb Widerholt die Kontributionen mit großem Nachdruck und unter der Androhung von Gewalt ein. Als jedoch im August 1644 die Ritterschaft Neckar-Schwarzwald mit den Kontributionszahlungen in Rückstand geriet, konnte sie nachweisen, dass die Untertanen auf keinen Fall in der Lage waren, die hohen Geldzahlungen an verschiedene Kriegsparteien aufzubringen. Widerholt ließ die Schuld von 8.230 Gulden auf knapp ein Viertel, nämlich auf 2.000 Gulden nach und setzte die monatliche Kontribution auf 160 Gulden fest[195]. Dies zeigt, in welcher verzweifelten Lage sich die betroffenen Untertanen befanden.

Kurze Zeit später, im Oktober 1644, kam die vorderösterreichische Stadt Ehingen wegen der Kontributionszahlungen in die Bredouille. Nachdem fremde Soldaten Ende September bei einem Überfall das Vieh auf der Weide weggetrieben hatten[196], wandte sich die Stadt an Widerholt mit der Bitte um eine schriftliche Salvaguardia wenigstens auf ein Jahr[197]. Gleichzeitig übersandten Pflegsverwalter, Bürgermeister und Rat aber auch ein Schreiben des französischen Heerführers Vicomte de Turenne, in dem er die Städte und Ämter Balingen, Ebingen, Rosenfeld, Hechingen, Trochtelfingen, Ehingen und Riedlingen zur Verpflegung des Scharfensteinischen Regiments verpflichtete und sie aufforderte, sich mit dem Inhaber Obrist von Scharfenseel zu vergleichen[198]. Dazu sollten die Städte Abgeordnete nach Neuenbürg in Württemberg, wo sich der Obrist aufhielt, schicken[199]. Wie schon im Jahr zuvor trat mit dem Obristen ein Konkurrent derselben Kriegspartei auf. Inwieweit Konrad Widerholt in dieser Angelegenheit vermittelte, lässt sich anhand der Akten nicht mehr erheben. Allerdings musste noch 1645 die Salemer Pflege in Ehingen gleichzeitig an den Hohentwiel und an die kaiserliche Festung Überlingen Kontributionen entrichten[200]. Ebenso doppelt belastet waren die Einwohner der Gemeinden um Radolfzell, denen trotz ihrer Kontributionszahlungen an den Hohentwiel auch die Versorgung der Garnison in Radolfzell auferlegt wurde[201].

---

195 Roth von Schreckenstein (wie Anm. 4) S. 390 (21./31. August 1644).

196 Franz Michael Weber, Ehingen. Geschichte einer oberschwäbischen Donaustadt, Ehingen 1955, S. 63.

197 HStAS A 360 Bü 124 (Pflegsverwalter, Bürgermeister und Rat von Ehingen an Widerholt, 24. 9./4. 10. 1644).

198 HStAS A 360 Bü 124 (Kopie eines Schreibens des Heerführers Vicomte de Turenne, 22. 8./1. 9. 1644).

199 HStAS A 360 Bü 124 (Kopie eines Schreibens des Obristen von Scharfenseel, 17./27. 8. 1644).

200 Weber (wie Anm. 196) S. 63.

201 Walchner (wie Anm. 194) S. 197.

Im Westen machte dem Kommandanten Widerholt ebenfalls die Konkurrenz der eigenen Verbündeten zu schaffen, nachdem die Burg Hohennagold eine französische Besatzung unter dem Kommandanten Lorenz Dautmann erhalten hatte[202]. Nach der üblichen Vorgehensweise stellten die Soldaten auf Hohennagold ihre Versorgung durch Erpressungen und Plünderungen sicher. So erzwangen sie von der Ritterschaft Neckar-Schwarzwald, welche bereits Kontributionen an den Hohentwiel abführte, Bargeld und Lebensmittel[203]. Ebenso wurden die Johanniterkommenden Hemmendorf und Rexingen vom Hohennagold aus bedrängt. Obwohl die beiden Kommenden sowohl Kontributionsgelder als auch den Magazinzehnten an den Hohentwiel abführten, überfielen französische Reiter das Dorf Rexingen, trieben Pferde und Rinder weg und gaben sie erst gegen eine „Ranzion" von 91 Reichstalern heraus. In seinem Bericht über diesen Vorfall äußerte Johann Wagner aus Rottenburg, der Vertreter der Johanniterkommenden, deutliche Kritik an den schriftlichen Versicherungen Widerholts zum Schutz der Untertanen. Süffisant schrieb er, dass sich Widerholt wohl ärgern werde, weil seine öffentlichen Scheine und Patente nichts ausgerichtet hätten. Er solle ihnen mitteilen, ob man das Erpressungsgeld vom Hohennagold zurückfordern solle oder nicht[204]. Offenbar beeinträchtigten jedoch diese Anzeichen von militärischer Schwäche die dominante Stellung des Hohentwieler Kommandanten kaum, zumal ihm die weiteren Ereignisse entgegen kamen. Im Dezember 1645 belagerten bayerische Truppen die Burg Hohennagold und vertrieben die französische Besatzung. Daraufhin demolierten sie die Burg, so dass von dort aus keine Lieferungen mehr in den von Konrad Widerholt kontrollierten Territorien gefordert wurden.

Im Herbst des folgenden Jahres erwuchs dem Kommandanten von einem weiteren Ort aus eine Konkurrenz von französischen Truppen. Nachdem die Stadt Schorndorf am 8. September von der kaiserlichen Partei an die Franzosen übergeben worden war[205], rückten von dort aus erneut Kommandos weiträumig aus, um Kontributionen zu erpressen. Nur wenige Wochen später trafen die ersten Beschwerden bei Konrad Widerholt ein. Erneut musste dieser um seine Autorität fürchten. So hatte er in einem Schreiben an den französischen Kommissar Forestier in Schorndorf für das Fürstentum Hohenzollern-Hechingen um Verschonung von Kontributionen für die dortige französische Besatzung gebeten. Zum Teil beruhten die Forderungen auf irrigen Annahmen: von den Städten Sigmaringen und Meßkirch forderten die Franzosen Kontributionen, obwohl sie nicht zum Fürstentum

---

[202] Vgl. OAB Nagold, S. 94.

[203] HStAS A 360 Bü 124 (Alexander von Neuneck als Vertreter der Ritterschaft Neckar-Schwaben an Widerholt, 8./18. 4. 1645). Die Ritterschaft hatte etwa 400 Gulden Bargeld und Lebensmittel im Wert von etwa 200 Gulden gegeben. Sie sollte monatlich für die Anschaffung von Pferden und anderem 200 Gulden entrichten.

[204] HStAS A 360 Bü 124 (Johann Wagner, Inspektor über die Johanniterkommenden Hemmendorf und Rexingen, an Widerholt, 14./24. 8. 1645).

[205] Uwe SCHMIDT, Geschichte der Stadt Schorndorf, Stuttgart 2002, S. 58.

Hohenzollern-Hechingen gehörten. Aber trotz der Intervention Widerholts beharrte Forestier auf seinen Forderungen[206]. Auch in der „Pfandschaft Achalm", wo die österreichische Herrschaft zunehmend an Einfluss und Autorität verlor – wozu Widerholt nicht unwesentlich beigetragen hatte –, gelang es den französischen Besatzern, Kontributionen zu erheben[207]. Ebenso kontribuierte der Ritterkanton Neckar-Schwarzwald nach Schorndorf und geriet dadurch mit den Kontributionszahlungen an den Hohentwiel in Rückstand[208].

Diese Entwicklungen korrespondierten mit der allgemeinen militärischen Lage, welche sich immer unübersichtlicher gestaltete. Obwohl man nun allgemein auf einen Friedensschluss hoffte, waren nach wie vor verschiedene Kriegsparteien im südwestdeutschen Raum aktiv. Entsprechend kamen immer erneue Forderungen auf die Untertanen zu und brachten die Machtposition des Konrad Widerholt in Gefahr. Da jedoch die Kanzleiakten aus seiner Dienstzeit nicht mehr erhalten sind, kann man nicht mehr nachvollziehen, wie er sich in einer Zeit der zunehmenden Konkurrenz verhielt. Im Lauf des Jahres 1647 baten verschiedene Herrschaften bei Widerholt um Interventionen zur Abwehr anderweitiger Kontributionsforderungen, beispielsweise wieder einmal die Beamten der fürstenbergischen Herrschaften. Um dieselbe Zeit kam es zu einem erbitterten Streit zwischen den Städten Balingen und Tuttlingen, weil sich letztere Stadt nicht an den Kosten des Truckmüllerischen Quartiers beteiligen wollte[209]. Die Balinger Amtspersonen wiederum warfen der Stadt Tuttlingen vor, zu wenige Zahlungen für die in ihrer Stadt stationierten Soldaten und für die Kontributionen auf den Hohentwiel zu leisten. Ihre Kriegsschäden bezifferte die Stadt auf 100.000 Gulden, von denen die Ämter Balingen, Tuttlingen, Rosenfeld und Ebingen je nach ihrer Bevölkerungszahl einen proportionalen Anteil zu übernehmen hatten. An den Kosten der Balinger Garnison und der einquartierten Soldaten hatte sich Tuttlingen entgegen seiner Verpflichtungen angeblich nicht beteiligt, sondern die Balinger bei Kommandant Widerholt als „Rebellen, Schelme und Diebe" denunziert[210]. Nun waren Soldaten des französischen Königs einquartiert, darüber hinaus mussten die Stadt und das Amt Balingen noch Geld und Futter für zwei Garnisonen Reiter und Soldaten zu Fuß liefern. Außerdem forderten der österreichische Kommandant von Konstanz

---

206 HStAS A 360 Bü 124 (Fürstlich Hohenzollerische Räte und Oberbeamte in Hechingen an Widerholt, 11.10.1646).

207 Fritz (wie Anm. 16) S. 335.

208 HStAS A 360 Bü 124 (Direktor, Räte und Ausschüsse der Ritterschaft Neckar-Schwarzwald an Widerholt, 23.10./2.11.1646).

209 HStAS A 360 Bü 125 (Schultheiß, Bürgermeister, Gericht und Rat von Tuttlingen an Widerholt, 18.2.1647).

210 HStAS A 360 Bü 125 (Amtmann, Bürgermeister, Gericht, Schultheißen und Vögte von Stadt und Amt Balingen an Widerholt, 18.2.1647). Dort sind folgende Einquartierungen der vorangegangenen Jahre aufgeführt: Winterquartier für zwei Storkische Kompanien; Nussbaumisches Quartier; Königlich französisches Quartier.

und der französische Kommandant von Schorndorf andauernd Kontributionen. Zwischen diesen Kriegsparteien drohte die Stadt Balingen finanziell zerrieben zu werden. Genauso wie Widerholt hatte der Konstanzer Kommandant Adam Heinrich Keller von Schleitheim – einer der mächtigsten Gegner Widerholts am Bodensee – 20 Reiter in den Balinger Amtsort Hossingen geschickt, die den Vogt entführten sowie 11 Pferde und Fohlen mitnahmen. Sie drohten, wiederzukehren und andere Orte auszuplündern, bis ein Abgeordneter des Amtes nach Konstanz käme und einen Vertrag über Kontributionen schließe[211]. Die Untertanen im Amt Balingen waren also den kriegführenden Parteien und ihrer gewalttätigen Strategie weitgehend wehrlos ausgeliefert.

Weitere Herrschaften beschwerten sich bei Konrad Widerholt über Forderungen anderer Militärführer. Markgraf Friedrich von Baden sandte im Juni ein Kontributionspatent des Kommandanten von Konstanz für Orte in seinem Herrschaftsbereich ein[212]. Wenige Monate später wandten sich die Beamten der vorderösterreichischen Herrschaft Hohenberg an ihn, nachdem sie eine Kontributionsforderung des französischen Kommandanten von Heilbronn, de Deine, erhalten hatten[213].

Beeinträchtigung der Schifffahrt und des Handels am Bodensee

Nachdem sich die kriegerischen Ereignisse im Bodenseeraum abspielten, mussten sich die Städte am Bodensee und am Rhein Sorgen um die Sicherheit des Handels und insbesondere der Schifffahrt machen. Denn auch wenn sie durch den Krieg kaum direkt betroffen waren, konnten sie ihren Wohlstand nur erhalten, solange die Handelswege offen blieben. Die militärische Herrschaft auf dem Bodensee bildete aber ein wichtiges Ziel aller Kriegsparteien, weil dadurch die Lieferungen an den Gegner beeinträchtigt oder sogar blockiert wurden. Angriffe auf den Handel gehörten zur militärischen Strategie, und es bestand wenig Hoffnung, dass wichtige Verkehrswege wie die Schifffahrtsverbindungen davon ausgenommen werden würden.

Im Juli 1639 protestierte die gesamte Eidgenossenschaft gegen die Störung der Schifffahrt von Lindau und Konstanz nach Schaffhausen. Soldaten Widerholts drohten, die Schiffe in den Häfen mit Wasser zu besprengen, um das Salz und die Waren unbrauchbar zu machen, falls für die Passage keine Kaution entrichtet würde[214]. Daraufhin befahlen die Kommandanten, die für Schaffhausen bestimm-

---

211 HStAS A 360 Bü 125 (Amtmann, Bürgermeister, Gericht, Schultheißen und Vögte von Stadt und Amt Balingen an Widerholt, 11.6.1647).

212 HStAS A 360 Bü 125 (Markgraf Friedrich von Baden an Widerholt, 6./16.6.1647).

213 HStAS A 360 Bü 125 (Kontributionsforderung des Monsieur de Deine, Heilbronn, in französischer Sprache, 18./28.11.1647).

214 StA Schaffhausen, Hohentwiel (Bürgermeister und Rat der Stadt Zürich an Widerholt, 31.10.1639).

ten Schiffe bereits in Konstanz auszuladen und die Waren dann durch Schaffhauser Schiffleute abholen zu lassen. Diese Vorsichtsmaßnahme erschwerte und verteuerte den Transport der Waren in die eidgenössische Stadt; deshalb richteten die Vertreter der Eidgenossenschaft direkt an Widerholt die Bitte, den Handel nach Schaffhausen nicht mehr zu stören[215]. Monatelang durften Schiffe mit Salz und Waren nur gegen Kaution von Konstanz nach Lindau fahren, darüber hinaus musste man immer Überfälle von Hohentwieler oder schwedischen Soldaten befürchten[216]. Nur wenige Monate später überfielen Hohentwieler Soldaten auf Schaffhauser Territorium in der Nähe des Dorfes Bargen einen Villinger Kaufmannszug mit Wein und Waren. Einige von ihnen hatten auf einer hohen Tanne Ausschau gehalten und eine günstige Gelegenheit abgewartet. Auch hier protestierte die Stadt bei Widerholt gegen diese gewalttätige Aktion[217]. Da jedoch die Plünderung von Schiffen reiche Beute versprach, konnte man auf dem Bodensee und auf dem Rhein vor den Soldaten Widerholts nie sicher sein. Nach der Plünderung eines Schiffes des Konstanzer Bürgers Heinrich Sauter im Mai 1642[218] musste die Obrigkeit von Stein am Rhein den Bürgern verbieten, erbeutete Waren von Hohentwieler oder anderen Soldaten zu kaufen. Außerdem wurden die Schiffsbesitzer ermahnt, „behutsam" mit den Konstanzer und Schaffhauser Kaufleuten zu reden[219].

Im Juli 1646 griff ein Trupp Soldaten zwischen Diessenhofen und Stein am Rhein das Konstanzer Marktschiff nach Schaffhausen an und plünderte es aus. Dabei erbeuteten sie Waren von Kaufleuten aus Konstanz, Schaffhausen, Zürich und Basel sowie aus dem Reich. Durch die unsichere Lage erlitt die Schifffahrt von Konstanz und Lindau nach Stein am Rhein und Schaffhausen Einbußen. Wohl als Vergeltungsakt hielten die Konstanzer ein Schiff des Steiner Bürgers Hans Sauter in ihrem Hafen fest. In einer Konferenz mit den beiden Städten am Bodensee verpflichteten sich die eidgenössischen Städte, für die Sicherheit der Schifffahrt zu sorgen. Dagegen gab Konstanz das Schiff frei[220].

---

215 HStAS A 360 Bü 127 (Abgesandte von Städten und Landen der 13 eidgenössischen Orte an Widerholt, 7.7.1639).

216 StA Schaffhausen, Hohentwiel (Bürgermeister und Rat von Zürich an Widerholt, 31.10./10.11.1639).

217 HStAS A 360 Bü 127 (Bürgermeister und Rat von Schaffhausen an Widerholt, 24.2./5.3.1640).

218 StA Schaffhausen, Hohentwiel („Memorial und warhafften Bericht" über den Überfall am Samstag, den 28. Mai, 28.5./7.6.1642).

219 StadtA Stein am Rhein, SF 259 (Protest bei Konrad Widerholt wegen des Überfalls, 29.5./8.6.1642); SF 261 (Verhör wegen des Überfalls, 11.6.1642); SF 264 („Vorhalt" der Bürgerschaft von Stein am Rhein nach dem Hohentwieler Überfall auf ein Schiff, 25.7./4.8.1642).

220 StadtA Stein am Rhein, SF 265 (Vergleich zwischen der Stadt Konstanz und den Abgeordneten der Eidgenossenschaft über die Sicherheit der Konstanzer und Lindauer Schifffahrt, 1./11.8.1642).

Im Herbst 1646 wollte Konrad Widerholt erreichen, dass die in Schaffhausen liegenden Waren von Kaufleuten aus St. Gallen in Arrest genommen würden. Damit hoffte er, seine Ansprüche an General von Erlach und den Schaffhauser Bürger Alexander Ziegler durchzusetzen. Dies bedeutete jedoch einen Eingriff in die Rechte der Eidgenossenschaft, zumal es gegen einen Vertrag verstieß, den die Stadt Schaffhausen und Ziegler mit St. Gallen geschlossen hatten. Deshalb wies der Schaffhauser Rat das Ansinnen Widerholts zurück[221]. Im Frühjahr 1647 zeigten sich Soldaten vom Hohentwiel zu Pferd und zu Fuß am Rhein und wollten ein Schiff mit Getreide, welches nach St. Gallen und in die benachbarten Städte geliefert werden sollte, überfallen[222].

Die letzten Jahre

Bislang herrscht in der Forschung die Meinung vor, dass Konrad Widerholt nach der Blockade von 1644 im Grunde aus dem militärischen Geschehen in Oberschwaben ausgeschieden sei. Französische Heeresverbände unter dem französischen Oberbefehlshaber Henri Vicomte de Turenne hätten die Führungsrolle übernommen und den Hohentwieler Kommandanten in eine passive Rolle gedrängt. Die zeitgenössischen Quellen indessen sprechen eine andere Sprache. Nach wie vor in französischen Diensten stehend, hielt Widerholt den hohen Druck auf die südwestdeutschen Herrschaftsträger aufrecht. Er streifte im Osten bis zur Reichsstadt Memmingen, im Westen bis in die Markgrafschaft Baden. Daneben überfiel er einzelne Orte und Klöster[223]. Bis zum Ende des Krieges wurde er als unnachsichtiger Militärführer wahrgenommen, seine grausamen Racheakte waren gefürchtet. Niemand hätte es gewagt, Kontributionen, Naturalabgaben oder Frondienste an den Hohentwiel zu verweigern. Im Grunde genommen kann man von einer arbeitsteiligen Militärpolitik ausgehen: Während schwedische und französische Heerführer die großen Feldzüge unternahmen, hielt Konrad Widerholt die oberschwäbischen Territorien in seiner Abhängigkeit. Sowohl die großen Militäraktionen als auch das Engagement in der Fläche hielten die gegnerische Partei in Schach. Dabei nahm Widerholt eine unangefochtene Machtposition ein, welche zwar durch die bereits angesprochene Konkurrenz um die Kontributionen gelegentlich in Zweifel gezogen, aber faktisch doch nie in Frage gestellt wurde. Als Vicomte de Turenne im Mai 1645 in der Schlacht bei Herbsthausen in der Nähe von Mergentheim eine schwere Niederlage erlitt[224] und hinter den Rhein zurück-

---

[221] HStAS A 360 Bü 127 (Statthalter und Rat von Schaffhausen an Widerholt, 24.11./4.12.1646).

[222] StA Schaffhausen, Hohentwiel (Stadt Schaffhausen an Widerholt, 26.2./8.3.1647).

[223] Stadlinger (wie Anm. 32) S. 307.

[224] Siegfried Niklaus, Der Frühjahrsfeldzug 1645 in Süddeutschland (Schlacht bei Herbsthausen), in: Württembergisch Franken 60 (1976) S. 121–180.

gedrängt wurde, blieb die Situation in Oberschwaben unverändert. Die Machtbalance zwischen den Gegnern änderte sich ständig, bis schwedische und französische Truppen im Herbst 1646 einen Feldzug gegen Bayern eröffneten[225]. Zur Abwehr besetzten bayerische Soldaten die Burg Nellenburg, wo Forstknechte untergebracht waren. Die Beamten der Landgrafschaft Nellenburg gerieten förmlich in Panik, als sie erfuhren, dass Widerholt sie des Verrats verdächtigte. Sie befürchteten, dass er nach dem Abzug der Bayern das Schloss zerstören könnte, weil er vermutete, die gegnerischen Soldaten seien von den Beamten eingelassen worden. Deshalb versicherten sie Widerholt umgehend, dass sie bei Erzherzog Ferdinand Karl in Innsbruck gegen die Besetzung der Nellenburg protestiert hätten. Sie baten ihn um Verschonung von Racheakten, bis die Situation an den Höfen in München und Innsbruck geklärt sein würde[226]. Der Hohentwieler Kommandant setzte eine Frist von sechs Tagen für den Abzug der bayerischen Besatzung, andernfalls wollte er das Amtsgebäude in Stockach niederbrennen. Das konnten die Beamten verhindern, indem sie die Soldaten zum Verlassen der Nellenburg bewegten[227]. Die Räte und Oberamtleute der Grafschaft Friedberg-Scheer suchten um eine Salvaguardia mit einem Abgesandten vom Hohentwiel an. Bei einer Besetzung der Stadt Scheer sollte dieser mit den französischen Militärs verhandeln, um sowohl die Mitglieder der gräflichen Familie als auch die Beamten und die Untertanen zu schützen[228].

Währenddessen gingen die äußerst komplizierten Friedensverhandlungen in Münster weiter. Der kaiserliche Gesandte Zwyer setzte sich 1646 dafür ein, den Hohentwiel zu schleifen[229]. Daraufhin verhandelten die eidgenössischen Städte Basel, Bern, Schaffhausen und Zürich miteinander, wie weit man diese Initiative unterstützen sollte. Während Schaffhausen wiederum am ehesten dazu bereit gewesen wäre, vertrat man in Bern die Ansicht, man sollte lieber auf die eigenen Angelegenheiten als auf die Einmischung in die deutsche Militärpolitik bedacht sein. Deshalb hielten sich die Städte schließlich aus den diesbezüglichen Verhandlungen heraus[230]. Es stellte sich auch die Frage, wie weit eine Demolierung möglich gewesen wäre, nachdem sich Widerholt auf der Festung so unangefochten behauptete.

---

225 Vgl. auch Egger (wie Anm. 19) S. 401.

226 HStAS A 360 Bü 124 (Amtmann und Landschreiber der Landgrafschaft Nellenburg an Widerholt, 11./21.1646 und 19./29.8.1646).

227 HStAS A 360 Bü 124 (Balthasar Kalt aus Konstanz an Widerholt, 20./30.8.1646).

228 HStAS A 360 Bü 124 (Erbtruchsessisch Waldburg-Friedbergische Räte und Oberamtleute von Scheer an Widerholt, 26.11.1646).

229 Die äußerst komplexen Friedensverhandlungen in Münster und Osnabrück werden in diesem Aufsatz nur kursorisch behandelt. Vgl. dazu Roswitha Philippe, Württemberg und der Westfälische Friede, Münster 1976.

230 Gallati, Eidgenössische Politik (wie Anm. 43) JSG 44 (1919) S. 227 f.

Seit dem Frühjahr 1646 erkannte Kurfürst Maximilian von Bayern, dass angesichts der desolaten Lage der kaiserlichen Armee nur begrenzte militärische Erfolge zu erzielen waren. Deshalb suchte er den Ausgleich mit Frankreich. General Vicomte de Turenne überschritt mit seiner Armee Anfang Juli den Rhein, vereinigte sich mit der schwedischen Armee unter General Wrangel und stieß im September in den Süden vor. Er bedrängte die Reichsstadt Augsburg und eroberte einen großen Teil des westlichen Oberbayern. Der bayerische Kurfürst wich nach Wasserburg aus, aber seine finanziellen Mittel zur Kriegsführung waren erschöpft. Maximilian dachte daran, sich vom Kaiser zu lösen und mit Frankreich einen gesonderten Waffenstillstand zu schließen[231]. Tatsächlich unterzeichneten bayerische Unterhändler am 14. März 1647 ein Abkommen über einen Waffenstillstand mit Frankreich und Schweden, in dem eine Waffenruhe bis zum Abschluss eines Universalfriedens vereinbart wurde. Die Reichsstädte Memmingen und Überlingen wurden an Schweden abgetreten[232]. Damit schied Kurfürst Maximilian als wichtiger Verbündeter des Kaisers aus dem Krieg aus[233]. Die schwedisch-französische Allianz und damit auch Konrad Widerholt dominierten das militärische Geschehen in Oberschwaben. Deshalb baten Herrschaftsträger aller Seiten den Hohentwieler Kommandanten, zu ihrem Schutz zu intervenieren. Markgraf Friedrich von Baden wandte sich im Juni 1647 an ihn, weil der kaiserliche Kommandant von Konstanz unter Androhung scharfer militärischer Maßnahmen Kontributionen forderte. Widerholt sollte diese Kontribution abwenden, da die badischen Untertanen bereits nach Breisach und Freiburg kontribuierten und darüber hinaus mit Winterquartieren belastet waren[234].

Andererseits blieb der Hohentwiel in die Reihe der französischen Festungen eingebunden und stand weiterhin unter dem Oberbefehl des Generals Erlach in Breisach. Als das Pulver in den oberschwäbischen Garnisonen knapp wurde, ließ der schwedische Resident Georg Snoilsky aus der elsässischen Festung Benfeld 100 Zentner Pulver für den Hohentwiel schicken, das auf dem Rhein per Schiff bis Schaffhausen transportiert und dann auf die Festung gefahren wurde[235].

Nach wenigen Monaten musste Kurfürst Maximilian von Bayern erkennen, dass der Waffenstillstand wenig gebracht hatte. Er hatte das Verhältnis zu Kaiser Ferdinand III., auf den er nach wie vor angewiesen war, schwer belastet, ohne dass der Kurfürst seine politischen Ziele erreicht hatte. Deshalb kündigte er Anfang September den Waffenstillstand auf und schloss sich im Pilsener Vertrag dem Kaiser an[236]. Damit waren die alten Fronten wieder hergestellt. Aber kurz danach

---

231 Albrecht (wie Anm. 29) S. 1055–1059.

232 Ebd., S. 1063 f.

233 Bumiller (wie Anm. 12) S. 152.

234 HStAS A 360 Bü 125 (Markgraf Friedrich von Baden in Basel an Widerholt, 6./16. 6. 1647).

235 HStAS A 360 Bü 142 (Resident Snoilsky an Widerholt, 21./31. 5. 1647).

236 Albrecht (wie Anm. 29) S. 1073 f.

unternahm Vicomte de Turenne einen Feldzug nach Bayern und besetzte das Land 1648 bis zur Isar und zum Inn. Die österreichisch-bayerische Armee musste Südbayern dem Feind überlassen; dadurch wurden die Friedensverhandlungen in Westfalen erheblich beschleunigt[237].

Allerdings brachte der Friedensschluss von Münster und Osnabrück im Oktober 1648 noch kein Ende des Krieges. Es dauerte noch mehrere Monate, bis der Friedensvertrag publiziert und verbreitet war, vielerorts fürchtete man nach der langen Kriegszeit, der Friede werde sich „verweilen oder zerschlagen“[238]. Immerhin stellte Widerholt bereits im November 1648 seine militärischen Operationen ein, obwohl ihm noch kein Befehl zur Einhaltung eines Waffenstillstands vorlag[239]. Aber noch im Dezember 1648 traute der österreichische Verwalter in Pfullingen, Andreas Hildebrand, dem Frieden nicht, weil sich die gesamte Armee des französischen Generals Vicomte de Turenne in Südwestdeutschland aufhielt[240]. Im Dezember 1648 verhandelte man auf einem Kreistag in Ulm über die Austeilung der Quartiere. Auf diesem Kreistag erklärte Herzog Eberhard III. von Württemberg die militärischen Frondienste für beendet. Erst im Frühjahr 1649 zeichnete sich ab, dass der Westfälische Friede Bestand haben würde. In seinem Werk über die Geschichte des Hauses Waldburg rechnete Joseph Vochezer das Jahr 1649 noch zu den Kriegsjahren. Denn für die Untertanen änderte sich in diesem Jahr so gut wie nichts, weil sie nach wie vor Kontributionen an den Hohentwiel entrichten mussten und zu Fronleistungen für die Festung herangezogen wurden[241]. Gegen die Fronen wehrten sich Bürgermeister und Rat der Stadt Rottweil unter Verweis auf die herzogliche Verfügung[242]. Außerdem mussten die Soldaten der verschiedensten Heere und Besatzungen entlassen werden, was sich über einen längeren Zeitraum hinzog.

Als die Frage der Übergabe des Hohentwiel an Herzog Eberhard III. anstand, wurde erneut die Abhängigkeit des Kommandanten von der Großmacht Frankreich sichtbar. Da König Ludwig XIV. nicht ohne weiteres bereit war, Widerholt aus seinen Diensten zu entlassen, zog sich die Angelegenheit in die Länge. Der Herzog von Württemberg musste alle diplomatischen Mittel anwenden und Widerholt mit überschwänglichem Lob den Rücken stärken, um wieder in den Besitz der Festung zu gelangen. Erst nach anderthalb Jahren kam ein Vergleich zwischen

---

237 Egger (wie Anm. 19) S. 406.

238 HStAS A 78 Bü 19 (Verwalter Andreas Hildebrand, Pfullingen, an Erzherzog Ferdinand Karl, 28. 10./7. 11. 1648).

239 Vochezer (wie Anm. 68) S. 883 (Schreiben Rost an Max Willibald von Waldburg-Wolfegg, 20./30. 11. 1648).

240 HStAS A 78 Bü 19 (Verwalter Andreas Hildebrand, Pfullingen, an Erzherzog Ferdinand Karl, 8./18. 12. 1648).

241 Vochezer (wie Anm. 68) S. 884.

242 HStAS A 360 Bü 125 (Bürgermeister und Rat von Rottweil an Widerholt, 11./21. 1. 1649).

Frankreich und Württemberg zustande, worauf Konrad Widerholt von König Ludwig XIV. ermächtigt wurde, die Festung zu übergeben[243].

Konrad Widerholt gab am 22. Juni 1650 sein Amt als Kommandant der Festung Hohentwiel auf und trat die ihm angebotene Stelle als Obervogt von Kirchheim unter Teck an[244]. Insgesamt konnte er sicher mit Befriedigung auf die zurückliegenden 16 Jahre zurückschauen. In einem wirren Kriegsgeschehen, in einer territorial stark zersplitterten Gegend hatte er sich als militärischer Führer behauptet und die Erwartungen seiner Auftraggeber erfüllt. Die Festung war nicht ungefährdet, aber doch voll funktionstüchtig durch den schweren Krieg gekommen. Neben der prestigeträchtigen Stellung des Obervogts in einem württembergischen Amt erhielt er als Belohnung für seine Dienste und als Ersatz für die Herrschaft Hohenstoffeln auf Lebenszeit das – stark zerstörte – Dorf Neidlingen[245]. Allerdings stellt sich die Frage, ob sich Widerholt hätte noch wesentlich länger als Festungskommandant halten können. Es ist schwer vorstellbar, dass seine dominante Stellung und seine brutale Vorgehensweise bei seinen ehemaligen Gegnern keine Rachegefühle hervorgerufen hätten. Vielleicht hätte er selbst in Friedenszeiten Racheakte fürchten müssen.

Konrad Widerholt – Versuch einer Würdigung

Gegenwärtig besteht in der Forschung kein Anlass mehr, Konrad Widerholt zum „Helden" zu verklären. Angemessener ist die Charakterisierung als Kriegsunternehmer, der zwar im Dienst des Herzogs von Württemberg und des Königs von Frankreich stand, aber über einen sehr großen selbständigen Handlungsspielraum verfügte und als eigenständiger Akteur gesehen werden muss. Damit sicherte sich Widerholt seine Bewegungsfreiheit im komplexen Rahmen der europäischen Machtpolitik. Seine Unabhängigkeit verband er mit einem hohen Organisationstalent und dominierte mit einer systematischen Militärpolitik den weiten geografischen Raum zwischen dem Rhein, dem Schwarzwald, dem Neckar und der Iller. Mit seinen Überfällen und Raubzügen hielt er die gegnerische Partei dauerhaft unter starkem Druck und sicherte die Einkünfte der Festung Hohentwiel. Die protestantische Konfession stellte ein wichtiges Motiv für deren Verteidigung dar, aber

---

243 LANDENBERGER (wie Anm. 4) S. 211 f. – HStAS A 34 Bü 50 und L 6 Bü 841/II (Bewilligung von 400 Reichstalern durch die württembergische Landschaft zur Verehrung an den französischen Abgeordneten bei Restitution des Hohentwiel, Juni 1651).

244 Werner FRASCH, Kirchheim unter Teck. Aus Geschichte und Gegenwart einer Stadt und ihrer Bewohner, Kirchheim u. T. o. J., S. 191–200. – Christoph J. DRÜPPEL, Konrad Widerholt von und zu Nellingen, in: DERS., Neidlingen. Geschichte der Herrschaft, Vogtei und Gemeinde unter dem Reußenstein, Neidlingen 1997, S. 163–182.

245 MEHRING (wie Anm. 191) S. 84. – Vgl. auch STÄLIN (wie Anm. 26); WVjH 6 (1897) S. 364.

auch für die Legitimation der Machtausübung und Gewaltanwendung. Durch wechselnde Allianzen und eine geschickte Taktik gelang es Konrad Widerholt, die Festung Hohentwiel durch die zweite Hälfte des Dreißigjährigen Krieges hindurch zu halten und damit die Voraussetzungen für eine Rückgabe an Herzog Eberhard III. zu schaffen. Dabei kam ihm die Uneinigkeit unter den eidgenössischen Städten zugute, welche sich über eine Neutralisierung der Festung nicht einigen konnten. Auch im kaiserlichen Lager blockierten sich die verschiedenen Parteien mit ihren unterschiedlichen Interessen oft gegenseitig.

Nach dem Tod Widerholts im Juni 1667 in Kirchheim unter Teck scheute sich der Geistliche bei der Beerdigung nicht, neben der Lobrede auf seine Verdienste auch die negativen Seiten seiner Persönlichkeit offen zur Sprache zu bringen: seinen Jähzorn, seine Rachgier und seine Leichtgläubigkeit[246]. Diese überaus nüchterne Beurteilung hielt sich in Württemberg nicht lange. Zu sehr entsprach die verklärte Gestalt des Hohentwieler Kommandanten dem Idealbild des furchtlosen, patriotischen und frommen Untertanen. Deshalb blieb sie über Jahrhunderte im kollektiven Gedächtnis, immer wieder durch entsprechende Literatur neu belebt. Erst durch eine vorurteilsfreie Analyse der vorhandenen Quellen wird es möglich, dem Kommandanten des Hohentwiel einen historisch gerechtfertigten Platz im Zusammenhang mit den Ereignissen des Dreißigjährigen Krieges im Bodenseeraum zuzuweisen.

---

[246] Friedrich FRITZ, Die württembergischen Pfarrer im Zeitalter des Dreißigjährigen Krieges, in: BWKG 29 (1929) S. 265.

Die Bodensee-Region. Ausschnitt aus der Karte von Tobias Konrad Lotter „Circulus Suevicus“, Augsburg 1756.

Die „Schwäbische Hausfrau“ und die alte „gute“ Policey. Überlegungen zu Sparsamkeit, Sorgfalt und Sauberkeit in der Frühen Neuzeit

Von Wolfgang Wüst

Die Einträge zum Stichwort „Hausfrau“ sind im einschlägigen Schwäbischen Wörterbuch von Hermann Fischer – 1911 in Tübingen erschienen – zwiespältig. Einerseits bestätigt sich die landläufige Meinung ihres geldwerten Charakters im dort zitierten Beleg: *Eine fleissige H*[ausfrau] *ist die beste Sparbüchse*. Andererseits erfahren wir unter den Synonymen mit einem *Weib, das müssig umherläuft*, auch ökonomisch Beunruhigendes[1]. Das Meinungsbild zur „Schwäbischen Hausfrau“ hat sich seitdem offenbar weiterhin positiv entwickelt. Die Frankfurter Allgemeine Zeitung (F.A.Z.) veröffentlichte jedenfalls in ihrem Wirtschaftsteil im Mai des Jahres 2010 angesichts fortlaufend steigender Staatsschulden und Steuerforderungen einen Artikel zum Thema „Die Schwäbische Hausfrau“. Patrick Bernau, gebürtiger Schwabe und Online-Ressortleiter der F.A.Z., schrieb damals, dass es sich die bescheidene schwäbische Hausfrau nicht hätte träumen lassen, einmal zum leuchtenden Vorbild in der deutschen Politik zu werden. „Doch ihr Aufstieg scheint nicht mehr aufzuhalten, seit Bundeskanzlerin Angela Merkel 2008 in Stuttgart“ – am rechten Ort – „an ihre Weisheit appellierte. ‚Man hätte einfach nur die schwäbische Hausfrau fragen sollen‘, sagte Merkel damals. ‚Sie hätte uns eine Lebensweisheit gesagt: Man kann nicht auf Dauer über seine Verhältnisse leben.‘“[2] Ob Sparsamkeit ein Alleinstellungsmerkmal schwäbischer Hausfrauen war, bleibt freilich trotz des Votums der Bundeskanzlerin fraglich. Fränkische Wörterbücher

---

[1] Schwäbisches Wörterbuch, bearb. von Hermann Fischer, Bd. 3, Tübingen 1911, Sp. 1278.

[2] Artikel vom 16.5.2010 von Patrick Bernau: http://www.faz.net/aktuell/wirtschaft/schulden-die-schwaebische-hausfrau-1979097.html (Zugriff: 1.5.2016). In den Leserbriefen zum Artikel findet sich unter der Überschrift „Mutti ist keine schwäbische Hausfrau“ ein von Gernot Radtke zitiertes amüsantes Sprichwort, nach dem man in Schwaben angeblich die zukünftigen Bräute mit Blick auf Verschwendung testete: *Ißt das Mädchen den Käse samt Rinde, ist sie als Braut zu unfein. Schneidet sie die Rinde ab, ist sie zu verschwenderisch. Eine richtige schwäbische Hausfrau ist nur das Mädchen, das die Rinde ganz vorsichtig vom Käse abschabt.*

berichten jedenfalls Ähnliches: *Die Fraa verstehts Hausn, Spoere muß mer, hause* oder *Wenn dä Fraa net haust/ die Katz net maust/ der Hund net bellt/ is alles verspielt*[3].

Heute werden Frauen als Hausfrauen bezeichnet, wenn sie sich in erster Linie der Familien- und Hausarbeit widmen und sie deshalb keiner oder nur einer geringfügigen Lohnarbeit nachgehen. Sparsamkeit ist dabei vorteilhaft, aber mit Blick auf den Verdienst des (Ehe)partners auch nicht unbedingt systemrelevant. Die Rollenbeschreibung geht zurück auf ein während der frühen Industrialisierung im 19. Jahrhundert entstandenes bürgerliches Familienmodell mit der Trennung der männlichen, außerhäuslichen Arbeits- und Berufswelt aus dem gemeinsamen vorindustriellen Hausverband, der rechtlich vom Hausvorstand *(pater familias)* dank dessen traditioneller Machtbefugnisse (*patria potestas*) nach außen vertreten wurde.

Übrigens war dieser Hausverband in der Regel auch monokonfessionell wie die übergeordnete Landesherrschaft ausgerichtet. Wenn katholische Kinder auf berufliche Wanderschaft gingen, waren deshalb die Haus-, Amts- und Kirchenvorstände gehalten, Vorsorge zu treffen. Nicht nur im Hochstift Augsburg verlangte man Nachweise für Beichte und den Empfang der Kommunion. *Diejenige aber, die ire kinder an caetholischen oder auch anderen ortten, da beede religion in gebrauch, in schuelen und diensten auch handtwerckhen haben, sollen järlich nach Pfingsten iren ambtleüthen von den beichtvattern und pfarherren desselben orths glaubwürdigen schein aufweisen, das sie zue Österlicher Zeit nach christlicher ordtnung gebeicht und das hochwürdige sacrament deß altars empfangen haben, solchen schein für sich selbsten den ambtleuthen und pfarherren überschickhen*. Bei Unterlassung drohte Hausmüttern und Hausvätern, dass nach Jahresfrist ihre Kinder als *frömbdlinge und außlender zue menigkhlichs wissen offentlich* erklärt würden[4].

Der spät- und postindustrielle Hausverband wandelte sich, trotz beginnender beruflicher Frauenemanzipation vor und während des Ersten Weltkriegs zu einer primär weiblich dominierten häuslichen Welt[5]. Das Bild der modernen Hausfrau

---

[3] Handwörterbuch von Bayerisch-Franken, hg. von Klaus Strunk/Dietmar Willoweit, Bamberg 2007, S. 270.

[4] Die „gute" Policey im Reichskreis. Zur frühmodernen Normensetzung in den Kernregionen des Alten Reiches, Bd. 1: Der Schwäbische Reichskreis, unter besonderer Berücksichtigung Bayerisch-Schwabens, hg. von Wolfgang Wüst, Berlin 2001, S. 282.

[5] Mikołaj Szołtysek, Living arrangements and household formation in an industrializing urban setting: Rostock 1867–1900, in: Annales de démographie historique 2011 (2012) S. 233–269; Charlotte Glück-Christmann, Familienstruktur und Industrialisierung: Der Wandlungsprozeß der Familie unter dem Einfluß der Industrialisierung und anderer Modernisierungsfaktoren in der Saarregion 1800 bis 1914 (Europäische Hochschulschriften, Reihe 3, Bd. 564), Frankfurt/Main u. a. 1993; Industrielle Revolution. Regionen im Umbruch: Franken, Schwaben, Bayern (Franconia 6. Beihefte zum Jahrbuch für fränkische Landesforschung), hg. von Wolfgang Wüst/Tobias Riedl, Erlangen 2013.

entstand, die seit den Wirtschaftswunderjahren[6] auf die Technisierung von Küche und Hauswirtschaft setzte. Gleichzeitig trat eine Verklärung älterer hausfraulicher Aktionsfelder ein. Zur sprichwörtlichen Sparsamkeit traten andere Sekundärtugenden, wenn diesen Frauen häusliche Sorgfalt, Sauberkeit, Sittsam- und Schicklichkeit zugeschrieben wurden. Zu diesen Eigenschaften entwickelte die Wirtschaft entsprechende Werbeträger industriell gefertigter Haushaltswaren.

Von Hausfrauen ist dagegen in rechtsrelevanten Quellen des späten Mittelalters und der frühen Neuzeit meist nur die Rede, wenn es um Entscheidungen, Verfehlungen oder Maßregeln seitens der Patriarchen und Hausväter ging, die mit Blick auf Vermögens-, Ehe-, Erb- oder Sühnefragen ihre Hausfrauen ins Spiel brachten. Beispiele aus europäischen Regionen gibt es dazu in Vielfalt. *So ein hiriger von einem juden geellt entnemen will, soll er thun mit wissen seiner hawsfrau* (1497, Ödenburg), *sol allez sein* [des Mörders] *gůt siner hůsvrowen und sin erben warden* (1299, Passau), *wo ain vatter, der kind hette, by leben siner husfrowen oder nach irem abgang übel hus hielte* (um 1500, Rottweil), *die ehemänner sollen vor ierer hausfrawen zu zeugen nitt* [...] *fürgestelt werden, wider iere hausfrawen aber mögen si* [...] *khundschaft geben* (1599, Niederösterreich). *Das er* [...] *Barbara geheyrat vnd genomen hat zu seiner elichen hawsfrawn* (1454, Markt Indersdorf) oder *wann ein mann zwo, drey oder mehr haussfrauen nimbt* [...] *und es zu der thaylung kombt* (1516, Schwäbisch Hall)[7].

Seltener wurden in männlich dominierten Rechtsquellen die vermeintlich typischen Tugenden einer (früh)modernen Hausfrau angesprochen, wie zum Beispiel ihre Putzqualitäten. *Es ist nichts natürlicher, als dasz er* [der Bräutigam] *auch solid denkt, und lieber sich eine hausfrau, als der welt eine putzdocke zu bilden wünscht*[8]. In der 1697 erneuerten Policeyordnung von 1673 schrieb der Rat für die Hafen- und Reichsstadt Lindau ausdrücklich Hygiene und Reinlichkeit im Haus und auf der Gasse fest: *Sintemahlen auch an sauberkeit und rein erhaltung der häußer und gassen so vil gelegen, entgegen böser gestanckh jederman beschwärlich und der gesunden lufft nachtheilig, so haben wür schon vor disem zuuehrmahlen ernstlich verbotten kein kammerlaugen am morgen nach dem thor leuthen und abends vor feür und liecht rueffen für die fenster auff die gassen außzuschütten. Dagegen aber wird gebotten, die fergger und dero außgüß, welche auff die gassen gerichtet seyn, sambt den rinnen wol einzufassen und zuverwahren, damit der unraht nicht*

---

[6] Jürgen KNIEP, Wiederaufbau und Wirtschaftswunder. Bildband zur Bayerischen Landesausstellung, Residenz Würzburg 7. Mai bis 4. Oktober 2009 (Veröffentlichungen zur Bayerischen Geschichte und Kultur, Bd. 56), Augsburg 2009, S. 160 f., 179.

[7] Quellenbelege aus dem Artikel „Hausfrau“ des Deutschen Rechtswörterbuchs (künftig: DRW, 1914 ff.): http://drw-www.adw.uni- heidelberg.de/drw-cgi/zeige?index=lemmata&term=Hausfrau&darstellung=V (Zugriff: 1.5.2016).

[8] Deutsches Wörterbuch (künftig: DWB, 1854 ff.), Bd. 10, 1935, Sp. 662 („hausfrau“) bis 663 („hausfürst“): http://woerterbuchnetz.de/DWB/?sigle=DWB&mode=Vernetzung&hitlist=&patternlist=&lemid=GH04039 (Zugriff: 1.5.2016).

strackhs und einßmahls auff die gassen fallen, noch die leüth bestrizen mögen[9]. Direkte literarische Quellenbelege zur „guten" Hausfrau mehrten sich erst im 19. Jahrhundert, auch Johann Wolfgang von Goethe äußerte sich zum Thema. Johanna Christina Vulpius (1765–1816), seine „Hausfreundin", bezeichnete er beispielsweise als eine ebenso fleißige wie sparsame und geschickte Hausfrau. Das positive hausfrauliche Urteil brauchte aber seine Zeit. Noch im Sommer 1792 schrieb er ihr diesbezüglich verhalten: *Bereite dich, eine liebe kleine Köchin zu werden.* [...] *Auf dem Frauenplan solls besser werden, wenn nur erst mein Liebchen Küche und Keller besorgt*[10].

Die seit dem Spätmittelalter für alle süddeutschen und schwäbischen Städte und Territorien aufgezeichneten Quellen der „guten" Policey bieten nun weitere, meist indirekte Themenzugänge. Mit den Ordnungen des ausgehenden 15. bis frühen 19. Jahrhunderts wollen wir experimentieren. Grundlage ist dabei das mehrbändige Editionswerk zur Policey-Gesetzgebung in den süddeutschen Reichskreisen[11]. Dem forschenden Bemühen unserer Tage um die Strukturierung dieser frühmodernen Gesetzesmaschine scheint hier auf den ersten Blick eine diffuse Spannbreite zeitgenössischer Quellen gegenüberzutreten. Sie reichte von Maßnahmen gegen das schuldenfördernde *Fressen und Sauffen* (*Zutrinken*) in öffentlichen Gasthäusern, insbesondere aber bei Hochzeiten, Tauffeiern oder Kirchweihen, über einen die Ständeordnung negierenden Kleiderluxus, über die verbreitete Spielleidenschaft, über die Sorgen um Ehebruch, Fluchen und Gotteslästern bis hin zur praktischen Seite der Seuchen- und Katastrophenprävention. Das Quellengenre „guter" Policey lässt sich aber auch für bisher noch kaum ausgereifte und wissenschaftlich erprobte Themenfelder nutzen. Wir wollen mit ihnen den Nachweis führen für Normen und Rahmenbedingungen, die das Wirken tugendhafter Hausmütter und Hausväter begleiteten.

---

9 Wüst (wie Anm. 4) S. 178.

10 Max Mendheim, Art. Vulpius, Johanna Christiana, in: ADB, Bd. 40, Leipzig 1896, S. 381–385; http://www.deutsche-biographie.de/pnd118628011.html?anchor=adb (Zugriff: 1.5.2016).

11 Die „gute" Policey im Reichskreis. Zur frühmodernen Normensetzung in den Kernregionen des Alten Reiches, hg. von Wolfgang Wüst, Bd. 1: Der Schwäbische Reichskreis, unter besonderer Berücksichtigung Bayerisch-Schwabens, Berlin 2001; Bd. 2: Der Fränkische Reichskreis, Berlin 2003; Bd. 3: Der Bayerische Reichskreis und die Oberpfalz, Berlin 2004; Bd. 4: Die lokale Policey. Normensetzung und Ordnungspolitik auf dem Lande. Ein Quellenwerk, Berlin 2008; Bd. 5: Policeyordnungen in den Markgraftümern Ansbach und Kulmbach-Bayreuth. Ein Quellenwerk, Erlangen 2011; Bd. 6: Quellen zu den fränkischen Bistümern Bamberg, Eichstätt und Würzburg, Erlangen 2013 und Bd. 7: Policeyordnungen in den fränkischen Reichsstädten Nürnberg, Rothenburg o.d. Tauber, Schweinfurt, Weißenburg und (Bad) Windsheim. Ein Quellenwerk, Erlangen 2015.

1. Maß halten ... – wider das schuldenfördernde *Fressen* und *Sauffen*

1.1. Alkohol (Zutrinken) und luxuriöser „Lifestyle"

Trunkenheit störte in der frühen Neuzeit nicht nur den Ehe- und Hausfrieden, denn im Alkoholkonsum, zumal im sogenannten Zutrinken, lag auch der Verstoß gegen die von Gott gegebene irdische Ordnung. Übermäßiges Trinken – das galt auch für maßloses Essen – war Sünde! So befassten sich Reichs-, Stadt- und Landordnungen traditionell gerne mit dem Laster der Trunkenheit, wobei das „Zutrinken" geradezu zum Schlüsselbegriff erhoben wurde. In den Reichspolicey-Ordnungen von 1530 und 1548 sah man dies wie folgt geregelt: *Und nachdem aus Trunckenheit, wie man täglich befindet, der Allmächtig höchlich erzürnt wird/ auch viel Lasters/ Ubels/ und Unraths entstehet/ auch in vergangenen Reichs-Tagen des Zutrinckens, halben geordnet und gesetzt, daß eine jede Obrigkeit solches Zutrincken abstellen, und das zu vermeiden, die Uberfahrer ernstlich straffen soll* [...][12].

Danach regelte die Ordnung der Reichsstadt Augsburg von 1537: *Es setzt vnd gepeüt auch ain erber rat das kain wein, meth oder pierschenck weder an feyrnoch werckt*ͤ*gen bey n*ͤ*chtlicher weil, wann die glock neün geschlagen hat vnd darnach in jren wirtsheüsern ainiche gast mer halten setzen noch jme zutrincken auftragen sollen (Außgenomen die frembden g*ͤ*ste die bey jme zu herberg ligen) bey straff aines yeden vberfarens ains gulden reinisch*[13]. Der Lindauer Rat verfügte 1673, *daß niemands den andern bey gastungen zum trinckhen wider seinen willen bescheid zuthun und gemessen oder gleich voll außzutrinckhen nöthigen, tringen, importuniren oder darüber rechtfertigen, vilweniger schmähen oder beleidigen, große unmenschliche trünckh anfangen oder in andern weegen sich voll oder von der vernunfft trinckhen* solle[14].

Im Fürststift Kempten ließ Fürstabt Georg im Jahr 1562 exzessives Trinken (Zutrinken) ebenfalls policeylich bannen. Hinweise folgten sowohl im Text als auch in einer Kapitelüberschrift zu *Fremde herrschaften, spielens oder zutrincken, auch tanzen halber nicht zu besuchen*. Die Ordnung führte detailliert aus: Es soll *auch hiemit einem jeglichen wirth und gastgeben, in unser Grafschaft Kempten gesessen und uns gehörig, gebotten seÿn, d*[a]*s er seinen gästen, so unserm gottshauß*

[12] Quellen zum Verfassungsorganismus des Heiligen Römischen Reiches Deutscher Nation 1495–1815 (Ausgewählte Quellen zur Deutschen Geschichte der Neuzeit. Freiherr vom Stein-Gedächtnisausgabe, Bd. 13), hg. von Hanns Hubert HOFMANN, Darmstadt 1976, S. 93 f., Polizeiordnung vom 30. 6. 1548, VIII. *Vom Zutrinken*; vgl. ferner: Matthias WEBER, Die Reichspolizeiordnungen von 1530, 1548 und 1577. Historische Einführung und Edition (Ius Commune, Sonderhefte, Bd. 146), Frankfurt/Main 2002, S. 179 f., *Von zutrincken*. Zur Rezeption des Reichsrechts in schwäbischen Ordnungen: WÜST (wie Anm. 4) S. 22–27.

[13] WÜST (wie Anm. 4) S. 82.

[14] Ebd., S. 166 f.

zugewandt, auch andern zu solchem zutrincken und füllereÿ kein wein geben, thäte er aber es darüber oder ließ das zudrincken in seiner behausunng fürgehen, oder wo sich ein gefecht, hander oder rumor auf d[a]*s zutrincken und füllereÿ begebe und zutrüge, und zeigte solches unsern vögten und amtleuthen nicht an, derselbig soll auch in gleicher straf wie obgemeldt stehen*[15].

Im Territorium des Augsburger Domkapitels war Ähnliches – reduziert auf Wein und Branntwein – sicher nicht erst seit 1571/1579 geregelt. *Vnd bey welchem würth deß zutrincken oder vberladen deß weins auch spil flůchen oder schwǒren fürgiengen soll ain jeder so darbey ist vnd das hǒret insonderhait aber der würth solches jederzeyt vnuerzogenlichen dem vogt vnd die vǒgt dieselbigen verbrecher vnsern landpflegern anzaigen.* An späterer Stelle erging das Verbot für das Zutrinken von Branntwein und die zugehörige Überschrift lautete vielsagend: *Von vnmässgiem vnd vnzeytlichem essen, trincken, tantzen, spacieren vnnd spilen*[16].

In der vorderösterreichischen Markgrafschaft Burgau hielt man es 1577 in der Ordnung für die Residenzstadt Burgau ebenfalls für nötig, einen eigenen Abschnitt (*Vom vbermessigen zuetrinckhen vnd grossen leichtfertigen spilen*) in Beziehung zum Leitbegriff der Reichspolicey zu setzen. Auch dort ergänzte man die Passage vom Zutrinken, wie in der Reichsordnung, mit anderen Lastern – speziell mit der für die tugendhafte Hausfrau fatalen Spielleidenschaft: *Alles muetwillig, freuenlich vnd vbermessig zuetrinckhen, wie grosses leichtfertiges spilen, sollen genzlichen verboten sein, bey straff der landtsfürstlichen mandaten. Sonsten mag ainer wol ain abendt zech thuen, vnd dem andern ain freundtlichen drunckh bringen, allain das es mit beschaidenhait beschehe vnd zwo oder drey zechen nit aneinander gesezt werden, welliches bey straff jedes verbrechens, an fünff schilling haller verboten*[17].

Die Policey im Damenstift Edelstetten[18] widmete sich 1625/1671 schließlich dieser Materie – immer noch in Anlehnung an die Reichspoliceiordnungen – in einem eigenen Artikel: *Von überflüßigem zutrinkhen.* Darin verwies der Obervogt im Auftrag adeliger Stiftsfrauen mit Konsequenz. *Dieweil nun auß der füllerey, und übermeßigen trinkhenhait wie man täglich augenscheinlich befündt, der allmächtig höchlich erzürnet würdet, auch viel sündtlicher laster als gotts lösteren, mordt, todtschlag, ehebruch, hurerey, vnnd dergleichen vnzalbarlichen täglich je lenger je mehr daraus volgen* [...], sah man sich veranlasst zu bekräftigen: Alle

---

[15] Ebd., S. 344.

[16] Ebd., S. 288 f.

[17] Ebd., S. 419.

[18] Bernhard Brenner, Edelstetten: vom Damenstift zum Schloss der Fürsten Esterházy (Kleine Kunstführer), Lindenberg im Allgäu 2012; Peter Fleischmann, Die archivalische Überlieferung der Damenstifte Lindau, St. Stephan in Augsburg und Edelstetten, in: Adelige Damenstifte Oberschwabens in der Frühen Neuzeit. Selbstverständnis, Spielräume, Alltag (VKgL B 187), hg. von Dietmar Schiersner/Volker Trugenberger/Wolfgang Zimmermann, Stuttgart 2011, S. 289–303.

Stiftsuntertanen – Hausväter wie Hausmütter – mögen sich *fürterhin des übermessigen ungeschikhten zu trünkhens gänzlich entmessigen*[19].

Maßhalten war aber nicht nur im Trink- und Essverhalten außerhalb des Hauses angesagt, da Policeydekrete auch nicht standesgemäßen Luxus im Haus peinigten. Konkret verbot die Stadt Lindau dort Ende des 17. Jahrhunderts ihren Hausmüttern *Pracht* und *Überfluss. Demnach nicht nur bey außfertig- und außsteuerung der kinder, sondern auch in andere weg, bey theilß burgern und dero weibern ein übermässige köstlichkeit wie nicht weniger ein überfluß in lein- und bettgewand, kästen und bettstatten, auch anderem haußraht, manchmal über deß einen und deß andern stand, bey etlichen auch ein überfluß oder menge der feüertäglichen und costbaren ehrenkleider erscheinen thut und damit ohnnötiger pracht getriben, vil gelts (welcheß vil nutzlicher angewendt werden köndte) darauff verwendet*[20].

Der Hausbezirk war schließlich nach außen zu schützen. Nur dort war man sicher vor den Gefahren auf der Landstraße und in den Fluren. Für die Hausväter und -mütter im Oberschönenfelder Land[21] galt deshalb der 1667 festgelegte Satz: *Alle unßere angesesßene underthanen haben jhre hoffstätt und häußer mit allem fleiß wohl zu verwahren, soforth die zaunmarckhen richtig zuhalten und umzuzäunen, um zanckh und strittigkeiten zu vermeÿden, und dißes zwahr beÿ straff 2 fl*[orin][22].

1.2. Der Tisch ist gedeckt …

Die tugendhafte Hausfrau – in der Oberschicht stets unterstützt von Köchinnen, Wäscherinnen und Ammen – sorgte innerhalb der Sozial-, Familien-, Lebens- und Konsumform des „ganzen" Hauses[23] für die Versorgung der Familie, des Gesindes und aller mitessenden Ehehalten (*eehalt, eeholten, ehalten*). Im Meister- und Handwerkshaushalt waren dies die Gesellen – 1464 hieß es beispielsweise in

---

[19] WÜST (wie Anm. 4) S. 309.

[20] Ebd., S. 173.

[21] Kloster Oberschönenfeld. Zur 800-Jahrfeier der Zisterze im Jahr 2011, hg. von Werner SCHIEDERMAIR, Lindenberg/Allgäu ²2011; Pankraz FRIED, Zur Herrschaft des Klosters Oberschönenfeld am Ende des Alten Reiches, in: Zeitschrift für bayerische Landesgeschichte 58 (1995) S. 333–339.

[22] WÜST (wie Anm. 4) S. 270.

[23] Geschichte der Familie (Kröners Taschenausgabe, Bd. 376 = Europäische Kulturgeschichte, Bd. 1), hg. von Andreas GESTRICH/Jens-Uwe KRAUSE/Michael MITTERAUER, Stuttgart 2003; Otto BRUNNER, Das „ganze Haus" und die alteuropäische Ökonomik, in: Sozioökonomische Perspektiven: Texte zum Verhältnis von Gesellschaft und Ökonomie, hg. von Gerda BOHMANN/Johanna HOFBAUER/Johann August SCHÜLEIN, Wien 2014, S. 97–109; Luise SCHORN-SCHÜTTE, Das ganze Haus: evangelische Pfarrhäuser im 16. und 17. Jahrhundert, in: Das evangelische Pfarrhaus: Mythos und Wirklichkeit, hg. von Thomas A. SEIDEL/Christopher SPEHR, Leipzig 2013, S. 37–53; Stefan WEISS, Otto Brunner und das Ganze Haus oder Die zwei Arten der Wirtschaftsgeschichte, in: HZ 273 (2001) S. 335–369.

Bayreuth *eyn yder eehalt, der sitzt in eins meysters haws und ime auf ein zeyt ist versprochen, den selben sol keyn ander meyster setzen*[24] –, in der Landwirtschaft die Erntehelfer und Tagwerker, im Pfarrhaushalt Teile der Pfarrgemeinde und der Pfarrjugend sowie in Wirtshäusern die Konsumenten und Reisenden.

Die Policey-Obrigkeiten stützten diese Hauswirtschaft mit der Reglementierung des öffentlichen Konsums. 1621 mahnte der Augsburger Rat seine Bürger vor dem Besuch ländlicher Wirtshäuser innerhalb einer Zwei-Meilen-Zone. Dort konnte man die fremden Schankstätten eben noch gut erreichen. Das Verbot des trunkenen *Auslaufens* spielte der schwäbischen Hausfrau in die Hände, die zu Hause den Tisch gedeckt hatte. *Dieweil auch die tägliche erfahrung zu erkennen gibt, daß neben allerhandt anderen übel, sonderlich daß armen seckhels allhier gar zu häuffig und schier unerträglicher überlauff mehrern theils daher erfolgt, daz viel burger ohn underlaß hinaus auf die nehst gelegne dörffer in die würthshäusser lauffen, sich daselbst neben versaumung ihrer arbeith überflüssig eintrenckhen, auch etwan auff einen tag verzehren, waß sie die gantze wochen gewinnen, und davon sich billich anheim ihre weib und kinder ernehret haben sollen, solchem übel nun so vill möglich zu begegnen und so verschwendtlichem leben fürzukommen, will ein ehrßamer rath hiemit gantz ernstlich gebotten haben, daß hiefüro kein manns oder weibspersohn – sie währe dann auf hochzeiten, gastungen oder sonsten durch ihre bekante hinauß beruffen, oder hätte kundtlich ihrer nothwendigen geschäfft halben was zu verrichten, welchen dann billich auch die reisende, und diejenigen, so selbsten häusser oder wohnungen ausser der statt in dörfferen haben, gleich zu halten seyen – an feyer- oder werckhtägen, inner zwo meilen gerings um die statt herum auff den derfferen und in würthshäussern, ohne vorwissen und erlaubnuß der herren burgermeister im ambt zehren oder zechen, auch im fall widrigen verhandlen, jeder übertretter um 2 fl. unnachlässig gestrafft werden, doch aber auß bewegenden uhrßachen, daß Bayrlandt hiervon ausgeschlossen sein* solle[25].

2. Züchtig, fleißig und ordentlich leben …

2.1. Zucht und Ordnung

Zucht und Ordnung galt es nicht nur in den Gemeinden zu sichern, sondern sie zur allgemeinen Wohlfahrt im frühmodernen Staat zu erheben. Sie galt es in Krisenzeiten zu bewahren und vor allem gegen die oft beschriebenen „Laster" in der frühmodernen Gesellschaft – Spielleidenschaft, Trunk- und Fresssucht, nicht limitierter Wirtshausbesuch, ehrloses Handeln, zu üppige und verschwenderische Festanlässe aller Art, Müßiggang, Eitelkeiten und Luxus – ohne Unterlass zu

[24] Quellen zur Geschichte der Stadt Baireuth, hg. von Christian Meyer, Bayreuth (Gießel) 1893, S. 18 f., Beleg von 1464.

[25] Wüst (wie Anm. 4) S. 127.

verteidigen. Tugendhafte Hausmütter und Hausväter hatten sich von diesen irdischen Verführungen und Verfehlungen zu distanzieren, zumindest aber sich von ihnen fern zu haltern.

Die Policeyordnungen ziehen deshalb gegen dieses „sittenlose“ Treiben unermüdlich zu Felde. Im Augsburger Heilig-Geist-Spital[26] nahm man sich 1764 intensiv etwa der Trunk- und Spielleidenschaft in Wirtshäusern, exzessiver Tanzfreude oder dem nächtlichen Gassenfrevel an. Dies alles war folglich verboten und man bemühte sich, es den Betroffenen zu erklären: [...] *bey allen ehrlich christlich und wirthschaftlich denkenden hauß-vaetern sich veraechtlich machen, ihren lidlohn, verdienst, gewinn, und, was weiber, kinder und dienstbothen das jahr hindurch kuemmerlich erworben, nur gar zu geschwinde und suendhaft durchbringen, sich und die ihrige naech und nach in die groeste noth, armut, und fuer die seel- und leib allerelendeste umstaende versetzen, so lange noch eine handvoll erden uebrig ist, geld borgen, und nachdem endlich weder der glaubiger noch die herrschaft das ihrige wieder erholen koennen, ohne mitleyd von hauß und hof weggejagt werden, die andere viele laster zugeschweigen, die aus der trunkenheit, verschwendung, liederlichen wirthschaft, gewinnsuechtigen spielen, muessigang, nahrungsmangel, und armuth unfehlbar und fast nothwendig entspringen muessen* [...][27].

Nächtliches Treiben und Ruhestörung auf den Gassen in den Land- und Stadtämtern des Spitals galt ebenso nicht gerade als ein Kavaliersdelikt. *Wann zu abends- oder nacht-zeit maenner, oder knecht, oder buben, auf der gassen ungebuehrlich herumschwaermen, durch ausgelassenes schreyen, jauchzen, poldern, und andere frevel die ruhe stoehren, und vielleicht gegen die jenige, so sie hievon abmahnen wollen, noch schimpfworthe ausstossen, und wie es solchen leichtfertigen purschen gemein ist, wohl gar mit pruegeln, koth und steinen auf die fenster und thueren werfen sollten. So ist der oder die jenige um fl. 1. und wann sie die geld-straf nicht zu bezahlen haetten, mit wasser und brod in dem stock, tag und nacht, abzubuessen*[28].

Und in der Fuggerherrschaft Babenhausen regelte die Policey die Nachtruhe für das Vogtamt Gablingen 1725 ebenfalls sehr spezifiziert. *Ferner soll sich mäniglich bey tag undt nächtl*[licher] *weil, auf der gaßen, undt in häußeren alles schreyens, poldterens, aller unfletterey, undt bueberey gänzlich enthalten, ein ehrlich, undt züchtiges gesang aber mag geduldet werdten. Es soll sich auch niemandts wer der sey, nachts zue sommerszeiten nach: 9: uhr, vndt im wintter nach acht uhr, ohne sondter ehehäfften ursach ohne liecht auf der gaßen betretten, nach über erst benambste zeit, odter stundten in würths-häußeren findten laßen, absondterlich*

---

[26] Wolfgang Wüst, Armut und Besitz, Frömmigkeit und Fürsorge. Spitäler in Mittelalter und Früher Neuzeit. Die Zucht- und Policeyordnung des Heilig-Geist-Spitals in Augsburg von 1764, in: Zeitschrift des Historischen Vereins für Schwaben 108 (2016) S. 185–234.

[27] Wüst (wie Anm. 4) S. 218.

[28] Ebd., S. 218 f.

aber sollen sich gewachsene sohn undt knecht des nachts ärgerlichen herumb schlieffen, widterumb der schlufftwinckel enthalten, bey straff der umbständten. Kein danz solle ohne des pfleegers, odter obervogts wüßen: undt bewilligung gehalten werdten, undt wan solcher erlaubt, soll sich jung undt alt darbey zichtig undt ehrbar verhalten[29].

Was man generell unter Ehrbarkeit oder – ex negativo gesehen – unter Ehrverletzung verstehen konnte und wie es sanktioniert wurde, erläuterte dagegen bereits die Ordnung der Augustinerchorherren zu Wettenhausen[30] von 1525. *Welcher dem anndern freuenliche, schenntliche, vppige, schampere oder vnzüchtige wort als scheltwort sünd, die doch ainem sein eer vnnd lümend nit beletzennt gübt oder wünscht, der ist zubuß fünff schilling häller verfallenn. Welcher den anndern haist freuenlich liegenn oder schlecht lughafft strafft, der ist zehenn schilling häller verfallenn. Welcher aber den anndern haist liegen mit zugelegtenn schmehlichen worten, als so ainer sprücht, du leugst als ain böswicht, dieb oder verretter vnnd dergleichen, vnnd mag sollichs mit recht auff denselbenn nit bringen, jst zu buß drew pfundt häller verfallenn. Dessgleichen welcher den anndern schilt oder zeycht ainen dieb, schalkh, böswicht, verretter oder dergleichen, die ainem sein eer, laymbd vnnd gefierer schwächennt, der ist zehenn pfundt häller verfallenn*[31].

Ehrbarkeit im und außerhalb des Hauses unterlag bekanntlich in der frühen Neuzeit sozialen und kulturellen Wandlungen. Dem trug auch die Policey Rechnung, indem sie aktuelle Gesellschaftsprobleme verinnerlichte. Hierzu zählte etwa die Warnung vor der Spielsucht, die als Beiwerk des beliebten Lottospielens[32] und anderer gewinn- bzw. verlustträchtiger Formen[33] des Zeitvertreibs im 18. Jahrhun-

---

29 Ebd., S. 450.

30 Wolfgang Wüst, Ökonomie und Politik im schwäbischen Reichsstift Wettenhausen, in: Zeitschrift des Historischen Vereins für Schwaben 97 (2004) S. 207–227; Ders., Geistliche Herrschaftsbereiche: § 37, Augsburger Hochstift, Domkapitel und die bischöflichen Mediatklöster, § 39h, Wettenhausen, in: Handbuch der bayerischen Geschichte III/2: Geschichte Schwabens bis zum Ausgang des 18. Jahrhunderts, hg. von Andreas Kraus, begr. von Max Spindler, S. 287–311 und 333–337.

31 Wüst (wie Anm. 4) S. 398.

32 Wolfgang E. Weber, Zwischen gesellschaftlichem Ideal und politischem Interesse. Das Zahlenlotto in der Einschätzung des deutschen Bürgertums im späten 18. und 19. Jahrhundert, in: Archiv für Kulturgeschichte 69 (1987) S. 116–149; Karl Jatz, Seit zweihundertfünfundvierzig Jahren Lotto in Bayern: 25 Jahre Süd-Lotto. 1955–1980, München 1980. Als Beispiel für die Umsetzung in süddeutschen Territorien: Gründliche Nachricht von dem sogenannten Lotto di Genoua insgemein, sodann deren bey dem hochfürstlichen wirzburgischen Lotto hinzu gekommenen mehreren und neueren Spiel-Arten: zum Nutzen des Publici in öffentl[ichen] Druck gestellet, von der hochfürstl. wirzburg. General-Administration des allhier errichteten Lotto, Würzburg 1768.

33 La théorie des jeux de hasard ou analyse du krabs, du passe-dix, de la roulette, du trente et quarante, du pharaon, du biribi et du lotto, par P. N. Huyn, sine loco 1788. Die Lotterie wurde auch zur Finanzierung der Arbeitshäuser herangezogen: Wolfgang Wüst, Bettler und Vaganten als Herausforderung für die Staatsraison im Hochstift und der Reichsstadt Augsburg, in: Jahrbuch des Vereins für Augsburger Bistumsgeschichte 21 (1987) S. 250.

dert eine neue Dimension erreichte. Dezidiert nahm man in der Herrschaft Fugger-Kirchberg-Weißenhorn[34] 1726 dazu mit dem Steuerinstrument guter Policey Stellung. *Vom spilen. Nach deme daß vebermessig verderblich spilen nichts anders alß zertrennung freündtlichen willens, neid, hass, zorn, gottslästerung verursacht und den spilern selbst an jhrer nahrung scheinbarlichen mangel und verderben bringt, so gebeuth die ordenliche herrschafft, daß niemandte, es seye gleich jung oder alt, umb klein- oder großgelt oder geltswerth bey tag noch nacht nicht karten, wirflen oder spilen sollen, da dann hierüber einer oder mehr erwischt oder erfahren wurde, sollen dieselbige soofft es beschicht umb 1 fl. gestrafft werden.* [...] *jedoch von kurzweil wegen ist zue gelassen umb 1 hl. oder pfenning allein im würths-hauß und höher nit bey obgesezter poen und zue bestimbter zeit alß hernach folgt zuspilen*[35].

2.2. Gunkelhäuser, Gassenschwärmer und Ruhestörer

Die gewünschte und geforderte Sittsamkeit unter Hausfrauen wirkte in den frühmodernen Diskurs um die territorialen Kunkel- oder Gunkelhäuser hinein. Auf dem Land wetterten weltliche wie geistliche Landesherren, die im Hausvater und der Hausmutter den verlängerten Arm ihrer Kanzleien sahen, gegen das „wilde“ Treiben in den Arbeits-, Spinn- und K(G)unkelstuben und nächtliche Lärmen auf den Gassen. Ursprünglich waren Kunkelstuben als Orte für den ländlichen, meist textilen Nebenerwerb geschaffen, doch haftete ihnen mit Blick auf die sich dort außerhalb der Ehe- und Hauskontrolle aufhaltende (männliche) Jugend bald ein zweifelhafter Ruf an.

Im Prämonstratenserstift Ursberg sah man 1777 jedenfalls Handlungsbedarf. Die Kanzlei nahm den Abschnitt *Vom Gunkelhauß* in die Landesordnung auf: *Beym tag ist das ausgehen mit der gunkel nicht anderst erlaubt, als daß die weibsbilder in häuser, wo keine fremde mannsbilder, und die mannsbilder in häuser wo keine fremde weibsbilder hinkommen, gehen dürfen, also, daß wenn eines in ein hauß kommet, und sich schon jemand des andern geschlechts daselbst befindet, so solle es sich wieder hinweg begeben bey straff 1 pfund heller. Also solle auch keinem erlaubt seyn mit der gunkel in jenes hauß zu gehen, wo man billigen verdacht einer karessen oder verbothenen umgang wieder einen hat, bey vermeidung obiger straf. Nächtlicher weile darf gar niemand mit der gunkel aus dem hauß gehen, ausgenommen alte, arme, des holz und lichtes unvermögende, die aber von dem h. pfarrer des ortes vorhero erlaubniß dazu begehren sollen, und haben sie sodann dem amtsdiener hievon die anzeig zu machen. Wiedrigenfalls, und wenn sie in einem*

---

[34] Zum Ehrbegriff im Geschäfts- und Handelsgang der Fugger vgl.: Dana KOUTNÁ-KARG, Die Ehre der Fugger. Zum Selbstverständnis einer Familie, in: Augsburger Handelshäuser im Wandel des historischen Urteils (Colloquia Augustana, Bd. 3), hg. von Johannes BURKHARDT, Berlin 1996, S. 87–106.

[35] WÜST (wie Anm. 4) S. 461.

andern haus, als ihnen der h. pfarrer erlaubt sich antreffen lassen, sie wie andere gestrafft werden. Die hausleute, welche wieder obige verordnung sogenante gunkelhäuser gestatten, werden für jede person, so inen bey ihnen antrift, um 1. pfd. hllr., und wann sie gar allerhand zotten und possen dabey geschehen lassen, für jede person um 1. fl. straff angezogen[36].

Der reichsstädtische Rat zu Lindau ließ sich gut 100 Jahre früher 1673 im Paragraph *Von Würths-, Schenckh- und Kunckelhäusern* für das Bodenseegebiet erklären. Die Bauern sollten an *sonn-, feyer- und bettägen erst nach verrichtetem gottesdienst und kinderlehr, aber auch nicht länger, dann im winter biß auff sieben und im sommer auff acht uhren in würthß- und schenckhhäuseren geduldet* sein. Alles *johlen und geschrey* war dann einzustellen. Unverheiratete *töchtere und mägdt* sollten ferner *nicht zum wein* verführt werden. Und in *nächtlichen kunckelstubeten* durfte *zu ärgerlichem wesen und sünden kein anlaß und anreizung gegeben, insonderheit aber kein lediger baurensohn oder knecht gelitten werden*[37].

In der ostschwäbischen Zisterzienserabtei Oberschönenfeld zog man 1667 ebenfalls gegen die örtlichen Gungelhäuser zu Felde: *Gebüthen wir denen gesam*[m]*ten underthanen zu verhüttung grosßen übls, so schon zum öfttern durch das nächtliche zusam*[m]*engehen mit der gungel pahsiret und gescheehen, das jeder die seinige nächtlicherzeit zu hauß behalten solle, soferne dergleichen gungelhäußere gefunden würden, so solle derjenige, so das gungelhauß haltet, und der von deme solches ausgehet, jeder per 3 fl*[orin] *gestraft werden*[38].

Die fleißige Hausfrau bedurfte ferner ihrer Nachtruhe, das galt für sie und die Kinder. So sind die städtischen und ländlichen Ordnungen voller Sanktionen gegen nächtliche Spießgesellen und Unruhestifter. In der Reichsstadt Kempten stellte man das *nachtschwermen, schreÿen, pfeiffen, Degen wezen*[39] *und alles ruhe stöhrende* konsequent unter Strafe[40]. In Lindau verbot man das lärmende Brauchtum des nächtlichen *Knöpflens*[41]. Die Policeyordnung von 1673 sah deshalb vor: *Deßgleichen zu der christlichen adventszeit das nächtliche knöpflen oder werffen in die fenster und dergleichen ungebühr, auch inßgemein alles jauchzen, schreyen und johlen deß nachtß noch weiter underlassen werden, wer aber in einichen weg faßnacht halten, knöpflen oder etwas dergleichen thun sollte, den soll das policeygericht nach ermässigung der vmbständ mit einer ernsten geltbuß anstehen*[42]. Für die Dörfer des Klosters Oberschönenfeld galt Ähnliches. 1667 ließ die „regierende" Äbtissin Maria Irmingard II. Stichaner wissen: *Welcher zu nächtlicher zeit, oder*

---

36 Ebd., S. 363.

37 Ebd., S. 168.

38 Ebd., S. 269.

39 Steht hier sicher für jede Art von Waffentragen.

40 Wüst (wie Anm. 4) S. 145.

41 In den Knöple(n)snächten der Fastenzeit warf man Gegenstände (Steine, Linsen, Erbsen o. ä.) an die Fenster, um Einlass zu erhalten.

42 Wüst (wie Anm. 4) S. 178 f.

sonst unziem[m]*liches geschreÿ, rumor und tumult auf der gaßen oder in häußeren treiben wurde, soll per 3 fl*[orin] *gebüsßet, jm fahl aber die straff beÿ jhme nichts fruchten wurde, gegen demselben mit schwehrerer straff verfahren werden*[43].

3. Ehe und Treue

Mit hausfraulichen Tugenden waren eng eheliche Verpflichtungen verbunden. Treue, Zuverlässigkeit und sexuelle Enthaltsamkeit standen im Fokus der frühneuzeitlichen Policey. Die Wahl des Ehegatten musste außerhalb der nahen Verwandtschaft erfolgen, um keine Blutschande auf die Familie zu laden. In der evangelischen Reichsstadt Kempten regelte dies die Ratsregierung im 18. Jahrhundert: *Der ehebruch, hurereÿ und unzucht samt aller dazu gebunden gelegenheit, kuppeleÿ und unterschleipf solle, befindenden dingen nach, an guth und ehre oder auch an dem leib empfindlich gestrafft werden. Und da seit einiger zeit ledige schwanger gewordene weibspersonen die verübte unzucht mit erlittener nothzüchtigung haben bemänteln wollen, so wird hiemit von obrigkeits wegen gesezlich verordnet, daß auf dergleichen ausgesonnene ausflüchte der schwangern und als genothzüchtigt sich angebende weibspersonen beÿ bestrafung der unzucht keine rücksicht genommen wird. Nur dann allein soll die angegebene nothzucht als glaubwürdig angesehen werden, wenn eine solche weibspersohn sogleich und längstens innerhalb 24 stunden die erlittene nothzucht durch ihren vater oder trager entweder beÿ löbl*[ichem] *stadtammann amt oder aber ihrem herrn beichtvater entdeckt haben wird*[44].

Ehebruch, Blutschande und Vergewaltigungen wurden in allen Teilen Schwabens schwer bestraft. In Augsburg sah man 1621 hochgerichtliche Sanktionen vor: *Wurde jemandt, ein junckhfrau oder frauen mit der that nothzwingen und schenden, den sollen die straffherren, alsbald es möglich in die eysen verschaffen.* Streng ahndete man im oligarchisch strukturierten Ratsregiment Ehen in der Verwandtschaft. *Solte aber der erbarkeit so weit vergessen und durch verwandte persohnen miteinander unzucht getrieben und ein bluthschandt begangen werden, so will ein ehrßamer rath, daz solcher mißthäter alsbald gefänglich eingezogen*[45]. Im Landgebiet des Augsburger Domkapitels[46] galt nicht erst seit 1571 Folgendes: *Es soll jemandt vnehrlich oder köpsweiß bey ainander nit hausen sonder ohn allen verzug*

[43] Ebd., S. 266.

[44] Ebd., S. 143; Wolfgang Wüst, Wider „*ehebruch, hurereÿ, unzucht, kuppeleÿ und unterschleipf*“ – Policey-Statuten in Kempten im Jahre 1770, in: Allgäuer Geschichtsfreund – Blätter für Heimatforschung und Heimatpflege, NF 117 (2016), im Druck.

[45] Wüst (wie Anm. 4) S. 107.

[46] Walter Pötzl, Die Sorge des Augsburger Domkapitels um die Pilger (1600–1620), in: Bayerisches Jahrbuch für Volkskunde 1982 (erschienen 1984) S. 1–15; Wolfgang Wüst, Hochstift und Domkapitel in der Region, in: Herrschaft und Politik vom frühen Mittelalter

auß vnsern oberkaiten vnd gerichten geschafft werden. Vnnd sollen auch in den gungkelheusern vnd andern orten alle schendtliche schampare vnnd ergerliche wort gesang vnd werck herbotten sein vnd die jungen leut so haimlicher weyß vnehr mit einander getriben mit vngnaden ernstlicher gestrafft werden[47].

Eheliche Treue stand der Hausfrau schließlich auch über den Tod des Gatten gut an. Oftmals wurde sie aber auch übertrieben. In Lindau[48] musste deshalb der Rat die offizielle Trauerzeit per Mandat begrenzen. Trauerflor und Trauerbinden sollte man längstens drei Monate tragen. *Hiebey ist noch dises zu erinnern, daß die drejfache vmbbinder vmb elltern und ehgatten länger nicht als ein vierteljahr, vmb alle andere weitere verwandte aber mehr nicht als vier wochen getragen werden sollen. Auß dißen jezgesezten reguln nun können die übrige fäll nach denen gradibus oder weite der freünd- vnd schwägerschafft gar leicht ermessen und geurtheilt werdenn*[49].

4. Ergebnisse

Sorgfalt, Sparsam-, Sauber-, Sittsam- und Schicklichkeit – sie gelten als zeitlose hausfrauliche Tugenden – traten uns in den Policeyquellen des 15. bis 19. Jahrhunderts in verschiedener Gestalt gegenüber. Ihre Inhalte unterschieden sich aber vom modernen Denken unseres 21. Jahrhunderts und dem sich seit der Industrialisierung entwickelnden und von der Genderforschung begleiteten Haus-Frauen-Bild. Nehmen wir exemplarisch die Begriffe für Sorgfalt und Sauberkeit heraus, so galten diese Leittugenden meistens im agrarisch geprägten Umfeld der konkreten häuslichen Feuerverhütung. Im Spitalsland des Augsburger Heilig-Geist-Spitals holte der Gesetzgeber noch 1764 weit aus: *Da durch das in geheizten stuben und backoefen vorgenommene flachs doerren schon so manche verderbliche feuersbrunsten entstanden sind, dergestalten daß man hierinfalls nicht genug vorsichtigkeit gebrauchen kan, als wird dise gefaehrliche zubereitung so viel es thunlich ist, lediglich verbotten, wann aber dennoch ein anhaltend feuchtes und regenwetter den flachs bey der sonnenhitz zu doerren und darzu folgenden fruehling abzuwar-*

---

bis zur Gebietsreform (Der Landkreis Augsburg, Bd. 3), hg. von Walter PÖTZL, Augsburg 2003, S. 114–143.

47 WÜST (wie Anm. 4) S. 290.

48 Johannes C. WOLFART, Religion, government and political culture in early modern Germany: Lindau, 1520–1628 (Early modern history: Society and culture), Basingstoke u.a. 2002; DERS., In zweifacher Deckung: Die historiographische Umsetzung des Augsburger Religionsfriedens im Falle Lindaus, in: Der Augsburger Religionsfriede 1555. Ein Epochenereignis und seine regionale Verankerung. Ergebnisse einer Tagung des Historischen Verein für Schwaben und der Schwaben-Akademie Irsee vom 3. bis 5. März 2005 (Zeitschrift des Historischen Vereins für Schwaben und Neuburg, Bd. 98), hg. von Wolfgang WÜST/Georg KREUZER/Nicola SCHÜMANN, Augsburg 2005, S. 217–224.

49 WÜST (wie Anm. 4) S. 177.

ten nicht gestatten wurde, so mag gleichwohlen nachgesehen werden, den backofen tagszeit zu disem endzweck, laenger aber nicht, als biß man in die vesper gelaeutet hat, zu heizen, wann es noch spaether geschehen solte, so hat der obervogt die haußleuthe um fünf Gulden zu bestrafen[50].

Für die Siedlungen um das ostschwäbische Zisterzienserkloster Oberschönenfeld, wo der Flachsanbau verbreitet war, galt 1667 ganz Ähnliches: *Es solle niemandt in bachöefen, noch viel weniger in der stuben flachß dörren, welcher oder welche darwider handlet oder gedachtermaßen mit flachßdörren schuldig befunden wurde, ist nicht nur allein der herrschaftt in hoche straff, sondern zugleich auch der befundene flachß verfallen. Solte aber ein grösßerer schaden dadurch entstehen, wurde der übertretter dises verbotts zu abführung alles schadens angehalten werden. Wesßhalben auch ein jeder underthan sowohl beÿ tag als nacht ein schaff mit waßer im hauß haben, dann mit einer latern und laither im fahl der noth verseehen seÿn solle*[51].

---

50 Wüst (wie Anm. 26) S. 230 f.
51 Wüst (wie Anm. 4) S. 269.

Ein württembergischer Konservativer in Berlin. Freiherr Otto von Ow-Wachendorf und seine Tagebuchaufzeichnungen über seine Tätigkeit als Reichstagsabgeordneter

Von VOLKER STALMANN

1. Einführung

Als er starb, klagte die „Schwäbische Kronik", dass „sein Hingang in vielfachen Beziehungen fühlbare Lücken" reißen würde. „Seine ritterliche Natur und sein ebenso liebenswürdiges als charaktervolles Wesen – sein Standpunkt war immer gewesen, daß der äußere Adel nichts wert ist – werden bei allen, die mit ihm in Berührung gekommen sind, unvergessen bleiben."[1]

Der 1921 verstorbene Hans Otto Freiherr von Ow-Wachendorf war einer der führenden Politiker und Beamten des Königreichs Württemberg. Als ritterschaftlicher Abgeordneter der Zweiten und seit 1906 der Ersten Kammer vertrat er die Interessen seines Standes, im Deutschen Reichstag lieh er von 1878 bis 1890 als Abgeordneter der Deutschen Reichspartei der Politik Bismarcks seine Unterstützung und als Präsident der Zentralstelle für die Landwirtschaft im württembergischen Innenministerium gestaltete er aktiv die landwirtschaftliche Politik seines Landes[2].

---

[1] Schwäbische Kronik des Schwäbischen Merkurs zweite Abteilung Nr. 208 vom 9. Mai 1921: „Staatsrat a. D. Frhr. von Ow †".

[2] Auch zum Folgenden: Biographisches Handbuch der württembergischen Landtagsabgeordneten 1815–1933. Im Auftrag der Kommission für geschichtliche Landeskunde in Baden-Württemberg bearbeitet von Frank Raberg, Stuttgart 2001, S. 638–640; Deutsche Biographische Enzyklopädie, hg. von Rudolf VIERHAUS unter Mitarbeit von Dietrich von Engelhardt u. a., Bd. 7, Berlin 2007, S. 649; Gerhard FAIX, Ow, von, in: Neue Deutsche Biographie 19 (1998), S. 730 f.; Gisela HERDT, Der württembergische Hof im 19. Jahrhundert. Studien über das Verhältnis zwischen Königtum und Adel in der absoluten und konstitutionellen Monarchie, phil. Diss., Göttingen 1970, besonders S. 350–376; Nationalliberale Parlamentarier 1867–1917 des Reichstages und der Einzellandtage. Beiträge zur Parteigeschichte, hg. aus Anlaß des fünfzigjährigen Bestehens der nationalliberalen Partei Deutschland von Generalsekretär Hermann Kalkoff, Berlin 1917, S. 346; Johann OTTMAR,

Seine im Freiherrlich von Owschen Archiv im baden-württembergischen Starzach liegenden Tagebücher geben instruktive Einblicke in sein Leben und die politischen Verhältnisse jener Zeit. Wenn der Schwerpunkt der Aufzeichnungen, die 1888 einsetzen und mit dem Tod des Freiherrn 1921 enden, auch auf den politischen Ereignissen im Königreich Württemberg liegt[3], so vermag Freiherr von Ow doch auch interessante Momentaufnahmen und Eindrücke aus dem politischen Berlin zu vermitteln. Mit scharfem Blick, Feinsinn und Empathie führt uns der Reichstagsabgeordnete durch die Reichshauptstadt, lässt uns teilhaben an Reichstagseröffnungen, Reichstagssitzungen oder Abendgesellschaften des Grafen Herbert von Bismarck. Auch wenn sich die Tagebuchaufzeichnungen auf zwei Jahre (1888–1890) beschränken, entwerfen sie ein farbenreiches Panorama der späten Bismarckzeit, das der Freiherr mit seinem scharfen Urteil und mit Blick für prägnante Details bereichert. Zum besseren Verständnis der Tagebuchnotizen soll im Folgenden ein kurzer biographischer Abriss folgen, der die wichtigsten Stationen im Leben des Freiherrn nachzuzeichnen versucht.

2. Biographie

Geboren wurde Hans Otto Freiherr von Ow am 28. April 1843 in Wachendorf als ältester Sohn des Freiherrn Hans Karl von Ow (1814–1882) und dessen erster Frau Bertha geb. Freiin Gleichauf von Gleichenstein (1818–1861). Die Familie Ow gehörte zu den alten schwäbischen Adelsgeschlechtern. Erstmals 1095 urkundlich erwähnt, war sie 1681 in den Reichsfreiherrnstand erhoben worden. Ihren Stammsitz hatte sie in Obernau (Landkreis Tübingen), von wo sie sich rechts des Neckars auszubreiten begann. Im Mittelalter spaltete sich die Familie in mehrere Hauptlinien, von denen im 19. Jahrhundert noch die Linien Wachendorf, Felldorf und Öschingen existierten.

Den Gepflogenheiten seines Standes entsprechend erhielt Hans Otto im Alter von sechs Jahren seinen ersten Privatunterricht durch einen Dorflehrer, der regel-

---

Grundzüge der Familiengeschichte, in: Franz Quarthal (Hg.), Adel am oberen Neckar. Beiträge zum 900jährigen Jubiläum der Familie von Ow, Tübingen 1995, S. 7–76; Meinrad Freiherr von Ow-Wachendorf, Hans Otto Reichsfreiherr von Ow-Wachendorf (1843–1921). Skizzen aus einem Leben zwischen zwei Revolutionen, in: ebd., S. 481–511; Paul Sauer, Württembergs letzter König. Das Leben Wilhelms II., Stuttgart 1994, S. 120, 124 f., 157; Max Schwarz, Biographisches Handbuch der Reichstage (1848/49 bis 1933), Hannover 1965, S. 418; Volker Stalmann, Die Partei Bismarcks. Die Deutsche Reichs- und Freikonservative Partei 1866–1890, Düsseldorf 2000, S. 255, 283, 350, 415 f., 442, 454; Suevia-Tübingen 1831–1931, Bd. 3: Lebensbilder, Tübingen 1931, S. 205–207.

[3] Auf die Tagebücher des Freiherrn wurde bereits mehrfach zurückgegriffen. Allerdings blieben dabei die Notizen über die Berliner Zeit weitgehend unbeachtet. Vgl. Herdt (wie Anm. 2) S. 350–376; Ow-Wachendorf (wie Anm. 2).

mäßig ins freiherrliche Schloss kam. Ab dem achten Lebensjahr wurde er auch in Latein durch den Patronatspfarrer im Pfarrhaus von Bierlingen unterrichtet. Nach der mehrjährigen Ausbildung an den Jesuitenschulen in Trauchburg und Feldkirch sowie einer Erziehungsanstalt in Nancy folgte 1858 der Besuch des Stuttgarter Gymnasiums, wo er im März 1863 die Reifeprüfung bestand.

An die schulische Ausbildung schloss sich ein dreijähriges Universitätsstudium an, das Freiherr von Ow in Tübingen, Freiburg i. Br., Heidelberg und Berlin absolvierte. Dort besuchte er juristische, geschichtliche, staats- und volkswirtschaftliche Vorlesungen, ohne allerdings ein Bildungspatent anzustreben. Dass seine Leidenschaft der Land- und Forstwirtschaft gehörte, wurde im Herbst 1866 deutlich, als er ein Praktikum als Forstmann in Sigmaringen und in Böhmen im hohenzollernschen Forstdienst absolvierte. 1867 begann er an der landwirtschaftlichen Akademie in Hohenheim zu studieren, wo er im März 1869 erfolgreich die Diplomprüfung bestand. Seine Leistungen müssen herausragend gewesen sein, da er im August 1869 eine Anstellung als Privatdozent (Repetent) und Wirtschaftsassistent in Hohenheim fand. Die Lehrtätigkeit, die Vorlesungen über Kleinvieh-, Fisch- und Schafzucht und Wollkunde umfassten, übte er bis zum November 1871 aus.

Im Krieg von 1870/1871 engagierte er sich im Sanitätsdienst des evangelischen Johanniter-Ordens und war als Führer von Sanitäts-Eisenbahnzügen für die Rückführung deutscher Verwundeter aus Frankreich verantwortlich. Kurzzeitig avancierte er im Herbst 1870 zum Adjutanten des württembergischen Kommissars für die freiwillige Krankenpflege, Fürst Wilhelm von Waldburg-Zeil, und kam mit den Truppen nach Gravelotte, Sedan, Reims und Versailles. Nach dem Krieg half er für einige Monate als Praktikant auf dem Gut des Freiherrn von Wendland in Bernried am Starnberger See aus und reiste anschließend zur Erweiterung seiner Studien durch Nord- und Mitteldeutschland. 1872 übernahm er schließlich die Verwaltung der väterlichen Güter zu Wachendorf und Bierlingen sowie des gepachteten Gutes Neuhaus der Familie Ow-Felldorf. Nach dem Tod seines Vaters 1882 wurde er Majoratsherr von Wachendorf und Bierlingen, zudem Besitzer bzw. Mitbesitzer der Güter Kallenberg und Hohenentringen. Seine Aufmerksamkeit galt der Pflege des Hopfenbaus, der lange Zeit hohen Ertrag abwarf. Erst als gegen Ende des Jahrhunderts die Güter mit den bezahlten Arbeitskräften gegenüber den kleinbäuerlichen Familienbetrieben nicht mehr konkurrenzfähig waren, wurde der Hopfenanbau zugunsten des Obstanbaus aufgegeben.

Freiherr von Ow war Mitbegründer und langjähriges Mitglied des Deutschen Landwirtschaftsrats, den er als Delegierter 1873 auf der Weltausstellung in Wien und 1878 in Paris vertrat. Zudem war er von 1885 bis 1890 Vorstand des landwirtschaftlichen Bezirksvereins Horb.

1879 heiratete er die damals 20-jährige Eleonore Freiin von Soden, die Tochter des württembergischen Gesandten in München, Oskar Freiherr von Soden. Sie sollte ihm fünf Kinder schenken: einen Sohn, Hans Hartmann, und vier Töchter, Bertha, Gertrud, Sigweis und Gunhild.

Mit der Politik kam er früh in Berührung. 1876 wurde er als Vertreter der Ritterschaft des Schwarzwaldkreises Abgeordneter der Zweiten Kammer der württembergischen Landstände, und nach der Verfassungsreform von 1906 Mitglied der Ersten Kammer. Dieser stand er seit 1913 als zweiter Vizepräsident vor. Zwar wohnte er regelmäßig den Sitzungen des Kammerklubs der Deutschen Partei bei, schloss sich der Partei jedoch nicht als Mitglied an. Die Interessen seines Standes vertrat Freiherr von Ow nicht nur im Parlament, sondern von 1905 bis 1917 auch als Ritterhauptmann des St. Georgenvereins der württembergischen Ritterschaft.

Von 1878 bis 1890 vertrat er zudem den achten württembergischen Wahlkreis (Freudenstadt-Horb-Oberndorf-Sulz) im Reichstag. Sein beeindruckendes Wahlergebnis von 60,6 % der abgegebenen Stimmen, das er 1878 errang, vermochte er in den folgenden Jahren noch zu übertreffen. So erhielt er 1881 64,4 %, 1884 70,7 % und 1887 sogar 78,2 %[4].

Die Wahlkampfkosten, die in jenen 12 Jahren für Inserate oder für das Austragen von Wahlzetteln anfielen, trug er selbst. Sie beliefen sich vor 1890 noch auf etwa 700 Mark pro Wahl. Wahlversammlungen waren anfangs keine Selbstverständlichkeit. So hielt es Freiherr von Ow 1878 für „unwürdig", in seinem Wahlkreis „durch Wahlreisen und Wahlversammlungen auf die Eroberung von Stimmen zu gehen"[5].

Im Reichstag schloss er sich der Deutschen Reichs- und Freikonservativen Partei an. Die Partei war nach dem Krieg gegen Österreich in Preußen als Abspaltung von den preußischen Hochkonservativen 1866 gegründet worden. Vehement unterstützte die von dem schlesischen Grafen Eduard Bethusy-Huc geführte Partei die Reichsgründungspolitik des preußischen Ministerpräsidenten und späteren Reichskanzlers Otto von Bismarck. Als wichtigstes parlamentarisches Instrument Bismarckscher Politik spielte sie bis zu dessen Rücktritt im Jahre 1890 eine zentrale Rolle im Reich und in Preußen. Innerhalb des deutschen Konservatismus repräsentierten die Freikonservativen all jene reformbereiten Kräfte, die sich den politischen, sozialen und ökonomischen Veränderungen der Zeit nicht entgegenstellen, sondern diese mitgestalten wollten. Die konservativen Reserven der Partei wurden allerdings vor dem Hintergrund der in den siebziger Jahren einsetzenden Wirtschaftskrise immer stärker. Soziale und wirtschaftliche Fragen gewannen an Bedeutung[6].

Freiherr von Ow machte sich nach seiner Wahl in den Reichstag bald als engagierter Vertreter landwirtschaftlicher Interessen einen Namen. So setzte er sich bei der Beratung des Zolltarifs von 1879 für die Einführung bzw. Erhöhung landwirt-

---

[4] Vgl. die Biographie von Hans Otto Freiherr von Ow-Wachendorf, in: Heinrich Best, Datenbank der Abgeordneten der Reichstage des Kaiserreichs 1867/71–1918 (Biorab-Kaiserreich) (http://zhsf.gesis.org/ParlamentarierPortal/biorabkr_db/biorabkr_db.php?id=1805, 19.06.2016)

[5] Vgl. den Wahlaufruf des Freiherrn von Ow, in: Schwarzwälder Bote, Nr. 155 vom 6.7.1878.

[6] Vgl. Stalmann (wie Anm. 2).

schaftlicher Schutzzölle ein[7]. Wiederholt sollte er in den folgenden Jahren zur Zollpolitik das Wort ergreifen. Aber nicht nur agrarpolitische Fragen, sondern auch kultur-, innen- und sozialpolitische Themen fanden sein Interesse. So vertrat er 1882 seine Fraktion in der Debatte über den Abbau der Kulturkampfgesetzgebung und plädierte für eine baldige Beilegung des Konflikts bei besonderer Berücksichtigung der staatlichen Interessen im Reich und in Preußen[8]. Den Kanzler unterstützte er auch im Kampf gegen die „verderblichen Bestrebungen der Sozialdemokratie“[9] und bei der Implementierung des Sozialstaats. Bei der Einführung der Sozialversicherungen setzte er sich gleichwohl für eine Beschränkung der Versicherungspflicht auf Industriearbeiter ein und lehnte 1884 die Ausdehnung der Unfallversicherung auf land- und forstwirtschaftliche Arbeiter ab[10]. Seine herausgehobene Stellung im Parlament brachte auch seine Wahl zum Berichterstatter der VI. Reichstagskommission 1887 zum Ausdruck[11].

Sein nationales Engagement wiederum fand seit 1900 seinen Niederschlag in seiner Mitgliedschaft im Landesausschuss des Deutschen Flottenvereins. Mit seiner Ernennung zum Regierungsdirektor der Zentralstelle für die Landwirtschaft im württembergischen Innenministerium 1890 schied er aus dem Reichstag aus. 1893 avancierte er zum Präsidenten der Zentralstelle, ein Posten, der dem eines Landwirtschaftsministers entsprach, den es in der Regierung so noch nicht gab. 1906 wurde ihm der Titel Staatsrat und im folgenden Jahr das Prädikat Exzellenz verliehen. 1908 trat er aus Gesundheitsrücksichten in den Ruhestand und widmete sich fortan der Bewirtschaftung seiner Güter.

Seine Leidenschaft waren geschichtliche Studien. So widmete er sich der Geschichte der eigenen Familie, aber auch der seiner engeren und weiteren Heimat. Dieses Interesse dokumentieren zahlreiche Vereinsmitgliedschaften. So war er Ehrenpräsident des Sülchgauer Altertumsvereins, von 1891 bis zu seinem Tod Mitglied der württembergischen Kommission für Landesgeschichte, Vorstandsmitglied des württembergischen Geschichts- und Altertumsvereins und Mitglied des Albvereins und des Schwarzwaldvereins. 1906 wurde er Mitglied der Kommission für die Verwaltung der Staatssammlung vaterländischer Kunst und Altertumsdenkmale und des Beirates des Bundes für Heimatschutz in Württemberg und Hohenzollern. Sein Interesse an der Geschichte seiner Familie und seiner Heimat

---

[7] Vgl. die Reden des Freiherrn am 19. Mai 1979, in: Stenographische Berichte des Reichstages (künftig: SBR) 1879, 48. Sitzung, S. 1328–1331; und am 26. Mai 1879, in: ebd., 53. Sitzung, S. 1459–1461.

[8] Vgl. die Rede des Freiherrn in der 28. Sitzung am 18. Januar 1882, in: SBR 1881/82, Bd. 1, S. 715 f. Vgl. auch Stalmann (wie Anm. 2) S. 415 f.

[9] Vgl. die Rede des Freiherrn in der 25. Sitzung am 12. Mai 1884; in: SBR 1884, Bd. 1, S. 558 f., Zitat S. 559.

[10] Vgl. die Rede in der 33. Sitzung am 16. Juni 1885, in: SBR 1884, Bd. 2, S. 771 f.

[11] Vgl. die Rede des Freiherrn als Berichterstatter der VI. Kommission zum Gesetzentwurf, betr. die Abänderung des Zolltarifs in der 10. Sitzung am 13. Dezember 1887, in: SBR 1887/88, Bd. 1, S. 173–176.

fand seinen Niederschlag auch in seinen Tagebüchern, die sich im Nachlass des Freiherrn auf Schloss Wachendorf in Starzach befinden.

Im Alter von 65 Jahren zog er sich nach Wachendorf zurück, kam jedoch auch weiterhin seinen Verpflichtungen als ritterschaftlicher Abgeordneter der I. Kammer in Stuttgart nach. Im Ersten Weltkrieg wurde er von der Obersten Heeresleitung reaktiviert und übernahm im September 1918 auf dessen Initiative zusammen mit einer Gruppe württembergischer Abgeordneter eine Reise in die Ukraine, wo Kommandostellen sowie industrielle und landwirtschaftliche Betriebe besichtigt wurden.

Nach dem Krieg blieb er politisch aktiv. Er wurde Mitglied der neugegründeten Württembergischen Gesellschaft von 1918, in der Personen unterschiedlicher gesellschaftlicher und politischer Kreise zur Diskussion zusammenfanden. Dem Vorstand gehörten unter anderem der Stuttgarter Oberbürgermeister Lautenschlager und der Industrielle Robert Bosch an.

Hans Otto Freiherr von Ow verstarb nach einem Schlaganfall am 7. Mai 1921. „Bezeichnend für sein Wesen war, daß er sich testamentarisch jeglichen Lobeserguß am Grabe verbeten hatte. Seine Kinder setzten ihm in der Gottesackerkapelle von Wachendorf ein Grabmal, das ihn in seinem alltäglichen jagdlichen Kleid darstellt, wie er zur Arbeit an den Bäumen durch den Wald schreitet.“[12]

3. Die Tagebuchaufzeichnungen von 1888–1890

Die Tagebücher wurden in den letzten Lebensjahren des Freiherrn zeitweise in anderer Schrift, d. h. in dessen Auftrag von einer anderen Person verfasst. Die Aufzeichnungen liegen im Freiherrlich von Owschen Archiv im baden-württembergischen Starzach in zwei voluminösen Bänden (ohne Signatur) vor, die teilweise bereits transkribiert wurden und als Word-Dateien vorliegen. In den Aufzeichnungen spielen die politischen Verhältnisse des Kaiserreichs und des Königreichs Württemberg eine herausgehobene Rolle, dennoch werden auch familiäre Ereignisse, die Geschichte der Familie und der engeren Heimat ausführlich reflektiert.

Die Publikation orientiert sich hinsichtlich der formalen Einrichtung an den herkömmlichen Editionsprinzipien. Die Schreibweise in der Quelle wurde bei der Transkription beibehalten. Offenkundige Schreib- und Interpunktionsfehler wurden stillschweigend behoben. Die Kommentierung beschränkt sich auf den Nachweis der angesprochenen Reichstagsreden und auf die Verifizierung der im Text genannten Personen, die für ein besseres Textverständnis erforderlich erscheinen.

---

12 Suevia-Tübingen 1831–1931 (wie Anm. 2) hier S. 207.

1888:

[19. Februar:] Dieser Tage erhielt ich eine Einladung zum Mittagessen, zu einem parlamentarischen Diner in Berlin bei unserem großen Reichskanzler dem Fürsten Bismarck[13]. Tausende beneiden mich um diese Auszeichnung, allein ich konnte mich nicht entschließen, Frau und Kinder in diesen Tagen der Trauer allein zu lassen, und so habe ich darauf verzichtet, mich bei dem Reichskanzler einzufinden. Doch konnte ich umso eher darauf verzichten, als ich in früheren Jahren so oft schon die Gastfreundschaft bei diesem nach Napoleon, größten Mann unseres Jahrhunderts genossen habe.

28. März. Wie ganz anders verhält es sich mit unserem Heldenkaiser Wilhelm[14], der kürzlich gestorben ist! Welch allgemeine Trauer im ganzen deutschen Reich! Ich war in Berlin bei den Beisetzungsfeierlichkeiten. In meiner Eigenschaft als Reichstagsabgeordneter fühlte ich die Pflicht, auch meinerseits dem Kaiser die letzte Ehre durch meine Teilnahme am Leichenzug zu erweisen. Gelegentlich des Ablebens dieses großen Kaisers nahm mein Vetter Freiherr Carl von Ow[15], als Präsident der bayrischen Abgeordnetenkammer, Veranlassung in einer Anrede an die Abgeordneten des Kaisers zu gedenken [...].

1. April. Ich habe heute unserem großen Reichskanzler Fürst Bismarck telegrafisch meine Glückwünsche zu seinem 73. Geburtstag ausgesprochen, worauf mir der Fürst zurücktelegrafierte: „Verbindlichsten Dank für die freundlichen Glückwünsche zum Geburtstag. von Bismarck." Gott erhalte uns diesen prächtigen Mann noch recht lange in seiner Frische! Außer dem Telegramm erhielt ich noch nachfolgende Zuschrift:

Berlin 6. April 1888
Für ihre freundlichen Glückwünsche zu meinem Geburtstage sage ich meinen verbindlichsten Dank
von Bismarck

---

[13] Otto von Bismarck, ab 1865 Graf, ab 1871 Fürst von Bismarck, ab 1890 Herzog zu Lauenburg (1815–1898), 1871–1890 deutscher Reichskanzler.

[14] Wilhelm I. (1797–1888), ab 1861 König von Preußen, ab 1871 deutscher Kaiser.

[15] Karl Freiherr von Ow-Felldorf (1818–1898), 1863–1893 Mitglied der Kammer der Abgeordneten des bayerischen Landtags, 1871/1872 und 1875–1892 Präsident der Kammer der Abgeordneten, 1868–1871 Mitglied des Zollparlaments, 1871–1882 Reichstagsabgeordneter der bayerischen Patriotenpartei.

25. Juni. Ich habe heute der Reichstagseröffnung durch den jungen Kaiser Wilhelm II.[16] im Weißen Saale des Schlosses in Berlin angewohnt. Es war eine großartige, ergreifende Feierlichkeit, und dieser Tag gehört zu den schönsten Erinnerungen meines parlamentarischen Lebens! Der jugendliche Kaiser mit dem blassen Antlitz, als er umgeben von sämtlichen deutschen Fürsten die Thronrede verlas, machte auf alle Anwesenden den allergünstigsten Eindruck. Uns Allen war es zweifellos: Vor uns stand ein junger Hohenzollern-Kaiser beseelt von alleredelsten Streben, voll von seiner Verantwortung, voll von ernstem Pflichtgefühl, durchaus offen, gerade und wahr, in politischer und religiöser Richtung von zweifellos conservativer Gesinnung, wohlwollend, gerecht und friedliebend, und bei alledem von seltener Energie, eine der vorzüglichsten Herrschergaben. Ein bayrischer Reichstagsabgeordneter, der neben mir stand, gab nach vollzogener Feierlichkeit, dem wohl allgemeinen Eindruck, seinem Nachbar gegenüber in folgenden Worten Ausdruck: „Dös muß i soggen, der laßt nit mit sich spaßen!" Möchte dieser vorzügliche Eindruck, den der junge Kaiser machte, sich durch eine lange segensreiche Regierung bewahrheiten! Rührend war es anzusehen, wie der greise Reichskanzler Fürst Bismarck an den Stufen des Thrones stand in seiner Haltung vorgebeugt, als möchte er gleich einer treubesorgten Mutter über seinen Sohn wachen und ihm zur Hilfe zur Seite stehen, und wie seine Züge sichtlich sich mehr und mehr verklärten, je deutlicher und entschiedener der Kaiser die vortreffliche Thronrede vorlas. Und als der Kaiser geendet und einige Stufen vom Thron herabstieg und seine Hand unserem großen Kanzler darbot, und der alte Kanzler, „der Mann von Blut und Eisen", eine Träne im Auge, die Hand des Kaisers ergreifend, diese ehrerbietig küsste, da brach der gesamte Reichstag in einen nicht enden wollenden Jubel, in ein nicht enden wollendes donnerndes „Bravo" aus. – Auch die junge Kaiserin[17] hat mir außerordentlich gut gefallen, die, den kleinen sechsjährigen Kronprinzen[18] an der Hand führend, neben dem Thron in einer Loge Platz nahm. Man kann nicht sagen, daß die Kaiserin eine hervorragende Schönheit ist, dagegen eine stattliche blonde äußerst sympathische Erscheinung, so recht der Typus und das Bild einer ächt deutschen edlen Frau.

Ich habe in diesem Sommer manche Gelegenheit wahrgenommen, um mit meinen Wählern meines Reichstagswahlkreises Fühlung zu erhalten. Deshalb beteiligte ich mich bei dem Schwarzwaldsängerfest in Freudenstadt, bei dem Turnerfest in Oberndorf, bei dem herrlich gelungenen Ausflug des Schwarzwaldvereins nach Alpirsbach und Schramberg. Auch bei dem landwirtschaftlichen Fest in Haigerloch fehlte ich nicht, und ebenso machte ich den Ausflug des Ausschusses des deut-

[16] Wilhelm II. (1859–1941), 1888–1918 Deutscher Kaiser und König von Preußen.
[17] Auguste Viktoria von Schleswig-Holstein-Sonderburg-Augustenburg (1858–1921), seit 1881 mit Wilhelm (II.) verheiratet.
[18] Wilhelm (1882–1951).

schen Landwirtschaftsrats auf die Burg Hohenzollern mit, und traf ich bei dieser Gelegenheit mit Herrn von Wedell-Malchow[19], Graf Lerchenfeld-Köfering[20], Freiherr von Cetto, von Oelschlägel, von Canstein, von Bemberg, Nobbe, Professor May, Leemann, Braunmüller, Schoffer und Dr. Müller zusammen. Auch der Oberamtmann von Hechingen, Graf Schwerin-Busow, beteiligte sich an der Fahrt nach dem Hohenzollern. Es ist notwendig, bei solchen Gelegenheiten nicht zu fehlen. Das Vergnügen, das man dabei hat, und welches oft kein großes ist, kommt nicht dabei in Betracht, dagegen die Pflicht des Landedelmanns, bei allen Fragen des gesellschaftlichen und wirtschaftlichen Lebens ein aufrichtiges und ernstes Interesse zu betätigen. Dieser meiner Teilnahme an allen Vorgängen im Gebiet des Schwarzwalds und oberen Neckars verdanke ich wohl am Meisten mein Ansehen und meine Popularität und meinen Sitz im Reichstag seit mehr als zehn Jahren.

20. November 1888. Mit dem heutigen Tage beginnt für mich die unruhige Jahreszeit. Im Sommer ist es mir vergönnt, *procul negotiis rura paterna bovis exercere*, und mich dem lieben einfachen Landleben zu widmen. Mit dem Beginn der Winterzeit ruft mich die parlamentarische Pflicht nach Stuttgart in die Kammer der Abgeordneten und nach Berlin zu den Arbeiten des Reichstags. Am 22. November habe ich in dem kaiserlichen Schloß der feierlichen Eröffnung des Reichstags durch den Kaiser Wilhelm II. angewohnt[21]. Der Kaiser in seiner weißen Kürassieruniform machte den allergünstigsten Eindruck, sowohl in seiner persönlichen Erscheinung, vor allem aber durch den friedlichen Inhalt seiner Thronrede. Die Hauptaufgabe des Reichstags in der kommenden Session soll der Ausbau der sogenannten sozialen Gesetzgebung sein. Nachdem wir Kranken- und Unfallversicherung der Arbeiter ins Leben gerufen haben, soll nun noch die Alters- und Invaliditätsversicherung für die Arbeiter durchgeführt werden. Eine schwere und großartige Aufgabe! Für mich ist dies zweifellos ein sehr weitgehender Schritt auf dem Wege zum Staatssozialismus. Ob der erwartete Erfolg, die Versöhnung der Gegensätze zwischen Arm und Reich wird erreicht werden, ist mir zurzeit sehr zweifelhaft. Vorerst wird man mit dieser Gesetzgebung nicht viel Dank bei dem Volk ernten, dessen Urteil zurzeit vielfach dahin geht: diese Gesetzgebung sei der Schutz der Lumpen, und die sparenden, soliden Bürger müssen zahlen. Es ist gewiß manches Wahre an dieser Auffassung. Doch hoffe ich, daß mit der Zeit diese Gesetzgebung in Formen gebracht wird, so daß der Schutz der Lumpen nicht so sehr als der unverschuldeten Armut wird erreicht werden!

---

[19] Friedrich von Wedell-Malchow (1823–1890), 1871–1874, 1877–1890 Mitglied des Reichstags (Konservative Partei).

[20] Hugo Graf von und zu Lerchenfeld-Köfering (1843–1925), bayerischer Diplomat.

[21] Zur Eröffnungssitzung und zur Thronrede Kaiser Wilhelms II. am 22. November 1888 vgl. SBR 1888/89, Bd. 1, S. 1 f.

1889

8. Dezember. Seit acht Tagen bin ich hier in Berlin bei den Sitzungen des Reichstags. Gestern habe ich unter stürmischem Beifall der Mehrheit des Hauses eine Rede für die Schutzzollpolitik gehalten, und bin namentlich der tendenziös falschen Behauptung entgegengetreten, als ob die landwirtschaftlichen Schutzzölle nur im Interesse der so genannten Großgrundbesitzer lägen, und habe nachgewiesen, daß dieselben für den kleinen und mittleren Bauernstand in erster Linie nützlich und notwendig sind![22] Ich bin prinzipieller Freihändler, allein, solange die übrigen Staaten Europas nicht auch sich zum Freihandel bekennen, ist es Unsinn, unsere Grenzen den fremden Waren zu öffnen, während die anderen Länder den Absatz unserer Waren durch hohe Schutzzölle erschweren. Es beruht eben alles, auch im politischen Leben, auf Gegenseitigkeit.

Die Verhältnisse hier in Berlin sind nicht nach allen Seiten befriedigende. Gott Lob, daß der Kulturkampf in der Reichspolitik keine große Rolle mehr spielt. Der gewaltige Reichskanzler Fürst Bismarck, der große „Wauwau", wie man ihn in parlamentarischen Kreisen scherzhaft nennt, sieht ein, daß man mit dem Kulturkampf einen großen politischen Fehler gemacht hat, daß man Rom und die mächtige katholische Partei braucht, und sehr gut brauchen kann, und daß man denjenigen, den man braucht, nicht ungestraft auf die Hühneraugen treten darf. Aber sehr unangenehm fühlbar macht sich in der Reichspolitik für Jedermann, insbesondere auch für die konservativen Parteien, daß von oben herunter, von den maßgebenden Kreisen, vom Kaiser selbst, vom Fürsten Bismarck, dem „Mann von Blut und Eisen", von seinem Sohn, dem Grafen Herbert[23], dem Minister des Auswärtigen Amtes und anderen Leitern der Reichspolitik, jede freie selbständige Meinungsäußerung verdammt wird, daß, wer nicht durch Dick und Dünn mitgeht mit der im Königlichen Schlosse und in dem Reichskanzlerpalais ausgegebenen Parole, als ein Feind des Kaisers angesehen wird. Daß demjenigen jedes Avancement zur Unmöglichkeit gemacht wird, ja daß derselbe und seine Familie in den Hofkreisen schlecht behandelt, boykottiert wird. Auf diese Weise erzieht man sich in den Hofkreisen, in dem Beamtenstand, im Bundesrat, Reichstag, Abgeordnetenkreisen, ja leider selbst unter den Edelleuten, ein Heer von Hausknechten des Kaisers und des Kanzlers. Das muß zur politischen Demoralisation führen. Die besten, edelsten Kräfte werden lahm gelegt. Jetzt noch hält der stramme, schneidige Militarismus Alles zusammen, aber wie lange noch? Dem Staatssozialismus gehört die Zukunft, und das absolutistische Regiment, das keinen Widerspruch erträgt, das jedes selbständige politische unabhängige Benehmen edler Männer vornehm verhöhnt und

---

[22] Zur Rede des Freiherrn von Ow in der 32. Sitzung am 7. Dezember 1889 vgl. SBR 1889/90, Bd. 2, S. 758 f.

[23] Graf Herbert von Bismarck (1849–1904), 1886–1890 Staatssekretär des Auswärtigen Amtes.

verspöttelt, beraubt sich wertvollster Elemente und deren Mitarbeit im Staatsleben. Diese ziehen sich zurück. Zur Zeit sind die Minister, die Bundesratsmitglieder und viele Parteiführer fast ausnahmslos nur Hausknechte des gewaltigen Kanzlers. Kaiser Wilhelm II. sollte über den Parteien stehen in seiner kaiserlichen Eigenschaft, das würde das ganze deutsche Volk aufs freudigste begrüßen. Allein, leider ist dies nicht der Fall. Der Kaiser will den Karakter des Militairstaats auch im politischen Leben voll und ganz zum Ausdruck bringen. Der Kaiser will auch in allen politischen inneren Reichsangelegenheiten die einzelnen Personen und Parteien als oberster Kriegsherr kommandieren. Das deutsche Volk wird auf die Dauer sich solchen Zustand nicht gefallen lassen! Doch wer weiß, unser sonst so ausgezeichneter, vorzüglicher Kaiser Wilhelm II. kann noch vieles lernen, und vielleicht lernt er auch diejenigen schätzen, welche anderer Meinung sind wie Er, und welche es vielleicht ehrlicher und besser mit ihm meinen als manche seiner vergoldeten Hausknechte.

Am vergangenen Dienstag [3. Dezember] war bei dem Grafen Herbert Bismarck parlamentarischer Abend. Eine außerordentliche Zahl von Mitgliedern des Reichstags und des Bundesrats hatten sich eingefunden. Um Mitternacht zogen die Gäste sich zurück. Eine kleine Gesellschaft von ca. 35 vom Grafen Herbert zum Bleiben speziell aufgeforderten Gästen, darunter auch ich, konstituierte sich nun zu einer gemütlichen Kneipgesellschaft, so ganz nach Studentenart. Es waren auch die Anwesenden meist ehemalige Corpsstudenten, und man fühlte sich so recht in die alte Burschenherrlichkeit zurückversetzt. Es wurden Lieder gesungen, Toaste ausgebracht und nachdem der sächsische Gesandte[24] auch die Württemberger leben ließ, konnte ich als Einziger anwesender Schwabe nicht umhin auch das Wort zu nehmen, toastete auf die Gastfreundschaft im Hause Bismarck. Anwesend in jener späten Abendgesellschaft beim Grafen Herbert Bismark waren unter Anderen: der deutsche Botschafter in Konstantinopel von Radowitz, der badische Gesandte in Berlin Freiherr von Marschall, Major von Bülow, Flügeladjudant des Kaisers, Graf Mirbach, Mitglied des Reichstags etc. Wenig angenehm war für mich, daß Graf Herbert Bismarck über die neuesten Vorgänge am Stuttgart Hof interpellierte. Die Herren in Berlin sind über alle Details der Verhältnisse an den Fürstlichen Höfen der Einzelstaaten nur zu gut informiert, und so weiß man denn auch schon in den Berliner Hofkreisen, daß der alte König Karl von Württemberg[25] eine neue *passion* gefaßt hat und gar zu – einem verheirateten Maschinisten vom Stuttgarter Hoftheater! Der Kerl muß den ganzen Tag beim König sein und ihm die Zeit vertreiben. Mit was? Man kommt auf die schlimmsten Vermutungen. Der König hat diesen Menschen in einer Gesellschaft bei seinem Schwager, dem Prinzen von Sachsen-Weimar, kennengelernt. Letzterer stand an der Spitze des Comités, welches die Jubiläumsfestlichkeiten im vergangenen Jahr, zum Beispiel die lebenden

---

[24] Wilhelm von Hohenthal.

[25] Karl I. (1823–1891), 1864–1891 König von Württemberg.

Bilder im Theater arrangierte. Als Dank für die dabei Mitwirkenden lud Prinz Weimar die betreffenden Persönlichkeiten vom Hoftheater zu einer Abendgesellschaft in sein Palais ein. Dabei war auch der König; und nicht ahnend, welche Folgen es haben würde, stellte der Prinz Weimar auch diesen Maschinisten dem König vor. Jetzt erst weiß man den eigentlichen Grund, weshalb der König seine berüchtigten bisherigen Freunde, die Amerikaner Woodcock[26] etc. entbehren kann, und was ihn seit langer Zeit zum ersten Mal wieder im Winter in seinem Königreich zurückhält! Dieser Maschinist soll etwas ganz Eigenthümliches in seinem Blick haben. Es muß etwas von den Passionen des Großvaters auf unseren König Karl übergegangen sein. Als der dicke König Friedrich von Württemberg[27] einmal nach Frankfurt am Main kam, hatten sich die in Frankfurt anwesenden Württemberger zur Begrüßung des Königs versammelt. Dabei fiel dem König ein junger Mann auf. „Wer ist dieser junge Mann?“ fragte der König. Man wußte es nicht. „Erkundigen Sie sich nach ihm“, sagte er zu seinem Adjudanten, „und bestellen Sie ihn auf Morgen zu mir.“ Am anderen Morgen war dieser junge Mann namens Breuning beim König, und erhielt das Patent als Lieutenant der Garde und avancierte hernach bis zum Generaladjutanten des Königs. Wie fest gewurzelt ist doch das monarchische Prinzip in deutschen Landen, daß es solche Schauspiele erträgt. Allein mit jedem solchen Vorgang erhält das monarchische Prinzip einen neuen gewaltigen Stoß, und *caveant* diese fürstlichen *consules*, daß ihr Nimbus, und daß sie selbst dabei nicht erbärmlich zu Grunde gehen. Am Berliner Hof, bei den Hohenzollern gibt es solche Vorgänge [später eingefügt: „zur Zeit“] nicht, sie wissen die Würde des Thrones zu wahren. Mit Bedauern spricht man am Berliner Hofe solche Vorgänge an einem süddeutschen Hofe, aber, wenn mich nicht Alles täuscht, [später eingefügt: „doch“] mit innerlicher Schadenfreude, denn man weiß wohl, daß bei solchen Zuständen das Loyalitätsbewußtsein in den süddeutschen Staaten untergraben und dem Unitarismus vorgearbeitet wird. *Quem deus perdere vult dementat.*

Ehe der Reichstag in die Weihnachtsferien sich vertagte, habe ich noch zwei weitere Reden im Reichstag gehalten, und ich darf mich rühmen, daß ich mich dabei großer Anerkennung erfreuen durfte[28]. In der einen Rede habe ich die Interessen der niederen Angestellten im Reichsdienst wahrgenommen, bin für deren Gehaltsaufbesserung ins Zeug gegangen und habe einen diesbezüglichen Antrag eingebracht, welcher der Budget Commission zur Berichterstattung überwiesen wurde[29]. Sehr glücklich habe ich hierbei den Popularitätsheischenden Freisinnigen

---

[26] Charles Woodcock (1850–1923), Liebhaber König Karls I. von Württemberg.

[27] Friedrich I. (1754–1816) war der erste König von Württemberg und regierte von 1806 bis 1816.

[28] Vgl. die Reden in der 35. Sitzung am 11. Dezember 1889, in: SBR 1889/90, Bd. 2, S. 837–840, und in der 36. Sitzung am 12. Dezember 1889, in: ebd., S. 886f.

[29] Vgl. den Antrag des Freiherrn von Ow und der Fraktion der Deutschen Reichspartei vom 10. Dezember 1889 zur zweiten Beratung des Reichshaushalts-Etats für das Jahr

Richter und Baumbach sowie dem Socialdemokraten Singer, und ihren Anträgen, ein paroli geboten. Der Generalstaatssecretair des Reichspostamts, der sehr verdienstvolle Herr von Stephan[30] [später eingefügt: „Staatssekretär des Reichspostamts“] beglückwünschte mich zu meiner Rede, von der er sagte: „*verba vera et mira*“. Meine andere Rede betraf einen ganz anderen Gegenstand: Der berühmte Zentrumsführer Dr. Windthorst[31] hatte den Antrag eingebracht: die Bestimmung der Congo Acte, Berliner Conferenz vom 26. Februar 1885, auf alle deutschen Schutzgebiete auszudehnen[32]. Diese Bestimmung lautet: „Gewissensfreiheit und religiöse Duldung werden sowohl den Eingeborenen wie den Landesangehörigen und Fremden ausdrücklich gewährleistet. Die freie und öffentliche Ausübung aller Kulte, das Recht der Erbauung gottesdienstlicher Gebäude und der Einrichtung von Missionen, welcher Art Cultus dieselben angehören mögen, soll keinerlei Beschränkung noch Hinderung unterliegen“. Für die Annahme dieses Antrags bin ich mit großer Energie und Entschiedenheit unter stürmischem Beifall des Zentrums eingetreten. Mit kleiner Majorität nur wurde der Antrag angenommen[33]. Die protestantische Minorität fürchtete die vom deutschen Boden verbannten Jesuiten selbst in dem heidnischen Afrika. Ich bin fürwahr kein Jesuitenfreund, aber die Jesuiten von der Missionstätigkeit von Afrika ausschließen zu wollen, zeugt doch – nicht nur von krasser Ignoranz – sondern von einer unglaublich dummen Intoleranz. Die Jesuiten (selbst) sind allerdings intolerant, allein die protestantischen Pastoren und das von ihnen geleitete protestantische Volk sind mindestens ebenso intolerant. Ich bekämpfe die Intoleranz überall, *intra et extra muros ecclesiae*.

1890

Am 7. Januar, 4 Uhr 30 Minuten Nachmittags ist in Berlin die alte Kaiserin Augusta[34] gestorben. In ganz Europa und gleichzeitig auch in Amerika herrscht eine Krankheit, eine „Sucht“, wie die Bauern sagen. Glücklicherweise nur eine leichte Sucht, in ihrem Auftreten ganz ähnlich dem, was man sonst „Grippe“ zu nennen pflegt. Man hat dieser Sucht jetzt den Namen „Influenza“ gegeben. In der

---

1890/91, Etat der Reichs-Post- und Telegraphen-Verwaltung – Anlage XVI, in: SBR 1889/90, Bd. 3, Anlagen, Nr. 94, S. 378. Vgl. auch SBR 1889/90, Bd. 2, S. 848.

[30] Heinrich von Stephan (1831–1897), 1871–1897 Staatssekretär des Reichspostamts.

[31] Ludwig Windthorst (1812–1891), Führer der Zentrumspartei.

[32] Vgl. den vom Abgeordneten Dr. Windthorst eingebrachten Gesetzentwurf betr. eine Ergänzung des Reichsgesetzes vom 17. April 1886, betreffend die Rechtsverhältnisse der deutschen Schutzgebiete (Sicherung der Kulte), in: SBR 1889/90, Bd. 3, Anlagen, Nr. 24, S. 52f.

[33] Vgl. SBR 1889/90, Bd. 2, S. 891.

[34] Augusta von Sachsen-Weimar-Eisenach (1811–1890), seit 1829 mit Wilhelm (I.) verheiratet.

ersten Hälfte Dezember 1889 hörte man erstmals von ihrem Auftreten in St. Petersburg, und mit außerordentlicher Raschheit verbreitete sie sich über den ganzen europäischen Continent und auch in Europa. Die Sucht mit Kopfweh, Halsweh, Husten, Fieber und großer Mattigkeit ist meist nach wenigen Tagen vorüber, zur Zeit herrscht sie auch im Wachendorfer Schloß und Dorf. Die alte greise Kaiserin, Großmutter und Urgroßmutter, ist nach kurzem Kranksein dahingegangen, wohin wir alle gehen müssen. Ich bewahre ihr ein gutes Andenken, und werde nie vergessen, mit welcher Liebenswürdigkeit sie mich und meine Leute im Winter 1871 behandelte, als ich mit einem württembergischen Sanitätszug Verwundete aus Frankreich nach Berlin brachte. In meinem Tagebuch aus dem Feldzug 1870/71 habe ich auch dieses genau beschrieben. Mit großer Pietät trage ich die Medaillonbusennadel, welche mir die Kaiserin verehrte, als ich bei ihr zur kaiserlichen Tafel geladen war. Sie sagte: „Ich habe keine Orden zu verleihen, deshalb will ich Ihnen dieses Andenken geben"! Auf der einen Seite des Medaillons ist das rothe Sanitätskreuz mit der Jahreszahl 1870/71, auf der anderen Seite ein großes A, darüber die Kaiserkrone und die Umschrift „Arbeit für das Vaterland". Mich fragen oft die Leute nach der Bedeutung dieses Medaillons. Als ich im Jahr 1873 als Delegierter des deutschen Reichs zum internationalen Congreß der Wiener Weltausstellung reiste, hatte ein Mitreisender lange stillschweigend das Medaillon beobachtet. Endlich fragte er mich schüchtern: „Entschuldigen Sie, sind Sie nicht ein Freimaurer?" Der naive Mann hielt es für ein Freimaurerzeichen. Ich gehöre nicht zu diesem Illuminaten-Orden. Man kann auch ohne diese Angehörigkeit ein freier Denker sein. Was aber die Medaille betrifft, so wünschte ich, daß meine Nachkommen dieselbe pietätsvoll unter den übrigen noch vielen vorhandenen Familienerinnerungen als Fideicommiß aufbewahren möchten!

20. Februar 1890. Seit Wochen nimmt mich die heute stattfindende Reichstagswahl ganz ausschließlich in Anspruch. Ganz wider alles erwarten ist ein Gegenkandidat gegen mich aufgetreten und macht mir das Mandat, welches ich seit 11 Jahren dem Vertrauen der Mehrheit in den Bezirken Horb, Sulz, Oberndorf und Freudenstadt verdanke, streitig. Und dieser Kandidat ist Niemand anderer als der erst am 25. Dezember 1889 25 Jahre alt gewordene Freiherr Oskar von Münch auf Hohenmühringen[35], [...].

Allerdings sind auch so manche Gründe zu wirklicher Unzufriedenheit vorhanden. Vor allem die kolossalen Opfer, welche das Volk für das starke Heerwesen und für die junge Marine bringen muß! Ganz Europa starrt in den Waffen, und alle Staaten häufen Schulden auf Schulden! Wie soll das enden?

Dazu vermehrt sich der Gegensatz zwischen arm und reich, und einerseits spielt der Kapitalismus und andrerseits der Sozialismus eine immer größere Rolle. Weite

---

35 Freiherr Oskar Karl von Münch (1864–1920), 1890–1893 Mitglied des Reichstags (Deutsche Volkspartei).

Volksschichten sind erfaßt vom Neid gegen die Besitzenden und von den Ideen der Sozialdemokratie.

Und angesichts der drohenden socialen Gefahren bekämpfen sich im deutschen Vaterland die Confessionen, statt sich die Hand zu reichen! Welche unglaubliche Verblendung eines extrem confessionellen Standpunktes! Auf katholischer wie auf protestantischer Seite! [...] Seit mehreren Wochen muß ich in die verschiedenen Orte des Wahlbezirks und habe ich an dem einen und demselben Tage oft in 5 Orten Reden gehalten! und ich wundere mich über mich selbst, daß meine Gesundheit dies ausgehalten hat. Ganz gemein verhält sich die Stadt Horb gegen mich, für welche ich so lange Jahre hindurch als Vorstand des landwirtschaftlichen Bezirksvereins so sehr viel gethan habe! Es ist unglaublich, wie schlecht und wie gemein die Leute sind, und deshalb das allgemeine gleiche direkte Wahlrecht nicht verdienen! Unglaubliches wird in Flugblättern und in Wahlartikeln geleistet. Ich habe davon eine ganze Sammlung angelegt. Die katholische Geistlichkeit geht für mich in den Kampf, allein ein großer Theil der katholischen Wähler folgt ihnen nicht mehr, nachdem seit 20 Jahren, in Folge des unseligen Kulturkampfes, die katholischen Priester die Massen gegen die Reichsregierung gehetzt haben! Die evangelischen Geistlichen aber, in Folge der konfessionellen Hetzereien des sogenannten „Evangelischen Bundes“ sind mißtrauisch gegen mich, weil ich für die katholische Kirche Gerechtigkeit verlange, und keinen Hehl daraus mache, daß ich die evangelische Unduldsamkeit ebenso hasse und bekämpfe wie die Unduldsamkeit in der eigenen katholischen extrem ultramontanen Parteirichtung.

Am 20. Februar hat die Wahl stattgefunden. Mein [...] Nachbar hat gesiegt! Ich muß diese bittere Erfahrung männlich tragen. Meine gute Frau empfindet herb den Undank, den ich erfahre, und meine beiden Kinder sind jetzt in dem Alter, in welchem sie schon verstehen, um was es sich handelt. Mein Sohn Hans freut mich ganz besonders durch seine treuherzige Art, wie er mit und für seinen Vater fühlt. Ich war mir immer der Wahrheit des Sprichworts bewußt: Undank ist der Welt Lohn, und ich habe bei Allem nie auf Dank gerechnet. Und dennoch hat mich der Grad des Undanks in meinem eigenen Bezirk Horb überrascht, in welchem von Münch 2149 Stimmen erhielt, während auf mich nur 1266 Stimmen gefallen sind. In sämtlichen 4 Oberämtern war ich gewählt,

anno 1878 mit	6691	Stimmen	gegen	2732
1881 ”	5426	”	”	2724
1884 ”	7605	”	”	3074
1887 ”	10675	”	”	1794
und jetzt falle ich durch anno				
1890 ”	6521	”	”	8083

Die Würfel sind gefallen. Das souveräne Volk hat entschieden! Es fällt mir recht schwer den Verkehr mit Berlin abbrechen zu müssen. Ich war stolz darauf, meine Familie würdig im Reichstag vertreten zu können, und hatte ich mir im Reichstag eine angesehene Stellung erworben, und war ich auch bei der Reichsregierung, bei dem Fürsten Bismark und sonst in den maßgebenden Kreisen eine gern gesehene Persönlichkeit. Doch ich bin nicht der Einzige, den solches Schicksal erreicht hat. Manch anderer wackerer Mann ist gefallen und ein Trost ist mir geworden: Alle anständigen Leute stehen auf meiner Seite. Soeben telegrafieren mir meine treuen Anhänger aus Freudenstadt: „Sie bedauern lebhaft den Verlust ihres altbewährten Vertreters im Reichstag und versichern demselben unwandelbarer Treue und dankbarer Gesinnung."

Von meinen Standesgenossen wurden unter den im ganzen 17 württembergischen Reichstagsabgeordneten gewählt: Graf Heinrich von Adelmann[36] in Hohenstadt und Freiherr Wilhelm von Gültlingen-Bernegg[37], Landgerichtsrat in Stuttgart.

Vom 2. bis 8. Februar war ich in Berlin, um im Auftrag der Königlich württembergischen Regierung den Sitzungen des deutschen Landwirtschaftsrats anzuwohnen. Dabei lernte ich den neuen preußischen Landwirtschaftsminister von Heyden[38] kennen, der den Eindruck eines braven ehrlichen Mannes macht, aber keineswegs den Eindruck eines begabten Politikers, und das ist ein großer Fehler für solche Stellung in unserer Zeit, in welcher die wirtschaftspolitischen Fragen eine so hervorragende Rolle spielen. Der Aufenthalt in Berlin war mir hochinteressant in mancher Beziehung. Ich habe in kurzer Zeit viele meiner ehemaligen Collegen im Reichstag wieder gesehen und gesprochen und mich über die politische Lage informiert. Was werden wir unter der Regierung des Kaisers Wilhelm II. noch Alles erleben? fragt sich Jedermann, weil man aus dem Monarchen noch immer nicht recht klug wird, und Niemand absieht, wohin Er steuert. Kaiser Wilhelm II. ist entschieden ein hochbegabter Mensch, erfüllt von den edelsten Absichten, allein offenbar zur Zeit noch viel zu ideal in seinen Bestrebungen und Bemühungen. Er hat die Menschen noch zu wenig von ihrer schlechten Seite kennengelernt, und wird deshalb erst manche Enttäuschung erleben müssen. Er möchte es allen Ständen, allen Parteien, allen Regierungen recht machen, Alles und Alle gewinnen und versöhnen, ein Ding der Unmöglichkeit. Dabei vermißt man bei Ihm bis jetzt eine gewisse Beharrlichkeit. In Allem aber zeigt Er ein kolossales Selbstgefühl, eine gewisse Unfehlbarkeit, einen Grad von Größenwahn und eine stark geschwollene autokratische Ader. Bezeichnend ist, daß er dem Kultusminister von Goßler sein Bild dedicierte mit der Unterschrift *„sic volo, sic jubeo"*, im Juvenal[39] aber steht in Ergänzung dieser Worte „pro ratione voluntas" (dies will ich, also befehl' ich's:

---

[36] Heinrich Graf Adelmann von Adelmannsfelden (1848–1920), 1881–1893 Mitglied des Reichstags (Zentrum).

[37] Wilhelm Freiherr von Gültlingen (1834–1898), 1889–1895 Mitglied des Reichstags (Deutsche Reichspartei).

[38] Wilhelm von Heyden-Cadow (1839–1920), 1890–1894 preußischer Landwirtschaftsminister.

[39] Römischer Satirendichter (58–140).

statt des Grundes gelte der Wille)[40], das hat der Kaiser wohlweislich weggelassen, es fehlt aber nicht an spöttischen Bemerkungen bei diesem Anlaß. Welches Selbstgefühl der Kaiser besitzt, zeigt sich zum Beispiel darin: Als Er den Corps General von Caprivi[41] zu sich beschied, und ihm erklärte, daß er an Stelle des verabschiedeten Fürsten Bismark das Reichskanzleramt übernehmen solle, stellte von Caprivi dem Kaiser vor, daß er doch eigentlich von dem Geschäftskreis eines Reichskanzlers Nichts verstehe. Der Kaiser erwiderte: „Das thut nichts, Wenn Sie mit irgend einer Sache nicht Bescheid wissen, dann kommen Sie nur zu mir!" Der Kaiser will sein eigener Reichskanzler, sein eigener Generalstabschef, sein eigener Cultusminister, et cetera, sein. *Eh bien, qui vivra verra*? Aber Gott wolle uns gnädig vor einem Krieg behüten, in welchem unser Kaiser Generalstabschef sein will. Das ist allgemeines Gefühl. Bei den Manövern wenigstens hat sich der Kaiser mit seiner Führung stets blamiert. Der Kaiser ist sehr rasch in seinen Entschlüssen und verbraucht vorerst ein großes Menschenmaterial in den höheren Stellen des Militair- und Staatsdienstes. Die Kaiserin machte dazu eine ganz treffende Bemerkung, indem Sie neulich vom Kaiser sagte: „Mein Mann ist hie und da ein bißchen plötzlich". Noch will ich einen karakteristischen Witz anführen, den gegenwärtig die Berliner machen. Sie fragen: Was ist der Unterschied zwischen dem lieben Gott und dem Kaiser Wilhelm II.? und geben zur Antwort: Der liebe Gott weiß Alles, Kaiser Wilhelm II. aber weiß Alles besser!

Es hat mich schon gefreut, daß ich bei meinem Aufenthalt in Berlin Gelegenheit hatte, mit dem greisen 80jährigen Windthorst mich eingehend zu unterhalten. Ich hatte im Lichthof des Hotels Kaiserhof, wie zur Zeit, als ich noch Reichstagsabgeordneter war, mit meinen ehemaligen Collegen der Conservativen und der Reichspartei dinirt. An einem anderen Tisch speisten, wie immer, die Centrumsleute, und mit ihnen an seinem altgewohnten Plätzchen die „kleine Excellenz" Dr. Windthorst, der Hannoverische Exminister und nun seit 2 Jahrzehnten der hochberühmte Führer der katholischen Centrumspartei im Reichstag und im preußischen Abgeordnetenhaus. Diese einzigartige Persönlichkeit ist so sehr eine historische geworden, daß ich es überflüssig erachte, hier viel Worte über ihn niederzuschreiben. Dies kleine Männchen, eigentlich ein Zwerg, hat über den auch körperlich colossalen „Goliath" Bismarck im „Culturkampf" einen kompletten Sieg errungen und der Staat ist nach Canossa gegangen, obwohl einst Bismarck im Reichstag so stolz ausgerufen hatte: „nach Canossa gehen wir nicht!"[42] Rom und Papst Leo XIII. verdanken den Sieg nicht zum Mindesten der Persönlichkeit des Dr. Windthorst.

---

[40] Juvenal, Satiren, VI, 223.

[41] Leo von Caprivi (1831–1899, ab 1891 Graf), 1890–1894 deutscher Reichskanzler.

[42] Vgl. die Rede von Reichskanzler Fürst von Bismarck in der 21. Sitzung des Reichstags am 14. Mai 1872, in: SBR 1872, Bd. 1, S. 356, die Rede insgesamt S. 355 f.

Am Schluß des Diners im Kaiserhof ging ich zu Windthorst hinüber, begrüßte ihn und freute mich, ihn körperlich und geistig in vollster Frische wieder zu sehen, insbesondere nachdem er kurz zuvor die Treppe des Abgeordnetenhauses hinabgestürzt war. Windthorst war außerordentlich freundlich und voll Humor, freute sich, mich zu sehen, und bat mich, einen Stuhl zu nehmen und mich zu ihm zu setzen. Obwohl ich der Reichspartei angehöre, bedauerte er, daß ich bei der letzten Reichstagswahl nicht mehr gewählt worden sei. Dieser Undank der Wähler [...], das seien eben Erscheinungen, wie sie das allgemeine direkte Wahlrecht mit sich bringe. Gleichwohl könne die katholische Kirche dasselbe nicht entbehren, wenigstens nicht in den zahlreichen Wahlkreisen, in welchen die Katholiken die Minderheit bilden, weil nur durch direkte Abgabe der katholischen Stimmen die katholische Ansicht zum evidenten Ausdruck komme. Mit großem Interesse folgte er meinen Mitteilungen über die confessionellen Strömungen in Württemberg, speziell über die Stimmung bei Hof. Die Jesuitenagitation pro und contra bezeichnete er nicht als opportun, und meinte, man hätte dieselbe Seitens der Katholiken zur Zeit besser unterlassen.

Ich fragte Windthorst: Wer hat eigentlich zur Zeit Einfluß auf den Kaiser? und ob es wahr ist, daß der Großherzog von Baden[43] im Gegensatz zu früher jetzt Einfluß auf den Kaiser zu gewinnen beginne. „Mag sein" sagte Windthorst, „aber ich glaube, ich fürchte, man wird wieder an den grollenden Mann im Sachsenwald, an Bismarck, um Rat sich wenden." Das frappierte mich außerordentlich, diese Äußerung von Windthorst zu einer Zeit, da Bismarck in Friedrichsruh, wie ein schwer verwundeter Eber grollend und knurrend, zurückgezogen, die neue Aera und den „neuen Cours" der kaiserlichen Regierung schlecht macht, und den Kaiser ärgert, und Bismarck bei dem Kaiser *persona ingratissima* geworden ist. Nachdem ich eine halbe Stunde mit dem 80jährigen Mann, der mit Moltke und Bismarck zu den berühmtesten Männern unseres Jahrhunderts gezählt wird, mich unterhalten hatte, schied ich von ihm. Er sagte zu mir: „Sie kommen wieder!" Ich sagte: „Auf Wiedersehen Excellenz!" Ich habe ihn nicht wiedergesehen!

Sechs Wochen später war Windthorst tot. Er starb in Berlin am 14. März 1891 an einer Lungenentzündung, im 80ten Lebensjahr, inmitten seiner vollen Thätigkeit, auf der höchsten Höhe seiner Erfolge, der gewaltigste Mann im deutschen Parlament. Ich hätte Bismarck einen ähnlichen Tod gewünscht!

Übrigens scheint Windthorst mit seiner Ahnung nicht ganz unrecht gehabt zu haben, denn alle Anzeichen sprechen dafür, ich schreibe diese Zeilen am 23.ten März, daß der Kaiser mit Bismarck doch wieder Fühlung zu gewinnen sucht (?) – welche Wandlungen habe ich doch schon miterlebt! Windthorst, zur Zeit als ich vor 12 Jahren in den Reichstag trat, galt, und war es auch, als der „größte Reichsfeind" und repräsentierte die Opposition *à tout prix*. „Diesem Ministerium keinen Groschen" war die von ihm ausgegebene Parole. Und nun am Schlusse seiner

---

43 Friedrich I. (1826–1907), 1856–1907 Großherzog von Baden.

Laufbahn wird sein Tod vom Kaiser und von den Angehörigen aller Parteien, mit alleiniger Ausnahme prinzipienverrannter Kulturkämpfer, bedauert. Auch hier heißt es mehr denn je: „*tempora mutantur et nos mutamur in illis*". Ich habe dies ja auch an mir selbst mannigfach erfahren.

Je mehr alle großen Männer aus dem Reichstag ausscheiden, je zerfahrener und ungemütlicher das politische Getriebe in der Reichshauptstadt wird, je leichter kann ich es verschmerzen, daß ich der Zahl der Acteurs auf der reichsparlamentarischen Bühne nicht mehr angehöre.

Hans Speidel, die Ulmer „Königsgrenadiere" und die Entstehung des modernen Krieges 1915–1918

Von Dieter Krüger

Der Württemberger Hans Speidel (1897–1984)[1] und sein Hannoveraner Jahrgangskamerad Adolf Heusinger (1897–1982) waren die militärischen Gründerväter der Bundeswehr. Sie dienten in vier deutschen Armeen – im Kontingentheer des Kaiserreichs, in der Reichswehr, in der Wehrmacht der nationalsozialistischen Diktatur, schließlich in der Bundeswehr. In der NATO bekleideten sie hohe militärische Funktionen. Gerd Schmückle, Landsmann, Bundeswehrgeneral und zuletzt Stellvertretender NATO-Oberbefehlshaber in Europa, betonte in seinem Nekrolog auf Speidel, das Fronterlebnis im Ersten Weltkrieg habe diesen „wohl stark geprägt", obwohl er nie viel darüber gesprochen habe[2]. Die Geschichte der Operationen auf der taktischen Mikroebene des jungen Truppenoffiziers war nur ein, freilich wesentliches Element der Kriegserfahrung.

Speidel gehörte zu den Kriegsleutnants, die als Jünglinge aus meist gutbürgerlichem Hause direkt von der Schulbank auf die Schlachtfelder zogen. Dort vollendete sich ihre Sozialisation. Sein Bruder Wilhelm (1895–1970) gehörte dem 5. Württembergischen Grenadierregiment Nr. 123 „König Karl", den „Königsgrenadieren", bereits über ein Jahr als Offizieranwärter an, als sich auch Hans Speidel im November 1914 hier bewarb. Die Herkunft der Brüder war idealtypisch (Abb. 1). Das Beamtentum stellte etwa 40 % der Militärelite; darunter waren die Forstbeamtenfamilien – der Vater war höherer Forstbeamter – überproportional stark vertreten[3]. Der 17-jährige stand unter dem Eindruck des Begeisterungstaumels, den die Kriegserklärung vom 31. Juli 1914 namentlich in der bürgerlichen

---

[1] Vgl. Dieter Krüger, Speidel, Hans, in: NDB, Bd. 24, Berlin 2010, S. 648 f. – Für zahlreiche wertvolle Hinweise danke ich meinen Potsdamer Kollegen Drs. Markus Pöhlmann und besonders Christian Stachelbeck.

[2] Gerd Schmückle, Ein bedeutender Soldat. Zum Tode Hans Speidels, in: Frankfurter Allgemeine Zeitung, Nr. 270, 29. 11. 1984.

[3] Vgl. Reinhard Stumpf, Die Wehrmacht-Elite. Rang- und Herkunftsstruktur der deutschen Generale und Admirale, Boppard a. Rh. 1982, S. 215 f., 234, 263.

Abb. 1: Die Familie Speidel im Ersten Weltkrieg (vorne vor Haus, von links nach rechts: Schwester Lotte, Vater Emil, Mutter Amalie, Bruder Wilhelm) (Vorlage: privat).

Jugend ausgelöst hatte[4]. Noch in hohem Alter teilte er mit seinem Freund Carl Zuckmayer die Erinnerung an das euphorische „Augusterlebnis“[5]. Vom 18. bis 20. November 1914 legte Speidel wenige Wochen nach seinem 17. Geburtstag die „Notreifeprüfung“ ab[6]. Am 30. November 1914 rückte Speidel ein[7]. Ohne freiwillige Meldung wäre er erst 1916 einberufen worden[8].

I.

Im April 1915 traf der – nach heutigem Verständnis – Kindersoldat bei seinem Regiment an der Front ein. Wie alle Linienregimenter bestand es aus drei Bataillonen mit je knapp 1.100 Angehörigen in vier Kompanien. Dazu kam eine Ma-

---

4 Vgl. Enzyklopädie des Ersten Weltkriegs, hg. von Gerhard Hirschfeld u. a. (Jeffrey Verhey), Paderborn 2009, S. 357–360; Sönke Neitzel, Weltkrieg und Revolution 1914–1918/19 (2008), Bonn 2011, S. 27–30.

5 Vgl. Carl Zuckmayer, Als wär's ein Stück von mir. Horen der Freundschaft, Frankfurt a. M. 2006 (Erstausgabe 1966), S. 233–251; Hans Speidel, Aus unserer Zeit, Berlin u. a. 1977, S. 19–21.

6 Universitätsarchiv Tübingen, 131/986, Reifeprüfung, Kgl. Eberhard-Ludwigs-Gymnasium, 24. 11. 1914.

7 Vgl. Speidel (wie Anm. 5) S. 22 f.

8 Vgl. Ernst von Wrisberg u. a., Die Organisation der Kriegführung, Teil 1: Die für den Kampf unmittelbar arbeitenden Organisationen (Der Weltkampf um Ehre und Recht, Bd. 6), Leipzig 1921, S. 26.

schinengewehrkompanie pro Regiment, ab 1916 eine pro Bataillon[9]. Die Königsgrenadiere waren im August 1914 mit der 27. Infanteriedivision im Verband des XIII. Armeekorps bis an den Südabhang der Argonnen vorgestoßen. Dort fraß sich der Angriff fest. Am 12. September 1914 erging der Befehl zum Rückzug[10]. Der Plan, nach einer raschen Umfassungsbewegung im Westen sich dem russischen Gegner im Osten zuzuwenden, war am 9. September 1914 in der Schlacht an der Marne gescheitert[11].

Anfang Oktober 1914 war das Regiment in den nördlichen Argonnen, einem dichten Waldgebiet westlich von Verdun, zum Stellungskrieg übergegangen. Jetzt wurde um einzelne Positionen des Grabensystems gerungen. Die Deutschen wollten die Bahnlinie aus der Festung Verdun nach Westen unter Druck halten. Mit dem Stellungskrieg – eine Art Festungskrieg – schlug die Stunde der Pioniere und der Artilleristen. Letztere hatten ihren meist indirekten Feuerkampf eng mit der Infanterie abzustimmen. Dabei war die französische Feldartillerie (leichte Artillerie) der deutschen zunächst hinsichtlich Feuergeschwindigkeit, Feuerkraft und Munitionsreserven überlegen. Bei den schweren Steilfeuergeschützen waren die Deutschen im Vorteil. Die Kavallerie hatte ihre Bedeutung an der Westfront eingebüßt. Die Aufklärung übernahmen jetzt die Luftstreitkräfte[12].

Am 29. Januar 1915 gelang es dem Regiment, den Gegner aus dessen vorderen Stellungen im Wald zwischen Binarville und La Harazée zu vertreiben. Es setze sich dort fest, um den nächsten Vorstoß vorzubereiten[13]. Im Mai 1915 wurde Speidel als Gruppenführer in der 2. Kompanie des Regiments verwendet, das Annäherungsgräben (Sappen) auf bis zu 80 Meter vor den Stellungen des Gegners vorantrieb[14].

---

[9] Vgl. Hermann CRON, Geschichte des Deutschen Heeres im Weltkriege 1914–1918, Berlin 1937, S. 116; Otto von MOSER, Die Württemberger im Weltkrieg, Stuttgart 1927, S. 112, 128f.

[10] Vgl. Richard BECHTLE, Die Ulmer Grenadiere an der Westfront. Geschichte des Grenadier-Regiments König Karl (5. Württ.) Nr. 123 im Weltkrieg 1914–1918 (Die württembergischen Regimenter im Weltkrieg 1914–1918, Bd. 6), Stuttgart 1920, S. 4–27; MOSER (wie Anm. 9) S. 19–26, 196–203, 212f., 215f., 237–242, 282–284.

[11] Vgl. Holger H. HERWIG, Marne 1914. Eine Schlacht, die die Weltveränderte?, Paderborn 2016; NEITZEL (wie Anm. 4) S. 31–45.

[12] Vgl. The Cambridge History of the First World War, ed. by Jay WINTER, 3 Vols., Cambridge 2014, Bd. 1, S. 65–71; Christoph NÜBEL, Durchhalten und Überleben an der Westfront. Raum und Körper im Ersten Weltkrieg, Paderborn 2014, S. 68–78; CRON (wie Anm. 9) S. 145–149, 160, 202f., 206f.; MOSER (wie Anm. 9) S. 33f.

[13] Vgl. Argonnen, in: Enzyklopädie (German WERTH) (wie Anm. 4) S. 341; BECHTLE (wie Anm. 10) S. 27–40; MOSER (wie Anm. 9) S. 28, 41.

[14] Vgl. HStAS M 411 Bü 655, Kriegstagebuch (künftig: KTB), GrenRgt 123, Mai 1915; BECHTLE (wie Anm. 10) S. 40f. Die Gruppe ist in der Regel die kleinste taktische Einheit. Zur geographischen Orientierung vgl. hier und im Folgenden die aus MOSER (wie Anm. 9) stammenden Karten unter https://de.wikipedia.org/wiki/Grenadier-Regiment_%E2%80%9EK%C3%B6nig_Karl%E2%80%9C_(5._W%C3%BCrttembergisches)_Nr._123.

Die Kompanie arbeitete im Wechsel mit der 4. Kompanie an den Sappen und bezog in den Ruhephasen das Bereitschaftslager („Wellblechhausen"). Das unterstreicht den fabrikmäßigen Charakter, den der Krieg jetzt annahm. Allerdings kam es immer wieder zu Feuerüberfällen durch die Artillerie des Gegners und zum Beschuss durch seine Infanterie. Die beschädigten Stellungen mussten in Stand gesetzt werden[15]. Vorbereitet wurde ein Angriff auf die französischen Stellungen, der abschnittsweise mit dem Ziel erfolgen sollte, eine Feldbefestigung des Gegners („Cimetièrewerk") einzunehmen[16]. Der Stellungskrieg löste die Front in einzelne Schwerpunkte auf und selbst in diesen tobte das Gefecht um einige Schlüsselpunkte[17].

Am 30. Juni 1915 begann der Angriff im Morgengrauen mit einem mehrstündigen Artilleriefeuer auf die gut ausgebauten französischen Stellungen. Um 8 Uhr 45 stürmten die 3., 4., 5. und 7. Kompanie des Regiments. Wie Speidel in seinen Memoiren beschreibt, kostete der Sturm aus dem Graben in Richtung der feuerspeienden Linien des Gegners große Überwindung. Man müsse weniger Angst haben als der Gegner, so Speidel[18]. Die 2. Kompanie folgte, um an diesem und am nächsten Tag die eroberten französischen Stellungen aufzuräumen und die Verbindungsgräben zu den eigenen Stellungen herzurichten. Mit fünf Toten, drei Schwer- und drei Leichtverwundeten war der Tag für die 2. Kompanie vergleichsweise glimpflich verlaufen. Nach Fortsetzung der Arbeiten am folgenden 1. Juli 1915 wurde der Kompanie für den Nachmittag weiteres Vorgehen befohlen. Heftiges Gewehr- und Maschinengewehrfeuer hielt die Grenadiere jedoch in ihren Gräben fest. Offenkundig konnte – so die Lehre auch aus anderen Operationen seit Ende 1914 – ohne ausreichende Artillerievorbereitung die Feuerkraft der gegnerischen Infanterie nicht hinreichend geschwächt werden. Daher feuerte am folgenden 2. Juli die Artillerie eines ganzen Armeekorps zwei Stunden lang auf den verhältnismäßig schmalen Gefechtsstreifen des Gegners. Allerdings antwortete die französische Artillerie mit zum Teil schweren Kalibern, besonders auf die Zuführungswege der deutschen Infanterie. Das stunden- und bald tagelange auf Geländeabschnitte und -punkte konzentrierte Artilleriefeuer prägte zunehmend den Stellungskrieg und verwandelte die Landschaft in eine Trichterwüste[19]. Am späten Nachmittag sollte auch die 2. Kompanie in vorderer Linie antreten, brach den Versuch nach Verlusten durch heftiges Infanteriefeuer zunächst ab, um wenig später

---

15 Vgl. HStAS M 411 Bü 809, KTB 2. Kompanie Rgt 123, 10.–27.6.1915.

16 Vgl. HStAS M 411 Bü 656, KTB Rgt 123, Juni–Juli 1915, Anlage 3 (Befehl des XVI. AK, 22.6.1915) und 10 (Abschnittsbefehl RgtKdr v. Lupin, 28.6.1915).

17 Vgl. Nübel (wie Anm. 12) S. 112–119.

18 Das habe er seinen Grenadieren gesagt. Vgl. Speidel (wie Anm. 5) S. 24.

19 Vgl. dazu Christian Stachelbeck, Militärische Effektivität im Ersten Weltkrieg. Die 11. Bayerische Infanteriedivision 1915 bis 1918, Paderborn u. a. 2010, S. 68–72; The Cambridge History (wie Anm. 12) S. 205–212; Nübel (wie Anm. 12) S. 288–297.

dann doch zu stürmen. Die Besatzungen der französischen Unterstände („Blockhäuser“) gaben teils auf, teils kämpften sie weiter. Die Grenadiere wurden durch gegnerische Baumschützen gezielt unter Feuer genommen, erreichten jedoch die befohlene Ziellinie. Mit ihren Spaten gruben sie sich mühselig in den schwierigen Boden ein. Aber immerhin wurden zwei Maschinengewehre in den Abschnitt der 1. und 2. Kompanie gebracht. Die Schanzarbeiten wurden auch in der Nacht fortgesetzt, um die Verbindungsgräben zu den eigenen Ausgangsstellungen anzulegen. Zehn Tote, zehn Schwerverwundete, 22 Leichtverwundete und acht Vermisste hatte dieser Angriffserfolg gekostet. Immerhin verzichtete der Gegner auf einen Gegenangriff. Am Mittag des folgenden 3. Juli rückte die Kompanie nochmals 200 Meter vor, um dort erneut eine Stellung auszuheben. Am späten Nachmittag wurde sie endlich abgelöst. Auch dieser Tag kostete wieder zwei Tote, zwei Schwerverwundete und 11 Leichtverwundete. Am 4. Juli verlegte die Kompanie rund 15 km hinter die Front.

Das Regiment hatte die Franzosen 700 m zurückgedrängt und dafür mit 131 Toten und 380 Verwundeten bezahlt. Immerhin hatte es auch 647 Gefangene gemacht. Der Unteroffizier Hans Speidel hatte seine erste Schlacht ohne Blessuren bestanden, im Gegensatz zu seinem Bruder Wilhelm, der am 2. Juli verwundet wurde[20]. Nach einem weiteren Angriff am 8. September 1915 richtete sich das Regiment knapp 1 km nördlich des Weilers La Harazée in Winterstellungen ein. Die Regimentsgeschichte beschreibt, wie sich im rückwärtigen Frontgebiet neben den Lazaretten und logistischen Stützpunkten auch eine eigene Welt provisorischer Freizeiteinrichtungen aus Schwimmbädern, Sporteinrichtungen, Gärten und Lesehallen entwickelte, die man ungern zurückließ[21]. Am 19. November 1915, knapp zwei Wochen nach seinem 18. Geburtstag, wurde Speidel rückwirkend zum 30. Januar 1915 zum Leutnant befördert und avancierte zum Zugführer[22].

II.

Zu Jahresbeginn 1916 rückten die Königsgrenadiere ab. Zwei Jahre sollten sie jetzt nahezu ununterbrochen im „Angelpunkt des Krieges“ in Flandern und an der Somme kämpfen[23]. Speidel war mittlerweile Zugführer in der 1. Kompanie im I. Bataillon des Regiments, sein Bruder Wilhelm Kompanieführer der 3. Kompanie

---

[20] Vgl. HStAS M 411 Bü 809, KTB 2. Kompanie, 1.–4.7.1915 (Zitat) und die teilweise abweichenden Angaben im Gefechtsbericht des Regiments, in: HStAS M 411 Bü 656, KTB Rgt 123, Juni-Juli 2015; Bechtle (wie Anm. 10) S. 41–44; Moser (wie Anm. 9) S. 42, 288 f.

[21] Vgl. Bechtle (wie Anm. 10) S. 48–50.

[22] Vgl. Bundesarchiv-Militärarchiv, Pers 1 104004, Personalakte Hans Speidel, Hefter 1.

[23] Vgl. Nübel (wie Anm. 12) S. 22–24 (Zitat S. 23).

in demselben Bataillon[24]. Die Grenadiere kamen jetzt in eine gepflegte Kulturlandschaft. Speidel entspannte sich bei Ausflügen zu den Denkmälern in Brügge, Gent und Ostende vom Frontalltag[25]. Das flache Flandern hatte gegenüber den bergigen Argonnen jedoch den Nachteil, dass alle Stellungen unter Wasserdruck standen. In jeder Vertiefung, namentlich in den Schützengräben und Granattrichtern sammelte sich Wasser und Schlamm. Nässe und Kälte setzten den Soldaten bald ebenso zu wie die Waffen des Gegners[26]. Unterstände konnten hier kaum als Stollen, sondern nur als Beton- oder Holzbunker über der Erde angelegt werden. Letztere schützten kaum gegen direkte Treffer. Das Regiment bezog einen 800 m breiten Gefechtsstreifen etwa 4 km südöstlich von Ypern rechts des Lyskanals. Der Frontabschnitt blieb nicht lange ruhig. Wilhelm Speidel wurde im Februar 1916 erneut verwundet und verließ das Regiment. Es war Soldatenglück, dass die Grenadiere in die Armeereserve abgezogen worden waren, als es zu heftigen Kämpfen auf ihrem Frontabschnitt kam[27].

Am 21. Februar 1916 rückte das Regiment jedoch mit seiner 4. Kompanie in eine rechts des Kanals gelegene „Kanalbastion" ein. Es handelte sich um eine 20 bis 30 m hohe, und etwa 100 m breite Aufschüttung, welche die Deutschen in der Nacht zum 22. Februar mittels Minensprengung in die Luft jagten und damit die britische Besatzung vernichteten. Schlüsselstellungen des Gegners zu unterminieren und zu sprengen oder aufgeklärte Minenvorbereitungen des Gegners durch Gegenminen zu vereiteln, prägten den zum Repertoire des Festungskrieges gehörenden Minenkrieg[28]. In den Sprengtrichtern wurden oft Infanteriestellungen gebaut. Tatsächlich setzten sich die Briten in dem entstandenen Krater wieder fest. Die Bastion fiel daher nur zum Teil in deutsche Hand; der Versuch die Stellung auszubauen, scheiterte im britischen Artilleriefeuer. Rechts der Bastion lagen weitere Kompanien, darunter die 1. des Leutnants Speidel. „Bastionskommandant" war zumindest am 25. Februar ein anderer Kriegsleutnant des I. Bataillons aus bildungsbürgerlichem Haus: Wilhelm Hohl aus Ravensburg, ein Jahr älter als Speidel.

Die Grenadiere bauten unermüdlich ihre Stellungen und Verbindungswege aus und sorgten sich um deren Entwässerung, derweil sie der Gegner immer wieder unter Feuer nahm. Auch das Bereitschaftslager wurde zum Leidwesen der Soldaten beschossen. Britische, an Land installierte 38-cm-Schiffsartillerie beteiligte sich am Bombardement. Die Briten setzten zudem zahlreiche Flieger zur Leitung des Artilleriefeuers ein. Am 28. Februar kreisten bis zu neun britische Flieger über der 1. Kompanie, gegen die ein einzelnes deutsches Flugzeug nichts ausrichten

---

24 Vgl. HStAS M 411 Bü 711, KTB, I. Bataillon Rgt 123, Januar 1916.

25 Vgl. Speidel (wie Anm. 5) S. 25

26 Vgl. Nübel (wie Anm. 12) S. 33–46, 273 f.

27 Vgl. Bechtle (wie Anm. 10) S. 57–61; HStAS M 411 Bü 712, KTB I. Batl. Rgt 123, Februar 1916, Anl. 69.

28 Vgl. dazu Enzyklopädie (Markus Pöhlmann) (wie Anm. 4) S. 720–722.

konnte[29]. Die Deutschen reagierten im Laufe des Jahres 1916 auf die zunehmende Luftunterlegenheit mit der Verstärkung ihrer Jagdflieger[30].

Am 2. März 1916 begann um 5 Uhr 45 ein Trommelfeuer der britischen Artillerie. Mit *größten Kalibern* wurde die Kanalbastion beschossen. Die 1. Kompanie hatte am Vortag in das Bereitschaftslager verlegt. Zunächst war nicht sicher, ob es sich um einen der üblichen Feuerüberfälle handelte oder um eine Angriffsvorbereitung. Daher ging nur ein Zug in den Arbeitseinsatz; die beiden anderen Züge machten sich gefechtsbereit. Zwischenzeitlich war es den Briten gelungen, die Bastion zurückzuerobern. Um 8 Uhr 30 wurde der 1. Kompanie befohlen, die vorderen Stellungen mit Munition zu versorgen und dann ebenfalls in Stellung zu gehen. Gegen Mittag erhielt die Kompanie den Befehl, gemeinsam mit der 3. Kompanie die britische Infanterie wieder aus den von ihr eingenommenen vorderen Stellungen zu werfen und dann weiter Richtung Kanalbastion vorzugehen. Denn im engen Zugangsstollen zur Bastion waren Teile der 6. Kompanie eingeschlossen, die befreit werden sollten. Der ersten deutschen Sturmwelle schlug ein mörderisches Feuer entgegen; die britische Infanterie hatte an der Bastion zahlreiche Maschinengewehre aufgebaut. Angesichts der zu erwartenden Verluste stellte der Kompanieführer den Angriff ein und zog seine Grenadiere weit zurück. Die im Stollen eingeschlossenen deutschen Soldaten hatten sich unterdessen selbst befreit. An ein Vorrücken in halbwegs gedeckten Gräben und Verbindungswegen war nicht mehr zu denken, da die britische Artillerie das Gelände umpflügte. Daher konnte auch keine vordere Verteidigungsstellung mehr bezogen werden. Immerhin vermochte die 1. Kompanie die Einbruchsstelle abzuriegeln, wobei ihre Soldaten teilweise mit Handgranaten vorgingen. Diese waren zur wichtigsten Waffe im Grabenkampf geworden, denn auf kurze Distanz verliehen sie dem Infanteristen größere Feuerkraft als das Gewehr. Mit Einbruch der Nacht endete die Gefechtstätigkeit.

Am Folgetag setzte wieder Infanteriefeuer ein. Aber die Kompanie wurde am Nachmittag abgelöst, um nach einer Ruhe- und Instandsetzungsphase hinter der Front am 5. März erneut am Kanal in Bereitschaft zu gehen. Ein Kampfbataillon in vorderster Linie, ein Bereitschaftsbataillon dahinter und ein weiteres in Ruhestellung war die übliche Aufstellung eines Infanterieregiments. Die Grenadiere der 1. Kompanie brachten Material nach vorn und Tote zurück. Am folgenden Tag gingen sie wieder in Stellung, die jedoch völlig unter Wasser stand, folglich entwässert und hergerichtet werden musste. Die Schlacht war vorbei; die Briten hatten die Bastion und einen kleinen Geländestreifen erobert. Das Regiment verzeichnete

---

29 Vgl. HStAS M 411 Bü 806, Bl. 128–133, KTB, 1. Kompanie, I. Batl. Rgt 123, 21.2.–1.3.1916; Ina Szymnau, Feldpostbriefe 1914–1918 als Quelle für das individuelle Kriegserlebnis – Biografie und Identitäten in den Kriegsbriefen Wilhelm Hohls, Magisterarbeit Universität Augsburg 2012, S. 45; Bechtle (wie Anm. 10) S. 61–63; Moser (wie Anm. 9) S. 53.

30 Vgl. John H. Morrow Jr., The Great War In The Air. Military Aviation from 1909 to 1921, Washington/London 1993, S. 148–154, 159–175; Cron (wie Anm. 9) S. 205.

41 Tote, darunter 2 Offiziere, und 170 Verwundete. Von den acht vermissten Offizieren und 313 Mann war wohl ein Teil ebenfalls gefallen[31]. Hohl kritisierte das „Mätzchen“ des Angriffs auf die Kanalbastion, das am Ende nur „große Verluste“ gebracht und den Verlust der „wunderschönen alten Kampfstellung“ gekostet habe[32]. Die Briten hielten an dem anfangs auch von den Deutschen vertretenen Grundsatz fest, einen Einbruch des Gegners in die vorderste Linie über kurz oder lang mit einem Gegenangriff zu beantworten, um Geländeverluste zu vermeiden[33].

Nach einer Umgruppierung im Frontabschnitt kehrte relative Ruhe ein, was die eine oder andere Unternehmung nicht ausschloss[34]. Durch seine Kommandierung ins Feldrekrutendepot der 27. Division vom 8. April bis 15. Juni 1916[35] verließ Speidel die unmittelbare Feuerzone. Der Personalersatz wurde hier, nach einer mindestens vierwöchigen Grundausbildung in der Heimat, von fronterfahrenen Soldaten mit den Methoden und Anforderungen des Stellungskrieges im spezifischen Einsatzraum vertraut gemacht. Dabei konnten sich die Ausbilder auch von der Front erholen[36]. Nach einem Jahr an der Front und zwei Schlachten gehörte der 18-jährige Leutnant zu den Fronterfahrenen. Die Lage blieb bis in den Hochsommer verhältnismäßig ruhig, und Speidel wurde vom 8. bis 21. Juli 2016 beurlaubt[37]. Möglicherweise zeitigte die Diskrepanz zwischen Front und Heimat ähnliche familiäre Spannungen wie bei Hohl[38].

Am 24. Juli begann die Verlegung des Regiments an die Somme. Hier fand eine der bedeutendsten Materialschlachten statt. Briten und Franzosen bereiteten auf 60 km Breite eine Offensive vor. Sie sollte auch die Franzosen bei Verdun entlasten. Hier griffen die Deutschen seit Februar 1916 an, um die Briten zu einer vorschnellen Offensive im Norden zu provozieren und gleichzeitig den Franzosen eine entscheidende Niederlage zu bereiten[39]. Ein tagelanges Artilleriefeuer sollte auch an der Somme den taktischen Nachteil des Angreifers im Stellungskrieg ausgleichen, allerdings um den Preis des Überraschungsmoments. Der Angriff der „an Truppen, Geschützen, Geschossen, Fliegern und Fesselballonen[40]“ überlegenen Alliierten

---

[31] Vgl. HStAS M 411 Bü 806, Bl. 133–135, KTB, 1. Kompanie, I. Batl. Rgt 123, 21.2.–1.3.1916; Bechtle (wie Anm. 10) S. 63–66 mit teilweise abweichenden Angaben.

[32] Zit. nach Szymnau (wie Anm. 29) S. 98

[33] Vgl. Nübel (wie Anm. 12) S. 125–128.

[34] Vgl. Bechtle (wie Anm. 10) S. 66 f.

[35] Vgl. HStAS M 411 Bü 714, KTB, I. Batl. Rgt 123, April 1916, Anl. 79; ebd., Bü 715, KTB I. Batl. Rgt 123, Mai 1916; ebd., Bü 716, KTB I. Batl. Rgt 123, Juni 1916, Anl. 85.

[36] Vgl. Wrisberg (wie Anm. 8) S. 35; Cron (wie Anm. 9) S. 120 f.; Nübel (wie Anm. 12) S. 103.

[37] Vgl. HStAS M 411 Bü 717, KTB, I. Batl. Rgt 123, Juli 1916, Anl. 88; Bechtle (wie Anm. 10) S. 66–69.

[38] Vgl. Szymnau (wie Anm. 29) S. 81.

[39] Vgl. dazu die innovative Interpretation von Olaf Jessen, Verdun 1916. Urschlacht des Jahrhunderts, München 2014, besonders S. 25–28, 55–59, 63.

[40] Moser (wie Anm. 9) S. 58.

begann am 1. Juli 1916 mit der Bereitstellung britischer Angriffsformationen. Sie stürmten frontal gegen die vermeintlich weitgehend zerstörten deutschen Stellungen und büßten schon am ersten Tag nahezu 20.000 Tote und über 35.000 Verwundete ein. Aus der geplanten Durchbruchs- wurde bald eine Abnutzungsschlacht wie die zeitgleiche deutsche Offensive bei Verdun. Dabei warteten die Briten am 15. September 1916 erstmals mit einer zügig entwickelten neuen Waffe auf, dem *tank*[41]. Um den Preis von fast 419.000 toten und verwundeten britischen Soldaten und Soldaten aus den Dominions – mehr als im gesamten Zweiten Weltkrieg – sowie 204.000 französischen Verlusten hatten die Alliierten am Ende auf 35 km Breite etwa 10 km Boden gewonnen[42].

Die Königsgrenadiere nahmen am 30. Juli 1916 Positionen am Ortsrand des kleinen Dorfes Guillemont ein. Die Stellungen waren durch das unaufhörliche Artilleriefeuer längst zerstört worden. Die Soldaten lagen in einzelnen Trichtern und gruben sich so gut es ging dort ein. Am 8. August 1916 begann nach vierstündigem Trommelfeuer der britische Angriff. Der gegnerische Einbruch konnte jedoch abgeriegelt und etwa 200 Briten konnten gefangengenommen werden. Dennoch griff der Gegner am Folgetag in der Frühe wieder an, um nach erneutem Misserfolg den Angriff auf Guillemont aufzugeben. Jetzt besetzte Speidels I. Bataillon die vordersten Linien nördlich des Dorfes. Am 16. August griffen die Briten erneut mehrmals in dichten Wellen und ihre Offiziere zum Teil zu Pferd den Abschnitt südlich des Dorfes an. Es wurde vom III. Bataillon verteidigt, das von Teilen des II. Bataillons unterstützt wurde. Aus den Naturhöhlen von Combles führte Speidel seine Grenadiere auf einem kaum mehr erkennbaren und von Gefallenen gesäumten Trampelpfad unter schwerstem Beschuss mit schweren Granaten, Schrapnells und Kugelminen in die nur noch aus Trichtern bestehende Kampflinie.

Der Adjutant des II. Bataillons wurde am 18. August so schwer verwundet, dass er durch den Leutnant Hans Speidel ersetzt wurde, wenn auch zunächst nur kommissarisch[43]. Ungefähr zur selben Zeit avancierte Hohl zum Adjutanten des I. Bataillons und kümmerte sich wie Speidel um Personalangelegenheiten, Ausrüstung, Unterkunft und Führung des Kriegstagebuchs[44]. Am 19. August wurde das I. Bataillon angegriffen. Danach wurden die „zu Schlacke ausgebrannten“, oft an der Ruhr – der für den Stellungskrieg typischen Krankheit – leidenden Königs-

---

[41] Vgl. dazu Markus Pöhlmann, Der Panzer und die Mechanisierung des Krieges. Eine deutsche Geschichte 1890 bis 1945, Paderborn 2016, S. 49, 60–65.

[42] Vgl. The Battle of the Somme, ed. by Matthias Strohn, Oxford/New York 2016; Neitzel, (wie Anm. 4) S. 53 f., 59 f.

[43] Vgl. HStAS M 411 Bü 751, KTB, II Batl. II Rgt 123, August 1916; ebd., Bü 718, KTB, I. Batl. Rgt 123, August 1916, Anl. 93; ebd., Bü 752, KTB, II. Batl. Rgt 123, September 1916; ebd, Bü 756, KTB, II. Batl. Rgt 123, Januar 1917; Speidel (wie Anm. 5) S. 25.

[44] Vgl. Szymnau (wie Anm. 29) S. 57 f.

grenadiere durch das Hannoversche Füsilierregiment Nr. 73 abgelöst[45]. Diesem gehörte der 21-jährige Leutnant Ernst Jünger an. Ihm sollte Speidel erst 1941 persönlich begegnen. In seinem Erstling „In Stahlgewittern" beschreibt Jünger die Kämpfe bei Guillemont, die Hohl gut schwäbisch als „Sauerei" empfand[46]. Im Dezember 1916 war Speidel dauerhaft zum Adjutanten des ab Januar 1917 von Hauptmann Bäßler geführten II. Bataillons aufgerückt, mit dem Speidel eine Lebensfreundschaft verbinden sollte[47]. Damit hatte Speidel die militärische Rolle gefunden, die ihn bis in höchste Dienstgrade begleiten sollte – die des Führergehilfen und rechte Hand des Kommandeurs bzw. Befehlshabers. Erst 1957, im Alter von 60 Jahren wurde Speidel selbst Befehlshaber. Unterdessen fand sich sein Bruder Wilhelm im Januar 1917 als Kompanieführer wieder beim Regiment ein[48].

Ende August 1916 kehrten die Königsgrenadiere nach Flandern südlich Ypern zurück, nicht weit von der Kanalbastion. Zwar fanden kaum Großereignisse statt. Aber der Ausbau der stets unter hohem Wasserdruck stehenden Stellungen und die Verteidigung der in vorderster Linie liegenden Minentrichter gegen einzelne Handstreichversuche waren gleichwohl mühselig. Bei der deutschen Artillerie machte sich bereits Munitionsmangel bemerkbar. Im November 1916 bezog man wieder an der Somme Stellung, rund 7 km Luftlinie östlich des im Sommer verteidigten Guillemont bei der Ortschaft Sailly-Saillisel. Auch hier lagen die ausgelaugten Grenadiere in einer Trichterlandschaft voller Wasser, mit wenig Deckung und Unterständen. Unter britischem Artilleriefeuer und von gegnerischen Scharfschützen anvisiert, versuchte man Stellungen zu bauen. Im Januar 1917 verlegte das Regiment im Rahmen der 27. Infanteriedivision nach Valenciennes, wo neue Verfahren der Abwehrschlacht geübt wurden. Die bislang vier Regimenter je Division wurden auf drei reduziert. Im Gegenzug sollte der Divisionskommandeur selbständig das immer komplexere Gefecht aller Waffen in seinem Abschnitt führen. Das lief auf eine Stärkung gegenüber dem Kommandierenden General des Armeekorps hinaus. Angesichts der wachsenden artilleristischen Überlegenheit der Alliierten sollte die Infanterie die starre Verteidigung der vorderen Gräben zugunsten einer elastischen Gefechtsführung aufgeben. Angeschlagene Stellungen wollte man rechtzeitig aufgeben, um sie womöglich durch Stoßtrupps später wieder zurückzugewinnen. An die Stelle der Gewehre der Infanteristen traten nach Möglichkeit Maschinengewehre sowie Minen- und Granatwerfer. So hoffte man, Menschen zu sparen. Folglich wurden jetzt auch die Königsgrenadiere an leichten Maschinenge-

---

[45] Vgl. Bechtle (wie Anm. 10) S. 69–81; Moser (wie Anm. 9) S. 57 f. 417–419, 423–425; Nübel (wie Anm. 12) S. 52–54; Speidel (wie Anm. 5) S. 26 f. (Zitat S. 27).

[46] Zit. nach Szymnau (wie Anm. 29) S. 101. Vgl. Ernst Jünger, In Stahlgewittern. Historisch-kritische Ausgabe, hg. von Helmuth Kiesel, Bd. 1, Stuttgart 2013, S. 207–251, Speidel (wie Anm. 5) S. 26.

[47] Wie die Schreiben des Freudenstädter Hoteliers und CDU-Politikers Wilhelm Baessler (1878–1975) aus den 1950er bis 1970er Jahren im Nachlass Speidel (Privathand) belegen.

[48] HStAS M 411 Bü 755, KTB, II. Batl. Rgt 123, Dezember 1916.

wehren und leichten Minenwerfern ausgebildet. Die Maschinengewehrkompanien bedienten weiter die schweren Maschinengewehre. Tatsächlich war auch bei den württembergischen Verbänden der Personalverschleiß kaum zu übersehen. In der Heimat wurden jetzt Soldaten freigemacht, die nur bedingt fronttauglich waren. Immer öfter griffen die Fronttruppen in ihrer Personalnot auf unzureichend ausgebildete Rekruten zurück. Dagegen waren die Friedensoffiziere, -unteroffiziere und erfahrenen Mannschaften oft gefallen[49].

III.

Im Februar 1917 bezog das Regiment den Frontbogen in einem von Granaten zerhackten Waldstück bei Rancourt, wo die Briten während der Somme-Schlacht mehrmals den Durchbruch versucht hatten. Es galt, das Regiment aus diesem Wald herauszulösen und auf die „Siegfried“-Linie zurückzunehmen, ohne dass der Gegner die Gelegenheit für einen Vorstoß nutzte. Die Deutschen wollten in diesem nach topographischen und taktischen Gesichtspunkten optimierten Stellungssystem die nächste Offensive des Gegners abwarten. Zudem konnten durch die Frontverkürzung 13 Divisionen als operative Reserve gewonnen werden. Damit hatten sich die Deutschen von ihrer Fixierung auf die Behauptung des eigenen Raumes zugunsten einer Tiefenverteidigung gelöst. Die Grenadiere hinterließen dem Gegner systematisch „verbrannte Erde“, um ihm das Nachrücken schwer zu machen. Trotz ihrer Risiken verlief die Operation weitgehend problemlos. Das Deutsche Reich war in die strategische Defensive gegangen. Es setzte seine Hoffnung einerseits in den uneingeschränkten U-Boot-Krieg, der die Alliierten ebenso von ihren überseeischen Zufuhren abschneiden sollte wie man selbst durch die Seeblockade abgeschnürt worden war. Andererseits sollte das „Hindenburg-Programm“ in Verbindung mit dem „Gesetz über den Vaterländischen Hilfsdienst“ die wirtschaftlichen und personellen Ressourcen des Reichs umfassend mobilisieren. Beides sollte sich freilich erst 1917/1918 auswirken. Angesichts des vorhersehbaren Kriegseintritts der Vereinigten Staaten plädierte zwar mancher französischer Entscheidungsträger für ein vorläufiges Abwarten. Am Ende entschlossen sich die Alliierten aber erneut zur Offensive[50].

Die 27. Division hatte, so ihr Kommandeur, *mit einer längeren Ausbildungs- und Ruhephase* gerechnet, wurde jedoch angesichts der britischen Vorbereitungen zum Angriff in die Flanke der Siegfriedlinie bei Arras in Flandern in den *unerwar-*

---

[49] Vgl. BECHTLE (wie Anm. 10) S. 81–84,112 f.; CRON (wie Anm. 9) S. 130–132, 180–185; MOSER (wie Anm. 9) S. 60, 62 f., 74 f., 446 f.; NÜBEL (wie Anm. 12) S. 150–154; STACHELBECK (wie Anm. 19) S. 164–172, 326–333.

[50] Vgl. BECHTLE (wie Anm. 10) S. 88–92, NEITZEL (wie Anm. 4) S. 68 f., 101–106, 123–130; NÜBEL (wie Anm. 12) S. 128–135; The Cambridge History (wie Anm. 12) S. 113–119; SZYMNAU (wie Anm. 29) S. 49 f., 104.

tet schnellen Einsatz abberufen. Das Grenadierregiment bezog links der Ortschaft Quéant Richtung Bullecourt einen knapp 1,5 km langen Gefechtsstreifen mit gut ausgebauten Stellungen. Speidels II. Bataillon marschierte am 9. April 1917 mit einer Gefechtsstärke von 768 Mann plus 54 Mann der Maschinengewehrkompanie in den Abschnitt. Es ging dort zunächst in Ruhestellung, während in Richtung Arras bereits stärkstes Artilleriefeuer zu hören war. Am 11. April griffen die Briten am rechten Abschnitt des Regiments *nach kurzer schlagartiger Art.*[illerie]-*Vorbereitung* mit 12 Tanks an. Ein Einbruch in die vorderen Linien der Nachbarregimenter wurde durch Gegenstöße und *Aufrollen der Gräben*, so der Kriegstagebuchführer Speidel, also durch Vorstoß gegen die bereits in die eigenen Gräben eingedrungenen gegnerischen Infanteristen, unter Beteiligung des III. Bataillons des Grenadierregiments, bereinigt.

Wie man sich das „Aufrollen“ eines Grabens vorzustellen hat, schilderte der Divisionskommandeur: Sobald sich der Gegner in den eigenen Stellungen festgesetzt hatte, wurden diese *von beiden Seiten planmäßig* angegriffen, *indem sie sich durch Werfen von Handgranaten von Schulterwehr zu Schulterwehr im Graben den Weg bahnten. M.G.-Feuer verhinderte ein Entweichen des Feindes nach rückwärts und so drängte man allmählich den Feind in der Mitte eines Grabenstückes wie eine Herde zusammen. Die Handgranaten rissen furchtbare Lücken in die dichten Haufen des Feindes. Es fehlte ihm an Handgranaten zur Gegenwehr und er hat sich schließlich zu Hunderten ergeben.* Gefangene englische Offiziere lobten die *splendid action* der deutschen Soldaten. Und der Divisionskommandeur lobte, wie planmäßig seine Infanteristen die neue Stoßtrupptaktik umgesetzt hätten. Freilich bedurfte auch diese der artilleristischen Unterstützung, indem der Gegner durch Sperrfeuer daran gehindert wurde, durch Zuführung von Reserven den eingeschlossenen Grabenbesatzungen zur Hilfe zu eilen. Die komplexe Koordination der Waffen entsprach dem komplexen Produktionsprozess moderner Industriegesellschaften. Unterdessen bezogen die Kompanien des II. Bataillons rückwärtige Stellungen und hatten folglich auch keine Verluste zu beklagen. Neun gegnerische Tanks und zwei Flugzeuge waren abgeschossen worden[51].

Im Kriegstagebuch des Regiments wurde über die Erfahrungen mit der Tank-Waffe berichtet. Die Deutschen hatten den Winter 1916/1917 genutzt, um sich auf deren Abwehr einzustellen[52]. Die mächtigen Ungetüme näherten sich im gemächlichen Tempo von 3–4 km/h und waren schon 600 m vor den Drahthindernissen gut sichtbar, die sie dann auch mühelos niederwalzten. Sie belegten die

[51] Vgl. Nachlass Speidel, Divisionskommandeur Heinrich von Maur an König Wilhelm II. von Württemberg, 14.4.1917 (Abschrift) (Zitate). Speidels Unterschrift rechts unten auf der letzten Seite deutet auf ihn als Autor des Berichts. Vgl. auch HStAS M 411 Bü 758, KTB, II. Batl. Rgt 123, 7.–11.4.1917 (Zitat 11.4.17); Bechtle (wie Anm. 10) S. 92 f.; Moser (wie Anm. 9) S. 515–517. Das Bataillonskriegstagebuch wurde jetzt regelmäßig von Speidel geführt.

[52] Vgl. Pöhlmann (wie Anm. 41) S. 65–68.

Gräben mit einem Dauerfeuer aus ihren Kanonen und Maschinengewehren. Allerdings zeigte sich bereits jetzt, dass die eigene Infanterie den gleichsam als Rammböcke der gegnerischen Infanterie eingesetzten Tanks nicht hilflos ausgeliefert war. Der Tank sollte kurz vor den eigenen Drahthindernissen aus Maschinengewehren unter konzentrisches Feuer mit – teurer und daher sparsam zu verwendender – Stahlkernmunition („K.-Munition“) genommen werden. Es war auf die Schwachstellen wie Vergaser, Treibstoffbehälter und Sehschlitze zu richten, denn frontaler Beschuss brachte angesichts der starken Panzerung nichts. Neben leichten Minenwerfern, die in der Version von 1917 sogar fast waagrecht feuern konnten, erzielten namentlich Feldgeschütze im direkten Schuss die besten Abwehrerfolge. Fuhr der Tank in eine breite Grabenfalle, war er verloren. Das anfängliche *Gefühl der Ohnmacht* wich dem Jubel der Infanterie, als die gegnerischen Tanks in Flammen aufgingen[53]. Immer stärker wurde seit 1916 auch die Luftbedrohung für die deutsche Infanterie. Die britischen Flieger, so schrieb Hohl, seien *weit überlegen*. Sie griffen Ziele am Boden mit Bomben und Maschinengewehren an und *wenn sie irgendwo Bewegung entdecken, spricht die englische Artillerie ein dröhnendes Wort*[54].

Zwischen 18. und 20. April 1917 bezogen die Königsgrenadiere einen weiter nördlich gelegenen Abschnitt zwischen Bullecourt und Riencourt-les-Cagnicourt (Abb. 2). Da sich hier eine Geländeerhöhung mit guter Sicht auf das von den Deutschen besetzte Gelände befand, war mit einem Angriff des Gegners zu rechnen. Er belegte die Stellungen immer wieder mit anhaltendem Artilleriefeuer. Folglich hatten die vorderen Linien nur noch muldenartigen Charakter. Die gelegentlich vom Gegner geschossenen Gasgranaten sollte die „Sisyphusarbeit“[55] der Instandsetzung der Stellungen zusätzlich erschweren. Immerhin besaßen die Grenadiere hier meist sichere Betonunterstände. Dazu kam die Bedrohung durch Tiefflieger, welche die deutsche Infanterie auch im rückwärtigen Gebiet der Front immer wieder mit Maschinengewehrfeuer angriffen. Die deutschen Flieger waren ihnen wieder im Verhältnis 1:3 unterlegen[56]. Kein Wunder, dass die Deutschen den Karten eines gefallenen britischen Offiziers entnehmen konnten, wie umfassend die britischen Flieger den Verlauf der deutschen Stellungen aufgeklärt hatten.

Nach einem ruhigen, sonnigen 2. Mai setzte am 3. Mai der Angriff ein. Nach kurzer, aber heftiger Feuervorbereitung aus allen Kalibern trat die britische Infanterie in mehreren Wellen zum Sturm auf die Grenadiere des I. Bataillons an. Auf

---

[53] Vgl. HStAS M 411 Bü 695, KTB, Rgt 123, Anlagen zum KTB 20.3.–15.5.1917, Anlagen 14 und 15 und dazu BECHTLE (wie Anm. 10) S. 93 f.; NÜBEL (wie Anm. 12) S. 137 f.; PÖHLMANN (wie Anm. 41) S. 69 f.

[54] Zit. nach SZYMNAU (wie Anm. 29) S. 47. Vgl. auch BECHTLE (wie Anm. 10) S. 95 f. und Battle of the Somme (James CORUM) (wie Anm. 42) S. 86–88 zur britischen Luftüberlegenheit an der Somme.

55 So der Bataillonskommandeur Adalbert Prinz von Preußen 1917; zit. nach NÜBEL (wie Anm. 12) S. 44.

[56] Vgl. dazu CRON (wie Anm. 9) S. 208 f.

Abb. 2: Leutnant Hans Speidel (rechts, vermutlich in Flandern 1917) (Vorlage: privat).

den Flügeln kam es sogar zu Nahkämpfen mit Bajonetten und Messern. Vergeblich setzten die Briten vor Bullecourt auch wieder Tanks ein. Dennoch brachen sie am linken Flügel des Regiments ein. Alle Zufahrtsstraßen und Ortschaften *lagen den ganzen Tag unter dem Feuer schwerer und schwerster Kaliber. Zahlreiche tieffliegende Flieger waren bis in die Nacht hinein über den Stellungen und traten mit Hupensignalen mit der engl. Art. und Infanterie in Verbindung.* Das II. Bataillon wurde aus der Reserve aus Villers-lès-Cagnicourt in das hintere Stellungssystem verlegt. Gemeinsam mit dem Sturmtrupp der 27. Division wurden unter Mitwirkung von Teilen des II. Bataillons mehrere Gegenstöße angesetzt. Der Handgranatenkampf dauerte die ganze Nacht. Am Ende hatte der Gegner Teile der vorderen Stellungen des Regiments eingenommen. Die Sturmtruppen wurden aus meist jungen, unverheirateten und risikobereiten Offizieren und Soldaten gebildet. Sie wurden zusätzlich mit Flammenwerfern, Sturmkanonen und Minenwerfern ausgestattet und waren die Speerspitze im Nahkampf[57].

Am folgenden 4. Mai unternahmen Teile des Bataillons erfolgreiche Gegenstöße. Britische Gegenangriffe, unter anderem mit Flammenwerfern, wurden zunächst

---

[57] Vgl. dazu Ralf RATHS, Vom Massensturm zur Stoßtrupptaktik. Die deutsche Landkriegstaktik im Spiegel von Dienstvorschriften und Publizistik 1906 bis 1918, Freiburg 2009, S. 164–169; CRON (wie Anm. 9) S. 125–127; MOSER (wie Anm. 9) S. 77; STACHELBECK (wie Anm. 19) S. 99 f.

abgewiesen. Dann erfolgte in der Mittagszeit ein erneuter Großangriff der Briten. Nicht zuletzt weil den Grenadieren die Handgranaten ausgingen und sie auf ihre Gewehre verwiesen waren, kamen die Briten voran, um schließlich deutschen Gegenstößen wieder weichen zu müssen. Der Mangel an Handgranaten zwang die Grenadiere, einige Geländegewinne wieder preiszugeben. Dagegen war es dem Gegner gelungen, rasch Maschinengewehre, Gewehrgranaten und Minenwerfer nach vorn zu bringen. Daher scheiterte ein massiver deutscher Gegenstoß am späten Abend *am starken Feuer englischer Nahkampfwaffen*. Der Gegner konnte sich bei Bullecourt festsetzen und bedrohte die deutschen Flanken, derweil die eigene Artillerie erneut Sperrfeuer hinter die Einbruchsstelle legte, um dem Gegner die Zufuhr von frischen Kräften, Munition und Verpflegung in die Einbruchsstelle zu erschweren. Am 5. Mai stellten die Deutschen die Gegenstöße ein. Zwar konnte das Schwinden der deutschen materiellen Ressourcen taktisch letztlich nicht kompensiert werden. Aber die Grenadiere hatten den Schlüsselpunkt Bullecourt behauptet, auf den die Briten es hauptsächlich abgesehen hatten. Am folgenden 6. Mai wurde das Bataillon abgelöst. Allein für das II. Bataillon notierte Speidel an Gefallenen einen Offizier und 25 Mann, an Verwundeten zwei Offiziere und 131 Mann sowie 26 Vermisste; die Mannschaftsgefechtsstärke war um 137 auf 577 abgesunken. Das gesamte Regiment hatte 704 Grenadiere und 17 Offiziere eingebüßt, darunter wieder zahlreiche erfahrene Soldaten[58].

In seinem Erfahrungsbericht über die Kämpfe bei Bullecourt betonte der Regimentskommandeur Kurt von Lupin die wachsende Bedeutung der Ausstattung der Infanterie mit leichten Maschinengewehren, Granat- und leichten Minenwerfern sowie die Bedeutung von ausreichendem Nachschub an Munition und Getränken für die im Gefecht stehende Truppe. Eher archaisch mutete die Forderung an, ein zuverlässiges System von Meldeläufern zu unterhalten, da die technischen Nachrichtenverbindungen zu anfällig waren. Hier reagierte das Heer mit der Schaffung eigener Nachrichtenabteilungen bei den Divisionen[59]. Nicht einmal der anfängliche Misserfolg der britischen Tanks sprach jedoch gegen die wachsende Technisierung der Landkriegführung. Sie begünstigte in einem Abnutzungskrieg zwangsläufig die Partei mit der qualitativ, aber vor allem quantitativ überlegenen Rüstungsproduktion. Zur Überraschung der Deutschen war es Großbritannien bereits 1916 gelungen, seine anfangs auf die Seestreitkräfte ausgerichtete Rüstungsindustrie rasch auf den exponentiell wachsenden Bedarf der Land- und Luftstreitkräfte umzustellen[60]. Mit dem Tank hatten Briten und Franzosen in kurzer Zeit ein Waffensystem entwickelt, das Feuerkraft und Panzerung mit Bewegung verband.

---

[58] Vgl. HStAS M 411 Bü 758, KTB, II. Batl. Rgt 123, 20.4.–6.5.1917 (Zitat 3.5.1917 und 5.5.1917); Nachlass Speidel, Gefechtsbericht des Regimentskommandeurs von Lupin, 8.5.1917 (Abschrift); Bechtle (wie Anm. 10) S. 96–101; Moser (wie Anm. 9) S. 75, 515–517.

[59] Vgl. dazu Moser (wie Anm. 9) S. 77; Wrisberg (wie Anm. 8) S. 211–214, 218–225.

[60] Vgl. The Cambridge History (wie Anm. 12) S. 90, 104 f.

Es bot die Perspektive, auch ohne tagelanges Trommelfeuer wieder zum Bewegungskrieg übergehen zu können[61]. Wenn Lupin ferner die zu großen Gefechtsstreifen der eigenen Kompanien beklagte, gegen die der Gegner immer neue Sturmwellen anbranden ließ, wurde einmal mehr die wachsende personelle Auszehrung der deutschen Heere deutlich. Lupin empfahl tiefer gestaffelte Stellungssysteme und den Vorrang von getarnten und durch ausreichende Drahthindernisse gesicherten Unterständen gegenüber gut ausgebauten Schützengräben. Denn die in die Erde verlegte Schützenlinie bot aus der Luft gut aufzuklärende Ziele für die gegnerischen Artilleristen. Dagegen stellten kleine Gruppen von Infanteristen, die sich in der Trichterlandschaft bewegten und dem Artilleriefeuer unter Umständen ausweichen konnten, keine lohnenden Ziele dar. Freilich wuchs die Anforderung an selbständiges Handeln der Kleingruppen und ihrer Führer. Dagegen fürchtete die höhere Führung Kontrollverlust und die Neigung der Infanteristen, sich in die Tiefe des Stellungssystems zurückzuziehen[62].

Die Folgen des verschwenderischen Umgangs mit dem knappen Gut Mensch zeigten sich bei der zeitgleich zum britischen Unternehmen bei Arras am 16. April 1917 eröffneten Offensive der Franzosen in der Champagne. Die Führung verheizte ihre Divisionen in einer Weise, dass sich schließlich die Soldaten in zwei Dritteln der Armee den Angriffsbefehlen in unterschiedlichem Maße widersetzten. Von lokalen Unternehmen abgesehen, beschränkte sich jetzt auch Frankreich auf die Defensive, bis das Eintreffen des amerikanischen Militärs die Waagschale zugunsten der Alliierten senken würde. Dagegen wandte sich der britische Oberbefehlshaber nach dem misslungenen Durchbruchsversuch bei Arras dem nächsten Projekt zu. Er wollte mit einer Offensive in Küstennähe den Deutschen ihre U-Boot-Stützpunkte in Belgien wegnehmen und den Druck auf die deutsche Westfront aufrechterhalten[63].

Die schwäbischen Grenadiere kehrten zunächst an die Somme zurück. Das II. Bataillon bezog dort eine Vorfeldstellung auf einem Höhenzug vor Gonnelieu bei Banteux. Bei weitgehend ruhiger Gefechtslage sorgten begrenzte Vorstöße ins Niemandsland zwischen den Linien gleichsam für kriegerische „Abwechslung". Das Einbringen von Gefangenen diente nicht zuletzt der Informationsbeschaffung über den Gegner. Außerdem übte man den Gebrauch der leichten Maschinengewehre, die jetzt in wachsender Zahl an die Infanterie ausgegeben wurden. Am 17. August 1917 war es vorbei mit der relativen Ruhe. Die 27. Division wurde als „Eingreifdivision" der Gruppe Ypern in den Raum Roeselare ca. 28 km ostnordöst-

---

61 Vgl. dazu Pöhlmann (wie Anm. 41) S. 57–59.

62 Vgl. Nachlass Speidel, Gefechtsbericht des Regimentskommandeurs von Lupin, 8.5.1917 (Abschrift) und dazu Raths (wie Anm. 57) S. 186–189, 198 f., 209; Stachelbeck (wie Anm. 19) S. 95 f.

63 Vgl. The Cambridge History (wie Anm. 12) Bd. 1, S. 120–124; Flandern, in: Enzyklopädie (John M. Bourne) (wie Anm. 4) S. 489–494, hier S. 492 f.; Neitzel (wie Anm. 4) S. 69–71; Stachelbeck (wie Anm. 19) S. 195–197.

lich von Ypern verlegt. Hier hatten die Briten im Juli 1917 ihre Offensive begonnen, wobei sich „Dauerregen“ als „der wichtigste Verbündete der Deutschen erwies“. Gleichwohl ging der von den Schwaben im Herbst 1916 verteidigte Frontbogen bei Wytschaete nach gewaltigen britischen Minensprengungen verloren. Das Regiment wurde mehrmals hinter der Front hin und her verschoben. Es nahm nicht am Gefecht teil und erlitt gleichwohl den Ausfall von 60 Mann durch Artillerie- und Fliegerbeschuss[64].

Am 23. August 1917 bezogen die Königsgrenadiere einen schmalen, aber tief gegliederten Gefechtsstreifen westlich vor Passendale in der üblichen wassergefüllten Trichterlandschaft. Das II. Bataillon lag jetzt als Kampfbataillon in vorderster Linie. Dicht gedrängt hockten die Grenadiere in kleinen schlecht belüfteten „Betonklötzle (Grundfläche gegen 7 Quadratmeter, Höhe 1,2 m)“[65], derweil der Kamerad auf Posten am mühselig getarnten Eingang Ausschau nach dem Gegner hielt. Ein großer Teil der Soldaten lag jedoch in verschlammten Erdlöchern. Sie waren nicht nur dem Artilleriebeschuss noch stärker ausgesetzt als die Soldaten in den Bunkern, die nur ein Volltreffer ausschalten konnte. Die Maschinengewehre des Gegners nahmen jeden Soldaten unter Feuer, der sich bewegte. Die vorn eingesetzte Infanterie hatte sich vom System der Gräben gelöst, die dem Verteidiger keinen Schutz mehr boten. Stattdessen versuchte man jetzt aus wechselnden Trichterstellungen heraus den stürmenden Gegner unter frontales und Flanken-Feuer zu nehmen. Am 25. August ging das II. Bataillon mit zwei Kompanien in die vordere Linie. Kurz nach Mitternacht setzte britisches Trommelfeuer ein. Im Nachbarregiment griffen die Briten wieder mit Tanks an. Am darauffolgenden Tag besaßen die britischen Flieger erneut die Luftherrschaft über den deutschen Stellungen. Der Schwerpunkt der deutschen Flieger lag im französischen Abschnitt[66].

Am Vormittag des 27. August begannen schwere britische Kaliber, die aufgeklärten Betonunterstände zu beschießen. Mit sechs Treffern wurde der Gefechtsstand des Kampftruppenkommandeurs (KTK) Baeßler zerstört. Der KTK war in aller Regel der Kommandeur des in den vordersten Linien eingesetzten Bataillons. Nach dem fünften Treffer hatte Bäßler seinen Unterstand in die vordere Linie verlegt. Über die anhaltende Bedeutung solcher gemeinsamer Erlebnisse schrieb Bäßler 20 Jahre später seinem früheren Adjutanten: *Unser Leben hing damals an einem Fädchen.- Und stolz dürfen wir dabei unserer braven Offiziere* [...] *u. unserer Grenadiere gedenken.- Uns zwei hat das große Erleben draußen zusammengekittet* [...]. *Treue Kameradschaft u. Freundschaft für immer sind das Ergebnis. – Was Du mir in der schweren Zeit des Grabenkriegs warst, brauche ich nicht besonders hervorzuheben. Daß Du in Deiner Person die hohen Tugenden des*

---

64 Vgl. Bechtle (wie Anm. 10) S. 102–108; Neitzel (wie Anm. 4) S. 71 f. (Zitat S. 72); Stachelbeck (wie Anm. 19) S. 197–200; Szymnau (wie Anm. 29) S. 50 f.

65 So Hohl. Zitiert nach Szymnau (wie Anm. 29) S. 51.

66 Vgl. dazu Morrow (wie Anm. 30) S. 215 f., 233–236.

Soldaten, wie sie ein Moltke, Schlieffen u. Seeckt aufgefaßt wissen wollten, vereinigt hast, beweist Deine bisherige militärische Laufbahn[67].

Eine andere Bunkerbesatzung hatte weniger Glück. 15 Mann fielen einem Volltreffer zum Opfer. Als sich um 1 Uhr nachmittags kleine britische Gruppen den deutschen Stellungen näherten, schlug ihnen das *Vernichtungsfeuer* der deutschen Artillerie und Maschinengewehre entgegen. Um 3 Uhr, so hielt Speidel im Kriegstagebuch fest, setzte dann *auf breiter Front Trommelfeuer von bisher nie gekannter Stärke (auch in der Somme-Schlacht, August 1916 nicht) ein. Gleichzeitig trat die englische Infanterie voll bepackt unter dem Schutz von Nebelbomben zum Sturm an. Die erste feindliche Welle wurde sofort von unserem Infanterie- und M.G.-Feuer niedergemäht.* [...] *An keiner Stelle gelang es dem Gegner, unsere vorderste Linie zu erreichen. Die tief gestaffelte engl. Infanterie erlitt schwere Verluste,* [...]. *Auch die zahlreichen feindlichen Infanterie-Flieger, die durch M.G.-Feuer aus geringer Höhe begleiteten, konnten an dem Mißerfolg nichts ändern. Ein englischer Flieger, der aus 150 Meter Höhe unsere Trichterbesatzung bekämpfte, wurde durch Inf.-Feuer* [...] *heruntergeholt. Er blieb* [...] *zerschellt liegen.* Auch ein erneuter Versuch der Briten am Abend scheiterte. Der abgeschossene Flieger ging auf das Konto der von Wilhelm Speidel geführten 5. Kompanie, die den ganzen Tag in vorderster Linie kämpfte und erhebliche Verluste erlitt. Das „Gepäck" der britischen Infanterie mag ein Hinweis sein, dass diese ihrerseits mit leichten Maschinengewehren, Gewehrgranaten und Sprengmitteln stürmte. Tatsächlich hatten die Deutschen auch hier eine Entwicklung nachvollzogen, die bei ihren Gegnern längst eingesetzt hatte. Am 28. August 1917 wurde das Bataillon abgelöst. Am Folgetag erholten sich die Grenadiere beim Kinobesuch im rückwärtigen Gebiet von den erlittenen Strapazen[68]. Speidel verzeichnete am 7. September noch eine Mannschaftsstärke des II. Bataillons von 629 Mann[69]. Er selbst wurde am 20. August mit dem heiß begehrten Eisernen Kreuz 1. Klasse ausgezeichnet[70].

In den kommenden Tagen griff der Gegner nicht mehr an, aber seine Artillerie feuerte ununterbrochen weiter auf die deutschen Stellungen. In der Nacht vom 8. auf den 9. September konnten die Briten auf einer Breite von 500 m auf dem

---

[67] Nachlass Speidel, Baeßler an Speidel, 31.8.1937. Wilhelm Baessler (1878–1975) betrieb später ein Hotel in Freudenstadt und war in den 1950er Jahren Landtagsabgeordneter der CDU. Er korrespondierte bis zu seinem Tode mit Speidel. Dieser war seit 1936 Major im Generalstab der Wehrmacht.

[68] Zu den motivationsfördernden Gratifikationen jeglicher Art und die Fähigkeit der raschen Umstellung auf Vergnügungen als Merkmal der mentalen Gewöhnung an die existenzielle Ausnahmeerfahrung vgl. Stachelbeck (wie Anm. 19) S. 312–316, 320–322; Szymnau (wie Anm. 29) S. 103–105.

69 Vgl. HStAS M 411 Bü 760, KTB, II. Batl. Rgt 123, 23.–29.8.2017 (Zitat 27.8.1917); Nachlass Speidel, Gefechtsbericht, 27.8.17; Bechtle (wie Anm. 10) S. 109–113; Moser (wie Anm. 9) S. 80 f.; Stachelbeck (wie Anm. 19) S. 198–200.

[70] Vgl. Personalakte (wie Anm. 22) und dazu Szymnau (wie Anm. 29) S. 60–64.

rechten Rand des Gefechtsstreifens nach mehrstündigem Trommelfeuer nochmals einbrechen, wurden aber wieder zurückgedrängt. In den folgenden Tagen erlitt das II. Bataillon in vorderer Linie wiederum durch Beschuss erhebliche Ausfälle. Wilhelm Speidel wurde am 4. September 1917 erneut leicht verwundet und begab sich Anfang Oktober 1917 ins Lazarett[71]. Das Regiment verlegte zur Auffrischung an die niederländische Grenze, unterdessen die Briten die von den Grenadieren noch gehaltenen deutschen Linien dann doch zurückdrängten.

Speidel wurde am 4. Oktober mit dem Ritterkreuz des Württembergischen Militärverdienstkreuzes ausgezeichnet[72]. Am 10. Oktober 1917 ging es zurück an die Front. Der Wald bei Houthulst war nur noch eine morastige Trichterlandschaft mit Baumstümpfen. Im Turnus ging es immer wieder in die Stellungen und zurück in die Bereitschaft. Am 28. Oktober wurde das II. Bataillon als Kampfbataillon von zwei britischen Bataillonen angegriffen. Die Briten kamen im Morast kaum voran, profitierten jedoch vom weitgehend ausbleibenden Sperrfeuer. Die deutsche Artillerie hatte aufgrund schlechter Sichtverhältnisse die Leuchtsignale der eigenen Infanterie nicht gesehen. Trotz erheblicher Fortschritte blieb die Kommunikation die Achillesferse der Koordination von Artillerie und Infanterie[73]. Dagegen hatten die britischen schweren Kaliber *furchtbare Vernichtung* in die 7. und 8. Kompanie getragen, deren Grenadiere meist vergeblich versuchten, dem Beschuss auszuweichen. Waffen, Munition und Verpflegung waren oft verschüttet. Die Überlebenden der drei vorderen Kompanien wurden zu zweien zusammengefasst, zumal ein Kompanieführer gefallen und einem weiteren der Fuß weggeschossen worden war. Gleichwohl zwangen die verbliebenen eigenen Maschinengewehre den Gegner, seinen Angriff einzustellen. Der Regimentskommandeur betonte die anhaltende Bedeutung sogar schwerer Maschinengewehre in der vorderen Linie. Trotz einiger kleinerer Gefechte war diese Flandernschlacht vorbei. Die Briten hatten die deutschen U-Boot-Basen nicht erreicht. Das nützte dem Reich nur bedingt. Der anhaltend hohe Munitionsverbrauch der britischen Artillerie zeigte, dass es nicht gelungen war, die Insel von ihren überseeischen Zufuhren abzuschneiden. 332.000 Verlusten der Alliierten standen immerhin noch 217.000 Deutsche gegenüber. Das Regiment verlegte ab dem 10. November in das Oberelsass[74]. Speidel wurde vom 24. November bis zum 14. Dezember 1917 beurlaubt[75].

---

[71] Vgl. HStAS M 411 Bü 760, KTB, II. Batl. Rgt 123, August-November 2017, Kriegsranglisten.

[72] Vgl. Personalakte (wie Anm. 22).

[73] Vgl. dazu Stachelbeck (wie Anm. 19) S. 84–95, 106f., 116–120, 212–216.

[74] Vgl. HStAS M 411 Bü 760, KTB, II. Batl. Rgt 123, 26.–28.10.1917 und Anlage Nr. 15: Bericht (des Regimentskommandeurs Lupin) über den englischen Angriff am 28. Oktober 1917 (Abschrift); Nachlass Speidel, Lupin, Erfahrungen, 28.10.2016; Bechtle (wie Anm. 10) S. 116–121; Moser (wie Anm. 9) S. 588f., Stachelbeck (wie Anm. 19) S. 206.

[75] Vgl. HStAS M 411 Bü 761, KTB, II. Batl. Rgt 123, November 1917–Februar 1918, Kriegsranglisten.

Die Württemberger hatten den Ruf, in den Abwehrschlachten länger und effektiver als andere durchzuhalten. Aber das Westheer war „bis in die Knochen ermüdet und in den Nerven schwer erschüttert". Das erfahrene Stammpersonal schwand dahin: Die Regimenter mussten auf teilweise „zu wenig kriegstüchtigen und zu wenig kampffreudigen Ersatz" zurückgreifen[76]. Offensiverfolge waren nur noch auf dem Nebenkriegsschauplatz Italien und an der Ostfront möglich. Russland schied zwar nach der Oktoberrevolution 1917 praktisch aus dem Krieg aus. Aber eine Mehrheit des Reichstages aus SPD, Zentrum und Linksliberalen hatte am 19. Juli 1917 einen Verständigungsfrieden gefordert. Sie trug damit der wachsenden Erschöpfung und Kriegsmüdigkeit der Bevölkerung Rechnung. Wollte die Oberste Heeresleitung mit dem Eintreffen der Amerikaner den Abnutzungskrieg nicht verlieren, musste sie die Gunst der Stunde nutzen und mit Reserven aus dem Osten im Westen wieder in die Offensive zu gehen[77]. Hauptmann Bäßler berichtete zu Jahresbeginn 1918, die Soldaten seines Bataillons seien gegen ein Friedensangebot und wünschten die Durchsetzung der maximalen deutschen Kriegsziele: *dafür packen's wir nochmals!*[78]. Die Königsgrenadiere genossen unterdessen die ruhige Zeit im Elsass, in der sie der Heimat nicht nur geographisch, sondern auch mental näher gerückt waren[79].

IV.

Anfang Februar 1918 verlegte das Regiment nach Cambrai. Hier hatten die Briten mit dem massiven und konzentrierten Einsatz ihrer Tanks in Kombination mit Schlachtfliegern am 20. November 1917 einen tiefen Einbruch erzielt. Ein Teil des Geländes ging zehn Tage später wieder an die Deutschen verloren, die mit einer größeren Zahl von Sturmtruppen und Schlachtfliegern um die Abwehrschwerpunkte herum die britischen Artilleriestellungen erreichten und ausschalteten. Mancher deutsche Militär sah sich in der Auffassung bestätigt, dass die Entwicklung eigener Tanks nachrangig sei[80]. Am 20. März 1918 bezogen die Königsgrenadiere als „vorderstes Stoßregiment" der sogenannten Michael-Offensive mit dem II. und III. Bataillon in erster und dem I. Bataillon in zweiter Linie ihre Ausgangsstellungen westlich und nordwestlich von Honnecourt-sur-Escaut, ca. 15 km

---

[76] Moser (wie Anm. 9) S. 86.

[77] Vgl. The Cambridge History (wie Anm. 12) S. 145–147; Neitzel (wie Anm. 4) S. 76–78, 106–109.

[78] Vgl. Nachlass Speidel, Dem Regiment, 13. 1. 1918 (Abschrift).

[79] Bechtle (wie Anm. 10) S. 121–123.

[80] Vgl. The Cambridge History (wie Anm. 12) S. 128; Morrow (wie Anm. 30) S. 218 f., 236 f.; Pöhlmann (wie Anm. 41) S. 73–77, 83–92, 119–121. Stachelbeck (wie Anm. 19) S. 129 f.

südlich Cambrai[81]. Am 12. März war Speidels Regimentskamerad und Adjutant des I. Bataillons, Hohl, mit Teilen des Bataillonsstabes dem Streufeuer der britischen Artillerie zum Opfer gefallen, noch bevor der Angriff begann[82].

Am 21. März eröffnete die deutsche Artillerie um 4 Uhr 45 bei Dunkelheit das Trommelfeuer unter Einsatz von Kampfgasgranaten. Mit aufgesetzter Gasmaske rückt das Bataillon ab 8 Uhr 15 an die britischen Stellungen heran. Um 9 Uhr 40 begann der Angriff der Infanterie nach der neuen Doktrin mit den Sturmtruppen als Speerspitzen[83]. Im *schneidigen Draufgehen* wurden die vorderen britischen Stellungen überrannt, ein Verteidigungsschwerpunkt ausgeschaltet und ein britischer Bataillonsstab gefangen genommen. Dabei hatten einige britische Stellungen kaum Artillerietreffer erhalten. Ein um 12 Uhr einsetzender Gegenangriff der auf Lastkraftwagen antransportierten britischen Infanterie mit Unterstützung von zwei Tanks wurde abgewiesen. Einer davon wurde von der Feldartillerie ausgeschaltet. Da das Regiment wesentlich weiter vorangekommen war als seine seitlichen Nachbarn, drohten Flankenstöße des Gegners. Die beiden Kampfbataillone gingen zurück. Dabei konnten die Sturmspitzen nicht mehr zurückverlegen und wurden vom Gegner aufgerieben. In der Nacht griffen die Briten die beiden Bataillone nicht mehr an, die sich unter Bäßler als Kampftruppenkommandeur zur Verteidigung einrichteten und an den Flanken Unterstützung anderer Regimenter erhielten. Am folgenden Tag kam ein erneuter Angriff am Vormittag vor einem Verteidigungsschwerpunkt des Gegners zum Erliegen. Dieser wurde von der deutschen Artillerie unter *Vernichtungsfeuer* genommen. Mit *unvergleichlichem Schwung* stürmen die Grenadiere unter gegnerischem Sperrfeuer vor, als die Briten sich abzusetzen begannen. Sie schalteten die britischen Maschinengewehrstellungen im Nahkampf aus. Um 7 Uhr 45 abends ging das Bataillon weitgehend ungehindert an brennenden Ortschaften und durch eilends verlassene britische Stellungen vor und traf erst 500 m westlich der Ortschaft Fins, rund 9 km westlich der Ausgangstellung, auf Maschinengewehrfeuer. Das Bataillon grub sich darauf ein und forderte Artillerieunterstützung an. Am 23. März legte das Bataillon einen Rasttag am Ostausgang von Fins ein und verblieb im rückwärtigen Bereich, während die Einnahme einst aufgegebener Orte wie etwa Guillemont gemeldet wurde. Die erhebliche Beute an Waffen, Munition und Verpflegung war ein weiteres Indiz für die materielle Überlegenheit der Briten. In den folgenden Tagen zog das Regiment über das Schlachtfeld von 1916 an der Somme immer weiter westwärts.

Lupin wurde unterdessen für die Leistungen seines Regiments mit dem Pour le Mérite, dem höchsten Tapferkeitsorden ausgezeichnet. Der 23-jährige Wilhelm

---

81 Vgl. Bechtle (wie Anm. 10) S. 123–126; Moser (wie Anm. 9) S. 647 f. (Zitat S. 248). Zur Offensive vgl. auch The Cambridge History (wie Anm. 12) S. 147–150; Neitzel (wie Anm. 4) S. 78 f.

82 Vgl. Szymnau (wie Anm. 29) S. 51 f., Bechtle (wie Anm. 10) S. 125 f.

83 Vgl. Raths (wie Anm. 57) S. 190–196.

Speidel übernahm am 27. März die Sturmabteilung der 27. Division[84]. Am 5. April begann um 9 Uhr nach zweistündiger Artillerievorbereitung der Angriff der 27. Division. Den in erster Linie eingesetzten Regimentern und vor allem ihren Sturmtruppen schlug ein so mörderisches Maschinengewehrfeuer entgegen, dass der Angriff eingestellt wurde. Das II. Bataillon war unterdessen nach Aveluy beordert worden, um am Folgetag das III. Bataillon im dortigen Wald abzulösen. Hier war es sofort mit einem britischen Gegenangriff konfrontiert[85].

Die Oberste Heeresleitung stellte jetzt die Offensive ein. Ihr Konzept, nach vergleichsweise kurzer Artillerievorbereitung die Infanterie schwungvoll und unter Umgehung gegnerischer Verteidigungsschwerpunkte und unter Einsatz der besonderen Sturmtruppen vorgehen zu lassen, schien zunächst aufzugehen. Dann fehlten jedoch leistungsfähige Lastkraftwagen, von Tanks ganz zu schweigen, um die geschlagene Bresche auszunutzen. Die Pferde waren ausgemergelt. Zwar hatten die Alliierten rund 100.000 Soldaten mehr verloren als die Deutschen. Deren Problem notiert die Regimentsgeschichte: Die Königsgrenadiere hatten an den beiden Großkampftagen 21. und 22. März insgesamt 785 Mann eingebüßt. Allein an Gefallenen verzeichnete man 11 Offiziere und 138 Grenadiere und Unteroffiziere. Nicht zuletzt der „frische Ersatz aus der Heimat" und seine „jugendlichen Führer" hatten geblutet. Diese Verluste waren nicht mehr zu ersetzen[86]. Was den Fronttruppen jetzt zufloss, waren körperlich unterernährte und unterentwickelte junge Männer sowie „Ausgekämmte" und Genesene, die „aus der Heimat mehr Friedenssehnsucht als Kriegswilligkeit" mitbrachten[87].

Während die Deutschen an anderen Frontabschnitten weitere Offensiven eröffneten, glitt der Krieg für die Grenadiere zurück in die bekannten Bahnen des defensiven Stellungskrieges: häufiges Artilleriefeuer auf den eigenen Stellungen, wechselseitige Handstreiche und Vorstöße, der gleichförmige Rhythmus von Stellungsdienst und Bereitschaft. Am 22. April griffen die Briten erneut nach kurzer Artillerievorbereitung an und wurden blutig abgeschlagen. Vor den Stellungen des II. Bataillons hörte man *die ganze Nacht hindurch* [...] *das Jammern und Stöhnen der Verwundeten*. Erst gegen Morgen wurden drei verwundete Briten geborgen. Anschließend verbrachten die Königsgrenadiere eine längere Ruhephase im rückwärtigen Gebiet, die zur Auffüllung mit neuem Personal und zur Ausbildung genutzt wurde. Speidel verzeichnete am 17. Mai eine Gesamtstärke des II. Batail-

---

84 Vgl. HStAS M 411 Bü 762, KTB, II. Batl. Rgt 123, 20.3–4.4.1918 (Zitate 21.3.1918 und 22.3.1918); ebd., Anlagen: Karte des Vorstoßes vom 22.3.–4.4.1918; Bechtle (wie Anm. 10) S. 126–132; Moser (wie Anm. 9) S. 648–652.

85 Vgl. HStAS M 411 Bü 762, KTB, II. Batl. Rgt 123, 5.–8.4.1918; Bechtle (wie Anm. 10) S. 133 f.

86 Bechtle (wie Anm. 10) S. 133. Vgl. auch Moser (wie Anm. 9) S. 93; Neitzel (wie Anm. 4) S. 77–79; Nübel (wie Anm. 12) S. 135 f.; Stachelbeck (wie Anm. 19) S. 130–133 und hier zur „Michael"-Offensive S. 134–147.

87 Moser (wie Anm. 9) S. 99.

lons von 674 sowie 89 Mann der Maschinengewehrkompanie und zusammen 34 Offizieren[88].

Das Regiment wurde im Sommer wieder an die Somme verlegt und ging Anfang August 1918 beiderseits der Straße von Bray-sur-Somme nach Corbie in die vordere Linie, die nur noch aus Grabenresten, Schützenlöchern und Maschinengewehrnestern bestand. Am 6. August griff das I. Bataillon begleitet von Pionierstoßtrupps nach kurzer Artillerievorbereitung den überraschten Gegner an. Der Erfolg bei verhältnismäßig geringen eigenen Verlusten lag in der Konsequenz solider Ausbildung und der langen Erholungsphase. Der britische Gegenangriff am Folgetag brachte kaum Erfolge. Dagegen griffen die Briten am 8. August bei dichtem Nebel nach kurzem Trommelfeuer mit sechs Tanks an. Sie tauchten plötzlich vor den deutschen Grenadieren auf, die sich unter diesen Umständen kaum wirkungsvoll zur Wehr setzen konnten. Zudem hatten die Briten die Panzerung gegen Infanteriewaffenbeschuss wirkungsvoll verstärkt. Von der eigenen Artillerie erhielten die Grenadiere wenig Feuerunterstützung, da der Gegner die rückwärtigen Stellungen mit Kampfgas belegt hatte. Wieder kreisten britische Flieger über den Stellungen und griffen die deutsche Infanterie mit Bomben und Maschinengewehren an, von der Leitung des Artilleriefeuers ganz abgesehen. Die deutschen Jagdflieger kämpften zwar mit Bravour, aber der Gegner war ihnen fünffach überlegen[89]. Dem III. Bataillon drohte die Einkesselung durch die auf den Flanken erfolgreichen Gegner. Das am Rande der Auflösung stehende Regiment erhielt erst am Nachmittag Unterstützung. Der 8. Kompanie des II. Bataillons, nur noch 15 Mann stark, gelang noch der Abschuss eines Tanks. Freilich verfügten die vorderen Verbände kaum mehr über Stahlkernmunition zur Tankbekämpfung.

Am Morgen des 9. August stellte sich der Gegner erneut mit acht Tanks in Linie mit Zwischenräumen von 100 bis 150 Metern auf. Den Tanks folgten unmittelbar vier Reihen Begleitinfanterie mit der Aufgabe, den Tank vor der Infanterie des Gegners zu beschützen, der ihr zugleich Deckung bot. Die Tanks fuhren am deutschen Graben entlang, um die Grenadiere unter Maschinengewehr- und Geschützfeuer zu nehmen. Nach einem kurzen Rückzug der Tanks und erneutem Trommelfeuer der Artillerie trat dann die britische Infanterie zum Sturm an. Das III. Bataillon wurde überrannt. Seine Reste fluteten mit dem ebenfalls angeschlagenen II. Bataillon bei heftigem britischem Artilleriefeuer zurück. Die 6. Kompanie meldete an dem Tag allein fünf Tote, elf Verwundete und 15 Vermisste. Kurz vor Mitternacht setzten die Briten ihren Tankangriff ohne Artillerievorbereitung fort, dem die Grenadiere kaum mehr Widerstand entgegensetzen konnten, zumal die mittlerweile eingeführten Tankabwehrgeschütze entweder zerstört oder zurückgezogen worden waren. Nach dem Verlust von vier toten, sechs verwundeten und neun

[88] Vgl. HStAS M 411 Bü 762, KTB, II. Batl. Rgt 123, 21.4.–23.5.1918 (Zitat 22.4.1918); Moser (wie Anm. 9) S. 94; Bechtle (wie Anm. 10) S. 134–138.

[89] Vgl. dazu Cron (wie Anm. 9) S. 211 f.; Morrow (wie Anm. 30) S. 299 f., 305–309.

vermissten Offizieren sowie 48 toten, 360 verwundeten und 331 vermissten Grenadieren wurden die einst drei Bataillone des Regiments zu zweien zusammengelegt, die jeweils noch über etwa 200 Mann verfügten. Die Grenadiere sollten die Ortschaft Bray halten und gruben sich ein. In den folgenden Tagen wurden die Deutschen immer weiter zurückgedrängt. Die Kompanien des Regiments schmolzen auf ein Minimum zusammen. Die 6. Kompanie löste am 12. August eine Kompanie ab, die nur noch aus fünf Soldaten bestand. Das Tagebuch derselben 6. Kompanie verzeichnete für den 24. August: *Anfangs waren noch verschiedene Leute preußischer Regimenter zu sehen, bauten aber allmählich alle ab, oft zugweise!* Die eigene Kompanie verfügte am 26. August noch über 8 einsatzbereite Männer. Am 28. August wurde das Regiment endlich abgelöst. Es verlegte in den Raum nordöstlich von Verdun, wo sich die Gefechtslage weitgehend beruhigt hatte, und blieb dort bis 28. Oktober 1918, Speidels 21. Geburtstag. Nahezu den gesamten Oktober vertrat Speidel den Regimentsadjutanten. Unterdessen schritt die Ausstattung der Infanterie mit Panzerbüchsen (Tankgewehr M 1918) ebenso voran wie die Umstellung von Teilen der Artillerie auf die Tankabwehr. Zunehmend wurden Tankminen und -fallen angelegt. Der Tank hatte sich mithin auf dem Schlachtfeld etabliert, das nun vom Gefecht der verbundenen Waffen – Artillerie, Infanterie, Tanks und Erdkampfflugzeuge – beherrscht wurde[90].

Die Landkriegführung hatte damit nicht nur den Entwicklungsstand erreicht, mit dem der Zweite Weltkrieg begonnen wurde. Der exponentiell zunehmenden Feuerkraft des einzelnen Soldaten entsprach die reziprok zunehmende Gewalt, der er sich ausgesetzt sah. Insofern ist die gelegentlich zu lesende Metapher vom „Maschinenkrieg" irreführend; den Krieg führten und erlitten Menschen. Der Mangel an Menschen war für die Deutschen noch gravierender als der Mangel an Munition und Waffen. Am Ende waren diese Faktoren wichtiger als die vermeintlich oder tatsächlich überlegene englische Taktik im letzten Kriegsjahr[91]. Der koordinierten Offensive der britischen, französischen und amerikanischen Truppen hielten die ausgezehrten Divisionen immer weniger stand.

Die erwähnte Absetzbewegung der preußischen Regimenter könnte zum einen ein Hinweis auf den – in der Forschung umstrittenen – „Militärstreik"[92] sein, eben-

---

[90] Vgl. BECHTLE (wie Anm. 10) S. 138–159; MOSER (wie Anm. 9) S. 703–706; PÖHLMANN (wie Anm. 41) S. 79–83, 95–99; HStAS M 411 Bü 814, KTB, 6./II. Batl. Rgt 123, 8.8.–26.8.1918 (Zitat 24.8.1918); ebd., KTB, II. Batl. Rgt 123, September 1918 – Januar 1919, Kriegsrangliste Oktober. Zu den Tanks vgl. NÜBEL (wie Anm. 12) S. 138 f.

[91] Vgl. dagegen Jonathan BOFF, Winning and Losing on the Western Front. The British Third Army and the Defeat of Germany in 1918, Cambridge u. a. 2012, besonders S. 226–251.

[92] Vgl. Wilhelm DEIST, Verdeckter Militärstreik im Kriegsjahr 1918?, in: Der Krieg des kleinen Mannes. Eine Militärgeschichte von unten, hg. von Wolfram WETTE, München/Zürich 1992, S. 146–167 und dazu Wencke METELING, Ehre, Einheit, Ordnung. Preußische

so wie das in der Regimentsgeschichte angeführte „Abbröckeln der Leute aus der Gefechtslinie". Zum anderen kam hier auch ein mit Vorbehalten gegen die „schlappen Preußen" verknüpftes schwäbisches Selbstbewusstsein zum Tragen[93]. Vor dem Hintergrund des sich abzeichnenden Zusammenbruchs Österreich-Ungarns und des Osmanischen Reichs seien die Königsgrenadiere mehrheitlich mit dem Waffenstillstandsgesuch der Reichsregierung einverstanden und dennoch weiter bereit, ihre Pflicht zu tun, so Lupin[94]. Es habe „von einer ausgesprochenen Revolutionsstimmung schlechterdings nicht gesprochen werden" können[95]. Die schon 1917 immer deutlicher spürbare Erosion von Moral, Disziplin und Qualität der deutschen Soldaten beschleunigte sich jedoch. Statt revolutionärer Stimmung verbreitete sich Apathie, „Drückebergerei" und die Bereitschaft in Gefangenschaft zu gehen. Echte Desertion blieb die Ausnahme[96]. Die letzte Schlacht, die das Grenadierregiment nun gegen die Amerikaner schlug, sprach für den anhaltenden Korpsgeist der Königsgrenadiere[97].

Das Regiment verlegte durch zurückflutende Einheiten ins Vorfeld der Maas, die als Widerstandslinie aufgebaut wurde. Dem II. Bataillon Speidels fiel die undankbare Aufgabe zu, zwischen Tailly und Villers-devant-Dun das Nachhutgefecht gegen die vordrängenden Amerikaner zu führen, die die Deutschen mit einem Trommelfeuer aus Brisanz- und Gasgranaten belegten und die Lücken in der deutschen Front aufklärten. Das II. Bataillon wurde dem schwer bedrängten 120. Infanterieregiment unterstellt, ebenfalls aus Ulm. Bataillonsadjutant Speidel machte sich am Nachmittag des 1. November 1918 auf, um den neuen Regimentsstab zu suchen und kehrte morgens um 3 Uhr des 2. November wieder zurück. Am Nachmittag desselben Tages stürmten die Amerikaner *in dichter Schützenlinie, Welle auf Welle* in das Feuer der Grenadiere. Da dem Bataillon nichtsdestotrotz die Umfassung drohte, setzte es sich ohne Probleme vom Gegner ab, um am Folgetag eine Auffangstellung bei Beaufort-en-Argonne zu beziehen. Am 4. November griffen die Amerikaner erneut in *dichten Kolonnen* an. Die Grenadiere zogen sich weiter zurück, um nun, unter dem Schutz eigenen Artilleriefeuers von jenseits der Maas und vom Gegner nicht mehr verfolgt, den Fluss auf einer Behelfsbrücke westlich Inor zu überschreiten. Anhaltender Regen, unzureichende Verpflegung und die *übermenschlichen Anstrengungen* der vergangenen Tage hatten den Grenadieren

---

und französische Städte und ihre Regimenter im Krieg, 1870/71 und 1914–19, Baden-Baden 2010, S. 294–301.

[93] So Hohl. Vgl. Szymnau (wie Anm. 29) S. 92–95, 110 (Zitat S. 94).

[94] Nachlass Speidel, Lupin an 53. Infanteriebrigade, 13. 10. 1918 (Entwurf).

[95] So Bechtle (wie Anm. 10) S. 163, 157, der als Hauptmann der Reserve zwischenzeitlich die Führung des zweiten Bataillons übernommen hatte.

[96] Vgl. Alexander Watson, Enduring the Great War. Combat, Morale and Collapse in the German and British Armies, 1914–1918, Cambridge 2008, S. 184–231; Stachelbeck (wie Anm. 19) S. 296–298, 344–347.

[97] Vgl. dazu Meteling (wie Anm. 92) S. 274–282.

zugesetzt. Aber sie hatten sich an die Hoffnung geklammert, bald hinter die Maas zu gelangen. Während sich die Artilleristen beider Seiten gegenseitig beschossen, grub sich das Regiment am Ostufer ein, wobei ihm kaum mehr Material zum Stellungsbau zur Verfügung stand. Allenthalben zogen sich jetzt die deutschen Soldaten in unzulänglich vorbereitete Stellungen zurück[98].

Noch am 11. November überschritten die Amerikaner die Maas bei Pouilly. *Mit lauter Freude von Allen* nahm das Bataillon die Nachricht vom Waffenstillstand ab 11 Uhr 55 vormittags auf. Zu Fuß traten die Königsgrenadiere den langen Marsch in die Heimat an, um am 17. Dezember endlich auf die Eisenbahn verladen zu werden. Am folgenden 18. Dezember fuhr *der Zug, der unterwegs mit Tannengrün und Fahnen geschmückt wurde, unter lautem Jubel und klingendem Spiel in Ulm ein*. Hier hielt das Regiment *unter dem Geläute der Münsterglocken* [...] *festlichen Einzug* in die *reich beflaggte Stadt*[99]. Die Regimentsgeschichte berichtet von Reibereien zwischen Offizieren und Mannschaften. Gleichwohl sei „es den Soldatenräten zu verdanken, daß ein Abgleiten in das radikalste Fahrwasser vermieden blieb“[100]. Der Einzug der Königsgrenadiere schien die Behauptung der Obersten Heeresleitung zu bestätigen, das Heer sei im Felde unbesiegt geblieben. Die Lebenslüge ersparte die bittere Einsicht, dass alle Opfer vergeblich erbracht worden waren, freilich um einen hohen Preis. Erst nach der vollständigen militärischen und moralischen Niederlage 26 Jahre später begriffen die Deutschen, dass ein Krieg gegen eine materiell überlegene Koalition von Industriestaaten selbst dann nicht zu gewinnen war, wenn man den europäischen Kontinent erobert hatte. Die Vorstellung, nicht die politische und militärische Führung des Kaiserreiches, sondern die Politiker der künftigen Republik, die den Waffenstillstand schlossen, seien verantwortlich für die Niederlage, hatte dem Nationalsozialismus den Weg bereitet[101]. Dessen Zusammenbruch überlebte der zum Stabschef einer Heeresgruppe avancierte ehemalige Kriegsleutnant von 1914 um Haaresbreite. Bereits im Dezember 1918 beschlossen die Offiziere des Regiments die Gründung eines Traditionsverbandes. Die Erlebnisgemeinschaft der Königsgrenadiere wurde zur Erinnerungsgemeinschaft. Der jetzt 21-jährige Veteran Speidel blieb ihr zeitlebens verbunden[102].

---

[98] Vgl. HStAS M 411 Bü 763, KTB, II. Batl. Rgt 123, 1.–10.11.1918 (Zitate 2.11.1918, 4.11.1918 und 6.11.1918); Bechtle (wie Anm. 10) S. 159–163; Boff (wie Anm. 91) S. 227–229.

[99] Vgl. HStAS M 411 Bü 763, KTB, II. Batl. Rgt 123, 7.11.–19.12.1918 (Zitate 9.11.1918 und 18.12.1918); Bechtle (wie Anm. 10) S. 164–172; Moser (wie Anm. 9) S. 758 f.

[100] Bechtle (wie Anm. 10) S. 167.

[101] Vgl. The Cambridge History (wie Anm. 12) S. 166–171.

[102] Vgl. Nachlass Speidel, Rundschreiben Richard Bechtle, Februar 1919. Material und Korrespondenz zum Traditionsverband und dessen Mitgliedern im Nachlass Speidel erstrecken sich bis 1981.

Eine „Sammel- und Pflegestätte nationaler Geschichtsforschung“*. Die Weltkriegsbücherei in Stuttgart in der Weimarer Republik und im „Dritten Reich“

Von Christian Westerhoff

Während des Ersten Weltkriegs entstanden allein in Deutschland über 200 so genannte Kriegssammlungen[1]. Diese Sammlungen zum Ersten Weltkrieg, die von Bibliotheken, Archiven, aber auch Privatpersonen aufgebaut wurden, verschwanden nach der deutschen Niederlage 1918 aus dem Blickfeld der Öffentlichkeit und wurden zum Teil erst im Rahmen des Weltkriegsgedenkjahres 2014 wiederentdeckt[2]. Die wohl wichtigste Kriegssammlung, die von einem privaten Sammler aufgebaut wurde, war die Weltkriegsbücherei in Stuttgart. Die heutige Bibliothek für Zeitgeschichte in der Württembergischen Landesbibliothek verschwand nach 1918 nicht von der Bildfläche, sondern sie entwickelte sich bald zu einem wichtigen Teil des Stuttgarter Kulturlebens und zu einer international anerkannten Anlaufstelle zur Erforschung des Ersten Weltkriegs und seiner Folgewirkungen[3].

---

* Das Zitat im Obertitel nach Max Gunzenhäuser, Zwanzig Jahre Weltkriegsbücherei, in: Zentralblatt für Bibliothekswesen 52 (1935) Heft 11, S. 594–596, hier S. 596. Für wertvolle Hinweise und Korrekturen zu diesem Text danke ich Irina Renz und Edith Gruber.

[1] Zu den Kriegssammlungen allgemein siehe Aibe-Marlene Gerdes, Ein Abbild der gewaltigen Ereignisse. Die Kriegssammlungen zum Ersten Weltkrieg 1914–1922, Essen 2016; Kriegssammlungen 1914–1918, hg. von Julia Hiller von Gaertringen, Frankfurt a. M. 2014; 1914–1918. In Papiergewittern. Die Kriegssammlungen der Bibliotheken, hg. von Christophe Didier, Paris 2008; Alexandra Kaiser, „… das Material sammeln, das dieser Krieg in solcher Fülle schuf wie keiner vorher.“ Kriegssammlungen und Kriegssammler im Ersten Weltkrieg, in: Kasten 117. Aby Warburg und der Aberglaube im Ersten Weltkrieg, hg. von Gottfried Korff, Tübingen 2007, S. 87–115.

[2] Gerdes (wie Anm. 1) S. 356–366.

[3] Zur Geschichte der Weltkriegsbücherei siehe auch Jürgen Rohwer, 50 Jahre Weltkriegsbücherei/Bibliothek für Zeitgeschichte, in: 50 Jahre Bibliothek für Zeitgeschichte, Weltkriegsbücherei Stuttgart. 1915–1965, Frankfurt a. M. 1965, S. 1–38; Ders., 75 Jahre Weltkriegsbücherei/Bibliothek für Zeitgeschichte, in: 75 Jahre Bibliothek für Zeitgeschichte. 1915–1990, Stuttgart 1990, S. 3–33; Gerhard Hirschfeld, Die Stuttgarter Weltkriegsbüche-

Die Forschung hat in den letzten Jahren gezeigt, dass der Erste Weltkrieg für die Weimarer Republik und für das „Dritte Reich" eine nicht zu unterschätzende Rolle spielte. Während der Krieg und die deutsche Niederlage für die Republik eine schwere Bürde darstellten, verklärten die Nationalsozialisten den Krieg zur Geburtsstunde ihrer Bewegung und instrumentalisierten ihn für ihre Zwecke, indem sie sich als Vertreter der Interessen der Frontsoldaten ausgaben[4].

Im Folgenden wird untersucht, welchen Bedeutungswandel die Weltkriegsbücherei als wichtige Sammlung zum Ersten Weltkrieg in den Jahren 1918–1945 erfuhr. Zu klären ist, welchen Stellenwert das Thema „Erster Weltkrieg" einerseits in der Bibliothek spielte und wie sich die Bibliothek andererseits im wissenschaftlichen, kulturellen und politischen Leben Stuttgarts, Württembergs und Deutschlands verortete. Dabei nimmt der Beitrag nicht nur die interne Entwicklung der Bibliothek, sondern auch den politischen und gesellschaftlichen Kontext in den Blick. Er analysiert, welche Ausrichtung die jeweilige Bibliotheksleitung verfolgte, mit welchen Personen und Institutionen sie in Kontakt stand und wie sich dies auf die Bibliothek auswirkte. Insbesondere die Neutralität und Unabhängigkeit während des „Dritten Reiches", die in früheren Darstellungen postuliert wurden[5], gilt es zu prüfen.

Die Analyse baut auf den Forschungen auf, die im Rahmen des 100-jährigen Jubiläums der Bibliothek für Zeitgeschichte 2015 durchgeführt wurden[6]. Als Quellenbasis dient bisher nicht verwendetes Archivmaterial aus dem Hauptstaatsarchiv Stuttgart, aus dem Staatsarchiv Ludwigsburg, aus dem Bundesarchiv Berlin sowie aus den Akten der Bibliothek für Zeitgeschichte. Im folgenden Beitrag wird außerdem die inzwischen erschienene Literatur zum Thema einbezogen, insbesondere die 2016 publizierte Dissertation von Aibe-Marlene Gerdes über die Kriegssammlungen des Ersten Weltkriegs[7].

Die Anfänge der Weltkriegsbücherei während des Ersten Weltkriegs

Während des Ersten Weltkriegs machte die Ludwigsburger Firma Heinrich Franck Söhne mit dem Vertrieb von Zichorien- und Getreidekaffee sehr guten Umsatz. Da Bohnenkaffee nach Kriegsbeginn bald nicht mehr zur Verfügung stand, wurde der Firma die Ware geradezu aus den Händen gerissen. Der 1871 in

---

rei. 1915–1944, in: Der Erste Weltkrieg in der populären Erinnerungskultur, hg. von Barbara Korte, Essen 2008, S. 47–57.

[4] Siehe hierzu insbesondere Nationalsozialismus und Erster Weltkrieg, hg. von Gerd Krumeich, Essen 2010.

[5] Rohwer (wie Anm. 3) S. 17.

[6] Siehe die Festschrift 100 Jahre Bibliothek für Zeitgeschichte. 1915–2015, hg. von Christian Westerhoff, Stuttgart 2015.

[7] Gerdes (wie Anm. 1).

Ludwigsburg geborene Richard Franck leitete die Berliner Verwaltung des weitverzweigten Konzerns. Als patriotisch gesinnter Industrieller, der auch in seiner Heimatstadt als Mäzen hervortrat[8], sah sich Franck berufen, mit den Ressourcen seines international agierenden Unternehmens die deutsche Kriegführung zu unterstützen und den Krieg zu dokumentieren. Mithilfe seiner Vertretungen in zahlreichen Ländern beschaffte er ausländische Zeitungen für das Kriegspresseamt. Im Rahmen dieser Beschaffungsaktion kam er auf die Idee, eine eigene Kriegssammlung aufzubauen. Am 13. November 1915 bat er seine Mitarbeiter, ihn bei der Sammlung von Material zu unterstützen[9]. Infrage kamen nicht nur Zeitungen und Bücher, sondern auch Zeitschriften, Broschüren, Kartenmaterial, Fotos, Plakate, Flugblätter, Postkarten und vieles mehr. Im Vergleich zu früheren kriegerischen Auseinandersetzungen wurde der Erste Weltkrieg nicht nur mit Granaten und Gewehren, sondern auch mit einem massiven Aufgebot an Propaganda geführt[10]. In Reaktion auf dieses *Trommelfeuer mit Papiermassen*[11] umfasste das Sammelspektrum alle erdenklichen Medien, die sich mit dem Krieg befassten. Im Ergebnis entstand eine der größten deutschen Kriegssammlungen, die zunächst in fünf Privatwohnungen Francks in Berlin untergebracht war[12]. 1919 umfasste die bald als Weltkriegsbücherei bekannte Einrichtung neben 51.200 Büchern und anderen Druckschriften 3.810 Zeitungen und Zeitschriften sowie 2.000 Bildplakate aus dem In- und Ausland[13].

Der Versuch der Weltkriegsbücherei, den „Papierkrieg" möglichst umfassend zu dokumentieren, war nichts Besonderes, sondern ein Charakteristikum nahezu aller Kriegssammlungen. Dies hing auch mit der weit verbreiteten Vorstellung zusammen, dass es sich beim Weltkrieg um eine „große Zeit" für Deutschland handele, welche die während der Einigungskriege 1864–1871 eingeleitete Nationsbildung abschließen werde. In den Jahren vor 1914 hatte es sich als schwierig herausgestellt, nachträglich Sammelgut zu den Einigungskriegen zusammenzutragen. Dieses

[8] Andrea Berger-Fix, „Ein dreifach donnernd Hoch braust durch den Saal" – Die Francks als Mäzene, in: „Die Hauptstadt der Cichoria". Ludwigsburg und die Kaffeemittel-Firma Franck, Ludwigsburg 1989, S. 35–46.

[9] Richard Franck, Eine Bitte, in: Mitteilungen von Ihrer Firma und Ihren Kollegen Nr. 52 vom 13. 11. 1915.

[10] Zum Ersten Weltkrieg als Propagandakrieg siehe z. B. Klaus-Jürgen Bremm, Propaganda im Ersten Weltkrieg, Darmstadt 2013.

[11] Friedrich Felger, Frontpropaganda bei Feind und Freund, in: Was wir vom Weltkrieg nicht wissen. Im Auftrage der Weltkriegsbücherei hg. von Friedrich Felger, Berlin 1929, S. 498–516, hier S. 516.

[12] Über die Entstehung der Weltkriegsbücherei siehe besonders Akten der Bibliothek für Zeitgeschichte in der Württembergischen Landesbibliothek (künftig: BfZ Akten): Bericht über die Tätigkeit der Weltkriegsbücherei in den Geschäftsjahren 1915, 1916 und 1917, sowie Rohwer (wie Anm. 3).

[13] Hermine C. Schützinger, Die Weltkriegsbücherei in Berlin, in: Mitteilungen. Verband deutscher Kriegssammlungen e.V. 1 (1919) Heft 2, S. 67 f.

Problem sollte im aktuellen Krieg umgangen werden, indem bereits während des laufenden Konflikts Sammlungen aufgebaut wurden[14].

Die Weltkriegsbücherei in der Weimarer Republik

Die deutsche Niederlage im Herbst 1918 bedeutete eine tiefe Zäsur für die Kriegssammelbewegung. Ihr eigentliches Thema, der Krieg, fand ein Ende. Außerdem konnte nun nicht mehr von einer „großen Zeit" für Deutschland die Rede sein. Der Jenaer Historiker Georg Mentz betonte zwar, dass es vom *rein wissenschaftlichen Standpunkt* [...] *gleichgültig* [sei], *wer als Sieger und wer als Besiegter aus dem großen Ringen hervorgegangen ist*[15]. Organisationsgrad, Austausch und Wettbewerb der Kriegssammlungsbewegung erreichten 1919 sogar einen neuen Höhepunkt[16]. Dies konnte jedoch nicht darüber hinwegtäuschen, dass sich die Bewegung in einer großen Krise befand. *Eines verlorenen Krieges gedenkt man nicht gerne* stellte Othmar Doublier, Kurator der Kriegssammlung an der einstigen Wiener Hofbibliothek, 1923 resigniert fest[17]. Die Bevölkerung war in den ersten Jahren nach dem Krieg kriegsmüde, und auch das wissenschaftliche Interesse an den Beständen hielt sich in Grenzen. So stellten die meisten Einrichtungen im Laufe der 1920er Jahre ihre Sammeltätigkeit ein. Viele Kriegssammlungen wurden verkauft, aufgelöst oder in die regulären Bestände der Bibliotheken integriert. Die Bestände verschwanden nicht nur in den Magazinen, sondern auch aus dem öffentlichen Bewusstsein[18].

Ganz anders verlief die Entwicklung der Weltkriegsbücherei. Trotz mehrerer attraktiver Angebote entschied sich Richard Franck, seine private Kriegssammlung nicht an eine renommierte staatliche Bibliothek oder an das Reichsarchiv abzutreten, sondern sie als eigenständige Institution weiterzuführen. Selbst wiederholte Kaufangebote der Bayerischen Staatsbibliothek schlug er aus[19].

Stattdessen zog die Sammlung 1920 nach Stuttgart um, wo ihr die württembergische Staatsregierung den rechten Flügel von Schloss Rosenstein zur Verfügung stellte. Bereits während des Krieges hatte Franck Überlegungen angestellt, das

---

14 GERDES (wie Anm. 1) S. 63–95, 367–374.

15 Georg MENTZ, Die Bedeutung der Kriegssammlungen, in: Mitteilungen. Verband deutscher Kriegssammlungen e.V. 1 (1919) Heft 3, S. 76–80, hier S. 76.

16 Aibe-Marlene GERDES, Kriegssammlungen 1914–1918. Eine Einführung, in: KRIEGSSAMMLUNGEN (wie Anm. 1) S. 15–29, hier S. 27f.; Hans-Christian PUST, Kriegssammlervereinigungen und ihre Publikationsorgane, in: KRIEGSSAMMLUNGEN (wie Anm. 1) S. 69–82.

17 Othmar DOUBLIER, Die Kriegssammlung der Nationalbibliothek, in: Wiener Zeitung Nr. 159 vom 14.7.1923.

18 GERDES (wie Anm. 1) S. 327–330.

19 Michael SCHMALHOLZ, Bibliothekarisches Handeln unter den Bedingungen des Ersten Weltkriegs. Die Kriegssammlung der Bayerischen Staatsbibliothek München, in: Archiv für Geschichte des Buchwesens 68 (2013) S. 173–196, hier S. 188f.

Abb. 1: Lesesaal der Weltkriegsbücherei im Schloss Rosenstein.

Material nach Württemberg zu verlagern[20]. Die private Sammlung wurde in eine öffentlich zugängliche Bibliothek umgewandelt (Abb. 1), die am 21. Mai 1921 im Beisein des württembergischen Staatspräsidenten Johannes von Hieber (Deutsche Demokratische Partei, DDP) feierlich eröffnet wurde[21]. Selbst während der Hyperinflation war die Bibliothek mithilfe ausländischer Devisen in der Lage, ausländische Literatur zu beschaffen – notfalls fand die Übergabe von *wertbeständigem Geld* auf dem Bahnhof statt, wenn Franck auf der Durchreise aus der Schweiz in Stuttgart vorbeikam[22]. Solche Möglichkeiten standen staatlichen Institutionen selbstredend nicht zur Verfügung. Die Weltkriegsbücherei wurde zu einer wichtigen Spezialbibliothek innerhalb des deutschen Bibliothekswesens und zu einem bedeutenden Anlaufpunkt für die Auseinandersetzung mit dem Weltkrieg. Als Anerkennung für die Einrichtung der Weltkriegsbücherei verlieh die Universität Tübingen Richard Franck 1924 die Ehrendoktorwürde[23].

---

[20] StAL E 21 Bü 426: Karl von Stockmayer an das Königliche Oberhofmarschallamt 26.5.1916.

[21] Eröffnung der Weltkriegsbücherei im Rosenstein, in: Schwäbische Kronik, Abendblatt vom 21.5.1921.

[22] BfZ Akten Abt. I-Da 1: Eugen Falkenstein an Friedrich Felger 6.12.1923.

[23] Rohwer (wie Anm. 3) S. 8.

Welche Motive Franck leiteten, seine private Sammlung als selbstständige Einrichtung zu erhalten und weiterhin große Summen in sie zu investieren, lassen sich nur erahnen, da von ihm selbst keine schriftlichen Äußerungen erhalten sind, die hierüber Auskunft geben könnten. Verschiedene Hinweise deuten aber darauf hin, dass sich Franck hierbei vom ersten Direktor der Weltkriegsbücherei, Friedrich Felger, beeinflussen ließ[24]. Der 1882 in Waiblingen geborene Felger war als Werbegrafiker für die Firma Heinrich Franck Söhne in Berlin tätig, als Richard Franck ihn 1915 mit der Leitung seiner Kriegssammlung betraute. Franck fungierte seit Jahren als eine Art Mäzen für den künstlerisch tätigen Felger[25]. Diese persönliche Verbindung dürfte der Grund dafür sein, dass Franck Felger beim Aufbau seiner Kriegssammlung mit weitgehenden Vollmachten ausstattete, obwohl dieser weder über archivalisches oder bibliothekarisches Fachwissen verfügte, noch Historiker war. Felger nahm in den folgenden Jahren auf die inhaltliche Ausrichtung der Bibliothek maßgeblich Einfluss.

Unter seiner Führung dehnte die Weltkriegsbücherei nach 1918 ihr Sammelspektrum auf die Ursachen und Folgen des Krieges aus[26]. Damit war die gedankliche Voraussetzung dafür geschaffen, das ideelle Konzept der Weltkriegsbücherei zu erweitern und sie auch über das Ende des Krieges hinaus als zeitgeschichtliche Sammlung fortzuführen.

Felgers besonderes Anliegen war es, die Sammeltätigkeit der Weltkriegsbücherei unter ein neues Leitmotiv zu stellen: die Auseinandersetzung mit der Kriegsschuldfrage. Die Alliierten hatten in Artikel 231 des Versailler Vertrages die Alleinverantwortung Deutschlands und seiner Verbündeten für die Kriegsschäden festgeschrieben. Während Anfang der 1920er Jahre allgemein eine Erinnerungsflaute an den Krieg eintrat, löste dieses „Versailler Diktat" einen Sturm der Empörung in der deutschen Öffentlichkeit aus. Die Ablehnung der deutschen Kriegsschuld war eines der wenigen Themen, bei dem über weite Teile der Gesellschaft und des politischen Spektrums Einigkeit herrschte. Die Diffamierung der demokratischen Staatsmänner als Erfüllungspolitiker vergiftete jedoch gleichzeitig das politische Klima[27].

---

[24] Siehe hierzu HStA Stuttgart M 400/1 Bü 469: Karl von Stockmayer an das württembergische Kultministerium 14.2.1936.

[25] BfZ Akten Abt. I-Db 1: Richard Franck, handschriftliche Notizen [Mai 1916]; Rohwer (wie Anm. 3) S. 2f.

[26] Friedrich Felger, Kriegssammlungen und Revolutionssammlungen, in: Mitteilungen. Verband deutscher Kriegssammlungen e.V. 1 (1919) Heft 3, S. 101–108; BArch Berlin R 57-NEU-1036: Weltkriegsbücherei, Drucksachen der Revolution.

[27] Bernd Ulrich, Die umkämpfte Erinnerung. Überlegungen zur Wahrnehmung des Ersten Weltkrieges in der Weimarer Republik, in: Kriegsende 1918. Ereignis, Wirkung, Nachwirkung, hg. von Jörg Duppler/Gerhard P. Gross, München 1999, S. 367–376; Krieg im Frieden. Die umkämpfte Erinnerung an den Ersten Weltkrieg. Quellen und Dokumente, hg. von Bernd Ulrich/Benjamin Ziemann, Frankfurt am Main 1997; Wolfgang Mommsen, Der Vertrag von Versailles. Eine Bilanz, in: Versailles 1919. Ziele – Wirkung – Wahrneh-

Felger war der Meinung, dass sich die Sammlungen der Weltkriegsbücherei hervorragend zur *Bekämpfung der Kriegsschuldlüge*[28] nutzen ließen und sah hierin eine der Hauptaufgaben der Bibliothek, was er am 28. September 1925 auch in einem Schreiben an den württembergischen Staatspräsidenten Wilhelm Bazille (Bürgerpartei) hervorhob[29]. Mit dem Aufbau einer *Gegensammlung* wollte Felger einen Kontrapunkt zur feindlichen *Auslandspropaganda* setzen[30]. Bereits Bazilles Vorgänger Johannes von Hieber (DDP) hatte bei der Eröffnung der Weltkriegsbücherei 1921 darauf verwiesen, dass die Sammlung dazu dienen könne, dem *Gerede von der alleinigen deutschen Schuld am Krieg* entgegenzutreten. Er hatte dabei allerdings nicht an eine propagandistische Auseinandersetzung gedacht, sondern die Alliierten aufgefordert, ebenfalls alle verfügbaren Quellen zu den Kriegsursachen offenzulegen[31].

Neben der Kriegsschuldfrage richtete Felger die Sammlung auf ein zweites Thema aus: die Propaganda während des Weltkriegs. Er vertrat die Ansicht, dass die alliierte Propaganda der deutschen weit überlegen gewesen war und dass dies wesentlich zur Niederlage der Mittelmächte beigetragen hatte. Diese Überbewertung der Propagandawirkung war in der Weimarer Republik insbesondere auf Seiten der politischen Rechten weit verbreitet. Viele glaubten, dass mit einer besseren Aufklärung, sprich Propaganda, die öffentliche Meinung in den neutralen Staaten über die deutsche Kriegführung nicht so negativ ausgefallen wäre, z.B. mit Blick auf den Einmarsch ins neutrale Belgien und die dort begangenen Gräueltaten[32]. Auch die deutsche Bevölkerung an der Heimatfront sei nicht hinreichend propagandistisch betreut worden, um einen modernen Volkskrieg durchzustehen. Felger hielt die Sammlungen der Weltkriegsbücherei für besonders geeignet, seine Ideen über die Bedeutung der Propaganda zu illustrieren[33].

Zum Jahrestag der Unterzeichnung des Versailler Vertrages veranstaltete die Weltkriegsbücherei 1925 eine Tagung zur „Kriegspropaganda des Auslandes“ (Abb. 2). Ziel der Veranstaltung war aus Felgers Sicht, die besonderen Bestände der Bibliothek einem erweiterten Nutzerkreis bekannt zu machen und sie als Anlaufstelle für die Forschung zu etablieren. Das breit gefächerte Themenspektrum beschränkte sich nicht auf die Propaganda, sondern erstreckte sich auf zahlreiche Aspekte des Ersten Weltkriegs, seiner Vorgeschichte und seiner Auswirkungen.

---

mung, hg. von Gerd Krumeich, Essen 2001, S. 351–360, hier S. 351 f. Siehe mit Bezug auf die Kriegssammlungen auch Gerdes (wie Anm. 1) S. 363 f.

28 Berichte der Weltkriegsbücherei 6 (1926) Heft 5, S. 8.

29 HStA Stuttgart E 130 b Bü 2573: Friedrich Felger an Wilhelm Bazille 28. 9. 1925.

30 Hirschfeld (wie Anm. 3) S. 52.

31 Eröffnung der Weltkriegsbücherei im Rosenstein, in: Schwäbische Kronik, Abendblatt vom 21. 5. 1921.

32 Hirschfeld (wie Anm. 3) S. 52 f. Siehe auch Christian Koch, Giftpfeile über der Front. Flugschriftpropaganda im und nach dem Ersten Weltkrieg, Essen 2015, S. 396–405.

33 BfZ Akten Abt. I-Da 3: Friedrich Felger an Eugen Falkenstein 27. 9. 1928.

Abb. 2: Tagung zum Ersten Weltkrieg und zur „Kriegspropaganda des Auslandes" 1925.
Die Teilnehmer auf der Freitreppe des Schlosses Rosenstein.

Mitorganisator der Tagung war der Arbeitsausschuss deutscher Verbände. Diese Organisation war vom Auswärtigen Amt diskret ins Leben gerufen worden, finanziert und dirigiert, um im Inland Stimmung gegen die im Versailler Vertrag festgehaltene deutsche Kriegsschuld zu machen. Der Arbeitsausschuss bündelte so ziemlich alle einigermaßen gesellschaftsfähigen, quasi-politischen Gruppierungen der Weimarer Republik von den Gewerkschaften bis zu rechten Vereinigungen[34].

Die Weltkriegsbücherei war bemüht, die Veranstaltung als überparteilich darzustellen. So wurde darauf verwiesen, dass die Staats- und Ministerpräsidenten der vier süddeutschen Länder Baden, Hessen, Bayern und Württemberg, welche die

---

[34] Ulrich HEINEMANN, Die verdrängte Niederlage. Politische Öffentlichkeit und Kriegsschuldfrage in der Weimarer Republik, Göttingen 1983, S. 120–154; Max WOLKOWICZ, Arbeitsausschuß Deutscher Verbände (AADV) 1921–1937, in: Lexikon zur Parteiengeschichte. Die bürgerlichen und kleinbürgerlichen Parteien und Verbände in Deutschland (1789–1945), hg. von Dieter FRICKE, Bd. 1, Köln 1983, S. 102–113; Werner RÖHR, Hundert Jahre deutsche Kriegsschulddebatte. Vom Weißbuch 1914 zum heutigen Geschichtsrevisionismus, Hamburg 2015, S. 40.

Schirmherrschaft übernommen hatten, den verschiedensten politischen Parteien angehörten (Carl Ulrich: SPD, Willy Hellpach: DDP, Heinrich Held: BVP (Bayerische Volkspartei), und Wilhelm Bazille: Bürgerpartei).

Die Begrüßungsansprache hielt allerdings der württembergische Staatspräsident Bazille, dem die sozialdemokratische und linksliberale Presse anlässlich der öffentlichen Weltkriegs-Gedenkfeier im Vorjahr vorgeworfen hatte, die Dolchstoßlegende zu verbreiten und „nationalistischen Rummel“ zu betreiben[35]. Die Auswahl der Tagungsreferenten zeigt zudem, dass die Weltkriegsbücherei auch den Kontakt zur extremen Rechten und zu republikfeindlichen Personen und Organisationen nicht scheute. Zu den Rednern gehörten Personen wie Otto Kriegk, ein enger journalistischer Mitarbeiter und Berater des deutschnationalen Medienmoguls Alfred Hugenberg, oder Alfred von Wegerer, der mit der Zeitschrift „Die Kriegsschuldfrage“ das zentrale Mitteilungs- und Diskussionsforum zur Erforschung der Kriegsursachen mit eindeutiger nationalapologetischer Tendenz herausgab. Mit Karl Haushofer kam gar ein bedeutender Begründer der Geopolitik zu Wort, der den Begriff Lebensraum in die internationale Politik eingeführt hatte und ein Förderer von Rudolf Heß war. Es sprach aber auch die Sozialdemokratin Anna Blos, ein ehemaliges Mitglied der Weimarer Nationalversammlung, die in Württemberg auch als Ehefrau des früheren sozialdemokratischen Staatspräsidenten bekannt war[36].

Den Abschluss der einwöchigen Tagung bildeten eine öffentliche Kundgebung mit Rednern verschiedener Parteien, ein Konzert der Reichswehrkapelle, ein Fackelzug zum Stuttgarter Bismarckturm, eine dortige *Trauerfeier mit Feuer* sowie ein nächtlicher Gottesdienst in der Stiftskirche[37]. Gleichzeitig mit der Tagung wurde im Schloss Rosenstein eine Ausstellung über die *Kriegspropaganda des Auslandes* gezeigt, in der zahlreiche Stücke aus den Beständen der Weltkriegsbücherei zu sehen waren[38]. In den Augen Felgers waren Tagung und Ausstellung ein großer Erfolg. Die Weltkriegsbücherei habe sich als *Sammelpunkt der propagandistischen Bestrebungen hinsichtlich der Bekämpfung der Kriegsschuldlüge*[39] erwiesen, wie er gegenüber dem württembergischen Staatspräsidenten Wilhelm Bazille erklärte.

Bereits seit 1921 veranstaltete die Weltkriegsbücherei eine öffentliche Vortragsreihe und bereicherte so den wissenschaftlichen, gesellschaftlichen und kulturellen Diskurs in der Region. Neben Historikern traten hier Wissenschaftler anderer Disziplinen, Militärs und Schriftsteller auf. Der Geograph Erich Wunderlich von der Technischen Hochschule Stuttgart, Martin Lang, Chefredakteur der Deut-

---

[35] Sabine SAUTER, Gedenken an den Ersten Weltkrieg in Württemberg. Die Stuttgarter Erinnerungsfeiern von 1919 und 1933, in: ZWLG 73 (2014) S. 239–269, hier S. 253–255.

[36] Ausstellung über die Kriegspropaganda des Auslandes, Stuttgart, Schloß Rosenstein, 22.–28. Juni 1925. Vorbereitet von der Weltkriegsbücherei Stuttgart, Stuttgart 1925.

[37] Ebd.

[38] Die Propaganda-Ausstellung der Weltkriegsbücherei, in: Berichte der Weltkriegsbücherei 5 (1925) Heft 8/9, S. 8.

[39] HStA Stuttgart E 130 b Bü 2573: Friedrich FELGER an Wilhelm Bazille 28. 9. 1925.

schen Verlags Anstalt und Mundartdichter sowie der ehemalige General und Militärschriftsteller Ernst Kabisch waren häufige Redner. Der Erste Weltkrieg spielte in der Reihe eine prominente Rolle. Aber auch über Literatur, Religion und Reisen in exotische Länder gab es Vorträge. Als Beispiel für die große Bandbreite an behandelten Themen während der Weimarer Republik können die Auftritte des Lebensreformers Ludwig Ankenbrand gelten, der zeitweilig Presseleiter des Deutschen Auslandsinstituts in Stuttgart war. Er referierte in den Jahren 1923 bis 1929 insgesamt fünfmal, um über seine Weltreise, seine Kriegsgefangenschaft auf Ceylon oder den Buddhismus zu berichten. Am 28. September 1925 fragte Felger bei Wilhelm Bazille an, ob er *zum Problem der Kriegsschuldfrage sprechen und von Stuttgart aus die Forderung nach einer erneuten amtlichen Wiederaufrollung der Kriegsschuldfrage stellen* könne[40]. Bazille lehnte jedoch aus Zeitgründen ab[41].

Die Weltkriegsbücherei gab auch eigene Publikationen heraus. 1929, zehn Jahre nach der Unterzeichnung des Versailler Vertrages, endete die bisherige Erinnerungsflaute an den Weltkrieg. Der Bestseller „Im Westen nichts Neues“ und zahlreiche Ausstellungen markieren den Höhepunkt einer neuen Auseinandersetzung mit dem „Großen Krieg“. In diesem Jahr gab Friedrich Felger im Auftrag der Weltkriegsbücherei einen 640 Seiten starken Sammelband unter dem Titel „Was wir vom Weltkrieg nicht wissen“ heraus. Die Autoren kamen aus Fachrichtungen, die sich mit den militärischen, politischen, wirtschaftlichen und gesellschaftlichen Dimensionen des Krieges beschäftigten. Felger gelang es außerdem, mit Gottfried Benn einen damals schon bekannten Schriftsteller als Beiträger zu gewinnen, der seinen 1928 erstmals erschienenen Aufsatz[42] „Wie Miß Cavell erschossen wurde“ beisteuerte[43]. Das Buch erlebte während der Zeit des Nationalsozialismus mehrere Neuauflagen. Das Vorwort der Ausgabe von 1936 stammte von Reichswehrminister Werner von Blomberg[44], für diejenige von 1938 lieferte Hermann Göring die einleitenden Worte[45]. Die Weltkriegsbücherei hatte also offensichtlich während der Weimarer Republik eine Publikation herausgegeben, die noch später für die hochrangigsten Wehrmachtsführer von Interesse war. Ein Gutachter der Reichsstelle zur Förderung des deutschen Schrifttums, die über eine Neuauflage des Buches zu entscheiden hatte, kam 1936 zu dem Schluss: *Der Gesamtton ist durchweg vaterländisch, kraftvoll auf die deutsche Leistung und Zukunft weisend, durchaus unpazifistisch, überzeugend von Größe und Tragik dieser*

---

40 Ebd.

41 HStA Stuttgart E 130 b Bü 2573: Wilhelm BAZILLE an Friedrich Felger 1. 10. 1925.

42 8-Uhr-Abendblatt der Nationalzeitung, 1. Beiblatt zu Nr. 45 vom 23. 2. 1928, S. 1 f.

43 Gottfried BENN, Wie Miß Cavell erschossen wurde, in: Was wir vom Weltkrieg nicht wissen (wie Anm. 11) S. 113–117.

44 Werner VON BLOMBERG, Geleitwort, in: Was wir vom Weltkrieg nicht wissen, hg. von Walter JOST/Friedrich FELGER, Leipzig 1936.

45 Hermann GÖRING, Geleitwort, in: Was wir vom Weltkrieg nicht wissen, hg. von Walter JOST/Friedrich FELGER, Leipzig ^{2}1938.

Epoche deutscher Geschichte, voll stolzer Hoffnung, Selbstgefühl und wegweisend für die Arbeit der Gegenwart[46].

Diese Haltung dürfte im Sinne des Gründers der Weltkriegsbücherei, Richard Franck, gewesen sein. Franck bewegte sich bald nach dem Ende des Ersten Weltkriegs politisch weit nach rechts. Hatte er noch 1919 der linksliberalen Deutschen Demokratischen Partei (DDP) ein Wahlplakat gestiftet[47], so bot er 1923 Adolf Hitler ein Darlehen von 60.000 Schweizer Franken an, um das Parteiblatt „Völkischer Beobachter“ vor dem Konkurs zu bewahren. Franck war eine schillernde und komplexe Persönlichkeit. Der gebildete, musisch begabte, weit gereiste und kulturell interessierte Unternehmer, der auch praktizierender Freimaurer war, vertrat gleichzeitig dezidiert deutschnationale Positionen. Schon früh zeigte er Interesse an völkischen Parteien und Gruppierungen des nationalen Lagers. 1921 kam es durch die Vermittlung des völkischen Agitators und Spendensammlers der NSDAP Emil Gansser zu einem ersten Kontakt Francks mit Hitler. Die Verbindung zwischen beiden scheint zwei Jahre später ihr Ende gefunden zu haben, als Franck forderte, den so genannten Freimaurer-Paragraphen aus den Statuten der NSDAP zu streichen, was Hitler entrüstet ablehnte. Allerdings nannte Hitler Franck noch während des Zweiten Weltkrieges einen *der größten Idealisten, die ich je kennengelernt habe*[48]. Obwohl Franck dem Kampf gegen den Versailler Vertrag politisch nahestand, wollte er, dass die Bibliothek offiziell überparteilich blieb, um ihren wissenschaftlichen Charakter nicht zu gefährden und in alle Richtungen anschlussfähig zu sein[49].

Während sich der auswärtige Leihverkehr in den 1920er Jahren positiv entwickelte – zahlreiche Doktoranden verwendeten Material der Weltkriegsbücherei für ihre Dissertationen – blieb die wissenschaftliche Nutzung vor Ort trotz intensiver Werbung enttäuschend. Die Stuttgarter Bevölkerung nutzte die Weltkriegsbücherei überwiegend, um Unterhaltungsliteratur zu beziehen, wie die Bibliotheksleitung missbilligend feststellte. Vor allem privat Interessierte, Offiziere, Lehrer und Schriftsteller kamen in die Bibliothek, hingegen kaum Wissenschaftler und Studenten[50]. Dies lag auch daran, dass es in Stuttgart zu dieser Zeit an keiner Hochschule einen Lehrstuhl für Geschichte gab. Außerdem beschäftigten sich in Deutschland nur wenige Universitätshistoriker mit der Kriegsschuldfrage[51] und die Kriegssammlungen wurden insgesamt kaum von der Geschichtswissenschaft

---

[46] Bundesarchiv Berlin R 58/892 Bl. 100–102: Ottmar DILLMANN, Gutachten zu „Was wir vom Weltkrieg nicht wissen“ [1936].

[47] Lucian BERNHARD, Die Deutsche Demokratische Partei ist die Partei der Frauen! Von Richard Franck finanziertes Wahlplakat zur Nationalversammlung 1919.

[48] HIRSCHFELD (wie Anm. 3) S. 53 f.

[49] BfZ Akten Abt. I-Db 1: Friedrich FELGER an die Kreisleitung Stuttgart der NSDAP 29. 8. 1933.

[50] ROHWER (wie Anm. 3) S. 8.

[51] HIRSCHFELD (wie Anm. 3) S. 50 f.

genutzt[52]. Wenn die Bibliothek dennoch überregional nachgefragt war, so war dies auch auf den Umstand zurückzuführen, dass die Weltkriegsbücherei keine reine Kriegssammlung mehr war, sondern sich ihr Sammelspektrum kontinuierlich erweiterte.

Ende der 1920er Jahre unternahm Richard Franck verschiedene Versuche, die Weltkriegsbücherei mit einer Hochschuleinrichtung zu verbinden, um die wissenschaftliche Erschließung und Nutzung der Bestände auszuweiten. Gespräche mit der liberalen Deutschen Hochschule für Politik in Berlin und der Historischen Reichskommission, die sich die *Erforschung der Geschichte des neuen Deutschen Reiches* seit 1871 zum Ziel gesetzt hatte, führten jedoch zu keinem Ergebnis. Ein Grund hierfür mag Francks Sorge gewesen sein, dass die Weltkriegsbücherei eines Tages „geschluckt" werden könnte, insbesondere wenn sie sich mit einer Institution verband, die von einer prominenten Persönlichkeit geführt wurde.

1928 setzten Verhandlungen mit dem Reichsministerium des Innern über eine Verlegung der Weltkriegsbücherei nach Berlin ein. Um die eigene Verhandlungsposition zu stärken und der Bibliothek eine gesicherte finanzielle Zukunft zu geben, richtete Franck am 28. Juni 1928 in Liechtenstein die Stiftung „Weltkriegsbücherei Richard Franck Treuinstitut" ein. Die Bibliothek sollte ihren Unterhalt fortan aus den Zinsen bestreiten, die das Stiftungsvermögen abwarf. Die Leitung des Treuinstituts oblag einem Kuratorium, das zunächst nur aus Richard Franck bestand, aber um weitere Personen erweitert werden konnte[53].

In den Augen von Wilhelm Bazille, seit 20. Mai 1928 württembergischer Kultminister, wäre eine Verlegung der Weltkriegsbücherei nach Berlin *ein großer Verlust für das Land Württemberg gewesen*[54]. Die württembergische Staatsregierung stellte der Weltkriegsbücherei daher auch den linken Flügel von Schloss Rosenstein zur Verfügung, um der Raumnot der Bibliothek zu begegnen. Zum anderen plante die Regierung, an der Technischen Hochschule Stuttgart eine Professur für Geschichte einzurichten und schlug vor, den Lehrstuhlinhaber gleichzeitig zum wissenschaftlichen Direktor der Weltkriegsbücherei zu machen. Franck ging auf diese Angebote ein und nahm von den Umzugsplänen Abstand. Am 1. April 1931 wurde daraufhin Professor Dr. Helmut Göring, ein Vetter von Reichsminister Hermann Göring, gleichzeitig zum Inhaber des Lehrstuhls für Geschichte an der Technischen Hochschule und zum wissenschaftlichen Leiter der Weltkriegsbücherei berufen. Felger war fortan nur noch technischer Direktor. Noch bevor sich Göring mit dem Gründer der Weltkriegsbücherei über die weitere Entwicklung austauschen konnte, starb Richard Franck am 18. April 1931. Am 10. Juli 1931 wurde

---

52 Gerdes (wie Anm. 1) S. 330–332.

53 BfZ Akten Abt. I-Ac: Entwurf eines Beistatuts der Weltkriegsbücherei Richard Franck Treuinstitut [undatiert].

54 HStA Stuttgart E 130 b Bü 1664: Wilhelm Bazille an Staatsministerium 30. 12. 1930.

sein Neffe Wilhelm Heinrich Franck Kurator des Treuinstituts[55]. Damit endete die dominierende Rolle der Gründungsfiguren Richard Franck und Friedrich Felger.

Es wurde ein Kuratorium eingerichtet, das fortan nicht nur die Stiftung, sondern auch die Weltkriegsbücherei nach außen vertreten sollte. Ihm gehörten neben Wilhelm Heinrich Franck Direktor Helmut Göring, Karl Bauer vom württembergischen Kultministerium sowie Eugen Falkenstein als Vermögensverwalter Richard Francks an. Felger war damit faktisch kaltgestellt[56]. Er kümmerte sich in der Folgezeit vor allem um sein Lieblingsprojekt, die Einrichtung eines Weltkriegsmuseums aus den Beständen der Weltkriegsbücherei.

Das Kriegsmuseum der Weltkriegsbücherei

Friedrich Felger hatte nach eigener Aussage von Beginn an geplant, die Kriegssammlung Richard Francks im Rahmen eines Museums der Öffentlichkeit zu präsentieren[57]. Nachdem 1930 die notwendigen Räumlichkeiten zur Verfügung gestellt wurden, konnten die konkreten Vorbereitungen beginnen[58] (Abb. 3). Die Eröffnungsfeier fand am 13. Mai 1933 im großen Festsaal des Schlosses Rosenstein statt, also dreieinhalb Monate nach der Machtergreifung. Die Ausstellung wurde von Finanzminister Alfred Dehlinger (DNVP) eröffnet[59].

Ein Redeentwurf Felgers für den Kurator der Weltkriegsbücherei sah vor, dass Wilhelm Heinrich Franck das Publikum auffordern sollte, das neue Museum Stuttgarts als eine *vaterländische Gedenk- und Weihestätte* fördernd zu unterstützen, denn das deutsche Volk habe sich in den vergangenen *Sturmwochen wieder zu vaterländischer Geschichte und Tradition bekannt*. Die Argumentation des Manuskripts folgte der Dolchstoß-These. Das Kriegsmuseum wolle durch die Erinnerung an den *grandiosen Heldenkampf* dazu beitragen, dass die Deutschen sich wieder mit dem Krieg auseinandersetzten: *das Volk soll wieder deutschen Stolz lernen und erkennen, dass es im Grunde unbesiegt war, als es, durch Verrat und im Inneren zermürbt, im November 1918 um Frieden bitten musste*[60].

Auch Felgers eigene Eröffnungsansprache ging auf die veränderten Verhältnisse seit der nationalsozialistischen Machtübernahme ein. Ein Gang durch die Museumssäle lasse die Besucher quasi eine *Höllenzone* durchschreiten. Am Ende zeige

---

55 Rohwer (wie Anm. 3) S. 10 f.

56 BfZ Akten Abt. I-Db 1: Helmut Göring an Kreisleiter Maier 12. 9. 1933.

57 BfZ Akten Mappe 19: Friedrich Felger, Führer des Kriegsmuseums auf Schloss Rosenstein. Typoskript [1932].

58 HStA Stuttgart E 130 b Bü 1664: Wilhelm Bazille an Staatsministerium 30. 12. 1930.

59 Berichte der Weltkriegsbücherei 13 (1933) Heft 3, S. 44.

60 BfZ Akten Mappe 19: Friedrich Felger, Eröffnende Ansprache des Kurators der Weltkriegsbücherei. Eröffnungsfeier des Museums am 6. Mai, Vorschlag.

sich aber in den Bildern vom *neuen dritten Reich* die gewandelte politische Situation, ein aufziehendes *deutsches Morgenrot*[61].

Wichtiger für die Legitimation des Museums waren die Reden der Vertreter des Kult- und des Finanzministeriums, die dem Museum einen großen Wert für Erziehung und Volksbildung attestierten und gleichzeitig staatliche Förderung in Aussicht stellten. Nachdem schließlich auch der Kultminister Mergenthaler persönlich die Zeit gefunden hatte, dem Museum einen Besuch abzustatten, wurde die Ausstellung von den Schulbehörden als Ergänzung zum Geschichtsunterricht empfohlen. In den Augen der Bibliotheksleitung konnte das Museum nun seine Aufgabe, *nicht nur Erinnerungsmal für die Kriegsgeneration, sondern und vor allem Erziehungsstätte für die heranwachsenden Geschlechter im Geist des neuen Deutschland zu sein, in hohem Maß erfüllen*[62].

Bereits in der Eröffnungsausstellung von 1933 war eine Linie von der Revolution 1918 und den als schmachvoll empfundenen Versailler Friedensbedingungen zum *Nationalsozialistischen Freiheitskampf* gezogen worden. Der Aufstieg der Bewegung sowie *Bilder von dem neuen Dritten Reich* als Symbol für eine *schönere Zukunft* wurden anhand einiger Exponate präsentiert. Ab 1934 wurde das Museum mehrfach umgestaltet und dieser Ausstellungsbereich aufgewertet. Der letzte Saal stellte dem Besucher jetzt mit Hilfe von 113 Exponaten die jüngste Geschichte Deutschlands aus der Sicht der Nationalsozialisten vor. Die „Helden der Bewegung" wurden den „Weltkriegshelden" gleichgestellt. Hitler wurde als begeisterter Weltkriegskämpfer in Szene gesetzt, und selbst lokale Parteigrößen wie Wilhelm Murr ins Narrativ der Ausstellung eingebettet[63]. Das Museumskonzept wurde bereitwillig an die nationalsozialistische Weltanschauung angepasst[64] (Abb. 4).

Ausbau in den Friedensjahren des „Dritten Reichs"

Die Doppelspitze, die Wilhelm Heinrich Franck 1931 zur Leitung der Weltkriegsbücherei eingesetzt hatte, bewährte sich derweil nicht. Zwischen dem wissenschaftlichen Direktor Helmut Göring und dem technischen Direktor Friedrich

---

[61] BfZ Akten Mappe 19: Friedrich FELGER, Ansprache Felger [13. 5. 1933].

[62] Ebd.

[63] In der nationalsozialistischen Lesart gab es generell keinen Unterschied zwischen „Helden der Front" und den „Helden der Bewegung". Gerd KRUMEICH, Nationalsozialismus, in: Enzyklopädie Erster Weltkrieg, hg. von Gerhard HIRSCHFELD/Gerd KRUMEICH/Irina RENZ, erneut aktualisierte und erweiterte Studienausgabe, Paderborn [2]2014, S. 997–1001, hier S. 999.

[64] Irina RENZ, „Erziehungsstätte für die heranwachsenden Geschlechter im Geist des neuen Deutschland". Das Kriegsmuseum der Weltkriegsbücherei, in: WESTERHOFF (wie Anm. 6) S. 63–71, hier S. 69.

Felger kam es immer wieder zu Reibereien[65]. Darüber hinaus wurde Helmut Göring 1933 zum Rektor der Universität Stuttgart gewählt, wodurch er kaum noch Zeit für die Weltkriegsbücherei fand. Wilhelm Heinrich Franck nahm dies zum Anlass, das bisherige Direktorium zum 1. April 1934 abzulösen und Felger – obwohl erst 51 Jahre alt – in den Ruhestand zu verabschieden. Helmut Göring musste sich künftig auf eine beratende Funktion im Kuratorium beschränken[66].

In der gleichgeschalteten Presse des NS-Regimes hieß es, Felger habe selbst seinen Abschied genommen, *weil mit der Beendigung der Sammeltätigkeit er seine Aufgabe als abgeschlossen betrachtete*[67]. Ein Blick in die Akten zeigt jedoch, dass Felger keinesfalls freiwillig seine Stellung als technischer Leiter der Weltkriegsbücherei aufgab. Aus Furcht um seine Stelle beantragte er im August 1933 seine Aufnahme in die NSDAP[68]. Die Kreisleitung war über Felgers Versuche, sich mit den neuen Machthabern gutzustellen, jedoch keineswegs erfreut. Kreisleiter Otto Maier hatte den Eindruck, dass sich Felger *im neuen Staate auf diesem Wege Geltung zu verschaffen* hoffe, obwohl dieser bisher nicht im Sinne der Nationalsozialisten gehandelt habe[69]. Felger wurde zwar schließlich doch NSDAP-Mitglied[70]. Den Verlust seiner Stelle verhinderte dies jedoch nicht. Ob hierfür primär politische Gründe oder persönliche Schwierigkeiten verantwortlich waren, lässt sich den Akten nicht entnehmen.

Neuer Direktor wurde am 1. April 1934 der 1896 in Oldenburg geborene Willi Eilers. Er hatte wie Felger keine Ausbildung zum Bibliothekar oder Archivar absolviert, war aber immerhin promovierter Historiker. Nach dem Ersten Weltkrieg, für den sich Eilers 1914 als 17-Jähriger freiwillig gemeldet hatte, studierte er in Tübingen Geschichte, Germanistik und Neuere Sprachen. Anschließend war er als Lehrer an der Höheren Handelsschule in Stuttgart tätig[71]. Für eine Karriere im „Dritten Reich“ brachte Eilers gute Voraussetzungen mit. Er war sowohl Mitglied

---

[65] BfZ Akten Abt. I-Db 1: Helmut GÖRING an Wilhelm Heinrich Franck 5.10.1933; Eugen FALKENSTEIN an Wilhelm Heinrich Franck 3.2.1934.

[66] ROHWER (wie Anm. 3) S. 14.

[67] NS-Kurier, Export-Ausgabe vom 1.5.1934; Stuttgarter Neues Tagblatt vom 27.3.1934.

[68] BfZ Akten Abt. I-Db 1: Friedrich FELGER an die Kreisleitung der NSDAP Stuttgart 29.8.1933.

[69] BfZ Akten Abt. I-Db 1: Kreisleiter der NSDAP Stuttgart an Helmut Göring 8.9.1933. Maier, der 1933 auch Gauinspekteur und Leiter des Personalamtes im Gau Württemberg-Hohenzollern wurde, legte bei der Aufnahme in die Partei generell hohe Hürden an, damit nicht zu viele „Märzgefallene“ Mitglieder wurden. So sollten z. B. nur solche Beamte aufgenommen werden, die vor der Machtübertragung NSDAP gewählt und sich „mindestens im engeren Kreis“ für die Nationalsozialisten eingesetzt hatten. Michael RUCK, Korpsgeist und Staatsbewusstsein. Beamte im deutschen Südwesten 1928–1972, München 1996, S. 92–95.

[70] Bundesarchiv Berlin ehemals Berlin Document Center (BDC): Friedrich Felger, 14.8.1882, NSDAP-Mitgliederkarteikarte.

[71] BfZ Akten Abt. I-Db 1: Willi EILERS, Lebenslauf 10.2.1934.

der NSDAP[72] und des Nationalsozialistischen Lehrerbundes (NSLB)[73] als auch, wie die Presse verkündete, SA-Sturmführer[74] bzw. *aktiver SA-Mann*[75]. 1934 nahm er als Unterrichtsleiter für weltanschauliche Schulung einer SA-Standarte am Reichsparteitag der NSDAP teil[76]. In seiner NSLB-Karteikarte ist vermerkt, dass beim Umgang mit Eilers äußerste Vorsicht geboten sei. Es handele sich um einen *Mann mit vielen Beziehungen*[77].

Eilers übte in der Folgezeit sowohl die geschäftsführende als auch die wissenschaftliche Leitung der Bibliothek allein aus, allerdings in Zusammenarbeit mit dem Kuratorium. Er versuchte der Weltkriegsbücherei eine *stärker wissenschaftliche Ausrichtung* zu geben. Die Weltkriegsbücherei müsse nicht nur Spezialbibliothek, sondern *vor allem historisch-politisches Forschungsinstitut* sein. *Überhaupt sollte die Arbeit der Weltkriegsbücherei mehr als bisher der geschichtlichen, politischen und weltanschaulichen Schulung unseres Volkes gewidmet sein*, befand Eilers[78]. Den inhaltlichen Schwerpunkt sah Eilers nach wie vor im Ersten Weltkrieg und seinen Folgen[79], wie er 1935 ausführte: *Jeder Deutsche, der am Wiederaufstieg des Reiches mitarbeiten will, wird nicht umhin können, die Geschichte und Vorgeschichte des Weltkrieges zu studieren*[80].

Der Erste Weltkrieg hatte im neuen Staat Konjunktur. Seine Deutung und Instrumentalisierung standen im besonderen Interesse der Nationalsozialisten. Schließlich sah sich die Partei als eine Bewegung, die aus dem Krieg hervorgegangen war. Hitler selbst stilisierte sich immer wieder als Frontsoldat des Weltkriegs, und der Kampf gegen die „Novemberverbrecher“ und den Versailler Vertrag waren zentrale Themen der Partei[81]. Willi Eilers trieb diese Sichtweise auf die Spitze, indem er 1937 verkündete: *Erst der Führer hat durch seinen Kampf und Sieg dem Weltkrieg einen höheren Sinn gegeben*[82].

---

72 Bundesarchiv Berlin ehemals BDC: Willi Eilers, 20.11.1896, NSDAP-Mitgliederkarteikarte.

73 Bundesarchiv Berlin ehemals BDC: Willi Eilers, 20.11.1896, NSLB-Mitgliederkarteikarte.

74 NS-Kurier vom 7.4.1934.

75 Württembergische Zeitung vom 5.5.1934.

76 BfZ Akten Abt. I-Da 2: Willi Eilers an Wilhelm Heinrich Franck 1.9.1934.

77 Bundesarchiv Berlin ehemals BDC: Willi Eilers, 20.11.1896, NSLB-Mitgliederkarteikarte.

78 BfZ Akten Abt. I-Dc: Willi Eilers, Bericht über Arbeiten der Weltkriegsbücherei und ihre zukünftigen Aufgaben 15.5.1934.

79 BfZ Akten Abt. I-Da 2: Lebenslauf Wilhelm Heinrich Franck [undatiert].

80 Willi Eilers, Zwanzig Jahre Weltkriegsbücherei, in: Völkischer Beobachter, Münchener Ausgabe Nr. 216 vom 4.8.1935.

81 Krumeich (wie Anm. 4).

82 Willi Eilers, Das Mahnmal der Unsterblichkeit, in: Der SA-Mann 1937, Heft 3, S. 3, Beilage SA der Gruppe Südwest vom 20.3.1937.

Den Beständen der Bibliothek wurde nun ein neuer Stellenwert zugemessen: *Nach dem Erstehen eines neuen Deutschland gewinnt das Quellenmaterial des Novemberregimes, der kommunistisch-bolschewistischen Weltpropaganda, der zerschlagenen deutschen Parteien, der Geschichte des Werdegangs der NSDAP neue erhöhte Bedeutung, weil es archivreif geworden ist und in das Licht historischer Betrachtung zu rücken beginnt*[83]. Durch die Wiedereinführung der Wehrpflicht 1935 und die forcierte Wiederaufrüstung des „Dritten Reiches“ erhoffte man sich eine Ausweitung des Nutzerkreises. Militärwissenschaftler könnten die Bestände der Weltkriegsbücherei nutzen, um *aus dem Vergleich mit der jüngsten Vergangenheit* Erkenntnisse über *künftige militärische Notwendigkeiten* zu gewinnen. Die Bibliothek bot also wertvolles Material, um sich auf den nächsten Krieg vorzubereiten.

Um den wissenschaftlichen Charakter der Weltkriegsbücherei nach seinen Vorstellungen auszubauen, ergriff Eilers nach seinem Amtsantritt verschiedene Maßnahmen. Einer der ersten Schritte bestand darin, die bisher breit aufgestellte Vortragsreihe auf den Ersten Weltkrieg zu fokussieren[84]. Illustre Redner waren in der Folgezeit unter anderem Johannes Haller, der im Gegensatz zu den meisten anderen Historikern schon vor 1933 eine Machtübernahme durch die Nationalsozialisten gefordert hatte[85]. Auch der Geograph Karl Haushofer sowie der SS-Standartenführer und Direktor des Wehrgeschichtlichen Seminars der Universität Heidelberg (ab 1940 badischer Kultminister), Prof. Dr. Paul Schmitthenner, hielten Vorträge.

Ein vom ehemaligen General Ernst Kabisch am 21. Januar 1935 gehaltener Vortrag über den „Entschluß zur Entscheidungsoffensive im Frühjahr 1918“ rief sogar Erich Ludendorff auf den Plan. Der Vortrag wurde von Vertretern der württembergischen Regierung, der SA, der Landpolizei, der Wehrmacht und Offizieren des alten Heeres besucht[86]. Dem lebhaften Beifall des Publikums[87] schloss sich Ludendorff, der in den Jahren 1916–1918 zusammen mit Hindenburg maßgeblich die deutsche Kriegführung bestimmt hatte, nicht an. Vielmehr kritisierte er in einem Brief an das „Stuttgarter Neue Tagblatt“, dass Kabisch ihm fälschlicherweise unterstelle, er sei 1918 davon ausgegangen, der Krieg könne mit einem einzigen

---

[83] BfZ Akten: Weltkriegsbücherei Jahresbericht 1933, S. 4.

[84] Stuttgarter Neues Tagblatt vom 22. 1. 1935; BfZ Akten: Weltkriegsbücherei Jahresbericht 1935, S. 6.

[85] Heribert Müller, Eine gewisse angewiderte Bewunderung. Johannes Haller und der Nationalsozialismus, in: Gestaltungskraft des Politischen. Festschrift für Eberhard Kolb, hg. von Wolfram Pyta/Ludwig Richter, Berlin 1998, S. 443–482, hier S. 447; Folker Reichert, Gelehrtes Leben. Karl Hampe, das Mittelalter und die Geschichte der Deutschen, Göttingen 2009, S. 239.

[86] Neuer Stuttgarter Kurier vom 23. 1. 1935.

[87] Württemberger Zeitung vom 22. 1. 1935.

Angriff entscheiden werden[88]. Ludendorff war nach 1918 penibel darauf bedacht, dass seine Aktivitäten während des Weltkriegs genau so dargestellt und interpretiert wurden, wie er sie sah. Die Isolation, in die sich Ludendorff mit diesem kleinlichen Gehabe begeben hatte, wurde auch an dieser Stelle deutlich: Das „Stuttgarter Neue Tagblatt" reagierte am 16. Februar 1935: *Wir* [...] *möchten* [...] *betonen, daß für die Hörer des Vortrags* [...] *ein solches Mißverständnis ausgeschlossen ist*[89].

Einen weiteren, erfolgversprechenden Schritt auf dem Weg zu einer wissenschaftlichen Bibliothek von Bedeutung sah Eilers im Ausbau der Publikationstätigkeit. Seit 1921 hatte die Weltkriegsbücherei monatliche Neuerwerbungslisten herausgegeben, die „Berichte der Weltkriegsbücherei". Diese Reihe wurde in „Bücherschau der Weltkriegsbücherei" umbenannt und gründlich überarbeitet. In der neuen Reihe „Bibliographische Vierteljahrshefte der Weltkriegsbücherei" gab die Bibliothek Bibliografien zu diversen Themen der Zeitgeschichte heraus, die sogar in ausländischen Fachzeitschriften wie „The Journal of Modern History" besprochen wurden[90].

Doch griffen all die Maßnahmen und Bemühungen, der Bibliothek einen stärker wissenschaftlichen Charakter zu geben? Mit Blick auf die Benutzer konnte Eilers durchaus zufrieden sein. 1935 arbeiteten 27 Doktoranden über verschiedene Themen aus der Kriegs- und Vorkriegszeit in der Weltkriegsbücherei. Daneben nahmen *Schriftsteller, Universitätsprofessoren, Generäle, Studienräte, Schriftleiter, wissenschaftliche Institute und Verlage und zahlreiche Amtsträger der verschiedenen nationalsozialistischen Gliederungen* [...] *unser Institut für ihre Arbeiten in Anspruch.* Außerdem vermerkte die Weltkriegsbücherei eine Zunahme bei den wissenschaftlichen Anfragen[91]. Dennoch blieb ein Wermutstropfen: Die Weltkriegsbücherei war *bei weitem noch nicht in dem Masse bekannt* [...], *wie es im Interesse unseres Instituts wünschenswert erscheint*[92].

Eilers bemühte sich, durch vielfältige Kontakte zu wissenschaftlichen Institutionen, bibliothekarischen Gremien sowie staatlichen Behörden und Parteikreisen die Vernetzung und Stellung der Weltkriegsbücherei auszubauen. Einer *Fühlungnahme mit der Reichsregierung und der NSDAP* maß er von Beginn an große Bedeutung bei und bat Wilhelm Heinrich Franck, seine *wertvollen Beziehungen in den Dienst der Weltkriegsbücherei* zu stellen. Er selbst sei *jederzeit bereit, mit höheren SA-Stellen oder mit dem Reichskultur- und Reichspropagandaministerium in Verbindung zu treten*[93].

---

88 Stuttgarter Neues Tagblatt vom 5.2.1935.
89 Stuttgarter Neues Tagblatt vom 16./17.2.1935.
90 BfZ Akten: Weltkriegsbücherei Jahresbericht 1937, S. 14 f.
91 BfZ Akten: Weltkriegsbücherei Jahresbericht 1935, S. 5 f.
92 Ebd., S. 9.
93 Eilers (wie Anm. 80).

Auch international wurden Kontakte gepflegt. Im Juli 1935 besichtigten ca. 50 französische Veteranen des Ersten Weltkriegs die Bibliothek und das Weltkriegsmuseum[94]. Auf Einladung von Robert Bosch waren die Franzosen nach Stuttgart gekommen, um sich mit deutschen Veteranen auszutauschen und gemeinsam des Weltkriegs zu gedenken. Der von der Berliner Presse aufwändig begleitete Besuch war mehr als eine Geste der Völkerverständigung. Er diente dem politischen Ziel des NS-Regimes, die Beziehungen zwischen Deutschland und Frankreich zu verbessern. Die vermeintlichen Friedensofferten sollten die Aufrüstung und die revisionistische Außenpolitik des „Dritten Reiches“ kaschieren. Die Erinnerung an die Schrecken des Ersten Weltkriegs, die man beiderseits erlitten hatte, galt als besonders geeignet, den angeblichen Friedenswillen des ehemaligen Frontkämpfers Hitler zu demonstrieren[95]. Im Falle der Weltkriegsbücherei hielten die Kontakte nach Frankreich erstaunlich lange. Im Rahmen der Weltausstellung besuchte Eilers 1937 das *Schwesterinstitut* der Weltkriegsbücherei, die „Bibliothèque de documentation internationale contemporaine (BDIC)“, die auch ein „Musée de Guerre“ eingerichtet hatte, und vereinbarte einen Materialaustausch[96]. Noch 1943 hoffte die Weltkriegsbücherei, aus der BDIC Material übernehmen zu können[97].

Eine wesentliche Erweiterung ihrer Bestände gelang der Weltkriegsbücherei mit der Übernahme der Kriegssammlung der Hofbibliothek Stuttgart. Auch in der Königlichen Hofbibliothek war während des Ersten Weltkriegs eine Kriegssammlung angelegt worden. 1936 ging der Leiter der Hofbibliothek, Karl von Stockmayer, in den Ruhestand. Im Vorfeld kam es zu einer Diskussion über die Zukunft dieser Kriegssammlung. Sowohl die Weltkriegsbücherei als auch das Heeresarchiv Potsdam, unterstützt von Reichskriegsminister Werner von Blomberg, zeigten Interesse. Nun zahlten sich die guten Kontakte der Weltkriegsbücherei aus. Gegen den vehementen Widerstand der Stuttgarter Zweigstelle des Heeresarchivs und von Stockmayers gelang es, große Teile der umfangreichen Sammlung in die Weltkriegsbücherei zu holen, die unter anderem Bücher, Plakate, Flugblätter, Karten, Notgeld, Gefangenenarbeiten, Briefmarken, Postkarten und Aufrufe umfasste[98]. Offenbar spielten hierbei auch Eilers' gute Beziehungen zum württembergischen Kultministerium eine Rolle[99].

---

[94] BfZ Akten Abt. I-Da 2: Willi Eilers an Wilhelm Heinrich Franck 10.7.1935.

[95] Holger Skor, „Brücken über den Rhein“. Frankreich in der Wahrnehmung und Propaganda des Dritten Reiches, 1933–1939, Essen 2011.

[96] BfZ Akten Abt. I-Da 2: Willi Eilers an Wilhelm Heinrich Franck 6.10.1937.

[97] BfZ Akten: Weltkriegsbücherei Jahresbericht 1943 [Bl. 2].

[98] Hans-Christian Pust, Die Kriegssammlung der Königlichen Hofbibliothek Stuttgart, in: WLB*forum* 15 (2013) Heft 2, S. 22–28.

[99] HStA Stuttgart M 400/1 Bü 469: Hermann Pantlen an Karl Ruppert 14.3.1936; HStA Stuttgart M 400/1 Bü 578: Schreiben an den Generaldirektor Reichsarchiv Potsdam, Ernst Zipfel, 7.4.1936.

Spätestens Mitte der 1930er Jahre ging die Bibliothek dazu über, ihre ursprüngliche thematische Begrenzung auf den Ersten Weltkrieg aufzuheben und ihr Sammelspektrum auf die Vorgeschichte des Weltkriegs sowie auf die Geschichte des 20. Jahrhunderts auszudehnen. In den Blick genommen wurde ab 1934 der gesamte *Zeitraum von der Reichsgründung bis zur Gegenwart*[100]. Den besonderen Fokus der Bibliothek bildeten dabei Kriege und Konflikte[101].

Wie beim Weltkriegsmuseum lassen sich auch im bibliothekarischen Bereich zahlreiche Hinweise dafür finden, dass die Weltkriegsbücherei während des „Dritten Reiches" im Sinne des Regimes agierte. 1939 schrieb Wilhelm Heinrich Franck rückblickend, ihm sei 1933 klar gewesen, dass die Weltkriegsbücherei *in weitgehendem Maße den Belangen von Staat und Partei Rechnung tragen* müsse[102]. In den „Berichten der Weltkriegsbücherei" vom März/April 1933 wird die ausländische Presseberichterstattung über die Machtübernahme der Nationalsozialisten mit dem *organisierten Haßfeldzug gegen Deutschland während des Weltkrieges* verglichen[103]. Das Heft Mai/Juni 1933 der „Berichte der Weltkriegsbücherei" enthält zudem bereits eine Literaturzusammenstellung aus den Beständen der Weltkriegsbücherei zu den Themen *Rassenfrage* und *Zur Judenfrage*[104].

Wie gut die Weltkriegsbücherei im „Dritten Reich" vernetzt war, lässt sich an den Diskussionen zur Umwandlung der Weltkriegsbücherei in eine deutsche Stiftung und anhand der Frage der Schirmherrschaft über dieselbe ablesen. Direktor Eilers verfolgte die Strategie, das Interesse an der Weltkriegsbücherei unter anderem durch die Ausweitung der Auskunftstätigkeit zu steigern. Im Mai 1939 wusste Eilers dann zu berichten, *dass verschiedene Reichsstellen der Partei neuerdings starkes Interesse für unser Institut zeigen und eine Zusammenarbeit anstreben, da* [...] *unser Institut mit seinen reichen auslandskundlichen Beständen immer wichtiger wird*[105]. Das Reichsministerium für Volksaufklärung und Propaganda sowie das Hauptarchiv der NSDAP bekundeten Interesse an einer Zusammenarbeit mit der Weltkriegsbücherei, ebenso die Reichsstudentenführung und das Hauptschulungsamt der NSDAP. Im Juni 1939 wurde schließlich der Stabsleiter von Philipp Bouhler, dem Reichsleiter der NSDAP, bei Eilers vorstellig. Zur selben Zeit entsandte auch Alfred Rosenberg einen Stabsleiter an die Weltkriegsbücherei[106]. Alfred Rosenberg, Leiter des Außenpolitischen Amtes der NSDAP und Beauftragter des Führers für die Überwachung der gesamten geistigen und weltanschaulichen Schulung und Erziehung der NSDAP, verfolgte die Idee, eine nationalsozialistische

---

100 Württembergisch-Hohenzollerische Kriegerzeitung Nr. 10 vom 6. 3. 1938, S. 74; BfZ Akten Abt. I-Da 2: Eugen Falkenstein an Wilhelm Heinrich Franck 14. 10. 1935.

101 Rohwer (wie Anm. 3) S. 15.

102 BfZ Akten Abt. I-Da 2: Wilhelm Heinrich Franck an Willi Eilers 12. 7. 1939.

103 Berichte der Weltkriegsbücherei 13 (1933) Heft 2, S. 21.

104 Berichte der Weltkriegsbücherei 13 (1933) Heft 3, S. 39–41.

105 BfZ Akten Abt. I-Da 2: Willi Eilers an Wilhelm Heinrich Franck 25. 5. 1939.

106 BfZ Akten Abt. I-Da 2: Willi Eilers an Wilhelm Heinrich Franck 15. 6. 1939.

Universität zu gründen. Die *Hohe Schule der NSDAP* sollte die *höchste Forschungs- und Schulungsstelle des ganzen Reiches* werden. Die Weltkriegsbücherei, *die durch ihre Einrichtungen und Arbeiten sich einen beachtlichen Namen geschaffen habe*, sollte *bezüglich aller Weltkriegsfragen als auch bezüglich der weltpolitischen Probleme* in *eine engere Beziehung zur Hohen Schule der NSDAP* treten.

Weitere Entwicklungen veranlassten Eilers, die grundsätzliche Frage aufzuwerfen, welche institutionelle Form und Anbindung die Weltkriegsbücherei in der Zukunft haben sollte. Das Finanzamt war an die Weltkriegsbücherei herangetreten mit dem Hinweis, dass die Bibliothek als Treuinstitut mit Sitz im Ausland zukünftig sowohl umsatz-, körperschafts- als auch vermögenssteuerpflichtig sei. Eilers hatte außerdem die Erfahrung gemacht, dass es für die Weltkriegsbücherei als private Einrichtung zunehmend schwieriger wurde, bibliothekarische und wissenschaftliche Angestellte zu bekommen. Auch der Raum für die ständig wachsende Sammlung wurde wieder einmal knapp. Mit den vorhandenen Etatmitteln, so behauptete Eilers, sei die Weltkriegsbücherei schließlich kaum noch in der Lage, den gewachsenen Anforderungen an sie gerecht zu werden. Er vertrat die Ansicht, dass *im nationalsozialistischen Staat eine Forschungsarbeit nur geleistet werden* [könne] *im Einklang mit der nationalsozialistischen Wissenschaft*. Die Leitung der Bibliothek sei zwar bemüht, *sowohl durch die Auswahl der Mitarbeiter als auch durch eine einwandfreie nationalsozialistische Haltung an diesem Ziel mitzuarbeiten*. Der Stand der Dinge mache es aber notwendig, die Aufstellung der Bibliothek grundsätzlich zu überdenken. Die *Frage der Zusammenarbeit mit einer Reichsstelle* lasse sich nicht weiter aufschieben und müsse bald geklärt werden[107].

Bei einer Unterredung zwischen Willi Eilers, Wilhelm Heinrich Franck und Eugen Falkenstein machte Franck deutlich, dass die Prioritäten seiner Meinung nach anders gesetzt werden müssten. Er betonte, dass die Weltkriegsbücherei ihre jetzige Bedeutung nur habe erlangen können, weil sie eine neutrale Instanz geblieben sei. So wären die Beziehungen ins Ausland, die die Bibliothek über die Jahre aufgebaut hätte, nicht aufrechtzuerhalten, wenn die Weltkriegsbücherei *in eine engere Beziehung zur Partei träte*. Nach außen müsse die Bibliothek daher weiterhin *so neutral wie möglich* agieren, *gewisse Querverbindungen interner Art seien jedoch möglich*. Auch im Kriegsfalle stehe die Weltkriegsbücherei besser da, wenn sie neutral bleibe und keine zu engen Bindungen eingehe. Eine solche Konstruktion ließe sich am ehesten verwirklichen, indem Rudolf Heß, Hitlers Stellvertreter, Schirmherr der Weltkriegsbücherei würde. Wäre er über den Stand der Dinge rechtzeitig informiert worden, hätte er bereits versucht, bei Heß vorzufühlen. In Karlsbad, wo er sich vor kurzem aufgehalten habe, hätte er Gelegenheit gehabt, mit Hitlers Stellvertreter und seinen Adjutanten zu sprechen. Franck empfahl, Reichsleiter Rosenberg hinzuhalten, bis er mit Heß die Frage der Schirmherrschaft geklärt habe.

---

107 BfZ Akten Abt. I-Dc: Willi EILERS, Denkschrift 20.6.1939.

Eilers sah hingegen im Falle einer Schirmherrschaft von Heß die Gefahr, dass *Hess einer nachgeordneten Stelle die Betreuung der Weltkriegsbücherei übergeben werde, die u. U. die Interessen der Weltkriegsbücherei nicht wahren würde*. Bei einer Angliederung an die von Rosenberg geleitete Hohe Schule ergäben sich hingegen *die weitgehendsten Möglichkeiten der wissenschaftlichen Forschung*. Bei dieser Option könnten Publikationen der Weltkriegsbücherei einen ganz anderen Wirkungsgrad erreichen und die *Einheitlichkeit und Unabhängigkeit* der Bibliothek bliebe dennoch gewahrt[108].

In einem Brief an Franck legte Eilers am 6. Juli 1939 noch einmal nach. Nicht durch eine neutrale Haltung, sondern allein durch die sowohl wissenschaftliche als auch *nationalsozialistische Grundhaltung* habe die Weltkriegsbücherei es bisher vermocht, ihre Eigenständigkeit zu bewahren. Durch seine *persönlichen Beziehungen zu den massgebenden Stellen der Wehrmacht, des Staates und der Partei* sei es ihm möglich gewesen, *diese Stellen davon zu überzeugen, dass unser Institut eine für Volk und Staat wichtige Aufgabe zu erfüllen hat*[109].

In seinem Antwortschreiben vom 12. Juli 1939 machte Wilhelm Heinrich Franck erneut deutlich, dass er Eilers Einschätzung in mehreren Punkten nicht teilte. Auch wenn ihm 1933/1934 klar gewesen sei, die Weltkriegsbücherei müsse *den Belangen von Staat und Partei Rechnung tragen*, stehe für ihn nach wie vor unmissverständlich fest, dass er *auf die Erhaltung der Neutralität der Weltkriegsbücherei ganz besonderen Wert legen müsse*. Dies sei auch *absolut im Sinne des Gründers der Weltkriegsbücherei*[110].

Die Weltkriegsbücherei erhielt im August 1939 eine neue Satzung, welche das bisherige liechtensteinische Treuinstitut in eine deutsche Stiftung umwandelte. Dem Vorstand sollten zukünftig Franck als Vorsitzender sowie Falkenstein, Eilers, der württembergische Kultminister Christian Mergenthaler und der persönliche Referent des Reichsstatthalters Wilhelm Murr, Staatssekretär Karl Waldmann, angehören[111]. Wilhelm Heinrich Francks Stellung wurde deutlich gestärkt. Er war fortan allein berechtigt, die Stiftung nach außen zu vertreten[112].

Im Januar 1940 suchte Franck Rudolf Heß auf, um ihm die Schirmherrschaft über die Weltkriegsbücherei anzubieten[113]. Heß erklärte zwar, dass er grundsätzlich alle Gesuche um Schirmherrschaften ablehne. Es gelang Franck jedoch, ihn zu

---

108 BfZ Akten Abt. I-Da, 2: Willi EILERS, Unterredung mit dem Kurator, dem Direktor und Dr. Falkenstein am Dienstag, den 27. Juni 39, 11 – 13 Uhr in Berlin.

109 BfZ Akten Abt. I-Da 2: Willi EILERS an Wilhelm Heinrich Franck 6.7.1939.

110 BfZ Akten Abt. I-Da 2: Wilhelm Heinrich FRANCK an Willi Eilers 12.7.1939.

111 BfZ Akten Abt. I-Ac: Satzung der Stiftung der Weltkriegsbücherei Richard Franck in Stuttgart, Entwurf vom 2.8.1939.

112 Ebd.; BfZ Akten Abt. I-Ac: Eugen FALKENSTEIN an Wilhelm Heinrich Franck 29.11.1939.

113 BfZ Akten Abt. I-Ac: Wilhelm Heinrich FRANCK an Willi Eilers 3.2.1940.

Abb. 3: Collage von Friedrich Felger, vermutlich ein Entwurf für das Titelbild des geplanten Museumsführers.

Abb. 4: Hitler als vermeintlicher Kamerad der Frontkämpfer des Ersten Weltkriegs. Wahlplakat nach einem Entwurf von Otto Flechtner aus dem Jahr 1932, das als Ausstellungsstück im Museum der Weltkriegsbücherei zu sehen war.

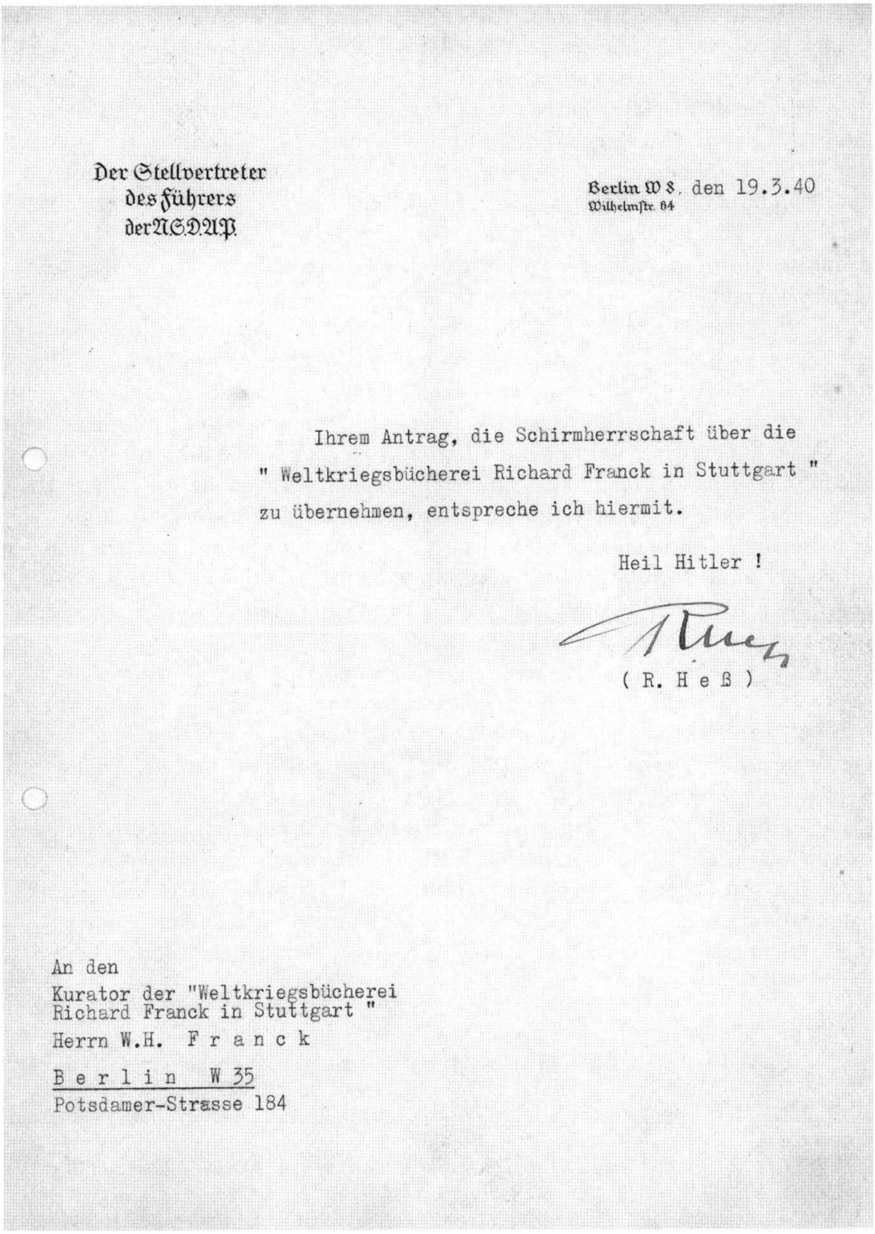

Der Stellvertreter
des Führers
der N.S.D.A.P.

Berlin W 8, den 19.3.40
Wilhelmstr. 64

Ihrem Antrag, die Schirmherrschaft über die " Weltkriegsbücherei Richard Franck in Stuttgart " zu übernehmen, entspreche ich hiermit.

Heil Hitler !

(R. H e ß)

An den
Kurator der "Weltkriegsbücherei
Richard Franck in Stuttgart "
Herrn W.H. F r a n c k
B e r l i n W 35
Potsdamer-Strasse 184

Abb. 5: Rudolf Heß bestätigt die Übernahme der Schirmherrschaft über die Weltkriegsbücherei.

überreden, in diesem Fall eine Ausnahme zu machen[114] (Abb. 5). Damit hatte Franck fürs Erste sein Ziel erreicht: Die Weltkriegsbücherei hatte einen prominenten Schirmherrn, von dem anzunehmen war, dass er auf die Bibliothek wenig Einfluss nehmen würde. Die Schirmherrschaft von Hitlers Stellvertreter nutzte Franck, um auch Christian Mergenthaler und Karl Waldmann zum Eintritt in den Vorstand der Weltkriegsbücherei zu bewegen[115]. 1941 wurde der Vorstand dann noch um den Stuttgarter Oberbürgermeister Karl Strölin ergänzt[116]. Am 13. April 1940 genehmigte Kultminister Mergenthaler die Einrichtung der Stiftung und verband damit die Hoffnung, dass die Weltkriegsbücherei dem Land Württemberg dauerhaft erhalten bleibe[117].

Nachdem Rudolf Heß am 12. Mai 1941 nach Großbritannien geflogen war, um auf eigene Faust Friedensverhandlungen mit der britischen Regierung zu führen, musste sich die Weltkriegsbücherei nach einem neuen Schirmherrn umsehen, denn Hitler wertete Heß' eigenwillige Aktion als Verrat und entzog ihm sämtliche Ämter. Offiziell übernahm der Leiter der Parteikanzlei der NSDAP, Martin Bormann, alle Funktionen von Heß[118]. Bormann lehnte jedoch ab, auch die Schirmherrschaft über die Weltkriegsbücherei zu übernehmen und begründete dies damit, dass er selbst im Weltkrieg nicht Soldat gewesen sei. Auch fehle ihm die Zeit, sich der Bibliothek zu widmen. Er habe die Angelegenheit aber Hitler persönlich vorgetragen. Dieser habe sich *sehr überlegt, wer die Schirmherrschaft übernehmen könnte*. Bormann übermittelte der Weltkriegsbücherei:

Irgendein Leiter irgendeiner Berliner Dienststelle kommt laut Auffassung des Führers nicht in Frage, weil sonst die Gefahr bestände, daß die Weltkriegsbücherei sehr bald nach Berlin gezogen würde. Der Führer hält es daher für am besten, wenn Gauleiter und Reichsstatthalter Murr die Schirmherrschaft über die Weltkriegsbücherei übernimmt[119].

Die nun einsetzenden Diskussionen innerhalb der Stiftung geben ein gutes Beispiel dafür ab, wie Herrschaft im Nationalsozialismus funktionierte. Für eine Berufung von Wilhelm Murr zum Schirmherrn der Stiftung wäre eigentlich eine Satzungsänderung notwendig gewesen[120]. Der Stuttgarter Jurist Paul Scheuing, der die Weltkriegsbücherei in rechtlichen Fragen beriet, vertrat jedoch den Standpunkt,

---

114 Ebd.; BfZ Akten Abt. I-Ac: Rudolf HESS an Wilhelm Heinrich Franck 19. 3. 1940.

115 BfZ Akten Abt. I-Ac: Christian MERGENTHALER an Wilhelm Heinrich Franck 29.2.1940; Karl WALDMANN an Wilhelm Heinrich Franck 29. 2. 1940.

116 BfZ Akten Abt. I-Ac: Wilhelm Heinrich FRANCK, Rundschreiben an die Vorstandsmitglieder 26. 3. 1941.

117 BfZ Akten Abt. I-Ac: Christian MERGENTHALER an Wilhelm Heinrich Franck 13.4.1940.

118 BfZ Akten Abt. I-Ac: Eugen FALKENSTEIN an Wilhelm Heinrich Franck 16. 6. 1941.

119 BfZ Akten Abt. I-Ac: Martin BORMANN, Partei-Kanzlei der NSDAP, an Wilhelm Heinrich Franck 14. 11. 1941.

120 BfZ Akten Abt. I-Ac: Wilhelm Heinrich FRANCK an Eugen Falkenstein 25. 11. 1941.

dass das Wort des Führers über der Satzung stehe[121]. Nach Ansicht von Wilhelm Heinrich Franck hatte die Berufung von Wilhelm Murr sowohl Vor- als auch Nachteile:

Die Lösung [...] *ist auch insofern nicht recht bequem, als ich für die Durchsetzung der Ziele und Bestimmungen der Weltkriegsbücherei gern eine markantere Persönlichkeit als Schirmherr gehabt hätte. Auf der anderen Seite ist es ein unverkennbarer Vorteil, daß der Führer selbst das Domizil für die Weltkriegsbücherei festgesetzt hat und damit indirekt auch zum Ausdruck bringt, daß die Weltkriegsbücherei den Zugriffen anderer behördlicher Stellen dadurch entzogen werden und Privatinstitut bleiben soll*[122].

Vermögensverwalter Falkenstein sorgte sich um die Machtbalance im Stiftungsvorstand, in dem die konkurrierenden regionalen NS-Größen Reichsstatthalter Murr einerseits und Ministerpräsident und Kultminister Mergenthaler andererseits bisher gleichermaßen vertreten gewesen waren. Ginge die Schirmherrschaft an Murr, erhielte der Reichsstatthalter gegenüber dem württembergischen Kultministerium *ein gewisses Übergewicht*, denn Staatssekretär Karl Waldmann, der ebenfalls dem Vorstand angehörte, sei ein Vertrauensmann Murrs. Waldmann habe man eigens in den Stiftungsvorstand berufen, *um auch den Reichsstatthalter an der Weltkriegsbücherei zu interessieren*. Franck sei ja bestimmt bekannt, *dass zwischen Reichsstatthalter und Ministerpräsident in Württemberg gewisse Spannungen* bestünden. Er hoffe, dass sich diese Spannungen nicht negativ auf die Weltkriegsbücherei auswirken würden. Trotz dieser Bedenken nahm Franck in der Folgezeit Kontakt zu Murr auf. Dieser sagte im Januar 1942 zu, die Schirmherrschaft zu übernehmen[123].

Zusammenfassend ist festzuhalten, dass es der Weltkriegsbücherei unter der Leitung von Wilhelm Heinrich Franck zwar während des „Dritten Reiches" gelang, ihre institutionelle Eigenständigkeit zu wahren. Die Kontakte zu höchsten nationalsozialistischen Würdenträgern bis hin zu Hitler – auch inmitten eines Weltkriegs – zeigen aber gleichzeitig, dass die Bibliothek bzw. ihr Stiftungsvorstand im NS-Regime bestens vernetzt waren. Entsprechend war die Weltkriegsbücherei von den Machtspielen der verschiedenen Partei- und Regierungsstellen direkt betroffen.

---

121 BfZ Akten Abt. I-Ac: Paul Scheuing an Sekretariat Franck 24.11.1941.

122 Franck (wie Anm. 120).

123 BfZ Akten Abt. I-Ac: Eugen Falkenstein an Wilhelm Heinrich Franck 22.11.1941; BfZ Akten Abt. I-Ac.: Wilhelm Murr an Wilhelm Heinrich Franck 23.1.1942.

Untergang im Zweiten Weltkrieg

Mit Kriegsbeginn 1939 tat sich für die Weltkriegsbücherei ein neues Sammelgebiet auf: Fortan wurde versucht, auch alles erdenkliche Material zum Zweiten Weltkrieg zu sammeln. Im Gegensatz zum Ersten Weltkrieg gab es von 1939 bis 1945 jedoch keine vergleichbar aufgestellte Kriegssammelbewegung. Die Interpretation des Kriegsgeschehens war Teil der Propaganda und damit für das Regime sozusagen Chefsache. Einem eigenständigen Agieren privater Einrichtungen waren dementsprechend wesentlich engere Grenzen gesetzt als in der Zeit von 1914 bis 1918[124].

Eilers und sein Stellvertreter Erwin Weis verhandelten mit den zuständigen Stellen, vor allem mit dem Chef der Heeresarchive, General von Rabenau, um wieder – wie im Ersten Weltkrieg – an Feldzeitungen zu kommen. Auch die Presse des neutralen und feindlichen Auslands sammelte die Bibliothek soweit möglich. In Absprache mit Pressebilderdiensten konnte außerdem eine umfangreiche Fotosammlung zu den einzelnen Feldzügen aufgebaut werden. Die zum Krieg erscheinende Literatur, auch aus dem Ausland, schaffte die Bibliothek ebenso an wie eine große Fülle an Broschüren und Druckschriften. Noch 1943 kamen 2.050 Bücher neu in die Bibliothek, davon 40 % fremdsprachige[125]. Obwohl sich die staatlichen und militärischen Dienststellen weniger kooperativ zeigten als im Ersten Weltkrieg[126], war die Leitung der Weltkriegsbücherei mehr denn je überzeugt, einer wichtigen nationalen Aufgabe nachzugehen. Sie sah sich gar in der Pflicht, zu Deutschlands Aufstieg zur Weltmacht beizutragen:

Deutschlands entschlossener Schritt von der Grossmacht zur Weltmacht stellt an die gesamte deutsche Wissenschaft und Forschung Anforderungen, die den tatkräftigen Einsatz aller verfügbaren Kräfte notwendig machen. Es wird deshalb im kommenden Jahr Pflicht und Aufgabe der Weltkriegsbücherei sein, hier nicht zurückzubleiben und ihren Teil beizutragen, damit die neuen Anforderungen, die an Wissenschaft und Forschung herantreten, in ihrem ganzen Umfange bewältigt werden können[127].

Gleichzeitig hatte die Weltkriegsbücherei während des Krieges mit sehr profanen Problemen zu kämpfen. Ein großes Hindernis für die alltägliche Arbeit stellte die häufige Abwesenheit des Direktors dar. Sowohl Eilers als auch sein kommissarischer Nachfolger Erwin Weis wurden zur Wehrmacht eingezogen[128]. Im Zuge der vermehrten alliierten Luftangriffe sah sich die Bibliotheksleitung außerdem ab Herbst 1942 gezwungen, die Bestände auszulagern. Diese wurden möglichst an

124 Gerdes (wie Anm. 1) S. 341–352.
125 BfZ Akten: Weltkriegsbücherei Jahresbericht 1943 [Bl. 1].
126 Rohwer (wie Anm. 3) S. 18 f.
127 BfZ Akten: Weltkriegsbücherei Jahresbericht 1941, S. 8.
128 BfZ Akten Abt. I-Da 2: Willi Eilers an Wilhelm Heinrich Franck 5. 8. 1939.

Orte wie das Salzbergwerk Kochendorf gebracht, die vor Bombenangriffen sicher schienen. Auch in Saulgau, Leinzell, Schwenningen und Tamm lagerte die Bibliothek Bestände ein. Der Mangel an Transportmitteln und die immer weiter reichenden Zerstörungen beendeten die Auslagerungen dann allerdings im Sommer 1944, bevor sie abgeschlossen waren.

Während Schloss Rosenstein bei bisherigen Luftangriffen weitgehend verschont geblieben war, wurde die Nacht vom 12. auf den 13. September 1944 zur Schicksalsstunde für die Weltkriegsbücherei. Bei der Bombardierung Stuttgarts wurde das Schloss von zahlreichen Brandbomben getroffen. Aus dem brennenden Gebäude konnten nur noch ein Teil der Akten, die Kataloge sowie geringe Mengen an Büchern und Zeitschriften gerettet werden. Das Feuer vernichtete sämtliche noch im Gebäude befindlichen Bücher, Zeitungs- und Zeitschriftenbestände, die etwa 30 % des Gesamtbestandes ausmachten, sowie das Museum und einen Großteil der Sondersammlungen. Insbesondere die große Sammlung an Feldzeitungen und die ca. 50.000 Plakate umfassenden grafischen Sammlungen gingen verloren. Zerstört waren außerdem 27.000 von 76.000 Büchern, 5.000 von 15.000 Zeitschriften sowie die Hälfte der 6.000 Zeitungsbände. Die Weltkriegsbücherei verlor über Nacht sowohl einen wichtigen Teil ihrer Bestände als auch ihren Sitz in einem repräsentativen Gebäude.

Die geretteten Materialien wurden nach Ludwigsburg geschafft und behelfsmäßig in Räumlichkeiten der Firma Franck und Kathreiner gelagert. Bis Kriegsende waren die wenigen verbliebenen Mitarbeiter vor allem damit beschäftigt, die noch vorhandenen Bestände unterzubringen und zu verzeichnen[129].

Neubeginn nach 1945

Als der Zweite Weltkrieg in Europa mit der totalen Niederlage des Deutschen Reichs endete, waren die Zukunftsaussichten für die Weltkriegsbücherei entsprechend düster. Das Bibliotheksgebäude und weite Teile Stuttgarts waren zerstört, die Bibliotheksbestände zum Teil von den Alliierten beschlagnahmt oder vernichtet. Auch um die finanziellen Grundlagen der Stiftung stand es schlecht. Darüber hinaus konnte über die Weltkriegsbücherei zu Recht gesagt werden, dass sie die Revision des Versailler Vertrages gefordert und zur geistigen Mobilmachung im „Dritten Reich“ beigetragen hatte. Zu einer Zeit, als die deutsche Öffentlichkeit und die Siegermächte Krieg und Militarismus möglichst hinter sich lassen wollten, war dies keine Reputation. *Maßgebende und gewichtige Stimmen auch von offizieller Seite* plädierten daher 1945 *unter dem Eindruck der Kriegskatastrophe* dafür,

[129] Rohwer (wie Anm. 3) S. 18–20.

die Weltkriegsbücherei aufzulösen, wie Erwin Weis später zu berichten wusste[130]. Doch dazu kam es nicht.

Wilhelm Heinrich Franck war nach wie vor von der großen Bedeutung der Bibliothek für die Zeitgeschichtsforschung überzeugt. Er glaubte, dass der Stellenwert der Weltkriegsbücherei sogar noch gestiegen sei, weil zahlreiche Einrichtungen mit ähnlichem Sammelschwerpunkt, wie z. B. die Preußische Staatsbibliothek in Berlin, entweder noch stärker zerstört waren als die Weltkriegsbücherei, von den Alliierten konfisziert worden waren oder in der sowjetischen Besatzungszone lagen. Zusammen mit Wilhelm Hoffmann, dem Direktor der Württembergischen Landesbibliothek, setzte Franck sich daher in der Folgezeit mit viel Engagement, Arbeitsaufwand und Geld dafür ein, dass die Bibliothek auch in Zukunft fortbestand[131].

Nachdem sich die Bibliothek bereits im August 1945 ihres nachweislich nationalsozialistischen Direktors Willi Eilers entledigt hatte[132], gelang es in der Folgezeit nicht nur, die kriegsbedingten Lücken im Bestand weitgehend wieder zu schließen, sondern sie wurde erneut zu einer zentralen Anlaufstelle für die zeitgeschichtliche Forschung im In- und Ausland. Die Bibliothek ist heute eine der größten Spezialbibliotheken zu Politik und Geschichte seit 1914 in Europa. Zu ihren Beständen zählen neben knapp 400.000 Büchern die umfangreichen Sondersammlungen Zeit der Weltkriege, Marine und Neue Soziale Bewegungen. 1948 in Bibliothek für Zeitgeschichte umbenannt, gerieten die Verwicklungen der Weltkriegsbücherei während des „Dritten Reiches" allerdings weitgehend in Vergessenheit. Sie kamen erst 2015 im Zuge des 100-jährigen Jubiläums der Bibliothek wieder ans Licht.

Fazit

Nach 1918 fristeten die meisten der während des Ersten Weltkriegs entstandenen Kriegssammlungen ein Schattendasein. Vom abnehmenden Interesse am verlorenen Krieg während der Weimarer Republik konnte sich die Weltkriegsbücherei teilweise entkoppeln, als sich die private Sammlung in eine öffentlich zugängliche Spezialbibliothek zur Zeitgeschichte weiterentwickelte. Die Beschäftigung mit der Kriegsschuldfrage verschaffte ihr öffentliche Aufmerksamkeit und Anerkennung. Die wissenschaftliche Nutzung der Bestände blieb jedoch hinter den Erwartungen zurück.

---

130 Erwin Weis, Wilhelm Heinrich Franck. 25 Jahre Kurator der Weltkriegsbücherei, in: Bücherschau der Weltkriegsbücherei 28 (1956) Heft 1, S. 2.

131 Rohwer (wie Anm. 3) S. 21–28.

132 BfZ Akten Abt. I-Db: Wilhelm Heinrich Franck an Willi Eilers 1. 8. 1945.

Seit Ende der 1920er Jahre und verstärkt nach der Machtergreifung rückte der Erste Weltkrieg wieder ins öffentliche Bewusstsein. Der Bibliotheksleitung gelang es, diese Konjunktur für den Ausbau der Weltkriegsbücherei zu nutzen. Der Preis, der hierfür bereitwillig gezahlt wurde, war nicht nur die Kooperation mit zahlreichen Würdenträgern des Systems bis hin zu Hitler, sondern auch eine inhaltliche Ausrichtung von Bibliothek und Museum auf die Interpretationen und Interessen des Regimes. Auch wenn die institutionelle Unabhängigkeit erhalten blieb, war es das Ziel der Bibliotheksleitung, *den gewaltigen Kampf des Führers zu unterstützen*, wie es Willi Eilers, Direktor der Weltkriegsbücherei, 1935 formulierte[133].

***

Alle Abbildungsvorlagen stammen aus der Bibliothek für Zeitgeschichte in der Württembergischen Landesbibliothek.

133 Willi EILERS, Zwanzig Jahre Weltkriegsbücherei (wie Anm. 80).

Der Wendepunkt im Leben von Hans Scholl. Sein Prozess vor dem Sondergericht Stuttgart im Jahre 1938

Von Ulrich Herrmann

„angeblich nicht vorbestraft" lautet der Eintrag unter Nr. 18 „Vorbestraft?" im Erhebungsbogen zur Person Hans Fritz Scholl der Gestapo München am 18. Februar 1943[1] im Rahmen der Vorbereitung des Volksgerichtshofs-Prozesses gegen die Münchner „Weiße Rose". Bei seiner Schwester Sophie war man sich sicher: in ihrem Bogen ist lediglich ein „./." vermerkt[2]. Hans Scholl war in der Tat nicht vorbestraft. Er war im Jahre 1938 in zwei Strafverfahren mit knapper Not zwei Vorstrafen entgangen. In einem Fall handelte es sich um ein „Devisenvergehen": Hans Scholl hatte bei seiner Lapplandfahrt mit seiner Gruppe eine unerlaubt hohe Geldsumme mitgeführt[3]; ein Strafverfahren 1937 in Bad Cannstatt (wo Scholl Rekrut bei der Kavallerie war), wurde 1938 im Zuge des Straffreiheitgesetzes nach dem Anschluss Österreichs[4] eingestellt, so dass es zu keiner Verurteilung und damit zu keinem Eintrag ins Strafregister kam. In dem anderen Fall handelte es sich um eine Anklage vor dem Sondergericht Stuttgart: in erster Linie wegen eines „Verbrechens i. S. des § 175 a Ziff. 2 StGB"[5], in zweiter Linie auch wegen „bündischer Umtriebe". Auch dieses Verfahren wurde gem. Straffreiheitsgesetz für den Angeklagten Scholl eingestellt, und deshalb erfolgte auch hier keine Eintragung ins Strafregister. Anscheinend war dieser Vorgang vom Sondergericht Stuttgart trotz Berichtspflicht nicht an das Reichsjustizministerium gemeldet worden[6], so dass

---

[1] In der Akte Oberreichsanwalt beim Volksgerichtshof, Strafsache gegen Hans Fritz Scholl, BArch Berlin, Az. ZC 13267, Bd. 2, Sonderbd. 2, fol. 7.

[2] Ebd. Sonderbd. 3, fol. 5.

[3] Hans Scholl führte in Ulm ein HJ-Fähnlein, in dem die verbotene Jungenschafts-Kultur der dj. 1.11 praktiziert wurde (s. u.). – Eckard Holler, „wer je die flamme umschritt, bleibe der flamme trabant". Hans Scholl und die Ulmer „Trabanten", in: Ulrich Herrmann, Vom HJ-Führer zur Weißen Rose. Hans Scholl vor dem Stuttgarter Sondergericht 1937/38, Weinheim/Basel 2012, S. 38–67, hier S. 47–50.

[4] Abgedruckt bei Herrmann (wie Anm. 3) S. 376 f.

[5] Abgedruckt bei Herrmann (wie Anm. 3) S. 365 f.; zum Kontext ebd., S. 25–31.

[6] Die im Bundesarchiv Berlin überlieferten Verfahrensakten der Sondergerichte (in: Reichsjustizministerium, Abt.: Strafrechtspflege – Verfahrensakten) enthalten keine Unter-

1943 im Münchner Verfahren der Stuttgarter Sondergerichtsprozess unbekannt blieb.

Der Stuttgarter Sondergerichtsprozess „gegen Zwiauer u. a." – so genannt nach dem Hauptangeklagten –, darunter Hans Scholl, war in der „Weiße-Rose"-Literatur so gut wie unbekannt bzw. unbeachtet[7]. Nachdem er jetzt ausführlich dokumentiert ist[8] und darüber hinaus weiterführende Recherchen die personelle Zusammensetzung des Stuttgarter Sondergerichts 1937/1938 abschließend geklärt haben (den Beisitzenden Richter Max Haug betreffend), kann dieses für den weiteren Lebensweg von Hans Scholl so überaus wichtige Ereignis zusammenfassend rekonstruiert werden.

1. Anlass und Eröffnung des Verfahrens

Das NS-Regime hatte mit Ausnahme der völkischen „Artamanen" sämtliche Jugendbünde der Bündischen Jugend aus der Zeit vor 1933 und verwandte Jugendvereinigungen verboten und verfolgte ihre Mitglieder aufgrund eines Verdachts staatsgefährdender „Umtriebe". Schwerpunktstaatsanwalt für die (Koordination der) Ermittlungen war die Staatsanwaltschaft Düsseldorf. Die Ermittler waren auf eine bündische Gruppe in Stuttgart gestoßen und in diesem Zusammenhang auf einen aus Köln stammenden, beim Militär in Ulm diensttuenden jungen Soldaten namens Ernst Reden, bei dem sie Kontakt in die Ulmer Hitlerjugend (HJ) feststellten.

Am 11. November 1937 schlug die Gestapo zu: Eine Gruppe von Ulmer Kindern und Jugendlichen wurde frühmorgens bei ihren Eltern verhaftet und nach Stuttgart ins Untersuchungsgefängnis gebracht, darunter auch Hans und Sophie Scholl. Sophie, die man aufgrund ihrer Haartracht für einen Jungen gehalten hatte, wurde umgehend wieder nach Hause geschickt. Die Ermittlungen und Vernehmungen begannen unverzüglich[9], Mitte November 1937 stand das Ergebnis fest, und die daraus folgenden Schritte konnten aus der Sicht des ermittelnden Düsseldorfer Staatsanwalts Dr. Kettner (s. u.) wie folgt festgehalten werden[10]:

---

lagen zu diesem Stuttgarter Sondergerichtsprozess. Briefliche Auskunft von Andreas Grunwald, Bundesarchiv Berlin.

[7] Dazu Herrmann (wie Anm. 3) S. 13–18. Die Sophie Scholl-Biographin Barbara Beuys (Sophie Scholl, München 2010, S. 150 ff.) berichtet und diskutiert die Vorgänge im Winter 1937, ohne jedoch deren Bedeutung und Folgen näher zu erörtern. Die Hans Scholl-Biographin Barbara Ellermeier (Hans Scholl, Hamburg 2012) geht im Eröffnungskapitel anhand der Prozessakten kursorisch auf den Prozess ein (S. 9–35), ohne ihn in seiner tatsächlichen Problematik und Folgen zu würdigen.

[8] Herrmann (wie Anm. 3).

[9] Jetzt umfangreich dokumentiert in: ebd.

[10] Landesarchiv Nordrhein-Westfalen (künftig: NRW) HStA Düsseldorf, Bestand Gerichte, Rep 17/295, fol. 1. – Siehe unter 5.1. biographische Angaben zu Kettner. – Mit

[...] *Die Besprechung hatte zum Gegenstand die Verfahren gegen die Angehörigen der Deutschen Jungenschaft 1. 11. und der Quickborn-Jungenschaft.*

Nach Mitteilung der Stapo Stuttgart und des SD sind durch die bisherigen Ermittlungen umfangreiche illegale Betätigungen der bisher vernommenen Beschuldigten festgestellt. Die strafbaren Handlungen sind zumeist bis zum Sommer und Herbst 1937 begangen worden.

In Stuttgart selbst ist eine d. j. 1. 11.-Gruppe von etwa 12 Beschuldigten festgestellt. In Ulm besteht eine d. j. 1. 11.-Gruppe etwa in der gleichen Größe.

Von der Stuttgarter Gruppe befinden sich die Beschuldigten Zwiauer und Keller in Schutzhaft[11]. *Die vorgenannten Beschuldigten und die übrigen Mitglieder der Gruppe in Stuttgart haben bis Ende Oktober 1937 Fahrten unternommen, die der Fortsetzung der verbotenen d. j. 1. 11. dienen sollten. Der Beschuldigte Zwiauer hat bis zum Sommer 1937 Beiträge für die illegale Gruppe kassiert. Zwiauer und Keller sind beide in den letzten Jahren mit „tusk" (Eberhard Köbel) in Verbindung getreten; Zwiauer hat „tusk" in London besucht, während Keller „tusk" in diesem Jahre auf der Pariser Weltausstellung getroffen.*

In der Ulmer Gruppe sind Reden und Hans Scholl als führende Persönlichkeiten anzusehen. Die Ulmer Gruppe unter Führung von Scholl, die dieser innerhalb der HJ gebildet hatte, hat bis in die letzte Zeit hinein Fahrten unternommen, die der Fortsetzung der d. j. 1. 11 dienen sollten. Reden ist dringend verdächtig, sich in den Jahren 35 bis 37 in 2 Fällen gleichgeschlechtlich betätigt zu haben; es besteht gegen ihn dringender Verdacht eines Verbrechens gegen § 176 Ziffer 3 STGB und eines Verbrechens gegen § 175 a STGB.[12][...]

Die Beschuldigten Hans Scholl und [...] *aus Stuttgart befinden sich z. Zt. als Rekruten bei dem Kavallerieregiment 18 in Bad Cannstatt. Sie sollen zunächst als Zeugen unter Hinweis auf ihr Zeugnisverweigerungsrecht vernommen werden. Um die Zeugenvernehmung der Soldaten zu ermöglichen, habe ich heute den Kommandeur der 1. Abteilung, Major Rodt, aufgesucht. Letzterer gab die Erlaubnis zu der erbetenen Zeugenvernehmung. Nach der Vernehmung soll durch die Staatsanwaltschaft bei dem zuständigen Divisionsgericht in Ludwigsburg der Freigabeantrag*[13] *gestellt werden.*

Nach dem bisherigen Ermittlungsergebnis bestehen zwischen Quickbornjungenschaft und der illegalen d. j. 1. 11. Verbindungen in den Städten Ulm, Freiburg i. Br.

Ausnahme des Düsseldorfer Archivbestandes sind alle anderen zitierten Bestände der anderen Archive nicht foliiert. Da die einzelnen Bestände durchweg schmal sind, lassen sich die zitierten Dokumente leicht über die Datierung auffinden.

[11] „Schutzhaft" ist die Bezeichnung für willkürliche Inhaftierung von Regimegegnern und anderen missliebigen Personen, denen die üblichen Verfahrensrechte (vor allem richterliche Überprüfung und anwaltlicher Beistand) vorenthalten wurden.

[12] Abgedruckt bei Herrmann (wie Anm. 3) S. 365 f.

[13] Überstellung von der Militär- zur ordentlichen Gerichtsbarkeit. Diesem Antrag wurde später stattgegeben.

und Saarbrücken. Die Ermittlungsverfahren gegen die Quickbornjungenschaft wegen illegaler bündischer Betätigung sollen durch die Stapoleitstelle Stuttgart in deren Bezirk durchgeführt werden. Die Vernehmungen sollen nach den einzelnen Gruppen bezw. nach den einzelnen Städten gesondert durchgeführt werden.

Die Stapoleitstelle Stuttgart wurde darauf hingewiesen, dass bezgl. der illegalen bündischen Betätigung als gesetzliche Grundlage § 4 der VO zum Schutz von Volk und Staat vom 28. 2. 33 in Verbindung mit der VO des Württ. Innenministers über die bündische Jugend vom 11. 5. 37 in Frage kommt, soweit es sich um Straftaten auf Württ. Staatsgebiet handelt.[...]

Kettner
St.A.
[eigenhändige Unterschrift]

2. Die „Bündischen Umtriebe" der dj. 1. 11

Die Anzeige wegen „bündischer Umtriebe", die erst im Laufe der Ermittlungen und Vernehmungen im Januar 1938 gegen Hans Scholl erfolgte[14], war eigentlich nachrangig, jedoch strafrelevant[15], und war die eigentliche politische Straftat, die man ihm zur Last legen konnte; deshalb wurde die Sache ja auch beim Sondergericht Stuttgart anhängig. Mit einer (mindestens mehrmonatigen) Gefängnisstrafe konnte durchaus gerechnet werden.

Warum verfolgte das NS-Regime grade die bündische Jugend so hartnäckig und dabei vor allem auch die dj. 1. 11? Die bündische Jugend der Weimarer Zeit, hervorgegangen aus dem Wandervogel und den Pfadfindern der Vorkriegszeit, deckte in ihren Bünden, Verbänden und Bündigungen das gesamte politische, konfessionelle und kulturelle Spektrum der Epoche zwischen Kaiserreich und NS-Zeit ab. Aber anders als beim Wandervogel vor dem Ersten Weltkrieg stand in der Regel nicht der Einzelne und seine kleine Freundesgruppe, sondern die Verpflichtung auf das Gemeinwesen im Mittelpunkt, durch Einsatz für eine Sache, durch Disziplin und Selbstdisziplin. Erhalten blieb das „Führerprinzip": die freiwillige Unter-, besser: Zuordnung zu einem „Führer", der nicht durch Befehl, sondern durch Charisma auf „Gefolgschaft" rechnen konnte. Dieses „Führerprinzip" stand im schärfsten Gegensatz zu jenem der Nationalsozialisten und der HJ; ein auch elitärer Habitus (Zugehörigkeit zu einem „Orden") markierte eine scharfe Trennung zur Hitlerjugend. Es ist nicht verwunderlich, dass der Reichsjugendführer Baldur von Schirach schon im März 1933 propagierte: „Die Bünde sind Feinde des National-

[14] Dazu die Dokumente bei HERRMANN (wie Anm. 3).

[15] § 4 Abs. 2 der Reichs-VO vom 28. 2. 1933 stellte eine Gefängnisstrafe von nicht unter 1 Monat oder Geldstrafe in Aussicht; die württembergische VO vom 11. 5. 1937 entsprechend; abgedruckt bei HERRMANN (wie Anm. 3) S. 367 f., 375.

sozialismus“[16]. Erst recht verdächtig war die „autonome Jungenschaft“, die von dem Stuttgarter Gymnasiasten Eberhard Koebel-tusk am 1.11.1929 in Stuttgart ins Leben gerufene „deutsche jungenschaft“ d.j.1.11. Durch ein jugend-eigenes Abenteuer- und Fahrtenleben, durch eigene künstlerische und intellektuelle Herausforderungen, durch eigene Lieder und Texte entwickelte die dj.1.11 eine eigene Welt von Vergemeinschaftungsformen, die auch nach 1933 nicht verloren gingen – sei es im Untergrund, sei es unter der Camouflage der HJ wie in Ulm in der dj.1.11-Gruppe von Hans Scholl[17]. Unter den Jugendbünden galt die dj.1.11 als besonders gefährlich – nicht weil tusk Kommunist geworden und nach England emigriert war, von wo er (erfolglos) Aktivitäten in Deutschland bei seinen Anhängern zu steuern suchte –, sondern weil sie erstens Autonomie – Selbstbestimmung – auf ihr Panier geschrieben hatte, also gerade nicht „Führer und Gefolgschaft“ im NS-Sinne[18]; weil sie zweitens ein attraktives Jugendkulturangebot machte, so dass die gähnende Langeweile des üblichen HJ-Dienstes diesen ins Abseits brachte; weil sie drittens – und das ist das Entscheidende – trotz der „Lieder der Eisbrechermannschaft“ und anderer Texte mit tusk’s „Heldenfibel“ einen Angriff auf zentrale Leitbilder der NS-Ideologie – besinnungsloses Soldaten- und „Heldentum“ – darstellte: das Suchen nach Sinn im Jugend- und frühen Erwachsenenalter; das Erschrecken vor Krieg. Die „Heldenfibel“ ist also keineswegs wie eine Lesefibel (Anleitung zum Lesen) eine Anleitung zum Held-/Heldisch-Werden, sondern ganz im Gegenteil ein Dokument der Ratlosigkeit, des Suchens, wenn nicht gar der Schwäche[19], zugleich eine seltsame Collage aus nationalistisch-heldisch-soldatischen Phantasmagorien[20], Anleihen bei Zen, und doch wieder mit dem Bild eines jungen Matrosen, der „wunden Herzens“ auf Wache steht. Der suchende Protagonist der „Heldenfibel“ findet seine „Erlösung“ nicht im „Führer“ oder in einer NS-Formation, sondern – ganz im Gegenteil: durch die Aufnahme in den Orden der Jungenschaft und durch „Helena“. Die „Heldenfibel“ war für zahllose „Suchende“ faszinierende Projektionsfläche, stand jedoch in krassem Gegensatz zur

---

16 Schreiben an die Amtsleiter der NSDAP, in: Karl Heinz JAHNKE/Michael BUDDRUS (Hg.), Deutsche Jugend 1933–1945. Eine Dokumentation, Hamburg 1989, Dok. Nr. 3, S. 62 f.; in diesem Band weitere exemplarische Dokumente zur Unterdrückung bzw. Verfolgung der bündischen Jugend.

17 Vgl. HOLLER (wie Anm. 3); die Literatur zu Koebel-tusk bei HERRMANN (wie Anm. 3) Anm. 19 auf S. 23 f.; für unseren Zusammenhang besonders Fritz SCHMIDT, dj. 1.11-Trilogie, Edermünde 2003, darin: In Ulm, um Ulm und um Ulm herum. Illegale dj. 1.11 in Stuttgart und Ulm 1933–1938, S. 28–52; BEUYS (wie Anm. 7) S. 116 ff.

18 Vgl. den Text „Wir“ bei HERRMANN (wie Anm. 3) S. 339.

19 Als Dokument der Schwäche hat ursprünglich Werner HELWIG die „Heldenfibel“ verstanden (DERS., Die Blaue Blume des Wandervogel, Neuausgabe Heidenheim 1980, S. 268): „Später schriebst du [Koebel] ‚Die Helenfibel‘. Ein Buch der Schwäche, gerade, weil es so schrecklich stark sein – und machen wollte. Weder der Titel noch die wunderliche Lehre seines Inhalts, die aus einer westöstlichen Eklektik resultiert, waren Funde des Glücks.“

20 Vgl. einige Texte bei HERRMANN (wie Anm. 3).

Ideologie der NS-Jugendindoktrination; wohl nicht zuletzt auch deshalb, weil tusk, an den Ersten Weltkrieg erinnernd, Erich Maria Remarque, Ernst Jünger, Briefe gefallener Studenten und Ludwig Renn zitiert: allesamt „keine Lehrbücher des Heroismus“[21].

Worum ging es also im Prozess gegen Hans Scholl und seine dj. 1.11-Jungenschaftskultur in Ulm? Es ging im Gewande des Verfolgens eines Rechtsverstoßes um den Versuch, einen charismatischen Jugendführer, der dies auf seine Weise gewesen war, „unschädlich“ zu machen. Die Einsicht, dass er als wacher selbständiger Kopf und als Anhänger des Regimes inhaftiert und angeklagt worden war, musste Hans Scholl zutiefst verstören und zum Nachdenken zwingen. Das Regime, dem er als Jungvolkführer und Offiziersanwärter diente, drehte ihm aus eben derjenigen „Dienst“-Haltung einen Strick, aus der heraus er doch dienen wollte. Das war die Hinterbühne des Prozesses, und das war der mentale Vorgang, der dazu beitrug, Hans Scholl in seinem Selbstverständnis aus der Bahn zu werfen. Er war über lange Zeit ganz „benommen“.

3. Die Sondergerichtsbarkeit im NS-Justizsystem

Sondergerichte waren keine Erfindung der NS-Terrorjustiz, sondern dienten schon in der Weimarer Republik auf der Grundlage einer Notverordnung nach Art. 48 Abs. 2 als Instrument zur Bekämpfung politischer Unruhen[22], besonders im Zusammenhang mit den Wahlkämpfen 1932 (Dritte Verordnung des Reichspräsidenten zur Sicherung der Wirtschaft und Finanzen vom 6. 10. 1931, Verordnung der Reichsregierung zur Bildung von Sondergerichten vom 9. 8. 1932). Auf dieser Grundlage erfolgte am 21. 3. 1933 eine „Verordnung über die Bildung von Sonder-

---

[21] In seinem Vorwort zur „Heldenfibel“ (Eberhard Koebel-tusk, Werke, Bd. 9, Edermünde 2003, S. III) zitiert Jürgen Reulecke einen von Fritz Schmidt im Bundesarchiv aufgefundenen internen Bericht der HJ-Führung: die „Heldenfibel“ sei ein Buch, „das wegen seiner asiatischen [Zen-Kapitel] und pazifistischen [sic] Einstellung im nationalsozialistischen Staat schon längst verboten sein müsste, zumal es außerordentlich stark in den Kreisen der HJ gelesen wird und dort die größten Verheerungen anrichtet“. Im Jahre 1938 heißt es in einer ebenfalls internen HJ-Denkschrift, die „Heldenfibel“ sei gefährlich, weil sie die Loslösung des Menschen von seinem Volkskörper propagiere.

[22] Aus der umfangreichen Literatur einführend: Hans Wüllenweber, Sondergerichte im Dritten Reich, Frankfurt/M. 1990; Alfred Streim, Zur Bildung und Tätigkeit der Sondergerichte, in: Landeszentrale für politische Bildung Baden-Württemberg/Haus der Geschichte/Thomas Schnabel (Hg.), Formen des Widerstandes im Südwesten 1933–1945. Scheitern und Nachwirken, Ulm 1994, S. 237–258, dort S. 248 ff. über das Sondergericht Stuttgart und seinen Präsidenten Hermann Cuhorst; Herbert Schmidt, „Beabsichtige ich die Todesstrafe zu beantragen“. Die nationalsozialistische Sondergerichtsbarkeit im OLG-Bezirk Düsseldorf 1933–1945, Essen 1998, darin S. 27 ff. Sondergerichte vor 1933,

gerichten" durch das Reichsjustizministerium. Waren die Sondergerichte in der Weimarer Republik auf Zeit eingerichtet, wurden sie nun zu einer Dauereinrichtung, im Kern weiterhin für politische Straftaten, zuständig nun mit einem immer umfangreicher werdenden Katalog von Straftatbeständen. Und im Unterschied zu den Strafverfahren der ordentlichen Gerichtsbarkeit wurden die sondergerichtlichen den Erfordernissen der NS-Willkürjustiz angepasst (Außerkraftsetzung von wichtigen Vorschriften der Strafprozessordnung und des Gerichtsverfassungsgesetzes): Abschaffung der Voruntersuchung und des Eröffnungsbeschlusses, Abkürzung der Ladungsfrist auf 24 Stunden oder Verhandlung gegen den Beschuldigten auf der Stelle, der Vorsitzende konnte Haftbefehl erlassen, es gab keine Beschwerdeinstanz, freies Ermessen hinsichtlich der Beweiserhebung, gegen das Urteil war kein Rechtsmittel möglich (Urteilsaufhebung war nur möglich 1. durch Wiederaufnahme des Verfahrens, 2. aufgrund außerordentlichen Einspruch durch den Oberreichsanwalt oder 3. durch Nichtigkeitsbeschwerde der Staatsanwaltschaft beim Reichsjustizministerium). Reichsjustizminister Gürtner hat 1939 Hitler gegenüber geäußert, die Sondergerichte seien praktisch Standgerichte.

Die „Rechtsprechung" der Sondergerichte hinsichtlich der Strafzumessung ist für den Bereich der „bündischen Umtriebe" nicht systematisch-vergleichend untersucht worden. Die Staatsanwaltschaften und die Sondergerichte bewegten sich auf schwankendem Boden, sowohl hinsichtlich ihrer Zuständigkeit als auch der Normierung ihrer Strafmaße. Offensichtlich gab es erhebliche Auffassungsunterschiede bei den Staatsanwälten, Richtern und Beamten des Reichsjustizministeriums, weswegen z.B. der Stuttgarter Sondergerichtspräsident Cuhorst (s.u.) mehrfach Belehrungen hinsichtlich der zu verhängenden Strafmaße hinnehmen musste. Ein Zuständigkeitsproblem ergab sich z.B. durch die Verbindung von Anklagen wegen „bündischer Umtriebe" (Verstoß gegen § 4 der Reichs-VO vom 28.2.1933) und wegen § 175 bzw. § 175a StGB. (Der Rechtsanwalt von Hans Scholl versuchte z.B. eine Abtrennung des Verfahrens wg. § 175a als eines „normalen" Strafprozesses vom „politischen" Verfahren wg. § 4 VO, für das das Sondergericht zuständig war.)

S. 29ff. nach 1933, S. 37ff. zur Zuständigkeit; Stephanie Sophia Bremer, Die Rechtssprechungspraxis des Sondergerichts Köln, in: Justizministerium des Landes NRW (Hg.): „…eifrigster Diener und Schützer des Rechts, des nationalsozialistischen Rechts…". Nationalsozialistische Sondergerichtsbarkeit (Juristische Zeitgeschichte NRW, Bd. 15), o. O., o. J. [Düsseldorf 2007], S. 73ff., dort S. 76ff. die bibl. Nachweise von monographischen Veröffentlichungen zu 28 Sondergerichten. Für Stuttgart ist zu beachten, dass die Akten bei dem Bombenangriff am 13.9.1944 vernichtet wurden.

4. Das Stuttgarter Sondergericht

Die generelle Einschätzung der „Linie“ des Sondergerichts unter Präsident Cuhorst lässt sich an mehreren Stellen aus den Akten belegen und wurde von Cuhorst selbst im Zuge seines Spruchkammerverfahrens auch immer wieder vorgebracht. Das Gesamtbild ist zunächst zwiespältig: Cuhorst wurde wegen vieler seiner Urteile, die nach Ansicht des Reichsjustizministeriums zu milde ausgefallen waren, 1944 von seinem Posten abgelöst und der Wehrmacht überstellt. Die Strafrechtsabteilung des Reichs-Justizministeriums konstatierte 1943/1944[23]: *C. ist in Abt. IV für seine z. T. unerträglich milde, weit unter dem Reichsmaßstab liegenden Urteile in OLG- und SG-Sachen bekannt. Hinweise und Nichtigkeitsbeschwerden machen auf ihn keinen Eindruck. Er gilt in Stuttgart als starr und rechthaberisch und hat auf seine Beisitzer anscheinend ungewöhnlich großen Einfluss. Mit seiner Linie wird – so oder so – zu brechen sein.*

Von Cuhorst ist überliefert, dass er sich besonders gegen Einflussnahmen seitens der Partei auf seine Rechtsfindung und -sprechung vehement zur Wehr setzte – im Namen der Unabhängigkeit der Justiz, allerdings wie er sie verstand. Zur Spruchpraxis des Stuttgarter Sondergerichts liegt eine vergleichend bewertende knappe Studie von Generalstaatsanwalt a. D. Hellmut Waller (Stuttgart) vor[24]. Zunächst hält Waller fest[25]: *Die Richter wurden von anderen Gerichten zum Sondergericht abgestellt, wogegen sich viele gesträubt zu haben scheinen, um so mehr, als auch reine Zivilrichter darunter waren. Nach meinen Unterlagen war eine besondere Affinität zum Nationalsozialismus keine Voraussetzung für diese Abstellung; zuweilen hatte ich sogar den Eindruck, dass man ganz unpolitische Richter nahm, sei es, um sie politisch ‚auf Vordermann‘ zu bringen, sei es, weil sie als Richter förderungswürdig waren und der nazistisch gesinnte oder auch nur pragmatische Dienstvorgesetzte sie auf diese Weise höheren Orts zu empfehlen suchte.* Auch habe Cuhorst, so Waller[26], spezifisch politische Delikte während des Krieges nicht *umso härter geahndet*. Das gilt auch für ein späteres Verfahren im Jahre 1944 gegen Vater Robert Scholl in Ulm.

Es bleibt aber dabei, dass die Sondergerichts-Justiz Willkür-Justiz war: *Offenbar standen beim Sondergericht Stuttgart einer Anzahl von übermäßig harten Urteilen auch relativ milde Urteile gegenüber* […]. *Der Vorsitzende Cuhorst hat nach dem Krieg behauptet, in politischen Sachen nie ein Todesurteil verhängt zu haben. Das überzeugt mich nicht. Gegenteiliges ist aber nicht sicher nachgewiesen, obschon*

---

[23] Das Folgende ebd., S. 130.

[24] Hellmut WALLER, Das Wirken des Sondergerichts, in: Justizministerium Baden-Württemberg/Landeszentrale für politische Bildung (Hg.): Recht im Nationalsozialismus, Stuttgart 1993, S. 115–154, zu Stuttgart besonders S. 123–132.

[25] Ebd., S. 122.

[26] Ebd., S. 127.

durch eine Zeugenbekundung ein Urteil des von Cuhorst geleiteten politischen Strafsenats bekannt geworden ist, das gegen 6 kommunistisch eingestellte Angeklagte wegen illegalen Zusammenschlusses und einschlägiger Propaganda Todesstrafen verhängt haben soll. Waller fährt fort: Cuhorst *hatte den Vorsitz des Sondergerichts von Oktober 1937 bis November 1944 innegehabt. Vom Sondergericht Stuttgart wurden während seines Bestehens etwa 2600 Fälle verhandelt, davon knapp die Hälfte unter dem Vorsitz von Cuhorst. Darunter waren etwa 120 Todesurteile. Cuhorst stand, weil er die Angeklagten in der Hauptverhandlung äußerst rüde behandelte, in ganz Württemberg im Ruf eines wilden Nazirichters* [...] *In der Literatur wird berichtet, dass Cuhorst mit den Worten ‚Auf, meine Herren, zur Schlachtbank!' zur Urteilsverkündung zu gehen pflegte. Das ist durchaus glaubhaft. Einer seiner Kollegen hat im Juristenprozess des Alliierten Militärtribunals in Nürnberg ausgesagt: ‚Meist, in der Regel auch in Kapitalfällen, behandelte Cuhorst die Angeklagten zynisch, sarkastisch und gefühlsroh. Er machte den Eindruck, als empfinde er eine sadistische Freude an den Ängsten der Angeklagten.'*[27]

Cuhorsts Persönlichkeit und seine Amtsführung werfen auch ein Licht auf seine Verhalten im Prozess gegen Hans Scholl. Cuhorst war erst seit Oktober 1937 Sondergerichtspräsident, dieser Prozess fiel mithin in die Anfänge seiner dortigen Tätigkeit, und dies mag einer der Gründe dafür gewesen sein, dass er den politischen Teil der Anklage als Bagatelle, den Verbrechens-Tatbestand nach § 175 a StGB bei Hans Scholl als jugendliche Torheit abtat und auf Strafmaße erkannte, so dass mit Ausnahme des Verfahrens gegen Ernst Reden auf Amnestie und damit Einstellung des Verfahrens erkannt werden konnte. Dies soll im Folgenden näher untersucht werden.

5. Die Zusammensetzung des Stuttgarter Sondergerichts im Prozess gegen Hans Scholl

5.1 Der Anklagevertreter, Staatsanwaltschaftsrat Robert Kettner, Staatsanwaltschaft Düsseldorf

Dr. iur. Robert Kettner[28], Jahrgang 1903, von 1931 bis 1938 Staatsanwaltschaftsrat beim Landgericht Düsseldorf, beim dortigen Sondergericht 35 Mal Anklagevertreter, in keinem Fall bei einem Todesurteil; seit 1938 als Staatsanwalt Leiter der Politischen Abteilung der Staatsanwaltschaft beim Landgericht Berlin (zuständig für Korruption, „Volksschädlinge", Gewaltverbrecher); seit 1941 Kriegsverwal-

[27] Ebd., S. 128.

[28] Alle folgenden Angaben zur Person nach SCHMIDT, „Beabsichtige ich ..." (wie Anm. 22) S. 278 f. sowie den Personalakten im Landesarchiv NRW HStA Düsseldorf, Signatur NW Pe-3745, NW 1048–40/373, NW 1079, Nr. 4896.

tungsrat in Breslau und bis 1945 Erster Staatsanwalt beim dortigen Landgericht. Seit dem 1.5.1933 Mitglied der NSDAP (gehörte also zu den „Märzgefallenen", die aus Opportunität in die Partei eingetreten waren) und Mitglied mehrerer NS-Organisationen. Als das Reichsjustizministerium aus Anlass der vorgesehenen Beförderung von Kettner zum Ersten Staatsanwalt in Aachen im Sommer 1936 bezüglich seiner politischen Einstellung bei der NSDAP nachfragte, antwortete die Parteizentrale Martin Bormanns am 22.7.1936 aus dem „Braunen Haus" in München, dass nach Auffassung der Düsseldorfer Gauleitung der NSDAP Kettner es *geschickt verstanden* [habe], *sich den politischen Verhältnissen anzupassen.* Es sei zwar nichts Nachteiliges über ihn bekannt geworden, aber: *Seine nationalsozialistische Einstellung beruht jedoch lediglich auf einem Wortbekenntnis vernunftgemäßer Art. Weder geistig noch seelisch ist er in der Lage, zur Weltanschauung des Nationalsozialismus Stellung zu nehmen. Er ist ein absoluter Formaljurist alten Stils.* Das wiederum wollte Dr. Joël im Reichsjustizministerium (dort Referent der Strafabteilung, u.a. für die Verfahren „Bündische Umtriebe" zuständig) so nicht gelten lassen: *Ich hatte den* [Düsseldorfer] *Gauleiter im August in Berlin darauf aufmerksam gemacht, dass die negative Beurteilung wohl dadurch entstanden sei, dass Kettner in Strafsachen tätig geworden sei, deren Bearbeitung dem Gauleiter in anderer Weise erwünscht gewesen wäre. Ich erklärte dem Gauleiter, die Bearbeitung der in Frage kommenden Sachen durch Kettner sei durchaus sachgemäß gewesen und sowohl von seinem Behördenchef und vom Ministerium gebilligt worden.* [...] Er halte es für seine Pflicht, *den in politischen Strafsachen tätigen Staatsanwälten bei Angriffen, die auf ihre dienstliche Tätigkeit zurückzuführen sind, mit allem Nachdruck beizustehen und sie den angreifenden Stellen gegenüber zu rechtfertigen.* In einer dienstlichen Beurteilung von 1941 heißt es: *Im Auftrag des Herrn Reichsministers der Justiz ist Kettner seit Jahren Sonderbearbeiter für die Strafverfahren betr. Bekämpfung der illegalen Betätigung bündischer Jugend für das Reichsgebiet. In allen diesen Sachen hat Kettner Verständnis und Takt, aber auch Entschlossenheit gezeigt.*

Nach dem Krieg konnte Kettner zu seiner Entlastung klare Aussagen für sich geltend machen: dass er *in seinem privaten Verkehr ein entschiedener Gegner des Nazisystems gewesen ist und alles getan hat, um die Zwangsherrschaft des Nazismus zu unterhöhlen und abzukürzen; ich habe in meinem Freundeskreis während des ganzen Krieges keinen so bedingungslosen fanatischen Gegner des Nazismus mehr besessen; zu erkennen gegeben, dass er die staatsanwaltliche Tätigkeit nur widerwillig ausübe und den von der Hitler-Justiz gesteuerten scharfen Kurs verurteile. Bei der Ausübung seiner dienstlichen Befugnisse hat er entsprechend seiner Grundhaltung sich immer bestrebt gezeigt, eine maßvolle Linie zu finden und jegliche Härte zu vermeiden.* Kettner hat in einer Stellungnahme vom 26.9.1947 zu seinen Gunsten u.a. ausgeführt: *Im Laufe der Ermittlungen wurden insgesamt einige Anklagen in Köln, Dortmund, München, Aschaffenburg, Stuttgart und Freiberg/Sachsen erhoben; in mehreren Fällen erfolgte die Anklageerhebung nur aus der Vorschrift des § 175 StGB. Meines Wissens ist in fast keinem Verfahren die Verhaftung eines Beschuldigten erfolgt. Die verhängten Strafen waren, soweit es sich nur um die bündische Betätigung handelte, durchweg Geldstrafen im erträglichen Ausmaße. Die Durchführung der Verfahren erfolgte in jedem Falle in sachlicher und objektiver Weise. In zahlreichen Fällen erfolgte der Freispruch auf Antrag des Anklagevertreters.*

Im Falle von Hans Scholl hat Kettner – nach dem Bericht der Mutter von der Verhandlung[29] – in der Tat „formaljuristisch" die Strafzumessungen nach der Anzahl der „Verfehlungen" addiert und dann allerdings, wie üblich, nach unten abgerundet, so dass in jedem Fall die Amnestie wirksam geworden wäre. Man kann dieses Vorgehen natürlich auch als eine „List der Vernunft" des „Formaljuristen" ansehen: sein Verhalten war korrekt, und wenn das Gericht ihm nicht folgte – wie im Fall von Hans Scholl –, dann hatte er dies nicht zu vertreten; eine Nichtigkeitsbeschwerde hat er aber auch nicht eingelegt!

5.2 Der Beisitzende Richter Amtsgerichtsrat Max Haug

Max Haug[30], geb. 1898 in Murrhardt, gest. 1989 in Esslingen; 1914 Mittlere Reife und Ausbildung als Eisenbahnpraktikant bei den Württembergischen Staatsbahnen; von November 1916 bis Februar 1919 Kriegsdienst (Infanterie und Funker, Gefreiter); Fortsetzung der Ausbildung, nach der Übernahme der Württembergischen Staatsbahnen durch das Deutsche Reich 1924–1928 Reichsbahnobersekretär; ohne realistische Aussicht auf dauerhafte Übernahme Ausscheiden bei der Bahn, nachgeholtes Abitur 1929 in Aalen und 1929–1933 Studium der Rechtswissenschaft an der Universität Tübingen; 1. und 2. Staatsexamen, Promotion 1942; 1933/1934 Referendar in Sulz und Stuttgart, Assessor in Stuttgart beim Amtsgericht (Zivilrichter) und bei der Staatsanwaltschaft, 1937/1938 Amtsgerichtsrat (Strafrichter in der 5. Strafkammer) beim Amtsgericht Stuttgart und als stellvertretender Beisitzer im Februar, Juni und Juli 1938 beim Sondergericht Stuttgart; von August 1938 bis April 1945 Bürgermeister von Tuttlingen; von Mai 1945 bis Juni 1948 Internierungshaft im Internierungslager Balingen; 1948/1949 Beschäftigungen bei der Regierung Südwürttemberg-Hohenzollern in Tübingen, 1949/1950 Helfer in Steuersachen; seit April 1956 Rechtsanwalt in Esslingen (zugelassen beim Amts- und Landgericht Stuttgart).

---

[29] Bericht von Magdalene Scholl an ihre Tochter Inge vom 20.6.1938, abgedruckt bei HERRMANN (wie Anm. 3) S. 95–101.

[30] Alle Angaben nach: (1) K. Generaldirektion der Staatseisenbahnen, Stammliste, StAL, K 410 I Bü 6217; (2) Universitäts-Archiv Tübingen, Studentenakte Max Haug UAT 364/9934, Promotionsakte 189/1518; (3) HStA Stuttgart, Akten Justizministerium, Personalakten Haug, EA 4/153 Bü 188; (4) StadtA Tuttlingen, Hauptaktei, Personalakten Bürgermeister Dr. Max Haug; (5) StA Sigmaringen, Staatskommissar für die politische Säuberung (Tübingen), Akte Haug, WÜ 13 T 2 Nr. 2217/019.

Max Haug stammte aus kleinen Verhältnissen, er hatte sich mit viel Energie und unter Entbehrungen hochgearbeitet. Als Student war er im Oktober 1931 in die NSDAP eingetreten. Im Fragebogen der Militärregierung nannte er als Gründe „Arbeitslosigkeit, Zersplitterung, wirtschaftlicher Niedergang". Seit November 1931 (bis 1934) war Haug SA-Obertruppführer und Sturmbannführer in der SA-Reserve, ohne Dienst zu tun, nahm aber mit „mustergültiger" Haltung an einem SA-Führerkurs teil. Haug war Gaugeschäftsführer des Bundes Nationalsozialistischer Deutscher Juristen (Vorläufer des NS-Rechtswahrerbundes), 1935–1938 in Stuttgart ehrenamtlicher Geschäftsführer des NS-Rechtswahrerbundes und 1941–1945 dessen Hauptstellenleiter; als Bürgermeister von Tuttlingen wurde Haug zum SA-Obersturmführer ehrenhalber ernannt (d. h. ohne Dienstbefugnisse).

Die Dienstzeugnisse aus seiner Zeit als Richter in Stuttgart heben immer wieder hervor, dass Haug durch sein Engagement für die Partei sehr in Anspruch genommen sei, dass darunter aber die Wahrnehmung seiner Dienstaufgaben nicht leide – er sei gewissenhaft, entschlussfreudig, zuverlässig, fleißig: *Sein Referat ist in bester Ordnung.* Mehr noch: *Sein Rechtsgefühl ist gut entwickelt* – und das war nicht im nationalsozialistischen Sinne gemeint, wie kurz darauf seine Amtsführung als Bürgermeister von Tuttlingen belegt! Bei den Verhandlungen *ist den nicht* [!] *durch einen Rechtsanwalt vertretenen Parteien anzumerken, dass sie ihm vertrauen. Sie spüren, dass sein Wort von Gerechtigkeitsliebe und hohem Verantwortungsbewusstsein getragen ist.* (Beurteilung vom Dezember 1935). Attestiert wurden auch *Fingerspitzengefühl* und *viel praktisches Geschick* – und genau dies wurde nach 1945 auch von politisch Andersdenkenden an Haugs Amtsführung in Tuttlingen immer wieder sehr gelobt. In einem Schreiben des SPD-Ortsvereins Tuttlingen an Landrat Fritz Erler vom 8. August 1947 heißt es über Haug: *Über sein Verhalten im Dienst gegenüber der Bevölkerung wird ihm allgemein nachgesagt, dass er gegen Jedermann zuvorkommend war. Das wird ihm auch von unsern Leuten nachgesagt, die soweit sie mit ihm zu tun hatten, ebenfalls höflich und hilfsbereit behandelt wurden, trotzdem er jedenfalls wusste, dass sie keine Nationalsozialisten waren.* […] *Wie gesagt, sein Verhalten in hiesige Stadt hat ohne Zweifel angenehm abgestochen gegenüber dem größten Teil der in Amt und Würde sich befindlichen Nazi, die heute unbehelligt in der Stadt herum laufen.*

Als Beisitzer im Sondergericht hatte er nur einige Male und nie an Todesurteilen mitgewirkt. Seine Tätigkeit dort beschreibt er im Juli 1948 im Zusatzfragebogen der Militärregierung im Zuge seiner Entlassung aus der Internierung folgendermaßen: *Frage: In welchen Fällen haben Sie sonst mitgewirkt? Antwort: Bei einigen sog. Heimtückefällen von nur untergeordneter Bedeutung mitgewirkt, also bei leichten Fällen (Bagatellfällen); mittlere und schwere Fälle wurden damals vom Sondergericht nicht oder nur ganz selten behandelt, warum damals Aufgabengebiet des Strafsenats beim Oberlandesgericht oder des Volksgerichtshofs. In den Monaten März–Mai 1938 war ich Berichterstatter in dem großen Betrugsfall gegen Roller und wurde nicht zu Sitzungen des Sondergerichts zugezogen. Wurde als stv. Beisitzer des Sondergerichts kommandiert, die Tätigkeit als Strafrichter sagte mir nicht zu, verlangte ein Zivilreferat. Da ich ein solches nicht erhalten konnte, schied ich auf meinen Wunsch bei der Justizverwaltung aus und wechselte in die Verwaltung über* [Bürgermeister in Tuttlingen]. *Beweis Oberlandesgerichtspräsident Dr. Küstner*[31]

Das Entnazifizierungsverfahren endete schließlich (Spruch vom 10.12.1948) mit der Einstufung „Minderbelasteter“, ohne Geldbuße, Versetzung in den Ruhestand (mit dem Anrecht auf Versorgungsbezüge) und sofortige Entlassung aus der Internierungshaft. Sein Berufsleben beschloss Haug als Rechtsanwalt in Esslingen.

5.3 Landgerichtsrat Erwin Eckert als Berichterstatter

Erwin Eckert[32], geb. 1897 in Stuttgart, gest. 1966; Abiturient 1915, stud. iur. in Tübingen und München (mit Unterbrechungen) vom WS 1915/1916 bis September 1921, Juli 1916 bis November 1918 Militärdienst bei der Infanterie (zuletzt als Unteroffizier); 1. und 2. Staatsprüfung 1921 und 1924; in Stuttgart bis Oktober 1935 Staatsanwalt, bis April 1943 Landgerichtsrat, Dezember 1944 Oberlandesgerichtsrat und bis zum Zusammenbruch Landgerichtsdirektor bei Strafkammer, Sondergericht und Oberlandesgericht (OLG) Stuttgart; während der NS-Zeit keine Partei-Ämter und -Funktionen. Die französische Militärverwaltung nahm ihn gleichwohl aufgrund seiner Amtsstellung und -tätigkeit vorsorglich von Juni 1945 bis Juni 1946 in Ravensburg in automatischen Arrest. Danach war Eckert ohne Beschäftigung, schlug sich als „juristischer Hilfsarbeiter“ durch, bis er durch Spruchkammer-Bescheid von April 1948 als Mitläufer eingestuft, mit einem Sühnebescheid (1.500 RM) belegt und ab 1950 wieder in den Justizdienst des Landes

[31] Otto Küstner (1886–1970) war als Stuttgarter OLG-Präsident im April 1941 Teilnehmer einer Konferenz u.a. mit OLG-Präsidenten und Generalstaatsanwälten, wo Staatssekretär im Reichsministerium der Justiz (RMJ) Franz Schlegelberger den Spitzen der deutschen Justiz das Euthanasieprogramm und das von ihnen erwartete Verhalten (bei Eingaben, Protesten usw.) erläuterte. – Art. Küstner, in: Ernst Klee, Das Personen-Lexikon zum Dritten Reich. Frankfurt/M. 2003, S. 349f.; Dokumente zum Grafeneck-Prozess finden sich auch im Internet Landesarchiv Baden-Württemberg, StA Sigmaringen (https://www.landesarchiv-bw.de/web/47267) (30.11.2016) ; Helmut Kramer, Oberlandesgerichtspräsidenten und Generalstaatsanwälte als Gehilfen der NS-„Euthanasie“. Selbstentlastung der Justiz für die Teilnahme am Anstaltsmord, in: Kritische Justiz 17 (1984) S. 25–43, dort S. 33f. Anm. 54, 65 zu Küstner; wiederabgedruckt in: Thomas Blanke (Hg.), Die juristische Aufarbeitung des Unrechts-Staats, Baden-Baden 1998, S. 413–439.

[32] Alle Angaben nach: (1) Matrikel der Universität Tübingen, UAT 258/3623; weitere Personalakten im HStA Stuttgart sind (laut Auskunft Dr. Ernst vom 30.6.2009) nachträglich angelegte Ersatzakten (die Originalakten sind im Justizministerium nach dem Bombenangriff auf Stuttgart am 13.9.1944 verbrannt): EA 4/153 Bü 101 (daraus unten die Zitate aus den Akten); Spruchkammer-Akten StAL, EL 902/20, Bü 18529 (Spruchkammer 37, Stuttgart).

Baden-Württemberg Verwendung fand. OLG-Präsident Dr. Küstner hatte ihm folgenden „Persilschein“ ausgestellt:

Dr. Küstner *Ravensburg, den 11. Dezember 1945*
Oberlandesgerichtspräsident

An das
Tribunal militaire
z. Hd. des Herrn Hessentaler
Ravensburg.

Betr.: Äußerung über den Landgerichtsdirektor
Eckert, z. Zt. im Gefängnis in Ravensburg.

O Beil.

Auf Bitten der Ehefrau des zur Zeit im Gefängnis in Ravensburg befindlichen Landgerichtsdirektors Eckert von Stuttgart gebe ich als dessen bisheriger Dienstvorgesetzter nachstehende Äußerung über ihn und seine Tätigkeit beim Sondergericht ab:

[...] *Landgerichtsdirektor Eckert gehörte bestimmt nicht zu den aktiven oder gar fanatischen Nationalsozialisten; er ist ohne Zweifel im Jahr 1933, wie so viele andere, der Partei beigetreten, weil er sich unter dem Nationalsozialismus etwas anderes vorgestellt hat, als was* [er] *sich in der Folge herausgestellt hat.*

Die Linie, die das Sondergericht Stuttgart bei seiner Rechtsprechung verfolgt hat, war eine durchaus gemäßigte. In Schwaben liebt man von jeher die Extreme nicht. [...] *So hat sich denn auch nach 1933, entsprechend dem schwäbischen Volkscharakter, die Justiz und namentlich auch die politische Strafjustiz von allen Extremen freigehalten. Daher war die Rechtsprechung des Sondergerichts Stuttgart durchaus gemäßigt und frei von jeder Scharfmacherei.* [...] *Falls eine Statistik der von den Sondergerichten gefällten Todesurteile existiert, muss sich dies auch aus dieser Statistik ergeben. Dies hat auch dazu geführt, dass vom Reichs-Justizministerium schon vor dem Kriege mehrfach die Urteile des Sondergerichts Stuttgart als zu milde beanstandet worden sind. Verschiedene Male wurde ich nach Berlin gerufen, um dort derartige Beanstandungen persönlich entgegenzunehmen.* [...] *Nicht selten wurden die Urteile des Sondergerichts auf Grund der außerordentlichen, auf Weisung des Reichs-Justizministeriums vom Oberreichsanwalt eingelegten Rechtsbehelfe aufgehoben und die betreffenden Strafsachen an andere Sondergerichte zur nochmaligen Verhandlung verwiesen, die dann meist schwerere Strafen ausgesprochen haben. Die Richter des Sondergerichts haben sich durch all das nicht von ihrer Linie abbringen lassen, und ich habe die Richter und ihre Haltung bei jeder sich bietenden Gelegenheit energisch gegen die Scharfmacherei des Reichs-Justizminis-*

teriums in Schutz genommen. Bemerkenswert ist, dass die Partei in Württemberg sich an dieser Scharfmacherei nicht beteiligt hat.

Aus vielen Unterredungen weiß ich genau, wie sehr sich die Richter des Sondergerichts Stuttgart der auf ihnen lastenden schweren Verantwortung bewusst waren und wie schwer sie z. B. jedes Todesurteil genommen haben. Dies gilt namentlich auch von dem Landgerichtsdirektor Eckert. Er war stets ein besonders überlegter und auf den Ausgleich der verschiedenen Interessen bedachter Richter. Nach meiner Kenntnis wurde er gerne als Berichterstatter in umfangreichen und schwierigen Kriegswirtschaftssachen eingesetzt, Aufgaben, mit denen man keinen Heißsporn, sondern überlegte sachliche Arbeiter betraut. Der Typus des Scharfmachers war in Württemberg überhaupt unbekannt; Landgerichtsdirektor Eckert hat bestimmt nicht dazu gehört.

(gez.) Dr. Küstner

Seit Oktober 1954 amtierte Eckert wieder als Landgerichtsdirektor und wurde im August 1962 auf eigenen Antrag in den Ruhestand versetzt wurde – bevor seine NS-Vergangenheit ihn einholen konnte: die Mitwirkung bei Todesurteilen des Stuttgarter Sondergerichts.

5.4 Sondergerichtspräsident Hermann Albert Cuhorst[33]

Hermann Albert Cuhorst, geb. 1899 als Sohn des späteren Oberstaatsanwalts Hermann Cuhorst, stud. iur. in Tübingen, 1917/1919 Kriegsdienst, 1919/1920 im

[33] Alle Daten nach (1) HStA Stuttgart, Personalakte zu Bestand EA 4/153, mehrere Bände, dazu Beihefte, dort auch der Bestand der eidesstattlichen Erklärungen im Spruchkammerverfahren gegen Cuhorst; EA 11/106 Bü 330, Nr. 26448 (Gnadenakte); Q 1/22 Bü 125 Nachlass JM Haussmann, Gnadensache Cuhorst; Pers. Akte Reichs-Justizministerium. (2) StAL, Bestand EL 900/4 Bü 1, EL 902/20, Bü 79227 (Akten zum Nürnberger Juristen-Prozess, Erklärungen, Spruchkammer Böblingen 1946/48); EL 904 Bü 101 (Haftentlassung Nürnberg, Internierung Ludwigsburg, Haftfortsetzung); EL 904 Bü 122 und Bü 124 (Internierungslager); PL 502/29 Bü 16 (Personalunterlagen). (3) Internet-Veröffentlichung: Lukas JENKNER, Vor dem Gerichtssaal: „Voilà, meine Herren; auf zur Schlachtbank!" Volltext unter www.landesarchiv-bw.de/web/45282, dort auch der Volltext des Spruchkammer-Spruchs vom 24. 11. 1948. (4) Literatur: Stefan BAUR, Rechtsprechung im nationalsozialistischen Geist. Hermann Albert Cuhorst, Senatspräsident und Vorsitzender des Sondergerichts Stuttgart, in: Michael KISSENER/Joachim SCHOLTYSECK (Hg.), Die Führer der Provinz. NS-Biographien aus Baden und Württemberg. (Karlsruher Beiträge zur Geschichte des Nationalsozialismus, Bd. 2), Konstanz 1997, S. 111 – 142, dort S. 142 zur Quellenlage, an der sich nichts geändert hat; auch dem gegenwärtigen Verfasser hat die Tochter von Cuhorst, Frau Dr. iur. R. Cuhorst, keinen Zugang zum Nachlass ihres Vaters gewährt mit der Begründung, dass von Historikern keine Gerechtigkeit zu erwarten sei…; Fritz ENDEMANN, Hermann

Studenten-Bataillon Tübingen, Freicorps Haas[34], Einsatz 1919 in München, 1920 im Ruhrgebiet, 1. Staatsprüfung Tübingen 1923, 2. Staatsprüfung Stuttgart 1926, danach stellvertretender Amtsrichter beim Amtsgericht Stuttgart I, stellvertretender Amtmann beim Oberamt Esslingen, 1927 stellvertretender Amtsrichter bei den Amtsgerichten Stuttgart und Ulm, 1929 Amtsrichter beim Amtsgericht Stuttgart I, 1933 Regierungs- und Oberregierungsrat beim württembergischen Justizministerium, seit November 1934 Senatspräsident beim OLG Stuttgart, am 1.12.1930 Eintritt in die NSDAP, 1931 Kreisredner, seit Januar 1933 Gauredner, Rechtsreferent des Deutschen Alpenvereins, Oktober 1937 Präsident des Stuttgarter Sondergerichts und zugleich Vorsitzender des 1. Strafsenats des Stuttgarter Oberlandesgerichts, ab Januar Kriegsdienst, bis Oktober 1945 in amerikanischer Kriegsgefangenschaft, November 1946 bis Dezember 1947 Haft und Anklage im Nürnberger „Juristenprozess", 4.12.1947 Freispruch „aus Mangel an Beweisen", 9.12.1947 erneute Verhaftung und Internierung in Ludwigsburg, November 1948 erste Entscheidung der Spruchkammer: „Hauptschuldiger", zweite Entscheidung 1949 mit gleichem Ergebnis, 6 Jahre Arbeitslager, Dezember 1950 vorzeitige Entlassung, seither ohne feste Beschäftigung, von 1951 bis 1968 ständig erfolglose Gnadengesuche um Rehabilitierung und erfolglose Prozesse um Pensionsbezüge, gest. 1991 in Stuttgart.

Stuttgarts erster Nachkriegs-Oberbürgermeister Arnulf Klett schrieb am 3.11.1946 in einer Erklärung für das Alliierte Militärtribunal im „Juristenprozess" in Nürnberg[35]: *Angeklagte, ja sogar Zeugen, wurden von Cuhorst häufig seelisch misshandelt. Nicht genug damit, dass schon die Tatsache, vor dem Sondergericht erscheinen zu müssen, eine schwere seelische Belastung für die Angeklagten und für viele Zeugen darstellte, war es Cuhorst offensichtlich darum zu tun, die Erschienenen durch seine oft überaus scharfen und überheblichen Äußerungen seelisch leiden zu lassen. […] Cuhorst hat im Laufe seiner Sondergerichtstätigkeit viele Todesurteile gefällt, nach meiner Erinnerung insbesondere auch gegen Ausländer, wobei man den Eindruck haben musste, dass er aus seiner ausgesprochen nationalsozialistischen Gesinnung heraus eine Befriedigung darüber empfand, gerade Ausländer*

Cuhorst und andere Sonderrichter. Justiz des Terrors und der Ausmerzung, in: Hermann G. Abmayr (Hg.), Stuttgarter NS-Täter. Vom Mitläufer bis zum Massenmörder, Stuttgart 2009, S.333–345, hier S.339–341.

[34] Kriegsgeschichtliche Forschungsanstalt des Heeres (Bearb. und Hg.), Die Kämpfe in Südwestdeutschland 1919–1923 (Darstellungen aus den Nachkriegskämpfen deutscher Truppen und Freikorps, Bd.5), Berlin 1939, hier S.43ff., 55ff.; Hagen Schulze, Freikorps und Republik 1919–1920 (Militärgeschichtliche Studien, Bd.8), Boppard 1969; Manfred Schmid, Die Tübinger Studentenschaft nach dem Ersten Weltkrieg 1918–1923 (Werkschriften des Universitätsarchivs Tübingen, Reihe 1: Quellen und Studien, Bd.13), Tübingen 1988, hier S.86ff.; Björn Preuss, „Kampf gegen Spartakus". Die Württembergische Freiwilligen-Abteilung Haas, wissenschaftliche Arbeit Universität Tübingen 1995 (unveröffentlichtes Typoskript, Württembergische Landesbibliothek Stuttgart).

[35] StAL, Bestand EL 902/20 Bü 79227.

hart aburteilen zu können. [...] *Cuhorst war während seiner Sondergerichtstätigkeit in ganz Württemberg, insbesondere auch auf dem Lande, überaus gefürchtet* [...] *Wenn ich mir die allgemeine Stimmung der Bevölkerung während der Sondergerichtgstätigkeit Cuhorst's in die Erinnerung zurück rufe, so steht fest, dass weite Kreise der Bevölkerung während des „3. Reiches" Cuhorst ablehnten und ihm schon damals wünschten, dass er nach Beendigung des „3. Reichs" den gleichen Weg gehen müsse, den viele seiner Opfer gegangen waren, nämlich den der Hinrichtung.*

Diese Einschätzung teilte auch Carlo Schmid, damals Staatsrat im Staatssekretariat für das französisch besetzte Gebiet Württembergs und Hohenzollerns, am 25.1.1947[36]: *Wenn Sie mein Urteil über diesen Mann interessiert, den ich schon aus meiner Studentenzeit kenne, so möchte ich es kurz dahin zusammenfassen, dass ich ihn für ein schlechthin amoralisches und widerwärtiges Subjekt gehalten habe.* [...] *Ich glaube, dass das ganze Land es höchlich bedauern würde, wenn dieser Mann keinen Richter fände.* Aber die Akten des Stuttgarter Sondergerichts waren verbrannt.

Für den Nürnberger Prozess hatte Landgerichtsrat Eckert am 25.6.1947 eine sehr ausführliche eidesstattliche Erklärung abgegeben[37] und Cuhorsts korrektes Vorgehen hervorgehoben, seinen rabiaten Ton allerdings kritisiert, aber *manchmal war er sogar wirklich nett und freundlich zu Angeklagten oder Zeugen.* Eckert erwähnt auch ausdrücklich den glimpflichen Ausgang des Prozesses gegen Hans Scholl (Zwiauer u.a.), und auch Magdalene Scholl bestätigt ihre Dankbarkeit gegenüber Cuhorst in den Verfahren 1938 und 1944, in denen sie mit ihm zu tun hatten und in denen er bei seiner Linie (milde Urteile) geblieben war[38]. Es gibt einige weitere Aussagen zugunsten von Cuhorst, die jedoch das Gesamtbild, das dann die Spruchkammer überaus sorgfältig und abwägend entwickelt hat, nicht wesentlich änderten. Stefan Baur fasst zusammen[39]: Ein Beispiel besonderer Art für die Tatsache, dass durch auch von Juristen, die gar nicht als Missionare des NS-Regimes zu betrachten sind, *dennoch aber das NS-Unrecht im Ganzen zuverlässig exekutiert wurde. Ein Beispiel besonderer Art ist in diesem Zusammenhang Hermann Cuhorst. Seine Herkunft und sein Lebenslauf bis zum Ende der 20er Jahre glichen noch der idealtypischen Richterkarriere der Kaiserzeit. Nach 1930 und besonders nach 1933 kam er dann allerdings, sowohl was das äußere Fortkommen als auch seine persönliche Art, insbesondere die Verhandlungsführung, betrifft, dem Bild des ‚furchtbaren Juristen' nahe. Er sprach als überzeugter Nationalsozialist Recht, stets und bis zuletzt getragen von politischem Fanatismus. Dennoch*

---

[36] Ebd. – Baur (wie Anm. 33) verwechselt auf Seite 118 den Tübinger Carlo Schmid mit dem konservativen Staatsrechtler Carl Schmitt.

[37] Zit. nach: StA Nürnberg, Bestand KV-Prozesse, Fall 3, Nr. G-4 (Cuhorst Dok. Nr. 36), in Kopie: StAL, Bestand EA 4/153, Bd. 2.

[38] Ebd., Dok. Nr. 59 vom 3.5.1947; Entwürfe dazu im Nachlass Scholl im Institut für Zeitgeschichte (künftig: IfZ) München, Bestand ED 474, Bd. 3.

[39] Baur (wie Anm. 33) S. 112f.

spielte dies, wie sich besonders nach 1945 zeigte, in der regimeerhaltenden Funktion seines Richteramtes keine entscheidende Rolle, trotz der im konkreten Einzelfall schlimmen Konsequenzen. Nicht die persönliche Art der Amtsführung war in der Schreckensbilanz des Stuttgarter Sondergerichts letztlich ausschlaggebend, sondern das nationalsozialistische Justizwesen selbst, das rechtsstaatliche Grundsätze rigoros beseitigt hatte und zum durch und durch an der Ideologie orientierten Machtinstrument degeneriert war. Sowohl die Richter der ‚alten Schule' als auch fanatische Nationalsozialisten wie Cuhorst spielten bezüglich der praktischen Konsequenzen, wie etwa der Strafmaße, keine grundlegend verschiedene Rolle; beide konnten sich später sogar manche Pressionen ‚von oben' als entlastendes Moment anrechnen [wie Cuhorst]. *Es bleibt folglich schwierig, den Grad der individuellen Verantwortung zu bestimmen. Selbst Cuhorst, der die ‚Bewegung' immer mit ganzer Kraft unterstützt hatte, kam in seiner Funktion und seinem Selbstverständnis als Richter in mancherlei Hinsicht in Konflikt mit dem Regime und konnte sich später manche nichtkonforme Urteile zugute halten.* […] *So steht Cuhorsts Lebenslauf exemplarisch dafür, dass ein überzeugter Nationalsozialist sowohl im System selbst aneckte, als auch danach* [i.S. von später] *bestraft wurde, und sich dabei zunehmend unschuldig verfolgt wähnte.*

In seiner Todesanzeige in der „Stuttgarter Zeitung" vom 10.8.1991 wurde Matthäus 5,10 vorangestellt: *Selig, die um der Gerechtigkeit willen verfolgt werden; denn ihnen gehört das Himmelreich.* In der Bevölkerung herrschte helle Empörung.

6. Verhandlung und Urteil des Sondergerichts am 2. Juni 1938

Für die Sondergerichte galt eine überaus kurze Ladungsfrist von 3 Tagen, unter Umständen sogar von nur 24 Stunden (§ 12 Ziff. 4 der VO vom 21.3.1933). Davon wurde in diesem Fall kein Gebrauch gemacht. Angesichts seines Verhaltens in der Verhandlung ist es durchaus denkbar, dass Sondergerichtspräsident Cuhorst den Termin für die Verhandlung bewusst verschleppte, um das Inkrafttreten des Straffreiheitsgesetzes nach dem Anschluss Österreichs und einer Amnestie zu Hitlers Geburtstag (20.4.) abzuwarten[40]. Das offene Datum April auf der Anklageschrift wurde auf den 8. Mai geändert. Hans Scholl erhielt die Anklageschrift am 24.5. und informierte sogleich seine Eltern. Seine Sorge galt den mitangeklagten Ulmer „Trabanten", die Einstellung von deren Verfahren konnte er nicht wissen.

[40] So stellt es Cuhorst im Gespräch mit dem Vater eines der verhafteten und vernommenen Jungen einige Tage nach dem Prozess dar.

Die Anklageschrift vom 7. Mai 1938[41] führt 15 Beschuldigte auf, wie sich aus den Ermittlungen in Stuttgart und Ulm ergeben hatte. Zur Verhandlung wurden aber nur die Fälle Klaus Zwiauer, Christof Keller, Ernst Reden und Hans Scholl gebracht: *Die Taten sind aus politischen Beweggründen begangen; höhere Freiheitsstrafen als 6 Monate sind insoweit nicht zu erwarten. Dass die Straftaten aus gemeiner Gesinnung begangen wurden, dürfte nicht feststellbar sein.*[42] Damit war die größte Bedrohung für die Angeklagten bereits beiseite geschafft. Einige andere Beschuldigte wurden sogleich aufgrund des Straffreiheitsgesetzes vom 30.4.1938 amnestiert – sollten aber zur Verhandlung noch als Zeugen geladen werden (was auch geschah) –, bei anderen wurde das Verfahren durch Beschluss des Sondergerichts eingestellt (das Gericht übernahm zur Begründung die Formulierungen der Anklagebehörde).

Die Verhandlung vor dem Sondergericht begann am 2.6.1938 morgens pünktlich um 8 Uhr. Das knappe amtliche Verhandlungsprotokoll vom 2.6.1938 vermerkt, dass Zwiauer und Keller[43] aus Schutzhaft, Reden aus U-Haft vorgeführt wurden; dass die Öffentlichkeit *wegen Gefährdung der Sittlichkeit vorübergehend ausgeschlossen* wurde, jedoch: *Den anwesenden Vertretern der Polizei, der Wehrmacht, der HJ., der* [Technischen] *Hochschule* [Stuttgart] *und den Eltern des Angeklagten Scholl wird die Anwesenheit im Saal gestattet.* Näheres schildert die Mutter Magdalene Scholl in einem ausführlichen Brief vom 20.6.1938 an ihre Tochter Inge[44]:

> [...] *Hans in Uniform, sah gut aus. Zwieauer wurde besonders nach Tusk sehr ausgefragt; auch nach seinen Fahrten nach Pfingsten 38. Es war gerade nichts Besonderes, wir wissen, wie es mit den Fahrten ist, die Vorbereitung, oft die Hemmung von daheim, so ähnlich war es dort auch. Nur daß dort die d.j.1.11 weiter bewußt gepflegt wurde und Vereinsgelder eingezogen wurden. Bei Keller wars ähnlich, er kam letztes Jahr in der Weltausstellung Paris mit Tusk zusammen, dann auch in London und gehörte auch zu den Fahrten der d.j.1.11 und pflegte diesen Geist. Es wurden Briefe von Tusk an die beiden vorgelesen, auch andere, wo z.B. Herr Keller sen. angegriffen wurde von Zwieauer, weil er nicht alles billigen konnte, was die Burschen machten. Bei Ernst Reden auch so, nur daß er Tusk vorher nicht kannte, sondern* [ihm] *dessen Mutter eine Photographie von ihrem Sohn schenkte und dadurch in brieflichen Verkehr mit ihm kam, ferner daß er in Ulm zuerst auf* [...] *stieß, der ihm in Köln empfohlen wurde, durch Schnorr auf*

---

41 Abgedruckt bei HERRMANN (wie Anm. 3) S. 301–311.

42 Diese und die nachfolgenden Angaben nach den Akten im Landesarchiv NRW HStA Düsseldorf, Bestand Gerichte, Rep 17/294, fol. 17ff., abgedruckt bei HERRMANN (wie Anm. 3).

43 Das ist irrig, denn gegen Keller war kein Haftbefehl ergangen.

44 IfZ München, Nachlass Aicher-Scholl, Signatur ED 474, Bd. 14, vollständig abgedruckt bei HERRMANN (wie Anm. 3) S. 95–101.

Hans und hier eine Gruppe vorfände, wo er auch Fahrten mitmachte. Hans erzählte den Anfang der Sache A-Mannschaft[45]*, aus dieser heraus seien die Jungen beisammen geblieben, was sie getrieben, das weiß du ja selbst, daß es nichts Schlimmes war, besonders die Zusammenkünfte nach Pfingsten wurden langs und breits beredet, viel wars nicht. Herr Cuhorst redete lieb und kameradschaftlich mit ihnen, stellte ihnen gar keine einzige verfängliche Frage. Nach diesem kam die peinliche Sache Reden und Hans. Alle Zeugen und auch die zwei andern mussten hinaus, wir und Scupin*[46] *und sein Adjudant durften bleiben. Ernst wehrte sich gegen die Aussage* [...]. *Er sei erst ins Lager nachgekommen,* [...] *hatte Feuerwehr, er fragte Hans, wo er hinliegen könne, Hans sagte, er solle in* [...s] *Schlafsack schlüpfen. Es sei ihm nicht bewußt, daß er* [...s] *Geschlechtsteil mit der Hand berührt habe, was ihm von der Gestapo zur Last gelegt wurde, es könne höchstens im Schlaf geschehen sein. Bei Werner* [Scholl] *mußte er zugeben, in 3 Fällen, wissentlich nach seinem Geschlechtsteil gegriffen zu haben unter seiner kurzen Hose. Er und Werner liebten einander und Werner sei einmal sehr traurig zu ihm gekommen, weil seine Eltern eine Fahrt nicht erlaubten. Da habe er ihn geliebkost u.s.w Er habe auch Werners Hand genommen, um dieselbe an ihm selbst das tun zu lassen, was seine an Werner tat, doch Werner habe ihm seine Hand entzogen. Das war gut für Ernst, sonst wäre es auch noch Verführung*[47] *gewesen. Dies erzählte Ernst, dazwischen wurde er auch gefragt. Das stimmte nachher alles mit Werners Aussagen* [überein], *so daß ich dies nicht wiederholen brauche. Cuhorst war sehr zartfühlend, denn die Buben alle, die zwei Großen und* [...], *Werner und* [...] *waren in großer Verlegenheit, es dauerte als lange, bis sie etwas herausbrachten. Für Hans wars sehr schwer, alles zu erzählen, wenn er sich auch kaum etwas andres zu schulden kommen ließ als Ernst Reden bei Werner, nur kams viel öfter vor.* [...] *bezeugte das Freundschaftsverhältnis zu Hans, das dieser schon vorher angedeutet hatte.* [...]

Herr Scupin fragte bei Beginn der [Verhandlungs-]*Pause den Präsidenten, der sagte, es gehe schon gut. Wir waren deshalb alle recht munter im Kaffee* [Café]. Und über der Zeile ist eingefügt: *er* [Cuhorst] *sagte, das ist doch nicht so schlimm, ich war auch mal bündisch.*

Beim Wiederbeginn der Verhandlung hielt dann zuerst der Staatsanwalt eine lange Erklärung über „bündisch“[48]*. Er kannte sich aus und war recht scharf, aber er sprach immer ruhig und gleichmäßig. Eine Begleiterscheinung derselben sei die Homosexualität. Diese werde sogar in ihren Schriften für notwendig erklärt*[49]*.*

---

[45] Eine von Scholl herausgehobene Gruppe innerhalb seines Fähnleins, vgl. HOLLER (wie Anm. 3) S. 44 f.

[46] Der Schwadronchef von Hans Scholl bei der Cannstatter Kavallerie, der sich sehr für ihn eingesetzt hat.

[47] Hinweis auf § 175 a Ziff. 3 StGB, ein Anklagepunkt gegen Reden, der damit entfiel.

[48] Das klärt die Verfasserschaft dieses Passus in der Urteilsbegründung.

[49] Dies taucht wieder in der langen Einleitung der Urteilsbegründung auf. Die Urteilsbegründung wird aber nicht vom Staatsanwalt, sondern von dem Bericht erstattenden Richter

(Es war doch in dieser Beziehung recht schade, daß gerade Ernst und Hans sich da etwas zu Schulden kommen ließen.) Als er fertig war, kamen die Verteidiger mit ihren Reden an die Reihe, das dauerte eine nette Zeit. Das weiß ich nun nicht mehr genau, wie es dann nacheinander ging. Die Angeklagten traten auch noch einmal vor und bekannten, daß es ihnen leid sei. Ernst betonte, daß es ihm sehr leid sei, was mit Werner Scholl vorgekommen sei. Bei Hans höre ich noch, wie er begann: Ich habe es schon lange bereut, es ist mir leid, was ich mit […] gemacht habe, ich glaube, er sagte noch, er habe sich bemüht, ein reiner Mensch zu sein. Dann kam der Augenblick, wo der Staatsanwalt die ungeheuren Strafen verhängte[50]*. Er sagte vorher in seiner Rede, ob die Tat der zwei Älteren Zwieauer und Keller noch als Hochverrat angesehen werde, das könne er erst nachher sagen. Zwieauer erhielt 1 Jahr Gefängnis, Keller glaube ich 8 Monate, Ernst für die Tat an […], wo man den Aussagen des Gestapomannes glauben müsse, 1 Jahr Gefängnis, weil er ein Mann von über 21 Jahren und […] noch ein Kind gewesen sei, für die Tat an Werner 4 Monate, zusammen 2 Jahre Gefängnis, bei Hans wurde auch einzeln aufgezählt, weil er Führer von […] war, er brachte 14 Monate zusammen und rundete auf 1 Jahr ab. Kannst dir denken, wie hart das uns alle traf. Dann zogen sich die Richter alle zurück zu Beratung. Wir blieben sitzen, auch die Angeklagten. Es waren furchtbare ¾ Stunden, die wir so dasaßen. Ich betete immerfort. Ich sah, daß Hans mit der Hand die Augen wischte. Auch wussten wir, das was jetzt kommt, ist nicht mehr zu ändern, beim Sondergericht giebt es keine Revision. Wir hörten Herrn Cuhorst sehr laut reden*[51]*. Dann kamen die Richter zurück, und Herr Cuhorst verkündete das Urteil: Er sagte: Urteil: Ernst Reden wegen Betätigung zu der verbotenen bündischen Jugend zu 4 Monaten Gefängnis, ist durch die Amnesthie*[52] *erledigt, das Verfahren wird eingestellt. Von der Anklage an § 175 betreffend […] wird er, weil dem […] geglaubt wird, freigesprochen. […] Hans, wegen politischem Betrieb kann ihm nichts besonderes nachgewiesen werden, es war Eigensinn bei ihm, und er war ein fähiger Führer, wird freigesprochen. Bei der Sache mit […] war es eine Freundschaft, wie nachgewiesen wurde und bei beiden kein großer Altersunterschied, 1 Monat Gefängnis, durch die Amnesthie gelöscht, das Verfahren wird eingestellt. Bei Zwieauer und Keller wegen Fortsetzung der verbotenen bündischen Jugend nicht über 6 Monate, durch die Amnesthie gelöscht, das Verfahren wird eingestellt.*

---

geschrieben. Denkbar ist, dass hier im Sinne des Urteils auf die Ausführungen der Anklagebehörde Bezug genommen wurde, weil sie ja auf der Linie des Urteils, aber nicht der des Staatsanwalts liegen. Dies legt auch eine Äußerung von Eckert zur Urteilsbegründung nahe.

50 Gemeint sind die Strafanträge am Schluss des Plädoyers.

51 Cuhorst war Choleriker, dazu oben die Charakterisierung seiner Person durch Eckert.

52 Aufgrund des Straffreiheitsgesetzes vom 30.4.1938.

Hans ist frei, ganz frei hat die Mutter Magdalene Scholl mit großer Erleichterung nachträglich über den Brief geschrieben, die Sache war glimpflich ausgegangen. *Frei sein* bedeutete ja konkret für Hans Scholl, dass er seine Offiziersausbildung fortsetzen und später das beabsichtigte Medizinstudium beginnen konnte. Magdalene Scholl bedankte sich brieflich bei Cuhorst[53], und daran erinnerte sich dieser, als er im Nürnberger Juristenprozess angeklagt war. Da die Akten des Stuttgarter Sondergerichts durch den Luftangriff in der Nacht des 13. 9. 1944 fast vollständig in Flammen aufgegangen waren – so dass Cuhorst in Nürnberg mangels Beweises freigesprochen wurde –, war das Gericht auf Zeugenaussagen angewiesen. Von Magdalene Scholl liegt eine eidesstattliche Versicherung vom 3. Mai 1947 vor[54]: *Bei der Hauptverhandlung gegen meine Söhne Hans und Werner sowie einige Ulmer Jungen hatten wir (mein Mann und ich) den Eindruck, dass Herr Cuhorst die Angeklagten bewusst freisprechen bzw. sie unter die Amnestie fallen lassen wollte. Seine Art zu fragen war väterlich.*

In diesem Sinne führte Eckert auch das Verfahren *gegen Zwiauer u. a.* zugunsten von Cuhorst ins Feld[55]: *Von Verfahren, in denen sich Cuhorst besonders von seiner menschlichen Seite gezeigt hat, möchte ich die Strafsache gegen Zwiauer, Scholl und Genossen wegen Fortsetzung der verbotenen Bündischen Jugend anführen. Obwohl Berlin einen besonderen Staatsanwalt als Sitzungsvertreter gesandt hatte, der erhebliche Strafanträge stellte und obwohl Cuhorst seiner ganzen Einstellung nach derartigen Organisationen gegenüber ablehnend gegenüberstand, hat Cuhorst den Fall mit großem Verständnis für die jungen Leute verhandelt und es wurde im Endergebnis gegen Par. 175 St.G.B. bestraft, während bezüglich sämtlicher anderer Angeklagten, unter denen sich auch der später vom Volksgerichtshof zum Tod verurteilte Hans Scholl befand, auch soweit Vergehen gegen Par. 175 St.G.B. vorlagen, solche niedere Strafen in Ansatz gebracht wurden, dass eine Amnestie angewandt werden konnte.*

Dies hatte Cuhorst übrigens auch dadurch erreicht, dass er entgegen dem Antrag von Scholls Rechtsanwalt Eissler das Verfahren betr. § 175 a nicht abtrennte, sondern den gesamten Vorgang als „politisch" einstufte und damit nicht nur die Zuständigkeit des Sondergericht für sein Urteil in dieser Sache sicherte und auf Amnestie erkennen konnte.

---

[53] Der Brief ist nicht überliefert (wird aber von Scholls im Spruchkammerverfahren Cuhorst am 14. 10. 1948 bestätigt; StAL, Bestand EL 902/20, Bü 79227), ebenso Cuhorst im Zusammenhang mit den Folgeverfahren zu seinem Spruchkammerverfahren (HStA Stuttgart, EA 11/106, Bü 26448, Schreiben von Cuhorst vom 19.6.1955 an das Justizministerium Baden-Württemberg, S. 2).

[54] StA Nürnberg, Prozessakten, Fall 3, Cuhorst Doc. Nr. 59. – Original mit der Korrespondenz von Rechtsanwalt Mandry (Stuttgart), Anwalt von Cuhorst vor dem Nürnberger Militärgerichtshof, in: IfZ München, Nachlass Aicher-Scholl, Signatur ED 474, Bd. 3.

[55] Ebd.

Die Ausführungen von Eckert erklären vielleicht auch einen Sachverhalt, der bei der Urteilsbegründung auffallen muss: Der Text[56] beginnt mit einer detaillierten Vorgeschichte der dj. 1. 11, ihrer Einbettung in die bündische Jugend und ihre Wirkung weit darüber hinaus. Nun hat Magdalene Scholl berichtet, der Staatsanwalt habe eine *lange Erklärung über „bündisch"* abgegeben, *er kannte sich aus.* Wenn es Cuhorst nun darum ging, Staatsanwalt Kettner im Vergleich zu dessen Anträgen für weitaus geringere Strafen zu gewinnen, dann lieferten diese Ausführungen des Staatsanwalts durchaus passende Begründungen: dass die bündische Jugendkultur zunächst gar keine Frontstellung zum Nationalsozialismus bedeutete, sondern ganz im Gegenteil das HJ-Leben in Schwung gebracht hatte; dass es in den Jugendbünden immer auch *„homoerotische" Tendenzen* gegeben habe[57]; dass die dj. 1. 11-Kultur im Verhältnis zum Nationalsozialismus *wesensfremd* sei, aber offenbar keine *politische* Opposition; dass schließlich mit der Erklärung der Hitlerjugend zur Staatsjugend die Bünde keine *Daseinsberechtigung* mehr gehabt hätten – staatsgefährdende Umtriebe werden ihr nicht unterstellt (was das Gericht denn auch in der Urteilsbegründung ausdrücklich festhält).

Wenn dies auch den Auffassungen des Düsseldorfer Anklagevertreters Kettner entsprach, dann konnten Cuhorst bzw. Eckert als Berichterstatter argumentieren, wie sie es in der Urteilsbegründung taten, wobei sie, wie oben schon angedeutet, vielleicht sogar wörtliche Anleihen bei den Ausführungen des Staatsanwalts Kettner machten; der Beisitzende Richter Haug wird allemal zugestimmt haben.

(1) Bündische Umtriebe

Zwiauer könne nicht nachgewiesen werden, *dass er sich darüber im klaren war, etwas Staatsgefährliches oder auch nur dem Staat Abträgliches zu unternehmen.* [...] *Es kann ihm auch geglaubt werden, dass er seine Ideale überhaupt nicht als dem Nationalsozialismus entgegengesetzt gesehen hat, und er hatte auch den Gegensatz zwischen der universalistischen Köbelschen Weltanschauung und der nationalsozialistischen Ideenwelt nicht erfasst.* Er habe auch die *Gefährlichkeit Köbels* nicht erkannt. Zugleich habe er sich nur in geringem Umfang bündisch betätigt, keine Werbung betrieben, und bei der *speziellen Ungefährlichkeit der Stuttgarter Gruppe* können *bei deren Angehörigen keinerlei staatsfeindliche Tendenzen festgestellt werden.* Und damit die geringe Strafe unter § 2 Ziff. 2 des Straffreiheitsgesetzes fallen, die Zuständigkeit des Sondergerichts bestätigt und damit eine Einstellung des Verfahrens verfügt werden konnte, mussten *im weitesten Sinne politische Beweggründe* unterstellt werden, die offensichtlich gar nicht vorlagen. – Bei Scholl

[56] Vollständig abgedruckt in Herrmann (wie Anm. 3) S. 312–331.

[57] Es wird also – wie in der Anklageschrift – nicht von Homosexualität gesprochen, und „homoerotisch" in Anführungszeichen gesetzt, wohl um zu signalisieren, dass auch davon keine Rede sein konnte bei pubertierenden Jugendlichen. Damit wurden die Anschuldigungen drastisch heruntergespielt.

und Reden war nur noch von Aufrechterhaltung bündischer Betätigung die Rede und damit ein Verstoß gegen das württembergische Verbot vom Mai 1937.

(2) Sittliche Verfehlungen

Im Fall von Hans Scholl wurde festgehalten, dass Scholl als Fähnleinführer keine wirkliche Erziehungsaufgabe gehabt habe. *Hier würde es jedem gesunden Volksempfinden widersprechen, wenn man eine derart unfertige und vor allem in sittlicher Beziehung noch in voller Entwicklung stehende Persönlichkeit als Erzieher eines nur 1½ Jahre jüngeren Menschen ansehen würde.* Auch könne von keinem *Unterordnungsverhältnis* die Rede sein[58]. Und da Scholl, *der einen durchaus anständigen Eindruck macht,* [...] *mit seinen damals 16 Jahren nicht nachgewiesen werden* [kann], *dass er nach seiner geistigen oder sittlichen Entwicklung fähig war, das Ungesetzliche seiner Tat einzusehen*, konnte er gem. § 3 Jugendgerichtsgesetz nur für seine Taten an Ostern 1936 bestraft werden. – Im Falle von Ernst Reden wird in einem Anklagepunkt dem Zeugen und nicht dem Vernehmungsbeamten der Gestapo geglaubt. Freispruch. Im anderen Fall ist aufgrund seiner Zuneigung zu Werner Scholl von einem *einheitlich fortwirkenden Vorsatz* auszugehen. Bestrafung.

(3) Strafzumessung

Hans Scholl machte auf das Gericht einen guten Eindruck, er erhielt auch von seinem Schwadronschef ein glänzendes Zeugnis ausgestellt. Hinsichtlich seiner bündischen Betätigung müsse nach Aussage seines älteren Ulmer HJ-Führers Max von Neudeck von *jugendlicher Unvernunft* und von *Eigensinn* ausgegangen werden. *Der Art seiner Geisteshaltung nach ist er überhaupt kein Bündischer, und irgend eine staatsfeindliche Einstellung kommt bei ihm so wenig in Frage, als er sich etwa bewusst gewesen wäre, etwas Staatsgefährliches zu betreiben.* Hinsichtlich seiner sittlichen Verfehlungen, derer er sich schon damals geschämt habe, kann *das Verhalten des damals 17jährigen Angeklagten als jugendliche Verirrung eines sonst anständigen und auch geschlechtlich normal empfindenden Menschen angesehen werden, der solche Torheiten jetzt überwunden hat.* 1 Monat Gefängnis, Straffreiheitsgesetz, Einstellung des Verfahrens.

---

[58] Das war ein wichtiger Punkt. Rittmeister und Schwadron-Chef Scupin hatte am 20.12.1937 an Vater Scholl u. a. geschrieben (HStA Düsseldorf, Rep 17/292, fol. 82): *Ich war am Freitag Nachmittag gleich noch bei Amtsgerichtsat Eisele und habe am Samstag noch mit dem Kriegsrichter gesprochen. Die Schwierigkeit liegt eben darin, dass ein gewisses Vorgesetztenverhältnis als Jugendführer möglicherweise konstruiert wird; wenn dies nicht der Fall wäre, würde die ganze Geschichte voraussichtlich unter den Tisch fallen. Ich habe eben den Amtsgerichtsrat Eisele von der sehr milden Auffassung des Kriegsrichters über den Fall unterrichtet und auch eine Befürwortung einer Haftentlassung schriftlich eingereicht und geschrieben, dass Ihr Sohn hier bei uns seinen normalen Dienst weiter durchführen und nicht festgesetzt würde.*

7. Hintergründe und Begründungen

Zu klären bleibt, was der sachliche Gehalt der Äußerung von Cuhorst ist, er sei selber einmal „bündisch" gewesen; denn diese Äußerung gegenüber den Eltern Scholl in der Verhandlungspause sollte ja nichts anderes signalisieren als: Ich verstehe aus eigenem Erleben, um was es hier geht, und ich kann deshalb dies alles „nicht so schlimm finden" – und das bedeutet: Ausnutzung der juristischen Auslegung für die geringst möglichen Strafzumessungen.

Die Zugehörigkeit zu einer i.e.S. bündischen Organisation ist nicht nachweisbar[59]. Cuhorst war aber von früher Jugend an im Alpenverein engagiert, also in einem weitgehend jugendbewegten Milieu, vielleicht meinte er auch seine Zugehörigkeit zur Tübinger Studentenverbindung Igel[60]. Vielleicht meinte er auch seine Zugehörigkeit zu den Freicorps. Jedenfalls fühlte er sich dem bündischen Milieu verbunden. Außerdem konnte er im speziellen Fall der dj. 1. 11 kein Urteil fällen, dass im Stuttgarter (gross-)bürgerlichen Milieu, dem Cuhorst durch seine Familie väterlicherseits angehörte, völlig unverständlich gewesen wäre. Warum?

Die Ermittlungen hatten ergeben, dass die Mutter von Tusk, Eugenie Schüle, Tochter des Unternehmers Schüle aus Kirchheim/Teck und seit Ende der 1920er-Jahre eine stadtbekannte Parteigängerin der NSDAP, Ernst Reden ein Foto ihres Sohnes Eberhard im englischen Exil gegeben hatte. Es ist davon auszugehen, dass Eberhard Koebel und die dj. 1. 11-Bündigung, 1929 in Stuttgart ins Leben gerufen, nicht nur in den bürgerlichen Kreisen der Stadt bekannt waren, sondern auch (dem späteren Senatspräsidenten) Cuhorst: Die Väter von Koebel und Cuhorst waren leitende Juristen im Staatsdienst, Koebel Oberlandesgerichtsrat, Cuhorst Staatsanwalt. Mit Sicherheit kannten sich die Söhne auch vom Studium in Tübingen her[61]: beide waren dort von 1919 bis 1922 bzw. 1923 (mit Unterbrechungen) immatrikuliert und haben hier das 1. juristische Staatsexamen abgelegt, waren zwar in verschiedenen Studentenverbindungen (Ulrich Koebel war wie sein Vater Mitglied im Corps Borrusia, Cuhorst im Igel), haben aber z. B. ausweislich der Belegbögen im Sommersemester gemeinsam ein Seminar zum württembergischen Privatrecht besucht. Mehr noch: Seit April 1930 waren Ulrich Koebel und

---

[59] Ein telefonischer Kontakt Mitte des Jahres 2009 mit der Tochter, Frau Dr. iur. Reinhild Cuhorst, ergab keine Klärung. Frau Dr. Cuhorst wollte keinen Zugang zum Nachlass ihres Vaters gewähren.

[60] Eine seit 1871 nicht-farbentragende Verbindung an der Universität Tübingen. Bekannte Igel-Bundesbrüder waren u. a. Dietrich Bonhoeffer, Rudolf Bultmann, Arnulf Klett (der dafür sorgte, dass Cuhorst nach 1945 ausgeschlossen wurde), Adolf Merckle, Theodor Pfizer.

[61] Die folgenden Angaben nach den Matrikeln der Universität Tübingen von Hermann Cuhorst (UAT 258/2842) und Ulrich Koebel (UAT 258/9729), für Cuhorst nach den Akten in den Stuttgarter und Ludwigsburger Staatsarchiven, für Koebel aus der Personalakte im Stuttgarter Justizministerium (Nr. 10166, Heft 1).

Hermann Cuhorst gemeinsam als Amtsrichter am Amtsgericht Stuttgart I tätig, also in den ersten Monaten der Aktivitäten von Ulrichs Bruder Eberhard seit dem 1. 11. 1929, dem „Gründungs"-Datum der Deutschen Jungenschaft dj. 1. 11. Amtsgerichtsdirektor Hermann Cuhorst – er war nach 1933 als bewährter Parteigenosse rasch befördert worden – teilt im Dezember 1939 dem Landgericht-Präsidenten mit, dass Amtsgerichtsrat Dr. Ulrich Koebel zum Militär eingezogen worden sei[62]. Und ausgerechnet jener Beamte, der die württembergische Verbotsordnung von 1937 unterfertigte, war mit Familie Koebel befreundet – so eng sind die Verflechtungen in der städtischen Beamtenschaft[63]. Und war gewiss auch er von der *speziellen Ungefährlichkeit* der Stuttgarter dj1. 11-Gruppe, wie es in der Urteilsbegründung hieß, überzeugt.

Sondergerichtspräsident Cuhorst wusste also sehr genau, was er in Sachen dj. 1. 11 verhandelte und was er in Stuttgart nicht nur nicht mit drakonischen Strafen belegen konnte, sondern ganz im Gegenteil äußerst vorsichtig und sehr nachsichtig handhaben musste. Dem gefürchteten Richter Cuhorst vorgeführt worden zu sein, erwies sich also nicht als Nachteil, sondern – wenn man das in einem solchen Fall so nennen darf – als Vorteil, zumal bei der oben geschilderten personellen Zusammensetzung des Gerichts in diesem Verfahren: kein Mitglied des Gerichts hatte offenbar die Absicht, ein Exempel zu statuieren. Dies wird bestätigt durch die Aussagen von Magdalene Scholl und von Eckert für den Nürnberger Juristenprozess und auch durch diejenige von Robert Scholl im Stuttgarter Spruchkammerverfahren – und ändert doch nichts an der Tatsache, dass Hermann Cuhorst als einer der „fürchterlichen Juristen" des NS-Regimes betrachtet werden muss und nicht ohne Grund als einer der „herausragenden" Juristen des NS-Regimes in Nürnberg angeklagt wurde. Die Gerechtigkeit gebietet, ihm hier im Verfahren gegen Zwiauer und andere eine Verhaltensweise zu bescheinigen, deren Ziel es war, die Angeklagten straflos oder nur mit geringen Gefängnisstrafen ziehen zu lassen. Nur: Sein Verhalten beweist zugleich, dass er der Vertreter einer Willkürjustiz war, wie es Magdalene Scholl im Zusammenhang mit dem Prozess in Ulm 1943 formulierte: der Angeklagte musste zwischen Freispruch und Todesurteil bangen.

* * *

Dies, der Willkür ausgesetzt gewesen zu sein, ist ein maßgeblicher Grund dafür gewesen, dass Hans Scholl „zur Besinnung" kam. Die Bestätigung dafür gibt Sophie Scholl in ihrem Vernehmungsprotokoll der Gestapo in München vom 18. 2. 1943[64] (ihr Bruder hätte für seine Person sicherlich zugestimmt): *Die Gründe*

[62] Nach dem Krieg wurden Ulrich Koebel und Hermann Cuhorsts Bruder Albert durch Ermächtigung der französischen Landesmilitärregierung vom Staatssekretariat der Landesdirektion für Justiz in Tübingen als Richter ans Landgericht Tübingen berufen.

[63] Schmidt, dj.1.11.-Trilogie (wie Anm. 17) S. 42, Anm. 70.

[64] BArch Berlin, Signatur ZC 13267, Bd. 3, Sonderband II: Sophie Scholl, hier S. 7.

meiner weltanschaulichen Entfremdung vom BDM und damit der NSDAP, etwa im Jahre 1938, liegen in erster Linie darin begründet, dass meine Schwester Inge, meine Brüder Hans und Werner im Herbst 1938[65], *wegen sogen. bündiger* [so] *Umtriebe von Beamten der Geheimen Staatspolizei verhaftet und einige Tage bezw. Wochen in Haft behalten wurden. Ich bin heute noch der Auffassung, dass das Vorgehen gegen uns sowohl als auch andere Kinder aus Ulm völlig ungerechtfertigt war.*

Mit der Verhaftung von Inge, Werner, Hans und Sophie Scholl im November 1937 und mit dem Sondergerichtsprozess im Frühjahr 1938 gegen Hans begann für ihn und Sophie jener Lebensabschnitt, von dem sie nicht ahnen konnten, dass er sie zur „Weißen Rose" führen würde. *Ein Erinnerungsvorrat hatte sich eingenistet, dessen Bedeutung sich bei späteren Entscheidungen erst richtig entfaltet*[66]. Kriegserfahrungen und die christlich-humanistische Gedankenwelt ihrer Münchner Mentoren Carl Muth und Theodor Haecker[67] mussten hinzukommen, aber der Wendepunkt war ihnen 1938 bewusst geworden.

---

[65] Richtig: 1937.

[66] Beuys (wie Anm. 7) S. 156.

[67] Barbara Schüler, „Im Geiste der Gemordeten ...". Die „Weiße Rose" und ihre Wirkung in der Nachkriegszeit (Politik- und kommunikationswissenschaftliche Veröffentlichungen der Görres-Gesellschaft, Bd. 19), Paderborn 2000.

Der Reuchlin-Gedenkstein aus dem Kreuzgang der Stuttgarter Dominikanerkirche

Von Karl Halbauer

Der Inschriftenstein des humanistischen Gelehrten Johannes Reuchlin (1455–1522), der sich heute in der Stuttgarter Leonhardskirche befindet, ist eine hochrechteckige Platte mit drei vertieften Schriftfeldern[1] (Abb. 1). Über dem Bogen des Hauptfeldes trennt ein kurzes tauartig gewundenes Band die beiden Eckzwickel voneinander. (Man könnte den Eindruck gewinnen, der Bogen hinge an einem Strick)[2]. Die lateinische Inschrift des Hauptfeldes[3] lautet übersetzt: „Im Jahr Christi 1501 (hat) sich und den Reuchlinschen Nachkommen Johannes Reuchlin von Pforzheim (dieses Denkmal gewidmet).“ Im linken Zwickel steht auf Hebräisch: „Ewiges Leben“[4], im rechten Zwickel auf Griechisch: „Auferstehung“[5]. In jedem Feld ist neben die Buchstaben ein Efeublatt mit Stängel gemeißelt.

---

1 Sandstein; Höhe: 155, Breite: 89 cm.

2 Ursprünglich war das Band erhaben ausgeführt; bei der Wiederherstellung des Steins nach dem Zweiten Weltkrieg (siehe Anm. 8) wurde es in die Schriftebene vertieft eingemeißelt. Auch in seiner ersten Ausführung schnitt es in die Profilierung des Rechteckrahmens und des Bogens ein.

3 *ANN(O) / CHR(ISTI) . M . D . I . / SIBI ET PO/STERITAT/I CAPNION/IAE IOANN/ES REVCHL/IN PHORC/ENSIS . S* – Das *S* am Ende der Inschrift gilt allgemein als Abkürzung von *SACRVM* (geweiht, gewidmet); vgl. z. B.: Walther Ludwig, Nachlese zur Biographie und Genealogie von Johannes Reuchlin, in: Walther Ludwig, Miscella Neolatina. Ausgewählte Aufsätze 1989–2003, Bd. 3 (Noctes Neolatinae, Bd. 2.3), Hildesheim 2005, S. 32–40, hier S. 33. – Zu „Capnio“: Reuchlin benutzte häufig diese gräzisierte Namensform.

4 עלם הח"ם – Zum Vorwurf des fehlenden Buchstabens ו „Vav“ in עולם „Olam“ (Max Brod, Johannes Reuchlin und sein Kampf. Eine historische Monographie, Stuttgart 1965, S. 342; Leiva Petersen, Goldstadt – ein Epitaph Reuchlins? – ad vicanos port ... [Vortrag am 19. April 1986], in: Pforzheimer Reuchlinpreis 1955–2005. Die Reden der Preisträger, 3., erweiterte u. ergänzte Aufl. [Supplemente zu den Schriften der Heidelberger Akademie der Wissenschaften, Philosophisch-historische Klasse, Bd. 18], Heidelberg 2007, S. 217–242, hier S. 221; Franz Posset, Johann Reuchlin [1455–1522]. A Theological Biography, Berlin/Boston 2015, S. 215) siehe: David H. Price, Johannes Reuchlin and the Campaign to Destroy Jewish Books, Oxford 2011, S. 303 Anm. 6.

5 ΑΝΑΣΤΑΣΙΣ.

Abb. 1: Reuchlin-Gedenkstein von 1501,
seit 1955 in der Stuttgarter Leonhardskirche.

Bei der lateinischen Inschrift orientieren sich Buchstabenform und Schriftbild an römischen Vorbildern. Alle Buchstaben wahren annähernd den gleichen weiten Abstand zueinander, selbst zwischen den einzelnen Worten gibt es keinen größeren Zwischenraum, und am Ende der Zeile wird auf Worte oder Silben ebenfalls keine Rücksicht genommen, der Umbruch erfolgt, wie es gerade ausgeht, ohne ein Trennungszeichen. Auch die – hier dekorativ eingesetzten – Efeublätter sind von der antiken Epigraphik übernommen, wo sie als Satzzeichen (hedera distinguens) gebraucht werden. Quadrangel als Trennzeichen finden sich im Hauptfeld nur bei den Zahlzeichen in der zweiten Zeile und vor dem *S* am Textende sowie – umwunden von dem Efeustängel – in der hebräischen Inschrift im linken Zwickel.

Mit Sicherheit geht nicht nur der Text der Inschrift, sondern die Gestaltung der Schrift und wohl auch des Steins insgesamt auf Reuchlin zurück. Denn der außergewöhnliche Stein folgt keinem gängigen Muster, und die Kenntnis antiker Denkmäler ist bei dem ausführenden Steinmetzen nicht zu erwarten.

Reuchlin – 1455 in Pforzheim geboren – hat die Tafel 1501, also im Alter von 45 Jahren, im Kreuzgang des Stuttgarter Dominikanerklosters aufstellen lassen. Ein Fantasie und Wirklichkeit vermischender Holzstich des Architekten Carl Friedrich Beisbarth (1808–1878) von 1855 (Abb. 2) zeigt den Westflügel des Kreuzgangs mit Blick in Richtung Nordflügel, wo der Stein neben der Ecke zu erkennen ist[6]. 1871 hat man die Schriftplatte in ein Rahmenwerk mit Bildnismedaillon eingefügt. Derart zu einem Denkmal erweitert, erhielt der Stein einen neuen Platz an der nördlichen Außenwand der Kirche[7]. Dort, im Binnenhof des Kreuzgangs, an der Stelle des schon zuvor abgerissenen Südflügels, blieb er, bis er nach dem Zweiten Weltkrieg aus den Trümmern geborgen, wieder zusammengesetzt, zunächst ins Städtische Lapidarium gelangte und schließlich 1955 im Chor der Leonhardskirche aufgestellt wurde[8].

---

[6] Holzstich in: Karl Alexander HEIDELOFF (Hg.), Die Kunst des Mittelalters in Schwaben. Denkmäler der Baukunst, Bildnerei und Malerei, Stuttgart 1855, S. 31 Fig. 18. – Für seine ständige Anwesenheit im Kreuzgang sprechen die Erwähnungen in den Jahren 1624 (Johann Jakob GABELKOFER, Geschichte der Stadt Stuttgart, 1624. Mschr. Abschrift der Hs. Nr. 31 im StadtA Stuttgart von Paul NÄGELE, Stuttgart 1942, S. 19 f. [StadtA Stuttgart: Kc 548]), 1752 (Christian Friedrich SATTLER, Historische Beschreibung des Herzogthums Würtemberg, Stuttgart/Eßlingen 1752, Teil 1, S. 34 f. mit Abb.) und 1839 (Schwäbischer Merkur [Chronik], 14. 10. 1839, S. 1121).

[7] J[ulius] HARTMANN, Chronik der Stuttgarter Hospitalkirche, Stuttgart 1888, S. 22. – Ansicht des Kreuzgangbinnenhofs mit dem Reuchlin-Denkmal: Gustav WAIS, Alt-Stuttgarts Bauten im Bild, Stuttgart 1951, Nr. 52 (S. 71). – Fotografie des Reuchlin-Denkmals: Paul SAUER, 500 Jahre Hospitalkirche (Veröffentlichungen des Archivs der Stadt Stuttgart, Bd. 62), Stuttgart 1993, Abb. 19 (S. 30).

[8] Gustav WAIS, Die St. Leonhardskirche und die Hospitalkirche zu Stuttgart. Eine Darstellung der beiden gotischen Kirchen mit baugeschichtlichen und kunstgeschichtlichen Erläuterungen, Stuttgart 1956, S. 31 f. Nr. 34. – Die Bruchstücke des Reuchlin-Gedenksteins wurden nach ihrer Bergung 1949 von dem Bildhauer Willy Schönfeld zusammengesetzt.

Abb. 2: Kreuzgang des Stuttgarter Dominikanerklosters,
Holzstich von Carl Friedrich Beisbarth, 1855:
Wiedergegeben ist der Westflügel mit Blick in Richtung Nordflügel, wo der Reuchlin-Gedenkstein gleich neben der Ecke an der Wand angebracht ist.

Reuchlin, dem 1481 eine Stelle an der jungen Tübinger Universität übertragen worden war[9], begleitete im folgenden Jahr seinen Landesherrn Eberhard im Bart nach Rom[10] und hatte anschließend in dessen Diensten unter anderem verschiedene juristische Ämter inne[11]. Seinen Wohnsitz nahm er in Stuttgart. Um 1484 heiratete er eine Schwester des Stuttgarter Bürgers Hans Müller von Ditzingen[12]. Und 1498 erwarb er ein an die Nordseite der Stiftskirche grenzendes Haus[13]. In seinen sprachwissenschaftlichen Studien widmete er sich neben der griechischen besonders der hebräischen Sprache. Als in Köln der vom jüdischen Glauben zum Christentum konvertierte Johannes Pfefferkorn forderte, alle hebräischen Schriften, mit Ausnahme des Alten Testaments, zu verbrennen, und dabei die Unterstützung der Kölner Dominikaner erhielt, setzte sich Reuchlin gegen dieses Vorhaben heftig zur Wehr[14]. Die langwierige Auseinandersetzung mit den Dominikanern, die letztendlich 1520 von Papst Leo X. zugunsten der Gegenpartei entschieden wurde, führte offenbar dazu, dass Reuchlin sich nicht in der Dominikaner-, sondern in der Leonhardskirche bestatten ließ, wo sich auch das Grab seiner Frau befand[15]. Ob es sich

---

[9] Sönke LORENZ, Reuchlin und die Universität Tübingen, in: Johannes Reuchlin und der „Judenbücherstreit", hg. von Sönke LORENZ † und Dieter MERTENS (Tübinger Bausteine zur Landesgeschichte, Bd. 22), Ostfildern 2013, S. 15–53, besonders S. 16–20.

[10] LORENZ (wie Anm. 9) S. 22.

[11] Reuchlin als Jurist: Adolf LAUFS, Johannes Reuchlin. Jurist in einer Zeitenwende, in: Stefan RHEIN (Hg.), Reuchlin und die politischen Kräfte seiner Zeit (Pforzheimer Reuchlinschriften, Bd. 5), Sigmaringen 1998, S. 9–30; Dieter STIEVERMANN, Johannes Reuchlin als Jurist und Rat in württembergischen Diensten, in: ebd., S. 31–51; Horst CARL, Triumvir Sueviae. Reuchlin als Bundesrichter, in: ebd., S. 65–86; Wolfgang SCHILD, Reuchlin als Jurist, in: LORENZ/MERTENS (wie Anm. 9) S. 147–172.

[12] Hansmartin DECKER-HAUFF, Bausteine zur Reuchlin-Biographie, in: Hermann KLING / Stefan RHEIN (Hg.), Johannes Reuchlin (1455–1522), Nachdruck der 1955 von Manfred KREBS hg. Festgabe, neu hg. u. erweitert (Pforzheimer Reuchlinschriften, Bd. 4), Sigmaringen 1994, S. 83–107, hier S. 86–90; LUDWIG (wie Anm. 3) S. 37 Nr. 6; Günther SCHWEIZER, Die Familie Reuchlin. Eine genealogische Bestandsaufnahme, in: LORENZ/MERTENS (wie Anm. 9) S. 223–262, hier S. 229.

[13] WAIS (wie Anm. 7) Nr. 7 (S. 22).

[14] Kurze Zusammenfassung von Reuchlins Leben und Kampf gegen die Vernichtung hebräischer Schriften: Stefan RHEIN, Johannes Reuchlin (1455–1522). Ein deutscher „uomo universale", in: Humanismus im deutschen Südwesten. Biographische Profile, im Auftrag der Stiftung „Humanismus heute" des Landes Baden-Württemberg hg. von Paul Gerhard SCHMIDT, Sigmaringen 1993, S. 59–75. – Zu verschiedenen Aspekten seines Lebens und seiner Tätigkeiten siehe: LORENZ/MERTENS (wie Anm. 9). – Ausführlich über den „Judenbücherstreit": PRICE (wie Anm. 4).

[15] Diese Begründung findet sich in: Petrus APIANUS und Bartholomeus AMANTIUS, Inscriptiones sacrosanctae vetustatis, non illae quidem romanae, sed totius fere orbis, Ingolstadt 1534, S. CCCCLIX, wo es heißt: *Hic lapis Stutgardiae apud fratres praedicatores visitur, Caeterum orta perfidia illorum apud D. Leonhardum in Suburbio ibidem cum vxore sepeliri voluit Anno Do. M.D.XXII. Mense Iunio Die XXX.* – Ferner in: Bonifatius AMERBACH, um 1544 (Ludwig GEIGER [Hg.], Johannes Reuchlins Briefwechsel [Bibliothek des Litterarischen Vereins in Stuttgart, CXXVI], Tübingen 1875, S. 363 f.; Stefan RHEIN, Reuch-

dabei um die zweite Ehefrau Reuchlins handelt, wie Haller vermutet und Decker-Hauff für sicher hält[16], muss letztlich offen bleiben, denn wir erfahren darüber nur: *cum vxore sepeliri voluit*[17]. Den Text seines Epitaphs in der Leonhardskirche, in dem Reuchlin – nach Humanistenart – überschwänglich gerühmt wird, verfasste sein Freund und Kollege, der in Cannstatt geborene Humanist Johann Alexander Brassicanus (1500–1539)[18].

Reuchlin gilt neben Erasmus von Rotterdam (1466/67–1536) als der bedeutendste Humanist nördlich der Alpen. Seine wichtigste wissenschaftliche Leistung war die Schaffung der Grundlage für die christliche Hebraistik. Sein Nachruhm beruht aber vor allem auf seiner Haltung im Judenbücherstreit.

Schon seine Zeitgenossen betrachteten Reuchlin als herausragenden Gelehrten. So zollte ihm 1506 der Humanist Jakob Wimpfeling (1450–1528) höchste Anerkennung: „Johannes Reuchlin, in drei Sprachen hochgelehrt, von dem wir nicht wissen, ob wir ihn für den größeren Gräzisten oder Hebraisten, den größeren Philosophen, Theologen oder Juristen halten sollen: so sehr zeigt er Exzellenz in all diesen Wissenschaften."[19]

---

liniana II. Forschungen zum Werk Johannes Reuchlins, in: KLING/RHEIN [wie Anm. 12] S. 285–301, hier S. 285). – Sowie in: Sammlung von Inschriften des 16. Jahrhunderts, um 1559/1560 (Handschrift), fol. 16 v (WLB: Cod. hist. qt. 58), (dazu: Johannes RAU, Über eine Sammlung von Inschriften des 16. Jahrhunderts, in: ZWLG 23 [1964] S. 418–438, hier S. 431 f., Nr. 38). – Und in: GABELKOFER (wie Anm. 6) S. 19 f.

16 Johannes HALLER, Die Anfänge der Universität Tübingen 1477–1537. Zur Feier des 450jährigen Bestehens der Universität, 2. Teil: Nachweise und Erläuterungen, Stuttgart 1929, S. 94*; DECKER-HAUFF (wie Anm. 12) S. 98–101, zur zweiten Ehe: S. 90–93. – LUDWIG (wie Anm. 3) S. 37 f. Nr. 7, bezeichnet Decker-Hauffs Angaben zur zweiten Ehe als problematisch; dabei bezieht er sich insbesondere auf dessen Argumentation, bei Reuchlins zweiter Frau handle es sich um Anna Decker. – Den einzigen spärlichen Hinweis auf eine zweite Ehe gibt Reuchlin in drei Briefen, indem er sich als *digamus* (zweimal verheiratet) bezeichnet (Johannes Reuchlin. Briefwechsel 1–4, bearb. von Matthias DALL'ASTA und Gerald DÖRNER, hg. von der Heidelberger Akademie der Wissenschaften in Zusammenarbeit mit der Stadt Pforzheim, Stuttgart-Bad Cannstatt 1999–2013; hier: Briefwechsel 2, 2003, Nr. 190 Z. 41, Nr. 191 Z. 91; Briefwechsel 4, 2013, Nr. 349 Z. 23 u. 30).

17 Vgl. Anm. 15.

18 Den Text des verlorenen Epitaphs überliefern: Martin CRUSIUS, Annales suevici, Bd. 3, Frankfurt 1596, S. 576 f.; GABELKOFER (wie Anm. 6) S. 72 f.; Johannes SCHMID, Inscriptiones monumentorum, quae sunt Stutgardiae. … collectae et conscriptae per M. Johannem Schmid, Marppachensem, p. t. Stutgardiae ad d. Leonhardum pastorem, Anno MDCXXXX (Handschrift), S. 304 (WLB Cod. hist. oct. 18). Letzterer teilt außerdem mit, es handle sich um ein „E[pitaphium]. Ein kleines Täfelin vf papir geschriben an der Saulen." Womit vermutlich der erste nördliche Arkadenpfeiler von Ost gemeint ist, an dem er noch drei weitere Epitaphe aufführt. Vgl. dazu: LUDWIG (wie Anm. 3) S. 33–36 Nr. 3.

19 Brief an Johannes Prüss, in: Jakob Wimpfeling. Briefwechsel, 2. Teilbd., eingeleitet, kommentiert u. hg. von Otto HERDING und Dieter MERTENS (Jacobi Wimpfelingi opera selecta, III/2), München 1990, Nr. 203 (S. 534). – Übersetzung ins Deutsche von Ulrich Gaier, in: Ulrich GAIER / Wolfgang SCHÜRLE (Hg.), Schwabenspiegel. Literatur vom Neckar zum Bodensee 1000–1800, Lesebuch 1: Suevia, Hof, Kloster, [Eggingen] 2004, S. 39.

Wie stand Reuchlin zu Luther und zur Reformation?[20] 1518 hatte er seinem jungen Verwandten und Schüler Philipp Melanchthon (1497–1560)[21] den Lehrstuhl für Griechisch an der Universität in Wittenberg vermittelt. Dort wurde Melanchthon schon bald zu einem Vertrauten und Freund Luthers und überredete ihn dazu, Reuchlin zu schreiben. In dem Brief bekundet Luther, dass er Reuchlins Bücher im Herzen trage, und er bezeichnet sich als seinen Nachfolger, denn nun schnappten die Zähne des höllischen Papsttums nach ihm, um irgendwie den Verlust an Ansehen auszugleichen, den sie durch Reuchlin (im Judenbücherstreit) erlitten hätten[22]. Eine Antwort Reuchlins ist nicht bekannt. Doch durch einen Brief Ulrichs von Hutten (1488–1523) aus dem Jahr 1521 erhalten wir Kenntnis davon, dass Reuchlin, um sich gegen die Anschuldigung des Papstes zu verteidigen, vorbrachte, er habe Luthers Sache immer missbilligt, und er habe Luther sehr Übel genommen, dass sich sein Name in dessen Schriften finde, und er habe sogar versucht, Luther die Anhänger abspenstig zu machen[23]. Dessen ungeachtet zeigt der Titelholzschnitt einer im selben Jahr (1521) in Straßburg gedruckten Schrift[24] Reuchlin, Hutten und Luther, tituliert als „patroni libertatis", denen zwei Gruppen von Luthergegnern gegenübergestellt sind. Damals wurden die drei „Anwälte der Freiheit" von der Öffentlichkeit als Gemeinschaft wahrgenommen, die gemeinsam für die „freie Meinungsäusserung gegenüber inquisitorischer Verketzerungssucht" eintritt[25]. Aber trotz aller Kritik an den kirchlichen Missständen lag es Reuchlin fern, gegen die Kirche und den Papst aufzubegehren oder sie gar in Frage zu stellen. Im Gegenteil dokumentiert der Eintrag seines Namens im Bruderschaftsbuch der Stuttgarter Salve-Regina-Bruderschaft unter den *sacerdotes*, dass er sich in seinen letzten Lebensjahren noch zum Priester hat weihen lassen[26].

Reuchlins dreisprachiger Stein im Dominikanerkreuzgang fand früh Beachtung: Bereits 1534 wurde er erstmals in einer Inschriftensammlung publiziert[27]. Auf korrekte Maßverhältnisse hat man dabei offenbar keinen Wert gelegt (Abb. 3).

---

20 Siehe dazu: Barbara MAHLMANN-BAUER, Johannes Reuchlin und die Reformation – Eine neue Würdigung, in: Reuchlins Freunde und Gegner. Kommunikative Konstellationen eines frühneuzeitlichen Medienereignisses, hg. von Wilhelm KÜHLMANN (Pforzheimer Reuchlinschriften, Bd. 12), Ostfildern 2010, S. 155–191.

21 Zum Verwandtschaftsverhältnis zwischen Reuchlin und Melanchthon: SCHWEIZER (wie Anm. 12) S. 230–232.

22 Johannes Reuchlin. Briefwechsel 4, Leseausgabe in deutscher Übersetzung von Georg BURKARD, Stuttgart-Bad Cannstatt 2011, Nr. 352 (14. 12. 1518).

23 Ebd. Nr. 395 (22. 02. 1521).

24 *History Von den fier ketzren Prediger ordens*, von Thomas MURNER, Straßburg 1521. – Abb. in: LORENZ/MERTENS (wie Anm. 9) S. 121.

25 Diese Formulierung verwendet Geiger in Bezug auf den Judenbücherstreit (GEIGER [wie Anm. 15] S. 240).

26 LUDWIG (wie Anm. 3) S. 36 f. Nr. 5.

27 APIANUS/AMANTIUS (wie Anm. 15) S. CCCCLIX. – Aus dem Nachlass des Sohnes von Petrus Apianus blieb ein Band der „Insciptiones" mit kolorierten Federzeichnungen erhalten (Frankfurt a. M., Universitätsbibliothek: Ms.lat.qu.102), der einen Teil der Inschriften

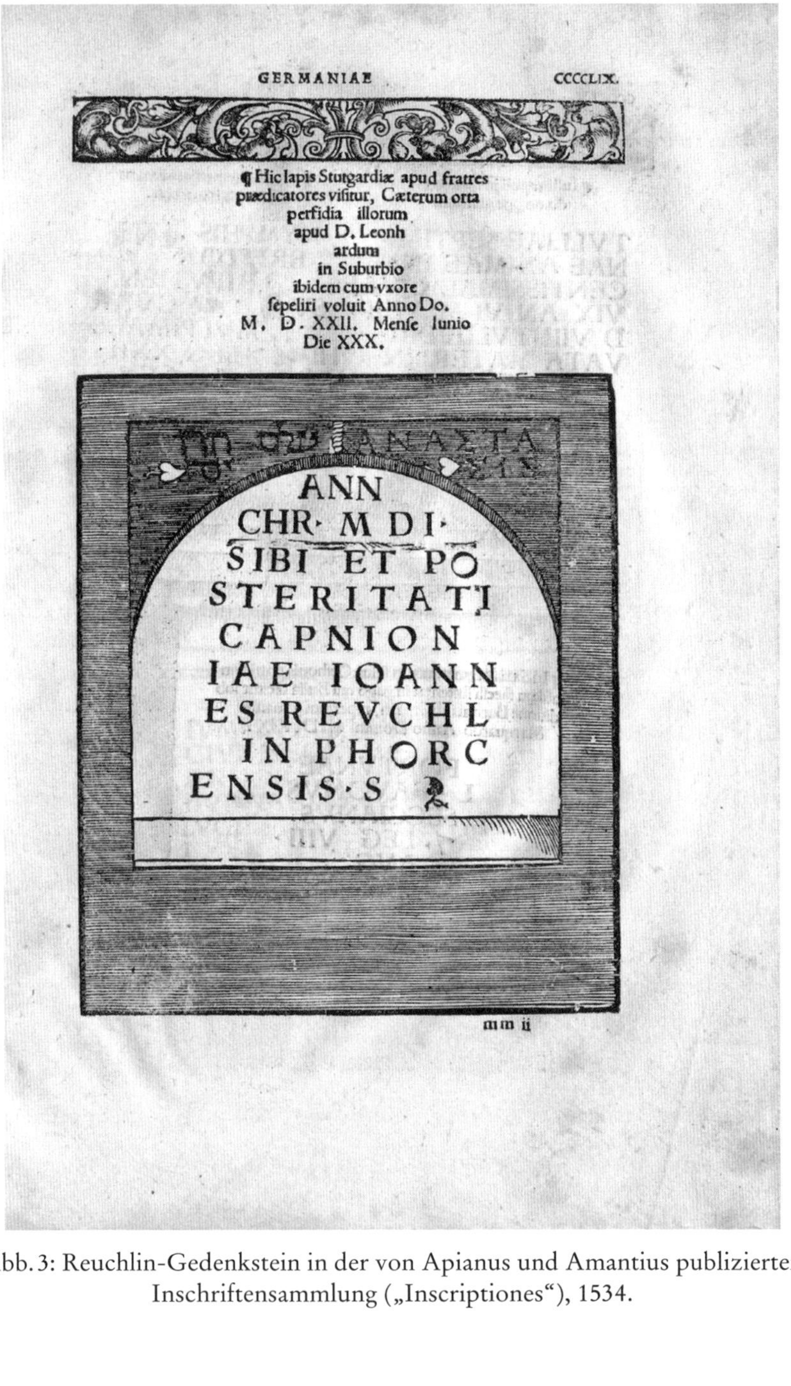

GERMANIAE CCCCLIX.

¶ Hic lapis Stutgardiæ apud fratres prædicatores visitur, Cæterum orta perfidia illorum apud D. Leonhardum in Suburbio ibidem cum vxore sepeliri voluit Anno Do. M. D. XXII. Mense Iunio Die XXX.

ΑΝΑΣΤΑ

ANN
CHR· M D I·
SIBI ET PO
STERITATI
CAPNION
IAE IOANN
ES REVCHL
IN PHORC
ENSIS· S

mm ii

Abb. 3: Reuchlin-Gedenkstein in der von Apianus und Amantius publizierten Inschriftensammlung („Inscriptiones"), 1534.

Welche Funktion war diesem seltsamen Stein von seinem Donator, Reuchlin, zugedacht? In der Literatur gilt er als Grabplatte, Grabstein, Grabdenkmal, Epitaph oder Gedenkstein[28]. Laut Decker-Hauff handelt es sich um ein Familienepitaph, das Reuchlin anlässlich des Todes seiner ersten Frau[29] habe errichten lassen[30]. Dazu passt allerdings nicht, dass die Inschrift nur von Reuchlin und seinen Nachkommen spricht. Seine Frau schließt das nicht mit ein, und Kinder hatten sie keine. Trotzdem ist zu vermuten, dass vor dieser an der Wand des Kreuzgangs angebrachten Tafel die Grabstätten des Humanisten und seiner Nachkommen vorgesehen waren. Zumindest die Zwickeltexte „Auferstehung“ und „Ewiges Leben“ weisen auf die Zeit nach dem Tod hin. Die in den Kreuzgangboden einzulassenden Gräber hätten dann Grabplatten mit den Namen und Sterbedaten erhalten. Der Stein würde also den Ort markieren, wo Reuchlin für sich und seine Nachkommen eine Grabstelle gestiftet hat. Den Bezug zu den Dominikanern hat Reuchlin übrigens gleichsam geerbt, denn sein Vater war weltlicher Verwalter des Pforzheimer Dominikanerklosters[31].

Eine ganz andere These für die ursprüngliche Bestimmung des Steins stellte 1986 Leiva Petersen auf: Bei der in lateinischer Sprache abgefassten selbstbewussten Widmung an die Reuchlinsche Nachkommenschaft oder Nachwelt handle es sich um eine Bauinschrift, die Reuchlin an seinem 1498 neu erworbenen Wohnhaus habe anbringen lassen. Der „Aufsatz, der die Bogenplatte zu einer rechteckigen macht“, also die Partie mit der hebräischen und griechischen Inschrift oberhalb des Bogens, sei später hinzugefügt worden. Auf diese Weise habe man zu unbekannter Zeit die ursprüngliche Bauinschrift in ein Grabdenkmal umgestaltet[32].

---

des 1534 gedruckten, vorgenannten Werkes umfasst und als Vorarbeit zu diesem wesentlich umfangreicheren Werk zu betrachten ist. Auf fol. 26v ist der Reuchlin-Gedenkstein abgebildet (Abb. 4); dabei fällt auf, dass manche Zeilenumbrüche der lateinischen Inschrift vom Original (und somit auch von der 1534 gedruckten Darstellung) abweichen. Zum Frankfurter Manuskript: Gerhardt Powitz / Jutta Hager, Die neueren Handschriften der Gruppe Manuscripta Latina, Teil I: Allgemeiner Bestand (Kataloge der Stadt- und Universitätsbibliothek Frankfurt am Main, Bd. 6), Frankfurt a. M. 1988, S. 25 f.

[28] Auch wenn sie die Problematik nicht eigens ansprechen, bleiben viele Autoren unentschieden, zum Beispiel: Wais (wie Anm. 8) S. 32 Nr. 34: Grabmal, Denkmal, Grabstein, Grabplatte; Harald Möhring, Ev. St. Leonhardskirche Stuttgart (Schnell & Steiner, Kunstführer Nr. 1505), München/Zürich 1984, S. 11: Gelehrtenepitaph, Gedenkstein; Sauer (wie Anm. 7) S. 25: Grab- oder Gedenkplatte.

[29] Das Todesjahr seiner ersten Frau, einer Schwester des Stuttgarter Bürgers Hans Müller von Ditzingen, die er um 1484 geheiratet hat, ist nicht bekannt. Literaturangaben zu Reuchlins erster Ehe siehe Anm. 12.

[30] Decker-Hauff (wie Anm. 12) S. 100.

[31] Rhein (wie Anm. 14) S. 60.

[32] Petersen (wie Anm. 4) S. 220–226, besonders S. 221, 225, 226 und 233. – Zu der Möglichkeit, dass es ursprünglich eine Hausinschrift war, neigt auch: Posset (wie Anm. 4) S. 215.

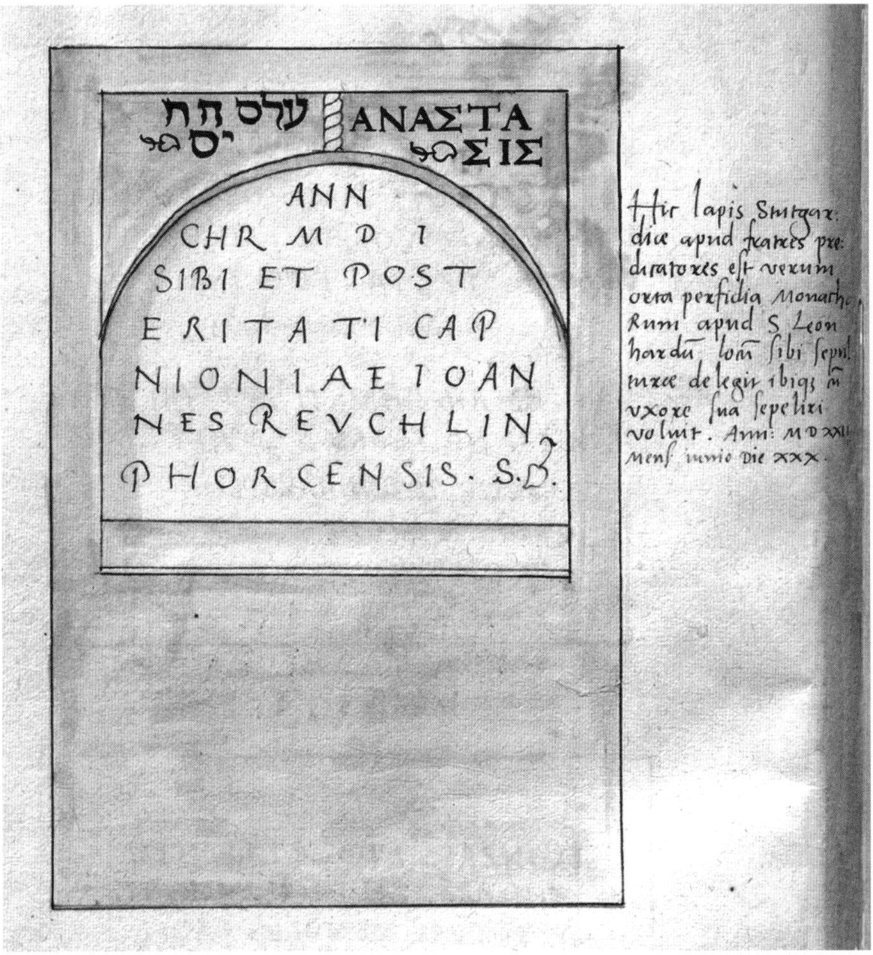

Abb. 4: Reuchlin-Gedenkstein, kolorierte Federzeichnung
in einer Handschrift der „Inscriptiones“ aus dem Nachlass von Apianus, vor 1534
(UB Frankfurt a. M., Ms.lat.qu.102, fol. 26 v).

Doch die Fakten sprechen gegen diese These: Zum einen besteht die Platte aus einem Stein, woran nachträglich nichts angestückt wurde. Und ohne die von Anfang an geplanten Inschriften in den Zwickeln wäre die Platte mit Sicherheit anders gestaltet worden, denn derart große, leere Zwickelfelder machen keinen Sinn. Zum anderen hätte die Platte, die sich 1534 nachweislich im Dominikanerkloster befand, bald nach Reuchlins Tod von der Hausfassade entfernt, durch das Hinzufügen der Zwickelinschriften in ein Gedächtnismal umgewandelt und in das noch bestehende Kloster transferiert werden müssen, in dem Reuchlin gar nicht bestattet worden ist. Wer hätte das veranlassen sollen, und aus welchem Grund?[33]

Seine Berühmtheit verdankt der Stein nicht zuletzt den Inschriften in drei Sprachen. Doch das war damals keine Ausnahme. Seit den Brüdern van Eyck wurde der Kreuztitulus bei anspruchsvollen Kreuzigungsdarstellungen nicht selten so wiedergegeben[34], wie das Johannes-Evangelium berichtet: „Pilatus ließ ein Schild schreiben und es am Kreuz anbringen, darauf stand *Jesus der Nasoräer, Judenkönig* in hebräischer, lateinischer und griechischer Sprache."[35] Im gleichen Jahr als Reuchlin seinen Gedenkstein im Kreuzgang des Dominikanerklosters aufstellen ließ (1501), wurde für den Leonhardskirchhof ein von Hans Seyfer geschaffener Kreuzberg gestiftet[36], dessen Kreuz eine solche dreisprachige Tafel erhielt (Abb. 5). Deren Text ist scheinbar auf ein mehrfach gefaltetes Blatt geschrieben, das mit zahlreichen Nägelchen an eine Tafel geheftet wurde. Die Tafel ihrerseits ist oberhalb von Christi Haupt an den Kreuzesstamm genagelt. Wegen der Heiligkeit des Kreuzes sind die drei Sprachen als *linguae sanctae* angesehen worden. In der Bildhauerkunst des mittleren Neckargebietes finden sich die drei „heiligen Sprachen" noch in einem anderen Zusammenhang: Vier der Wasserspeier am Westturm der Heilbronner Kilianskirche stellen die Symbolwesen der Evangelisten dar, deren

---

[33] Ludwig (wie Anm. 3) S. 33 Nr. 2, hält Petersens These ebenfalls für abwegig, da der Wortlaut, der manchmal falsch verstanden worden sei, eine Hausinschrift ausschließe. Seine Übertragung der lateinischen Inschrift ins Deutsche lautet: „Im Jahre Christi 1501 hat Johannes Reuchlin aus Pforzheim für sich und für die Capnionische [d. h. seine Reuchlinische] Nachkommenschaft dieses Monument geweiht". Petersen hingegen vertritt die Ansicht, mit der Formulierung *posteritati capnioniae* seien nicht die leiblichen Nachkommen, sondern die Nachwelt, der Nachruhm Reuchlins gemeint (Petersen [wie Anm. 4] S. 224).

[34] Zu den dreisprachigen Kreuztituli in der Kunst: Mechtild Ohnmacht, Das Kruzifix des Niclaus Gerhaert von Leyden in Baden-Baden von 1467. Typus – Stil, Herkunft – Nachfolge (Europäische Hochschulschriften, Reihe XXVIII: Kunstgeschichte, Bd. 2), Bern/Frankfurt a. M. 1973, S. 26 f.

[35] Joh. 19,19–20; Übersetzung nach: Das Neue Testament und frühchristliche Schriften, übersetzt und kommentiert von Klaus Berger und Christiane Nord, Frankfurt a. M./Leipzig 1999.

[36] Zum Kreuzberg vom Stuttgarter Leonhardskirchhof: Heribert Meurer, Die Stuttgarter Kreuzigungsgruppe, in: Andreas Pfeiffer / Karl Halbauer (Hg.), Hans Seyfer. Bildhauer an Neckar und Rhein um 1500 (Heilbronner Museumskatalog, Bd. 105), Heilbronn 2002, S. 74–81 und Kat.-Nr. 3 (S. 130–132).

Abb. 5: Kreuztitulus der Kreuzigungsgruppe von Hans Seyfer, 1501; ursprünglich auf dem Stuttgarter Leonhardskirchhof, heute in der Hospitalkirche (ehem. Dominikanerkirche).

aufgeschlagene Bücher ursprünglich Bibelzitate in den drei Sprachen wiedergaben[37].

Fazit: Der Reuchlin-Gedenkstein war mit allergrößter Wahrscheinlichkeit dafür bestimmt, die Stelle zu kennzeichnen, an der Reuchlin für sich und seine Nachkommen einen Begräbnisplatz im Kreuzgang des Stuttgarter Dominikanerklosters gestiftet hat. Da sich Reuchlin dann aber in der Leonhardskirche bestatten ließ, der Stein jedoch bis nach dem Zweiten Weltkrieg im Dominikanerkreuzgang blieb, stand er letztendlich mit der tatsächlichen Grabstätte Reuchlins in keinem Zusammenhang.

[37] Karl Halbauer, Der Westturm der Heilbronner Kilianskirche. Beschreibung und kunstgeschichtliche Einordnung, in: heilbronnica 3, 2006 (Quellen und Forschungen zur Geschichte der Stadt Heilbronn, Bd. 17; Jahrbuch für schwäbisch-fränkische Geschichte, Bd. 35), S. 49–118, hier S. 74 mit Anm. 38, S. 104 f. mit Abb. 71.

Württembergische Kriegsgräuel 1914? Bemerkungen zu einer aktuellen geschichtswissenschaftlichen Kontroverse*

Von Wolfgang Mährle

Machten sich die deutschen Truppen beim Einmarsch in Belgien und Frankreich im Sommer und Herbst 1914 massiver „Kriegsgräuel" schuldig? Diese Frage ist so alt wie die Ereignisse selbst. Bereits während der Offensive der kaiserlichen Armee an der Westfront kursierten in der Presse der Kriegsgegner und einiger neutraler Staaten Nachrichten über brutale Misshandlungen, Verstümmelungen und willkürliche Erschießungen unschuldiger Zivilisten durch deutsche Soldaten. Geradezu zum Symbol für die „Barbarei der Deutschen" wurden die Ereignisse, die sich in der Universitätsstadt Löwen vom 25. bis zum 28. August 1914 zutrugen: Hier kam es zur Tötung von vermutlich über 200 Zivilisten, zudem brannte ein Sechstel des Häuserbestandes, darunter die wertvolle Bibliothek der Universität, nieder.

Von Beginn an warfen die deutschen „Kriegsgräuel" (das Wort „Kriegsverbrechen" wird erst seit 1915 verwendet) zahlreiche Fragen auf, die nicht befriedigend beantwortet werden konnten. Unklar war bei vielen Anschuldigungen, ob diese auf gesicherten Fakten basierten oder ob sie – was öfters vorkam – von der Propaganda der Entente-Mächte gestreut worden waren, um die internationale öffentliche Meinung gegen das Kaiserreich zu mobilisieren. Schwer zu rekonstruieren waren häufig die Tathergänge und die genauen Opferzahlen der Vorfälle. Ein zentraler Streitpunkt zwischen den Kriegsparteien war schließlich die „Schuldfrage" für erwiesene Gewalttaten gegen Zivilisten oder Zerstörungen wie diejenigen in Löwen. Reagierten die kaiserlichen Soldaten auf Überfälle durch Franktireurs (Freischärler), die sich an einem „belgischen Volkskrieg" beteiligten und deren Aktionen kriegsrechtlich in einer Grauzone angesiedelt, nach deutscher Lesart der Haager Landkriegsordnung von 1907 in den meisten Fällen verboten waren? Oder handelte es sich um Repression, die sich aus den operativen Zielsetzungen

* Zugleich Rezension von Gunter Spraul, Der Franktireurkrieg 1914. Untersuchungen zum Verfall einer Wissenschaft und zum Umgang mit nationalen Mythen, Berlin 2016. Für zahlreiche Hinweise danke ich Herrn Dr. Christian Westerhoff (Württembergische Landesbibliothek Stuttgart).

der Armeeführung, aus der konkreten militärischen Situation oder aus der Mentalität der Soldaten ableitete?

Die Bewertung der deutschen „Kriegsgräuel" von 1914 blieb während des gesamten Weltkrieges und auch über den Waffenstillstand von 1918 hinaus international umstritten. Politisch setzte sich nach Kriegsende die Sicht der Siegermächte durch: Deutsche Offiziere und Soldaten wurden in den 1920er Jahren wegen der Ereignisse bei der Invasion Belgiens und Frankreichs als Kriegsverbrecher angeklagt[1]. In der Geschichtswissenschaft verlief die Diskussion zunächst weiter kontrovers, die Waagschale neigte sich jedoch nach 1945 ebenfalls zuungunsten der deutschen Interpretation[2]. Bereits in den 1950er Jahren wurde für einzelne Vorfälle, u. a. die erwähnten Ereignisse in Löwen, die Unhaltbarkeit der amtlichen deutschen Darstellungen aus der Zeit des Ersten Weltkrieges nachgewiesen. Im Jahr 2001 publizierten schließlich die am Trinity College in Dublin lehrenden Historiker John Horne und Alan Kramer ein umfangreiches Buch mit dem Titel „German Atrocities. A History of Denial", das drei Jahre später in deutscher Sprache erschien und sowohl in der *scientific community* als auch in der historisch interessierten Öffentlichkeit auf enorme Resonanz stieß[3]. Die Diskussionen um die deutschen „Kriegsgräuel" 1914 wurden durch diese Publikation auf eine neue Grundlage gestellt. Horne und Kramer rekonstruierten einerseits die Kriegsereignisse des Jahres 1914, andererseits aber auch die daran anschließenden kontroversen Debatten über den Verlauf der ersten Kriegswochen bis in die Zeit nach dem Zweiten Weltkrieg. Im Ergebnis bestätigten die beiden Autoren in den wesentlichen Punkten die traditionelle Bewertung der militärischen Geschehnisse bzw. der deutschen Kriegführung im Jahr 1914 durch die Entente-Mächte[4]. Demnach seien zwischen August und Oktober in Belgien und Nordfrankreich etwa 6.500 Zivilisten von deutschen Soldaten getötet und etwa 20.000 Gebäude zerstört worden. Den von den Militärs und Politikern des Kaiserreichs postulierten belgischen

---

[1] Gerd HANKEL, Die Leipziger Prozesse. Deutsche Kriegsverbrechen und ihre strafrechtliche Verfolgung nach dem Ersten Weltkrieg, Hamburg 2003.

[2] Vgl. bes. Peter SCHÖLLER, Der Fall Löwen und das Weißbuch. Eine kritische Untersuchung der deutschen Dokumentation über die Vorgänge in Löwen vom 25. bis 28. August 1914. Mit einer Erklärung deutscher und belgischer Historiker zum Problem und einer Einführung von Franz Petri, Köln/Graz 1958; Franz PETRI/Peter SCHÖLLER, Zur Bereinigung des Franktireurproblems vom August 1914, in: Vierteljahrshefte für Zeitgeschichte 9 (1961) S. 234–248; Winfried DOLDERER, Der schwierige Weg zum „moralischen Frieden". Der Disput um den angeblichen belgischen Franktireurkrieg 1927 bis 1958, in: Zeitschrift für Geschichtswissenschaft 64 (2016) S. 661–682.

[3] John HORNE/Alan KRAMER, German Atrocities, 1914. A History of Denial, New Haven/New York 2001 (Übersetzung: Deutsche Kriegsgreuel 1914. Die umstrittene Wahrheit, Hamburg 2004). Im Folgenden wird nach der deutschen Ausgabe zitiert.

[4] Vgl. bes. Fernand VAN LANGENHOVE, Comment naît un cycle de légendes. Francs-tireurs et atrocités en Belgique, Lausanne/Paris 1916 (dt. Wie Legenden entstehen! Franktireur-Krieg und Greueltaten in Belgien, Zürich 1917).

„Volkskrieg“ habe es nicht gegeben. Die deutschen Soldaten seien vielmehr einem „kollektiven Franktireurwahn“[5] erlegen, dessen Ursache die bereits im Vorfeld des Feldzuges geschürte Angst vor Freischärlern gewesen sei. Außer durch derartige mentale Vorprägungen, zu denen auch konfessionelle Vorbehalte zählten, erklärten sich die Gewaltexzesse durch die hohen physischen und psychischen Belastungen während des Feldzuges, aber auch durch Trunksucht, Frustration und Disziplinprobleme.

Die Interpretation von John Horne und Alan Kramer erhielt in und außerhalb der Fachwelt viel Beifall und wurde rasch als „herrschende Lehre“ akzeptiert. Die wenigen gegenüber der Studie kritischen Stimmen fanden kaum Gehör[6]. Auf der Grundlage der Thesen von Horne und Kramer und diese zum Teil zuspitzend, publizierten Larry Zuckerman und Jeff Lipkes 2004 bzw. 2007 weitere Bücher, welche die deutschen „Kriegsgräuel“ in Belgien zum Gegenstand hatten[7]. Besonders für Lipkes standen die Ereignisse von 1914 am Beginn einer Entwicklung, die zu den Verbrechen von SS und Wehrmacht im Zweiten Weltkrieg führte.

Die Debatte über die deutschen „Gräuel“ bei der Invasion Belgiens und Frankreichs ist auch aus württembergischer Sicht von hohem Interesse. Fast alle aktiven Regimenter des XIII. (Königlich-württembergischen) Armeekorps werden in dem Werk von Horne und Kramer für den Tod unschuldiger Zivilisten und die Zerstörung menschlicher Siedlungen verantwortlich gemacht. Die schlimmsten Vorfälle mit württembergischer Beteiligung ereigneten sich nach den Recherchen des Autorenduos in der Zeit zwischen dem 21. und dem 24. August 1914 im luxemburgisch-belgisch-französischen Grenzgebiet unweit der Festung Longwy[8]. Am 21. August wurden demnach in Mont-Saint-Martin 16 Zivilisten getötet und 76 Häuser zerstört. Einen Tag später waren im Einsatzgebiet der württembergischen Regimenter in Mussy-la-Ville 13 zivile Todesopfer und 55 zerstörte Gebäude zu beklagen, in Baranzy 27 getötete Zivilisten und 86 zerstörte Häuser.

---

[5] Horne/Kramer (wie Anm. 3) S. 630.

[6] Kritik an der Darstellung von Horne/Kramer in Rezensionen: Markus Pöhlmann, in: Militärgeschichtliche Zeitschrift 61 (2002) S. 564–565; Christian Hartmann, in: Frankfurter Allgemeine Zeitung, Nr. 135, 14. 6. 2004, S. 12; Peter Hoeres, in: sehepunkte 4 (2004) Nr. 7/8 [15. 07. 2004], URL: http://www.sehepunkte.de/2004/07/6108.html [10. 11. 2016]; Martin Moll, in: Militärgeschichtliche Zeitschrift 65 (2006) S. 256–259. Vgl. daneben Hankel (wie Anm. 1) S. 279, Anm. 616 sowie Peter Hoeres, Die Ursachen der deutschen Gewaltpolitik in britischer Sicht. Eine frühe Sonderwegsdebatte, in: Politische Gewalt in der Moderne. Festschrift für Hans-Ulrich Thamer, hg. v. Frank Becker/Thomas Grossbölting/Armin Owzar/Rudolf Schlögl, Münster 2003, S. 193–211. Vgl. ferner das Interview mit Ulrich Keller: Gab es in Löwen 1914 doch belgische Franktireure?, in: Welt online vom 21. 8. 1914, URL: https://www.welt.de/geschichte/article131444859/Gab-es-in-Loewen-1914-doch-belgische-Franktireure.html [10. 11. 2016].

[7] Larry Zuckerman, The Rape of Belgium. The untold story of World War I, New York 2004; Jeff Lipkes, Rehearsals. The German Army in Belgium, August 1914, Leuven 2007.

[8] Horne/Kramer (wie Anm. 3) Anhang 1, S. 636–647.

Am 23. August starben in Fresnois-la-Montagne 51 Zivilisten, 99 Gebäude wurden zerstört. Schließlich kamen am 24. August in Longuyon 60 Zivilisten ums Leben, 213 Häuser wurden zerstört. Zu diesen Gewalttaten kamen nach Horne und Kramer Zwischenfälle mit kleineren Opferzahlen, darüber hinaus Plünderungen und die Beraubung der ortsansässigen Einwohnerschaft durch württembergische Soldaten[9]. Insgesamt hätten die Regimenter des XIII. Armeekorps im Norden des Départements Meurthe-et-Moselle eine „Spur der Verwüstung“ hinterlassen[10].

Der weitgehende Konsens, der sich in der internationalen Geschichtswissenschaft über die deutschen „Kriegsgräuel“ von 1914 seit den 1950er Jahren, vor allem aber nach der Publikation des Buches von John Horne und Alan Kramer eingestellt hat, wird in einer 2016 erschienenen, fast 700 Seiten umfassenden Publikation von Gunter Spraul erstmals auf breiter Quellenbasis in Frage gestellt. Sprauls Werk trägt einen provokativen Titel: „Der Franktireurkrieg 1914. Untersuchungen zum Verfall einer Wissenschaft und zum Umgang mit nationalen Mythen“. Der Autor bietet keine Darstellung der Kämpfe zu Kriegsbeginn 1914 in Belgien und Nordfrankreich, sondern verfolgt eine für eine Monografie ungewöhnliche, da begrenzte Absicht. Sprauls Studie zielt darauf ab, die Stichhaltigkeit der Argumentation von Horne und Kramer, vor allem jedoch deren zentrale These, einen Franktireurkrieg habe es 1914 lediglich in den Köpfen der deutschen Soldaten gegeben, am Quellenbefund zu überprüfen. Es handelt sich – wenn man so will – um einen viele hundert Seiten langen Kommentar zum Buch von Horne und Kramer, vor allem zum ersten Teil dieses Werks, in dem die Ereignisse zu Kriegsbeginn 1914 dargestellt werden.

Gunter Spraul konzentrierte seine Überprüfungen aus arbeitsökonomischen Gründen auf einen Teil der bei John Horne und Alan Kramer erwähnten und im Anhang in einer Tabelle aufgelisteten Vorfälle, bei denen es nach Ansicht der Dubliner Historiker zu verbrecherischen Gewalthandlungen gegen belgische oder französische Zivilisten durch deutsche Soldaten gekommen ist[11]. Als Quellengrundlage dienen ihm vor allem zeitgenössische Veröffentlichungen sowie deutschsprachige Publikationen aus der Zeit nach 1918: so das vom Reichsarchiv herausgegebene Weltkriegswerk[12] und die in den 1920er und 1930er Jahren publizierten Regimentsgeschichten, die in der Regel auf der Basis der amtlichen Kriegstagebücher der jeweiligen Formationen angefertigt worden sind. Ergänzend wertet Spraul archivisches Quellenmaterial aus dem Hauptstaatsarchiv Stuttgart und dem Hauptstaatsarchiv Dresden aus.

[9] Nicht dem XIII. Armeekorps zugeordnet wurden von Horne/Kramer 10 zivile Todesopfer und 27 zerstörte Gebäude in Saint Pancré; vgl. dagegen Spraul (wie Anm. *) S. 612.

[10] Horne/Kramer (wie Anm. 3) S. 102.

[11] Horne/Kramer (wie Anm. 3) Anhang 1, S. 636–647.

[12] Der Weltkrieg 1914–1918, bearb. im Reichsarchiv [und Nachfolgeinstitutionen], 14 Bände, Berlin 1925–1956.

Die Tatsache, dass Gunter Spraul seine Studie stark auf gedrucktes Material stützt, ist in erster Linie der Überlieferungslage geschuldet. Große Teile der deutschen militärischen Akten aus der Zeit des Ersten Weltkrieges, vor allem die Unterlagen der preußischen Armee, fielen im April 1945 im Heeresarchiv Potsdam einem Angriff der Royal Air Force zum Opfer. Spraul ist sich bewusst, dass die Auswertung von Publikationen aus der Zeit des Ersten Weltkrieges und der Weimarer Republik methodisch problematisch ist, da alle diese Quellen explizit oder implizit auf die bereits 1914 international einsetzenden, kontroversen Diskussionen um die deutschen „Kriegsgräuel" Bezug nahmen. Im Kapitel „Quellen und Quellenkritik" versucht er, seine Vorgehensweise zu begründen und zu rechtfertigen[13]. Spraul verweist vor allem darauf, dass die älteren kriegsgeschichtlichen Werke zuverlässige Informationen über die Einsatzorte der deutschen Formationen und über die Zahl der Opfer in den Gefechten enthielten. Diese Angaben können nach seinem Befund wesentlich zur Aufhellung des militärischen Geschehens beitragen. So richtig diese quellenkritischen Überlegungen sind, so wenig können sie das Fehlen umfassender wissenschaftlicher Analysen vor allem zu den von Spraul intensiv ausgewerteten Regimentsgeschichten kompensieren[14].

Gunter Sprauls Kritik an der Studie von John Horne und Alan Kramer ist thematisch breit gefächert und in der Summe vernichtend. Spraul wirft den beiden Autoren eine oberflächliche und nachlässige Arbeitsweise vor. Das Werk von Horne und Kramer enthalte viele sachliche Fehler und inhaltliche Ungereimtheiten, die durch akkurate Recherchen hätten vermieden werden können. Inhaltlich stellt Spraul fest, dass es Horne und Kramer an Kenntnissen über die deutsche Armee und das Kriegsgeschehen 1914 gemangelt habe. Dies habe zahlreiche unzutreffende Bewertungen bedingt und zudem dazu geführt, dass militärisch relevante Sachverhalte (z.B. Waffenbesitz von Zivilisten, Tarnung von belgischen Soldaten durch zivile Kleidung) keine angemessene Berücksichtigung fanden. In einer Reihe von Fällen seien von Horne und Kramer deutsche Regimenter für „Kriegsgräuel" an Orten verantwortlich gemacht worden, an denen sie sich zum fraglichen Zeitpunkt nachweislich überhaupt nicht befunden haben.

---

13 Spraul (wie Anm. *) bes. S. 55–91.

14 Zur amtlichen deutschen Militärgeschichtsschreibung vgl. Markus Pöhlmann, Kriegsgeschichte und Geschichtspolitik: Der Erste Weltkrieg. Die amtliche deutsche Militärgeschichtsschreibung 1914–1956, Paderborn 2002. Über die deutschen Regimentsgeschichten arbeitet aktuell Sara-Verena Adamsky, eine Schülerin von Gerd Krumeich. Die avisierte Dissertation mit dem Arbeitstitel „Der Erste Weltkrieg in den ‚Erinnerungsblättern deutscher Regimenter'. Ein Beitrag zur Mentalitätsgeschichte der Weimarer Republik" zielt allerdings nicht auf eine Quellenkritik dieser kriegsgeschichtlichen Werke ab, sondern möchte einen Beitrag zum innermilitärischen Kriegsdiskurs zwischen 1918 und 1939 leisten (vgl. http://www.geschichte.hhu.de/lehrstuehle/neuere-geschichte/unsere-forschung/dissertationsprojekte.html [10.11.2016]).

Spraul konstatiert ferner eine fehlerhafte Einschätzung der kriegsrechtlichen Rahmenbedingungen des deutschen Vormarsches im August und September 1914: Einige der von John Horne und Alan Kramer als „Kriegsgräuel" gebrandmarkten Handlungsweisen deutscher Soldaten (z. B. Geiseltötungen) seien vom damaligen Kriegsrecht bzw. dem Kriegsbrauch gedeckt gewesen. Unterschlagen werde in dem Buch zudem der kriegsrechtlich relevante Unterschied zwischen „Requisition" und „Plünderung".

Am meisten beeinträchtigt nach Spraul jedoch eine tendenziöse Quellenauswertung die Forschungsergebnisse von Horne und Kramer. Die beiden Autoren hätten sich in zu starkem Maß auf amtliche belgische, französische und britische Dokumente gestützt, deren Aussagen alles andere als objektiv seien. Deutsche Quellen seien lediglich ergänzend herangezogen worden, und zwar in der Regel dann, wenn sie geeignet waren, den mit Hilfe anderer Unterlagen gewonnenen Befund (oder auch nur die ideologisch motivierten Vorurteile) zu bestätigen. Bei der Quellenkritik hätten Horne und Kramer durchgehend fundamentale Prinzipien der Geschichtswissenschaft missachtet: Amtlichen deutschen Quellen, aber auch Regimentsgeschichten sei im Unterschied zu offiziellen Dossiers der Entente-Mächte lediglich ein geringer Quellenwert zugemessen worden. Quellenaussagen seien weiters zum Teil erheblich entstellt wiedergegeben worden, um inhaltliche Widersprüche zu überdecken. Kurzum, mit den Worten Sprauls: „Quellenkritik – sofern es sie überhaupt gibt – findet bei Horne und Kramer nur zu Randfragen statt, z. B. ob es irgendwo 5 oder 8 Tote gegeben hat oder ob ein Mädchen 3 oder 13 Jahre alt war. Einer inhaltlichen Auseinandersetzung mit dem ‚Beweismaterial der anderen Seite' gehen die Autoren aus dem Weg: entweder wird dieses von vorneherein als ‚apologetisch' ausgegrenzt oder es wird nur insofern benutzt, als es die eigene Position zu stützen scheint."[15]

Anders als der provokative Titel des Buches vielleicht vermuten lassen könnte, argumentiert Gunter Spraul in seiner Studie sehr sachlich und kenntnisreich, erlaubt sich lediglich ab und zu ironische Seitenhiebe auf die Thesen von Horne und Kramer. Akribisch rekonstruiert Spraul – mit steter Bezugnahme auf die Publikation des Autorenteams – eine Vielzahl an militärischen Geschehnissen aus den ersten Kriegswochen 1914, deren genauer Ablauf oftmals seit Jahrzehnten umstritten ist, und prüft dabei verbreitete, oftmals noch auf die Kriegspropaganda zurückgehende Argumentationsmuster auf ihre Plausibilität. Zahlreiche Fehlinformationen, denen John Horne und Alan Kramer Glauben schenkten, sowie viele unrichtige Bewertungen, die sie in ihrer Publikation vornahmen, werden auf diese Weise offen gelegt. Für seine zentrale These, 1914 habe in Belgien und Nordfrankreich ein Franktireurkrieg stattgefunden, findet Spraul in den von ihm ausgewerteten Quellen unzählige Belege. Sicherlich sind viele der von ihm zitierten Fundstellen, vor allem diejenigen aus Druckwerken, wissenschaftlich nicht über jeden Zweifel

[15] Spraul (wie Anm. *) S. 535.

erhaben. Doch lässt die große Zahl an Hinweisen in den Quellen, darunter auch viele archivalische Primärquellen, keine Zweifel daran, dass das Eingreifen von Zivilisten und als Zivilisten verkleideter Militärs in die Gefechte nicht auf Einzelfälle beschränkt blieb.

Bei seinen Recherchen über den Einsatz der württembergischen Regimenter zu Kriegsbeginn 1914 stand Spraul nicht nur umfangreiches publiziertes Material, sondern auch eine breite archivalische Überlieferung aus der Kriegszeit zur Verfügung. Die Unterlagen des XIII. Armeekorps haben den Zweiten Weltkrieg (von Kassationen abgesehen) unversehrt überstanden und sind heute im Hauptstaatsarchiv Stuttgart überliefert. Das amtliche Schriftgut wird ergänzt durch vielfältiges Sammlungsgut (u.a. Nachlässe), das vor allem in den ausgehenden 1930er und in den frühen 1940er Jahren ins damalige Heeresarchiv Stuttgart gelangte. Spraul nutzt die Möglichkeiten, die ihm die Überlieferung im Fall der württembergischen Truppen bietet, lediglich mit Einschränkungen. Zwar wertet er zahlreiche archivalische Quellen aus, doch bilden auch in den Kapiteln über das XIII. Armeekorps die Darstellungen der Regimentsgeschichten eine tragende Stütze seiner Ausführungen. Interessant wäre es nach Meinung des Verfassers gewesen, in den Abschnitten über die württembergischen Truppen die Argumentation konsequent auf der archivalischen Überlieferung (d.h. vor allem den Akten des Generalkommandos und der militärischen Formationen sowie den „privaten" Aufzeichnungen) aufzubauen und Informationen aus Sekundärquellen allenfalls ergänzend und in methodisch transparenter Weise zu verwenden. Sprauls Text hätte durch eine solche, stärker an den zeitgenössischen Quellen orientierte Vorgehensweise an Überzeugungskraft gewonnen. Seine These, 1914 habe es einen Franktireurkrieg gegeben, hätte Spraul mit dieser Methodik auf die Perzeption des Kriegsgeschehens durch die beteiligten Akteure stützen können. Der Verfasser konnte sich bei einer Durchsicht der amtlichen Tagebücher des massiver Kriegsgräuel beschuldigten Infanterie-Regiments Nr. 125 davon überzeugen, dass in den Einträgen dieser Diarien zum 22. bis 25. August 1914 immer wieder Franktireurkämpfe erwähnt und die Auseinandersetzungen mit Freischärlern im Übrigen auch zumeist klar von den Gefechten gegen reguläre Truppen unterschieden werden[16]. Denselben Befund erbringt die Analyse privater Aufzeichnungen, etwa derjenigen des Regimentskommandeurs Christof von Ebbinghaus (1856–1927), die auch Spraul ausgewertet hat[17].

---

16 HStA Stuttgart M 411 Bü 1077 (KTB Stab), Bü 1125 (KTB 1. Bataillon), Bü 1140 (KTB 2. Bataillon), 1161 (KTB 3. Bataillon), 1168 (KTB 3. Bataillon, Anlagen), 1173 (KTB 5. Kompanie). Für die Zeit vom 21.–24. August 1914 enthalten mit Ausnahme des Tagebuchs des Stabes alle Diarien Eintragungen über die Beteiligung von Zivilisten am Kampf bzw. über Franktireurs.

17 HStA Stuttgart M 660/070 v.a. Nr. 4–6, 8.

Wie schwer eine adäquate historische Bewertung der militärischen Geschehnisse zu Beginn des Ersten Weltkrieges fällt, machen die sowohl von Horne und Kramer als auch von Spraul benützten Tagebücher des Oberstabsarztes Dr. Hans von Pezold deutlich. Pezold stand während der deutschen Invasion Belgiens und Frankreichs als Chefarzt des Feldlazaretts Nr. 7 in württembergischen Diensten[18]. Von Horne und Kramer wird er als Zeuge für die These ins Feld geführt, der angebliche Franktireurkrieg sei im Wesentlichen das Ergebnis einer kollektiven Autosuggestion der deutschen Soldaten gewesen[19]. Spraul kritisiert diese Interpretation völlig zu Recht als grob verzerrend[20]. Zwar finden sich in Pezolds Tagebuch einige Einträge, die auf eine Skepsis des Autors gegenüber verschiedenen, in der deutschen Truppe umlaufenden Berichten über die angebliche oder tatsächliche Heimtücke der Freischärler hinweisen. Doch lassen andere Notizen keinen Zweifel daran, dass der württembergische Mediziner – im Übrigen ein „typischer" Repräsentant der konservativen Eliten des Kaiserreichs – von einem Eingreifen von Franktireurs in die Kämpfe überzeugt gewesen ist[21]. Wichtig erscheint es in diesem Kontext festzuhalten, dass Pezold kein Augenzeuge der Gefechte gegen französische Truppen bzw. gegen Freischärler gewesen ist. Den Tagebüchern des Mediziners ist daher für die Frage, ob es 1914 einen „Volkskrieg" gegeben hat, kein allzu hoher Quellenwert zuzubilligen. Pezolds Text belegt allerdings eindrücklich, dass es bereits vielen Zeitgenossen, auch deutschen Militärangehörigen, sehr schwer fiel, den Wahrheitsgehalt der vielfältigen Nachrichten und Gerüchte zu ermessen, die über feindliche Franktireurs in ihrer unmittelbaren Umgebung kursierten.

Wie ist die ungewöhnlich konzipierte Arbeit Sprauls insgesamt zu bewerten, und welche Konsequenzen ergeben sich aus dieser Studie für die Bewertung der deutschen „Kriegsgräuel" in Belgien und Nordfrankreich zu Kriegsbeginn 1914? Sprauls Studie bringt das von John Horne und Alan Kramer gezeichnete Bild nicht nur im Detail ins Wanken. Die von ihm vorgebrachten Einwände gegen die Darstellung der beiden Dubliner Historiker sind, auch wenn sie nur durch die Analyse ausgewählter Ereignisse gewonnen wurden, in der Summe so gewichtig, dass die Bewertung des militärischen Geschehens einer Revision unterzogen werden muss. Dass es 1914 in Belgien und Nordfrankreich einen Franktireurkrieg nicht nur in der Vorstellung der deutschen Soldaten, sondern in der Realität gegeben hat, dürfte nach Sprauls Publikation kaum noch in Frage stehen. Eine wichtige Aufgabe der zukünftigen Forschung wird es sein, die Konturen dieses Franktireurkrieges (Organisation, geografische Schwerpunkte, militärische Bedeutung, Opfer etc.) in

---

18 HStA Stuttgart M 660/032 Bd. 21 und 22.

19 Horne/Kramer (wie Anm. 3) S. 256 f., 259.

20 Spraul (wie Anm. *) S. 139–148.

21 Zu Pezold vgl. einführend Wolfgang Mährle, „Die Ereignisse überstürzen sich". Das Kriegsende 1918 aus der Sicht eines hohen Militärarztes: Die Tagebücher von Hans von Pezold, in: ders., Württemberg im Ersten Weltkrieg. Dokumente aus dem Hauptstaatsarchiv Stuttgart, Borsdorf 2016, S. 71–78.

kritischer Auseinandersetzung mit zeitgenössischen Erhebungen und Publikationen zu erhellen[22]. Hierzu ist wiederum insbesondere die archivalische Überlieferung systematisch auszuwerten.

Ungeachtet des überaus interessanten Befunds von Gunter Sprauls Studie bleiben entscheidende Fragen zum Kriegsgeschehen im Spätsommer 1914 offen. Spraul begnügt sich entsprechend der begrenzten Zielsetzung seiner Studie damit, die Analysen von John Horne und Alan Kramer zu falsifizieren. Ihn interessiert vor allem der Nachweis, dass das Handeln der deutschen Truppen beim Vormarsch in Belgien und Frankreich durch die völkerrechtswidrige Teilnahme von Zivilisten und Soldaten in Zivil an den Kämpfen motiviert war. Kaum gestellt wird hingegen die zentrale Frage, inwieweit die Konstellationen eines Franktireurkrieges zur Erklärung der vehementen deutschen Repression auf dem westlichen Kriegsschauplatz zu Kriegsbeginn 1914 ausreichen. Auch Spraul zieht nicht in Zweifel, dass die kaiserlichen Soldaten in den ersten Wochen des Weltkrieges Kriegsverbrechen begangen haben[23]. Die hohe Zahl getöteter belgischer und französischer Zivilisten kann nicht allein auf den Versuch, die Aktivitäten von Freischärlern rasch und wirksam zu unterdrücken, zurückgeführt werden. Wenn Spraul die Frage, wie es an vielen Orten zur Tötung von Zivilisten, darunter zahlreicher an den Kämpfen unbeteiligter Frauen, Greise und Kinder, kommen konnte, nicht systematisch in den Blick nimmt, entspricht dies zwar der Fragestellung seiner Publikation, wirkt in der Sache aber doch höchst unangemessen. Eine Neubewertung sowohl der von Spraul analysierten militärischen Ereignisse als auch des gesamten Kriegsgeschehens bei der deutschen Invasion Belgiens und Frankreichs 1914 steht daher noch aus. Hierbei müssen nach Ansicht des Verfassers auch verschiedene der von Horne und Kramer aufgeworfenen Thesen nochmals im Licht des dank Spraul inzwischen erreichten Wissensstandes neu diskutiert werden (z.B. Bedeutung der konfessionellen Komponente, der psychologischen Disposition der Soldaten). Die Tatsache, dass ein Franktireurkrieg stattgefunden hat, bedeutet keinesfalls zwangsläufig, dass die von Horne und Kramer herausgearbeiteten Motivlagen irrelevant gewesen sind.

Wie das Verhalten des deutschen Heeres insgesamt, kann auch das Handeln der württembergischen Truppen in den ersten Kriegswochen derzeit nicht abschließend bewertet werden. Spraul kann nachweisen, dass die Analyse des Vormarsches der württembergischen Regimenter durch Horne und Kramer eine Vielzahl an Fehlern aufweist. Die unrichtige Einschätzung der Tagebuchaufzeichnungen Hans von Pezolds wurde bereits erwähnt. Die Untersuchungen Sprauls legen die Vermu-

---

[22] Zu nennen wären hier u.a. das deutsche Weißbuch von 1915 (Die völkerrechtswidrige Führung des belgischen Volkskriegs, hg. v. Auswärtigen Amt, Berlin 1915) sowie die Publikationen von Richard Grasshoff (Belgiens Schuld. Zugleich eine Antwort an Professor Dr. Waxweiler, Berlin 1915, sowie Belgiens Schuld. Der belgische Volkskrieg, Berlin 1918).

[23] Spraul (wie Anm. *) S. 537.

tung nahe, dass der Raum Longwy, in dem das XIII. Armeekorps agierte, eines der Zentren des belgisch-französischen Franktireurkrieges darstellte[24]. Derzeit kaum zu beantworten ist die Frage, wie viele Zivilisten Gräueltaten württembergischer Soldaten zum Opfer fielen. Horne und Kramer haben auf der Grundlage französischer Quellen etwa 180 zivile Todesopfer im Einsatzgebiet des XIII. Armeekorps ermittelt[25]. Spraul versuchte, Opferzahlen durch Auswertung der deutschen Regimentsgeschichten zu bestimmen; dieses Verfahren führte allerdings nur in vergleichsweise wenigen Fällen zu belastbaren Ergebnissen[26]. In den Formationsgeschichten fehlen sehr häufig konkrete Angaben zu Zivilisten bzw. Franktireurs, die in den ersten Kriegswochen ums Leben kamen. Dasselbe Bild zeigt sich im Übrigen in der archivalischen Überlieferung aus der Zeit des Ersten Weltkrieges. Sehr wahrscheinlich ist nach den Forschungen Sprauls freilich, dass ein Teil der getöteten Zivilisten, die Horne und Kramer ermittelten, nicht durch Gräueltaten oder willkürliche Exekutionen, sondern bei Kampfhandlungen starb, d.h. in den Gefechten der regulären Armeen bzw. bei der Bekämpfung von Freischärlern durch deutsche Truppen[27]. Ebenso dürfte ein Teil der in den Kampfgebieten zerstörten Immobilien nicht durch mutwillige Brandstiftung, sondern durch Artilleriefeuer vernichtet worden sein.

Ein wichtiges Verdienst der akribischen, aber in ihrer Problemstellung und damit auch in ihren Ergebnissen einseitigen Arbeit von Gunter Spraul liegt darin, dass viele Fragen, die seit der Studie von John Horne und Alan Kramer beantwortet schienen, nun wieder offen sind. Auf den weiteren Gang der Diskussion darf man daher gespannt sein. Bereits angekündigt ist eine neue Studie zum deutschen Einmarsch in Belgien und Frankreich 1914 aus der Feder von Ulrich Keller (University of California, Santa Barbara).

---

[24] Hierfür spricht u.a. die Darstellung im Weltkriegswerk des Reichsarchivs, vgl. Der Weltkrieg 1914–1918 (wie Anm. 12); hier: Die militärischen Operationen zu Lande. Band 1: Die Grenzschlachten im Westen, Berlin 1925, bes. S. 319f. Auch die Formationen der anderen, zur V. Armee gehörenden Korps wurden immer wieder von Zivilisten angegriffen.

[25] Die Opfer von Saint-Pancré sind in diese Zahl eingerechnet (vgl. Anm. 9).

[26] Spraul (wie Anm. *) S. 605–620.

[27] Dies vermutete unmittelbar nach dem Erscheinen des Buches von John Horne und Alan Kramer bereits Pöhlmann (wie Anm. 6) S. 565.

Buchbesprechungen

Allgemeine Geschichte

Sigrid Hirbodian / Christian Jörg / Sabine Klapp (Hg.), Methoden und Wege der Landesgeschichte (Landesgeschichte, Bd. 1), Ostfildern: Jan Thorbecke Verlag 2015. VI, 224 S. ISBN 978-3-7995-1380-7. € 37,–

In der Zwischenkriegszeit sorgte die Etablierung landesgeschichtlicher Institute für frischen methodischen Schwung in der bis dahin eher disziplinär und politikhistorisch ausgerichteten deutschen Geschichtswissenschaft. Obwohl die neuen interdisziplinären Ansätze in der Zusammenführung historischer, philologischer, kunsthistorischer, archäologischer, geographischer oder volkskundlicher Zugangsweisen in der Grundlagenforschung erfolgreich erprobt wurden, konnte die Landesgeschichte in Deutschland ihre anfänglichen organisatorisch-konservierenden Bürden aus dem Untergang der deutschen Monarchien 1918 nicht leicht abschütteln. In den Neigungen zur ‚Feindforschung' an den Ost- und Westgrenzen des Deutschen Reichs wie in der Konzentration auf ‚Blut und Boden' während der Zeit des Nationalsozialismus zeigte sich bald die Anfälligkeit von Landesgeschichte für politische Instrumentalisierungen. Nach dem Zweiten Weltkrieg gelangen dann fruchtbare wissenschaftliche Neuanfänge, die vor allem der deutschen Mediaevistik wesentliche Impulse gaben.

Gleichzeitig wurden jene theoretischen Häutungen weitgehend versäumt, die in Frankreich von der Annales-Schule oder in den USA von Clifford Geertz und seiner ethnologisch fundierten Idee der dichten Beschreibung vorangetrieben wurden. Karrieren, wie sie Georges Duby oder Emmanuel Le Roy Ladurie von der regionalen oder gar lokalen Konkretion zur kulturwissenschaftlichen Epochencharakteristik beschritten, blieben in Deutschland – abgesehen von wenigen bedeutsamen Ausnahmen – eher aus. Stattdessen holte man – was nicht gering geschätzt werden darf – die Menschen bei ihrem elementaren Geschichtsinteresse ab oder appellierte an das Gewissen der Politik, etwas für den überschaubaren Raum zu tun. So drangen die Ideen von ‚Glokalisierung' oder ‚histoire totale' nur zögerlich in die professionellen Debatten der deutschen Landesgeschichtsforschung ein. Lange schienen die regionale Institutionalisierung von Geschichte und die vormals üppige Ausstattung landesgeschichtlicher Institute oder Kommissionen so sicher, dass eher an traditionalen Verfeinerungen als an methodischen Neuausrichtungen gefeilt wurde.

Jetzt nimmt eine neue Generation von Landeshistorikerinnen und Landeshistorikern eine Ortsbestimmung vor und will im Rahmen des Verbands der Historikerinnen und Historiker Deutschlands auch dezidiert sichtbar werden. Ist das Zeichen einer Krise? Wird hier im internationalen Kontext etwas nachgeholt? Oder will man die älteren Selbstsicherheiten deutscher Landesgeschichte im 21. Jahrhundert neu definieren? Eine programmatische

Tagung 2013 in Tübingen und die Begründung einer neuen Buchreihe verknüpfen Herausforderung und Chance, und die ersten, ermutigenden Resultate liegen in dem hier anzuzeigenden wichtigen Sammelband vor.

Die heftigen Debatten der 1980er Jahre, als man über Landesgeschichte versus Regionalgeschichte stritt und an die Stelle der kontingenten, dynastisch entstandenen Länder des 19. Jahrhunderts einen neuen Regionsbegriff setzte, sind vorüber. Damals wollte man konservierende etatistische Beharrung durch sozialgeschichtliche oder mikrohistorische Aufbrüche überwinden. Mit dem ‚spatial turn' wurde der Konstruktcharakter des Raums offenbar, der in seiner Kontingenz eine neue Kulturgeschichte des Politischen eröffnet (dazu Martin Ott, Raumkonzepte in der Landesgeschichte nach dem Spatial Turn, S. 111–125. Exemplarisch Jürgen Dendorfer, Politische Räume des Früh- und Hochmittelalters am Oberrhein – Überlegungen zu Landesgeschichte und spatial turn, S. 127–148; Dietmar Schiersner, Räume der Kulturgeschichte – Räume der Landesgeschichte. Affinitäten, Divergenzen, Perspektiven, S. 149–164; Michael Hecht, Landesgeschichte und die Kulturgeschichte des Politischen, S. 165–190). Mehrere Beiträge zur neuen Ortsbestimmung referieren in milder Distanz jene einstigen Kontroversen, die vor 1989/90 nicht selten als weltanschauliche Glaubenssätze im Ost-West-Gegensatz verortet wurden. Beherzt setzen Autoren in diesem Sammelband Land und Region in eins (z. B. S. 115, 149; mit neuen Perspektivierungen und Differenzierungen Walter Rummel, Landes- und Regionalgeschichte – Komplementärdisziplinen im gesellschaftlichen Umfeld, S. 29–40, bes. S. 31 f.) und bekennen: „Landes- und Regionalgeschichte werden im Folgenden synonym verwendet" (S. 51, Anm. *).

Ältere Kombattanten mögen sich darüber verwundert die Augen reiben: Sind denn Land und Region ineinander gesunken? Jüngere erklären das alte Wortgefecht für beendet. Ich möchte dem früheren Begriffsgegensatz gar keine besondere heuristische Bedeutung mehr zumessen. Aber das Wichtigste schuldet die deutsche Geschichtswissenschaft ihren internationalen Kolleginnen und Kollegen noch, nämlich die Definition des Landes. Dazu wird in diesem Buch zwar manches geschrieben, doch das Land als Basis von Landesgeschichte bleibt eine seltsame Blindstelle. Was die Gegenstände der deutschen Landesgeschichte von der „région mâconnaise" (Georges Duby, 1971) oder den Untersuchungsräumen ethnologischer Forschung in Asien oder Afrika unterscheidet, müsste irgendwie noch geklärt werden. Zwischen dem Landesbegriff der deutschen Mediaevistik im Gefolge der Definitionen Otto Brunners, den Gliedstaaten des Deutschen Reichs seit 1871 und den Bindestrich-Ländern der Bundesrepublik Deutschland seit 1949/1990 gibt es Kontinuitäten, die mit der Geschichte der Menschen in Raum und Region wenig zu tun haben.

Nach wie vor halte ich deshalb das deutsche ‚Landesbewusstsein' für eine noch genauer zu erklärende Sonderentwicklung, die keine europäische Forschungslücke darstellt, sondern eher ein deutsches Thema als das unserer Nachbarn ist (Vorträge und Forschungen 61, 2005, S. 393–409). Will man die deutsche Landesgeschichtsforschung international anschlussfähig entwickeln, müssen diese Besonderheiten und ihre Institutionalisierung in landesgeschichtlichen Forschungsinstituten und Kommissionen jenseits des Charmes von ‚small is beautiful' analytisch erklärt werden. Dem werden sich künftige Bände vielleicht zuwenden. Bis dahin bleibt der Landesbegriff die größte methodische Herausforderung einer wissenschaftlichen Landesgeschichte, welche die Rede von Heimat dezidiert vermeidet.

Das hier zu besprechende Buch bietet wesentliche Grundlagen für die Bündelung des Erreichten wie für künftige Positionsbestimmungen. Auf das sehr knappe Vorwort der beiden Herausgeberinnen und des Herausgebers (S. 1–4) folgen Aufsätze, die eindrucksvoll die Etablierung landesgeschichtlicher Forschung in den zeitlichen Bedingtheiten des wechselvollen 20. Jahrhunderts entfalten und neue Wege ins 21. Jahrhundert weisen (Werner Freitag, Die disziplinäre Matrix der Landesgeschichte. Ein Rückblick, S. 5–27; Winfried Speitkamp, Raum und Erinnerungsorte. Das Dilemma der Landesgeschichte, S. 81–93; Andreas Rutz, Doing territory. Politische Räume als Herausforderung für die Landesgeschichte nach dem ‚spatial turn', S. 95–110). Konkrete Bündelungen in Rheinland-Pfalz, einem Raum ohne einheitliche Herrschaftsgeschichte (Michael Kißener, Ein „Handbuch" für Rheinland-Pfalz – zwischen Landes- und Regionalgeschichte, zwischen Wissenschaft und Identitätsstiftung, S. 41–50), vergangene dynastische Zusammenfügungen zwischen Großbritannien und Hannover (Arnd Reitemeier, Zusammengesetzte Herrschaften als Forschungsaufgabe der Landesgeschichte. Das Beispiel der Personalunion zwischen Großbritannien und Hannover 1714–1837, S. 65–79) oder verschränkte Herrschaftsräume (Sabine Ullmann, Methodische Perspektiven der Herrschaftsgeschichte in komplexen territorialen Landschaften der Frühen Neuzeit, S. 191–208) erweisen den Primat des Politischen über scheinbare Essenzialismen wie Raum, Kultur oder Volk. Politik formte das Land als Zufallsprodukt von Geschichte, das in historischer Öffentlichkeitsarbeit vermittelt werden will (Oliver Auge, Studium und Öffentlichkeit: Projektarbeit in der Landesgeschichte, S. 51–64). So erscheint Landesgeschichte heute am ehesten noch als Geschichte eines überschaubaren geographischen Raums und seiner kontingenten Zerstückelung durch vergangene dynastische Politik.

Soll Landesgeschichte also solche Zufälligkeiten erklären, die Ulm oder Neu-Ulm, Wertheim oder Kreuzwertheim heute nach Baden-Württemberg oder Bayern weisen? Das wäre gewiss auch ein vernünftiger Bildungsauftrag, der den Menschen den Sinn ihrer Landeshauptstädte deutlich macht. Jenseits aller Entwicklungsgeschichte strebt Landesgeschichte heute aber mehr an. Das macht die Zusammenfassung deutlich (Ferdinand Kramer, Landesgeschichte in europäischer Perspektive. Zusammenfassung und Diskussionsbeitrag, S. 209–217), die aus bayerischer Perspektive als dem vermeintlich selbstverständlichsten Land aller deutschen Länder formuliert wird. Jenseits der Erklärung von ländlichen Zufällen wird es der modernen Landesgeschichtsforschung künftig vor allem um dichte Beschreibung, um Mikroanalysen, um fremde Blicke im Sinne historischer Alteritäten, um die Totalität von Leben in Überschaubarkeiten gehen. Dafür braucht die deutsche Landesgeschichtsforschung aber mehr als nur ihre Historie aus den deutschen Ländern oder ein Bekenntnis zur dezidierten Interdisziplinarität. Benötigt wird der Wille zur Transformation, der Grundlagenforschung mit neuen Methoden der Ethnologie, der Anthropologie und der Globalgeschichte verknüpft und die oszillierenden Wechselwirkungen von begrenzter ‚Heimat' und Weiträumigkeiten fokussiert. Bernd Schneidmüller

Grundzüge der Agrargeschichte (Band 1–3), hg. von Stefan Brakensiek, Rolf Kiessling, Werner Trossbach und Clemens Zimmermann, Köln: Böhlau 2016. 704 S., 123 s/w Abb. ISBN 978-3-412-22225-3. € 70,–

Diese „Grundzüge der Agrargeschichte" sind auf drei Bände angelegt und beruhen auf einem Vorhaben des Arbeitskreises Agrargeschichte und der Gesellschaft für Agrargeschichte, herausgegeben von den derzeit wohl renommiertesten und aktivsten Forschern zur Agrargeschichte Deutschlands.

Folgt man dem Untertitel des ersten Bandes – dessen Kapitel werden jeweils allein oder in wechselnden Autorenkombinationen von Rolf Kießling, Frank Konersmann sowie Werner Troßbach verfasst –, setzt die Darstellung im Spätmittelalter um 1350 ein, also mit der großen Pestwelle in Mitteleuropa. Tatsächlich greifen die Autoren im einleitenden Kapitel 1 „Einführung" explizit auf das Hochmittelalter und in den folgenden Großkapiteln zu Bevölkerung (Kap. 2) und Landwirtschaft (Kap. 3) sowie mit den Ausführungen zu „Struktur, Wandel und Auflösung der Villikationsverfassung" in Kap. 5 „Agrarverfassung im Übergang" immer wieder auch auf frühere Zeiten zurück. Da ein Band für die Zeiten vor dem Spätmittelalter fehlt – sie liegen wohl außerhalb des Interesses und der Expertise der Herausgebergruppe? –, ist das auch unbedingt notwendig, um die bis dahin reichenden Kontinuitätslinien ländlicher Gesellschaften und agrarischer Produktion zu verdeutlichen.

Band 1 folgt in der Konzeption und der Präsentation von Themen am ehesten einer klassischen Agrargeschichte. Man erfährt mithin Grundlegendes etwa zur Entstehung und dem Anwachsen der unterbäuerlichen Schichten, zu Nutzungssystemen, Änderungen der Pflugmethoden und zentralen Aspekten der Agrarverfassung, Letzteres mit einem aus der Forschungsgeschichte zu erwartendem Schwerpunkt auf der Gutsherrschaft in Nordostdeutschland; die südwestdeutschen Verhältnisse werden eher nebenbei beschrieben. Etwas verwunderlich ist dabei die bisweilen unzureichende Qualität mancher Karten (etwa zu den Aktionsräumen im Bauernkrieg auf S. 47), obgleich sie mit geringem Aufwand leicht neu gezeichnet und inhaltlich aktualisiert hätten werden können. Zudem erstaunt, dass etwa in Kap. 2.2.1 „Siedlung und Nutzfläche 1450–1600" nicht auf die aussagestarken Graphiken etwa des Geographen Hans-Rudolf Bork zu den Flächenbilanzierungen für Mitteleuropa zurückgegriffen wird, obwohl das entsprechende Buch im Literaturverzeichnis ausgewiesen ist – wie überhaupt auffällt, dass Forschungsergebnisse von zu den Geschichtswissenschaften benachbarten Disziplinen nur eher zufällig aufgenommen werden.

Neben dem, was man in einem Buch mit dem Titel „Grundzüge der Agrargeschichte" füglich erwarten kann, gibt es in jedem Großkapitel auch immer wieder Passagen, die neuere Ansätze der Forschung aufnehmen. Dazu gehören etwa der zweimalige Rekurs auf die Rolle von Juden auf dem Land in Kap. 2 „Bevölkerung" und die Darlegungen zu „Erfahrung und Vergleich: Wissensdarstellung in der Agrarliteratur" in Kap. 3 „Landwirtschaft". Hierzu zählt vor allem der lesenswerte Beitrag zu Geschlechterverhältnissen in der ländlichen Gesellschaft von Dorothee Rippmann (S. 242–258) in Kapitel 6 „Sozialer und kultureller Wandel".

Nach Aussage von Stefan Brakensiek im Vorwort zum 2. Band „Vom Dreißigjährigen Krieg bis zum Beginn der Moderne" (1650–1880) habe der erste Band der „Grundzüge" die Entstehung von Wirtschaftslandschaften nach den Pestwellen des Hochmittelalters (sic!) thematisiert. Wenn damit gemeint ist, dass die räumliche Differenzierung von agrarischen Strukturen auch angesprochen wurde, kann man das akzeptieren.

Band 2 ist von Reiner Prass, Honorarprofessor für Historische Anthropologie an der Universität Erfurt, allein verfasst worden. Er war einige Jahre Wissenschaftlicher Mitarbeiter im VW-Projekt „Alphabetisierung, Schulbesuch und Literarisierung in Nordwestdeutschland vom 16. bis zum 19. Jahrhundert". Entsprechend ist dieser Band stärker von den Akteuren her konzipiert als der vorherige und auch der nachfolgende. Stefan Brakensiek umschreibt diesen Ansatz in der erwähnten Einleitung wie folgt: Die „großen gesellschaftlichen Transformationsprozesse sind meist mit ‚top-down'-Modellen (Konfessionalisierung, Staatsbildung, Verbreitung aufgeklärten Denkens, ‚Revolution von oben',

Modernisierung) erklärt worden. Dagegen unternimmt der vorliegende Band den Versuch, die Veränderungen auch als Ergebnisse des Denkens, Fühlens und Handelns von Menschen zu verstehen, denen bis vor einigen Jahren jegliche Geschichtsmächtigkeit abgesprochen worden ist. Gemeint sind die vielen Männer und Frauen auf dem Lande, die ihren Lebensunterhalt durch Ackerbau und Viehzucht, im ländlichen Gewerbe und im Handel gewannen".

Nimmt man die Behauptung von der lange Zeit abgesprochenen Geschichtsmächtigkeit als *captatio benevolentiae*, den eigenen Ansatz als umso moderner und fortschrittlicher gewertet sehen zu wollen, bietet dieser Band das innovativste Gliederungskonzept von allen dreien. In Kap. 1 wird das „Leben nach dem Dreißigjährigen Krieg" in regionaler Differenzierung vorgestellt, darunter in der Klosterherrschaft Ottobeuren und in der Grafschaft Ravensburg mit Blick auf die Entstehung protoindustriellen Gewerbes in Verflechtung zur Landwirtschaft. Dieses Kapitel wird mit einem sehr erhellenden, die bisherige Forschung zu Erbrechten und -sitten grundsätzlich hinterfragenden Exkurs unter der Überschrift „Vererbung – Recht, Praxis und Ideologien" abgeschlossen. Das zweite große Kapitel widmet sich mit der zeitlichen Eingrenzung auf 1750–1820 der „Ländlichen Gesellschaft zwischen Agrarkonjunktur, Volksaufklärung und dem Beginn der Agrarreformen". Erfreulicherweise fehlt es den Ausführungen keineswegs an Erdung im Sinne eines Bezugs auf die Methoden und Erträge der agrarischen Produktion, deren Fortschritte nun auch in Statistiken sichtbar gemacht werden können. Solche Inhalte und Darstellungsformen finden sich auch im letzten großen Kapitel „Der Umbau der ländlichen Gesellschaft (1820–1880)".

Auch wenn die südwestdeutschen Verhältnisse in der Darstellung ein wenig untergehen und selbst Standardarbeiten wie die von Hermann Grees zu den ländlichen Unterschichten nicht rezipiert werden, bilden sie eine gute Brücke zum Band 3. Dieser trägt den Untertitel „Die Moderne" und bezieht sich auf den Zeitraum 1880–2010. Darin kann nun verstärkt mit Zahlenwerten und Statistiken gearbeitet werden. Der Band wurde von Gunter Mahlerwein, seit Oktober 2013 Wissenschaftlicher Mitarbeiter an der Universität des Saarlandes im DFG-Projekt „Von der Stadt aufs Land? Aneignungsstrategien und Wahrnehmungsprozesse im sozialen und kulturellen Wandel der ländlichen Gesellschaft zwischen 1950 und 1980", alleine verfasst. Sicherlich von diesem Projekt beeinflusst, schreibt dessen Projektleiter, Clemens Zimmermann, im Vorwort, dass in diesem Band „der Modernisierung von Produktionsweisen, Agrarstrukturen, betrieblichen Verhältnissen und ländlichen Lebensformen in ihren komplexen Wechselbezügen, vor allem mit der Urbanisierung und der Entwicklung von Mobilität nachgegangen" werde. Erscheint vor diesem Hintergrund die Gliederung des Buches nach den „klassischen Produktionsfaktoren Boden, Kapital, Arbeit und Wissen" recht reduktionistisch, so zeigt sich in der konsequenten diachronen Ausrichtung der Darstellung innerhalb der einzelnen Produktionsfaktoren, dass damit – wie Clemens Zimmermann zu Recht feststellt – sehr gut Kontinuitätslinien herausgearbeitet werden können, während synchrone Aspekte vernachlässigt werden. Die Stärke der vorigen Bände, nämlich die Vermittlung von regionaler Differenziertheit, kommt hier also weniger zum Tragen – und ist nicht einmal ansatzweise über das sehr reduzierte Ortsregister zu erschließen möglich. Wohl aber werden die Unterschiede zwischen der Landwirtschaft in der Bundesrepublik und der DDR deutlich herausgearbeitet, namentlich auf dem Feld der Agrarpolitik. Während deren Grundzüge für die DDR recht ausführlich dargestellt und bebildert werden, sind die Aufführungen etwa zur EU-Agrarpolitik sehr knapp und kursorisch geraten.

Zusammenfassend sind hier drei Bände zusammengebunden worden, die sich in ihren Darstellungskonzepten und thematischen Schwerpunktsetzungen grundlegend unterscheiden. Es sind im Kern doch drei sehr unterschiedlich konzeptionierte und damit auch jeweils für sich selbst stehende Bände. Das lässt sich teilweise aus den differenzierten Forschungs- und Quellenlagen zu den jeweiligen Perioden erklären. Aus landeskundlicher Sicht ist dabei schade, dass die Register bezogen auf den jeweiligen Band individuell und bisweilen allzu knapp erstellt worden sind, weshalb man viele sachliche und regionale Aspekte nicht über die Jahrhunderte hinweg verfolgen kann.

Dennoch kann man die drei Bände als einen gelungenen Versuch werten, Grundzüge der Agrargeschichte Deutschlands so aufzuarbeiten, dass der interessierte Laie sowie Studierende verschiedener Fächer mit Bezügen zur Agrarwirtschaft einen fundierten Überblick zu Inhalten der Agrargeschichte sowie zentraler Literatur gewinnen können. Aber auch der in diesem Themenfeld Bewanderte wird in diesen Büchern Neues und Anregendes erfahren.

Winfried Schenk

Martin Bauch, Divina favente clemencia. Auserwählung, Frömmigkeit und Heilsvermittlung in der Herrschaftspraxis Kaiser Karls IV. (Forschungen zur Kaiser- und Papstgeschichte des Mittelalters. Beihefte zu J. F. Böhmer, Regesta Imperii 36), Köln/Weimar/Berlin: Böhlau Verlag 2015. XIII, 717 S., 25 Farbabb. ISBN 978-3-412-22374-8. Geb. € 89,–

Die „Verortung eines randständigen Themas“ (S. 8) von der Peripherie ins Zentrum nimmt sich die vorliegende Dissertation vor, nämlich den Umgang Karls IV. († 1378) mit Reliquien. Dabei wird das Thema nicht primär auf Karls Sammelleidenschaft von Reliquien reduziert, sondern durch einen umfassenden methodischen Zugriff erheblich erweitert. Die Anhäufung von Reliquien, die Verwendung sowie die Verehrung derselben bei Karl IV. bringe mehr zum Ausdruck als individuelle Frömmigkeit des luxemburgischen Herrschers. Diese Aspekte verdeutlichen nämlich eine sakral fundierte Herrschaftspraxis, die unter den Begriffen Auserwählung, Frömmigkeit und Heilsvermittlung sozusagen zum Kern karolinischer Herrschaftspraxis gehörten. Eingepasst werden Herrscherfrömmigkeit und Reliquienkult Karls IV. in zwei moderne Theorieansätze: Frömmigkeit wird hinterfragt nach dem Verständnis von Amtscharisma (Max Weber) und gleichzeitig nach seinem „symbolischen Kapital“ oder Habitus, eine Fragestellung, wie sie die kulturwissenschaftliche Forschung unter Pierre Bourdieu ausgeformt hat.

Beide Theorieansätze kontrastiert Bauch im ersten Teil mit der Frage nach Karl als sakralem Akteur. Dabei werden verschiedene Quellen befragt: Aussagen aus der Vita Caroli Quarti, hofnahe Panegyrik, Urkundensprache und Siegelbilder, liturgische Einsätze des Herrschers (wie etwa beim Weihnachtsdienst) und vor allem Berichte über den herrscherlichen Adventus. Im zweiten Teil der Arbeit beleuchtet Bauch intensiv den Reliquienerwerb, den Umgang und die weitere Verwendung der erworbenen Heiltümer. Bei der Frage nach der „Sakralisierung von Herrschaftszentren“ analysiert Bauch die Trias Reliquienschenkung, Ausstattung und Liturgie an den Residenzen, Nebenresidenzen und Hauptorten der böhmischen Kronländer. Sakralisierung meint in diesem Verständnis die „kultische Rückbindung eines lokalen Verwaltungsmittelpunkts an Prag als Zentrum des Reichs“ (S. 427 f.). Es verwundert nicht, dass diese Sakralisierung am intensivsten für Prag nachzuweisen ist, mit Abstrichen noch für die Burg Karlstein. Aber auch in Nürnberg und Aachen oder in

Nebenresidenzen in der Lausitz oder in Neuböhmen sind solche Sakralisierungsbemühungen fassbar. Nicht immer wird dem Leser einleuchtend klar, wo die übliche repräsentative Ausstattung mit Reliquien endet und die Steigerung der sakralen Bedeutung eines Ortes beginnt. Als Beispiel sei das oberpfälzische Sulzbach genannt. Als Verwaltungsmittelpunkt bildete es tatsächlich einen Vorort in dem Territorienkomplex, den Karl über die Mitgift seiner ersten Frau Anna von der Pfalz erhalten hatte und 1353 noch einmal erweitern konnte. Unter der späteren Bezeichnung „Neuböhmen" bildeten diese oberpfälzischen Besitzungen einen wichtigen Teil der Landbrücke von Böhmen in Richtung Nürnberg und Frankfurt. Für Sulzbach belegt ist eine Reliquienschenkung Karls 1355 an die dortige Pfarrkirche, dazu Bemühungen des Luxemburgers um einen Ablass für die Kirche. Weiter werden Baumaßnahmen und die Anschaffung eines Stundenbuchs für die Pfarrkirche ins Feld geführt, um die Sakralisierung des Herrschaftszentrums Sulzbach zu demonstrieren. Sicherlich sind diese Bemühungen nicht mit den umfänglichen Maßnahmen Karls in Prag oder Nürnberg zu vergleichen, wie Bauch S. 428 resümierend feststellt.

Anschließend wird nach der Rezeption von Karls „sakral grundierter Herrschaft" (S. 433) gefragt. Bauch zeigt am Beispiel des Wenzelkults möglich Grenzen bei der kultischen Inszenierung auf, analysiert die Imitation der karolinischen Frömmigkeit außerhalb Böhmens bei den Fürsten des Reiches (hier besonders am Beispiel des Habsburgers Rudolf IV.) und lässt auch kritische Stimmen der böhmischen Kirchenreformer zu Wort kommen.

Eine ausgewogene Zusammenfassung der Ergebnisse rundet die umfangreiche Arbeit ab. Durchaus kritisch wird der Erkenntnismehrwert zur karolinischen Herrschaftspraxis unter den Theorieansätzen von Max Weber (Amtscharisma) und Pierre Bourdieu (Habitus) beurteilt. Im Unterschied zur älteren Forschung kann Bauch allerdings feststellen, dass Karl „kein festgefügtes Konzept" einer sakralen Herrschaft besaß, sondern darin eine allmähliche Entwicklung durchlief, deren Ausgestaltung spezifisch auf den Herrscher zugeschnitten war. Insofern entwickelte Karls Verständnis von Auserwähltheit, Frömmigkeit und Heilsvermittlung auch keine prägende Wirkung auf seine unmittelbaren Nachfolger.

Ein außerordentlich informativer Anhang bietet der Prager Kalender mit Ablässen für das Beispieljahr 1369 (11. 1.), ein alphabetisch geordnetes Verzeichnis von Reliquien (11. 2.), die nachweislich im Besitz Karls IV. waren, und ediert (11. 3.) zwei Berichte zu den Heiligenerhebungen des heiligen Sigismund und des heiligen Burkhard von Würzburg aus den Jahren 1365 bzw. 1355. Beeindruckend auch das Quellen- und Literaturverzeichnis, das respektable 115 Seiten einnimmt. Martin Bauch hat mit seiner Arbeit wichtige Aspekte der Herrschaftspraxis Kaiser Karls IV. vom Rand in das Zentrum der Forschung gerückt, der Umgang mit Reliquien wird als wesentlicher Teil mittelalterlicher Herrschaftspraxis gedeutet, und es bleibt zu hoffen, dass von dieser Arbeit weitere Forschungsimpulse ausgehen werden, etwa zu vergleichenden Studien über die Herrschaftspraxis spätmittelalterlicher Herrscher.

Auffällig wenige Reliquien bezog Karl IV. aus dem Südwesten des Reiches (sieht man vom Elsaß ab) oder vermittelte sie zu sakralen Zwecken dorthin. Erst nach dem Tod des Luxemburgers fand sein „Lieblingsheiliger" Sigismund den Weg in die Grafschaft Württemberg. In einer Prager Werkstatt wurde 1385 eine prächtige Altartafel für die Veitskapelle in Mühlhausen (bei Stuttgart) hergestellt. Auftraggeber waren zwei Brüder, die Herren von Mühlhausen, gleichzeitig die Stifter der Kapelle. Als ritterliche Lehensleute der württembergischen Grafen waren sie ab Mitte der siebziger Jahre in Prag im Umfeld des böhmischen Hofes zu Ansehen und Reichtum gekommen. Auf der Haupttafel sind dargestellt der heilige Sigismund, der heilige Wenzel und der heilige Vitus – böhmische Landespatrone in Württemberg. Erwin Frauenknecht

Kaiser Karl IV. (1316–1378) und die Goldene Bulle, Begleitbuch und Katalog zur Ausstellung des Landesarchivs Baden-Württemberg, Hauptstaatsarchiv Stuttgart, bearb. von Erwin Frauenknecht und Peter Rückert, Stuttgart: Kohlhammer 2016. 154 S., zahlr. Abb., 6 Karten und 1 Stammtafel. ISBN 978-3-17-030740-7. Brosch. € 15,–

2016 jährte sich der Geburtstag Kaiser Karls IV., einer der markantesten Herrscherpersönlichkeiten des späten Mittelalters, zum 700. Mal. Dies war Anlass genug für das Hauptstaatsarchiv Stuttgart, um im Rahmen einer Ausstellung an den herausragenden Herrscher zu erinnern. Dabei erwies sich der Umstand als äußerst günstig, dass sich ebenfalls im Jahr 2016 der Erlass der Goldenen Bulle, des einzigen und zentralen Verfassungsdokuments des Römisch-deutschen Reichs, das bis 1806 Gültigkeit hatte, zum 660. Mal jährte und dass sich das Hauptstaatsarchiv darüber hinaus in der glücklichen Lage befindet, eine Ausfertigung der Goldenen Bulle in seinen Beständen zu haben: nämlich das ursprünglich Trierer Exemplar, das 1803 in den Besitz des neuen Kurfürstentums Württemberg gelangte. So konnten Erwin Frauenknecht und Peter Rückert eine beeindruckend instruktive Schau konzipieren, in deren Zentrum sie die Goldene Bulle und ihren Schöpfer präsentieren. Davon ausgehend werden weitergehende Perspektiven eröffnet, so dass ein umfassender Blick auf Fragen von Recht, Politik, Repräsentation und Wirtschaft im 14. Jahrhundert gelenkt wird.

Der hier anzuzeigende Begleitband spiegelt gekonnt die Konzeption der Ausstellung wider, wie sie in der Einführung von Erwin Frauenknecht und Peter Rückert vorgestellt wird (S. 7–12): In einer knappen konzisen biographischen Skizze beschäftigt sich Erwin Frauenknecht mit der Person Karls IV., der 1316 in Prag als ältester Sohn König Johanns von Böhmen aus dem Haus Luxemburg geboren wurde (S. 13–19). Frauenknecht schildert die Jugend des späteren Herrschers am französischen Hof und die Einflussnahme seines Großonkels Balduin, des Erzbischofs von Trier und des Bruders König Heinrichs VII., der bereits 1346 Karls Wahl zum Gegenkönig Ludwigs des Bayern durchsetzte, und zeigt, wie diese internationale Ausrichtung der Erziehung und die stupende Bildung Karls Grundlagen seines späteren Königtums und Herrschaftsverständnisses wurden. Prägnant werden die Leistungen Karls als Herrscher geschildert; hier können nur stichwortartig die behandelten Punkte genannt werden, um die Bandbreite von Frauenknechts Aufsatz aufzuzeigen: Territorial- und Verwaltungspolitik; Hausmachtpolitik; Konnubium, das die Aussöhnung mit den Wittelsbachern brachte; Städtepolitik (v. a. Auf- und Ausbau der Stadt Prag sowie Förderung von Nürnberg); Errichtung des Prager Erzbistums und Neubau des Veitsdoms; Verknüpfung „herrscherlicher Repräsentation und religiöser Frömmigkeit“ (S. 15), Reliquienkult Karls; Gründung der Prager Universität; Regelung der Nachfolge noch zu seinen Lebzeiten.

In einem gemeinsamen Beitrag betrachten Erwin Frauenknecht und Peter Rückert die „verfassungs- und kulturgeschichtliche Bedeutung“ der Goldenen Bulle (S. 20–25). Sie zeigen den verfassungsgeschichtlichen Weg zur Goldenen Bulle, betrachten die Goldene Bulle und ihre zentralen Bestimmungen und skizzieren knapp die Bedeutung der Kurfürsten.

Daran anschließend thematisiert Claudia Garnier in ihrem Beitrag deren Verhältnis zum König sowie Fragen um Prestige und Repräsentation, Rang und Ritual und kann anschaulich ein vielgestaltiges Bild der herrschaftlichen Eliten und ihres Umgangs miteinander zeichnen (S. 26–36).

Im Weiteren werden in zwei Aufsätzen zentrale Aspekte der Goldenen Bulle fokussiert: Matthias Ohm beschäftigt sich mit den nachhaltigen Bestimmungen Karls IV. zum Münzrecht. Ausgehend von den Münzprägungen im Königreich Böhmen richtet er seinen Blick auf die rheinischen Kurfürsten und deren Münzvereine und verfolgt abschließend die Entwicklung in Württemberg. Er kann zeigen, wie die Grafen von Württemberg dauerhaft von ihrem kaiserlichen Münzprivileg profitieren konnten (S. 37–43).

Christian Jörg schildert in seinem Beitrag die politische Situation im Südwesten des Reichs, die im 14. Jahrhundert maßgeblich von der Konfrontation zwischen den Reichsstädten und den Fürsten und Herren, vor allem den Grafen von Württemberg, geprägt war, und setzt die Entwicklung in Beziehung zu den restriktiven Regelungen zu den Städtebünden und der Aufnahme von Pfahlbürgern, wie sie in der Goldenen Bulle festgelegt sind (S. 44–54). Jörg kommt zu dem Schluss, dass zum „Zeitpunkt des Todes Karls IV. im Oktober 1378 [...] somit eine konfliktgeladene Konstellation zwischen Reichsstädten, Fürsten und Königtum entstanden [war], welche die Herrschaft von Karls Sohn Wenzel bis zur erneuten offenen Eskalation im 1. Städtekrieg (1387–89) maßgeblich prägen sollte" (S. 54).

Ist in dem gerade aufgeführten Aufsatz die Rolle, die das Königtum für die Grafen von Württemberg und deren Herrschaftsbildung spielte, bereits angerissen, geht Peter Rückert dieser Beziehung in einem eigenen Beitrag vertiefend nach (S. 55–65). Es gelingt Rückert, plastisch und instruktiv zu zeigen, wie das dauerhaft enge politische Zusammenwirken von Karl IV. und Graf Eberhard II. von Württemberg im wirtschaftlichen und kulturellen Bereich prominenten Niederschlag fand und der Einfluss des Königs bzw. Kaisers prägend wurde für die Städtelandschaft in Württemberg. Fromme Stiftungen württembergischer Hofleute in Prag sorgten darüber hinaus dafür, dass die großartige böhmische Kunst der Zeit in die Grafschaft Württemberg gelangte. Hervorgetreten sind hier die Brüder Reinhard und Eberhard von Mühlhausen, die als das wichtigste Bindeglied zwischen Karl IV. und Graf Eberhard gelten können und in ihrem „Heimatort" Mühlhausen bei Stuttgart die Veitskapelle stifteten. Der Altar der Kapelle zeigt neben den Hauptpatronen Böhmens und Lieblingsheiligen Karls IV. (Veit, Wenzel und Sigismund) die Wappen der Familie Mühlhausen, der Stadt Prag, des Königreichs Böhmen und des Römisch-deutschen Reichs sowie eine kunstvolle Reihe von Ehewappen des Hauses Württemberg. Das „heraldische Programm des Altars schließt Kaiser und Reich, Böhmen und Prag mit den Grafen von Württemberg und den Herren von Mühlhausen zusammen" (S. 64) und zeigt damit bildhaft ein Netzwerk, das ebenso wirtschaftliche und kulturelle Beziehungen wie die zeitgenössische Mobilität und den Kulturtransfer beispielhaft vor Augen führen kann.

Der abschließende Beitrag des Essayteils von Erwin Frauenknecht ist der Überlieferung und der Rezeption der Goldenen Bulle gewidmet (S. 66–76). Die herausragende Bedeutung der Goldenen Bulle wird u. a. in ihrer weiten Verbreitung deutlich. So sind neben den sieben Ausfertigungen über 170 mittelalterliche Abschriften des Textes bekannt, und es kamen bald schon deutsche Übertragungen in Umlauf. Seit den siebziger Jahren des 15. Jahrhunderts kursierten erste Drucke der Goldenen Bulle; seit 1485 kamen illustrierte Drucke hinzu. Die dadurch bedingte veränderte Wahrnehmung des Textes ist bisher nur vereinzelt untersucht worden, so dass Frauenknecht hierin „zukünftig ein Forschungsfeld zur Goldenen Bulle" (S. 73) sieht. Frauenknecht beendet seinen Beitrag, indem er neuerlich den Bogen zu Württemberg schlägt. War die rezeptionsgeschichtliche Wirkung des Trierer Exemplars über lange Zeit eher gering, wird die anhaltende Bedeutung als Prestigeobjekt jedoch gerade im Umgang mit diesem nach der Auflösung des Erzstifts deutlich. Über recht verworrene

Wege war es dem 1803 neu ernannten Kurfürsten Friedrich von Württemberg gelungen, die Trierer Goldene Bulle für sein Haus zu sichern und repräsentativ in seinem Archiv in Stuttgart zu verwahren. So konnte Friedrich die neugewonnene Würde mit dem entsprechenden Dokument schmücken, wenngleich damit keinerlei rechtliche oder politische Bedeutung mehr verbunden war. Es war eben eine Frage des Prestiges! Das „zeigt auch die Anfertigung einer in seinen [Friedrichs] Augen geeigneten Aufbewahrungsform der Urkunde, für die er eine massive Silberkassette herstellen ließ" (S. 76), wie Frauenknecht abschließend formuliert.

Mit dem Essayteil korrespondiert der Katalogteil des Begleitbands; er nimmt „die vorgezeichnete Situation wieder auf und vermittelt instruktiv die Annäherung an Karl IV. und die Goldene Bulle in den skizzierten Schritten bzw. Kapiteln" (S. 9). In sieben Kapiteln, gegenüber dem Aufsatzteil erweitert um einen Block, der in der Ausstellung die Rolle des Trierer Kurfürsten – als dem Vorbesitzer der gezeigten Ausfertigung der Goldenen Bulle – bei der Königswahl thematisiert (Katalog Kapitel 3: Die Goldene Bulle und der Erzbischof von Trier, S. 97–101), werden Artefakte und Schriftzeugnisse, kunstfertige Urkunden und Siegel, kostbare Handschriften, Frühdrucke und Münzen im Umfeld der Goldenen Bulle präsentiert und vermitteln so den unmittelbaren Zusammenhang zu ihren zeitgenössischen Kontexten. Eingeleitet wird der Katalog durch eine nützliche Zeittafel, die die Ereignisse im Reich und der Grafschaft Württemberg synoptisch gegenüberstellt und so einen raschen Überblick ermöglicht. Die einzelnen Themenblöcke sind ihrerseits noch einmal mit einer prägnant formulierten Einleitung ausgestattet, die einen konzisen Einblick in das Thema bietet. Die Objektbeschreibungen sind sorgfältig und instruktiv hergestellt und sind erfreulicherweise durchgängig mit qualitätvollen Abbildungen ausgestattet; sechs Karten unterstützen die Ausführungen.

Darüber hinaus haben digitale Präsentationen und musikalische Einspielungen die authentischen Zeugnisse in der Ausstellung begleitet (so konnte man an einer Audiostation die Musik der Pfingstmesse bei der deutschen Königswahl hören). Neben einem ausführlichen Quellen- und Literaturverzeichnis enthält der Band nicht zuletzt eine Stammtafel des Hauses Luxemburg von Kaiser Heinrich VII. bis Kaiser Sigismund, wodurch die angesprochenen genealogischen Zusammenhänge verdeutlicht werden.

Einmal mehr ist es Erwin Frauenknecht und Peter Rückert damit in bewährter Weise gelungen, nicht nur eine sehr sehenswerte Ausstellung zu Karl IV. und zu der von ihm erlassenen *lex fundamentalis* des Reichs zu gestalten, sondern allen Interessierten darüber hinaus in vielfältiger Art und Weise mit Hilfe von herausragenden Exponaten Einblicke in die Welt des 14. Jahrhunderts zu gewähren. Umfassend kann man sich sowohl über Fragen der politischen, der Verfassungs-, Kultur- und Ritual- sowie der Wirtschafts- und Geldgeschichte des Reichs im 14. Jahrhundert informieren; mustergültig wird der Bogen zur Situation im Südwesten geschlagen und in spannenden Beiträgen respektive Ausstellungsobjekten die Beziehung Kaiser Karls IV. in den deutschen Südwesten und insbesondere zu den Grafen von Württemberg schwerpunktmäßig aufgezeigt. Mit Fug und Recht kann man von einem gelungenen Stück vergleichender Landesgeschichte sprechen, das auch zukünftig in dieser Form beispielgebend sein sollte. Mit dem vorliegenden (Begleit-)Band ist darüber hinaus ein Buch entstanden, das auch über das Ende der Ausstellung hinaus unabhängig davon seinen „Eigenwert" besitzt; man nimmt es jederzeit gerne zur Hand und liest es mit Gewinn und Freude.

Uli Steiger

Joachim J. Halbekann / Ellen Widder / Sabine von Heusinger (Hg.), Stadt zwischen Erinnerungsbewahrung und Gedächtnisverlust. 49. Arbeitstagung des Südwestdeutschen Arbeitskreises für Stadtgeschichtsforschung in Esslingen am Neckar, 19.–21. November 2010 (Stadt in der Geschichte 39), Ostfildern: Thorbecke 2015. 408 S. ISBN 978-3-7995-6439-7. Geb. € 34,90

Im Jahr 1610 wurde die Allerheiligenkapelle in Esslingen in ein Registraturgebäude für die städtische Verwaltung umgewandelt und dient seitdem als Gebäude des kommunalen Archivs. Die 400. Wiederkehr dieses Ereignisses bot dem Südwestdeutschen Arbeitskreis für Stadtgeschichtsforschung die Gelegenheit, sich mit Fragen der Erinnerungskultur in Städten zu befassen. Neben das Jubiläum des Archivs in Esslingen trat ein zweiter – tragischer – Anlass, der deutlich machte, wie gefährdet die städtische Erinnerung auch in Friedenszeiten ist: der Einsturz des Historischen Archivs der Stadt Köln im März 2009. Der vorliegende Band dokumentiert die Ergebnisse der Tagung, die sich mit dem kommunalen Erinnern sowie dem Verlust und der Zerstörung von städtischem Gedächtnis befasste.

In ihrem einführenden Aufsatz „Stadt zwischen Erinnerungsbewahrung und Gedächtnisverlust" verweist Ellen Widder darauf, dass es in den letzten Jahrzehnten einen intensivierten Umgang mit Erinnerung und Erinnerungskulturen gab und daher ein größeres Interesse an Archiven und ihrer Geschichte zu verzeichnen ist. Daneben stehen Archive einer immer größeren Menge von analogen und digitalen Daten gegenüber, deren Betreuung so großen Aufwand bedeutet, dass kaum mehr Zeit bleibt, sich mit der Geschichte der eigenen Einrichtung zu befassen.

Die anschließenden elf Beiträge sind in drei Abteilungen gegliedert. Die erste Sektion widmet sich der Frage, wo das Gedächtnis der Stadt war und ist. Joachim J. Halbekann berichtet über die Geschichte des Stadtarchivs Esslingen. Die seit der Reformation nicht mehr kirchlich genutzte Allerheiligenkapelle am Südrand des Friedhofs wurde im Jahre 1610 als Registratur umgenutzt. Von einem Ort des Totengedenkens im Mittelalter wurde das Gebäude damit zu einem Ort des kommunalen Gedächtnisses. Während der letzten beiden Jahrhunderte wechselten sich Zeiten, in denen die städtische Überlieferung wenig Wertschätzung fand, mit Perioden großen Interesses ab. Die Veränderungen des (kommunalen) Geschichtsbewusstseins hatten immer auch Auswirkungen auf die innerstädtische Reputation des Archivs in Esslingen.

Klaus Krüger stellt den „Stadtgottesacker in Halle und seine Inschriften" vor. Der Friedhof wurde in nachreformatorischer Zeit belegt, von der Mitte des 16. bis zum Ende des 17. Jahrhunderts. Die rund 120 noch erhaltenen Texte auf Grabsteinen und Epitaphien sowie die über 300 in der schriftlichen Überlieferung dokumentierten Inschriften sind bedeutende prosopografische sowie rechts-, sprach- und frömmigkeitsgeschichtliche Quellen.

Martin Höppl befasst sich mit deutschen Denkmälern der Gründerzeit und dem „Verfall öffentlicher Erinnerungsräume". Im ausgehenden 19. Jahrhundert entstand eine Vielzahl von Denkmälern. Die Rezeption dieser gründerzeitlichen Monumente ist heute in mehrerlei Hinsicht erschwert. Zum einen fehlt durch Kriegszerstörung oder städtebauliche Umgestaltungen häufig der Kontext, in den die Denkmäler ursprünglich eingebunden waren. Zum anderen ist die Kulturtechnik des Promenierens heute verloren gegangen, die für ein Erfassen der Monumente absolut notwendig ist.

Die beiden folgenden Aufsätze führen nach Norditalien. Marc von der Höh betrachtet „nicht-schriftliche Erinnerungsmedien im hochmittelalterlichen Pisa". Für die Kommune in der Toskana und ihre Identität war der Kampf gegen die Sarazenen von großer Bedeutung. Die militärischen Erfolge während des 11. Jahrhunderts schlugen sich nicht nur in der Historiografie und in Inschriften nieder, sondern auch in der mündlichen Überlieferung und in Spolien, erbeuteten Bauteilen, die in neuen Gebäuden wiederverwendet wurden. „Archiv und Herrschaft“ in Mailand und Mantua untersucht Axel Behne. Die Familien Gonzaga bzw. Visconti transformierten die beiden Stadtgemeinden in Signorien und bedienten sich der während der kommunalen Phase ausgebildeten Formen von Schriftlichkeit, um ihre Herrschaft zu sichern und zu legitimieren. Vor dem Hintergrund eines bereits im 15. Jahrhundert bestehenden Massenproblems erkennt Behne zwar „keine archivalische Theoriebildung“, wohl aber die Ausbildung „eines echten archivalischen Bewusstseins“ im Spätmittelalter (S. 188 f.).

Mit den Trägern des städtischen Gedächtnisses befasst sich die zweite Abteilung, die mit einem ausführlichen Beitrag von Mark Mersiowsky zu „den Medien der Erinnerung in der spätmittelalterlichen und frühneuzeitlichen Stadt“ eröffnet wird. Zu den Informationsträgern zählten Archive, Bauwerke mit ihren Inschriften und Kunstwerken, Lieder, Prozessionen oder Symbole, aber auch Zerstörungen von Gebäuden, die Juden oder Aufständische besessen hatten. Da jeder Mensch in einer Kommune mehreren Erinnerungskollektiven angehörte (Familie, Freunde, Zünfte usw.), war die Stadt des Spätmittelalters und der Frühen Neuzeit ein „multipler Erinnerungsraum“ (S. 242). Mersiowskys Essay mit seinen 270 Anmerkungen ist der umfangreichste Beitrag des Bandes und bietet eine ebenso faktenwie theoriereiche Einführung in das Thema der städtischen Gedächtniskultur.

Wie viele andere Reichsstädte stand Worms nach den dramatischen Umbrüchen an der Wende vom 18. zum 19. Jahrhundert vor der Aufgabe, seine Identität neu zu finden. Gerold Bönnen untersucht diesen „Wandel von kollektiver Erinnerung und Gedächtnis der Stadt [...] im langen 19. Jahrhundert“. Die Veränderungen lassen sich an den Publikationen zur Stadtgeschichte aus dieser Zeit ebenso ablesen wie am Umgang mit den Beständen des kommunalen Archivs. Nachdem die schriftliche Überlieferung in Worms mehr als drei Jahrzehnte keine Beachtung gefunden hatte, gewann sie ab der Mitte des 19. Jahrhunderts mehr und mehr Bedeutung, bis für die neu geordneten Bestände 1885 eigens ausgestattete Räume des städtischen Archivs eingerichtet wurden, die zudem mit prachtvollen Deckengemälden geschmückt waren.

„Vormoderne städtische Sammlungen“ als Medien der „Erinnerung und Identifikation“ untersucht Gabriele Beßler. Die kommunalen Kollektionen standen – im Gegensatz zu den fürstlichen Kunst- und Wunderkammern – bislang weniger im Focus. Die städtischen Sammlungen, deren Gründung häufig von gebildeten bürgerlichen Kreisen initiiert wurde, waren nicht nur für die kommunale Identifikation und Identitätsstiftung wichtig. Vielfach wurden sie den Bibliotheken angegliedert und dienten auch dem Unterricht an den höheren Schulen der Stadt.

Die dritte Sektion schließlich umfasst die Beiträge, die sich unter dem Titel „Amnesie“ dem Vergessen und dem Zerstören von städtischer Erinnerung widmen. Das „(Straßen-) Namengedächtnis der Stadt“ analysiert Peter Glasner. Basierend auf den Entwicklungen in Mainz und Köln geht er der Frage nach, wie sich Straßennamen veränderten und wie sie verändert wurden. Während sie im Mittelalter lange Zeit nicht umbenannt wurden, kam es in den anderthalb Jahrhunderten zwischen der Wende vom 18. zum 19. Jahrhundert bis zur Zeit nach dem Zweiten Weltkrieg zu großen Modifikationen. Sowohl während der französischen Jahre als auch nach 1933 und nach 1945 gab es in Mainz und Köln Umbenennungen.

So zeigt der Umgang mit den Straßennamen kulturelles Erinnern wie kulturelles Vergessen bzw. soziales Gedächtnis wie soziale Amnesie (S.349).

Malte Thießen untersucht den „Bombenkrieg im Gedächtnis europäischer Städte". Die Erinnerung an die Zerstörungen wurde zu einem „Leitmedium städtischer Identität" (S.372), da sie Deutungsmöglichkeiten sowohl in der Zeit des Wiederaufbaus als auch für die Jahre des Wettrüstens bot. Thießen weist dem städtischen Gedächtnis eine mittlere Ebene zwischen dem kollektiven (nationalen) und dem individuellen Erinnern zu.

Bettina Schmidt-Czaia berichtet über „Einsturz, Bergung und Wiederaufbau" des Historischen Archivs der Stadt Köln. Nach der Zerstörung des Gebäudes im März 2009 konnten rund 95 % der Archivalien geborgen werden. Der Aufwand für deren Restaurierung und Ordnung ist jedoch immens – ein wahres Jahrhundertprojekt, was den Aufwand und damit auch die Kosten anlangt, um der Stadt Köln ihr Archiv und damit einen Teil ihres Gedächtnisses zurückzugeben.

Der Sammelband, der durch ein ausführliches Personen- und Ortsregister erschlossen wird, versammelt Aufsätze zu verschiedenen Themen aus unterschiedlichen Regionen und Zeiten. In diesem breiten Ansatz liegt die Stärke der Tagung und des Bandes, da gerade so deutlich wird, wie unterschiedlich das Erhalten, Verblassen und Vernichten von Erinnerung im städtischen Raum war und ist. Auch wenn sich nur wenige Beiträge mit den Entwicklungen in südwestdeutschen Kommunen befassen, geben sie doch wertvolle Anregungen für die stadtgeschichtliche Forschung in Baden-Württemberg, etwa zur Geschichte der kommunalen Archive, zu den Straßennamen und ihren Veränderungen oder zu den Denkmälern der Gründerzeit.

Matthias Ohm

Ralph A. Ruch, Kartographie und Konflikt im Spätmittelalter. Manuskriptkarten aus dem oberrheinischen und schweizerischen Raum (Medienwandel – Medienwechsel – Medienwissen 33), Zürich: Chronos Verlag 2015. 199 S., 17 teils farb. Abb. ISBN 978-3-0340-1269-0. € 34,–

Wer immer sich wissenschaftlich für mittelalterliche Kartographie interessiert, wird früher oder später auf das Diktum des Franziskaners Paulinus von Venedig stoßen, dass das Kartenbild der Schrift und die Schrift des Bildes bedürfe, dass sie sich also wechselseitig erhellen. Der Verfasser der vorliegenden Untersuchung, einer Dissertation an der Universität Zürich, legt die Stelle weiter als gewöhnlich aus und nimmt sie zum Anlass, die konsequente Einbettung mittelalterlicher Karten in ihre überlieferungsgeschichtlichen, rechtlichen und politischen Kontexte zu verlangen. Denn nur in ihnen zeige sich, aufgrund welcher Umstände die Karten überhaupt entstanden, welchen Zwecken sie dienten und welche Folgen ihre Verwendung hatte. Es geht also nicht um Weltkarten, wie sie von den gelehrten Theologen und den Geschichtsschreibern bevorzugt wurden, sondern um den Gebrauch eher kleinräumiger Skizzen und Übersichten zu örtlichen oder regionalen Zwecken.

Ruch macht sein Anliegen an vier ausgewählten Beispielen deutlich, die er einer eingehenden Analyse unterzieht:

- Der sogenannte Plan Bolomier von 1429/30 war Teil eines Dossiers, das im Zuge des Streits um den Besitz der Stadt Genf angelegt wurde. Die Karte gibt die lokale Situation wieder und sollte die Ansprüche der Grafen von Savoyen gegenüber den Bischöfen von Genf untermauern. Sie gehört zu den sogenannten Augenscheinkarten, wie sie auch andernorts im Spätmittelalter entstanden.

- Eine ähnlich einfache Kartenskizze zeigt die Besitz- und Herrschaftsrechte in und um Honau am Oberrhein. Sie entstand um 1450 während eines Rechtsstreits zwischen dem Chorherrenstift zum Alten St. Peter in Straßburg und dem Domkapitel und diente zur Schlichtung des Streits, wie der gleichzeitigen urkundlichen und urbarialen Überlieferung zu entnehmen ist. Historische, rechtliche und eben auch kartographische Zeugnisse riefen gemeinsam die früheren Rechtsverhältnisse in Erinnerung und brachten so den Standpunkt des Stifts zur Geltung.
- An Stadtdarstellungen in der Chronik des Gerold Edlibach aus Zürich (1485/86) lässt sich zeigen, wie die Bilder die Aussagen des Texts noch unterstreichen konnten und so zum Selbstverständnis der städtischen Eliten beitrugen, zumal in so schwierigen Zeiten, wie sie die Reichsstadt Zürich damals erlebte. Allerdings geht hier die Raumerfassung in Landschaftszeichnung über. Ruch spricht von „Hybride[n] zwischen Bild und Karte“ (S. 95) und bevorzugt zumeist den erstgenannten Begriff.
- Über die lokale Perspektive reicht Konrad Türsts „Beschreibung der Eidgenossenschaft“ (1496/97) deutlich hinaus. Im Text bringt Türst seine humanistische Bildung zur Geltung, die Karte orientiert sich an der ptolemäischen Geographie, bemüht sich also um mathematische Exaktheit. Beides zusammen sollte die Eidgenossenschaft als neue politische Größe legitimieren und ihr ein Bewusstsein der Zusammengehörigkeit und Einheit vermitteln. Auch die Überlieferungsgeschichte der Handschriften lässt den politischen Zweck des Werks deutlich hervortreten.

Man sieht: Der Leser wird mit vielen und detaillierten Einsichten beschert. Ruch kann zeigen, dass auch spätmittelalterliche Karten einen Sitz im Leben besaßen, dass sie gebraucht wurden, um Ansprüche durchzusetzen, Rechtstitel in Erinnerung zu rufen, politisches Bewusstsein zu artikulieren und Legitimität zu erzeugen. Man wird ihnen aber nur dann gerecht werden, wenn man den gesamten Kontext ihrer Entstehung bedenkt und namentlich das Verhältnis des Kartenbilds zu den sie umgebenden Texten analysiert. Auch die äußere Erscheinung der Karten: Format, Beschreibstoff, Gestaltung, Farbgebung etc. (ihre „Materialität“, wie man heute sagt), erhält dadurch Bedeutung. In all dem liegt, wie der Verfasser zu Recht feststellt, „ein innovatives Potential“ (S. 172). Ruch präsentiert seinen Gegenstand in akkurater Diktion und walzt ihn nicht aus, sondern konzentriert sich auf die wesentlichen Aspekte. Für ein Register wäre also noch Raum gewesen. Folker Reichert

Adel in Südwestdeutschland und Böhmen 1450–1850, hg. von Ronald G. Asch, Václav Bůžek und Volker Trugenberger (Veröffentlichungen der Kommission für geschichtliche Landeskunde in Baden-Württemberg Reihe B, Bd. 191), Stuttgart: Kohlhammer Verlag 2013. 317 S. ISBN 978-3-17-023030-9. € 32,–

Die Vorträge und Ergebnisse der gleichnamigen Tagung in Sigmaringen, die im Mai 2010 im Auftrag der Kommission für geschichtliche Landeskunde in Baden-Württemberg von den Herausgebern in Zusammenarbeit mit der Universität Freiburg und dem Landesarchiv Baden-Württemberg veranstaltet wurde, fasst der vorliegende, bereits 2013 erschienene Band in fünfzehn Beiträgen zusammen (vgl. dazu auch die Miszelle von J. Pánek in ZWLG 74 [2015] S. 345–359).

Ausdrückliches Ziel des verdienstvollen Unternehmens war es, den Austausch zwischen der tschechischen und der deutschen Adelsforschung zu intensivieren und zu fördern, wie die Herausgeber im Vorwort betonen. Der Tagungsband zeigt, dass für diesen Austausch mit der Sigmaringer Tagung ein hervorragender Anknüpfungspunkt geschaffen wurde; inhaltlich legt der Band eine Grundlage für zahlreiche Fragestellungen und gibt Hinweise auf neue Ansätze auch für die südwestdeutsche Adelsforschung, von der die vielfältigen Quellen in Tschechien und insbesondere in Südböhmen leider zu selten in den Blick genommen werden, obwohl sie für viele Adelsfamilien des deutschen Südwestens wichtige Ergänzungen bieten können. Die Verbindungen Südwestdeutschlands und Böhmens in der Frühen Neuzeit finden sich im Konnubium und bei den Besitzungen der Adelshäuser, aber auch in der Klammer, die das Haus Habsburg und der Wiener Kaiserhof bildete: Vorderösterreich war für Südwestdeutschland in der Frühen Neuzeit ein Machtfaktor, und für Böhmen und seinen Herrenstand war der Kaiserhof Dreh- und Angelpunkt.

In seiner Einleitung zu dem Band weist Ronald G. Asch auf die notwendige Differenzierung in der Adelsforschung hin, die europäische Adelslandschaften zwar vergleichend, aber stets in ihrer jeweils eigenen Ausprägung erforschen müsse. Die Unterschiede zwischen den Entwicklungen in verschiedenen Regionen seien beträchtlich, stellt Asch fest, und diese Vielfalt gelte es herauszuarbeiten.

Kurt Andermann nimmt dazu diejenigen in den Blick, die fürstliche Höfe aufsuchten: schwäbische und fränkische Grafen in der Frühen Neuzeit. An den Beispielen Württemberg, Kurpfalz und Baden zeigt Andermann, wie existenziell die richtige Balance zwischen Nähe und Distanz zum fürstlichen Hof für den südwestdeutschen Adel war. Einerseits war der fürstliche Hof Kristallisationspunkt all dessen, was einer adeligen Familie die Sicherung ihres Standes ermöglichte: Repräsentation, Interaktion mit Standesgenossen und Einflussnahme. Andererseits galt es dabei stets, sich der eigenen Reichsstandschaft bewusst zu bleiben und sie nicht durch zu enge Bindung an einen einzigen Fürstenhof aufs Spiel zu setzen. Am Beispiel Württembergs zeigt Andermann, dass der reichsständische Adel des Südwestens, die Grafen und Herren, zwar bis zum Ende des 16. Jahrhunderts immer wieder in beträchtlicher Zahl in führenden Hofämtern in Stuttgart zu finden ist, diese Präsenz aber spätestens nach der Mitte des 17. Jahrhunderts endet. Eine ähnliche Konstellation findet sich am pfälzischen Hof, wobei hier die konfessionellen Änderungen und die verheerenden Kriege besondere Auswirkungen auch auf die Zusammensetzung des Hofes zur Folge hatten: der höhere Adel der Nachbarschaft spielte später für die Hofgesellschaft kaum mehr eine Rolle.

Dem Leben und der Laufbahn eines böhmischen Klienten der spanischen Krone am Kaiserhof widmet sich die Darstellung von Pavel Marek über Zdenko Adalbert Popel von Lobkowitz (1568–1628). Der Oberstkanzler des Königreichs Böhmen pflegte eine enge Beziehung zu den spanischen Herrschern, die Marek in ihrer Entwicklung anhand detaillierter Quellen – etwa dem Tagebuch aus der Schlossbibliothek Mühlhausen (Nelahozeves) – nachzeichnet und dabei zeigt, wie solche Klientelbeziehungen existenziell wichtig werden konnten.

Ein Paradebeispiel für die Beziehungen des südwestdeutschen Adels sind die Grafen und späteren Fürsten von Fürstenberg. Das Konnubium der Fürstenberger seit dem 16. Jahrhundert nimmt Esteban Maurer in seinem Beitrag in den Blick. Als habsburgische Klientel wandelten die Fürstenberger stets auf dem Grat zwischen Anbindung an den Kaiserhof, reichsständischer Autonomie und Zwängen landständischer Positionen in Böhmen. Maurer skizziert dazu die Kommunikationswege, die den Fürstenbergern für ihre Ziele zur Verfügung standen.

Die Rolle des Adels im Prozess der Konfessionalisierung der böhmischen Länder am Anfang der Frühen Neuzeit beschreibt Josef Hrdlička. Vor dem Hintergrund der Rekatholisierungsbestrebungen der 1620er Jahre versucht Hrdlička am Beispiel einzelner Adelsherrschaften, etwa der Herren von Schellenberg oder der Kraiger von Kraigk, zu zeigen, wie die Konfessionalisierung deren Handeln beeinflusste und welche Möglichkeiten ihnen zur Verfügung standen; Hrdlička fasst zudem den Forschungsstand zur böhmischen Adelsforschung gut zusammen.

Die konfessionellen Spielräume des südwestdeutschen Adels in der Frühen Neuzeit zeigt Dietmar Schiersner auf. Neben den Fürstenbergern, bei denen Motive der Abgrenzung gegen mächtige Nachbarn in konfessionellen Fragen eine Rolle spielten, rückt er die vorderösterreichische Ritterschaft in den Mittelpunkt und zeigt, dass Österreich als Landesherr beachtliche Spielräume zuließ. Im Binnenverhältnis zwischen Landesherr und landständischer Ritterschaft machten diese Spielräume für beide Seiten gesichtswahrende Konstellationen möglich. Schiersner weist ausdrücklich auf Forschungsdesiderate hin, wie etwa die wenig untersuchte Rolle der seit dem 16. Jahrhundert Neunobilitierten, beispielsweise der Augsburger Stadthauptmann Sebastian Schertlin, die Fugger oder die Vöhlin. Wenig beachtet von der Forschung scheint auch die relative konfessionelle Offenheit im Adel noch im 17. und 18. Jahrhundert, die sich auch im Umgang mit dem ius reformandi spiegelt.

Das Konnubium als Dreh- und Angelpunkt adeligen Standesbewusstseins betont Rostislav Smíšek, indem er die Heiratsstrategien der Fürsten zu Schwarzenberg zwischen 1600 und 1750 anhand zahlreicher Selbstzeugnisse aus Korrespondenzen und Tagebüchern skizziert. Eine interessante Perspektive bietet der kurze Aufsatz von Sylvia Schraut über Ehe und Geschlechterbeziehungen im Adel. Sie arbeitet die Bedeutung adeliger Geschlechterrollen für die Partnerwahl heraus und weist darauf hin, dass die Kommunikation in familiären und familienpolitischen Angelegenheiten des Adels – bis hin zum Einhalten der Konventionen – zu einem großen Teil die Aufgabe weiblicher Familienmitglieder war.

Einem wenig bekannten französischsprachigen Literaten widmet Ivo Cerman eine kurze Skizze: „J'écris par lambeaux" – es geht um den literarischen Stil des Grafen von Lamberg. Am Beispiel dieses französischsprachigen Autors der böhmischen Aufklärung möchte Cerman verstärkt den Blick auf die vernachlässigte, außerhalb Frankreichs entstandene französischsprachige Literatur lenken.

Den wirtschaftlichen Grundlagen des Adels im 17. und 18. Jahrhundert wenden sich zwei Aufsätze zu: Marie Ryantová stellt die Entwicklung der Familienherrschaft der Herren von Lobkowitz in Vysoký Chlumec (Hochchlumetz) in Mittelböhmen während des 17. Jahrhunderts dar, die unter den schwierigen Bedingungen dieses kriegerischen Jahrhunderts häufig Gefahr lief, mit Aufständen der Untertanen konfrontiert zu werden.

„Die Familie Palm als Paradigma" des adeligen Unternehmertums in vorindustrieller Zeit stellt Gert Kollmer-von Oheimb-Loup vor. Er fasst zusammen, wie dieser Familie der Aufstieg durch wirtschaftliche Tätigkeit im Juwelen- und Edelmetallhandel, schließlich im Bankgeschäft gelang. Erhellend ist der allgemeine Blick des Autors auf die Möglichkeiten des Adels, in dem Stand angemessener Weise unternehmerisch tätig zu werden. Auch zeigt das Beispiel der Palm, welche Handlungsspielräume sich trotz der Abhängigkeiten bei Geschäften mit dem Kaiserhof auftaten.

Geographisch über Böhmen und Südwestdeutschland hinaus weist der Beitrag von Ewald Frie über den armen Adel in der nachständischen Gesellschaft. An preußischen Beispielen, wie der Familie von Mörner, tastet sich Frie an den unteren Rand des Adels im 19. Jahrhundert heran und zeigt, wie gegenwärtig die Gefahr der Verarmung – übrigens auch in Südwestdeutschland – war.

Kommunikation und Kooperation zwischen landständischem Ritteradel und vorderösterreichischer Zentralgewalt sind die Bereiche, die Michael Strauß in der Zeit der theresianischen Verwaltungs- und Steuerreformen im Breisgau untersucht. Er zeigt, dass das Bild einer umfassenden oppositionellen, konfrontativen Haltung des Adels trügt: Vielmehr nutzte der Adel für seinen Widerstand gegen die Reformen die systemimmanenten Möglichkeiten, wie Strauß bei einer Betrachtung der Verfahrenswege feststellt.

Wertvolle Zusammenfassungen zur Forschungsgeschichte und zum Forschungsstand vor allem der tschechischen Adelsforschung bietet Václav Bůžek mit zwei Überblicksdarstellungen. Bůžek betont die Entwicklung einer modernen tschechischen Adelsgeschichtsschreibung seit 1990 und nennt die damals auf Schloss Rosenburg in Niederösterreich veranstaltete Ausstellung „Adel im Wandel" als Initialzündung; vieles, was seitdem geleistet wurde, geht auf die Arbeit des Historischen Instituts der südböhmischen Universität Budweis zurück.

Es wäre erfreulich, wenn die geknüpften Verbindungen zur böhmischen Forschung fortgeführt werden könnten. Lohnende Themen, die vergleichend aus südwestdeutscher und südböhmischer Perspektive zu untersuchen wären, gibt es genügend, wie auch Anton Schindling in einem abschließenden Beitrag festhält. Genannt seien nur weitere Studien zum religiösen Verhalten des Adels im Zeitalter der Konfessionalisierung, das adelige Studierverhalten und die Rolle der Universitäten aus der Sicht des Adels, aber auch die Ausstrahlung des französischen Einflusses.

Der vorliegende Band hat einen vielfältigen und facettenreichen Anfang gemacht, und es wäre erfreulich, wenn weitere Unternehmen dieser Art stattfänden. Dann wären weitere, fokussiertere Vergleiche zwischen zwei sehr verschiedenen, reizvoll nebeneinander zu stellenden Adelslandschaften möglich.

Manfred Waßner

Florian HUGGENBERGER, Niederadel im Spessart. Adelsgeschichte im Spiegel des spätmittelalterlichen Lehnswesens (Studien zur bayerischen Verfassungs- und Sozialgeschichte 31), München: Kommission für bayerische Landesgeschichte 2015. XXXVI, 497 S. ISBN 978-3-7696-6661-8. Geb. € 49,–

In seiner 2013 an der Universität Würzburg angenommenen und nun im Druck erschienenen Dissertation hat sich Florian Huggenberger viel vorgenommen. Es geht ihm um nichts weniger als die Erarbeitung von Status und Rolle sämtlicher Adelsgeschlechter, die im Spätmittelalter (ca. 1400–1520) im Spessart ansässig waren – und zwar unter Einschluss auch der Familien des nichtfürstlichen Hochadels als Lehensnehmer und -geber. Rund 140 Geschlechter kommen damit in den Blick der Untersuchung, die in Teil 8 der Arbeit (S. 323–372) in Familienartikeln anhand bestimmter Kategorien (u. a. Stand, Herkunft mit Stammsitz, spätere Zugehörigkeit zur Reichsritterschaft, Aussterben und Wappen) und einem mehr oder weniger ausführlichen Abriss ihrer Geschichte vorgestellt werden (die Herren von Bickenbach und Hanau erscheinen dort unverständlicherweise als Niederadel).

Huggenberger begründet das Interesse am Niederadel damit, dass dessen Angehörige im Spätmittelalter „die wahren Machtfaktoren im Spessart gewesen" seien und diesen damit entscheidend geprägt hätten (S. 2), so dass man anhand dieser Adelsschicht auch Entscheidendes über diese spezifische Region lernen könne. Als Schlüssel und Interpretationsrahmen für seine Forschungen dient dem Autor vornehmlich das Lehenswesen, das seiner Ansicht nach „die besten und ergiebigsten Quellen" für seine Fragestellung bereitstelle

(S. 3 f.). Denn das Lehnswesen sei „keine intellektuelle Konstruktion [...] Es war real und stellte eine funktionierende Möglichkeit dar, die Interessen der verschiedenen Ausprägungen des mittelalterlichen Adels [...] in einen Ausgleich zu bringen" (S. 9). Huggenberger räumt ein, dass er damit anderweitige Rechtsbeziehungen sowie allodiale Rechte nicht erfassen könne, geht aber durchaus zu Recht davon aus, dass er mit den Lehensquellen besonders aussagekräftige Zeugnisse für die soziale Einordnung des Adels nutzen könne. Weitere Ziele der Arbeit sind der „Nachweis von Grundlagen niederadliger Handlungsmöglichkeiten" anhand des adligen Lehensbesitzes (S. 11) sowie drittens die Eruierung der Beziehungen zwischen Herren und Vasallen und derselben untereinander.

Vielversprechend ist der Ansatz Huggenbergers besonders deshalb, weil dieser außer der Landgrafschaft Hessen praktisch sämtliche in den Spessart hinein wirkenden Lehenhöfe (also Mainz, Würzburg, Pfalz, Wertheim, Rieneck und Castell) erarbeitet hat – und zwar, wohl gemerkt, auch unter Einschluss jener Lehen der im Spessart begüterten Vasallenfamilien, die außerhalb dieses engeren Untersuchungsgebiets lagen, so dass die soziale Einordnung der im Spessart erfassten Geschlechter sehr valide belegt werden kann (vgl. die Listen S. 218–224).

Nach einem Überblick zum Forschungsstand (die „formelle Gründung" der Reichsritterschaft erfolgte allerdings keinesfalls auf dem Reichstag in Worms 1495, vgl. S. 31) mitsamt einer Abgrenzung des Untersuchungsgebiets (S. 45 f.; leider ist dem Buch keinerlei Kartenmaterial beigegeben) folgt ein längerer Abschnitt unter anderem zu den Themen Fürstendienst, Lehnsauftragungen, Burgenbesitz, Ortsherrschaft und anderen mehr (S. 64–137). Nicht sehr treffend ist allerdings der Titel dieses Abschnitts („Herrschaft und Unterwerfung – niederadlige Politik im Spessart"), da von „Politik" hier eigentlich nicht die Rede ist und auch die angerissene Frage nach Herrschaft oder Unterwerfung nicht systematisch verfolgt wird. Wenn Huggenberger einen Gegensatz zwischen Städten und Niederadel im Spessart verneint, so kann dies kaum überraschen, sind doch die dort vorhandenen Klein- und Kleinststädte nicht mit den Metropolen und den dortigen sozialen Verhältnissen gleichzusetzen, sondern verfügten höchstens über eine rudimentäre bürgerliche Selbstverwaltung, welche Adligen im Ort oder im Umfeld einer Burg nichts entgegenzusetzen hatte.

Im sechsten Abschnitt behandelt der Verfasser die binnenadligen Beziehungen wie das Konnubium, Fehden, die Bildung von Adelsgesellschaften, Zugehörigkeiten zu Domkapiteln, Ganerbschaften, auch die Mehrfachvasallität und anderes, darunter überraschenderweise auch so genannte Mittelstandslehen (Forsthuben, Zehnten und kleinere Lehensgüter). Sehr aufschlussreich sind die Beobachtungen zur Mehrfachvasallität. Da Huggenberger in diesem Abschnitt immer wieder auch über das sonst vorherrschende Quellenkorpus der Lehenbücher hinausgreift, erhält man vielerlei Einblicke in die sozialen Angelegenheiten des Adels. Schade ist allerdings, dass zum Konnubium, zu den Bekennungen für adlige Frauen mitsamt anderen Angaben zur Witwenausstattung sowie zur Darlehensgewährung durch adlige Darlehen (bes. S. 139–148, S. 199–202) die einschlägigen quantitativen Ergebnisse von Karl-Heinz Spieß, Hillay Zmora und anderen nicht zum Vergleich herangezogen werden, so dass die Ausführungen zu den „finanziellen Möglichkeiten" des Adels im Spessart unnötig blasser bleiben, als dies notwendig wäre.

Wohl das wichtigste Kapitel des Buches ist der siebte Abschnitt („Sozialhistorische Betrachtung"), weil hier eine Vielzahl von Materialien in quantitativen Auszählungen verdichtet wird. Ähnlich wie frühere Forschungen zu fränkischen Lehenhöfen schließt Huggenberger im Rahmen eines angepassten, gut begründeten Modells von der Qualität der

Lehen, die ein Geschlecht erringen konnte, auf dessen soziale Einordnung in Ober-, Mittel- und Unterschicht (bei ihm: herrschaftliche, etablierte, wirtschaftliche Gruppe) und untersucht die Entwicklung der jeweiligen Schichten in den sechs Lehenhöfen anhand von drei Untersuchungszeiträumen (1400–1430, 1440–1465, 1497–1520). Die soziale Einordnung der Geschlechter aufgrund ihrer Lehen wird zwar in den Tabellen im Anhang eingehend dokumentiert (S. 399–457), leider jedoch nicht die besonders wichtigen, aggregierten Ergebnisse der Untersuchungen dieses Abschnitts etwa zur Entwicklung des Anteils der einzelnen Gruppen an den Lehenhöfen oder zur hohen Fluktuation des Spessart-Adels. 31 Geschlechter, die in allen drei Phasen Lehen innehatten, definiert Huggenberger als den „Kern des Adels im Spessart" (S. 224). In noch höherem Maße gilt dies für jene 15 Familien, die durchgehend als herrschaftliche Gruppe qualifiziert werden können (S. 228). In den Ergebnissen dieses Abschnitts kann Huggenberger so gut wie keine Geschlechter von einiger Bedeutung benennen, die einen markanten Abstieg hinnehmen mussten (erst im Resümee S. 390 werden einmal die Schellriß als eine gescheiterte Familie bezeichnet), die meisten konnten ihren Status unter Einbeziehung anderer Positionen außerhalb des Spessart halten (S. 226–230), während Huggenberger immerhin vier „sichere Aufsteiger" namhaft machen kann (S. 227).

Leider nur sehr knapp werden die kleinen Geschlechter am unteren Ende der Skala behandelt (S. 231, vgl. auch S. 388, 393), Leute, die nur gelegentlich einmal in den Quellen erwähnt werden, und deren Zuordnung zum Niederadel oft zweifelhaft bleibt (vgl. diese zahlreichen Fälle im Geschlechter-Repertorium). Wie entwickelten sich deren Chancen im Verlauf der Zeit, gab es gar keine solchen Geschlechter, die einen Aufstieg schaffen konnten? Noch bedauerlicher ist, dass Huggenberger in seinem Resümee (S. 387–395) offen lässt, „inwiefern sich die (Nieder-)Adelslandschaft Spessart von anderen Regionen unterschied" (S. 394) – so im Hinblick etwa auf die Fluktuation bzw. Kontinuität der Geschlechter in der Region, denn entsprechende Untersuchungen liegen doch für Franken wie auch für andere Regionen durchaus vor, an welche er vergleichend hätte anknüpfen können.

Huggenberger tut sich überhaupt oft schwer mit Bewertungen und Schlussfolgerungen (vgl. etwa: „Der Spessart stellt hier sicher Verbindungen zwischen den Familien her, konnte aber gleichermaßen trennen, wenn aus Nachbarn Rivalen wurden" S. 157), manche Formulierungen verunglücken auch (so über weniger bekannte Familien: „Einige dürften generell nahezu unbekannt sein" S. 10), und die Ergebnisse bleiben dann, wie schon bemerkt, blasser, als dies sein müsste. So steht dann auch am Ende die etwas unbefriedigende Einsicht: „Der Spessart war weder ein zurückgebliebenes Hinterland, mit dem man den Kleinadel abspeiste, noch ein Zentrum, das jedem Wohlstand versprach – stattdessen war hier alles möglich, sowohl der Auf- wie auch der Abstieg" (S. 390). Doch sei andererseits ausdrücklich anerkannt, dass hier mit viel Forscherfleiß eine wichtige Grundlagenarbeit zur Präsenz des nichtfürstlichen Hochadels und des Niederadels im Spessart im späten Mittelalter geleistet wurde.

Joachim Schneider

Kirche und Politik am Oberrhein im 16. Jahrhundert. Reformation und Macht im Südwesten des Reiches, hg. von Ulrich A. Wien und Volker Leppin (Spätmittelalter, Humanismus, Reformation, Bd. 89), Tübingen: Mohr Siebeck 2015. VII, 480 S. ISBN 978-3-16-153951-0. Geb. € 99,–

Bereits weit im Vorfeld des großen Reformationsjubiläums anlässlich des Lutherjahrs 2017 hat sich auch die südwestdeutsche Kirchen- und Landesgeschichte mit den regionalen Vorgängen um Luther und die Reformation neuerlich beschäftigt. Ein wesentliches Ergebnis von nachhaltiger wissenschaftlicher Bedeutung liegt mit diesem Band vor: Mit dem Fokus auf „Kirche und Politik am Oberrhein im 16. Jahrhundert" beschäftigen sich hier 25 Beiträge mit unterschiedlichen Facetten der reformatorischen Bewegung im deutschen Südwesten. Dabei weitet sich der Blick auch auf die Nachbarterritorien, etwa Württemberg oder die Pfalz, so dass auch der territorialgeschichtliche Vergleich neu angeregt wird.

Die Herausgeber betonen die „Wiederentdeckung räumlicher Dimensionen" (Einleitung, S. 2), welche helfen soll, die komplexe territoriale Gemengelage in der ersten Abteilung des Bandes über „Machtverhältnisse" zu erfassen. Souverän skizziert Eike Wolgast entsprechend die Anfänge der Reformation im europäischen Maßstab und fokussiert die Problembereiche um Politik, Kirche und soziale Bewegungen (S. 9–28). Im Ergebnis fixiert er eine „Chronologie und Systematik der Reformationseinführung in Europa" (S. 24), die als Raster und Orientierungshilfe dient. Daran anschließend werden die verschiedenen Territorien am und um den Oberrhein mit unterschiedlichen Schwerpunkten vorgestellt: Helga Schnabel-Schüle erörtert „Stadtreformation und territoriale Reformation am Oberrhein" (S. 29–44), Frank Konersmann verfolgt die religiösen Bedürfnisse von Laien „auf dem Land im linksrheinischen Südwesten" (S. 45–70).

Für die württembergische Landes- und Kirchengeschichte von besonderer Bedeutung sind die folgenden Beiträge von Volker Leppin und Franz Brendle, die sich mit der Frühzeit der Reformation in Württemberg bzw. den Wechselwirkungen zwischen dem Kernland und der württembergischen Grafschaft Mömpelgard (Montbéliard) beschäftigen. Leppin gelingt es hier, auf der Basis hervorragender Quellen- und Literaturkenntnis, ein beeindruckendes Bild über die „Bedingungen der württembergischen Reformation von der Vertreibung Herzog Ulrichs bis zum Interim", also die drei entscheidenden Jahrzehnte von 1519 bis 1548, zu zeichnen. Die Zeit der habsburgischen Regierung im Herzogtum Württemberg (1520–1534), die durch Ulrichs gewaltsam erzwungene Rückkehr wieder abgelöst wurde, war schließlich durch die rigorose Abwehr reformatorischer Einflüsse und Entwicklungen gekennzeichnet.

Bekanntlich hat erst Ulrich dann sogleich nach seiner Rückkehr die Reformation in Württemberg eingeführt. Seine überaus problematische Gestalt dominiert hier die frühe Reformationsgeschichte, wie auch Leppins Darstellung verdeutlicht. Aber es gab eben auch frühe reformatorische Einflüsse, die gar ein „reformatorisches Netzwerk" in Württemberg schon vor Ulrichs Rückkehr erkennen lassen (S. 42). Im Kontakt mit Martin Luther wurden die Ideen der Wittenberger Reformation auch im habsburgischen Württemberg weit stärker verbreitet als bislang konturiert und die gesellschaftliche Stimmung auf eine Rückkehr des Herzogs hin ausgerichtet. Dank Leppins intensiver Einbeziehung der österreichischen Überlieferung gelingt ihm eine ebenso ausgewogene wie überzeugende Darstellung dieser wegweisenden Zeitspanne.

Franz Brendle geht von den linksrheinischen Gebieten Württembergs aus, die sowohl als Rückzugsgebiet für Herzog Ulrich wie anschließend als Herrschaftsbereich für seinen Halbbruder Graf Georg damals besondere dynastische Bedeutung besaßen (S. 97–110). Er verfolgt die umstrittene Einführung der Reformation in Horburg-Reichenweier und der Grafschaft Mömpelgard, die zunächst an der zwinglianisch-oberdeutschen Lehrmeinung ausgerichtet war, bis Herzog Christoph 1542 in Mömpelgard die Regierung übernahm. Christoph sollte hier auch noch nach seinem Regierungsantritt in Stuttgart 1550 für die weitere Umsetzung der Reformation im lutherischen Sinne sorgen.

Die anschließenden Beiträge beschäftigen sich mit den Reichsstädten Landau (Kurt Molitor) und Straßburg (Gerald Dörner), dem Adel in der Kurpfalz (Paul Warmbrunn) und der Ritterschaft in den Kantonen Kraichgau und Odenwald (Hermann Ehmer). Ehmer beschreibt eingehend die Auswirkungen von Luthers Heidelberger Disputation (1518), die bekanntlich zahlreiche spätere Reformatoren zu Luthers Anhängern werden ließ. Deutlich wird auch die Ausrichtung des Kraichgauer Adels in Glaubensfragen an der Kurpfalz bis zu deren Hinwendung zum Calvinismus unter Kurfürst Friedrich III. seit 1563. Hier suchte man dann vor allem die Anlehnung an das lutherische Herzogtum Württemberg – der Ritterkanton Kraichgau war bald ganz evangelisch, der Kanton Odenwald konfessionell gemischt.

In Sektion II unter dem Titel „Bildungslandschaft" sind Studien zur Universität Heidelberg als Zentrum der späten Reformation (Christoph Strohm), zur bürgerlichen Bildung (Anton Schindling) und zur Mädchenbildung in Südwestdeutschland (Sabine Arend) versammelt. Ausgehend von den evangelischen Kirchenordnungen des 16. Jahrhunderts ist die im Vergleich nachrangige Mädchenbildung hier auf die prägenden Reformatoren vor Ort zurückzuführen. Dabei zeigen die eingehender vorgestellten Reichsstädte Schwäbisch Hall, Ulm und Esslingen zwar einige Unterschiede, doch war der Unterricht von Mädchen im deutschen Südwesten dem der Jungen stets nachgeordnet. Leider nur oberflächlich informiert der nachfolgende Beitrag über „Flugschriftenkonjunktur am Oberrhein", ohne die Dynamik dieser bedeutenden Medienlandschaft stärker zu profilieren (Susanne Schuster). Auch die Katechismen „zwischen Theologie und Macht" werden überblicksartig vorgestellt; ihre Verbreitung am Oberrhein wird beispielhaft verfolgt (Johannes Schilling).

Zur Thematik von Sektion III „Strategien und Konflikte in den reformatorischen Auseinandersetzungen" werden ebenfalls unterschiedliche Zugänge vorgestellt: Reformatoren wie Martin Bucer (Thomas Wilhelmi; Stephen E. Buchwalter) und Jakob Sturm (Marc Lienhard), die geistlichen Territorien am Oberrhein (Friedhelm Jürgensmeier, Andreas Neuburger, Hans Ammerich) oder das Problem der Vogteirechte (Joachim Kemper) stehen hier ebenso im Blickpunkt wie soziale Bewegungen im Bauernkrieg von 1525 (Peter Blickle), die Wiedertäufer (Astrid von Schlachta) oder die Hexen (Walter Rummel). Ein Beitrag zur außenpolitischen Gefährdung des Reiches durch König Heinrich II. von Frankreich (Alfred Kohler) beschließt den ebenso anregenden wie reichhaltigen Band, dem neben den Registern und dem Autorenverzeichnis auch ein Abkürzungsverzeichnis und manche Abbildung noch gut getan hätten.

Peter Rückert

Andreas RUTZ (Hg.), Krieg und Kriegserfahrung im Westen des Reiches 1568–1714 (Herrschaft und soziale Systeme in der Frühen Neuzeit, 20), Göttingen: V & R unipress GmbH 2016. 388 S. mit 1 DVD. ISBN 978-3-8471-0350-9. € 55,–

Die westlichen Regionen des Heiligen Römischen Reiches zwischen der Nordsee und dem Bodensee bildeten zwischen der Mitte des 16. und dem Beginn des 18. Jahrhunderts einen wichtigen europäischen Kriegsschauplatz. Der deutsch-niederländische und der deutsch-französische Grenzraum waren vom Achtzigjährigen oder Spanisch-Niederländischen Krieg (1568–1648), vom Dreißigjährigen Krieg (1618–1648), von den französischen Reunionskriegen (1667–1697) sowie vom Spanischen Erbfolgekrieg (1701–1714) betroffen. Die genannten militärischen Konflikte überlappten sich zeitlich bzw. schlossen ohne längere Friedensperioden aneinander an. Darüber hinaus fanden im Westen des Reiches im 16. und 17. Jahrhundert weitere bewaffnete Auseinandersetzungen statt, die – wie etwa der Kölner Krieg von 1583 bis 1588 – zum Teil überregionale Wirkungen entfalteten. Der vorliegende Sammelband zielt vor allem darauf ab, einen Beitrag zur „Alltags-, Wahrnehmungs- und Erfahrungsgeschichte" der verschiedenen militärischen Konflikte zu leisten und nach den „gesellschaftlichen Konsequenzen von Krieg und Gewalt in der Frühen Neuzeit" zu fragen (S. 7, Vorwort).

Einleitend verortet der Herausgeber Andreas Rutz das Thema des Buches in den aktuellen, maßgeblich vom Tübinger Sonderforschungsbereich „Kriegserfahrungen – Krieg und Gesellschaft in der Neuzeit" (1999–2008) geprägten Forschungsdiskussionen. Darüber hinaus skizziert er die Quellenlage: Neben Selbstzeugnissen biete auch die archivalische Aktenüberlieferung vielfältige Informationen für eine Erfahrungsgeschichte des Krieges.

Der Band ist in drei Abschnitte gegliedert: Krieg (1), Kriegserfahrung (2) und Kriegswahrnehmung und -darstellung (3). Im Folgenden können nur einige der vielfältigen Forschungsergebnisse Erwähnung finden.

Der erste Abschnitt „Krieg" enthält Beiträge, die primär politik- und militärgeschichtlichen Forschungsperspektiven verpflichtet sind. Magnus Ressel analysiert die Veränderungen, welchen die Beziehungen der Städte Köln, Aachen und Trier in die Niederlande während der Statthalterschaft des Herzogs von Alba (1567–1573) unterworfen waren. Er wertet hierzu die städtischen Korrespondenzen aus. Die Herrschaft Albas erweist sich als historischer Einschnitt für die Westbindung der drei Städte: „Wirtschaftlich lässt sich eine Kontraktion feststellen, konfessionell eine Eskalation und politisch schließlich eine Entfremdung" (S. 61). Wenngleich die Niederlande und das Rheinland, wie Ressel betont, auch nach 1573 in vielfältiger Weise verbunden blieben, verdeutlicht der Beitrag sehr eindrücklich, wie sich die Verschärfung der konfessionellen Gegensätze in Europa in der Zeit um 1570 auf regionale Strukturen auswirkte und der Wandel nicht zuletzt aus diesem Grund langfristig bedeutsam blieb.

Neue archivalische Quellen erschließt auch der nachfolgende Beitrag von Michael Kaiser über eine „übersehene Kriegspartei" des Dreißigjährigen Krieges: die generalstaatlichen Söldner, die im Nordwesten des Reiches eingesetzt waren, um den antispanischen Kampf der Republik der Vereinigten Niederlande zu flankieren. Der Aufsatz Kaisers verdeutlicht nicht zuletzt die Komplexität der Konfliktlagen, die im Rheinland zeitweise durch die Überschneidung mehrerer politischer und militärischer Auseinandersetzungen entstand.

Im zweiten Kapitel über frühneuzeitliche „Kriegserfahrung" findet sich unter anderem ein Beitrag von René Hanke über die Belastung rheinischer Gemeinden und Bürger durch das Militär in den knapp hundert Jahren zwischen 1618 und 1714. Hanke konstatiert, dass die während des 17. Jahrhunderts durchgeführten Reformen im Militärwesen wesentlich von dem Ziel motiviert gewesen seien, größere Heere aufzustellen. Dadurch sei der Effekt eingetreten, dass „die Erfolge der Reformen sich zu einem erheblichen Teil selbst wieder aufhoben: Verbesserungen in Organisation, Disziplin und Versorgung sollten die Aufstellung und Lenkung größerer Heere ermöglichen, und taten dies auch. Aber größere Heere waren natürlich schwieriger zu organisieren, zu verpflegen und zu versorgen als kleinere"

(S. 157). Unter diesen Voraussetzungen hat sich Hanke zufolge die beklagenswerte Situation der Nichtkombattanten, d. h. der Zivilbevölkerung, in den Kriegen des 17. Jahrhunderts zunächst kaum verändert.

Aus württembergischer Perspektive von besonderem Interesse ist ein Beitrag von Gerhard Fritz über Kriegführung, Kriegskriminalität und Kriegsflüchtlinge in den Jahrzehnten nach dem Ende des Dreißigjährigen Krieges in Südwestdeutschland. Fritz hebt hervor, dass die in das Gebiet des Schwäbischen Reichskreises eingedrungenen Heere Ludwigs XIV. zeitweise von irregulären Truppen bekämpft worden seien. Die sogenannten „Schnapphähne", die sich zum Teil aus der Bevölkerung rekrutierten, hätten jedoch nicht immer die Unterstützung der regierenden Fürsten gefunden. Sie wurden etwa vom jungen Herzog Eberhard Ludwig, der die Rache der Franzosen fürchtete, unterdrückt. Fritz weist auch auf die demografischen Folgen der französischen Eroberungskriege hin. In verschiedenen, im Westen Württembergs gelegenen Ämtern (z. B. in Neuenbürg) sei es zeitweise zur Entvölkerung gekommen.

Dem zweiten Kapitel des Sammelbandes zugeordnet ist auch ein überaus interessanter – wenngleich nicht erfahrungsgeschichtlicher – Beitrag von Matthias Asche, Susanne Häcker und Patrick Schiele über die Geschichte der Universitäten entlang des Rheins während des Dreißigjährigen Krieges. Dieser Aufsatz erhellt, dass der größte militärische Konflikt, der in Mitteleuropa in der Frühen Neuzeit stattfand, nur bedingt einen Einschnitt in der Bildungs- und Universitätsgeschichte darstellte. Zwar mussten zahlreiche Hochschulen den Lehrbetrieb zeitweise einstellen oder reduzieren, insgesamt jedoch „erwies sich die Universität als ausgesprochen regenerationsfähige Institution" (S. 234): Nach Kriegsende wurde die alte Universitätslandschaft nicht nur vollständig wiederhergestellt, sondern durch Neugründungen sogar erweitert.

Der dritte Abschnitt des Sammelbandes zum Thema „Kriegswahrnehmung und -darstellung" enthält vor allem mediengeschichtliche Beiträge. So analysiert Guillaume van Gemert anhand von Flugschriften den Wandel, dem das Bild der niederländischen Republik im deutschen Reichsgebiet unterlag. Herrschte im 16. Jahrhundert Sympathie vor, so änderte sich dies mit dem Aufstieg der Republik zur europäischen Großmacht und ihrem späteren Fall: Feindschaft und Schadenfreude dominierten nun. Emilie Dosquet untersucht in einem luziden Beitrag das europäische Medienecho auf die französische Kriegführung im Pfälzischen Erbfolgekrieg (1688–1697). Im Zusammenspiel der verschiedenen Medien sei aus heterogenen französischen Militäraktionen das historische Ereignis „Verwüstung der Pfalz" konstruiert worden. Dieses blieb als „Erzählfigur" (S. 369) bis ins 20. Jahrhundert hinein wirkmächtig. Der Literaturwissenschaftler Stephan Kraft fragt nach der Bedeutung des Oberrheins für die Entstehung des wichtigsten deutschsprachigen Romans über den Dreißigjährigen Krieg: des „Abentheurlichen Simplicissimus Teutsch" von Hans Jakob Christoffel von Grimmelshausen. Der Oberrhein ist nicht nur der Ort, an dem der Autor Grimmelshausen seinen Text verfasste, auf dem Mooskopf in der Nähe von Offenburg wird auch im Roman der Krieg erzählt.

Der Sammelband, der insgesamt 14 Beiträge enthält, besticht durch seine thematische und methodische Breite und die Fülle der präsentierten Forschungsergebnisse, die in dieser Rezension nur angedeutet werden konnte. Nichtsdestotrotz wird deutlich, dass die Kriege, die zwischen 1568 und 1714 im Westen des Reiches ausgetragen wurden, der zukünftigen Forschung noch viele Aufgaben stellen werden. Die grenzüberschreitende Konzeption des Bandes erweist sich als sehr fruchtbar, um die Auswirkungen dieser militärischen Konflikte aus regionaler und lokaler Perspektive in den Blick zu nehmen. Sie bringt eine grundsätzliche Neujustierung der landes- bzw. regionalhistorischen Forschung zum Ausdruck, deren wissenschaftliche Interessen mehr als früher in europäische Geschichtskontexte eingebunden sind.

Wolfgang Mährle

Óscar Loureda (Hg.), Der Erste Weltkrieg und die Folgen, Heidelberg: Universitätsverlag Winter 2016. 190 S., zahlr. Abb. ISBN 978-3-8253-6602-5. Kart. € 9,–

Im Rahmen des Studium Generale bot die Ruprecht-Karls-Universität Heidelberg im Sommersemester 2014 eine Vortragsreihe über den Ersten Weltkrieg an, dessen Beginn sich damals zum hundertsten Mal jährte. In den Referaten wurden zum Teil grundlegende Fragen der Weltkriegsforschung behandelt, zum Teil ausgewählte speziellere Aspekte. Der zu besprechende Sammelband vereint die schriftlichen Fassungen von sieben der damals gehaltenen Vorträge.

Im Fokus der öffentlichen Diskussionen stand im Jahr 2014 die bereits seit Ausbruch des Krieges kontrovers diskutierte Frage nach der „Kriegsschuld“. Gerd Krumeich attestiert der Vorkriegsdiplomatie der europäischen Staaten gewisse „‚schlafwandlerische‘ Züge“ (S. 12); er greift mit dieser Formulierung den Titel des 2012 erschienenen, aufsehenerregenden Buches von Christopher Clark auf. Krumeich hält jedoch im Unterschied zu Clark an der These einer deutschen Hauptschuld am Kriegsausbruch fest. Indem das Wilhelminische Kaiserreich den Kriegswillen Russlands auf die Probe stellen wollte, habe es einen militärischen Flächenbrand mutwillig in Kauf genommen.

Einen konzisen Überblick über die Folgen des Ersten Weltkrieges, der „Urkatastrophe des 20. Jahrhunderts“ (Kennan), gibt Gerhard Hirschfeld. Die Technisierung des Krieges und das Massensterben auf den Schlachtfeldern Europas bewirkten nach Hirschfeld eine „ungeheuerliche Gleichgültigkeit gegenüber dem menschlichen Leben“ (S. 144), die ihrerseits Voraussetzung für die zunehmende Verbreitung politischer Gewalt in den Nachkriegsgesellschaften und schließlich die Entstehung totalitärer Systeme in den 1920er und 1930er Jahren gewesen sei. Militärgeschichtlich bilde der Erste Weltkrieg einen wichtigen Meilenstein auf dem Weg zum „Totalen Krieg“. In allen kriegführenden Staaten sei mit zunehmender Dauer des militärischen Konflikts eine immer umfassendere Mobilisierung der zivilen Ressourcen zu beobachten. Hirschfeld weist zudem darauf hin, dass der Erste Weltkrieg ein bedeutendes Referenzereignis für die nationalsozialistische Propaganda und Politik dargestellt und sein konkreter Verlauf die deutsche Kriegführung nach 1939 nachhaltig beeinflusst habe.

Andere Beiträge des Bandes führen in Teilaspekte des Krieges ein, so etwa der ebenso informative wie bündige Aufsatz über „Die USA und der Erste Weltkrieg“ von Manfred Berg oder der perspektivenreiche Text über die Kriegswirtschaft von Stefanie van de Kerkhof. Einem biografischen Blickwinkel verpflichtet ist der Beitrag von Gudrun Kammasch, die sich dem ungleichen Paar Fritz Haber und Clara Immerwahr widmet. Hingegen stehen in Cord Arendes' Aufsatz über den Einsatz der Fotografie auf den Schlachtfeldern des Ersten Weltkriegs methodische Fragen im Mittelpunkt: Um den Quellenwert der vorhandenen bildlichen Überlieferung bestimmen zu können, bedarf es einer eingehenden Kontextualisierung des fotografischen Materials. Ergänzt wird der Sammelband durch einen Beitrag der Musikwissenschaftlerin Dorothea Redepenning, in dem einerseits die Reaktionen der europäischen Komponisten auf den Krieg geschildert, andererseits die Wirkungen der Musik unter den Bedingungen des Krieges skizziert werden.

Allen Beiträgen ist gemein, dass die Vortragsform weitgehend beibehalten wurde. Die Aufsätze sind sehr gut lesbar. Wichtige wissenschaftliche Literatur ist in Fußnoten bzw. im Anschluss an den jeweiligen Text genannt. Der Sammelband ist als Einstiegslektüre für ausgewählte Probleme des Ersten Weltkrieges sehr zu empfehlen. Wolfgang Mährle

Markwart HERZOG (Hg.), Die „Gleichschaltung" des Fußballsports im nationalsozialistischen Deutschland (Irseer Dialoge: Kultur und Wissenschaft interdisziplinär, Bd. 20), Stuttgart: Kohlhammer 2016. 468 S., 36 Abb. ISBN 978-3-17-030958-6. € 30,–

Die Erforschung des Alltags unter dem Hakenkreuz wird zunehmend durch das Interesse an mikrohistorischen Studien geprägt. Dabei rückt das Vereinsleben zunehmend in den Mittelpunkt. Auch dies unterlag den Zwängen der politischen Gleichschaltung. Zugleich aber wird in den vorliegenden Einzelstudien deutlich, dass die gesellschaftliche Gleichschaltung komplizierter und in gewisser Hinsicht auch unwägbarer war als die politische. Denn es zeigt sich, dass im Unterschied zur Gleichschaltung staatlicher Institutionen im Jahre 1933/34 das Vereinsleben deutlich durch individuelle Entscheidungs- und Handlungsspielräume geprägt war. Das macht die Schuld des Versagens nicht geringer.

Das deutsche Sportvereinswesen hatte sich seit der Jahrhundertwende stark differenziert. Neben die immer sehr national gefärbten Turnvereine, die sich auf Jahn beriefen und dessen Nationalismus übernahmen und fortentwickelten, traten in der endenden Bismarckära eher bürgerlich geprägte Sportvereine, ehe dann Arbeitersportvereine vor allem seit der Aufhebung der Sozialistenverfolgung entstanden waren. Sie galten den Nationalsozialisten als „marxistisch" und wurden aufgelöst, verfolgt, unterdrückt. Die nationalistisch geprägten Turnvereine übernahmen 1933/34 vergleichsweise rasch zentrale Denkmuster des NS-Staates.

Hingegen kam dem Fußballsport immer eine besondere Stellung zu. Konkurrenz, die sich in Wettkämpfen manifestierte, aber auch Spielfreude waren für die Fußballclubs bestimmend, und weil der Wettbewerb stärker im Vordergrund als Bewegung und Körperertüchtigung stand, waren manche ideologischen Auswüchse gebremst. Auch im Spiel selbst stand das Team im Vordergrund, nicht der „Spiel-Führer", denn Mannschaftssport braucht verlässliche Mitspieler und gegnerische Mannschaften, die die Bedingungen der Wettkämpfe beeinflussten. So gesehen, stellte die Internationalisierung des Sports eine Grenze der Gleichschaltung dar. Das zeigte sich vor der Olympiade 1936, aber auch daran, dass sich die Rahmenbedingungen des deutschen Sports nach diesem Ereignis grundlegend wandelten. So ist sinnvoll, dem Fußballsport ein besonderes Augenmerk zu widmen.

Hinzu kommt allerdings in der Sportgeschichtsschreibung dieses Metiers ein aufklärerisches Interesse. Denn in zu vielen vereinsgeschichtlichen Darstellungen wurden nach 1945 und – wie die Geschichte des FC München zeigt – bis in die jüngste Zeit viele Zusammenhänge zwischen Politik und Vereinslebens weichgezeichnet. Das macht in mehreren kritischen Einschüben der Herausgeber des überzeugend konzipierten, weil stets konkreten, exemplarisch orientierten Sammelbandes – Markwart Herzog, Direktor der Schwabenakademie Irsee – deutlich. Er kann ebenso wie seine Mitautoren durch die differenzierte Erforschung der „beiden" Phasen der Gleichschaltung Korrekturen der gängigen „Heldengeschichte" mancher Vereine nicht nur plausibel erklären, sondern zum Lesevergnügen werden lassen.

In der ersten Phase nach der Machtergreifung stellten die Übernahme des Arierparagraphen und der daraus folgende Ausschluss jüdischer Mitglieder den politischen, aber auch ethisch-moralischen Lackmustext dar. Viele Vereine übernahmen Normen der Nationalsozialisten überraschend problemlos, geradezu als Selbstverständlichkeit, und machten so deutlich, dass sie viele Ziele der Nationalsozialisten teilten. Überraschend ist aber auch die keineswegs seltene Verweigerung des Ausschlusses jüdischer Vereinsmitglieder und Spieler.

Nach der Olympiade von 1936 begann dann eine weitere Phase der Gleichschaltung, die nun auf Körperkultur und Wehrertüchtigung zielte und die Vereine in die nationalsozialistischen Strukturen integrierte. Der ersten, rassenideologisch motivierten Gleichschaltung und der Übernahme des Führerprinzips bei der Vereinsleitung folgte in den Vorkriegsjahren die zweite organisatorische Gleichschaltungsphase.

Die Verfasser der Studien über Fürth, München, Berlin und Kaiserslautern verzichten bewusst darauf, kritische Aspekte auszublenden. Sie folgen einer gemeinsamen Fragestellung und erleichtern den Vergleich. Deutlich wird, dass gerade ländliche Vereine Spielräume zu nutzen wussten und ihre Autonomie, die für das Vereinswesen konstitutiv ist, nutzten. Sie schildern das Fehlverhalten der damaligen Akteure, kritisieren eindeutig die harmonisierenden Besänftigungs- und Entlastungsversuche derjenigen, die Fehlentwicklungen zu verantworten hatten und sich nach 1945 selbst zu entlasten versuchten. Damit wird deutlich, dass auch dieser Bereich des sozialen Lebens unter ganz ähnlichen Rahmenbedingungen erforscht werden musste wie Verwaltungen, Biographien und Unternehmen. Deren Chronisten nahmen vor allem in Vereins- und Unternehmensgeschichten vielfach die Argumente auf, die nach dem Untergang des NS-Staates die verbreitete Produktion von entlastenden „Persilscheinen“ charakterisiert hatten.

Weil Arbeitersportvereine als marxistisch galten, wurden deren Mitglieder, wenn überhaupt, nur unter erschwerten Bedingungen aufgenommen. Teilweise wurde auf den Ausschluss jüdischer Mitglieder verzichtet, was in der Nachkriegszeit dann häufig als Beleg für Widerständigkeit und Selbstbehauptung dienen sollte.

Die Verfasser der Beiträge rücken so nicht nur einzelne Vereinsgeschichten und deren Entwicklungen in den Mittelpunkt. Sie schildern regionalhistorisch differenzierte Entwicklungen und lenken den Blick auf innerverbandliche Konflikte und auf Entscheidungsspielräume. Ihre Fragestellungen, ihre Vorgehensweise und ihre Arbeitsergebnisse sind nicht nur anregend, sondern auch wegweisend.

Der weitgehend aus unveröffentlichten Quellen erarbeitete Sammelband setzt so nicht nur sportgeschichtliche Maßstäbe, sondern auch regional- und kommunalhistorische. In den Beiträgen spiegelt sich souveräne Literaturkenntnis und eine ebenso besonnene wie kritische Auseinandersetzung mit den gängigen Topoi einer Vereinsgeschichtsschreibung, die nicht selten im Zusammenhang mit Jubiläen in der Gefahr stand, den Begriff der Festschrift zu wörtlich zu nehmen.

Peter Steinbach

Rechts- und Verfassungsgeschichte

Anselm Doering-Manteuffel / Jörn Leonhard (Hg.), Liberalismus im 20. Jahrhundert (Stiftung Bundespräsident-Theodor-Heuss-Haus, Wiss. Reihe 12), Stuttgart: Franz Steiner Verlag 2015. 347 S. ISBN 978-3-515-11072-3. Geb. € 39,–

Es erleichtert die Lektüre, mit dem Schlusskommentar von Lutz Raphael zu beginnen, um auf zweierlei vorbereitet zu werden: 1. Die methodischen Zugänge der 14 Beiträge sind höchst unterschiedlich, so dass man als Leser stets darauf achten muss, ob das Untersuchungsfeld ideengeschichtlich, organisations- oder akteursbezogen analysiert wird, ob kürzere Zeiträume oder längerfristige Entwicklungen betrachtet werden. Die Ergebnisse hängen von dem gewählten Ansatz ab. Das erschwert die vergleichende Lektüre. Der Vergleich benötigt einheitliche Vergleichsebenen. Dieses Buch ist durch die Vielfalt von Ansätzen mit unterschiedlichen Analyseebenen charakterisiert. 2. Der Untersuchungsraum Europa ist eigentlich zu eng, um zu verstehen, warum der „militärisch-diplomatische Triumph des Liberalismus 1919/20" (S. 334) nicht von Dauer war. Da die westlichen Siegermächte das von ihnen proklamierte Selbstbestimmungsrecht der Völker in den Kolonien ignorierten, konnte der Liberalismus, in welcher Form auch immer, bei der Dekolonisierung in Afrika und Asien kaum eine Rolle spielen. Die neue Ordnung der internationalen Beziehungen, die mit dem Völkerbund versucht wurde, war zwar von liberalen Grundsätzen geprägt, doch das hatte keine Folgen für die Imperien der Sieger, die das koloniale Erbe der Besiegten übernahmen. Dies hat die Glaubwürdigkeit liberaler Ordnungsmodelle weltweit beschädigt.

Die Herausgeber gehen von drei Phasen in der Geschichte des Liberalismus im 20. Jahrhundert aus. Entsprechend ist das Buch gegliedert. Im ersten Abschnitt „Das Erbe des 19. Jahrhunderts und der Umbruch des Ersten Weltkriegs" betrachten Andreas Wirsching, Michael Freeden und Jörn Leonhard Entwicklungen im europäischen Liberalismus bis 1918, als die erste Phase einsetzte. In ihr, so die Herausgeber in der Einleitung, habe „die Freiheit in Wirtschaft und Gesellschaft den Vorrang vor dem Individualismus" (S. 30) erhalten. Dieser Phase widmen sich vier Beiträge (Philipp Müller, Tim B. Müller, Marcus Llanque, Maurizio Vaudagna).

Wie hier der Ansatz die Ergebnisse bestimmt, sei an zwei Studien erläutert. „Der Sozial-Liberalismus war der Liberalismus des 20. Jahrhunderts" (S. 152). Zu dieser Aussage kann Tim B. Müller kommen, weil er diesen Liberalismus als eine „transnationale Neuerung" versteht, die v. a. als „Folge von apparativen Logiken sowie von politischen, sozialen und ökonomischen Problemstellungen" zu verstehen sei (S. 153). Hier geht es also um Ordnungsmodelle, die als liberal definiert werden, aber nicht mit liberalen Parteien verbunden sein müssen. Diese Art von Liberalismus kann blühen, wenn liberale Organisationen verkümmern. Parteiliberalismus und die Wirkkraft liberaler Ordnungsmodelle werden gänzlich entkoppelt. M. Llanque hingegen bindet beides zusammen, indem er erhellend untersucht, wie der Weimarer Linksliberalismus versucht hat, „Volksgemeinschaft" liberal zu definieren, und warum er damit scheiterte.

Den Beginn der zweiten Phase setzen die Herausgeber mit der Weltwirtschaftskrise an; voll entfaltet habe sie sich nach 1945. Als ihr Merkmal bestimmen sie „die Integration des Liberalismus in die Massengesellschaft" (S. 30). Mit dieser Phase befassen sich drei Beiträge (Anselm Doering-Manteuffel, Jens Hacke und Jeppe Nevers gemeinsam mit Niklas Olsen). Auch hier wird das Ergebnis vom gewählten Ansatz bestimmt. Doering-Manteuffel verfolgt, wie deutsche Emigranten daran beteiligt waren, dass ein euroatlantischer „Hybrid des ‚Westens'" entstand, der den „westlich-atlantischen Liberalismus" mit „sozialistisch-demokratischen Einflüssen" angereichert habe (S. 206). Bei Hacke hingegen entsteht das Ordnungsmodell der Bundesrepublik Deutschland ideengeschichtlich aus einem normativ definierten Liberalismus, dessen zentrale Werte (persönliche Freiheit, politische Partizipation, Parlamentarismus, Chancengleichheit, Rechtsstaat) er so bestimmt, dass sie in der Geschichte des Liberalismus verankert und zugleich von den Parteien als Akteuren des liberalen Gestaltungswillens gelöst werden können. Letzteres ist die Voraussetzung, diese Werte als „Weimars liberales Erbe" (S. 224) zu deuten. Eine solche Form von Liberalismusgeschichte ist schwer zu vergleichen mit der von Nevers und Olsen, die jeweils konkretisieren, welche Bedeutung liberale Ideen, Akteure und Parteien in der langen Geschichte des dänischen „Welfare State" hatten.

Die dritte Phase seit den 1970er und 80er Jahren sehen die Herausgeber durch die „Rückkehr des Individuums in das Ordnungsdenken des Liberalismus" (S. 30) geprägt. Sie fragen nach dem Preis dieser Rückkehr. Die Kosten werden in der gegenwärtigen Debatte meist dem sog. Neo-Liberalismus aufgebürdet. Zwei der drei Beiträge in diesem Abschnitt verdeutlichen, wie schwer nun eindeutige Zuordnungen werden. Dominik Geppert zeigt, wie Reagans und Thatchers „Liberalismus unter konservativen Vorzeichen" in den USA und Großbritannien zum Konsens unter den „Parteien der linken und rechten Mitte" werden konnte (S. 288). Giovanni Orsina blickt nach Italien und bestimmt den „Berlusconism" als „an emulsion of populism and liberalism" (S. 299). Berlusconis Liberalismus versteht sie als „basically revolutionary", denn der Interventionsstaat sollte abgebaut (dismantled) werden (S. 311). Der dritte Beitrag ist anders angelegt. Er mündet zwar in die dritte Phase, doch es geht Maciej Janowski vorrangig um lange Entwicklungslinien, die darauf geprüft werden, ob die Geschichte des polnischen Liberalismus mehr einem „kontinentalen" oder einem „Anglo-Saxon"-Modell folgte.

Die Beiträge dieses Buches zeigen eine Forschung, die es unternimmt, nach Grundlinien in der Entwicklung des Liberalismus in Europa (in Verbindung zur USA) zu fragen. Sie zeigen aber auch, wie notwendig es wäre, die unterschiedlichen methodischen Zugänge zum Gesamtkomplex Liberalismus präzise in ihren Aussagemöglichkeiten zu bestimmen. Wer nach Ordnungsmodellen (politischen, ökonomischen, sozialen, kulturellen) fragt, erhält andere Antworten als diejenigen, die auf die Institutionalisierung solcher Modelle blicken. Die Bedeutungsvielfalt von Liberalismus und die historische Wandelbarkeit seiner Gestalt erfordern die präzise Bestimmung der Untersuchungsebenen. Dieter Langewiesche

Georg Eckert, Zeitgeist auf Ordnungssuche. Die Begründung des Königreiches Württemberg 1797–1819 (Schriftenreihe der Historischen Kommission bei der Bayerischen Akademie der Wissenschaften, Bd. 96), Göttingen: Vandenhoeck & Ruprecht 2016. 528 S., ISBN 978-3-525-36087-3. € 90,–

Wer sich mit der Entstehung des modernen Staates in Württemberg zu Beginn des 19. Jahrhunderts befassen und sich nicht mit Biographien zufrieden geben will, muss bisher auf die beiden Bände von Erwin Hölzle (Das Alte Recht und die Revolution; Württemberg im Zeitalter Napoleons, Berlin 1931 und 1937) zurückgreifen. Jüngsthin hat Ina Ulrike Paul die gleiche Epoche bearbeitet, allerdings ihre Darstellung in die Anmerkungen einer Quellenedition verschoben (Württemberg 1797–1816/19. Quellen und Studien zur Entstehung des modernen württembergischen Staates, 2 Bde., München 2005). Der Verfasser legt nun mit dieser Wuppertaler Habilitationsschrift nicht nur eine „Begründungsgeschichte des modernen Württemberg", so der Klappentext, sondern „die Begründungsgeschichte des modernen Staates überhaupt" vor. Allerdings schränkt er diesen Anspruch im Text auf eine „typenbildende Funktion Württembergs" ein (S. 462, Anm. 19).

Der recht belletristisch formulierte Titel beinhaltet, dass der 20-jährige Konflikt zwischen Ständestaat und modernem Königtum Gegenstand der Untersuchung ist und er mit der Herstellung einer neuen staatlichen Ordnung endete. Die Arbeit gliedert sich in vier chronologische Teile: Reformlandtag 1797–99, Neuwürttemberg 1803–05, Rheinbund

1806–14 und Verfassungskonflikt 1815–19. Der Verfasser geht den 20-jährigen Diskurs kommunikationstheoretisch an, der sich auf den Ebenen „Studierzimmer" (Wissenschaft), „Amtsstube" (Verwaltung), Interaktion von Verwaltung und Untertanen und Ständekämpfen abspiele. Allerdings ist die Quellenlage der vier Phasen sehr unterschiedlich. Während sie für die Auseinandersetzung zwischen Regierung und Ständen reichlich fließen (Sitzungsprotokolle, Flugschriften, Petitionen etc.), sieht das für die Jahre 1803–14 anders aus. Der Verfasser beschränkt sich weitgehend auf Gesetze und Verordnungen der Editionen von Reyscher und Paul sowie das württembergische Gesetzblatt (1806 ff.), d. h. die Schriftstücke einer Seite. Zusätzliche Quellen wie Erinnerungen, Tagebücher etc. der üblichen Verdächtigen (Pahl, Dizinger, Maucler, Hegel, Uhland etc.) geben Hinweise, aber keine Beweise bzw. Belege für die andere Seite.

Bei der Darstellung der offen ausgetragenen Auseinandersetzungen zwischen Ständen und Regierung folgt der Verfasser weitgehend der vorliegenden Literatur. Ganz anders ist es beim Mittelteil (1803–14). Hier geht er eigene Wege, die sich in zwei Thesen niederschlagen. These I: „Die zahlreichen Reformen und Verordnungen [...] gingen in mannigfachen Fehlanzeigen und Nachbesserungen unter" (S. 460). „Regierungskunst war auf administrative Praxis reduziert" (S. 311), auf „Improvisation" und „Mangelverwaltung" (S. 187 und 196). Kurz: In Württemberg herrschte Chaos. Weder für Neuwürttemberg noch für den Rheinbundstaat liege ein „Plan" vor (S. 311, 129) wie z. B. für Preußen oder Bayern. These II: In Württemberg wurde 1806 ein neues Herrschaftssystem entwickelt, die Expertokratie. Wissenschaftlich ausgebildete, nach Leistung (Prüfungen) rekrutierte Experten hätten die Macht übernommen und eine wissenschaftlich begründete Politik verwirklicht oder zumindest dies versucht. Sorgfältig bemüht sich der Verfasser, die Begriffe Bürokratie und Bürokraten zu vermeiden. Den Höhepunkt der Expertenherrschaft bildeten 1817 die Reformpläne von Friedrich List zur Gründung einer staatswirtschaftlichen Fakultät in Tübingen für die Beamtenausbildung. Diese Pläne scheiterten, obwohl sie die Probleme des Staates im Übergang vom Ancien Regime zur Moderne, so der Verfasser, lösten. Doch dann reduziert er seine Ergebnisse: „Das Wesen der württembergischen Reform lag in einer Expertokratie, in der die Grenzen zwischen Politik, Verwaltung und Wissenschaft verschwammen" bzw. dass Expertokratie „zu einem regulativen Ideal von politischer Bedeutung geriet", kurz: „Der wesentliche Inhalt der mannigfachen Reformen liegt [...] in der gemeinsamen politischen Sprache" (S. 460, 465 f.).

Da der Verfasser in der Reformpolitik in Neuwürttemberg nur „Pragmatismus als Regierungszweck" (S. 181) und „tagespolitisches Flickwerk" (S. 127) sieht, bezeichnet er Neuwürttemberg auch nicht wie die Forschung als Musterstaat für ganz Württemberg. Ebenso interpretiert er Leitbegriffe der Verordnungen wie „Notwendigkeit" (bes. S. 146 ff.), „Gleichförmigkeit", „Einheit" usw. nur als „Flickwerk". Zwar waren schon bisher die zahlreichen Korrekturen und Ergänzungen der Verordnungstätigkeit in Württemberg aufgefallen, doch wurden sie der autokratischen Detailversessenheit des Königs zugeschrieben. Das „Verwalten im Provisorium" des Verfassers führt auch nicht weiter. Dabei handelt es sich um das alte Problem der Exekutive seit Beginn der Schriftlichkeit, nämlich das Vollzugsdefizit bei der Umsetzung schriftlicher Normen. Dies trat mit der Umstellung der Verwaltung vom historischen Recht auf den im Gesetzblatt kodifizierten Gesetzes- und dann Rechtsstaat verstärkt auf. Die Behebung des Defizits erfolgte anfangs durch gesetzliche Vollzugsbestimmungen und dann eigene Vollzugsverordnungen, die allein von der Exekutive erlassen werden konnten. Allerdings sind diese in den Gesetzsammlungen nicht abgedruckt. Eine weitere Ursache eines Vollzugsdefizits liegt im Klientelbezug von Normen. Ohne Zustimmung der Betroffenen waren (und sind) viele Regelungen nicht umsetzbar. Auch dies führt zu Kompromissen, die ausgehandelt werden mussten. Der Verfasser erwähnt zwar das „Aushandlungsmodell" (S. 15, 24), verwendet es aber nur für die Wiedereinstellung ständischer Beamter 1806 (S. 171). Hätte er den methodischen Ansatz des „bargaining" angewendet, hätte er nicht Aktenbestände der Zentrale, sondern – mühsam – der Kommunal- und Amtsebene auswerten müssen. Dann hätte er auch Aussagen über das Verhältnis zwischen Verwaltung und Bürgern machen können, die völlig fehlen. Das Fehlen jedes verwaltungswissenschaftlichen Ansatzes führt den Verfasser auch dazu, die Frage nach der Effizienz und innerbehördlichen Maßnahmen zur Effizienzsteigerung überhaupt nicht zu stellen.

Die vordergründige Verknüpfung von Fakten und von Urteilen durchzieht die ganze Arbeit. So bezeichnet er den Mergentheimer Aufstand von 1809 als Konflikt zwischen Verwaltung und Bürgern (S. 198 ff.). In Wirklichkeit war dies aber ein Aufstand österreichischer Untertanen gegen die württembergische Besatzungsmacht während des Krieges. Es war also ein Ereignis der Außenpolitik, allenfalls dem Tiroler Aufstand vergleichbar. Die Einführung des Gesetzblattes in Württemberg kommentiert der Verfasser vage als „Kompendium der bisherigen Politik" mit dem Zweck, „sowohl die Untertanen zu informieren als auch sie zu verbinden" (S. 219, 220 ff.). Er verkennt, dass das Gesetzblatt als Rezeption des französischen „Bulletin des Lois" die rechtliche Grundlage des Gesetzesstaats war. Aktualität, Authentizität und Vollständigkeit waren seine Kennzeichen, und die juristische (wissenschaftliche) Ausbildung sollte eine gleichartige Interpretation landesweit sicherstellen. Die bisherige Publikation, d. h. die für die Gültigkeit erforderliche Kenntnisnahme durch die Untertanen, verschwand hinter der durch den Druck suggerierten Allzugänglichkeit des Gesetzblattes. Die Kenntnis der Gesetze in der Bevölkerung nahm ab. Die Aufnahme von Materien des Intelligenzblattes in das Gesetzblatt in Süddeutschland war eine Übergangserscheinung und kein Versuch, Abonnenten zu gewinnen (Zum Verhältnis von Intelligenz- und Gesetzblatt vgl. den Artikel des Rezensenten, in: Jahrbuch für europäische Verwaltungsgeschichte 9 [1997], zu Württemberg S. 68 ff.). Die Beispiele von Fehlinterpretationen ließen sich vervielfältigen. Quellenkritisch saubere, kausale oder funktionale Interpretationen sucht der Leser vergebens. Dabei hat der Verfasser die Literatur breit rezipiert. Allerdings fällt ihre sehr punktuelle Auswertung auf. Sachfehler unterlaufen ihm kaum (Ausnahme: Die Beteiligung der Landschaft an der Ernennung der altwürttembergischen Geheimräte, S. 124, 136).

Der Verfasser distanziert sich deutlich von der bisherigen Literatur, insbesondere der Rheinbundforschung. Sie suche „Demokratisierungsschübe", „Modernisierungs- und Reformvorhaben" (S. 22) und sei „einer teleologischen, gar durch Modernisierungsparadigmen fokussierten Betrachtungsweise" verpflichtet bzw. erschaffe „rückblickende Notwendigkeiten auf dem Weg in die Moderne" (S. 147). Als geradezu abwegig betrachtet er die Annahme eines „Zwangs zur Imitation napoleonischer Institutionen und (des) Imports fortschrittlicher französischer Prinzipien" (S. 22). Entsprechend reduziert er Nipperdeys kategorisches Diktum „Am Anfang war Napoleon" (1983) auf die Militärgeschichte (S. 101). Der Verfasser schränkt den Diskurs über die Neuordnung – er spricht sogar von „Neuerfindung Württembergs" (S. 242) – auf Württemberg ein. Für eine Epoche, in der Europa von Napoleon auf der Basis der Französischen Revolution neu geordnet wurde, mutet dieses Urteil abenteuerlich an. Dabei muss Einfluss nicht die völlige Übernahme französischer

Institutionen bedeuten. Bekanntlich hat König Friedrich auf dem Höhepunkt der französischen Einflussnahme auf den Rheinbund 1807/08 die Übernahme des Code Napoleon, der Westphälischen Verfassung und des Dezimalsystems abgelehnt. Einflussnahme kann jedoch in der Rezeption unterschiedlicher Stufen bis zur völligen Ablehnung bestehen. Das napoleonische Modell des starken Staates auf der Basis von Freiheit (des Eigentums) und Gleichheit (der Personen) war eine Konzeption, die die politische Diskussion im Rheinbund beherrschte (vgl. den Sammelband des Rezensenten: Les influences du modèle napoléonien d'administration sur l'organisation administrative des autres pays [Institut international des sciences administratives Bruxelles – Cahiers de l'histoire de l'administration no. 4], Brüssel 1995). Dieser Einfluss muss nicht durch explizite Verweise belegbar sein. Eine sachliche Übereinstimmung genügt. Die württembergischen Ministerien hielten z.B. die Gesetzblätter der Nachbarstaaten und die wichtigsten offiziellen Zeitungen wie z.B. den Moniteur im Abonnement. Ihr Inhalt kann daher als bekannt vorausgesetzt werden. Dazu kommen die nur vereinzelt überlieferten Korrespondenzen sowie die Berichte der Diplomaten, die auch über sogenannte Neuerungen an ihren Dienstposten berichten mussten. Später kamen noch die Aufträge für sogenannte Enqueten hinzu. Zwar war die Republik mit Selbstregierung und Selbstverwaltung die eigentliche Alternative zur Monarchie, doch sie stand außerhalb jeder Diskussion. Der konstitutionelle napoleonische Staat hingegen war die Alternative zum Absolutismus bzw. Ancien Regime. Eine „Ordnungssuche" im luftleeren Raum ist abwegig.

Die These des Verfassers, dass sich unter König Friedrich ein Übergang „von der Improvisation zur Expertokratie" vollzogen habe, der sich in einer Verwissenschaftlichung durch Universitätsstudien und Prüfungen niedergeschlagen habe (S. 271 ff.), beruht auf einer Fehlinterpretation des württembergischen Schreiberinstituts. Die Reform des Schreiberwesens erfasste nur einen Teil des öffentlichen Dienstes, nämlich den heute sogenannten gehobenen Dienst. Das Jurastudium, d.h. der höhere Dienst, wurde in der Reformzeit überhaupt nicht verändert. Der Rezensent hat sich vor geraumer Zeit ebenfalls mit dem Thema der württembergischen Beamtenschaft in der Reformzeit in einer Habilitationsschrift, aber unter einem völlig anderen Gesichtspunkt befasst (Privilegierung und Disziplinierung. Die Entstehung des Berufsbeamtentums in Bayern und Württemberg [1780–1825], München 1978). Die Herausbildung eines dreistufigen Prüfungs- und Ausbildungssystems für den höheren Dienst war ein jahrhundertelanger Prozess (Abitur sowie 1. und 2. Staatsexamen nach Gymnasium, Studium und Praktikum). Dieser Prozess setzte mit der Einführung des 1. Staatsexamens am Ende des 16. Jahrhunderts ein (nur der Adel konnte sich dem zum Teil bis in die 2. Hälfte des 18.Jahrhunderts durch den sogenannten Ratsakzess entziehen) und wurde mit der Einführung des 2. Staatsexamens (Preußen 1755) und des Abiturs (1834 auf Bundesebene) abgeschlossen. Daneben wurde seit dem 18. Jahrhundert die Einführung eines eigenständigen Kameralistikstudiums erörtert, das aber in der 2. Hälfte des 19. Jahrhunderts mit der Durchsetzung des preußischen Juristenmonopols endgültig scheiterte.

Auch die württembergischen Schreiber wurden seit der Mitte des 16. Jahrhunderts zentral geprüft. Das Schreiberproblem in der Reformzeit war primär politisch, da die Schreiber über ihre starke Stellung in der lokalen Selbstverwaltung die Landstände beherrschten und die Partei des alten Rechtes bildeten. Aus politischen Gründen wurde der Schreiberstand zerschlagen (Aufhebung der Amts- und Stadtschreiberei 1826). In diesem Zusammenhang fiel auch die Entscheidung, einen Teil der Schreiberei zu akademisieren. Hierzu gehören die Pläne von Friedrich List über die Errichtung einer staatswirtschaftlichen Fakultät in Tübingen. Allerdings wurde eine Prüfungsordnung für „Regiminalisten" (Verwaltungsbeamte) und „Kameralisten" (Finanzbeamte) erst 1837 erlassen. Gleichzeitig wurde die Subalterntätigkeit in verschiedene Laufbahnen für die Innenverwaltung, Justiz, Finanzen und freiwillige Gerichtsbarkeit (Notare) aufgespalten. Die Juristenausbildung wurde durch die Einführung eines obligatorischen Praktikums 1807 zwar verlängert, aber nicht verändert. Ein 2. Staatsexamen wurde erst 1818 eingeführt. Das Praktikum diente der Bekämpfung der Juristenschwemme. Schon vorher versuchten die geprüften Juristen, ihre Wartezeit in Subalternstellen als Aktuare, Diurnisten etc. zu überbrücken. Diese Bewertung eines Broterwerbs in subalterner Stellung blieb dem Praktikum. Das 2. Staatsexamen hatte in Süddeutschland nie die Bedeutung der Großen Staatsprüfung wie in Preußen. Es war eine Wiederholung des 1. Staatsexamens.

Eine Expertokratie wurde in Württemberg in der Reformzeit nicht geschaffen. Die Reform der Subalternausbildung betraf nur einen Sektor des Staatsdienstes, und sie schlug fehl. Die Regiminalisten und Kameralisten nahmen nicht die Stellen von Akademikern, sondern die der ehemaligen Schreiber ein, und sie rekrutierten sich auch im Gegensatz zu den Juristen aus sozialen Aufsteigern. Die staatswirtschaftliche Fakultät war eigentlich eine Art Fachhochschule, die aber der Universität angeschlossen war. Die eigentliche Reform in Württemberg und auch anderweit war der Aufbau der Verwaltung auf der rechtlichen Grundlage des Gesetzblattes und die Aufhebung des historischen Rechts und des Gewohnheitsrechts – zumindest als Anspruch. Die landesweite, gleichartige Anwendung des neuen Rechtes war ausgebildeten Juristen vorbehalten. Die standen 1803 wie 1806 zur Verfügung, und entsprechend übernahm König Friedrich seine alten Beamten, wie der Verfasser selbst betont (S. 296 ff.).

Die Geschichtsschreibung hat seit dem 19. Jahrhundert der Beamtenschaft in der Reformepoche des frühen 19. Jahrhunderts eine entscheidende Rolle zugeschrieben. Insofern hat der Verfasser einen traditionellen Forschungsschwerpunkt für seine Untersuchung gewählt. Seine Deutung der württembergischen Variante dieser Epoche vermag aber nicht zu überzeugen. Es fehlt jede Einordnung in den zeitgenössischen Diskurs. Das Rad wurde nicht am Nesenbach erfunden und auch nicht neu erfunden. Sodann überhöht der Verfasser die Reform eines Sektors des Staatsdienstes, nämlich die der Schreiber, zur Staatsreform, für die er ein neues Herrschaftssystem kreiert, eine Expertokratie. Dies verzerrt die Zusammenhänge. Ferner ist seine Analyse der Gesetze und Verordnungen bzw. von Fakten und Meinungen nicht analytisch, sondern deskriptiv und assoziativ, d. h. quellenkritisch oberflächlich. Ein Artikel über die Reformpläne von Friedrich List, mit denen die Arbeit beginnt und endet, wäre wohl interessant geworden, 500 Seiten sind jedoch zu viel. Der interessierte Leser wird sich weiter mit Hölzle und Paul zufrieden geben müssen. Bernd Wunder

Otto Kleinknecht, „Im Sturm der Zeiten". Aus den Erinnerungen eines württembergischen Staatsanwalts 1929 bis 1949. Hg. vom Haus der Geschichte Baden-Württemberg in Zusammenarbeit mit Walter J. Elser, Ubstadt-Weiher: verlag regionalkultur 2016. 482 S. ISBN 978-3-89735-932-1. € 19,90

Die Geschichte der Justiz in Württemberg während des Nationalsozialismus ist ein schwieriges Terrain. Ein Großteil der Akten der Stuttgarter Gerichte und der Staatsanwaltschaften (ein eigenständiges württembergisches Justizministerium gab es infolge der „Verreichlichung" der Justiz ab April 1935 nicht mehr) ist verloren. Während die badische

Justizgeschichte gut zugänglich ist, fehlen ähnliche Überblicksdarstellungen für Württemberg, auch wenn inzwischen einzelne Aspekte wenigstens knapp zusammengestellt wurden.

Da scheint es hochwillkommen, dass sich im Nachlass des württembergischen Juristen Otto Kleinknecht (12. Juni 1901 bis 14. November 1983) über 2.000 „mit Schreibmaschine eng beschriebene Blätter" (S. 15) mit „Lebensbeschreibungen" befinden. Der umfangreiche Nachlass Kleinknechts, der Zeit seines Lebens ein Sammler und Tagebuchschreiber war, befindet sich heute im Stadtarchiv Marbach. Die 2.000 Seiten, die er auf der Grundlage seiner Tagebücher und Notizen über Jahre hinweg in seinem Ruhestand verfasst hat, vermachte er dem mit ihm befreundeten Pfarrer Walter J. Elser. Dieser bearbeitete das Manuskript und stellte es dem Haus der Geschichte zur Publikation zur Verfügung.

Otto Kleinknecht war sicher ein verhältnismäßig typischer Vertreter seiner Juristengeneration. Aufgewachsen in Stuttgart (mit familiären Wurzeln in Marbach), Jura-Studium in Tübingen, erste Tätigkeit als Richter 1929 beim Amtsgericht Stuttgart, dann bei der Staatsanwaltschaft dort. Von 1941 bis zum Kriegsende war er als Vertreter der Anklage beim Sondergericht Stuttgart tätig. Dem schlimmen Ende der obersten Stuttgarter Justizvertretung – Generalstaatsanwalt Otto Wagner wurde bekanntlich im Juni 1945 im Gerichtsgefängnis Ravensburg totgeprügelt – entging er glücklich, da er die Verlegung nach Oberschwaben wegen Krankheit nicht mitgemacht hatte. Und auch wenn Otto Kleinknecht es anders sah und anders darstellt: Auch im Spruchkammerverfahren kam er eigentlich sehr glücklich durch. Als „Mitläufer" wurde er mit einer Sühne von 2.000 Reichsmark belegt. Schon im Sommer 1946 war Kleinknecht wieder als „Juristischer Hilfsarbeiter" und dann als Staatsanwalt in Heilbronn tätig. 1948 wechselte er ans Amtsgericht Marbach, wo er 1966 als Oberamtsrichter in den Ruhestand trat.

Aber auch das war eigentlich typisch für seinen Stand. Mit Ausnahme von Hermann Albert Cuhorst hat kein Richter und kein Staatsanwalt des Sondergerichts Stuttgart nach 1945 juristische Konsequenzen zu spüren bekommen. Das ist, bei einer Gesamtbilanz von mindestens 200 ausgesprochenen Todesurteilen, ein erschreckendes Fazit.

Otto Kleinknecht hat selbst an drei Todesurteilen mitgewirkt. Typisch für die Sondergerichte war, dass sie in einem beschleunigten Verfahren vor allem in Delikten wegen „Heimtücke" oder gegen „Volksschädlinge" drakonisch vorgehen sollten. Kleinknecht beschreibt diese Verfahren sehr genau, bei denen es um Einbrüche während der „Verdunkelung", um sexuellen Missbrauch und um einen umfangreichen Schleichhandel ging. Er schildert den Verfahrensgang der Justiz, seine Abwägungen, den Ablauf der Hinrichtungen, und scheut sich nicht, selbst im Rückblick noch festzuhalten, dass die damaligen Todesurteile „mir auch heute noch in Anbetracht der damaligen Zeitumstände gerechtfertigt erscheinen" (S. 270).

Kleinknecht war kein Nazi, aber alles andere als mutig. Fast unerträglich die Beschreibung, wie er angeblich nur durch Drängen seiner Braut (und wieder einmal im entscheidenden Moment krank) im April 1933 in die NSDAP eintrat. In seinem Spruchkammerverfahren rechtfertigte er sich: „Später bin ich sicher nicht mehr mitgelaufen, sondern wurde unfreiwillig mitgeschleppt" (Staatsarchiv Ludwigsburg EL 902/15 Bü 11762).

So sind die Erinnerungen Kleinknechts eine mehr als sperrige Lektüre. Trotz der Zusicherung der Herausgeber, umfangreiche Streichungen vorgenommen zu haben, haben die gut 400 Seiten, in denen Kleinknecht seine Lebensjahre von 1929 bis in die 1950er Jahre beschreibt, fürchterliche Längen. Seitenlange weltgeschichtliche Betrachtungen im trockenen Juristentonfall, unterlegt mit einer gewissen Larmoyanz, da Kleinknecht sich als konvertierter Katholik gern in einer Opferrolle stilisiert, muten dem Leser einiges zu. Deutlich weniger wäre mehr gewesen (und die Ankündigung, auch noch die Jahre vor 1929 zu publizieren, sind keine Verheißung). Richtig interessant und lesenswert sind eigentlich nur die Partien, in denen Kleinknecht über seine Tätigkeit als Jurist und hier eben als Ankläger am Sondergericht berichtet. Und hier hätte man sich oft eine kritischere Kommentierung durch die Herausgeber gewünscht. Schwammige Einlassungen wie: „Der Leiter der Stuttgarter Mordkommission, dessen Name mir entfallen ist [...] Bald darauf köderte ihn die Gestapo und während des Krieges soll er sich in Polen schwere Untaten aufs Gewissen gehängt haben, weshalb er unmittelbar nach dem Krieg von den Amerikanern gehängt wurde" (S. 124), kommen leider häufiger vor – hier und an etlichen anderen Stellen wünschte man sich entweder eine präzisierende Fußnote, oder, falls sich der Kontext nicht klären lässt, eine Streichung der Passage.

Im Pressetext wird das Werk der nachwachsenden Juristengeneration als Lehrstück empfohlen. Nun sind Juristen ja harte Kost gewohnt. Ich finde, es genügt völlig, die sehr gut zusammenfassende „Historische Einordnung" von Thomas Schnabel (S. 413–454) zu lesen und sich danach mit kritischem Blick dieser viel zu lang geratenen Selbstrechtfertigung des Mitläufers Otto Kleinknecht kursorisch zuzuwenden. Elke Koch

Die Abgeordneten der kurhessischen Ständeversammlungen 1830–1866, hg. von Ewald GROTHE unter Mitarbeit von Armin SIEBURG (Veröffentlichungen der Historischen Kommission für Hessen 48, 13, zugl. Politische und parlamentarische Geschichte des Landes Hessen 43), Marburg 2016. XIII, 170 S., 122 s/w Abb. ISBN 978-942225-33-5. Geb. € 24,–

Während die Verhandlungen in den Ständeversammlungen und Landtagen des 19. Jahrhunderts über Protokolle weitgehend gut dokumentiert sind, wissen wir über die Parlamentarier selbst meist nur recht wenig. Da Repräsentativkörperschaften wie diese jedoch ohne die gewählten Volksvertreter schlicht undenkbar sind, erscheint es zum Verständnis der parlamentarischen Debatten auch sinnvoll, die dahinterstehenden Personen einer eingehenderen Betrachtung zu unterziehen. Genau dies stellt das von Ewald Grothe unter Mitarbeit von Armin Sieburg herausgegebene biographische Nachschlagewerk zu Abgeordneten der kurhessischen Ständeversammlungen in Aussicht und schließt damit eine Lücke in der kurhessischen Landtagshistoriographie.

Der Band versammelt biographische Grunddaten zu 525 Personen, die in der Zeit von 1830 bis 1866 als Abgeordnete in die Ständeversammlungen bzw. die Landtage des Kurfürstentums Hessen gewählt worden sind oder als Landtagskommissare im Auftrag der Regierung daran teilnahmen. Die zusammengetragenen Angaben umfassen neben dem Namen und den Lebensdaten auch Geburts- und Sterbeort, die Eltern, den ausgeübten Beruf, die Mandatszeit sowie den Wahlkreis. Wo möglich, werden sie durch Informationen zur jeweiligen politischen Ausrichtung sowie durch Porträts ergänzt. Hinzu kommen auch Hinweise auf weiterführende Quellen, die Hilfestellung für eingehendere Forschung bieten sollen. Einen schnellen Überblick über die personelle Zusammensetzung der im gewählten Zeitraum bestehenden 21 Landtage bietet eine Übersicht mit einer namentlichen Auflistung der Landtagskommissare und Abgeordneten. Das abschließende geographische Register ermöglicht zudem auch eine gezielte Recherche nach Orten.

Das im vorliegenden Band kompilierte Datenmaterial ist das Ergebnis minutiöser Recherchearbeit vieler Jahre, erhebt aber dennoch keinen Anspruch auf Vollständigkeit. Vielmehr versteht Grothe die Arbeit als einen ersten Schritt, der durch weitere – insbesondere regional- und lokalhistorische Forschungen – ergänzt und korrigiert werden soll.

Ein Verdienst dieses biographischen Kompendiums ist es, neben prominenten Persönlichkeiten wie Sylvester Jordan und Ludwig Schwarzenberg auch weniger namhafte „Hinterbänkler" greifbar zu machen, die nicht selten selbst in ihren jeweiligen Wahlkreisen nur wenig bekannt waren und über die auch die landständische Überlieferung nur bedingt Auskunft gibt. Je nach Überlieferungslage sind die biographischen Grunddaten der Volksvertreter mitunter rudimentär, eignen sich aber doch für statistische Auswertungen sowie als Ausgangspunkte für weiterführende sozialhistorische und prosopographische Studien. Für die Erforschung von Verbindungen und Kontinuitäten hätten sich hier lediglich die Benennung der Kinder, aber auch Hinweise auf verwandtschaftliche Beziehungen zu anderen Parlamentariern als hilfreich erweisen können. Auch wäre eine nach Wahlbezirken geordnete Übersicht der Abgeordneten wünschenswert gewesen.

Insgesamt wird die Publikation ihrem Anspruch gerecht, einen weiterführenden biographischen Beitrag zur Landesgeschichte Hessens und zur Parlamentarismusforschung im Allgemeinen zu leisten und bietet eine ansprechende und wertvolle Ergänzung zu bereits vorliegenden Veröffentlichungen zu Ständeversammlungen anderer deutscher Territorien.

Regina Grünert

Bau- und Kunstgeschichte

Christina Schmid / Gabriele Schichta / Thomas Kühtreiber / Kornelia Holzner-Tobisch (Hg.), Raumstrukturen und Raumausstattung auf Burgen in Mittelalter und Früher Neuzeit (Interdisziplinäre Beiträge zu Mittelalter und Früher Neuzeit 2), Heidelberg: Universitätsverlag Winter 2015. 541 S. ISBN 978-3-8253-6324-6. € 68,–

Im Zuge des wieder erwachten Interesses an den materiellen Gegebenheiten der Geschichte hat auch der Raum als historische Kategorie erneut an Einfluss gewonnen. Das Potential von Raumanalysen in historischer Perspektive entfaltet sich dabei zwischen materieller Formation und sozialer Konstruktion: Räume werden von Menschen hervorgebracht und bestimmen ihrerseits wesentlich, wie historisches Leben stattfinden konnte. Nicht zuletzt aus den Aussagen, die Räume als „gebaute Umwelten" über die innerhalb ihrer Mauern sich entfaltenden Lebenspraktiken zulassen, erschließt sich das heuristische Potential von Architektur als historischer Quelle.

Diesen „gebauten Umwelten" geht der hier zu besprechende Sammelband am Beispiel der Burgen und Schlösser, die als Zeugnisse für soziokulturelle Konzepte und Lebenspraktiken befragt werden, nach. Im Zentrum des Interesses stehen jedoch nicht die Gebäude und ihnen zuzuordnende Artefakte, sondern der „im Raum handelnde und mit diesem interagierende Mensch", ein Bekenntnis zu einer sozial- und kulturgeschichtlich verstandenen historischen Raumforschung. Die Initiative ging vom Institut für Realienkunde des Mittelalters und der frühen Neuzeit (IMAREAL; Universität Salzburg/Krems) und dem dortigen Forschungsschwerpunkt „Der domestizierte Raum in Mittelalter und früher Neuzeit" aus, in dessen Rahmen von 2007–2010 ein Teilprojekt dem adeligen Wohnen auf Burgen und

Schlössern des 14. und 16. Jahrhunderts gewidmet war. Der Band versammelt die Beiträge der gleichnamigen Abschlusstagung des Projekts, die vom 22.–24. März 2010 stattfand.

Nach einer konzisen Einführung in Genese und Aufbau des Bandes durch die HerausgeberInnen bieten die drei DoktorandInnen des Teilprojekts (Josef Handzel, Gabriele Schichta und Christina Schmid) in einem rund 52 Seiten starken Eröffnungsbeitrag fundierte Einblicke in die theoretischen und methodischen Prämissen des Projekts und führen exemplarisch am Beispiel von Stube und Kammer vor, wie interdisziplinäre Zusammenarbeit von Geschichte, Archäologie und Germanistik aussehen kann, wo aber auch Grenzen der Zusammenschau unterschiedlicher Quellengattungen zu sehen sind. Einen programmatischen Eröffnungsbeitrag aus der Perspektive der Architekturtheorie liefert Kari Jormakka mit einem Überblick über das Misstrauen gegenüber der Architektur im christlichen Gedankengut des ersten Jahrtausends. Eine Rehabilitierung komme der Architektur erst ab dem 11. Jahrhundert in engem Zusammenhang mit einem neuen Konzept von Individualität zu.

Sechs Beiträge widmen sich sodann dem Themenfeld der Konstitution und Begrifflichkeit von Räumen in und um Burgen: Carolina Cupane wertet in ihrem Beitrag fiktionale Erzähltexte in Hinblick auf Informationen zu byzantinischen Palästen aus. Literatur könne den heute nur mehr als Ruinen erhaltenen Gebäuden ihr „einst prachtvolles Gewand" zurückgeben, so ihr abschließendes Fazit (S. 118). Kai Lorenz erarbeitet in seinem Beitrag ausgehend von der Adelsburg in der mittelalterlichen Literatur die Gliederung in drei Raumtypen in Form der Transit-, Schwellen- und Gesellschaftsräume als ein narratologisches Grundprinzip, das sich gleichsam als anthropologische Konstante in literarischen Genres bis zur Gegenwart nachzeichnen lasse. Ausgehend von der Buch- und Tafelmalerei entwirft Anja Grebe Multifunktionalität, materielle Pluralität und Semiotik als Merkmale mittelalterlicher Wohnkultur. Bilder wie die Literatur erlauben ihr zufolge Einblicke in „wahrscheinliche" Räume, welche durch weitere Erkenntnisse etwa aus Inventaren und Realien abgesichert werden müssen.

Václav Bůžek illustriert am Beispiel böhmischer Adelssitze der Renaissance das interdisziplinäre Projekt des Entzifferns der Symbolsprache materieller Kultur. Heraldische und genealogische Formen der Ausstattung (Wappenstube) zeigen den Adel als Gruppe mit eigenen Werten, die vor allem in der Erinnerung an die hohe und lange Abstammung zum Ausdruck kamen. Während das Bild der Burg und höfischen Lebenswelt vielfach durch die Epik geprägt wird, kennzeichnen sich die Minnelieder hingegen durch Raumlosigkeit, bis auf einzelne Elemente wie Zinne oder Fenster, da der Minnesang die Liebesbeziehung in einem emotionalen und gedanklichen Innenraum konzipiert, wie Ursula Schulze aufzeigt. Raumbezüge finden sich dann erst zur Zeit der „Archivierung" des Minnesangs in den Illustrationen des Codex Manesse. Volker Ohlenschläger skizziert am Beispiel der Hofordnungen das Potential dieser historischen Quelle für die Fragen der Raumanalyse. Dabei geben diese Quellen nur bedingt Einblicke in Raumstrukturen, eher im Sinne der Situierung der Höfe im Raum, der funktionalen Raumzuweisungen und sozialen Differenzierung von Räumen.

Zwei Beiträge widmen sich dem Themenkomplex Wohnräume und Wohnkultur(en). Michael Rykl illustriert das Prinzip der minimalen Wohnung, bestehend aus Diele, Stube und Kammer, wobei die Stube beheizbar sein muss. Paul Mitchell stellt mit der Gozzoburg einen der wichtigsten profanen Bauten des 13. Jahrhunderts für Österreich und Mitteleuropa vor. Erbaut durch den Bürger Gozzo als Amtsgebäude mit Laube ähnlich den kommunalen Bauten Italiens kommuniziert es das Prestige des Stadtrichters.

Der sozialen Differenzierung im Lebensraum Burg gelten drei Beiträge. Sabine Felgenhauer-Schmiedt untersucht am Beispiel der Wüstung Hard einen aufgelassenen Herrenhof, der offensichtlich Sitz eines Niederadligen war, wie sich im Respektabstand zum Dorf und der aufwendigen Baustruktur manifestiere. Benjamin Štular bietet eine Analyse des sozialen Kontexts der Burg Mali grad in Kamnik (Slowenien) mit Fokus auf dem 13. Jahrhundert zur Zeit des Burgherrn Heinrich IV. von Andechs-Meranien unter Anwendung eines mehrstufigen Landschaftsmodells. Dass die materielle Kultur sich keineswegs linear als Indikator für die soziale Stellung der Bewohner lesen lässt, führt Norbert Gossler anhand von drei Fallbeispielen vor.

Fünf Beiträge erfassen schließlich Lebensräume auf Burgen. Claudia Feller zeigt anhand der Rechnungen deren Potential für Fragen der Bautätigkeit und von Reparaturen bis hin zur Beschaffenheit der Wohnräume, Objekte und der Außenhülle der Burg. Am Beispiel der Burgkapellen und dort der Zugänge und Emporen verfolgt Ulrich Stevens die aktuelle Frage nach Zugängen zu Räumen der Burg und scheidet drei Stufen der Zugänglichkeit: allgemein, eingeschränkt oder privat. Mit der Untersuchung von Wohntürmen in der Schweiz will Lukas Högl das Bild der „urtümlichen Primitivität" des Lebens auf der Burg hinterfragen, indem er ein differenziertes Raumschema in Wohntürmen aufzeigt, insbesondere das Vorhandensein eines repräsentativen Eingangswohnraums. In einem Tandem-Beitrag skizzieren Gabriele Schichta und Christina Schmid Grenzen und Potentiale des interdisziplinären Zugangs auf die Frage der praktizierten Frömmigkeit und persönlichen Andacht. Josef Handzel und Thomas Kühtreiber schließen mit einer Untersuchung sozial konnotierter Lebensräume, insbesondere gegenderter Räume auf Burg Pürnstein.

Es ist das große Potential des vorliegenden Bandes, dass er vor allem reiche Einblicke in die Anlage von Räumlichkeiten auf Burgen, deren Ausstattung und Nutzung konsequent aus einer interdisziplinären Perspektive und unter Einbeziehung aller greifbaren Quellen bietet. Wie sich diese Quellen ergänzen, erschließt sich dabei sowohl aus der Zusammenschau der Beiträge wie auch aus der in drei kooperativ gestalteten Beiträgen exemplarisch an Themenfeldern vorgeführten interdisziplinären Zusammenarbeit. Besonders wertvoll sind die Fülle an theoretischen Bezugnahmen, etwa zu Martina Löw oder Norbert Elias, aber auch das Aufzeigen methodischer Ansätze, wie das Landschaftsstufenmodell oder die Verwendung von Zugangsdiagrammen. Die Bedeutung vieler Themen erschließt sich aus der Summe der Beiträge, etwa der Stube, der minimalen Wohnung, und schließlich der Zugänge und Verbindungswege. Insbesondere die Frage nach dem Zugang erweist sich als eine Frage der Macht, die in einer regelrechten Kultur des Zugangs ihren Niederschlag findet. Schlössern und Schlüsseln kommt dabei eine zentrale Bedeutung zu, die sich sowohl im archäologischen wie im historischen Quellenmaterial niederschlägt. Ein weiteres wiederkehrendes Thema ist die Frage des Bezugs von Stadt und Burg, wie jene nach der Abgrenzung von Nicht-Adel und Adel, Burg und Nicht-Burg, und wie sich von Anlagen und Sachkultur auf die soziale Stellung der Bewohner schließen lässt.

Die HerausgeberInnen haben hier ein dichtes und anregendes Werk vorgelegt, das den aktuellen Kenntnisstand zu Raumausstattung und Raumstrukturen auf Burgen in interdisziplinärer Perspektive vereint und damit zum wichtigen Referenzwerk für alle in der historischen Burgenforschung Tätigen avancieren wird. Christina Antenhofer

Kleindenkmale im Landkreis Reutlingen. Ein Streifzug vom Neckar zur Donau, bearb. von Irmtraud Betz-Wischnath, hg. vom Landkreis Reutlingen. Reutlingen 2015. 192 S., zahlr. Farbabb. 1 Karte. € 15,–

„Kleindenkmale sind ortsfeste, freistehende, kleine, von Menschenhand geschaffene Gebilde aus Stein, Metall oder Holz, die einem bestimmten Zweck dienen oder an eine Begebenheit beziehungsweise eine Person erinnern. (...) Sie sind wichtige Zeugen der Vergangenheit, die vor Verfall und Zerstörung geschützt werden müssen." – So lautet die vielfach zitierte und gleich eingangs auf der offiziellen Homepage „kleindenkmale-bw.de" eingestellte Definition des Gegenstands eines seit rund fünfzehn Jahre laufenden und ungemein erfolgreichen Denkmalprojektes im Land. Ziel ist der Schutz dieser Kulturzeugen, aber selbstverständlich auch deren bessere Kenntnis und die Schaffung einer Grundlage für die weitere Forschung.

Das Erfolgsrezept dieses vom Schwäbischen Heimatbund, dem Schwarzwaldverein und dem Schwäbischen Albverein zusammen mit der staatlichen Denkmalpflege ins Leben gerufenen Vorhabens besteht wohl nicht zuletzt darin, Ehrenamtliche auf sinnvolle und fachlich begleitete Weise mit der Sammlung und Beschreibung der Steinkreuze, Bildstöcke und etlichem mehr in der engeren Heimat zu betrauen. Für diese fachliche Begleitung sind, da in aller Regel die Landkreise die organisatorischen Einheiten von Einzelprojekten bilden, neben der Denkmalpflege nicht selten die Kreisarchive verantwortlich. So auch im Kreis Reutlingen, wo unter der Regie von Kreisarchivarin Irmtraud Betz-Wischnath in den Jahren 2009–2011 ein solches Projekt für die 26 kreisangehörigen Gemeinden aufgelegt wurde, dessen Erträge nun in Buchform vorgestellt werden.

Das handliche, „Streifzug" genannte Büchlein möchte, so das Geleitwort der Bearbeiterin, für jede Gemeinde eine primär auf Bilder gestützte Auswahl – 700 von über 3000 – einschlägiger Kleindenkmale bieten, die, das lässt sich leicht ausmalen, angesichts der Verschiedenheit der örtlichen Gegebenheiten nicht ganz einheitlich ausfallen kann. Zudem wurde der Kleindenkmalbegriff, der ja per Definition bereits Spielräume zulässt, „weiter ausgelegt als bei vergleichbaren Publikationen" (S. 6). Beispielsweise wurden hier und da auch Bodendenkmale wie Grenzgräben oder Schützengräben berücksichtigt. Erwähnenswert ist vielleicht auch, dass es sich keineswegs durchweg um jahrhundertealte Relikte handelt, sondern ebenso um zeitgenössische Skulpturen oder Installationen („Hohensteintisch" [S. 67]), die allenthalben den öffentlichen Raum prägen, oder aber um neuere Gedenksteine wie jenen, der an die Zeit des Protests gegen den Nato-Doppelbeschluss vor der vormaligen Kaserne bei Großengstingen erinnert (S. 36).

Nach einer fünfzehnseitigen Einleitung, die das Projekt vorstellt und einen sachthematischen Überblick zu den Kleindenkmalen im Kreis bietet, folgen, jeweils mit knappem ortsgeschichtlichem Vorspann, in alphabetischer Folge die heutigen Gemeinden im Landkreis von Bad Urach bis Zwiefalten. Unter den jetzigen Städten und Gemeinden finden sich die ehedem selbstständigen Orte, die fast durchweg mit eigenen Seiten bedacht wurden. Erwartungsgemäß ist die Kleindenkmaldichte in den ländlichen, überwiegend katholischen Orten der Alb sehr viel höher als in den heute von Verkehr, Siedlung und Industrie überformten, überwiegend protestantischen Orten des Albvorlands.

Es ist nicht möglich, im Rahmen der Besprechung auch nur annähernd die Vielfalt an Objekten zwischen Neckar und Donau vorzustellen. Exemplarisch seien einige wenige Stichworte genannt. Ob das Prunktor zur 1599 von Herzog Friedrich I. von Württemberg errichteten Webervorstadt in der ehemaligen Residenzstadt Urach nun noch als Kleindenkmal gelten kann (S. 17), sei dahingestellt, bemerkenswert ist dieses Zeugnis des Merkantilismus in Württemberg, 1992 neben dem Neuen Schloss wieder aufgestellt, allemal. Unter den Objekten, die an die Nutzung Grafenecks (Gemeinde Gomadingen) als herzogliches Lustschloss erinnern, ragt eine Zweiergruppe von Gedenksteinen für einen offenbar kapitalen Sprung eines Husaren zu Pferd heraus, der das einzige Zeugnis für das sonst nicht weiter belegte Ereignis des Jahres 1746 zu sein scheint (S. 49). Die spätere, bedrückende Geschichte dieses Ortes mit seinen über 10.000 ermordeten behinderten Menschen wird indes keineswegs ausgespart.

Während sowohl das Denkmal für Wilhelm Hauff als auch die unweit davon errichtete geologische Pyramide (S. 79) bei Schloss Lichtenstein Vielen von Ausflügen an diesen württembergischen Erinnerungsort bekannt ist, waren andere Stücke bislang sicherlich nur wenigen Ortskundigen vertraut; darunter etwa eine interessante, frühe Form eines Gefallenendenkmals für ein Gefecht zwischen österreichischen und französischen Soldaten unweit des Münsinger Stadtteils Bremelau im Jahr 1800 (S. 103). Die militärische Geschichte dieses Kreises wurde durch den 1895 gegründeten Truppenübungsplatz Münsingen geprägt. Hier allerdings fehlen die militärischen Relikte des Übungsplatzes sowie die des aufgelassenen Ortes Gruorn, lediglich die Gedenkorte in und um das sog. „Alte Lager" fanden Aufnahme (S. 115).

Die Geologie des durch die Schichten des Jura geprägten Raumes spiegelt sich unmittelbar in der Überlieferung. Vielfach sind Objekte aus Tuff, der einst an Erms, Echaz und Wiesaz abgebaut wurde, genannt. Eine Besonderheit ist ein aus Thermalsinterkalk („Böttinger Marmor") errichtetes und unlängst erst wieder restauriertes Kriegerdenkmal in dem für diesen Stein namengebenden Münsinger Stadtteil (S. 101). Das Wasser spielt, sei es durch Überfluss (Hochwassermarken) oder durch Mangel (Hülen, Brunnenfassungen, Wehre), vielerorts eine Rolle, in den katholischen Orten naturgemäß auch die religiöse Praxis. Der Gang durch solche Gemeinden wie Pfronstetten, Trochtelfingen oder Zwiefalten zeigt dabei die herausragende Bedeutung der katholischen Reform und der damit verbundenen Frömmigkeitspraktiken wie Wallfahrten und Prozessionen.

Dieser Führer zu den Kleindenkmalen im Landkreis Reutlingen regt zum Besuchen und Entdecken an. Die weitergehende wissenschaftliche Beschäftigung muss sich auf die vollständige, beim Kreisarchiv und dem Landesamt für Denkmalpflege dokumentierte Sammlung stützen.

Roland Deigendesch

Armin Panter, Die Haller Synagogen des Elieser Sussmann im Kontext der Sammlung des Hällisch-Fränkischen Museums, hg. vom Historischen Verein für Württembergisch Franken. Künzelsau: Swiridoff Verlag 2015. 140 S. ISBN 978-3-89929-306-7. € 19,80

Das Hällisch-Fränkische Museum in Schwäbisch Hall besitzt mehrere herausragende Zeugnisse zum einstigen jüdischen Leben im Raum Hohenlohe-Franken. Von internationaler Bedeutung sind die fast vollständig erhaltene Innenverkleidung der ehemaligen Synagoge aus Unterlimpurg sowie die Vertäfelungsreste der einstigen Synagoge in Steinbach (beide heute Stadt Schwäbisch Hall).

Bereits 1907 war es dem Historischen Verein für Württembergisch Franken gelungen, die Holzvertäfelung der seit 1788 profanierten Unterlimpurger Synagoge zu erwerben: rund 60 hölzerne Wand- und Deckenpaneelen, die 1738/39 von Elieser Sussmann bemalt worden waren. Schon im folgenden Jahr 1908 präsentierte der Verein die Tafeln in seinem Museum.

Ohne Schaden überlebten sie, 1936 vorsorglich ins Magazin genommen, die NS-Zeit. Bei ihrer erneuten Ausstellung im Rahmen der Eröffnung des Haller „Heimatmuseums" 1956 wurden sie dann allerdings recht sorglos behandelt. Beim Nachbau des jüdischen Betraumes wurden die Bretter nicht nur ohne Sinnzusammenhang angebracht, sondern auch „per Kreissäge" dem zugewiesenen (zu kleinen) Raum angepasst. 2001 schließlich fand die Unterlimpurger Holzvertäfelung, dieses „einmalige kunst- und kulturhistorische Dokument", seine angemessene Beachtung und Sorgfalt. Bei der Neukonzeption des „Hällisch-Fränkischen Museums" wurde sie nach einer gründlichen Restaurierung in ihrer ursprünglichen Anordnung zusammengefügt, was einer Rekonstruktion der alten Synagoge gleichkam.

Just in jenem Jahr wurden im Dachgeschoss eines Hauses im benachbarten Steinbach Reste einer weiteren Synagogen-Vertäfelung aufgefunden, die zwar nicht so spektakulär und umfangreich wie die Unterlimpurger war, aber doch auch Ausmalungen von Elieser Sussmann aus der Zeit um 1737/38 aufwies. Zudem handelte es sich dabei um den größten Teil einer Vertäfelung der „Frauenschul" sowie um einige wenige Paneelen aus der „Männerschul", der eigentlichen Synagoge. 2007 wurden diese Synagogenreste in zwei weiteren Räumen im Hällisch-Fränkischen Museum aufgebaut und werden seitdem zusammen mit der Unterlimpurger, deren Frauenabteilung nicht rekonstruiert werden konnte, gezeigt. Zwar geben die Malereien der Steinbacher Synagoge weit weniger her, dennoch ergänzen sich die Vertäfelungen der Unterlimpurger Zimmersynagoge. Beide bieten so nun ein ganz seltenes Beispiel der im 18. Jahrhundert weit verbreiteten ländlichen Synagogen, die meist in Privathäusern unterm Dach eingebaut waren.

Zu beiden Synagogenvertäfelungen liegen Publikationen vor, vor allem zur Unterlimpurger, die relativ ausführlich bereits 1928 im Schwäbischen Heimatbuch vorgestellt wurde. Eine Zusammenschau beider Objektgruppen, eine gründliche Analyse der Bilder und Texte auf den Paneelen sowie eine Einbettung der Exponate in den Kontext der jüdisch-fränkischen Geschichte jedoch fehlten bislang. Diese Lücke hat Armin Panter, seit 2000 Leiter des Hällisch-Fränkischen Museums und ganz wesentlich an der Neukonzeption beteiligt, geschlossen. Einige seiner Erkenntnisse zur Unterlimpurger Synagoge hat Panter zwar schon 2006 im Heft 3 der „Schwäbischen Heimat" publiziert, dennoch bietet sein nun vorliegendes Buch dazu viel Neues und vor allem erstmals eine Einbindung der Objekte in einen größeren historischen, religiösen sowie kunst- und kulturgeschichtlichen Zusammenhang.

Neu ist neben der schlüssigen Anordnung der bemalten Bretter eine ausführliche Interpretation (S. 51–71) der Tiersymbole auf den 15 Medaillons der wunderbaren und einzigartigen Unterlimpurger Kassettendecke. Zwar kann auch Armin Panter keine schlüssige Gesamtdeutung des Bildprogramms bieten, doch macht er zu den einzelnen Bildern zahlreiche, auch sehr einleuchtende Deutungsvorschläge. Bei dem einen oder anderen wird man freilich ein Fragezeichen setzen dürfen. Vielleicht muss man auch nicht hinter jedem Bild eine Philosophie oder einen Bezug auf den Glauben, eine Mahnung zum Leben oder dergleichen vermuten, vielleicht entstand manches ja auch aus lauter Sinnenfreude.

Die Beschreibung der beiden Synagogen und ihrer Ausmalungen verpackt Armin Panter geschickt zwischen einem Einleitungskapitel, in welchem er die Geschichte der Juden in Hall und im fränkischen Raum von den Anfängen bis zum 2. Weltkrieg skizziert (S. 12–26), und in einem umfangreichen Glossar (S. 90–113), in dem er die wichtigsten jüdischen Begriffe erläutert von Almemor über Genisa und Laubhüttenfest bis zu Zion und Zizit, Schaufäden am Gebetsmantel. Abgerundet wird das mit ganz großartigen, zum Teil ganzseitigen farbigen Abbildungen versehene Gesamtwerk dann durch ein kleines Kapitel zu den jüdischen Friedhöfen sowie zu den Objekten, die das Museum zum Thema „Vernichtung des jüdischen Lebens durch die Nationalsozialisten" besitzt.

Insgesamt ist dem Autor ein informatives, anschauliches und anregendes Buch gelungen, das weit mehr ist als ein Ausstellungskatalog oder ein „Abteilungsführer" durch das Hällisch-Fränkische Museum. Wilfried Setzler

Franz-Severin Gässler, Poesie der Schönheit. Paul Schmitthenner 1884–1972. Rathaus Hechingen, Spätwerk, Kontext (Begleitveröffentlichung des Landesarchivs Baden-Württemberg/Staatsarchiv Sigmaringen zur Ausstellung „Poesie der Schönheit. Paul Schmitthenner 1884–1972. Rathaus Hechingen, Spätwerk, Kontext"), München: Eigenverlag Gäßler 2016. 160 S., etwa 400 Abb. ISBN 978-3-9817915-1. € 39,95

Das Rathaus von Hechingen ist neben der Stiftskirche der stattlichste und fernwirksamste Bau innerhalb der Altstadt, die insgesamt vom Zoller beherrscht wird. Das am Übergang von Ober- zur Unterstadt situierte Gebäude schließt den südlich angrenzenden Marktplatz ab und ist an dieser Seite dreigeschossig, dagegen nach Norden auf Grund der Hanglage sechsgeschossig. Das an den Fassaden zurückhaltend, mit einer klassifizierenden Grundhaltung gegliederte Rathaus gibt sich mit dem belvedereartigen Turmaufsatz als Bau städtischer Repräsentation zu erkennen. Außen und innen ist der Bau in allen seinen Details sorgfältig durchgebildet.

Das 1957/58 errichtete Rathaus ersetzt den mittelalterlichen Vorgänger an gleicher Stelle. Entworfen hat den Rathausneubau der 1950er Jahre der berühmte Architekt Paul Schmitthenner. Dieser bedeutendste Vertreter der sogenannten Stuttgarter Schule schuf hiermit neben dem Königin-Olga-Bau am Stuttgarter Schlossplatz und dem Verwaltungsgebäude der Frankona-Versicherung in München sein wichtigstes Spätwerk und damit eines der letzten Werke dieser Architekturrichtung. Die sogenannte Stuttgarter Schule war in der Zeit zwischen den beiden Weltkriegen eine der namhaftesten Ausbildungsorte für Architekten und neben der Architekturabteilung der TH Berlin-Charlottenburg die am stärksten besuchte Architektenhochschule. Neben Schmitthenner sind Paul Bonatz und Heinz Wetzel als bedeutende Lehrer zu nennen. Die aus der Reform der Architektenausbildung hervorgegangene Schule baute auf eine an der Tradition und am Handwerk geschulte Ausbildung, was Lehrer – und zumeist auch Schüler – auch auf die Bauten übertrugen.

Diese besondere Wertigkeit des Rathauses von Hechingen wurde seitens der Landesdenkmalpflege mit der Eintragung im Denkmalbuch als „Kulturdenkmal von besonderer Bedeutung" Rechnung getragen (S. 9). Zudem nahm sich eine Ausstellung des Hohenzollerischen Landesmuseums im Alten Schloss von Hechingen dem Gebäude an, zu dem die hier besprochene Veröffentlichung von Franz-Severin Gäßler als Begleitband erschienen ist. Der Autor, Architekt und Stadtplaner, ist in Sigmaringen aufgewachsen und somit Kenner der Verhältnisse und Situationen der Baukultur in Hohenzollern. Er gibt aber nicht nur eine Einordnung des Hechinger Rathauses in das Baugeschehen der 1950er Jahre in dem damals noch teilweise selbständigen Landesteil, sondern auch in die Geschichte der kommunalen Selbstverwaltungsbauten dort. Gewinnbringender noch als die örtliche Kontextualisierung ist der Vergleich zu Rathäusern in Westdeutschland in der Wiederaufbauzeit. Auch die wesentlichen Bauten und Projekte Paul Schmitthenners aus der Zeit nach dem Zweiten Weltkrieg werden ausführlich dargestellt. Das insgesamt gut bebilderte Buch ist durch zahlreiche Zeichnungen des Autors bereichert. Insbesondere die Grundrisszeichnungen sind für die

Architekturanalyse eine große Hilfe. Der Katalogteil mit Plänen Schmitthenners, insbesondere zum Rathaus Hechingen, lässt dessen Ansatz zur Auseinandersetzung mit jedem Detail erahnen und erkennen.

Der Vergleich zu den Bauten der 1950er Jahre in Hohenzollern belegt deutlich, dass das Hechinger Rathaus, wie Gäßler es beschreibt, „insgesamt unübertroffen" (S. 7) ist. Hierin muss man ihm eindeutig folgen. Die westdeutschlandweite Einordnung zeigt, dass in der Nachkriegszeit keineswegs nur zeitgenössisch-moderne Rathäuser errichtet wurden, sondern immer wieder – wie in Hechingen – die Auseinandersetzung mit der Tradition und dem Ort von Bedeutung waren. Hechingen steht somit nicht allein, ist aber auf Grund des Schmitthennerschen Anspruchs herausgehoben aus dieser Gruppe.

Die Stadt Hechingen darf sich erfreuen, ein bedeutendes Werk der Architekturgeschichte der Nachkriegszeit als Rathaus ihr Eigen zu nennen. Das Buch von Franz-Severin Gäßler wird hoffentlich seinen Beitrag dazu leisten, dass man sorgfältig mit diesem Kunstwerk und allen seinen Details umgehen wird und sich vor Ort einer kulturellen Verpflichtung bewusst ist.

Burkhard Körner

Wirtschafts- und Umweltgeschichte

Günther Schulz / Reinhold Reith (Hg.), Wirtschaft und Umwelt vom Spätmittelalter bis zur Gegenwart. Auf dem Weg zu Nachhaltigkeit? (Vierteljahresschrift für Sozial- und Wirtschaftsgeschichte Beihefte 233), Stuttgart: Franz Steiner Verlag 2015. 274 S., 8 s/w Abb., 9 s/w Tab. ISBN 978-3-515-11064-8. € 49,–

Der vorliegende Sammelband fasst Vorträge und Korreferate einer Tagung der Gesellschaft für Sozial- und Wirtschaftsgeschichte im Jahr 2013 in Salzburg zusammen, die denselben Titel wie diese Publikation trug. Die Herausgeber führen eingangs aus, dass damit an die jüngeren Forschungsarbeiten zur Frage der historischen Interaktion von Mensch und Umwelt mit dem Ziel angeknüpft werden sollte, die spezifische Position der Sozial- und Wirtschaftsgeschichte in diesem Feld zu diskutieren und zu weiterer Forschung anzuregen. Ob das geschah und die gewünschten Effekte zeitigte, kann der Rezensent dem Buch nicht entnehmen.

Der folgenden Aussage der Herausgeber, dass „vor dem Hintergrund der mit zunehmender Intensität geführten aktuellen Debatte um den Schutz der natürlichen Lebensgrundlage [...] eine historisierende Perspektive neue Sichtweisen und Impulse zu vermitteln" (S. 11) vermöge, stehe ich als historisch arbeitender Geograph mit großer Sympathie gegenüber, zweifle aber mit Blick auf die immer wieder erfahrene Geschichtsblindheit vieler ökologisch Bewegter an deren Realitätsgehalt. In Kenntnis einer Vielzahl von Modellen zur Gliederung der Umwelt-, Wirtschafts- und Landschaftsgeschichte in der (Historischen) Geographie, Archäologie und Umweltgeschichte verwundert es, dass genau solche auf der Tagung nicht vorgestellt wurden.

Im einleitenden definitorischen Beitrag von Reinhold Reith wird immerhin das Modell zur Abfolge von Energiesystemen in der Menschheitsgeschichte angerissen (S. 27), obgleich die Herausgeber auch die Frage formulieren, ob „sich historische Etappen eines gesellschaftlichen Wandels identifizieren (lassen), der vor allem die westlichen Gesellschaften auf den ‚Weg der Nachhaltigkeit' führte?". Liest man die in vier Teilkapiteln, nämlich „Wald und Holz als Ressource" (1), „Bergbau und Ressourcennutzung" (2), „Umwelt und Nachhaltigkeit" (3) sowie „Industrie und Umwelt" (4), zusammengefassten Schriftfassungen der

Vorträge und die jeweiligen Korreferate, so hatten die AutorInnen und KorreferentInnen offenkundig auch gar nicht den Auftrag, nach solchen Etappen zu suchen, denn es finden sich überwiegend Falluntersuchungen mit einer breiten regionalen und zeitlichen Streuung, die nur selten einem diachronen Aufbau folgen, der doch Grundlage für „Etappenbildungen" ist.

Am ehesten nimmt das noch Jana Geršlová in ihrem Beitrag „Ökologische Aspekte der wirtschaftlichen Entwicklung in der Tschechoslowakei 1948 bis 1989" auf, indem sie die Entwicklung zentraler Umweltfaktoren wie Wasser, Boden, Luft und Wälder für diese Zeit darstellt. Sie erfasst damit allerdings nur einen sehr kurzen Zeitraum und dazu ein Staatssystem, in dem Aspekte der Nachhaltigkeit bis 1989 keine Rolle spielten. Die Etappen gesellschaftlichen Wandels arbeitet aber dann gekonnt Christoph Boyer im Korreferat heraus.

Das leisten andere Korreferate nicht und wollen das wohl auch nicht durchweg. Sie erfüllen dennoch wichtige Funktionen im wissenschaftlichen Diskurs, indem sie z.B. Defizite der Hauptreferate ansprechen und regionale Ausführungen in größere Zusammenhänge stellen. Das leistet vorbildlich das Korreferat von Winfried Freytag zum Beitrag von Oliver Auge über Ansätze zu Ressourcenschutz und Ressourcenregeneration im spätmittelalterlichen und frühneuzeitlichen Schleswig-Holstein. Auch das Korreferat von Helmut Lackner zu Renate Piepers Vorstellungen von vergleichsweise geringen Umweltverschmutzungen im kolonialen Bergbau Hispanoamerikas korrigiert gut begründet diese Sichtweise. Das Korreferat von Lars Bluma zum originellen Beitrag von Ole Spangenberg zum Tiefseebergbau von ca. 1965–1982 zielt dagegen auf die Integration ergänzender Perspektiven von Nachhaltigkeit und die Beachtung konzeptioneller Aspekte einer Ökonomie des Gemeinerbes ab. Genau das nimmt der Artikel von Michael Zehnter zur Bodenseefischerei zwischen 1350 und 1900 auf. Er spannt also einen großen zeitlichen Bogen und weist dabei in einer nach sachlichen Aspekten gegliederten Abhandlung überzeugend nach, dass die „Tragödie der Allmende" hierfür nicht zutrifft; die Fischer haben den Bodensee niemals überfischt. Den Anspruch, Etappen auszugliedern, nimmt der Beitrag von Mathias Mutz zur Industrialisierung als Umwelt-Integration ebenso wenig auf wie Christian Marx in seinen Untersuchungen zur Entdeckung des Ozonlochs und zu den Reaktionen westdeutscher Chemieunternehmen und Forderungen nach einem FCKW-Verbot.

Als Fazit bleibt festzuhalten, dass in diesem Buch anregende und zum Teil originelle Beispiele zur Verknüpfung von Wirtschafts-, Sozial- und Umweltgeschichte publiziert werden; der eingangs zitierte Anspruch, damit Beiträge beizusteuern, die Etappen eines gesellschaftlichen Wandels zu identifizieren erlauben, wird aber nur teilweise eingelöst. Vielleicht meinen die Herausgeber das auch nicht so ernst, wie der Rezensent es verstanden hat, der genau in diesen Kategorien zu denken und mit diesen Erkenntnisabsichten zu forschen gelernt hat.

Abschließend sei mein Erstaunen darüber ausgedrückt, dass Umwelt von den AutorInnen offenkundig als etwas Ungegenständliches und räumlich wenig Differenziertes verstanden wird, obgleich im erwähnten Eingangsbeitrag Reinhold Reith Überlegungen zur Nutzung materieller Ressourcen anstellt, denn es finden sich keine einzige Karte und nur wenige Bilder in diesem Band. Und schließlich sei gefragt, ob das auf dem Cover abgedruckte Bild eines Braunkohlebaggers angemessen den gesellschaftlichen Wandel verbildlicht, der vor allem die westlichen Gesellschaften auf den „Weg der Nachhaltigkeit" führte? Wären da nicht Windräder zur Energiegewinnung das passendere Bild gewesen, wenn man diesen Weg als beschritten ansieht, wovon die Herausgeber trotz des Fragezeichens im Untertitel offenkundig ausgehen?

Winfried Schenk

Jagdlandschaften in Mitteleuropa, hg. von Haik Thomas Porada, Martin Heinze und Winfried Schenk für den Arbeitskreis für historische Kulturlandschaftsforschung in Mitteleuropa ARKUM e. V. (Siedlungsforschung. Archäologie – Geschichte – Geographie, Bd. 32), Bonn: Selbstverlag ARKUM e. V. 2015. 496 S., zahlr. Ill., Diagramme, Karten. ISSN 0175-0046. € 40,–

Der Band 32 der Reihe Siedlungsforschung umfasst die Tagungsbeiträge der 41. Jahrestagung 2014 des Arbeitskreises für historische Kulturlandschaftsforschung in Mitteleuropa e. V. (ARKUM). Die Tagung fand in Bad Blankenburg (Thüringen) zum Thema „Jagdlandschaften in Mitteleuropa" statt. Passend zum Tagungsort haben es sich die Herausgeber zum Ziel gesetzt, am Beispiel der über die vergangenen Jahrhunderte stark von der herrschaftlichen Jagd geprägten Kulturlandschaft Ostthüringens das Thema „Jagdlandschaft" einer interdisziplinären Fachöffentlichkeit zu präsentieren.

Die Beiträge beginnen mit einem Überblick über die Prägung mitteleuropäischer Kulturlandschaften durch jagdliche Nutzung, beispielhaft u. a. dargestellt an archivalischen Zeugnissen, Relikten früher genutzter jagdlicher Einrichtungen (z. B. Salzlecken, Wolfsgruben, Einfriedungen) und Wegenetzen in der Landschaft. Die Beziehungen der Jagd zur Waldnutzung einschließlich der agrarischen Nebennutzungen werden ebenfalls angesprochen.

Anschließend widmen sich verschiedene Aufsätze dem Thema Jagdlandschaften im historischen Kontext: Sie spannen einen Bogen von den Auswirkungen der Jagd auf die Kulturlandschaft in vor- und frühgeschichtlicher Zeit über die Beschreibung von Forst- und Wildbannrechten als Herrschaftsinstrumenten sowie von archäologischen und dendrochronologischen Nachweisen jagdlich genutzter Landschaften zwischen Früh- und Spätmittelalter bis zu Jagdlandschaften der frühen Neuzeit. Letztere werden veranschaulicht durch die Beschreibung jagdlicher Zeugnisse und Einrichtungen sowie deren Nutzung. Ein weiterer wichtiger Aspekt zeigt sich in der Bedeutung der Jagd für die Herrschaftsausübung und Repräsentation frühneuzeitlicher Staaten einschließlich ihrer Wirkungen auf die Untertanen über die zu erbringenden Jagdfronen und der Folgen für die Wildbestände und Waldzustände. Für das 20. Jahrhundert wird die Rolle der Jagdausübung und ihrer räumlichen Dimension an zwei Beispielen herrschaftlicher Jagdausübung beschrieben.

Abgerundet wird der Band durch die Erläuterung der aktuellen Situation von jagdlich geprägten Kulturlandschaften. Zu nennen sind hier die Inwertsetzung von Tiergärten und Jagdparks für den Naturschutz, die mit dem Erhalt und der Pflege solcher Einrichtungen unter Aspekten des Natur-, Landschafts- und Denkmalschutzes sowie der Erholungsvorsorge einhergehen.

Mit den Beiträgen des Sammelbandes gelingt es den Herausgebern, das Thema „Jagd" in all seiner Vielschichtigkeit und seinen Entwicklungen darzustellen. So werden die Darstellungen von Entwicklung und Ausbau der landesherrlichen Jagd einschließlich der Wirkung auf die Gesellschaft anhand archivalischer und kunsthistorischer Zeugnisse erörtert. Bestätigt wird dies durch die Erfassung von – teilweise heute noch vorhandenen – Relikten jagdlicher Nutzung in der Landschaft (z. B. Schlösser, Jagdhöfe, Tiergärten, Mauern, Schneisen, sternartige Wegesysteme) über archäologische und denkmalpflegerische Methoden. Die Schilderungen jagdlicher Verhältnisse, wie man sie im historischen Kontext kennt, erhalten somit einen Raumbezug. Dieses Bild wird besonders plastisch durch die Beiträge zu den Auswirkungen der Jagd auf die Landschaft und deren Veränderung unter dem Einfluss der Wechselwirkungen mit den sonstigen Waldnutzungen.

Den Gegebenheiten im Umfeld des Tagungsortes entsprechend, bezieht sich ein Großteil der Studien auf Thüringen; die beabsichtigte Inwertsetzung der Jagdlandschaft Ostthüringens ist den Herausgebern somit geglückt. Die Erkenntnisse dieser Studien werden ergänzt durch die Forschungsergebnisse aus anderen Regionen, insbesondere auch aus Süddeutschland. In dem Sammelband werden Aspekte mit Bezug zum Thema „Jagd“ behandelt, die bislang noch keinen vergleichbaren Eingang in das Forschungsgebiet gefunden hatten. Der Sammelband stellt so nicht nur ein Bindeglied zwischen den unterschiedlichen Zugängen zum Thema dar, sondern er gestattet den klassischen Jagdwissenschaften einen erweiterten Blick auf benachbarte Forschungsfelder. Indem die Beiträge den gegenwärtigen Stand des Wissens wiedergeben, ermöglicht er einen aktuellen Überblick über den Forschungsstand.

Mit der Zusammenstellung des vorliegenden Sammelbandes „Jagdlandschaften in Mitteleuropa“ ist es den Herausgebern gelungen, über eine interdisziplinäre Herangehensweise das Thema „Jagd“ als Mensch-Umwelt-Beziehung zu verstehen und aufzubereiten und den Leser für „Jagdlandschaften“ zu sensibilisieren. Es wurde ein äußerst informatives, breit gefächertes Werk vorgelegt, das viele Aspekte der Jagd aufgreift und dessen wissenschaftliche Ansätze und Methoden gut auf andere Regionen übertragbar sind. In seiner interdisziplinären Ausrichtung setzt der Tagungsband Maßstäbe für die künftige jagdwissenschaftliche Forschung. Er wird daher der – historisch, archäologisch, jagdlich, forstlich, geographisch – interessierten Leserschaft sehr empfohlen. Reinhold Schaal

Thomas Adam, Feuer, Fluten, Hagelwetter. Naturkatastrophen in Baden-Württemberg, Darmstadt: Wissenschaftliche Buchgesellschaft 2015. 214 S. mit 44 s/w Abb. ISBN 978-3-8062-3156-4. Geb. € 24,95

Die historische Umweltforschung hat sich in den letzten Jahrzehnten verstärkt regionalisiert und kleinräumige Entwicklungen untersucht. Dies gilt gerade auch für die Ausrichtung der landeskundlichen Forschung im deutschen Südwesten, die sich von umweltgeschichtlichen Fragestellungen um Klimaentwicklung und Katastrophenbewältigung fruchtbar hat anregen lassen.

Auf der Basis dieser Forschungen, ausgerichtet an einem aktuellen, breiten Interesse an umweltgeschichtlichen Erkenntnissen, legt Thomas Adam diese Publikation vor. Sie ist betont populär gehalten, in der handlichen Aufmachung, in der übersichtlichen Gliederung, im effektorientierten sprachlichen Duktus. Vor allem aber verzichtet die Darstellung auf einen wissenschaftlichen Apparat; sie kommt ohne Anmerkungen und Quellennachweise aus und verschiebt ihren wissenschaftlichen Anspruch in ein ausführliches Verzeichnis ausgewählter Literatur (S. 201–217). Damit wird die Bedeutung des Werks auf einen anregenden Lesestoff zu umweltgeschichtlichen Entwicklungen und Naturkatastrophen im deutschen Südwesten eingeschränkt; neue Forschungserkenntnisse sind hier nicht zu erwarten.

Freilich erfährt man in einem ausführlichen Kapitel zunächst etwas von der „Überlieferung in Schlick und Schrift“ (S. 15–40), dann folgen – holzschnittartig reduziert und immer wieder mit aktuellen Bezügen – die „Katastrophen des Spätmittelalters“ (S. 41–71), die Kleine Eiszeit als „Große Krise“ (S. 71–105) und weitere südwestdeutsche Naturkatastrophen „von den Albbeben bis Lothar“ (S. 160), also bis in unsere Tage. Begann der Text mit einer Rätselfrage zum Cannstatter Wasen (S. 7), so endet er mit einem besorgten Ausblick auf „Unsere Zukunft im Anthropozän“ (S. 196–200).

Schade, dass die historische Umweltforschung von dem breit angelegten Wissen des Autors nicht weiter profizieren kann. Auch die eingestreuten Schwarz-Weiß-Abbildungen werden leider durch ihr vielfach düsteres Druckbild beeinträchtigt und mindern das Lesevergnügen dieses historischen Lesebuchs. Es will „von Not, Leid und der Kunst zu überleben" berichten, wie es auf dem Umschlagrücken heißt, und viel mehr darf man wohl von einer populären Katastrophengeschichte auch nicht erwarten. Eine wissenschaftlich gediegene Umweltgeschichte des deutschen Südwestens muss erst noch geschrieben werden.

Peter Rückert

Christof J. Schuppert, GIS-gestützte historisch-geographische Untersuchungen frühkeltischer Fürstensitze in Südwestdeutschland (Forschungen und Berichte zur Vor- und Frühgeschichte in Baden-Württemberg 126). Darmstadt: Konrad Theiss Verlag 2013. 250 S., 112 Abb. ISBN 978-3-806228854. € 29,–

Die hier zu besprechende Studie entstand als historisch-geographische Dissertation unter Betreuung von Andreas Dix (Bamberg) im Kontext des von der DFG bewilligten Schwerpunktprogramms zum Thema „Frühe Zentralisierungs- und Urbanisierungsprozesse – Zur Genese und Entwicklung ‚frühkeltischer Fürstensitze' und ihres territorialen Umlandes". Ein explizites Ziel dieses Schwerpunktprogrammes war es, zur Aufklärung der Funktion und Bedeutung der als Fürstensitze bezeichneten frühkeltischen Siedlungsanlagen gezielt das Quellenspektrum zu erweitern, indem verstärkt naturwissenschaftliche Ansätze sowie theoriegestützte digitale Analysemethoden des vorhandenen Fund- und Befundmaterials einbezogen werden sollten. Vor diesem Hintergrund sind die grundsätzlichen Überlegungen Schupperts zu sehen, inwieweit die Auswertung spezifisch historisch-geographischer Quellen (Archivalien, Karten, Bilder, Geländebefunde) unter Nutzung von GIS neue Erkenntnisse zu vor- und frühgeschichtlichen Siedlungen und Kulturlandschaftszuständen erbringen kann.

Ausgangspunkt war dabei der Befund, dass selbst für die wichtigsten südwestdeutschen Fundorte, wie Heuneburg, Glauberg, Ipf und Hohenasperg, trotz teilweise langjähriger Grabungs- und Untersuchungskampagnen keine flächendeckenden Aufnahmen und auch keine weitergehenden, auf die vor- und frühgeschichtlichen Strukturen abzielende Analysen des vorhandenen historischen Karten- und Archivmaterials vorlagen. Schuppert kann in seiner Untersuchung nun schlüssig belegen, dass es sich lohnen würde, im Zusammenhang mit der archäologischen Prospektion größerer Flächen oder auch im Vorfeld von Grabungsvorhaben die historische Überlieferung systematischer und ausführlicher auszuwerten, indem er mustergültig die verknüpfende Erhebung und Auswertung des Quellenmaterials auch über GIS vorführt. Zum anderen bringt die Studie eine Fülle neuer Erkenntnisse im Detail zu den einzelnen als Fallstudien ausgewählten Fundorten. Wichtig ist, dass diese Informationen nicht als einfache Quellensammlung belassen, sondern vor dem Hintergrund der Leitfrage des Schwerpunktprogrammes strukturiert zusammengefasst und in einem größeren theoretischen Zusammenhang diskutiert werden. Folgerichtig werden in den Kapiteln 1–4 zuerst die Fragestellung, die theoretischen und methodischen Grundlagen dargelegt, bevor in den anschließenden Kapiteln der vom Umfang her wichtigere Teil mit den Fallstudien (Kapitel 5) und der resümierende Vergleich der Untersuchungsstandorte (Kap. 6) folgen.

Schuppert beginnt seine Ausführungen (Kap. 1 und 2) mit seiner Interpretation der Leitfragen des Schwerpunktprogramms, die sich vor allem ausgehend vom Erklärungsmodell des „frühkeltischen Fürstensitzes“ entwickelt haben. In der auf einer breiten Literaturgrundlage basierenden Darstellung gewinnt man einen sehr guten Überblick über die konkurrierenden Denkmodelle. Auf dieser Basis entwickelt Schuppert die Leitfrage seiner Studie (S. 33), die zugleich zentrale methodische Ergebnisse vorwegnimmt.

In Kap. 3 folgt ein knapper Überblick über die Quellen und die methodischen Grundlagen der Arbeit. Die Auswahl der Quellen beruhte vor allem auf der Annahme, dass besonders die Kulturlandschaft der vorindustriellen Zeit trotz der auch seinerzeit nicht zu vernachlässigenden Siedlungs- und Landnutzungsdynamik noch Spuren älterer Zeiten aufwies, die durch die seit der Mitte des 19. Jahrhunderts einsetzende Industrialisierung und vor allem durch die Mechanisierung der Landwirtschaft verloren gegangen sind. Besonders die damals unumgängliche Beschränkung auf Handarbeit und den Einsatz von Zugvieh hat in vielen Fällen Strukturen überleben lassen, die im Zusammenhang der Fürstensitze bis in die frühkeltische Zeit zurückreichen.

In Kapitel 5 werden die Ergebnisse für die genannten vier Lokalitäten dargestellt. Deren Auswahl begründet sich damit, dass alle diese Standorte während des Schwerpunktprogrammes intensiv archäologisch untersucht wurden und zudem eine unterschiedliche funktionale Kontinuität in der nach-keltischen Zeit aufweisen. Die einzelnen Standorte wurden jeweils auf zwei unterschiedlichen räumlichen Betrachtungsebenen untersucht, nämlich der lokalen Untersuchungsebene, also mit Blick auf den Standort selbst, und der regionalen Ebene, die auf die Einbindung des Standortes in die größeren landschaftlichen Zusammenhänge abzielt.

Besonders eindrucksvoll sind die Ergebnisse auf der lokalen Ebene. So konnten für die Heuneburg durch Kombination der GIS-gestützten Auswertung von Altkarten und Bildern Strukturen identifiziert werden, wie z. B. Wälle, die aus der keltischen Zeit stammen. Schuppert kann auch die sogenannten „Schanzabhebungen“ an der Heuneburg auf der Basis der archivalischen Überlieferung rekonstruieren, obgleich hier im Zuge von Meliorationsarbeiten im 19. Jahrhundert Wälle aus der keltischen Zeit beseitigt wurden. Ebenso konnten Grabhügelstandorte in der Umgebung des Hohenaspergs identifiziert oder auch alte Wegeführungen entlang alter Flurgrenzen am Glauberg nachgewiesen werden.

Insgesamt erwies sich also die Vermutung, dass in der vorindustriellen Zeit noch eine sehr viel dichtere Überlieferung von Kulturlandschaftselementen vorlag als heute, als richtig. Wälle und alte Wegeführungen, die mittlerweile alle verschwunden und erst in jüngster Zeit durch Lidar-Scan-Aufnahmen teilweise wieder sichtbar gemacht wurden, konnte Schuppert auch mit seinen Methoden erkennen. Im Falle der archivalischen Quellen greift er auf eine beeindruckend breite Quellenbasis zurück, deren früheste Belege bis ins Spätmittelalter zurückreichen. Die Masse der Quellenbelege datiert freilich aus der Frühen Neuzeit, weil hier die Überlieferung dichter und auch topographisch genauer wurde.

Im Falle der Heuneburg hat der Verfasser erstmals die umfangreiche Überlieferung des Zisterzienserinnenklosters Heiligkreuztal für diese Fragestellung durchmustert. Die entsprechenden Altkarten sind soweit wie möglich aufgenommen, georeferenziert und dann mit anderen topographischen Informationen verschnitten worden. Besonders interessant sind die Kombinationen der Altkarten mit den modernen Lidar-Scan-Aufnahmen. Hier kann eine große Zahl von Strukturen, die im Scan genau erkennbar sind, durch die Auswertung der Karten in ihrer Funktion und gelegentlich auch in ihrer Zeitstellung angesprochen werden.

Auf einer größeren räumlichen Maßstabsebene wurde die weitere Umgebung der Standorte in einem strukturierten Vorgehen auf weitere Zentralitätsfaktoren hin untersucht.

Auch hierbei können mit Hilfe von GIS-gestützten Auswertungen in den meisten Fällen Aussagen zu jeweils sechs für die Zentralität der Anlage wichtigen Untersuchungsfeldern gemacht werden, nämlich zu Fortifikationen, Lage im landwirtschaftlichen Gunstraum, Lage an Fernhandelswegen, Schiffbarkeit eines nahegelegenen Flusses, Eisenerzabbau in der Umgebung (bis 10 km entfernt) und Salzproduktion in der Umgebung (bis 10 km entfernt).

Diese Untersuchungsergebnisse werden im abschließenden Kapitel 6 zu einem resümierenden Vergleich der Standorte herangezogen. In diesem Kapitel gelingt es Schuppert, die diversen und kleinteiligen Untersuchungsergebnisse der Fallstudien wieder in die größeren Fragestellungen einzubinden, immer mit der Absicht, „die strukturelle Persistenz zentraler Funktionen und ihre zeitabhängige Ausprägung zusammenzustellen und konstituierende zentrale Funktionen für die ‚Fürstensitze' zu definieren" (S. 163). Sehr prägnant kann er Ähnlichkeiten und Unterschiede der einzelnen Standorte herausarbeiten und diskutiert als mögliches weiteres Erklärungsmodell für die Entstehung dieses Siedlungstyps das Handelsmodell von Vance an, das die Fürstensitze als „gateway communities" für den Fernhandel aus dem Mittelmeerraum ansieht.

In seinem Schlusskapitel (Kap. 7) kommt er schließlich zu dem Fazit, dass besonders die durch die historisch-geographische Analyse gut herauszuarbeitende Verkehrsgunst der Standorte darauf hinweist, dass dieses Modell möglicherweise sehr gut die historische Realität zu erklären vermag. In seiner Schlussbemerkung weist Schuppert zu Recht darauf hin, dass sein hier exemplarisch durchgeführter komplexer Untersuchungsgang nicht nur für die Zeit der frühkeltischen Fürstensitze, sondern auch für spätere Zeitstellungen fruchtbar zu machen wäre.

Insgesamt fällt die sehr sorgfältige Durcharbeitung der gesamten Arbeit auf. Besonders die vielen farbigen und zum Teil sehr aufwändig erstellten Karten tragen zu einem guten Verständnis bei. Eindrucksvoll ist der Umfang der ausgewerteten Archivalien und der Literatur, die eine Idee von der Vielfalt der historischen Überlieferung vermitteln.

Winfried Schenk

Zins und Gült. Strukturen des ländlichen Kreditwesens in Spätmittelalter und Frühneuzeit, hg. von Kurt Andermann und Gerhard Fouquet (Kraichtaler Kolloquien 10), Epfendorf: bibliotheca academica 2016. 181 S. mit 1 Farbtafel, 2 Tab. ISBN 978-3-928471-99-2. Geb. € 29,–

Die seit nunmehr 18 Jahren in Gochsheim stattfindende und inzwischen bestens eingeführte Veranstaltungsreihe der Kraichtaler Kolloquien hat sich in ihrer jüngsten Tagung (9.–11. Mai 2014) entgegen ihrer bisherigen Gewohnheit eines historischen Themas mit einigermaßen brisanten aktuellen Bezügen angenommen. Die vor allem seit der Finanzkrise von 2007 ff. verstärkt im Fokus des öffentlichen Interesses stehende Verschuldung von Staaten, Gemeinden und Privathaushalten hat gewissermaßen einen Markt für die einschlägige historische Ursachenforschung geschaffen, so dass, wie die Herausgeber (S. 7) hervorheben, die Wirtschaftsgeschichte als wissenschaftliche Disziplin ihre bisherige Nischenexistenz verlassen und, zumindest im Rahmen landeshistorischer Forschungsansätze, einen neuen Aufschwung nehmen konnte. In diesem Sinn versuchen die im vorliegenden Tagungsband abgedruckten Vorträge, die in der Vormoderne im ländlichen Raum bestehenden Kreditmöglichkeiten umfassend auszuloten und Nutzen und Risiken für Gläubiger und Schuldner zu verdeutlichen.

Mit überwiegend symmetrischen Kreditnetzen (d. h. Geldleihe unter sozial und wirtschaftlich Gleichgestellten) beschäftigt sich Gerhard Fouquet (S. 17–39). Aus den zu diesem Zweck ausgewerteten, seit 1476 erhaltenen Ober-Ingelheimer Haderbüchern (Gerichtsprotokollen) ist die bunte Vielfalt von Kreditgewährung und Verschuldung im dörflich-kleinstädtischen Raum detailliert abzulesen: schuldig verbliebener Lohn, Immobilienerwerb, Handwerkerleistungen, Waren- und Lebensmittellieferungen auf Pump, ausstehende Pachtzinsen etc. waren an der Tagesordnung. Vor allem der häufig kreditfinanzierte Weinhandel bot Anlass zu zahlreichen gerichtlichen Streitigkeiten. Alles in allem bietet sich für Ober-Ingelheim das Bild einer alle Bevölkerungsschichten betreffenden starken wechselseitigen Verschuldung auf der Basis von Freundschaft, Verwandtschaft und Nachbarschaft, wobei aber, wie Fouquet abschließend betont, die Kategorie des Vertrauens als der wichtigsten Voraussetzung der Kreditgewährung nicht überstrapaziert werden sollte, bieten doch die erwähnten Haderbücher auch zahllose Exempel für fehlendes, missbrauchtes oder enttäuschtes Vertrauen und damit die Erklärung für die daraus folgende Härte der Auseinandersetzungen.

Dass Dorfkirchen bzw. deren der Bestreitung von Bau- und Beleuchtungskosten dienende Vermögensfonds (Fabriken) auch Darlehen vergaben, darf als bekannt gelten. Enno Bünz widmet sich (S. 41–67) der Kreditvergabepraxis der Fabrik- oder Zechpfleger (meist Laien), die natürlich bestrebt sein mussten, etwaige Überschüsse gewinnbringend, also gegen Zins, anzulegen. Dabei zeigt sich, dass die meist nicht sonderlich reichen Fabriken durchweg überschaubare Summen an Bauern, Handwerker und Gewerbetreibende hauptsächlich vor Ort, gelegentlich auch im weiteren Umland ausreichten, dass die in der Regel mit 5 % verzinsten Darlehen jederzeit kündbar waren und dass dieselben von den Schuldnern oft jahrzehnte-, wenn nicht gar jahrhundertelang verzinst, aber nicht getilgt wurden.

Die Rolle schweizerischer Klöster und Spitäler als Gläubiger von Bauern und ländlichen Handwerkern im Spätmittelalter veranschaulicht Hans-Jörg Gilomen an den Beispielen des Cluniazenserpriorats St. Alban in Basel, des Klosters St. Verena in Zürich und des Basler Spitals (S. 69–92), die ihre Ländereien wie üblich meist durch Schenkungen erhalten und als geistliche Grundherrschaften von ihren Erblehen- und Zinsbauern Naturalabgaben zu fordern hatten. Aufgrund der zahlreichen Kriege, Missernten und Seuchenzüge während des 15. Jahrhunderts am Oberrhein mussten diese Gefälle jedoch in wachsendem Ausmaß gestundet oder gar abgeschrieben werden. Die krisenhafte Situation führte auch dazu, dass die Grundherren ihren Bauern in großem Umfang Saatgut vorschießen und die bauliche Instandsetzung ganzer Höfe vorfinanzieren mussten, wollten sie die Bauernstellen nicht unbesetzt lassen. Weil so die jährlichen Gütererträge oft erheblich unter den Sollzinsen lagen, überrascht es nicht, dass die genannten Institutionen sich bei Darlehen an ländliche Schuldner insgesamt zurückhaltend zeigten. Dennoch hat die zeitgenössische Publizistik die Kreditvergabe von Klöstern und Spitälern an bäuerliche Schuldner durchweg negativ beurteilt, der Gesetzgeber sie nach Möglichkeit einzuschränken oder gar zu unterbinden versucht.

Reiche ritteradelige Geschlechter (Berlichingen, Kämmerer von Worms, Sickingen, Gemmingen) haben, wie Kurt Andermann (S. 93–110) darlegt, zwischen dem 15. und dem 17. Jahrhundert aus Geschäftsinteresse und Gewinnstreben wie auch aus politischen Motiven (Sickingen) bevorzugt Fürsten (Speyer, Mainz, Pfalz, Württemberg u. a.) und Grafen eines weiten Einzugsbereichs hohe Summen geliehen, außerdem lassen sich breit gestreute kleine und mittlere Darlehen an Kommunen, Bürger oder Bauern nachweisen. Die Kreditvergabe an Mächtigere war jedoch mit erheblichen Risiken verbunden, ausbleibende Verzinsung oder verschleppte Rückzahlung war – zumal in Kriegszeiten – beinahe die Regel. Adelige Vasallen, die sich den Kreditwünschen ihrer fürstlichen Lehensherren ohnehin kaum entziehen konnten, gerieten so in eine noch tiefere Abhängigkeit.

Mit Baruch Weil aus Sinsheim stellt Sabine Ullmann (S. 111–131) einen mit Warenhandel reich gewordenen kraichgauischen Schutzjuden vor, der um 1720/1730 gegen Johann Adam von und zu Gemmingen aus Warenlieferungen und möglicherweise auch Barkrediten resultierende Forderungen von 3.500–4.500 f. geltend machen konnte. Mit seinen über Jahrzehnte betriebenen, auch durch ihr Volumen hochriskanten Geschäftsbeziehungen zum Adel unterschied sich Weil fundamental von den auch in der Herrschaft Gemmingen angesiedelten armen Landjuden. Stellvertretend für diese Gruppe wird Marx Gerson aus Ittlingen vorgestellt, der zwar selbst gelegentlich kleine Kredite vergab, zugleich aber hochverschuldet war, und dies interessanterweise hauptsächlich bei nichtjüdischen Kreditoren.

Unter dem Stichwort „Kreditverweigerung" präsentiert Franz Irsigler (S. 133–145) einige Produzenten landwirtschaftlicher Erzeugnisse, die wegen eigener Gült- und Zinsverpflichtungen, wegen fehlender Kreditsicherungssysteme und v. a. aufgrund hoher Produktionskosten und Warenwerte prinzipiell nur gegen Barzahlung lieferten, Kreditgewährung jedenfalls nach Möglichkeit vermieden: Ochsenzüchter in Ungarn und Friesland, Pferdezüchter in Flandern und Weinbauern im Elsaß. Für die zuverlässige Bezahlung der zwischen den Erzeugern und den oft weit entfernten Endabnehmern agierenden Viehhändler sorgten in etlichen großen Städten – etwa in Köln ab der Mitte des 15. Jahrhunderts – die vom Rat geschaffenen und unterhaltenen sog. Viehtafeln, deren Personal die Bonität der Viehkäufer prüfte und notfalls die Bezahlung der auf Kredit gelieferten Tiere in Vorleistung übernahm.

Dass die weithin akzeptierte Forschungsmeinung, die Zeit um 1800 sei eine Epochenschwelle gewesen, auch auf die Kreditwirtschaft zutrifft, weist Günther Schulz in seinem den Band beschließenden Beitrag (S. 147–164) nach, der den Übergang von den älteren, vormodernen Formen des Kreditwesens zu den neuen Institutionen der Darlehens- und Sparkassen, Volks- und Raiffeisenbanken und schließlich Geschäftsbanken vor dem Hintergrund des rasanten Wachstums der Bevölkerung, der Warenproduktion, des Warenhandels, der Industrialisierung, des Berg- und Eisenbahnbaus und des durch diese Entwicklungen stark wachsenden Investitionsvolumens skizziert.

Der vorliegende Band präsentiert in gewohnter Kraichtal-Qualität die wichtigsten Aspekte eines weit gefassten Themas von allgemeinem Interesse und liefert zugleich Ergebnisse, die – mit landesgeschichtlicher Methodik erarbeitet – auch unter einem weiteren als dem landesgeschichtlichen Blickwinkel Gültigkeit beanspruchen können. Peter Steuer

Finanzpolitik und Schuldenkrisen 16.–20. Jahrhundert, hg. von Andreas Hedwig (Schriften des Hessischen Staatsarchivs Marburg, Bd. 28), Marburg 2014. XII, 361 S., zahlr. Ill. ISBN 978-3-88964-214-1. € 39,–

Der anzuzeigende Band besteht aus zwei Teilen, einem Aufsatz- und einem Katalogteil. Beide Teile entstanden im Zusammenhang einer Ausstellung des Staatsarchivs Marburg zum Thema „Finanzpolitik und Schuldenkrisen". Das Staatsarchiv Marburg hatte es sich zur Aufgabe gemacht, aufgrund der jüngst entstandenen Bankenkrise sich diesem Thema historisch anzunähern. Keine einfache Aufgabe, zumal sowohl vorindustrielle Volkswirtschaften als auch moderne Volkswirtschaften vorgestellt und untersucht werden; dabei sind Vergleiche schwer zu ziehen. Eine weitere Problematik besteht auch darin, dass das Bankwesen, wie es sich uns heute selbstverständlich präsentiert, erst im Laufe des 19. Jahrhunderts entstanden ist.

Die Motivation des Marburger Staatsarchivs zielt jedoch in erster Linie darauf ab, der Öffentlichkeit zu zeigen, welche Breite an Archivquellen sich zum einschlägigen Thema erhalten haben und für die Forschung benutzt werden können. Von diesem Grundgedanken aus ist es auch durchaus verständlich, den Band für den Zeitraum zwischen dem 16. und 20. Jahrhundert anzulegen.

Von Interesse sind die Aufsätze zur Bedeutung des Dominiums für die Landesfinanzen in vorindustrieller Zeit von Jochen Ebert. Der Beitrag von Thomas Heiler gibt einen umfassenden Einblick in den Staatshaushalt Bayerns, vor allem zur Herkunft der Gläubiger. Auch der Beitrag von Andrea Pühringer verdient Aufmerksamkeit. Sie untersucht die finanzpolitischen Strategien der Städte in der Habsburgermonarchie der frühen Neuzeit. Der Beitrag von Katharina Schaal macht auf die in der Forschung bislang wenig beachtete Universitätsfinanzierung aufmerksam. Konrad Schneider und Niklot Klüßendorf geben Einblicke in den Zahlungsverkehr der frühen Neuzeit in Frankfurt a. M. und in die Finanzstrategien der Inflation von 1922/1924. Im Zentrum des letzten Beitrags stehen dabei Sachwertanleihen.

Vier weitere Aufsätze beschäftigen sich mit Finanzkrisen des 19. und 20. Jahrhunderts. Den Anfang macht ein Beitrag von Georg Eckert mit einem Überblick zum öffentlichen Kredit im 19. Jahrhundert. Er weist dabei nach, dass sich die Staatsverschuldung beim Besitz- und Bildungsbürgertum als eine politische Grundsatzchance präsentierte. Korinna Schönhärl leistet einen Beitrag mit stark aktuellem Bezug zur Frage der Vertrauensarbeit nach dem griechischen Staatsbankrott in den Jahren 1898 und 1914. Im Mittelpunkt steht dabei die Arbeit der Internationalen Finanzkommission, die Griechenland nach dem verlorenen Krieg gegen die Türkei akzeptieren musste. Ralf Banken beleuchtet die Kriegsfinanzierung des Dritten Reiches, insbesondere die Steuerpolitik des NS-Regimes, und stellt eine Zusammenfassung des bisherigen wissenschaftlichen Erkenntnisstandes dar. Zum Schluss des Aufsatzteils gibt Johannes Bähr einen knappen internationalen Vergleich zu Finanzkrisen des 19. und 20. Jahrhunderts, und er kann zeigen, dass sich im historischen Ablauf die Geschichte der Finanzkrisen nicht in gleichen Mustern wiederholt und nicht nach einem Automatismus verläuft.

Im zweiten Teil präsentiert das Staatsarchiv Marburg die Vielfältigkeit der Quellen, die dabei in sieben Abschnitte eingeteilt werden, wie Struktur und Instrumente des Finanzstaates, Entstehen und Ausbau des Steuerstaates, Staatsfinanzierung durch Anleihen oder das Ringen um die Geldwertstabilität.

Insgesamt wird mit diesem Band eine informative Einführung zum großen Thema Finanzen und Schulden vorgelegt. Gert Kollmer-von Oheimb-Loup

Angelika Westermann, Die vorderösterreichischen Montanregionen in der Frühen Neuzeit (VSWG-Beihefte 202), Stuttgart: Franz Steiner 2009. 395 S., 9 s/w Abb., 36 s/w Tab., 15 s/w Zeichn. ISBN 978-3-515-09306-4. Kt. € 67,–

Mit der vorgelegten Habilitationsschrift wird zum ersten Mal eine zusammenhängende Wirtschafts- und Gesellschaftsgeschichte des vorderösterreichischen Berg- und Hüttenwesens für das 16. Jahrhundert vorgelegt. Zunächst erfolgt eine Darstellung des Forschungsstandes und der archivischen Überlieferung. Methodisch will die Verfasserin anhand dieser

Monographie den Versuch unternehmen, Quellen auf ihre multiperspektivische Aussagekraft hin zu untersuchen.

Im Zentrum stehen neben wirtschaftshistorischen Fragen zum vorderösterreichischen Montanbergbau auch die Fragen, ob die vorderösterreichische Montanregion als Prototyp einer Sozialregion bezeichnet werden kann, welche Strukturmerkmale eine Sozialregion kennzeichnen und welche Beziehungen und Wechselwirkungen zwischen gesellschaftlichen Gruppen, ihren Rechtsgrundlagen, ihren Arbeits- und Wirtschaftsprozessen sowie ihrer Religion und Kultur bestehen. Daran schließt sich der Versuch an, die Größe der Berggemeinden, die räumliche und soziale Mobilität und die Hoheitskonflikte anhand ausgewählter Determinanten zu bestimmen.

Im 3. Kapitel werden die Bergordnungen, im 4. und 5. Kapitel die Versorgung der Montanbaugemeinden einschließlich der Berg- und Hüttenbetriebe sowie die Organisation des Schmelzwesens analysiert. Daran anschließend wird im 6. Kapitel die Produktion und der Absatz von Kupfer und Silber untersucht. Neben den Mengen der ausgebeuteten Erze konnte die Verfasserin die Absatzmärkte und die Belieferung der Münzen nachweisen. Die Bedeutung der Feinsilberproduktion wird vor allem anhand des freien Verkaufs der Gewerken deutlich.

Allein die Straßburger Gesellschaft Prechter, Sigolsheim und Wied verfügte zwischen 1530 und 1550 jährlich über nahezu dieselbe Silbermenge wie die Fugger aus dem Falkenstein bei Schwaz. Die Analyse ergibt eine völlig neue Bewertung der Silberproduktion der vorderösterreichischen Montanregionen, insbesondere Lebertal und Sundgau. Die Ausbeute übertraf teilweise die Silbererzeugung der Thüringer Seigerhütten sowie des Tiroler Falkensteins, und in manchen Jahren war sie mit der niederungarischen Montanregion vergleichbar.

Die Arbeit zeigt auch im Hinblick auf die Gewinnsteigerung im Schmelzwesen deutlich, dass man die gewonnenen Erkenntnisse aus Tirol für die Zusammenarbeit von Montanbeamten und Gewerken im vorderösterreichischen Montanbergbau übernahm. Fragen nach der Rentabilität des eingesetzten Kapitals oder der Dauer des unternehmerischen Engagements sind aus den Quellen nicht zu entnehmen. Nur die Herkunft der Gewerken, bevorzugt aus Straßburg und Basel, sind nachzuweisen. Der Zustrom der Bergarbeiter kam überwiegend aus anderen Bergbauregionen, die Montanbeamten kamen aus der habsburgischen Montanverwaltung. Die unterschiedliche rechtliche Stellung zwischen Bürgern und Knappen schuf ein breites Konfliktpotential, das sich jedoch nach einer Generation deutlich abschwächte, indem Arbeitskräfte vielfach aus der eigenen Region rekrutiert wurden.

Der Verfasserin ist es anhand der vorgelegten Analyse gelungen, sowohl die Wirtschaftsregion als auch die Sozialregion nachzuweisen. Auch zeigt sie, dass die Sozialregion sogar die Grenzen der Wirtschaftsregion überschreitet. Die Untersuchung eröffnet interessante, teilweise tiefgehende Einblicke in politische, wirtschaftliche, soziale, rechtliche und kulturelle Strukturen und Interaktionen in der untersuchten Bevölkerung, die von der Montanwirtschaft bestimmt wurden. Die Autorin selbst redet von den Instrumentarien der verschiedenen Wissenschaftsdisziplinen. Leider hat sie nicht versucht, volkswirtschaftliche Zusammenhänge zwischen Geldmengenvermehrung und der vermutlich stattgefundenen zunehmenden Geldumlaufgeschwindigkeit sowie der Preisentwicklung im Kontext der sogenannten Preisrevolution des 16. Jahrhunderts in den untersuchten Regionen herzustellen. Gerade die Überschaubarkeit des Untersuchungsfeldes wäre dazu gerade prädestiniert gewesen.

Dennoch ergibt die vorgelegte Untersuchung erste wichtige Erkenntnisse zum vorderösterreichischen Berg- und Hüttenwesen in der Frühen Neuzeit und schließt damit eine wichtige Lücke. Das zentrale Ergebnis der Untersuchung, dass der vorderösterreichischen Montanwirtschaft im untersuchten Zeitraum keine marginale, sondern eine zentrale Rolle im europäischen Kontext zukam, stellt die Erforschung des Montanwesens im 16. Jahrhundert auf eine neue Grundlage.

Gert Kollmer-von Oheimb-Loup

Manfred E. Theilacker, Kulturgut Glas und Spiegel. Wirtschafts- und Sozialgeschichte der Spiegelfabrik Spiegelberg (Württ.), ein Regiebetrieb des Herzoglichen Kirchenrats (Stuttgarter historische Studien zur Landes- und Wirtschaftsgeschichte 24), Ostfildern: Thorbecke 2015. 824 S. mit etwa 65 Abb. ISBN 978-3-7995-5575-3. € 94,–

Der Verfasser legt mit seiner Stuttgarter Dissertation ein in jeder Hinsicht schwergewichtiges Werk vor. Ernstzunehmende Vorarbeiten zur Spiegelberger Spiegelfabrik hat es bisher nicht gegeben, so dass er Neuland betrat.

Das Buch besteht aus zehn Großkapiteln (plus Quellen- und Literaturverzeichnis und ausführlichem Register). Nach einer Einführung in Forschungsstand, Quellenlage, naturräumliche und soziale Verhältnisse (Kap. 1) und speziell in die Verhältnisse Spiegelbergs (Kap. 2) befassen sich die Kap. 3–5 sowie 9 in chronologischer Folge mit der Geschichte der Gründung der Spiegelglashütte und des Orts Spiegelberg 1700/05, der wechselvollen Geschichte im Laufe des 18. Jahrhunderts und mit der Schließung der Hütte 1792. Die Kap. 6–8 sind zeitlich übergreifend konzipiert und stellen „Periodenneutrale Signifikanzen“ (6), „Ökonomie und Technologie“ (7) sowie „Handel und Absatz“ (8) dar.

Insgesamt wird eine gewaltige Materialmenge aufgearbeitet. Die chronologischen Kapitel stellen zunächst dar, wie 1700 in Jux eine Glashütte errichtet wurde. Diese wurde 1705 unten im Tal durch eine Spiegelhütte erweitert, um die herum rasch der neu gegründete Ort Spiegelberg entstand. Die Spiegelhütte, die nie nur Spiegelglas, sondern auch andere Glasformen produzierte und mit den Glashütten in Joachimstal und Schönbronn im Laufe der nächsten Jahrzehnte vorübergehend betriebene Filialen gewann, war insgesamt kein florierender Betrieb. Theilacker stellt das Auf und (vor allem) das Ab unter den verschiedenen Direktoren und Betreibern dar. Trotz aller möglicher Anstrengungen (u. a. „Spionagereisen“ in andere Glas- und Spiegelhütten) war die Spiegelberger Hütte fast durchweg defizitär und ruhte zwischendurch auch.

Der Verfasser kann zeigen, dass der bescheidene wirtschaftliche Erfolg verschiedene Ursachen hatte: zunächst ein Kompetenzwirrwarr zwischen dem Kirchenrat als Oberherrn, der herzoglichen Rentkammer, den verschiedenen anderen Behörden, den Direktoren und Spiegelmeistern; sodann auch der betriebswirtschaftliche Dilettantismus sowohl des Kirchenrats als auch der maßgeblichen Persönlichkeiten vor Ort. Diese waren meist Glasfachleute, von Betriebswirtschaft wussten sie weniger. Hinzu kamen auch unklare Zuständigkeiten zwischen dem jeweils örtlichen Führungspersonal sowie eine zu große Zahl von Bediensteten.

Aber der Verfasser stellt nicht nur die Perspektive „von oben“ dar, sondern geht auch „von unten“ auf Laboranten, Arbeiter, Knechte und andere Einwohner Spiegelbergs ein. Auffällig ist, dass sich neben den eigentlichen Arbeitskräften und ihren Familien eine viel größere Zahl von Menschen ansiedelte, die gar nichts mit der Hütte zu tun hatten und als Hausierer und Bettler ihr Dasein fristeten. Dem Fachpersonal, an der Spitze den Laboranten, ging es wirtschaftlich nicht schlecht – es sei denn, es herrschte gerade Produktionsstillstand oder die Löhne wurden nicht ausbezahlt, weil der eine oder andere Direktor lieber in seine eigene Tasche wirtschaftete. Dann herrschte schreiendes Elend.

Der Verfasser kann Einblicke in die Lebensrealität der Arbeiter vermitteln, die man so für das 18. Jahrhundert kaum einmal findet: oft mangelnde Qualifikation, fehlende Arbeitsdisziplin (wann erscheint man zum Arbeitsbeginn?), Alkoholismus, Rohheit und Gewalttätigkeit untereinander, aber teils auch gegen die Direktoren, nach denen schon einmal Steine geworfen wurden, Streiks, Korruption auf allen Ebenen, Holz- und Felddiebstähle. Aufschlussreich ist, wie der Kirchenrat mit den Missständen umging. Mehrfach wurden die Arbeiter befragt, wo etwas im Argen liege, und immer wieder versuchte man, Missstände zu beseitigen.

Neben personalbedingten Problemen hatte Spiegelberg auch mit naturgegebenen Schwierigkeiten zu kämpfen: Glashütten verbrauchen große Mengen an Holz, und Holzmangel war eine ständige Bedrohung des Betriebes. Die umliegenden Wälder waren rasch übernutzt, und auch die Auslagerungen nach Joachimstal und Schönbronn brachten nur zeitweilig Abhilfe, weil auch dort der Wald bald kahlgeschlagen war. Hoffnungen, vor Ort gute Steinkohle zu finden, zerschlugen sich. Nach einer 1785 angestellten vernichtenden Gesamtbilanz steuerte alles auf die Schließung der Spiegelhütte zu, die 1792 stattfand. Sozial gepuffert wurde dieser Schritt durch die Gründung einer Baumwollspinnerei, die neue Arbeitsplätze bot.

Die thematischen Kapitel 6–8 sind besonders erhellend. Was in Kap. 6 über das „knappe Gut Holz“, die Steinkohle, die Infrastruktur, das Sozialwesen ausgesagt wird, ist in keiner künftigen südwestdeutschen Wirtschaftsgeschichte zu ignorieren. Die technischen Aussagen des Kap. 7 sind für die Geschichte der Glasmacherei singulär, und das Kap. 8 erläutert in seinen Ausführungen über „Handel und Absatz“ Vertriebswege ins Ausland und bis nach Übersee, die man bei einer solchen Lokalstudie nicht erwartet hätte.

Das mit zahlreichen Tabellen und Abbildungen ausgestattete, geradezu enzyklopädische Werk ist Grundlagenarbeit von hoher Qualität. Ein wirtschaftlich nicht einschlägig vorgebildeter Historiker hätte vieles nicht erkannt, was sich dem Verfasser aufgrund seiner langjährigen betriebswirtschaftlichen Erfahrungen erschloss. Er versteht es, die ökonomischen Zusammenhänge mit Schaubildern zu visualisieren. Außer der Wirtschafts-, Sozial- und Technikgeschichte profitiert auch die Genealogie von Theilackers Studie, da sich in den Tabellen eine kaum überschaubare Zahl von Namen findet. Zu monieren ist nur: Viele Abbildungen und Pläne sind so klein geraten, dass nur schwer etwas zu erkennen ist; aber das ändert nichts an der Bedeutung des Gesamtwerks. Gerhard Fritz

Christoph Morrissey, Hülen, Sandgruben und Holzwiesen. Historische Kulturlandschaft im ehemaligen Truppenübungsplatz Münsingen im Vergleich mit dem Biosphärengebiet Schwäbische Alb (Landkreis Reutlingen), hg. vom Landkreis Reutlingen. Reutlingen 2015. 87 S., zahlr. Farbabb. 1 Karte. € 10,–

Der etwas sperrige Untertitel umreißt die Konzeption dieser Arbeit des Tübinger Archäologen und Kulturgeographen Christoph Morrissey. Möglich wurde sie durch das Förderprogramm des seit 2009 bestehenden Biosphärengebiets Schwäbische Alb, das „modellhafte und nachhaltige Projekte im Biosphärengebiet Schwäbische Alb“ unterstützen möchte. Hierzu, und das ist aus landeskundlicher Sicht erfreulich, zählen auch Projekte zur

„Bewahrung des historisch-kulturellen Erbes". In einem mehrjährigen, vom Geschichtsverein Münsingen und vom Landkreis Reutlingen mitgetragenen Projekt wurde 2010 damit begonnen, die kulturlandschaftlichen Hinterlassenschaften der vormilitärischen Nutzungszeit auf dem Areal des 2004 aufgelassenen Truppenübungsplatzes Münsingen zu erfassen und zu deuten. Dieses über 6.000 Hektar große Gebiet umfasst sowohl das vormalige Waldweidegebiet des Münsinger Harts mit seinen Modellwirtschaften der Reformlandwirtschaft des 19. Jahrhunderts als auch die Gemarkung des 1938 aufgelösten Dorfes Gruorn westlich davon. Die Ergebnisse lagen bislang lediglich in unveröffentlichter Berichtsform sowie in einer Fortsetzungsserie der Münsinger Geschichtsblätter vor, so dass es eine sehr begrüßenswerte Idee war, die Erträge des Unternehmens in fasslicher Form zusammenzutragen. Eine Initiative, die sich der vormaligen Reutlinger Kreisarchivarin Irmtraud Betz-Wischnath verdankt.

Man wollte es indes nicht bei den Ergebnissen der vielen Begehungen auf dem ehemaligen Truppenübungsplatz belassen, die gewonnene Evidenz sollte vielmehr durch weitere regionale Befunde in den Grenzen des Biosphärengebiets Schwäbische Alb ergänzt werden, mit einer Ausnahme allesamt im Landkreis Reutlingen gelegen. Herausgekommen sind so 17 Paare kulturlandschaftlicher Relikte in- und außerhalb des alten württembergischen Schießplatzes. Es handelt sich durchweg um klassische Befunde wie Lehmgruben, Lesesteinhaufen, Altwege und Siedlungswüstungen. Hinzu kommen archäologische Befunde wie Grabhügel und Burgstellen, Geo- (Steinbrüche) und Biotope (Weidbuchen, Streuobstbestände). Ein Doppel besteht jeweils aus zwei Bild- und zwei Textseiten. Man muss wissen, dass dieses Büchlein für Besucher gemacht ist, die „Landschaft lesen" möchten. Die sehr knapp geratenen Texte sollen ihnen einen leichten und einfachen Zugang bieten, um exemplarisch Zeugnisse menschlichen Lebens und Wirtschaftens auf der mittleren Schwäbischen Alb zu erläutern.

Den Grund für die Doppelung von Kulturlandschaftszeugen in- und außerhalb des Truppenübungsplatzes erfährt man gleich eingangs im Grußwort von Landrat Thomas Reumann: Der Großteil der Orte im ehemaligen Militärgelände ist der Öffentlichkeit nicht zugänglich. Deshalb wird der Besucher, sozusagen ersatzweise, an vergleichbare Orte in der Region verwiesen. Diese Setzung soll an dieser Stelle nicht weiter kommentiert werden, doch macht schon ein schneller Durchgang deutlich, dass eine ausführlichere Publikation der – mit öffentlichen Mitteln gewonnenen – Forschungsergebnisse nottut. Denn was sich auf dem Militärgelände an vormilitärischen Zeugnissen findet, ist nicht gering zu erachten: Am östlichen Rand ist eine offenkundig noch hervorragend erhaltene Wüstung eines mittelalterlichen Dorfes und spätere geistliche Ansiedlung des Klosters Zwiefalten erhalten (S. 58–59). Dieses Heroldstetten, zu Beginn des 12. Jahrhunderts durch die Schenkung Ottos von Steußlingen an das Benediktinerkloster gelangt, besticht gerade durch seine besonders gute Quellenüberlieferung, die mit dem ältesten Zwiefalter Nekrolog einsetzt. Auch scheint zumindest in den schon lange bewaldeten Zonen und in den Randbereichen des Übungsplatzes der hundert Jahre währende militärische Betrieb Fenster in die Vergangenheit offen gelassen zu haben, während andernorts das militärische Flächenmanagement *tabula rasa* mit den vormilitärischen Befunden gemacht zu haben scheint. So haben sich im nördlichen, peripheren Bereich der ehemaligen Gemarkung Gruorn Ackerrandstufen und damit Zeugen alter Landbewirtschaftung erhalten, und schließlich ist die Dokumentation von Wasserstellen (Hülen) im Bereich des bis 1895 bestehenden Münsinger Hartes ein wichtiger Bestandteil der Erforschung der Waldweidepraxis, die hier wie im kompletten Mitteleuropa in vormoderner Zeit prägend gewesen ist. Diese Stichworte mögen als Plädoyer genügen, es mit dem durchaus begrüßenswerten Büchlein eben nicht sein Bewenden haben zu lassen und, am besten ergänzt durch historische Quellen, das Thema gründlich aufzuarbeiten. Roland Deigendesch

Achim Bonenschäfer, Stuttgarter Wasserkräfte und die Industrialisierung im Mittleren Neckarraum. Mühlen – Fabriken – Elektrizitätswerke, Ubstadt-Weiher: regionalkultur 2016. 120 S. mit 122 farb. Abb. ISBN 978-3-89735-967.3. € 17,90

Achim Bonenschäfer ist durch das Grundlagenwerk zur Stuttgarter Wasserkraftnutzung, die beiden 2014 erschienenen Stuttgarter Bände des Mühlenatlas Baden-Württemberg, einschlägig als Fachmann zum Thema auch des hier zu besprechenden Werkes ausgewiesen. Zwischen dem Mühlenatlas und dem Buch „Stuttgarter Wasserkräfte" gibt es dennoch fundamentale Unterschiede. Diese fallen zunächst optisch auf: Auf den 120 Seiten finden sich zahlreiche Abbildungen, die die Lektüre der insgesamt elf Kapitel visuell auflockern und zugleich von hohem Informationswert sind. Es dürfte im Übrigen wenige Themen geben, die von Abbildungen derart abhängen wie die Wasserkraftnutzung. Vieles lässt sich verbal kaum erläutern und wenn, dann nur höchst umständlich. Die passende Abbildung ist deshalb mehr als bloße Illustration.

Inhaltlich weist Bonenschäfer auf einen Aspekt hin, der bei der nicht selten romantisierenden Darstellung der Wasserkraft oft übersehen wird: Wasserkraft und (Früh-)Industrialisierung hängen eng zusammen. In den einzelnen Kapiteln wird dies am Beispiel verschiedener Gewerbe gezeigt: Zunächst geht es um die auch außerhalb von Stuttgart immer wieder festzustellende Verbindung von Wasserkraft und Textilgewerbe. Dann wendet sich der Autor dem örtlichen Gewerbekanal schlechthin zu – dem Berger Kanal. Dieser weist eine Besonderheit auf: Sein Mineralwasser diente nicht nur zum Baden und als Mineralwasser zum Trinken, sondern eignete sich als frostfreies, weil warm aus dem Boden kommendes Triebmittel auch ganz besonders zum Antrieb aller möglichen Anlagen.

Wie sehr in Untertürkheim auch Daimler, eines der Vorzeigeunternehmen der Region bis heute, mit der Wasserkraft verflochten war, zeigt das nächste Kapitel. Eine weitere Stuttgarter Besonderheit ist die völlige Veränderung der natürlichen Hydrologie des Nesenbachs durch herzoglichen Wasserbedarf. Nur auf diese Weise entstanden die Parkseen. Am Beispiel Möhringens und Plieningens kann gezeigt werden, wie die alten Mühlen mit ihrer teils arg schwachen Wasserkraft durch Einsatz der Elektrizität ihren entscheidenden Modernisierungsschub erlebten.

In einen ganz anderen Bereich führt die Untersuchung der Verhältnisse in Feuerbach, wo eine moderne Papierfabrik ihre Grundlagen in der Wasserkraft hatte. In Obertürkheim trieb das Wasser, das zuvor konventionell von Mahlmühlen genutzt worden war, im 19. Jahrhundert verschiedene Werkstätten, während am Beispiel der Mühlhausener Verhältnisse eindrucksvoll der viele Jahrhunderte dauernde Konflikt mit der Flößerei und Schifffahrt auf dem Neckar gezeigt werden kann. Landesweit ebenfalls einzigartige Verhältnisse finden sich in Hohenheim, wo die Wasserkraft eine weithin übersehene Rolle im Zusammenhang mit der landwirtschaftlichen Lehranstalt, dem Vorläufer der heutigen Universität, spielte. Das letzte Kapitel greift in die Gegenwart aus und behandelt den ökologischen Aspekt der heutigen Energiegewinnung aus Wasserkraft.

Das Buch ist in hohem Maße anschaulich geschrieben. Es wendet sich keineswegs nur an Fachhistoriker, die es gleichwohl mit Gewinn lesen können. Vielmehr werden Fachleute aus den unterschiedlichsten Zielgruppen bis hin zum regional- und ortsgeschichtlich interessierten Laien in Bonenschäfers Werk vielfältige Anregungen finden.

Gerhard Fritz

Wo Daimler Maybach traf. Gustav Werners christliche Fabriken, Katalog zur gleichnamigen Ausstellung im Heimatmuseum Reutlingen 21. Juni – 25. Oktober 2009, hg. vom Kulturamt der Stadt Reutlingen 2009. 143 S., 130 Abb. € 17,50

Der vom Heimatmuseum Reutlingen 2009 anlässlich einer Ausstellung über Gustav Werner und seine Fabriken zusammengestellte Katalog soll an den 200. Geburtstag von Gustav Werner und sein Lebenswerk, die Verbindung von Sozialfürsorge mit der damals aufkommenden Industrie, erinnern. Leider ist die Quellenlage über die Bruderhausfabriken durch Kriegsverlust sehr lückenhaft. Zwar besitzen andere Archive teilweise relevantes und aufschlussreiches Material, trotzdem ist eine umfassende zusammenhängende Unternehmensgeschichte aufgrund dieser Situation kaum zu erarbeiten.

Umso erfreulicher ist es, dass der Katalog wichtige Exponate über Gustav Werner und seine gesellschaftsdiakonischen Vorstellungen, mit denen er Armut und Industriearbeit verbinden wollte, vorstellt und beschreibt. Gustav Werner beurteilte den Industrialisierungsprozess auch als eine Chance zur Überwindung von Armut und sozialer Benachteiligung. Dennoch blieb die „christliche Fabrik“, die mit der Inbetriebnahme der Reutlinger Papierfabrik 1851 ihren Anfang nahm, ein utopischer Gedanke. Nach der Insolvenz der Bruderhausfabriken im Jahre 1863 entstand der Aktienverein zum Bruderhaus, der mit einer mehr betriebswirtschaftlichen Ausrichtung geführt wurde.

Im Zentrum des Katalogs stehen die Biographie, die sozialen und religiösen Ideen und Vorhaben von Gustav Werner sowie insbesondere die Geschichte der Maschinenfabrik zum Bruderhaus und die Möbelfabrik zum Bruderhaus. Ziel des Katalogs ist es weniger, die Kirchen- und Diakoniegeschichte hervorzuheben, sondern vielmehr die bislang in der Literatur kaum dargestellte und berücksichtigte Unternehmensgeschichte der Bruderhausfabriken in den Vordergrund zu rücken. Dieses Ziel ist mit dem anzuzeigenden Katalog gelungen. Ungeachtet der schwierigen Quellenlage gelang es den Autoren, einen Abriss der Unternehmensgeschichte entstehen zu lassen, der durch interessante Abbildungen bereichert wird. Von Interesse ist auch ein Blick auf die beiden „genialen“ Konstrukteure Gottlieb Daimler und Wilhelm Maybach, die sich in den Vereinigten Werkstätten zum Bruderhaus kennengelernt hatten.

Insgesamt leistet der Katalog einen hervorragenden Überblick über die soziale, insbesondere christlich-unternehmerische Leistung von Gustav Werner. Im unternehmensgeschichtlichen Teil betreten die Autoren damit nahezu Neuland.

Gert Kollmer-von Oheimb-Loup

Tanja Junggeburth, Stollwerck 1839–1932. Unternehmerfamilie und Familienunternehmen (VSWG-Beihefte 225), Stuttgart: Steiner Verlag 2014. 604 S., 92 s/w Abb., 9 Stammtaf. ISBN 978-3-515-10458-6. Geb. € 82,–

Die anzuzeigende Dissertation beschäftigt sich mit der Kölner Schokoladenfabrik Stollwerck. Die Arbeit unterscheidet sich in ihrer Zielrichtung jedoch von den sonst üblichen Unternehmensgeschichten, die vor allem betriebswirtschaftliche, technische, soziale und gesellschaftliche Fragestellungen im Fokus haben. Die vorgelegte Studie geht darüber hinaus. Sie will in einer Gesamtschau das Wechselspiel von Familie und Unternehmen analysieren. Dieser methodische Ansatz verbindet die Bürgertumsforschung mit Unternehmensgeschichte. Dabei wird anhand von drei Generationen untersucht, inwieweit familiäre und ökonomische Denkstrukturen in die Handlungen und Entscheidungen einflossen. Damit verbunden ist die Fragestellung, ob durch diese Mischung von Handlungsdeterminanten eines Familienbetriebs Vorteile gegenüber fremdgeführten Kapitalgesellschaften auszumachen sind.

Die Autorin legt der Arbeit – nach einer eingehenden Auseinandersetzung mit theoretisch-methodischen Aspekten – die Annahme zugrunde, dass Unternehmer in erster Linie von ökonomischen Überlegungen geleitet werden. Bei der Untersuchung über die Verbindung von Familie und Unternehmen geht die Verfasserin der Frage nach, welche weiteren Faktoren wie Ideologie, Netzwerke und Unternehmenskultur eine Rolle spielen und auf Entscheidungsprozesse Einfluss nehmen könnten. Daran schließen sich die Fragen an, worauf diese Interessen basieren, wie sie verfolgt und umgesetzt werden, ob sie eine logische Folge von Handlungen sind und inwieweit Emotionen eine Rolle spielen. Zu Recht weist die Verfasserin auch darauf hin, dass die wechselseitige Verbindung von Familie und Unternehmen vor allem auch Netzwerke in den Blickpunkt rückt.

Nach Einleitung, Forschungsstand und Methodik gibt die Autorin zunächst einen knappen historischen Abriss über die Unternehmensgeschichte. Die Studie hat zwei Hauptkapitel: So werden in Kapitel 3 Themen wie Familie, Erziehung, Ausbildung und Lebensstil, Familiengründung, Heiratspolitik, Lebensstandard, die Einstellung zum Geld und zum Sparen und die Wohnsituation erarbeitet, um daraus das bürgerliche Selbstverständnis und die Lebensweise zu ermitteln. Ebenso behandelt die Verfasserin den Familiensinn und familiäre Befindlichkeiten sowie das Verhalten der Familie in der Öffentlichkeit wie in Politik und Kirche. Das zweite Hauptkapitel behandelt das Familienunternehmen unter den Aspekten der Unternehmensnachfolge, des Familienprinzips, der Unternehmenskultur sowie des Spannungsfelds von Markt und Familie.

Die Verfasserin konnte mit dieser Studie die von Chandler vertretene Auffassung, dass das Wachstum von einem kleinen Betrieb zu einem großen Unternehmen das Verhältnis zwischen Familie und Unternehmen verändert, belegen. Dies ist am Beispiel von Stollwerck insbesondere an den finanziellen Ressourcen der Familie sowie an der Anzahl der befähigten Familienmitglieder, die die Geschäftsführung für die Familie übernahmen, deutlich zu erkennen. Beides, die Notwendigkeit, immer stärker auf Fremdkapital zurückzugreifen, und der Mangel an familieneigenen Führungskräften, verstärkt durch externe Krisen, trieb das Unternehmen zwischen 1914 und 1932 immer mehr dazu, die Verbindung zwischen Familie und Unternehmen zu lösen.

Der Autorin ist es sehr anschaulich und durch umfangreiche Quellenanalysen gelungen, einen wichtigen Beitrag zu Chancen und Risiken von Familienunternehmen zu leisten.

Gert Kollmer-von Oheimb-Loup

Kultur- und Bildungsgeschichte, Literatur- und Musikgeschichte

Andreas Gehrlach, Diebe. Die heimliche Aneignung als Ursprungserzählung in Literatur, Philosophie und Mythos, Paderborn: Wilhelm Fink Verlag 2016. 413 S. ISBN 978-3-7705-6000-4. € 54,–

Das hier zu besprechende Werk befasst sich laut Untertitel mit dem Diebstahl (oder anderen „Aneignungen") nicht im realen Leben, sondern im Bereich von „Literatur, Philosophie und Mythos". Dies ist ein legitimes Anliegen, und tatsächlich kann Gehrlach auf seiner Tour d'horizon von den Diebstahlsgesetzen im alten Ägypten, über den Diebstahl in den unterschiedlichsten philosophischen Bereichen, nicht zuletzt bei Marx, über Prometheus und die Rolle des Kaisers Julian bis hin zu Heideggers „heroischem Prometheus" die unterschiedlichsten Aspekte aufzeigen. „Wert" und „Eigentum" werden semantisch erläutert, „ödipale und diebische Ursprungsmythen der Bibel" interpretiert, ebenso die Rolle der Kirche im Hinblick auf den Diebstahl am Ende der Antike („die Kirche als Diebesbande"), und schließlich wird „Diebstahl in autobiographischen Texten" untersucht – nämlich bei Augustinus und Rousseau. Der abschließende 6. Teil des Werks befasst sich mit dem Diebstahl bei Edgar Allen Poe und Jacques Lacan, um schließlich, etwas unerwartet, bei Hermes als Gott der Diebe zu landen. All dies wird kenntnisreich dargestellt, und man wird in jedem Kapitel Aspekte finden, die bislang überhaupt noch nicht oder zumindest nicht auf diese Weise behandelt wurden. Gehrlachs Ansatz ist ein literarischer und philosophischer, und das Verhältnis von Literatur und Philosophie zur Realität ist bekanntlich ein nie auszudiskutierendes Thema. Hier hat das Werk durchaus seine Berechtigung.

Man ist indessen erstaunt, dass Gehrlach die Historische Kriminalitätsforschung, die seit über drei Jahrzehnten ganz zentral zum Diebstahl (und zu anderen Eigentumsdelikten) forscht und grundlegende Ergebnisse in zahlreichen Veröffentlichungen vorgelegt hat, nicht zur Kenntnis nimmt, ja sie nach Ausweis seines Literaturverzeichnisses gar nicht zu kennen scheint – nicht einmal die kriminalitätsgeschichtlichen Handbücher, namentlich das Grundlagenwerk von Schwerhoff, das einschlägige Literatur bequem erschließt. Das heißt nicht, dass Gehrlach nicht ein Bild von der realen Welt des Diebstahls hätte, das er seinen Überlegungen zugrunde legt – aber es ist ein präfaktisches Bild der Realität. So geht er davon aus, dass es vor dem 19. Jahrhundert hauptsächlich den Räuber gegeben habe, der dann durch den Dieb abgelöst worden sei. Dies widerspricht eklatant elementarsten Erkenntnissen der Historischen Kriminalitätsforschung: Raub war gegenüber dem Diebstahl immer ausgesprochen selten. Gehrlach rekapituliert zwar einige Passagen aus Foucault, er kennt aber offenbar nicht einmal die dahintersteckende Theorie „de la violence au vol".

Genauso gehört eine weitere Grundannahme Gehrlachs in den Bereich des Märchens, wenn er meint, dass bis zum Ende des 18. Jahrhunderts „große, rücksichtslose und zum Teil fast schon militärisch organisierte Räuberbanden" existiert hätten. Dieses Zerrbild geisterte zwar durch die Literatur, solange der Sachverhalt nicht untersucht war, aber heute weiß man längst, dass es Banden allenfalls einmal als Ausnahmefall gab. Den Schwarzen Veri und den Schinderhannes schließlich mit Michael Kohlhaas in einen Topf zu werfen, zeugt schon von erheblicher Dreistigkeit.

Vollends in den Bereich der Phantasie gehört Gehrlachs Bild vom Sozialrebellen, von den „Anführer[n] der Räuberbanden [...die] sich ihrer Wirkung als staatskritische, im Territorium der Herrschaft agierende Symbolfiguren durchaus bewusst" gewesen und von der Bevölkerung unterstützt worden seien. Das ist der Kenntnisstand von Eric Hobsbawm 1969 – so, als ob seitdem nichts mehr zu diesem Thema erschienen wäre.

Natürlich kann man mit Marcel Mauss über „die Gabe" philosophieren. Wenn man Valentin Groebners ja nun auch nicht mehr neue Schrift über die Geschenke nicht kennt, bleibt das aber Schnee von vorgestern. Natürlich kann man textimmanent den Gott Hermes, Marx, Heidegger, Augustinus, Rousseau, Poe, Lacan und andere irgendwie miteinander in Beziehung setzen und erhebliche Unterschiede feststellen. Wer hätte bei so unterschiedlichen Leuten aus so verschiedenen Epochen auch anderes erwartet? Man könnte die Reihe fortsetzen, was hier nicht geschehen soll. Es bleibt aber die grundsätzliche Frage, was von Überlegungen zu halten ist, die von Grundannahmen ausgehen, die drei Jahrzehnte Historischer Kriminalitätsforschung nicht zur Kenntnis nehmen und Klischees aufwärmen, die längst und vielfach ad absurdum geführt sind. Um mit Marx zu schließen: Gehrlach schwebt im Bereich des Überbaues, er hat aber keine Ahnung von der Basis.

Gerhard Fritz

Napoleon und die Romantik – Impulse und Wirkungen, hg. vom Magistrat der Brüder-Grimm-Stadt Hanau, Fachbereich Kultur, Stadtidentität & Internationale Beziehungen/ Städtische Museen Hanau, Marburg: Historische Kommission für Hessen 2016. 187 S. mit Abb. ISBN 978-3-942225-32-8. € 28,–

Anlässlich der deutsch-französischen Tagung „Napoleon und die Romantik – Impulse und Wirkungen", die am 24./25. Januar 2014 im Historischen Museum Hanau Schloss Philippsruhe stattgefunden hat, erschien der gleichnamige Tagungsband mit zehn verschriftlichten Vorträgen von renommierten Wissenschaftlern aus unterschiedlichen Fachrichtungen. Die Tagung bildete den Abschluss der Ausstellung „Die Franzosen kommen! – Hanau in der Zeit Napoleons 1806–1813", die das Historische Museum Hanau mit verschiedenen deutschen und französischen Kooperationspartnern realisiert hatte. Ziel von Ausstellung und Tagung war es, die tiefgreifenden Veränderungen des frühen 19. Jahrhunderts in und um Hanau zu beleuchten und den positiven wie negativen Auswirkungen der napoleonischen Expansionspolitik auf den Grund zu gehen.

Der Tagungsband ist in vier Abschnitte mit jeweils zwei bis drei Aufsätzen gegliedert und mit zahlreichen Abbildungen versehen, die zum Teil auch als Exponate in der Ausstellung gezeigt worden waren.

Abschnitt eins ist dem Thema „Das Erbe der Französischen Revolution und die europäische Neuordnung durch Napoleon" gewidmet. Barbara Dölemeyer, Honorarprofessorin für Rechtsgeschichte an der Justus-Liebig-Universität Gießen, erläutert darin die Einführung des Code Napoleon und die Ausbreitung des französischen Rechts in den deutschsprachigen Gebieten. Günter Oesterle, Professor für neuere deutsche Literaturwissenschaft ebenfalls an der Justus-Liebig-Universität Gießen, stellt in seinem Beitrag deutsche Napoleonbilder und deren allmähliche Veränderung am Beispiel einer Publikation des preußischen Adligen Gustav Graf von Schlabrendorf aus dem Jahr 1804 dar.

In Abschnitt zwei stehen „Napoleon und die Auswirkungen auf die Künste" im Mittelpunkt. Johannes Grave, Professor für Historische Bildwissenschaft/Kunstgeschichte an der Universität Bielefeld, stellt die Kunst der deutschen Romantik insbesondere am Beispiel von Caspar David Friedrich vor. Claudia Hattendorff, Professorin für Kunstgeschichte am Institut für Kunstpädagogik der Justus-Liebig-Universität Gießen, befasst sich mit den

Darstellungen des verstorbenen französischen Kaisers „in Kunst, populärem Bild und Karikatur" und Erik Riedel, Ausstellungskurator am Jüdischen Museum Frankfurt, wählte den jüdischen Maler Moritz Daniel Oppenheim zum Gegenstand seiner Untersuchung.

Abschnitt drei rückt die „Herausbildung nationaler Mythen und die romantische Idee" in den Fokus. Wolfgang Bunzel, Leiter der Brentano-Abteilung im Frankfurter Goethe-Haus, beleuchtet darin die Napoleonschriften von Clemens Brentano und seiner Schwester Bettina von Arnim. Heinz Rölleke, Professor für Deutsche Philologie einschließlich Volkskunde an der Bergischen Universität Wuppertal, widmet sich in seinem Beitrag den Gebrüdern Grimm, die in napoleonischer Zeit Märchen und Sagen zusammentrugen, und Roswitha Mattausch, ehemalige Leiterin des Museums im Gotischen Haus, Bad Homburg vor der Höhe, lenkt den Blick auf die Kleidung der damaligen Zeit als Bekenntnis „zwischen Romantik, Revolte und Reaktion".

Zum Abschluss werden in Abschnitt vier unterschiedliche Frauen und deren Lebensentwürfe „zwischen Utopie und Realität" vorgestellt. Marita Metz-Becker, Professorin für Europäische Ethnologie/Kulturwissenschaften an der Philipps-Universität Marburg, richtet dabei den Blick auf Frauenleben in der Zeit von 1780 bis 1816 und Jürgen Eichenauer, Leiter des Hauses der Stadtgeschichte, Offenbach/M., auf die Dichterin Karoline Günderrode.

So ergibt sich ein vielschichtiges Bild der napoleonischen Ära, die einerseits von Errungenschaften wie u. a. der Abschaffung der Leibeigenschaft, der Modernisierung des Bildungssystems und der Einführung der Religionsfreiheit geprägt war und andererseits der Bevölkerung durch die Truppenaushebungen, Plünderungen und die Schlacht bei Hanau im Oktober 1813 große Opfer abverlangte. Wie umfassend Kunst und Kultur der Romantik im Rhein-Main-Gebiet durch Napoleon und die Auswirkungen seiner Politik beeinflusst wurden, wird durch die unterschiedlichen Blickwinkel der Textbeiträge deutlich. Der Tagungsband veranschaulicht damit wichtige Aspekte der Zeit Napoleons und der Romantik und bietet Erkenntnisse, die nicht nur für die Stadt Hanau und die Region von Interesse sind.

Catharina Raible

Matthias DALL'ASTA / Heidi HEIN / Christine MUNDHENK (Hg.), Philipp Melanchthon in der Briefkultur des 16. Jahrhunderts (Akademiekonferenzen 19), Heidelberg: Universitätsverlag Winter 2015. 347 S. ISBN 978-3-8253-6487-8. Kart. € 45,–

Die Humanisten der spätmittelalterlichen Renaissance entwickelten ihre Gedanken oft in intensivem brieflichem Austausch, und seit Petrarca gibt es große Briefcorpora nach dem Vorbild Ciceros. In dieser Tradition steht auch der Briefschreiber Philipp Melanchthon, den die konkreten Anforderungen seiner vielseitigen Tätigkeit als Gelehrter wie als Reformator zu einer ausgedehnten Korrespondenz mit fast 1.200 verschiedenen Briefpartnern in weit über 500 Städten veranlassten: von London bis Konstantinopel, von Riga bis Rom. Gesammelt hat er sie allerdings nicht, und vieles davon ist verloren gegangen. Immerhin sind heute davon fast 10.000 bekannt – knapp das Dreifache von Martin Luthers erhaltenem Briefwechsel. Dieses gewaltige Material gesichtet, um neue Stücke vermehrt, durch eine neuartige Form von Regesten mit ausführlichen Verzeichnissen erschlossen und damit die kritische und kommentierte Gesamtausgabe des Briefwechsels auf eine sichere Grundlage gestellt zu haben, ist das bedeutende Verdienst Heinz Scheibles und der von ihm 1963 in Heidelberg gegründeten Melanchthon-Forschungsstelle der Heidelberger Akademie der Wissenschaften. Aus Anlass der Fünfzigjahrfeier der Forschungsstelle fand 2013 eine Tagung statt, deren Ertrag im vorliegenden Band gesammelt ist.

Er umfasst neben der Einleitung 17 Beiträge, die Melanchthons Briefwechsel von verschiedenen Seiten aus umkreisen: vom allgemeineren Interesse an Briefen und Briefcorpora vom Spätmittelalter bis zum 17. Jahrhundert über Fragen ihrer digitalen Erfassung bis zu verschiedenen Aspekten von Melanchthons Korrespondenz. Statt einer bloßen Aufzählung von Titeln und Themen soll hier Einzelnes hervorgehoben werden.

Besondere Aufmerksamkeit verdient Heinz Scheibles autographischer Bericht „Fünfzig Jahre Melanchthon-Forschungsstelle" (S. 317–332) – eine wichtige Ergänzung des bisher Bekannten und selbst eine wissenschaftsgeschichtliche Quelle ersten Ranges. Stefan Rhein berichtet in einem öffentlichen Abendvortrag aus souveräner Kenntnis des Materials über ausgewählte Aspekte des Briefwechsels als Quelle für das Selbstverständnis Melanchthons – für sein komplexes Verhältnis zu Wittenberg, seine Anhänglichkeit an Heidelberg, seine Beziehung zu Luther, seine Freundschaft mit Joachim Camerarius und andere Aspekte (S. 107–130). Die häufig erörterte Problematik seines schwierigen Verhältnisses zu Luther erhellt Christine Mundhenk in einer konzentrierten Untersuchung seiner brieflichen Äußerungen aus den Jahren 1543 bis 1545, insbesondere in der Anwendung seines ambivalenten Periklesbildes auf Luther (S. 131–145).

Da sich Briefe an bestimmte Empfänger richten, legte es sich nahe, Melanchthons Korrespondenz mit lokal oder regional umgrenzten Empfängergruppen zumindest an ausgewählten Zeugnissen zu behandeln. So betrachtet Judith Steiniger seine Beziehungen zur Basler Geistlichkeit, vor allem zu Johannes Oekolampad und zu Oswald Myconius (S. 203–235). Am Briefwechsel und an anderen Quellen stellt Otfried Czaika den Einfluss Melanchthons auf Skandinavien dar (S. 237–259). Der Verfasser kommt zum Ergebnis, Melanchthon habe „zur Verankerung der Wittenberger Reformation in den skandinavischen Reichen und zum Transfer einer konfessionellen Kultur, die ihrerseits erst im Entstehen war", in vergleichbarem Maße beigetragen wie Johannes Bugenhagen oder gar in höherem Maße als jener, obwohl er im Unterschied zu Bugenhagen niemals auch nur dänischen Boden betreten hat (S. 258). Dagegen sind seine brieflichen Versuche, die Reformation in Frankreich und England auszubreiten, trotz seiner Kontakte zu dortigen Humanisten durchweg gescheitert, wie Martin Greschat in einer knappen Studie zeigt (S. 261–274). Vielfältig waren jedoch die von Markus Hein skizzierten Einflüsse Melanchthons auf Osteuropa (S. 275–294), besonders nach Ungarn durch eine Reihe von Schülern vermittelt, die bei ihm in Wittenberg studiert hatten. Dass das Osmanische Reich nach der Schlacht bei Mohács 1526 Mittelungarn eroberte und sich 1541 endgültig als Provinz einverleibte, gibt dem Verfasser Anlass, auch kurz auf Melanchthons Bild der Türken einzugehen (S. 290–294).

In mehreren Beiträgen werden auch andere Briefwechsel vorgestellt. So berichtet Matthias Dall'Asta in einem sehr weit ausholenden Überblick über „Briefe als Quelle der Kulturgeschichte" (S. 13–34) unter anderem von dem rund 150.000 Stücke umfassenden Briefwechsel des toskanischen Händlers und Bankiers Francesco di Marco Datini (S. 16–19). Christoph Strohm skizziert den Pluralismus der Reformation, innerprotestantische Konkurrenz und Konfessionalisierung als geschichtlichen Hintergrund südwestdeutscher Reformatorenbriefwechsel (S. 35–49). Max Graff und Thomas Wilhelmi berichten über die digitale Erfassung und Erschließung solcher Briefwechsel (S. 51–70), während Harald Bollbuck auf „Praktikabilität, Chancen und Risiken" der digitalen Edition eingeht (S. 71–90).

Aus methodisch und inhaltlich ganz unterschiedlichen Zugängen entsteht in exemplarischen Beiträgen ein Bild von der Bedeutung des Melanchthon-Briefwechsels, das für den Historiker Südwestdeutschlands wie der Reformation gleichermaßen aufschlussreich ist. Ein Register der vielen erwähnten Personen und der Briefe Melanchthons erschließt den reichen Inhalt des Bandes. Ulrich Köpf

Barbara Potthast (Hg.), Christian Friedrich Daniel Schubart – Das Werk (Beihefte zum Euphorion 92), Heidelberg: Universitätsverlag Winter 2016. 455 S. ISBN 978-3-8253-6553-0. € 58,–

Für die Befassung mit Schubart ist der Titel des Buchs in gewisser Weise symptomatisch: Vor das Werk breitet sich die Person des oft monumentalisierten Autors – ein Umstand, der den Zugang zum *Œuvre,* das es bis heute zu keiner kritischen Gesamtausgabe gebracht hat, nicht eben erleichtert. Der vorliegende Sammelband, hervorgegangen aus einer bereits im Sommer 2011 veranstalteten, von der DFG geförderten Tagung des Instituts für Literaturwissenschaft der Universität Stuttgart, sucht hier Abhilfe zu schaffen. Die interdisziplinären Anstrengungen von 21 Literatur-, Kultur-, Musik- und Tanzwissenschaftlern, Volkskundlern und Theologen sollen Schubart den „Platz in der ersten Reihe der deutschen Aufklärer" bereiten, „den er seit langem verdient hat" (S. 11). Ob die Artikel dem in ihrer Summe tatsächlich Genüge leisten können, bleibt allerdings fraglich.

Außer in Wolfgang Albrechts Einbettung der „Deutschen Chronik" in den Ideenkontext des aufgeklärten Absolutismus und der Spätaufklärung geraten spezifisch aufklärerische Momente eher beiläufig in den Fokus. Überwiegend gilt das Augenmerk eng gefassten Facetten der Schubartschen Produktion. So präsentiert ein ausgewiesener Schubart-Kenner wie Bernd Jürgen Warneken die Wandlungen der Rezeption des Publizisten vom Vormärz bis zur Gegenwart, Hermann Bausinger stellt den Sprachspieler, Ulrich Gaier den variationsreichen Briefschreiber Schubart vor. Während Johannes F. Lehmann den Geniebegriff und Stefan Knödler den Werkbegriff ins Zentrum ihrer werkbiographischen Ermittlungen rücken, beschäftigt sich Katharina Grätz mit den Disparitäten und der Funktionalität von Schubarts lyrischer Produktion im Allgemeinen, und Lars Korten unterzieht ein einzelnes Gedicht, den „Ewigen Juden", einer detaillierten Analyse. Malte van Spankeren lenkt unter Betonung der bisher wenig beachteten anfänglichen Affinität Schubarts zur Neologie den Blick auf das Verhältnis zu den beiden großen Konfessionen und einzelnen ihrer Exponenten von Johann Joseph Gaßner bis zu Philipp Matthäus Hahn.

Ein Akzent des Bandes – und zugleich einer seiner Vorzüge – liegt in der Herausarbeitung des performativen Moments. Die Signifikanz des Improvisatorischen, Deklamatorischen und Rhapsodischen wird mehrmals thematisiert, in Alfred Messerlis Ausführungen über den „populären Schubart", in Günter Oesterles Verortung des Publizisten im Übergang vom traditionellen Improvisatorenmetier zum modernen Virtuosentum, in den Beiträgen John Guthries und Isabel Gunzenhausers über Schubarts Shakespeare- und Klopstock-Aneignung wie auch in Sabine Huschkas Würdigung seiner ekstatisch-subjektüberschreitenden Kunstpraxis vor dem Hintergrund einer reformierten Tanz- und Schauspielkunst.

Freilich verflüchtigt sich im Reichtum der Aspekte bisweilen der Bezugskern des Gesamtbandes, und dem Leser werden eher Auskünfte über Forschungspräferenzen der Beiträger als fundamentale neue Erkenntnisse über Schubarts Schaffen zuteil. In diese Kategorie gehört Günter Dammanns Beschäftigung mit Neujahrsbegrüßungen und Altjahrsabschieden. Und Marita Gillis Versuch, Schubart eine präkursorische Rolle für die Mainzer Revolutionspublizistik zuzuschreiben, verlangt ebenso nach stärkerer Abstützung wie Barbara Potthasts auf einigen biographischen Kongruenzen beruhende Hypothese, Schubart gehe als heimlicher Held in Schillers „Spiel des Schicksals“ um, jener Erzählung, die auf den ersten Blick die Schicksale Philipp Friedrich von Riegers zum Vorbild hat, des Taufpaten Schillers und Kommandanten auf dem Hohenasperg während Schubarts dortiger Inhaftierung.

Redundanzen und punktuelle Verdichtungen bleiben in Tagungsbänden schwerlich aus und sind, sofern sie der vertiefenden Ausleuchtung der Sache dienen, durchaus in Kauf zu nehmen. Dass es Schubart nicht um eine Regelpoetik, sondern eher um nationalpädagogische Zwecke zu tun war, verdeutlichen beispielsweise die Ausführungen Gerhard Sauders über den Literaturkritiker ebenso wie die Michel Grimbergs über die Rezeption ausländischer Literatur in der „Deutschen Chronik“ und die Klaus F. Gilles zur dort erschienenen, stark appellativ-rhetorisch gehaltenen Werther-Rezension. Oder, um ein ganz konkretes Beispiel zu nennen: Das bekannte Gedicht vom „Schwabenmädchen“ wird, nachdem es zuvor schon zweimal aufgeklungen war (S.114 und S.186), in Joachim Kremers Beitrag über Schubarts „Macht der Tonkunst“ und sein Konzept des populären Stils erneut erörtert (S.411–413/414).

Der Komfort eines übergreifenden Registers, das über solche Leitmotive und Schlüsselelemente bequem Orientierung böte, wird dem Leser nicht gewährt. Dessen ungeachtet ist der Band sehr dazu angetan, zu vielerlei weiterer Beschäftigung mit seinem Gegenstand anzuregen.

Carl-Jochen Müller

Burkhard Sauerwald, Ludwig Uhland und seine Komponisten. Zum Verhältnis von Musik und Politik in Werken von Conradin Kreutzer, Friedrich Silcher, Carl Loewe und Robert Schumann (Dortmunder Schriften zur Musikpädagogik und Musikwissenschaft, Bd.1), Münster: LIT Verlag 2015. 432 S. ISBN 978-3-643-13110-2. € 49,90

Ludwig Uhlands heutige Bedeutung unterscheidet sich grundlegend von der des Dichters im 19. Jahrhundert. Ausgangspunkt der Untersuchung Burkhard Sauerwalds ist gerade diese Diskrepanz und der Sachverhalt, dass sich die heutige Uhlandforschung „gegen ein Gestrüpp von Vorurteilen und verdrehten Deutungen“ wehren muss, was sicher auch mit der bis 1945 gepflegten Überhöhung des Dichters als „Nationalheld“ zu tun hat. Die Forschungssituation ist so gelagert, dass Vorurteile beiseite geräumt werden müssen, und der Autor spricht deshalb ausdrücklich von einem „Forschungsproblem“ (S.23ff.). Man begegnet Einschätzungen wie „altbacken oder reaktionär“ (S.17), einem verkürzten und wertenden Begriff des „Biedermeierlichen“ (S.18f.) und dem Vorwurf der Harmlosigkeit. Dies alles gilt es in Nachfolge der Untersuchungen von Carl Dahlhaus zu vermeiden, um „der Forderung nach Kontextualisierung und einer ausreichend auf die Musik bezogene Analyse gerecht zu werden“ (S.22). So sympathisch und sinnvoll dieser Ansatz ist, weil er bestehende und teils veraltete Urteile und Einschätzungen nicht unreflektiert fortschreiben will, so sehr muss aber die Frage erlaubt sein, inwieweit die Fragestellung der Arbeit letztlich aufgeht und zu einem signifikanten Ergebnis führt.

Vorab sei darauf hingewiesen, dass mit den Ausführungen zu Ballade, volksliedhafter Lyrik und „Kunstvolkslied“ (S.26 und 28) zentrale Aspekte einer romantischen, auch nationalromantisch zu akzentuierenden Musikgeschichte benannt werden, wobei dem Leser aus dem deutschen Südwesten die regionalen Bezüge willkommen sind, etwa zu Uhlands Ballade „Schwäbische Kunde“ (S. 27). Gerade aber Einfachheit, auch die „Einfachheit der Sprache“ (S. 31), ist – wie der Autor vermerkt – nicht als „Unbedarftheit“ misszuverstehen, was den zentralen Aspekt dieser Arbeit, die Frage nach der politischen Kontextualisierung, nahelegt. Es leuchtet deshalb ein, gleichermaßen Uhlands Wirken als Dichter und als Politiker zu umreißen, dabei auch seinen „Volksbegriff“ (S. 47 ff.) zu erläutern.

Die sich daran anschließenden Kapitel widmen sich ausgewählten Uhland-Vertonungen, wobei sich eine ansehnliche Menge von Komponisten anbietet. Schon ein Überblick über die betreffenden Komponisten (S. 53–59) verweist auf die bereits benannte Problematik der Wertung, der vermeintlichen „Zweit-“ und „Drittrangigkeit“. Die vom Autor getroffene Auswahl folgt regionalen und kompositionshistorischen Setzungen (S. 55): Kreutzer ist „einer der ersten“ Komponisten von Uhland-Vertonungen (der schon 1812 in der Allgemeinen musikalischen Zeitung Uhlands „Des Knaben Tod“ druckte), Silcher war im unmittelbaren Tübinger Umfeld tätig, Loewe bietet sich als einer der produktivsten Balladenkomponisten jener Zeit an, und Robert Schumann hat „künstlerisch-gattungsmäßige Innovationen anhand von Uhland-Texten erprobt“ (S. 55).

Allerdings weist der Autor mit Recht auf einen Unterschied zwischen Klavierlied und Chorkomposition hin, der für die Gliederung der Arbeit sogar hätte konstitutiv werden können: Die Unterschiedlichkeit der Gattungen ist nämlich auch in der verschiedenartigen sozialen Funktion begründet, und das Musikfest als soziale Institution ist im 19. Jahrhundert ein zentraler Ort kollektiver Wertsetzungen (eben als Vermittlung von Werten im soziologischen Sinn des Wortes „Institution“). Vor diesem Hintergrund überrascht ein wenig das Ergebnis der Untersuchungen: Selbst im Falle Kreutzers, der zahlreiche Uhland-Texte vertonte (S. 71–82), legt der Autor vorsichtig die Zusammenfassung als „Indiziensammlung“ (S. 179) an und kommt zu dem Schluss, dass „eindeutig politische Ausrichtung“ nur gelegentlich zu finden sei und dass keine Kompositionen nach Uhland-Texten „dezidiert als politische Musik veröffentlicht worden sind“ (S. 179 und 191). Auch die Silcher-Kompositionen (S. 222–224) passen zu diesem Befund: „politische Lieder im engeren Sinne sind [...] unter Silchers Uhland-Vertonungen überhaupt nicht zu finden“ (S. 245), Carl Loewes Uhland-Kompositionen (S. 289–291) liefern „lediglich ein Mosaiksteinchen“ (S. 334). Robert Schumanns vergleichsweise später entstandene Uhland-Kompositionen (S. 344–346) konnten sich auf eine schon bestehende Popularität des Dichters stützen und entstanden zudem in einer hochpolitischen Phase der deutschen Geschichte, nämlich ab 1849. Die Chorballaden „Des Sängers Fluch“, „Der Königssohn“ und „Das Glück von Edenhall“ rücken den Text in den Mittelpunkt und können so dem Autor folgend als „politische Kommentare zum Zeitgeschehen“ (S. 385) verstanden werden. Das ist als Deutung des Autors (in der Nachfolge zu H. Loos und H. Jacobsen) zu respektieren, würde aber durch zusätzliche Belege (Ego-Dokumente des Komponisten oder Belege zur zeitnahen Rezeption und Wahrnehmung durch die Öffentlichkeit) überzeugender werden. Ein zentrales Argument der in dieser Arbeit verfolgten These, nämlich der „Nachweis“ der politischen Kontextualisierung, wird hier nur knapp ausgeführt.

So überzeugend die nationale Vereinnahmung und Instrumentalisierung Uhlands in der Kaiserzeit dargestellt worden war (S. 246 ff.), so sehr muss doch gefragt werden, ob diese nationale Sicht auch die ureigenste des Ludwig Uhland war, ob sich nicht der politische Rahmen nach 1848 und vor allem nach der Gründung des Deutschen Reiches so verändert hatte, dass Uhland und seine Rezeption zwei unterschiedliche Themenfelder sind (die Entstehungszeit der Chorballaden Schumanns deutet darauf hin). Zugespitzt wird diese in der Chronologie begründete Problematik dadurch, dass nach 1818 nur noch wenige Gedichte Uhlands entstanden und dass Uhland als Dichter nach 1834 verstummte (S. 26). Da ja der Studie Sauerwalds Kompositionen der ersten Hälfte des 19. Jahrhunderts zugrunde liegen (Kreutzer, Silcher, Loewe und Schumann) müsste scharf zwischen einer zeitnahen Vaterlandsidee und nachheriger nationaler Vereinnahmung und Umdeutung unterschieden werden, um dann nicht doch eine teleologische Sicht der zunehmenden Nationalisierung Uhlands zu übernehmen.

Freilich kann man sich noch andere Aspekte der Thematik vorstellen oder wünschen, etwa den Bezug zur Selbststilisierung des Königreichs Württemberg, z. B. in den Schillerfeiern, oder zur älteren Volkslied- und Vaterlandsidee im Fahrwasser Schubarts. Das soll aber nicht darüber hinwegtäuschen, dass mit dieser Arbeit viele interessante Aspekte der musikalischen Uhland-Rezeption vorgelegt werden und dass dadurch statt eindeutiger (Vor-)Urteile der Weg einer verstehenden und differenzierenden Betrachtung eingeschlagen wird. Die Ausführungen zur Rezeptionsgeschichte von Uhlands „Der gute Kamerad“ bis hin zu Gustav Mahler (1901), Carl Zuckmayer (1966) oder Heiner Müller (1974) weisen einen Weg, der – verbunden mit dem Anspruch einer Kontextualisierung – fortgeführt und auch übertragen werden kann (vgl. S. 246–280).

Mit der vorliegenden Arbeit wird eine neue Schriftenreihe aus der Taufe gehoben, die ausdrücklich die Disziplinen Musikwissenschaft und Musikpädagogik zusammenbringen, die „Zusammenarbeit beider Disziplinen auch für den Bereich wissenschaftlicher Publikationen [...] fördern“ will (siehe Geleitwort). Damit wird offensiv Stellung bezogen in einer Situation, die von „starken Abgrenzungstendenzen“ beider Disziplinen bestimmt ist. Es liegt in der unterschiedlichen Natur beider Fächer, dass ein Musikwissenschaftler stärker an den „Inhalten“ ausgerichtet ist. Aber da ohne Inhalte auch keine Vermittlung von Musik notwendig ist, bleibt zu hoffen, dass dieser Schriftenreihe ein fruchtbares Gedeihen beschieden sein wird und sie den Dialog beider Disziplinen bereichern wird. Politische Implikationen und auch die regionale Komponente von Musik und ihrer Geschichte sind keine ungeeigneten Aspekte, um in einem Auftakt einer neuen Schriftenreihe dieses Anliegen vorzustellen, nehmen sie doch auch die Überlegungen von Carl Dahlhaus zu musikalischen Werturteilen von 1970 auf. Diese noch heute lesenswerten Überlegungen waren damals in einer von Sigrid Abel-Struth herausgegebenen musikpädagogischen Schriftenreihe erschienen.

Joachim Kremer

Klaus-Peter Schroeder, „Tod den Scholaren!“ Studentische Kriege, Revolten, Exzesse und Krawalle an der Heidelberger Universität von den Anfängen bis zum Ausgang des 20. Jahrhunderts (Heidelberger Schriften zur Universitätsgeschichte, Bd. 4), hg. von Ingo Runde, Heidelberg: Universitätsverlag Winter 2016. 240 S. ISBN 978-3-8253-6509-7. € 25,–

Die Wesensverschiedenheit universitärer und bürgerlicher Lebenswelten führte in der Geschichte der Universität Heidelberg häufig zu Konflikten mit der Stadt und deren Bevölkerung. Das heutige Miteinander ist das Ergebnis eines jahrhundertelangen „Aneinandergewöhnens“ von Bürgern und Akademikern. In 19 Kapiteln betrachtet Klaus-Peter Schroeder einzelne Schlaglichter der Universitätsgeschichte, eingebunden in bedeutende regionale und gesamtdeutsche Entwicklungen und Ereignisse, die von der Universitätsgründung 1386 bis zur Zeit der Hochschulreform in den 1970er Jahren reichen.

Die Gründung der Hochschule ging in erster Linie auf den Kurfürsten Ruprecht I. zurück, der die Förderung gelehrter Bildung als Aufgabe seiner Herrschaft verstand. Ob die Stadtbevölkerung in irgendeiner Weise in seine Pläne einbezogen wurde, dafür finden sich keine Quellen. Doch schon während der erfolgreichen Konsolidierungsphase unter dem ersten Rektor Marsilius von Inghen dürften die Bürger voller Neid auf die Angehörigen der Universität geblickt haben, die unter dem besonderen Schutz des Kurfürsten gestanden hatten und mit Privilegien und Steuerbefreiungen ausgestattet waren. Der Gegensatz von ländlich geprägter Kleinstadt zum Fremdkörper Universität mit seiner Sondergemeinschaft, die sich nicht nur durch ihre Kleidung abgrenzte und zum großen Teil aus 14- bis 16-jährigen Jugendlichen bestand, führte 1406 zum so genannten Studentenkrieg, einer gewalttätigen Auseinandersetzung, die den Quellen zufolge durch das aggressive Verhalten der Stadtbevölkerung ausgelöst wurde. Obwohl im Nachgang die Vertreter der Stadt öffentlich schwören mussten, die Universität künftig zu schützen, kam es im Jahre 1422 bei der „Studentenhatz" zu einem ähnlichen Vorfall. Als kurfürstliche Leibbogenschützen im Zuge einer Racheaktion mehrere Bursen überfielen, nutzten auch Heidelberger Bürger die Gelegenheit und schlossen sich der Hatz an. Im gesamten 15. und 16. Jahrhundert kam es immer wieder zu Scharmützeln und gewalttätigen Auseinandersetzungen zwischen Bürgern, Hofgesinde und Studenten.

Im 17. Jahrhundert war der Lehrbetrieb an der Universität während des Dreißigjährigen Krieges eingestellt worden. Nach der Wiedereröffnung 1652 blieben größere Konflikte zwischen Stadt- und Universitätsangehörigen zunächst aus. Nach der Zerstörung der Stadt im Pfälzischen Erbfolgekrieg und während der Gegenreformation unter Kurfürst Johann Wilhelm sind Auseinandersetzungen insbesondere innerhalb der konfessionell gespaltenen Universität zu konstatieren. Doch auch die jüdische Gemeinde, so zeugen verschiedene Quellen, musste zahlreiche Repressionen der Studenten ertragen. Laut Schroeder waren im 18. Jahrhundert Ausschreitungen und Tumulte zwischen Soldaten, Bürgern und Studenten wieder an der Tagesordnung.

Nach dem Übergang an das Großherzogtum Baden 1803 wurden Anstrengungen unternommen, die Studentenschaft zu disziplinieren. Gewalttätige und gesetzeswidrige Verhaltensweisen galten als Teil der „studentischen Freiheit". Die Stadtbevölkerung beklagte zwar deren „Frechheit und Zügellosigkeit", war aber auf die Studenten als wichtigem Wirtschaftsfaktor angewiesen. Die Universität war zu Beginn des 19. Jahrhunderts kein Fremdkörper mehr. Ökonomisches Kalkül war die Grundlage des Verhältnisses von Bürgern und Studenten. Studentische Proteste, weitere Versuche der Disziplinierung, aber auch blutige Zusammenstöße mit dem kasernierten Militär prägten die Folgezeit. Das umfangreichste Kapitel des Buches befasst sich mit der Rolle der Heidelberger Studenten und Burschenschaften in der bürgerlich-liberalen National- und Demokratiebewegung, dem Hambacher Fest und der Revolution 1848/1849.

Zu Beginn des 20. Jahrhunderts entwickelte sich die nun mehr als 3.000 Studenten zählende Universität zum bedeutendsten Wirtschaftsfaktor der Stadt. Die Bürger lebten mit, aber vor allem auch von den Studenten. Die bedeutenden Gelehrten beteiligten sich am städtischen Kulturleben, und die Stadt entwickelte sich zu einem intellektuellen Zentrum. Heidelberg und seine Studenten, so beschreibt es der Autor, wurden zum romantischen Aushängeschild Deutschlands.

Die beiden folgenden Kapitel spannen einen Bogen vom Ersten Weltkrieg und der in der Studenten- und Professorenschaft herrschenden Kriegseuphorie über die Weimarer Republik mit der Gründung des Allgemeinen Studentenausschusses bis hin zur Zeit des Dritten Reiches und dem auch an der Universität zunehmenden Antisemitismus, dem zahlreiche Studenten und Professoren zum Opfer fielen. Im Anschluss widmet Schroeder seine Aufmerksamkeit der Wiedereröffnung der Universität nach dem Zweiten Weltkrieg und dem Neuaufbau unter amerikanischer Besatzung. Im letzten Kapitel befasst sich der Autor mit der Studentenbewegung der 1960er und 70er Jahre. Der Zorn der Studierenden gegen die Hochschulreform, aber auch politische Proteste führten zu einer aufgeladenen Situation in der Stadt, die Schroeder als „am Rande eines Bürgerkriegs" bezeichnet.

Das Buch von Klaus-Peter Schroeder ist nicht nur ein bedeutender Beitrag zur Heidelberger Universitätsgeschichte, sondern auch für mentalitätsgeschichtliche Fragestellungen von Bedeutung. Die kurzen Kapitel behandeln jeweils einen bestimmten Aspekt und bilden in der Gesamtschau mit ihrer Vielfalt an Themen ein breites Spektrum ab. Dadurch weist das Werk einen deutlichen handbuchartigen Charakter auf. Ein Personenregister rundet den gelungenen Band ab.

Marco Birn

Reinhard Ilg, Bedrohte Bildung – bedrohte Nation? Mentalitätsgeschichtliche Studie zu humanistischen Schulen in Württemberg zwischen Reichsgründung und Weimarer Republik (Veröffentlichungen der Kommission für geschichtliche Landeskunde in Baden-Württemberg, Reihe B, Bd. 203), Stuttgart: Kohlhammer 2014. 400 S., zahlr. Abb. ISBN 978-3-17-028867-6. € 38,–

Das klassische humanistische Schulwesen befand sich am Ende des 19. Jahrhunderts im Umbruch. Es stellte sich die Frage, ob eine umfangreiche Ausbildung in Griechisch, Latein und Hebräisch noch zukunftsfähig sei, wurden Anforderungen einer modernen Schulbildung doch mit Schwerpunkten auf Naturwissenschaften und modernen Fremdsprachen definiert. Die Lehrer sahen sich im Zwiespalt zwischen dem Erwartungsdruck der modernen Gesellschaft an eine zeitgemäße Schulbildung und der Verpflichtung gegenüber dem traditionellen Bildungskonzept des Neuhumanismus. Die Bedeutung dieser Frage schlug sich in der enormen politischen Dimension nieder, die auch auf höchster Ebene der Landesfürsten und des Kaisers diskutiert wurde und nicht nur als entscheidende Weichenstellung galt, sondern von Vertretern beider Seiten als nationale Schicksalsfrage charakterisiert wurde.

Im Zentrum der Dissertation von Reinhard Ilg stehen sechs Schulen im Königreich Württemberg, darunter die vier niederen evangelisch-theologischen Seminare in Maulbronn, Blaubeuren, Schöntal und Urach sowie die beiden katholischen Konviktsgymnasien in Ehingen und Rottweil. Aufgrund ihrer guten Überlieferungslage und eines ausgeprägten konfessionellen Bewusstseins von Lehrenden und Lernenden waren sie für den Autor „attraktive konfessionsgeschichtliche Forschungsobjekte". Gleich in seiner Einleitung weist Ilg darauf hin, dass es sich um eine ortsgeschichtliche Studie handelt, die aufgrund regionaler Besonderheiten nicht auf andere Länder wie Preußen oder Baden übertragbar ist.

In Untersuchungen zum höheren Schulwesen der Kaiserzeit dominiere nach Aussage des Verfassers der sozial- und wirtschaftsgeschichtliche Ansatz mit strukturanalytischen und quantifizierenden Verfahren. Mentalitätsgeschichtliche Arbeiten entstünden erst in jüngerer Zeit. Ilg wählt hingegen einen „integrativen" Ansatz und verknüpft verschiedene theoretische und methodische Zugänge und wissenschaftliche Perspektiven. Eine besondere Bedeutung kommt den Lehrern und Schülern zu, die als Individuen zu Wort kommen und deren Meinungen im jeweiligen kulturellen Kontext berücksichtigt werden. So sind zahlreiche Quellen sogenannte „Ego-Dokumente", d. h. persönliche Äußerungen von Personen in Form von Briefen, Tagebüchern und ästhetischen Ausdrucksformen wie Liedern und Gedichten. Ein weiteres Augenmerk gilt speziellen Äußerungen, die für die Öffentlichkeit bestimmt waren. Hierbei rücken insbesondere Schulfeste in den Fokus des Autors. Mit den zugehörigen Gottesdiensten, Festumzügen, Reden, Ansprachen und Liedern bieten diese mannigfaltige Ansätze für eine mentalitätsgeschichtliche Forschung.

Im ersten Kapitel stellt der Verfasser die evangelisch-theologischen Seminare und Konviktsgymnasien vor. Nach einer Beschreibung der jeweiligen Sparte, welche die Gemeinsamkeiten und Besonderheiten veranschaulicht, werden die einzelnen Schulen, deren Geschichte und Merkmale, kurz umrissen. Das zweite Kapitel widmet sich zunächst dem Bildungsbegriff, der anhand einer Vorstellung von „guter Schule" und „wahrer Bildung" untersucht wird. Anschließend untersucht Ilg das berufliche und gesellschaftliche Selbstverständnis der Lehrer und die vermittelte Werteordnung an den Schulen. Ein erstes Ergebnis der Untersuchung ist die unterschiedliche Reaktion der evangelischen Seminare und der katholischen Konviktsgymnasien. Zwar stand bei beiden die persönlichkeitsbildende Schulung des Geistes im Vordergrund, die evangelischen Schulen wollten sich jedoch trotz ihres ausgeprägten „Sonderbewusstseins" nicht den modernen Forderungen völlig verschließen. So erkannten diese schon früh die Bedeutung des Englischen als Weltsprache, wohingegen sich die katholischen Schulen nicht dem Diktat einer Nützlichkeit moderner Sprachen unterwerfen wollten. Sowohl die evangelischen als auch die katholischen Schulen betrachteten die Diskussion jedoch nicht nur als eine, die die Stundentafeln der Schüler beeinflusste, sondern als Kampf um das Ideal humanistischer Bildung und damit auch um ihren eigenen Fortbestand.

Im dritten Kapitel betrachtet Ilg das Verhältnis der Seminare und Konviktsgymnasien zum Haus Württemberg, deren Wahrnehmung der kleindeutschen Nation und der Hohenzollernmonarchie sowie der nationalen Geschichte. Insgesamt schienen die politischen Veränderungen auf fruchtbaren Boden zu fallen, wurde doch die Bildung eines Nationalstaats von Protestanten wie auch Katholiken begrüßt. Im vierten Kapitel betrachtet der Autor die humanistischen Schulen unter dem Eindruck des Ersten Weltkriegs. Die Kriegseuphorie, die unter weiten Teilen der Schülerschaft herrschte, wurde von den Lehrern der Seminare und Gymnasien noch verstärkt, die erhebliche Mühen darauf verwandten, zu verdeutlichen, dass der Krieg gutzuheißen sei. Sie vermittelten in diesem Zusammenhang auch entsprechende Helden- und Feindbilder, trugen zur Sakralisierung und Mythisierung des Krieges bei und mussten letztendlich auch den Umgang mit der Niederlage vermitteln.

In einem abschließenden Kapitel stellt der Autor als Ergebnis seiner Arbeit acht Thesen auf, die konfessionsspezifische Unterschiede, aber auch übergreifende Gemeinsamkeiten verdeutlichen. In vier weiteren Thesen entwickelt Ilg Erklärungsansätze, die seine erarbeiteten Befunde weiter erläutern. Dabei werden die protestantische Theologie und das katholische Dogma, aber auch die „Sozialmentalität" der humanistischen Lehrerschaft als Erklärungsansätze herangezogen.

Die Studie von Reinhard Ilg analysiert Phänomene des Denkens und sozialen Handelns der humanistischen Lehrer in Württemberg, aber auch ihrer Schüler, in den Bereichen der Bildungs- und Berufsidee, der Staatsauffassung und des Geschichtsbilds und schließlich in der Wahrnehmung und Deutung des Ersten Weltkrieges. Mit seiner Dissertation legt der Autor ein höchst gelungenes und lesenswertes Werk vor, das aufgrund seiner interessanten und spannenden Quellenauswahl auch als Basis für weitere und vergleichende Forschung dienen kann. Des Weiteren ergänzt ein Personenregister die klar gegliederte und gut strukturierte Studie.

Marco Birn

Jürgen FINGER, Eigensinn im Einheitsstaat. NS-Schulpolitik in Württemberg, Baden und im Elsass 1933–1945 (Historische Grundlagen der Moderne, Bd. 12), Baden-Baden: Nomos Verlagsgesellschaft 2016. 603 S. ISBN 978-3-8487-2174-0 (Print). ISBN 978-3-8452-6488-2 (ePDF). € 119,–

Bildungspolitik gehört in Deutschland zu den eifersüchtig behüteten Reservaten föderalistischer Tradition. Mutatis mutandis gilt dies auch für die Zeit des Nationalsozialismus, aller „Gleichschaltung" ungeachtet. Das arbeitet Jürgen Finger am Beispiel Badens, Württembergs und des Elsass in dieser innovativen Studie heraus, der seine an der Philologisch-Historischen Fakultät der Universität Augsburg bei Andreas Wirsching angefertigte Dissertation zugrunde liegt.

Demnach verblieben landespolitischen Akteuren innerhalb des durch die NS-Ideologie gesetzten Rahmens durchaus Spielräume zur Praktizierung von „Eigensinn", einer auch von Teilen der historischen Forschung gern aufgenommenen Kategorie psychosozialer Befindlichkeit, unter der Finger eine „Mischung von Beharrlichkeit und Eigenwille" vorgestellt wissen will (S. 71). Als Kanäle des „Eigensinns" fungieren neben der Einwirkung auf zentrale Stellen des NS-Machtapparats die Geltendmachung örtlicher Gegebenheiten bei der Umsetzung von Reichsrecht auf Landesebene und insbesondere die Entfaltung eigener Initiativen in den Schulverwaltungen der Länder.

Mit diesen Erkenntnissen bedient der Autor gleich mehrere aktuelle Trends bei der Aufarbeitung des Nationalsozialismus. Erwähnt sei nur das Interesse an mittleren und unteren Aktionsebenen, an der Kulturgeschichte des Verwaltungshandelns oder am Aktionsmuster der „Selbstermächtigung", das in der gängigen Floskel vom „Dem-Führer-Entgegenarbeiten" seine Verdichtung gefunden hat. Diesem von Ian Kershaw in den Rang eines Schlüsselinterpretaments erhobenen Quellenzitat stellt der Autor eine Äußerung von Württembergs Kultminister Christian Mergenthaler zur Seite, der 1937 von seinen Schulräten verlangt hatte, sich „tief in das nationalsozialistische Wollen ein[zu]fühlen". Ob dem Diktum, das immerhin den Vorzug aufweist, die Selbstmobilisation in Engführung mit der NS-Weltanschauung zu präsentieren, eine ähnliche Karriere in den Forschungsdiskursen beschieden sein wird, bleibt abzuwarten.

Fingers Buch umfasst sechs Abschnitte. Auf grundlegende Ausführungen über „Zeitgeschichte als Bildungsgeschichte" sowie „Gleichschaltung und Eigensinn der Länder" folgt ein systematischer, statistisch fundierter Vergleich der Schulsysteme der südwestdeutschen Länder. Anschließend widmet sich der Autor den besonderen Verhältnissen in dem seit 1940 unter maßgeblicher Beteiligung badischen Personals deutscher Zivilverwaltung unterworfenen Elsass. Das Kapitel „Verwaltung des Mangels – Verwaltung im Krieg" rückt die von den Zeitumständen gebotenen Reduktionen ins Blickfeld, bevor der Schluss die NS-Schulbürokratie als „Politische Verwaltung im dekonzentrierten Einheitsstaat" resümiert, in deren Gesamtbild sich periodisch Momente der Zentralisierung und der Kompetenzdelegation ausprägen. Ein Quellen- und Literaturverzeichnis, ein Anhang mit 36 Statistiken und ein Personen- und Ortsregister runden das gewichtige Werk ab, aus dessen Analyseertrag neben der bildungshistorischen und der NS-Forschung auch eine an Fragen der Anpassungsflexibilität orientierte Verwaltungssoziologie und nicht zuletzt die südwestdeutsche Landesgeschichte erheblichen Nutzen schöpfen können. Carl-Jochen Müller

Simon M. HAAG (Hg.), Die Lorcher Chorbücher. Aufsätze zur Sonderausstellung „500 Jahre Lorcher Chorbücher" im Kloster Lorch, Ubstadt-Weiher: verlag regionalkultur 2016. 240 S. mit 194 farb. Abb. ISBN 978-3-89735-971-0. € 24,80

Das Buch publiziert eine Reihe von Aufsätzen zur Sonderausstellung „500 Jahre Lorcher Chorbücher". Es erfreut schon auf den ersten Blick durch die reichhaltige Ausstattung, besonders den prächtigen Bildteil (S. 165–239).

Eberhard Zwink, Handschrift und Buchdruck in der Umbruchzeit um 1500 (S. 9–48), bietet eine intensive, lehrreiche und durch aufeinander abgestimmte Abbildungen ausgezeichnete Darstellung der Geschichte von Handschrift und Buchdruck. Die Fülle an handwerklichen Informationen beeindruckt ebenso wie die gründliche Einführung in die Inhalte der verschiedenen Handschriften und Drucke.

Simon M. Haag, Lorch an der Wende vom Mittelalter zur Frühen Neuzeit (S. 49–84), gibt einen inhaltsreichen, wiederum instruktiv bebilderten Überblick über die Geschichte von Kloster und Dorf Lorch. Daran schließt er (S. 85–92) eine genaue Schilderung der Situation an, in der die Chorbücher entstanden. Dabei fehlt ein Hinweis darauf, dass sie in Quadratnotation und nicht mit den seinerzeit im ostrheinischen Bereich gebräuchlichen Metzer oder Deutschen Neumen geschrieben wurden. Auch fragt man sich, wie diese Schriftform mit der 1462 erfolgten Hinwendung zur Melker Reform zusammenhängt. Schon der äußere Anblick der Chorbücher ist eine Aussage, deren Gewicht verdeutlicht werden sollte.

Kerstin Losert, Die beiden Lorcher Antiphonare im Vergleich: Zu Gestaltung und Bildprogramm der Initialen (S. 93–110), stellt nach einer die Darlegungen Zwinks ergänzenden Einführung in die Kunst der Initialen die Bildprogramme der beiden Lorcher Antiphonarien 63 und 64 gegenüber und zeigt deutlich das Wechselspiel von Bindung und Freiheit in der künstlerischen Gestaltung.

Ulrike Bergmann, Geistliche Musik des Mittelalters (S. 111–124), gibt eine persönlich gehaltene Einführung in das Konzertprogramm, mit dem sie im Rahmen der Ausstellung aufgetreten ist, und schildert dabei ihr Bemühen, die Musik „so darzustellen, wie sie einmal wirklich geklungen haben könnte". Wie in der Historischen Aufführungspraxis überhaupt, kann damit jedoch nicht hintergangen werden, dass Musik stets nur in der Gegenwart erklingt, dass sie also heute mit der aktuellen Hörerfahrung konfrontiert ist.

Gloria Brunnsteiner, Gregorianischer Choral – Gesang zwischen Himmel und Erde (S. 125–146), bietet eine eindringliche, theologisch fundierte Einführung in den Choral, indem sie die Aussagekraft der Texte demonstriert und Textzusammenhänge verdeutlicht. Die melodische Gestalt des Chorals wird jedoch nicht weiter thematisiert. Der Leser erfährt auch nicht, warum die prächtigen Abbildungen alle aus dem Cod. 121 der Stiftsbibliothek Einsiedeln stammen. Kommt dem Codex ein besonderer Quellenrang zu, und wenn, warum? Oder ging es etwa nur um beeindruckende Buchseiten? Vor allem vermisst man einen Blick auf die Melodiegestalt in den Lorcher Chorbüchern: Stimmt sie überhaupt mit den modernen Editionen wie dem Graduale triplex oder mit dem Codex Einsiedeln überein? Vielleicht hätte man an einigen Beispielen die Unterschiede verdeutlichen und damit den

Rang der Lorcher Chorbücher als Zeugen der Melker Reform des Chorals herausarbeiten können. Diese Choralreform wird aber überhaupt nicht erwähnt, geschweige denn in ihrer Zielsetzung gewürdigt. Dabei bietet nahezu jede der gut lesbaren und zum vertiefenden Studium einladenden Abbildungen aus den Chorbüchern die Gelegenheit zu interessanten Beobachtungen. Über den eröffnenden Introitus *Ad te levavi* (S. 215) etwa könnte man einen kleinen vergleichenden Aufsatz schreiben. Der neuen Melodiegestalt wegen wurden die Chorbücher seinerzeit geschrieben; umso mehr irritiert es, dass genau dieser Aspekt gänzlich verschwiegen wird.

Auch Bernhard Theinert, Die Lorcher Chorbücher zum Klingen bringen (S. 147–164), berichtet zwar eindringlich und sorgfältig über die schwierige Aufgabe, den Choral zum Klingen zu bringen, erwähnt aber nicht, dass er, wenn er die Lorcher Chorbücher ernst nehmen will, viele Stellen anders singen muss als nach einer modernen Choraledition oder gar nach einer zeitgenössischen Quelle aus dem ostrheinischen Bereich, etwa dem Passauer Gradualdruck von 1511. Ein Beispiel: Im Introitus *Benedicta* steht im modernen Graduale (S. 154) bei *(Bene)dic(ta)* Gcbc, in Lorch (S. 223) acbc, bei *san(cta)* im Graduale Gacbc, in Lorch Gabc, und bei *Trini(tas)* im Graduale ccca aG, in Lorch cb aG (b ist stets als b-quadratum zu verstehen, heute: h). Es klingt anders, und man fragt sich, warum dies nicht thematisiert wird, wenn es doch so klar aus den beigegebenen Abbildungen hervorgeht. Es fragt sich andererseits auch, welche Triftigkeit die frühmittelalterlichen Neumen für den Choral des 15. Jahrhunderts haben können. Beiläufig: Dass Guido von Arezzo 1021 die Quadratnotation erfunden habe, grenzt an Irrtum.

Der Gesamteindruck bleibt zwiespältig. Bei aller Pracht der Ausstattung und der vorbildlichen Ausgangsbasis der Darstellung von Eberhard Zwink ist das Buch um eine zentrale Leerstelle herum angelegt, die mit geringer Mühe durch eine auf das melodische Detail ausgerichtete Kommentierung der reichhaltigen Abbildungen hätte ausgefüllt werden können. Unter diesem Aspekt wurde eine große Chance vertan. Andreas Traub

Kirchengeschichte

Gert Melville / Bernd Schneidmüller / Stefan Weinfurter (Hg.), Innovationen durch Deuten und Gestalten. Klöster im Mittelalter zwischen Jenseits und Welt (Klöster als Innovationslabore. Studien und Texte 1), Regensburg: Schnell + Steiner 2014. 376 S., 14 farb., 10 s/w Ill. ISBN 978-3-7954-2898-3. € 49,95

Der vorzustellende Sammelband entspringt dem Verbundprojekt „Klöster im Hochmittelalter. Innovationslabore europäischer Lebensentwürfe und Ordnungsmodelle“ der Sächsischen Akademie der Wissenschaften und der Heidelberger Akademie der Wissenschaften und geht auf eine 2012 in Mainz ausgerichtete Tagung zurück; das Tagungsformat von längeren Vorträgen und kürzeren Kommentaren wurde für die Drucklegung beibehalten. Der Band eröffnet zugleich die neue Publikationsreihe „Klöster als Innovationslabore“.

Als inhaltlicher Rahmen und als die Beiträge verbindender roter Faden fungiert die von den Projektleitern, insbesondere von Gert Melville und seinen Schülerinnen und Schülern, in mittlerweile zahlreichen Publikationen vertretene These, dass die klösterliche Sonderwelt, geprägt vom dichotomen Spannungsfeld zwischen Diesseits und Jenseits einerseits und Individuum und Gemeinschaft andererseits, in ihrem ständigen Ringen um Balance Leistungen von großer innovatorischer Qualität hervorgebracht hat, die auf die gesellschaftliche Gestaltung und Entwicklung Europas wesentlich Einfluss genommen haben. Dabei stehen vor allem Texte im Zentrum, die in den Reformorden des 11. bis 13. Jahrhunderts entstanden sind (Cluniazenser, Zisterzienser, Regularkanoniker, Bettelorden) und die Modelle zur Deutung von Kloster, Welt und Heilsgeschichte entwickeln.

Der Band ist in fünf Sektionen untergliedert, wobei der fünfte Abschnitt („Deuten und Gestalten") Grundlagen und eine Zusammenfassung liefert. Gert Melville begründet in präziser Sprache erneut sein Forschungskonzept, mittelalterliche Klöster als „Innovationslabore" zu begreifen; Bernd Schneidmüller fasst in einem Schlusswort die Beiträge zusammen und geht dabei auch auf die in den letzten Jahren geäußerte Kritik am Innovationskonzept ein. Die Problematik dieses Zuganges ist vor allem an der ersten Sektion erkennbar, die mit „Bändigung der Transzendenz" überschrieben ist. Hier steht die Annäherung an Gott als höchstes Ziel der monastischen Lebenspraxis im Mittelpunkt. Dieses Ziel wird in der monastischen Literatur immer wieder reflektiert (Beitrag von Ulrich Köpf) und stellt Individuum und Klostergemeinschaft vor extreme Herausforderungen, beispielsweise an den Leib (Jacques Dalarun) oder das Gewissen des Mönches (Mirko Breitenstein). Wenn Jacques Dalarun ausführt, wie sehr die straffe Organisation des benediktinischen Klosterlebens den nach gleichem Rhythmus funktionierenden vergemeinschafteten Leib der Mönche auf Effizienz trimmt (man denke nur an den klösterlichen Schlafmangel!) und dies als „das vormoderne Paradigma für effizienz-orientierte soziale Organisation von Arbeitsprozessen" zu deuten ist (so Thomas Rentsch in seinem Kommentar), so bleibt doch die Frage nach tatsächlichen Transfervorgängen in die Moderne offen.

Die Erkenntnismöglichkeit, die dem Forschungskonzept „Klöster als Innovationslabore" innewohnt, offenbart sich deutlicher in den anderen Teilen des Buches. Der zweite Abschnitt ist dem Spannungsverhältnis Individuum und Gemeinschaft gewidmet, das von jeder Generation neu bewältigt werden musste und beständig zu neuen Deutungen und Ordnungsmustern führte. Zeigen lässt sich dies beispielsweise an den Lebensentwürfen des benediktinischen Reformabts Richard von Saint-Vanne († 1046) (Steven Vanderputten), an den Veränderungen der Klausurbestimmungen in den Ordensregeln für Männer und Frauen (Hedwig Röckelein) oder an den unterschiedlichen Mechanismen bei den Dominikanern und Franziskanern, Verstöße gegen die Ordensdisziplin zu unterbinden (Jens Röhrkasten).

Für die dritte Sektion „Weltdeutung durch Wissenskonfigurationen" untersucht Sita Steckel innovative Formen gelehrten und religiösen Wissens aus klösterlichem Kontext im 11. und 12. Jahrhundert. Insbesondere beleuchtet sie die Entstehung von übergreifenden oder enzyklopädischen Wissenskompendien, die gerade für die Männer- und Frauenkonvente der neu entstehenden Gemeinschaften als „Bibliotheksersatz" nutzbar waren. Im 13. Jahrhundert waren, wie Thomas Ertl ausführt, die Mendikanten ein Sammelbecken für eine Reihe von gelehrten Weltdeutern. Inwieweit ihre neuartigen Vorstellungen vom sittlichen Wert der Armut und ihre religiösen und sozialen Ordnungsvorstellungen tatsächlich für die gesellschaftliche Entwicklung wirkmächtig waren, ist weiter zu diskutieren.

Dem klösterlichen Wirken in der Welt widmet sich die Sektion IV „Neuordnung der Gesellschaft". Matthias Untermann stellt die Architektur der Bettelorden nicht nur als sichtbare Zeugnisse eines neuen monastischen Ideals dar, sondern auch als Ausdruck der unterschiedlichen Interessensgruppen, die für Ansiedlung, Förderung und Nutzung der Bettelordensniederlassungen verantwortlich waren. David Flood befasst sich mit dem vieldiskutierten Verhältnis von Armut, Bettel und Arbeit in der *Regula non bullata* des Franz von Assisi – eine Provokation für die Gesellschaft des 13. Jahrhunderts. Klaus Militzer thematisiert den Aufbau von Landesherrschaften durch Ritterorden, insbesondere den Aufbau der Verwaltung des Deutschen Ordens in Preußen. Frank Rexroth hinterfragt die angebliche Differenz zwischen „scholastischer“ und „monastischer“ Gelehrsamkeit und weist auf die Übernahme eines monastischen Habitus durch vormoderne Gelehrtenmilieus hin, was für das Selbstverständnis der Gelehrten bis ins 19. und 20. Jahrhundert folgenreich sein sollte.

Insgesamt zeigt der sorgfältig redigierte und mit einem Namenregister versehene Sammelband in seiner großen thematischen Breite die Potenziale, die die kulturgeschichtliche Herangehensweise an das Phänomen Kloster in sich birgt. Es bedarf weiterer Textzeugnisse und Deutungen, um zu konkretisieren, welchen Bezug die Schriften der monastischen Visionäre zur gelebten Wirklichkeit im Kloster hatten. Christian Popp

Annekathrin Miegel, Kooperation, Vernetzung, Erneuerung. Das benediktinische Verbrüderungs- und Memorialwesen vom 12. bis 15. Jahrhundert (Schriften zur südwestdeutschen Landeskunde, Bd. 74), Ostfildern: Jan Thorbecke Verlag 2014. 270 S. ISBN 978-3-7995-5274-5. € 39,–

Die Erforschung der Memorien, nämlich der mit einem Gebetsgedenken verbundenen Verbrüderungen verschiedener Klöster untereinander und mit den mit ihnen in Beziehung stehenden Klerikern und Laien, hat in den letzten Jahrzehnten große Fortschritte machen und umfangreiche Beziehungsgeflechte aufdecken können. Bei dieser, uns heute teilweise befremdlichen, über das ganze Mittelalter und gelegentlich auch noch in der Neuzeit verbreiteten Gewohnheit sollte primär durch Gebetshilfen die persönliche Heilserwartung der Beteiligten im Jenseits abgesichert, daneben sollten aber auch Korrekturen und Unterstützungen für die augenblickliche monastische bzw. bürgerliche Existenz vermittelt werden. Konfraternitäten waren deshalb häufig auch mit innerklösterlichen Reformen und größeren Zuwendungen der Außenwelt verbunden.

Diese, weniger eine monastische Abhängigkeit, sondern ein Zusammengehörigkeitsgefühl erzeugenden Bindungen verfolgt Miegel zunächst anhand der Verbrüderungs- und Memorialüberlieferungen der jungcluniazensischen Reformklöster Hirsau und St. Blasien sowie einzelner Benediktinerkonvente in den Diözesen Augsburg, Regensburg und Konstanz, für die sich Gegenüberlieferungen finden, was für andere Klöster der Diözesen Speyer und Würzburg kaum der Fall ist. Deutlich traten im 11. und im 12. Jahrhundert hierbei die von den Consuetudines beider Reformklöster gesteuerten regionalen Gruppenbildungen in diesen Räumen hervor, aber auch ihre Stagnation und ihr Zerfall im 12. und 13. Jahrhundert, als das monastische Leben durch die neuen Orden geprägt wurde.

Hierbei kann Miegel nachweisen, wie mit der drastischen Verschlechterung der Versorgungslage dieser benediktinischen Gemeinschaften das Zurücktreten der individuellen Gebetsleistungen zugunsten von sozial-karitativen Hilfen für die Lebenden verbunden war, so dass Verbrüderungen die Form einer wirtschaftlichen Kooperation annehmen konnten. Damit verband sich eine flexiblere Gestaltung der Konfraternitätsbeziehungen auch mit Klöstern anderer Ordensrichtungen. Neben aufschlussreichen Einblicken in das Beziehungsgeflecht einzelner Klöster des fränkischen, schwäbischen, bayrischen und österreichischen Raums im ausgehenden 13. und im 14. Jahrhundert kommen in der Untersuchung auch ihre innermonastischen Zustände in jenen Jahrzehnten und die damalige Vernetzungstechnik der Memorien zur Sprache.

Mit den benediktinischen Reformbewegungen des 15. Jahrhunderts war eine Neubelebung auch der Memorien verbunden, die anhand einiger Auswahlklöster, unter denen Hirsau eine Sonderstellung einnimmt, eingehender untersucht wird. Ihr dichtes Beziehungsgeflecht beschränkte sich keineswegs auf die Zugehörigkeit zu einer Reformrichtung, einer monastischen Regel oder einer Diözese. Deutlich werden durch diese Untersuchung das Einwirken mehrerer Reformen, zuerst von Melk und Kastl, dann von Bursfelde, auf die Memoriengestaltung, das Wiederaufgreifen älterer Verbrüderungsüberlieferungen, die Intensivierung der Gebetsleistungen, die Gestaltung der Vertragsformulare sowie die Medien der Übermittlung von Todesnachrichten. In einer abschließenden Betrachtung vergleicht Miegel schließlich das Wesen der mittelalterlichen Kooperationsform der Verbrüderung mit der modernen Organisation durch Netzwerke als soziologisches Grundmodell kooperativen Handelns und erstellt für die von ihr untersuchten monastischen Gemeinschaften eine Verbrüderungsliste.

Die vorliegende Arbeit schafft eine solide wissenschaftliche Grundlage für weitere Studien zum Beziehungsgeflecht in einzelnen süddeutschen Klosterlandschaften. Zwar mag man die regionale Beschränkung bedauern, doch dürfte jedem Leser einsichtig sein, dass angesichts des Quellenreichtums und der mühevollen Nekrologauswertung gerade in dieser räumlichen Konzentration der Vorzug der Untersuchung liegt und durch sie fundierte Aussagen möglich sind. Deshalb bleibt nur zu hoffen, dass für die zahlreichen Memorienverbindungen etwa der rheinischen Klöster oder der sächsischen Gemeinschaften vergleichbare Arbeiten in absehbarer Zeit ebenfalls zur Verfügung stehen. Bertram Resmini

Thomas Martin Buck / Herbert Kraume, Das Konstanzer Konzil 1414–1418. Kirchenpolitik – Weltgeschehen – Alltagsleben, Ostfildern: Jan Thorbecke 2013. 390 S., 6 s/w Abb. ISBN 978-3-7995-0502-4. Geb. € 26,99

Das Jubiläum der 600. Wiederkehr der Einberufung des Konstanzer Konzils 1414/2014 hat nicht nur durch die vom Badischen Landesmuseum konzipierte Große Landesausstellung überregional Beachtung gefunden. Seine historische wie auch seine theologische Bedeutung und Komplexität fassten moderne Historiker in der Charakterisierung der Kirchenversammlung am Bodensee als eines „polyvalenten Ereignisses" zusammen. Hatte die zweibändige Monografie des Kirchenhistorikers Walter Brandmüller (1991/97) noch die theologischen Themenbereiche in den Mittelpunkt gestellt – und dies durchaus mit einem ekklesiologisch eindeutigen Impetus –, stellen moderne Forschungen mediale und kommunikative Aspekte und Fragen des Kulturtransfers – zwischen Orient und Okzident, ebenso wie zwischen den Humanisten Italiens und den Gelehrten nördlich der Alpen – in den Fokus.

Thomas Martin Buck, durch seine Arbeiten zur Konzilschronik des Ulrich Richental und deren Umfeld einschlägig als Kenner der Materie ausgewiesen, legt zusammen mit Herbert Kraume eine gut lesbare und klar gegliederte Darstellung des Konstanzer Konzils vor, die es sich zur Aufgabe macht, die verschiedenen Aspekte der Synode unter den Schlagworten „Kirchenpolitik, Weltgeschehen, Alltagsleben" in einer Synthese zusammenzufassen – und dies unter umsichtiger Berücksichtigung der zahlreichen Detailstudien, die übersichtlich in einer thematisch gegliederten Bibliografie zusammengefasst sind.

Konstanz bildete für vier Jahre das Zentrum des „orbis christianus", der sich nicht nur durch das Schisma in einer „apokalytischen Situation" (Johannes Helmrath) befand, sondern der sich zugleich einer Bedrohung im Inneren – zusammengefasst in dem Aufruf nach einer Kirchenreform – wie auch im Äußeren – nämlich der Bedrohung durch die osmanische Expansion – gegenübersah. Das ekklesiogische Selbstverständnis der Konzilsväter wird – durchaus unter der Perspektivierung hin auf die Rezeption (besser: Reanimation) des Gedankens der Synodalität durch das Zweite Vatikanische Konzil – ebenso erörtert wie die Rezeption des Humanismus nördlich der Alpen.

Alle diese Facetten der Kirchenversammlung werden in verschiedenen Gewichtungen durch die beiden Autoren dargestellt: Als „populäres Sachbuch" (S. 10) konzipiert, bietet der Band eine übersichtliche und gut lesbare Einführung in die Geschichte des Konstanzer Konzils, die sich von zahlreichen, der schnellen Aufmerksamkeit des Jubiläums geschuldeten Darstellungen abhebt. Wolfgang Zimmermann

Andreas Schmidt, „Bischof bist Du und Fürst". Die Erhebung geistlicher Reichsfürsten im Spätmittelalter – Trier, Bamberg, Augsburg (Heidelberger Abhandlungen zur mittleren und neueren Geschichte 22), Heidelberg: Universitätsverlag Winter 2015. 1007 S. ISBN 978-3-8253-6259-1. € 98,–

In steter Dialektik von kirchenrechtlichen Formulierungen und konkreten Einzelfällen untersucht die Heidelberger Dissertation die Erhebung geistlicher Reichsfürsten des 15. Jahrhunderts und kann als ein zentrales Ergebnis eine Systematisierung der das gesamtkirchlich vorgeschriebene Besetzungsverfahren abschließenden Bestandteile *designatio personae* (Kandidatenfindung), *collatio officii* (Einsetzung durch verleihungsberechtigte Instanz), *captio possessionis* (formale Besitzergreifung) und *consecratio* herausarbeiten. Ein holistisches Verständnis, welches einer modern-laikalen Auffassung widersteht, führte zu einem miteinander verwobenen, an die Bischofskirche gebundenen Substrat geistlicher und weltlicher Herrschaftstitel und Rechte. Die Regalienleihe wurde demnach in den Hochstiften nicht als konstitutiv für die „weltliche Regierungsübernahme" begriffen. Untersuchungsräume der Studie sind hierbei das Erzbistum Trier, das exemte Bamberg und das zum Mainzer Metropolitanverband gehörende Augsburg, wodurch auch die Kirchenhierarchie des Reichs einbezogen wird.

Nach einer breiten rechtshistorisch-theoretischen Hinführung und in Reflexion einer vielschichtigen und schillernden, in den ausgewählten Bischofssitzen keineswegs einheitlichen Quellensituation stellt der Autor bei den drei Phasen der *designatio* (Willensbildung, Beschlussfassung, symbolische Umsetzung) eine offensichtlich relativ geringe Beteiligung Roms fest. Doch folgte ein umfangreiches kuriales Prüfungsverfahren als wesentlicher Bestandteil der *collatio officii*, welche dem Kandidaten nun auch das *ius in re* (nach dem *ius ad rem* der *designatio*) verlieh. Das „Geflecht prozessrechtlicher, administrativer und zeremonieller Handlungsformen" (S. 334) führte dazu, dass innerdiözesane Streitigkeiten – bzw. Eingriffe auswärtiger Mächte – nun an den Tiber verlagert wurden und meist mit der Autorität des Heiligen Stuhls dann ein (zumindest formales) Ende fanden.

Die *captio possessionis* als Kristallisationspunkt der Bischofserhebung konnte hierauf eine Vielfalt von Formen inszeniert-symbolischer Besitzergreifung im Sinne einer Verschmelzung von Träger und Bistum aufweisen, so die Installation am Chorgestühl oder die Berührung des Hauptaltars der Domkirche. Bei diesem Abschnitt kann Schmidt überzeugend die *ordines* von (heute) München, Bamberg und Salzburg einer Neudeutung zuführen, nicht – wie gängig – als Zeugnisse des episkopalen *adventus* denn vielmehr als Beschreibungen der

Besitzergreifung eines Bistums. Zudem wird die Bedeutung der Erbhuldigung wie des Umrittes – in Augsburg und Bamberg dauerte dieser in der Regel rund einen Monat, in Trier etwa ein Vierteljahr – einer Profilierung unterzogen, welche strukturelle Gemeinsamkeiten, aber auch Unterschiede in den jeweiligen Bistümern herausarbeiten kann. Der *adventus* des neuen Oberhirten in die Bischofsstadt war hierbei eine Inszenierung von Idealvorstellungen und „historischen Anknüpfungspunkten", welche – so im Falle Bambergs – den Einzug Christi imitierten, aber auch die episkopale Traditionskette in der Nachfolge des heiligen Otto von Bamberg schlossen.

Nicht allzu überraschend besaßen in der Regel Huldigung und Privilegienbestätigungen ein ungleich größeres Konfliktpotential im Verhältnis zwischen Stadtgemeinde und neuem Bischof als etwa der Umritt. Wie jüngst auch Claudia Esch in ihrer Untersuchung der mittelalterlichen Immunität Bambergs (erschienen 2016) feststellen konnte, ist die frühere Meistererzählung vom spätmittelalterlichen Gegenüber von geistlichem und bürgerlichem Element in einer Bischofsstadt zugunsten eines vielschichtigen, polyzentrischen Modells zahlreicher Schattierungen der „städtischen Autonomie" und personaler Wechselbeziehungen aufzulösen, ein Ergebnis, zu dem im Wesentlichen auch die hier anzuzeigende, leider nur durch ein Personenregister zu erschließende und mit einem Quellenanhang versehene umfangreiche und sauber lektorierte Studie gelangt.

Gewiss wäre vieles in der vorliegenden Arbeit auch kürzbar gewesen, so breitere Literaturreferate, Ausschreiben von Lexikonbeiträgen etwa zum kirchlichen Amtsverständnis oder auch manche redundante Passage; gewiss könnte man auch über die Auswahl der Bistümer streiten; auch wären an manchen Stellen eine stärkere Profilierung des domkapitlischen Einflusses oder Binnendifferenzierungen innerhalb des Wahlkörpers denkbar gewesen, wie es für Augsburg etwa die Studien von Thomas M. Krüger herausgearbeitet haben bzw. erste Ergebnisse aus der Erschließung des Urkundenbestandes des Staatsarchivs nahelegen. Doch liegt die große Leistung der hier anzuzeigenden, für die Mediävistik zum 15. Jahrhundert in vielfacher Hinsicht bedeutenden Arbeit in ihrer systematischen Aufarbeitung der kanonistischen Bischofserhebung des Spätmittelalters, wofür der Autor eine umfangreiche Literatur eingearbeitet wie auch ein breites Quellencorpus aus 15 Archiven einbezogen hat. Christof Paulus

Hermann Ehmer, Stift Oberstenfeld, Ostfildern: Thorbecke 2016. 308 S., 92 farb. Abb. ISBN 978-3-7995-1137-7. € 29,90

Wer ein Buch von Hermann Ehmer vor sich hat, weiß, dass er es mit einem Werk zu tun hat, das heute nicht allzu häufig ist: Ohne auf modisches Theoretisieren einzugehen, arbeitet Ehmer grundsätzlich quellennah, präzise, auf das Wesentliche konzentriert – und dies geschieht auch noch in einer klaren Sprache, die auch für den interessierten Laien nachvollziehbar ist. Das Stift Oberstenfeld, obgleich eine der ältesten geistlichen Anstalten im Lande, hat noch nie eine umfassende Darstellung seiner Geschichte erfahren. Das Jubiläumsjahr 2016 – 1000 Jahre nach der (im 12. Jahrhundert gefälschten) Gründungsurkunde des Stifts von 1016 – war Anlass, endlich eine solche Untersuchung zu liefern. Das Stift Oberstenfeld war immer eine Einrichtung, in der adlige „Fräulein" untergebracht werden konnten – nicht als Nonnen mit einer harten Regel und ewigem Keuschheitsgebot, sondern als Chorfrauen, die entweder auf Dauer im Stift bleiben oder aber sich auch verheiraten und aus dem Stift wieder ausscheiden konnten. Die Gründung 1016 ist – trotz der gefälschten Urkunde –

durchaus plausibel. Wie im Mittelalter üblich, waren solche Fälschungen oft keine völligen Erfindungen, sondern enthielten einen realen Kern. Ehmer kann zeigen, dass die in der Urkunde von 1016 genannten Personen sich in anderen Quellen durchaus namhaft machen lassen. Eine zentrale Rolle spielt dabei Udalrich, der Kanzler Kaiser Heinrichs II. und Kaiser Konrads II. Für Udalrich befand sich eine (heute verlorene) Gedächtnisinschrift in der Oberstenfelder Stiftskirche.

Nach der Urkunde von 1016 klafft eine auch durch Nekrologeinträge wenig beleuchtete Periode von über zwei Jahrhunderten in der Stiftsgeschichte, die sich erst im Laufe des 13. Jahrhunderts allmählich mit Details füllt. Ehmer kann deutlich machen, dass es im 13. und 14. Jahrhundert stets um die Frage geht, inwieweit das Stift von den verschiedenen mit ihm befassten Mächten unabhängig war, vom Vogt (bis 1357 die Herren vom nahe gelegenen Lichtenberg, dann die Grafen von Württemberg), vom Erzbischof von Mainz und vom Bischof von Speyer. In diesen teils turbulenten Auseinandersetzungen wurde, wie Ehmer zeigt, teils mit harten Bandagen gearbeitet: Gegenseitige Anklagen, Beschuldigungen, Zahlungsverweigerungen, Interdikt. Bemerkenswert sind die engen Beziehungen zum regulierten Augustiner-Chorherrenstift in Backnang. Recht detailliert kann Ehmer das innere Leben des vorreformatorischen Stifts Oberstenfeld samt seinem Besitz und seiner Wirtschaft darstellen.

Besonders spannend ist dann die Zeit der Reformation, in der es dem Stift gelang – anders als den zahlreichen Männerklöstern im württembergischen Machtbereich –, unter Anerkennung der Lehre Luthers seine Fortexistenz sicherzustellen. Dabei kam dem Stift seine Stellung zwischen Württemberg und dem ritterschaftlichen Adel zugute, der für seine überzähligen Töchter weiterhin eine Unterbringungsmöglichkeit brauchte. Das Spannungsverhältnis zwischen der Ritterschaft und dem sich als ritterschaftliche Institution verstandenen Stift einerseits und dem Vogt (Württemberg) bestimmte die Stiftsgeschichte bis zum Jahr 1802. Württemberg hatte bis dahin nie die volle Landeshoheit über das Stift ausüben können, jetzt gelang das durch die von Napoleon ausgelöste Säkularisation. Als nicht mehr freies, sondern nunmehr württembergisches Damenstift existierte Oberstenfeld gleichwohl weiter. Noch 1914 trat mit Lilly von Pückler-Limpurg die letzte Äbtissin ihr Amt an.

Das Ende brachte der Sturz der Monarchie 1918. Neue Stiftsdamen wurden nicht mehr aufgenommen, und mit dem Tod der letzten 1935 endete die Geschichte der alten Institution.

Ehmer geht aber auch noch kurz auf die Geschichte der Stiftsgebäude „im Dritten Reich und danach“ ein, wie auch die Baugeschichte, insbesondere der Stiftskirche – eines der bemerkenswertesten romanischen Gebäude im Lande –, mit etlichen Darstellungen ausführlich erläutert wird. Ein ausführlicher Bildteil mit insgesamt 75 Abbildungen illustriert den maßstabsetzenden Band. Gerhard Fritz

André Heinzer, Pfründen, Herrschaft, Gottesdienst. Lebenswelten der Mönche und Weltgeistlichen am Kloster und Kollegiatstift St. Leodegar in Luzern zwischen 1291 und 1550 (Luzerner Historische Veröffentlichungen, Bd. 45), Basel: Schwabe Verlag 2014. 400 S. mit Abb. ISBN 978-3-7965-3263-4. € 58,–

Im schweizerischen Teil des weitläufigen Bistums Konstanz hat es bis zur Reformation eine beträchtliche Zahl weltlicher Kollegiatstifte gegeben. Die Grundzüge ihrer Geschichte sind in Band 2, 2 der Helvetia Sacra (Die weltlichen Kollegiatstifte der deutsch- und französischsprachigen Schweiz, Bern 1977) dokumentiert. Weiterführende Untersuchungen haben sich deshalb auf Einzelaspekte konzentrieren können. Neuere Dissertationen liegen etwa über die personelle Zusammensetzung der Kollegiatstifte in Embrach (Béatrice Wiggenhauser), Zofingen (Christian Hesse) sowie Groß- und Fraumünster in Zürich (Martin Gabathuler, Andreas Meyer) vor. Zum Luzerner Landgebiet gehörte das Kollegiatstift in Beromünster, über dessen Herrschaft in der luzernischen Landvogtei Michelsamt am Ende des Mittelalters und in der frühen Neuzeit eine Dissertation von Gregor Egloff vorliegt.

Thematisch breiter angelegt ist die vorliegende Monographie, die 2011 als Dissertation von der Philosophisch-historischen Fakultät der Universität angenommen wurde, betreut von Rainer Christoph Schwinges. Institutionengeschichtlich ist St. Leodegar in Luzern ein Sonderfall. In der Karolingerzeit als Benediktinerkloster gegründet, wurde der Konvent vor 1135 dem elsässischen Kloster Murbach unterstellt und bestand nun als Propstei. Hier setzt die vorliegende Untersuchung ein, die den Wandel der kleinen benediktinischen Gemeinschaft ab 1291 verfolgt, dessen innere Organisation – wie in vielen spätmittelalterlichen Benediktinerkonventen – sich der weltlicher Kollegiatstifte anglich. Benediktinischen Reformbemühungen konnte sich St. Leodegar erfolgreich entziehen. So war es nur konsequent, dass die Luzerner Benediktiner die Umwandlung in ein Kollegiatstift anstrebten, der 1456 vollzogen wurde. Dieser Vorgang, zu dem auch Luzerner Entwicklungen beitrugen, wird S. 15 ff. nachgezeichnet. Auch andere Benediktinerabteien wie Ellwangen, Comburg und St. Burkard in Würzburg schlugen im Laufe der zweiten Hälfte des 15. Jahrhunderts diesen Weg ein, der einmal vergleichender Betrachtung wert wäre.

Die Erforschung des Klosters bzw. Stifts St. Leodegar leistet einen Beitrag zur Geschichte der religiösen Bewegungen des Mittelalters und ihrer institutionellen Ausformung, bietet zugleich aber auch einen wichtigen Beitrag zur Stadtgeschichte von Luzern, das sich seit dem Frühmittelalter im engen Zusammenhang mit St. Leodegar entwickelt hat. St. Leodegar war auch als Stadtpfarrei von Bedeutung, an der übrigens 1527 bis 1529 Thomas Murner wirkte.

Der Verfasser möchte mit seiner Arbeit keine klassische Stiftsmonographie vorlegen, die alle erdenklichen Aspekte von der Verfassung über den Besitz bis hin zum religiösen Leben und zur personellen Zusammensetzung darstellt, sondern orientiert sich an neueren Ansätzen der Stiftsforschung (u. a. von Guy P. Marchal), die er vor allem für die Untersuchung der sozialen Zusammensetzung von Kloster und Stift nutzt. Dabei geht es ihm nicht nur um die Erstellung eines Personalkatalogs (die Viten der Mönche und Kanoniker von 1291 bis 1550 hier S. 331–374), sondern um prosopographische Fragestellungen, die zunächst einmal in Kapitel 2 die Pfründenorganisation des Klosters bzw. Stiftes, das zwölf Chorherrenpfründen hatte, die Formen der Pfründenbesetzung und Pfründennutzung (bis hin zu den wenigen Fällen von Pfründenpluralisten), weiter die regionale (und einigermaßen enge) Herkunft und soziale Einordnung der Pfründeninhaber und schließlich die Formen des Gemeinschaftslebens in den Blick nehmen. Klassische Aspekte wie Kapitel, Ämter, Dignitäre treten hier in den Fokus, aber auch neue Fragestellungen, wie die nach dem gemeinschaftlichen Bewusstsein (S. 120 ff.).

Dem Verfasser geht es – wie schon der Untertitel andeutet – um die Erforschung von Lebenswelten, in die die Geistlichen von St. Leodegar eingebunden waren, also nicht nur um die eine Lebenswelt von Stift und Kapitel, sondern um weitere Bereiche, die darüber hinausführten. Hierbei gilt es zunächst (Kapitel 3), den engeren Wirkungskreis der Mönche und Kanoniker zu betrachten, der durch den Kirchendienst in der Stifts- und Pfarrkirche bestimmt war, aber auch durch die Führung eines größeren Wirtschaftsbetriebs in Form der Grundherrschaft; diese selbst wird besitz- und wirtschaftsgeschichtlich vom Verfasser nicht detailliert untersucht, vielmehr wird die Verwaltungstätigkeit der Chorherren in den Mittelpunkt gestellt.

Das abschließende 4. Kapitel geht dann den Außenbeziehungen („Aussenleben") nach. Zunächst werden Kloster bzw. Stift in ihrem Verhältnis zur Benediktinerabtei Murbach, zur Herrschaft Österreich und zur Stadt Luzern betrachtet. Seit dem 15. Jahrhundert betrieb die Stadt eine selbstbewusste Kirchenpolitik, die das Stift in vielerlei Hinsicht zu spüren bekam, zumal es im spätmittelalterlichen Luzern außer einem Franziskanerkonvent keine weiteren geistlichen Gemeinschaften gab. In einem letzten Untersuchungsgang geht der Verfasser den Außenkontakten der Geistlichen nach, die sich auf Familie und Verwandtschaft erstreckten, aber auch die klassischen Herrschaftsdienste (Kanzleinotare, Prokuratorentätigkeit usw.) umfassen konnten. Auch der Universitätsbesuch und die Zugehörigkeit zu intellektuellen Netzwerken werden mit bedacht.

André Heinzer hat eine vorzügliche Untersuchung vorgelegt, die auf breiter Quellenforschung basiert, bewährte Ansätze der Kollegiatstiftsforschung produktiv umsetzt, dabei aber auch neue Aspekte berücksichtigt. Der Typus des Stadtstiftes (Marchal), dem keineswegs jedes Stift in einer Stadt entspricht, erfährt mit dieser Arbeit neue Aufmerksamkeit. Auch wenn sich die Arbeit konzeptionell von klassischen Stiftsmonographien abhebt, wird bei längerer Beschäftigung doch deutlich, dass die Untersuchung eines bestimmten Tableaus von Themen und Fragestellungen unvermeidlich ist, um der Entwicklung einer Kanonikergemeinschaft gerecht zu werden. Insofern bietet das vorliegende Buch dann doch Vieles, was man von einer herkömmlichen Stiftsmonographie erwartet. Im Kontext vergleichender Fragestellungen wird sich das kombinierte Personen-, Orts- und Sachregister bewähren (Querverweise wären gelegentlich zweckmäßig gewesen, z. B. von Pfarrei auf Seelsorge, von Memoria auf Jahrtag oder von Statuten auf Verfassungswandel).

Hervorgehoben sei schließlich, dass Verfasser nicht nur ein flüssig geschriebenes, sondern auch äußerlich ansprechend gestaltetes Buch vorgelegt hat. Mehrfach erscheinen natürlich Miniaturen aus der Luzerner Bilderchronik des Diebold Schilling d. J., der die Laienpfründe des Stifts innehatte. Das Kollegiatstift St. Leodegar im Hof besteht übrigens bis heute und böte schon deshalb Stoff für weitere Untersuchungen. Sie werden dabei stets von der gründlichen Studie André Heinzers auszugehen haben. Enno Bünz

Günter Frank / Volker Leppin (Hg.), Die Reformation und ihr Mittelalter (Melanchthon-Schriften der Stadt Bretten 14), Stuttgart-Bad Cannstatt: frommann-holzboog 2016. VII, 478 S. ISBN 978-3-7728-2690-0. Geb. € 68,–

Die noch immer verbreitete Vorstellung, die Reformation habe unter Überspringen eines Jahrtausends an der Alten Kirche oder gar unmittelbar am Neuen Testament angeknüpft, ist durch die Forschung des 20. Jahrhunderts widerlegt worden. Geblieben ist freilich bis heute die Aufgabe, das Verhältnis der vielen an der Reformation beteiligten und von ihr beeinflussten Personen zu mittelalterlichen Traditionen genau an den Quellen zu untersuchen. Der vorliegende Sammelband, das Ergebnis einer 2013 in Bretten veranstalteten Tagung, möchte mit 19 Aufsätzen zur Lösung dieser Aufgabe beitragen.

Die meisten Beiträge behandeln einen kleinen Ausschnitt aus dem weiten Spektrum, vor allem theologiegeschichtlicher Bezüge. So skizzieren Volker Leppin Luthers Geschichtsbild und darin seine Auffassung eines der später „Mittelalter“ genannten Periode entsprechenden mittleren Zeitalters (S. 113–133) und Matthias Pohlig den Rückgriff lutherischer Historiographie auf mittelalterliche Geschichtsschreibung (S. 55–78). Theodor Dieter analysiert Luthers Auseinandersetzung mit der mittelalterlichen Scholastik in seinen Thesen zu der seit dem 19. Jahrhundert „Disputatio contra scholasticam theologiam“ genannten Disputation zur Promotion Franz Günthers von 1517 (S. 153–188), und Risto Saarinen handelt – allzu knapp – über die Sicht der Scholastik in der Lutherdeutung Gerhard Ebelings, des bedeutendsten Lutherforschers des 20. Jahrhunderts (S. 441–452). Johanna Rahner weist auf einige mögliche mittelalterliche Wurzeln von Luthers Christologie hin (S. 189–208), Günter Frank betrachtet Melanchthons Rede von den *articuli fidei* in den Loci von 1543 und in der Auslegung des Nicaeno-Constantinopolitanum vor ihren breiter dargestellten mittelalterlichen Voraussetzungen (S. 135–152) und Jan-Hendryk de Boer die Polemik der Reformationszeit vor dem Hintergrund gelehrter Konfliktaustragung seit dem 13. Jahrhundert (S. 209–250).

Arno Mentzel-Reuters stellt Luther und Melanchthon als Herausgeber der „Theologia deutsch“ bzw. Lamperts von Hersfeld vor (S. 79–112), Bernd Roling die Anfänge einer mittellateinischen Philologie bei dem Helmstedter Polyhistor Polycarp Leyser IV. (S. 303–326), Martina Hartmann die Behandlung Hinkmars von Reims im „Catalogus testium veritatis“ des Matthias Flacius Illyricus (S. 363–377). Ueli Zahnd gibt Einblick in den Sentenzenkommentar des reformierten Theologen Lambert Daneau (S. 263–282), während Henrik Wels versucht, die Entstehung des Gleichheitsgedankens aller Menschen aus der Gleicheit aller in der Erbsünde herzuleiten – mit Seitenblick auf den Altdorfer Kritiker der Erbsündenlehre, Nicolaus Taurellus, und kurzem Rückblick auf den Scholastiker Durandus a S. Porciano (251–261).

Einige Beiträge führen über den Bereich der Theologiegeschichte hinaus: Augustinus Sander charakterisiert den zweiten reformatorischen Bischof Georg III. von Anhalt durch seine „konfessorische Katholizität“ (S. 41–54), während Tarald Rasmussen „die Kontinuität der Memoria“ an der Ikonographie sächsischer Epitaphien darstellt (S. 283–302) und Andreas Odenthal in einem auch für die württembergische Landesgeschichte wichtigen Überblick das Fortleben des Stundengebets in den württembergischen Klöstern nach Einführung der Reformation beschreibt (S. 327–361). Aus dem thematischen Rahmen des Bandes fällt die an den Anfang gestellte scharfsinnige Untersuchung von Jorge Uscatescu Barrón über die Auseinandersetzung des spanischen Dominikaners Domingo de Soto, eines bedeutenden Theologen auf dem Konzil von Trient, mit der reformatorischen Theologie in seiner Schrift „De natura et gratia“ – ein Beispiel für das Fortleben mittelalterlich-scholastischer Theologie im altgläubigen Lager.

Neben diesen meist sehr speziellen Arbeiten treten die weiter ausgreifenden Beiträge zurück. So bemüht sich Antonie Vos, „Gedankenmuster“ („konzeptuelle Strukturen“) in der reformierten Tradition – von der Reformation bis Schleiermacher ausgreifend – punktuell mit scholastischen Gedanken in Verbindung zu setzen (S. 391–406). Günther Mensching möchte – „philosophische“ gegen „historische“ Betrachtungsweise setzend – „die Beziehung des protestantischen Denkens zu dem im 16. Jahrhundert bereits epochal wirksamen Nominalismus“ aufweisen, die sich allerdings, wie er einräumt, als „durch empirisch in den Quellen dokumentierbare Einflüsse nur schwer nachweisen“ lässt (S. 379–390; Zitat: 390).

Am gewichtigsten sind sicher die Ausführungen von Ulrich Muhlack, der – dem üblichen Gebrauch des Mittelalter-Begriffs distanziert gegenüberstehend – unter eingehender Anknüpfung an Jacob Burckhardt von der Renaissance, insbesondere von der italienischen, handelt (S. 407–440). Dabei kritisiert er „die isolierende Behandlung einzelner Seiten der burckhardtschen Renaissance-Kultur“, vor allem „die Fokussierung auf den Renaissance-Begriff“: „Philologie statt Geschichte“ (S. 421), die „fragwürdige Methode, historische Phänomene aus sprachlichen Befunden abzuleiten“ (S. 427). Gegenüber der Annahme einer Renaissance in Deutschland ist er zurückhaltend, weil „in derselben Zeit, in der die Renaissance ihren Siegeszug in Europa begann oder fortsetzte, sich in Deutschland die Reformation ereignete“ (S. 431). Er plädiert dafür, die Reformation parallel zur Renaissance als „Beginn der Neuzeit“ zu sehen (S. 439), und meint angesichts der Beiträge der Tagung: „Man sollte nur nicht meinen, dass die Reformation durch alle diese Nachweise mittelalterlich würde“ (S. 440).

Die ins Grundsätzliche zielende Kritik kann nicht das Gewicht der in diesem Band gebotenen vielfältigen Hinweise auf Abstoßung und Aufnahme mittelalterlicher Gedanken und Bräuche in der Reformation schwächen. Wie in Sammelbänden häufig, sind die einzelnen Beiträge von sehr unterschiedlichem Gewicht. Leider ist ihre Anordnung nicht recht einsichtig, und ein übergreifender Beitrag, der einen roten Faden in ihnen aufzeigte, fehlt. So bleiben sie überwiegend Anregungen zu einer weitergehenden Beschäftigung mit dem Thema des Bandes, die durch sorgfältige Register der Personen und der Sachen und Orte erschlossen werden.

Ulrich Köpf

Andreas Kuhn / Gabriele Stüber, Lutherbilder aus sechs Jahrhunderten, hg. im Auftrag des Verbandes kirchlicher Archive, Evangelische Kirche in Deutschland, Ubstadt-Weiher/Heidelberg/Basel: verlag regionalkultur 2016. 200 S. mit 135 farb. Abb., fester Einband. ISBN 978-3-89735-944-4. € 17,90

Das Begleitbuch zur gleichnamigen Wanderausstellung wurde federführend herausgegeben von Holger Bogs, dem Leiter des Zentralarchivs der Evangelischen Kirche in Hessen und Nassau, und Gabriele Stüber, der Leiterin des Zentralarchivs der Evangelischen Kirche der Pfalz. Die Texte für die Ausstellung und den Katalog verfasste der Kulturhistoriker Andreas Kuhn. Die Wanderausstellung wurde am 8. März 2016 in der Magnuskirche in Worms eröffnet und soll in allen 20 evangelischen Landeskirchen gezeigt werden. Sie umfasst 15 Roll-Ups mit Texten und Bildern zur Person Martin Luthers vom 16. Jahrhundert bis in unsere Zeit und wurde in mehreren Sätzen gedruckt, so dass sie an vielen Orten gleichzeitig gezeigt werden kann.

Im Begleitband ist eine weite Auswahl von 60 Lutherbildern aus ganz Deutschland, ebenfalls vom 16. bis ins 21. Jahrhundert, enthalten. Sie wurden von Gabriele Stüber und Andreas Kuhn mit Hilfe von Kirchengemeinden und Kultureinrichtungen zusammengetragen und erweitern somit das facettenreiche Bild um den Reformator Martin Luther durch die Jahrhunderte. Erläuterungen zu den Bildern erklären den Entstehungskontext. Da ein wissenschaftlicher Apparat fehlt, kann das Buch nicht als umfassender Kunstführer zu Lutherdarstellungen begriffen werden; es bietet jedoch einen ersten interessanten Einblick und die etwa 40 Seiten umfassende „Auswahlbibliographie“ von Andreas Kuhn weitere Möglichkeiten, sich mit dem Thema näher zu befassen.

Die Ausstellung und der Begleitband möchten vor allem dazu anregen, Martin Luther in ganz unterschiedlichen Darstellungen kennenzulernen und das jeweilige Bild im Kontext seiner Zeit zu begreifen. Die Bildprogrammatik der Lutherdarstellungen wird erläutert, und historische Hintergrundinformationen werden geboten. Ganzseitige Abbildungen der Bilder lassen die Erklärungen gut nachvollziehen. Jede Erläuterung zum Bild steht jedoch für sich und bietet so keine zusammenführende Interpretation. Die Auswahl der Lutherbilder ist selbstverständlich ebenfalls begrenzt und erhebt nicht den Anspruch, einen umfassenden Eindruck zu bieten, denn bereits zu Luthers Lebzeiten entstanden rund 500 Bilder.

Die Ausstellung setzt Schwerpunkte mit drei frühen Lutherbildern von Lucas Cranach und Hans Baldung Grien als Ausgangspunkten der Lutherdarstellungen. Weitere Darstellungen zeigen Luther als „Figur der Heilsgeschichte", der von evangelischer Seite als Begründer der eigenen Konfession herausgestellt wird und damit Zuversicht und Orientierung in schlechten Zeiten, wie denen des Dreißigjährigen Krieges, bieten möchte. Aber auch zu Propagandazwecken wurde die Person Luthers weiter instrumentalisiert, wie ein Flugblatt zeigt, welches Luther als apokalyptischen Engel darstellt und somit die Siegeszuversicht des evangelischen Lagers stärken sollte.

Im 18. Jahrhundert zeigt sich schließlich die Lutherverehrung in einer Blütezeit mit seinen Darstellungen in evangelischen Kirchen, aber auch durch die Vereinnahmung durch die Aufklärung, da Luther die Menschen von „römischer Knechtschaft und geistlichem Despotismus" befreit habe. So erweist sich das Lutherbild je nach sozial-politischer Ausrichtung der Zeitgenossen bald als sehr wandlungsfähig. Der Ausstellungsband stellt die verschiedenen Richtungen dar, indem er Bilder von Luther als Hausvater oder als Freiheitsheld zeigt, aber auch als Person, um die sich mit zunehmendem zeitlichem Abstand zur Reformation Mythen und Legenden ranken, und als Nationalheld. Auch Darstellungen der Historienmalerei von bestimmten Szenen im Leben Luthers, die bis heute unser Denken prägen, kommen nicht zu kurz. Schade, dass das Bild des Thesen anschlagenden Luthers von Ferdinand Pauwels (1872) nicht mit aufgenommen wurde, das bis heute Diskussionen um den Ausgangspunkt der Reformation entfacht.

Starke Brüche treten im Lutherbild des 20. Jahrhunderts auf. Zunächst wurde die kämpferische Tugend Luthers im Ersten Weltkrieg instrumentalisiert, während der Zeit des Nationalsozialismus stieg Luther zu einer „Führergestalt" auf. Nach dem Zweiten Weltkrieg erfährt die Lutherrezeption eine tiefe Zäsur, Luther wird in der modernen Kunst kaum mehr thematisiert, bis schließlich sein 500. Geburtstag 1983 wieder Anlass für eine erneute Auseinandersetzung mit dem Reformator gibt. Für das 21. Jahrhundert wird hier schließlich noch ein Blick auf den „kommerzialisierten Luther" geworfen, der inzwischen zur Werbeikone geworden ist. Die Ausstellung und der Katalog ermöglichen so anhand richtungsweisender Beispiele einen interessanten Blick auf Lutherbilder über 500 Jahre.

Eva-Linda Müller

Bertrand Forclaz / Philippe Martin (Hg.), Religion et piété au défi de la guerre de Trente Ans, Rennes: Presses universitaires de Rennes 2015. 345 S. mit 26 Abb. ISBN 978-2-7535-4077-4. Brosch. € 21,–

Im Zentrum des vorliegenden Tagungsbandes stehen die Auswirkungen und Herausforderungen des Dreißigjährigen Krieges auf Glaube und Kirche im 17. Jahrhundert. Der französischsprachige Band versammelt insgesamt zwanzig Beiträge von 24 internationalen Autoren aus Deutschland, Frankreich, Italien und Belgien.

Während in deutscher Sprache – vor allem durch den Tübinger Sonderforschungsbereich 437 „Kriegserfahrungen" – zahlreiche Studien zur Auswirkung des Dreißigjährigen Krieges auf verschiedene Bereiche des täglichen Lebens vorliegen, spielt dieser zentrale Konflikt des 17. Jahrhunderts in der frankophonen Forschung keine große Rolle. Damit leistet der vorliegende Band unter anderem auch einen Transfer deutscher Forschungen in die französische Wissenschaft.

Stets bestand eine enge Verbindung zwischen Krieg und Theologie, über Jahrhunderte wurde der „Heilige Krieg" aus der Bibel heraus begründet. Konfessionelle Auseinandersetzungen waren im 17. Jahrhundert Teil des Alltags, der Dreißigjährige Krieg stellte deren Höhepunkt im Zeitalter der Konfessionalisierung dar. Erst im 20. Jahrhundert begann eine kritische Auseinandersetzung mit theologischen Rechtfertigungen von Gewalthandlungen.

Die zwanzig Aufsätze verteilen sich auf drei Themenfelder: Politik und Konfession, Klerus im Krieg und Frömmigkeit. Den ersten Teil eröffnen Nina Fehrlen-Weiss und Anton Schindling mit einer Untersuchung der Mariensäulen in München, Wien und Prag als Teil der Erinnerungskultur an den Dreißigjährigen Krieg. Nicolas Simon beschäftigt sich mit der Politik in den Spanischen Niederlanden während der ersten Hälfte des Krieges. Axelle Chassagnette untersucht konfessionelle Polemik in deutschen Flugblättern. Willem Frijhoff richtet den Fokus auf die Rolle der Vereinigten Niederlande im Dreißigjährigen Krieg. Julien Léonard untersucht die reformierte Gemeinde von Metz während des Krieges. Verena Villinger und Jean Steinauer stellen abschließend die Kriegsunternehmer Franz Peter und Albert Nicolas König von Mohr aus dem schweizerischen Fribourg vor.

Der zweite Teil zur Rolle des Klerus im Krieg besteht aus sieben weiteren Aufsätzen. Die Beiträge von Cédric Andriot, Philippe Desmette und Fabienne Henryot eröffnen einen biographischen Zugang auf Kirche und Theologie während des Krieges. Untersucht werden die karitativen Werke des Pierre Fourier, die Korrespondenz des interimistischen Nuntius in den Niederlanden Richard Pauli-Stravius und das mildtätige Wirken von Vincent von Paul in Lothringen. Nicolas Richard und Silvia Mostaccio widmen sich Personengruppen – böhmischen Priestern und missionierenden Jesuiten bei den Truppen in Flandern. Olivier Chaline stellt das religiöse Leben in Prag während der Belagerung 1648 dar. Vincenzo Lavenia analysiert spanische Soldatenkatechismen während des Dreißigjährigen Kriegs.

Der dritte Teil des Bandes legt seinen Schwerpunkt auf verschiedene Aspekte von Frömmigkeit im Dreißigjährigen Krieg. Alain Lottin untersucht die Entsetzung von Cambrai 1649 durch ein Marienwunder, Jean-François Ryon die Marienfrömmigkeit in Salins-les-Bains. Corinne Marchal analysiert die Rolle Gottes in der Schrift „Le siège de la ville de Dole" von Jean Boyvin, Philippe Martin die Kriegserfahrungen in den Schriften des Pfarrers Jean Delhotel. Mit Hans Michael Moscherosch (genannt Philander) steht im Beitrag von Laurent Jalabert die Frömmigkeit eines protestantischen Staatsmanns im Zentrum des Interesses. Claire Gantet betrachtet Wunder, die von protestantischer Seite bezeugt wurden. Der Beitrag zum heiligen Fidelis von Sigmaringen von Matthias Ilg schließt den dritten Teil ab mit einer Untersuchung der konfessionellen Identität in der frankophonen Schweiz.

Die Zusammenfassung von Kaspar von Geyerz und Yves Krumenacker rundet den Band ab und bietet eine Synthese der vielfältigen Beiträge. Joachim Brüser

Ulrich L. LEHNER, The Catholic Enlightenment. The Forgotten History of a Global Movement, Oxford: Oxford University Press 2016. 265 S. ISBN 978-0-1902-3291-7. Geb. € 23,49

Der an der Marquette University in Milwaukee lehrende Kirchenhistoriker Ulrich L. Lehner gehört unzweifelhaft zu den weltweit führenden Experten für die katholische Aufklärung. Er legt mit dem hier zu besprechenden Buch eine zentrale Überblicksmonographie zu diesem wissenschaftlich durchaus intensiv behandelten Phänomen vor. Der Untertitel „The forgotten History of a Global Movement" verweist dabei zugleich auf die große Leistung Lehners – der katholischen Aufklärung als einem Phänomen von globalgeschichtlicher Dimension nachzuspüren –, aber auch auf einen Kritikpunkt, da die katholische Aufklärung vielleicht ja doch nicht so völlig vergessen ist, wie hier formuliert.

Das Buch ist grundsätzlich durch das überzeugende Ineinanderfließen zweier Gliederungsebenen geprägt: Es fußt auf einer systematischen Einteilung auf Basis zentraler Problemstellungen der katholischen Aufklärung (Toleranz, Rolle der Frau, Kolonien, das Übersinnliche, Heiligkeit und Sünde, Sklaverei). Dabei läuft es nur selten Gefahr, räumliche oder zeitliche Spezifika zu vernachlässigen, da dies schon in den ersten Kapiteln durch Überblicke zu einzelnen Räumen aufgefangen wird. Der deutliche Schwerpunkt auf den europäischen Diskussionen ist der Quellen- und Forschungslage sowie den logischerweise beschränkten Möglichkeiten eines einzelnen Autors geschuldet. Aber allein die europäische Dimension weiß durchaus schon zu beeindrucken und zeigt die große Kennerschaft Lehners. Sehr deutlich wird bei seinen Ausführungen, wie sehr die katholische Aufklärung in „gesamtaufklärerische" Diskurse eingebunden war – allerdings mit hoher Eigenständigkeit und Originalität, keineswegs bloß reaktiv und rezeptiv, wie es leider bis heute in manchen Handbüchern apodiktisch formuliert wird. Ihre Abgrenzbarkeit gegenüber parallelen Aufklärungen gewann sie aus den spezifischen Gegebenheiten der katholischen Kirchenverfassung (Papst, ausgeprägtes Ordenswesen) und Konfessionskultur (Wallfahrten o.ä.), welche die katholischen Aufklärer vor andere Problemlagen stellten als ihre protestantischen Pendants.

Als zentrale These Lehners tritt immer wieder die Vorgängerfunktion der katholischen Aufklärung für das Zweite Vatikanische Konzil hervor. Die katholische Kirche habe sich infolge der Französischen Revolution in ein „intellectual ghetto" (S. 3) begeben, aus dem sie sich erst im Laufe des 20. Jahrhunderts habe befreien können. Die katholische Aufklärung erscheint dabei als eine Art Verheißung des *aggiornamento*, das Konzil als Durchbruch der katholischen Aufklärung in der Kirche. Die Pointe dabei ist, dass die beiden Phänomene so wechselseitig eine Art rechtgläubige Legitimation erhalten: *aggiornamento* und Zweites Vaticanum erscheinen als Teil einer innerkatholischen Tradition, und die Positionen der katholischen Aufklärung wiederum werden durch das Konzil quasi justifiziert. Lehner überstrapaziert diese Erzählung jedoch, wenn er sie auch auf die Forschungsgeschichte zur katholischen Aufklärung überträgt und mit den Diskussionen im direkten Vorfeld des Konzils in einen zeitlichen Zusammenhang rückt. So finden die Arbeiten Sebastian Merkles und die Diskussionen um die katholische bzw. kirchliche Aufklärung in der ersten Hälfte des letzten Jahrhunderts zum Beispiel keine Erwähnung. Dies könnte zwar damit begründet werden, dass sich das Buch insgesamt eher an ein anglo-amerikanisches Publikum zu richten scheint; aber auch für dieses wäre ein weniger stark auf die Hauptthese zugeschnittener Forschungsüberblick vielleicht nicht uninteressant gewesen.

Insgesamt scheint sich das Buch nicht unbedingt an Kenner der katholischen Aufklärung zu richten, sondern vor allem dazu zu dienen, ein breiteres Publikum über die katholische Aufklärung zu informieren. Lehners Werk liest sich manchmal fast schon als Apologie, etwa wenn darauf hingewiesen wird, dass Fernando Galiani die frühen Menschen als Affen bezeichnete – „a hundred years before Darwin“ (S. 44). Auch die eingangs erwähnte Vergessenheit der Geschichte der katholischen Aufklärung ist wohl eher auf eine breite öffentliche Wahrnehmung als auf die Fachwissenschaft bezogen. So ist Lehners Buch wohl auch als ein innerkatholischer publizistischer Debattenbeitrag zu verstehen, der vor allem die Positionen von Denkern aus den Reihen der katholischen Aufklärung als Teil katholischer Tradition breit darstellt und einordnet – die sich daran anschließenden schwierigen Fragen nach der praktischen Wirkung dieser Gedanken wären an manchen Stellen sicherlich spannend gewesen, hätten dann aber Umfang und Möglichkeiten einer solchen Monographie wohl überstiegen.

Diese Anmerkungen sollen jedoch ausdrücklich nicht bedeuten, dass das Werk für Leser vom Fach von geringem Interesse wäre. Der etwas populären Ausrichtung ungeachtet, steckt es nämlich voll mannigfacher Informationen und Anregungen. Die Dichte der Beschreibung, die mühelose Verbindung von Argumenten und Beispielen, die große Kenntnis der Quellen – nicht nur für einen Spezialfall, sondern zeitlich wie räumlich weit ausgreifend – machen das Buch zu einer empfehlenswerten Lektüre für alle an der Aufklärung (keineswegs nur der katholischen) Interessierten. Dennis Schmidt

Karl-Heinz Braun / Hugo Ott / Wilfried Schöntag (Hg.), Mittelalterliches Mönchtum in der Moderne? Die Neugründung der Benediktinerabtei Beuron 1863 und deren kulturelle Ausstrahlung im 19. und 20. Jahrhundert (Kommission für geschichtliche Landeskunde, Reihe B, Bd. 205), Stuttgart: W. Kohlhammer 2015. X, 237 S., 37 s/w Abb., 7 Farbtafeln, Register. ISBN 978-3-17-029890-3. € 28,–

Das im Oberen Donautal 1077 entstandene, 1097 vom Papst bestätigte Kloster wurde 1146 in ein Augustinerchorherrenstift umgewandelt. Im 16. und 17. Jahrhundert vollzog sich ein religiöser und damit auch wirtschaftlicher Niedergang. 1687 zur Abtei erhoben, fiel sie 1902 durch die Säkularisation an die Fürsten von Hohenzollern-Sigmaringen. 1863 überließ die Fürstin-Witwe Katharina die leer stehenden Gebäude mit der Abtei- und Pfarrkirche St. Martin und Marie dem Benediktinerorden. Die Abtei wurde durch das preußische Klosteraufhebungsgesetz 1875 aufgehoben, aber zwölf Jahre später neu besiedelt. Sie errang durch Gründung in- und ausländischer Klöster bald weltweiten Ruf, woran die Beuroner Kunstschule, das Palimpsest- und das Vetus-Latina-Institut ihren jeweiligen Anteil hatten.

Die Kommission für geschichtliche Landeskunde in Baden-Württemberg konnte im Mai 2013 eine Tagung im Festsaal der Erzabtei durchführen, deren Vorträge im vorliegenden Band dokumentiert werden. Volker Trugenberger schildert ausführlich die Bedeutung des Hauses Hohenzollern für das Benediktinerkloster. Ewald Frie beleuchtet die Entdeckung des monastischen Mittelalters durch König Friedrich Wilhelm IV. und dessen Engagement für die Denkmalpflege. Dem Thema „Beuron zwischen christlicher Zins-Sehnsucht und kaiserlicher Politik“ widmet sich Oliver Kohler am Beispiel des Klosters „Dormitio“ in Jerusalem.

Der Devise der aufgeklärten Mönche des 18. Jahrhunderts „Nützlich werden und nützlich bleiben der Kirche und dem Vaterland“ spürt Franz Quarthal nach. Zum Befassen mit

Philosophie und Theologie trat die Beschäftigung mit den Naturwissenschaften, wobei man über die Buchlektüre hinausging. Zu den Bibliotheken traten Naturalienkabinette, die sich aus bloßen Kuriositätensammlungen zu Räumen mit physikalischen Geräten entwickelten.

Viele Konventualen studierten an Universitäten und wirkten als Professoren, z.B. in Salzburg. Den unberechtigten Vorwürfen der Aufklärung, die Klöster seien nutzlose Tempel der Unwissenheit und des Aberglaubens, setzte man so ein anderes Bild gegenüber. Das lässt sich etwa am Deckengemälde des Schussenrieder Bibliothekssaal demonstrieren, wo in Grisaillemalerei die angewandten Wissenschaften vom Festungsbau über Altertumskunde bis zur Handelswissenschaft dargestellt sind. Kurzum: die Abtei bekannte sich zum enzyklopädischen Bildungsideal ihrer Zeit.

Karl-Heinz Braun befasst sich mit der (liberalen) Kritik am Mönchtum im 19. Jahrhundert. Er kommt dabei zu dem Ergebnis, dass „die Angst vor Politisierung und Fanatisierung von Religion bei der Beuroner Klostergründung gänzlich unbegründet" war. Die Frage, ob Beuron zu einem „mittelalterlichen Reformkloster des 19. Jahrhunderts" geworden ist, kann Andreas Sohn positiv beantworten. In dieser Angelegenheit spielte die französische Reformabtei Molesmes unter ihrem Abt Guéranger eine wichtige Rolle. Doch in der Verbindung von Spiritualität, Askese und Ästhetik konnte Beuron innerhalb weniger Jahrzehnte dieses Kloster als Hauptmotor der benediktinischen Ordensreform ablösen, wie Cyrill Schäfer OSB nachweisen kann, indem er Gründungsschema, Gemeinschaftsvision, geistliches Profil und Programm hervorhebt.

Der Nationalsozialismus ist natürlich auch an Beuron nicht vorbeigegangen. Abt Raphael Walzer konnte die Konflikte innerhalb des Konvents nicht bewältigen und resignierte 1937. Ab 1934 waren weitgehende Einschränkungen erfolgt (Predigtverbote, Beschlagnahmung religiöser Schriften, Verweisung von Patres). Ein tiefer Einschnitt war die Beschlagnahme der Klostergebäude durch die Wehrmacht für Lazarettzwecke 1942. Eine unrühmliche Rolle spielte in dieser Zeit Pater Hermann Keller als Mitarbeiter des SD. Die Erzabtei war als solche kaum mehr arbeitsfähig, in ihrer Existenz und materiellen Substanz aber langfristig gesichert.

Ende März 1945 zog ein Teil der Philosophischen Fakultät der Universität Freiburg mit etwa 6 bis 8 Professoren und 17 Studenten, Doktoranden und Assistenten ins Obere Donautal nach Beuron, Burg Wildenstein und Leibertingen. Die Professoren hielten hier im „Phantomsommersemester" Vorlesungen; die Universität Freiburg konnte erst im Wintersemester ihren Betrieb aufnehmen. Martin Heidegger hielt am 27. Juni in Hausen i.T. seinen letzten Vortrag in seiner Position als Ordinarius. Sein Schlusssatz: „... es bedarf der Selbstbesinnung im wechselweisen Gespräch der Völker miteinander".

Katharina Seiffert berichtet von den Beuroner Jahren 1928–1933 der „Virgo sapiens" Edith Stein. Die in Breslau geborene, aus jüdischer Familie stammende hatte in Göttingen studiert und bei Edmund Husserl promoviert. Seit ihrem 15. Lebensjahr dem jüdischen Glauben entfremdet, wurde Edith Stein durch die Lektüre der Vita der Hl. Teresa von Avila, der spanischen Karmelitin, Mystikerin, Ordensreformerin und Kirchenlehrerin, geprägt. Seit 1921 war es ihr Ziel, nicht in den Benediktinerorden, sondern in den Karmel aufgenommen zu werden. Als Sr. Teresia Benedicta a cruce – sie war acht Jahre lang Lehrerin bei den Dominikanerinnen in Speyer gewesen – wurde sie 1933 in den Kölner Karmel aufgenommen. Als Jüdin wurde sie trotz ihrer Ordensangehörigkeit in das KZ Auschwitz eingeliefert und dort 1942 ermordet. Ihre außerordentliche intellektuelle Begabung und ihre religiöse Reife und Tiefe wurden zum Anlass, sie 1978 selig und 1988 heilig zu sprechen; 1999 wurde sie schließlich zur „Mitpatronin Europas“ ernannt. Alles in allem: eine ertragreiche Tagung, die ihre Dokumentation verdient hat. Karl-Martin Hummel

Bevölkerungs- und Sozialgeschichte, jüdische Geschichte

Abracadabra, Medizin im Mittelalter. Sommerausstellung 8. März bis 6. November 2016, Katalog zur Ausstellung, St. Gallen: Verlag am Klosterhof 2016. 132 S., farb. Ill. ISBN 978-3-905906-18-9. CHF 25,–

Die Stiftsbibliothek St. Gallen stellt in ihren Sonderausstellungen regelmäßig ausgewählte Stücke ihres einzigartigen historischen Bestands der Öffentlichkeit vor. Die Sommerausstellung 2016 widmete sich dem Thema Medizin im Mittelalter. Hierzu präsentierten Stiftsbibliothekar Cornel Dora und sein Team überwiegend frühmittelalterliche Handschriften, darunter einige der ältesten Überlieferungen bedeutender Werke überhaupt. Von März bis November nutzten über 100.000 Besucher die Gelegenheit, einen Blick auf diese zum UNESCO-Weltkulturerbe gehörenden Bände zu werfen, die sonst nur wenigen Forschern im Original zugänglich sind.

Wer die Ausstellung verpasst hat, kann sich anhand des schmalen Katalogbands nun zumindest einen nachträglichen Eindruck davon verschaffen. Nach Vorwort und Grußworten führt ein Beitrag des Medizinhistorikers Kay Peter Jankrift zur frühmittelalterlichen Heilkunde ins Thema ein und präzisiert zugleich den inhaltlichen Schwerpunkt von Katalog und Ausstellung: Im Fokus steht die Epoche der sogenannten „Klostermedizin“, vom Ende der Antike bis zum 12. Jahrhundert. Krankenpflege und Armenfürsorge entwickelten sich durch ihre Verankerung in der Benediktsregel zu einer wichtigen Aufgabe der Klöster. Im berühmten St. Galler Klosterplan aus dem 9. Jahrhundert, der einen eigenen Spitalbezirk mit Heilkräutergarten vorsieht, kommt dies auch baulich zum Ausdruck. Zwar gab es neben heilkundigen Mönchen immer auch weltliche Ärzte. Doch für diese Epoche waren es die monastischen Gemeinschaften, die Entscheidendes für die Medizin leisteten, durch die Praxis ebenso wie durch die Bewahrung und Pflege des Fachwissens in seiner handschriftlichen Überlieferung.

Weit über den zeitlichen Schwerpunkt der Ausstellung hinaus greift der anschließende Beitrag unter der Überschrift „Vom Klostergarten zum pharmazeutischen Unternehmen“. Autor Frank Petersen ist Leiter der Naturstoffforschung bei Novartis; so dürfte es für ihn naheliegend gewesen sein, der Entdeckung der medizinischen Wirkung von Heilpflanzen ab den frühen Hochkulturen bis zur heutigen Pharmaforschung nachzuspüren. Die Zeit des Mittelalters kann er nur streifen. Mehr Raum hätte einem Grundproblem dieser Epoche gebührt, nämlich dass die Anwendung des aus Antike und Orient übernommenen pharmakologischen Wissens schon deswegen kaum gelingen konnte, weil sich die Pflanzen nicht exakt identifizieren ließen. Neben der im Beitrag erwähnten Renaissance-Malerei lieferten der Buchdruck die technische sowie der Humanismus die geistig-intellektuelle Voraussetzung für eine exakte Abbildung von Pflanzen. Doch ist der große zeitliche Bogen von Petersens Beitrag durchaus vertretbar. Gerade die Abschnitte über die Entwicklung der Chemie und der synthetischen Herstellung von Arzneimitteln regen zur Reflexion darüber an, wie anders die Heilkunst und die Vorstellung von medizinischer Wirksamkeit vor tausend Jahren waren.

Ein grundlegender Unterschied von mittelalterlichen zu heutigen Vorstellungen war die Auffassung von Krankheit und Heilkunde als Teil des göttlichen Heilsplans. Gott selbst als

Christus Medicus galt als allerhöchster Arzt, Heilkundige wirkten als sein Werkzeug. Linderung oder Heilung von Krankheiten und Leiden erhofften die Menschen gleichermaßen auch von den Heiligen der Kirche oder deren Reliquien. Daneben hatten magische Vorstellungen und Praktiken ihren Platz. Viele davon wurzelten im antiken Erbe, so auch das titelgebende Zauberwort Abracadabra. Dieses ist erstmals überhaupt in St. Gallen überliefert, in zwei Abschriften des 9. Jahrhunderts von Quintus Serenus Sammonicus' Liber medicinalis.

Mit dieser spektakulären Überlieferung beginnt der eigentliche Katalogteil. Der Gliederung der Ausstellungsvitrinen folgend, präsentiert er das Thema in sieben Aspekten: Magie und Medizin, das antike Erbe der Medizin, christliche Krankensorge, das Spital, Notker von St. Gallen als Beispiel für einen Arzt des 10. Jahrhunderts, Heilungswunder sowie die Heilkunst im Spätmittelalter. Ein kurzer Epilog zur „Seelenapotheke", der auf Griechisch verfassten barocken Eingangsinschrift zur Stiftsbibliothek, beschließt den Band.

Die Auswahl der Handschriften und (wenigen) Drucke ist geschickt getroffen und macht den Leser nicht nur mit den Vorstellungen, Praktiken und Inhalten der mittelalterlichen Medizin, sondern auch mit ganz zentralen Texten ihrer Überlieferung bekannt. Über die Vita von Gründerabt Otmar, über Einträge zu Notker dem Arzt im Kapiteloffiziumsbuch und der Klosterchronik sowie über den Spitalbezirk-Ausschnitt des Klosterplans gelingt dabei eine stete Rückkopplung an den Ort der Ausstellung selbst.

Ganzseitige, farbige Abbildungen liefern einen sehr guten visuellen Eindruck der vorgestellten Manuskripte. Die kurzen Texte sind gut und verständlich geschrieben und beleuchten das Thema in nahezu allen wichtigen Aspekten. Anatomie und Chirurgie hätten allerdings etwas mehr Platz erhalten können. Leider erschwert die Gestaltung einiger Seiten in schwarzer Druckschrift auf rotem Hintergrund so manchem Patienten der Augenheilkunde die Lektüre.

Schade ist auch, dass der Leser nirgends auf die Codices Electronici Sangallenses (www.cesg.unifr.ch) hingewiesen wird, die nahezu alle der hier erwähnten Bände als Volldigitalisat bereithalten und das Lesevergnügen noch erweitern und vertiefen können. Beim St. Galler Klosterplan hätte ein Hinweis auf die Webseite www.stgallplan.org die Leser sicher mehr bereichert als die Angabe des gedruckten Faksimiles. Auf Interesse wären bestimmt auch einige einleitende Informationen zum Anteil der medizinischen Überlieferung in der St. Galler Stiftsbibliothek und zu ihrer zeitlichen Gewichtung gestoßen.

Insgesamt aber kann dieser Band all denen empfohlen werden, die sich kurz und sehr anschaulich über die Medizin vor allem des Früh- und Hochmittelalters informieren möchten.

Miriam Eberlein

Gerhard Fritz, Geschichte der Sexualität, Von den Anfängen bis zur Gegenwart – Südwestdeutschland und seine Nachbargebiete, Heidelberg u. a.: verlag regionalkultur 2016. 488 S. mit 96 Abb. ISBN 978-3-89735-936-9. Geb. € 39,80

Einen Blick durchs Schlüsselloch – nicht weniger verspricht die aktuelle Publikation von Gerhard Fritz, die Zugang gewähren will zu einer „Geschichte der Sexualität. Von den Anfängen bis zur Gegenwart". Im Fokus der Untersuchung stehen dabei der südwestdeutsche Raum und die angrenzenden Gebiete, in denen das Thema Sexualität von der Steinzeit bis heute beleuchtet werden soll. Getreu diesem Ansatz folgt die Arbeit einem weitgehend chronologischen Aufbau, bietet aber auch Platz für die eingehende Betrachtung von Einzelaspekten, die dem Verfasser für die Geschichte der Sexualität von Bedeutung erscheinen.

Je nach Überlieferungsstand der jeweiligen Epoche dienen unterschiedlichste Quellen der Erhellung sowohl normativer Vorgaben als auch gelebter Praxis.

Den Auftakt der Untersuchung bildet die Vor- und Frühgeschichte Südwestdeutschlands, für die die Quellenlage jedoch allenfalls Hypothesen zulässt. Ähnlich vage müssen auch Überlegungen zum Sexualverhalten der Kelten und der Bewohner des Römischen Reiches bleiben, die daher auch nur knapp behandelt werden. Anders hingegen stellt sich die Betrachtung des Mittelalters und der Frühen Neuzeit dar, die sich auf eine wachsende Zahl schriftlicher Zeugnisse stützen kann und den zeitlichen Schwerpunkt der Arbeit bildet. Hier sind es insbesondere die literarischen Texte der Zeit, die eine bemerkenswerte Freizügigkeit bei der Thematisierung von Sexualität erkennen lassen.

Als zentrale Quelle und reicher Fundus für zahlreiche Einzelbeispiele dient Gerhard Fritz dabei vor allem die Chronik der Grafen von Zimmern. Auch sie gäbe Aufschluss über die Sexualpraktiken südwestdeutscher Adeliger, Bürger und Bauern und vermittele den Eindruck einer Sexualpraxis weit jenseits normativer Schranken. Zwar habe es weder von kirchlicher noch von staatlicher Seite an Bemühungen gemangelt, die Sexualität der Gemeindemitglieder und Untertanen auf Geschlechtsverkehr innerhalb der Ehe zu beschränken, doch schienen diese nur begrenzt von Erfolg gekrönt worden zu sein. Vielmehr habe sich die Kluft zwischen restriktiver Norm und freizügiger Realität im 19. Jahrhundert sogar noch vergrößert, als unter dem Einfluss der Industrialisierung Sexualität und Geburt sich noch weniger in ehelichen Betten abzuspielen schienen. Dabei sei es nicht nur die Sexualmoral der Landbevölkerung, sondern auch die der Arbeiter gewesen, die in zunehmendem Widerspruch zu kirchlichen und staatlichen Vorschriften gestanden hätten.

Im folgenden 20. Jahrhundert schreibt Fritz tiefgreifende Veränderungen der Sexualität der Zunahme und Ausbreitung von Geschlechtskrankheiten im Zuge des 1. Weltkriegs zu sowie der später einsetzenden offensiven Politisierung der Sexualität in der NS-Zeit. Letztere habe durch ihre betonte Körper- und Lustorientierung schließlich auch den Weg für die „sexuelle Revolution" der 1960er Jahre bereitet, der letztlich eine Kommerzialisierung der Sexualität gefolgt sei.

Gerhard Fritz nimmt seine Leser mit auf eine abwechslungsreiche Tour d'Horizon durch mehr als 2.000 Jahre südwestdeutscher (Sexual-)Geschichte, von der er – genährt durch zahlreiche unterhaltsame Einzelbeispiele – ein farbenfrohes Bild entwirft. Der Weite des Ansatzes geschuldet, kann er freilich nur Einblicke in bestimmte Facetten der Sexualgeschichte bieten, die sich weitgehend an seinen Forschungsschwerpunkten orientieren. Wünschenswert wäre eine eingehendere Reflexion ihrer Auswahl wie auch der theoretischen Prämissen der Arbeit im Allgemeinen gewesen. Als ebenso hilfreich hätte sich auch die Formulierung einer konkreten Fragestellung erweisen können, um dem Leser Orientierung in der Vielzahl der Einzelaspekte zu bieten.

Problematisch erscheint an der Untersuchung von Fritz der Umgang mit den Quellen. Obwohl schriftliche Zeugnisse zum Sexualverhalten der überwiegenden Mehrheit der Bevölkerung meist fehlen, werden Erkenntnisse, die anhand einer sehr begrenzten Überlieferung gewonnenen wurden, verallgemeinert. Die für die Neuzeit verfügbare große Fülle an Quellenmaterial findet hingegen nur vergleichsweise wenig Niederschlag, gerade in der Auseinandersetzung mit der Sexualgeschichte des 20. und 21. Jahrhunderts. Befremdlich erscheint an manchen Stellen auch die geringe wissenschaftliche Distanz, die zum Forschungsgegenstand gewahrt wird. Besonders deutlich tritt diese bei der Auseinandersetzung mit der Prostitution hervor, die – nach Fritz – seit den 1970er Jahren zunehmend von „Ausländern" kontrolliert wird. Diese von ihm negativ bewertete Entwicklung fügt sich ein in eine grundsätzliche Mahnung vor den möglichen Folgen einer Zuwanderung, wie sie der deutsche Südwesten in der jüngsten Vergangenheit erfahren hat. Da es dazu noch an fundierter Forschung fehlt, entsteht hier der Eindruck eines persönlichen Stimmungsbildes, das zu einer vertieften Auseinandersetzung gerade mit diesem Aspekt süddeutscher Sexualgeschichte anregt.

Regina Grünert

Fürstinnen und Konfession. Beiträge hochadliger Frauen zu Religionspolitik und Bekenntnisbildung, hg. von Daniel GEHRT und Vera VON DER OSTEN-SACKEN (Veröffentlichungen des Instituts für Europäische Geschichte Mainz, Beiheft 104), Göttingen: Vandenhoeck & Ruprecht 2015. 381 S. ISBN 978-3-525-10136-0. Geb. € 75,–

Die Untersuchung von Handlungsspielräumen adeliger Frauen in der Vormoderne hat in den letzten zwanzig Jahren einen erheblichen Aufschwung genommen – einmal vor dem Hintergrund der intensivierten und erweiterten Adelsforschung, zum andern aber nicht zuletzt bedingt durch die Konjunktur der Frauenforschung.

In dem hier vorzustellenden Tagungsband – Ergebnis eines Symposions des Instituts für Europäische Geschichte in Mainz und der Forschungsbibliothek Gotha – wird nun ein besonderer Aspekt behandelt, der die Rolle adeliger Damen, vor allem Fürstinnen als Gemahlinnen oder Witwen im Zeitalter der Konfessionalisierung in den Fokus nimmt, also in jenem „langen" 16. Jahrhundert, das von der Reformation bis zum Dreißigjährigen Krieg reichte.

Der Band wird eröffnet durch einen Überblick von Heide Wunder, emeritierte Professorin in Kassel, die für die Geschichte der Frau in der frühen Neuzeit als ausgesprochene Expertin hervorgetreten ist. Schon hier werden erstaunliche Möglichkeiten von Fürstinnen sichtbar, aber auch der Einfluss ihrer persönlichen Frömmigkeit auf ihr Handeln wird deutlich – sowohl auf katholischer Seite als auch im reformatorischen Bereich. Besonders hervorzuheben sind etwa die Korrespondenzen, die eine ergiebige Quelle darstellen und noch intensiverer Auswertung bedürfen, aber auch Testamente, die hier vielfach einschlägig sind.

Die übrigen Beiträge beschäftigen sich im Wesentlichen mit protestantischen Territorien Nord-, Mittel- und Westdeutschlands und deren Regentinnen, Gemahlinnen oder Witwen, wobei auch die jeweilige persönliche Frömmigkeit in überzeugender Weise deutlich wird. Ein Schwerpunkt liegt dabei auf der Rolle der Herzogin Dorothea Susanna von Sachsen-Weimar (1544–1592) – geschuldet wohl dem Tagungsort Schloss Friedenstein bei Gotha –, deren Herrschaftspraxis und Memorialkultur als Witwe in mehreren Aufsätzen beschrieben wird. Inwieweit Frömmigkeit und Einfluss auf Konfessionalisierung auch für andere hier nicht behandelte protestantische Territorien – also etwa Württemberg – Gültigkeit besitzen, muss allerdings vorläufig offenbleiben, wird aber auf jeden Fall als wichtiges Forschungsdesiderat deutlich.

Wie dem auch sei, der Band bildet in jedem Fall interessante Anregungen grundsätzlicher Art über die Rolle adeliger Frauen im Prozess der Konfessionalisierung deutscher Territorien und liefert außerdem neue Erkenntnisse über Handlungsspielräume adeliger Frauen.

Bernhard Theil

Hubert Wolf, Die Nonnen von Sant'Ambrogio. Eine wahre Geschichte, München: C.H. Beck 2013. 544 S. mit 10 Abb. und 3 Graphiken. ISBN 978-3-406-64522-8. Geb. € 24,95; als Taschenbuch dtv 2015. € 14,90

Dieses Buch hat Furore gemacht – weit über den Kreis der Fachkollegen des Autors, Professor für Kirchengeschichte an der Universität Münster, hinaus. Es wurde sogar in der überregionalen Presse eingehend besprochen, etwa in der ZEIT, im Spiegel, in der Neuen Zürcher Zeitung oder in der Süddeutschen Zeitung. Inzwischen in mehreren Auflagen ist es auch als Taschenbuch erschienen. So mag es berechtigt sein, auch in einer landesgeschichtlichen Fachzeitschrift darauf zurückzukommen, zumal, abgesehen von der schwäbischen Vergangenheit des Autors, auch ein inhaltlicher Bezug zu Südwestdeutschland vorliegt, nämlich in einer der Hauptpersonen der „Handlung" – der Fürstin Katharina von Hohenzollern (1817–1893). Ihre Geschichte war und ist bekannt: Katharina, geborene Hohenlohe-Schillingsfürst, zweimal verwitwet, zuletzt verheiratet mit dem Fürsten Karl von Hohenzollern-Sigmaringen, war eine fromme Frau, die sich nach dem Tod Karls für ein Klosterleben entschied. Sie ist bekannt geworden durch ihren Einsatz bei der Gründung des Klosters Beuron. Vorher aber war sie nach Rom übersiedelt und trat dort in das franziskanische Terziarinnenkloster Sant'Ambrogio ein. Dort wurde ein Mordanschlag mit Gift auf sie verübt, den sie knapp überlebte – wohl nur wegen ihrer Leibesfülle. Mit Hilfe ihres Verwandten, des Kurienerzbischofs und späteren Kardinals Gustav Adolf von Hohenlohe – der Autor des vorliegenden Buches hat über ihn in den Schwäbischen Lebensbildern eine vorzügliche Biographie verfasst (Bd. XVIII, S. 350–375) –, gelang es ihr schließlich, aus dem Kloster zu entkommen.

Allerdings gab es über die damit zusammenhängenden Vorgänge und das betreffende Kloster offenbar wilde Gerüchte, wobei die bekannten Tatsachen durcheinander gerieten. So berichtete der württembergische Konsul Karl von Kolb am 4. Mai 1861 an den württembergischen Kabinettschef: „Wir haben hier vor einigen Wochen einen Nonnenskandal gehabt, indem es sich herausstellte, dass in einem Kloster sieben Nonnen auf einmal schwanger waren. – Der Heilige Vater ist mit Seiner gewöhnlichen Hitze hineingefahren und hat das ganze Kloster aufgehoben, während man früher gewiss versucht haben würde, die frommen Gläubigen nicht durch einen solchen Skandal zu ärgern. Von dem obigen Nonnenkloster waren übrigens auch schon andere bedauerliche Sachen vorgekommen. – Die Fürstin Witwe von Hohenzollern war vor einigen Jahren als einfache Nonne in dasselbe getreten, und es wurde daselbst der Versuch einer Vergiftung an ihr gemacht. Schon dazumal wurde eine Nonne zum Tode verurteilt und auf Bitten der Fürstin zu lebenslänglicher Zwangsarbeit begnadigt. – Von diesem Vorfall verlautete früher Nichts im Publikum und erst bei dem neuen Skandal ist die Sache bekannt geworden."

Nunmehr ist Wolf, einer der besten Kenner des vatikanischen Geheimarchivs, im Zuge seiner Forschungen in den Inquisitionsakten des 19. Jahrhunderts der Sache auf den Grund gegangen. Er hat, wenn auch an entlegener Stelle, die Akten des Prozesses ermittelt, der auf die Anzeige der Fürstin Katharina hin vom Heiligen Offizium gegen die führenden Personen des Klosters sowie die Beichtväter der Nonnen angestrengt wurde, und Vernehmungsprotokolle und Entscheidungen minutiös ausgewertet. Dabei ist ein geradezu abenteuerliches Gemisch aus absonderlicher Sexualität, angemaßter Heiligkeit, Heiligenverehrung und Marienkult zutage getreten, außerdem sind Einzelheiten über die Vergiftungsversuche an der Hohenzollernfürstin deutlich geworden, die einem Kriminalroman alle Ehre bereiten würden. Dies ist vor allem der Grund, warum das Buch heute noch Wirbel verursacht, nicht zuletzt auch deshalb, weil die Schlüsselfigur des Ganzen, einer der Hauptangeklagten, ein deutscher Jesuitenpater Joseph Kleutgen, der als Beichtvater unter dem Namen Peters im Kloster wirkte, zugleich aber einer der führenden neuscholastischen Theologen war mit engen Beziehungen zu Papst Pius IX. Dabei bietet das Buch bei aller spannenden Schilderung eine sehr sorgfältige, umfassende wissenschaftliche Darstellung. Die kirchengeschichtlichen und theologischen Implikationen können hier freilich nicht im Einzelnen dargestellt oder gar kritisch bewertet werden, doch sei eine Nachfrage gestattet. Kann von dieser Geschichte, von der Wolf an einer Stelle einmal sagt, sie sei ein „Solitär", die jedenfalls aber einen extremen Fall darstellt, auf weitreichende kirchenhistorische Entwicklungslinien im Vorfeld des Ersten Vatikanischen Konzils geschlossen werden? Bernhard Theil

Jörg Wagenblast, Die Tübinger Militärpsychiatrie im Zweiten Weltkrieg (Contubernium, Bd. 84), Stuttgart: Franz Steiner Verlag 2016. 103 S. ISBN 978-3-515-11217-8. € 36,–

Auffallend selten findet man in der Presse Artikel zur sog. Posttraumatischen Belastungsstörung (PTBS) bei Bundeswehrsoldaten nach ihrem Kriegseinsatz in Afghanistan, zumal die deutsche Öffentlichkeit 2008 durch zwei Filme für dieses Thema sensibilisiert wurde. Dass psychische Folgen des Kriegseinsatzes eine lange Geschichte haben, zeigt die medizinhistorische Forschung. So gerieten Soldaten, die mit dem Grauen des Krieges nicht zurechtkamen und psychische bzw. psychosomatische Symptome zeigten, erstmals im Laufe des Ersten Weltkriegs in den militärischen und psychiatrischen Fokus, weil ihre Zahl so rasant anstieg. Da viele von ihnen ein unkontrolliertes Zittern aufwiesen, wurden sie auch „Kriegszitterer" genannt.

Die Frage, was genau diese Symptome hervorrief, wurde in ärztlichen Kreisen kontrovers diskutiert. Zur Disposition standen: Simulation, Flucht in die Krankheit, um dem weiteren Fronteinsatz zu entgehen, „Rentenneurose", „Nervenschwäche", „Neurasthenie", „Kriegsneurose", „Psychopathie", aber auch schon „Minderwertigkeit". Die militärärztliche Beschäftigung mit dieser Personengruppe fußte zum einen auf der Befürchtung, die Symptome könnten sich unter den Soldaten noch weiter ausbreiten – worunter auch die „Schlagkraft" des Heeres leiden würde, zum anderen auf der Furcht vor einer riesigen Zahl von Versorgungsfällen nach dem Ende des Krieges.

Im Zweiten Weltkrieg wurde die Diskussion über die Gründe der erneut bei den Kriegsteilnehmern auftretenden Symptome nicht mehr geführt. Hier ging es nur noch darum, die Betroffenen auszusondern, wieder frontfähig zu machen oder, im Ausnahmefall, eine Erkrankung anzuerkennen. Die medizinhistorische Forschung zu diesen Opfern v.a. des Zweiten Weltkrieges weist noch Desiderate auf.

Der Mediziner Jörg Wagenblast hat durch seine Dissertation über die Patienten der Tübinger Militärpsychiatrie eine bedeutende dieser Lücken geschlossen. In seiner Arbeit hat er 316 Krankenakten von insgesamt 6.000 Soldaten, die in der Lazarettabteilung der Tübinger Nervenklinik behandelt wurden, ausgewertet. Sein Sample setzt sich aus den Patienten zusammen, bei denen „Psychopathie", „psychogene Reaktion" oder „Neurasthenie" diagnostiziert worden war. Neben einer Skizzierung des Forschungsstandes zum Thema gibt Wagenblast auch eine gute und knappe Zusammenfassung über den Wandel der Bezeichnung „Kriegstrauma", bevor er die Ergebnisse seiner Analyse der Krankenakten präsentiert. Ihn interessierten die Fragen, wie die Mediziner auf diese Patientengruppe reagierten, und „ob sie im Laufe des Krieges von der Lehrmeinung der grenzenlosen Belastbarkeit der menschlichen Seele abrückten“ (S. 18).

Zudem untersuchte Wagenblast anhand von 81 Patienten die Begutachtungspraxis der Tübinger Psychiater, um herauszufinden, „ob ihre Diagnose vermeintliche Simulation, Selbstverstümmelung und Disziplinverstöße exkulpierte“, und ob in ihrer Begutachtung die Vorgaben der Heeressanitätsinspektion umgesetzt wurden oder nicht (ebd.). Das konnte vor allem bei dem Verdacht auf Simulation und bei Disziplinverstößen existentielle Folgen für die betreffenden Soldaten haben. Schließlich wurde auch die ärztliche Behandlung dieser Patientengruppe in den Fokus gestellt.

Mit seiner Analyse kann Wagenblast frühere Thesen über die Kriterien der Begutachtung bei Disziplinverstößen korrigieren, und er kann zeigen, dass die „Psychotherapie“ (darunter energisches Zureden, Hypnose, Exploration mit dem Patienten über seine Persönlichkeit) die häufigste Behandlungsform in Tübingen gewesen ist. Überhaupt verdient seine Arbeit, die für eine medizinische Dissertation weit über das hinausgeht, was man normalerweise erwarten kann, großes Lob. Dass Krankenakten ausgewertet werden, gehört immer noch nicht zu den Selbstverständlichkeiten in der Medizingeschichte. Seine differenzierte Untersuchung und ihre konzise Darstellung sucht ihresgleichen. Gerne hätte man sich zwar noch einiges mehr gewünscht, so eine Thematisierung der Rolle von Angehörigen und des nicht-ärztlichen Lazarettpersonals bei der Behandlung, eine genauere Aufschlüsselung der medikamentösen Therapie und vielleicht etwas zur Patientensicht. Auch lässt der Schluss Fragen offen. Dennoch muss man der Arbeit großen Respekt zollen.

Sylvelyn Hähner-Rombach

Verräter? Vorbilder? Verbrecher? Kontroverse Deutungen des 20. Juli 1944 seit 1945, hg. vom Haus der Geschichte Baden-Württemberg, Berlin: Frank & Timme 2016. 268 S. ISBN 978-3-7329-0276-7. € 19,80

Der Widerstand gegen den Nationalismus stellt seit etwa dreißig Jahren einen immer wichtiger werdenden Bezugspunkt historischer Erinnerung in der Bundesrepublik dar. Seit der Mitte der fünfziger Jahre trat eine Ritualisierung durch politische Staatsakte ein. Stauffenbergs Anschlag wurde im Laufe der Jahre als Ausdruck des Willens des Gesamtwiderstandes begründet, Deutschland von der nationalsozialistischen Herrschaft zu befreien. Inzwischen findet alljährlich am Jahrestag des Anschlags, den Stauffenberg auf Hitler verübte, die Vereidigung junger Rekruten aller Waffengattungen statt. Indem der militärische Widerstand in den Mittelpunkt geschichtspolitischer Manifestationen gerückt wird, wird deutlich gemacht, dass es in der Bundeswehr nicht nur die „Innere Führung“ gibt, sondern dass die Grenze von Befehl, aber auch von Gehorsam zu einer Maxime soldatischen Handeln wurde.

Das war nicht immer so. Noch in den sechziger Jahren war der Widerstand nicht allgemein anerkannt, auch nicht im Südwesten, der eine Reihe bedeutender Regimegegner hervorgebracht hat. Von diesen ist in dem vorliegenden Sammelband allerdings weniger die Rede, sondern es geht um Konjunkturen der Erinnerungen. Die letzten heftigen Debatten brachen Mitte der achtziger Jahre, dann noch einmal 1989 nach dem Mauerfall und 1994 aus, als die Integration des westdeutschen und des ostdeutschen Geschichtsbildes im bis dahin geteilten Deutschland noch einmal zum Politikum gemacht werden sollte. Seitdem hat sich ein „integrales Widerstandsverständnis“ durchgesetzt, das den Willen spiegelt, die Tatsache der Regimegegner in das Zentrum von Betrachtung und Würdigung zu rücken. Manche dieser Debatten sind heute schwer verständlich. Entscheidende Voraussetzung einer Neubewertung war die Einsicht der Deutschen in den verbrecherischen Charakter des NS-Staates. Immer aber ging es auch um parteipolitische Traditionen, die durchgesetzt werden sollten. Deshalb spricht Dieter Dowe von „Aushandlungsprozessen“, die eine Würdigung unterschiedlicher und gegensätzlicher Traditionen ermöglichen konnten.

Weshalb sich der Widerstand gegen den Nationalsozialismus in besonderer Weise eignete, Geschichtsdebatten zu führen, macht der Tagungsband deutlich, ohne alle Fragen beantworten zu können. Denn er zeigt vor allem am Exempel, dass dieser Bereich historischen Erinnerns nicht nur eine eigene Geschichte, sondern auch eine grundsätzliche geschichtspolitische Bedeutung hatte, die – auch das Lutherjahr zeigt es – vor allem sichtbar macht, in welcher Weise die Gegenwart einen Schlüssel zur Deutung der Vergangenheit bietet.

Bei dem Versuch, am Beispiel des Widerstands Erinnerungs- und Gedenkgeschichte in den Blick zu rücken, kommt nach ihrer weithin beachteten Widerstands- und der davon unabhängig realisierten Rommelausstellung dem Stuttgarter Haus der Geschichte eine wichtige Rolle zu. Dabei wird zunächst deutlich, in welchem Maße die nationalsozialistische Propaganda das Bild der Deutschen vom gescheiterten Versuch bestimmte, die Befreiung von der nationalsozialistischen Herrschaft aus eigener Kraft zu versuchen. Christoph Cornelißen zeigt in einem überzeugenden und umsichtigen Beitrag die entscheidenden Konjunkturen auf, die die deutsche Erinnerungskultur prägten. Er macht deutlich, dass zunächst die Alliierten die Berufung auf den Widerstand erschwerten, ehe die Westdeutschen dann um Deutungen rangen. Die damals gängige These von der Kollektivschuld wurde durch den Widerstand nicht nur relativiert, sondern ermunterte deutsche Politiker, mit der Erfahrung des Widerstands auch das Recht auf die Rückkehr in den Kreis der zivilisierten Nationen zu betonen. So trat in den fünfziger Jahren ein Wechsel ein, der die Würdigung einzelner Regimegegner vorbereitete und ein zumindest offiziell vertretenes, positiv gestimmtes Bild politischer Verantwortung grundierte, auf dem widerstandsgeschichtliche Debatten der sechziger und siebziger Jahre anknüpfen konnten. Bestimmend blieben die Deutungen ehemaliger Militärs, wie Habbo Knoch und Alaric Searle zeigen. Die Landser rechtfertigten ihre Ablehnung des Umsturzes anders als Generäle, sie bezweifelten zugleich die Lauterkeit der Regimegegner, die ja ihrem Land eine Niederlage wünschen wussten, nicht weil sie es verachteten, weil sie es liebten.

Herausragend ist wegen eines ganz überraschenden methodischen Zugriffs der Beitrag von Bernhard R. Kroener. Durch seine nicht nur anregende, sondern auch überzeugend interpretierte Auswertung von Rentenakten der Witwe Fromms, auf dessen Befehl die Attentäter noch in der Nacht zum 21. Juli 1944 erschossen wurden, kann er zeigen, dass zeitgeschichtliche Deutungen nicht nur zeitabhängig sind, sondern vor allem auch sehr situativ interessengeleitet sein können. Im Ringen um eine Hinterbliebenenrente der Witwe Fromms wird deutlich, wie die Argumente wechselten, um sie optimal zielführend zu instrumentalisieren, wer sich einschaltete, um Fromm zu rechtfertigen. Kroener, dem wir eine monumentale Biographie des Befehlshabers des Ersatzheeres verdanken, erwägt verschiedene Erklärungen für dessen Handel in den entscheidenden Abendstunden. Hingerichtet wird er vom NS-Staat dennoch, nicht wegen der Beteiligung am Widerstand, sondern wegen angeblicher militärischer Obstruktion. Ich halte Kroeners Deutungen für anregend, nicht immer für überzeugend im Wohlwollen für Fromm, dem er sogar unterstellt, dieser habe Stauffenberg ein schlimmeres Ende ersparen wollen. Vielleicht war es so – historische Forschung lebt auch von neuen Fragestellungen, Deutungen, Möglichkeiten. Nicht zu bestreiten ist, dass

Kroener eindrucksvoll illustriert, wie Akteure Bilder und Deutungen die Nachlebenden beeinflussten.

Dabei zeigt sich, dass zeithistorische Erklärungen nicht immer die vergangene Realität des Widerstands spiegeln, sondern sich aus nicht selten hochgradig egoistischen Zielen Betroffener erklären, die die eigene Anerkennung in dem Augenblick festigen wollten, als es um ihre Pensions- oder auch Karriereansprüche ging.

Einer der prägenden Publizisten seit den sechziger Jahren, der FAZ-Herausgeber Joachim C. Fest, wird von Magnus Brechtken geradezu demontiert. Nach dem Tod Fests ist das vielleicht an der Zeit, mutig aber ist es nicht, denn Fest kann nicht mehr reagieren. Ebenso erklärungsbedürftig wie dessen Anspruch, zu den nicht nur gut schreibenden Historikern zu gehören, sondern auch in seinen Bewertungen die konservative Historikerzunft zu vertreten, bleibt die Frage, weshalb so viele Historiker sich unter der Verantwortung des FAZ-Feuilletonisten dessen Thesen und Sottisen unterwarfen. Von dieser Abrechnung unterscheidet sich der Versuch von Christopher Dowe und Cornelia Hecht, die Verdunkelungen und Verwerfungen des Bildes der Deutschen von Rommel aufzuhellen. Sie schildern sachlich, wie im Falle Rommels Erinnerung und Gedenken jeweils eine ganz spezifische Geschichte haben und durch Akteure der Geschichtspolitik, der Pädagogik und der Publizistik geformt werden.

Wenn historische Urteile konstellations- und zeitabhängig sind, dann lag es nahe, die wandelbare Deutung des Widerstands gegen den Nationalsozialismus zu erforschen. Inzwischen markiert die Widerstandsgeschichte weder ein Schlagfeld für Argumente noch einen publizistischen Schießplatz. Cornelißen ist zuzustimmen, wenn er die Historisierung des Widerstands konstatiert und begrüßt. Und dennoch: Im Nachdenken über den Widerstand und das Attentat vom 20. Juli 1944 wird mehr als eine ambivalente, durch die deutsche Teilung bestimmten Erinnerungskultur vor das Auge gerückt. Es geht auch um Maßstäbe, also um mehr als nur um das „dynamische Ineinander, gleichzeitig aber auch des Mit- und Nebeneinanders von Erinnerungskonkurrenzen", die sich vor allem in den Medien greifen lassen sollen. Dem Inspirator der Tagung, Christopher Dowe, ist es gelungen, mit diesem Symposium einmal mehr „akteursbezogene Forschungen zum Erinnern an den 20. Juli voranzutreiben" (S. 183 f.) und in „gesellschaftliche Zusammenhänge" zu rücken.

Peter Steinbach

Die dritte Generation und die Geschichte, hg. vom Haus der Geschichte Baden-Württemberg (Laupheimer Gespräche 2015), Heidelberg: Universitätsverlag Winter 2016. 183 S., zahlr. Abb. ISBN 978-3-8253-6630-8. € 16,–

Seit dem Jahr 2000 findet einmal im Jahr im Schloss Großlaupheim eine Tagung statt, die sich mit einem Thema der jüngeren jüdischen Geschichte und dem Verhältnis zwischen jüdischen und nichtjüdischen Deutschen befasst. Die vom Haus der Geschichte konzipierte und der Stadt Laupheim organisatorisch umgesetzte Veranstaltung widmete sich 2015 der „dritten Generation", den „Kriegsenkeln" und ihrer Geschichte. Die Tatsache, dass noch 70 Jahre nach Kriegsende die Generation der so genannten „Babyboomer" – das heißt der zwischen 1960 und 1975 Geborenen – von den Erlebnissen ihrer Eltern und Großeltern, von der Frage nach Schuld und Verstrickung während der NS-Zeit betroffen ist, rückt zunehmend stärker in das Bewusstsein der Öffentlichkeit und wird auch vermehrt in der Forschung aufgegriffen. Vertreterinnen und Vertreter der ersten, zweiten und dritten Generation aus Deutschland, den USA und Frankreich stellten unterschiedliche individuelle und wissenschaftliche Perspektiven zu der Frage des Umgangs mit der Vergangenheit vor, deren Beiträge im vorliegenden Band veröffentlicht werden.

Olivier Guez (Paris) erläutert die Ergebnisse seiner umfangreichen Recherchen über das jüdische Leben in Deutschland seit dem Krieg bis in die unmittelbare Gegenwart, die er 2011 in deutscher Fassung unter dem Titel „Die Heimkehr der Unerwünschten" publiziert hat. Er unterscheidet eine erste Generation – die Juden, die unmittelbar nach dem Krieg nach Deutschland zurückkehrten oder in Deutschland geblieben waren –, die wirklich unerwünscht war, erinnerte sie doch die Deutschen an ihre Irrungen. Ihre Lebensbedingungen in der Zeit der Restauration unter Adenauer waren ausgesprochen schwierig. Die zweite Generation, meist in Deutschland geboren, war mit dem Schweigen, sowohl ihrer Eltern als auch der Gesellschaft, konfrontiert. Diese Generation war es, die Fragen nach der Vergangenheit stellte und so zum Motor der Geschichte wurde, was auch die Auseinandersetzung der Deutschen mit ihrer Nazi-Vergangenheit bedeutete. Die dritte Generation dagegen wuchs in einer Zeit auf, in welcher der Holocaust und Antisemitismus offen diskutiert wurden. Junge Juden und junge Deutsche teilen eine gemeinsame Geschichte und eine gemeinsame Vergangenheit; eine gemeinsame Vergangenheitsbewältigung, so Guez, ermögliche auch die Versöhnung.

Krieg und Gewaltherrschaft können auch 70 Jahre nach der Befreiung das seelische und soziale Leben vollkommen unbeteiligter Menschen noch beeinflussen und womöglich deformieren, hebt der Theologe und Religionswissenschaftler Joachim Süss (Erfurt) hervor. Die „transgendernationale Weitergabe kriegsbedingter Traumatisierungen" ist von individueller und gesellschaftlicher Tragweite. Aus dieser Erkenntnis heraus hat sich eine „Kriegsenkel-Bewegung" entwickelt, die den Einfluss der Kriegskindheit der Eltern und die Geschichte ihrer Familie im weiteren Sinn auf sie selbst untersucht. Die Beschäftigung mit der Familiengeschichte und ihrer Verstrickung in die Schreckenszeit kann auf der persönlichen Ebene eine entlastende Funktion haben, wenn die Wirkungen der „Traumaschatten" auf das eigene Leben aufgedeckt werden.

Cornelia Blassberg, Professorin für neuere deutsche Literatur in Münster, lotet beispielhaft an den Veröffentlichungen zweier aktueller Vertreter der dritten Generation – den Romanen „Himmelskörper" von Tanja Dückers (2003) und „Die Verlorenen" von Daniel Mendelsohn (2006) – die spezifischen Möglichkeiten von Literatur im Gedächtnisdiskurs aus. Literatur lässt sich als wichtiges Medium eines „postmodernen Identitätsprojekts" begreifen; indem sie Erzählmuster entwirft und Lebensbedingungen reflektiert, integriert sie Vergangenes in die Gegenwart und macht diese zukunftsfähig. Literatur habe daher nicht vorrangig die Aufgabe, geschichtliches Wissen und Fakten über die NS-Zeit und den Holocaust zu vermitteln, sondern vor allem Menschen zur Verknüpfung dieses Wissens mit ihren eigenen Gegenwartserfahrungen anzuleiten.

Weitere Beiträge des Bandes stellen persönliche Erlebnisberichte der dritten Generation dar. Yascha Mounk, Jahrgang 1982 und heute als Publizist in den USA lebend, schildert seine Kindheit und Jugend, die er unter anderem in Laupheim, Freiburg und München verbrachte. Seine damaligen Erfahrungen haben ihm vor Augen geführt, dass der Umgang der meisten Deutschen mit seiner jüdischen Herkunft kein normaler war, sondern zwischen Vorurteilen und betontem Wohlwollen schwankte. Mittlerweile glaubt Mounk bei der jüngeren Generation zu erkennen, dass die deutsch-jüdischen Beziehungen ein Stück weit normaler und selbstverständlicher geworden sind.

Susanna Piontek (Detroit) schließlich porträtiert in ihrem Essay zwei junge Menschen der dritten Generation, einen Christen und eine Jüdin. Während der junge Mann aus Leipzig für ein Jahr am Holocaust-Museum in den USA tätig war, wanderte die junge amerikanische Jüdin nach Israel aus und leistete dort Militärdienst ab.

Die Laupheimer Tagung hat wieder einmal ein aktuelles, gesellschaftlich relevantes Thema der christlich-jüdischen Beziehungen aufgegriffen. Die Beiträge verdeutlichen, wie sehr das Verhältnis zwischen Juden und Deutschen, zwischen jüdischen und nichtjüdischen Deutschen auch heute noch maßgeblich durch die Vergangenheit und das Verhältnis zwischen Israel und der BRD geprägt ist. Ein echter Dialog, ehrliche Diskussionen und Reflexionen bei Veranstaltungen wie dieser mögen helfen, offener und unverkrampfter miteinander umzugehen und einen Weg des gemeinsamen Erinnerns zu beschreiten.

Nicole Bickhoff

Matthias Morgenstern / Reinhold Rieger (Hg.), Das Tübinger Institutum Judaicum. Beiträge zu seiner Geschichte und Vorgeschichte seit Adolf Schlatter (CONTUBERNIUM, Bd. 83, Stuttgart: Franz Steiner Verlag 2015. 264 S. ISBN 978-3-515-11128-7. Geb. € 54,–

Die 1954/56 erfolgte Gründung des Tübinger „Institutum Judaicum, bestimmt zur Erforschung des Spätjudentums und zum Austausch mit der jüdischen Philosophie und Theologie der Gegenwart“, geht auf den Tübinger evangelischen Theologieprofessor Otto Michel (1903–1993) zurück. Wie Michel bei der Errichtung betonte, sollte das Institut „aber nicht nur Geschichte und Religiosität des Judentums in Palästina und in der Diaspora erforschen, sondern auch das Gedächtnis bewahren für das was sich in unserer Zeit [gemeint wohl die NS-Zeit] ereignet hat, und immer wieder ein verbindendes Gespräch mit den Juden der Gegenwart suchen“. Die junge Gründung erwarb sich unter Michels Leitung rasch Ansehen und internationale Reputation. Zu Michels 90. Geburtstag 1993 bescheinigte sein Nachfolger Martin Hengel dem Institut, es sei „eine international anerkannte Stätte der Forschung und Lehre, die wesentlich zum Neuaufbau der durch das Dritte Reich und seine Judenverfolgung zerstörten judaistisch-theologischen Arbeit in Deutschland beigetragen hat“. Umso irritierter waren viele, als 2010 einer größeren Öffentlichkeit bekannt wurde, dass Hengel seine eigene NS-Vergangenheit – er war bis 1945 NSDAP-Mitglied und gehörte zeitweilig der SA an – verschwiegen hat.

Die durch diesen Sachverhalt damals angestoßene Beschäftigung mit der Biografie und dem Werk Michels führte zur Diskussion über die christlich-theologischen Forschungen zum Judentum an der Universität Tübingen allgemein von ihren Anfängen unter dem bekannten Theologen Adolf Schlatter (1852-1938), der 1898 nach Tübingen berufen worden war, und dem für seine antisemitischen Äußerungen bekannten Neutestamentler Gerhard Kittel (1888–1948) bis zu Otto Michel. Auf all dies reagierte 2013 das „Seminar für Religionswissenschaft und Judaistik/Institutum Judaicum“ der Evangelisch-Theologischen Fakultät der Universität Tübingen mit einer Fachtagung, die unter dem Thema stand „Otto Michel und das Institutum Judaicum – eine Bestandsaufnahme“. Die damals gehaltenen vier Vorträge bilden die Basis des hier vorliegenden Buches. Allerdings wurden sie mit Ausnahme des letzten ausgearbeitet und umfangreich ergänzt.

Das zeigt sich vor allem am ersten Beitrag (S. 11–147), der mehr als die Hälfte des Buches einnimmt. In ihm befasst sich der Tübinger Judaist Matthias Morgenstern mit Adolf Schlatter, mit seinem Wirken und mit seiner Wirkung, insbesondere mit der Frage, ob es denn so etwas wie eine „Schlatter-Schule" gegeben und wer gegebenenfalls dieser angehört hat. In seinem umfangreichen Aufsatz erläutert er zunächst Schlatters Verhältnis zum Judentum und seine Haltung zum Nationalsozialismus. Deutlich wird dabei Schlatters Konformität mit dem Geist der Zeit, aber auch eine gewisse Gegensätzlichkeit seiner Gedanken, wie dies etwa in seinem bekannten Römerbriefkommentar nachgelesen werden kann, in dem sich einerseits Sätze finden wie „die Christenheit [...] muss wissen, daß die Juden ihre Feinde sind", und andererseits aber auch solche wie „daß die Juden Geliebte Gottes sind". Sodann geht Morgenstern dem Schülerkreis Schlatters nach, verfolgt Gerhard Kittels Werdegang und unheilvolle Rolle im „Dritten Reich", untersucht kurz die Wege der Kittelschüler Walter Grundmann und Karl Georg Kuhn, um schließlich wieder ausführlicher auf Otto Michel, den Nachfolger von Kittel, und Martin Hengel, den Nachfolger Michels, einzugehen. Sein Fazit dazu – auch mit Blick auf die Feststellung, „dass Schlatter zu Beginn des 20. Jahrhunderts einer der wenigen war, die rabbinische Texte überhaupt zum Gegenstand ihrer Forschung gemacht haben" –: „die Zusammenhänge sind zu komplex, als dass die Verwendung des Schulbegriffs sinnvoll wäre".

Im zweiten Beitrag des Buches (S.149–211) kommt der Kirchenhistoriker Reinhold Rieger zum Kernthema „Otto Michel und das Institutum Judaicum in Tübingen" zurück. Nach einer Vorüberlegung zu Michels Zugang zum Judentum beschreibt er die Gründung des Institutum Judaicum, seinen Ausbau, seine inhaltliche Ausrichtung und seine Tätigkeit bis ins Jahr 1982. Seinen Beitrag schließt er ab mit einer Bewertung der Entwicklung von Michels Verhältnis zu Juden und dem Judentum. Nach mehreren kritischen Thesen zu Michel und der NS-Zeit kommt er bezüglich des Institutum Judaicum zum Ergebnis: „Michel widmete das von ihm gegründete und geleitete Institutum Judaicum ausdrücklich dem jüdisch-christlichen Gespräch, der gemeinsamen Erforschung der Geschichte des Judentums und der Bekämpfung des Antisemitismus, die nach der nationalsozialistischen Judenverfolgung Beiträge zu einer ‚geistigen Wiedergutmachung' sein sollten."

Im dritten Beitrag des Buches (S.213–241) geht es ausschließlich um das Judenbild Michels. Gudrun Holtz, Professorin für Neues Testament und Antikes Judentum, orientiert sich dabei an Michels Kommentar zum Hebräerbrief, der – erstmals 1936 publiziert – nach 1949 weitere sechs überarbeitete Auflagen erlebte. Ihre Interpretation seiner Auslegungen und Deutungen macht deutlich, dass Michels Kommentare von „einem erstaunlichen Maß an Kontinuität" geprägt sind (der Hebräerbrief als „Kampf gegen das Judentum"), aber dennoch auch entscheidende Unterschiede aufweisen.

Das Buch beschließt ein Aufsatz von Hans-Joachim Lang, ehemaliger Journalist des Schwäbischen Tagblatts und Tübinger Honorarprofessor, der, das Thema „Institutum Judaicum" ergänzend, unter der Überschrift „Wie sehr die Stadt ihre Juden vermisste" einen sachkundigen, guten Überblick zur Erinnerungskultur in Tübingen nach 1945 bis zum Ende der 1970er Jahre bietet. Darin geht er auch auf das Lebenswerk von Lilli Zapf ein, die mit einer 1961 von Otto Michel ausgestellten Empfehlung Kontakte zu den noch lebenden jüdischen Emigranten Tübingens knüpfte und eine Dokumentation von deren Lebenswegen erstellte. Auf ein ursprünglich vorgesehenes Geleitwort Michels bei der Publikation ihrer Recherchen hat Lilli Zapf dann aber verzichtet. Wilfried Setzler

Familien- und Personengeschichte

Hermann der Lahme, Reichenauer Mönch und Universalgelehrter des 11. Jahrhunderts, hg. von Felix Heinzer und Thomas Zotz unter Mitarbeit von Hans-Peter Schmit (Veröffentlichungen der Kommission für geschichtliche Landeskunde in Baden-Württemberg, Reihe B, Bd. 208), Stuttgart: Kohlhammer Verlag 2016. X, 345 S., 16 s/w Abb., 30 Farbabb. ISBN 978-3-17-030723-0. € 34,–

Es ist ein handliches Kompendium und ein rundum ansprechender Band, den Felix Heinzer und Thomas Zotz aus den Vorträgen einer Weingartner Tagung im Sommer 2013 nebst ergänzenden Beiträgen zusammengestellt haben. Die Tagung in Hermanns des Lahmen Heimat wollte an die 1000. Wiederkehr des Geburtstags dieses mittelalterlichen Mönchs und Gelehrten am 18. Juli 1013 erinnern – eines wahrhaften Universalgelehrten, der seiner außergewöhnlichen geistigen und wissenschaftlichen Leistungen, seiner Erfindungen, Chroniken, Gedichte und Kompositionen wegen zu den bekanntesten Persönlichkeiten des alten Herzogtums Schwaben und weit darüber hinaus zählt. Als er im Jahr 1054 verstarb, widmete ihm Berthold von Reichenau, ein Schüler, eine Lebensbeschreibung, in der vor allem die zahlreichen Werke Hermanns aufgezählt werden.

Bereits im 12. Jahrhundert begannen sich auf dem Kontinent Hermann-Legenden zu verbreiten, und im 13. Jahrhundert setzte der Geschichtsschreiber Matthäus Paris, Mönch in der Abtei St. Alban bei London, seine Darstellung Hermanns mit erhobenem Astrolab an der Hand dem berühmten griechischen Philosophen und Mathematiker Euklid gegenüber. Heinrich von Weißenburg, ein weiterer Schüler Hermanns, spricht in der von ihm hinterlassenen kurzen biographischen Notiz von einem „neuen Aristoteles“ (*in omni liberali scientia* […] *novus philosophus*), und dem Verfasser der Augsburger Annalen erschien Hermann im 11. Jahrhundert gar als „Wunder unseres Zeitalters“ (*nostri miraculum secli*) – eine ebenso prägnante wie zutreffende Bemerkung, das macht der nun vorliegende Tagungsband erneut deutlich. Er erschließt Hermanns Persönlichkeit und sein erstaunliches Werk umfassend, andererseits aber auch auf sehr differenzierte Weise. Auch wenn der Band in erster Linie fachwissenschaftlich ausgerichtet erscheint, kommt er doch in manchen Teilen durchaus einem breiteren Publikum entgegen – das sei gleich vorweg gesagt.

Das Buch enthält 15 Aufsätze und einen abschließenden zusammenfassenden Essay, der den Ertrag des Symposions zu sichern und Perspektiven aufzuzeigen versucht (Steffen Patzold). Es ist ferner gegliedert in fünf Kapitel, die im Großen und Ganzen die Sektionen der Tagung übernehmen und nachzeichnen: Hermann der Lahme: Leben, Umfeld und Nachwirkung; *Hermannus historiographus*; *Hermannus poeta*; *Hermannus musicus et artista*; Zusammenfassung und Ausblick.

Das erste Kapitel gilt dem Menschen Hermann, seinem Leben, dem sozialen Umfeld, dem Nachleben und der Nachwirkung. Die vergleichsweise zahlreichen Beiträge, welche die schon alte Debatte um Hermanns Person und vor allem seine Defizienz oder Krankheit in der Wechselwirkung mit seiner Schaffenskraft und Schöpfungen in einiger Breite und Intensität wieder aufleben lassen, lesen sich höchst spannend. Wir besitzen ja zunächst von Hermann selbst ein ganzes Bündel familiengeschichtlicher Zeugnisse, nämlich die bekannten Eintragungen in der Weltchronik, die seine Vorfahren, die engere Familie und ihn selbst betreffen, daneben die erwähnte biographische Notiz oder Miniatur des Schülers Heinrich von Weißenburg, dann eine Vita inklusive „Werkverzeichnis“ aus der Feder des Schülers Berthold von Reichenau, wo Hermann anlässlich seines Todes sogleich als *Contractus*, „der

Lahme“, portraitiert wird, und schließlich den Eintrag Hermanns im Verbrüderungsbuch seines Reichenauer Klosters im Kreis einiger Vorfahren und Familienangehörigen, um nur die wichtigsten Zeugnisse zu nennen.

Auch wenn die erste Sektion breit angelegt erscheint und sowohl der familiäre Hintergrund Hermanns und das adlige Umfeld der Familie (Thomas Zotz) wie auch das monastische Umfeld ausgeleuchtet werden (Helmut Maurer), also der äußere Rahmen, in dem sich die Gelehrsamkeit Hermanns entfalten konnte, gelingt es nicht, einige elementare Fragen der Biographie Hermanns zu klären. Beispielsweise bleibt offen, an welchem Ort und in welcher geistlichen Kommunität er seit 1020 seine Ausbildung erhielt, ob in Augsburg, wie Walter Berschin in seinem Beitrag unter Hinweis auf die Legende annimmt, oder, wie bislang meist erschlossen wurde, im Kloster auf der Reichenau. In diesem Punkt Sicherheit zu erlangen wäre von erheblichem Interesse für die Beurteilung von Hermanns Wissens- und Bildungshorizont. Ebenfalls mit einem großen Fragezeichen versehen bleibt die Art der Defizienz oder Krankheit des Gelehrten. Einen bemerkenswerten Ansatz verfolgt diesbezüglich Felix Heinzer mit der Thematisierung von körperlicher Unzulänglichkeit und Autorschaft im frühen und hohen Mittelalter, wobei er auf entsprechende Selbstzeugnisse bei Walahfrid „Strabo“ und Notker „Balbulus“ verweist. Anders als jene erwähnt Hermann seine Defizienz selbst nicht; dennoch verbreitete sich das Cognomen *Contractus*, wohl auf Bertholds Vita zurückgehend, bereits im 11./12. Jahrhundert und wurde so zum unverwechselbaren „Markenzeichen“ des gelehrten Mönchs vom Bodensee.

Weitere zehn Aufsätze sind dem schillernden literarischen und quadrivischen Œuvre Hermanns gewidmet (*Hermannus historiographus*; *Hermannus poeta*; *Hermannus musicus et artista*). Die große Chronik, von der im Zusammenhang mit Hermanns familiengeschichtlichen Notizen schon die Rede war, gilt gewöhnlich als sein wichtigstes Werk. Auch wenn Hermann keineswegs der Erfinder einer konsequenten Zählung nach Inkarnationsjahren war, hat er mit seiner mathematischen Begabung und seiner Neigung zu Computistik und Rhythmik die systematische Chronographie in die Chronistik eingeführt und damit zweifellos Standards für die künftige Historiographie gesetzt. „Hermann wird mit seiner Chronik […] zum Ausgangspunkt und zur Quelle der hochmittelalterlichen Chronographie“ (Hans-Werner Goetz, S. 91). Die familiengeschichtlichen Einträge ebenso wie die regionalen historischen Angaben und Aspekte der Chronik, die Heinz Krieg herausarbeitet, erscheinen umso vertrauenswürdiger und wertvoller, als sie ja in das solide chronologische Gerüst des Werkes einbezogen sind.

Das dritte Kapitel gilt *Hermannus poeta*, dem Dichter, und einesteils den liturgischen Dichtungen und deren Nachwirkung (Felix Heinzer; Eva Rothenberger), andererseits aber auch der weniger bekannten und erst neulich modern edierten Vers- und Lasterlehre des *Opusculum Herimanni* (*De octo vitiis principalibus*, oder „Über die acht Hauptlaster“), verfasst für eine unbekannte Frauengemeinschaft (Bernhard Hollick). Sozusagen nahtlos an diese die trivialen Werke Hermanns betreffenden Beiträge schließen solche zu den quadrivialen Werken an, über seine Musik und Musiktheorie (Michael Klaper) und zu der Schrift *De conflictu rithmimachiae*, in der es um die Regeln des auf des Boethius Zahlentheorie beruhenden Zahlenkampfspiels geht (Menso Folkerts). Der Arithmetik und dem Rechnen mithilfe des Abakus gilt ein Beitrag über Hermanns Schrift *Regulae qualiter multiplicationes fiant in abaco* (Martin Heilmann), ein weiterer seinen astronomischen Studien rund um den Astrolab (David Juste), und schließlich würdigt Immo Warntjes den *Computus* und Hermanns bedeutenden Beitrag zur Berechnung des Osterfests.

Auch dieser größere Teil der Weingartner Tagung und des Tagungsbandes erfüllt ohne Vorbehalt die Maßgaben und Ziele, welche die Herausgeber selbst im Vorwort des Buches abstecken, dass nämlich die Tagung vor dem aktuellen forschungsgeschichtlichen Hintergrund „Bilanz ziehen und neue Perspektiven zu Persönlichkeit und Werk des Reichenauer Mönchs und universalen Gelehrten des hohen Mittelalters eröffnen“ (S. VIII) möge.

Alfons Zettler

Friedrich der Siegreiche (1425–1476). Beiträge zur Erforschung eines spätmittelalterlichen Landesfürsten, hg. von Franz Fuchs und Pirmin Spiess (Stiftung zur Förderung der Pfälzischen Geschichtsforschung Reihe B, Abhandlungen zur Geschichte der Pfalz 17), Neustadt an der Weinstraße: Selbstverlag der Stiftung zur Förderung der pfälzischen Geschichtsforschung 2016. 366 S., zahlr. Ill. ISBN 978-3942189170. Geb. € 24,–

Etwa seit der Jahrtausendwende hat der biographische Zugriff auf zentrale Protagonisten wieder verstärkt Einzug in die Forschung zu Fürsten und Höfen im spätmittelalterlichen Reich gefunden. Anders als die häufig noch dynastienahen Geschichtsschreiber der Zeit bis 1918 geht es jedoch keinesfalls mehr darum, Herzöge oder Markgrafen nach Kategorien wie „historische Größe“ oder „Schaffenskraft“ zu bewerten. Vielmehr werden in neueren Publikationen die vielfältigen Anregungen der Sozial- und Kulturgeschichte nutzbar gemacht, um Persönlichkeiten in ihrem historischen Umfeld zu verorten und zu analysieren.

Dieser Ansatz spiegelt sich auch in dem zu besprechenden Sammelband wider, der in mehreren Beiträgen Kurfürst Friedrich I. „den Siegreichen“ in den Blick nimmt. Der Wittelsbacher hat seit dem 19. Jahrhundert immer wieder das Interesse der verschiedenen mediävistischen Disziplinen gefunden. Während Philologen vor allem seine Rolle als höfischer Mäzen untersuchten, standen für Historiker hauptsächlich die Arrogation seines Neffen Philipp, der Konflikt mit Kaiser Friedrich III. und der Sieg bei der Schlacht von Seckenheim 1462 im Mittelpunkt des Interesses.

Diese und andere Themenbereiche werden in den Beiträgen des zu besprechenden Bandes, hervorgegangen aus den Referaten auf einer Tagung in Neustadt an der Weinstraße im Jahr 2012, behandelt. Nach einem kurzen Vorwort der Herausgeber Franz Fuchs und Pirmin Spieß widmen sich die ersten beiden Beiträge dem Themenkreis der Herrschaftslegitimation. Jan-Dirk Müller setzt sich dabei mit der Bedeutung Friedrichs für den sogenannten Heidelberger Frühhumanismus (S. 1–24) auseinander, wobei der Germanist vor allem seine Forschungen und die Arbeiten seines Schülerkreises aus den 1990er Jahren aufgreift. In seinen Ausführungen legt er den Fokus hauptsächlich auf die Chroniken Michel Beheims und Matthias von Kemnats und setzt diese mit den Entwicklungen an Hof und Universität in Heidelberg in Verbindung.

Der nachfolgende Beitrag von Tobias Daniels zum gelehrten Rat Johannes Hofmann von Lieser und dessen Bedeutung für die Herrschaftslegitimation des Kurfürsten (S. 25–48) erwuchs aus der Dissertation des Autors. Anhand eines Fallbeispiels wird deutlich, dass Friedrich bei den Bemühungen um die Anerkennung der Arrogation seines Neffen Philipp eine ganze Maschinerie von juristischen und diplomatischen Prozessen in Gang setzte. Daniels macht dabei deutlich, dass die Verhandlungen der pfälzischen Abgesandten an der Kurie auch ins Reich zurückwirkten und die anderen Großen dazu veranlassten, die Stellung des Wittelsbachers als regierender Kurfürst anzuerkennen.

Ebenfalls den Außenbeziehungen Friedrichs sind die Beiträge von Volker Rödel zur Stellung des Pfalzgrafen im Reich (S. 49–72) und von Jörg Schwarz zu den Beziehungen mit Herzog Karl dem Kühnen von Burgund (S. 73–101) gewidmet. Deutlich wird auch hier, wie stark sich der durch die fehlende kaiserliche Akzeptanz in seinem kurfürstlichen Rang in Frage gestellte Wittelsbacher darum bemühte, auf unterschiedlichen Ebenen Anerkennung zu finden. Mit verschiedenen Reichsfürsten, aber auch mit seinem burgundischen Nachbarn war er um regen diplomatischen Austausch bemüht.

Der Fokus der sich anschließenden Beiträge liegt auf der Residenzstadt Heidelberg. Klaus-Peter Schroeder behandelt die Reform der Universität durch den Kurfürsten im Jahr 1452 (S. 103–117). In seinem Beitrag zu Grablege und Begängnis Friedrichs kommt Thorsten Huthwelker zu dem überzeugenden Schluss, dass der Fürst sich im Franziskanerkloster bestatten ließ, um die Möglichkeit zu haben, dort gemeinsam mit seiner nicht standesgemäßen Ehefrau Klara Tott beigesetzt zu werden. Dies wäre in der der üblichen Grablege der Pfalzgrafen in der Heiliggeistkirche nicht möglich gewesen.

Erneut die Außenbeziehungen des Kurfürsten nehmen die folgenden drei Beiträge des Bandes in den Blick. Carla Meyer widmet sich ausführlich der Rolle der Grafen von Württemberg für die Politik des Pfalzgrafen (S. 139–172). Erwartungsgemäß spielt hierbei besonders die Schlacht bei Seckenheim eine herausgehobene Rolle, jedoch werden auch die Verwicklungen zwischen Friedrich und seiner in erster Ehe mit einem Württemberger verheirateten Schwester Mechthild aufgerollt. Problemen mit der Verwandtschaft des Pfalzgrafen widmet sich auch Hans Ammerich in seiner Untersuchung zu Ludwig I. von Pfalz-Zweibrücken (S. 175–188). Die diametral entgegengesetzten politischen Zielstellungen der beiden wittelsbachischen Vettern führten wiederholt zu militärischen Konflikten. Quasi als Fortsetzung lesen sich insofern die Ausführungen von Thorsten Unger, der sich mit dem Weißenburger Krieg auseinandersetzt (S. 189–209). Die Auseinandersetzungen Friedrichs mit seinen Konkurrenten analysiert anschließend detailliert Olaf Wagener in seinem Beitrag zur Belagerungsführung (S. 211–269). Joachim Kemper steuert einen kurzen Überblick zur Klosterpolitik des Wittelsbachers bei (S. 271–279).

Dem für die Pfalzgrafschaft bis vor kurzem noch wenig beachteten Bereich der landesherrlichen Stadtpolitik widmen sich die letzten drei Beiträge des Bandes. Christian Reinhardt analysiert ausgehend von den Ergebnissen seiner Dissertation den Umgang Friedrichs und seines Nachfolgers Philipp mit den Städten ihres Herrschaftsbereichs, die zwischen einer zunehmenden Erhöhung der Abgaben und punktueller Förderung schwankten (S. 281–310). Pirmin Spieß vergleicht die Privilegien des Wittelsbachers und seines kaiserlichen Namensvetters für Neustadt an der Weinstraße (S. 311–324). Den umfangreichen Niederschlag des prominenten Amberger Aufstands von 1453/54 in Historiographie und Verwaltungsschriftgut analysiert Franz Fuchs in seinem abschließenden Beitrag (S. 325–338). Beschlossen wird der Sammelband durch ein ausführliches Personen- und Ortsregister.

Insgesamt verdeutlichen die Autoren in ihren Aufsätzen die Bandbreite spätmittelalterlicher fürstlicher Herrschaft. Friedrich, der eigentlich nur Vormund seines Neffen Philipp hätte sein sollen, fehlte allerdings jene Legimitation, die sich andere gut erforschte Protagonisten des 15. Jahrhunderts wie Kurfürst Albrecht „Achilles“ von Brandenburg nicht erst erarbeiten mussten. Dies dürfte einer der Gründe sein, warum die Quellen zu diesem Pfalzgrafen so reichhaltig sprudeln. Die ihm huldigende Historiographie und die humanistischen Lobreden, die an seinem Heidelberger Hof entstanden, waren ebenso wie seine diplomatischen und kriegerischen Unternehmungen nicht zuletzt die Versuche eines Außenseiters, sich Anerkennung und seiner Herrschaft ein Fundament zu verschaffen. In dieser Hinsicht ist Friedrich zweifellos eine Ausnahmegestalt der Reichsgeschichte. Inwiefern der Wittelsbacher mit anderen Fürsten vergleichbar war, hätte sicherlich noch Stoff für einen weiteren Beitrag geboten. An dieser Stelle wird das Fehlen einer Zusammenfassung oder einer ausführlichen Einleitung im vorliegenden Band schmerzhaft deutlich. Dies schmälert das Gesamtergebnis jedoch nur geringfügig. Die Beiträge der verschiedenen Autoren bieten viel Neues, erfreulicherweise häufig auf Grundlage ungedruckten Materials. Er bleibt zu hoffen, dass die Ergebnisse der Neustädter Tagung zu weiteren Forschungen zu anderen Pfalzgrafen anregen könnten, die bisher im Schatten Friedrichs standen, etwa seine Nachfolger Philipp und Ludwig V., aber auch sein Vater Ludwig III. Benjamin Müsegades

Marianna Butenschön, Maria, Kaiserin von Russland. Die Württembergerin auf dem Zarenthron, Darmstadt: Theiss 2015. 423 S. ISBN 978-3-8062-3047-5. € 24,95

Biographien über die weiblichen Mitglieder des Hauses Romanow – seien es die Angeheirateten oder die im 19. Jahrhundert an europäische Höfe verheirateten russischen Großfürstinnen – haben Konjunktur. Die Historikerin, Journalistin und Russlandkennerin Marianna Butenschön hat nach ihrer 2011 vorgelegten Lebensbeschreibung über die „Preußin auf dem Zarenthron“ – Kaiserin Alexandra, Tochter der Königin Luise von Preußen und Mutter der württembergischen Königin Olga – ihr jüngstes Werk der „Württembergerin auf dem Zarenthron“ gewidmet: Maria Feodorowna, Mutter der Königin Katharina von Württemberg und zweite Frau des russischen Zaren Paul. Zwar sind bislang zahlreiche Beiträge erschienen, die sich mit verschiedenen Aspekten des beeindruckenden Lebens der württembergischen Prinzessin beschäftigen, auch ihr umfangreicher Briefwechsel ist, vorrangig in russischer Sprache, ediert worden, eine umfassende Lebensstudie war aber bislang ein Desiderat.

Ihre Rolle als Kaiserin von Russland und Stammmutter der weitverzweigten Romanow-Familie im 19. Jahrhundert war Prinzessin Sophie Dorothee Auguste Luise, der ältesten Tochter von Herzog Friedrich Eugen von Württemberg und Prinzessin Friederike Sophie Dorothea von Brandenburg-Schwedt, einer Nichte Friedrichs des Großen, nicht unbedingt in die Wiege gelegt. Am 25. Oktober 1759 in Stettin geboren – ihr Vater stand in preußischen Diensten –, wuchs „Dortel“ ab 1769 im Stadtschloss von Mömpelgard, dann im nahegelegenen Étupes auf. Sie genoss eine solide Erziehung und Bildung, die vom aufklärerischen Geist Frankreichs geprägt war. Als sich Zarin Katharina II. ab 1771 auf Brautsuche für ihren Sohn Paul befand, fiel ihr Blick auch auf die württembergische Prinzessin, die als hübsch und gebildet galt und – als entscheidendes Kriterium – mit dem Preußenhaus verwandt war. Da Sophie Dorothee zu diesem Zeitpunkt aber noch sehr jung war und zudem König Friedrich II. von Preußen als Vermittler der Prinzessin Wilhelmine von Hessen-Darmstadt den Vorzug gab, zerschlugen sich vorerst die Heiratspläne. Nach nicht einmal drei Jahren Ehe starb jedoch die Großfürstin im April 1776 bei der Geburt ihres ersten Kindes, und so kam Sophie Dorothee erneut ins Spiel.

Protegiert und gedrängt von Friedrich dem Großen, der sich von der Vermittlung seiner Großnichte viel für das preußisch-russische Verhältnis versprach, fand bereits im Juli 1776 im Potsdamer Schloss die Verlobung statt. Im Oktober folgte die Hochzeit in St. Petersburg; mit dem obligatorischen Übertritt zum orthodoxen Glauben nahm Sophie Dorothee den Namen Maria Feodorowna an. Butenschön schildert genau und spannend das machtvoll betriebene Arrangement der Heirat. Den Eltern kam die lukrative Verbindung sehr gelegen, waren sie doch chronisch in Geldnot. Über finanzielle Zuwendungen hinaus profitierte Marias Familie enorm von der Verbindung: Vier Brüder, unter anderem der spätere König Friedrich, traten in russische Dienste und bekleideten hohe Stellungen.

Von dem schwierigen Verhältnis ihres Mannes zu seiner Mutter wusste Sophie Dorothee zum Zeitpunkt der Eheschließung noch nichts. Katharina II., die ihren Mann, Kaiser Peter III., 1763 abgesetzt hatte, liebte ihren Sohn nicht, und Paul hasste seine Mutter, die er für mitschuldig hielt am Tod seines Vaters, der kurz nach seinem Thronverzicht ermordet worden war. Auch nach Eintritt in die Volljährigkeit hielt Katharina ihren Sohn von allen Regierungsgeschäften fern, was nicht ohne Folgen für seinen Gemütszustand blieb. Neben dem gewinnenden, freundlichen und charmanten Wesen, das ihm seine Zeitgenossen bescheinigten, konnte er auch launisch, sprunghaft und jähzornig auftreten. Seine „Instruktionen", die er seiner Braut noch vor der Hochzeit übergab, offenbarten seine ängstlichen und pedantischen Züge. In 14 Punkten legte er dar, was er von ihr erwartete: Unterordnung unter den Willen der Kaiserin und des Großfürsten, schnelles Erlernen der russischen Sprache, betonte Zurückhaltung, keine politischen Ambitionen und sparsames Wirtschaften.

Die ersten zwanzig Jahre ihres Ehelebens verbrachte Maria mit ihrem unglücklichen Gatten überwiegend in den großfürstlichen Residenzen Pawlowsk und Gattschina. Das ländlich geprägte Leben dort entsprach Marias Naturell; sie interessierte sich für Kunst und Literatur, Theater und Musik, Botanik und Gartenbau. Zudem war sie eine künstlerisch sehr begabte Frau, als Stein- und Stempelschneiderin erreichte sie eine große Fertigkeit. Zehn Kinder – vier Söhne und sechs Töchter – brachte sie in dieser Zeit zur Welt und erfüllte damit ihr Soll, den Fortbestand der Dynastie Romanow-Holstein-Gottorp zu sichern. Die älteren Kinder wuchsen in der Obhut der machtbewussten Großmutter auf.

Erst 1796, im Alter von 42 Jahren, gelangte Paul auf den Zarenthron. Als Zarin fand Maria zu ihrer wahren Berufung: Sie übernahm die Aufsicht über Erziehungs- und Wohltätigkeitseinrichtungen und entfaltete eine reiche karitative und bildungspolitische Tätigkeit, die weit über das hinausging, was Fürstinnen normalerweise in diesem Bereich leisteten.

1801 fiel Paul I. einem Mordkomplott zum Opfer; seine Unberechenbarkeit, sein repressiver Regierungsstil und sein Versuch, die Privilegien des Adels zu beschneiden, waren entscheidende Ursachen für seine Ermordung. Für die 41-jährige Maria bedeutete das tragische Ereignis ein traumatisches Erlebnis. Andererseits begann nun ihre große Zeit. Als Großfürstin war sie stets im Hintergrund geblieben, als Kaiserinmutter spielte sie „die Rolle ihres Lebens", wie Butenschön konstatiert (S. 14). Sie war eine Gegnerin der liberalen Reformansätze Alexanders I. und nutzte ihren Einfluss auf den wankelmütigen Sohn. Neben ihren vielen positiven Eigenschaften, besonders ihrer mitfühlenden Wohltätigkeit, zeigte sie auch negative Wesenszüge, konnte stolz, herrschsüchtig und eitel sein. So ist es nicht leicht, ein authentisches Urteil über diese Herrscherin zu fällen, zumal die über sie geäußerten zeitgenössischen Ansichten sehr gegensätzlich ausfallen.

Basierend auf der verfügbaren, auch russischen, Literatur und edierten Quellen hat die Verfasserin eine kenntnisreiche und detaillierte Biographie vorgelegt, die sie geschickt in die russische und europäische Geschichte einbettet. Es gelingt ihr, aus der notwendigen Distanz heraus ein ausgewogenes und differenziertes Bild der „Württembergerin auf dem Zarenthron" zu zeichnen. Wer mehr über diese auch für die württembergische Geschichte wichtige und einflussreiche Frauengestalt erfahren möchte, ist mit dem sehr anschaulichen Werk gut beraten.

Nicole Bickhoff

Histoire de la vie de la Princesse Amélie Zéphyrine de Hohenzollern-Sigmaringen, née Princesse de Salm-Kyrburg, ma mère, écrite par elle-même, reçue après sa mort. Lebensgeschichte der Fürstin Amalie Zephyrine von Hohenzollern-Sigmaringen, geborene Prinzessin von Salm-Kyrburg, meine Mutter, von ihr eigenhändig verfasst, nach ihrem Tod erhalten, 1760–1831. Bearb. von Christina Egli unter Mitwirkung von Doris Muth, hg. von Edwin Ernst Weber (Documenta Suevica, Quellen zur Regionalgeschichte zwischen Schwarzwald, Alb und Bodensee 24), Eggingen: Edition Isele 2015. 403 S., 24 Farbabb., zwei Stammtafeln. ISBN 978-3-86142-596-0. € 25,–

Fürstin Amalie Zephyrine von Hohenzollern-Sigmaringen hat in den letzten Jahrzehnten eine gewisse Popularität erlangt. Eine 1760 in Paris geborene und dort aufgewachsene Prinzessin von Salm-Kyrburg verschlug es nach ihrer Hochzeit mit Fürst Anton Aloys von Hohenzollern-Sigmaringen (1782) in das damals trostlose Residenzstädtchen Sigmaringen. Da sie eine unerträgliche Bevormundung durch ihren Schwiegervater ertragen musste und sich darüber hinaus nicht mit ihrem Ehemann verstand, verließ sie zehn Wochen nach der Geburt ihres Sohnes Karl im Mai 1785 die Familie und floh alleine nach Paris. Dort hatte sie als Angehörige einer tonangebenden Familie Zugang zum kaiserlichen Hof und lernte während Schreckensjahren der Französischen Revolution – ihr Lieblingsbruder Fürst Friedrich III. war 1794 guillotiniert worden – einflussreiche Personen kennen, die sich in den Entschädigungsverhandlungen für den Erhalt der beiden Hohenzollerischen Fürstentümer als souveräne Staaten einsetzten. Trotz dieser für den Erhalt der Dynastie herausragenden Leistung versuchte ihr Ehemann vergebens eine Rückkehr der Fürstin Amalie nach Sigmaringen zu verhindern. Im Sommer 1808 setzte sich Amalie Zephyrine durch und nahm zusammen mit ihrem Sohn, Erbprinz Karl, und seiner Frau im Schloss Krauchenwies ihren Wohnsitz. Nun begannen von allen Beteiligten so empfundene peinliche Jahre des nebeneinander Herlebens, die erst durch den Tod des Fürsten 1831 beendet worden sind. Die Fürstin starb 10 Jahre später. Diese Geschichte voller Intrigen, Skandale, menschlicher Höhen und Tiefen, aber auch für die hohenzollerische Geschichte herausragender Wendepunkte bot Stoff für Autoren, die eine breite Leserschicht bedienten.

Die historische Einordnung der Lebensleistung der Fürstin Amalie hat Fritz Kallenberg in seiner herausragenden Dissertation über die Fürstentümer Hohenzollern am Ausgang des Alten Reiches (1961) vorgenommen und in späteren Arbeiten mustergültig vertieft. Seitdem gilt die Fürstin als „Schlüsselgestalt der hohenzollerischen Geschichte". Das breite Publikum hat jedoch mehr die Persönlichkeit und der Charakter der Fürstin fasziniert. Der Herausgeber Edwin Ernst Weber zitiert in seinem bemerkenswerten Vorwort S. 13 Anm. 19–21 die Arbeiten, deren Titel von „Frauen machen Politik", „... eine Prinzessin brennt durch", „Die Schicksalsfürstin ..." bis hin zu „Paris, Sigmaringen oder die Freiheit der Amalie ..." reichen. Daher ist es äußerst verdienstvoll, dass Christina Egli unter Mithilfe von Doris Muth die Aufzeichnungen, die die Fürstin in ihrer französischen Muttersprache niedergeschrieben hat, transkribiert und ins Deutsche übersetzt hat. Die Kommentierung lag zuletzt in den Händen von Doris Muth. Zu danken ist auch Edwin E. Weber, dass er den zweisprachigen Text gut bebildert in der von den Oberschwäbischen Elektrizitätswerken (OEW) herausgegebenen Reihe Documenta Suevica ediert und ein bemerkenswertes Vorwort (S. 5–17) beigesteuert hat.

Christina Egli geht in ihrer Einleitung (S. 21–40) auf die Handschrift, die Entstehungsursachen, den Charakter und die Persönlichkeit der Fürstin, das soziale Umfeld in Paris, das Leben in Sigmaringen und die persönlichen Beziehungen innerhalb der Familie ein. Der französische Text ist seitengenau der deutschen Übersetzung zugeordnet (S. 66–343). In zahlreichen Anmerkungen finden sich Erläuterungen zu Personen oder Begebenheiten. Darüber hinaus werden in einem Anhang (S. 346–383) zu ausgewählten 29 Fußnoten ausführliche Texte aus Briefen und anderen archivalischen Quellen abgedruckt. Hierfür haben die Bearbeiterinnen zahlreiche Archive aufgesucht und Quellen ermittelt, die dem Leser den historischen Rahmen und die damaligen Abläufe vermitteln. Eine chronologische Übersicht über das Leben der Fürstin, ein Quellen- und Literaturverzeichnis, ein Orts- und Personenregister und Kurzlebensläufe der beiden Bearbeiterinnen schließen das Werk ab.

Die Fürstin verfasst keine „Lebensbeschreibung" im landläufigen Sinne, sondern will ihrem Sohn Karl darüber Rechenschaft ablegen, warum sie ihn und die Familie verlassen, welche Seelenqualen sie deswegen gelitten und in welcher inneren Verfassung sie sich bei bestimmten Anlässen befunden hat. Die historischen Abläufe und Begebenheiten interessieren sie weniger. Diese werden nur in der Spiegelung ihrer Gemütsverfassung greifbar. Edwin E. Weber fasst dies prägnant in seinem Vorwort zusammen: „Die Darstellung nimmt indessen nur soweit Bezug auf die äußeren Ereignisse, wie Amalie Zephyrine mit ihrem Verwandten- und Bekanntenkreis davon persönlich und unmittelbar betroffen ist [...]. Sodann ist die Beschreibung durchgehend affektiv und nie analytisch. Die Autorin reflektiert nicht die Ereignisse und Zeitumstände; im Vordergrund steht vielmehr die Wiedergabe ihrer Gefühlswelt" (S. 15). Die Fürstin stellte 1831 fest, dass sie „zu übersteigert in Gefühlsdingen" (S. 343) war und sieht darin den Grund für die unüberwindlichen Verständigungsprobleme mit dem von Natur aus verschlossenen Charakter ihres Ehemanns. Diese übersteigerte Gefühlswelt prägt auch den Tenor der Niederschrift. Typisch hierfür ist z. B. die Erinnerung an die Ereignisse des Jahrs 1801, in dem sie den Lebensunterhalt des von ihr erzogenen Neffens durch Vermittlung von „Madam Bonaparte" (Joséphine de Beauharnais) sichern konnte, nach 16 Jahren erstmals wieder ihren Sohn Karl in ihre Arme nehmen konnte und sie sich schließlich über die mit Hilfe von Joséphine und des Außenministers Talleyrand erreichte Vergrößerung und Absicherung des Fürstentums Hohenzollern-Sigmaringen äußerte (S. 222–231).

Auf diesem Hintergrund ist die Wahl des Buchtitels nicht ganz glücklich. Es handelt sich um eine Form der Lebensbeichte, die ihr Sohn Karl erst nach ihrem Tode lesen sollte. Sie will ihrem Sohn, mit dem sie stets nicht darüber sprechen konnte, ihre Liebe und Zuneigung zeigen und ihm sagen, wie sie zeitlebens unter „dem kalten Herzen" (S. 147) ihres Mannes und unter ihrem schweren Schuldgefühl wegen der Flucht nach Paris gelitten hatte. Statt die Formulierungen der Fürstin in dem *Epître dédicatoire à mon fils* (S. 70) ernst zu nehmen – hier heißt es *Je vous adresse un détail circonstancié de ma vie, cher enfant* –, übernehmen die Bearbeiter den Wortlaut der von Fürst Karl nach 1841 verfassten Aufschrift *Histoire de la vie de la Princesse Amélie* [...]. Die Fürstin selbst schränkte ihre Erzählung auf die durch das Schuldgefühl belastete Mutter-Sohn-Beziehung ein.

Diese Bemerkungen sollen jedoch keineswegs die große Leistung von Christina Egli und Doris Muth in Frage stellen. Frau Egli hat den in einer ausgeprägten Handschrift verfassten Text mustergültig transkribiert und übersetzt. Zusammen mit der Kommentierung haben beide endlich den Text zur Verfügung gestellt, der für die Beurteilung der Fürstin Amalie grundlegend ist. Es geht nicht um große Geschichte oder Skandale der höfischen Welt, sondern um eine Frau, die in der hochadeligen Gesellschaft am Ende des Alten Reichs ihren Weg gesucht hat. Für vergleichende Forschungen liegt eine wichtige neue Quelle vor.

Wilfried Schöntag

Hellmut J. Gebauer, Johann Georg Doertenbach. Unternehmer – Bankier – Politiker (1795–1870) (Kleine Reihe – Archiv der Stadt Calw 29), Calw 2013. 380 S. ISBN 978-3-939148-34-0. € 18,–

Die anzuzeigende Biographie über Johann Georg Doertenbach greift ein Sujet der württembergischen Landesgeschichte auf, dessen Bearbeitung längst überfällig gewesen ist.

Biographische Darstellungen sind kein einfaches Feld in der Geschichtsschreibung. Der Untertitel des Buches weist zu Recht auf die Bedeutung Doertenbachs als Unternehmer und Bankier für Württemberg hin. Der Autor legt eine überwiegend an der Chronologie ausgerichtete Biographie vor, so dass die unternehmerische Tätigkeit Doertenbachs dadurch leider auseinandergerissen und nicht zusammenhängend bearbeitet wird, wie auch die voneinander getrennten Kapitel „Unternehmer“ und „Bankier“ zeigen.

Der Autor gliedert die Studie in die Kinder- und Jugendzeit, Bildungsreisen, die unternehmerische Tätigkeit, seine Familie, die Ehrenämter, in die politische Arbeit, die Tätigkeit als Bankier und die späten Jahre. Leider muss sich der Leser auch die politische Leistung Doertenbachs mühsam zusammensuchen, da diese in Landtagsperioden untergliedert dargestellt ist. Ein weiterer Nachteil sind die häufig sehr langen, oft aneinandergereihten und mehrfach sich über eine halbe Seite erstreckenden Quellenzitate, die dem Leser eher den Eindruck einer Quellenedition als einer Biographie vermitteln. Befremdlich ist auch der an manchen Stellen gewählte Erzählstil des Verfassers, der an einen Roman erinnert.

Bedauerlich ist, dass es dem Autor damit nicht gelungen ist, die Lebensleistung Doertenbachs stringent darzustellen. Die Gewichtung der einzelnen Kapitel entspricht keinesfalls der Bedeutung Doertenbachs für die Landesgeschichte. So ist das politische und ehrenamtliche Engagement, gemessen an anderen Leistungen Doertenbachs, zu ausgreifend dargestellt, wogegen das unternehmerische Engagement leider zu kurz geraten ist. Hinzu kommt, dass dabei dem Leser vielfach eine Sammlung von bereits bekannten Fakten dargeboten wird, was die Unternehmensgeschichte des Landes nicht sehr voranbringt, und der Verfasser mit dieser Monographie nicht die vorhandenen Forschungslücken schließen kann.

Trotzdem bietet die vorgelegte Arbeit eine erste umfassende Zusammenfassung zu Leben und Leistung Johann Georg Doertenbachs. Zudem liefert sie für den historisch Interessierten eine Fülle an Fakten und zeigt dem Wissenschaftler wichtige Forschungsdesiderate auf.

Gert Kollmer-von Oheimb-Loup

Dominik Burkard (Hg.), Sebastian Merkle (1862–1945). Leben und Werk des Würzburger Kirchenhistorikers im Urteil seiner Zeitgenossen (Quellen und Forschungen zur Geschichte des Bistums und Hochstifts Würzburg, Bd. 67), Würzburg: Kommissionsverlag Ferdinand Schöningh 2014. 356 S. ISBN 978-3-87717-073-1. Geb. € 36,–

Sebastian Merkle gehört zu jenen Historikern, die jüngeren Geschichtswissenschaftlerinnen und Geschichtswissenschaftlern nicht mehr ohne Weiteres geläufig sind. Und doch zählt der katholische Kirchenhistoriker zu den bedeutenden Vertretern seiner Zunft in der ersten Hälfte des 20. Jahrhunderts. Von seiner Universität, der Julius-Maximilians-Universität Würzburg, wirkte der in Ellwangen geborene, durchaus streitbare Wissenschaftler nachhaltig mit seinen Forschungen zum Konfessionellen Zeitalter sowie zur Aufklärung und ihrer Bedeutung für deutsche Katholiken im 18. Jahrhundert. Zudem bestimmte er in verschiedenen verantwortlichen Positionen die Geschicke seiner Hochschule. Dies trug ihm

– und davon zeugen nicht zuletzt die in Burkards Edition zusammengefassten Texte – verbreitete Anerkennung ein.

In den zurückliegenden Jahren ist durchaus viel zu Merkle, dessen Gelehrtenbibliothek mit all seinen Manuskripten und Unterlagen kurz vor Ende seines Lebens im verheerenden Bombenangriff auf Würzburg am 16. März 1945 verloren ging, publiziert und ediert worden, so dass seine Schriften mittlerweile recht gut zugänglich sind. Dominik Burkard fügt diesem Publikationsreigen eine weitere, wichtige Edition zu, die insbesondere vorführt, wie Zeitgenossen Merkle gesehen haben.

Zu den edierten Dokumenten zählen die zahlreichen publizistischen Würdigungen von Person und Werk anlässlich Merkles 70. Geburtstages 1932, seiner Emeritierung 1934, seines 75. und 80. Geburtstages 1937 und 1942 sowie schließlich die nach seinem Tod veröffentlichten Nachrufe und Lebensbilder. Ferner bietet der Band ein Verzeichnis der zu seinen Veröffentlichungen erschienenen Rezensionen, von denen eine Auswahl den vorliegenden Editionsband anreichert. Von besonderem Interesse aber ist das „Dossier Merkle" des Rottenburger Diözesanhistorikers August Hagen, das als Materialsammlung und Vorarbeit zu einem biographischen Handbuchbeitrag in den vom ihm herausgegebenen Bänden zu „Gestalten aus dem Schwäbischen Katholizismus" verstanden werden muss, jedoch unvollendet und unveröffentlicht geblieben ist. Es entfaltet sich darin eine durchaus distanzierte Perspektive auf den Würzburger Kirchenhistoriker.

Gerade in den zuletzt genannten Text, der einen Großteil der Edition einnimmt, wird sehr gründlich eingeführt, er ist auch entsprechend annotiert. Insbesondere die zahlreichen – vermutlich mühsam recherchierten – Biogramme, die zu allen edierten Texten mitgeliefert werden, helfen, Netzwerke und personale Konstellationen in den ersten Jahrzehnten des 20. Jahrhunderts nachzuvollziehen. Vor allem die edierten publizistischen Texte und Rezensionen bleiben aber überwiegend unkommentiert.

In der Summe dokumentiert der Band höchst anschaulich die zeitgenössische Merkle-Rezeption, liefert en passent einen Beitrag zur Würzburger Universitätsgeschichte und vermag insgesamt der aktuellen Beschäftigung mit Merkle und seinem Werk wichtige Impulse zu geben. Dazu gehören vor allem – und das verdient im Jahre 2017 hervorgehoben zu werden – die aus seiner Aktenedition hervorgegangene Beschäftigung mit dem Konzil von Trient und die daraus gewonnenen Erkenntnisse zur Reformation und den sich anschließenden – von heutigen Forschern so benannten – Konfessionalisierungsprozessen. Die zeitgenössischen Diskurskontexte, die der Band in Bezug auf dieses Thema eröffnet, zeigen, dass diese in der ersten Hälfte des 20. Jahrhunderts noch immer nachwirkten, aber allmählich hinterfragt wurden.

Frank Kleinehagenbrock

Dominik BURKARD, Charakter – Biographie – Politik. Die Theologen Bernhard Hanssler, Karl Hermann Schelkle und Josef Schuster in Malbriefen aus den Jahren 1932–1935, Regensburg: Schnell & Steiner 2016. 164 S. mit 34 farb. und 19 s/w Ill. ISBN 978-3-7954-3171-6. Geb. € 26,95

„Malbriefe" – da mag man unwillkürlich an Künstler denken wie Hermann Hesse oder HAP Grieshaber. Aber an ein dreiblättriges Theologen-Kleeblatt, gar unter dem anspruchsvollen Buchtitel? Und wenn ausgerechnet der Briefe-Maler die unbekannteste Figur unter den Beteiligten geblieben ist, der „Landpfarrer" Josef Schuster (1904–1986), während die beiden anderen, Bernhard Hanssler (1907–2005) und Karl Hermann Schelkle (1908–1988) es zeitweilig zu (prekärer) bundesweiter Prominenz (Hanssler) oder zu international renommierter Zelebrität als NT-Exeget (Schelkle), hochdekoriert beide, gebracht haben?

Die objektmäßige bzw. quellenhafte Essenz des Bandes verdankt sich einem (inzwischen im Diözesanarchiv Rottenburg gesicherten) Fund im Nachlass von K. H. Schelkle, auf den der Autor im Rahmen einer im Entstehen begriffenen größeren Studie über die „Causa“ Schelkle stieß: „Es handelt sich um eine Sammlung von Blättern mit Skizzen seines Kurskollegen Josef Schuster [...]. Nicht nur die Quellengattung, auch die Thematik ist ungewöhnlich: Im Wesentlichen geht es in den Bildern um die Erfahrungen und Befindlichkeiten dreier Neupriester, die – 1932 geweiht – als Hilfsgeistliche ‚hinaus‘ müssen, auf ihnen zugewiesene Vikarsstellen – und die nun ihren je eigenen Weg zu finden haben“ (S. 10). So weit, so gut. Und so sind die „Botschaften“ dieser Malbriefe überwiegend noch in die heiteren, witzigen, frivolen, ironischen oder auch sarkastischen Kommunikationsformen kürzlich akademieentsprungener Jungspunde gefasst, die als solche keinerlei hochwürdige Klerikalität atmen.

Das Triumvirat hatte sich während der Studienzeiten im Tübinger Wilhelmsstift und Rottenburger Priesterseminar unter der Selbstbezeichnung „Schauffelbrüder“ [sic!] intimer zusammengefunden und zu seinem auffälligsten Emblem – neben anderen – dann die immer wiederkehrende Schaufel gewählt (S. 73–76). In der plausiblen Interpretation des Autors: „Das Bestreben, ‚den Dingen auf den Grund zu gehen‘, dürfte also die wesentliche Aussage im Selbstverständnis der ‚Schauffler‘ gewesen sein – neben der Aussage, etwas ‚umzutreiben‘, ‚Hand anzulegen‘ im Garten Gottes“ (S. 75). Verständlich zunächst also als Reaktion gegen eine „aszetisch“ gesteuerte personale, theologische und pastorale Verzwergung durch die genannten Institutionen gemäß deren damaligen Maximen. Doch diese Linie gäbe nur eine Seite möglicher Interpretation(en) vor und skizzierte dann, was ja nicht wenig wäre, pure Emanzipationsakte dreier schwäbischer Vikare in der Provinz. Jedoch: „Die Zeit der [ihrer] ersten praktischen Tätigkeit führt hinein in die Anfangsjahre des Nationalsozialismus“ (S. 10). In diesem weiteren Kontext lässt die Schaufel ebenso plausibel „die Interpretation als chiffrierte Meinungsäußerung über den Nationalsozialismus zu. Die sekundäre Bedeutung des Zeichens wäre wohl auch hier gleichbedeutend mit ‚untergraben‘, ‚Maulwurf spielen‘, vielleicht auch ‚in Deckung‘ gehen, jedenfalls (inneren) ‚Widerstand‘ leisten“ (S. 76). Und unter diesem komplexen Interpretationshorizont löst der Autor ein in der Tat schwieriges „Quellenproblem“ durch entsprechend „eingehende Analyse“ (S. 10) mit großer Bravour.

Die Analyse betrifft zunächst (I. Kapitel) „Die Akteure“: J. Schuster (S. 11–16), B. Hanssler (S. 16–40) und K. H. Schelkle (S. 40–70) in sehr dichten und anschaulichen Miniaturen, die sich zwar auf die hier quellenmäßig belegten Jahre 1932 bis 1935 konzentrieren, in nuce jedoch auch ihre Biografien davor und danach so hinreichend bestreichen, dass sich die Gesamtlinien leicht verfolgen lassen. Diese Seiten sind mit gut ausgewählten Bilddokumenten (Fotos) durchsetzt, vornehmlich aus Privatbesitz, und bereichern den behandelten Stoff mit nochmals ganz eigener Anschaulichkeit. Im Text und teilweise ins kleinste Detail gehenden Belegen (Fußnoten) präludieren sie dann auch gewissermaßen im Voraus ein beziehungs- und verweisungsreiches Personenkaleidoskop, das sowohl die Bühne der historischen Situation bespielt wie das Verständnis alles im Folgenden Dargestellten eröffnet. Was sich als Binnenraum der drei „Schauffler“ zunächst einführt, wird hier – mit einer Fülle von Namen, Ereignissen usw. – geradezu zum zeitgeschichtlichen Theatrum Virtembergicum! Soweit zu Biographie und Politik.

Das Herzstück des Bandes – nach einem kurzen methodisch-kritischen (II.) Kapitel „Zur Emblematik der ‚Malbriefe'" (S. 73–78) stellt dann das III. Kapitel (S. 79–145) vor: die (auch drucktechnisch) hervorragende Wiedergabe der 26 Malbriefe (Bildszenen) – man spürt allenthalben die Sorgfalt des Fach-Verlags – in einer kritisch rekonstruierten Reihenfolge, mit jeweils akribisch genauer Kommentierung unter den Gesichtspunkten: Formale Beschreibung, Thematik/Transkription der Texte, Zeitliche Einordnung, Erklärung. Hier weitet sich die Interpretation gewissermaßen zu einer historisch-kritisch geerdeten Semasiologie, die dem intimen Blick auf die Charaktere von Maler und Malbrief-Empfängern weitesten Raum gibt – auf köstlichste Weise: mit den Mitteln von Karikatur, Ironie und gelegentlicher Larmoyanz. Wer sich der hier Verewigten in persona gar noch erinnert, wird seine eigenen Eindrücke vielfach bestätigt finden, die sich hier in die Frühzeit ihrer Biografien zurückverfolgen lassen. Als besonders bemerkenswert ist dem Autor zu attestieren, dass auch in diesem Kapitel mit ihm nirgends erkennbar Phantasie und Spekulation durchgehen, sondern er seine eigenartige Quelle strikt auf ihren belegbaren Aussagegehalt hin befragt und dafür sprechend macht, oder eben in ihrem „Vetorecht", d. h. wo sie für ihn uneruierbar stumm bleibt, respektiert. Deshalb muss man mit ihm auch nicht streiten, ob alle Details der Interpretation restlos stimmig sind. S. 101 könnte sich Rezensent unter den Namen Sedelmay[er] und Kästle beispielsweise auch schlicht die Namen von Ravensburger Ladengeschäften vorstellen, in denen der Land-Vikar Besorgungen machen wollte, statt die klerikaler Kollegen. Und dass S. 141 in Anm. 103 das hebräische Wort „Kasche" rechtsläufig gedruckt ist, geht sicher auf das Konto des Satz-Programms.

Eine Reflexion des Ertrags (IV., S. 147–152), ein ausgedehntes Literaturverzeichnis sowie ein überaus nützliches Personenregister runden den hübschen Band ab.

Das mehrfache Verdienst dieser Publikation liegt auf der Hand. Erstens kann sie geradezu exemplarisch Mut machen, vergleichbare Quellen mit historischem Erkenntnisinteresse anzugehen, statt sie im Kuriositätenkabinett abzulegen. Zweitens bereichert sie die regionale Kirchen- und die württembergische Landesgeschichte um recht ungewöhnliche, bislang auch unbekannte Facetten aus der Quelle ungeschützter, synchroner persönlicher Kommunikation. Dies gilt, drittens, gesteigert deswegen, weil die Rottenburger Diözesangeschichte an biografischen Darstellungen sowohl des Pastoralklerus wie ihrer Führungsschicht(en) mehr als schwäbisch bescheiden geblieben ist (etwa in ausgebliebener Nachfolge von August Hagen) – krass gesagt: geradezu würdelos ärmlich. Und viertens schließlich, weil sich in diesen Malbriefen die Situation an der kirchlichen „Basis" am Schicksal der skizzierten Gestalten in den Jahren widerspiegelt, in denen der Nationalsozialismus das öffentliche und gesellschaftliche Leben tagtäglich rigider unter seinen totalitären Zwang zu bringen trachtete: was an Attacken dagegen gewagt (Hanssler) war, auf welche Ausweichmanöver man gegen allerlei Bedrängung setzte (Schelkle) oder was in einem gewissen existenziellen Attentismus überwintern ließ (Schuster).

Abraham Peter Kustermann

Territorial- und Regionalgeschichte

Frauen in Württemberg, hg. von Sigrid Hirbodian, Sabine Klapp und Tjark Wegner (landeskundig. Tübinger Vorträge zur Landesgeschichte, Bd. 1), Ostfildern: Thorbecke 2016. 176 S., 58 Abb. ISBN 978-3-7995-2070-6. € 16,95

„Frauen in Württemberg" – der Titel der vorliegenden Publikation umreißt bereits das Thema. Wie die HerausgeberInnen Sigrid Hirbodian, Sabine Klapp und Tjark Wegner in der Einführung erklären, werden die Lebensbedingungen von Frauen und Fragen nach dem sozialen Geschlecht, d. h. der Prägung und Rolle von Frauen in ihrer jeweiligen Umwelt im deutschen Südwesten, betrachtet. Exemplarisch stellen die Autorinnen und Autoren unterschiedlicher Disziplinen Biografien von Frauen aus verschiedenen Jahrhunderten vor und geben so Einblicke in aktuelle Forschungsergebnisse.

Im ersten Beitrag erläutert Jörn Staecker die Schwierigkeiten, sich auf Grundlage der archäologischen Quellen der alamannischen Frau anzunähern. Zwar gibt es viele Grabfunde, doch wird durch neuere Forschungen immer deutlicher, dass die Gräber und Grabbeigaben nicht als Spiegel der Lebenswirklichkeit interpretiert werden können, sondern vielmehr als Teil einer Inszenierung zum Tod einer Person zu verstehen sind. Ausführlich geht Staecker im Weiteren auf die Ausstattung des Frauengrabs von Wittislingen ein, und in einem Einschub analysiert Felicia Stahl die Bügelfibel von Wittislingen.

Peter Hilsch betont in seinen Ausführungen zu Gräfin Agnes die Bedeutung ihrer Abstammung für ihren Rang und ihr Ansehen in Württemberg. So wird sie als polnische Herzogstochter in der gemeinsamen Grabinschrift noch vor ihrem Ehemann Graf Ulrich von Württemberg genannt. Die Eheverbindung selbst war wohl das Ergebnis vielfältiger Beziehungen Ulrichs zu böhmischen und schlesischen Adligen.

Unter dem Titel „Geliebte des Kaisers, Landesherrin, Geschäftsfrau und Nonne. Frauen in und um das mittelalterliche Winnenden" geht Ellen Widder auf unterschiedliche Rollen und Handlungsspielräume von Frauen ein. Hierbei gelingt es ihr, trotz der üblichen „Verzerrungen" in der Quellenüberlieferung, einen Blick auf das Handeln von Frauen bei Stiftungen und Schenkungen und Rechts- und Finanzgeschäften im mittelalterlichen Winnenden zu werfen. Weiter geben Altarbilder Hinweise auf weibliche Rollenbilder und Themen wie Ehe und Kinder bzw. Kinderlosigkeit.

Sabine Klapp stellt in ihrem Beitrag zu den Äbtissinnen von Buchau im Mittelalter und in der Frühen Neuzeit die Frage „Geistliche Frauen – mächtige Frauen?" Frauenstifte ermöglichten adligen Frauen eine religiöse Lebensweise, ohne ein Gelübde abzulegen und auf einen gehobenen Lebensstil zu verzichten. Gerade das Amt der Äbtissin war zudem mit weitreichenden weltlichen und geistlichen Befugnissen ausgestattet. Durch Beteiligung an der Besetzung von Pfarr- und Klerikerstellen und die Belehnung des grundherrschaftlichen Besitzes übte die Äbtissin direkt Herrschaftsrechte aus. Bei dieser Tätigkeit wirkte jedoch das Stiftskapitel als Korrektiv, und teilweise prägten auch die Interessen der Familien der Äbtissinnen deren Handlungsspielräume.

Peter Rückert vergleicht die Lebenswege der beiden italienischen Adligen Antonia Visconti und Barbara Gonzaga, die beide an den württembergischen Hof verheiratet wurden, in kommunikationsgeschichtlicher Perspektive. Von Antonia Visconti aus Mailand, die 1380 Graf Eberhard III., den Milden, heiratete, haben sich wenige Selbstzeugnisse erhalten. Ganz anders bei Barbara Gonzaga aus Mantua, der Ehefrau Graf Eberhards V. im Bart, deren umfangreiche Korrespondenz überliefert ist. Beide Eheverbindungen stellten einen

Prestigegewinn für den württembergischen Hof dar, beide Bräute waren mit einer umfangreichen und kostbaren Mitgift ausgestattet und beide Frauen engagierten sich vor allem für Stiftungen in ihrer neuen Heimat.

Auch für die von Joachim Kremer präsentierte Herzogswitwe Magdalena Sibylla von Württemberg war die persönliche Frömmigkeit ein prägendes Moment. Durch den frühen Tod ihres Ehemannes Wilhelm Ludwig von Württemberg und weitere Schicksalsschläge in ihrer Familie verstärkte sich die tiefe Frömmigkeit der Herzogin. Dennoch wandte sie sich nach Kremer nicht vollkommen von der Welt ab, sondern war durch die Mitvormundschaft über ihren minderjährigen Sohn und ihr kluges Agieren im Kurpfälzischen Erbfolgekrieg um die politischen Belange des Herzogtums bemüht.

Abschließend beleuchtet Benigna Schönhagen die Handlungsspielräume von Karoline (Chaile) Kaulla aus Hechingen, die als Frau eine Spitzenposition in der württembergischen Wirtschaft einnahm. Sie und ihre Familie unterhielten als Hoflieferanten wirtschaftliche und finanzielle Beziehungen zu mehreren Höfen im südwestdeutschen Raum. Auffällig an ihrer Biografie ist nicht so sehr ihre Berufstätigkeit – diese ist auch für andere jüdische Frauen in der Frühen Neuzeit belegt –, sondern vor allem ihre erfolgreiche Karriere und ihre Geschäftstüchtigkeit, durch die sie zum Mittelpunkt des Familienunternehmens wurde.

Gemeinsam ist den Beiträgen, dass sie – neben der Schilderung der Biografien – immer auch versuchen, die Aktionsradien und Handlungsmöglichkeiten der ausgewählten Frauen zu beleuchten und deren Leben vor dem Hintergrund ihrer Zeit schildern. So werden unterschiedliche Rollen und Spielräume von Frauen je nach Position und Epoche deutlich.

Der Band eröffnet zugleich die neue Reihe „landeskundig" des Instituts für Geschichtliche Landeskunde und Historische Hilfswissenschaften der Universität Tübingen. Die Reihe soll zukünftig die Vortragsreihen des Instituts dokumentieren und auf einem wissenschaftlichen Niveau und gleichzeitig allgemeinverständlich ein breites Publikum ansprechen. Dieser Anspruch an einen breiten Leserkreis zeigt sich im Verzicht auf einen Anmerkungsapparat. Stattdessen finden sich am Ende jedes Beitrags kurze Hinweise auf zentrale Quellen und die verwendete Literatur bzw. Literaturhinweise zum Weiterlesen. Für den vorliegenden Band funktioniert das gewählte Format, so dass uns eine verständliche und anschauliche Publikation vorliegt.

Verena Schweizer

Franz J. Felten (Hg.), Preußen und Bayern am Rhein (Mainzer Vorträge, Bd. 17), Stuttgart: Franz Steiner 2014. 165 S., 25 s/w Abb. ISBN 978-3-515-10774-7. Kart. € 24,–

Die Veröffentlichung ist in der vom Institut für Geschichtliche Landeskunde an der Universität Mainz herausgegebenen Reihe „Mainzer Vorträge" erschienen. Sie umfasst sechs Aufsätze, die aus Vorträgen hervorgegangen sind, dazu eine Einführung des Herausgebers in die Thematik, die die nachfolgenden Aufsätze an Umfang wesentlich übertrifft. Franz Felten schlägt hier einen Bogen von der Entstehung der heutigen Landeswappen von Rheinland-Pfalz und Saarland, bei denen ein Rückgriff auf preußische und bayerische Traditionen bewusst vermieden worden ist, über die staatsrechtliche Herausbildung des Saarlandes. Er geht dabei detailliert auf die zahlreichen damit verbundenen Konflikte in der Zwischenkriegszeit und Nachkriegszeit zwischen den verschiedenen Protagonisten ein (Deutsches Reich – Frankreich, Preußen – Bayern, die NSDAP-Gaue Koblenz-Trier und Rheinpfalz), bis zur Herausbildung des neuen Landes Rheinland-Pfalz nach 1945, das ebenfalls lange

Zeit in Frage gestellt worden ist und erst durch erfolgreiche Volksabstimmungen im Jahr 1975 seinen Bestand sichern konnte.

In seinem Beitrag „Hasslieben am Rhein“ stellt Michael Kißener, Professor für Zeitgeschichte an der Universität Mainz, einen Vergleich an zwischen der bayerischen und der preußischen Präsenz am Rhein im 19. und 20. Jahrhundert. Er betrachtet dieses Thema unter dem Aspekt der Integration der 1814 bzw. 1816 neu erworbenen rheinischen Gebiete in die bereits seit langem bestehenden Staaten Preußen und Bayern. In beiden Fällen gelang diese zunächst nur unvollständig, es blieb bei der Bevölkerung ein Gefühl, nur ein wirtschaftlich benachteiligtes Nebenland im größeren Staatsverband darzustellen. Erst die Reichsgründung von 1871 brachte hier Fortschritte. Problematisch blieben in der Zeit des Kulturkampfes im späten 19. Jahrhundert die konfessionellen Differenzen, im preußischen Rheinland mehr als in der bayerischen Pfalz. Die politische Instrumentalisierung insbesondere der vergangenen preußischen Herrschaft am Rhein anlässlich der Gründung des Landes Rheinland-Pfalz 1946 zeigt Kißener anhand einer Rede, die der spätere Ministerpräsident Peter Altmeier bei dieser Gelegenheit am 6. Dezember 1946 gehalten hat.

Bernd Schneidmüller, Professor für Mittelalterliche Geschichte an der Universität Heidelberg, schildert in seinem Beitrag, „wie die rheinische Pfalz an die Wittelsbacher fiel“. Er zeigt, wie schlecht die einschlägigen Vorgänge des Jahres 1214 heute für den Historiker quellenmäßig zu greifen sind, und geht der Frage nach, wie der rheinische Pfalzgraf zu seiner hochrangigen Stellung in der Reichsverfassung als Kurfürst und Reichsvikar kam. Für Schneidmüller liegt die Ursache dafür in der besonderen Konstellation der Jahrzehnte um 1200, als in kurzer Folge Repräsentanten der damals mächtigsten Dynastien im Reich, Staufer, Welfen und Wittelsbacher, die Pfalzgrafschaft im Besitz hatten.

„Wittelsbacher als geistliche Fürsten am Rhein“ in der Frühen Neuzeit sind das Thema von Josef Johannes Schmid, Professor an der Universität Mainz mit Münchner Wurzeln. Angereichert ist der Beitrag mit tabellarischen Übersichten über die Wittelsbacher Bischöfe von Köln, Trier, Mainz, Speyer und Worms vom 12. bis zum 18. Jahrhundert (hier hätte man auch noch auf das Bistum Straßburg hinweisen können, das von 1440 bis 1506 ebenfalls mit Wittelsbachern besetzt war), über die Kumulationen von geistlichen Würden der wittelsbachischen Bischöfe vom 16. bis zum 18. Jahrhundert und die Schloss- und Repräsentationsbauten wittelsbachischer Prälaten in den rheinischen Landen vom 12. bis zum 18. Jahrhundert.

Der Beitrag von Heinz Duchhardt, bis 2011 Direktor des Instituts für Europäische Geschichte in Mainz, behandelt unter dem Titel „Eine problematische Annäherung“ das Verhältnis von Preußen zum Mittelrheingebiet in der „Sattelzeit“ vom späten 18. bis ins frühe 19. Jahrhundert. Er zeigt, wie Preußen für die geistlichen Fürstentümer am Rhein in der Zeit nach dem Siebenjährigen Krieg zunehmend bündnisfähig und für die Reichsritterschaft in diesem Raum zu einer zweiten „Orientierungsmacht“ neben dem kaiserlichen Österreich wurde, genährt vor allem durch die Hoffnung, dass sich Preußen für den Erhalt und eine Reform der Reichsverfassung – notfalls auch gegen den Kaiser – einsetzen würde. Der Baseler Separatfriede Preußens mit der Französischen Republik 1795 hat dieses neu gewonnene Prestige stark erschüttert, das Preußen dann erst wieder durch seine erfolgreiche Teilnahme am Befreiungskrieg 1813/14 zurückgewinnen konnte. Im Vormärz bröckelte aber viel davon schnell wieder ab, als Preußen sich durch seine reaktionäre Politik und seine Militärpräsenz in der Festung Mainz viele Feinde am Mittelrhein machte.

Den Abschluss des Bandes bilden zwei architekturgeschichtliche Beiträge. Anton Neugebauer, ehemaliger Referent im rheinland-pfälzischen Kultusministerium, widmet sich dem architektonischen Erbe Preußens am Rhein und macht dabei auch bewusst, wieviel davon noch bis weit in die 1980er Jahre hinein durch das Wüten der Abrissbirne verloren gegangen ist, ohne dabei viel Rücksicht auf damals schon bestehende Denkmalschutzbestimmungen zu nehmen. Klaus Weber, Kunsthistoriker an der Universität Mainz, nimmt schließlich ein besonders prägnantes Stück dieses Erbes in den Blick, nämlich die ehemalige preußische Landesfestung Ehrenbreitstein auf dem rechten Rheinufer gegenüber von Koblenz.

Franz Maier

Christian Burkhart / Jörg Kreutz (Hg.), Die Grafen von Lauffen am mittleren und unteren Neckar (Heidelberger Veröffentlichungen zur Landesgeschichte und Landeskunde, Bd. 18), Heidelberg: Universitätsverlag Winter 2015. 372 S., zahlr. s/w Abb. ISBN 978-3-8253-6251-5. Geb. € 48,–

Kulturhistorische Forschungen zum mittelalterlichen Adel stellen einen aktuellen Schwerpunkt auch in der südwestdeutschen Landesgeschichte dar. Während dabei vielfach Herrschaftsrepräsentation, Erinnerungskultur und symbolische Kommunikation im Blickpunkt stehen, ist der vorliegende Band einer herkömmlichen Zugangsweise verpflichtet: Es geht um eine Adelsfamilie – die Grafen von Lauffen –, deren Geschichte und historische Bedeutung aus unterschiedlichen Richtungen profiliert werden. Die hier vereinigten 12 Beiträge gehen zurück auf ein Symposium, das unter dem Titel „Die Grafen von Lauffen im Lobdengau“ 2012 in Ladenburg veranstaltet wurde und den örtlichen Bezug bereits zum Ausdruck brachte.

Die Grafen von Lauffen sind vom Beginn des 11. bis zum Beginn des 13. Jahrhunderts, also nur über gut zwei Jahrhunderte, historisch fassbar und gehörten nach Meinung der Herausgeber „zu den bedeutendsten Grafenhäusern des hohen Mittelalters“ (Vorwort, S. 7). Ihre wissenschaftliche Erforschung war bislang diesem Anspruch allerdings kaum gewachsen, so dass es galt, Forschungsdesiderate aufzuarbeiten und dabei einiges neu zu gewichten. Die Ergebnisse und neuen Erkenntnisse können sich sehen lassen und an dieser Stelle nur kurz angedeutet werden.

Ab 1127 werden die Grafen von Lauffen nach ihrer Burg am mittleren Neckar benannt, doch ist die Familie bereits zuvor mit dem Grafengeschlecht der „Popponen“ im Neckargau greifbar. Spätestens 1012 verwalteten sie für den Bischof von Worms auch dessen Grafschaft im Lobdengau um Ladenburg. Besondere herrschaftliche Bedeutung sollte den Grafen von Lauffen dann als Vögten über eine Reihe von Klöstern und Stiften am mittleren und unteren Neckar zukommen: Odenheim, Wiesenbach, Wimpfen im Tal sowie die in ihrer Grafschaft gelegenen Filialen der Reichsabtei Lorsch sind hier zu nennen. Die Gründung des Benediktinerklosters Odenheim im Kraichgau geht auf sie zurück, auch an der Gründung der Zisterze Schönau im Odenwald waren sie beteiligt. Zahlreiche Burgen im Neckartal sowie der Ausbau ihrer Residenzstadt Lauffen zeigen ihr Herrschaftspotential an, das bis zum Aussterben der Familie im Mannesstamm (1216/19) die politische Szene am mittleren und unteren Neckar dominierte.

Gerold Bönnen zeichnet zunächst ein markantes Bild vom Neckarraum im hohen Mittelalter, ausgehend vom Bistum und Hochstift Worms (S. 9–26). Die besondere Bedeutung der Grafen von Lauffen als Vögten der Lorscher Filialklöster arbeitet Christian Burkhart stringent hervor, wobei er etliche ältere Forschungsmeinungen korrigieren kann (S. 27–74). Gerade die komplizierten genealogischen Zusammenhänge um die Grafen von Hohenberg als Lorscher Vögten und die verwandten Grafen von Lauffen werden damit konzise zurechtgerückt (Genealogische Tafeln S. 46 f.). Dem Umfang der Grafschaften und Vogteien der Grafen von Lauffen widmet sich Ludwig H. Hildebrandt und setzt damit an alten Forschungsproblemen um Gau und Grafschaft an (S. 75–110). Bemerkenswerterweise vermutet er in dem Grafen Bruno, der als örtlicher Zeuge der Gründungsurkunde für das Kloster Sinsheim zum Jahr 1100 auftritt, den Grafen Bruno von Wertheim, der 1103 erstmals so belegt ist (S. 96); doch fehlen hierfür weitere Nachweise und damit auch Indizien für die Klärung der umstrittenen Anfänge des Wertheimer Grafenhauses.

Mit dem bedeutendsten Vertreter der Grafen von Lauffen, Erzbischof Bruno von Trier (1102–1124), beschäftigt sich Jörg R. Müller (S. 111–143). Dieser Bruno wirkte als eine zentrale Gestalt im damaligen Investiturstreit, wo er zwischen Papst und Kaiser verhandelte. Besonders seine Position als enger Vertrauter Heinrichs V. markiert seine reichspolitische Bedeutung in diesen prominenten Auseinandersetzungen. Daneben beeindruckt seine Rolle als Erzieher der Mathilde von England, der zukünftigen Gattin Heinrichs V., die als minderjährige Braut in die Obhut des Trierer Erzbischofs gegeben wurde.

Die zahlreichen Burgen der Grafen von Lauffen im Neckartal stehen anschließend im Fokus des Beitrags von Nicolai Knauer, der vor allem aus archäologischer und bauhistorischer Sicht eine dichte Abfolge an Lauffener Burgen behandelt (S. 145–169) – 14 „potentielle Burgen“ zeigt seine Kartenskizze (S. 147). Die Burg Lauffen selbst wird bereits zum Jahr 1003 erstmals schriftlich bezeugt und ist zum Teil noch außergewöhnlich gut erhalten; der noch bis ins frühe 11. Jahrhundert zurückreichende Wohnturm wird heute als Burgmuseum genutzt. Daneben bestechen auch die Burg Hornberg bei Neckarzimmern durch ihren repräsentativen Wohnbau und die Burg in Eberbach durch ihren hohen Bergfried, beide aus dem 12. Jahrhundert. Ergänzend dazu präsentiert Uwe Gross archäologische Funde aus einem abgebrannten Turmhaus in Eppingen aus der Mitte des 13. Jahrhunderts, die als „Zeugnisse des Angriffs Konrads I. von Dürn“, eines Erben der Lauffener, diskutiert werden (S. 171–182).

Ausführlich erörtert Stefan Kötz die Frage einer Münzprägung der Grafen von Lauffen (S. 183–241). Im 12. Jahrhundert ist nicht nur die Münzstätte Bretten, sondern auch eine gemeinsame Münze mit dem Kloster Odenheim für die Grafen greifbar. Auch der Nachweis des Wappens der Grafen von Lauffen, den Harald Drös trotz problematischer Überlieferungs- und Forschungslage stringent führen kann, beeindruckt (S. 243–260): Es ist ein „im oben von einem schreitenden Löwen oder Leoparden begleiteter Balken“ (S. 260). Dieses Wappen wurde offensichtlich über die Lauffener Erbtochter an die Grafen von Dürn weitergegeben und von jenen übernommen.

Die anschließenden Beiträge von Manfred Brenner, Katharina Laier-Beifuss und Christian Burkhart beschäftigen sich mit der „Wiesenbacher Burgenfrage“ bzw. der ehemals bei Heidelberg gelegenen Ellwanger Propstei Wiesenbach, die ebenfalls von den Lauffener Grafen gegründet worden sein soll – schriftliche Zeugnisse dazu fehlen leider (S. 261–298). Rüdiger Lenz verfolgt dann noch genauer die Beziehungen der Grafen von Lauffen, Eberbach, Dilsberg mit den Heidelberger Pfalzgrafen (S. 299–312).

Ein umfangreicher Anhang mit einem summarischen Quellenverzeichnis, genealogischen Tafeln, Übersichtskarten und Personenregister (ein Ortsregister fehlt leider) schließt den ergiebigen Band ab. Gerne hätte man neben den manchmal leider kaum lesbaren Schwarz-

Weiß-Abbildungen auch einige Abbildungen in Farbe gesehen. Jedenfalls aber erhalten die Grafen von Lauffen und ihre Herrschaft als wesentlicher Teil der hochmittelalterlichen Adelslandschaft im deutschen Südwesten mit dieser Publikation eine beachtliche Präsenz, die weit über das Neckarland hinaus strahlte. Hieran können nun weitere Forschungen ansetzen, welche die Bedeutung des Lauffener Grafenhauses im Vergleich mit anderen Adelsfamilien dieser Zeit noch stärker profilieren, und neue, verstärkt kulturhistorisch ausgerichtete Fragen dazu gibt es offensichtlich genug. Peter Rückert

Cord Ulrichs, Die Entstehung der fränkischen Reichsritterschaft. Entwicklungslinien von 1370 bis 1590 (Forschungen zur deutschen Rechtsgeschichte, Bd. 31), Köln/Weimar/Wien: Böhlau 2016. 631 S. ISBN 978-3-412-50527-1. € 85,–

Angesichts der lange Zeit vorherrschenden pejorativen Bewertung des *Corpus equester* – erwähnt sei Bernhard Erdmannsdörffers Diktum von dessen absonderlicher „Anomalie“ im Verfassungsgefüge des Alten Reiches – überrascht das Interesse der neueren Forschung. Dies gipfelte in den grundlegenden Studien von Volker Press. Dennoch begleitete ein gewisses Unbehagen die Beschäftigung mit dem Gegenstand. Zum einen blieb das Problem um die Wurzeln der Reichsritterschaft, auch wenn die Suche nach den Ursprüngen in der staufischen Zeit, wie sie gelegentlich noch vertreten wird, nur noch forschungsgeschichtliche Aufmerksamkeit beanspruchen kann. Als gelöst galt dafür die Frage, ab wann von „Reichsritterschaft“ gesprochen werden kann. 1542, ihr „Geburtsjahr“, wie Press 1976 formulierte, avancierte so gut wie unwidersprochen zur *Communis Opinio* der Forschung.

Einen grundstürzend neuen Ansatz zu beiden Fragen legt nun Cord Ulrichs vor, der sich schon früher als Kenner des Sujets ausgewiesen hat. Schon in der Mitte des 18. Jahrhunderts hat Johann Martin Chladenius auf die Standortgebundenheit des Historikers hingewiesen, was er auf den Begriff „Sehepunkte“ brachte. Diese Erkenntnis ist heute unumstritten. Der Verfasser ist Jurist, zuletzt Richter am Oberverwaltungsgericht des Landes Nordrhein-Westfalen in Münster; es erstaunt deshalb nicht, dass er seinen Gegenstand unter primär rechtsgeschichtlicher Perspektive beleuchtet. Das mindert jedoch nicht im mindesten die Professionalität seiner Interpretation der Quellen.

Das voluminöse Werk basiert auf einer geradezu stupende Quellenkenntnis. Man wird behaupten dürfen, dass er das gesamte Quellenmaterial zur fränkischen Reichsritterschaft und das weit über die fränkischen Archive hinaus ausgeschöpft hat. Gegliedert ist das Werk in 15 Großkapitel, die ihrerseits wieder unterteilt sind. Am Ende eines jeden Unterkapitels stehen zusammenfassende „Ergebnisse“, was bei der enormen Stoffmenge nur zu begrüßen ist. Abschließend ediert Ulrichs eine bislang nicht herangezogene Quelle im Hessischen Staatsarchiv Marburg, nämlich die Ordnung der fränkischen Ritterschaft zur Abwehr des Gemeinen Pfennigs, die Beschlüsse des Orts Rhön-Werra zu der Abwehr der Steuer und die Liste der daran beteiligten Edelleute.

Ulrichs entwirft ein Tableau, das über die eigentliche Entstehungsgeschichte der fränkischen Reichsritterschaft hinausgreift. So stellt er etwa den Bauernkrieg, Schmalkaldischen und Markgräflerkrieg oder die Packschen Händel vor, soweit diese den Ritteradel berührten. Haben diese Vorgänge nicht eigentlich mit der Genese der Reichsritterschaft zu tun, bietet das andererseits den Vorteil, dass jeder, der sich mit der fränkischen Geschichte des 16. Jahrhunderts befasst, mit Gewinn auf Ulrichs' Werk zurückgreifen kann.

Den Ausgangspunkt sieht er in den Adelsgesellschaften des 14. Jahrhunderts in deren Funktion als Fehde-, Gedenk- und Turniergemeinschaften. Diese Organisationsformen entwickelten sich zu eigentlich politischen Einungen, die sich vorrangig gegen finanzielle Forderungen der Hochstifte Würzburg und Bamberg richteten. Geradezu modellhaft war die Große Einung von 1402 des würzburgischen Stiftsadels. Mit akribischer Genauigkeit zeichnet Ulrichs deren Entwicklung bis gegen Ende des 15. Jahrhunderts nach. Bewegten sich die Einungen bis dahin im regionalen Bereich, d. h. dem Markgraftum und den Hochstiften, wobei es vorrangig um die Abwehr von Steuerforderungen, Lehnprobleme, die Teilhabe an der Regierung ging, erreichte die Entwicklung im endenden 15. Jahrhundert eine gänzlich neue Stufe. Mit der Erhebung des Gemeinen Pfennig durch den Wormser Reichstag im Jahre 1495 waren die fränkischen Einungen erstmals in die Reichspolitik involviert. Bekanntlich lehnten die Ritter mit dem Argument ab, sie dienten dem Reichsoberhaupt mit Gut und Blut, aber nicht mit Geld. Auf dem Schweinfurter Rittertag dieses Jahres, der die Bewilligung bzw. Nichtbewilligung zum Gegenstand hatte, lässt sich erstmals die Gliederung in die Sechs Orte nachweisen. Die weitere Entwicklung war geprägt von der Türkenabwehr und deren Finanzierung. 1529 und 1532 bewilligten die Sechs Orte erstmals dem Kaiser einen Reiterdienst, der tatsächlich in die Wege geleitet wurde, auch wenn er nicht zur Durchführung gelangte.

Hat Ulrichs diese Vorgänge auf breiter Quellenbasis neu aufbereitet, waren sie grundsätzlich doch bekannt und indisputabel. Damit kommt man zum Jahr 1542 als „Geburtsjahr der neuzeitlichen Reichsritterschaft“ (Press). Die Fakten sind nicht strittig. Vom 18. März 1548 datiert die Instruktion König Ferdinands an ritterschaftliche Notabeln als Kommissarien für Verhandlungen mit der Ritterschaft Schwabens, Frankens und der am Rheinstrom über die Bewilligung einer Türkenhilfe. Stellt man die Argumentation der beiden Autoren gegenüber, sind die Unterschiede jedoch nicht so gravierend, wie es auf den ersten Blick aussehen mag. Press folgert aus der Tatsache, dass man, obwohl die Ritterschaft nicht am Reichstag vertreten war, zu gesonderten Verhandlungen an sie herantrat, deren Reichsunmittelbarkeit grundsätzlich anerkannte. Er bewertet das Jahr 1542 also im Sinne eines „Take off“, von dem der Weg zur „konsolidierten Reichsritterschaft“ seit den Sechzigerjahren führte.

Ulrichs dagegen geht von „Kontinuitäten und Diskontinuitäten“ (S. 576) aus, lehnt also einen festen Zeitpunkt zugunsten eines zum Ziel führenden Kontinuums ab. Das erklärt auch die Zurückhaltung bei der Nennung eines bestimmten Datums. Er behandelt die Vorgänge auf dem Wormser Reichstag, doch spricht er ihnen, was die Formierung der Reichsritterschaft angeht, nicht die Relevanz zu, wie Press dies tat. Er betont, dass der Adel erstmals auf dem Schweinfurter Rittertag vom 2. Januar 1554 von sich als freier, nur dem Kaiser unterworfener Ritterschaft sprach (S. 480). § 26 des Augsburger Reichsabschiedes vom 25. September 1555 nennt „die freien ritterschaft, welche one mittl der ksö. und uns underworfen […] sein“. Das erstgenannte Datum ist folglich der Terminus ante quem für die Formierung der fränkischen Reichsritterschaft. Genauere Anhaltspunkte wären aus den Archiven der einzelnen Orte zu erwarten, doch ist deren desolate Situation für die Frühzeit nur aufs Höchste zu bedauern.

Ulrichs verfolgt die weitere Entwicklung, wobei die Stationen Ausstattung mit Privilegien, der Würzburger Rittertag 1562, die Erschütterung durch die Grumbachschen Händel besonders hervorgehoben werden. Was den genannten Rittertag angeht, hätte man sich gewünscht, seine Bedeutung für die „innere Organisation“ der Sechs Orte etwas deutlicher herauszustellen. Durch das 1559 erteilte Privileg „wider die Landsasserey“ war die Stellung der Reichsunmittelbarkeit unumstößlich geworden. Mit der 1590 erstellten Ritterratsordnung und deren im Jahre darauf erfolgten kaiserlichen Bestätigung schließt Ulrichs das Werk ab.

Freilich bleibt manches ungeklärt und wird sich auch nicht klären lassen. So muss offenbleiben, wie sich der Anschluss der mainzischen Lehnsleute von der Bergstraße wie der Wambold von Umstadt oder der Groschlag von Dieburg, die ja auch mit Würzburg keine Berührung hatten, an den Ort Odenwald und nicht an die oberrheinische Reichsritterschaft vollzog. Doch ohne Einschränkung wird dieses ebenso gewichtige wie wichtige Buch den Status eines Standardwerkes gewinnen. Helmut Neumaier

Franz Fuchs / Ulrich Wagner (Hg.), Bauernkrieg in Franken (Publikationen aus dem Kolleg „Mittelalter und Frühe Neuzeit" 2), Würzburg: Königshausen & Neumann 2016. 434 S., zahlr. Abb. ISBN 978-3-8260-5916-2. Paperback. € 48,–

Die heute als Bauernkrieg bezeichneten Geschehnisse sind in den letzten Jahrzehnten sehr detailliert und grundlegend erforscht worden, verwiesen sei nur auf die Publikationen von Peter Blickle, dessen Darstellung der „Revolution des Gemeinen Mannes" die aktuelle Sicht auf die Vorgänge von 1525 nachhaltig geprägt hat. In welchem Maße gleichwohl noch Diskussions- und Forschungsbedarf besteht, wird am vorliegenden Sammelband deutlich, der die solide ausgearbeiteten Beiträge eines internationalen und interdisziplinären Symposiums bietet, das gemeinsam vom Kolleg für Mittelalter und Frühe Neuzeit an der Universität Würzburg, dem Mainfränkischen Museum und dem Stadtarchiv Würzburg am 10. und 11. Oktober 2014 veranstaltet wurde. Tagungsort war der Würzburger Marienberg, womit der Brennpunkt des fränkischen Aufstands vom Mai 1525 in das Zentrum gerückt wurde. Den Ergebnissen der Tagung, die in dem sorgfältig redigierten Band nun zeitnah vorliegen, ist freilich weit über den lokalen und regionalen Rahmen hinaus Bedeutung beizumessen.

In besonderem Maße gilt dies für die ersten fünf Beiträge. Klaus Arnold, „Zur Vorgeschichte und zu den Voraussetzungen des Bauernkriegs in Franken", stellt zunächst begriffsgeschichtliche Überlegungen zu den Konflikten an, die von den Zeitgenossen als „Aufruhr und Empörung" bezeichnet wurden, um sodann auch den Bezugspunkt „Franken" zu problematisieren. Den „Bauernkrieg", den er im Ergebnis bewusst in Anführungszeichen setzt, beschreibt er als „eine Erhebung des gemeinen Volks auf dem Land wie in den Städten mit dem Schwerpunkt im Südwesten des Reichs, in Franken und in Thüringen; wobei sie in Franken in Rothenburg, Heilbronn, Kitzingen und Würzburg dem Erscheinen des Bauernhaufens vor den Mauern voranging" (S. 22). Als „Revolution" will Arnold die Vorgänge nicht verstanden wissen. Auf den fränkischen Raum bezogen hatten die Empörungen keine Vorläufer, „die diese Bezeichnung verdienten". Bezüge zur „Niklashauser Fahrt" von 1476, zum „Bundschuh" oder zum „Armen Konrad" in Württemberg sieht Arnold nicht (S. 22 f.), was in dieser Zeitschrift besonders erwähnt sei. Den „Gegebenheiten von Grund-, Leib-, Dorf-, Gerichts- und Landesherrschaft" misst er als Ursachen wenig Relevanz bei; die „Lage des Präkariats" in den Städten sieht er dagegen als bedeutsam an (S. 23). Die Aktionen seien zudem weniger gegen den Adel und dessen Burgen gerichtet gewesen als gegen kirchliche Institutionen, wobei sie „vielerorts in einen Kloster- und Bildersturm umschlugen" (S. 24). Als Hintergrund sei eine die Zeit prägende „allgemeine Verunsicherung und die Angst vor Veränderungen" zu konstatieren, die „alles entscheidende Voraussetzung" aber sei „die auf Martin Luther zurückgehende evangelische Reformationsbewegung“ gewesen, einschließlich der „Postulate einer religiösen – und damit so verstandenen persönlichen – Freiheit“ und einer „Absage an überkommende Glaubensinhalte und Frömmigkeitsformen der Alten Kirche“ (S. 25).

Tom Scott, „Ungelöste Probleme des Deutschen Bauernkriegs“, erweitert darüber hinaus nochmals die Perspektive über den fränkischen Raum hinaus auf die Erhebungen insgesamt, indem er, Sichtweisen Peter Blickles relativierend, sehr grundsätzlich und mittels überregionaler Vergleiche den Wandel der Herrschaftspraxis, die innerdörflichen Interessengegensätze, die wirtschaftlichen Krisenerscheinungen und die geographische Verbreitung einschließlich des Übergreifens auf benachbarte Länder betrachtet.

Ausgehend von den weit verbreiteten „Zwölf Artikeln“ und wiederum aus überregionaler Sicht beleuchtet Helmut Flachenecker „Religiöse Grundlagen des Bauernkriegs“, womit er einen wesentlichen Beitrag zum Verständnis der „bäuerlichen Forderungen im Kontext spätmittelalterlicher Frömmigkeit“ (S. 69) leistet, hierbei manche Paradoxie aufzeigt und ebenfalls auf die „soziale Sprengkraft“ des „biblischen Gleichheitsgedankens [...] für die bisherige Gesellschaftsordnung“ (S. 73) hinweist.

Anuschka Tischer, „Reichsreform – Reformation – Bauernkrieg: Der Bauernkrieg im Kontext von Reformen und Reformdiskussionen am Beginn der Neuzeit“, betrachtet das Geschehen als Teil des Reformdiskurses seit der Wahl Kaiser Sigismunds 1411 und der Verbreitung der Schrift „Reformatio Sigismundi“ von 1439, wobei auch hier weite Bezüge sichtbar werden. Herausgestellt wird, dass die Erhebungen „Ausdruck eines Reformbedarfs“ waren, der im Blick auf den Gemeinen Mann lange Zeit „ignoriert worden war“ (S. 77).

„Kein Bauernkrieg im Herzogtum Bayern – kein Bauernkrieg im größeren Teil des Reiches“ ist der Beitrag von Walter Ziegler überschrieben, der dem so benannten Phänomen und seinen Ursachen nachgeht. Die originelle „andere Perspektive“ auf den Bauernkrieg aus abermals überregionaler Sicht erweist sich als fruchtbar. Denn, wie Ziegler eingangs bemerkt, lässt der „hohe Rang des Forschungsfelds ‚Bauernkrieg‘“ manchmal in der Tat vergessen, dass 1525 „der größere Teil des Reiches in den damaligen Grenzen“ keinen Bauernkrieg kannte (S. 87). Die Ursachen beschreibt Ziegler unter anderem wie folgt: „Strukturell waren am wenigsten von Unruhen gefährdet die weltlichen und geistlichen Großterritorien, die eine straffe Verwaltung in allen Bereichen aufzuweisen hatten und bereits ein erträgliches Verhältnis zu ihren Bauern etabliert hatten“ (S. 112). Ausdrücklich will jedoch Ziegler seine Überlegungen nur als einen „ersten Versuch“ verstanden wissen, „das Phänomen der Nichtteilnahme am Bauernkrieg genauer in den Blick zu nehmen“; er regt deshalb weitere Studien an.

Bei den folgenden Beiträgen handelt es sich um detaillierte und präzise Analysen des Geschehens in Franken, die als solche freilich ebenfalls grundsätzliche Erkenntnisse für die allgemeine Diskussion bieten, ohne dass im Rahmen dieser Besprechung darauf näher eingegangen werden kann: Ulrich Wagner, „Die Stadt Würzburg im Bauernkrieg“; Rainer Leng, „Bauern vor den Mauern: Technische und taktische Aspekte des Sturms auf die Festung Marienberg in Würzburg“; Wolfgang Wüst, „Bauernkrieg und fränkische Reichsstädte – Krisenmanagement in Nürnberg, Rothenburg ob der Tauber und Schweinfurt“.

Spezielle Fragen aus der Sicht verschiedener Disziplinen behandeln danach in gleicher Weise mit wichtigen überlieferungsgeschichtlichen und quellenkritischen Befunden: Hans-Joachim Hecker, „Der Bauernkrieg, die ‚Zwölf Artikel‘ und das ‚Göttliche Recht‘“; Anja Amendt-Traut, „Judikative Folgen des Bauernkriegs nach Quellen der Höchsten Gerichte im Alten Reich"; Matthias Weniger, „Bildschnitzer – Strategien und Tendenzen um 1520"; Claudia Lichte, „Die Werke Riemenschneiders – Spiegel einer Umbruchszeit?"; Horst Brunner, „*Von uppiglichen dingen/ so will ichs heben an/ von leidigen baurn singen/ wie sie es griffen an.* Literatur und Öffentlichkeit im Bauernkrieg"; Joachim Hamm, „Traum und Zeitklage. Dürers ‚Traumgesicht', Eobans ‚Bellum servile Germaniae' und der Bauernkrieg in Franken"; Benjamin Heidenreich: „Brisante Erinnerungen, Die zeitgenössische Geschichtsschreibung zum ‚Bauernkrieg' in Franken"; Johannes Merz, „Der fränkische Klerus im frühen 16. Jahrhundert im Spiegel seiner Testamente"; Frank Kleinehagenbrock, „Adel und Bauern im Bauernkrieg in Franken".

Im Vorwort der Herausgeber finden sich kurze Zusammenfassungen aller Beiträge. Die Publikation beschließen ein Abkürzungs- sowie ein Orts-, Personen- und Werkregister.

Insgesamt kann man den Herausgebern wie auch allen Autorinnen und Autoren nur dankbar für den stattlichen Band sein, der eine Fülle an neuen Erkenntnissen und weiter zu verfolgenden Fragestellungen bietet, die – dies sei nochmals hervorgehoben – weit über den fränkischen Raum hinaus relevant sind. Die Veröffentlichung ist damit zum richtigen Zeitpunkt unmittelbar vor dem „Reformationsjubiläum" und im Vorfeld der 2025 anstehenden Erinnerung an die Erhebungen von 1525 erschienen. Robert Kretzschmar

Dieter Wunder, Der Adel im Hessen des 18. Jahrhunderts – Herrenstand und Fürstendienst. Grundlagen einer Sozialgeschichte des Adels in Hessen (Veröffentlichungen der Historischen Kommission für Hessen, Bd. 84), Marburg: Historische Kommission für Hessen 2016. 846 S. mit 26 Abb. ISBN 978-3-942225-34-2. Geb. € 39,–

Dieter Wunder hat als einer der besten Spezialisten des hessischen Adels mit dem vorliegenden Band eine umfassende Darstellung adligen Lebens im Hessen des 18. Jahrhunderts verfasst, die Handbuchcharakter für sich beanspruchen kann. Bisher gab es keine derartige Darstellung. Wunder selbst formuliert als Ziel seiner Arbeit, „eine Sozialgeschichte des Adels in Hessen" (S. 2) vorzulegen und Grundlagen für weitere und vertiefte Forschungen zu schaffen. Der Band umfasst über 600 Seiten Text und Anhänge von etwa 200 Seiten.

Wunders Untersuchung bezieht sich auf den landsässigen oder landtagsfähigen Adel genauso wie auf den von den Landgrafen geschaffenen Neuadel und den ausländischen Adel in Hessen. Der Zeitrahmen erstreckt sich von ungefähr 1700 – vom Beginn der Entwicklung des hessischen Adels zur geschlossenen Korporation – bis 1806/10, also bis zum Übergang der hessischen Territorien zu selbständigen Staaten und bis zur Teilung der hessischen Ritterschaft.

Für seine Studie hat der Autor umfassend Archivalien aus staatlichen Beständen und Adelsarchiven vor allem in den Staatsarchiven Marburg und Darmstadt, im Hauptstaatsarchiv Wiesbaden und in den hessischen landeskirchlichen Archiven ausgewertet. Inhaltlich werden vor allem die Grundlagen adligen Lebens – also Rittergut und Fürstendienst – und die adligen Korporationsstrukturen und deren Wandel in den Fokus genommen.

Der erste Teil mit dem Titel „Adel als Stand" untersucht Rechte, Freiheiten und Merkmale des hessischen Adels, vergleicht nicht-adlige und adlige Standespersonen und wertet den hessischen Adel statistisch aus. Der zweite Teil hat das Rittergut zum Inhalt. Vorgestellt werden Eigentums- und Besitzformen, Vererbung und Verkauf von Rittergütern sowie Lehnsbeziehungen. Weitere Aspekte bieten die Darstellungen der adligen Gerichtsherrschaft und des Adligen als Gutsherr in ökonomischer Hinsicht. Der dritte Teil ist dem adligen Fürstendienst gewidmet, beginnt mit Erziehung und Perspektiven hessischer Adliger, untersucht dann die Beschäftigungsbereiche in Hof, Regierung und Militär und schließt mit der Frage der Vereinbarkeit von gutsherrlichen Aufgaben und der Verpflichtung im Fürstendienst.

Die Teile vier bis sechs wenden sich dann den strukturellen Fragen adliger Korporation in Hessen zu. Teil vier stellt einerseits die Organisation der Ritterschaft mit Gremien und Ämtern und deren Entwicklung seit dem 16. Jahrhundert vor, andererseits wird unter den Schlagworten Burgmannschaft Friedberg, Stiftsfähigkeit und Konfession die Stellung der hessischen Ritterschaft im Reich untersucht. Der fünfte Teil umfasst die landgräflichen Planungen zur Neuerrichtung eines Damenstifts und die Steuern der hessischen Ritterschaft, während Teil sechs der Zusammensetzung des hessischen Adels gewidmet ist. Untersucht werden dessen Zusammensetzung und Bestandsveränderungen durch Nobilitierungen, Zuzug oder Aussterben, ebenso Rechte der althessischen Ritterschaft und des neuhessischen Adels sowie interne Differenzierungen mit einer Vorstellung der wichtigsten Geschlechter.

In einem Schlussteil vergleicht Wunder seine Ergebnisse mit den Forschungen anderer Historiker, vor allem mit denen von Walter Demel und Gerrit Walther. Abschließend werden Desiderata der Adelsforschung in Hessen formuliert.

Der große Quellenanhang liefert Hintergründe zu dem im Untersuchungsteil Dargestellten und bietet die Basis zu zahlreichen neuen Forschungsansätzen. Er umfasst Quelleneditionen, Vergleichstabellen, Namenslisten, familienbiographische Daten und Zahlenmaterial. Ergänzt wird dieser Anhang durch eine Zeittafel, ein Verzeichnis von Währungen, Maßen und Gewichten, ein Glossar, ein Abkürzungsverzeichnis, Verzeichnisse von Tabellen und Abbildungen, eine Bibliographie sowie ein Orts- und Personenregister.

Soweit es das Quellenmaterial zulässt, gibt Wunder im Text stets eine statistische Auswertung mit reichhaltigem Zahlenmaterial, das eine abstrahierende und übergreifende Betrachtung des hessischen Adels zulässt. Gleichzeitig ist seine Arbeit gespickt von zahlreichen Einzelbeispielen, die von enormem Vorarbeiten und tiefen Kenntnissen zeugen. Auch das Literaturverzeichnis zeigt das Spektrum der bisherigen Beschäftigung des Autors mit dem hessischen Adel. Damit ist die Darstellung Wunders gleichermaßen Nachschlagewerk, Handbuch, Grundlage zur weiteren Beschäftigung mit dem hessischen Adel, aber auch einfach nur ein Buch, dessen Lektüre Vergnügen bereitet.

Joachim Brüser

Aufklärung in Oberschwaben. Barocke Welt im Umbruch, hg. von Katharina Bechler und Dietmar Schiersner im Auftrag der Gesellschaft Oberschwaben für Geschichte und Kultur und des Landkreises Ravensburg, Stuttgart: Kohlhammer 2016. 456 S. mit 90 Abb., 2 Tab. ISBN 978-3-17-030248-8. € 29,99

Mit Oberschwaben im 18. Jahrhundert verbindet man in der Regel barocke katholische Frömmigkeit, nicht zuletzt auch vermittelt durch die zahlreichen Klosterneubauten, aber auch eine gewisse Rückständigkeit, die von Außenstehenden – etwa von dem Berliner Schriftsteller und Aufklärer Friedrich Nicolai in seiner „Beschreibung einer Reise durch Deutschland und die Schweiz im Jahre 1781" – konstatiert wurde. Umso interessanter ist es, den Spuren der Aufklärung im späten 18. Jahrhundert nachzugehen, die sich auch in Oberschwaben finden. Dies hatte sich eine internationale Tagung vorgenommen, die 2012 vom Kultur- und Archivamt des Landkreises Ravensburg, der Pädagogischen Hochschule Weingarten, der Gesellschaft Oberschwaben und der Universität Stuttgart in Ravensburg veranstaltet wurde, deren Referate der vorliegende Tagungsband nunmehr publiziert. Dabei entstand eine umfassende Bestandsaufnahme, die in fünf Abschnitten versucht, die verschiedenen Bereiche der Lebenswirklichkeit Oberschwabens am Ende des 18. Jahrhunderts zu erfassen. Philosophie, Literatur und Bibliotheken – Kunst und Musik – Kirche und Pädagogik – Reichsstädte – Territorien –, so sind die Abschnitte überschrieben. Dabei fehlt allerdings ein Kapitel über Wirtschaft, denn hier gab es am Ende des Jahrhunderts durchaus Veränderungen, die auf Einflüsse der Aufklärung hinweisen; man denke etwa an rationale Planungen – Vermessungen, Anbau besonderer Pflanzen usw.

Der Schwerpunkt des Bandes liegt also auf der klassischen Kultur- und Landesgeschichte. So steht im ersten Abschnitt Christoph Martin Wieland im Mittelpunkt, dessen Beziehungen zu Rousseau (Peter Blickle) und seine Rolle in der Reichsstadt Biberach (Andrea Riotte) behandelt werden. Daneben sind aber auch der Musenhof im benachbarten Warthausen und die Beziehungen der Sophie von La Roche, die Hofdame in Warthausen war, zu Wieland (Katja Schneider) sowie die Rolle der Klosterbibliotheken (Magda Schneider) und der Stadtbibliothek Ravensburg (Franz Schwarzbauer) Gegenstand von Untersuchungen. Im Kapitel Kunst und Musik wird zunächst die herausragende Rolle des Pierre Michel d'Ixnard behandelt (Erich Franz), der mit seinem Dom in St. Blasien Furore machte. Bei den Malern werden Januarius Zick (Wolfgang Augustyn) und Angelika Kaufmann (Bettina Baumgärtel) erörtert, die beide kurz in Oberschwaben tätig waren. Dass die Musik in den Klöstern Oberschwabens eine große Rolle spielte, ist seit Langem bekannt, wird aber hier noch einmal differenziert und ergänzt (Michael Gerhard Kaufmann).

Im Abschnitt „Kirche und Pädagogik" finden sich einerseits biographische Skizzen über die Persönlichkeit des Benediktiners Franz Übelacker (Edwin Weber), der zuletzt als vorderösterreichischer Archivar in Freiburg tätig war, sowie über den Konstanzer Generalvikar Wessenberg, dessen Rolle für die katholische Aufklärung bekanntlich von zentraler Bedeutung war (Manfred Weitlauff). Über Pädagogik im engeren Sinne handelt der Beitrag von Thomas Wiedenhorn, der sich mit der Schul- und Lehrerbildung in Württemberg beschäftigt, wobei er auch die wichtige Rolle der Franziskanerinnen von Sießen hervorhebt.

Eine Sonderstellung nimmt in diesem Zusammenhang die gewichtige Untersuchung von Dietmar Schiersner ein, der den Einfluss der Aufklärung auf die Damenstifte analysiert, wobei natürlich der pädagogische Aspekt nur einer unter anderen ist. Schiersner stützt sich dabei auf seine große Darstellung anhand der Damenstifte St. Stephan in Augsburg und Edelstetten (vgl. meine Rezension in dieser Zeitschrift Bd. 75 (2016), S. 476–478); er kann Einflüsse aufklärerischer Tendenzen in allen Bereichen des Denkens und des Alltags dieser besonderen Gemeinschaften feststellen.

Die beiden letzten Kapitel beschäftigen sich schließlich mit der politischen Kultur – einmal mit den für Oberschwaben wichtigen Reichsstädten, zum andern mit den mit Oberschwaben in Verbindung stehenden überregionalen Territorien – Österreich, Württemberg und Bayern. Ulm (Simon Palaoro) und die Allgäuer Reichsstädte (Wolfgang Petz) werden dabei besonders in den Fokus genommen, während Barbara Rajkay sich mit der von außen kommenden Kritik an oberschwäbischen Reichsstädten beschäftigt; im Mittelpunkt stehen hier der hohenlohische evangelische Theologe August Ludwig Schlözer und Friedrich Nicolai. Beim Einfluss der österreichischen Aufklärung auf Oberschwaben geht es natürlich primär um den Josephinismus und die damit in Verbindung stehende Verwaltungsreform, aber auch um andere Strömungen, so dass ein differenziertes Bild der Aufklärung in Österreich entsteht (Brigitte Mazohl). Eberhard Fritz stellt die Regierung Karl Eugens von Württemberg in den Mittelpunkt seiner Ausführungen, aber auch die vielfältigen Beziehungen des Nachbarn etwa zu den oberschwäbischen Reichsstädten. Erwähnt werden immerhin auch wirtschaftliche Reformen. Den Abschluss bildet ein Beitrag Esteban Maurers über Bayerns Expansion nach Oberschwaben in den Jahren 1802 bis 1808 – also ein Ausblick, der vor allem die Erwerbungen Bayerns im Zusammenhang mit der Auflösung des Alten Reichs, aber auch deren Neuorganisation beschreibt.

Wenn auch manche Themen fehlen, so vereinigt der gut ausgestattete Band insgesamt doch eine repräsentative Auswahl von Studien zu den Einflüssen der Aufklärung im späten 18. Jahrhundert und am Ende der alten Ordnung des Heiligen Römischen Reichs in Oberschwaben, der aber auch zur Weiterarbeit anregt. Dankenswert sind auch – bei Tagungsbänden nicht selbstverständlich – ein Abkürzungsverzeichnis und ein Orts- und Personenregister, bei dem die Personen erfreulicherweise auch identifiziert wurden, nicht allerdings die Orte – ein kleiner Schönheitsfehler! Bernhard Theil

Peter Eitel, Geschichte Oberschwabens im 19. und 20. Jahrhundert, Bd. 2: Oberschwaben im Kaiserreich (1870–1918), Ostfildern: Jan Thorbecke Verlag 2015. 360 S., mit etwa 260 großteils farb. Abb. ISBN 978-3-7995-0852-0. Geb. € 29,–

Nachdem 2010 die auf drei Bände angelegte Gesamtdarstellung der Geschichte Oberschwabens im 19. und 20. Jahrhundert begonnen wurde (Besprechung in ZWLG 70. [2011], S. 642 f.), liegt nun der zweite Band vor, der den Zeitraum von der Gründung des Deutschen Kaiserreichs im Deutsch-Französischen Krieg von 1870/71 bis zum Ende des Ersten Weltkriegs umfasst. Die Integration der ehemals neuen Landesteile war bereits 1870 so weit fortgeschritten, dass sich der Begriff Oberschwaben auf das württembergische Gebiet verengt hatte, während sich die Bewohner der nördlich des Bodensees gelegenen badischen Gebiete als Badener verstanden. Dennoch unterschied sich das vorwiegend agrarische, katholisch geprägte Oberschwaben mit seinen besonderen Traditionen deutlich von den nördlich der Donau gelegenen württembergischen Landesteilen.

Nach einer überblicksartigen Einleitung ist der Band in 13 sachthematische Teile eingeteilt. Den Anfang macht ein Kapitel über den Deutsch-Französischen Krieg, gefolgt von einem besonders umfangreichen Teil über die politische Entwicklung. Hier findet sich auch ein Abschnitt über das Verhältnis der Oberschwaben zum Kaiserreich, zum württembergischen Staat und zum Königshaus, das belegt, wie schwer es für die Oberschwaben war, sich in das preußisch-protestantisch geprägte Kaiserreich einzufinden, an dessen Rand es nun lag. Das württembergische Königshaus, das in Friedrichshafen seine Sommerresidenz hatte, erfreute sich dagegen großer Beliebtheit.

Im dritten Teil geht es um die Landwirtschaft, die hier von erheblicher Bedeutung war. Noch zu Beginn des 20. Jahrhunderts war die Mehrheit der oberschwäbischen Bevölkerung im agrarischen Bereich beschäftigt, und die Durchschnittsgröße der landwirtschaftlichen Betriebe überstieg hier die des übrigen Königreichs um ein Vielfaches. Es folgt der Teil über Handwerk und Industrie, der belegt, dass auch Oberschwaben von dem industriellen Wandel ergriffen wurde, allerdings in geringerem Maße und auf wenige Zentren beschränkt. Daran schließen sich „Handel und Verkehr“ an, darunter auch ein Abschnitt über die Entstehung des Fremdenverkehrs als Wirtschaftszweig am Bodensee und im Allgäu, dann „Bevölkerung, Wachstum und soziale Gliederung“, wobei hier auch Minderheiten in der oberschwäbischen Bevölkerung wie ausländische Arbeitskräfte, Sinti und Roma sowie die jüdische Bevölkerung Oberschwabens Beachtung finden.

Die weiteren Kapitel widmen sich der sozialen Fürsorge und dem Gesundheitswesen, dem Bauwesen und technischen Innovationen wie Elektrizität, Telekommunikation, Automobile und Kinos sowie als Teil 9 Kirche und Konfession. In diesem Kapitel geht es auch um das Verhältnis zwischen Katholiken und Protestanten, das angesichts wachsender Zuzüge von Protestanten nach Oberschwaben nicht frei von Konflikten war, die bis zum Beginn des Ersten Weltkriegs sogar noch zunahmen. Dem Schul- und Bildungswesen, das auch den ländlichen Raum umfassend ergriff, Kunst und Kultur sowie „Mentalität, Lebensweise, Sitte und Brauchtum" sind weitere Teile gewidmet. Den Abschluss bildet ein Kapitel über den Ersten Weltkrieg, das unter anderem eine relativ geringe Kriegsbegeisterung im ländlichen Oberschwaben belegt.

Das Bild Oberschwabens im Kaiserreich ist zwiespältig: Einerseits zeigt es, wie auch hier die Modernisierung alle Lebensbereiche ergriff und ein tiefgreifender Wandel stattfand. Andererseits wurde vom „Phäakenland Oberschwaben" gesprochen (S. 284), wo ein ausgeprägtes geselliges Leben herrsche, oder, wie es anderswo hieß, vom „Land der fröhlichen Genießer" (S. 285), mit einer Neigung zur Genusssucht. An der Peripherie des neuen Reiches gelegen, ging es in Oberschwaben gemächlicher zu, waren Industrialisierung und Urbanisierung weniger ausgeprägt und die Menschen bestimmt von dem Wunsch, an ihren Traditionen und ihrer religiösen Orientierung festzuhalten, mochten sich auch manche Altwürttemberger über das „dunkle Oberschwaben" (S. 36) mokieren.

Es ist kaum ein Aspekt zu finden, den dieses umfassende und auf gründlicher Quellenkenntnis erarbeitete Handbuch zur Geschichte Oberschwabens nicht erfasst hätte. In einem Anhang werden statistische Angaben zum Wachstum der größten oberschwäbischen Städte und Gemeinden, Literatur- und Quellennachweise sowie ein Orts- und Personenregister geliefert. Der Band enthält zahlreiche Diagramme, Karten und etwa 200 kenntnisreich ausgewählte und teilweise erstmals veröffentlichte Abbildungen. Das lebendig geschriebene Buch ist daher nicht nur eine unverzichtbare Pflichtlektüre für alle Historiker, die sich mit der Geschichte Oberschwabens befassen, es ist auch für historisch interessierte Laien kurzweilig zu lesen. Mit großer Vorfreude wird nun der dritte Band aus der Hand des fleißigen Verfassers erwartet.

Michael Wettengel

1914 – als in Europa die Lichter ausgingen. Der Erste Weltkrieg an der Heimatfront – regionale und grenzüberschreitende Betrachtungen (Württembergisch Franken, Bd. 98), Schwäbisch Hall 2014. 346 S. mit Abb. ISSN 0084-3067. € 25,–

Bereits vor dem Anrollen der großen Publikationswelle ab 2013/2014 im Zeichen des Gedenkens an den Ausbruch des Ersten Weltkriegs vor 100 Jahren lagen zahlreiche regional- und lokalgeschichtliche Beiträge vor, die den Kriegsalltag an der vielbeschworenen „Heimatfront" und die Auswirkungen des Kriegsgeschehens auf die zivile Bevölkerung in den unterschiedlichsten Gegenden Deutschlands zu erhellen suchten. Indes lieferte nur ein Teil dieser Beiträge anschlussfähige Bezüge für die wissenschaftliche Forschung, während ein anderer Teil (auf beschränkter Quellenbasis) bisweilen im rein regionalen oder lokalen Kontext verharrte und in seinen Schlussfolgerungen nicht zu überzeugen vermochte. Die Flut an neuen Publikationen zum Ersten Weltkrieg, die seit dieser Zeit erschienen ist, erbrachte inzwischen aber auch zahlreiche Beiträge, die sich regional- und lokalgeschichtlichen Themen mit wissenschaftlichem Anspruch und auf breiter Quellengrundlage widmen und den schon seit den 1980er Jahren spürbaren Trend hin zu einer seriösen Alltags- und Mentalitätsgeschichte widerspiegeln.

Der vorliegende Band – Ergebnis einer Tagung und erschienen als Jahrbuch des Vereins für Württembergisch Franken – fällt in die letztgenannte Kategorie, zumal man mit drei Beiträgen zum Elsass, zu Lothringen und zu hohenlohischen Migranten in Großbritannien einer regionalen Verengung durch eine grenzüberschreitende Perspektive vorbeugen wollte. Diesen Gesichtspunkt betont auch die Einführung von Ernst Breit, die überdies Bezüge zwischen dem Gedenken an den Ersten Weltkrieg und aktuellen politischen Problemen, wie dem Einsatz der Bundeswehr in Kriegsgebieten, herzustellen sucht. Betont wird der Wunsch nach einer gemeinsamen Erinnerungskultur über die Grenzen hinweg. So wünschenswert dies sein mag und durch die Alltags- und Mentalitätsgeschichte sicherlich auch in gewissem Rahmen praktikabel, bleibt zu bedenken, dass auch in Zukunft die historiographischen Narrative in verschiedenen Ländern immer signifikante Unterschiede aufweisen werden, abhängig davon, ob man Besetzter oder Besatzer, Aggressor oder Opfer war und ob ein Staat als Sieger oder Verlierer aus einem Krieg hervorging.

Der erste Beitrag ist Lothringen gewidmet. Philippe Alexandre schildert die spezifische Rolle, die diese Region nach dem für Frankreich verlorenen Krieg von 1870/71 in der französischen Propaganda und im kollektiven Bewusstsein vor allem national gesinnter Franzosen spielte. Der Beitrag schlägt ferner den Bogen zu den Kriegshandlungen in Lothringen 1914–1918 und zur Erinnerungskultur, die den Deutschen gegenüber lange von Unversöhnlichkeit geprägt war. Seit der deutsch-französischen Aussöhnung wird aber in Frankreich auch und vor allem im Schulunterricht ein deutlich differenzierteres Bild vermittelt. Komplementär zu Alexandres Ausführungen trägt Claude Muller zeitgenössische Stimmen zu den Kampfhandlungen im Elsass zusammen, die dort in den Vogesen gerade in der ersten Kriegshälfte äußerst heftig waren.

Christoph Bittel schildert detailliert und durch etliche Fotos illustriert das ikonographische Kriegsgedenken in Württembergisch Franken in Form von Denkmalen und Ehrentafeln sowie (allerdings auf das Beispiel Bad Mergentheim beschränkt) in Form von Gefallenenfeiern. Dem Begriff „Heimatfront" und den Implikationen des „in wesentlichen Aspekten ‚total'" geführten Kriegs auf die Zivilgesellschaft widmet sich Gerhard Hischfeld. Die zunehmenden Versorgungsengpässe und der gerade in den letzten Kriegsjahren greifbare wirtschaftliche Ruin Deutschlands untergruben die Durchhaltemoral weiter Bevölkerungsteile nachhaltig. Doch der Krieg hatte auch in anderen Bereichen zumindest temporär große Auswirkungen auf die deutsche Gesellschaft. So waren Millionen von Frauen als Mütter von Kindern unmittelbar Leidtragende des wirtschaftlichen Niedergangs. Das weibliche Engagement im Krieg – etwa im Bereich der Krankenpflege oder als sogenannte Etappenhelferinnen – wurde keinesfalls unmittelbar mit mehr politischer und gesellschaftlicher Partizipation belohnt.

Das individuelle Kriegserleben thematisieren einerseits der Beitrag von Reinhard Ilg, der aus den Selbstzeugnissen von Soldaten (vordem Seminaristen des evangelischen Seminars Schöntal) wesentliche Elemente ihrer mentalen Disposition herausarbeitet, und andererseits die Ausführungen von Hans Peter Müller zum Bericht eines Reserveoffiziers, der von 1914–1916 in Hall seinen Dienst verrichtete. Herbert Kohls Beitrag zum Kriegsausbruch in Nordwürttemberg erhärtet die auch in zahlreichen anderen regionalen und überregionalen Studien gewonnene Erkenntnis, dass von einem kollektiven uniformen Augusterlebnis nicht gesprochen werden kann. Vielmehr gab es in der Bevölkerung vielfältige Stimmungslagen, und der Grad der Kriegsbegeisterung war abhängig von der sozialen Schicht der Betroffenen, wobei sich die Euphorie (auch dies kann mittlerweile als verifizierte These gelten) im ländlichen Raum in engen Grenzen hielt.

Der Kriegskrankenpflege, einem anfänglich vor allem im angelsächsischen Sprachraum populären Thema, zu dem aber in den letzten Jahren auch in Deutschland mehr und mehr Veröffentlichungen erschienen, widmet sich detailreich Monika Kolb in ihrem Beitrag über Lazarette im Raum Schwäbisch Hall. Daniel Kuhn unterstreicht in seinem Beitrag, wie die chaotische und ineffiziente Lebensmittelversorgung in Württemberg wesentlich dazu beitrug, dass sich die Versorgungslage der Zivilbevölkerung zunehmend verschlechterte und das Vertrauen in die staatlichen Stellen entsprechend erodierte. Seine Folgerung, diese Desorganisation belege, „wie wenig militaristisch das Kaiserreich gewesen war", ist allerdings überaus gewagt, da die Organisation der Lebensmittelversorgung nicht den einzigen Indikator für den Militarisierungsgrad einer Gesellschaft bildet. Ein Blick etwa auf die Struktur der freiwilligen Kriegskrankenpflege in Deutschland zeigt, dass diese bereits Ende der 1870er Jahre zunehmend in militärisches Fahrwasser geriet und (folgt man den hierzu einschlägigen Ausführungen von Astrid Stölzle und Annett Büttner) z. B. das hiesige Rote Kreuz auf einen zukünftigen Krieg vorbereitet werden sollte.

Die wirtschaftlichen Auswirkungen des Krieges auf eine einzelne Stadt thematisiert Armin Müller am Beispiel Schwäbisch Hall. Der Spionage- und Sabotageabwehr in Württemberg widmet sich der Beitrag von Wolfgang Mährle, der faktenreich zeigt, in welchem Maße die Überwachung der normalen Bevölkerung in der Zeit zwischen 1914–1918 expandierte und eine bis zu diesem Zeitpunkt nicht gekannte Intensität erreichte. Einem eher wenig bekannten Aspekt des Ersten Weltkriegs wendet sich Karl-Heinz Wüstner zu, der das Schicksal von im 19. Jahrhundert nach Großbritannien ausgewanderten Hohenlohern schildert, die mit einer zunehmend antideutschen Stimmung zu kämpfen hatten und im Krieg teils mit gesellschaftlicher Ächtung, Repressionen und Internierung zu kämpfen hatten. Wüstner vergisst dabei nicht, darauf hinzuweisen, dass Internierungen auch deutscherseits zum Repertoire des Umgangs mit Angehörigen sogenannter Feindstaaten gehörten.

Der vorliegende Band liefert für den Raum Hohenlohe/Nordwürttemberg zweifellos eine Reihe von Erträgen zum Kriegsalltag und Kriegserleben auf regionaler und lokaler Ebene, die auch für mögliche vergleichende Ansätze mit anderen Regionen verwertbar sind. Hilfreich wäre allerdings ein resümierendes Schlusskapitel gewesen, das die doch sehr verschiedenen Problemfelder verklammert und die untersuchte Region im Kontext bereits vorhandener Regionalstudien zu anderen Gegenden Deutschlands verortet hätte.

Christof Strauß

Städte und Orte

Casimir Bumiller, Krieg, Fehde, Belagerung. Die Geschichte der Burg Albeck bei Sulz am Neckar, mit Beiträgen von Dorothee Ade, Bertram Jenisch, Harald von der Osten-Woldenburg und Stefan Uhl, Stuttgart: Belser 2015. 228 S., zahlr. Abb. ISBN 978-3-7630-2724-8. Geb. € 29,99

Der vorliegende Band stellt ein sehr gelungenes Beispiel dar für das fruchtbare Zusammenwirken verschiedener Fachdisziplinen. Historischer Kontext, archäologische Befunde und bauhistorische Erkenntnisse werden in einer stimmigen und fundierten Zusammenstellung geboten, und es lässt sich jetzt schon vermuten, dass der reich bebilderte Band zukünftig als zentrale Instanz für die Forschungen zur Burg Albeck gelten wird.

Auf einem Bergsporn am oberen Neckar gelegen, wird das *castrum Sulze* 1222 erstmals in den Quellen genannt, in mittelalterlichen Quellen stets unter diesem Namen. Erst in der Neuzeit setzte sich der Name Albeck für die Burg durch. Casimir Bumiller kann in seinem vorzüglichen historischen Überblick (S. 8–143) auch die Geschichte der Namensänderung entwirren. Humanistisch geprägte Geschichtsschreibung führte Albeck auf den Leitnamen Alwig der Grafen von Sulz zurück. Der rechte Burgname laute Albeck, nicht Sulz, so argumentierte beispielsweise die berühmte Zimmersche Chronik des Grafen Froben Christoph von Zimmern (1519–1567). Eine weitere Schlüsselrolle in der Namensänderung von Sulz zu Albeck kommt einer Silberstiftzeichnung des Renaissancemalers Hans Baldung Grien zu. 1515 fertigte er eine Darstellung der Burg und versah sie eigenhändig mit der Aufschrift „Sulltz albeck am neckar", nach Bumiller der „älteste authentische Beleg für den Burgnamen Albeck" (S. 99). In der Folge trat der ältere Name für die Burg völlig in den Hintergrund. In der württembergischen Verwaltung wurde dann durchgängig Burg oder Schloss Albeck als Bezeichnung verwendet.

Im 15. Jahrhundert geriet die Burg zunehmend in den Fokus der Württemberger. Über Jahrzehnte hinweg sind die fast verzweifelt wirkenden Bemühungen der Herren von Geroldseck gegen ihre Verdrängung aus der Burg zu erkennen. Hier liegt auch die unbestrittene Stärke des historischen Überblicks von Casimir Bumiller. Ihm gelingt es, die verwickelten, bisher nur unzureichend dargestellten Herrschaftswechsel detailliert zu entwirren.

Mustergültig aus den Quellen gearbeitet und unter Einbeziehung neuester Forschungsansätze zur Fehdeführung im späten Mittelalter wird die Geroldsecker Fehde (1420–1423) vorgestellt. Als typische Adelsfehde der Zeit hatte sie das Potenzial, zum regionalen Konflikt zwischen Baden, Pfalz und Württemberg auszuwachsen, konnte aber von den beteiligten Parteien rechtzeitig eingedämmt werden. Württemberg, das seinen Diener Wolf von Bubenhofen in der Fehde gegen die Geroldsecker unterstützte, erhielt im Friedensvertrag von 1423 einen Anteil an der Stadt Sulz sowie das Öffnungsrecht auf der Burg. Die Württemberger hatten damit einen Fuß in die Herrschaft Geroldseck gesetzt. In zähem Ringen sollten sie diese Position bis Anfang der siebziger Jahre des 15. Jahrhunderts ausbauen. 1473 erwarb Graf Eberhard nach erneuten Auseinandersetzungen die Herrschaft von Hans von Geroldseck, angeblich für die Summe von 1.000 Gulden in bar und eine Leibrente für den Geroldsecker. Die Burg Sulz beziehungsweise Albeck wurde nun Sitz des württembergischen Amtes Sulz im südwestlichen Teil der Grafschaft Württemberg. Bis zum Ende des Alten Reiches bewohnte ein württembergischer Beamter die Burg. Auch diese wechselvolle Phase beleuchtet Bumiller ausführlich.

Stefan Uhl untersucht den aufgehenden Baubestand der Burgruine (S. 144–177). Nur ganz wenige Baureste stammen aus der Gründungsanlage des 11./12. Jahrhunderts, gut dokumentiert ist dagegen der Ausbau der Anlage, wohl aus der zweiten Hälfte des 13. Jahrhunderts. Ausbau und Erweiterung der Burg wurden auch im späten Mittelalter und in der Neuzeit weiter fortgesetzt.

Dorothee Ade sichtet und bewertet in ihrem Beitrag (S. 178–215) das reiche Fundmaterial aus mehreren archäologischen Grabungen. Demnach darf die in der älteren Literatur noch postulierte alemannische Befestigung auf jeden Fall ausgeschlossen werden. Die Funde stammen überwiegend aus dem späten Mittelalter; „typische Burgenfunde" (S. 213) wie Keramik dokumentieren die adelige Lebenswelt auf der Burg. Freilich ist bei den spätmittelalterlichen Funden häufig nicht sicher zu entscheiden, ob sie der Phase der Herren von Geroldseck angehören oder aus württembergischer Zeit stammen.

Aufschlussreich sind die Ergebnisse der geophysikalischen Untersuchung, die von Bertram Jenisch und Harald von der Osten-Woldenburg vorgestellt werden (S. 216–220). Neben verschiedenen Mauerfundamenten ist die Entdeckung einer Filterzisterne bemerkenswert. Der Bau einer solchen Anlage erforderte hohen technischen und finanziellen Aufwand; sie könnte möglicherweise schon beim Bau der ersten steinernen Burg im 12. Jahrhundert errichtet worden sein. Funktionsfähig blieb sie bis in das 19. Jahrhundert, und nicht wenige neuzeitliche Besucher wunderten sich über das „frische Quellwasser" auf der Burg.

Erwin Frauenknecht

Winfried Speitkamp, Eschwege: Eine Stadt und der Nationalsozialismus (Veröffentlichungen der Historischen Kommission für Hessen, Bd. 81), Marburg 2015. VII, 318 S., 30 Abb., 2 Tab. und 1 Karte. ISBN 978-3-942225-30-4. Geb. € 29,–

Die hessische Kleinstadt Eschwege östlich des Meißners gehörte nicht zu den Orten, die man kennen muss. Das wird sich vielleicht ändern. Denn mit dem wachsenden Interesse an der sich herausbildenden historischen Spezialdisziplin „Regionale Zeitgeschichte" wird die vorgelegte Studie exemplarische Bedeutung erlangen. Sie verbindet allgemeine Fragestellungen mit kommunalhistorischer Konkretion und macht so überzeugend deutlich, wie moderne lokale und regionale Zeitgeschichtsforschung im Besonderen das Allgemeine ausleuchten kann. Allgemein gestellt wird die Frage, was Menschen vor 1945 gesehen und gewusst haben, vor allem, was sie verleitete, Folgebereitschaft bis in die letzten Tage des Dritten Reiches zu leisten. Der Blick auf eine Kleinstadt kann deutlich machen, wie sich in Systembrüchen ein Gesinnungswandel vorbereitet und vollzieht. Das ist vor etwa fünfzig Jahren erstmals von William Sh. Allen geschildert worden. Seine Studie über Northeim erschien schon mit dem Titel „Das haben wir nicht gewollt". Die Eschwege-Studie macht deutlich, wie eine Gesellschaft ihren Zusammenhalt verlor und sich zugleich das Gefühl herausschälte, einen neuen Zusammenhalt, die „Volksgemeinschaft" zu leben. Dies alles nachvollziehbar geschildert zu haben, ist das Verdienst dieser Studie.

Regionale Zeitgeschichte ist methodisch trotz des Interesses an der Alltags- und der „Barfußgeschichte" methodisch nicht gefestigt und leidet nicht zuletzt darunter, dass die Herausforderung des exemplarischen Forschens in den sich örtlich in Grenzen fügenden Darstellungen zu selten aufgegriffen wird. Einige methodische Vorüberlegungen zur neuen historischen Bindestrichdisziplin sind bisher vor allem in Österreich, in Niedersachsen und im Zusammenhang mit der modernen Landesgeschichte des Südwestens angestellt worden.

Dabei ging es vor allem um die Frage, wie sich in den nach 1945 entstandenen neuen Ländern ein spezifisches Landesbewusstsein, die räumlich fixierte „Identität“, herausgebildet hat. In der modernen Stadtgeschichte, die seit dem Historikertag 1973 ihren Durchbruch als eigenständiger Forschungszweig erlebte und sich in den „Informationen zur modernen Stadtgeschichte“ niederschlagen konnte, spiegeln sich allgemeine Fragestellungen der Sozial-, Wirtschafts- und Kulturgeschichte im Brennglas lokaler Konkretisierung. Lange Zeit stand die Geschichte der Industrialisierung und der Binnenwanderung im Mittelpunkt moderner Stadtgeschichte, die sich auf Großstädte oder Metropolregionen konzentrierte. Seit einigen Jahren rückt der Zeitraum 1918 und 1948 in den Mittelpunkt des Interesses. Dabei geht es um Systemumbrüche und Kontinuitäten, zugleich um den Versuch, die Transformation einer städtischen Gemeinde im Zusammenhang der Systemwechsel 1918, 1933 und 1945 zu erfassen.

Den lokalpolitischen Anlass – die Kontroverse um Umbenennungen von Straßennamen wegen angeblicher Belastung der Namensgeber – verbirgt der bisher in Kassel lehrende, nun nach Weimar wechselnde Verfasser, der Zeithistoriker Speitkamp, nicht. Die örtliche Auseinandersetzung um die kommunale Zeitgeschichte begann als Kontroverse, die sich an Straßennamen festmachte und den Wandel der Erinnerungsbezüge verdeutlichte. Denn zunehmend wurde die lokale Zeitgeschichte unter kommunalpolitischen Gesichtspunkten durch eine zunehmende Viktimisierung des Lebens unter dem Hakenkreuz in der Nachkriegsöffentlichkeit streitbarer. Die Kritik richtete sich dabei gegen angeblich verdiente und in der kommunalen Debatte vehement gerechtfertigte Persönlichkeiten, die in den sechziger Jahren zu Namensgebern von Straßen, Plätzen und Schulen wurden.

Geschichtspolitische Konflikte wurden in Eschwege wie auch andernorts als kulturelle Deutungskonflikte ausgetragen und zielten auf die Denomination von Straßen, Plätzen und Schulen, die nach Kommunalpolitikern der NS-Zeit genannt wurden. Dabei schien vielen Kritikern die Zugehörigkeit zur NSDAP in der Regel zu genügen, um Namensgeber moralisch zu diskreditieren. Speitkamp begnügt sich nicht mit einer derartig moralisch begründeten Verurteilung, sondern fragt sehr konkret nach dem Verhalten der Betroffenen, mehr noch: er will nicht bestrittenes Fehlverhalten aus den Erfahrungs- und Erwartungshorizonten der Kritisierten verständlich machen und so deren Entscheidungs- und Handlungsspielräume vermessen.

In Eschwege konzentrierte sich die Kritik auf den langjährigen Bürgermeister Beuermann, der zwischen 1934 und 1945 die Stadt „führte“ und nach 1948 wiederum als Erster Beigeordneter in der Kommunalverwaltung tätig war. 1963 wurde er durch einen Straßennamen geehrt. Die Begründung lautete, er hätte sich „unbeirrt auch in Zeiten der Diktatur“ um seine Heimatstadt verdient gemacht. Seit den neunziger Jahren wurde diese Ehrung allerdings in Frage gestellt, nun galt Beuermann als Politiker, der den kommunalen Nationalsozialismus gefördert hätte. Ein Gutachten wurde an einen Kasseler Erziehungswissenschaftler vergeben, die Denominierung der Beuermann-Straße war die Folge. Aber dies war nicht alles, denn die lokalen Kontroversen mündeten anschließend in die Bemühung, die Eschweger Zeitgeschichte „offen“ durch ein Historikerteam der Universität Kassel wissenschaftlich verlässlich aufzuarbeiten.

Speitkamp hat mit seiner Studie über Eschwege weit mehr vorgelegt als eine Stadtgeschichte aus nationalsozialistischer Zeit. Ihm ging es um eine Beschreibung von sozialen Praktiken und Ritualen, die er als Indikatoren eines Mentalitätswandels deutet. Er untersucht die Handlungsspielräume kommunaler Eliten, von Verwaltungsbeamten, Pastoren,

Lehrern und Vereinsvorsitzenden und erklärt zugleich, weshalb sich das NS-System auf lokaler Ebene erstaunlich problemlos durchsetzen und konsolidieren konnte. Weil Veränderungen im Verhalten lokaler Akteure im Übergang von der Weimarer Republik zum NS-Staat offenbar auf lokale Kontexte verwiesen, wurden bereits auf einer konkret-nachbarschaftlichen Handlungsebene einige Ausdrucksformen nationalsozialistischer Ideologie und deren politisch-praktische Konsequenzen gemildert, allerdings mit der entscheidenden Ausnahme: der Ausgrenzung und Verfolgung des Eschwege bis dahin prägenden städtischen Judentums. Im Vergleich zu anderen hessischen Städten war der jüdische Bevölkerungsanteil bedeutend, und dies nicht nur der Zahl nach, denn in Eschwege waren die wichtigsten und größten Fabriken bis zur Vertreibung und Arisierung in jüdischem Besitz.

Speitkamp bezieht sich nicht nur im Eingangsteil eines jeden Kapitels auf den allgemeinen Forschungsstand, sondern nutzt ihn für die Entwicklung und Präzisierung seiner Fragestellungen und Interpretationen. So wird die moderne Stadtgeschichte zur Korrektivwissenschaft. Weil ein Hauptaugenmerk auf die „soziale Praxis im Nationalsozialismus" (S. 9) gelegt wird, ergänzt Speitkamp die seit etwa zwanzig Jahren intensiv erforschte Täter-Opfer-Perspektive durch einen akteursorientierten Ansatz. Dabei lässt er sich durch die Polykratie-Diskussion mitbestimmen und betont deshalb autonome Handlungsbereiche, die von den Akteuren gegen Zugriff der Parteiorgane behauptet werden sollten. Dies wurde später nicht selten als Manifestation von Charakterstärke, Unabhängigkeit und Widerstandswillen gedeutet. Ob es sich um die Verwaltungspraxis, das Schulleben, die kirchlichen Auseinandersetzungen, das Vereinsleben oder die örtliche Festkultur handelt – immer versucht er, verstehend „Handlungen nachzuvollziehen und Interaktionen zu entschlüsseln" (ebd.).

Ein durchgängiges Interpretationsmuster ist die Bemühung der „Akteure", ihre Autonomie gegenüber Eingriffen von außen zu behaupten. Dies wird später nicht selten als Ausdruck der Widerständigkeit interpretiert. Speitkamp relativiert diese Selbsterklärungen überzeugend, ohne deshalb Akteure leichthin als überzeugte Nationalsozialisten zu charakterisieren. Vielmehr deutet er die Übergänge zwischen der politischen Mentalität, wie sie in der Weimarer Republik festzustellen war, und der nationalsozialistischen als Ausdruck einer zunehmenden Übereinstimmung, die fest in der nationalen bürgerlichen, städtischen Kultur verankert war und in den überkommenden Veranstaltungs-, Vereins- und Festkulturen zunehmend mit nationalsozialistischen, rassenideologischen oder deutschchristlichen Inhalten überformt wurde.

Diese Differenzierung erlaubt es, Wandlungen lokalkultureller Manifestationen zu schildern, allgemeinhistorische Thesen – etwa zum Kirchenkampf – zu modifizieren und sie sogar, wie die Beschreibung der instrumentalisierten Luther-Feiern verdeutlicht, plastischer zu schildern, als es an der Oberfläche politischer Praxis bleibende Gesamtdarstellungen vermöchten. Weil in der Konkretisierung immer auch die Verallgemeinerung angelegt ist, gelingt in dieser Studie die Übertragung verallgemeinernder Thesen in die lokalgeschichtlichen Zusammenhänge.

Deshalb kommt dieser stadtgeschichtlichen Studie exemplarische Bedeutung zu. Mochte der Anlass auch eine lokalpolitische Kontroverse gewesen sein, so ist die Forschungsleistung und die vorbildliche historiographische Durchdringung eines politisch-ethisch schwierigen Problems besonders hervorzuheben. Wird auch oftmals beklagt, dass lokalhistorische Deutungskonflikte die städtische Geschichtsschreibung belasten, so ist nicht zu bestreiten, dass die Auseinandersetzung das lokale Identitätsgefühl stärkt.

Vor allem hat der in die Auseinandersetzungen einbezogene Gutachter die Aufgabe, historische Entwicklungen zu erforschen und dabei moralische Verirrungen der damals Handelnden zu erklären. Speitkamp gestattet sich weder eine Verurteilung noch eine moralische Diskreditierung der Handelnden, sondern deutet ihre soziale „Praxis“ und ihr Versagen aus den politischen, gesellschaftlichen und kulturellen Entwicklungen und den Umbewertungen, welche die politischen Umbrüche seit 1918 begleiten. Auch dieses umsichtige Urteil täte manchen kommunalpolitischen Kulturdebatten gut. Deshalb ist, dies sei vorab gesagt, die sorgfältige Lektüre dieses Buches jedem Regional- und Stadthistoriker zu empfehlen, enthält es doch methodische Anregungen, Beispiele ausgewogener Urteilsbildung und Spiegelung der Verpflichtung des Historikers, zu verstehen (Marc Bloch), wie es „eigentlich“ gewesen ist (Ranke).

Speitkamp gibt sich also nicht damit zufrieden zu beklagen, dass die Altvorderen dummerweise nicht so klug waren wie ihre Nachfahren, sondern er nähert sich der Überprüfung der emotional geführten kommunalpolitischen Debatte mit den Methoden des Historikers, plädiert nicht im Sinne eines Staatsanwalts, der belasten, oder eines Verteidigers, der entlasten will, sondern ermittelt Fakten, rekonstruiert Zusammenhänge, entfaltet die zeitspezifischen Kontexte und gewinnt an Überzeugungskraft, indem er seine lokalen Forschungsbefunde durch vergleichende Perspektiven zu plausibilisieren oder zu relativieren versteht. Sein Ziel war es also nicht, sich an einer lokalpolitischen Debatte zu beteiligen, sondern er wollte durch einen konsequent durchgehaltenen regional- und lokalhistorischen Ansatz „neue Einsichten in die Funktionsweise, die Machtübernahme und die Machtdurchdringung des Nationalsozialismus ebenso wie in die Mechanismen des Übergangs in die Nachkriegsordnung und der Auseinandersetzung mit belastender Vergangenheit [...] gewinnen“(S. 7).

Die Kleinstadt repräsentiert einen „sozialen Raum“, in dem sich „Beziehungen, Netzwerke und Bindungen“ herausbilden und das öffentliche Erscheinungsbild durch „Symbole, Rituale und Praktiken“ bestimmt wird. So entstehen Anpassungszwänge aus den spezifischen lokalen Strukturen. Diese erklären Mechanismen sowohl der Verwaltung wie des kulturellen Gemeindelebens. Vereine und ihre Festkultur, Lehrer und das von ihnen geprägte Schulleben, Geistliche und das kirchliche Leben, aber auch die kommunalpolitischen Entscheidungsstrukturen driften zunehmend in eine fortschreitende Nazifizierung des Alltagslebens und der Alltagsräume. Entschuldigen lässt sich damit kein Übergriff gegen Minderheiten, gegen Andersdenkende und die Juden.

Es ist nicht zu bezweifeln, dass sich Eschwege und der Verfasser dieser Studie einen wichtigen Platz in der methodisch reflektierten und pragmatisch betriebenen regionalen Zeitgeschichtsschreibung gesichert haben. An dieser Arbeit kann niemand vorbeigehen, der sich für die kommunale und regionale Zeitgeschichte interessiert. Peter Steinbach

Konrad Dussel, 766–2016: 1250 Jahre Lienzingen. Altes Haufendorf, moderne Gemeinde (Beiträge zur Geschichte der Stadt Mühlacker 8), Ubstadt-Weiher: verlag regionalkultur 2016. 304 S., mit 219 farb. Abb. ISBN 978-3-89735-962-8. € 19,90

Anlässlich der 1250-Jahrfeier legte das Stadtarchiv Mühlacker eine Ortsgeschichte Lienzingens vor, die als Band 8 der dortigen Schriftenreihe erschien und damit den Chroniken anderer Stadtteile wie Enzberg, Lomersheim und Großglattbach folgt. Lienzingen ist der einzige Stadtteil, der in der Gemeindereform gegen den erklärten Willen von Gemeindeverwaltung und großer Bevölkerungsmehrheit und letztlich erst durch Urteil des Staatsgerichtshofes 1975 seine kommunale Selbständigkeit verlor. Die verkehrsgünstige Lage Lienzingens an der alten Fernstraße zwischen Frankfurt-Speyer und Ulm-Augsburg (heute B 35) prägte den Ort in vielerlei Hinsicht.

Bereits 1970 war eine erste Lienzinger Ortsgeschichte von Friedrich Wißmann erschienen, die jedoch das 19./20. Jahrhundert kaum berücksichtigt und wissenschaftlichen Ansprüchen nicht genügt. Als Hauptautor der neuen Chronik fungierte wie bei den anderen Stadtteilgeschichten Konrad Dussel. Neben seinem bewährten Co-Autor Andreas Butz konnte das Stadtarchiv Mühlacker wieder einen Arbeitskreis von Interessierten aus und in Lienzingen formieren, aus dem diesmal sogar zehn Autoren für kleinere Textbeiträge zu gewinnen waren.

Der Text gliedert sich in insgesamt sechs Hauptkapitel, von denen die beiden historischen zusammen rund 85 Prozent des Umfangs ausmachen. Diese beiden betreffen die Frühgeschichte bis ins 18. Jahrhundert sowie das 19. und 20. Jahrhundert. Ersteres (S. 13–103), überwiegend von Andreas Butz verfasst, berichtet nach Funden aus keltischer und römischer Zeit über die urkundlichen Ersterwähnungen Lienzingens, das gleich 23-mal im Codex Laureshamensis erscheint. Die Lorscher Rechte kamen im 12. Jahrhundert an die Abtei Sinsheim; im Spätmittelalter gelang es dann dem benachbarten Zisterzienserkloster Maulbronn, die gesamte Ortsherrschaft über Lienzingen zu erwerben. Gewisse Bekanntheit erlangte der Maulbronner Abt Johann IX. von Lienzingen (1521–1547). Mit dem gesamten Klosterbesitz fiel das Dorf 1504 an Württemberg, das die Reformation einführte und Lienzingen bis 1938 durch sein Kloster- bzw. Oberamt Maulbronn verwaltete.

Eine Besonderheit des Dorfes sind gleich zwei baugeschichtlich bedeutsame Kirchen: Die Peterskirche im Ortszentrum, eine der am besten erhaltenen Kirchenburganlagen Südwestdeutschlands, sowie die südlich des Dorfes gelegene Liebfrauenkirche, eine spätmittelalterliche Wallfahrtskirche. Neben der Kirchen- und Schulgeschichte werden auch die dörfliche Selbstverwaltung sowie die Sozial- und Wirtschaftsgeschichte (Landwirtschaft, Wald, Handwerk) untersucht. Hinsichtlich der Bevölkerungsentwicklung und der Auswirkungen der Kriegsereignisse bildete der Dreißigjährige Krieg gegenüber der Zerstörung von 31 Gebäuden im Pfälzischen Erbfolgekrieg die weitaus größere Zäsur. Kleinere eingestreute Beiträge betreffen unter anderem die von einem Lienzinger Schultheißen beauftragten Zunftpokale des Maulbronner Amts (von Martin Ehlers) oder Catharina Wedderkopf, eine „emanzipierte" Frau des 18. Jahrhunderts (von Marlis Lippik). Hingewiesen werden sollte noch auf die nicht erwähnte, aber bevölkerungsgeschichtlich wichtige Edition des Lienzinger Seelenregisters von 1693 (in: Südwestdeutsche Blätter für Familien und Wappenkunde 32/2014, S. 247–262) sowie auf den – allerdings disparaten – Vergleich der Gemusterten aus Lienzingen im Hinblick auf Vermögen und Bewaffnung (von Gerhard Fritz, in: Die Musterungslisten des württembergischen Amtes Maulbronn 1523–1608, Pforzheim 1999, S. 145 ff.).

Das zweite Hauptkapitel für das 19. und 20. Jahrhundert, im Wesentlichen von Konrad Dussel verfasst, behandelt alle wichtigen Aspekte des ab 1806 königlich württembergischen Ortes (S. 123–252). Es ist allerdings weniger strukturiert als die anderen Kapitel, so dass die meist eine bis drei Seiten umfassenden Abschnitte mitunter etwas beliebig aufeinander folgen. Als eher ungewöhnlich sind aus Sicht des Rezensenten einige Beiträge erwähnenswert: Etwa über Eberhard Mehrer und seine Blutegelzuchtanlage, über den Tod einer Wöchnerin 1842 (von Johannes Bastian), die Vermögensverhältnisse im späten 19. Jahrhundert, den Leseverein, den Hausbau im 19. Jahrhundert, über Charlotte Kussbach – die erste Frau im Gemeinderat (von Marlis Lippik) – oder die Ansiedlung von „Zigeunern" nach dem Zweiten Weltkrieg nahe der B 35.

Die Epochen von Weimarer Republik und Nationalsozialismus werden ebenso ausgewogen geschildert wie der umfassende Strukturwandel von der landwirtschaftlich und kleinhandwerklich geprägten Betriebsstruktur zur Arbeitnehmergesellschaft. Die lokale Wirtschaftsgeschichte wird anhand mehrerer historischer Firmenportraits exemplarisch dargeboten. Größter Schwerpunkt und Abschluss dieses Hauptkapitels bildet die Gemeindereform (S. 242–251, von Günter Bächle). Lienzingens juristische Niederlage vor dem Staatsgerichtshof im Kampf um die Erhaltung der Selbständigkeit der gut 1.700 Einwohner zählenden Gemeinde hatte den Rücktritt sämtlicher Gemeinderäte zur Folge, so dass die laut Urteil durch Vertrag zu schließende Eingemeindung letztlich ohne einen solchen geschehen musste.

Zwischen die beiden großen historischen Textblöcken sind zwei kleinere Kapitel eingestreut: Einerseits berichtet der Bauforscher Tilman Marstaller – mit einer Kartierung der Gebäudenutzung um 1835 – über das „Fachwerk im Etterdorf", das Lienzingen unter Bauhistorikern weithin bekannt werden ließ (S. 104–113). Andererseits beschäftigt sich der ehemalige Forstamtsleiter Lutz G. Müller mit dem Gemeindewald im 20. Jahrhundert (S. 114–122). Zwei weitere Kapitel von Konrad Dussel behandeln zu Ende des Bandes die Vereine sowie die jüngsten vier Jahrzehnte der Lienzinger Geschichte als Stadtteil Mühlackers (S. 253–273). Anmerkungsapparat, Personen- und Ortsindizes beschließen die Chronik.

Die neue Lienzinger Ortsgeschichte beleuchtet alle wichtigen Aspekte der Entwicklung des Dorfes sowie der Schicksale der Einwohnerschaft. Sie ist mit profundem Hintergrundwissen erarbeitet und allgemein verständlich formuliert. Darüber hinaus ist dieser Band im Gegensatz zu seinen Vorgängern in der stadtgeschichtlichen Reihe Mühlackers erstmals komplett vierfarbig ausgestattet. Rötlich hinterlegte Kastentexte zu Spezialthemen oder Persönlichkeiten sowie eine sehr reiche Illustrierung mit Fotografien, Tabellen und Grafiken dürften eine gute Akzeptanz des Bandes vor Ort garantieren. Der Stadt Mühlacker ist zu ihrer Entscheidung für eine komplette Neubearbeitung der Lienzinger Geschichte ausdrücklich zu beglückwünschen.

Konstantin Huber

1250 Jahre Ottmarsheim. Beiträge zur Ortsgeschichte, hg. von der Stadt Besigheim, Red. Thomas Schulz. Besigheim 2016. 340 S., zahlr. Abb. € 10,–

2016 feierte der Besigheimer Teilort Ottmarsheim seine 1250-jährige erstmalige urkundliche Erwähnung. Als „Autmarsheim" wird er als Klosterbesitz unter dem Jahr 766 im Lorscher Codex erwähnt. Dieses „halbrunde" Jubiläum hat die Stadt Besigheim zum Anlass genommen, die anlässlich des 1200-jährigen Jubiläums im Jahre 1966 erschienene Ortsgeschichte „Ottmarsheim im Wandel der Zeiten" fortzuschreiben. Unter der gewohnt sorgfältigen Redaktion von Kreisarchivar Thomas Schulz widmet sich ein Autorenkreis von immerhin 30 Beiträgern dabei in 11 Kapiteln den Phasen der Ortsgeschichte, die in dem älteren Band nicht oder nur unzureichend dargestellt wurden; vor allem der jüngeren Vergangenheit, also der Zeit ab 1900 bis zur Eingliederung Ottmarsheims nach Besigheim 1971 im Rahmen der Kommunalreform (Walter Müller †). Sind die ersten sechs Kapitel chronologisch angelegt, folgen danach thematische Darstellungen, wie man sie in einer solchen

Ortsgeschichte erwartet: Von der Wirtschaftsgeschichte des Dorfes (Rudolf Luithle), über das Schulwesen (Sandy Krüger), die evangelische und katholische Kirche bis zur Feuerwehr und den Vereinen, die ja für das gesellschaftliche Leben in württembergischen Dörfern seit ihrer Entstehung in der zweiten Hälfte des 19. Jahrhunderts bis in die Gegenwart von besonderer Bedeutung sind.

Die beiden einleitenden Beiträge greifen noch in die Zeit vor 1900 zurück. Rainer Boldt stellt die in den vergangenen Jahrzehnten gemachten archäologischen Funde und Befunde aus der Römerzeit auf der Ottmarsheimer Höhe vor, die eine Besiedlung der dafür prädestinierten Höhenlage bereits zu dieser Zeit belegen: den römischen Gutshof, ein Mithrasheiligtum und vor allem die römische Dorfsiedlung, den Vicus, der von der ersten Hälfte des 2. nachchristlichen Jahrhunderts bis ins 3. Jahrhundert bestand. Gerade letztere Befunde haben zu einer Revision der bisherigen Erkenntnisse über den Verlauf des Limes südlich von Bad Friedrichshall geführt, das bisher als Endpunkt des Odenwaldlimes galt. Man muss wohl davon ausgehen, dass der Limes im Vorfeld des Neckars sich noch ein ganzes Stück weiter nach Süden zog, möglicherweise bis zur Einmündung der Murr in den Neckar bei Murr und Benningen.

Heinrich Kuttler stellt einen glücklichen und unerwarteten Fund im Gemeindearchiv vor, der schlaglichtartig eine Zeit erhellt, über die man nach der nahezu vollständigen Zerstörung des Dorfes durch die Franzosen im Jahre 1693 nicht mehr zu hoffen gewagt hatte, etwas zu erfahren. Es geht um die Zeit der großen Katastrophe des 30-jährigen Krieges. Angebunden an einen Inventur- und Teilungsband fand sich ein „Salbuch“ betiteltes Güterbuch der Gemeinde aus dem Jahre 1646. Es handelt sich um eine einwohnerbezogene Aufstellung allen Grundbesitzes, die als Grundlage für die Besteuerung seit Anfang des 17. Jahrhunderts, obrigkeitlich angeordnet, in den Gemeinden und Städten Württembergs in verschiedenen Serien bis zur Einführung des Grundbuchs am 1.1.1900 geführt wurde. Nach Jahren von Gewalt, Hunger und Pest, die Württemberg seit 1634 innerhalb weniger Jahre dramatisch verheerten und entvölkerten, begann sich das Leben seit den 1640er Jahren wieder zu normalisieren. Das Salbuch dokumentiert diesen Zustand in einer Art Bestandsaufnahme. Kuttler bettet die Quelle über die Besitzverhältnisse im Dorf in eine Darstellung der Zeit des 30-jährigen Kriegs ein.

Abschließend besonders hervorzuheben ist die sorgfältige, quellenbasierte Analyse und abgewogene Darstellung der Zeit zwischen 1918 und 1945 von Tobias Arand, eine Zeit, die in dem älteren Band noch vollkommen ausgeklammert war. Vor allem der bis heute im kollektiven Gewissen noch immer als traumatisch empfundenen nationalsozialistischen Zeit widmet sich Arand akribisch: den frühen Nationalsozialisten, der Gleichschaltung, dem Wahlverhalten und den Organisationsmitgliedschaften als Ausdruck der Überzeugungen, dem Krieg mit seinen Begleiterscheinungen, dem Tod, der keine Familie ungeschoren ließ, und der Kriegswirtschaft, die auch Zwangsarbeiter nach Ottmarsheim brachte. In einem Dorf mit rund 600 Einwohnern kommt natürlich einzelnen Persönlichkeiten gerade in Bezug auf die Durchsetzung der nationalsozialistischen Ideologie eine besondere Bedeutung zu: dem Bürgermeister Friedrich Weidmann, dem Ortsgruppenleiter Karl Kramer, dem Volksschullehrer Emil Unkauf und, in kritischer Distanz gegenüber der neuen Ideologie, dem protestantischen Pfarrer Erich Mann. Mit der Entnazifizierung der Hauptprotagonisten geht Arand durchaus kritisch ins Gericht. Mit Hilfe von zweifelhaften „Persilscheinen“ aus dem Ort gelang es allen, ihre Verstrickung zu relativieren und mit nur geringen Strafen davonzukommen. Auch wenn in Ottmarsheim während der nationalsozialistischen Zeit „weder weltbewegende Schurkereien [...] noch Heldentaten" zu verzeichnen waren, entlässt Arand die Ottmarsheimer Bürger nicht aus ihrer Mitverantwortung: „Auch in Ottmarsheim griffen die bekannten Muster der Selbstentlastung. [...] Das beliebte Argument der Unwissenheit über die Verbrechen des Regimes wird [...] durch den Bericht eines Ottmarsheimer Bürgers auch für diesen Ort als Legende entlarvt: Jeder habe gewusst, was ein Konzentrationslager sei, schließlich landeten dort auch politisch Verfolgte. ‚Dich bring ich ins KZ!' sei eine absolut ernst zu nehmende Drohung gewesen, wenn sich jemand der offiziellen Politik zu widersetzen wagte."

In einer Schlussbetrachtung schreibt Arand den Ottmarsheimern mit Bedauern und einem gewissen Erstaunen gleichzeitig ins Stammbuch, dass bei allem Verständnis für die Schwierigkeiten eines Neuanfangs nach 1945 bei den familiären Kontinuitäten bis in die Gegenwart sich viele Bürger bis heute schwer damit tun, über diese Zeit zu reden oder zu schreiben und sie offen aufzuarbeiten. Es sollte doch möglich sein, schließt er, „gelassen auf die Vergangenheit zu blicken, zu ihr zu stehen und für die Zukunft weiter die richtigen Lehren zu ziehen".

Stefan Benning

Reutlinger Geschichtsblätter, Jahrgang 2015, NF 54, hg. vom Stadtarchiv Reutlingen und dem Reutlinger Geschichtsverein e. V., Reutlingen 2016. 312 S., zahlr. Abb., 1 Beilage. ISSN 0486-5901. € 23,–

Der aktuelle Band der Reutlinger Geschichtsblätter, redaktionell bearbeitet von Roland Deigendesch, enthält fünf Beiträge zur Geschichte der Stadt. Der Diplom-Geologe Wolfgang Wille erforscht im ersten und umfangreichsten Beitrag „Opferstein und Ofenschelter" die Reutlinger Flurnamen und ihre Geschichte. Grundlage seiner Arbeit ist eine umfassende Auswertung von Urkundenbeständen aus dem Stadtarchiv Reutlingen und dem Hauptstaatsarchiv Stuttgart sowie zahlreichen Lagerbüchern und Urbaren, in denen Besitzungen samt der zu entrichtenden Abgaben verzeichnet sind. Anhand der archivalischen Überlieferung dokumentiert und deutet der Autor die historische Entwicklung Reutlinger Flurnamen und deren sprachlichen Veränderungen im Laufe der Jahrhunderte. Die Quellenrecherche wird ergänzt durch mündliche Überlieferungen der Namen und ihrer Geschichten, die Wille von alteingesessenen Bauern und Winzern sammeln konnte. Das Ergebnis ist ein umfangreicher alphabetischer Flurnamenkatalog, der auch einige neue und teils überraschende Erkenntnisse enthält. Der im Titel angesprochene Name „Ofenschelter" kommt wohl von der Form des Gewanns, die der rechteckigen Schiebetür eines Backofens ähnlich sieht. Für den Namen „Opferstein" hat der Autor eine gut begründete Herleitung: Demnach steckt hierin der alemannische Personenname Opfo und der Hinweis auf steinerne Überreste römischer Besiedlung.

Der Archivar Gerald Kronberger stellt in seinem Beitrag „Vom Lehensbrief zum Backhausplan" das Gemeindearchiv Reicheneck als ortsgeschichtliche Quelle vor. Anlass ist der 700. Jahrestag der Ersterwähnung Reichenecks in einer Urkunde vom 24. Dezember 1316. Anhand von Beispielen zeigt der Autor, welch breites thematisches und zeitliches Spektrum ein solches Gemeindearchiv abdecken kann. Hierzu gehören ein Lehnsbrief des Pfullinger Frauenklosters aus dem Jahr 1530, die Abschrift eines Lagerbuchs von 1562, in dem die erste Erwähnung der Kelter zu finden ist, die Mittelstädter Beschwerde über den Nachbarort aus dem Jahr 1628 und schließlich Gemeinderechnungen zum Rat- und Backhausneubau 1913.

In dem Beitrag „Führen die Frauenzimmer die Herrschaft? Eine Reutlinger Geschwisterfamilie im Bruderhaus Gustav Werners“ beschäftigt sich Walter Göggelmann mit einem besonderen Kapitel aus der Geschichte dieser Institution. In dem Haus, das zur Versorgung unzähliger elternloser Kinder, aber auch in Armut lebender Erwachsener gegründet worden war, hatten Frauen von Beginn an eine zentrale Rolle inne. Nachdem die Geschwisterfamilie Merkh, sieben Schwestern und ein behinderter Bruder, nach dem Tod der Eltern 1853/54 in die „Hausgenossenschaft“ kam, übernahmen die Frauen nicht nur Verantwortung in Gustav Werners „Rettungshaus“, sondern prägten auch nach dem Tod des Gründervaters die Entwicklung und Geschicke der Stiftung. Insbesondere die Schwestern Nane und Lotte Merkh waren starke Frauen, die deutlich aus der Gemeinschaft hervortraten. Der Autor beleuchtet in seinem Artikel nicht nur diese bedeutende Zeit in der Entwicklung des Bruderhauses, er stellt auch die Geschwisterfamilie und deren Wirken ausführlich vor und geht auf die Konflikte ein, die in jener Zeit gerade bei Frauen in führenden Positionen nicht unüblich waren.

Die Kulturwissenschaftlerin Marisse Hartmut stellt in ihrem Beitrag „Reutlinger Erfinder und ihre Patente zur Zeit der Industrialisierung“ vor. Dabei skizziert sie die Industrialisierung der Stadt und die Entwicklung des Erfindungsschutzes. Zu den ausgewählten Reutlinger Erfindern gehören Christian Wandel (Drehknotenfänger für Papiermaschinen), Gustav Wagner (u. a. Kreissägeblatt mit eingesetzten Zähnen), Heinrich Stoll (Strickmaschinen), J. Ruckstuhl (Zettelschlichtmaschine), Wilhelm Gminder (System zum mehrschäftigen Weben), Heinrich Fehr (Webgeschirr aus Baumwollfäden) und Friedrich Heinrich Pfort (Verfahren zum Druck auf Glas).

Der letzte Beitrag stammt von der Architekturhistorikerin Kerstin Renz, deren Artikel „Der Fabrikant als Mäzen. Das Beispiel der Textildynastie Gminder in Reutlingen“ eine Architekturgeschichte aus Bauherrensicht ist. Im Mittelpunkt steht die Bautätigkeit des Unternehmens in den Jahren 1900 bis 1930, was sowohl Fabrik und Fabriksiedlung, aber auch die auf dem Titelbild des Bandes dargestellte Fabrikantenvilla einschließt. Diese dienen der Autorin als Untersuchungsgegenstand, um Motivation und Handlungsmuster der Bauherren und das Verhältnis der Architekturen zu ihrem Umfeld zu untersuchen. So musste das Werk I, nördlich der Altstadt, mit seiner Architektur den städtebaulichen Anforderungen genügen und bekam eine neugotische Fassade, wohingegen das an der Tübinger Straße gelegene Werk II mit seiner Stahlskelettbauweise und seinem Flachdach einen neuen Bautyp darstellte, dessen funktionale Industriearchitektur maßgeblich durch den Maschinenpark im Inneren beeinflusst wurde. Die Fabriksiedlung Gmindersdorf und die Fabrikantenvilla wurden durch den Münchner Architekten und Stadtplaner in Stuttgart, Theodor Fischer, erbaut. Die Villa in der Gustav-Werner-Straße war 1906/1907 zu einem modernen Wohnhaus ohne auffällige Prachtentfaltung umgebaut worden und galt als Lehrstück moderner Architektur.

Buchbesprechungen zur Stadt- und Landesgeschichte runden den nicht nur für die Regionalgeschichte interessanten und gut bebilderten Band ab. Marco Birn

Horst F. Rupp / Karl Borchardt (Hg.), Rothenburg ob der Tauber. Geschichte der Stadt und ihres Umlandes, Darmstadt: Konrad Theiss Verlag/Wissenschaftliche Buchgesellschaft 2015. 751 S. mit 124 s/w Abb. ISBN 9783806229622. € 39,95

„Wie Rothenburg zum Kleinod der deutschen Vergangenheit wurde“ lautet die Überschrift des drittletzten von 23 unnummerierten Artikeln in diesem mit 750 Seiten voluminösen Buch über Rothenburg ob der Tauber. Er handelt von der Entwicklung Rothenburgs „von einer bedeutungslosen, agrarisch strukturierten Stadt zum weltberühmten Ort des Fremdenverkehrs“ (S. 559) und trifft damit wohl das, was die meisten heute mit Rothenburg assoziieren dürften. Also eine weitere – wenn auch sehr ausführliche – Publikation aus der Vielzahl touristisch abgezweckter Stadt-Führer? Schon der zitierte, bezeichnenderweise von dem Amerikaner Joshua Hagen verfasste Artikel belehrt uns da eines Besseren, denn Hagen ist mit einigen wissenschaftlichen Veröffentlichungen zu Rothenburg – etwa „The Juwel of the German Past“ – fachlich ausgewiesener Experte für die Thematik seines Beitrags; entsprechend fundiert und lesenswert sind seine Ausführungen! Beispielhaft stehen sie für das „Neue“, das der vorliegende Band bietet: Er will durch „zwanzig fachlich ausgewiesene Expertinnen und Experten [...] eine auf den aktuellen wissenschaftlichen Erkenntnissen aufruhende, fundierte Hinführung zur historischen Entwicklung der Stadt und ihres Umlandes von den frühesten Anfängen bis ins 20. Jahrhundert“ geben. Das „Hauptgewicht“ soll dabei auf historischen „Überblicksdarstellungen“ liegen, die mit wissenschaftlichem Anspruch „sachliche Korrektheit und Allgemeinverständlichkeit“ zu vereinen suchen (S. 7).

Inhaltlich lassen sich die Artikel nach 9 historischen und 14 kultur- und kunstgeschichtlichen Themen gliedern. Der historische Überblick setzt ein mit der „Vor- und Frühgeschichte in der Rothenburger Landwehr“ (H. Brehm) und findet seine Fortsetzung und historisch eigentlichen Anfang mit „Burg und Stadt Rothenburg unter den Staufern“, verfasst von K. Borchardt, einem der beiden Herausgeber. Es folgt mit M. Nasers sachkundig und spannend geschriebenem Artikel „Rothenburg im Spätmittelalter“ die wichtigste Epoche in der Rothenburger Geschichte – eine Zeit der Blüte und des Wachstums, die Rothenburg dank der (Erwerbs-)Politik Heinrich Topplers zu einem der größten reichsstädtischen Territorien werden ließ. Um das heutige „mittelalterliche“ Rothenburg wirklich zu verstehen, sollte man Nasers Darstellung dieser Epoche mit ihrem tragischen Helden, dem Bürgermeister Heinrich Toppler, möglichst nicht auslassen.

Vergleichsweise für die drei/vier Jahrhunderte etwas knapp bemessen, handelt dann F. Huggenberger von „Frühe Neuzeit: Reformation, Dreißigjähriger Krieg, Aufklärung“. Dementgegen erscheinen seine sehr detaillierten Ausführungen über „Die Rothenburger Landwehr“ (S. 202–251) übergewichtet, bieten jedoch quellenmäßig gut belegte Forschungsarbeit. Die dürfte gerade die württembergischen Landesgeschichtler besonders interessieren, denn mit der neuen Grenzziehung durch den Pariser Staatsvertrag 1810 ging das westliche Gebiet der Rothenburger Landhege an Württemberg. Das dokumentiert eine „Verbundenheit“ Rothenburgs mit der württembergischen Geschichte im fränkisch-schwäbischen Raum, wie sie sich etwa unter den Staufern oder als Mitglied Rothenburgs im Schwäbischen Städtebund oder – nicht zuletzt – in der Reformation abzeichnete, als der württembergische Reformator Jakob Andreä die Rothenburger bei der Schaffung ihrer neuen Kirchenordnung unterstützte.

Die „Verbundenheit“ von Rothenburger und Württemberger Geschichte durch die neue Grenze wirkte allerdings damals eher als Abgrenzung, denn „fortan lähmten schier unüberwindliche Schutzzollmauern einst intensive Nahhandelsbeziehungen“, wie Gabriele Moritz in ihrem informativen Artikel „Krise und Neubeginn im 19. Jahrhundert“ schreibt. Sie liefert ein kritisch realistisches Stadt-Bild und zeigt Rothenburg als „unbedeutendes, verarmtes Handwerker- und Bauernstädtchen am Rande des Königreichs“, das bereits wesentliche Züge künftiger politischer, wirtschaftlicher und touristischer Entwicklung in sich trägt (S. 470).

Mit „Rothenburg im deutschen Kaiserreich (1871–1918)“ setzt G. Seiderer fort und beginnt mit der interessanten These, dass es wohl „in kaum einer Zeitspanne einen solch tiefgreifenden Wandel“ Rothenburgs gegeben habe „wie in der Ära des deutschen Kaiserreiches zwischen 1871 und 1914“, wo „die Entwicklung von der Handwerker- und Ackerbürgerstadt zur Fremdenverkehrsstadt“ stattgefunden habe (S. 479). Quasi als Symbol dafür kann der berühmte „Meistertrunk“ stehen, der seit seiner Erstaufführung 1881 zum „Ausgangspunkt der touristischen Vermarktung Rothenburgs“ wurde (S. 482). Folgerichtig bekam „Der Meistertrunk“ durch H. Möhring auch ein eigenes „Denkmal“ gesetzt. Was sich als Ausblick bereits in der Weimarer Republik abzeichnete, wurde in der NS-Zeit zu trauriger politischer Wirklichkeit. Daniel Bauer beschreibt diese in seinem Beitrag „Die gescheiterte Demokratisierung und die NS-Zeit“ in schonungsloser statistischer Faktizität: Der „Bezirk Rothenburg“ wurde „ein Schwerpunkt der (nationalsozialistischen) Bewegung“ und lag bei den Wahlen 1932 „reichsweit“ an der Spitze; Hitler erreichte bei der Reichspräsidentenwahl „spektakuläre 87,5 Prozent und machte Rothenburg zum „besten nationalsozialistischen Wahlbezirk ganz Deutschlands“ (S. 515)! Solche Schilderung des Dritten Reichs mit seiner totalen „braunen Herrlichkeit“ durfte Bauer nicht aussparen; verlangt war vielmehr gegen alle ungeschichtliche touristische Verklärung des mittelalterlichen Stadtjuwels „entmythologisierende“ Aufklärung. Schade, dass die Herausgeber keinen eigenen Artikel über Rothenburgs politische Entwicklung und Situation in der Nachkriegszeit in den Band aufgenommen haben. Der kurze Artikel „Zerstörung und Wiederaufbau“ von H.-J. Berger und T. Lauterbach beschränkt sich hier vor allem auf die architektonische Dimension und leistet keine politische Aufarbeitung der nationalsozialistischen Herrschaft in Rothenburg.

An anderer Stelle wird das partiell „nachgeholt“, wenn O. Gußmann über „Die Judengemeinde vom Zweiten Kaiserreich bis 1938 und ihre Nachgeschichte“ schreibt und dabei am Schluss vom „Umgang mit der jüdischen Geschichte nach 1945: Straßennamen, Stolpersteine“ handelt. Gerade für die Fünfziger Jahre zeigt das, wie wichtig es ist, sich auch und insbesondere der unsäglichen Verfolgungsgeschichte der Juden durch die Nationalsozialisten zu stellen und sie nicht zu leugnen – zumal in Rothenburg, einer Stadt mit solch einer „totalen“ Begeisterung für Hitler und seine Partei! Nach Gußmanns Darstellung ist in Rothenburg eigentlich erst mit dem neuen Jahrtausend eine würdige Erinnerungskultur der jüdischen Unrechtsgeschichte Rothenburgs geleistet worden. Als vorausgegangener Verständnishintergrund zu Gußmanns „aktueller“ Judengeschichte fordert vor allem der Artikel von Claudia Steffes-Maus „Die Juden im mittelalterlichen Rothenburg ob der Tauber“ besondere Beachtung; quellenmäßig anschaulich konkretisiert schildert er die dreihundertjährige Geschichte bis zur Vertreibung der letzten Juden aus Rothenburg im Januar 1520. Daran anknüpfend und wiederholend beginnt Huggenberger seine Geschichte zur „Frühen Neuzeit“ sicher nicht von ungefähr mit dem „Ende der mittelalterlichen Judengemeinde“ und erzählt eindrücklich die immer bedrückender werdende Situation der Rothenburger Juden: „1511 veranlasste der Rat, dass Juden sich mit einem Abzeichen in der Öffentlichkeit kenntlich machen mussten“ (S. 159).

Im Zusammenhang mit den Judenverfolgungen taucht bei Huggenberger der Prediger Dr. Johannes Treuchlein auf (S. 159), der mit seinem ausgeprägten Judenhass und vor allem seiner Rolle in der Rothenburger Reformation in dem Artikel von H. F. Rupp, dem in Rothenburg gebürtigen und engagierten Herausgeber, besondere Aufmerksamkeit findet. Gemäß Gliederung beginnt mit Rupps bildungsgeschichtlich umfassendem, inhaltsreichem und fachkundigem Beitrag ein ca. 200-seitiges „Intermezzo" mit archäologischen und kultur- und kunstgeschichtlichen Themen, die neben und verschränkt mit den historischen Überblicken „im Zentrum des vorliegenden Werkes stehen". Dass demgegenüber „Wirtschaft, Gesellschaft und Recht nicht durch eigene Kapitel" vertreten sind, ist laut Herausgebern nicht nur Platzgründen geschuldet, sondern auch dem Mangel einschlägiger Einzelforschungen (S. 8). Dessen ungeachtet hätte man vielleicht zugunsten dieser ausgesparten Themenbereiche die sieben kulturgeschichtlichen Artikel insgesamt kürzer und fachlich elementarer gestalten bzw. den einen oder anderen zusammenlegen oder auch ganz weglassen können?

Vorliegend präsentiert das Buch jetzt folgende Artikel: „Zur Altstadtarchäologie Rothenburgs (H. Brehm) / „Bauforschung in Rothenburg ob der Tauber" (G. Th. Mader) / „Romanik in Rothenburg und seinem Umland" (Th. Biller) / „Gotik in Rothenburg" (H. Möhring) / „Kunst und Kultur in Rothenburg im Zeitalter der Renaissance" (K.-H. Schneider) / „Das Kunstschaffen in Rothenburg im Zeitalter des Barock und Rokoko" (K.-H. Schneider) und an späterer Stelle aktuell abrundend „Kunst und Kultur im 19. und 20. Jahrhundert" (K.-H. Schneider / H. Möhring). Das Buch endet mit dem Artikel „Kirchen und Vereine von R. Schmitt, der einen anschaulichen Einblick in Lebensart und Mentalität der Rothenburger Bürgerinnen und Bürger vermittelt. Hilfreich orientierend und wegweisend ist schließlich die von den Herausgebern und dem Nestor der Rothenburger Stadtgeschichte, Ludwig Schnurrer, dem das Buch gewidmet ist, erstellte Zeittafel (S. 617–623).

Der Anhang enthält – als mühsamen „Nach-Schlag" – die Anmerkungen zu sämtlichen Artikeln, ein sauber bibliographiertes „Quellen- und Literaturverzeichnis", einen „Bildnachweis", „Personen- und Ortsregister" sowie ein Verzeichnis der „Autorinnen und Autoren". Dieser Apparat entspricht dem wissenschaftlichen Anspruch des Buches und macht ein Sachregister und Glossar für Fachtermini entbehrlich. Positiv hervorzuheben sind nicht zuletzt die zahlreichen Abbildungen und farbigen Tafeln in Text, Anhang und auf dem Umschlag und sogar der Innenseite des gediegenen Buchs über Rothenburg! Hier hat bedachte Arbeit mit Suchaufwand, Sachverstand und Geschmack ein schönes und wichtiges „Gesamtkunstwerk" zur Geschichte der Stadt Rothenburg ob der Tauber geschaffen, das durch seine wissenschaftlich kompetenten Autoren, seine interessanten Inhalte und seine Aufmachung zum Lesen, Studieren, Nachschlagen oder einfach nur Schmökern anregt. So kann dieses ambitionierte Buch durchaus auch für jeden interessierten Rothenburg-Touristen zu einem erstrebenswerten Erinnerungsstück werden, das er für sich ersteht. Bei der großen Zahl ausländischer Besucher kann man nur wünschen, dass die von H. F. Rupp betriebene und angestrebte Übersetzung ins Englische möglichst bald realisiert wird. Das uneingeschränkt empfehlenswerte Buch hätte es verdient.

Rainer Lachmann

Bausteine zur Geschichte Schwäbisch Halls, Band II (Veröffentlichungen des Stadtarchivs Schwäbisch Hall, Heft 30), Schwäbisch Hall 2015. 181 S. mit 17 s/w Abb. ISBN 978-3-932146-36-7. Brosch. € 15,–

Der Band umfasst neben dem Vorwort und der Einleitung drei Beiträge. Andreas Maisch: Entbrannt für Mannbilder. Homosexuelle Sodomie in der Reichsstadt Schwäbisch Hall (S. 9–68), untersucht die Homosexualität von Männern in der Reichsstadt zwischen 1500 und 1802. Die Verfolgungsintensität für homosexuelle Handlungen in Schwäbisch Hall stuft er insgesamt als „sehr niedrig" (S. 17) ein. Regelrechte Verfolgungswellen habe es in Schwäbisch Hall nicht gegeben, die Prozesse erfolgten eher vereinzelt. Seit dem 16. Jahrhundert drohte das Strafgesetz drakonisch die Todesstrafe an, aber für die Reichsstadt ist „nur" eine Hinrichtung belegt. Maisch beschränkt sich nicht auf eine Darlegung der strafrechtlichen Situation in Hall. 18 Prozesse sind für die drei Jahrhunderte bekannt und mit Prozessakten reichhaltig dokumentiert. Jedem Einzelfall geht Maisch nach, und er rekonstruiert die genauen Lebensumstände der Beklagten. Neben den Prozessakten kann er ergänzend auf andere im Stadtarchiv Schwäbisch Hall vorhandene Unterlagen zurückgreifen und damit ein differenziertes Bild erarbeiten. Seine Untersuchung basiert auf einer gründlichen Kenntnis der Fachliteratur zur Geschichte der Homosexualität allgemein. Am Schluss seiner Studie skizziert er zusammenfassend die Rolle der Homosexualität in der frühneuzeitlichen Gesellschaft der Reichsstadt.

Ester Schinke: Um die Ehre klagen. Beobachtungen am Beispiel Schwäbisch Hall in den 1840er Jahren (S. 69–90), wertet die Strafprotokolle der Oberamtsstadt Hall bezüglich der Rolle und Bedeutung der Ehre aus. Für die Frühe Neuzeit war die Ehre eine „Schlüsselkategorie der Lebenswelten" (S. 69) gewesen, wie aber war ihre Bedeutung im frühen 19. Jahrhundert? Die in den Beilagen der Strafprotokolle festgehaltenen Verhöre der Kläger und Beklagten ermöglichen ein anschauliches Bild über die Lebenswelt und das Denken der Bürger im anbrechenden 19. Jahrhundert. Auch jetzt noch war „Ehre" eine zentrale Kategorie im Denken der Menschen und Ehrverletzungen jeglicher Art (z. B. Beleidigungen, üble Nachrede) wurden entschieden bekämpft, zur Not auch gerichtlich. Schinke resümiert: „Die Menschen in Schwäbisch Hall [...] empfanden einen Angriff auf ihre Ehre als existenziell bedrohlich. [...] Gerüchte und Gerede waren gefährlich; ein angeschlagener Ruf konnte zu ökonomischem und sozialem Schaden führen" (S. 87).

Daniel Stihler: „Kirchenkampf", „Deutsche Christen" und „Weltanschaulicher Unterricht": die evangelische Kirche in Stadt und Region Schwäbisch Hall zwischen 1933 und 1945 (S. 91–181), schildert sehr umfassend, detailreich und quellennah die Situation der evangelischen Kirche im Nationalsozialismus. Drei Schwerpunkte kristallisieren sich heraus: 1. die kirchliche Haltung zur nationalsozialistischen Machtübernahme 1933, 2. die innerkirchlichen Auseinandersetzungen mit den „Deutschen Christen" und 3. die Konflikte der evangelischen Kirche mit dem nationalsozialistischen Staat. Dabei bestätigt sich für Schwäbisch Hall an den lokalen Quellen das Bild, das die überregionale Forschung als allgemeines Ergebnis aufgezeigt hat. Besonderheiten Halls gegenüber der allgemeinen Entwicklung gab es demnach nicht. Auch hier betrieben nur Einzelne einen grundsätzlichen Widerstand gegen den Nationalsozialismus. An diese Personen, „Männer und Frauen, Pfarrer und Laien" (S. 181) zu erinnern und ihnen ein ehrendes Gedenken zu geben, ist das primäre Anliegen des Beitrags von Stihler.

Der zweite Band der Bausteine zur Geschichte Schwäbisch Halls (erster Band erschien 1996) umfasst interessante lesenswerte Einzelstudien zur Geschichte der Stadt. Sie nehmen unterschiedliche historische Themen auf und stellen sie am Beispiel Halls dar. Der vorliegende Band enthält zwei eher sozialgeschichtliche und eine kirchengeschichtliche Studie. Die „Bausteine“ könnten zum Forum für regionalgeschichtliche Einzelstudien werden, die nicht umfangreich genug für eine Einzelveröffentlichung sind, aber in historischen Fachzeitschriften nicht zum Zuge kommen. Ein häufigeres Erscheinen der „Bausteine“ wäre dafür wünschenswert.

Peter Schiffer

Andreas Maisch, Gräben, Heg und Schläg. Geschichte der Haller Landhege (Veröffentlichungen des Stadtarchivs Schwäbisch Hall, Heft 32), Schwäbisch Hall 2016. 74 S. mit zahlr. farb. Abb. ISBN 978-3-932146-40-4. Brosch. € 10,–

Seit der Erforschung und Darlegung des Verlaufs und der noch vorhandenen Überreste durch Hans Mattern und Reinhard Wolf 1990 hat die Haller Landhege zunehmend Interesse in einer breiten Öffentlichkeit gefunden. Es handelt sich um ein die Reichsstadt weiträumig umspannendes System von Gräben und Wällen, das teilweise auch durch naturräumliche Gegebenheiten, etwa den Verlauf von Flüssen, zusätzlich gesichert wurde und das mitsamt der Flügelhegen als innere Verbindungsstücke sich über 185 km erstreckt. Innerhalb der Hege gelegene Ortschaften unternahmen in einem durch die Europäische Union finanzierten Projekt 2015 die Rekonstruktion des „Naturdenkmals“ (Oberbürgermeister Pelgrim im Vorwort S. 7) und seine Erschließung für den Tourismus, wozu auch eigens ein Internetauftritt (http://www.haller-landhege.de) eingerichtet wurde. Das Bändchen von Andreas Maisch soll parallel dazu die bisher nur lückenhaft aufgearbeitete Geschichte dieser Einrichtung wissenschaftlich aufarbeiten und ausführlich darlegen.

Maisch schildert ausführlich die Entstehung und Entwicklung der Haller Landhege bis zu ihrem Ende nach der Mediatisierung der Reichsstadt durch Württemberg im 19. Jahrhundert. Erstes Dokument und rechtliches Fundament ist das Landhegeprivileg Kaiser Friedrichs III. für Schwäbisch Hall von 1478. Es bestätigte die damals bereits angelegten „gräben, heeg und schleeg“ der Reichsstadt und schuf Regeln, welche die Nachfolger Friedrichs III. mit neuen Urkunden wiederholt bestätigten und in Erinnerung riefen. Ging man bisher von Anfängen des Systems im 14. Jahrhundert aus, datiert Maisch die Anfänge auf das frühe 15. Jahrhundert, in dessen Verlauf die Hege schon stark ausgebaut werden konnte.

Der Zweck der Landhege sei die „‚Bewahrung‘ und Behütung der Stadt und des umliegenden Landes“ gewesen (S. 33), von einer Grenzfunktion vor allem im modernen Sinne könne man aber nicht reden. Ein Flächenstaat war die Reichsstadt bis zu ihrer Aufhebung nie gewesen, innerhalb der Hege gab es vielfältige Rechte und viele Untertanen anderer Herrschaften. Vieles innerhalb der Hege habe die Reichsstadt erst nach ihrer Anlage territorial erwerben müssen. Zur Verteidigung größerer Militäreinheiten konnte die Anlage ohnehin nicht dienen, nur das Eindringen einzelner Landfremder, Bettler oder vagierender Söldner aufhalten. Auch wird ein Vergleich mit anderen Landhegen gezogen. Die Haller Landhege war immer wieder Gegenstand von Streitigkeiten mit den benachbarten Territorien, die von juristischen Auseinandersetzungen bis hin zu Handgreiflichkeiten reichten. Für die Untertanen bedeutete sie einerseits Schutz, andererseits wegen des Einzugs von Grabengeld, Strafen für Hegfrevel und Dienstverpflichtungen auch eine große Belastung. Die Landhege war daher bei ihnen wenig beliebt. An dem Verlauf der Landhege orientierte sich auch die Bestrafung der Untertanen, die im mildesten Fall aus der Stadt und dem Bereich der Landwehr ausgewiesen werden konnten. Auch das Personal der Landhege, u. a. Türmer und Grabenreiter, wird in der Untersuchung erörtert.

Das lesenswerte Bändchen enthält somit viele interessante Details zur Geschichte der Haller Landhege. Sie werden allgemein verständlich und mit vielen farbigen Abbildungen von Archivalien aus dem Stadtarchiv Schwäbisch Hall aufgelockert dem interessierten Laien wie auch dem historischen Fachmann vorgestellt. Der moderate Preis dürfte einer weitgestreuten Verbreitung dienen. Maischs Darstellung unterstützt die touristische Erschließung der Überreste der Landhege, indem sie die landesgeschichtliche Dimension der Einrichtung allgemeinverständlich und gründlich aufarbeitet. Peter Schiffer

Peter Poguntke (Hg.), Stuttgarter Lebenswege im Nationalsozialismus. Sieben Biographien, Konstanz: Südverlag 2015. 176 S. mit zahlr. s/w Abb. ISBN 978-3-87800-066-2. € 29,–

Stuttgart im Nationalsozialismus – ein bedrückendes, gleichwohl wichtiges und sehr lesenswertes Buch, zumal es kaum mehr Zeitzeugen gibt. Der Herausgeber und Mitautor Peter Poguntke, Historiker, Politologe und Journalist, umreißt in seinem Vorwort das Vorhaben, anhand von sieben exemplarischen Biographien von Opfern und Tätern die Geschicke der württembergischen Hauptstadt und ihrer Region während der furchtbaren zwölf Jahre des „Tausendjährigen Reiches“ zu schildern. Daran schließt sich aus seiner Feder eine Kurzchronik jener Zeit an. Es folgt ein einführender Überblick über Stuttgart unter der Naziherrschaft von Roland Müller, dem Leiter des Stadtarchivs und profunden Kenner der Materie.

Den Hauptteil bilden dann die sieben sorgsam recherchierten Viten: „Josef Eberle – zwei Leben im 20. Jahrhundert“ ist treffend der Beitrag von Thomas Borgmann, einem versierten Lokalredakteur, überschrieben. Eberle, hoch begabt und umfassend gebildet, wurde 1901 in der Bischofsstadt Rottenburg a. N. geboren. Seine Ehe mit der Jüdin Else Lemberger, zu der er, in der Heimat bleibend, in steter Treue stand, brachte für beide während des Naziterrors außergewöhnliche Gefährdungen. Sogleich nach Kriegsende begann Eberles rasch von Erfolg gekrönte Herausgeberschaft der „Stuttgarter Zeitung“, die er bis 1971 ausübte. Zudem war er als Verleger tätig und erfreute unter dem Pseudonym Sebastian Blau eine große Leserschaft als launiger Dichter. Bis zu seinem Tod 1986 hat er auch als großzügiger Mäzen gewirkt. Josef Eberle bleibt in dankbarer Erinnerung als urschwäbisches, menschenfreundliches und humorvolles Original.

Anders Dr. Karl Strölin (1890–1963), portraitiert von dem Historiker Walter Nachtmann. In der Tradition württembergischer Offiziere stehend, wandte sich Strölin nach dem Ersten Weltkrieg und seinem Studium der Staatswissenschaften bereits in den Zwanziger Jahren der NSDAP zu. Nach der „Machtergreifung“ wurde Strölin im Sommer 1933 als Stuttgarter Oberbürgermeister eingesetzt und entfaltete sogleich eine umfassende administrative Tätigkeit im Sinn der Ideologie der Partei. Im Verlauf des Zweiten Weltkriegs verlor er jedoch zunehmend das Vertrauen in die Führung der NSDAP und suchte Kontakt zu Widerstandskreisen um Erwin Rommel und Carl Goerdeler. Als am 21. April 1945 französische Truppen auf Stuttgart vorrückten, erreichte Strölin eine kampflose Übergabe der im Bombenkrieg bereits schwer zerstörten Stadt.

Der Herausgeber Peter Poguntke zeichnet in seinem Referat über den 1901 geborenen Juristen und Wirtschaftsfachmann Dr. Hugo Bühler das Bild eines empfindsamen, dem

Nazismus abholden Menschen, der sich gezwungen sah, zwischen Anpassung und Widerstand zu lavieren. Ab 1933 war er bei der württembergischen Staatspolizei beschäftigt. Als diese 1937 in die Geheime Staatspolizei (Gestapo) überführt wurde, konnte Bühler bei dem auch für die Kriegsrüstung wichtigen Unternehmen Bosch als Abwehrbeauftragter unterkommen. Robert Bosch selbst lehnte den Nationalsozialismus strikt ab und hielt, soweit nur immer möglich, bis zu seinem Tod 1942 seine schützende Hand über Verfolgte und Widerständler. Auch Bühler konnte vielfach Rettungsaktionen bewirken. Nach 1945 geriet Bühler zunächst in Bedrängnis, bis er 1948 einen Freispruch erhielt. Er zog sich danach zurück und lebte bis zu seinem Tod 1970 seine schöngeistigen Interessen.

Der „Alte Kämpfer" und Sonderrichter Hermann Albert Cuhorst (1899–1991) wird von dem Historiker Stefan Baur geschildert. Cuhorst kam aus dem soliden württembergischen Bürgertum. Er legte zeitlebens einen schwierigen, unverträglichen, von Maßlosigkeit des Ehrgeizes und Auftretens geprägten Charakter an den Tag. Nach Militärdienst in den letzten Jahren des Ersten Weltkriegs studierte er Jura und engagierte sich in rechtsradikalen Gruppen sowie im antisemitisch orientierten Alpenverein. 1930 trat er der NSDAP bei. Nach der Machtübernahme 1933 machte er eine Blitzkarriere im Justizwesen, die ihn als „furchtbaren Juristen" bis in die Position eines Sondergerichtsvorsitzenden in Stuttgart brachte, der in Württemberg eine hemmungslose politische Gewaltjustiz einschließlich zahlreicher haarsträubender Todesurteile ausübte. Nach dem Krieg wurde er als Hauptschuldiger verurteilt. Carlo Schmid bezeichnete ihn als „schlechthin amoralisches Subjekt".

Die Erzählung der anrührenden Lebensgeschichte von Dr. Fred Uhlman (1901–1985) ist Susanne Bouché-Gauger zu verdanken. Der musisch vielseitig begabte Fred Uhlman entspross einer vermögenden, jedoch zerstrittenen schwäbisch-jüdischen Familie. Gegen Ende der Zwanziger Jahre ließ er sich in Stuttgart als Rechtsanwalt nieder und trat in die SPD ein. Ab 1933 befand er sich in wechselnden Ländern und Orten im Exil. Dabei lernte er Diana Croft kennen, eine Engländerin, die aus konservativem Hochadel stammte; 1936 heirateten die beiden in London. Schon zuvor hatte Uhlmann mit der Malerei begonnen und rasch Erfolge zu verzeichnen, vor allem in Paris. Der Krieg brachte Erschwernisse des Familienlebens und des künstlerischen Schaffens. Die deutschen Verwandten Uhlmans wurden, soweit sie nicht rechtzeitig flohen, durchweg Opfer des Holocaust. 1960 erschien zunächst auf Englisch eine Autobiographie Uhlmanns. Sein größter literarischer Erfolg wurde dann ab den späten Siebziger Jahren die Novelle „Reunion" (deutsch „Der wiedergefundene Freund"); in 19 Sprachen übersetzt, ist sie zu einer Standardlektüre über das Dritte Reich geworden, besonders auch im Schulgebrauch. In die alte Heimat Stuttgart kehrte Fred Uhlmann nur zu kurzen Besuchen zurück.

Einen fürchterlichen Gipfelpunkt des Naziterrors verkörperte der 1892 in einfachen Verhältnissen geborene Friedrich Mußgay. Der Historiker Jürgen Schuhladen-Krämer charakterisiert ihn. Mußgay strebte eine Laufbahn im mittleren Verwaltungsdienst Württembergs an, rückte aber zunächst mit Ausbruch des Ersten Weltkriegs als Freiwilliger beim Militär ein, wo er es bis zum Leutnant brachte. Nach Kriegsende machte er eine schnelle Karriere bei der Kriminalpolizei in Stuttgart. 1923 wechselte Mußgay zur Politischen Polizei, wo er als rechtsextremistischer „Kommunistenjäger" fungierte und mit der NSDAP kollaborierte. 1933 trat er der Partei sowie der SS bei, wo der fanatische Rassist bis zum Obersturmbannführer aufstieg. Ab 1941 war Mußgay Chef der Staatspolizei-Leitstelle Stuttgart mit Sitz im berüchtigten „Hotel Silber" und Zuständigkeiten für ganz Württemberg samt Hohenzollern. Seine Amtsführung war von größter Brutalität besonders gegen

Linke, Juden, „Zigeuner", Zwangsarbeiter, Homosexuelle und andere so genannte „Volksschädlinge" geprägt; Folterungen und willkürliche Exekutionen in großer Zahl waren an der Tagesordnung. Betroffene haben ihn beschrieben als „fauchenden Zwerg und zappelnden Sadisten mit kreischender Stimme". Bei Kriegsende kam er als Kriegsverbrecher in US-Untersuchungshaft, wo er 1946 seinem Leben selbst ein Ende setzte.

Der leidvolle Lebensweg des unbeugsamen Widerständlers Hans Gasparitsch (1918–2002) wird von Peter Poguntke behandelt. Gasparitsch wuchs im proletarischen Milieu des Stuttgarter Ostens auf, einer Hochburg von Sozialisten und Kommunisten. Mit wacher Sorge beobachteten er und sein Freundeskreis den Aufstieg des Nationalsozialismus. Die Machtergreifung Hitlers war für Gasparitsch ein Signal zum offenen Widerstand durch das Anbringen nazifeindlicher Parolen im öffentlichen Raum. Er wurde gefasst, womit ein über zehnjähriger lebensgefährlicher Leidensweg durch Gefängnisse und Konzentrationslager begann, welcher erst im April 1945 im KZ Buchenwald endete. Auch nach der Befreiung setzte Gasparitsch sein reges politisches Engagement im Sinn seiner sozialistisch-kommunistischen Überzeugung in vielfältiger Weise fort. In der jungen DDR holte er das Abitur nach und studierte Journalismus und Bauingenieurwesen. Den letztgenannten Beruf übte er, nun wieder oft auch im Westen, bis 1980 aus. Erst 2000 wurde er mit einem Bundesverdienstkreuz gewürdigt.

Herausgeber und Autoren haben den flüssig zu lesenden Sammelband bewusst genau siebzig Jahre nach Zusammenbruch und Befreiung vom Nazi-Regime publiziert. Ein wissenschaftlicher Apparat rundet das Buch ab. Helmut Gerber

Ernst Schmidt, Hohenlohe Waldenburg. Heimatgeschichtliches Lesebuch, überarb. Fassung 2016, kommentiert und hg. vom Waldenburger Kreis für Kulturgeschichte, zum Gedenken an Ernst Schmidt (Veröffentlichungen zur Ortsgeschichte und Heimatkunde in Württembergisch Franken, Bd. 26), Waldenburg 2016. 346 S. mit 83 meist farb. Abb. € 16,–

Ernst Schmidt (1874–1952), in Waldenburg geboren, war bis 1937 Postbeamter im württembergischen Staats- und später im Reichsdienst. Auch im Ruhestand arbeitete er während des 2. Weltkrieges eine Zeit lang als kaufmännischer Angestellter in einer Bedarfsgüter für den Krieg herstellenden Fabrik. Gegen Kriegsende nach Hohenlohe zurückgekehrt, widmete sich Ernst Schmidt ganz der Geschichte seiner Heimatstadt Waldenburg, die durch den Krieg schwer zerstört worden war. Zunächst entstanden die für seine Kinder und Geschwister abgefassten persönlichen Jugenderinnerungen und seit Winter 1944/45 das heimatgeschichtliche Lesebuch, das er 1951 im Manuskript abschloss. Schmidt stellte ihm die Widmung „Meiner leidgeprüften Heimatstadt und dem angestammten Fürstenhaus Hohenlohe-Waldenburg" (Titelseite) voran. Die Arbeit wurde jedoch nie gedruckt, sondern stand nur als maschinenschriftliches Manuskript mit einer „Auflage" von ca. 300 Stück für einen heimatgeschichtlich interessierten Leserkreis zur Verfügung.

Dank des Engagements von ehrenamtlich engagierten Mitgliedern des Waldenburger Kreises für Kulturgeschichte konnte der Wunsch nach Veröffentlichung nach 45 Jahren realisiert werden. Die Arbeit Schmidts wurde sorgfältig überarbeitet, etwas aktualisiert und liegt nun als gedrucktes Buch vor. Erläuterungen und Ergänzungen sowie Anmerkungen ergänzen den ursprünglichen Text, wobei immer deutlich bleibt, was vom Autor und was von den Bearbeitern stammt. Im Druck bleibt sogar die Seitenverteilung der Originalfassung erkennbar, um das Auffinden von Zitaten zu ermöglichen. Durch Beigabe zahlreicher Abbildungen illustrierten die Bearbeiter den Text und lockerten ihn dadurch auf. Sie fügten im Anhang des Buches die Jugenderinnerungen Schmidts „Bilderbuch aus meiner Jugendzeit" (S. 296–311) und einen Auszug aus dem Schriftwechsel 1945 bis 1953 zur Entstehung des Lesebuches bei (S. 312–331). Am Schluss befindet sich eine Stammtafel der Familie Schmidt (vom 18. bis 20. Jh.); ein Personenindex, ein Ortsindex sowie ein „Stichwortverzeichnis" erleichtern dem Leser die Orientierung.

Somit wurde die Arbeit eines Waldenburger Hobbyhistorikers durch ein gedrucktes Buch einem größeren Leserkreis zugänglich gemacht. Es handelt sich um eine Ehrung für Ernst Schmidt, der durch die zurückhaltende Redaktion seines Textes und durch die Beifügung der – persönlichen – Jugenderinnerungen und die Stammtafel seiner Familie sehr in den Mittelpunkt gerät. Das „Heimatgeschichtliche Lesebuch" richtet sich an Leser, die sich – wie Ernst Schmidt – der Region Hohenlohe und ganz besonders der Stadt Waldenburg eng verbunden fühlen und daher auch an ihrer Geschichte besonders interessiert sind.

Peter Schiffer

Markus Josef Maier, Würzburg zur Zeit des Fürstbischofs Julius Echter von Mespelbrunn (1570–1617). Neue Beiträge zu Baugeschichte und Stadtbild (Veröffentlichungen des Stadtarchivs Würzburg, Bd. 20), Würzburg: Verlag Ferdinand Schöningh 2016. XVII, 579 S., 80 Abb. Mit CD-ROM. ISBN 978-3-87717-857-7. € 39,90

Stadtbilder verändern sich. Trotz der intensiven Bautätigkeit in den letzten Jahrhunderten und auch der massiven Zerstörung ihrer Bausubstanz im Bombenangriff vom 16. März 1945 zum Trotz ist das Wirken des Fürstbischofs Julius Echter als Bauherr für das Erscheinungsbild der Stadt Würzburg bis heute prägend geblieben. Der Bautätigkeit in der fürstbischöflichen Residenzstadt in den Jahrzehnten um 1600 geht Markus Josef Maier in seiner von Stephan Kummer betreuten Dissertationsschrift nach. Dabei geht er höchst kenntnisreich und mit sehr viel Sinn für Details vor, ohne sich darin zu verlieren.

Die vorliegende Studie kann an einige ältere Forschungs- und Überblickswerke anknüpfen. Indem Markus Josef Maier städtische Bestände sowie die Akten des Domkapitels und einzelner Stifte zu zentralen Ausgangspunkten seiner Forschung macht, kann er nicht nur die Begrenzungen der Überlieferung in den fürstlichen Unterlagen sprengen, sondern auch eine weite Perspektive auf die gesamte Bautätigkeit in der Stadt während der langen Herrschaftszeit Julius Echters einnehmen. Außerdem hat er sich eine Vielzahl von Bilddokumenten erschlossen, die er kompakt gebunden in der Mitte des Bandes zur Illustration – allerdings mit sehr knappen Bildunterschriften – präsentiert. Maiers Fragestellung bezieht sich auf der Basis dieser Quellenlage und -auswahl nicht nur auf die fürstbischöfliche Bautätigkeit, sondern auf eine umfängliche Erfassung des Stadtbildes von Würzburg und seinen Wandlungen in der Echterzeit – bis hin zu Fragen der Pflasterung und Abwasserbeseitigung (S. 45).

Die eigentliche Darstellung beginnt mit einem höchst suggestiven, aber anschaulichen fiktiven Rundgang durch die Stadt Würzburg vor 1570, der auf guter Quellenkenntnis basiert. Dieser geht über eine detaillierte Aufnahme aller Bautätigkeiten zur Zeit Julius Echters hinaus, weil er die Vorstellungskraft und Phantasie des Lesers anregt. Dabei gilt, dass sich der Autor in seinen Schilderungen auf belegbare Einzelheiten konzentriert. Zugleich gewährt die Darstellung einen Einblick in die Dynamik des Untersuchungszeitraums. Diese

Vorgehensweise prägt dann auch die folgenden Kapitel, in denen nach einem kurzen – nicht immer problemorientierten und gründlich kontextualisierenden – Überblick über die jeweiligen Regierungsjahre des Fürstbischofs einzelne Phasen der Bautätigkeit in der Stadt Würzburg vorgestellt werden. Konsequent, wenn auch in unterschiedlicher Intensität, werden dabei tatsächlich die Projekte verschiedener Bauherren aufgezeigt. Deren spezifische Interessen werden durchaus diskutiert. In der Summe wird der Fürstbischof als „treibende Kraft" (S. 489) des Baugeschehens ausgemacht. Ihm ist letztlich die Ausgestaltung des städtischen Raumes mit einer repräsentativen Residenzarchitektur im Renaissancestil zu verdanken.

In den untersuchten Jahrzehnten ist insbesondere die Silhouette der Stadt geformt worden. Die Vorstädte sind verdichtet und städtische Magistralen errichtet worden. Die stärkere städtebauliche Einbeziehung der linken Mainseite hat gewiss auch das Residenzschloss stärker in die Stadt integriert. Damit hat Julius Echter mit seiner Baupolitik – die durchaus nicht völlig durchdacht und konsequent war und mit Interessen anderer Bauherren seiner Zeit kollidieren konnte – durchweg raumprägend gewirkt. Auch im Vergleich zu anderen Landesherrn des Zeitalters habe Julius Echter nachhaltig schöpferisch gestaltet (S. 493).

Die umfangreiche Studie kann über ein Register erschlossen werden. Auf einer beigefügten CD-ROM sind zusätzlich noch Übersichten über die erfassten Bauprojekte mit präzisen Quellenangaben beigefügt. Man kann nur hoffen, dass es noch lange möglich sein wird, die pdf-Datei auf diesem Speichermedium zu öffnen. In der Summe ist eine aufopferungsvolle Forschungsarbeit zu würdigen, die mit großem Aufwand zu tragfähigen Ergebnissen geführt hat. Für eine wissenschaftliche Studie, zumal eine nüchtern detailreiche wie die hier zu besprechende höchst ungewöhnlich, vermag es Markus Josef Maier, seine Leserinnen und Leser mit auf eine Reise in das frühneuzeitliche Würzburg zu nehmen und ein längst vergangenes und überformtes Stadtbild sichtbar, oder besser: vorstellbar zu machen.

Frank Kleinehagenbrock

Archiv- und Bibliothekswesen, Quellen

Vernetzung und Kollaboration von Archiven. Vorträge des 75. Südwestdeutschen Archivtags am 18. und 19. Juni 2015 in Rottenburg am Neckar, hg. von Anna Pia Maissen / Peter Müller. Stuttgart: Verlag W. Kohlhammer 2016. 83 S., 11 Abb. ISBN 978-3-17-030882-4. € 10,–

Stellt Robert Kretzschmar in seinem Vorwort fest, mit dem Tagungsthema „Vernetzung und Kollaboration von Archiven" hätten die Veranstalter des 75. Südwestdeutschen Archivtags im Juni 2015 „in das Schwarze getroffen", so gilt Selbiges auch für den zeitnah erschienenen Sammelband. Er bietet den gelungenen Abschluss einer dreifachen Präsentation der Inhalte, die dem hochaktuellen Thema mit mannigfaltigen Bezügen zur digitalen Welt mehr als nur gerecht wird: Nun kann man nachlesen, was in Rottenburg vor mehr als 150 Fachkollegen vorgetragen bzw. nur wenige Tage später als Video online gestellt und bis zu 350-mal (Stand: 29. August 2016) angeschaut worden ist. Dass hiermit nicht nur einer Tradition aus analogen Vorzeiten gehuldigt, sondern vieles vertieft sowie um zusätzliche Informationen und Nachweise ergänzt erstmals verfügbar gemacht wird, versteht sich von selbst.

Ein sprechender Beleg ist bereits die Einführung von Peter Müller (S. 6–11), der als geschäftsführender Präsident des Archivtags das Programm der Tagung vorstellt und die einzelnen Beiträge kurz zusammenfasst. Indem er in diesem Zusammenhang auch akzessorisch auf die Geschichte der Südwestdeutschen Archivtage seit 1946 eingeht, öffnet er eine Klammer, die den Bezug zwischen dem Thema der Tagung und dem „Kronjuwelenjubiläum" der zentralen analogen Networking-Plattform baden-württembergischer Archivare in den Blick des Lesers rückt. Was hier angerissen wird, wird am Ende des Bandes wieder aufgenommen: Den Abschluss des Tagungsbandes bietet ein Überblick zu den Themen, Referenten, Protokollen und Publikationen der letzten 25 Südwestdeutschen Archivtage (S. 71–81), der vor Ort, aber auch auf YouTube noch nicht verfügbar war bzw. ist. Der hier angedeutete Spagat zwischen Netzwerkbildung in der analogen Welt, für die Treffen von Archivaren aus einer Region das vielleicht beste Beispiel sind, und dem, was Vernetzung in der digitalen Gegenwart bedeutet, ist das Leitthema des Tagungsbandes. Er steht folglich auch im Zentrum der Ausführungen des „Keynote-Speakers".

Ausgehend von den Wissensnetzwerken frühneuzeitlicher Anatomen und Mathematiker arbeitet der Siegener Historiker Sebastian Gießmann (S. 12–24) Eigenarten und Unterschiede zwischen Kollaboration und Netzwerkbildung im Laufe der Jahrhunderte heraus. Er problematisiert die Konsequenzen der gegenwärtig „überwiegend privatwirtschaftlich dominierten, digitalen Plattformöffentlichkeiten" (S. 22) und fordert Archivare und Bibliothekare dazu auf, sich von den kommerziellen Anbietern zu emanzipieren. Öffentlich-rechtliche Eigenständigkeit gehe vor „Google-Optimierung und Facebook-Öffentlichkeit" (S. 23). Zugleich bricht er eine Lanze für den Open Source-Gedanken, den es angesichts der großen rechtlichen Probleme mit pragmatischen, gemeinwohlorientierten und unkonventionellen Methoden zu forcieren gelte.

Eine klassische Form der Netzwerkbildung präsentiert Gerhard Hetzer (S. 25–29). Sein Bericht über die Arbeit mit Praktikanten aus europäischen Nachbarstaaten im Bayerischen Hauptstaatsarchiv macht deutlich, dass es falsch wäre, einen Gegensatz zwischen der scheinbar grenzenlosen Welt des World Wide Web und herkömmlichen Formen der Vernetzung zu konstruieren. An kaum einem Beispiel wird dies so deutlich wie anhand der Tatsache, dass ausgerechnet der Aufbau eines virtuellen europäischen Urkundennetzwerkes im Frühjahr 2011 bayerischen Archivaren die Möglichkeit eines längeren „analogen Praktikums" in einem tschechischen Archiv eröffnete.

Den dieses Urkundennetzwerk tragenden Verein stellt Thomas Aigner (S. 30–34) in seinem Beitrag vor. Das „Internationale Zentrum für Archivforschung" (ICARUS) steht exemplarisch für die Chancen, welche die virtuelle Präsentation und Zusammenführung von Archivbeständen, aber auch eine sich stetig verdichtende, nationale Grenzen überschreitende Vernetzung zwischen Archivbenutzern und Archivaren eröffnen.

Thema des Vortrags von Christoph Stuehn (S. 35–38) ist der Verein „Memoriav", der 1995 mit dem Ziel, die Erhaltung und Vermittlung des audiovisuellen Kulturguts in der Schweiz zu sichern, vom Bundesamt für Kommunikation, den Schweizer Fernseh- und Rundfunkanstalten und weiteren Akteuren, darunter Nationalbibliothek und -archiv, ins Leben gerufen wurde. Stuehn macht deutlich, dass der Aufbau und die Pflege vergleichbarer Informationsportale „auch in Zeiten von YouTube und Netflix" (S. 37) Sinn ergebe, wenn Nachhaltigkeit, umfassende Metadatenstandards und umfangreiche Recherchemöglichkeiten gegeben sind.

Ein weiteres Beispiel aus der Schweiz steht im Zentrum der Ausführungen von Georg Büchler (S. 39–43). Büchler präsentiert die Arbeit der „Koordinationsstelle für die dauerhafte Archivierung elektronischer Unterlagen (KOST)". Sein Beitrag verdeutlicht die Notwendigkeit einer engen Kooperation angesichts der komplexen und vor allem kostspieligen Herausforderungen der Archivierung digitaler Unterlagen. Seine Feststellung, „archivische Zusammenarbeit" im Bereich der digitalen Archivierung solle, man könnte auch sagen: müsse [G.P.], „über die Komfortzone der reinen Grundlagenarbeit hinausgehen und in die eigene Zuständigkeit der Archive eingreifen" (S. 42), ist vielleicht eine der Kernaussagen des Bandes, die weit über den engeren Kreis der Tagungsteilnehmer hinaus intensiv zu diskutieren wäre.

Der dritte Referent aus der Schweiz, Andreas Kellerhals (S. 44–51), beschäftigt sich mit den Schwachstellen bisheriger archivischer Erschließungsstandards und -praktiken im digitalen Zeitalter. Er plädiert dafür, Erschließungsinformationen möglichst unbeschränkt zur Verfügung zu stellen. Die Angst vor „digitalem Kontrollverlust" (S. 47) hält er für unbegründet; Nutzern müsse stattdessen die Möglichkeit eröffnet werden, über Verlinkung an der Vernetzung des Archivguts mitzuwirken. Das Fernziel seien intelligente Erschließungsinformationen („smart data").

Mit Wolfgang Sannwalds (S. 52–57) Beitrag zum Stellenwert von Kooperation aus der Sicht eines Kommunalarchivars kehrt der Tagungsband zurück nach Baden-Württemberg bzw. wendet sich erstmals einem originär „südwestdeutschen" Thema zu. Anhand von ausgewählten Beispielen macht Sannwald deutlich, dass insbesondere „viele kleinere und mittlere Archive die mit dem medialen Umbruch einhergehenden Herausforderungen nur schwer alleine bewältigen [können]" (S. 54). Mit einem klaren Blick für die Interessen und unersetzlichen Kompetenzen dieser – vor allem kommunalen – Einrichtungen plädiert er für eine „Überwindung der Grenzen von Fachgebieten" (S. 57).

Ein bayerischer Archivar, Jörg Fischer (S. 58–62), beschäftigt sich mit der interaktiven Wahrnehmung kommunaler Archivarbeit im Web 2.0. Er betont die aktive Mitgestaltung des Nutzers als entscheidendes Kennzeichen sozialer Medien (und somit moderner Archivarbeit) und fordert Archivare auf, hieraus die notwendigen Konsequenzen zu ziehen. Die Weiterentwicklung des Berufsbildes vom Historikerarchivar zum Web 2.0-kompatiblen „Archivmanager" (S. 62) sei alternativlos.

Eine Vorstellung des vielleicht bedeutendsten Quantensprungs in der Vernetzung der deutschen Archive – des Aufbaus von Deutscher Digitaler Bibliothek und Archivportal D – durch Daniel Fähle vom Landesarchiv Baden-Württemberg (S. 63–67) sowie der Abdruck des untrennbar mit diesen Projekten verbundenen Positionspapiers der Konferenz der Leiterinnen und Leiter der Archivverwaltungen des Bundes und der Länder (KLA, S. 68–70) schließen den Sammelband ab. Seine Lektüre sei auch all denjenigen anempfohlen, die vor Ort waren oder sich auf YouTube die Videomitschnitte angesehen haben. Wie so oft bietet die gedruckte Form an manchen Stellen Klarstellungen und Vertiefungen, die auch im digitalen Zeitalter unersetzlich sind, um das Netzwerk aus miteinander verknüpften Themen und Fragestellungen wirklich zu verstehen.

Gregor Patt

Erinnern an den Ersten Weltkrieg. Archivische Überlieferungsbildung und Sammlungsaktivitäten in der Weimarer Republik, hg. von Rainer HERING, Robert KRETZSCHMAR und Wolfgang ZIMMERMANN (Werkhefte der Staatlichen Archivverwaltung Baden-Württemberg, Serie A, Heft 25), Stuttgart: W. Kohlhammer 2015. 256 S., 64 Abb. ISBN 978-3-17-029068-6. Geb. € 26,–

Der erfreulich zeitnah publizierte Sammelband vereinigt die ausgearbeiteten und mit Quellennachweisen versehenen Vorträge, die im September des Weltkriegs-Erinnerungsjahrs 2014 kurz nacheinander bei zwei größeren Tagungen gehalten wurden. Es sind dies zum einen die Beiträge zu einer Sektion des 50. Deutschen Historikertags in Göttingen, die unter dem Titel „Aus der Niederlage lernen? Archivische Überlieferungsbildung, Sammlungsaktivitäten und Erinnerungskultur in der Weimarer Republik" von den Herausgebern gemeinsam organisiert worden war. Zum anderen sind es die Vorträge eines von Rainer Hering, dem Leiter des Landesarchivs Schleswig-Holstein, geleiteten und mit „Archive und der Erste Weltkrieg" überschriebenen Panels der Jahrestagung, die von der German Studies Association in Kansas City, Missouri, veranstaltet wurde. Ergänzt werden diese im Buch nicht nach ihrem Entstehungskontext, sondern thematisch angeordneten Beiträge durch einen längeren Aufsatz über die Kriegssammlung der Universitätsbibliothek Freiburg.

In ihrer Einleitung bemerken die Herausgeber, „dass der Erste Weltkrieg als ein tiefer und markanter Einschnitt in der Überlieferungsbildung zu sehen" sei (S. 8). Überblickt man den Inhalt des vorliegenden Bandes zur Gänze, ist dieses Urteil vollauf gerechtfertigt. Nicht nur, dass zwischen 1914 und 1918 mehr als 200 (die bisherigen Zählungen schwanken zwischen 217 und 235) spezielle Kriegssammlungen zusammengetragen wurden; der Zwang, sich der Masse des aus dem Ersten Weltkrieg überlieferten Aktenmaterials zu stellen, ließ zentrale Archive in Deutschland sogar überhaupt erst entstehen. Darüber berichten Michael Hollmann und Martin Kröger in ihren Beiträgen über die Gründung des Reichsarchivs 1919 bzw. des Politischen Archivs des Auswärtigen Amts im Folgejahr. In beiden Beiträgen wird deutlich, dass nicht nur den Kriegssammlungen, sondern auch den Archivgründungen geschichtspolitische Motive zugrunde lagen – wie nicht zuletzt an der Beteiligung von Militärs und Politikern sowohl bei den Gründungen selbst als auch bei den bekannten Akteneditionen des Auswärtiges Amts abzulesen ist.

Dass der Erste Weltkrieg nicht nur zur Gründung neuer Archive, sondern auch zu grundlegenden Veränderungen in Archivtheorie und Archivpraxis geführt hat, macht Robert Kretzschmar in seinem einleitenden Beitrag deutlich. Er zeigt, dass Archivare erst im Umgang mit dem Material aus dem Ersten Weltkrieg eine neue, bis dahin nicht bekannte Sensibilität für die historische Relevanz auch jüngster Aktenbestände entwickelten. Daraus seien neue Ansätze und Methoden für deren Bewertung und in der Konsequenz auch erstmals fixierte Regeln für die Kassation erwachsen – vorerst freilich nur im Reichsarchiv. Für die geringe Beteiligung der Archive bei der Anlage spezieller Kriegssammlungen (hier wurden nur 18 beteiligte Archive gezählt, davon elf staatliche und sieben kommunale) macht Kretzschmar deren geringe personelle Ressourcen verantwortlich. Man sollte darüber hinaus aber auch bedenken, dass eine auf spezifische Pertinenzen gerichtete Sammlungstätigkeit außerhalb des eigenen Sprengels nicht zu den ureigenen Aufgaben von Archiven gehört.

Auf aktuelle Probleme der Archive in der Gegenwart lenkt Michael Steidel den Blick, indem er in seinem Beitrag das im Netz recherchierbare Archivgut zum Ersten Weltkrieg aus dem Bundesarchiv – eine reiche Auswahl aus Aktenbeständen und Nachlässen, aber auch Bilder, Filme und Tonaufnahmen – vorstellt, um daran freilich auch eher skeptisch getönte Überlegungen zum Sinn der Digitalisierung von Archivgut im Allgemeinen anzuknüpfen. Sie binde unter Umständen übermäßig viele Ressourcen – und dies nicht allein durch die politisch erwünschte Bereitstellung von Archivmaterial für ein breites Publikum, sondern auch bei der Bildung von Ersatzüberlieferungen zur Schonung der Originale oder bei drohendem Papierzerfall wegen der daraus entstehenden sogenannten Ewigkeitskosten. Eine weitere Gefahr bleibt bei Steidel noch außer Betracht: Eine zu weit getriebene (aber naturgemäß niemals vollständig zu bewerkstelligende) Digitalisierung von Archivgut könnte Historiker dereinst in Versuchung führen, unter Verzicht auf die Durchsicht paralleler oder ergänzender Bestände nur noch die im Netz recherchierbaren Archivalien zur Kenntnis zu nehmen. Wenn früher vermeintlich nichts in der Welt war, was nicht in den Akten war, so besteht künftig – wie schon jetzt gelegentlich bei Studierenden zu beobachten – womöglich die Neigung, nur noch für relevant zu erachten, was auf einem Display erscheint.

Beispiele für sinnvolle Digitalisierung liefert Rainer Brüning in seinem Beitrag über die im Generallandesarchiv Karlsruhe aufbewahrten Unterlagen des XIV. Armeekorps – ein 1,2 km umfassender Bestand, dessen Neuverzeichnung kurz vor dem Abschluss steht. Digitalisiert werden daraus zurzeit ca. 10.000 Fotos sowie die einschlägigen Personalunterlagen (Friedens- und Kriegsstammrollen, Ranglisten und Entlassungsscheine). Erstere bildeten den Kernbestand einer grenzüberschreitenden deutsch-französischen Gemeinschaftsausstellung, die vom Landesarchiv Baden-Württemberg im Verein mit dem Archiv des Departements Haut-Rhin in Colmar erarbeitet wurde und als Wanderausstellung bis 2018 (u.a. auch in Paris und Berlin) zu sehen sein wird. Die Digitalisierung der Stammrollen – so Brüning – soll es einem breiten Nutzerkreis ermöglichen, Recherchen zu einzelnen Personen zu betreiben, wie etwa den eigenen Groß- und Urgroßvätern.

Mit Archiven im engeren Sinn beschäftigen sich darüber hinaus die Beiträge von Helmut Wohnout und Timothy P. Mulligan. Ersterer – Mitarbeiter im Bundeskanzleramt der Republik Österreich – gibt einen Überblick über die Bestände zum Ersten Weltkrieg in österreichischen Archiven, letzterer (in englischer Sprache) einen solchen über die von ihm auch noch als Ruheständler erarbeiteten Findmittel zu den verfilmten Kaiserlichen Marineakten in den National Archives der Vereinigten Staaten in College Park, Maryland. Beide Beiträge enthalten wertvolle Hinweise auch für potentielle Nutzer.

Den Schicksalen einer der zahlreichen Kriegssammlungen, die im Übrigen – wie Rainer Johler in seinem Beitrag zitiert – eine „deutsche Spezifik“ darstellten („in Frankreich habe es jedenfalls nichts Vergleichbares gegeben“, S. 214), geht Marcus Schröter am Beispiel der in der Freiburger Universitätsbibliothek zusammengetragenen Sammlung nach. Von dieser ursprünglich sehr viel umfangreicheren Sammlung sind nurmehr etwa 5.000 Dokumente erhalten. In seiner akribisch aus den Quellen vorwiegend des Universitätsarchivs gearbeiteten Studie untersucht der Verfasser die Motive der Sammler, die Wege zum Erwerb des Materials, dessen Wirkung auf die Öffentlichkeit bei einer 1917 veranstalteten Ausstellung und die Erschließung der Bestände während der 30er Jahre. Beendet wird die eingehende und mit zahlreichen Dokumenten unterlegte Darstellung durch Überlegungen zum weitgehenden Untergang und Verlust der Sammlung nach dem Zweiten Weltkrieg.

Die weiteren, nicht in erster Linie der archivischen Überlieferungsbildung gewidmeten Beiträge können hier nur kursorisch vorgestellt werden. Rainer Hering zeigt auf der Basis einer größeren eigenen Arbeit am Beispiel des Konsistorialbezirks Hessen-Kassel, welche Erkenntnisse über den Ersten Weltkrieg aus kirchlichen Quellen gewonnen werden können. Magdalena Schanz geht Spuren des Ersten Weltkriegs im Literaturarchiv Marbach nach. Reinhard Johler gibt luzide Einblicke in die Entstehung des eigenständigen, aber erst später auch universitär etablierten Fachs Volkskunde durch die Sammlung von Texten, Bildern und Tonaufnahmen, die während beider Weltkriege vorwiegend in Kriegsgefangenenlagern aufgenommen wurden. Er akzentuiert mit der „Kriegsvolkskunde" ein weiteres deutsches (und österreichisches) Spezifikum, weil auf der Seite der Entente niemand daran Interesse gehabt habe, feindliche Kriegsgefangene zu Objekten wissenschaftlicher Untersuchung zu machen. Im letzten Beitrag schließlich beschreiben und interpretieren die Mediziner Thomas Röske, Sabine Hohnholz und Maike Rotzoll Bilder von Patienten der Heidelberger Psychiatrischen Universitätsklinik aus der Sammlung Prinzhorn, in denen sich Kriegserwartungen und Kriegserfahrungen während der ersten Jahrzehnte des 20. Jahrhunderts widerspiegeln.

Die wichtigste Erkenntnis, die aus dem vorliegenden Sammelband gezogen werden kann, besteht darin, dass die Überlieferungsbildung nach dem Ersten Weltkrieg in Deutschland vielfach von geschichtspolitischen Motiven geleitet wurde. Daher sei im Hinblick auf die Quellenkritik, so hob Wolfgang Zimmermann in seiner Moderation auf dem Historikertag hervor, auch der „ideologische Hintergrund der Überlieferungen jeweils entscheidend [?] und präzise zu analysieren" (S. 8).

Der gut ausgestattete Band enthält zahlreiche aussagekräftige Abbildungen. Ein mit den jeweiligen Adressen versehenes Mitarbeiterverzeichnis rundet ihn trefflich ab.

Klaus-Jürgen Matz

100 Jahre Bibliothek für Zeitgeschichte 1915–2015. Festschrift, hg. von Christian Westerhoff, Vorwort von Hannsjörg Kowark, Stuttgart: Württembergische Landesbibliothek 2015. 167 S., zahlr., z. T. farb. Abb. und Grafiken. ISBN 978-3-88282-080-5. € 18,–

Schon zum 50- und zum 75-jährigen Bestehen der „Bibliothek für Zeitgeschichte" (BfZ) sind 1965 und 1990 Festschriften erschienen. Waren diese noch recht einfach gehaltene und eher dünne Broschüren, kommt die neue Festschrift zum 100. Geburtstag der renommierten Stuttgarter Institution in viel aufwändigerer Gestaltung daher. Aber nicht nur äußerlich, auch inhaltlich unterscheidet sich die aktuelle Publikation von ihren Vorgängern. Sie versteht sich nämlich nicht als eine Art Rechenschaftsbericht oder Anleitung für potentielle Benutzer, sondern will mit ihren überwiegend aus den archivalischen Quellen geschöpften Beiträgen eine kritische Aufarbeitung der eigenen Geschichte leisten. Ermöglicht wurde dieser neue Zugang zum einen durch die größere zeitliche Distanz, wohl aber auch durch die neue Rechtsform der Bibliothek nach ihrer Eingliederung in die Württembergische Landesbibliothek am 1. Januar 2000. Obschon das Land Baden-Württemberg schon in den Jahren zuvor den Löwenanteil ihres Etats bestritten hatte, war die Bibliothek bis zu diesem Stichtag von einer privaten Stiftung unterhalten worden. In früheren Festschriftbeiträgen wurde dieser Umstand als Grundlage besonderer Unabhängigkeit gewertet, die im Blick auf die Sammeltätigkeit schon im Ersten Weltkrieg wie auch später bei dem Bemühen, die von den Amerikanern 1946 in die USA verfrachteten Bestände zurückzuerhalten, gewiss auch von Nutzen gewesen sein dürfte.

Im Blick auf die Einwerbung von Sponsorengeldern wird es bei der Darstellung der eigenen Vergangenheit in den früheren Festschriften aber wohl doch nicht ganz ohne Rücksichtnahmen und Abhängigkeiten einer ganz anderen Art abgegangen sein. Wie aus der einschlägigen Aufstellung in der Festschrift von 1965 hervorgeht, hatte der private Anteil an den Aufwendungen für den Unterhalt der Bibliothek seit der Währungsreform immerhin noch knapp 57 % betragen, von denen mehr als zwei Drittel auf die Firma Franck & Kathreiner und mit dieser „befreundeten" Firmen entfallen waren. Stellt man weiter in Rechnung, dass der Bibliotheksgründer, der Kaffeemittelfabrikant Richard Franck bis 1928 2 Millionen Reichsmark aus privaten Mitteln für die Bibliothek aufgebracht hatte und weitere 900.000 zwischen 1929 und 1948 aus der von ihm 1928 in Liechtenstein (!) errichteten Stiftung geflossen waren, wird verständlich, dass frühere Festschriftautoren bei der Darstellung seiner politischen Haltung wie auch der politischen Motive, eine solche Spezialbibliothek zu gründen und privat zu unterhalten, eine gewisse Zurückhaltung wahrten.

Die neue Festschrift wird mit einem Aufsatz der einschlägig ausgewiesenen Autorin Aibe-Marlene Gerdes eröffnet, in dem die Entstehung der zunächst „Weltkriegsbücherei" benannten Bibliothek auf Betreiben Richard Francks im August 1915 in den Kontext der in Deutschland schon gleich bei Kriegsbeginn einsetzenden ca. 200 Sammlungsinitiativen eingeordnet wird. Als Hauptmotiv für die allgemeine Begeisterung, auch noch die entlegensten Dokumente zu sammeln, macht sie das Bewusstsein namhaft, in „großen Zeiten" zu leben und in unverbrüchlicher Siegeserwartung Zeuge eines weiteren Triumphs des Deutschen Reiches zu sein. Für Richard Franck selbst stellt sie als ein wichtiges handlungsleitendes Motiv heraus, die Propaganda der Feindmächte zu dokumentieren und in ihrer Perfidie zu entlarven – schon gar, weil er sie der eigenen für überlegen hielt. Diese Auffassung teilte er im Übrigen mit vielen Zeitgenossen wie etwa dem im Band wiederholt am Rande erwähnten schwäbischen Landsmann Ernst Jäckh. Francks Sammlung war deshalb von Beginn an auf Internationalität angelegt. So sammelte man schon während des Krieges nicht nur Schrifttum aus Deutschland und dem neutralen Ausland, sondern auch und gerade Materialien des Feindes – darunter nicht weniger als 164 französische, 76 belgische und 3 englische Schützengrabenzeitungen in vollständigen Jahrgängen! Die Internationalität der BfZ war damit von ihren Anfängen an eines ihrer besonderen Markenzeichen.

Die Zeit nach dem 1920 erfolgten Umzug der Bibliothek von Berlin nach Stuttgart, ihren weiteren Ausbau in der Zwischenkriegszeit, ihr Überleben im Zweiten Weltkrieg und ihre Neuanfänge nach der kurzzeitigen Entführung durch die amerikanische Besatzungsmacht unter dem heute bekannten Namen bis hin zum Amtsantritt Jürgen Rohwers als Direktor 1959 behandelt im Anschluss in mehreren Beiträgen Christian Westerhoff, der heutige Leiter der Bibliothek. Unterbrochen wird dieser unter historischen Aspekten gewichtigste Teil der Festschrift durch ein kleines Meisterstück von Irina Renz. Darin rekonstruiert die Autorin anhand der Texte von Friedrich Felger, dem ersten Direktor der „Weltkriegsbücherei", die Präsentation des Kriegsmuseums, das seit 1933 wie die Bibliothek selbst im Stuttgarter Schloss Rosenstein bis zu dessen Zerstörung durch einen Bombenangriff am 12. September 1944 untergebracht war, Raum für Raum.

Westerhoff zeigt in seinen Beiträgen, wie die „Weltkriegsbücherei" trotz mehrfach ergangener Übernahmeangebote ihre Selbständigkeit zu wahren vermochte. Er zeigt aber auch, dass sie sich, indem sie die Zurückweisung der Kriegsschuldlüge und die Analyse der Feindpropaganda (zu diesem Thema wurde 1925 eine Ausstellung veranstaltet und 1929 ein voluminöser Sammelband herausgegeben) zu ihren Hauptaufgaben machte, schon während der 20er Jahre in den Dienst des rechten politischen Spektrums stellte. Dies korrespondierte durchaus mit der politischen Haltung Richard Francks, der nach anfänglicher Unterstützung der DDP politisch schon sehr früh weit nach rechts rückte und bereits 1921 Kontakt mit Hitler knüpfte, um diesem 1923 zur Abwendung eines Konkurses des „Völkischen Beobachters“ sogar einen Kredit in Höhe von 60.000 Schweizer Franken anzubieten. Zwar kam es bereits darüber zum Bruch, weil Franck im Gegenzug die Streichung des Freimaurer-Paragraphen aus den Statuten der NSDAP verlangte, was von Hitler brüsk zurückgewiesen wurde, doch glorifizierte der „Führer“ Richard Franck noch viele Jahre später als einen „der größten Idealisten“, den er „je kennen gelernt habe“ (S. 41).

Eingehend widmet sich Westerhoff den Personalquerelen, die dem Tod Francks 1931 und Hitlers Machtergreifung 1933 folgten. In diesen Passagen wird deutlich, dass auch die „Weltkriegsbücherei“ von den üblichen Mechanismen der Anbiederung, von Opportunismus und von Machenschaften einzelner Konjunkturritter nicht verschont geblieben ist. Die Verluste im Zweiten Weltkrieg werden von Westerhoff auf ca. 30 % des Bestandes geschätzt. Für den Wiederaufbau nach dem Krieg hebt er das Engagement Wilhelm Hoffmanns als Direktor der Württembergischen Landesbibliothek bei der Zusammenführung beider Bibliotheken hervor, die Wilhelm Heinrich Franck, der Neffe und Nachfolger Richard Francks als Stiftungskurator, angeregt hatte. 1948 wurde die „Weltkriegsbücherei“ in „Bibliothek für Zeitgeschichte“ umbenannt. Aber auch diese neue Bezeichnung – so Westerhoff ein wenig bedauernd – verschleiere den Umstand, dass die Bibliothek eben auch „bedeutende archivalische Sammlungen“ (S. 104) enthalte.

Mit den Dezennien von 1959 bis 1989, in denen der Marinehistoriker Jürgen Rohwer die Geschicke der BfZ als deren Direktor lenkte, befasst sich im Anschluss Thomas Weis, sein (im engeren Sinne) Nachfolger als Verwalter des Marinearchivs. Er bescheinigt dem langjährigen Direktor, dass er es verstanden habe, „die Aufgaben eines Bibliotheksdirektors mit denen eines engagierten Redakteurs und Publizisten zu koordinieren“ (S. 113). Aber auch unabhängig von den dann doch recht spezifischen Interessen Rohwers, die im Zeitalter des Kalten Krieges naturgemäß stärkere Beachtung fanden, wurde die Bibliothek, die 1964 in die Empfehlungen des Wissenschaftsrats zum Ausbau der wissenschaftlichen Bibliotheken aufgenommen worden war, mit DFG-Mitteln weiter ausgebaut. Der DFG auch war es zu danken, dass die 1972 eingerichtete „Dokumentationsstelle für unkonventionelle Literatur“ (heute Sondersammlung „Neue Soziale Bewegungen“) ihre Sammlungstätigkeit bis 2005 fortführen konnte. Dieser mit enormem Aufwand (zeitweise waren über 100 Studierende bei der Materialsammlung tätig!) betriebenen Sammlung ist ein eigener Abschnitt von Michael Rost gewidmet. Seine Ausführungen über die Bestände und die Hintergründe ihres Erwerbs lassen wenigstens erahnen, welche Bedeutung dieser Sammlung „grauer Literatur“ für eine künftige Geschichtsschreibung zukommt.

Wiewohl in der dritten Person gehalten, muss der vorletzte Beitrag wieder als eine Art Rechenschaftsbericht gelten, insofern Gerhard Hirschfeld seine von 1989 bis 2011 andauernde Tätigkeit als Direktor der BfZ selbst darstellt. Mit sichtlich erkennbarem, aber durchaus berechtigtem Stolz wird hier nicht nur von wichtigen Neuerwerbungen – wie z. B. umfangreicher Sammlungen von Feldpostbriefen –, sondern vor allem von den extramuralen Aktivitäten in Form von Vortragsreihen, Symposien und Ausstellungen berichtet, darüber hinaus auch von gewichtigen Publikationen in Sonderheit zum Ersten Weltkrieg, an denen Mitarbeiter der BfZ und Hirschfeld selbst beteiligt gewesen sind. Dergestalt wurde hinsichtlich öffentlichkeitswirksamer Aktivitäten gerade in der Ära Hirschfeld eine Tradition fortgeführt, die Friedrich Felger schon in den 20er Jahren begründet hatte. Dies gilt auch hinsichtlich der internationalen Ausrichtung der Bibliothek wie der von ihr ausgehenden Initiativen. Den Abschluss des Bandes bildet ein Ausblick auf das digitale Zeitalter wiederum von Christian Westerhoff, der – was unerwähnt bleibt – als Spezialist für den Ersten Weltkrieg 2013 die Nachfolge Hirschfelds als Leiter der Bibliothek angetreten hat.

Hannsjörg Kowark, Direktor der Württembergischen Landesbibliothek, hat ein instruktives Vorwort beigesteuert. Der Band enthält zahlreiche Abbildungen. Auf eine Aktualisierung der Anhänge in den früheren Festschriften wie beispielsweise eine Liste der von der BfZ herausgegebenen Publikationen und ein Verzeichnis ihrer Mitarbeiter hat man verzichtet. Ist dies mit Rücksicht auf die neuen Recherchemöglichkeiten zu verschmerzen, wäre ein Verzeichnis der Beiträger zu dieser gelungenen Festschrift doch wünschenswert gewesen.

Klaus-Jürgen Matz

Jahrbuch für Buch- und Bibliotheksgeschichte, Bd. 1, hg. von Uwe Jochum, Bernhard Lübbers, Armin Schlechter und Bettina Wagner, Heidelberg: Universitätsverlag Winter 2016. 191 S. ISBN 978-3-8253-6700-8. € 48,–

Die Herausgeber des neuen Jahrbuchs haben sich ein ehrgeiziges Ziel gesetzt: „Das Jahrbuch will [...] eine Brücke zwischen [bibliothekarischer] Praxis und [kulturwissenschaftlicher] Medientheorie und -geschichte schlagen und einen Dialog zwischen allen an buch- und bibliothekshistorischen Fragen Interessierten ermöglichen, ohne Bindung an ein bestimmtes Fachgebiet oder eine Methode.“ Sie setzen darauf, „ [...] daß sich wieder ein Bewußtsein dafür entwickeln kann, wie sehr jedes geborgene historische Faktum nicht nur unseren Blick auf die Geschichte selbst verändert, sondern wie auch die bibliothekarische Praxis in ihren mannigfachen Alltagsbezügen beraten wäre, ihre Wurzeln und die Relevanz von fünf Jahrtausenden Tradition nicht zu vergessen.“

Diesem Thema ist auch der grundlegende Beitrag des Emeritus für Bayerische Landesgeschichte der Ludwig-Maximilians-Universität München, Alois Schmid, gewidmet, der unter der Überschrift „Buch- und Bibliotheksforschung der Neuzeit. Stand und Perspektiven“ eine Standortbestimmung vornimmt und zusammenfassend feststellt, dass die Ergebnisse der Buch- und Bibliotheksgeschichte zwar von vielen Disziplinen in Anspruch genommen werden, sie selbst aber von einem Status als Hilfs- bzw. Ergänzungswissenschaft weit entfernt ist. Schmid stellt fest, dass der Norden und die Mitte Deutschlands in Hinsicht auf die Buch- und Bibliotheksgeschichte besser erforscht sind als der quellenreichere, aber territorial zersplitterte Süden und dass verstärkte Anstrengungen nötig sein werden, um diese Disproportionalität zu überwinden. Sein kurzes abschließendes Plädoyer für das neue Jahrbuch für Buch- und Bibliotheksgeschichte benennt (S. 46) als „vornehmliches Verdienst (...), daß die neue Zeitschrift der Fachwelt mit erneutem Nachdruck in Erinnerung ruft, daß das Herz der Buch- und Bibliothekswissenschaft auch im technischen Zeitalter unverändert die Welt der Bücher ist. Diese Grundtatsache droht über den von Politik und Öffentlichkeit vorgegebenen Zwängen zur Modernisierung der Medienwelt aus dem Auge verloren zu werden“. Schmid schließt mit einem Appell an die Bibliothekare und andere Kulturwissenschaftler, den Fachdiskurs mit hochrangigen Beiträgen weiter voranzutreiben.

Unvoreingenommene Fachwissenschaft (Klassische Philologie) und buch- und bibliotheksgeschichtliches Verständnis führen zu einer überraschenden Lösung in der Untersuchung „Antike Bibliotheken. Griechisch-römische Doppelbibliotheken“ von Lydia Glorius. Sie stellt fest, dass sich aus der Hypothese von der Existenz griechisch-römischer Doppelbibliotheken in der Forschungsgeschichte eine Doktrin entwickelt hat, für die sich aus den Quellen kein Beweis erbringen lässt.

Auch der Beitrag von Christine Sauer „Die Druckwerkstatt Anton Kobergers. Neue Quellen zum Entstehungsort der Schedelschen Weltchronik“ geht von einem erweiterten Blickwinkel aus. Sie wertet Bildquellen und an entlegenen Stellen publizierte lokalhistorische Forschungen sowie Archivalien zur Baugeschichte Nürnbergs aus und kann so überzeugend darstellen, dass die Dimensionen des Geschäfts- und Wohnsitzes des Großunternehmers im Druckgewerbe, Anton Koberger, um 1500 weit über der bisher angenommenen Größenordnung gelegen haben und dass die Schilderungen des Schreib- und Rechenmeisters Johann Neudörffer († 1563) zu Unrecht angezweifelt wurden.

Mit den Bibliotheken der Klosterlandschaft in der Oberen Pfalz befassen sich Christian Malzer und Annemarie Kaindl. Sie beschreiben die Katalogisierung von insgesamt neun Klosterbibliotheken, die der kurpfälzische Kanzleireferent Klein 1600/1601 in nur fünf Monaten auf Veranlassung Kurfürst Friedrichs IV. durchführte. Die Initiative zu diesem Unternehmen ging von Herzog Maximilian I. aus. Der Wittelsbacher wollte sich einen Überblick über die in den Klöstern vorhandene Literatur verschaffen, um interessante Einzelstücke oder gar ganze Sammlungen zu übernehmen. Der Beitrag stellt das Quellenmaterial zu den Bibliotheken der oberpfälzischen Klosterlandschaft zusammen, beschreibt die vorhandenen Kataloge und gibt Impulse für weitere Forschungsansätze.

Unter der Rubrik „Kritik“ ist der ursprünglich als Vortrag konzipierte Beitrag „Das digitale Paradies. Lesen, Schreiben und Verschwinden in der elektrifizierten Gelehrtenrepublik“ veröffentlicht. Valentin Groebner, Professor für Geschichte mit Schwerpunkt Mittelalter und Renaissance an der Universität Luzern, geht darin ziemlich streng mit der kaum durchschaubaren Publikationsflut in der digitalen Welt ins Gericht. An mehreren Beispielen zeigt er außerdem, was von preisgekrönten und prestigeträchtigen Vorhaben der Geschichtswissenschaft in der digitalen Welt geblieben ist bzw. was in dem stereotypen Hinweis endet: *Error 404. Site not found.* Die Fülle des nun weltweit zugänglichen Materials ist – so seine These – nur mit strenger Ökonomie beim Lesen und [wissenschaftlichen] Schreiben zu bewältigen. „Ein guter wissenschaftlicher Text ist ein Filter.“ Wissenschaftliches „Schreiben ist nämlich nichts anderes als die Verdichtung von Zeit.“ So bringt er in seinem lesenswerten und keinesfalls dozierenden Text die Sache auf den Punkt und stößt mit seinen provozierenden Thesen hoffentlich eine lebhafte Diskussion an.

Ebenfalls unter der Rubrik „Kritik“ findet sich ein Vortrag von Georg Siebeck, bis 2014 Leiter des Verlags Mohr Siebeck in Tübingen. Unter dem Titel „Die Vielfalt der Verlage und die Freiheit der Wissenschaft“ referiert er über den anerkannt wichtigen Beitrag, den wissenschaftliche Verlage für das qualitätsgesicherte wissenschaftliche Publizieren geleistet haben und noch leisten, und zeigt die Probleme auf, die sich aus den geänderten Förderungsrichtlinien für wissenschaftliche Publikationen, aus den Änderungen im Urheberrecht und aus den Forderungen nach kostenfreiem „Open access“ für die Verlage, aber auch für die publizierenden Wissenschaftler ergeben.

Den Abschluss des Bandes bilden vier „Fundberichte“, in denen bedeutende Neuerwerbungen oder Neuentdeckungen aus verschiedenen Bibliotheken in ihrem wissenschaftlichen Kontext vorgestellt werden: Armin Schlechter, Eine Ovid-Inkunabel aus dem Besitz von Agostino Nettucci/Vespucci. Alois Schmid, Ein unbekanntes Autograph des Johannes Aventinus in der Staatlichen Bibliothek Regensburg. Bernhard Lübbers, Eine „Fuggerzeitung“ des 16. Jahrhunderts in den Beständen der Staatlichen Bibliothek Regensburg. Armin Schlechter, Ein bisher unbekannter Brief von Clemens Brentano an Friedrich Creuzers Frau Sophie aus dem Jahre 1806.

Das Spektrum der in diesem ersten Band des Jahrbuchs für Buch- und Bibliotheksgeschichte veröffentlichten Beiträge zeigt exemplarisch die angestrebte Themenvielfalt, die auch in den Rubriken „Aufsätze", „Kritik" und „Fundberichte" ihren Ausdruck findet. Vom Umfang her lädt der eher schmale Band zur Lektüre geradezu ein, er bietet Einblicke in Gebiete, die vielleicht am Rande der eigenen Interessen liegen, versorgt aber auch mit nützlichen Informationen über speziellere Fragestellungen und fordert zur Diskussion förmlich heraus. Man kann nur hoffen, dass sich die Erwartungen des Herausgebergremiums erfüllen und sich das Jahrbuch auf dem Markt behaupten kann. Die Buch- und Bibliothekswissenschaft kann einen solchen Impuls und eine eigene Publikationsmöglichkeit gut gebrauchen.

Gerd Brinkhus

Leben und Wundertaten des heiligen Wigbert, „Lupus Servatus": Das Leben des heiligen Wigbert, Die Wundertaten des heiligen Wigbert, hg., eingeleitet, übersetzt und mit Anmerkungen versehen von Michael Fleck (Veröffentlichungen der Historischen Kommission für Hessen, Bd. 67, Kleine Texte mit Übersetzungen 4), Marburg 2010. X, 201 S. zahlr., teils farb. Abb. ISBN 978-3-942225-04-5. € 16,–

In der Reihe „Kleine Texte mit Übersetzungen", die hauptsächlich hagiographische Traditionen im heutigen Hessen in den Blick genommen hat, bietet der vorliegende Band drei Texte zum heiligen Wigbert. Der Angelsachse Wigbert soll ein etwas älterer Zeitgenosse und Helfer des heiligen Bonifatius gewesen sein. Die kurzen biographischen Angaben, die weitgehend auf der hier präsentierten Wigbert-Vita basieren, werden vom Herausgeber in der Einleitung kurz skizziert, sodann stehen die drei Texte im Zentrum der Edition. Es ist hier zum einen die Wigbert-Vita des bekannten Lupus von Ferrières, der diesen Text wohl 836 verfasst hat. Nachdem die Reliquien des heiligen Wigbert von Fritzlar/Büraburg nach Hersfeld übertragen worden waren, setzte dort am Grab des Heiligen eine umfassende Wundertätigkeit ein. Der zweite Text bietet die Mirakelsammlung, die von einem unbekannten Autor wohl um 940 verfasst wurde. Als dritte Textbeigabe fügt der Autor zwei Sequenzen des heiligen Lul hinzu.

Die Vita des heiligen Wigbert wird in der Fassung der Monumenta Germania Historica (Scriptores 15) wiedergegeben, neu ist die insgesamt flüssige Übersetzung. Hinzu treten umfangreiche Anmerkungen zu den verschiedenen Gegebenheiten. Die Vita wurde schon öfter für Interpretationen auch der politischen Geschichte benutzt, gerade was die Streitigkeiten im hessischen Raum mit sächsischen Aufständen und kriegerischen Aktionen betrifft. Bisher noch nicht vollständig gedruckt waren die Mirakelgeschichten. Hier bietet der Autor nach dem Codex unicus eine kritische Edition und fügt den Wundern eine ebenso flüssige Übersetzung bei. Etwas störend ist für den Benutzer vielleicht, dass die textkritischen Anmerkungen unter dem Text stehen, die erläuternden jedoch im Anschluss an den Text. Dies macht manchmal ein unangenehmes Blättern notwendig, ist aber wohl den Prinzipien der Reihe geschuldet. Die Mirakelgeschichten bleiben weitgehend unspektakulär, besondere Visionen und andere Wundergeschichten sind eher selten. Es handelt sich vielmehr um typische, im Zusammenhang mit einem Schrein entstandene Geschichten. Insofern stehen die von Wundertaten Beglückten noch meist in irgendeinem Zusammenhang mit dem Kloster.

Reichspolitische Bedeutung ist beispielsweise mit dem Mirakel 11 gegeben, in dem es auch um die Slawenschlacht am 13. Juli 892 geht. Wie die Vita, so sind auch die Mirakel stilistisch auf relativ hohem Niveau gestaltet, nicht alle Übernahmen und Zitate werden in der Edition nachgewiesen, aber immerhin kann hier hervorgehoben werden, dass sich das 16. Kapitel in ähnlicher Weise wie Kapitel 14 und 18 an das zweite Makkabäer-Buch anlehnt.

Insgesamt trägt das Buch mit einem über Hersfeld hinaus interessanten Textkorpus der Tatsache Rechnung, dass Lateinkenntnisse zunehmend seltener werden. Insofern ist dem Büchlein eine große Verbreitung zu wünschen. Klaus Herbers

Die Urkunden Alfons' von Kastilien, bearb. von Ingo Schwab unter Mitwirkung von Alfred Gawlik (MGH, Die Urkunden der deutschen Könige und Kaiser 19, 1. Diplomata regum et imperatorum Germaniae, Tomus XIX, Pars 1, Alfonsi Castiliensis Diplomata), Wiesbaden: Harrassowitz 2016. XLVIII, 279 S., 8 Tafeln. ISBN 978-3-447-10088-5. Geb. € 80,–

Bereits seit 1973, als Dieter Hägermann an der Universität Erlangen-Nürnberg das Projekt einer Edition der Königsurkunden des Interregnums in Angriff nahm, befasst sich Ingo Schwab mit der Überlieferung des Römischen Königs Alfons von Kastilien, gewählt 1257. Im „Archiv für Diplomatik" veröffentlichte er 1986 eine Studie über die Kanzlei und die Urkunden des Königs für das Reich. Unterstützt wurde er seit 1989 von Alfred Gawlik, der auch bei den von Dieter Hägermann und Jaap G. Kruisheer edierten Urkunden Heinrich Raspes 1246–1247 und Wilhelms von Holland 1247–1254, veröffentlicht 1989–2006, mitwirkte. Hier schließt die neue Edition zeitlich an.

Nach kurzem Vorwort zum Ablauf des Projekts leitet Schwab anhand der Überlieferung ein in die Regentschaft Alfons' von Kastilien, der merkwürdigerweise nie persönlich im *imperium Romanum* erschien, sowie in dessen Kanzleitätigkeit. Erfasst werden hier u. a. 11 Notare und 12 Schreiber. Bei einer „diffusen Quellenlage" wurde zwar eine komplette Edition der Urkunden angestrebt, indes war nur eine begrenzte Anzahl zu ermitteln, die zeitlich recht ungleich verteilt ist. So konzentriert sich ein Viertel der ermittelten Überlieferung auf 18 Monate, den Zeitraum vom Oktober 1255 bis zur Wahl in Frankfurt im April 1257. Insgesamt liegen 102 Dokumente vor, darunter im Original 18 Diplome und sechs ausgefertigte Notariatsinstrumente.

Besonders aussagekräftig sind die Texte für Beginn und Begründung des Königtums. Nach dem Tod Wilhelms von Holland am 28. Januar 1256 verhandeln die Gesandten des kastilischen Königs Alfons mit den Mittelmeerstädten Pisa und Marseille, wobei der Bevollmächtigte von Pisa gegen die Ausstellung entsprechender Privilegien, u. a. die Zusage auf militärische Unterstützung und auf ungehinderte reichsweite Niederlassungen und Warenlager (D 7), Alfons am 18. März 1256 zum König der Römer sowie zum Kaiser des Römischen Reiches wählt (D 4). Die Syndici von Marseille, denen für ihre Stadt und ihre Bürger im gesamten künftigen Herrschaftsbereich Freiheit von allen Steuern und Zöllen auf ewig gewährt wird, folgen am 13. September 1256 (DD 3, 11). Aufschlussreich ist die Wahlbegründung: Alfons wird gewählt *Romani imperii nomine et totius populi de imperio* (D 4) und als Nachkomme von *Manueli, olim Romanie imperatori* (D 4), nämlich aufgrund seiner Abstammung aus dem Haus der Staufer, *natum de progenie domus ducatus Sueuie* (D 4). Die Mutter von Alfons war Beatrix, die Tochter Philipps von Schwaben. Weiter wird darauf verwiesen, dass ganz Italien und nahezu die gesamte Welt Alfons kenne als den, der alle Könige überragt. Verdienste kamen dem kastilischen König zweifellos als Förderer von Wissenschaft, Gesetzgebung und Kultur zu, indes weniger als Politiker.

Alfons und die Städte schließen sich in einem Bündnis zusammen (DD 6, 18), Pisa hofft auf Unterstützung gegen Genua, Marseille ringt um seine Unabhängigkeit, der kastilische König benötigt Hilfe gegen die Adelsopposition und im Kampf gegen die Mauren. Dieses „dubiose" Königtum war allerdings noch in die Tat umzusetzen, der Gesandte Garsias Petri erhält das Mandat, *in tota Alemannia* jene deutschen Fürsten zu gewinnen, die den König wählen (D 8). Dieser wirkt offensichtlich mit gewissem Erfolg, in Frankfurt findet am 1. April 1257 die Wahl des abwesenden Königs parallel zur Wahl Richards von Cornwall statt, letztere allerdings vor den Toren der Stadt. Bereits im August folgt in Burgos die Wahlannahme des neuen Herrschers. Die Anhängerschaft rekrutiert sich aus jenem Personenkreis, der sich mit den Staufern verbunden fühlt, sowie aus jenem Kreis von Fürsten, die sich der französischen Politik verpflichtet sehen. Inwieweit sich Erzbischof Arnold von Trier für Alfons engagiert, ist unklar. Verhandlungen mit der Kurie sind nur indirekt dokumentiert, diese weicht einer Anerkennung aus. Aktionen gegen Richard von Cornwall werden in vier Texten sichtbar (DD 26, 27, 29, A 7).

Im Oktober 1257 beauftragt der gewählte König seinen Vetter Herzog Heinrich III. von Brabant zumindest nominell mit der Reichsaufsicht (D 22), den Speyerer Elekten Heinrich, dem er 1257 Schenkungen und Verpfändungen bestätigt (DD 20, 21), ernennt er zu seinem Kanzler. Nach kurzer Zeit fällt dieser allerdings wieder ab und erkennt mit den Städten Worms und Speyer Richard von Cornwall als neues Reichsoberhaupt an. Mehrfach wird die Reise in das Reich angesprochen (D 35), königliche Urkunden für die rechtsrheinischen Gebiete fehlen. Das Interesse des potenziellen Herrschers ist vorrangig auf den mediterranen Raum gerichtet. 1261 schenkt er den Genuesen nach der Rückeroberung von Sevilla eine Moschee als Gerichtsgebäude (D 39), mehrfach bestätigt er deren Rechte (DD 37, 38, 40, 75). Seine diplomatischen Aktionen zielen auf Unterstützung in der Lombardei, denn als Herrscher wird er nördlich der Alpen kaum wahrgenommen. Den Titel des *Romanorum rex* führt er trotz der Wahl Rudolfs von Habsburg im Oktober 1273 und dem Einspruch des Papstes Gregor X., dem gegenüber er 1275 auf die Römische Königswürde verzichtete (D 66), bis 1281 weiter.

Detailliert und kenntnisreich analysiert Ingo Schwab Urkundenkorpus und Kanzlei, behandelt äußere und innere Merkmale der Originale und berücksichtigt die sekundäre Überlieferung. Hierfür waren europaweit 35 Archive und Bibliotheken – von Barcelona, Brescia, Brüssel, Genf, Marseille, München bis Paris, Toledo, Turin, Rom, Venedig, Wien und Breslau – zu konsultieren. Weder für die Wahl in Frankfurt noch die Wahlannahme liegen indes Ausfertigungen vor. Die erhaltenen Stücke umfassen den Zeitraum von 1255 bis 1281, wobei zu den 75 Urkunden, die von Alfons als *Romanorum rex* oder mit entsprechendem Bezug ausgestellt sind und die zum Teil aus französischen und italienischen Archiven stammen, 27 Texte spanischer, französischer und polnischer Provenienz zum *fecho del imperio* hinzukommen. Innerhalb dieser Dokumente sind 20 Deperdita enthalten. 18 Königsdiplome und 6 Notariatsinstrumente liegen im Original vor. Die Regesten sind präzise formuliert, es folgen jeweils Hinweise zur Provenienz, hilfswissenschaftliche Informationen und sachliche Anmerkungen bzw. Verweise auf die einschlägige Literatur. Die ungekürzten, teilweise sehr umfangreichen Textwiedergaben der Vorlagen mit Rand- und Dorsalvermerken belegen fundierte Kenntnisse der Bearbeiter nicht allein in mittelalterlichem Latein, sondern auch in Spanisch (18 Texte) und Italienisch (2 Texte).

Empfänger sind u. a. die Könige Jakob von Aragon, Heinrich bzw. Eduard von England (DD 41, 62–64), Ludwig von Frankreich (Eheschließung von dessen Tochter Blanca mit

Alfons' Sohn Ferdinand, DD 46, 47, A 14, A 15), einzelne fürstliche Parteigänger des Königs sowie zahlreiche Städte, vor allem in Norditalien, dann auch Rom. Am 18. März 1256 urkundet Alfons erstmals als Elekt, als *Romanorum rex semper augustus* am 21. September in Burgos und dort auch letztmals – falls keine neuen Urkunden mehr auftauchen – am 27. Februar 1281 (D 73). Papst Gregor X. rügt bereits 1275, dass Alfons trotz seines Verzichts auf die römische Königswürde in Schreiben und auf seinem Siegel den Titel *rex Romanorum* weiter verwende.

Von den urkundlich angekündigten Siegeln hat sich nur eines, abgebildet auf Tafel 7, weitgehend komplett erhalten. Die 8 Bildtafeln bringen vorzüglich aufgenommene und damit gut lesbare Ausfertigungen aus der königlichen Kanzlei, sie belegen einen beträchtlichen Standard der Schreibstube. Gesiegelt wurde in Wachs, Blei und Gold, die Siegel hingen zumeist an gefärbten Seidenschnüren. Das römische Königssiegel Alfons' von 1263 auf Tafel 7 zeigt den thronenden Herrscher, verwendet wurde es bis mindestens 1271.

Der beeindruckende, großformatige Band wird beschlossen durch zweispaltige lateinische Namensregister, ein differenziertes Wort- und Sachregister, ein Register altkastilischer Wörter und Sachen, eine Übersicht der benützten Archive, das Quellen- und Literaturverzeichnis sowie eine Liste der Konkordanzen.

Mit dem nun abgeschlossenen Werk der Privilegien, Mandate und Briefe Alfons' von Kastilien ist ein entscheidender Schritt zur Erfassung der Königsurkunden aus der Zeit des Interregnums gelungen. Ingo Schwab hat nach umfassenden Recherchen mit Unterstützung von Alfred Gawlik ein Quellenwerk vorgelegt, das keine Wünsche offen lässt und höchste Anerkennung verdient. Die reichsgeschichtlich bedeutsame Erforschung dieser kritischen Übergangsphase von den Staufern zum Haus Habsburg ist nun in Bezug auf Alfons von Kastilien auf umfassender Quellengrundlage möglich. Ulrich Wagner

Spruch von den sibnen. Die ältesten Konstanzer Baugerichtsprotokolle (1452–1470), ediert, kommentiert und eingeleitet von Barbara Hausmair und Gabriela Signori (Konstanzer Geschichts- und Rechtsquellen, Bd. 46), Ostfildern: Jan Thorbecke 2016. XXIX, 113 S., 5 Abb. ISBN 978-3-7995-6846-3. € 24,90

Beim vorliegenden Band, der aus einem Projektseminar der Universität Konstanz entstanden und in der vom Stadtarchiv Konstanz herausgegebenen Reihe „Konstanzer Geschichts- und Rechtsquellen" erschienen ist, handelt es sich um eine kommentierte Edition der ältesten erhaltenen Urteilssprüche des Konstanzer Baugerichts. Dieses „älteste Protokollbuch" des Siebenergerichts wird als ein „im internationalen Vergleich singuläre[s] Dokument" (S. IX) bezeichnet: „Vergleichbares, in sich geschlossenes Quellenmaterial ist nördlich der Alpen sonst nirgendwo nachzuweisen" (S. VII).

Die inhaltliche Auswertung der Quellen erfolgt in der acht Unterkapitel umfassenden Einleitung (S. IX–XXIX). Zunächst wird die Tätigkeit des 1376 erstmals erwähnten Konstanzer Bau- oder Siebenergerichts näher erläutert (S. IX–XI). Das jährlich neu gewählte Gericht bestand aus sieben Richtern, drei Adeligen, drei Zunftangehörigen sowie dem städtischen Oberbaumeister. Die in der Zeit von 1452 bis 1467 ergangenen rund 190 Urteile dieses Gerichts wurden in einem „Protokollbuch" festgehalten, das im zweiten Teil des Buches ediert wird. Zu den Jahren 1468 und 1469 fehlen Einträge, nur ein Nachtrag datiert ins Jahr 1470. In dem 16 Jahre dauernden Aufzeichnungszeitraum wurde das Gericht „im Durchschnitt zehnmal pro Jahr" tätig (S. VII). Die Umsetzung der Urteilssprüche war

Aufgabe des städtischen Baumeisters, der Anlagegrund des Buches bestand wohl darin, diesem eine schriftliche Grundlage für die Exekution der vom Baugericht gefällten Urteile an die Hand zu geben. Damit erklärt sich auch der Aufbau der Einträge, welche die Streitparteien, das Konfliktmotiv sowie das Urteil in knapper Weise resümieren.

Mit den „wichtigsten Konfliktherde[n]", den Entsorgungs- und Abfallproblemen, Gärten und Grenzverläufen, Wänden und Fenstern sowie den Feuerstätten beschäftigen sich die vier folgenden zentralen Abschnitte der Einleitung (S. XI–XXV). Die Konfliktherde werden im Konstanz des 15. Jahrhunderts auch topographisch verortet, wenngleich dies „nur begrenzt möglich [ist], da in den Protokolleinträgen selten spezifische Ortsangaben gemacht werden" (S. XXV). Eine Lokalisierung gelang in mehreren innerstädtischen Fällen bei expliziter Bezugnahme auf die Wohnhäuser der Streitparteien oder die involvierten Personen anhand eines Vergleichs mit den Steuerbüchern sowie dem Häuserbuch. Die vier auf S. XXVII gebotenen Karten hätten bei vergrößerter Darstellung an Übersichtlichkeit und Klarheit sicherlich gewonnen (vgl. Abb. 5).

An die inhaltliche Auswertung schließt sich eine knappe Beschreibung der Handschrift an (S. XXVIII). Das schmale, hochformatige „Büchlein" (S. VII) – es wird aufgrund der fehlenden Bindung zwischen den Lagen wohl eher als Heft zu bezeichnen sein – besteht aus drei einzelnen gehefteten Lagen, die sich aus 22 Doppelblättern, also insgesamt 88 Seiten, zusammensetzen, die in zwei lose Außenblätter (aus dem 17. Jh.) eingelegt sind. Die Einträge wurden chronologisch fortlaufend geführt. Die knappen Ausführungen zur Materialität der Quelle werden leider nicht durch Abbildungen des Originals ergänzt. Überprüft wurden zwar die Wasserzeichen, wünschen würde man sich aber auch Anmerkungen zur Schrift, zur Anzahl und Identifizierung der Schreiber. Die häufigen Streichungen und Verbesserungen sowie Einträge, die den Eindruck „hastig vor Ort aufgenommene[r] Notizen" (Nr. 111) machen oder Bemerkungen wie *Gedeck min wip zů fragen von des Harczers datum wegen* (Nr. 110), lassen Beobachtungen zum Entstehungs- und Schreibprozess vermissen. In diesem Zusammenhang wäre auch der Terminus „Protokollbuch" zumindest zu diskutieren, der eine fast zeitgleiche Anlage mit der Verkündung des Urteilsspruchs durch das Siebenergericht suggeriert. Insgesamt lassen sich zwar 28 Belege für „Brief" bzw. „Spruchbrief" in den Einträgen finden, die Ausstellung eines „Spruchbriefes" wurde aber nur sechs Mal explizit von den Streitparteien verlangt. Zwei solcher Urkunden haben sich noch im Konstanzer Stadtarchiv erhalten und werden im Anhang ediert (S. 98–99), man vermisst hierzu Regest und Kommentierung.

In der Edition (S. 3–97) werden die fortlaufenden Einträge jeweils zusätzlich mit „regestenartig[en]" Wiedergaben im Neuhochdeutschen (S. VII) versehen, die zu einem leichteren Verständnis beitragen. Das hier verfolgte Editionsprinzip folgt im Wesentlichen den etablierten Editionsrichtlinien für landesgeschichtliche Quellen, bietet aber nicht, wie angekündigt, eine „diplomatische Edition" (S. IX), denn eine solche würde eine stärkere Annäherung an philologische Transkriptionsmaximen erfordern. Eine zur Lesbarkeit beitragende „möglichst originalgetreu[e]" Wiedergabe (S. XXIX) wurde angestrebt, allerdings doch normalisierend (auch bei Eigennamen!) eingegriffen. Erfreulicherweise verschwindet gestrichener Text nicht in den Fußnoten, sondern wird durch spitze Klammern gekennzeichnet. Der schlanke Anmerkungsapparat enthält Informationen zu Personen und Orten, Auflösungen von Datierungen, textkritische Anmerkungen sowie Erläuterungen einzelner Wörtern und Begriffe. Die bei einer solchen Team-Arbeit kaum zu vermeidenden Inkonsequenzen treten in erfreulich geringer Zahl auf. Das Buch schließt mit einer Bibliographie

(S. 101 – 103) sowie einem Verzeichnis der lokalisierbaren Orte (S. 105-106) und einem nach Nachnamen geordneten Personenregister (S. 109 – 113).

Den beiden Herausgeberinnen ist nicht nur zu ihren motivierten Studierenden zu gratulieren, sondern auch zu einem ansprechend gestalteten Büchlein, mit dem eine Quelle aufbereitet wird, die nicht nur interessante Einblicke in das Konstanzer Leben in der zweiten Hälfte des 15. Jahrhunderts, sondern auch eine Basis für den Vergleich mit anderen Städten bietet.

Anja Thaller

Karl Härter / Michael Stolleis (Hg.), Repertorium der Policeyordnungen der Frühen Neuzeit, Bd. 11: Fürstbistümer Augsburg, Münster, Speyer, Würzburg. Frankfurt am Main: Klostermann 2016. XIV, 1018 S. in zwei Halbbänden. ISBN 978-3-465-04247-1. Kt. € 179,–

Die Lebenswirklichkeit des Alten Reiches im Spätmittelalter und in der Frühen Neuzeit kann nur erfasst werden, wenn man die rechtlichen Rahmenverhältnisse kennt. Sie manifestieren sich in der damaligen Gesetzgebung. Diese wurde in der Regel von den jeweiligen Landesherren in Form der sogenannten Policeyordnungen formuliert, die im Einzelfall als „Befehl“, „(Ver-)Ordnung“, „Edikt“, „Erlass“, „Mandat“, „Reskript“ oder unter ähnlichen Bezeichnungen firmierten.

Nachdem in der von Karl Härter und Michael Stolleis vom Max-Planck-Institut für europäische Rechtsgeschichte herausgegebenen Reihe der „Repertorien der Policeyordnungen der Frühen Neuzeit“ bisher wesentlich größere geistliche und weltliche Territorien und Reichsstädte bearbeitet wurden – so z. B. Köln, Mainz, Trier (Bd. 1), Württemberg und Baden (Bd. 4) oder die Reichsstadt Ulm (Bd. 8) –, befasst sich der hier zu besprechende Band mit vier weiteren wichtigen geistlichen Territorien, von denen drei den südwestdeutschen Raum unmittelbar betreffen. Stefan Breit hat den Beitrag zu Augsburg verfasst, Benno König den zu Münster, Lothar Schilling den zu Speyer und Imke König den zu Würzburg. Dabei geht es grundsätzlich um die Verordnungsgebung in den Hochstiften, also in jenen Bereichen, in denen die jeweiligen Bischöfe die Territorialherrschaft beanspruchten; nicht bzw. kaum einmal um den Bistumssprengel im geistlichen Sinne, der nie mit dem Hochstiftsbereich identisch war. Das überall spannungsreiche Verhältnis des Bischofs zu seinem Domkapitel wurde im Laufe der Zeit überall zugunsten des Bischofs verschoben, der damit als Verordnungsgeber in den Vordergrund trat. Eine bemerkenswert geringe Rolle für die Verordnungsgebung spielte das insbesondere in den drei süddeutschen Hochstiften häufige Problem der in herrschaftlicher Hinsicht zerstückelten Ganerbiats- und Kondominatsorte sowie der für ein Territorium non clausum typischen Ex- bzw. Enklaven anderer Herrschaften.

Alle vier Teile – Augsburg, Münster, Speyer, Würzburg – sind gleich aufgebaut: Eine Einleitung gibt einen Überblick über geographische und territorialpolitische Verhältnisse, Bevölkerung, Wirtschaft, innere Verfassung inklusive Herrschafts- bzw. Regierungsstruktur von der zentralen Ebene bis hinab zu den einzelnen Gemeinden und eine Darstellung der vorhandenen und ausgewerteten Quellen. Ein umfassendes Verzeichnis der für das jeweilige Einzelterritorium herangezogenen Quellen und Literatur schließt sich an. Den jeweils größten Teil der vier Beiträge bildet die chronologische Auflistung aller ermittelten Policeyordnungen. Diese werden nicht in ihrem Wortlaut wiedergegeben – was angesichts des Umfangs und der Masse dieser Quellen undenkbar wäre –, sondern als eine Art von

Kurzregesten. In der Überschrift wird kurz die Art der jeweiligen Policeyordnung genannt (Befehl, Reskript, Mandat etc.). Es folgt die Fundstelle der Einzelordnung in Archiv oder Literatur, der Betreff (Müller, Mühlen; Jagdfrevel, Hausdurchsuchung; Amtsführung, Amtsmissbrauch; Vermögen, Kreditaufnahme; Auswanderung usw.) und gegebenenfalls der Geltungsbereich (gesamtes Territorium oder einzelne, dann jeweils genannte Bereiche). Deutlich wird das umfassende Bemühen aller vier geistlichen Territorien, alle Lebensbereiche zu regulieren. Qualitative Unterschiede finden sich kaum bzw. nur insofern, als die natürlichen Gegebenheiten sie bedingten: Selbstverständlich spielt in den weinreichen Hochstiften Speyer und Würzburg die Ordnungsgebung für den Weinbau eine Rolle, während sie in Augsburg und Münster fehlt. Unterschiede finden sich auch im Hinblick auf die Größe der einzelnen Hochstiftsterritorien. Während Münster und Würzburg zu den großen geistlichen Territorien im Reich gehörten und manchem größeren weltlichen Territorium gleichkamen, traten Augsburg und insbesondere Speyer, dessen Fläche nur halb so groß war wie die Augsburgs, in Fläche und Einwohnerzahl merklich zurück.

Die Zahl der jeweiligen Policeyordnungen korreliert nicht mit der Größe der Hochstifte. In Speyer, dem kleinsten der vier Hochstifte, sind 1855 Ordnungen erfasst, in Augsburg 1352 (plus eine einzige des Domkapitels), in Münster 993 (darunter acht des Domkapitels während einer Sedisvakanz noch 1801/02) und in Würzburg 1788. Dies dürfte jedoch wohl nicht auf die tatsächliche Zahl produzierter Ordnungen zurückzuführen sein; vielmehr verzerren Quellenverluste die Zahlen erheblich.

Der zeitliche Rahmen der Policeyordnungen umfasst das 15. bis frühe 19. Jahrhundert: Die älteste augsburgische Policeyordnung ist ein Strafmandat von 1434, die älteste münsteranische eine Münzordnung von 1489, die älteste speyrische ein Gebot von 1434 und die älteste würzburgische eine Kannengießersatzung von 1463. Im frühen 19. Jahrhundert produzierten alle vier Territorien Verordnungen bis zu ihrem Ende, d. h. bis zu ihrer Säkularisation 1802 – die letzte würzburgische die Vertilgung der Feldmäuse betreffend, ein bizarres Thema angesichts der zugrunde gehenden Alten Welt und des anstehenden Untergangs des Hochstifts.

Die Policeyordnungen der vier geistlichen Territorien räumen zugleich (und nach Köln, Mainz, Trier ein weiteres Mal) auch mit einem alten Vorurteil der Geschichtsschreibung auf, dass nämlich die geistlichen Territorien rückständige und von der Zeit überholte Gebilde gewesen seien. Vielmehr wird ein in neueren Untersuchungen immer wieder gemachter Befund unterstrichen: Die geistlichen Territorien waren keineswegs „aus der Zeit gefallene“ Monstren aus dem angeblichen finsteren Mittelalter, vielmehr glichen ihre Policeyordnungen im Wesentlichen dem, was man auch in den weltlichen Territorien finden kann.

Die Edition der Policeyordnungen ist eine Grundlagenarbeit. Ohne Kenntnis und Verwendung der Policeyordnungen wird künftig keine nennenswerte Arbeit zur spätmittelalterlichen und frühneuzeitlichen Geschichte der betreffenden Territorien geschrieben werden können.

Gerhard Fritz

Die Inschriften des Landkreises Schwäbisch Hall I: Der ehemalige Landkreis Crailsheim, gesammelt und bearb. von Harald Drös (Die Deutschen Inschriften 93, Heidelberger Reihe 18), Wiesbaden: Dr. Ludwig Reichert Verlag 2015. 704 S., 482 Abb., 1 Plan, 1 Karte. ISBN 978-3-95490-120-3. Ln. € 110,–

In 568 Nummern dokumentiert der voluminöse Band die bis 1650 entstandenen Inschriften auf dem Gebiet des ehemaligen Landkreises Crailsheim. Abgesehen von der auf mehreren Seiten besprochenen Inschrift aus Unterregenbach (Nr. 1: Ende 8. bis 1. Drittel 9. Jahrhundert), die womöglich den Rückschluss auf eine Kleriker- oder Mönchsgemeinschaft in Unterregenbach erlaubt, setzt die Überlieferung erst um 1300 ein. Die wichtigsten Inschriftenstandorte sind die evangelische Stadtkirche St. Johannes der Täufer in Crailsheim und der Alte Gottesacker (98 Inschriften), gefolgt von Schloss und Pfarrkirche Langenburg (50). Außer den Kirchen in Lendsiedel, Gröningen, Blaufelden, Schrozberg und Bächlingen sind auch die Schlösser/Burgen in Kirchberg und Amlishagen mit nennenswertem Bestand vertreten.

Die ausführliche Einleitung gibt nach dem reihenüblichen Muster einen historischen Überblick, unterrichtet über die hauptsächlichen Standorte und die Inschriftenträger (wie immer mit dem Schwerpunkt auf dem Totengedenken), stellt die Schriftformen vor und erläutert die Quellen der abschriftlichen Überlieferung. Dieser quellenkundliche Abschnitt ist zugleich ein willkommener Überblick zu den frühneuzeitlichen historischen Handschriften des bearbeiteten Raums. Ein im Stadtarchiv Crailsheim vorhandenes Manuskript von Ernst Kießkalt ist Anlass für eine kleine Bibliographie der epigraphischen Publikationen dieses Autors (S. 37, Anm. 117). Nachgetragen werden kann dank freundlicher Auskunft des Stadtarchivs Erlangen das Todesdatum: Der 1875 in Nürnberg geborene Postinspektor a. D. verstarb zu Unterweilersbach im Landkreis Forchheim am 5. Juni 1947. Anregen möchte ich, dass künftig jeweils im Kapitel über die nicht-originale Überlieferung bei der Bearbeitung erhobene Befunde zu den eingetretenen Verlusten an Original-Inschriften zusammengefasst werden. Zu der S. 35 erwähnten calvinistischen Purifizierung in den Hohenlohe-Schillingsfürst gehörigen Orten Herrentierbach und Ettenhausen in der Mitte des 17. Jahrhunderts erfährt man in Nr. 368, dass es dazu einen eigenen Aufsatz von Karl Schumm gibt. Solche Beobachtungen sind wertvolle Bausteine für eine Geschichte des Umgangs mit „Kulturgut".

Mit zwölf Druckseiten sehr umfangreich ist die (leider in den Registern nicht berücksichtigte) Zusammenstellung der nicht aufgenommenen Inschriften (S. 89–100), deren reiches Material insbesondere von der personengeschichtlichen Forschung nicht übersehen werden sollte.

Immer wieder haben Rezensenten die besondere Bedeutung der – viel zu wenig bekannten – Inschriftenbände für die verschiedensten Disziplinen betont. Unter anderem profitiert die Adelsgeschichte von ihnen in außerordentlichem Maße. Von den rund 100 Inschriften vor 1500 weist nach meiner Zählung etwa ein Viertel adelige Namen oder Wappen auf. Die ältesten Ahnenproben sind an der Anhäuser Mauer zu finden (von Drös 1481? datiert). Damals wurden im Paulinerkloster Anhausen an der Jagst Epitaphien für den Bamberger Bischof Lupold von Bebenburg und weitere vier Angehörige des Geschlechts von Bebenburg gesetzt (Nr. 60–64). Als Veit Erasmus Hossmann 1593 das ehemalige Kloster aufsuchte, waren die Grabdenkmäler bereits nicht mehr überdacht (UB Erlangen Hs. B 115, Bl. 101 r). Die Drös unbekannte Quelle von Hossmann zeigt, dass man schon damals Mühe hatte, die Jahreszahlen richtig zu lesen. Hossmann gibt für Engelhard von Bebenburg 1410 (ebenso Drös), für Wilhelm den Älteren 1413 (Drös: 1392 mit Fragezeichen), für Wilhelm den Jüngeren ebenfalls 1413 (Drös: 1416) und für Georg 1472 (so liest auch Drös, der aber für einen Irrtum statt 1481 plädiert). Die genealogischen und heraldischen Ausführungen von Drös zu den Herren von Bebenburg sind eine gute Grundlage für die weitere Forschung. Da alle genealogischen Zusammenstellungen zu dieser Familie grob fehlerhaft sind, konnte Drös kleinere Irrtümer gar nicht vermeiden. Die Daten der Epitaphien sind nicht sonderlich verlässlich. Wilhelm der Ältere lebte noch 1397, sein Sohn Wilhelm der Jüngere noch 1417 (Staatsarchiv Würzburg, Lehenbücher 14, Bl. 54 v, 57 v). Nach Rothenburger Quellen ist Georg nicht erst 1481 gestorben, denn er war 1473 bereits tot. Diese Feststellung hat auch Implikationen für die Datierung des bemerkenswerten Familien-Denkmals, das wohl der letzte des Geschlechts, Wilhelm von Bebenburg, aus Familienstolz in Auftrag gegeben hat. Drös schreibt die Epitaphien dem von etwa 1482 bis 1515/16 tätigen „Hauptmeister der Ansbacher Schwanenordensritter" zu (Nr. 64, S. 161). Der „inschriftenpaläographische Befund" (verwiesen wird auf Ähnlichkeiten mit einer Comburger Grabplatte für einen 1474 gestorbenen Limpurger) mag dann eher für die 1470er oder 1480er Jahre sprechen. Zu den Ahnenproben notiere ich lediglich, dass man sich bei dem Wappen „Lindenfels oder Güß von Güssenberg" sich eindeutig für die Güssen entscheiden muss, denn Wilhelm der Jüngere von Bebenburg war nachweislich mit Agnes Güß verheiratet (http://www.landesarchiv-bw.de/plink/?f=2-2021507).

Die Bearbeitung des Bandes durch Drös, der weit intensiver in Archivalien recherchiert hat, als man erwarten darf, kann nicht anders als vorzüglich genannt werden. Man muss als nicht mit der Region gut vertrauter Rezensent recht intensiv suchen, bis man überhaupt etwas findet, was man kritisieren oder ergänzen könnte. Aber: Was wert ist, veröffentlicht zu werden, ist auch wert, öffentlich korrigiert zu werden. Ich merke daher einige Kleinigkeiten an.

Bei dem Crailsheimer Epitaph des Pfarrers Johann Beurlbach von 1473 (Nr. 48) hätte das Zitat der Oberamtsbeschreibung Gerabronn (S. 431 f.) auf das sogenannte „Pfarrbuch von Crailsheim" geführt, in dem es einen Eintrag zu dem Pfarrer und Mitteilungen zu seinen Verwandten gibt (Württembergisch Franken 10/1, 1875, S. 43).

Nr. 80 ist der Totenschild des 1499 gestorbenen Burkhard des Älteren von Wollmershausen (insgesamt verzeichnet das Register S. 692 17 Totenschilde). Er war jener Freischöffe, für den das Femerechtsbuch Nürnberg, Germanisches Nationalmuseum, Hs. 6045, geschrieben wurde.

Nr. 184 und 185 sind „ephemere Inschriften", nämlich „Wortzeichen" mit Salva-Guardia-Funktion. Die am Kirchberger Stadttor und Gatter aufgemalte, später auch auf einer Holztafel angebrachte Inschrift „Ducha d'alba" sollte im Schmalkaldischen Krieg 1546 vor den plündernden kaiserlichen Truppen schützen. Drös zitiert die Quelle nach einem Kirchberger Heimatbuch, hätte aber den Abdruck des Berichts des Vogts Ludwig Firnhaber in den Württembergischen Vierteljahrsheften 1882, S. 276 nennen müssen und wohl auch Gerd Wunder: Lebensläufe 2 (1988), S. 115. Das Hohenlohe-Zentralarchiv Neuenstein teilte als heutige Signatur des Berichts mit: Ki 82 B 2, Bl. 143–149. Gern wüsste man mehr über solche nur kurze Zeit existierenden ephemeren Inschriften, auf deren archivalische Bezeugung die Bearbeiter der Inschriftenbände meist nur durch Zufall stoßen dürften.

Erfreulicherweise hat Drös sich in begründeten Einzelfällen dazu entschieden, auch Internetquellen anzuführen. Diese sollten bei der Endredaktion an einem einzigen Datum überprüft werden. Zitiert man die Wikipedia (mit Recht in Nr. 254, Anm. 4 angegeben), empfiehlt es sich, die herangezogene Version zu verlinken (Werkzeug „Artikel zitieren" im linken Frame). Das zum eindrucksvollen Bächlinger Rittergrabmal (Nr. 7) herangezogene Manuskript von Hans Trauner ist auf Academia.edu einsehbar.

Die zehn verschiedenen Register lohnen den Aufwand, sich einzuarbeiten. Einmal mehr darf der Wunsch geäußert werden, alle irgendwo im Buch genannten Namen ausnahmslos ins Register aufzunehmen. Allerdings ist Drös eher großzügig verfahren, wenn er Personennamen aus dem Kommentar berücksichtigt hat, „sofern der unmittelbare Bezug zur Inschrift dies nahelegt" (S. 658), eine recht schwammige Formulierung. Leider gar nicht vertreten sind die Namen aus den nicht aufgenommenen Inschriften. Im Künstlerregister vermisse ich zu Nr. 44 den Namen der Glockengießerfamilie Eger (von den Inschriften bis 1500 sind etwa 40 % auf Glocken angebracht).

Anders als beim Corpus Vitrearum Medii Aevi wird nicht jedes im Original erhaltene Zeugnis mit einem Schwarzweiß-Foto im Anhang dokumentiert. Auch wenn (abgesehen von einfachen Jahreszahlen und dergleichen) die meisten noch existierenden Inschriften eine Abbildung erhalten haben, bleiben doch einzelne Wünsche offen, etwa Nr. 334 (Porträt des Paulus Oelhafen) oder Nr. 476 (Wirtshausschild aus Unterregenbach).

Mich hat die Qualität des Bandes wirklich beeindruckt. Daher ist es schlicht und einfach ein Skandal, dass die Evaluierung des Gesamtprojekts zu einem Laufzeitende 2030 geführt hat. Im Jahrbuch 2014 der Heidelberger Akademie der Wissenschaften (2015) heißt es dazu: „Dies bedeutet für die Heidelberger Arbeitsstelle, daß bis dahin als Teilziel nur mehr die Kreise des Regierungsbezirks Karlsruhe bearbeitet werden können (Abschluß 2015) sowie die Kreise des Regierungsbezirks Stuttgart ohne Ostalbkreis und Landkreis Heidenheim (für letztere wäre eine Laufzeit bis 2036 erforderlich). Eine Edition der Inschriften in der Südhälfte Baden-Württembergs ist also künftig im Rahmen des Projekts nicht mehr vorgesehen. Immerhin ist nach wie vor geplant, gewissermaßen als Minimalziel die Fotoinventarisierung in diesen Gebieten zum Abschluß zu bringen, damit das Fotomaterial sowohl für künftige epigraphische Forschungen als auch bereits jetzt für die laufende Arbeit als Vergleichmaterial möglichst vollständig zur Verfügung steht" (S. 148; vgl. auch Drös in der ZWLG 72, 2013, S. 487). Die landesgeschichtliche Forschung braucht aber die Bearbeitung des Inschriftenbestands des ganzen Landes! Klaus Graf

Martin Furtwängler (Bearb.), Die Protokolle der Regierung der Republik Baden, Das Staatsministerium April 1919 – November 1921 (Kabinettsprotokolle von Baden und Württemberg 1918–1933, Bd. 2, Teilbde. 1 und 2), Stuttgart: Kohlhammer Verlag 2016. CXXIX, 968 S., 28 Abb. ISBN 978-3-17-029891-0. € 89,–

Innerhalb der von der Kommission für geschichtliche Landeskunde veranstalteten Edition der Regierungsprotokolle Badens und Württembergs aus der Zeit der Weimarer Republik findet die badische Serie mit diesem Doppelband ihre Fortsetzung, vier Jahre nach dem Erscheinen einer ersten, der provisorischen Regierung von 1918/19 gewidmeten Publikation. Dass für die Bearbeitung nach wie vor Martin Furtwängler verantwortlich zeichnet, verbürgt die Kontinuität größter philologischer Sorgfalt, fundierter Kommentierung und exzellenter Nutzerfreundlichkeit.

Dominiert werden die veröffentlichten 200 Protokolle der Sitzungen des Staatsministeriums aus der Spanne zwischen dem 3. April 1919 und dem 14. November 1921 von den drängenden Zeitproblemen, die aus dem verlorenen Krieg und dem politischen Umbruch erwuchsen. Auf den Tagesordnungen erscheinen immer wieder die Folgen der nunmehr direkten Grenznachbarschaft mit Frankreich, die Aufnahme von aus dem desannektierten Elsass-Lothringen ausgewiesenen Personen, separatistische Umtriebe im französisch besetzten Kehl, die Entmilitarisierung und ihre ökonomischen Auswirkungen, Versorgungsengpässe und Wohnungsnot, die Schuldenlast der Kommunen und die beginnende Inflation, die Radikalisierung und Paramilitarisierung des öffentlichen Lebens, die Reaktion auf herausragende und für die neue Republik bedrohliche Einzelereignisse wie den Kapp-Lüttwitz-Putsch oder die Ermordung Matthias Erzbergers, Fragen der Neugliederung im deutschen Südwesten (in diesem Zusammenhang S. 38 die Befürchtung, dass von einer Vereinigung Badens und Württembergs einseitig letzteres profitieren und die Rheinebene „notwendigerweise einen Kulturrückschritt" davontragen werde), beamtenpolitische Maßnahmen, daneben auch staatliche Großvorhaben (wie das – skandalös gescheiterte – Siedlungsprojekt im Hagenschieß bei Pforzheim, die Neckarkanalisation oder die Gründung des Badenwerks).

Von der tatsächlichen Bandbreite des Inhalts können solche subsumierenden Hinweise jedoch allenfalls einen ungefähren Eindruck vermitteln. Changierende Schlaglichter auf die Signatura temporis werfen etliche der erörterten Details, seien es die konstatierte „überall angetroffene Hetze gegen die Juden" (S. 198), die Bemühungen um die Gewinnung von Marie Baum für das badische Arbeitsministerium, der kulturdenkmalbewusst differenzierte Umgang mit den nunmehr obsoleten Machtinsignien an staatlichen Gebäuden, der Strafnachlass für den 1907 in einem Sensationsprozess wegen Mordes an seiner Schwiegermutter verurteilten Carl Hau oder ein interessanter Mikrobeleg für die unmittelbare Rezeption von John Maynard Keynes' zeitgenössischem Bestseller „The Economic Consequences of the Peace".

Solche Vielfalt macht die Kabinettsprotokolle zu einer durchaus fesselnden Lektüre – ganz entgegen dem landläufigen Vorurteil, das generell Quellen dieses Typs angesichts ihres etatistisch verengten Blickwinkels, ihrer Verfertigungsroutinen und redaktionellen Abgeschliffenheit nur geringen Nutzwert zuzusprechen geneigt ist. Zu einem nicht geringen Teil verdankt sich die Lesefreude allerdings auch der Präsentation: so der vorzüglichen, mit 28 Fotos, Plakaten und Plänen illustrierten Einleitung, deren instruktive Auskünfte über die Formationsmodalitäten des Kabinetts, seine Arbeitsweise und seine Mitglieder besondere Hervorhebung verdienen; sodann dem 1907 Fußnoten umfassenden Anmerkungsapparat, der kaum eine eventuelle Frage offen lässt; ferner einer Beigabe von zu tieferer Einlassung mit der Materie einladenden komplementären Dokumenten (wie beispielsweise den anlässlich des Besuchs von Reichspräsident Ebert in Karlsruhe am 29. August 1919 gehaltenen Reden), und last not least dem umfänglichen Registeranhang.

So ergibt sich ein rundum erfreulicher Eindruck. Für künftige Forschungen zur Geschichte Badens in den schwierigen Anfangsjahren der Weimarer Republik dürfte die Edition sich als höchst schätzenswerte Orientierungshilfe und Fundgrube erweisen.

Carl-Jochen Müller

Verfasser und Bearbeiter der besprochenen Veröffentlichungen

Bericht

der Kommission für geschichtliche Landeskunde in Baden-Württemberg für das Jahr 2016

Vorsitzende: Prof. Dr. Sabine Holtz (Stuttgart).

Stellvertretender Vorsitzender: Ltd. Archivdirektor Prof. Dr. Wolfgang Zimmermann (Karlsruhe).

Schriftführer: Prof. Dr. Gert Kollmer-von Oheimb-Loup (Stuttgart-Hohenheim).

Weitere Mitglieder des Engeren Vorstands: Ltd. Archivdirektor i.R. Prof. Dr. Volker Rödel (Karlsruhe, bis 30.09.2016), Prof. Dr. Jürgen Dendorfer (Freiburg, ab 01.10.2016) und Präsident Prof. Dr. Robert Kretzschmar (Stuttgart).

Zum Mitglied des Gesamtvorstands wurde neu berufen: Prof. Dr. Sylvia Schraut (Mannheim / München).

Zu ordentlichen Mitgliedern wurden neu berufen: Prof. Dr. Sebastian Brather (Freiburg), Archivdirektorin Dr. Elke Koch (Ludwigsburg), Prof. Dr. Jörg Riecke (Heidelberg) und Prof. Dr. Christoph Strohm (Heidelberg).

Die Kommission hatte 2016 den Tod ihrer Mitglieder Prof. Dr. Gerhard Fingerlin (Freiburg), Prof. Dr. Franz Fischer (Bonn), Prof. Dr. Ewald Sangmeister (Freiburg) und Dr. Werner Schulz (Karlsruhe) zu beklagen.

Sitzungen, Tagungen: Der Vorstand der Kommission trat am 30. Juni 2016 in Ellwangen/Jagst und am 2. Dezember 2016 in Karlsruhe zusammen. Die in Ellwangen/Jagst durchgeführte 63. Jahrestagung wurde am Abend des 30. Juni mit einem öffentlichen Vortrag von Prof. Dr. Franz Brendle (Tübingen) über das Thema „Das habsburgische Kaisertum und die Fürstpropstei Ellwangen in der Frühen Neuzeit“ eröffnet. Am Vormittag des 1. Juli 2016 fanden Sitzungen zweier Arbeitsgruppen über die Themen „Klosterwesen und Propstei Ellwangen“ sowie „Neue Präsentationsformen von Geschichte im digitalen Zeitalter“ statt. Am Nachmittag des 30. Juni 2016 wurde die Mitgliederversammlung abgehalten (vgl. Tagungsbericht: http://hsozkult.geschichte.hu-berlin.de/tagungsberichte/id=6688).

In Zusammenarbeit mit dem Landesarchiv Baden-Württemberg wurde am 21. Juni 2016 im Generallandesarchiv Karlsruhe ein eintägiger Workshop zum Thema „Bereitstellung, Präsentation, Nutzung. Digitale Kartografie in historisch-geografischen Informationssystemen" durchgeführt.

In Zusammenarbeit mit dem Historischen Institut (Abt. Landesgeschichte) der Universität Stuttgart, der Fakultät Wirtschafts- und Sozialwissenschaften der Universität Hohenheim sowie der Akademie der Diözese Rottenburg-Stuttgart wurde in der Akademie in Hohenheim am 21. bis 23. Oktober 2016 eine Tagung mit dem Titel „1816 – Das Jahr ohne Sommer" veranstaltet.

In Kooperation mit verschiedenen Trägern der örtlichen Erinnerungskultur wurden 2016 sieben öffentliche Buchvorstellungen und Vortragsveranstaltungen in Ludwigsburg, Sigmaringen, Trossingen, Tübingen (2 ×), Müllheim und auf der Reichenau durchgeführt, um Neuerscheinungen der Kommission der Öffentlichkeit zu übergeben.

Stand der Arbeiten

Fertiggestellt wurden:

Zeitschrift für die Geschichte des Oberrheins (Schriftleiter: Ltd. Archivdirektor Prof. Dr. Wolfgang *Zimmermann*) Jahrgang 164 (2016).

Zeitschrift für Württembergische Landesgeschichte (Schriftleiter: Archivdirektor Prof. Dr. Peter *Rückert*) Jahrgang 75 (2016).

Reihe B: Forschungen

Bd. 204 Ellen *Widder*, Kanzler und Kanzleien im Spätmittelalter. Eine *Histoire croisée* fürstlicher Administration im Südwesten des Reiches, Stuttgart 2016.

Bd. 206 Sigrid *Hirbodian*, Robert *Kretzschmar* und Anton *Schindling* (Hgg.), 500 Jahre „Armer Konrad" und Tübinger Vertrag im interregionalen Vergleich. Fürst, Funktionseliten und „Gemeiner Mann" am Beginn der Neuzeit, Stuttgart 2016.

Bd. 207 Pia *Eckhart*, Ursprung und Gegenwart. Geschichtsschreibung in der Bischofsstadt und das Werk des Konstanzer Notars Beatus Widmer (1475–1533), Stuttgart 2016.

Bd. 208 Felix *Heinzer* und Thomas *Zotz* (Hgg.), Hermann der Lahme. Reichenauer Mönch und Universalgelehrter des 11. Jahrhunderts, Stuttgart 2016.

Bd. 209 Silke *Schöttle*, Männer von Welt. Exerzitien- und Sprachmeister am Collegium Illustre und an der Universität Tübingen 1594–1819, Stuttgart 2016.

Baden-Württembergische Biographien Bd. VI, hg. von Fred L. *Sepaintner*, Stuttgart 2016.

Kabinettsprotokolle von Baden und Württemberg 1918–1933:

Bd. I,2 Die Protokolle der Regierung der Republik Baden.
Zweiter Band: Das Staatsministerium 1919–1921, bearb. von Martin *Furtwängler*. 2 Teilbände, Stuttgart 2016.

Bd. II,2 Die Protokolle der Regierung des Volksstaates Württemberg.
Zweiter Band: Das Kabinett Hieber und das Kabinett Rau, Juli 1920 – Mai 1924, bearb. von Ansbert *Baumann*. 2 Teilbände, Stuttgart 2017.

Im Juni bzw. November 2016 wurden in Zusammenarbeit mit der Badischen Landesbibliothek und der Württembergischen Landesbibliothek die Jahrgänge 2013 und 2014 der Zeitschrift für die Geschichte des Oberrheins (http://www.boa-bw.de/zdb2748847-0.html) und der Zeitschrift für Württembergische Landesgeschichte (http://www.boa-bw.de/zdb2873353-8.html) auf dem Baden-Württembergischen Online-Archiv (BOA) online gestellt.

Im August 2016 ist außerdem der 6. Band der Badischen Biographien NF in das Datenbankmodul der KgL-Biographien auf *leo*bw (http://www.leo-bw.de) eingearbeitet und online gestellt worden; der 2. Band der Württembergischen Biographien folgte Ende des Jahres.

Der Vorstand hat zum Druck angenommen:

Reihe A: Harald *Derschka* (Bearb.), Die Reichenauer Lehenbücher der Äbte Friedrich von Zollern (1402–1427) und Friedrich von Wartenberg (1428–1453).

Friedrich Karl *Müller-Trefzer*, Erinnerungen aus meinem Leben, 1879–1949, bearb. von Frank *Engehausen*.

Reihe B: Lioba *Keller-Drescher*, Volks-Kunde. Vom Wissen zur Wissenschaft. Ressourcen und Strategien regionaler Ethnographie (1820–1950).

Heinz *Krieg*, Petra *Skoda*, Tobie *Walther* und Thomas *Zotz* (Hgg.), Personale Bindungen und Handlungsspielräume des Adels im Breisgau der Zähringerzeit.

Namen und Geschichte am Oberrhein, unter Mitwirkung von Albrecht Greule und Stefan Hackl hg. von Jörg *Riecke*.

Rainer *Loose*, Die Centralstelle des Württembergischen landwirtschaftlichen Vereins. Die Erneuerung von Landwirtschaft und Gewerben unter König Wilhelm I. von Württemberg (1817–1848).

Michael *Bühler*, Zum Erhalt von Existenz, Freiheit und Rang – Handlungsmuster des spätmittelalterlichen Niederadels am Beispiel der Ortenau.

Anschrift: Kommission für geschichtliche Landeskunde in Baden-Württemberg, Eugenstraße 7, 70182 Stuttgart. E-Mail: Poststelle@kgl-bw.de. Internet: www.kgl-bw.de.

Mitteilungen des Württembergischen Geschichts- und Altertumsvereins für den Zeitraum von April 2016 bis März 2017

Zusammengestellt von Nicole Bickhoff

1. Öffentliche Vorträge und Veranstaltungen

Dr. Erwin Frauenknecht, Stuttgart: Kaiser Karl IV. und die Goldene Bulle. Hauptstaatsarchiv Stuttgart, 06. Juli 2016, 18.00 Uhr

Dr. Oliver Hilmes, Berlin: Berlin 1936. Die Diktatur im Pausenmodus während der Olympischen Spiele. In Verbindung mit der Bibliothek für Zeitgeschichte und dem Verein „Gegen Vergessen – für Demokratie e.V.". Hauptstaatsarchiv Stuttgart, 12. Juli 2016, 18.00 Uhr

Prof. Dr. Ina Ulrike Paul, München: König Friedrich I. als Staatsgründer des modernen Württemberg. Eine kritische Würdigung. Hauptstaatsarchiv Stuttgart, 26. Oktober 2016, 18.00 Uhr

Prof. Dr. Ulrich G. Großmann, Nürnberg: Wie ernst ist Lust? Zum Lusthaus in Stuttgart. Hauptstaatsarchiv Stuttgart, 10. November 2016, 18.00 Uhr

Prof. Dr. Gerhard Fritz, Murrhardt: Ein jeder Mönch kriegt eine Nonne? Von Klöstern und Badehäusern und dem angeblich lustigen Sexualleben im Mittelalter. Hauptstaatsarchiv Stuttgart, 23. November 2016, 18.00 Uhr

Dr. Eberhard Fritz, Altshausen: Konrad Widerholt, Kommandant der Festung Hohentwiel (1634–1650). Ein Kriegsunternehmer im europäischen Machtgefüge. Hauptstaatsarchiv Stuttgart, 18. Januar 2017, 18.00 Uhr

Prof. Dr. Wolfgang Pyta, Stuttgart: Weltanschauungskämpfer in der württembergischen Landesverwaltung? Zum Grad der nationalistischen Durchdringung der württembergischen Landesministerien 1933–1945. Hauptstaatsarchiv Stuttgart, 11. Februar 2017, 14.45 Uhr

Prof. Dr. Wolfgang Wüst, Erlangen: Die schwäbische Hausfrau und die alte „gute" Policey. Überlegungen zur Sparsamkeit, Sorgfalt, Sauber- und Schicklichkeit. Hauptstaatsarchiv Stuttgart, 15. März 2017, 18.00 Uhr

*****

Buchvorstellung „Württembergische Städte im späten Mittelalter". Veranstaltung der Stadt Bietigheim-Bissingen, des Instituts für Geschichtliche Landeskunde und Historische Hilfswissenschaften der Universität Tübingen und des Württembergischen Geschichts- und Altertumsvereins. Bietigheim, 29. November 2016, 19.00 Uhr

Buchvorstellung „Zwischen Form und Konstruktion. Das Neue Lusthaus zu Stuttgart". Veranstaltung des Hauptstaatsarchivs Stuttgart, des Instituts für Architekturgeschichte der Universität Stuttgart und des Württembergischen Geschichts- und Altertumsvereins. Hauptstaatsarchiv Stuttgart, 01. Dezember 2016, 19.00 Uhr

Vortragsreihe „Reformation in Württemberg. Gesellschaft, Medien und Theologie". Gemeinsame Vortragsveranstaltungen von Evangelischem Bildungszentrum Hospitalhof Stuttgart, Landeskirchlichem Archiv Stuttgart, Landesarchiv Baden-Württemberg, Hauptstaatsarchiv Stuttgart, Universität Stuttgart, Abt. Landesgeschichte, Verein für Württembergische Kirchengeschichte und Württembergischem Geschichts- und Altertumsverein. Hospitalhof Stuttgart. Vorträge: Prof. Dr. Peter Rückert, Stuttgart: Württemberg um 1500. Land und Leute am Vorabend der Reformation (04. Oktober 2016); Dr. Gudrun Litz, Ulm: Reichsstadt und Reformation (08. November 2016); Prof. Dr. Michael Basse, Dortmund: Martin Luthers Haltung zum Bauernkrieg. Ein Verrat an den Grundüberzeugungen der Reformation? (06. Dezember 2016); Prof. Dr. Volker Honemann, Berlin: Die Reformation als Medienereignis. Die zwei Gesichter des Medieneinsatzes der frühen Reformation (10. Januar 2017); PD Dr. Norbert Haag, Stuttgart: Landesherr und Reformation: Die Herzöge Ulrich (1503–1550) und Christoph (1550–1568) von Württemberg (07. Februar 2017); Dr. Susanne Schenk, Tübingen: Von Matthäus Alber bis Katharina Zell. Persönlichkeiten der südwestdeutschen Reformationsgeschichte (07. März 2017)

Symposion „Um 1600 – Das Stuttgarter Neue Lusthaus und die Architektur nördlich der Alpen". Veranstaltung des Instituts für Architekturgeschichte der Universität Stuttgart in Verbindung mit dem Hauptstaatsarchiv Stuttgart, dem Württembergischen Geschichts- und Altertumsverein und dem IZKT der Universität Stuttgart. Hospitalhof Stuttgart, 11. November 2016

Archivalien-Lesekurs: Lektüre ausgewählter Texte zur Landes- und Ortsgeschichte aus dem 15./16. Jahrhundert. Leitung: Prof. Dr. Stephan Molitor, Ludwigsburg. Hauptstaatsarchiv Stuttgart, 28. September sowie 5., 12. und 29. Oktober 2016, jeweils 16.30–18.00 Uhr

2. Besichtigungen und Exkursionen

Halbtagesexkursion „Sakrale Orte in Stuttgart: Die königliche Gruft im Alten Schloss und die russische Nikolaus-Kathedrale". Führung: Elena Steinemann M. A. und Priester Ilja Limberger, Stuttgart. 07. April 2016

Studienfahrt „Oberitalienische Adelsresidenzen und das Haus Württemberg". Fahrt nach Mailand, Pavia und Mantua. Führung: Sebastian Röttgers M. A., Bodnegg, und Prof. Dr. Peter Rückert, Stuttgart. 20.–24. April 2016

Besuch der Ausstellung „Kaiser Karl IV. (1316–1378) und dic Goldene Bulle" im Hauptstaatsarchiv Stuttgart. Führung: Dr. Erwin Frauenknecht, Stuttgart. 26. April und 09. Juni 2016

Stadtrundgang „Auf den Spuren der Geschichte Cannstatts". Führung: Olaf Schulze, Stuttgart. 11. Mai 2016

Tagesexkursion „Das Bauland: Reichsritterschaft, Reformation und Grünkern". Fahrt nach Adelsheim, Buchen-Bödigheim, Walldürn-Altheim und Rosenberg-Sindolsheim. Führung: Dr. Albrecht Ernst, Stuttgart. 25. Juni 2016

Besuch der Ausstellung „Wahre Schätze: Die Kunstkammer der Herzöge von Württemberg" im Landesmuseum Württemberg. Führung: Dr. Katharina Küster-Heise und Dr. Maaike van Rijn, Stuttgart. 21. Juli 2016

Stadtrundgang „Auf den Spuren des Lusthauses in Stuttgart bis zur Ruine im Park". Führung: Dr. Nikolai Ziegler, Leinfelden-Echterdingen. 02. und 04. August 2016

Tagesexkursion „(Welt-)Kulturerbe in Rheinland-Pfalz". Fahrt nach Speyer und Rhodt unter Rietburg. Führung: Dr. Franz Maier, Speyer. 13. August 2016

Führung „Die vergessenen Fragmente des Stuttgarter Lusthauses". Führung: Dr. Nikolai Ziegler, Leinfelden-Echterdingen. 31. August 2016

Führung „Auf den Spuren von König Friedrich von Württemberg im Residenzschloss Ludwigsburg". Führung: Dr. Catharina Raible, Kornwestheim. 28. September 2016

Besuch der Ausstellung „Flucht vor der Reformation. Täufer, Schwenckfelder und Pietisten zwischen dem deutschen Südwesten und dem östlichen Europa" im Haus der Heimat Baden-Württemberg. Führung: Dr. Christine Absmeier, Stuttgart. 24. und 26. Januar 2017

Besuch der Ausstellung „Die Schwaben – Zwischen Mythos und Marke" im Landesmuseum Württemberg. Führung: Dr. Olaf Siart und Dr. Ingrid-Sybille Hoffmann, Stuttgart. 21. Februar 2017

Halbtagesexkursion nach Rottenburg mit Besuch der Ausstellung „Dem Himmel ganz nah. Liturgische Schätze aus dem Kloster Zwiefalten" im Diözesanmuseum Rottenburg und Führung durch das Bischöfliche Ordinariat. Führung: Dr. Melanie Prange und Prof. Dr. Felix Hammer, Rottenburg. 29. März 2017

3. Vorstand

Im Berichtszeitraum organisierte der Vorstand acht Vortragsveranstaltungen, beteiligte sich an zwei Buchvorstellungen, einer Vortragsreihe und einer Tagung und führte den jährlichen Archivalien-Lesekurs durch. Darüber hinaus bot er an 16 Terminen Besichtigungen, Führungen, Exkursionen sowie eine mehrtägige Studienfahrt an, die sich eines sehr großen Interesses erfreuten.

Zum vierten Mal wurde ein Abiturientenpreis ausgelobt, mit dem hervorragende Leistungen in Geschichte in Verbindung mit besonderen Leistungen in der Landesgeschichte ausgezeichnet werden. Von den 15 von Gymnasien aus den Regierungsbezirken Stuttgart und Tübingen eingereichten Vorschlägen erfüllten alle die vorgegebenen Kriterien und wurden mit einem Preis bedacht; dieser umfasst neben einem Buchpräsent und einer Urkunde auch eine zweijährige kostenlose Mitgliedschaft im Verein.

In seiner Sitzung, die am 25. November 2016 im Hauptstaatsarchiv Stuttgart stattfand, bestätigte der Beirat Dr. Nicole Bickhoff als Vorsitzende des Vereins und Dr. Thomas Hölz als stellvertretenden Vorsitzenden für drei weitere Jahre in ihren Ämtern. Frau Alla Noel wurde zur neuen Geschäftsführerin gewählt.

4. Mitgliederversammlung

Die Mitgliederversammlung fand am 11. Februar 2017 im Hauptstaatsarchiv Stuttgart statt. Eingangs gedachte die Vorsitzende der 17 im Jahr 2016 verstorbenen Vereinsmitglieder. Die Zahl der Mitglieder beläuft sich derzeit auf 1.234 natürliche und juristische Mitglieder (Stand: 31. März 2017).

Im Anschluss an ihren Tätigkeitsbericht stellte die Vorsitzende die Ergebnisse der Jahresrechnung 2016 vor, die von Herrn Konstantin Huber, Pforzheim, als Kassenprüfer bestätigt wurden. Einstimmig erteilte die Mitgliederversammlung dem Vorstand die Entlastung.

Nach Ablauf des dreijährigen Wahlturnus wurden Herr Stefan Benning, Dr. Roland Deigendesch, Prof. Dr. Gerhard Fritz, PD Dr. Norbert Haag, Prof. Dr. Robert Kretzschmar und Dr. Ulrike Plate in ihren Ämtern als gewählte Beiratsmitglieder bestätigt. Neu in den Beirat wurden Herr Konstantin Huber und Dr. Melanie Prange gewählt.

5. Veröffentlichungen des Vereins

Im Juni 2016 konnte Prof. Dr. Peter Rückert den 595 Seiten umfassenden 75. Jahrgang der Zeitschrift für Württembergische Landesgeschichte vorlegen, der den Mitgliedern als Jahresgabe zugestellt wurde.

Im Februar 2017 erschien in der von Dr. Nicole Bickhoff verantworteten neuen Schriftenreihe des Württembergischen Geschichts- und Altertumsvereins „Geschichte Württembergs. Impulse der Forschung" als erster Band die von Dr. Wolfgang Mährle herausgegebene Publikation „Aufgeklärte Herrschaft im Konflikt. Herzog Carl Eugen von Württemberg 1728–1793". Er enthält die Beiträge der Tagung des Arbeitskreises für Landes- und Ortsgeschichte im Verband der württembergischen Geschichts- und Altertumsvereine, die am 4. und 5. Dezember 2014 im Hauptstaatsarchiv Stuttgart stattfand.

In der Reihe „Landesgeschichte in Forschung und Unterricht" erschien der von Prof. Dr. Gerhard Fritz, Pädagogische Hochschule Schwäbisch Gmünd, und Prof. Dr. Frank Meier, Pädagogische Hochschule Karlsruhe, herausgegebene 12. Band erstmals in elektronischer Form (im Online-Angebot der Pädagogischen Hochschule Schwäbisch Gmünd und des WGAV). Er enthält die Beiträge des 38. Tages der Landesgeschichte in der Schule vom 28. Oktober in Bruchsal, der unter dem Leitthema „Minderheiten in Baden-Württemberg von der Frühen Neuzeit bis ins 20. Jahrhundert" stand.

Über die vielfältigen Aktivitäten und Veranstaltungen des Vereins, über historische Themen, aktuelle Ausstellungen und Veröffentlichungen informieren die gedruckten Rundbriefe. Der Rundbrief Nr. 21 (April 2016) zählte 32 Seiten, der Rundbrief Nr. 22 (Oktober 2016) umfasste 36 Seiten.

6. Arbeitskreis für Landes- und Ortsgeschichte im Verband der württembergischen Geschichts- und Altertumsvereine

Im Berichtszeitraum fand keine Veranstaltung des unter der Leitung von Dr. Wolfgang Mährle stehenden Arbeitskreises statt.

7. Arbeitskreis Landesgeschichte im Unterricht

Der 39. Tag der Landesgeschichte in der Schule fand am 26. Oktober 2016 in Bad Mergentheim statt. Die von Prof. Dr. Gerhard Fritz und Prof. Dr. Frank Meier konzipierte und geleitete Tagung stand unter dem Leitthema „Grenzen ziehen – erweitern – überschreiten". In den Grundsatzreferaten beschäftigte sich Dr. Christoph Bittel, Bad Mergentheim, mit politischen und konfessionellen Grenzen in Tauberfranken, Michaela Grund, Würzburg, referierte über Grenzen und deren

Überschreitungen in Konflikten der frühneuzeitlichen Dorfgesellschaft, und Ulrich von Sanden, Stuttgart, stellte die Landesgeschichte im Bildungsplan 2016 vor. Die in den anschließenden fünf Arbeitsgruppen diskutierten Themen umfassten ein breites Spektrum; die Unterrichtsmodelle behandelten die Grenzverschiebung des Odenwald-Limes, den Ort Grünsfeld als Spielball verschiedener Landesherren, die Auswanderung nach Amerika im 19. Jahrhundert aus dem Main-Tauber-Kreis, den Landesparlamentarismus nach 1945 sowie das Deutschordens-Museum als Lernort.

Richtlinien zur Einreichung und Gestaltung von Manuskripten

I. Allgemeines

1. Erwünscht sind bisher unveröffentlichte Beiträge, die nirgendwo anders zur Veröffentlichung angeboten werden.

2. Mit der Annahme eines Manuskripts geht das Verlags- und Nachdruckrecht zeitlich und räumlich unbeschränkt an den Herausgeber, die Kommission für geschichtliche Landeskunde in Baden-Württemberg und den Württembergische Geschichts- und Altertumsverein, über, vertreten durch die Schriftleitung. Die Autoren/Autorinnen erklären sich mit einer späteren Präsentation ihrer Texte im Internet durch den Herausgeber einverstanden.

3. Erbeten werden vollständige und durchgesehene Manuskripte als Text-Datei in einem gängigen Format (bevorzugt „MS-Word") als E-Mail-Anhang.

4. Abbildungen können nach Absprache in die Beiträge aufgenommen werden. Die reproduktionsfähigen Bilddateien dazu sollten durchnummeriert mit dem Manuskript geliefert werden. Die Beschaffung geeigneter Bildvorlagen und die Einholung erforderlicher Reproduktionsgenehmigungen obliegen den Autoren/Autorinnen.

5. Für den Fall, dass für den Autor/die Autorin Umsatzsteuerpflicht besteht, wird um Mitteilung gebeten.

II. Textgestaltung

1. Der Text soll in der Schriftgröße 12 pt. mit genügendem Rand sowie Seitenzählung 1½-zeilig geschrieben sein, und zwar als Fließtext im Flattersatz ohne Silbentrennung sowie ohne Seiten- und Schriftformatierungen (ausgenommen *Kursive*, S p e r r u n g e n und KAPITÄLCHEN, s. unten 3., 5. und III.3).

2. Die jeweils gültige nationale Rechtschreibung (für Deutschland nach dem Stand vom 1.8.2006) ist anzuwenden.

3. Zitate aus Quellen stehen in *Kursive* ohne Anführungszeichen. Auslassungen aus dem Quellentext werden durch drei Punkte in eckigen Klammern [...] angegeben.

4. Zitate aus der Literatur stehen in „doppelten", ein Zitat innerhalb eines solchen Zitats steht in ‚einfachen' Anführungszeichen. Auslassungen werden wie bei Quellenzitaten, Hinzufügungen durch [nnn] angegeben.

5. Zur Hervorhebung von Begriffen kann (sparsam!) die S p e r r u n g verwendet werden. Auszeichnungsschriften und Unterstreichungen sind zu vermeiden.

6. Anmerkungszahlen werden ohne Punkt oder Klammer hochgestellt und zwar entweder nach einem Wort oder jeweils vor dem Satzzeichen.

7. Querverweise sollten im Text vermieden und auf die Anmerkungen beschränkt werden. Verweise auf Abbildungen sind dagegen (in Klammern) erwünscht.

8. Zahlen werden bis zwölf ausgeschrieben, ausgenommen bei Maß- oder Währungsangaben.

III. Anmerkungen / Literaturangaben

1. Die Anmerkungen stehen als Fußnoten auf der betreffenden Seite.
2. Jede Anmerkung beginnt mit einem Großbuchstaben und endet mit einem Punkt.
3. Bei Namen von Autoren und Autorinnen sowie Herausgebern und Herausgeberinnen werden die Vornamen ausgeschrieben, die Nachnamen erscheinen in Kapitälchen. Bei bis zu drei Namen erfolgt eine Trennung durch Schrägstriche. Mehrere Verlagsorte werden ebenso behandelt. Tritt in einer Anmerkung ein Name mehrmals nacheinander auf, steht statt der Wiederholung: Ders. bzw. Dies. bzw. diess. (bei mehreren).
4. Titel von Zeitschriften und Reihen werden ausgeschrieben.
5. Bei Aufsätzen ist der Gesamtumfang (Anfangs- bis Endseite) anzugeben, danach die betr. Seite.
6. Nachweise aus Quelleneditionen bzw. der Literatur sind möglichst seitengenau zu führen.
7. Bei Wiederholungen eines bereits zitierten Titels steht nur der/die Nachname/n, des Autors/der Autorin gefolgt von: (wie Anm. nn) S. …, nur bei mehreren Titeln gleicher Urheberschaft ist ein unterscheidendes Wort aus dem gemeinten Titel hinter dem/n Namen einzufügen. Ein sich in der folgenden Anmerkung wiederholendes Literatur- oder Quellenzitat wird ersetzt durch: Ebd. bzw. ebd., ggfs. ergänzt um die abweichende Seiten- bzw. Blattangabe.
8. Mehrere Quellen- bzw. Literaturzitate in derselben Anmerkung werden durch Strichpunkte getrennt. Auch zwischen wörtlichen Zitaten und der nachfolgenden Quellenangabe stehen Strichpunkte.
9. Beim Zitieren von ungedruckten Quellen ist die Verwahrstelle (Archiv, Bibliothek) mit ihrem Standort zu nennen, sodann die aktuelle genaue Signatur.
10. Bezieht sich ein Nachweis oder ein Zitat auf eine Internetseite, so ist diese mit dem Uniform Resource Locator (URL) und dem Datum des Aufrufs nachzuweisen.
11. In Ausnahmefällen können häufig gebrauchte Abkürzungen, besonders von Verwahrstellen, auch in einem Abkürzungsverzeichnis zusammengefasst werden, das vor der ersten Anmerkung zu platzieren ist.

Beispiele für Quellen- und Literaturangaben:

Ungedruckte Quellen:
Landesarchiv Speyer A 7 Nr. 229; Universitätsbibliothek Eichstätt Cod. Sm 428 fol. 39 v.

Quelleneditionen:
Otto von Trondheim, Chronica sive Historia Mundi, hg. von Hugo Schlaumeier (MGH Scriptores in usum banausium, Bd. 91), Hannover 2019, S. 79.
Harzer Urkundenbuch, hg. von Hans Roller, Bd. 12, Goslar 2021, S. 529 Nr. 391.

Selbstständige Werke:
Waldemar Bedürftig, Mit Mannesmut gegen Redaktionen. Zur Selbstbehauptung der schreibenden Klasse, Nimmerstadt/Hoffendorf 2023, S. 497 f.

Reihenwerke:
Korbinian Überzwerch/Jaromir Glattig, Terror durch Schriftleitung (Schriften zur Förderung der Pedanterie, Bd. 22), Jammertal ^{3}2018, S. 9.

Aufsätze in Sammelbänden:
Ernst UNVERZAGT, Der Gedankenstrich und seine tiefere Bedeutung, in: Die geheimnisvolle Welt der Satzzeichen, hg. von Max STEISSTROMMEL/Traugott TRÖDLER/Sybille ÜBERDRUSS, Büchingen 2019, S. 179–212, hier S. 201.

Aufsätze in Zeitschriften:
Ansgar FRHR. VON BEDEUTIG, Zur historischen Dimension der Zeichensetzung, in: Zentralblatt für das gesamte Redaktionswesen 99 (2033) S. 239–263, hier S. 251.

Lexikon- und Handbuchartikel:
Isabella EITLER, Art. Federfuchs, in: Handwörterbuch zur deutschen Schriftleiterei, Bd. 3, Schilda 2030, Sp. 127 f.

IV. Abkürzungen

ADB	Allgemeine Deutsche Biographie
BArch	Bundesarchiv Koblenz
BWKG	Blätter für württembergische Kirchengeschichte
CC	Corpus Christianorum
DA	Deutsches Archiv für Erforschung des Mittelalters
GemeindeA	Gemeindearchiv
GLAK	Generallandesarchiv Karlsruhe
GSTA PK	Geheimes Staatsarchiv Preußischer Kulturbesitz Berlin
HABW	Historischer Atlas von Baden-Württemberg
Hg., hg.	Herausgeber, herausgegeben
HHStA	Haus-, Hof- und Staatsarchiv Wien
HStA	Hauptstaatsarchiv
HZ	Historische Zeitschrift
HZAN	Hohenlohe-Zentralarchiv Neuenstein
Jh.	Jahrhundert
LexMA	Lexikon des Mittelalters
LThK	Lexikon für Theologie und Kirche
MGH	Monumenta Germaniae Historica
MPL	Migne Patrologia Latina
ND	Neudruck
NDB	Neue Deutsche Biographie
OAB	Oberamtsbeschreibung
RI	Regesta Imperii
StA	Staatsarchiv
StAL	Staatsarchiv Ludwigsburg
StadtA	Stadtarchiv
VKgL	Veröffentlichungen der Kommission für geschichtliche Landeskunde in Baden-Württemberg
WJb	Württembergische Jahrbücher
WLB	Württembergische Landesbibliothek
WR	Württembergische Regesten
WUB	Württembergisches Urkundenbuch
WVjH	Württembergische Vierteljahrshefte für Landesgeschichte
ZGO	Zeitschrift für die Geschichte des Oberrheins
ZWLG	Zeitschrift für Württembergische Landesgeschichte

Register der Orte und Personen

Von Franziska Häussermann

Aufgenommen sind Orte und Personen aus Aufsätzen (nicht aus den Buchbesprechungen und ohne Berücksichtigung der Fußnoten). Die Orte sind nach Gemeinde- und Kreiszugehörigkeit identifiziert. Fürsten- und Adelsgeschlechter erscheinen unter ihren Familien- bzw. Herrschaftsnamen, Bischöfe und Äbte unter den Diözesen bzw. Klöstern, deutsche Könige und Kaiser sowie Päpste unter ihren Vornamen. Die Umlaute ä, ö, ü sind wie a, o, u eingereiht. Die Verfasser der besprochenen Veröffentlichungen sind in ein besonderes Verzeichnis (nach den Buchbesprechungen) aufgenommen.

Autoren und Mitarbeiter dieses Bandes

Alderete, Malena, M. A., Wilhelmstraße 8 B, 70182 Stuttgart: Redaktionsarbeiten an Aufsätzen
Antenhofer, Christina, Dr., Universität, Christoph-Probst-Platz, A-6020 Innsbruck 445–447

Benning, Stefan, Kulturamt, Hauptstraße 79, 74321 Bietigheim-Bissingen 544–546
Bickhoff, Nicole, Dr., Hauptstaatsarchiv, Konrad-Adenauer-Straße 4, 70173 Stuttgart 506–508, 514 f., 585–590
Biebl, Waltraud, Glühwürmchenweg 25, 70439 Stuttgart: Redaktionsarbeiten an Buchbesprechungen
Birn, Marco, Dr., Kreisarchiv, Bismarckstraße 16, 72764 Reutlingen 476–478, 478–480, 546 f.
Borgards, Susanne, Stöcklestr. 8, 72070 Tübingen: Organisation der Buchbesprechungen
Brendle, Franz, Prof. Dr., Universität, Wilhelmstraße 36, 72072 Tübingen 75–94
Brinkhus, Gerd, Dr., Burgunderweg 28, 72070 Tübingen 565–567
Brüser, Joachim, Dr., Stadtarchiv, Wollmarktstraße 48, 73230 Kirchheim 493 f., 531 f.
Bünz, Enno, Prof. Dr., Universität, Beethovenstr. 15, 04107 Leipzig 488–490
Burkhardt, Stefan, PD Dr., Grabengasse 3–5, 69117 Heidelberg 35–50

Deigendesch, Roland, Dr., Stadtarchiv, Marktplatz 22, 72764 Reutlingen 448 f., 464–466

Eberlein, Miriam, Dr., Stadtarchiv, Eichgasse 1, 74072 Heilbronn 498 f.

Florian, Christoph, Dr., Stadtarchiv, Marktplatz 14–16, 71032 Böblingen 95–130
Frauenknecht, Erwin, Dr., Hauptstaatsarchiv, Konrad-Adenauer-Straße 4, 70173 Stuttgart 416–418, 538 f.
Fritz, Eberhard, Dr., Archiv des Hauses Württemberg, Schloss, 88361 Altshausen 217–268
Fritz, Gerhard, Prof. Dr., Pädagogische Hochschule, Oberbettinger Straße 200, 73525 Schwäbisch Gmünd 463 f., 466 f., 469 f., 487 f., 572 f.

Gerber, Helmut, Dr., Mendelssohnstraße 79, 70619 Stuttgart 553–555
Graf, Klaus, Dr., Deutsche Straße 8, 41464 Neuss 574–576
Grünert, Regina, Dr., Hauptstaatsarchiv Stuttgart, Konrad-Adenauer-Straße 4, 70173 Stuttgart 444f., 499–501

Hähner-Rombach, Sylvelyn, Dr., Institut für Geschichte der Medizin der Robert-Bosch-Stiftung, Straußweg 17, 70184 Stuttgart 503 f.
Häußermann, Franziska, Steinreute 1, 73453 Abtsgmünd-Hohenstadt: Register S. 595–607
Halbauer, Karl, Dr., Brückenstraße 12, 70736 Fellbach 389–408
Herbers, Klaus, Prof. Dr., Universität, Kochstr. 4, 91054 Erlangen 567 f.

Herrmann, Ulrich, Prof. Dr., Engelfriedshalde 101, 72076 Tübingen 361–388
Huber, Konstantin, Weiherstraße 28, 75245 Neulingen 542–544
Hummel, Karl-Martin, Gutbrodstraße 83, 70193 Stuttgart 496–498

Kircher-Kannemann, Anja, Dr., Am Bruchgraben 14, 47259 Duisburg 177–216
Kleinehagenbrock, Frank, PD Dr., Kommission für Zeitgeschichte, Adenauerallee 19, 53111 Bonn 518f., 556f.
Koch, Elke, Dr., Staatsarchiv, Arsenalplatz 3, 71638 Ludwigsburg 442–444
Köpf, Ulrich, Prof. Dr., Liststr. 5, 72074 Tübingen 471–473, 490–492
Körner, Burkhard, Dr., Bayerisches Landesamt für Denkmalpflege, Hofgraben 4, 80539 München 451f.
Kollmer-von Oheimb-Loup, Gert, Prof. Dr., Universität Hohenheim, Schloss Hohenheim, 70593 Stuttgart 460f., 461–463, 467f., 518
Kremer, Joachim, Prof. Dr., Staatliche Hochschule für Musik und Darstellende Kunst, Urbanstr. 25, 70182 Stuttgart 474–476
Kretzschmar, Robert, Prof. Dr., Landesarchiv Baden-Württemberg, Eugenstr. 7, 70182 Stuttgart 529–531
Krüger, Dieter, PD Dr., Zentrum für Militärgeschichte und Sozialwissenschaften der Bundeswehr, Zeppelinstraße 127/128, 14471 Potsdam 305–330
Kustermann, Abraham Peter, Dr., Vogtlandstraße 62, 71111 Waldenbuch 519–521

Lachmann, Rainer, Prof. Dr. Dr. h.c., Universität, Markusplatz 3, 96045 Bamberg 548–550
Langewiesche, Dieter, Prof. Dr., Universität, Wilhelmstraße 36, 72074 Tübingen 436–438

Mährle, Wolfgang, Dr., Hauptstaatsarchiv, Konrad-Adenauer-Straße 4, 70173 Stuttgart 401–410, 431–434, 434f.
Maier, Franz, Dr., Landesarchiv, Otto-Mayer-Str. 9, 67346 Speyer 523–525
Matz, Klaus-Jürgen, Prof. Dr., Gabelsberger Straße 19, 76135 Karlsruhe 560–562, 562–565
Müller, Carl-Jochen, Dr., Sandgasse 5, 67067 Ludwigshafen 473f., 480f., 576f.
Müller, Eva-Linda, M. A., Hauptstaatsarchiv, Konrad-Adenauer-Str. 4, 70173 Stuttgart 492f.
Müsegades, Benjamin, Dr., Universität, Grabengasse 3–5, 69117 Heidelberg 512–514

Neumaier, Helmut, Dr., Wilhelm-Pfoh-Str. 32, 74706 Osterburken 527–529

Oberle, Brigitte, Gerhart-Hauptmann-Straße 12, 55124 Mainz 51–74
Ohm, Matthias, Dr., Landesmuseum Württemberg, Schillerplatz 6, 70173 Stuttgart 421–423

Patt, Gregor, Dr., Landschaftsverband Rheinland, Ehrenfriedstraße 19, 50259 Pulheim 557–559
Paulus, Christof, Dr., Ulmenweg 3, 86169 Augsburg 486f.
Popp, Christian, Dr., Akademie der Wissenschaften, Theaterstr. 7, 37073 Göttingen 482–484

Raible, Catharina, Dr., Stadtmuseum, Weilimdorfer Str. 9–11, 70839 Gerlingen 470f.
Reichert, Folker, Prof. Dr., Dantestraße 15, 69115 Heidelberg 423f.
Resmini, Bertram, Dr., Falkenhorst 7, 56179 Vallendar 484f.
Rückert, Maria Magdalena, Prof. Dr., Staatsarchiv, Arsenalplatz 3, 71638 Ludwigsburg 19–34
Rückert, Peter, Prof. Dr., Hauptstaatsarchiv, Konrad-Adenauer-Str. 4, 70173 Stuttgart: Schriftleitung, 161–176, 430f., 455f., 525–527

Schaal, Reinhold, Dr., Gutbrodweg 2/1, 74074 Heilbronn 454 f.
Schenk, Winfried, Prof. Dr., Universität, Meckenheimer Allee 166, 53115 Bonn 413–416, 452f., 456–458
Schiffer, Peter, Dr., Hauptstaatsarchiv, Konrad-Adenauer-Str. 4, 70173 Stuttgart 551 f., 552 f., 555 f.
Schmidt, Dennis, Fichtenweg 6/414, 72076 Tübingen 495 f.
Schneider, Joachim, Prof. Dr., Universität, Jakob-Welder-Weg 18, 55128 Mainz 427–429
Schneidmüller, Bernd, Prof. Dr., Universität, Grabengasse 3–5, 69117 Heidelberg 411–413
Schöntag, Wilfried, Prof. Dr., Dattelweg 23, 70619 Stuttgart 516 f.
Schweizer, Verena, Dr., Landesarchiv Baden-Württemberg, Eugenstr. 7, 70182 Stuttgart 522 f.
Setzler, Wilfried, Prof. Dr., Zwehrenbühlstraße 11, 72070 Tübingen 449–451, 508 f.
Stalmann, Volker, Dr., Kommission für Geschichte des Parlamentarismus, Schiffbauerdamm 40, 10117 Berlin 285–304
Steiger, Uli, Dr., Universitätsbibliothek, Plöck 107–109, 69117 Heidelberg 418–420
Steinbach, Peter, Prof. Dr., Universität, Schloss, 68131 Mannheim 435 f., 504–506, 539–542
Steuer, Peter, Dr., Staatsarchiv, Arsenalplatz 3, 71638 Ludwigsburg 458–460
Strauß, Christof, Dr., Staatsarchiv, Colombistraße 4, 79098 Freiburg 535–537

Thaller, Anja, Dr., Universität, Keplerstraße 17, 70174 Stuttgart 570–572
Theil, Bernhard, Dr., Hackländerstraße 26, 70184 Stuttgart 501, 502 f., 532–534
Traub, Andreas, Prof. Dr., Turmstraße 52, 74321 Bietigheim-Bissingen 161–176, 481 f.

Wagner, Ulrich, Dr., Unterer Dallenbergweg 36 A, 97082 Würzburg 568–570
Waßner, Manfred, Kreisarchiv Esslingen, Pulverwiesen 11, 73728 Esslingen 424–427
Weber, Raimund J., Dr., Ziegelwiesenstraße 33, 73540 Heubach 131–160
Weinfurter, Stefan, Prof. Dr., Universität, Grabengasse 3–5, 69117 Heidelberg 11–18
Westerhoff, Christian, Dr., Bibliothek für Zeitgeschichte in der Württembergischen Landesbibliothek, Konrad-Adenauer-Straße 8, 70173 Stuttgart 331–360
Wettengel, Michael, Prof. Dr., Stadtarchiv, Weinhof 12, 89073 Ulm 534 f.
Wüst, Wolfgang, Prof. Dr., Universität, Kochstraße 4/Bk. 13, 91054 Erlangen 269–284
Wunder, Bernd, Prof. Dr., Universität, Werner-Sombartstr. 4, 78464 Konstanz 438–442

Zettler, Alfons, Prof. Dr., Technische Universität, Emil-Figge-Str. 50, 44221 Dortmund 510–512
Zimmermann, Wolfgang, Prof. Dr., Generallandesarchiv, Nördliche Hildapromenade 2, 76133 Karlsruhe 485 f.